江川年鉴

JIANG CHUAN YEARBOOK

2012

中共江川县委
江川县人民政府 主办
江川县史志办公室 编

图书在版编目（CIP）数据

江川年鉴. 2012 / 江川县史志办公室编. -- 潞西：德宏民族出版社，2012.10

ISBN 978-7-80750-767-3

Ⅰ. ①江… Ⅱ. ①江… Ⅲ. ①江川县—2012—年鉴
Ⅳ. ①Z527.44

中国版本图书馆CIP数据核字（2012）第239772号

书　　名　江川年鉴·2012
作　　者　江川县史志办公室　编

出版·发行	德宏民族出版社	责任编辑	方　萍
社　　址	云南省德宏州芒市勇罕街1号	责任校对	张家本　赵洪亮
邮　　编	678400	装帧设计	余立言
总编室电话	0692-2124877	彩版设计	李　伟
电子邮件	dmpress@163.com	发行部电话	0692-2112886
印 刷 厂	昆明鹰达印刷有限公司	网　　址	www.dmpress.cn

开　　本	16开	版　　次	2012年10月第1版
印　　张	27.75	印　　次	2012年10月第1次
字　　数	750千字	印　　数	1-1000
书　　号	ISBN 978-7-80750-767-3/Z·218	定　　价	150.00元

如出现印刷、装订错误，请与承印厂联系调换事宜。印刷厂联系电话：0871-3646096

江川年鉴编辑部

地　　址　云南省江川县史志办公室
邮　　编　652600
电　　话　（0877）8018536
E － mail　jcszb@163.com

撰稿人员名录

（按部类顺序排列）

李　伟	王有明	张绍晗	陈春荣	李绍波	施永芬	杨　辉
黄　浩	刘　娴	张艳勤	杨冬丽	戴吉国	张润斌	周宝在
徐顺生	陈江伟	叶　斌	吴桂萍	郑文明	盛文芬	李江辉
马　蓉	汪丽娟	杨兴华	褚　荻	矣树芬	赵连江	李拥军
李明芬	周　新	张文丽	周宏斌	龚　钲	宁　伟	邓树芬
侯国芬	李春伟	史　圆	施江艳	赵运宇	翁　健	罗连辉
张树良	吴　斌	朱海伟	徐忠华	杨　诚	廖江平	习元波
洪彦正	王玲芬	徐文波	杨清明	杨霜梅	李华英	沐　旭
范　珍	储　晶	王丕娅	杨　筠	周红艳	刘　波	郭　松
赵　薇	张秀珍	莫家惠	龚绍祥	罗海清	刘光启	陈金芬
张　维	沈金锁	纳志强	张彦生	秦红迪	刘爱萍	潘　蕾
李　川	张玲芬	张松伟	金永康	曾　蓉	黄登涛	尹玉杰
刘云伟	陈花艳	罗留芝	周　恩	张　薇	汤林涛	李　玲
胡尚勇	何春梅	吕玉红	张　楠	刘红丽	徐　锴	海春元
普明珍	戴吉寿	王　贞	刘　晖	伏跃华	丁俊滐	路建明
吴鸿文	李阳春	李林润	李　祥	秦忠国	黄　毅	张本林
杨　明	孔川波	李清明	赵发春	杨绍龙	李　平	吴正宏
杨聪俊	石从江	李丽芬	马有亮	华　丽	赵　东	王　瑗
周晓明	张博超	唐艺萍	马萍焕	朱文燕	周艳萍	李佳秀
杨　虎	李明川	刘春丽	李忠仙	王兴堂	张兴红	侯彦昆
邓文辉	郭会兰	张　芬	宋成英			

编辑说明

一、《江川年鉴》是具有政府公报性质的地方综合性年鉴。由中共江川县委、江川县人民政府主办，江川县史志办公室承编。《江川年鉴》全面、系统、准确、翔实地记载江川县社会主义物质文明、政治文明和精神文明建设的历史进程，记述上一年度内的新发展、新成就、新情况和新问题。它具有资料、信息、史料等诸多功能，旨在为海内外有关机关、团体、学校、研究部门、企事业单位和社会各界人士研究及促进江川建设提供现实服务。

二、《江川年鉴》采用条目体，分类编辑法。2012年版全书设部类19个，即《特载》、《大事记》、《概况》、《政治》、《军事》、《法制》、《经济管理》、《建设·环保》、《工商企业》、《农林·水利》、《交通·邮电》、《财政·税务》、《金融·保险》、《科技·教育》、《文化·旅游·广电·体育·卫生》、《社会》、《人物》、《统计资料》、《附录》，信息量大，图文并茂，可读性强。

三、本年鉴所用稿件均由主办单位、县属各单位和中央、省、市驻江单位专人撰写，单位领导审核签章，编辑人员反复核对。本年鉴内容真实，体例规范，具有较高的使用价值。

四、本年鉴所用统计数据由各供稿单位主管业务部门提供并审核，但由于统计时间、口径不同等原因，反映国民经济和社会发展情况的个别数据在不同稿件中不尽一致，使用时请以江川县统计局提供的《统计年鉴》为准。

五、本年鉴的编辑出版得到江川有关部门和驻县的省、市各有关单位的热情支持和积极协助，得到省、市以及各县区党史、地方志部门的指导帮助，在此表示诚挚谢意。殷切希望各界人士提出改进意见，使《江川年鉴》常办常新，与时俱进，更好地为全面建设高原湖泊生态县服务。

县委书记马文龙出席会议

县委副书记、县长葛勇主持会议

2011年12月8日，中共江川县委十二届二次全委（扩大）会议召开

2012年2月9日，江川县第十四届人民代表大会第五次会议召开

2012年2月5日，中国人民政治协商会议江川县第七届委员会第五次会议召开

（冯孝忠供稿）

2011年10月11日，省委常委、省委宣传部长张田欣率省发改、财政、文化、旅游、教育等相关部门负责人到江川调研
（信息中心供稿）

2011年11月5日，省委常委、省委组织部长刘维佳（右一）到江川县明星村党总支、仙湖锦绣项目区调研基层党建工作和创先争优活动
（县委组织部供稿）

2011年12月5日，省人大常委会原副主任、省九湖水污染综合防治督导组组长牛绍尧（左三）率省九湖水污染综合防治督导组到江川就农村环境卫生综合整治工作进行监督检查

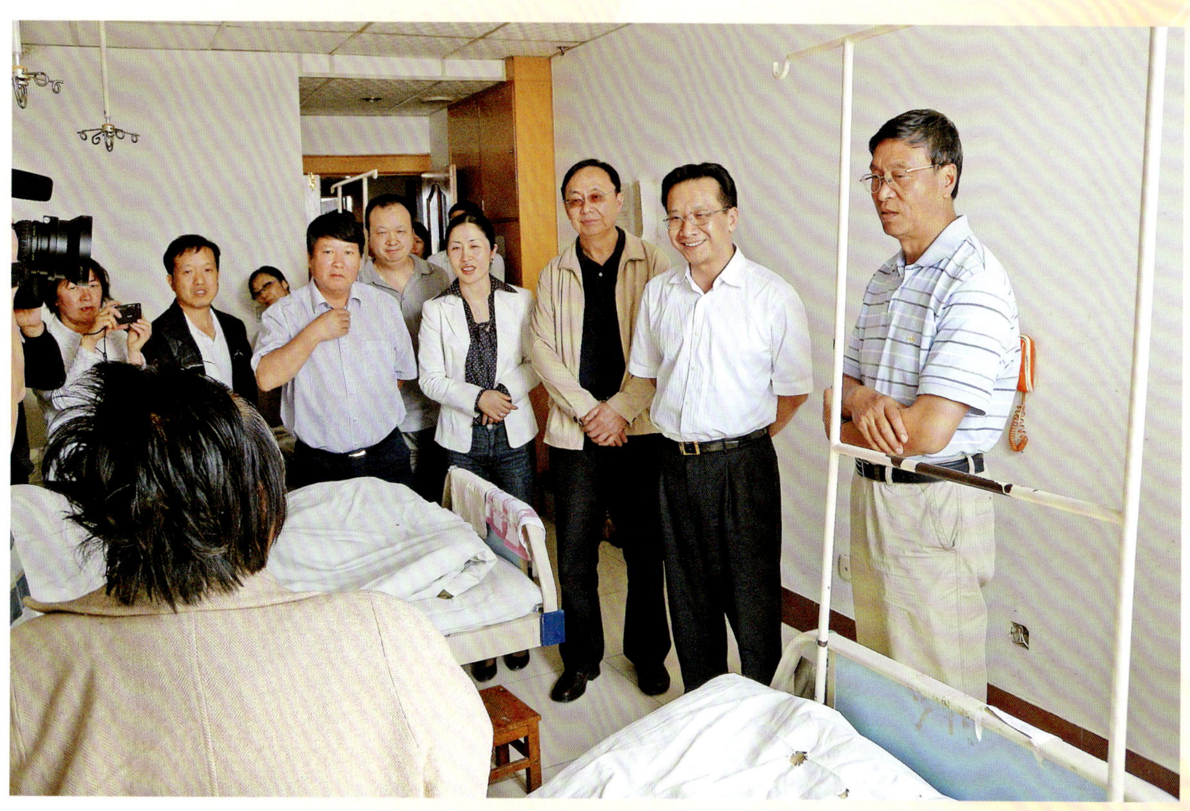

2011年4月18日，副省长高峰（右二）到江川县调研医药卫生体制改革工作

（信息中心供稿）

2011年5月5日，省教育厅厅长罗崇敏（右二）到江川县调研教育工作

2011年4月22日，市委书记孔祥庚到江川调研青铜器工艺品生产

（信息中心供稿）

2011年11月22日，市委副书记、市长高劲松（前右）到江川县调研安全生产工作

2011年5月10日，市委副书记张玲（左一）到江川调研春耕生产情况

（信息中心供稿）

2011年8月25日，县委书记马文龙（左前二）率县四套班子领导调研烤烟收购工作

2011年5月12日，县委副书记、县长葛勇（中）调研卫生工作

2011年9月30日，江川县举行2011年度保障性住房建设项目开工仪式

2011年8月31日，江川县举行新型农村和城镇居民社会养老保险发放仪式

（信息中心供稿）

2011年4月11日，江川县召开2011年工业经济发展大会

（信息中心供稿）

2011年4月1日，江川县龙泉山生态工业园区基础设施开工建设

（冯孝忠供稿）

2011年5月3日，县委书记马文龙（中）对江川县龙泉山生态工业园区项目合作工作进行调研
（冯孝忠供稿）

2011年4月12日，县委副书记、县长葛勇（左二）对江川县龙泉山生态工业园区项目和十里长堤景观桥项目建设情况进行实地查看
（县政府办供稿）

2011年5月5日至6日，由省教育厅厅长罗崇敏（左四）带队的教育改革发展调研组一行到江川调研

（信息中心供稿）

2011年1月9日，江川县举行接受省教育督导评估意见反馈会

（县政府办供稿）

2011年9月7日，县委书记马文龙（前中）就全县教育工作的现状及发展进行专题调研

2011年9月8日，江川县召开2011年教育工作暨教师节表彰大会

（信息中心供稿）

2011年8月26日，“云之南”艺术团到江川县举行《情系母亲湖》生态文明专场文艺演出（信息中心供稿）

2011年8月26日，抚仙湖三退三还工程启动仪式暨秦家山村退田还湖工程在抚仙湖畔举行（县抚仙湖管理局供稿）

2011年6月3日，玉溪市抚仙湖保护治理工作专题会议在江川召开，市党政主要领导实地进行调研

江川县2011年开展农村环境卫生整治活动

（信息中心供稿）

2011年11月17日，江川县召开安全生产工作专题会议

2011年6月14日，省安委会督查组对江川安全生产工作进行督查

2011年11月23日，江川县召开农村、社区“清剿火患”推进会，安排部署农村、社区消防安全工作

2011年11月24日，县委副书记、县长葛勇全面检查江川县道路交通和消防安全工作

（信息中心供稿）

鸣枪开湖

千舟竞发捕鱼忙

（信息中心供稿）

藏族歌王容中尔甲放歌江川

歌手严当当为江川开渔节献唱
（信息中心供稿）

2011年12月24日，第七届开渔节文艺演出

（信息中心供稿）

2011年6月30日，江川县隆重举行庆祝中国共产党成立90周年大会

2011年3月31日，江川县举行撤大街镇设大街街道挂牌授印仪式

2011年1月14日，江川县召开2011年烤烟生产工作会议

2011年3月17日，江川县召开政府机构改革动员大会

（信息中心供稿）

2011年10月17日，江川县召开保护坝区农田建设山地城镇工作方案征求意见会

2011年11月4日，县委书记马文龙（中）到江城镇明星村调研退房还湖工作

（信息中心供稿）

2011年11月24日，县委副书记、县长葛勇（右二）率江川县安全生产工作领导小组成员单位对全县食品药品餐饮卫生安全工作进行全面检查（冯孝忠供稿）

2011年11月24日，县委副书记张金翔（左二）对江川县农村环境卫生整治工作进行检查（信息中心供稿）

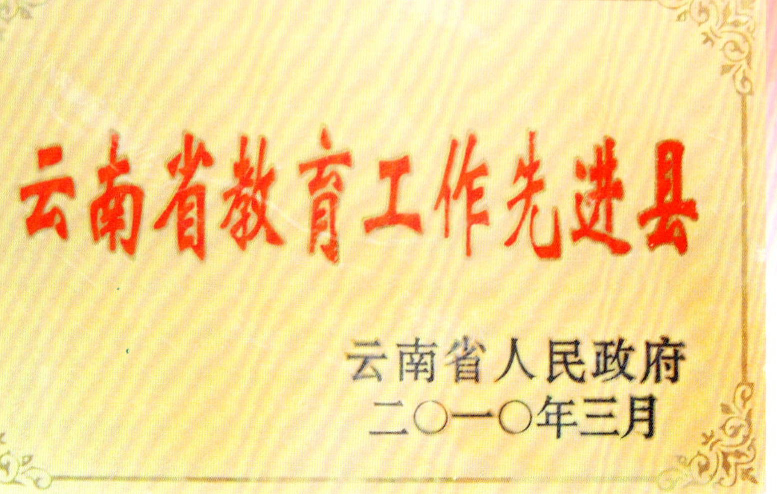

2011年3月18日，江川县被云南省人民政府认定为云南省第四批“教育工作先进县”

（县教育局供稿）

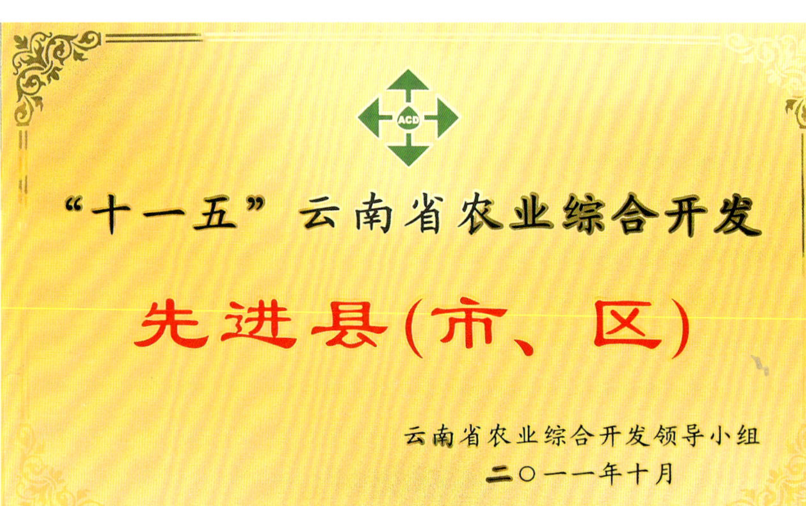

2011年10月，江川县被云南省农业综合开发领导小组评为“十一五”云南省农业综合开发先进县，江川县成为玉溪市唯一连续10年获省农业综合开发工作先进殊荣的县（区）

（县财政局供稿）

二〇一一年度烟叶工作

先进单位

云南省人民政府

二〇一一年十一月

2011年11月，江川县被云南省人民政府评为“2011年烟叶工作先进单位”

（县烟草公司供稿）

目 录

特 载

大事记

概 况

政　治

军 事

法　制

经济管理

建设·环保

农林·水利

财政·税务

金融·保险

科技·教育

文化·旅游·广电·体育·卫生

社　　会

附 录

特　载

坚持科学发展和谐发展跨越发展 加快推进高原湖泊生态县建设

——在中共江川县委十二届二次全委（扩大）会上的报告

（2011年12月8日）

马文龙

各位委员、同志们：

我受县委常委会委托，向全委会报告工作。

一、迎难而上，实现“十二五”平稳开局

今年是“十二五”开局之年。面对资金趋紧、物价上涨、宏观调控压力加大等特殊因素增多和持续干旱带来的影响，县委深入贯彻落实科学发展观，充分发挥总揽全局、协调各方的领导核心作用，带领全县广大党员干部群众团结奋进、务实苦干，实现了经济社会平稳发展，“十二五”开局态势良好。全年预计完成县内生产总值43亿元，同比增长13.5%；地方财政收入3.37亿元，增长25%；全社会固定资产投资42亿元，增长78.6%；社会消费品零售总额11.8亿元，增长19.5%；城镇居民人均可支配收入18387元，增长12%；农民人均纯收入6374元，增长13.1%；万元GDP综合能耗下降3%。

全力转方式、调结构、建产业，加快发展的基础更加牢固。以中低产田地改造、烟水工程、水库除险加固为主的农业水利基础设施建设成效明显，新增和改善灌溉面积2.1万亩。以农村安全饮水为重点的水源工程建设力度加大，解决了近2万农村人口安全饮水问题，农村抗旱供水应急系统改扩建工程快速推进。以提高优质烟叶有效供给能力为重点，现代烟草农业建设取得实效，打造了红塔玉溪庄园江川明星走廊，全县烤烟喜获丰收，烟农总收入突破3亿元。依托烤烟建产业，农村经济合作组织不断壮大，流转农村土地5000多亩，农业产业化步伐加快。蔬菜、畜牧、渔业等特色优势产业进一步巩固提升，以核桃为主的林产业基地快速发展，大头鱼、抗浪鱼入选云南六大名鱼。切实落实工业发展目标责任制和县级领导联系企业制度，帮扶企业发展，工业经济稳步回升。组建了工业园区管理局，全力推进龙泉山生态工业园区基础设施建设，联塑科技塑料管道等3个入园项目已进入土地审批程序。积极争取到市政府支持，将我县工业园区20平方公里区域纳入玉溪高新区共同开发建设范围，园区发展态势良好。加快培育高端休闲旅游产业，“仙湖锦绣”十里景观大道初具效果，九龙晟景项目进展顺利。明星、小马沟旧村改造项目稳步推进。金融、信息等现代服务业发展迅速。全面贯彻落实省保护坝区农田建设山地城镇工作要求，调整完善了近期城镇建设规划、林地保护利用规划、土地利用总体规划以及产业发展规划。科学编制了“十二五”规划纲要和17个重点专项规划，江川至晋宁一级公路建设等一批重大项目被列入省市规划。

倾力抓建设、促保护、重节约，生态文明建设步伐加快。编制了《江川生态县建设规划》，启动了国家级、省级生态乡镇、生态文明村创建工作。全力实施抚仙湖“退调保”战略，明星村1000亩市级退耕还林示范样板工程稳步实施，1.5万亩中低产林改造和沿湖100米范围内退田还湖工作积极推进。抚仙湖大鲫鱼河流域环境综合治理工程，星云湖南岸截污与湖滨带建设工程和南片区污水处理厂项目加快实施。严格落实“两湖”保护条例和保护管理责任制，入湖河道管理得到加强，抚仙湖资源保护费征收管理工作进一步规范。抚仙湖继续保持Ⅰ类水质，星云湖污染有所遏制。深入开展“七彩云南·江川保护行动”和农村环境卫生综合整治工作，节能减排任务圆满完成，生态文明创建活动成效明显，被环保部命名为国家级生态示范区，生态要素对经济社会发展的基础性支撑作用日益凸现。

大力抓项目、增投资、强带动，现代宜居高原湖泊生态城建设快速推进。积极融入玉溪“三湖”生态城市群建设，职教小区（德馨苑）、怡景园项目完成建设，古滇国城、财富广场等项目稳步推进，现代宜居高原湖泊生态城规模进一步扩大，内涵进一步丰富，县城建成区面积达4平方公里，城镇化率达33.3%。大力推进市政工程建设，完成了湖滨路等县城道路改造，启动了澄川二级路路面修复工程，废旧物资交易市场建设基本完成，大街农贸市场提档升级改造快速推进，城市配套功能进一步完善，县城人居环境不断优化。成立保障性住房开发投资公司和城市管理综合执法局，加强了城市开发建设和管理。县城总体规划修编通过省级审查，村庄规划抓紧编制，特色乡镇创建工作取得实效，江城、九溪被列为全省特色小镇规划建设。

用心办实事、解民忧、惠民利，保障和改善民生力度不断加大。继续把财政支出更多地向民生倾斜，投向民生领域资金达5.2亿元。深入推进“贷免扶补”创业模式，新增城镇就业和转移农村劳动力5000多人，缓解了就业压力。进一步完善覆盖城乡居民的社会保障体系，新型农村和城镇居民养老保险试点工作顺利推进，参保率达97%。残疾人事业、老龄事业进一步发展。新农村重点村建设、农村民居地震安全和危旧房改造工程深得民心。在巩固“两基”成果基础上，教育均衡发展进一步落实，农村学前教育试点、校安工程、江川一中扩建等项目不断推进。基本医疗保障制度进一步完善，实行城乡贫困医疗对象“一站式”服务，新农合参合率达96.2%，补助和报销比例大幅提高。文化惠民工程稳步推进，乡镇文化站、农家书屋作用进一步发挥，群众文化生活不断丰富。公共危机应急机制和救援体系不断健全，有效应对突发事件的能力得到提高。科技、体育、人口计生等工作全面加强，人口自然增长率为3.18‰。

切实聚人心、维稳定、促和谐，安定和谐的局面不断巩固。召开县委人大、政协工作会议，出台了《关于进一步加强和改进新时期人大工作的意见》和《关于支持人民政协履行职能发挥作用的意见》，人大、政协职能作用进一步发挥。完成了县、乡机构改革，公共服务水平不断提高。全面推进依法治县、依法行政，基层民主建设得到加强。统战、工商联和人民团体充分发挥自身优势，积极献计出力。加强县乡村三级综治维稳机构规范化建设，深入推进社会矛盾化解、社会管理创新、公正廉洁执法三项重点工作，构建“一站式”综治维稳信访工作体系，维稳基层基础进一步牢固。成立县委群众工作局，建立健全群众工作机制，举办社会管理及其创新培训班，社会管理工作得到加强。严厉打击各类治安和刑事违法犯罪，严肃查处违法添加和滥用食品添加剂行为，扎实做好防灾减灾和安全生产工作，全面启动第三轮“禁毒防艾”人民战争，深入开展社会治安综合治理和“平安江川”创建活动，快捷、有力、有序地化解了影响社会稳定的各种突出矛盾，和谐稳定的局面进一步巩固。

扎实抓基层、打基础、强保证，党的建设科学化水平进一步提升。以深入开展创先争优和纪念建党90周年活动为契机，组织广大党员深入学习党的理论、党的知识和党的历史，开展“读经典、唱红歌”系列活动。认真贯彻落实胡锦涛总书记等中央领导重要指示精神，组织开展了“学习杨善洲先进事迹，争做优秀共产党员”主题实践活动，各级党组织和广大党员干部学先进、赶先进、创先进的良好风尚进一步形成。严格落实党建工作责任制，加强基层组织建设，完成了194个村(居)民小组党员活动室延伸建设，创建了一批省、市党建工作示范点。继续推进干部人事制度改革，严格教育管理和监督干部，选人用人公信度不断提高。严肃换届纪律，圆满完成了县、乡党委换届选举工作。深入推进反腐倡廉建设，成立村(居)民监督委员会，强化了对农村集体资金、资产、资源的管理监督。继续加大查办案件力度，立案查处违纪违法案件4件，给予党纪政纪处分13人。

回顾一年来，我们取得的成绩来之不易。这是市委正确领导、科学决策的结果，是全县党员干部群众团结一心、努力拼搏的结果，也是我们不断深化县情认识、坚持改革创新的结果。在此，我代表县委，向全县广大党员干部群众，向驻江部队和武警官兵，向所有关心、支持江川改革发展的同志们，表示衷心的感谢！

同志们，成绩已经成为历史，辉煌等待我们创造。面对改革发展稳定的繁重任务，面对建设高原湖泊生态县的战略目标，我们必须一如既往地保持昂扬向上的精神、开拓创新的锐气、艰苦创业的作风，脚踏实地做好江川科学发展的各项工作。必须清醒地看到，与科学发展观的要求相比，与全县群众加快发展的愿望相比，与省内发达地区相比，我们的差距仍然很大：经济总量不足，工业经济薄弱，财政增收乏力；农业产业化水平低，生态工业园区建设和高端休闲旅游产业还处在起步阶段，调结构、转方式任重道远；基础设施建设有待加强，社会事业发展仍然滞后；抚仙湖保护压力大，星云湖水质尚未明显好转，生态建设任务繁重；城镇化水平较低，许多关系民生的重大问题解决难度大；社会管理基层基础相对薄弱，维护社会和谐稳定任务艰巨；一些领导干部加快发展的责任感和紧迫感不强，贯彻落实科学发展观的能力和水平不高，作风不实，抓落实不到位的问题依然存在。这些问题，需要我们认真研究，切实加以解决。

二、加快发展，全力推进高原湖泊生态县建设

2012年是实施“十二五”规划的关键之年，也是江川调结构、转方式，推进工业化、城镇化、生态产业化和加快生态县、生态城建设的关键之年。不发展没有出路，发展慢了同样没有出路。当前，国际国内形势依然复杂多变，机遇与挑战并存，我们仍然处于加快发展的战略机遇期：面临中央深入实施西部大开发战略，建设中国面向西南开放重要桥头堡的历史机遇；面临省委、省政府构建滇中城市经济圈，保护坝区农田建设山地城镇和综合试验区建设的政策机遇；面临市委、市政府实施抚仙湖“退调保”战略、建设“三湖”生态城市群、推进“昆玉一体化”以及与玉溪高新区共同建设龙泉山生态工业园区的难得机遇。机遇就是潜力，机遇就是希望。我们能不能抓住这些重大机遇，加快发展，事关高原湖泊生态县建设的全局，事关全县人民的福祉，事关江川的和谐稳定。我们必须树立强烈的责任意识和危机意识，牢牢把握主动权，顺势而谋，乘势而上，推动江川科学发展上水平。

做好2012年的工作，必须高举中国特色社会主义伟大旗帜，以邓小平理论和“三个代表”重要思想为指导，深入贯彻落实科学发展观，坚定不移地实施以改革开放和科技进步为动力的“生态立县、农业稳县、工业强县、旅游活县、文化兴县”发展战略和“壮优培特，建设高原湖泊生态县”的经济社会发展思路，紧紧围绕建设“高原湖泊生态县、现代宜居高原湖泊生态城和国际高原湖泊生态休闲度

假旅游目的地”三大目标，以科学发展为主题，以加快转变经济发展方式为主线，全力抓项目、增投资，调结构、上水平，强保护、建生态，惠民生、促和谐，转作风、抓落实，推进新型工业化、城镇化和农业现代化，开创全县经济社会科学发展的新局面。明年的预期目标为：县内生产总值增长12%以上；地方财政收入增长15%以上；固定资产投资增长25%以上；农民人均纯收入增长12%以上；城镇居民人均可支配收入增长8%以上；社会消费品零售总额增长15%以上；人口自然增长率控制在5‰以内；城镇登记失业率控制在3%以内；万元GDP综合能耗下降3.5%。

围绕上述目标，我们要扎实抓好以下六个方面的工作：

(一)坚持加快发展，进一步增强综合经济实力

刚刚闭幕的省第九次党代会科学谋划了云南未来发展，作出了今后五年实现“四个翻番、两个倍增”奋斗目标的重大抉择，吹响了推动云南跨越发展的号角。发展的形势逼人，要与全省同步实现跨越发展，关键在跨越、重点在加快，只要我们立足当前，突出重点，创新举措，率先在最有优势、最具条件、最能见效的工业园区和高端旅游产业上实现突破，就能奋力赶超、推动跨越。

要千方百计增投资促发展。围绕基础设施建设增投资，抓紧推进烟水工程、病险水库除险加固、骨干水源和“五小水利”、云南农业科技示范园等项目建设。抓好农村抗旱供水应急系统改扩建工程建设，确保用水安全。抓住桥头堡建设机遇，多方争取支持，抓紧做好晋江一级公路、西南航空护林总站培训基地等项目前期工作，加强电力、能源等基础设施建设，打牢加快发展的基础。围绕重大项目增投资，认真做好在建和新开工项目的协调服务工作，尽快推进联塑科技塑料管道、丰宇科贸风力设备、美联机电智能电网设备、江磷集团黄磷尾气综合利用等项目建设。抓住建设山地城镇的机遇，切实推动“仙湖锦绣”等重大高端旅游项目尽快进入实质性开工建设。加快推进财富广场、星云铭城等房地产项目建设，抓好县档案馆和公安局、环保局、消防大队等业务用房建设。争取上级支持增投资，围绕“十二五”规划，把投资重点放在国家省市支持的领域，加强投资政策对接，科学规划，做好项目前期工作，争取得到支持。要以项目为载体，促进银企对接，发挥信贷支持投资的主渠道作用。要鼓励民间资本增投资，支持引导社会资本投向市政公用事业、医疗卫生、教育、文化等领域。

要千方百计兴产业促发展。大力发展现代农业调优一产，把农业产业化作为工农衔接、城乡对接的有效形式，依托集体林权制度配套改革、中低产田地改造、中低产林改造和山区综合开发等重大举措，重点培育特色突出、优势明显的产业，努力构建互补互惠的城乡产业格局。要围绕烤烟、蔬菜、林果、畜牧、渔业等特色优势产业，建基地、扶龙头、优服务、树品牌，加快农业产业化经营，有序推进农村土地流转，着力建设一批蔬菜标准化生产基地，努力打造现代烟草农业示范区、全国著名的清香型烤烟种植基地。加速新型工业化调强二产，坚定不移地实施“工业强县”战略，坚持传统产业与新兴产业并举的方针，立足现有产业基础和比较优势，吸引银行信贷和其他社会资金支持企业发展。制定扶持中小企业发展规划，有效整合烟花爆竹产业，支持特色优势产业企业自主创新和技改，促进中小企业和民营经济发展。紧紧抓住市政府支持玉溪高新区与江川共同开发建设龙泉山生态工业园区的机遇，结合国家产业政策，重点发展新能源、新材料、生物医药、高端装备制造等战略性新兴产业，推进工业转型升级。按照“资源共享、平台共用、产业共建、利益共享”的原则，推进园区一期5平方公里区域开发建设，完善配套基础设施，承接项目入驻。要强化土地管理和用地保障，按照工业上山的要求，建设用地和工业用地尽可能向园区倾斜，确保园区用地。要以资本运作方式盘活土地资源，增强园区开发实力。加快发展高端旅游产业调快三产，继续用好综合试验区平台，全力推进高端旅游项目建设。充分挖掘地方传统旅游资源，推进孤山岛、界鱼石公园等原有景区景点的提档升级。继续推进十里长堤系统工程建设，打造湖滨生态旅游长廊。继续举办好“开渔节”，编制《江川县餐饮美食产业发展规划》，推进餐饮业健康发展，使“中国生态美食名县”品牌更具影响力。

要千方百计扩开放促发展。坚持把扩大开放作为江川参与桥头堡建设的根本路径，抓紧制定《江川县桥头堡战略发展规划》。要扩大区域合作，积极

融入“滇中经济圈”，与玉溪形成“同城效应”，通过交通对接、工业协作、旅游联动、商贸流通、文化交流等途径，形成全方位、多层次、宽领域的对外开放新格局。充分利用玉溪高新区的平台和政策优势，建立区县招商引资合作机制，提高招商水平。要围绕战略新兴产业、高端旅游产业等重点产业以及基础设施、公用设施等领域广泛开展招商，着力引进实施一批能有效带动结构调整和产业升级的重大项目。要充分利用国内外市场和资源，优化资源配置，鼓励支持优势产品、绿色有机农产品扩大出口，支持县内优势企业走出去，拓宽发展空间。

(二)坚持可持续发展，进一步推进生态文明建设

坚持走生态建设产业化、产业发展生态化的路子，大力发展绿色经济和绿色产业。抓紧审批实施《江川生态县建设规划》，尽快启动生态县创建工作。坚决落实“退调保”战略措施，全力推进抚仙湖流域环境保护与治理，继续推进“两湖”面山25度以上坡耕地生态造林工程，加快推进明星、小马沟旧村改造工程。建立健全生态补偿机制，更好地保护和合理开发利用资源。大力实施天然林保护、石漠化治理、小流域综合治理等生态建设项目。规范地下水开采行为，加强水源地保护。健全完善农村环境保洁保障机制，深入开展农村环境卫生整治工作。加快推进抚仙湖大鲫鱼河流域环境综合治理、农业面源控磷控氮和星云湖南片区污水处理厂等项目建设。加大重点污染源治理力度，有序淘汰落后产能。继续推进“七彩云南·江川保护行动”和生态乡镇、生态村创建工作，倡导绿色低碳生产生活方式。

(三)坚持统筹城乡发展，进一步加快现代宜居高原湖泊生态城建设

因地制宜，突出特色，科学调整县城总体规划，加快编制《低丘缓坡山地综合开发利用方案》，推进城镇上山、工业上山、旅游上山，拓展建设用地空间，保护坝区优质耕地。县城要继续按照“一城五片区”的总体规划，重点沿玉江路向西北方向拓展，推进城镇上山。乡镇要调整城镇发展思路和规划布局，转变建设用地方式，在抓好“空心村”改造的同时，引导新增城镇、村庄、工业建设用地向适建山地发展。突出以古滇建筑为特色的城市建设风格，加快推进“古滇国城”等项目建设，争创省级园林城市。突出抓好江城、九溪城镇规划修编工作，推进特色小镇建设。按照“放宽城镇户籍、同享城乡待遇、自愿有偿转变、分类推进”的总体要求，促进农业人口向城镇有序转移。加强城市经营管理，做好城中村改造工作，盘活资产，改善城市基础设施，建立城市管理长效机制。强化产业支撑，大力发展信息咨询、金融保险、商贸流通、社区服务、餐饮等现代服务业，增强消费对经济增长的拉动作用，提高城镇综合承载能力。

(四)坚持先进文化引领发展，进一步推动文化大发展大繁荣

文化是民族的血脉，是人民的精神家园。要贯彻落实好十七届六中全会精神，深入实施“文化兴县”战略，推动文化大发展大繁荣。牢牢把握社会主义先进文化前进方向，用社会主义核心价值体系引导社会、教育人民、推动发展。推进文化惠民工程，广泛开展群众性文化活动和精神文明创建活动，深入实施《全民科学素质行动计划纲要》，突出抓好未成年人思想道德建设，大力宣传先进典型，不断提升全民道德情操、科学文化素养和城乡文明程度。重视各类媒体的管理和运用，做好舆情信息、舆论引导和对外宣传工作，营造和谐的舆论氛围。发展文化产业，重视文化遗产的研究，做好路居光坟头文化遗址考古发掘工作，加强对古滇青铜文化、高原水乡文化和渔文化的挖掘保护和传承开发。推进江川特色文化与旅游产业深度融合，把文化资源变成产业优势，着力打造青铜工艺品、生活铜制品和特色餐饮知名品牌。扎实抓好文化精品工程，创作一批反映江川人文风貌的文学艺术作品。重视文化人才队伍建设，为文化大发展大繁荣提供有力的人才支撑。

(五)坚持共享发展，进一步保障和改善民生

巩固教育先进县成果，稳步推进教育现代化，做好学前教育试点工作，强化师资队伍建设，全面推进素质教育。继续深化医药卫生体制改革，进一步完善新农合、城镇居民医保补助机制，加强基层卫生基础设施建设，逐步完善县乡村三级农村医疗卫生服务网络，健全以社区卫生服务为基础的新型城市医疗卫生服务体系。抓好人口计生工作，促进人口和谐发展。加快发展科技事业，做好科技信息服务工作。加强体育基础设施建设，广泛开展全民健身活动。进一步完善社会保障体系，认真落实新

型农村和城镇居民社会养老保险制度、被征地农民养老保险制度等惠民政策，深入推进优抚和城乡低收入群体医疗“一站式”服务。加快保障性住房建设，解决中低收入群众住房困难问题。加快发展社会福利和慈善事业，积极发展妇女、儿童、残疾人和老龄事业。实施积极的就业再就业政策，构建和谐劳动关系。继续做好扶贫开发和新农村重点村建设等工作。加快殡葬制度改革步伐。

(六) 坚持和谐发展，进一步巩固和谐稳定的良好局面

加强社会主义民主政治建设，贯彻落实好市委、县委人大政协工作会议精神，支持人大、政协依法依章履行职能。巩固和发展爱国统一战线，支持工青妇、工商联等组织更好地发挥作用。健全农村民主管理制度，加强基层民主建设。加强“双拥”工作和国防后备力量建设，密切军政、军民关系。深入推进“平安江川”创建活动，积极开展“六五”普法工作，加强法制宣传教育，推进依法治县。加强和创新社会管理，进一步健全党委领导、政府负责、社会协同、公众参与的社会管理格局，探索实施领导干部包户责任制，做好新形势下群众工作。探索城镇社区管理经验，加快组建职教小区(德馨苑)社区组织，加强对流动人口的服务和管理。深入开展社会矛盾排查调处活动，建立健全矛盾多元化纠纷解决机制，努力把矛盾控制在源头、化解在基层。深入开展第三轮“禁毒防艾”人民战争，依法打击各类违法犯罪活动，切实增强人民群众的安全感。加强防灾减灾体系建设，健全社会稳定风险评估和突发事件应急处置机制。加强食品药品监管，严厉打击食品药品违法违规行为。加强对安全生产工作的领导和制度建设，强化安全生产监管，有效防范和坚决遏制重特大安全事故，确保人民群众生命财产安全。

三、全面加强党的建设，进一步提高领导科学发展能力和水平

办好江川的事，关键在党，关键在各级领导干部。我们必须始终坚持党要管党、从严治党的方针，全面推进党的思想、组织、作风、制度和反腐倡廉建设，为建设高原湖泊生态县提供坚强有力的组织保证。

(一) 着力提升党员干部思想政治水平

坚持不懈地用马克思主义中国化最新成果武装头脑，加强理想信念教育，坚决防止和解决精神懈怠的危险。加强各级领导班子执政意识、团结干事、民主集中制教育，切实增强各级领导干部的政治意识、大局意识、忧患意识、责任意识。继续推进学习型党组织和学习型机关建设，大力弘扬理论联系实际的学风，坚持和完善党员干部学习日、领导干部在线学习等制度，不断提高领导干部的素质和能力。

(二) 着力加强领导班子和干部人才队伍建设

坚持正确的选人用人导向，着力建设执行力强、创新力强、感召力强的领导班子，培养造就一支高素质干部队伍，坚决防止和解决能力不足的危险。树立重视基层、注重实绩的用人导向，坚持德才兼备、以德为先的用人标准，围绕科学发展选干部、配班子、强队伍。重视培养选拔使用女干部、少数民族干部、党外干部，合理使用各年龄段干部。完善干部轮岗交流机制，加大县乡之间、部门之间轮岗交流力度。加大竞争性选拔干部力度，促进优秀人才脱颖而出。创新干部教育培训方式，拓宽干部实践锻炼途径。坚持党管人才，创新人才工作体制机制，统筹抓好各类人才队伍建设。

(三) 着力加强党的基层组织建设

深化和拓展“云岭先锋”、“环湖党建”等工程，坚决防止和解决一些基层党组织功能不健全、少数党员发挥作用不明显的问题。深入开展创先争优和向杨善洲同志学习活动，引导党员干部把学习先进转化为推动发展的实际行动。加强机关、事业单位和学校的党建工作，确保走在基层组织建设的前列。尽快出台《关于加强农村(社区)基层组织建设的意见》，落实基层党建工作责任制，健全党建经费保障机制，探索建立村组干部岗位补贴增长、离任补偿等保障机制，完善村组干部考核管理办法。突出抓好基层组织带头人队伍建设，提高发展农村集体经济的能力。完善基层党组织设置形式，抓好非公经济组织、新社会组织和农村(社区)基层党建工作。强化流动党员教育管理服务，继续做好村(居)民小组党员活动室延伸建设工作。推行农村党员积分制管理，进一步发挥农村党员的先锋模范作用。

(四) 着力加强干部作风建设

大力弘扬求真务实、真抓实干的优良作风，坚决防止和解决作风不实、脱离群众的危险。把2012年作为“作风建设年”，大力整治“庸、懒、散、软”等作风问题。深入开展“四群”教育、“三深入”活动（“四群”：群众观点、群众路线、群众利益、群众工作；“三深入”：深入基层、深入群众、深入实际），建立党员干部民情责任区和直接联系群众制度，密切党群干群关系。建立健全狠抓落实责任机制，坚持重点工作项目化、项目建设责任化、责任落实具体化的工作方法，明确重点项目建设具体实施的主办部门和协办部门。认真研究制定推进重大项目的实施方案，把属于乡镇（街道）、部门职能范围内的每一项任务细化量化，变成可操作、可考核的内容，落实到具体岗位和人员，依靠严格的目标责任制和责任追究制，推动工作落实。完善督查机制、表彰奖励机制和问责制度，真正用项目建设的实际成效检验各级领导班子和领导干部抓落实的能力，确保县委、政府决策落实到位。

（五）着力推进制度建设

坚持用制度管人管权管事，不断推进制度建设规范化、程序化、科学化，坚决防止和解决制度建设薄弱、制度落实不到位的问题。健全和完善县委常委会、全委会议事规则和决策机制，完善重大决策咨询机制，促进决策科学化、民主化。积极稳妥推进党务公开，健全党内信息公开制度和党委新闻发言人制度。完善党内监督管理制度，建立领导干部决策失误纠错改正机制，从严管理领导班子和领导干部。坚持领导干部离任交接、领导干部外出报告等制度，加强领导干部日常管理。加大对制度执行情况的监督检查力度，把制度内化为行为准则和自觉行动，形成尊重制度、服从制度、执行制度的良好氛围。

（六）着力加强反腐倡廉建设

坚持标本兼治、综合治理、惩防并举、注重预防的方针，扎实推进惩治和预防腐败体系建设，坚决防止和解决消极腐败的危险。深入开展党性党风党纪教育，加大示范教育、警示教育和岗位廉政教育力度，推进廉政文化建设。认真落实领导干部述职述廉、报告个人有关事项和干部财产申报等规定，加强对各级领导班子和党员干部特别是主要领导干部的监督，确保权力在阳光下运行。充分发挥村（居）民监督委员会的作用，加强农村集体资金、资产、资源管理。继续加强对重点领域不正之风的专项治理，加大违纪违法案件查处力度，始终保持惩治腐败的高压态势。

同志们，建设面向西南开放重要桥头堡已经拉开序幕，江川的发展已经站在一个新的历史起点上，发展基础已经具备，发展机遇难得，发展前景广阔。让我们更加紧密团结起来，在市委的正确领导下，全面贯彻落实科学发展观，坚定信心，振奋精神，开拓进取，真抓实干，为建设高原湖泊生态县而努力奋斗！

政府工作报告

——2012年2月9日在江川县十四届人民代表大会第五次会议上

县长　葛　勇

各位代表：

我代表县人民政府报告政府工作，请予审议。

一、2011年主要工作回顾

2011年是“十二五”的开局之年，在市委、市政府和县委的领导下，县政府以科学发展为主题，紧紧围绕“五大”战略、“三大”目标，调结构、转方式、促增长，完成了十四届人民代表大会第四次会议确定的目标任务。全年完成县内生产总值43.07亿元，增长13.6%；财政总收入4.3亿元，增长20%；地方财政收入3.37亿元，增长25%；全社会固定资产投资40亿元，增长70.2%；社会消费品零售总额11.84亿元，增长19.5%；城镇居民人均可支配收入18260元，增长11.2%；农民人均纯收入6374元，增长13.1%；城镇登记失业率控制在3%以内；人口自然增长率3.47‰；万元GDP综合能耗下降3%。

(一)县域经济稳步增长

农业农村经济健康发展。全年实现农业总产值16.89亿元，增长15.07%。兑付各类支农惠农补贴资金1554万元。实现粮食总产3834万公斤。收购烟叶1441万公斤，实现烟叶税6280.6万元，烟农收入首次突破3亿元，被省政府表彰为“烤烟生产先进县”。实现蔬菜产值4亿元。实现畜牧业产值5亿元，生产营销仔猪116万头。冬桃、核桃等特色产业基地发展壮大，新增冬桃、核桃种植面积15000亩。实现花卉产值1.87亿元。实现水产业产值7789万元。新增农民专业合作社4个，农业产业化步伐不断加快。完成18个整村推进扶贫和安化新庄小营民族团结示范村建设，12个新农村重点村建设工作稳步推进，65个“一事一议”财政奖补项目抓紧实施。江城、九溪被省政府列为现代农业型特色小镇。

工业经济平稳运行。全年完成工业总产值34亿元，增长24.2%；增加值8.69亿元，增长19.5%。龙泉山生态工业园区建设步伐加快。园区环评通过专家评审，投资4680万元完成园区主干道、供水管网和通信、电力等配套设施建设。园区招商引资政策逐步完善，引进的联塑科技年产10万吨新型塑料管材、丰宇科贸年产250套风力设备总成、美联机电年产1万件智能电网控制设备项目推进顺利。腾达机械年产8万件齿轮等14个新上技改项目建设完工，江磷集团综合整治利用黄磷尾气日产500吨石灰生产线开工建设。完成2户清洁生产企业审核验收。加大对中小企业的扶持力度，拨付企业技改、淘汰落后产能补助及中小企业贴息资金1207万元，协助企业置换贷款5470万元，帮助7户非公企业协

调贷款4830万元。

第三产业持续发展。完成第三产业增加值18.5亿元，增长10%。全年共接待游客171.3万人次，实现旅游总收入6.74亿元。云南江川仙湖锦绣旅游物业发展有限公司投资1.5亿元建成的“仙湖锦绣”景观大道成为旅游观光新亮点，九龙国际会议中心投资3.99亿元建设完成项目二期主体工程，天湖国际化工公司退出二产、发展三产的天湖湾项目前期工作正在推进。商贸流通体系不断完善，新增注册个体工商户2790户、从业人员6183人，新发展行业协会、商会37个。农资店实现行政村全覆盖。对外贸易进一步扩大，黄磷、萝卜丝(条)、花卉等10多个品种出口30个国家和地区，出口企业增加至11户，全年累计实现出口总额7956万美元，增长23.2%。

财税金融稳健运行。全年完成财政总收入4.3亿元，增长20%，地方财政支出近10亿元，增长28.5%。在保刚性支出的基础上，加大对保民生、维稳定的投入。征收价格调节基金118万元，增强了政府调控价格、稳定市场的能力。全县金融机构各项存款余额63.94亿元，增长16.48%；贷款余额35.53亿元，增长21.65%。完成政府性债务审计，建立了偿债准备金制度，规范了政府性债务管理。全面完成农村集体“资金、资产、资源”清理登记工作。

(二)基础设施不断完善

市政交通电力设施得到加强。城乡规划进一步完善，县城总体规划修编人口用地规模经省级核准，编制了近期建设规划，完成了53个行政村、240个自然村的村庄规划编制。古滇国城、江川财富广场开工建设，分别完成投资2.2亿元和1.01亿元，德馨苑(职教小区)和怡景园建设完工，江磷文苑主体工程基本完成，星云铭城即将开工。完成了水果市场搬迁和老戏台休闲广场改造，启动了大街农贸市场提档升级工程。巨鹏天然气利用工程正在推进。县城交通网络进一步完善，文祥街西北延长线全线贯通，湖滨路北段改造完成，玉江路、澄川路部分路段路面维修改造进展顺利。新建改建前卫、九溪等12项输变电工程，建成通信基站103个，电力、通信等基础设施覆盖面进一步扩大。

农田水利基础设施进一步夯实。投资8476万元，完成矣文、麦冲水库除险加固，完成黄谷田水库灌区1万亩农业综合开发和石河、茶尔山水库干支渠防渗工程建设。九溪海棠、大街三街和大营片区现代烟草农业示范区建设基本完工。杨柳坝等6座小型水库除险加固和路居上坝等7项人畜饮水工程进展顺利，白河水库水源工程开工建设。农村抗旱应急工程主体完工。黄营、左卫等5个村土地整理项目和雄关、路居2个乡镇工矿废弃地等三项整治项目通过省市验收，完成中低产田地改造3.3万亩。全国第一次水利普查江川区域普查工作稳步推进，农村小型水利工程管理体制改革工作全面完成。

(三)生态建设环境保护得到加强

完成了抚仙湖、星云湖“十二五”水污染综合防治规划和江川县生态建设与环境保护规划编制。抚仙湖大鲫鱼河流域环境综合整治工程、抚仙湖一级保护区退田还湖工作稳步推进。星云湖北片区污水处理厂投入试运行，南片区污水处理厂工程加紧建设。江城西大河人工表流湿地建设及植物移栽工程完工。星云湖南岸环湖截污治污及生态修复工程可行性研究报告通过评审。星云湖蓝藻打捞船完成调试。东风水库径流区江川片区综合整治重点项目有序推进。主要入湖河道保洁工作有效开展，河段长责任制得到强化。完成第二次石漠化监测，建成生态防护林2万亩、九溪河小流域生态林5500亩，改造中低产林1.5万亩，治理水土流失面积10平方公里。在两湖流域实施农田种植保水剂试验1000亩、控氮减磷示范1000亩。投入246万元，加大农村环境卫生整治力度，建成沼气网点11个，改造节能灶1900户，完成707户退耕还林太阳能热水器项目。编制了两湖面山退耕还林、林产业发展和生态县建设规划，生态文明乡镇和生态文明村创建工作进一步加强，荣获“国家级生态示范区”称号。

(四)社会事业协调发展

教育卫生文化事业取得新进展。教育优先发展地位得以体现，教育总投入达2.1亿元，39000多名义务教育阶段在校学生享受“三免一补”优惠政策，新增校舍面积23800平方米，配置计算机640台，完成安化中学等校点收并，江城中心幼儿园和龙街村、后卫村幼儿园试点项目建设顺利推进，雄关中心幼儿园投入使用。在省级教育督导评估中获得“教育工作先进县”称号。加强社区医疗卫生服务工作，医药卫生体制改革进一步深化，乡镇卫生院全部纳入财政全额供养。筹集新型农村合作医疗资金6711

万元，新型农村合作医疗保险参合率达96.2%，筹资和住院最高补助标准分别提高到290元和16万元，77万多人次享受到新型农村合作医疗保险成果。公共卫生服务基本实现均等化，建立健康档案25.7万份。重大传染疾病防控工作扎实有效。完成县医院门诊医技大楼和伏家营等4个村级卫生所建设，卫生监督局、120急救中心项目获省发改委立项。认真推行计划生育优质服务，“奖优免补”政策全面落实。文化信息资源共享工程实现行政村全覆盖，李家山古墓群保护性设施建设进展顺利；第三次全国文物普查江川区域普查工作全面完成，江城文星阁、甘棠箐文化遗址等被列为第七批省级重点文物保护单位，路居光坟头综合性文化遗址发掘工作正式启动。农民体育健身工程覆盖60%以上行政村。全国第六次人口普查江川普查工作圆满完成。老龄、妇女儿童、残疾人事业不断推进，防震减灾、民族宗教、统计、气象、档案等工作得到加强。

社会保障工作取得新成绩。开发公益性岗位368个，城镇新增就业人员2109人，下岗失业人员再就业506人，503　名“4050”人员实现了再就业，城镇登记失业率控制在3%以内；完成农村劳动力培训转移3584人。发放城镇、农村最低生活保障和五保等社会保障资金2045万元。全面实施优抚对象、城乡低收入群体医疗保障“一站式”服务。新型农村和城镇居民社会养老保险试点工作稳步推进，参保率分别达97%和98%。32223名60周岁以上老年人享受基础养老金1063万元；4500多名80周岁以上老年人享受长寿保健补助金290万元。投资1000万元的县中心敬老院主体工程完工。全年发放廉租住房租赁补贴资金200万元，216套廉租房租售入住，2011年保障性住房建设项目推进顺利，完成1502户农村危房改造和民居地震安全工程。筹资233万元，实施“三小”应急工程，向93200户家庭分别发放一个小急救包、一本防灾应急自救互救宣传小册子。“双拥”活动深入开展。

社会治安综合治理扎实推进。“六五”普法工作有序开展。有效化解社会矛盾纠纷，妥善处理群体性事件和突发事件，全年受理群众来信来访213件595人次，办结213件，办结率达100%；排查、受理矛盾纠纷1429件，调解成功1404件。严厉打击各类违法犯罪行为，禁毒防艾工作扎实推进，“平安县”创建工作不断深入。道路交通、消防和食品药品安全监管工作得到强化。

（五）政府自身建设不断加强

积极推动“三五”依法治县工作，政府依法行政不断加强，法治、责任、阳光和效能政府建设深入推进，健全完善了重大决策听证等工作制度，全年公示重要事项719项、通报重点工作1069项、听证重大决策事项9项，清理行政审批事项353项。确定行政行为监督单位44个、关键岗位151个、重点环节243项，制定防范措施452条；确定目标倒逼管理工作44项。加大绩效、项目投资结算、前置审计力度，核减项目投资789.5万元。出台了《自觉接受人大监督加强与县人大代表联系的意见》和《自觉接受政协民主监督加强与县政协委员和工商联联系的意见》，主动接受人大的法律监督和政协的民主监督，支持配合人大开展了首次工作询问。全年共办理人大代表建议96件，政协委员提案100件，政协常委会建议案2件，办结率均达100%。

各位代表，过去的一年，我县经受住了经济社会发展中各种困难的考验，完成了年初人代会确定的各项目标任务。这是市委、市政府和县委领导的结果，是全体代表监督和社会各界大力支持的结果，是全县人民勤劳奋斗、共同努力的结果。在此，我代表县人民政府，向全体代表、全县干部群众和驻江部队、武警官兵表示崇高的敬意！向离退休老同志和关心、支持江川经济社会发展的各级领导、各界人士表示衷心的感谢！

回顾过去的一年，我们清醒地看到，江川经济社会发展中还存在许多困难和问题，一是经济总量小，运行质量不好，效益不高。二是生产性投资严重不足，工业基础较为薄弱，县域经济缺乏强有力的产业支撑。三是财源培植任务艰巨，可用财力有限，财政刚性支出增长较快，收支矛盾更加突出。四是生态建设和环境保护任务繁重。五是以烟花爆竹行业为主的工矿商贸企业安全生产形势较为严峻。六是少数干部作风不实，协作、服务意识有待增强。对这些问题，我们将高度重视，在今后的工作中认真加以解决。

二、2012年主要工作任务

各位代表，2012年是贯彻落实省第九次党代会提出的“四个翻番”、“两个倍增”目标要求的起始年，也是实施“十二五”规划的关键之年。新的一年，机遇与挑战并存，希望与困难同在。国家实施的新一轮西部大开发和“桥头堡”战略；省委、省政府实施的滇中经济圈和抚仙湖—星云湖生态建设与旅游改革发展综合试验区以及“保护坝区农田、城镇工业上山”政策；市委、市政府实施的“一退够、二调优、三保护”和“三湖”生态城市群建设措施，为我县经济社会加速发展提供了难得的机遇。面对机遇，我们一定要把思想和行动统一到谋发展、促发展上来，聚精会神搞建设，努力实现江川发展的新跨越。

2012年经济社会发展的总体思路是：高举中国特色社会主义伟大旗帜，以邓小平理论和“三个代表”重要思想为指导，深入贯彻落实科学发展观，坚定不移地实施以改革开放和科技进步为动力的“生态立县、农业稳县、工业强县、旅游活县、文化兴县”发展战略和“壮优培特，建设高原湖泊生态县”的经济社会发展思路，紧紧围绕建设“高原湖泊生态县、现代宜居高原湖泊生态城和国际高原湖泊生态休闲度假旅游目的地”三大目标，以科学发展为主题，以加快转变经济发展方式为主线，全力抓项目、增投资，调结构、上水平，强保护、建生态，惠民生、促和谐，转作风、抓落实，推进新型工业化、城镇化和农业现代化，开创全县经济社会科学发展的新局面。

2012年，经济和社会发展的主要目标建议为：县内生产总值增长12%；地方财政收入增长15%；固定资产投资增长25%；农民人均纯收入增长12%；城镇居民人均可支配收入增长8%；社会消费品零售总额增长15%；人口自然增长率控制在5‰以内；城镇登记失业率控制在3%以内；万元GDP综合能耗下降3.5%。

实现上述目标，重点抓好七个方面的工作：

(一)坚定不移地推进“三农”工作，在加快实现农业现代化上取得新进展

加快农业产业化发展。按照“围绕增收调结构、依托烤烟建产业”的思路，加快推进传统农业向生态、安全、高效、优质的现代农业转变，实现农业总产值18.48亿元，增长9.4%。抓住卷烟工业对优质烟叶需求旺盛的机遇，完成烤烟种植10.2万亩，收购烟叶1350万公斤。推进畜牧业向特色化、品牌化、生态化方向发展，实现产值6亿元，增长11.1%。进一步优化蔬菜产业布局，加强蔬菜标准化生产基地和乡村流通工程建设，力争产值突破4.5亿元，增长9%。采取有效措施加强水产业管理，增加渔业产量，实现产值7000万元。继续推进林权制度综合配套改革，促进林业可持续发展。

加强农业基础设施建设。抓住中央三年内完成所有病险小(一)型水库除险加固的机遇，完成杨柳坝等3座小(一)型水库和燃灯寺等8座小(二)型水库除险加固；力争完成新建白河水库主体工程建设。加强水源地保护，依法管理地下水资源。完成4.17万亩中低产田地改造和大街三街、大营，九溪海棠现代烟草农业示范区项目建设扫尾工作。完成江城、前卫两个基地单元烟田基础设施建设。加快江城茶尔山水库灌区农业综合开发工程建设。

全力推进新农村建设。全面完成新农村村庄规划编制，鼓励支持以村组为主体实施旧村改造。完成九溪小营、前卫张家边等11个新农村重点村建设；争取实施13个整村推进扶贫工程。继续实施农村环境卫生综合整治，进一步改善农村环境。认真执行“一事一议”政策，加强农村公益设施建设，使新农村建设真正成为惠及群众的“民心工程”。

(二)坚定不移地实施“工业强县”战略，在工业经济扩量提质上实现新跨越

倾力实施“工业强县”战略。树立“以工业促产业、以工业壮财政、以工业兴城镇”的理念，狠抓工业经济总量扩张和质量提高。

继续推行县级领导联系重点企业、重点项目跟踪问效责任制，强化乡镇主要领导抓工业意识，落实工业经济发展目标考核责任制，健全完善激励机制，力争实现工业总产值44亿元，增长29.4%；增加值10.73亿元，增长20.3%。

按照“资源共享、平台共用、合作开发、利益共享”的原则，抓住市政府决定“将龙泉山生态工业园区纳入玉溪高新技术开发区重要组成部分”的机遇，把龙泉山生态工业园区建设成为全市新型工业化的重要经济带和优势工业项目聚集区。按照“项目向园区集中，园区向山地布局”和“一区多园”、“一园多点”的原则，抓住“工业上山和低丘缓坡土地综合利用开发”的政策机遇，拓展园区规划面积，

启动新拓展区域的规划修编。加快园区基础设施建设，力争完成紫红坝至工业园区道路建设。严格项目准入，推行部门服务跟踪问效，确保已签定协议的联塑科技年产10万吨新型塑料管材等3个项目开工建设；着力引进一批高科技、高产出、高效益、高附加值、低污染、低能耗的生态环保新兴产业项目入园发展。

继续抓好磷化工、纸制品、建筑建材、青铜制品和烟花爆竹等传统特色产业的发展。磷化工业、建材业要突出技术创新、节能降耗，重点完成江磷集团利用黄磷生产尾气日产500吨石灰生产线建设，启动年产1000吨赤磷阻燃剂、年产5万吨工业级和食品级磷酸一氨项目建设。青铜制品加工业要力争规划古滇青铜文化园，在产品设计理念提档升级上下功夫，扩大生产规模，加大青铜制品营销宣传力度，提高市场占有率。纸制品业要抓住打造云南纸制品核心区的机遇，整合现有企业，培植龙头企业，引进优势项目，带动纸制品业向高档次、高质量和规模化方向发展，提高产品核心竞争力。烟花爆竹业要坚持“规范运作、循序渐进、安全发展”的原则，按照“规模化、品牌化、效益化”的要求，整合淘汰一批规模小、管理水平低、安全生产条件差的企业，走产业集团化运作之路。

(三)坚定不移地发展旅游文化产业，在培育经济增长点上取得新成效

全面推进“旅游活县、文化兴县”战略，建旅游精品，培文化产业，努力提升第三产业的整体水平。力争实现第三产业增加值21.35亿元，增长11.5%。

突出抓好重点旅游项目建设。坚定不移地推进“仙湖锦绣”项目建设。完成九龙国际会议中心五星级酒店建设。支持天湖国际化工公司将退出二产、发展三产的天湖湾项目打造成为全省产业转型的示范项目。启动界鱼石景区提档升级，做好星云湖十里长堤4A级旅游景区总体规划编制，打造湖滨生态旅游长廊。对有特色的乡村旅游示范户给予大力扶持，推进乡村旅游产业持续发展。加大外宣促销力度，以更富创意的活动形式，办好各类节事赛事，扩大“抚仙湖—星云湖生态建设与旅游改革发展综合试验区”的吸引力和影响力。

推动文化繁荣和发展。认真贯彻落实好十七届六中全会精神，加强社会主义核心价值体系建设，推动群众性精神文明创建活动深入开展。深化文化体制改革，推进文化创新，打造提升文化品牌，形成以高原水乡文化为主体，古滇青铜文化为特色，多样性文化共同发展的格局。加强文化基础设施建设，充分发挥农家书屋作用，实现文化馆、图书馆和乡镇综合文化站免费开放。协助省文物考古研究所做好路居光坟头综合性文化遗址发掘工作。

大力打造餐饮美食产业品牌，积极引导企业做好“中华餐饮名店”和“云南餐饮名店”创建工作，进一步扩大“中国生态美食名县”的知名度和影响力，形成以“三锅”(铜锅鱼、铜锅饭、大锅菜)、“三宴”(全鱼宴、全牛宴、菌子宴)、“三道菜”等特色菜为主的餐饮格局，促进餐饮业健康有序发展。

(四)坚定不移地统筹城乡协调发展，在加快“三湖”生态城市群建设上迈出新步伐

抓住省委、省政府“保护坝区农田、建设山地城镇”的机遇，尽快启动“低丘缓坡山地综合开发利用”试点县建设工作。加强与“三湖”生态城市群建设总体规划的衔接，修编完善县城各类规划。以玉江大道两侧为重点，推进城镇上山，开发建设新城区，努力把县城打造成为“三湖”生态城市群的重要城市带。

进一步完善城乡交通网络，完成玉江路、澄川路破损路面修复，江华、江通路隐患整治、德馨苑出入道路建设及江通路五岔路口至伏家营段的绿化亮化工程，启动环城北路(澄川路至渔文化广场段)建设。做好农村通畅工程，完成白家营、祁家营、陈家湾、阳山庄道路硬化，北前线、大铁线水毁路面修复及道路安保工程。启动县环保局、公安局、司法局、消防大队业务用房和县供电公司电力调度综合楼建设。加快推进古滇国城、财富广场、星云铭城等项目建设步伐，完成大街农贸市场提档升级改造和启动日用工业品配送中心项目建设。进一步完善城乡输变电网络，完成大街220千伏、旱街110千伏、县城220千伏二期等输变电工程建设。

加强城市管理，充分发挥城市管理综合执法局的职能作用，加大城市管理综合执法力度。强化集贸市场管理，对占道经营、乱搭乱建等行为进行规范整治。规范县城城区交通秩序，实施交通环境综合整治。努力提高县城绿地率和绿化率，争创省级园林城市。

(五)坚定不移地实施“生态立县”战略，在加强生态环境建设保护上取得新突破

加快以“建设生态文明，优化生态环境，发展生态经济”为主要内容的生态县建设，实现经济社会与环境和谐、科学发展。

加速推进“两湖”治理工程。稳步推进抚仙湖一级保护区退田还湖、大鲫鱼河流域环境综合治理和星云湖蓝藻水华与“内负荷”控制等重点工程建设。完成南片区污水处理厂及配套管网、孤山片区污水引入北片区污水处理厂集中处理工程。完成县城老污水处理厂提标改造，力争启动星云湖一级保护区退田还湖工作。实施沿湖大渔村、大石咀村等4个村落环境综合整治工程。继续推进东风水库径流区江川片区环境综合治理工程，启动九溪垃圾收集转运工程和安化董炳河生态修复工程，力争将九溪、安化列为全市生态补偿机制试点区。

调整种植结构，增加经济果木林种植面积，完成1万亩核桃种植、1万亩中低产林改造和星云湖500亩农田控氮减磷试点示范工程，实施江城、前卫5000亩保水剂节肥试点工程。以环保投资公司为平台，积极探索生态建设和环境保护管理市场化运作模式。完善入湖河道河段长常态管理机制，制订出台《星云湖流域畜禽养殖业循环经济发展规划》配套办法。加强环境执法和监管力度，严格项目审批和环保“三同时”制度，依法查处各类环境违法行为。

(六)坚定不移地抓好财税金融工作，在强化财政运行保障能力上走出新路子

加快支柱产业发展和优势产业培育，稳固基础财源，壮大支柱财源，培育新兴财源，挖掘潜在财源。坚持依法治税，强化重点税源监控和跟踪问效管理，加强税收征管，做到应收尽收。科学理财，强化预算约束，严格审批程序，规范资金管理，巩固“小金库”清理成果。树立过紧日子的思想，进一步优化支出结构，在确保刚性支出的基础上，将资金用在最迫切、最急需解决的问题上，提高财政资金的使用效益。建立财政支出监控机制，抓好财政投资重点项目全程审计和跟踪监督，提高财政资金使用的规范性和安全性。加强银政、银企合作，鼓励金融机构争取贷款规模，合理调整信贷结构，提高存贷比例，发挥银行招商引资平台作用，支持县域经济发展。完善村民民主理财制度，强化农村集体“资金、资产、资源”管理，确保农村集体资产保值增值。

(七)坚定不移地推动各项社会事业协调发展，在惠及民生上再创新业绩

优先发展教育，巩固“教育先进县”成果。认真落实“三免一补”政策，推进义务教育均衡发展，提升普通高中教育质量，大力发展职业教育，加快发展学前教育。完成江川一中、二中运动场扩建，排除学校D级危房5000平方米。继续深化医药卫生体制改革，巩固新型农村合作医疗保险成果，做好社区医疗服务和农村初级卫生保健工作。完成县中医院达标建设、县医院门诊医技大楼设备配置和卫生监督局、120急救中心建设。做好传染病防控工作。严厉打击食品药品违法违规行为，做好药品安全示范县创建工作，加快推进“百千万”餐饮服务示范工程建设，确保食品药品安全。继续做好“贷免扶补”工作，多渠道开发就业岗位，完成城镇再就业2000人，下岗失业再就业500人，特殊困难群体再就业500人，开发公益性岗位350个，新增转移农村劳动力3000人。实现新型农村和城镇居民社会养老保险全覆盖。完成2011年928套、启动2012年1200套保障性住房建设，抓好600户农村危房拆除重建工作。启动人口和计划生育综合改革工作，加快推进诚信计生和免费孕前优生健康检查工作，提高人口质量。认真落实民政救济等社会保障政策，完成江川县中心敬老院建设和殡仪馆申报立项。继续推进农民体育健身工程，把行政村篮球场覆盖率提高至65%以上。积极推进老龄、妇女儿童、残疾人事业发展，抓好气象预警、防灾减灾、科技、民族宗教、统计等工作。

创新社会管理，进一步健全矛盾纠纷“大调解”机制，落实领导干部大接访大下访工作制度。强化社会治安综合治理，依法严厉打击各类违法犯罪行为，深入推进第三轮禁毒防艾人民战争，巩固“无毒县”成果。高度重视安全生产，建立健全重大社会事项及安全生产风险评估和预警机制，深入开展治大隐患防大事故专项行动，严防重特大安全事故发生。加强国防动员、民兵、预备役和人防工作。

三、加强政府自身建设，着力优化政务环境

坚持党的领导，自觉接受人大的法律监督和政

协的民主监督，切实加强民主法治建设，积极推进依法治县进程，加强政府自身建设，着力优化政务环境。

认真落实“四群”教育和干部直接联系群众制度的要求，以提高执行力为核心，着力解决一些领导干部群众观念淡漠，群众立场不稳，损害群众利益，群众工作方法简单，特别是直接联系群众弱化，不想深入实际，不愿深入基层，不会深入群众，加快发展的责任感和紧迫感不强，贯彻落实科学发展观的能力和水平不高，工作不落实的问题。进一步加强危机意识和发展紧迫感教育，强化事业心和责任感，做到贯彻决定不争论，推进发展不折腾，保证政令畅通、工作步调一致；进一步提高领导水平和执政能力，着力建设执行力强、创新力强、感召力强的领导班子，培养造就一支推动发展有激情、有招数、有能力的高素质干部职工队伍，增强驾驭全局和务实创新的工作能力；进一步推进政务公开，健全完善重大决策听证、重要事项公示、重点工作通报等政务信息公开制度，探索政务公开新途径新方式，增强政府工作的公开性和透明度。加大对制度执行情况的监督检查力度，形成尊重制度、服从制度、执行制度的良好氛围，把制度内化为行为准则和自觉行动，确保各项重大决策部署高效贯彻执行，以良好的执行力推动大发展、大跨越。

认真落实干部作风建设年活动的各项要求，以完善行政效能考核为抓手，着力加强干部作风建设。要充分认识和高度重视干部作风建设的重要性和必要性，进一步完善行政效能考核制度，制定科学合理、切合实际的考核办法，加大考核力度，加强考核结果运用，严格奖惩制度。鼓励、支持乡镇(街道)、部门推行严格的内部考核制度，允许采取末位淘汰制、绩效工资制等多种办法，转变遇事相互推诿扯皮，服务不到位、工作效率低、不思进取、阻碍工作推进的庸、懒、散、软的工作作风，切实解决“干多干少一个样、干好干坏一个样、干与不干一个样”的问题，让真正想干事、能干事、会干事、干得了事的人员脱颖而出。进一步加大对提升行政效能、转变工作作风的跟踪问效和督查力度，完善督查通报制度，对督查发现的先进典型，要及时宣传报道，加以表扬；对反面典型，要实行公开曝光。

坚持“标本兼治、综合治理、惩防并举、注重预防”的方针，把惩治和预防腐败作为事关民心向背、事关人民切身利益、事关改革发展稳定大局的大事来抓，着力加强反腐倡廉建设。进一步加强反腐倡廉宣传教育，把廉洁勤政理念渗透到党员干部日常工作和生活中，增强拒腐防变意识，形成廉洁从政的良好氛围。继续完善反腐败领导体制和工作机制，围绕群众关心、社会关注的重点领域和热点难点问题开展行业治理和行风整治，加大纠风治乱力度，坚决纠正损害群众利益的不正之风，密切党群、政群、干群关系。进一步落实廉政建设“一岗双责”制，做到廉政建设与政府工作的各项目标任务同部署、同检查、同落实。继续深入开展反腐败斗争，严肃查处违纪违法案件，不断把廉政建设和反腐败斗争推向深入，以党风廉政建设的实际成果取信于民，树立人民政府良好形象，提高政府公信力。

各位代表，2012年是我县经济社会发展中的关键一年，完成今年的发展目标，任务十分艰巨。让我们在市委、市政府和县委的领导下，团结一心，扎实工作，为建设生态、富裕、文明、和谐江川而努力奋斗！

大 事 记

编辑 李 伟

江川县2011年大事记

1月

▲1日，安化彝族乡新庄村委会朱家大地村自来水工程竣工通水。

▲5日，上海市普陀区与江川县地方及医院领导座谈会暨向县人民医院捐赠医学装备仪式举行。

▲6～9日，江川县接受省政府教育督导团检查评估。

▲8日，中共江川县委十一届六次全委(扩大)会召开。

▲9日，江川县接受省教育督导评估意见反馈会召开。

▲10日，江川县召开2011年关心下一代工作会。

▲10日，江川县召开仙湖锦绣景观大道景观规划汇报会。

▲10～11日，市政府考评组对江川县2010年行政效能建设进行年度考评。

▲14日，江川县召开2011年烤烟生产工作会。

▲14日，江川县公安局召开2011年公安工作会议。

▲18日，云南农业科技园同云南和启投资有限公司战略合作签字仪式暨江川科和投资有限责任公司挂牌仪式举行。

▲18日，江川县受邀参加CCTV2010年度经济人物颁奖盛典。

▲18日，江川县召开2011年预防道路交通事故工作第一季度联席会。

▲20日，江川县开展春节送温暖活动。

▲21日，江川县召开国民经济和社会发展第十二个五年规划听证会。

▲21日，政协江川县七届二十二次常委会议召开。

▲25日，市政协副主席、市委统战部长范亚辉看望慰问江川县健在的6名黄埔同学和1名困难遗孀、1户困难台胞。

▲26日，武警云南省总队长王诚、总队政治部副主任王维新到武警玉溪支队江川县中队检查指导“四项设施”建设工作。

▲27日，2011年春节军民联欢晚会在驻江部队礼堂举行。

▲27日，中共江川县委书记张延明、县人大常委会副主任杨生明、副县长师文到雄关乡慰问困难群众。

▲28日，中共江川县委书记张延明看望慰问全国劳模。

2月

▲10日，江川县第十四届人民政府召开第五次全体会议召开。

▲11日，江川县召开2011年度党风廉政建设大会。

▲11日，中共江川县第十一届纪委六次全会召开。

▲11日，云南江川天湖化工有限公司擦洗车间机修班、江川县幼儿园大班年级组获玉溪市总工会命名表彰为“2010年工人先锋号”。

▲12日，江川县农村信用合作联社、云南宏斌绿色食品有限公司被命名为“2010年度玉溪市劳动关系和谐企业”。

▲13日，政协江川县第七届委员会第四次会议召开。

▲14日，政协江川县第七届委员会举行第二十三次常委会议。

▲15日，江川县召开第四批新农村建设工作队及指导员工作总结表彰暨欢送第五批指导员工作会。

▲16日，江川县第十四届人民代表大会第四次会议召开。

▲24日，省市关工委到江川县江城镇侯家沟村委会调研村级关工委建设和农村青年教育工作。

▲24日，江川县召开经济发展和大中客户用电项目座

谈会。

▲24日，江川县举行政府性债务审前座谈会。

▲25日，省政府行政效能考核组到江川检查减轻农民负担情况。

▲28日，云南省重大旅游项目“仙湖锦绣”一期基础设施建设工程进行土地平整。

3月

▲1日，江川县召开第一次全国水利普查工作培训动员会。

▲1日，江川县2011年星云湖鱼苗投放工作正式启动。

▲3日，江川县举行庆“三八”暨‘强素质·谋发展·创新绩”女领导干部座谈会。

▲3～4日，以云南省地方病防治所副所长宋志忠为组长的考评考核组到江川，对重点地方病防治规范(2004～2010年)和第五次鼠疫防治联防工作进行考评考核。

▲4日，江川县总工会、妇联、体育局联合在县体育馆举办“庆三八”系列体育活动。

▲7日，江川县召开森林防火与烤烟备耕工作会。

▲9日，江川县召开第五批新农村建设工作队工作座谈会。

▲10日，市委常委、市委宣传部长董文献到江川调研宣传思想文化工作。

▲10日　国家信访局政策研究室副主任孙宽平对江川县江城镇明星村委会就开展用群众工作统揽信访工作情况进行专题调研。

▲11日，江川县总工会第十届五次全委(扩大)会议召开。

▲15日，云南省烟草公司副总经理童荣崑到江川调研优质烟叶有效供给能力工作情况。

▲17日，江川县召开政府机构改革动员大会。

▲18日，省人民政府下发《关于表彰第4批教育工作先进县(区)的决定》，江川县被评为“教育工作先进县”。

▲18日，江川县召开2011年安全生产工作会议。

▲18日，共青团江川县十五届四次全委(扩大)会议召开。

▲22日，省、市关工委领导到江川县侯家沟村委会考察、论证农村综合示范点关心下一代工作。

▲23日，江川县召开违法占用林地清理动员会。

▲24日，江川县召开2011年金融运行分析会。

▲24日，江川县召开2011年政协委员提案交办会。

▲25日，江川县召开人大代表建议交办会。

▲28日，江川县召开2011年农村老体协工作会议。

▲30日，江川县政协召开七届二十四次常委会议。

▲31日，江川县举行撤大街镇设大街街道挂牌授印仪式。

4月

▲2日，江川县召开2011年财税工作会。

▲2日，江川县开展清明祭扫烈士墓活动。

▲7日，江川县举行大街市场提档升级改造投资项目签约仪式。

▲7～8日，全省宣传思想文化调研工作会在江川召开。

▲8日，江川县工商联召开2011年工作会议。

▲8日，江川县召开2011年烟花爆竹安全生产工作会。

▲8日，江川县组织召开2011年人口与计划生育工作会。

▲8日，江川县召开流动人口均等化服务工作启动会。

▲9日，江川县召开烤烟生产备耕工作会。

▲9日，上海市普陀区党政代表团到江川考察并向县人民医院捐赠价值20万元的医疗设备。

▲11日，江川县召开2011年工业经济发展大会。

▲11日，省公安厅治安总队总队长到江川检查指导“大走访”开门评警活动。

▲11～13日，公安部“大走访”开门评警督察组到江川开展“大走访”开门评警活动专项督察工作。

▲12日，江川县召开2011年政法工作会。

▲14日，江川县召开2011年宣传思想文化工作会。

▲15日，江川县召开统战工作暨民族团结进步表彰会。

▲15日，江川县召开2011年卫生工作会议。

▲18日，副省长高峰到江川县调研医药卫生体制改革工作。

▲20日，县委副书记、县新农村建设总队长罗江鹏率相关部门到路居镇调研。

▲20日，玉溪市2011年烤烟移栽现场会在江川召开。

▲20日，以省卫生厅疾控局局长胡守敬、省第二人民医院口腔预防科主任王冰、省疾控中心慢非传染科许雯组成的督导检查组，对江川县中西部地区儿童口腔疾病综合干预试点项目工作情况进行督导检查。

▲20日，省教育厅副厅长邹平深入江川县前卫镇、江城镇调研学前教育发展情况，对民办的前卫1＋1幼儿园、江城童话幼儿园进行调研。

▲21日，市委书记孔祥庚检查调研江川县铜工艺品生产企业。

▲21日，市政协调研组到江川县对城镇化发展情况进行专题调研。

▲21日，江川县召开2011年烤烟预整地暨移栽动员会议。

▲21日，江川县召开“江川县2001～2010年妇女儿童发展规划终期评估会”。

▲25日，市人民检察院党组书记、检察长张德勋到县检察院调研指导检察文化建设工作。

▲26日，中共江川县委中心组集中开展理论学习活动。

▲27～28日　江川县在县委党校举办领导干部社会管理及其创新专题研讨班。

▲28日，省人大常委会视察组到江川县就2010年财政

部代云南省发行地方政府债券资金安排使用情况进行实地视察。

▲29日，江川县召开2011年民政工作会议暨创建全国双拥模范县动员大会。

▲30日，江川县召开领导干部大会。

5月

▲4日，江川县举办纪念“五四”运动92周年宣讲活动。

▲5~6日，省教育厅长罗崇敏、省财政厅副厅长陈建国、省教育厅副厅长邹平等到江川调研教育改革发展情况。

▲6日，江川县召开2011年食品药品监管暨创建药品安全示范县工作会。

▲6日，江川县召开2011年新农村建设暨2009~2010年度新农村重点村建设工作总结表彰会。

▲10日，市委副书记张玲到江川调研春耕生产情况。

▲12日，江川县举办2011年宣传思想文化工作座谈会。

▲12日，江川县召开防灾减灾工作会。

▲12日，省政府督查室督查组到江川督查政府自身建设工作。

▲13日，国家科技部农村司副巡视员李增来到江川对云南宏斌绿色食品有限公司和云南金塔实业有限公司两家农业龙头企业发展情况进行调研。。

▲13日，中国银行股份有限公司江川支行举行开业庆典仪式。

▲16日，江川县召开烤烟中耕管理工作会。

▲16日，省政府九大高原湖泊水污染综合防治督导组到江川调研抚仙湖水污染综合防治工作。

▲17日，市人大调研组对江川县保障性住房建设情况进行调研。

▲17日，江川县组织召开打击食品非法添加和滥用添加剂专项工作会。

▲17日，江川县召开2011年“一事一议”财政奖补工作会。

▲17~18日，省环保厅调研组到玉溪就“三湖”水污染综合防治工作进行深入调研

▲18日，江川县2011年五月交通安全宣传月启动仪式暨防酒驾市民饮酒体验活动举行。

▲19日　市老年法规执法检查组对江川县贯彻落实《老年人权益保障法》情况进行检查。

▲20日，江川县人民政府与玉溪市商业银行举行政银合作座谈会。

▲22日，省人民政府加快发展非公有制经济工作督导组对江川县非公有制经济发展情况进行督导检查。

▲22~27日，中国地震局地球物理研究所朱涛博士运用科学仪器对江川两大盆地进行探测，标志着江川盆地地球物理场综合探测正式启动。

▲24日，江川县召开县2011年党建工作会。

▲24日，市政府督查组到江川检查指导地质灾害防治工作。

▲24日，公安部督察专员到江川就如何妥善处置群体性突发事件进行调研。

▲27日，江川县召开整治规范征占用林地工作会议。

▲27日，江川县召开2011年消防、道路交通安全工作会议。

▲30日，江川县召开李家山文物保护及展示利用工程设计方案论证会。

▲30日，全国政协“推进基本公共服务均等化”专题调研组到江川参观考察李家山青铜器博物馆。

▲30日，市委督导组对江川县拟创建市级基层党建示范点工作进展情况进行专项督查。

▲30日，江川县召开新型农村合作医疗方案调整研究工作会。

▲30日，江川县召开2011年招生工作会。

6月

▲1日，江川县召开2011年土地管理专题会。

▲1日，江川县幼儿园举行了“庆六一·唱红歌”系列活动。

▲2日，全市烟花爆竹安全监管工作会在江川召开。

▲2日，江川县召开2011年环境保护暨生态县创建工作会议。

▲3日，玉溪市抚仙湖保护治理工作专题会议在江川召开。

▲7日，中共江川县委书记马文龙，县委副书记、县长葛勇率领江川县党政领导视察第十九届中国昆明进出口商品交易会江川交易团。

▲8日，江川县人民政府与中国联塑集团举行项目签字仪式。

▲9~11日，中国共产党江川县第十二次代表大会召开。

▲11日，中国共产党江川县纪律检查委员会召开第一次全体会议。

▲11日，中共江川县委召开十二届一次全会。

▲11日，玉溪市副市长、市公安局长明正彬，市公安局常务副局长李云峰到江川对群体性事件处置及矛盾纠纷化解工作进行专题调研。

▲11日，江川县召开党员干部大会。

▲12日，由国家环保部、国家发改委、国家水利部组成的调研组到江川对抚仙湖保护治理工作进行调研。

▲14日，在第二届中国聂耳音乐(合唱)周玉溪市“聂耳杯”合唱比赛中，江川县百人合唱团参加比赛并以9.930分的

总成绩位列第二名。

▲14日，省公安厅督查组到江川县检查指导“安全生产”工作。

▲15日，市政协副主席钱开祯到江川对星云湖治理工作情况进行视察。

▲15日，江川县召开农村集体“三资”管理工作动员会。

▲15日，省民政厅党组成员、省老龄办专职副主任王建新到江川县对大街社区居家养老服务中心建设工作进行调研。

▲16日，江川县举行云南省教育工作会和教育规划纲要宣讲会。

▲22日，云南省滇中引水工程输水干渠线路考察调研组到江川考察调研。

▲23日，云南省委第七巡视组到江川检查指导教育工作。

▲24日，江川县政协召开七届二十五次常委会议。

▲25日，团中央青农部副部长孙俊波到江川调研农村青年创业就业工作。

▲25日，在建党90周年来临之际，江川县组织开展慰问老党员、困难党员活动。

▲30日，江川县召开庆祝中国共产党成立九十周年大会。

▲30日，江川县在县体育馆举行纪念中国共产党建党九十周年大型文艺演出。

▲30日，江川县召开“学习杨善洲精神做人民满意的好党员好干部”学习生活会。

▲30日，江城镇明星村党总支被省委表彰为先进基层党组织。

▲30日，抚仙湖环湖东路建成通车典礼举行。

7月

▲5日，江川县召开统一战线社会各界人士庆祝建党90周年暨辛亥革命100周年座谈会。

▲7日，江川县召开2011年优化烟叶结构暨田间不适用烟叶处理现场会。

▲9～13日，玉溪市第六届市、县(区)总工会职工运动会在江川举行。

▲10日，星云湖大头鲤人工增殖放流仪式在举行。

▲10日22：40左右，江川县高龙潭火炮厂第四幢装药房发生爆炸。

▲11日，江川县召开2011年安全生产工作会议。

▲11日，云南省烟草公司领导到雄关乡检查指导工作。

▲12日，中共江川县委中心组理论学习会召开。

▲20日，江川县组织召开公交车客运票价听证会。

▲21日，市政府督查组到江川，对2011年上半年行政效能建设、创建国家环境保护模范城市和治理工程建设领域突出问题等工作进行督查。

▲21日，江川县反邪教警示教育基地在大街街道上营社区挂牌。

▲21日，省公安厅副厅长董家禄到江川县公安局调研指导社会管理创新工作。

▲22日，江川县召开农村环境卫生整治工作动员大会。

▲25日，市纪委领导到江川县工商局检查指导廉政文化示范点创建工作。

▲25日，江川县住房和城乡建设局将前期开展的2011年920套城镇保障性住房建设所涉相关资料移交与江川县广厦保障性住房开发投资有限公司。

▲26日，2011年云南省中西部地区儿童口腔疾病综合干预试点项目现场培训会在江川举行。

▲26日，江川县召开建立村(居)民监督委员会动员会议。

▲26日，江川县召开宣传思想文化工作推进会。

▲27日，县委常委、县委组织部长林清主持召开老干部和老年大学专题会议。

▲27日，江川县人民政府同意安化中学收并到前卫中学。

▲28日， 市委常委、市委统战部长吕昌会到江川调研。

▲28日，江川县召开双拥工作座谈会。

▲28日，市委副书记张玲到李家山青铜器博物馆调研。

▲29日，共青团江川县第十六次代表大会召开。

月内，江川县开展深入“仙湖锦绣”项目所在地做好群众思想稳定工作。7月15日，县委副书记张金翔，县委常委、政法委书记陈琎寿率县委政法委、县综治维稳办领导深入到路居镇下坝社区召开座谈会，与路居镇下坝社区张营村籍退休干部职工交心谈心。7月29日，玉溪市副市长、市公安局局长明正彬，县委副书记、县长葛勇等领导深入江川县路居镇张营村委会与群众面对面地开展思想疏导工作。

▲7～8月，县委常委、县委政法委书记陈琎寿率县委政法委、县综治维稳办相关人员深入到全县7个乡镇(街道)和部分村委会(社区)，对当前江川县基层综治维稳工作进展情况和存在的主要问题进行专题调研督查。

8月

▲1日，市、县领导到驻江部队看望慰问全体官兵。

▲2日，江川县十四届人民政府第六次全会召开。

▲2日，江川县召开安全生产工作联席会议。

▲3日，江川县召开第三轮禁毒防艾人民战争工作会议。

▲4日，江川县召开综治维稳工作会。

▲4～5日，江川县举办综治维稳培训班。

▲7日，江川县总工会第三次“贷免扶补”工作共贷款30名，发放贷款金额174万元。

▲8日，江川县召开新型农村和城镇居民养老保险待遇发放数据采集工作会议。

▲11日，江川县召开2011年烟叶收购工作会议。

▲11日，市委巡视组到明星村委会调研共青团创业贷款使用情况。

▲12日，中共江川县委群众工作局正式挂牌成立。

▲14日，安化彝族乡中学顺利收并到前卫中学。

▲17日，江川县召开全面推进村关工委建设工作会议。

▲18日，江川县召开创先争优活动推进会暨基层党建示范点授牌仪式。

▲18日，江川县组织召开县城供水价格调整听证会。

▲19日，江川县召开土地利用专项规划征求意见会议。

▲19日，省公安厅网上追逃专项督察“清网行动”督导检查组到江川县公安局对“清网行动”进行专项督察。

▲19日，江川县召开十四届人民政府第四次廉政建设暨行政效能工作会。

▲22日，市委常委、常务副市长谢兴荣到江川专题调研税收工作。

▲23～24日，省关工委农村青年“讲政治、育新人，学科技、奔小康”示范点现场研讨会在江川侯家沟村委会和江川宾馆召开。

▲24日，省纪委廉政文化进机关示范点检查组到江川县工商局检查廉政文化进机关示范点创建工作情况。

▲24日，江川县召开新型农村和城镇居民社会养老保险试点工作会。

▲25日，江川县政协召开第七届委员会第二十六次常委会议。

▲25日，江川县举行残疾人大中专学生资助仪式。

▲26日，省委宣传部组织的“云之南”艺术团到江川县举行《情系母亲湖》生态文明专场文艺演出。

▲26日，江川县召开2011年贫困大学生奖励资助会。

▲29日，市政府督察组到江川对江川县食品安全工作进行督察。

▲29日，江川县总工会开展2011年“金秋助学”活动。

▲30日，江川县召开供销社改革发展推进会。

▲31日　江川县新型农村和城镇居民社会养老保险发放仪式举行。

▲31日，县委书记马文龙，县委常委、县委组织部长林清等到雄关乡调研党建工作。

▲31日，市住房和城乡建设局副局长田江龙到江川县督查2011年城镇保障性安居工程等重点建设项目推进情况。

▲8月，江川县江城镇侯家沟村委会被省关工委定为全省农村青年教育示范点。

9月

▲2日，副市长李洪云到江川实地查看大风冰雹灾害情况。

▲2日，中国地震局局长陈建民到江川县视察指导工作。

▲6日，县委书记马文龙、县委组织部长林清到县教育局同局领导班子进行座谈。

▲7日，县委书记马文龙深入江川一中、前卫中学等9所学校进行考察调研。

▲7日，江川县召开质量兴县工作会议。

▲8日，玉溪市2011年法院与人口计生依法行政工作联席会在江川召开。

▲8日　江川县召开2011年教育工作暨教师节表彰大会。

▲14日，省地震局副局长毛玉平、监测预报处长吴国华到江川县调研指导防震减灾工作。

▲15日，江川县人民政府召开第38次常务会议。

▲15日，市考核组对江川县抚仙湖沿岸环境卫生管理工作进行考核。

▲15日，公安部“清网行动”第四督导组刘小会到江川县公安局督导检查“清网行动”工作。

▲15日，江川县召开县城自来水供水价格调整社会稳定风险评估会。

▲15日，江川县召开公交车客运票价调整社会稳定风险评估会。

▲16日，玉溪市暨江川县2011年“全国科普日”活动在江川县启动。

▲19日，江川县召开2011年工业项目推进暨招商引资工作会议。

▲20日，江川县举办庆祝建党90周年老年人文艺晚会。

▲20～28日，县委常委、县委政法委书记陈琎寿，副县长、县公安局长师文深入江川县保障性住房建设项目征地涉及村社，进村入户，深入做好群众思想教育工作。

▲21日，省民政厅副厅长姚国华到江城镇查看8月31日遭受冰雹灾害的救灾善后工作情况和江川县中心敬老院(社会福利院)项目建设情况。

▲21～22日，省公安机关执法规范化建设重点工作阶段性检查组组长、省公安厅督察总队政委平百全到江川县公安局检查验收3年来执法规范化建设工作。

▲23日，县委常委马利兴到雄关调研新农村建设工作。

▲26日，江川县召开村(居)民监督委员会委员培训会。

▲27日，市人大常委会副主任雷庆丽到江川对民族宗教工作情况进行调研。

▲28日，江川县召开传达市第四次党代会精神大会。

▲28日，中共江川县委召开人大、政协工作会议。

▲28日，江川县首个“居家养老服务中心”在大街社区落成。

▲29日，江川县召开“九九”敬老节经济形势通报会。

▲29日，市委常委、副市长黄宪庭到江川调研保护坝区农田建设山地城镇工作情况。

▲29日，江川县总工会对江川县6名省(部)级劳模、10名市级劳模进行走访慰问。

▲29日，江川县总工会开展“中秋、国庆”送温暖活动。

▲29日，江川县召开第十四届人大常委会第三十一次会议。

▲30日，江川县举行2011年保障性住房建设项目开工仪式。

月内，江川县农村籍退役士兵老年生活补助发放工作正式启动。

10月

▲12日，省委常委、省委宣传部长张田欣率发改、财政、文化、旅游、教育等省级相关部门负责人到江川，就文化建设、文化旅游产业发展情况等进行调研。

▲12日， 江川县召开贯彻学习《云南省玉溪市城市管理条例》工作会议。

▲12日，江川县召开2011年度禁毒委成员单位联席会。

▲13日，国家财政部、农业部、发改委，省财政厅、市县财政局等领导到江城镇白家营村委会前竹园小组调研一事一议财政奖补项目实施情况。

▲13日，玉溪市第九届老年人运会在江川县开幕。

▲13日，江川县召开学习贯彻胡锦涛总书记“七一”重要讲话精神宣讲大会。

▲14日，江川县召开2012年新型农村合作医疗筹资工作会。

▲14日，共青团江川县委召开鼓励青年创业“贷免扶补”工作座谈会。

▲15日，国家教育部计财司、省教育厅计财处领导到江川县调研校安工程建设情况。

▲17日，江川县召开保护坝区农田、建设山地城镇工作方案征求意见会。

▲18日，中共江川县委召开企业工资集体协商工作领导小组会议。

▲19日，江川县召开2011年新增廉租住房租赁补贴发放工作会。

▲21日，江川县召开“六五”保密普法暨“三项”保密教育培训会。

▲22日，玉溪市古滇国文化研究会第六次学术讨论会在江川举行。

▲22日，江川县被云南省农业综合开发领导小组授予“十一五”云南省农业综合开发先进县荣誉称号。

▲25日，江川县召开企业工资集体协商工作会议。

▲25日，省安全委员会督查组对江川“治大隐患、防大事故”排查治理专项行动工作进行督查。

▲25日，《江川县龙泉山生态工业园区仙水大道建设项目水土保持方案可行性研究报告书》、《江川县龙泉山生态工业园区龙泉大道建设项目水土保持方案可行性研究报告书》通过评审。

▲25日，江川县召开小马沟退房还湖旧村改造项目推进会。

▲27日，江川县召开2011年征兵工作会议。

▲28日，云南首家“三品一标”农超对接生鲜超市——昆明纯鲜甜生鲜超市在昆明开业。

11月

▲2日，中共江川县委召开第七次法制宣传教育暨“六五”普法骨干培训会。

▲4日，江川县召开2011年度党建党风廉政建设责任制考核及述职述廉评议动员大会。

▲4日，副市长王跃率市国土、工信、高新区等相关部门领导到江川调研龙泉山生态工业园区建设发展情况。

▲4日，中共江川县委书记马文龙到江城镇明星村调研退房还湖旧村改造工作。

▲5日，省委常委、省委组织部长刘维佳到江川县明星村党总支、仙湖锦绣项目区调研基层党建工作和创先争优活动。

▲7～19日，举行江川县第三届中小学生运动会。

▲8～9日，省安监局非煤露天矿山安全生产专项整治工作验收组到江川县进行抽查验收。

▲8日，县委常委马利兴，县人大常委会副主任、县总工会主席陆富仙对江川县4名省部级困难劳模进行走访慰问。

▲8日，江川县召开关于深化乡镇机构改革实施意见会议。

▲12日，光坟头综合性文化遗址发掘工作启动。

▲13日，省工艺美术行业协会会长张化忠、中国工艺美术大师赖庆国对江川县铜器民间工艺发展情况进行实地考察。

▲13～14日，江川县举办铜器民间工艺培训班。

▲15日，江川县召开全县安全大检查紧急工作会议。

▲15日，县委常委马利兴对县总工会开展的“生态文明之家”创建工作进行调研、检查。

▲16日，江川县召开深化乡镇机构改革动员会议。

▲17日，江川县召开信访稳定工作专题会议。

▲17日，江川县召开安全生产工作专题会议。

▲17日，江川县召开固定资产投资暨重大项目建设工作推进会。

▲18日，江川县召开2011年行政效能建设工作迎检动员会。

▲21日，江川县召开防灾应急“三小”工程工作会议。

▲21日，安化彝族民间音乐《赛撒弦》参加云南省第七届歌舞乐展演，获银奖和非物质文化遗产传承奖。

▲21日，江川县第十九届暨乡镇第八届老年人运动会开幕。

▲21日，市委副书记、市长高劲松深入江川烟花火炮生产企业，实地检查安全生产情况。

▲21日，江川县召开烟花火炮安全生产现场会。

▲21~23日，省禁毒委员会考核组组长余兵对江川“无毒县”巩固工作进行全面考核验收。

▲22日，县委常委、县委宣传部长龚桂存到雄关调研禁毒防艾工作。

▲22日，香港特区政府高级公务员考察团深入江城镇明星村委会、江川县抗浪鱼人工养殖基地和明星鱼洞进行实地参观。

▲22日，江川县2011年“园丁杯”篮球赛正式开赛。

▲23日 江川县召开农村、社区“清剿火患”推进会。

▲23日，江川县“三小”工程防灾应急手册、应急包发放仪式举行。

▲23~24日，江川县对前一阶段农村环境卫生整治工作情况进行全面检查。

▲24日，市综治维稳考核组到江川对综治维稳工作进行考核。

▲24日20：30，江川王牌烟花火炮厂炮竹机械装药房发生爆炸，事故造成2人死亡，4人受伤。

▲25日0：30，江川县组织召开全县烟花火炮厂厂长紧急会议。

▲29日，江川县第十四届人大常委会召开第三十二次会议暨专题询问会。

▲29日，江川县农村环境卫生整治工作经验交流会在前卫镇周官村委会召开。

▲30日，江川县召开安全生产紧急工作会议。

▲11月，江川县被国家环保部授予“国家级生态示范区”称号。

12月

▲1日，江川县召开传达学习省第九次党代会精神暨学习贯彻十七届六中全会精神宣讲大会。

▲1日，中共江川县委书记马文龙，县委副书记、县长葛勇，县委副书记张金翔，县政协主席黄文柱等前往驻江某部，慰问2011年退役老兵。

▲1日，省新闻出版局农家书屋检查组对江川县农家书屋建设情况进行检查。

▲2日，由省文物考古研究所、市文物管理所、县文物管理所、北京大学联合组队对江川县路居镇光坟头文化遗址开始进行考古发掘。

▲5日，省政府九湖水污染综合防治督导组到江川县调研“两湖”水污染防治工作。

▲5日，江川县2011年青年马克思主义者培养工程培训班开班。

▲8日，中共江川县委十二届二次全委(扩大)会议召开。

▲10日，国家财政部调研组到江川调研生态环境保护工作情况。

▲10日，江川县举行欢送应征青年入伍仪式。

▲11日，中共江川县第十二届纪律检查委员会召开第二次全体会议。

▲12日，江川县开展救灾应急“三小工程”演练。

▲14日，江川县召开《中共江川县委执政纪要》编纂动员培训会。

▲15日，江川县举行生态县建设规划(2011~2020年)听证会。

▲15日，公安部涉案人员非正常死亡和涉案财物管理问题专项治理检查验收组到江川县公安局检查验收涉案人员非正常死亡和涉案财物管理问题专项治理工作。

▲16日，江川县大学生“村官”工作暨挂职干部座谈会召开。

▲16日，江川县召开2012年国民经济和社会发展计划(草案)听证会。

▲16日，江川县全面安排部署江川县出席党的十八大代表候选人初步人选推荐提名工作。

▲20日，江川县召开新农村建设工作队座谈会。

▲21日 江川县召开2012年森林防火工作会议。

▲22日，江川县召开开展“四群”教育实行干部直接联系群众制度暨“作风建设年”活动动员大会。

▲28日，江川县召开2011年度惩防体系建设暨党风廉政建设责任制考核汇报会。

▲28日，国际扶华组织和省民政厅领导到江川麻风病疗养院调研工作。

▲29日，玉溪市总工会副主席李树华、法保部部长田世排组成的考核组到江川对2011年工会市级目标责任书进行实地考核。

▲29日，江川县人大常委会副主任、总工会主席陆富仙陪同市总工会副主席李树华对江川县省市级劳模看望慰问，共慰问省(部)级劳模4人，市级劳模6人，发放劳模慰问金5000元。

▲30日，省残联副理事长樊兴宇对江川残疾人特困户进行慰问。

▲30日，《江川生态县建设规划(2011~2020年)》通过省环保厅组织的专家评审会。

▲31日，江川县举行学习贯彻省第九次党代会精神宣讲大会。

▲31日，江川县召开2011年财政金融结算工作座谈会。

月内，第二轮“晋江线”、“红江线”边界线联检工作圆满完成。

（李 伟）

概　况

编辑　余立言

江川县

【自然概貌】　江川县地处滇中，位于东经102°34~102°55′，北纬24°12′~24°32′之间。县城驻地大街距省会昆明102千米。东南与华宁、通海县交界，西南与红塔区接壤，西北和晋宁、澄江县相邻。县境由湖泊、盆地、中低山组成。县城南北最大纵距33.7千米，东西最大横距31.9千米，总面积850平方千米，其中山区、半山区占71.67%，坝区占15.69%，湖泊水面占12.37%。整个地势为四周高、中部低，西部九溪略向玉溪倾斜。境内最高峰谷堆山海拔2648米，最低点九溪河口村海拔1690米。境内主要河流有16条，河道总长184.8千米，属珠江流域西江水系，最大洪水流量315立方米/秒，多数为季节性河流。县境中部有高原断陷湖泊星云湖，辖有抚仙湖三分之一水面。星云湖总面积34.7平方千米，最大水深10米，平均水深7米，容水量1.84亿立方米，正常水位海拔1722米，属富营养型湖泊，十分适合鱼类生长，被誉为“天然养鱼塘”。抚仙湖总面积212平方千米，其中江川辖水面68.94平方千米，占水面总面积的32.5%。

2011年，境内平均气温16.5℃，比上年低1.1℃。极端最高气温为31.6℃（8月31日）；极端最低气温为0.1℃（1月21日）。全年日照时数为2275.2小时，比2010年同期少237.2小时。初霜期为2010年12月17日，终霜期为2011年2月24日，初终日数共70天。全年降水量496.8毫米，比2010年同期偏少191.0毫米，创江川县自1958年有气象记录以来的历史同期最少记录。

【行政区划】　2011年，全县辖大街1个街道办事处及江城、前卫、九溪、路居、安化(彝族乡)、雄关4个镇2个乡，共72个村民委员会(社区)，434个村民小组。

【人口和民族】　2011年末，全县户籍总人口27.5万人，比上年增长0.5%，其中：农业人口24.2万人、非农业人口3.3万人。全年出生人数2035人，死亡人口913人，人口自然增长率4.09‰。总人口中，少数民族人口1.8万人，占总人口的6.7%。年末常住人口28.27万人，比上年末增加0.02万人，城镇人口9.38万人，城镇化率33.2%。

【综合经济指标】　2011年，全年完成地方生产总值（GDP）430690万元，比上年增加64093万元，增长13.6%。其中：第一产业增加值118363万元，增加11344万元，增长7.8%，占GDP的比重为27.5%，对GDP增长的贡献率为16.8%，拉动GDP增长2.3个百分点；第二产业增加值127296万元，增加29322万元，增长25.5%，占GDP的比重为29.6%，对GDP增长的贡献率为50.3%，拉动GDP增长6.8个百分点；第三产业增加值185031万元，增加23427万元，增长10.1%，占GDP的比重为42.9%，对GDP增长的贡献率为32.9%，拉动GDP增长4.5个百分点。人均生产总值15240元，增加2208元。全年工农业总产值完成509075万元，比2010年增加74466万元，增长17.13%。

【工业和建筑业】　工业强县步伐明显加快，工业结构不断优化，企业效益明显改善，工业经济快速增长，工业园区建设稳步推进。全年完成现价工业总产值340129万元，比上年增加66259万元，增长24.2%。其中：规模以上工业191711万元，增加34906万元，增长22.3%；规模以下工业148418万元，增加31353万元，增长26.8%。在全部工业总产值中，轻工业产值107931万元，比上年增长29.4%，占全部工业总产值比重为31.7%；重工业产值232198万元，比上年增长21.9%，占全部工业总产值比重为68.3%。2011年完成工业增加值86944万元，其中：规模以上工业70493万元，比上年增加13362万元，

增长21.1%；规模以下工业16451万元，增加2599万元，增长12.7%。建筑业快速发展。2011全县完成建筑业增加值40352万元，比上年增加13361万元，增长41.4%。

优势产业中，磷化工业总产值完成104632万元，比上年增加27663万元，增长35.9%；纸制品工业总产值31277万元，比上年增加3425万元，增长12.3%；农产品加工业总产值61596万元，比上年增加13020万元，增长26.8%；建筑建材业总产值42871万元，比上年减少9112万元，减少17.5%。特色工业中，烟花火炮制造业总产值10547万元，比上年增加3234万元，增长44.2%；青铜制品业总产值2408万元，比上年增加66万元，增长2.8%。

主要工业产品产量：磷矿石（折含五氧化二磷30%）982041吨，同比增29.2%；精制食用植物油1921吨，同比增32.0%；小麦粉6146吨，同比增12.0%；农用肥料9311吨，同比增64.8%；黄磷25931吨，同比增17.9%；机制纸及纸板17752吨，同比增31.8%；纸制品16835吨，同比下降12.1%；水泥589172吨，同比增36.2%；砖13100万块，同比增1.3%；糕点207吨，同比下降9.2%。

【农　业】 2011年完成农林牧渔业总产值168946万元，比上年增加22121万元，增长15.1%。其中：农业总产值100393万元，比上年87823万元增长14.3%，占农林牧渔业总产值的59.4%，比重比上年下降0.4个百分点；林业总产值3225万元，比上年的2939万元增长9.7%，占总产值的1.9%，比上年下降0.1个百分点；牧业总产值54486万元，比上年的45572万元增长19.6%，占总产值的32.3%，比上年提高1.3个百分点；渔业产值6222万元，比上年的5988万元增长3.9%，占总产值的3.7%，比上年下降0.4个百分点；农林牧渔服务业产值4620万元，比上年的4503万元增长2.6%，占总产值的2.7%，比上年下降0.4个百分点。

全年农作物总播种面积342609亩，比上年增加4179亩，增长1.2%。经济作物面积139327亩，比上年增加947亩，占总播种面积的40.7%，比重比上年下降0.2个百分点；其他作物面积203282亩，比上年增加3232亩，占总播种面积的59.3%，比重比上年下降0.1个百分点。

全年粮食播种面积73427亩，比上年减少2015亩，下降2.7%；油料种植面积为38219亩，比上年减少1651亩，同比减少4.14%；烤烟种植面积为101108亩，比上年增加2598亩，同比增长2.64%；蔬菜种植面积为122513亩，比上年增加4093亩，增长率3.46%；花卉面积6808亩，比上年增加1211亩，同比增长21.64%。全年粮食总产3834万千克，比上年增加235万千克，同比增长6.5%；油料总产754万千克，比上年增加319万千克，同比增长73.2%；蔬菜总产23665万千克，比上年增加2572万千克，同比增长13.2%。烤烟生产圆满完成了收购计划。全县收购烟叶1441.09万千克；上等烟比率75.79%，比上年提高16.49个百分点；收购单价为19.81元/千克，比上年提高4.79元/千克；收购金额为28548万元，比上年增加5936万元，增长26.25%。

全年完成造林面积17400亩，其中：封山育林15000亩，核桃移植9700亩。共育苗29.2亩122.5万株，义务植树64.44万株。

畜牧业生产规模扩大，产品产量增加。肉蛋奶总产量35813吨，比上年增长10.3%（其中肉类总产量27114吨，增长10.0%）。年内出栏肥猪253157头，增加24504头，增长10.7%；全年出售营销仔猪1160272头，减少1433头，下降0.1%；生猪存栏262142头，减少29921头，下降10.2%（其中能繁殖母猪41616头，减少32010头，下降43.5%）。

全年水产品产量3810吨，其中：星云湖1914吨，抚仙湖483吨。

全县施用化肥42137吨，比上年增加972吨，增长2.4%。农用塑料薄膜使用595吨，增加127吨，增长2.7%。农药施用量349吨，增加16吨，增长0.5%。农村用电量6278万千瓦时，减少792万千瓦时，下降11.2%。

【交通运输和邮电业】 2011年交通运输、仓储及邮政业实现增加值29565万元，比上年增加4994万元，增长15.4%。年末全县公路总里程达846.78千米，其中：一级公路15.07千米，二级公路54.16千米，三级公路166.18千米，四级公路571.38千米，等外公路24千米，高等级公路16千米。公路货物运输总量612.4万吨，比上年增加35.44万吨，增长6.1%。

全年完成邮政业务总量456万元，增加107万元，增长30.6%。电信业务总量1600万元，增加100万元，增长6.7%。年底电话用户20900户，其中：公用电话700户，住宅电话11100户，流动市话230户，移动电话9800户。中国移动业务总量5088万元，移动电话用户150690户。

【固定资产投资】 抓住扩大内需的发展机遇，加大固定资产投资力度，全县固定资产投资规模跨越了40亿元的新台阶，固定资产投资总量创历史新高。2011年，全社会固定资产投资完成400148万元，比上年增加165050万元，增长70.2%，增长速度比上年提高18.8个百分点。其中：工业投资70615万元，增长21.2%。城镇固定资产投资286154万元，比上年的165074万元增加121080万元，增长73.3%（其中房地产开发投资129054万元，比上年的63210万元增加65844万元，增长104.2%）。农村固定资产投资113994万元，比上年的70024万元增加43970万元，增长62.8%；农村非农户投资38561万元，比上年的21981万元增加16580万元，增长75.4%；农村私人投资75433万元，比上年的48043万元增加27390万元，增长57.0%。

【贸易和消费物价】 消费品市场保持平稳增长态势。全县实现社会消费品零售总额117363万元，比上年增长18.5%。按城乡分，城镇实现消费品零售额66684万元，增长22.7%；乡村实现消费品零售额50679万元，增长13.4%。按行业分，批发贸易业实现消费品零售额7559万元，增长10.8%；零售贸易业实现消费品零售额79997万元，增长20.1%；住宿业实现消费品零售额7420万元，增长24.8%；餐饮业实现消费品零售额22388万元，增长13.9%。按经济类型分，公有经济实现消费品零售额27011万元，增长11.6%；非公有经济实现消费品零售额90352万元，增长20.7%。

2011年居民消费价格总指数104.6%，比上年上升4.6个百分点，商品零售价格上涨4.5%，农业生产资料价格上涨6.7%。

【财政、金融和保险】 2011年全县完成财政总收入42978万元，比上年增收6127万元，增长16.6%。完成地方财政收入33773万元，增收6757万元，增长25.0%。全年财政支出99965万元，增支22156万元，增长28.5%。

金融机构各项存贷款余额继续保持快速增长。年末，全县金融机构各项存款余额达639372万元，比上年增长16.5%，其中居民储蓄存款余额达389454万元，增长21.2%。各项贷款余额为355291万元，增长21.7%，存贷比为55.6%，比上年同期提高2.4个百分点。

2011年保险机构实现保费收入8930万元，比上年增长26.1%，支付各类赔款金额4508万元，增长24.2%。

【教育、文化、科技、卫生和体育】 2011年，全县共有公立学校80所，其中：乡镇中心完小12所，村完小44所，一贯制学校5所，教学点3个，乡镇中学11所，普通高中2所，职中1所，进修学校1所，县幼儿园1所。有教学班1258个，其中：幼儿学前班226个，小学657个，初中272个，普通高中70个，职业高中33个。在校生51596人，其中：在园(班)幼儿数7143人，小学24008人，初中14251人，普通高中4765人，职业高中1429人。小学毛入学率113.11%，小学学龄儿童入学率99.92%，辍学率0.28%，毕业率99.91%，小学毕业生升学率98.42%，年巩固率99.75%，新招一年级新生受过一年学前教育率99.94%，学前三年儿童毛入园(班)率79.68%，15周岁初等教育完成率99.88%。初中毛入学率113.8%，初中毕业率99.64%，初中辍学率1.79%，年巩固率98.42%，17周岁初级中等教育完成率98.93%。现有教职工2672人，其中正式教职工2425人，临时教职工188人，保安59人；专任教师合格率高中达99.61%、初中达99.52%、小学达96.99%。

全年共向国家、省、市推荐申报科技项目15个，实际立项8个，其中：国家级项目1个、省级项目6个，市级项目1个。建成省市县技术中心3个。培育全县农业产业化企业29个，其中：农产品加工企业14个，花卉企业15个。累计获得无公害农产品认证3个、绿色食品认证3个、有机食品认证1个。全年申请专利15件，其中申请发明专利4件，实用新型9件，外观设计2件；专利授权量12件，专利拥有量138件。

群众文化事业进一步繁荣，文学艺术创作成绩突出，专项活动亮点频现，文化市场秩序井然，文物保护和交流成效明显，非物质文化遗产保护扎实推进，文化产业持续发展，继续保持了“全国文化先进县”的称号。科技、广播电视、体育等事业全面发展，平安江川建设稳步推进。年末全县共有大小文艺队342个，全年举行文艺比赛10次；组织文艺活动699次；现有文化厅室77个，全年共举办展览66期，举办各种培训班89期；图书馆馆藏图书85623册，订购2012年报纸22种，杂志76种，全年接待读者98944人次、236912册次，有固定读者3844人。加大文博知识宣传力度，共在全县69个村委会放映农业生产的科教片800部、故事片828部、电影285场，观众75000人，做到每村每月放映一场电影；博物馆全年接待观众达11万人次。

各协会体育活动蓬勃开展，营造出全民参与体育活动的积极氛围。全县7个乡镇、社区均成立了全民健身领导小组，5个乡镇挂牌成立了“全民健身指导站”，晨晚训练点41个。拥有社会体育指导员225人，其中：国家级2人，一级6人，二级112人，三级105人。2011年承办市级以上体育比赛活动4次，举办县级体育比赛活动6次，组织基层体育比赛活动18次，全县体育人口达35%。举办全民健身活动8次，人数1.2万人次；年末全县拥有体育场地375个，体育局拥有体育场地8个，年内开放使用11万人次；举办培训班5期，参加培训284人次。竞训体育有省布传统游泳项目1个点，在训运动员28人；市布传统训练项目(田径、柔道、自行车)3个点，在训运动员60人；县布训练项目(篮球、武术)2个点，在训运动员36人。

年末，共有卫生机构12个，其中医院2个、卫生院7个，妇幼保健院1个，疾病预防控制中心1个，卫生监督检验机构1个。卫生技术人员446人，其中执业医师和执业助理医师254人，注册护士139人。医院和卫生院床位661张。乡镇卫生院7个，床位267张，卫生技术人员149人。村级卫生室72个，乡村医生304人。全县有230733人参加了新型农村合作医疗，参合率95.82%。

【外经和旅游】 全年招商引资项目共实施33个，其中：续建项目6个，新建项目27个。年内实际利用县外国内资金114675万元，比上年增加43329万元，增长60%，其中：市外国内资金105245万元，增加38705万元，增长58%；省外资金95683万元，增加44063万元，增长85%。完成自营进出口7956万美元，增加1499万美元，增长23.2%。

2011年全年共接待游客171.3万人次，比上年增加17.58万人次，增长11.4%；旅游总收入达到67376.44万元，增加12969.24万元，增长23.8%。

【人民生活】　2011年末全县在岗职工11417人，比上年末减少225人，其中：国有单位在岗职工6438人，增加50人；城镇集体单位在岗职工202人，减少16人；其它单位在岗职工4777人，减少259人。全年在岗职工平均工资31500元，增加5956元，增长23.3%，其中：企业单位40027元，增加6527元，增长19.5%；事业单位41257元，增加8653元，增长26.5%；机关单位42006元，增加5958元，增长16.3%。

城镇居民家庭人均可支配收入18260元，比上年增加1843元，增长11.2%；农民人均纯收入6374元，增加737元，增长13.1%。

【就业和社会保障】　全面实施积极的就业政策，就业规模稳步扩大。2011年共开发就业岗位368个，新增就业2109人，下岗失业人员再就业506人，特殊困难群体再就业503人，开发公益性岗位368人，鼓励创业"贷免扶补"扶持创业人数70人，发放小额担保贷款814人4070万元。城镇登记失业率3%，有序组织劳务输出1862人。

社会保障体系逐步完善，社会保险覆盖率进一步提高，城镇居民基本医疗保险启动实施，农村养老保险及为劳服务工作积极推进。2011年末全县共有349户企业8177人参加养老保险统筹，全年共发放养老金3228万元；有304户6406人参加失业保险统筹，发放失业救济金43.07万元；有12517人参加职工医疗保险统筹，支付医疗保险金2368.84万元；全县参加农村养老保险229519人，支付农村养老保险金1204.14万元；参加工伤保险统筹企业272户7449人；参加生育保险统筹企业110户2510人。

全年对城市低保受益户3512户4322人发放低保金897.32万元。对农村低保受益户9310户10164人发放定期生活救助950.15万元，对农村五保户681户721人发放定期生活救助226.99万元。年末共有优抚对象10398人，全年共对2858人发放各类补助金848.16万元；兑现义务兵家属优待金276人91.08万元。

（统计局）

大街街道办事处

【行政区划·人口】　大街街道办事处位于江川县境南部，东与路居镇、雄关乡相邻，南与通海县纳古镇、四街镇接壤，西南与九溪镇毗连，西北接前卫镇，北濒临星云湖。境内最高海拔老尖山2277米，最低海拔星云湖湖面1722米，街道办事处位于上营西街5号，海拔1730米。

大街街道办事处辖上营、下营、大街、三街、早街、上头营、大庄、河咀、朱家庄、伏家营、海浒、大营12个社区居民委员会，小白坡、土官田2个村民委员会、124个村（居）民小组（116个社区居民小组，8个村民小组），68个自然村。总国土面积97.074平方千米。

2011年末，实有耕地19938亩，属高稳产基本农田，其中：田13852亩、地6086亩，农业人口人均占有耕地0.35亩。

2011年末，全街道辖区内总户数29145户，总人口79584人，其中：男40028人，占总人口的50.3%；女39556人，占总人口的49.7%。农业人口57605人，占总人口的72.38%；非农业人口21979人，占总人口的27.62%。大街街道14个村（社区居）委会总户数21447户，总人口64812人，其中：男31813人，占总人口的49.09%；女32999人，占总人口的50.91%；农业人口57594，占总人口88.86%，非农业人口7218人，占总人口的11.14%；农村从业人员37773人，从事第一产业19936人，占农村从业人员的53%。人口自然增长率2.98‰，比上年增0.53个千分点。辖区内人口密度为820人/平方千米。

【大街镇领导干部名录】

党委书记	张文彬（2011.3离任）
副书记	吴正顶（2011.3离任）
	何小春（2011.3离任）
	业东华（2011.3离任）
纪委书记	郭　伟（2011.3离任）
人大主席	李忠兴（2011.3离任）
镇长	吴正顶（2011.3离任）
副镇长	付　纲（2011.3离任）
	王　秀（2011.3离任）
	李正春（2011.3离任）

【大街街道办事处领导干部名录】

党工委书记	张文彬（2011.3任）
副书记	吴正顶（2011.3任）
	何小春（2011.3任）
	张新荣（2011.3任）
纪委书记	郭　伟（2011.3任）
人大工委主任	李忠兴（2011.3任）
办事处主任	吴正顶（2011.3任）
副主任	付　纲（2011.3任）
	王　秀（2011.3任）
	李正春（2011.3任）
	李竹贵（2011.3任）

【经　济】　2011年农村社会总产值（现价）330603万元，比上年增20.11%。工农业总产值（现价）231859万元，比上年增20.12%，其中：工业总产值202695万元，比上年增22.1%；农、林、牧、渔、服务业总产值29164万元，比上年增7.91%。农村经济总收入227020万元，比上年增13.02%。其中：农业收入17067万元，比上年增3029万元，占总收入的7.52%；林业收入341万元，比上年增74万元，占总收入的0.15%；牧业收入10068万元，比上年增990万元，占总收入的4.43%；渔业收入1763万元，比上年增136万元，占总收入的0.78%；工业收入80654万元，比上年增10605万元，占总收入的35.53%；建筑业收入

57210万元，比上年增7075万元，占总收入的25.2%；运输业收入39228万元，比上年增3145万元，占总收入的17.28%；商业服务业收入18052万元，比上年增706万元，占总收入的7.95%；其他收入2637万元，比上年增387万元，占总收入的1.16%。农民人均纯收入6446元，比上年增752元，增13.21%。二、三产业从业人数17837人，占农村从业人数的47.22%，比上年增0.22个百分点。

农　业　农作物播种面积49977亩，复种指数250%。粮食播种面积13343亩，粮食总产量735.94万千克，比上年增12.32%。其中：水稻栽种面积6323亩，单产759千克/亩；包谷播种面积2003亩，单产642千克/亩；小麦播种面积2385亩，单产270千克/亩；蚕豆播种面积1655亩，单产157千克/亩；农民人均产粮128千克；油料播种面积8861亩，总产150.22万千克，比上年增87.21%。烤烟种植面积11177亩，总产162.06万千克；交售量155.74万千克，交售收入3077.04万元，平均单价19.76元/千克；中、上等烟占95.29%，其中上等烟占73.62%，比上年增28个百分点；农业人口人均烤烟收入534元，比上年增18.93%。

年末，生猪存栏67019头，比上年减8.84%；出栏肥猪69798头，比上年增9.77%；大牲畜存栏814头，其中：黄牛存栏540头，水牛存栏95头，马存栏131匹，驴存栏16匹，山羊存栏1743只，出栏1596只；生产营销商品仔猪28.23万头，比上年增0.57%；全年肉产量达820万千克。家禽出栏72.8万只，比上年增2%；湖泊面积3平方千米，水产品量251吨，比上年增2.03%。

年内，全街道森林总占地面积7.54万亩，森林覆盖率41.96%。果园面积2835亩，水果产量63.49万千克，比上年增10.23%。全年投入农田水利建设资金423万元，其中：国家投资336万元，地方投资87万元。有水库坝塘36座，其中小(一)型水库4座，小(二)型水库7座，小坝塘25座，抽水站89座，总库容量1101.67万立方米，农田有效灌溉面积17639亩，水利化程度达88.47%。有水源供应站13处，有效解决13294户53178人的人畜饮水。

年内，农、林、牧、渔、服务业实现总产值(现价)29164万元，其中：农业10952万元，占37.56%；林业496万元，占1.7%；牧业15965万元，占54.74%，渔业391万元，占1.34%；农林牧渔服务业1360万元，占4.66%。

企　业　年末，全街道有企业和个体工商户4136户，比上年增0.32%；从业人员25017人，比上年增4%；企业营业收入373650万元，比上年增15%，占全街道农村经济总收入的164.59%。利税31897万元，比上年增14.55%。其中：私营企业159户15714人，收入255388万元，比上年增17%；利税28000万元，比上年增16.43%。个体企业3977户9303人，收入118262万元，比上年增10.95%；利税3897万元，比上年增2.66%；营业收入两千万元以上的企业有14户，上亿元的企业有3户。

年内完成工业投资项目26个，其中：技改项目10个，新建项目12个，扩建项目4个。其中：投资500～999万元以上的项目4个，投资1000万元以上的项目5个。

主要产品产量：年生产烟花火炮价值4000万元，水泥10万吨，机制纸10.3万吨，红砖2500万块，农副产品加工蔬菜制品5.6万吨，塑料制品2000吨。

村镇建设·环境保护　2011年全街道办事处有514户农户建盖新房，建房间数6885间，竣工面积154714万平方米，竣工房屋价值17779万元。购买生产性固定资产投资1776万元。完成农村居民危房改造120户，加固改造150户。

积极推进生态环保工程建设和生态文明建设，利用“3·9”保护母亲湖活动日为契机，以劳代宣，组织机关团员进行河道清理。开展好“6·5”世界环境日活动，采取形式多样的环境宣传教育活动，广播宣传107次，张贴大小标语956条，出黑板报68块，发放宣传资料2868份。确保环境保护意识深入人心，形成“大家共参与，人人见行动”的良好氛围。全年组织各村(居)委会整治环境卫生5次，并分别对各村(居)委会进行检查评比评出档次，5次整治环境卫生活动由各村(居)委会、县及街道包村单位干部党员、环保志愿者、生态监护队员、村组干部群众累计出动12604人，集中清理辖区内街道、沟道、河道、公厕、垃圾池等卫生死角，清运垃圾2519.1吨。年内清理入湖河道24次，出动人员1677人次，出动车辆160辆，清理垃圾191吨，逐步改善了各入湖河道环境，减少了入湖垃圾。一年来的环境卫生整治，改善了农村“脏、乱、差”状况，改善了群众生产生活环境，进一步推进了农村环境卫生综合整治工作。

【社会事业】　科　技　2011年，全街道有农村专业技术协会8个，会员308人。其中：养猪协会6个，种烟协会2个。年内刊出黑板报、科普宣传栏12期。街道科协自办“农函大”实用技术培训班4期，培训人数301人；联办各种科技培训班7期8124人，全年共培训人数8425人。发放各种科技资料500余份，赠送科普书籍141册。农技围绕农业生产确定的目标和任务，不断举办蔬菜种植、农药安全使用知识、测土配方、平衡施肥技术、养猪知识和烤烟栽培、烘烤等一系列技术的培训，发放测土配方施肥技术问答资料15000份；发放施肥建议卡39000张；发放水稻病虫害综合防治明白卡11000份。每村配有一名科普宣传员。

教　育　年末，街道14个村(居)委会有幼儿园14个，教职工83人，适龄儿童入园1097人，学前班20个，学生701人，教职工23人。小学11所，

教职工320人，在校学生7483人，入学率100%，毕业率100%，升学率100%；中学3所，教职工270人，在校学生4468人，毕业率100%，升学率79.47%。小学教师文化程度，大专以上275人，中专31人，高中5人，高中以下1人，共计312人，初中教师文化程度大专以上255人。

文化·体育　2011年末，全街道有社区电影院1个，观众席970个座位；戏台2个，其中露天戏台1个；街道文化站1个，藏书7000册；全年已筹建完成农家书屋14个村(社区)，配送图书27925册，书架54个，期刊14个，阅览桌14张，椅子112把，工作台14张，报架14个，并对全街道14个村(社区)基层图书管理员进行图书管理、借阅培训。完成11个村(社区)"文化信息资源共享工程"暨"农民素质教育网络培训学校"的建设，为每个村(社区)免费配送一台电脑，把文化信息资源及时传送到城乡基层群众身边。全街道有71支老年基层文艺队，经常组织活动排练文艺节目参加演出30场。每年做好县城春节街头传统文艺活动表演。全年党职校共举办各种培训班27期，培训人员4360人次，入党积极分子1期105人。年内街道办事处组织部分村(社区)春节文艺演出。利用节庆日举办各种体育比赛，部分村(社区)群众在村内自发的组织村内的健身操、老年操活动，利用村内固定的健身器材加强健身锻炼。年末街道办事处为庆元旦迎新春，组织全体干部职工开展趣味运动会，篮球、拔河、跳大绳、海底捞月，同舟共济等比赛活动。

卫　生　2011年末，全街道有中心卫生院1所，医务人员27人，其中：主治医师10人(中医师2人、西医师8人)，其他17人，病床50张。村(社区)卫生所14所，医务人员62人，病床70张。2011年内出生641人，出生率8.08‰；死亡405人，死亡率5.11‰；人口自然增长率2.98‰，计划生育率97.19%。加强和改进流动人口计划生育管理与服务体系建设，推进流动人口全员信息统计，建立完善统计台帐，掌握流动人口婚、孕、育情况，进行跟踪管理。农村新型合作医疗参合率97.5%，年补偿127799人，补偿金额1027.76万元，受益率为93%(其中门诊补偿124354人，补偿金额124.86万元，住院补偿3445人，补偿金额902.9万元)。

民　政　年内，街道纳入农村居民最低生活保障2644户，2772人23.93万元，城镇居民最低生活保障1059户，1375人29.7万元。全年125位五保老人发放五保户生活费307485元。换发五保户床上用品被子125床，垫子62个，床单62个，衣服63套。春节、敬老节给五保老人发慰问金34450元。全年发放各种救灾救济资金74.66万元，粮食76580千克，救济灾民贫困户4702户6291人，其中：居民困难补助43户32520元；贫困户临时救济58户、58人102000元；建国前老党员补贴2户、2人1500元；春节慰问特困户254户、254人31600元；伤残民工补助金3户、3人5400元；遗嘱定求2户、2人1644元；小乡干部53户、53人119876元；精减定救75户、75人149688元；精简职工差额补助13户、13人35006元；孤儿基本生活保障2户、3人12960元；农村特困户医疗救助239户、239人160000元；贫困户灾民粮食救济964户、2410人76580千克。补助优抚对象、五包户、农村低保户入新农合。医保2994户、3071人94370元。全年对1177名优抚对象发放优待抚恤金326.54万元，其中：三属抚恤金16人127436元；在职伤残金60人505673元；在乡伤残金12人124233元；复退军人补助金98人444476元；义务兵家属优待金82人270600元；优抚对象解"三难"救助147人160000元；春节慰问复退军人烈军属178人18800元；两参人员补助526人1572450元。出国民工生活补助58人41760元。全年办理结婚登记801对，离婚217对，登记合格率100%。补发《结婚证》307对，出具《无婚姻登记记录证明》352人。

劳动保障　2011年继续做好返乡农民工培训和再就业工作，积极采取应对措施，超前谋划，为农民持续增收提供有力保障，劳保所采取"鼓励企业吸纳一批，促进创业带动一批，加强协作输出一批，合理引导转移一批"的措施，多管齐下，多渠道促进返乡农民工实现再就业。一年来，在县、办事处企业招聘会上招聘人员120人，对外务工者需要办理农民工务工手册611人。并对辖区内"贷免扶补"符合条件并有创业能力的17名人员进行报名。

为了切实贯彻落实《中华人民共和国劳动保障监察条例》《云南省劳动监察条例》、《中华人民共和国劳动合同法》的有关规定，进一步规范用人单位用工管理行为，切实履行劳动保障监察职责，劳动保障所对全街道10家红砖厂进行劳动合同签订，对工资发放等情况进行2次检查，对没有及时签订合同的5家限期整改。对非煤矿山、火炮厂等单位进行安全检查4次，杜绝非法用工出现。对全街道305家事业单位、企业、个体经济组织进行执法年审，对年审合格的用人单位发放劳动保障执法年审审验证。

2011年7月1日，江川县被国家立为"城乡居民社会养老保险"试点县。在新农保和城镇居民养老保险制度实施时，已年满60周岁的城乡居民，国务院试点县由中央财政全额支付每月55元的基础养老金，截至2011年9月10日，全办事处年满60周岁的城乡居民7913人，55～59岁重度残疾人21人，已领取三个月基础养老金。截至2011年10月31日，全办事处农村居民16～59周岁参保29650人，城镇居民参保1737人，缴费率达85.5%。截至2011年10月31日，劳保所办理城镇居民基本医疗保险835人，全办事处办理12300人。

老龄工作　年末，全街道有老年协会14个，分会75个，会员8990

人，村(居)委会老年活动室13个，村民小组活动中心75个，建立家庭道德评议委员会14个，有60岁以上老年人8373人，占全街道总人口14.2%，其中：80～99岁老年人4616人，100岁以上的老年人4人。全年发放80岁以上无退休金健康补助的老年人4615人。其中80～89岁有4189人，发放金额61.94万元；90～99岁有411人，发放金额11.97万元；100岁以上有4人，发放金额1.3万元。全年共发放金75.21万元。全街道有门球场5块、地掷球场4块，门球队11支75人，地掷球队6支24人，保健操14支140人；老年艺术队71支；参加人数410人，全年演出30场450个节目；老年学校14所。历年来签订家庭赡养协议3936户，涉及老年人4106人，每年兑现率达85%；“九九”重阳节表彰58名新时期“孝男孝女”先进家庭和个人。

全街道14个村(社区)有关工委14个，组成人员144人，其中在职92人，离退休52人。关工小组98个，组成人员275人。全街道离退休干部职工182人，其中：离休4人，退休178人。

精神文明建设　坚持把社会主义核心价值体系作为灵魂工程，贯穿精神文明建设和各个领域，坚持不懈地用中国特色社会主义理论体系武装各级党组织，扎实开展学习型党组织建设。2011年全街道紧紧抓住建党90周年的机遇开展以“五个一”为主的系列庆祝活动和向杨善洲学习活动，强化党员干部的宗旨意识。提高城乡文明程度，深入开展精神文明示范村的创建活动。以“生态文明家庭”、“五好文明家庭”和“平安家庭”创建评比为基础，加强和改进青少年思想道德建设，发挥“五老”网吧义务监督员的积极作用，规范开展文明上网、绿色上网，净化青少年网络空间。街道为弘扬社会文明新风尚，表彰新时期孝男孝女57名。

法制建设　围绕社会和稽稳定抓普法，围绕中心保增长、保民生、保发展、保稳定、保生态，深入开展法制宣传教育与法治实践相结合，在促进学法、用法上求实效。全街道有司法所1个，15个人民调解委员会(1个街道人民调解委员会、14个村社区人民调解委员会)。年内组织各人民调解委员会调解员以及大调解中心下属各单位部门负责人进行5次培训，共计参训124余人次。开展法制宣传活动25次，接待群众咨询361余人；法制宣讲46次，共计听众10496人；有线广播127次，共计听众143973人；学校上课1次196人，骨干培训12期681人，帮教违法青少年11次34人，发放宣传资料37期11809余份，张贴宣传资料2450余份，出墙报、橱窗专栏216余期，演出节目48个8场，黑板报18块198期，张贴普法大标语123份，小标语2026份。在全街道范围内开展纠纷矛盾排查工作172次，防止民间纠纷转化为刑事案件6件24人，防止群体性上访5件164人，防止群体性械斗1件104人。年内接待各类法律咨询48余人次，受理并调处各类纠纷465件，涉及当事人2226人，调解成功449起，疑难复杂案件14起，协议涉及金额377.529万元，调解率100%，调解成功率96.3%。一年来街道接受社区矫正人员34名和刑释解教人员36名，开展安置帮教36人，帮教率达100%，重新犯罪人数3人。

进一步巩固和扩大“平安大街”建设，创建省级“平安先进街道”。并把综治维稳工作纳入街道综合目标考核范围，将责任层层分解到村(社区)，使村(社区)干部和相关责任人有压力、有责任，并与14个村(社区)和各企业学校及相关综治维稳成员单位签订大街街道2011年度社会治安综合治理维护稳定目标责任书。全年完成市、县、街道领导接待日、热线电话、电子邮件各类交办件85件，其中检举6件，求决10件，建议15件，其它10件，办结率达98%。接待干部、群众来信来访72人次，做到件件有记录，事事有结果，件件有答复。

国土管理　2011年大街街道坚持“依法管地，节约用地，构建经济社会和谐发展”的方针，建立耕地保护共同责任制度，全面履行保护资源、保障发展、维护权益、服务社会职能，加强农村集体土地管理。全年国土资源局大街分局加大土地执法监察力度，全年辖区内土地巡查48次，严肃查处土地违法案件34宗，面积1449.67平方米。按各村(居)委会村规民约拆除28宗，面积1163.67平方米，6宗面积286平方米待村组研究后再进行出拆除。出动48次100余人巡查督促检查8个石场、1个砂场、9个砖厂，对非法开采进行查处，发现安全事故隐患及时整改。年内办理临时用地手续11宗，面积3.5338公顷，其中办理延期手续6宗，面积0.26公顷，新增办理5宗，面积3.2738公顷。办理发放农村集体土地使用证76本，其中变更登记13本，发证总面积9155.36平方米。

财经管理　根据农村财务管理的实际情况，从各个方面加大监控力度，克服人为乱支乱花现象，对村组财务收支情况及时公布，让群众及时了解集体财务状况，减少农村财务热难点问题，促进农村社会和谐稳定。一年来，大街街道农经中心对村组财务收支结对账729次，财务处理729次。全街道村组民主理财小组对村组集体收支情况进行729次民主监督理财。对村组财务收支公开729次，其中张榜公开729次，会议公开388次。开启村组意见箱430次，收集群众意见7条，经梳理无财务管理意见，向村组反馈意见7次。

严格按照《大街街道建设工程管理办法》，凡村组建设项目工程按照公平、公正、公开的原则进行招投标。年内招投标委员会招投标工程项目52个。

【省综治维稳委处长到大街镇检查指导工作】　2011年2月25日，省综治维稳委协调处处长齐康一行6人，到大街镇检查指导综治维稳工作。在市县

综治维稳委领导的陪同下，齐康视察了大街镇综治维稳中心的硬件建设和制度建设。

大街镇党委书记张文彬作工作汇报：大街镇党委政府高度重视社会稳定工作。一是由镇党委书记担任维稳委主任，综治维稳信访中心主任由专管综治的党委副书记担任，中心人员由原来的6人增加到11人，其中配备2名法律专业大学生进入综治维稳队伍。二是确保经费的到位和落实，按照人均1.5元标准经费列入财政预算。2010年综治经费投入32.54万元，主要用于中心和派出所工作经费购买电瓶车加强巡逻；镇上出资聘请30名协警加强队伍建设，并把综治维稳工作纳入年终考核。三是突出重点，明确县城是全镇稳定工作的重中之重，城市以社区为单位实行片区联防，镇、社区、维稳中心和派出所联合强化“五防”检查，注意校园周边安全，在县城设置治安岗亭，治安联防队伍昼夜巡查。农村实施十户联防和群防群治2010年被县考核为一等奖。

【撤销大街镇设立大街街道办事处】2011年3月，根据云南省人民政府《关于同意玉溪市撤销部分乡镇设立街道办事处及有关行政区划调整的批复》精神，经县委、政府研究决定撤销大街镇委员会、纪律检查委员会和撤销大街镇，成立大街街道工作委员会、大街街道纪律检查工作委员会和成了大街街道人大工委，设立大街街道办事处，于2011年3月31日，县委、政府、纪委、人大、武装部对大街街道工作委员会、纪委、人大、办事处、武装部举行挂牌授印仪式。

【撤村设社区居委会】　根据2011年3月云南省人民政府《关于同意玉溪市撤销部分乡镇设立街道办事处及有关行政区划调整的批复》以及中共玉溪市委、市人民政府《关于大力推进和谐社区建设的实施意见》文件精神，撤销村委会，设立社区居委会，保留土官田、小白坡2个村委会。根据市县批复，大街街道设立大营、海浒、大庄、伏家营、河咀、旱街、三街、朱家庄、上头营9个社区居委会。于2011年6月中旬完成“村改居”挂牌授印工作。

【关爱流动人口】　2011年5月24日，大街街道总工会、计生办、计生服务所、综治维稳办公室、派出所、司法所等部门相关人员到县城明珠路中段及街道办事处辖区内火炮厂、红砖厂、阳光食品公司、宏斌绿色食品有限公司、职教小区工地等流动人口集居地，开展一系列宣传活动：免费发放避孕套4000只，发放《玉溪市流动人口服务管理实施意见》宣传提纲、《一封致流动人口的公开信》、计划生育“五免费”小册子等宣传资料5400份。流动人口计划生育问卷、信息需求调查221人。

【贷免扶补鼓励妇女创业】　大街街道办事处妇联始终把“贷免扶补”工作作为一项帮助创业妇女脱贫致富、发展经济的民心工作来抓，通过在全办事处范围内采取加强领导、层层落实、摸底调查，在广大农村妇女中实施“鼓励妇女创业贷免扶补”工作，通过签订各种贷款担保协议等方法和措施，分别于2011年5月26日、7月27日和8月25日三次发放贷免补资金285万元，覆盖14个村(社区)居委会、35个村民小组，惠民农户54户，人口213人，其中：从事种植业32户，从事服务业21户，从事加工业1户，做实了鼓励妇女创业“贷免扶补”工作。

【“大调解”宣传画长廊】　2011年7月，大街街道办事处精心制作出大调解宣传画长廊，设置在司法所内醒目位置，总长200米。长廊集中反映“忠、孝、礼、仪、廉、耻、仁、义、礼、智、信、善”等传统文化思想，以及新农村建设、生态城建设和人民群众安居乐业等方面的内容，起到很好的法制宣传作用。

【资助清华学子】　2011年8月15日上午10：30，街道党工委书记张文彬带领班子成员，到在玉溪一中就读并考取清华大学的旱街社区居委会杨坚同学家中进行座谈，并带去4000元的补助奖励金，勉励他学业有成，希望在以后的学习生活中再接再厉，以更大的成绩回报家乡、回报社会。

【资助困难大学生】　自2010年开始，大街街道建立了帮扶家庭困难大学生的机制。为把此项工作抓好抓实，确保帮扶公开、公平、公正，把帮扶资金送到真正困难的大学生手中，帮助他们顺利入学，在14个村(社区)推荐上报的基础上，街道抽调专人于2011年8月5～9日深入到村庄，对各位大学新生的家庭情况进行再次复查，深入学生家中，采取与本人交流和邻居侧访的方式进行，为顺利开展下一步的帮扶工作奠定基础。经过层层筛选，街道党工委于2011年8月16日，对各村委会(社区)上报符合条件的25名家庭困难的大学新生，分别给予每人2000元的资助，共计资助金额5万元。

【重点村建设通过县级验收】　大街街道沈家桥村申报为2010年省级重点村，烂泥箐村为市级重点建设村，总投资129万元，省市县补助55万元，整合“一事一议”财政奖补项目资金60万元，建设群众文体活动广场一块，农民文化科技学习室2座、公厕2座，民居“穿衣戴帽”、村内道路硬化绿化亮化。2个重点村项目的实施使176户566农民受益。2011年8月17日，县委重点建设村验收组到两村对合同涉及内容进行实地查看，查阅资料，一致通过验收。

【范志华调研企业组建工会工作】2011年8月23日，市人大常委会副主任、市工会主席范志华到大街街道调研企业组建工会工作。在街道工会负责人介绍大街街道已成立工会组织71家，上头营社区工会为全市第一家村级联合工会。在尚未建会的165家企业中，空户、停产、外迁等48户，具备建会条件的有117家。下一步将针对20人以下、企业户数较多的上营等5个社区建立社区联合工会，涵盖105户企业；20人以上的12家企业单独成立工会委员会，积极发挥工会组织对企业改革发展、团结稳定的积极作用。

在听取企业组建工会组织情况汇报后，范志华指出：要进一步加大宣传力度，让企业老板对工会组织的作用和地位认识到位，要采取层层剥离分析，确定出适宜组建的企业，极少数有阻力的企业，要想办法与各级部门紧密联系，促使企业工会组织走向规范化轨道。

【大街社区居家养老服务中心建成】 大街街道办事处大街社区居委会在上级各有关部门的大力支持帮助下新建社区居家养老服务中心。于2010年11月16日开工，至2011年9月15日完工。居家养老服务中心综合楼为三层框架结构，占地面积230.1平方米，总建筑面积720平方米，总投资59.6万元，已通过相关部门验收。居家养老服务中心建成后一楼为办公室、阅览室、餐饮室、康体室；二楼为日间照料中心、康复治疗室、谈心室；三楼为文娱室、歌舞(健身操)排练室。今后大街社区将以家庭为核心，以社区为依托，为老年人日间照料、生活护理、家政服务和精神慰藉等内容奠定强有力的基础，逐步改善养老方式，让老年人过上幸福的晚年生活。

【连续开展孝男孝女表彰】 2011年9月29日，大街街道举行2011年“九九”重阳节“孝男孝女”先进个人表彰大会。来自全街道的57名新时期“孝男孝女”先进家庭和个人受表彰。自2003年来，大街街道以“孝男孝女”评选活动为重要载体，广泛开展一系列尊老、敬老、爱老活动，连续9年评选活动共推出表彰新时期“孝男孝女”387人，在全街道上下形成弘扬孝道、崇尚文明、共建和谐的氛围。

【关爱留守妇女儿童】 据大街街道妇联不完全统计，街道辖区内的农村外出务工人员约149人，留守妇女105人，儿童44人。部分夫妻外出打工将子女留在家中，由年老的爷爷奶奶照管学习生活起居。2011年10月11日，大街街道党工委、办事处同新农村建设指导员、县妇联一行看望慰问部分农村贫困留守儿童，给他们带去书包、笔、作业本、糖果等学习生活用品，并了解他们的情况。要求社区妇联组织要特别关心和爱护留守儿童，主动与孩子的家长和监护人联系，随时掌握孩子的思想情况，帮助他们解决心理、思想和学习问题，鼓励他们好好学习快乐成长。

(王有明)

江城镇

【行政区划·人口】 江城镇地处江川北部，位于东经102°48′、北纬24°25′之间。东临全国第二大深水湖抚仙湖，南临星云湖、距县城18千米，西与玉溪市红塔区、昆明市晋宁县六街乡、晋城镇接壤，北距省会昆明市80千米。辖区面积222.67平方千米，全境地势西北高、东南低，最高海拔2648米，最低海拔1720米，东西最大横距19千米，南北最大纵距15千米。境内主要河流有牛摩河、东大河、西大河、学河、周德营大河、大龙潭河、隔河等，有西河一库、西河二库、茶尔山水库、大龙潭水库等水库8座，坝塘103座，矿藏主要有磷矿、白云岩、石灰石、石英砂及少量铁、锰、硅矿。镇政府所在地振兴街13号，驻地海拔1733米。

全镇辖江城1个社区居民委员会和左卫、大地、孤山、黄营、陈家湾、白家营、云岩、温泉、侯家沟、龙街、西河、海门、三百亩、明星、牛摩、尹旗、翠峰、桐关、祁家营19个村民委员会，6个居民小组、126个村民小组，119个自然村。

2011年末总耕地面积37107亩，其中田25572亩，地11535亩(其中水浇地2825亩)，农业人口人均耕地面积0.56亩。总人口70946人，其中男35559人，女35387人；农业人口66333人，非农业人口4613人。总户数23647户。少数民族人口983人，占总人口的1.39%，其中彝族570人，占总人口的0.8%；哈尼族193人，占总人口的0.27%；白族41人，占总人口的0.05%。农村劳动力47631人，其中从事第二、三产业的9883人，占总劳动力的21.91%。人口自然增长率3.03‰。人口密度319人/平方千米。

【领导干部名录】

党委书记　陈　挺(2011.3离任)
　　　　　邓春元(2011.3任)
副 书 记　李保平
　　　　　陈文东(2011.3离任)
　　　　　李江润
　　　　　李自平(2011.3任)
　　　　　姜利民(2011.9任)
纪委书记　李自平(2011.3离任)
　　　　　自江伟(2011.3任)
人大主席　吴增福
镇　　长　李保平
副 镇 长　李江华
　　　　　宋平华
　　　　　业居敏
　　　　　张　平

【经　济】 工农业总产值87726万元，比上年增0.8%，其中工业总产值43176万元，比上年减5.6%；农业总产值44550万元，比上年增8%。农村经济总收入239075万元，比上年增14.03%，其中种植业收入35285万元，林业收入326万元，牧业收入18691万元，渔业收入9457万元，工业收入65692万元，建筑业收入24832万元，交通运输业收入38702万元，商业饮食业收入25850万元，社会服务业收入11484万元，其他收入5025万元；农民人均纯收入6422元，比上年增774元。地方生产总值76487亿元，比

上年增13%，其中第一产业28010亿元，增长4.2%；第二产业20687亿元，增长21.2%；第三产业27790亿元，增长17.1%。全镇财政收入1429.7万元，比上年增11.61%；财政支出1279.18万元，比上年增30.86%。年末，各项存款余额80855万元，比上年增36.2%；人均储蓄存款余额11397元，比上年增24.1%。从事二、三产业的人数9883人，占从业人员的21.91%。

农 业 全年农作物播种面积886008亩，复种指数231.8%。粮食播种面积27154亩，总产1412.19万千克，比上年增1.88%，其中：水稻种植面积10316亩，单产706千克/亩；玉米种植面积4755亩，单产631千克/亩；小麦种植面积3377亩，单产263千克/亩；蚕豆种植面积3335亩，单产186千克/亩；农民人均产粮213千克。油料播种面积10260亩，总产195.59万千克，比上年增44.18%。烤烟种植面积19300亩，其中田烟8000亩，地烟11300亩；总产301.39万千克，比上年减5.95万千克；交售烟叶290.3万千克，上等烟比例达71.95%，均价19.34元，烟农直接收入5613.3万元，比上年增加1020.8万元。蔬菜种植面积25218亩，总产4470.85万千克，比上年增14.53%。花卉种植面积4046亩，生产兰花40.3万盆，鲜切花49969万枝。

年末，生猪存栏6.75万头，比上年减8.54%；肥猪出栏7.9万头，比上年增5.61%。大牲畜存栏3063头，比上年减0.78%，其中牛存栏2355头，出栏599头；羊存栏3735只，出栏3839只。全年肉产量806.3万千克，禽蛋产量307.4万千克，家禽出栏62.3万只；水产品产量33万千克。

完成壮苗培育25万株，其中桤木苗22万株，直杆兰桉3万株。完成防护林建设1000亩、明星巩固退耕还林市级示范样板工程1000亩、陈家湾巩固退耕还林后续产业补植1300亩、中低产林改造7900亩(其中：中幼林抚育6300亩，老果园复壮1600亩)。

实施投资361万元的农业综合开发茶尔山灌区沟渠建设，投资435万元的中央财政支持现代农业蔬菜产业发展等项目建设，完成投资100万元的退耕还林基本口粮田建设和尹旗官塘子坝除险加固、黄营麦地心水浇地工程等农业基础设施建设项目，投资230万元建成密集式烤房68座，改扩建养殖项目21个，农业综合生产能力进一步提高。探索建立完善土地流转机制，成立农业生产专业合作组织7个，流转土地3565亩，加快农业产业化步伐，江城镇被省政府列为现代农业型特色小镇。

完成水利普查清查登记任务，全镇登记规模以上机井19件，规模以下机井513件，人力井4765件，灌区29个，河流2件，河湖取水口272件，入河湖排污口32件；清查水库工程9件，水闸工程49件，泵站工程135件，农村供水工程6件；调查居民生活典型用水户20户，工业企业名录25件，建筑业及第三产业名录22件。

2011年，农、林、牧、渔业总产值(现价)44550万元，其中种植业26421万元，占59.3%；林业367万元，占0.82%；牧业16172万元，占36.3%；渔业825万元，占1.85%；农林牧渔服务业765万元，占1.72%。

企 业 2011年，有个体经营户、私营企业2162户，比上年增58户，其中私营企业56户(内资企业54户，港、澳、台商投资企业2户)，个体户2106户；从业人员9571人；企业营业总收入100058万元，比上年减6.09%；利润总额11053万元，比上年减14.2%；上交税金3457万元，比上年增2.19%。其中：私营企业从业人员2788人，收入54117万元，利润总额6807万元，上交税金3170万元；个体经营户从业人员6783人，收入45941万元，利润总额4246万元，上交税金287万元。全年实现现价总产值101447万元，其中农林牧业2229万元，工业64225万元，建筑业7140万元，交通运输仓储业6614万元，批发零售业11341万元，住宿及餐饮业8650万元；增加值34610万元，其中农林牧业622万元，工业24146万元，建筑业1588万元，交通运输仓储业1932万元，批发零售业3384万元，住宿及餐饮业2565万元。

全年工业企业固定资产投资10181.77万元，比上年增长24.55%，完成宏基石材加工生产线、金塔公司魔芋烘干系统扩建及污水处理系统、翠峰塑料网袋厂技改、翠峰叠翠花炮厂技改、天湖化工公司削坡减载治理工程及2# 排土场坡耕地治理项目、天湖化工公司地质环境治理项目、汇成混泥土公司JS3000混泥土加工生产线、翠峰水泥公司技改、翠峰纸业公司技改、吉庆科技公司新建等项目建设。

全年引进外资30900万元，比上年增长50.36%，省外资金30900万元。投资项目3个，其中九龙国际会议中心投入15675万元，众源塑料彩印公司投入800万元，仙湖锦绣投入14425万元。

旅游业 金色抚仙湖九龙国际会议中心项目投资1.62亿元完成二期工程建设，投资1.5亿元建成的"仙湖锦绣"景观大道成为旅游观光新亮点，天湖国际化工公司"退二进三"项目前期工作进展顺利，明星退房还湖旧村改造项目20套周转房完成竞标认购，小马沟退房还湖旧村改造项目已完成土地、环评等各项行政审批，正在筹备供地挂牌工作，大山会所、北山寺改扩建基本完成，三道菜婚宴厅建成投入使用，文化旅游业基础设不断完善，影响力、知名度、带动力不断提高，文化旅游业持续快速发展。实现旅游总收入5.4亿元，增长15.2%；接待游客145万人次，增长11.5%。

村镇建设 完成投资743万元的2011年度"一事一议"财政奖补项目20件，投资208万元的村组基础设施建设项目26件，投资232万元的尹旗张官营、翠峰小石关一组、牛摩大营、黄营张旗乐太等7个茶尔山水库库区和移民安置区项目，投资80万元的云岩大梨园、陈家湾下麦冲、白家营烂泥箐、翠峰浑水塘4个整村扶贫推进项目，投资88万元的翠峰小屯和温泉庄科新农村重点村建设。投资517万元完成江城中心卫生院廉租房建设，争取国家补助资金230万元，实施农村危房和民居地震安全工程，拆除重建190户，加固改造200户。完成投资150万元的南北两个商住小区街道硬化工程，启动华怡别苑项目29套别墅建设，完善了电影院建设规划，文星阁周边开发建设项目二次挂牌工作正在积极推进，投资40万元更新改造和完善城镇环卫设施，强化城镇环境卫生综合整治，提升了城镇形象。

【社会事业】 科　技　全年举办农村实用技术10场，培训农民500余人次；烤烟中耕管理培训20期，培训2600人；培训测土配方知识3700人次，发放《测土配方施肥技术问答》18000份，施肥建议卡13800份；召开水稻中耕管理及病虫害防治培训会，发放《水稻病虫害综合防治明白卡》30000余份，张贴《水稻稻瘟病防治通知》200余张，统防36000余亩。在江城、翠峰、龙街不同片区设肥力监测点3个，其中1个为国家级肥力监测点。在左卫村设置2组水稻肥料利用率小区试验，1组水稻校正试验，1组水稻同田对比试验；在温泉村设置2组水稻同田对比试验；在江城社区设置1组水稻同田对比试验；在侯家沟村设置1组花菜校正试验，1组马铃薯校正试验，2组马铃薯同田对比试验。

教　育　实施江川二中运动场扩建和江城中心小学、翠峰中心小学、黄营小学综合楼和江城中心幼儿园、龙街村幼儿园建设，教学条件、教育环境不断改善。年末，有小学18所，教职工340人，在校学生5831人，入学率100%，毕业率100%，升学率100%；中学3所，教职工226人，在校学生3979人，江城中学毕业升学率92%，龙街中学毕业升学率85%，翠峰中学毕业升学率79%。

文化·体育　开展春节文体系列活动，组织镇村18支文艺队和16个龙灯、狮灯、腰鼓队举行街头游园活动，在城镇主要街道展演长龙、威风锣鼓、民族腰鼓、狮灯、秧歌、舞蹈等，5000多名群众观看了活动；江城文艺协会精心排练群众喜闻乐见的节目，积极开展文艺下村活动，为10个村演出节目113个。20个村、社区还结合地方特色，广泛开展群众喜闻乐见的文艺汇演、展演、巡演活动，演出节目500多个，繁荣乡村节日文化，丰富群众业余文化生活。

推进文化信息资源共享工程，投资664万元建成左卫、西河、牛摩等7个村的文化、科技活动中心，积极组织开展春节、"七一"等节庆日系列文化活动，丰富群众文化生活，促进了农村和谐文化建设。投资3万元对镇文化站进行升级改造，完善功能，顺利通过省文化厅检查验收，评估定级为省一级文化站。组织江城文艺协会30多名演员到省电视台完成《俏花灯》摄制工作和江城中学1100多名师生参加文物科普知识展览活动。

老龄工作　年内发放80周岁以上高龄老年人长寿保健补助金833250元，5204人次；为江城社区百岁老人李传美授匾；补助6000元实施庄科、陈家湾2个老年协会建设；组织举办江城镇老年人门球赛。年末，全镇有老年协会20个，老协小组131个。

卫　生　年末，有卫生院1个，全院职工123人，其中：卫生技术人员72人，其他专业技术人员1人，工人11人；本科17人，大专45人，中专16人；种植资格38人，处级35人。居民健康档案累计建档69645份，2011年新增20895份，建档率98.3%，其中城镇建档1237份。年内出生475人，出生率6.7‰；死亡278人，死亡率3.9‰；各种节育措施落实率97.27%，及时率92.57%。全年组织群众63702人参加新型农村合作医疗，参合率达96.08%；门诊减免197466人次，减免2132324.96元；住院补偿5115人次，补偿费用10727062.24元。

民　政　全年发放各种优抚、救济费6083480元，农村低保1980000元，城镇低保346860元，五保供养经费238080元，救济粮131.52吨。办理婚姻登记397对，其中复婚登记21对，离婚登记103对。年末，有集体敬老院3所，收养老人46人。

残疾人工作　开展走访慰问残疾人困难户57户，发放慰问金12200元。补助16名残疾学生或残疾人子女资金3200元，补助6户残疾人家庭36000元实施危房改造。开展CBR盲人定向行走和精神病康复项目，送6名康复对象到市二院康疗，居家托养12人，发放托养费12000元；将家庭困难的530名残疾人纳入农村低保，开展白内障手术108人，发放轮椅16辆，对残疾人代步车进行燃油补助调查。

劳动保障　全年发放"贷免扶补"贴息贷款150万元，支持就业和再就业工作。做好社会保险扩面工作，农村社会养老保险参保29人，被征地农民养老保险参保105人，收取保费59.22万元；企业基本养老保险50人，企业生育保险60人，失业保险1750人，企业工伤保险新增200人，城镇职工基本医疗保险45人，城镇居民医疗保险参保1000人，全镇9028名60岁以上老年人领取国家补助的人均55元/月基础养老金，16～59岁参保人员36174人，缴费率95%，参保率95.5%。培训转移农村富余劳动力260名。对52户用人单位进行劳动监察，督促用工单位为职工缴纳工伤保险、支付违规收取押金及拖欠职工工资1万元，维护了职工合法权益。

环境保护　全面推进两湖水污染防治，投资19万元完成东西大河白家营段家村、黄营东街环境综合整治工程，实施抚仙湖沿湖14.32亩鱼塘生态修复工程植物补种、牛摩湖滨带生态治理工程截污沟清理，孤山风景区污水处理站全年处理各种污水19.85万吨，污染物化学需氧量减排24.22吨，有效控制了入湖污染负荷。全面落实

"一退、二调、三保"战略，推进抚仙湖一级保护区1565.37亩耕地退出工作。强化主要入湖河道监督考核管理，完成翠峰中学污水处理改造和东西大河下段植物栽种，移栽各类水生植物5463株，打捞各类垃圾288吨，主要入湖河道保持了河道畅通、河堤整洁、河面保洁。

国土资源管理　做好海门避让地质灾害搬迁准备工作，共涉及5个村民小组，336户1072人，建筑面积16585.1平方米。完成文星阁周边权属界定，落实出让面积，完善文星阁周边改造规划。清理牛摩村违法占地5宗260平方米，制止停工38宗3404平方米。办理农村养殖用地3宗，面积3293平方米。发放农村集体土地使用证127本。编制《江城镇地质灾害防治预案》、《江城镇地质灾害应急预案》，建立健全地质灾害群防体系，加强对7个地质灾害点的监测，预防地质灾害发生。

法制建设　制定《江城镇2011年普法依法治理工作计划》、《江城镇2011年依法治镇工作计划》，推进民主法制建设，全年举办各种法制讲座9期，培训2000人次；普法骨干5期，培训360余人次；接受法律咨询245人次；办理法律援助案件25件。年内，各级签订社会治安综合治理目标责任书234份，投入专项综治维稳及创安工作经费15万元。全年立刑事案件420起，破案210起；受理治安案件456起，查处261起，查处率58%。调解各类民事纠纷562起，调解成功561起，调解成功率99.8%。接待来访75件，办结75件。开展安全大排查，排查校园及周边安全隐患11起，整改11起；排查火灾隐患38起，整改38起；排查企业安全隐患6起，整改6起；排查道路交通安全隐患9起，整改9起，查处交通违法行为374人次。

【思想作风教育和后进村(社区)党组织整顿】　按照"抓两头、带中间"的工作思路，深入开展后进村(社区)党组织整顿活动，对不作为、乱作为、软弱涣散、瘫痪半瘫痪、失掉群众公信力的村级领导班子和领导干部，按照相关规定及时进行调整，解决一些干部在位不谋事、不干事，不尽责、不敬业等问题。自开展活动以来，已对3名总支书记和1名总支副书记进行免职，对1名总支书记进行离岗教育，对3名总支书记进行诫勉谈话，任命2名党总支书记2名副书记，调整村(社区)组干部57名，优化了班子结构。

【移民规划】　进一步落实大中型水库移民后期扶持政策，编制《江城镇大中型水库库区和移民安置区基础设施建设和经济发展规划(2011～2015)》和《江城镇大中型水库移民后期扶持规划(2011～2015)》。两个规划在茶尔山库区和移民区五年投资人畜饮水、交通道路、社会事业三大类项目64个，涉及12个村(社区)18个村民小组移民1169人，规划总投资3794万元。

【召开第三次党代会】　3月26～27日，中国共产党江城镇第三次代表大会召开，代表107人出席了会议，镇属相关部门及有关方面的负责同志列席了会议。大会经过认真审查，批准了邓春元代表镇党委所作的题为《抢抓新机遇，谋求新跨越，全力推进生态文化旅游名镇建设》的工作报告。大会选举产生新一届党委领导班子和纪委领导班子。

【庆祝建党90周年大会】　6月25日，举行庆祝中国共产党成立90周年大会，表彰奖励近年来在江城建设、改革和发展中做出突出成绩的21个先进基层党组织，63名优秀共产党员和6名优秀党务工作者。64名预备党员进行入党宣誓，全体党员重温入党誓词。

【召开教育工作暨第27个教师节庆祝大会】　为树立典型，大力宏扬教书育人的奉献精神，营造尊师重教支教的良好风尚，9月7日，江城镇召开教育工作暨第27个教师节庆祝大会，并对在2010～2011学年作出突出贡献的优秀教师、先进教育工作者和支持教育事业发展的先进单位进行表彰奖励，营造尊师重教氛围，广泛动员社会力量重教支教，促进教育事业持续健康发展。会议共表彰24名优秀教师、6名先进教育工作者，并对7家企业和个人授予"捐资助学"的牌匾。

【建立监督委员会】　为加强农村党风廉政建设和农村基层民主政治建设，加强村级民主监督，提高村(居)民自治能力，江城镇于2011年9月在20个村(社区)建立村(居)民监督委员会，共选举产生监督委员会成员59名，其中：主任20名，委员39名。

【三资管理】　成立江城镇"三资"委托代理服务中心，在村集体经济组织"三资"所有权、使用权、收益权、审批权不变的前提下，村集体经济组织书面委托镇代理服务中心对其"三资"进行管理，共清理登记货币资金3844万元、固定资产24265万元、集体企业现值238万元；债权2083万元、债务2398万元；土地矿产5823亩、林业资源92242亩、水面18276亩、交通基础设施257千米。

【乡镇机构改革】　2011年11月，根据市县的安排部署，按照"工作需要、综合考评、组织决定"和以人为本、德才兼备、各施所长、各得其所的标准，实施乡镇机构改革。改革后，全镇设置党政、经济发展、社会事务、社会治安综合治理4个行政办公室及农业综合服务中心、人口和计划生育服务所、规划建设和环境保护中心、文化事务中心、社会保障服务中心、农村经济管理服务中心、财政所7个事业单位。

(张绍晗)

前卫镇

【行政区划·人口】 前卫镇位于江川县境腹地，东临星云湖，西与九溪镇、安化乡接壤，南与江川县城大街镇为邻，北与江城镇相连。全镇辖杨家嘴、业家山、渔村、庄子、石河、后卫、周官、赵官、小街、柏池古10个村民委员会和前卫社区居民委员会，51个自然村，69个村民小组。镇域总面积88.9平方千米，东西最大横距14.25千米，南北最大纵距12.75千米。最高海拔2139.4米，最低1724米，镇政府驻地海拔1730米。人口密度每平方千米543人。境内主要河流有前卫大河、周官河、小街河等，有石河水库等水库14座，坝塘68座。风光秀丽、具有民间传奇色彩的台山、七星塘、回头山就座落于星云湖西岸，镇政府的东、北面。

2011年末，全镇总户数16415户，其中：农业户14279户，占总户数的86.98%。总人口48368人，其中：男24113人，女24255人。农业人口45590人，占总人口的94.3%。少数民族2145人，占总人口的4.4%。农村从业人员29693人，其中从事二、三产业8762人，占从业人员的29.5%。年内出生人口333人，出生率为6.89‰；死亡204人，死亡率为4.22‰；人口自然增长率为2.67‰。

【领导干部名录】

党委书记 刘绍宏

副书记 胡正鸿

李江辉

李江华(2011.3任)

纪委书记 王志伟

人大主席 钟镙

镇长 胡正鸿

副镇长 李江华(2011.3离任)

谢粉玲

宋泽彦

刘进春

李万雄

周鼎博(挂职)

【经　济】 2011年，完成镇内生产总值52980万元，比上一年的45023万元增加7957万元，可比价增长14.6%(下同)，增幅连续两年位居全县第一。其中：第一产业增加值由18593万元增加到20443万元，增加1850万元，增长8.3%；第二产业增加值由12470万元增加到16111万元，增加3641万元，增长25.2%；第三产业增加值由13960万元增加到16426万元，增加2466万元，增长13.5%。第一、二、三产业占镇内生产总值的比重调整为38.6：30.4：31。全镇农民人均纯收入由5661元增加到6442元，同比增781元，增长13.8%。全社会固定资产投资由27015万元增加到40150万元，同比增13135万元，增长48.6%

农　业　2011年末，总耕地面积23584亩，其中：田15112亩，地8472亩，农业人口人均占有耕地0.52亩。以生产烤烟、蔬菜、水稻、包谷、经果等为主。全年总播种面积55644亩，复种指数235.9%。全年粮食总产量662.28万千克，同比增12%。其中：大春粮食产量420.46万千克，比上年减7.23万千克，减1.69%。小春粮食产量241.82万千克，比上年增78.48万千克，增48%。农业人口人均产粮145千克。主要粮食产量：水稻372.91万千克，玉米42.25万千克。

烤烟种植面积为1.49万亩，收购数量为188.1万千克，完成计划数185万千克的101.7%。上等烟比例达80.4%，中上等烟比例96.1%，综合平均单价20.6元，均价及上等烟比例均位居全县第一。实现烤烟产值4164万元，烟农收入继烤烟双控之后首次突破4000万元，比上年增加584万元，增长16.3%，在全县率先完成烤烟收购任务。蔬菜种植达22430亩，总产量达46500吨，实现产值13067万元，比上年增加634万元，增长5.1%。油料总产110.41万千克，比上年增64.11万千克，增138%。能繁母猪存栏达7560头，营销仔猪22.1万头，实现产值3770万元，比上年增加180万元，增长5%；生猪年末存栏51400头，同比减少6309头；肥猪出栏48700头，比上年增5006头，增长11.4%。大牲畜存栏457头，比上年增21头，增4.8%。水产品产量324吨，比上年减3吨，减0.9%。

全年实现农林牧渔服务业现价总产值30829万元，同比增2417万元，增长8.5%。其中，农业产值实现20551万元，增长6.8%；畜牧业产值实现8457万元，增长20.7%；渔业产值实现513万元，增长0.9%；林业产值实现473万元，减少9%；农林牧渔服务业产值835万元，增长19.2%。

企　业　2011年末全镇个私企业1370个，其中：有限责任公司20个，私营企业17个，其它企业1333个。从业人员6014人，营业收入88515万元，同比增加18808万元，增长26.98%；实现利税总额3894万元，同比增562万元，增16.87%。工业固定资产完成投资20150万元，增长122.65%。其中：规模以上工业利税总额完成1703万元，同比增706万元，完成考核指标1323万元的128.72%；利润总额完成205万元，同比增5万元，完成考核指标200万元的102.5%。

全年招商引资完成6600万元，完成县考核指标5500万元的120%，同比增加45.4%。投资项目两个，投资4200万元的云南特固电气有限公司年产1万件智控电网设备项目、投资3.6亿元的云南寅乾机械制造股份有限公司生产风力发电设备项目已进入土地征用阶段。

基础设施建设　一年来，全镇基础实施建设投资完成40150万元，比上年同期增加13135万元，增48.6%；完成年初确定目标32730万元的135.3%，完成县下达考核指标任务4亿元的100.37%。在非农固定资产投资中，重点围绕农田水利、道路交通、学校、卫生等基础设施建设进行。农田水利建设方面：投资370万元的石河水库北水南调防渗工程已建成投入使用；投资130万元完成了张伍营、

唐家山、大石河、柏池古村人畜饮水改建工程；投资80多万元新建慈云、上庄子片区人畜饮水工程。道路交通建设方面：投资175万元的小营、大树村、业家山、大石河、云平村道路硬化工程已完工；投资250万元的文化景观路二期工程中亮化、绿化工程已完工，路面硬化工程也即将完工。教育设施建设方面：投资616万元的前卫中学校安工程已完工投入使用；投资200万元的前卫镇后卫中心幼儿园正在建设中。村级活动场所建设方面：投资20万元完成29个村民小组的党员活动室建设工程；投资110万元完成渔村、小街、石河、赵官村群众文体活动场所建设工程和投资20万元的三石河整村推进工程正在有序推进。

村镇建设·环境保护　开展环境保护宣传教育活动，全年张贴环保标语423条、布标6条；制作展板2块，召开环保工作会议12次，组织培训村、组干部2次。加大环保设施建设和管理力度，加强对渔村河、周官河和大街河末端人工湿地的管理，对前卫文化广场、澄川二级路旁、老晋思路及各村路旁的冬樱花、小月榕树等进行日常管护。巩固"生态文明之家"创建活动成果，加大林业管护和工程造林力度，有效减少水土流失，完成防护林造林1000亩和森林火灾之后的补植补造工作；充分利用山林资源，实行山林承包有偿使用，发展适种适销的经果林。开展农村环境卫生整治活动，对四条入湖河道环境卫生实行专人管理。全年通过各种活动，共组织镇村组干部、党团员、学生及群众7000余人参与河道保洁和农村环境卫生整治，累计清修沟渠240千米，清运垃圾1300多吨。同时，加大对农村环境卫生整治和河道管理督查力度，全年共开展环保大检查19次，形成环保检查记录19份，下达整改通知书2份，整改要求5条。

国土资源管理　龙泉山生态工业园区入园项目用地全面推进，启动投资4200万元的云南特固电气有限公司年产1万件智控电网设备项目、投资3.6亿元的云南寅乾机械制造股份有限公司生产风力发电设备项目的征地工作。坚持预防为主，事前防范管理与事后查处相结合的方针，全年共查处违法占地21户，面积约1160平方米。

【社会事业】　民　政　严格执行国家有关政策，定期足额在民政发放各种生活补助经费，全年共发放各种困难生活补助资金468.49万元，其中：对1753户1876人低保户发放最低生活保障金181.8万元；共发放救济粮1267户3719人61195千克。干部结对帮扶26户残疾人，免费对72名白内障患者进行复明手术。投入5万余元关爱残疾人家庭，实施危房改建、"阳光计划"等工程。全年全镇共有五保供养人数92人，敬老院2所，床位48张，入住对象31人，工作人员4人，其中未成年人1人，残疾21人，五保供养生活标准是人均180元/月。城乡医疗救助"一站式"服务工作。2011年通过调查了解，严格把关，并提供医院相关材料，救助农村困难群众384人，发放农村医疗救助金114000万元，资助新农合参保人数(低保对象)1835人，人均30元，支出55050万元，资助五保对象参保人数57人，支出2760元，有效解决了部分农村特困群众看病难问题的实际困难和问题。

社会保障　扎实推进"新农保"参保工作，在全县率先完成参保任务，全镇"新农保"参保人数31270人，收取养老金397.4万元，参保率达99%，缴费率达99%；至2011年底全镇第一批6157名60周岁以上老年人已领取每月55元的基础养老金；共有五保户32人、重度残疾人70人在领取每月55元的中央基础养老金的基础上，每月增加补助50元。对348名70岁以上老党员发放补助12.5万元；对80周岁以上无退休金的老人补助3026人次48.7万元。

卫　生　积极发展医疗卫生事业，巩固"新农合"参保工作，参合率达95.8%。全面落实新农合医疗补助政策，全年门诊补偿10.7万人次，补偿金额112.8万元，住院补偿3706人次，补偿金额927.2万元。

计划生育　积极争取资金，加大投入，增加设施，为育龄群众提供优质服务。全年兑现农业人口独生子女家庭奖优专项资金18.9万元。严格执行计划生育法律法规，严肃查处计生违法行为，共查处和采取终止计划外多孩妊娠14起(其中终止妊娠多胎超怀7起，查处非婚生育6起，抢怀1起)，计划生育率达97.4%。圆满完成全国第六次人口普查的立卷归档工作，并顺利通过省、市、县的考评检查验收。

教　育　坚持教育优先战略，切实加大教育投入，改善办学条件，巩固"两基"和"省教育督导评估"工作成果。投资30万元改善后卫小学校园环境，投资10万元解决石河小学师生饮水问题，成功完成安化中学和前卫中学合并。积极开展"金秋助学"活动，对部分考入重点院校的贫困生给予困难补助。2011年中考成绩喜人，中考上线率、上市属中学的比例均位居全县前列，教育教学质量不断提高。

文化旅游　切实加强公民素质教育和未成年人思想道德建设，形成良好的社会风气和融洽的人际关系。实施"阳光工程"、"农民技能培训工程"等一系列培训活动，发挥"农家书屋"的功能作用，培养"有文化、懂技术、会经营"的新型农民；镇文化站图书室和电子阅览室免费开放，着力抓好农民职业技能培训，帮助外出务工农民提高就业能力。

文化路建设的绿化、硬化及亮化工程基本完工，渔村大河的美化工程规划方案成果形成。经过多方争取，以回头山、出流改道入水口景观、星云湖岸十里长堤、七星塔、曲焕章故居、新河咀至渔村传统民间铜器工艺区、渔村小肚、文化路、石河彝族生态村为规划轴线的前卫镇"两横一纵"的乡村文化旅游规划已进入准备阶段，为充分发挥前卫镇自然、历史、人文资源优势，繁荣文化旅游产业打下坚实基础。

社会综合治理　建立社会矛盾纠纷大排查、大接访、大下访、大调处机制，实行领导包案责任制。一年来，通过整合综治维稳、司法、信访、派出所等部门力量，按照“统一受理、集中梳理、归口管理、限期办理、巩固治理”的原则，各类矛盾纠纷得到及时有效化解，达到“小事不出村、大事不出镇、矛盾纠纷不上交，不给上级添麻烦”的目标。全年，共调处矛盾纠纷332起，调处成功331起；受理各类案件560件，其中查处治安案件209件、侦破刑事案件111件，有效化解4起影响重大的矛盾纠纷和1起群体性上访事件。同时，加大对24名社区矫正人员、“两劳”刑释解教人员及其他人员的帮教管理。严格开展安全生产大检查活动，切实履行政府对企业安全生产的监管责任，督促企业落实安全生产主体责任。一年来共对企业进行食品安全检查146户次，进行企业安全生产检查55次，发现安全隐患155处，已责令整改155处；进行消防安全检查38次，发现安全隐患22处，已责令整改22处。

惠民政策　积极争取上级资金支持，补助70.7万元为707户农户安装洗浴太阳能；补助99256元为全镇12407户农村住户办理农房保险。及时兑付各种惠农资金：粮食直补337.1万元；综合直补169.2万元；摩托车下乡补贴876辆，兑付资金524余万元。为289名农民工办理农民工手册，为178户创业者办理创业贷款789万元，全年培训转移农村剩余劳动力586人。办理能繁母猪保险12185头，兑付保险金45.2万元，发放农村民居地震安全工程建设补助资金170万元。

【成立村民监督委员会】　切实抓好第一届村民监督委员会筹备选举工作。全镇11个村(社区)采取“两推一选”的方式，选举产生11个村(社区)的村民监督委员会的委员33名、监督委员会主任11名。

【招商引资】　全年招商引资完成6600万元，完成县考核指标5500万元的120%，同比增加45.4%。引资项目分别是：江川鼎恒机械制造有限公司600万元，佳一包装纸箱生产线建设200万元，云南腾达机械制造有限公司2000万元，江川合力生物化工开发有限公司950万元，云南江川卓一食品有限公司800万元，云南荣盛实业有限公司400万元，云南省江川铜器工艺制品厂400万元，江川同力橡胶有限公司460万元，江川龙泉彩印包装有限公司850万，云南江川汇海农产品有限公司250万元。龙泉山生态工业园区投资4200万元的云南特固电气有限公司年产1万件智控电网设备项目、投资3.6亿元的云南寅乾机械制造股份有限公司生产风力发电设备项目已进入土地征用阶段。

【烤烟收入】　为推动全镇烤烟产业科学持续健康发展，前卫镇以烟农增收为目标，按照“稳定规模、科技兴烟、提高质量、增加效益”思路，多措并举，全力保障烤烟产业持续健康发展。通过让群众深入了解相关的烤烟政策，在周官、赵官片区打造为市、县烤烟样板田，在小街等村建设卧式烤房，改善育苗环境、送科技下村等服务，有效的保障烟叶增收。全年种植烤烟面积达1.49万亩，收购数量达到188.1万千克，完成计划数185万千克的101.7%，上等烟比例达80.4%，中上等烟比例96.1%，综合平均单价20.6元，均价及上等烟比例均位居全县第一，实现烤烟产值4164万元，烟农收入继烤烟双控之后首次突破4000万元，比上年增加584万元，增长16.3%，在全县率先完成烤烟收购任务。

【三资清理】　为推进“三资”管理工作制度化、程序化、规范化建设，维护群众利益，镇政府严格按照全程倒逼管理规定依程序、分阶段、按步骤进行清理，取得明显成效。整个清理过程共清理村集体资金1455万元，集体资产账面原值9651.82万元，土地矿产资源面积4398.4亩，林业资源面积53891.8亩，水资源面积2798.98亩。

（陈春荣）

安化彝族乡

【行政区划·人口】　安化彝族乡地处县境西北部，距县城24千米，东接前卫镇，南连九溪镇，西与红塔区小石桥乡接壤，北与江城镇毗邻。全境地势西北高，东南低，地形北窄南宽呈“人”字形，东西最长距离17.2千米，南北最宽距离12千米，最高海拔2294.2米，最低海拔1782米。属中亚热带半湿润高原季风气候，四季平和，冬无严寒，夏无酷暑，干湿季节分明，年平均气温14.9℃，有“天然温室”之美称。乡政府所在地安化彝族乡安化大营一组8号。

乡域面积95.6平方千米，共辖安化、新庄、早谷田、董炳、光山5个村(居)委会，26个自然村，28个村民小组。2011年末耕地总面积9477亩，其中田4992亩，地4485亩(水浇地1462亩)。农业人均耕地面积1.04亩。

2011年末，全乡辖区内人口总户数3255户，总人口9396人，其中：男4840人，女4556人；农业户3099户，农业人口9127人；少数民族人口9033人(其中彝族8954人、哈尼族54人、壮族1人、拉祜族4人、苗族5人、傣族3人、藏族2人、傈僳族1人、纳西族1人、其他族2人)，少数民族人口占总人口的96.1%，是江川县唯一的一个山区民族乡。农村从业人员5946人。人口自然增长率为1‰。人口密度98人/平方千米。

【领导干部名录】

党委书记　李忠良(2011.3离任)

　　　　　赵　琦(2011.3任)

副 书 记　莽嘉慧

　　　　　雷永彪(2011.3任)

王艳兰(2011.3任)
纪委书记　徐志伟
人大主席　坝有贵
乡　　长　莽嘉慧
副 乡 长　李竹贵(2011.3离任)
张乘风

【经　济】 2011年完成乡内生产总值11673万元，同比增加1562万元，增长13.1%。其中：第一产业完成8252万元，同比增加858万元，增长9.9%；第二产业完成859万元，同比增加282万元，增长47%；第三产业完成2562万元，同比增加422万元，增长15%。年末，农村社会总产值(现价) 14993万元，比上年增12.9%，其中：工业总产值2920万元，比上年增长20.7%；农业总产值12073万元，比上年增长11.1%。农村经济总收入8983万元，比上年增加704万元。其中：农业收入7390万元，比上年增长8.17%，占总收入的82.27%；林业收入21万元，比上年减少7万元，占总收入的0.23%；牧业收入371万元，比上年增长10万元，占总收入的4.13%；渔业收入43万元，比上年增加7万元，占总收入的0.47%；工业收入458万元，比上年增加100万元，占总收入的5.1%；建筑业收入161万元，比上年增加13万元，占总收入的1.79%；交通运输业收入251万元，比上年增加14万元，占总收入的2.79%；商业服务业收入110万元，比上年增加9万元，占总收入的1.22%；社会服务业收入6万元，占总收入的0.07%；其它收入172万元，比上年减少2万元，占总收入的1.91%。农民人均纯收入5451元，比上年增加768元，增16.4%。二、三产业从业人数681人，占农村从业人数的11.4%，比上年增3个百分点。地方财政收入完成880万元，同比增加100万元，增11.4%。年末，农村信用社各项存款余额4208万元，比上年增加1412万元，增长50.5%。

农　业　2011年，农作物播种面积2591公顷。复种指数133%。粮食播种面积7448亩，粮食总产量343.5万千克。其中：玉米播种面积4378亩，单产585千克/亩；小麦播种面积390亩，单产300千克/亩；农民人均产粮376千克。蔬菜种植面积12418亩，总产1723万公斤，实现产值5169万元。油料播种面积4200亩，单产230千克/亩。烤烟种植面积22068.7亩，总产225万千克，交售量219万千克，均价为20.13元，均价位居全县第二，实现交售收入4415万元，比上年增加874万元，增长24.7%，上等烟比例达77.58%。

年末，生猪存栏5000头；肥猪出栏6280头。大牲畜存栏1301头，其中，牛存栏960头，出栏243头；羊存栏1088只，出栏141只。家禽出栏28151只，禽蛋产量30吨。全年肉产量695吨。实现畜牧业产值1161万元，比上年增加222万元，增长23.6%。水产品产量98吨。

企　业　2011年，有个体私营企业2户，其中：私营企业2户，企业营业总收入2936万元；税利59万元；营业收入上百万元的企业有2户。企业固定资产投资900万元，投资项目3个。

村镇建设　2011年全乡有285户农户建盖新房，建盖间数2707间，竣工面积67815平方米，竣工房屋价值3195万元。拨款52万元完成农村危房改造50户、拆旧建新42户。

【社会事业】　科　技　坚持科技为经济建设服务的指导思想，狠抓科技知识的普及和科技成果的转化。2011年举办各种培训班6期，培训人数达2000余人次。

教　育　优先发展教育，狠抓教育各项政策的落实。2011年，安化中学撤并工作顺利完成，规划董炳小学和安化中心幼儿园建设，实现教育理念从“好上学”到“上好学”的转变，有效整合教育教学资源，为安化学子提供了一个更好的教育平台。年末，有中心小学1所，村完小2所，教学班24个，教职工47人，在校学生756人，毕业率达100%，升学率达100%；

文　化　有文化站1个，藏书2000余册，业余文艺宣传队26个。增加5个村(居)委会的农家书屋的物资配备，平均每个书屋拥有藏书1500余册。积极开展群众性文化活动，组织乡土节目参与县级各种演出，弘扬安化民族民间文化艺术。充分挖掘人文资源，大力弘扬民族文化。注重发现和培养一批民族民间文化艺人和传承人，在市、县文化局的帮助指导下，所创作的民间器乐节目《赛撒弦》喜获省第七届歌舞乐展演银奖和非物质文化遗产传承奖。

卫　生　扎实开展新型农村合作医疗工作，切实解决群众“看病难、看病贵”问题。2011年全乡参合人数8864人，参合金额26.6万元，参合率95.95%，住院、正常分娩及门诊减免补助117人，报销金额31万元。全乡有卫生院1个，村卫生所5个，卫生室1个，卫生院卫生技术人员9人(其中执业医师6人、注册护士1人，其他人员2名)，卫生所医务人员15人，病床总数12张。坚持以人为本，紧紧围绕“控制人口增长，提高出生人口素质，优化人口结构”这一主要任务，坚持贯彻落实农村人口独生子女“奖优免补”政策，继续抓好“一法二条例三规定”的落实，全面推行计划生育工作依法管理，深化综合改革，建立和完善计划生育村民自治工作机制，认真开展健康检查，搞好优质服务，全面提升工作水平，2011年全乡人口出生率6.2‰，出生人口政策生育率100%，人口自然增长率为1‰。

民　政　以帮助困难群众、弱势群体为主，2011年发放救济大米16吨救助360户，发放民政救济金83200元，救济困难群众138户，发放复员军人22人补助费95064元，“两参”人员生活补助费45人11.88万元，发放农村低保保障金460人39.7万元，发放高龄老人保健费523人81710元。加强民政、残联和老龄工作，切实落实惠民政策。全年共发放救济大米16吨救助

360户，发放救济金8.32万元，救济困难群众138户，发放460名农村低保保障金39.7万元。发放22名复员军人补助费9.5万元，发放45名两参人员生活补助费11.88万元，发放523名高龄老人保健费8.17万元。资助残疾人大米40袋现金0.5万元，危房改造2户1.2万元。发放高龄补助金524人8.19万元。发放惠民扶持贷款365万元，补助创业能手90人。兑付粮种补贴2484户12.66万元。兑付农机补贴75户13.5万元。兑付摩托车下乡补贴93辆5.2万元。

劳动保障 大力宣传《劳动合同法》，安化52人参加职工医疗互助，参合率100%。高度重视养老保险工作，圆满完成县下达的目标任务。全面启动新型农村养老保险工作，圆满完成县下达目标任务。发放60岁以上农村居民基础养老金239580元，享受人员1089人，16岁至59岁新参保4981人(应参保5136人)，参保率达96.9%，收取养老保险金665990万元，基本实现新型农村和城镇居民社会养老保险全覆盖。

法制建设 以“打造平安安化、构建和谐社会”为目标，认真实施“六五”普法教育、“依法治乡”战略，强化社会治安综合治理，深入推进“社会矛盾化解、社会管理创新、公正廉洁执法”三项重点工作；建立和完善群防群治网络，不断完善社会防控体系，严厉打击各种违法犯罪活动，进一步健全矛盾纠纷“大调解”机制，强化行政调解、人民调解、司法调解网络建设；落实领导干部大接访大下访责任制，规范综治维稳信访中心建设。全年共接待群众来信来访20件，办结20件。刑事案件发案19件，破11件；受理治安案件75件。一年来共调解各类社会矛盾纠纷137起，成功137起，调处率100%，成功率100%，未发生一起群体性事件；开展“平安先进安化”创建活动；深入推进禁毒防艾工作，巩固“无毒乡”成果；认真开展安全大检查，及时发现和消除安全隐患，全年未发生一起安全事故，实现社会和谐稳定。

基础设施建设 加大协调力度，积极争取项目和资金，在改善民生上取得显著成效。投资55万元完成安化乡村级公益事业建设“一事一议”财政奖补项目4个，其中投资21.3万元完成旧村人畜饮水水源点建设，投资12万元完成围埂人畜饮水工程，投资13.8万元完成塔冲村级活动场所建设，投资7.9万元完成早谷田村内道路建设；投资151.8万元完成光山民族文化活动中心建设；投资58.3万元完成新庄民族团结示范村建设；投资35万元完成董炳三家新农村省级重点村建设；投资75万元完成小石洞河、李家营、新庄小营、董炳小营、安化一组5个整村推进扶贫项目；投资15.07万元完成了香柏甸、小麦冲、招坝人畜饮水工程建设；投资10.3万元完成新庄关塘子、张家庄小坝除险加固修复工程；启动九道河水库除险加固工程，预计总投资120万元；投资140万元完成新庄村级活动场所建设工程；投资5.75万元完成6个村(居)民小组党员活动室修缮建设工程；投资52万元完成农村危房改造50户、拆旧建新42户；投资5.5万元进行安化邮政所修缮工程；投资50万元完成安化财政所办公楼建设；投资27万元完成早烂公路、中围路等5条乡村公路的沙石铺垫工程；投资400万元实施光山、李家营农村二调新增耕地建设项目。

生态建设 推动工程性和非工程性措施落实，动员引导广大干部群众投身“绿色安化”、“生态彝乡”建设实际行动；抓住市、县政府对董炳河流域治理保护的重大机遇，结合东风水库径流区发展规划，深入调研，认真研究，成立董炳河流域生态修复工程指挥部，制定实施方案，投资3万元建成苗圃基地；投入资金20余万元，深入开展农村环境卫生整治活动，建立了长效管理机制，做到了人员到位、措施有力、责任明确、制度健全。全乡共组建5支农村环境卫生整治保洁队伍，负责日常环境卫生保洁工作，农村脏、乱、差状况得到有效改善。

【核桃产业】 全乡有森林面积89125亩，森林覆盖率62%。抓住中央扩大内需的重大机遇，按照“换届不换机构，换人不换目标”的要求，继续保留发展核桃产业工作机构，增配相应人员及经费，继续推进核桃产业发展，全年新栽核桃1000亩，补栽500亩，至年底，累计种植核桃9500亩，建立核桃示范基地5个。

(李绍波　施永芬)

九溪镇

【行政区划·人口】 九溪镇位于县境西南部，东与大街镇相连，南与通海县毗邻，西与红塔区接壤，北与前卫镇交界，镇政府距玉溪市政府所在地10千米，距县城12千米。镇政府驻地海拔1705米。

全镇辖马家庄、六十亩、阳山庄、大村、大营、中营、鸡窝、喜乐庄、矣文9个村(居)委会(其中阳山庄、矣文为彝族村委会)，26个自然村，28个村民小组。镇域总面积113.6平方千米。

2011年末，实有耕地面积15666亩，其中田9475亩，地6191亩，稳产高效基本农田14168亩，农业人口人均占有耕地0.63亩。主要以生产水稻、烤烟、蔬菜、油菜、花卉、小麦等为主。

2011年末，总户数9050户，其中农业户8820户，非农业户230户；总人口数26660人，其中男13331人，女13329人；农业人口25208人，占总人口的94.6%，非农业人口1452人，占总人口的5.4%。共有少数民族人口2961人，占总人口的11%。乡村劳动力人口数19238人，从业人员数16482人，人口自然增长率4.73‰。人口密度为人233人/平方千米。

【领导干部名录】

党委书记　李志刚
副 书 记　王奇志

杨　辉
李　勇(2011.3任)
刘利勇(挂职)
纪委书记　刘　勇
人大主席　王　川
镇　　长　王奇志
副 镇 长　刘开华
宋良艳(2011.11离任)
汪文勇

【经　济】 2011年，完成镇内生产总值26677万元，比上年增长13.2%。其中：第一产业完成12116万元，同比增9.7%；第二产业完成6225万元，同比增20.5%；第三产业完成8336万元，同比增13.4%。农村经济总收入完成48673万元，同比增11.95%。农民人均纯收入6134元，增加706元，增长13%。全社会固定资产投资完成26575万元，增长32.8%。金融机构存贷款余额26665万元、7892万元，同比增21.8%和8.4%。

农　业　2011年，全镇总播种面积35198亩，比上年增加16亩。粮食播种面积6523亩，总产362万千克，比上年减少13.72万千克，农业人口人均产粮143.6千克。主要粮食作物播种面积与产量：水稻栽种面积3002亩，总产粮209.89万千克；玉米播种面积1539亩，总产92.95万千克；小麦播种面积895亩，总产24.13万千克；蚕豆播种面积360亩，总产7.55万千克。主要经济作物播种面积与产量：油料播种面积5008亩，总产109.79万千克；花卉种植面积930亩，生产鲜切花1959万枝，实现产值4113万元。其它作物播种面积与产量：全年蔬菜总播种面积12176亩，总产2255.81万千克，实现产值3137万元，其中大春蔬菜播种面积6087亩，总产1220.22万千克；小春蔬菜播种面积6089亩，总产1035.59万千克。

年末，生猪存栏28813头(其中当年存栏能繁母猪5235头)，比上年减17%；出栏肥猪22824头，比上年增17.56%。销售仔猪160466头，比上年增1.5%，其中销售到市外有40114头，销售到县外120352头。大牲畜存栏698头，出栏187头；山绵羊存栏3015只，出栏2148只。全年肉产量达320万千克，家禽出栏62.5万只。禽蛋产量125.2吨，水产品产量17.9万千克

2011年，农、林、牧、渔业实现总产值19761万元，其中农业实现产值11641万元，占58%；林业实现产值1220万元，占6%；牧业实现产值5854万元，占30%；渔业实现产值279万元，占2%；农林牧渔服务业766万元，占4%。

村镇建设　2011年，全社会固定资产投资完成26575万元，增长32.8%。主要实施以下工程：云南农业科技园完成投资6620万元；玉溪公安局民警培训基地完成投资1175万元；大车检测线完成收尾投资81万元；河口、小营等村地质灾害搬迁基础设施建设完成投资2592万元，九溪35千伏输变电工程完成投资500万元；出流改道九溪工程管理所完成投资140万元；玉溪富康实木门厂完成投资370万元；玉溪丫眯食品厂设备购置完成投资260万元；昆明峰奇设备厂环保加工完成投资510万元；玉溪市九川食品有限公司厂房建设完成投资750万元；九溪下村红砖厂、九溪第一红砖厂技改完成投资210万元；九溪中心小学食堂改建完成投资174万元；黄谷田育苗场地建设完成投资140万元；玉溪医药有限责任公司完成投资990万元；烟水配套工程投资2200万元；生态林建设项目投资580万元；农业综合开发项目投资340万元；沤肥池建设工程完成投资185万元；省第三劳教建盖所习楼和住宅楼完成投资910万元；九溪小流域生态治理水库除险加固工程投资538万元；九溪育苗场地建设270万元；九溪马家庄老路坝除险加固工程完成投资120万元；江川县地方公路管理段(公路维修)投资160万元；九溪普庙红砖厂购进机械设备及新建生产车间完成投资340万元；"一事一议"财政奖补项目完成投资200万元。

全镇共有174户农户建盖和修缮新房，建房面积达46448平方米，房屋1836间，(其中住宅1828间，46013平方米)，竣工房屋价值4051.5万元(其中住宅4042万元)。

【社会事业】 教　育　全镇有小学9所，在校学生2473人，教职工122人；中学1所，在校学生1258人，教职工75人。义务教育均衡发展，"三免一补"政策落实到位，调整优化农村小学教育布局，撤并矣文、放马沟两所小学，有效整合教育资源。

文化·体育　全镇有文化站1所，群众性文化活动蓬勃开展，群众精神文化生活不断丰富。文化资源信息共享工程顺利推进，农家书屋运行良好。全民健身活动和学校体育蓬勃开展。重视科技成果转化应用，举办各种实用科技和绿色证书培训23期，2761人次。

卫　生　全镇有卫生院1所，卫生技术人员15人，病床15张；村级卫生所10个，医务人员27人，病床45张。新型农村、城镇居民养老保险筹资171万元，参保17460人，参保率达97.85%。新农合参合人数达23813人，筹资71.44万元，参合率达95.39%，新农合门诊减免11.5万人次，减免报销资金440.8万元(不含县级医疗机构现场减免人次和金额)。

民　政　年内，发放各类民政事业经费266万元，涉及2546户、2639人；发放大米20020千克，涉及1053户、1744人；核准纳入城镇低保户57人，农村低保845户880人；补助2.34万元，帮助农村贫困户719户，736人参加新型农村合作医疗。组织慰问特困户192户、12160元，特困残疾人15户、3000元。发放轮椅7辆，完成3户特困残疾人家庭危房改建，将家庭困难的146人残疾人纳入农村低保。有敬老院1所，供养老人26人。

惠农补助　落实惠农补助471万元，完成水稻、玉米、小麦、油菜

良种补贴19.55万元；财政补贴资金22.24万元，推广微耕机120台、插秧机1台；落实家电下乡补贴585户、18.83万元；汽车摩托车下乡补贴482户、30.07万元；农资综合直补资金45.5万元；发放退耕还林补贴资金102.1万元；生态移民补助56.2万元；能繁母猪补贴52.35万元；民居地震安全工程补助212户、124万元。

法制建设　加强民主法制建设，推进依法治镇，积极开展“以案释法”、“送法下村”、“送法进企”、“送法入校”等活动，群众法制观念进一步增强，开展综治维稳信息中心规范化建设，加强社会治安综合治理，进一步巩固“平安先进镇”、“无毒镇”创建成果，认真开展反邪教警示教育宣传，在九溪小学建立反邪教警示教育基地。

完善群防群治网络，严厉打击各种违法犯罪。全年受理刑事案件92件，破获33件，破案率为35.9%；受理治安案件189起，查处100起，查处率为52.9%。全力做好司法调解工作，全年共调处各类矛盾纠纷170起，调处率100%。接待群众来信来访27件，领导干部接访下访12件，做到件件有落实。

【烤烟生产】　积极探索现代烟草产业发展之路，成立江川县惠丰烤烟种植专业合作社，开展烤烟规模化种植，实现烤烟生产组织模式创新。投资415万元建设烤烟育苗工厂，建成育苗棚22个，总面积达24000平方米，可育苗量达85000盘，可全面满足全镇烤烟育苗需求，实现烤烟统一科学育苗，全年烤烟种植面积11539亩，总产139.88万千克，中上等烟比例达95.8%，综合均价19.52元，较上年增3.48元/千克，实现烟农所得2730万元，实现农业增产，农民增收。

【特色餐饮业发展】　围绕创建“生态美食名镇”的目标，强化餐饮从业人员礼仪、着装、烹饪培训，积极引导餐饮企业改进软硬件设施，提升接待水平和服务能力。开展“餐饮名店”创建和“美食名菜”认证活动。“蒋记菌子宴”、“陈记牛肉馆”分别荣获“中华餐饮名店”和“云南餐饮名店”称号。投资200万元完成“阳山庄一品羊肉店”改扩建，有效改善就餐环境。振溪驴肉馆等3家餐饮店落户九溪，小城镇范围内的饭店增至10家，餐饮集聚区正逐步形成，餐饮业辐射带动作用明显，全年接待人数达31万人次，实现营业收入2234万元，比上年增长9.3%，上交税金70万元。

【环境保护和生态建设】　发动干部、群众、团员对全镇范围内的主要河流、村庄、街道、绿化带等进行不定期清理，维护河道清洁。建成东风水库径流区江川片区综合治理工程13座垃圾房及3座生物净化公厕，启动九溪镇省级生态乡镇创建工作，九溪污水处理及配套管网工程被列为市“创模”的投资计划，委托中国市政工程中南设计院编制《九溪污水处理厂及配套管网工程可行性研究报告》。深入开展清洁农村行动，围绕“四清理”（清理垃圾、清理乱堆乱放、清理厕所和清理整治污水）任务，开展农村环境卫生整治，有效改善环境卫生状况，按照“组保洁、村收集、镇运输、县处理”的农村垃圾收集处理原则和层层实施考核的工作机制，各村持续做好环卫维护和垃圾清运日常保洁工作，“清洁农村”和河道管理长效机制日益完善。

【海棠现代烟草农业示范区建设】　九溪镇海棠现代烟草农业示范区建设涉及六十亩、大村、中营、大营、马家庄、阳山庄6个村委会，16个自然村，18个村民小组，农业人口16503人，耕地面积33006亩，项目区受益面积16838亩。项目区耕地多为水田、梯地，农业基础设施不完善，水库灌溉设施不配套，农业生产旱季缺水突出，雨季洪涝不断，严重影响耕地产出率和农业综合生产能力提高，制约当地农村经济社会发展和农民增收。项目总投资2113.65万元，项目包括新建水池60个、倒虹吸2件、灌装（管网）工程4件、小坝塘整治3件及机耕路工程13件，项目于2011年10月开工建设。

【生态移民搬迁】　河口村位于地质灾害威胁区，地质结构土壤为松软土，地形起伏高差相对较大，具有潜在的破坏性。曾有过山体崩塌、滑坡、泥石流等地质灾害，人民群众的生命财产安全受到严重威胁。为改善人民群众生活环境，投资611.73万元，于2011年6月完成河口村民小组生态移民搬迁工程项目，集中安置32户130人。

小营村地质结构为膨胀土，由于土壤的膨胀收缩，导致房屋出现地板撕裂、变形、倾斜现象，治理难度较大。且小营村位于东风水库——九溪断裂带上，有发生地震及地质灾害链的可能，存在巨大的安全隐患。为消除隐患，改善居住环境，投资1713.58万元，于2011年6月完成小营村民小组生态移民搬迁工程项目，集中安置79户335人。

【党建工作】　镇党委通过推行农村党员分层量化积分制管理，不断创新党建工作模式，使党员管理工作更加精细化和科学化，激发了党员的奉献热情，被党员称之为党员履职的“明白账”，被党组织称作是党员党性状况的“晴雨表”。在六十亩村党总支先行试点的基础上，制定《九溪镇农村党员分层量化积分考核管理办法》，在全镇农村党组织中全面推行。将党组织对党员的要求用分数进行量化，以累计积分的形式把党员履职情况和党性状况体现出来，每季度进行一次汇总通报，积分情况作为民主评议党员和评先推优的重要依据。

（杨　辉　黄　浩）

路居镇

【行政区划·人口】　路居镇位于江川县城东北部，距县城15千米，东西最大横距12.86千米，南北最大纵距

15.78千米，全境地形从东南至西北狭长，北接抚仙湖，西连星云湖，地势南部高，北部低，境内最高点海拔2636.2米，最低为抚仙湖，海拔1721米，平坝地区海拔在1723～1786米之间，相对高差63米。辖区面积108平方千米(辖兰田、螺蛳铺、石岩哨、上坝、中坝、下坝、小凹、红石岩8个村委会，42个自然村，56个村民小组。镇政府所在地路居镇中坝村委会甸心村70号附13号)。

2011年末耕地面积16951亩(其中水田9379亩，地7456亩)，按农业人口人均耕地0.614亩，稳定高产基本农田15680亩。

2011年，全镇年末9315户28962人，其中：男14643人，占总人口50.56%；女14319人，占总人口的49.44%；农业人口27601人，非农业人口1361人。劳动力人口19203人，占总人口的66.30%，其中：从事第一产业的有14550人，占劳动力人口的75.77%；从事第二、三产业的有4653人，占劳动力人口的24.23%。2011年出生262人，死亡90人。人口自然增长率8.5‰。

【领导干部名录】

党委书记　韩　良(2011.3离任)
　　　　　李　菊(2011.3任)
副 书 记　普秀英(女，2011.3离任)
　　　　　业东华(2011.3任)
　　　　　刘　鸿
　　　　　杨绍波(2011.3任)
纪委书记　刘锦红
人大主席　王荣华
镇　　长　普秀英(女，2011.3离任)
　　　　　业东华(2011.3任代理镇长，2011.4任镇长)
副 镇 长　李彦坤
　　　　　段雄伟
　　　　　杨　菡(挂职)
　　　　　尹江文(2011.3任)

【经　济】　全年完成生产总值3.3亿元，增长13.2%。其中：第一产业增加值完成1.2亿元，增长7%；第二产业增加值完成1.3亿元，增长21.1%；第三产业增加值完成7712万元，增长11.2%。完成社会固定资产投资11.3亿元，增长273%。实现农民人均纯收入6008元，同比增710元，增长13.4%。

农　业　全年完成农业生产总值1.8亿元，同比增2219万元，增长13.7%。全镇小春作物播种面积为42523亩，比上年增加687亩，增1.64%。小春粮食播种面积为4421亩，比上年增加704亩，增长18.94%，小春粮食单产为461千克，比上年增加80千克，增23%；小春粮食总产20.36万千克，比上年增加62.1万千克，增43.87%。小春油料播种面积625亩，比上年减少682亩，减52.18%，单产241千克，比上年增加160千克，增197.53%；小春油料总产15.25万千克，比上年增加4.1万千克，增36.77%。全镇种植蔬菜2.2万亩(含复种)，实现产值9800万元。落实育苗点34个，小棚育苗2781个，实现100%商品化育苗。经县验收组验收，大田移栽2.06万亩，超任务3706亩。

烤　烟　2011年路居的烤烟生产工作，抓得早，抓得紧，并扎实抓好政策宣传、科技措施落实、中耕管理、烘烤、收购等环节。通过努力，全镇实际移栽面积20006亩，其中田烟7200.7亩，地烟12805.3亩。圆满完成上级下达的各项目标任务。全镇收购烤烟233.53万千克，收购金额45672232.60元，平均单价19.56元，上等烟比例74.79%。

养殖业　完成生猪存栏24986头，肥猪出栏9679头，能繁母猪存栏7669头，生产仔猪86450万头，大牲畜存栏1291头，山羊存栏2372只，羊出栏746只，家禽存栏102685只，出栏64329只，肉奶蛋总产量完成到274.5万千克，畜牧业产值实现4500万元。

工　业　全镇企业实现现价工业总产值38840万元，完成年初计划数的100%，比上年同期的31300万元增7540万元，增24.89%，其中：规上工业实现工业增加值10319万元，比上年同期的8190万元增2129万元，增26%；企业从业人员2441人，比上年同期的2432人增9人，增0.4%。全力推进节能降耗，关闭高耗能的磷肥生产企业4户。

新农村建设　投资35万元，完成上坝梅竹老年活动中心新农村建设重点村一期、二期建设，转入第三期建设；启动石岩哨大凹老年活动中心新农村重点村建设项目，预计投资64万元。投资405万元的燃灯寺、席草田库塘除险加固工程有序推进。实施农村公益事业财政奖补"一事一议"项目7个，预计投资320万元，已完工4个。完成投资25万元的柿施路扫尾工程。黑山脚扶贫开发整村推进项目顺利完成。实施农村民居地震安全和危房改造工程。拆除重建100户和危房改造50户任务已初步完成，完成加固改造300户任务将于近日开工建设。

【社会事业】　科　技　进一步加强科技合作与科技推广，实施测土配方施肥16951亩，科技对经济增长的贡献率不断提高。围绕烤烟、养殖、蔬菜栽培等产业组织开展科普宣传、实用技术培训10期11800人次。

教　育　全镇有学校9所，其中：初中2所，中心小学1所、完小6所，在校学生3869人，其中：初中1250人，小学2619人，学龄儿童入学率100%。初中、小学毕业率100%。教职工225人，其中：初中教师84人，小学教师128人，初中员工5人，小学员工8人。协调下坝居委会包村单位县国税局出资1.3万元，为下坝海边小学购置教学设备及学生用品。教师节之际，积极协调市教育局资金4万元，为中小学寄宿生购置床单908条，送去对寄宿生的关爱。

文　化　2011年末，有文化站1个，藏书2718册；村级文化活动室4个，农村文艺队49支。积极开展各类文化活动，坚持重大节庆日举行文艺巡演，丰富群众文化生活。全镇8个村委会有8个农家书屋，每个农家书屋配置图书1500册，100盒音像制品已分类上架借阅服务群众。农村信息资源工程建设顺利完工，丰富了群众的文化生活和精神生活。

卫　生　2011年末，全镇有卫生机构9个，即卫生院1个，卫生所8个。有病床55张，医务技术人员34人(其中主治医师2人，其他初级人员32人)，医务人员9人。城镇居民基本医疗保险参保343人，收取保费2.4万元。新农合医疗费补助标准由原来的150元/人·年提高到290元/人·年，全镇参合26750人，参合率为97.7%；门诊减免5.7万人次58.3万元，住院补偿265人次124.7万元。

民　政　积极开展关爱活动，救助弱势群体，救灾救济困难群众985户4500人，发放大米18.8吨、专项救济款149万元，发放低保保障金472户885人53.1万元；院内供养五保老人32人，院外供养51人；走访慰问老党员、离任村(居)组干部、贫困户、残疾人107人(户)；帮助残疾户移栽烤烟45亩；实施白内障摘除术20人，为6名肢体残疾人安装义肢。实施“三小”应急工程，发放小应急包9293户。做好优抚安置工作。走访慰问优抚对象29人，兑付义务兵家属优待金22人7.3万元。

人口和计划生育　工作稳步推进，积极做好计生优质服务、出生缺陷干预工作和流动人口管理，2011年出生人口198人，计划生育率96.5%，人口自然增长率控制在5‰以内。独生子女保健费等各种奖励经费6.1万元及时足额兑现。

劳动保障　对“仙湖锦绣”项目失地农民实施“即征即保”的失地农民养老保险政策，参保1082人，收取保费912.5万元(个人缴费566.7万元、政府补助345.8万元)。新型农村和城镇居民社会养老保险分别参保16001人、192人，参保率分别为96.6%、98.5%；60岁以上老人3389人，按月领取55元的养老保障金。配合龙湖集团组织两次用工推介会、一次招聘会。宣传动员失地群众用工就业，动员张营村人参加龙湖集团“十里景观大道绿化”，就近打工，增加收入。

惠民政策　兑付小春油菜良种补贴16万元，兑付农机购机补贴139台30.8万元；兑付家电下乡补贴82台3.4万元、汽车摩托车下乡补贴417台23.9万元；兑付2010年退耕还林补贴141.3万元；办理能繁母猪死亡赔付32.6万元；兑付2010年民居地震安全工程项目60户120万元；2011年残疾人和贫困人口危房改造50户、拆除重建100户、加固300户正在组织实施中。用足用活信贷政策，鼓励群众发展生产。办理“贷免扶补”66人345万元，发放养殖专项贴息贷款240万元、农村小额信贷58人100万元。

国土管理　加大国土资源巡查，加强执法监察工作，制止处理农村违法占地61宗8017平方米，正在协调待处理31宗6436平方米。在对外开放充分利用土地工作中，遵循“因地制宜、综合利用、统一规划、分期实施、生态优先、节约集约、严格监管、维护权益”的原则，盘活存量土地，节约、集约土地，用好闲置土地资源。农贸市场储备土地1400平方米，仙湖锦绣项目一期工程储备土地3500亩。

法制建设　积极开展普法和依法治理工作，扎实推进社会矛盾化解、社会管理创新、公正廉洁执法三项重点工作，努力建设大调解工作格局，深入开展新一轮平安创建活动。全年共接警414起，出警412起；治安案件立案246件，查处243件；刑事案件立案133件，侦破71件；受理民事纠纷236件，调解236件；排查社会矛盾13件，化解11件，正在化解2件；受理群众来信来访31件，办理31件。深入开展禁毒防艾人民战争，加大对重点地段的管控力度，依法严厉打击各类治安和刑事犯罪。严格落实安全生产责任制，加大对校园环境、烟花爆竹、交通、消防、食品、药品和饮用水等重点领域的安全监管，防范各类安全事故，推进平安路居建设。

精神文明建设　坚持重大节庆日举行文艺巡演，“农家书屋”正常开放，农村信息资源工程建设顺利完工，丰富了群众的文化生活和精神生活。全国第三次文物普查工作进展顺利，完成甘棠箐、光坟头新、旧石器文化遗址申报省级重点文化保护单位工作。

【党团换届】　2011年3月22～23日，中共路居镇第十次代表大会召开。会议全面总结路居第九次党代会以来的工作，确立“生态立镇、农业稳镇、旅游富民”发展战略，研究部署今后五年的工作，选举产生中国共产党路居镇第十届委员会和纪律检查委员会，并在中共路居镇纪委第一次全体会议上选举产生纪委书记，在中共路居镇第十届委员会第一次全体会议上选举生产书记、副书记。2011年6月8日，组织召开第十一次团代会。会议全面总结第十次团代会以来的工作，研究部署今后3年的共青团工作，选举产生新一届团委班子。

【基础设施建设】　投资398.1万元，在兰田、螺蛳铺实施了星云湖灌区中低产田改造项目，建设三面光渠道17条8.7千米，新建渠系建筑物117座(道)，修建机耕路3条3.3千米，治理土地面积0.4万亩；按照市县烟草公司的布局规划，路居统一建设一个烟站，征地27亩，预计总投资1574万元，一期投资986万元，涉及上坝村委会2个村民小组；投资758万元在上坝16个自然村和螺蛳铺新象村、狮子营、北半营、兰田赵家湾的人畜饮水工程顺利推进；完成7862件“五小水利”工程管理体制改革

【生态建设】　在实行“两湖”入湖河流河(段)长责任制的基础上，共投入资金6万元，对大鲫鱼沟进行整治，还协调部队，组织300多人对环湖路进行全面清理。自2011年6月1日起，

大鲫鱼沟、环湖路实行新的管理办法，实行分段承包、分段负责的管护办法，分别承包给有管理能力的人员进行管护。以治河、治路为重点，开展治脏治乱大行动，镇人民政府率先垂范，带领镇干部每周打扫大院及周边道路；村委会组织两委班子对公路沿线乱堆乱放实施彻底清理；村民小组组织党员群众开展庭院清理、村头路旁清理、水沟池塘清理、公共场所清理活动。完善公路沿线蔬菜交易废弃物清运的管理，针对公路沿线蔬菜交易废弃物清运管理中存在的问题，积极协调，多方争取资金，落实专人，采取承包的办法，做到当日产生的废弃物当日清运。

【仙湖锦绣项目】　举全镇之力，全力推进"云南江川·仙湖锦绣"高端旅游项目。2011年3月以来，积极落实指挥部的要求，围绕项目的推进，针对现阶段的工作，以宣传教育引导为切入点，引导干部群众算发展账、算长远账，相信村组干部，依靠村组干部，发挥村组干部的作用，突出具体问题的解决。在打好重大项目推进战中，积极调动和发挥各方积极作用，做了利用"三会"引导、组织实地参观、召开党员干部大会、召开用工招聘相关会议、动员群众就近打工、召开张营小学"六一"儿童节慰问会、修复损毁沟渠、宣传相关政策、兑现相关补助、完成四邻签字认定、做好土地调整前期工作、解决两个历史遗留问题、召开路居籍干部专题会、召开张营村退休干部座谈会、召开企业负责人座谈会等15个方面的工作。

（刘　娴）

雄关乡

【行政区划·人口】　雄关乡位于江川县东部，东与华宁县接壤，南与通海县毗邻，西与江川县大街镇相连，北接江川县路居镇，乡政府驻地雄关上营村12号，距江川县城大街14公里。

全乡辖雄关、窑房、上营、下营、白石岩5个村(居)委会，23个自然村，26个村民小组，是典型的山区乡，总面积63.7平方公里，江华高等级公路由西向东穿境而过，甸雄公路横贯南北。全乡最大纵距15.4千米，东西最大横距8.2千米。海拔最高点2509.8米，最低点1832.8米，乡政府驻地为1844米。

2011年末，全乡共有耕地面积8677亩，其中：田4586亩，地4091亩，稳定高产基本农田8677亩，人均占有耕地0.79亩。年末总户数3389户，总人口11019人，其中：男5622人，女5397人，农业人口10670人，非农业人口349人；少数民族人口331人，主要有彝、哈尼、傣族等，占总人口的3.0%。年内出生107人，人口自然增长率3.5‰，人口密度为172人/平方千米。

【领导干部名录】

党委书记　李　菊(2011.3离任)
　　　　　周　瑜(2011.3任)
副书记　周　瑜(2011.3离任)
　　　　解若云
　　　　陈宝林(2011.3任)
纪委书记　陈宝林(2011.3离任)
　　　　　李彦华(2011.3任)
人大主席　郑吉来
乡　长　周　瑜(2011.3离任)
　　　　杨军苹(2011.3任)
副乡长　陆　叶(2011.4离任)
　　　　洪家彬
　　　　白东红

【经　济】　2011年，雄关乡认真按照县委、县政府的总体发展思路和要求，解放思想，加压奋进，围绕建设"绿色雄关、特色雄关和幸福雄关"的目标，团结引领全乡广大干部群众，坚定不移地实施"生态立乡、农业稳乡、工业强乡"发展战略，着力抓好"三农"工作，积极拓展招商引资，扎实开展民生工程，经济和社会各项事业稳步发展。全乡完成地方生产总值14627万元，比上年增加2273万元，增长13.4%；其中：其中：第一产业7895万元，增加1083万元，同比增长9.9%；第二产业4624万元，增加906万元，增长22.1%；第三产业2108万元，增加284万元，增长10.8%。农民人均纯收入达5936元，增收700元，增长13.4%。固定资产投资完成11031万元，增加990万元，增长9.8%。年末，信用社各项存款余额达7185万元，增加2431万元，增51.13%；各项贷款余额达3315万元，增加254万元，增8.30%。

农　业　2011年全乡农作物总播种面积34393亩。种植粮食作物3040亩；总产量达1141吨，其中：包谷885亩，单产702千克/亩；小麦770亩，单产232千克/亩；豌豆733亩，单产252千克/亩；油料播种2963亩，单产245千克/亩；农民人均产粮103千克。

烤　烟　牢固树立抓烤烟就是抓财政增收，就是抓农民增收的理念，落实育苗点14个，小棚育苗点13个，育苗113400盘。落实种烟责任户640户、协作户2422户，签订种植合同2422份，落实种植面积20091亩。收购管理中注重强化预检、约时定点，收购平稳有序，完成烟叶收购214.1万千克，上等烟比例达80.3%，均价19.91元，烟农收入达4600余万元，烟叶税938万元。荣获玉溪市"2011年烤烟生产先进乡镇"荣誉称号。

牧　业　年末生猪存栏数14600头，出栏数11500头，同比增长21.4%，能繁母猪存栏2053头，营销仔猪5.22万头，全年肉产量1220吨；大牲畜存栏909头，出栏318头，其中：牛存栏数798头，同比增长6.4%，出栏数238头，同比增长11.74%；羊存栏数1406头，同比增长2.936%，出栏数912头，同比增长0.06%。家禽存栏数149960只，同比增长1.53%，出栏数98146只，同比增长15%，禽肉产量234吨，禽蛋产量1239吨。

产业结构调整　"扬山之长，克水之困"，继续推进经济结构调整，农业种植结构进一步优化，蔬菜面积进一步扩大，合同协议种植辣椒4300亩，青花、白花蔬菜常年交售不断，萝卜种植面积达4837亩，滇中萝卜丝交易中心已注册资金300万元，雄关萝卜已形成品牌。畜禽养殖业规模有所增加，能繁母猪保险赔付3381头60446元，动物疫病整村推进顺利通过市、县验收，动物疫病“两防”工作圆满完成。继续推进核桃、竹子、梨等经济林产业的发展步伐，稳步推进万亩核桃、千亩竹子、百亩梨树基地建设，完成1200亩核桃种植。抓好防护林建设项目，现已完成300亩建设任务。

工　业　全乡共11个企业，其中工业企业9个。2011年进一步强化“工业强乡”战略，针对远离生态工业园区招商难的现实，面对区位制约、水源不足的困境，攻坚克难，抢抓机遇，增强紧迫感和使命感，创造条件发展工业，促进工业提质增效，增强发展后劲不断。全年完成工业总产值8861万元，同比增20.4%，规模以上工业增加值1019万元，同比增15%，完成工业固定资产投资4070万元，同比增17.0%，完成招商引资3130万元，同比增24.2%。坚持走新型工业化发展道路，积极招商引资，洽谈合作项目，先后与云南宝尔湖泊治理有限公司、澄江森野富贵食品有限责任公司和通海县石景不锈钢有限公司洽谈合作项目。积极支持现有企业发展，努力帮助企业解决生产中遇到的困难和问题，支持他们投资技改扩建，提档升级，增强发展后劲。天丽食品投资1100万元建设12000立方标准冷链车间及深加工车间，雄达包装有限公司投资1500万元完成搬迁扩建已投入生产，瑞星化工实现产值2996万元，天丽食品有限公司实现产值1350万元，龙凤果酒厂等几家中小企业产值稳步增长。

新农村建设　整合“新农村建设重点村、整村推进、财政奖补“一事一议”、“农村危房改造及抗震民居安全工程”等项目资金，制定符合实际的建设规划，突出重点，全面推进。一是白石岩旧村改造、观音寺村新农村建设初显成效，辐射带动效应逐步凸显，群众思想发生转变，农村面貌大为改观。二是投资35万元对下营村委会下营小组实施新农村重点村省级建设项目。三是投资115.1万元，完成雄关六组、下营三组、白石岩一组老年活动中心建设，完成下营五组、窑房三组村内道路硬化“一事一议”财政奖补项目。四是投资37万元在小田实施“一事一议”特惠项目，已完成招投标。五是投资30万元完成白石岩和小窑房整村推进扶贫工程，投资35万元对小营至螺丝山道路进行硬化。

【社会事业】　科　技　2011年，全乡有科普协会6个，会员287人；有农村科技示范户260户。其中：养殖科技示范户85户，种植科技示范户175户。全年举办各种科技培训班47期，培训13455人次。其中：新型农民科技培训39期，共13270人次；养殖科技培训8期，共185人次。继续确定雄关社区、下营村委会为科技示范村。

教　育　全乡有初级中学1所，在校中学生514人，教职工43人；小学4所，在校学生1108人，教职工52人；幼儿园(学前班)4个。学龄前儿童、小学、中学入学率100%；小学、中学毕业率100%，2011年，参加中考人数为133人，升学人数达55人，其中：玉溪一中1人，师院附中2人，普通高中生学率达41.35%。投资215万元建设的第一所乡公办中心幼儿园于10月10日正式招生投入使用，招收学生116名，实行规范化管理，让农村孩子与城镇孩子一样接受良好的学前教育；投资180万元的雄关中心小学教学楼拆除重建主体工程已基本完成，完成乡中学围墙加固，中小学义务教育成果、教学质量不断得到巩固和提升。

医疗·卫生　有乡属卫生院1个，医务人员11人，其中：正式职工8人，临时工3人。门诊诊治病人11272人次，医疗收入26万元；村级卫生所5个，乡村医生17人；个体药房4个。2011年雄关乡免疫规划建卡建证共计130人，比率达100%；基础免疫单项接种率达100%；加强免疫2岁、4岁、6岁组接种率达100%；从事营销食品餐饮业人员健康体检率100%。参加新型农村合作医疗人数10100人，参合率达96%，门诊补偿9086人次，补偿金额102741.91元；住院补偿871人次，1988343.19元。

民政·社会保障　2011年，雄关乡严格落实优抚政策，共支出各项民政经费937771元，其中：发放农村低保433户495人共379326元，贫困户临时救济及医疗补助81000元，城镇低保15户15人共39436元，发放优抚款308091元(复退军人定期定量补助103041元，“两参”人员、出国民工生活补助123260元，义务兵家属优待金52800元、优抚对象医疗补助30000元)，小乡干部生活补助29540元，春节慰问金6480元，城镇定救7520元，60年代精减职工救济4032元，孤残儿童生活补助21600，五保春节生活补助14850元，资助农村参加新农合补助11040元，优抚对象新农合补助2610元，其他农村生活救济支出(危房改造补助）30000元。发放救济粮15595千克。

劳动保障·两险收缴　新型农村和城镇居民社会养老保险试点工作的实施是中央为解决农村和城镇居民养老问题的一项重大举措，是改善民生，为民解困的一项惠民工程。雄关乡高度重视，精心组织，积极宣传，扎实推进新型农村和城镇居民社会养老保险制度建设，按时、按质、按量完成两险收缴任务，截至11月9日止，16~59周岁人员5882人参保，共收缴养老金755730元，参保率达97%以上。

惠民政策　落实各项惠民政策，发放“贷免扶补”农村青年创业贷款86人442万元，兑付汽车、摩托车下乡补贴131户76441.4元。发放退耕还林补助82.17万元，发放农资综合直补27087万元，发放油菜良种补贴71900

万元；发放微耕机补贴79台14.22万元。发放小麦良种补贴1190亩、11900元，玉米良种补贴3000亩、3万元，油菜良种补贴3万元。

文化·体育　年末，有乡属综合文化站1个，藏书3500册，报刊7种，文化信息资源共享工程阅览室1个，出黑板报35期。文化站牵头编写“雄关发展变化”的剧本，雄关社区撰写村志，朝阳苑免费开放，组织开展群体性文体活动，于每天上午6：30开展老年健身操活动；组织乡干部利用周五上午的时间开展职工篮球、羽毛球、乒乓球等活动；联系电影公司免费为群众播放电影。同时县文化局配送了13台电脑器材到村级服务点，进一步促进我乡共享工程建设、基层文化建设、农家书屋相结合，对推动全乡文化事业发展发挥了重要作用。老年地掷球厂已建成投入使用，农村群众文化生活更加丰富。并利用“一事一议”财政奖补项目资金建成沟底老年活动中心及雄关社区六组老年活动中心。春节期间，雄关、上营、下营、窑房等多支文艺队举行迎新春花灯清唱、地掷球门球比赛、象棋比赛等活动，渲染了浓厚的节日氛围。

环境保护　深入推进“七彩云南·江川保护行动”、“生态文明”主题创建活动，以中心村(居)、小组为重点，以“世界环境日”、“农村环境卫生整治工作”为契机，大规模开展村庄环境卫生综合整治活动，在全乡范围内组织县乡村组干部以及部分党员、团员、妇女群众和学生等1248人参加的以劳代宣活动，清扫街道清扫街道9500余米，清理排水沟道3000余米，出动垃圾车24辆，清运垃圾27吨。同时张贴宣传标语68条，张贴环保宣传画10张，发放环保宣传手册258份。落实保洁制度建立奖惩考核长效机制，全乡共收取卫生维护费54140元，收费率达100%，落实日常保洁员42名，全力打造优美、整洁新雄关。同时继续开展生态乡、生态村生态文明创建示范工程。充分发挥白石岩旧村改造、观音寺村新农村建设的示范作用，新房子村新农村建设工程逐步打造成新亮点。

精神文明建设　一是把白石岩村委会精神文明建设的成功经验作为典型，通过组织乡村组干部召开会议、现场参观等多种方式，在全乡范围内推广白石岩村通过划分人畜居住功能区、有效回收和处置各种生产生活垃圾、建立卫生保洁长效机制的良好做法。二是开展“星级文明户”评选活动，带动全乡形成讲文明、树新风的风气。三是组织党员干部积极参与文明乡创建系列活动，以“世界地球日”、“世界环境日”为契机，开展清除卫生死角，清扫马路、打扫养老院等活动。四是开展各种形式的文化活动，倡导健康向上的生活方式，丰富群众业余文化生活，组织文艺节目演出6次，播放电影6次18部影片。充分发挥朝阳苑综合文化站的农村群众文化建设平台作用，倡导积极健康的生活方式，广泛开展球类、棋类、扑克牌等健康文体活动，不断改变乡风村貌，进一步提高群众思想道德素质。

国土管理　紧紧围绕全乡经济社会发展中心工作，认真落实耕地保护责任制，建立健全基本农田监管体系，加大对耕地和基本农田的保护力度，确保我乡耕地保有量和基本农田保护面积不减少。建立健全农村土地流转机制，切实维护农民利益，做好土地流转工作。严格执行耕地保护制度和节约集约用地制度，建立耕地保护共同责任制度，土地开发整理(占补平衡)项目于2011年10月25日开工建设，项目建设总规模106.127公顷，新增耕地68.691公顷。同时严格落实动态巡查责任制，一年来共制止(拆除)土地违法案件10件，涉及面积855平方米，其中：畜厩1户60平方米，烤房1户40平方米，建房5户405平方米，其他乱搭空心砖3户350平方米。土地流转主要在农户之间进行，充分发挥种植能手、大户的示范带头作用，使流转的土地逐步向种植能手、大户集中。

农村财务管理　按照县农村集体资产管理的要求，严格执行《雄关乡村集体经济财务管理暂行办法》，进一步规范村组资产管理、资源管理、债权债务管理、收支管理、财务会计档案管理、筹资筹劳管理、民主理财和财务公开、票据管理、监督管理。通过早动员、早部署、按要求、重落实，认真做好农村集体“三资”管理工作，成立领导小组，在农经中心设立“三资”管理办公室，对村组集体资产、资源、资金进行清查登记，进一步加强“三资”的监督管理。明确了“三资”监管服务机构、资产、资金、资源管理办法、签字审批制度、公示制度、村工程招投标办法等，形成了“三资”监管的长效机制，有效地推动了农村基层党风廉政建设。

武装·计生·妇女　圆满完成县下达的征兵任务，向部队输送合格军人8名，征兵工作受到上级表彰。认真落实“奖优免补”政策，一次性奖励金发放2户，共2400元；兑现养老补助金14280元，特别扶助金2880元，义务教育奖学金6980元；发放独子保健费6600元。并在白石岩发放“少生快富”帮扶资金12万元，强化计生政策宣传和行政执法，完善计生信息系统建设，开展出生缺陷干预，推进流动人口均等化服务管理，加强对育龄妇女的监管，提高生育质量，稳定低生育水平。一年来乡妇联深入开展“双学双比”竞赛活动，举办实用技术培训43期，其中种植培训34期、养殖培训4期、其他培训5期，参加人数为13870人次，其中妇女9226人次。配合县妇联在窑房村委会梅子铺村开展关爱女性健康活动，参加体检人数达230人，散发价值2000多元的药品。在六一儿童节期间慰问贫困优秀生20人，每人慰问50元，合计1000元，慰问乡机关职工未满14岁以下子女38名，发放价值50元的购书卡，合计1900元。

组织机关女职工10人及部分男职工参加江川县“三八”节趣味运动会，并荣获一等奖。

综治维稳工作　雄关乡围绕中心，服务大局，关注民生，创先争优，始终坚持稳定压倒一切的工作方针，认真履行维稳第一责任，以争创平安先进乡为主线，以加强综治基础规范化建设为抓手，围绕大局抓防控，服务经济促发展，不断总结提炼和借鉴消化先进经验，全面提升综治维稳工作水平。结合雄关乡情，认真研判影响稳定各类信息，积极排查化解各类社会矛盾，坚决杜绝重大群体性事件发生，继续保持高压态势，依法严厉打击各类刑事违法犯罪，挤压“毒、邪”空间，认真落实安全生产责任制，全力为推进生态、绿色、幸福新雄关继续努力，经受住了特殊时期保民生、保稳定、促和谐的严峻考验，群众的安全感、家园感和归属感明显增强，全乡人民安居乐业，社会和谐稳定，为促进经济社会科学发展营造了良好的环境。全年，无一例进京、上省、到市的非正常上访，各类刑事案件立案32起，破获6起，破案率达18.8%，查处治安案件81起；受理各类矛盾纠纷57件，调解57件，调解成功57件，涉及金额15.56万元，并及时全额兑清，成功率达100%。

法制建设　实施“依法治乡”战略，不断提高依法行政，依法决策的水平，促进行政效能逐步提高。认真总结“五五”普法过程中的成功经验和存在问题，全面分析，积极整改完善。深入开展“六五”普法宣传工作，推动依法治乡工作，加快民主法制建设进程，以宪法为核心的各项法律法规得到广泛宣传，全乡公民的法律意识和法律素质进一步提高，依法治理活动扎实推进，全乡社会法治化管理水平进一步提高，为促进我乡经济社会发展、保障和改善民生、维护社会和谐稳定，为推进依法治国方略实施发挥了重要的基础性作用。

【党委换届选举工作】　乡党委总揽全局，精心组织，周密部署，圆满完成第九届党委换届工作。制定和颁发《中共雄关乡党委关于认真做好乡镇党委换届选举工作的实施方案》文件，认真制订工作计划和日程安排，采取全乡领导干部分块协作，做到周密部署，狠抓督促、落实。在换届工作中始终坚持“公开、公平、公正”的原则，做好各个阶段、各个环节的工作，提高工作的透明度，要求公开的必须公开，要求上墙的必须上墙，使选举全过程在“阳光下”运作。平稳顺利地完成了乡党委和团委换届选举工作，选举产生了新一届党委、纪委班子及新一届团委班子；圆满召开了乡人大九届四次会议，高票选举产生了乡长。新当选的党政班子实现组织意图，达到预期目标，班子成员在年龄结构、女性比例、名额数量均达到要求，班子的战斗力、凝聚力进一步增强。

【村(居)民监督委员会选举】　为进一步加强农村党风廉政建设和农村基层民主政治建设，按照市县相关文件精神，雄关乡党委通过宣传、动员、制定实施办法、总支提名，初步候选人公示、乡党委审查同意、正式候选人公示、组织选举等程序，于8月8日全面完成雄关乡选举村(居)民监督委员会工作。各村(社区)均依法选举产生村(居)民监督委员会主任一名，委员二名。选举出来的15名委员中：党员8名，妇女13名，年龄最大的56岁，最小的26岁，平均年龄39.2岁，高中学历3名，初中学历10名，小学学历2名。

【乡镇机构改革工作】　按照省、市、县级的安排部署，结合雄关乡实际，强化组织领导，加强宣传教育，突出工作重点，顺利完成了雄关乡机构改革工作。按县机构改革工作会议的相关要求，于11月9日召开乡党政领导班子会议，进行专题研究部署，明确雄关乡机构改革工作的目标任务，方法步骤，成立了以乡党委书记任组长的雄关乡机构改革工作领导小组。在乡机构改革工作领导小组的统一组织下，于11月24日召开由领导小组成员、乡中心站所长负责人参加的雄关乡机构改革工作推进会议，进一步安排部署机构改革工作，至11月30日止，初步完成了雄关乡机构改革所涉及的资产清查处置移交工作，人员调整岗位身份明确工作，站所室设置及落实办公地点工作和印章、牌子制作及悬挂工作，基本做到了改革工作程序规范，人员安置妥当，改革平稳推进，实现改革目标的主要工作要求。

【森林防火】　强化责任，落实措施，为确保防火工作落到实处，具体落实好村组森林防火责任制，与乡村(居)组签订三级责任制，同时各村(居)民小组与农户签订责任书3067份，做到防火工作有人抓、有人管，全民动员，全党动手，责任到人。在元旦、春节、清明、“五一”等重点时段，加强宣传，注重引导。要求各村(居)组利用广播宣传森林防火责任、森林防火知识、森林火灾危害。发挥部门职能作用，发放森林防火宣传手册82本，发放森林防火告农户通知书3200份，在进山路口设宣传标牌8个，挂宣传布标36条，时刻提醒，时刻警示，营造良好氛围。在历年易引发森林火灾的重点地段，林地与耕地交叉、林地与坟地交错、外地坟堂集中的重点区域，集中乡村(居)组干部、护林人员，巡山查禁火源，3位护林人员认真履行职责，恪尽职守，拉网式查禁火源。针对大春备耕农事、清明节前后祭祀用火较集中，风高物燥，易引发森林火灾的时段，强化堵截火源，设置8个固定卡点，聘请15名群众守卡堵截火源，消除隐患。年内，未发生大的火情火灾。

【基层组织建设】　全乡共6个党总支，31个党支部，476名党员，认真做好

党员教育、管理和发展工作，不断扩大党的工作覆盖面和影响力。新建新房子村党员活动场所，维修雄关村委会四组党员活动场所，增强村级组织活动阵地的综合服务功能。同时做好农村党员干部现代远程教育站点建设和操作员培训，对白石岩村和雄关社区的设备进行了提档升级。

深入开展创先争优活动，动员和组织乡、村、社区党总部采取培训宣讲、思想讨论、参观考察、集中学习和进行党课教育等各种生动活泼的形式，深入学习党的十七届六中全会精神、杨善洲精神和胡总书记“七一”重要讲话，并确定白石岩村党支部创建为县级综合党建示范支部，以点带面，在全乡全面开展创先争优，树立党员典型，有效维护雄关乡的团结、稳定的大局，推动雄关乡科学发展、又好又快发展。

【政府建设】　以领导班子建设为核心，以推进依法行政、提高政府的执行力和公信力为重点，从抓制度建设，促作风转变入手，抓好政府自身建设。一是制定《乡干部职工管理规定》，做到以制度管人，杜绝政府部门及其工作人员的不规范、不勤政和不廉政行为，促进乡干部工作作风转变，提高乡政府执政效能。二是深入推进行政效能建设，实行目标倒逼管理，推行一线工作方法，夯实提升行政效能基础，提升行政能力和服务水平。三是节俭理政，控制行政成本，主动带头，节约一滴水、一度电，努力降低行政成本，把有限的资金用在促发展、保民生上，用在抗旱救灾和重点项目的推进上。四是继续加大公务卡结算制度的推进力度，全面实行公务卡结算，严格规范公务支出。五是加强廉政建设，认真落实“一岗双责”，严格执行“三重一大”集体决策制度，增强班子团结；严格执行工程建设项目招投标管理制度，进一步规范乡属限额以下工程项目招投标管理；认真做好农村集体“三资”管理工作，成立领导小组，在农经中心设立“三资”管理办公室，对村组集体资产、资源、资金进行清查登记，进一步加强“三资”的监督管理。

(张艳勤)

政 治

编辑 余立言

中共江川县委

【中共江川县委第十二届委员会常委、书记、副书记、助理调研员名录】

县委常委 张延明(2011.5离任)
马文龙(2011.5任)
葛 勇
张金翔
尹加生(2011.5离任，挂职)
罗江鹏(2011.5任，挂职)
石振武(2011.1离任)
郭永生
李东林
罗跃岗
张跃伟(2011.5离任)
张永华
陈琎寿
石 伟(2011.6离任)
林 清(2011.3任)
龚桂存(女，2011.6任)
马利兴(2011.5任)
县委书记 张延明(2011.5离任)
马文龙(2011.5任)
县委副书记 葛 勇
张金翔
尹加生(2011.5离任，挂职)
县委助理调研员 戴正华
县助理调研员 张卫东
杨剑伟
郭正发

【中共江川县委各部、委、办、局正副职名录】

县委办公室
主 任 邓春元(2011.3离任)
李永华(2011.3任)
副主任 史 伟(2011.9离任)
李永华(2011.3离任)
杨志伟(2011.3任)
陈乔华(2011.9任)
张润斌(2011.9任)

县委组织部
部 长 石振武(2011.3离任)
林 清(2011.3任)
副部长 张明富
李德坤
唐光华
县委正科级组织员 李德坤
唐光华

县委宣传部
部 长 石 伟(2011.6离任)
龚桂存(2011.6任)
副部长 赵 琦(2011.3离任)
杨兴华
叶自林(2011.3任)

文产办
主 任 赵 琦(2011.3离任)
叶自林(2011.3任)

县精神文明建设指导委员会办公室
主 任 王熙虹

对外宣传办公室
主 任 李红有

县委统一战线工作部
部 长 刘跃宁
副部长 张文辉
徐丽华(女)
宋家有
王忠明

民宗局
局 长 张文辉
副局长 花云芬(女)

县工商业联合会(商会)
党组书记 徐丽华(女)
会 长 杨金满
副会长 金兴荣

县委政法委员会
书 记 张跃伟(2011.6离任)
陈琎寿(2011.6任)
副书记 赵 华
祁宝川
李 浩(2011.10离任，挂职)

县委党校
校 长 张金翔
常务副校长 范宝明
副校长 黄志伟

江川县行政学校
校 长 龚桂存(女，2011.6离任)
副校长 黄志伟
马江艳(女)

县委保密委员会
主 任 李永华
副主任 普朝鹏
张润斌

郭　峰
叶　斌

县保密局

局　长　叶　斌

县委政策研究室

主　任　戴吉国

县委机要局

局　长　郭绍昆
副局长　李成祥

县国家密码管理局

局　长　郭绍昆
副局长　李成祥

县委督查室

主　任　陈东艳(女，2011.2离任)
史　伟(2011.9任)

县史志办

主　任　余立言

县档案局

局　长　普万云
副局长　罗粉香(女)

县委老干部局

局　长　袁万德
副局长　史冬华

共青团江川县委

书　记　何　眉(女)
副书记　杨　媛(女)
王　坤
王正虹(女，2011.2任，挂职)

县妇女联合会

主　席　杨军苹(女，2011.3离任)
王学梅(女，2011.3任)
副主席　陈　敏(女)
张丽梅(女)

县总工会

主　席　陆富仙(女)
副主席　龚瑞中
李梅琼(女)

县总工会女工委员会

主　任　李梅琼(女)

县科学技术协会

主　席　罗汉江
副主席　张晓春(2011.3离任)
张才顺

县关心下一代工作委员会

主　　任　马利兴
常务副主任　郭家义

副主任　李东林
周正云
顾宝富
郭自壮
汤江平

县红十字会

副会长　曾　春(女，2011.9任)

县文联

主　席　叶自林
副主席　张　曦

【中共江川县委直属基层党委书记、副书记名录】

中共江川县人民武装部委员会

第一书记　张延明(2011.5离任)
马文龙(2011.5任)
书　记　张永华
副书记　李方正

中共江川县直属机关委员会

书　记　杨存兴
副书记　罗培珍(女)

中共江川县经济委员会

书　记　曲绍庭(2011.3离任)
副书记　张良昌(2011.3离任)

中共江川县工业商贸和科技信息局委员会

书　记　韩　良(2011.3任)
副书记　张良昌(2011.3任)

中共江川县教育局委员会

书　记　郭自壮

中共江川县公安局委员会

书　记　师　文

【县委发出的主要文件】　关于印发中共江川县委十一届六次全委(扩大)会议报告的通知

中共江川县委关于认真做好乡镇党委换届选举工作的意见

关于对乡镇党委领导班子和领导干部进行届末考核的通知

中共江川县委关于制定江川县国民经济和社会发展第十二个五年规划的建议

关于表彰江川县2010年度新农村建设优秀指导员、优秀工作队队长和先进派出单位的决定

关于做好中国共产党江川县第十二次代表大会代表选举工作的通知

关于印发《江川县人民政府机构改革实施意见》的通知

中共江川县委江川县人民政府关于街道办事处设置的决定

中共江川县委关于设置大街街道党工委、纪工委、人大工委的决定

关于印发《江川县主要入湖河道综合环境控制目标及河(段)长责任制考核细则》的通知

中共江川县委关于成立县委换届工作领导小组的通知

中共江川县委关于表彰2010年度党建工作先进单位的决定

关于印发中国共产党江川县第十二次代表大会报告的通知

关于表彰全县先进基层党组织和优秀共产党员、优秀党务工作者的决定

关于印发《江川县2011年依法治县工作意见》的通知

转发《县委宣传部、县司法局关于在全县公民中开展法制宣传教育第六个五年规划(2011～2015年)》的通知

关于印发《江川县第二轮禁毒人民战争实施方案(2011～2015年)》的通知

关于表彰奖励2010年至2011年优秀教师、先进教育工作者和优秀班主任的决定

中共江川县委关于表彰人大工作先进代表组、先进个人和优秀人大代表建议的决定

中共江川县委关于表彰先进政协委员活动组、提案承办先进单位、优秀政协委员、先进政协工作者和优秀文史委员的决定

关于表彰2006～2010年法制教育先进单位和先进个人的决定

中共江川县委关于进一步加强新形势下群众工作的意见

关于深化乡镇机构改革的实施意见

中共江川县委关于加强和改进新形势下人大工作的意见

中共江川县委关于支持人民政协履行职能发挥作用的意见

中共江川县委关于进一步加强政法工作的决定

关于贯彻落实《中共玉溪市委玉溪市人民政府实施建设创新型玉溪行动计划的决定》的意见

关于印发中共江川县委十二届二次全委(扩大)会议报告的通知

中共江川县委关于开展群众观点群众路线群众利益群众工作教育实行干部直接联系群众制度和开展“作风建设年”活动的实施意见

【县委办发出的主要文件】 关于组织开展2011年春节系列活动的通知

关于撰写报送2011年版《江川年鉴》稿的通知

关于表彰2010年度综治维稳工作先进单位的决定

关于成立江川县党委系统信息化工作领导小组的通知

关于成立江川县医疗纠纷调处工作领导小组的通知

关于成立江川县人民政府机构改革工作领导小组的通知

关于表彰2010年度作风述职述廉评议先进领导班子和领导干部的决定

关于下派第五批社会主义新农村建设工作队的通知

关于表彰江川县2010年度“五好文明家庭”、“和谐家庭”、“平安家庭”及“生态文明家庭”的决定

印发《江川县关于进一步健全重大社会安全事件应急处置机制的意见》的通知

关于成立乡镇党委换届选举工作督导指导组的通知

印发《关于开展创建省级平安先进县活动的实施意见》的通知

关于印发《江川县创新流动人口服务管理机制推进流动人口基本公共服务均等化试点工作实施方案》的通知

关于印发《江川县人民政府机构改革工作方案》的通知

关于转发《县委处理信访突出问题及群体性事件联席会议关于深入开展领导干部接访活动的实施方案》的通知

关于成立江川县和谐社区建设工作领导小组的通知

关于转发《中共云南省委关于认真贯彻落实胡锦涛总书记重要指示精神深入开展向杨善洲同志学习活动的通知》的通知

关于对县委十一届六次全委会主要精神进行立项督查的通知

关于表彰奖励完成2010年工业经济发展责任目标单位的决定

关于印发《江川县2011年工业经济发展责任目标考核奖励办法》的通知

关于表彰2010年度宣传思想文化工作先进单位的决定

关于印发《江川县新农村建设工作及指导员管理办法》的通知

关于转发《共青团江川县委关于做好县、乡镇团委换届选举工作的意见》的通知

关于印发《中国共产党江川县第十一届委员会第七次全体会议决议》的通知

关于调整县委处理信访突出问题及群体性事件联席会议组成人员和工作机构的通知

关于成立江川县餐饮业产业发展规划编制工作领导小组的通知

转发《县纪委县委宣传部关于认真贯彻落实〈省纪委省委宣传部关于进一步加强和改进云南新闻舆论监督中心工作的意见〉的意见》的通知

关于建立江川县干部教育培训计划申报审批制度的通知

关于调整充实棋盘山—鲭鱼湾“云南·仙湖锦绣”项目工作领导小组的通知

关于印发《中共江川县委机构编制办公室主要职责和人员编制方案》的通知

关于印发《江川县科学技术协会主要职责内设机构和人员编制方案》的通知

关于印发《江川县文学艺术界联合会主要职责和人员编制方案》的通知

关于印发《江川县毒品问题专项治理工作方案》的通知

关于印发《江川县毒品预防宣传教育工作方案》的通知

关于给予江川县推进农业产业化调研及培训工作经费补助的请示

转发《县关工委关于全面推进全县村关工委建设和工作的实施方案》的通知

关于印发《江川县开展纪念中国共产党成立90周年系列活动方案》的通知

关于开展2011年“六·五”世界环境日系列活动的通知

关于做好中国共产党江川县第十二次代表大会和庆祝建党90周年纪念活动期间信访稳定工作的通知

关于各级党组织开好以“学习杨善洲精神做人民满意的好党员好干部”为主题的学习生活会的通知

关于成立江川县农村集体资金资产资源管理工作领导小组的通知

关于印发江川县推行农村集体资金资产资源委托代理服务实施方案的通知

关于印发江川县领导干部外出请示报告制度的通知

转发《中共云南省委关于认真学习贯彻〈胡锦涛同志在庆祝中国共产党成立90周年大会上的讲话〉精神的通知》的通知

关于印发《江川县开展清理和规范庆典、研讨会、论坛活动工作的实施方案》的通知

关于印发《江川县公务用车问题专项治理工作实施方案》的通知

关于实施农村环境卫生整治工作的通知

关于印发《江川县涉密文件、内部公文资料、载体集中销毁保密管理暂行办法》的通知

关于在全县建立村(居)民监督委员会的意见

关于成立县委群众工作领导小组的通知

关于启用中共江川县委机构编制办公室印章的通知

关于成立江川县企业工资集体协商领导小组的通知

关于成立江川县抚仙湖大鲫鱼河流域环境综合治理工程建设领导小组的通知

关于开展第七个“8·26”抚仙湖保护活动日系列活动的通知

关于严肃工作纪律加强和改进文风会风有关问题的通知

关于印发《江川县2011年反腐倡廉工作任务分工意见》的通知

关于组织召开2011年度县级领导班子民主生活会的意见

关于表彰奖励2009年度和2010年度招商引资责任目标单位的决定

关于印发《江川县抚仙湖一级保护区退田还湖工作实施方案》的通知

关于印发《江川县2011年招商引资工作目标考核奖励办法》的通知

关于成立江川县农村抗旱供水应急系统改扩建项目建设工作领导小组的通知

关于成立江川县“打黑除恶”专项斗争协调领导小组的通知

关于印发《江川县2011年企业工资集体协商工作实施方案》的通知

关于成立江川县乡镇机构改革领导小组的通知

关于对江川县领导班子和领导干部作风进行述职述廉评议的通知

关于印发《江川县党风廉政建设责任制考核办法(试行)》的通知

关于对2011年度惩治和预防腐败体系建设暨党建、党风廉政建设责任制工作考核的通知

关于成立江川县医疗纠纷调处工作领导小组的通知

印发《关于建立医疗纠纷人民调解和医疗责任保险的实施意见》的通知

关于印发《江川县医疗纠纷调处工作实施方案》的通知

关于开展社会治安综合治理“百日整治”活动的通知

关于成立江川县分类推进事业单位改革工作领导小组的通知

关于认真做好中国云南江川第七届“开渔节”(高原湖泊水产品交易会)各项工作的通知

关于成立江川县低丘缓坡土地综合开发利用试点工作领导小组的通知

关于认真做好学习贯彻党的十七届六中全会精神宣讲工作的通知

转发《县委统战部关于工商业联合会(商会)换届工作的意见》的通知

关于全面开展县委《执政纪要》编纂工作的通知

关于成立中共江川县委开展群众观点群众路线群众利益群众工作教育实行干部直接联系群众制度和开展“作风建设年”活动领导小组的通知

关于认真学习贯彻省第九次党代会精神的通知

关于印发《江川县农村环境卫生整治工作年度考评办法》的通知

(杨冬丽)

【重要会议】 2011年1月8日，中共江川县委十一届六次全委(扩大)会议召开，总结2010年工作，安排部署2012年的工作。全会指出，实现“十二五”时期江川经济社会又好又快发展，必须高举中国特色社会主义伟大旗帜，以邓小平理论和“三个代表”重要思想为指导，深入贯彻落实科学发展观，坚定不移地实施以改革开放和科技进步为动力的“生态立县、农业稳县、工业强县、旅游活县、文化兴县”发展战略和“壮优培特，建设高原湖泊生态县”的经济社会发展思路，紧紧围绕建设“高原湖泊生态县、现代宜居高原湖泊生态城和国际高原湖泊生态休闲度假旅游目的地”三大目标，以科学发展为主题，以加快转变经济发展方式为主线，全力推进新型工业化、城镇化和农业现代化，加快改革创新，加大开放步伐，加强统筹协调，抓项目、促发展，调结构、建生态，惠民生、维稳定，努力把江川建设成为环境优美、特色突出、经济繁荣、社会和谐、适宜居住的高原湖泊生态县。全会强调，实现“十二五”目标，必须认真解决事关全局和长远的若干重大问题。构建“一城两环三带五片区”的发展格局，“一城”即现代宜居高原湖泊生态城，就是以县城为中心，江城为次中心，开发路居镇、九溪镇东西两翼，形成前卫镇、雄关乡、安化乡各自的城镇特色，同时依托“仙湖锦绣”项目，在抚仙湖鲭鱼湾—棋盘山建设一个低碳生态城；“两环”即环抚仙湖生态旅游产业圈、环星云湖生态产业圈；“三带”即玉江路经济带、澄川晋江路经济带、江华江通路经济带；“五片区”即鲭鱼湾—棋盘山国际生态旅游区、古滇国文化园区、县城新区、抚仙湖—星云湖入水口至十里长堤区、龙泉山生态工业园区。全会强调，实现江川“十二五”经济社会又好又快发展，必须坚持加快发展，进一步增强综合经济实力；必须坚持协调发展，进一步提高统筹城乡经济社会发展水平；必须坚持创新发展，进一步增强发展活力；必须坚持开放发展，进一步拓展发展空间；必须坚持先进文化引领发展，进一步推动文化大发展大繁荣；必须坚持可持续发展，进一步推进生态文明建设；必须坚持和谐发展，进一步巩固和谐稳定的良好局面；必须坚持共享发展，进一步保障和改善民生。全会科学确定了2011年全县经济社会发展的主要预期目标。要求扎实抓好八个方面的工作：围绕农民增收，大力发展现代生态农业，确保农业农村稳步发展；加快生态工业园区建设，推进新型工业化，形成新的产业发展聚集区；加快转变发展方式，培育高端生态休闲旅游产业，发挥旅游业对经济和就业的带动作用；以生态县城建设为重点，做特做美城镇，增强新型城镇化对全县经济的带动力和辐射力；坚持可持续发展，保护治理“两湖”环境，推进生态文明建设；坚持开放发展，在对外开放中充分利用好土地、财税、金融政策，增强发展动力；推进社会事业和民主法治建设，全力保障和改善

民生，使人民群众共享发展成果；坚持社会管理创新，推动“三项重点工作”，切实维护社会稳定。全会强调，制定和实施“十二五”规划，完成今年的各项目标任务，关键在党，关键在各级领导干部。必须以改革创新精神全面推进党的思想、组织、作风、制度和反腐倡廉建设，不断提高党领导科学发展的能力和水平；坚持理论武装，用党的理论创新成果指导实践、推动工作；坚持提高干部工作水平，建设培养一支高素质的领导干部队伍；坚持抓基层打基础，增强基层党组织的凝聚力、创造力、战斗力；坚持加强和改进作风建设，把精力凝聚到抓工作落实上；坚持开展党风廉政建设，坚决与腐败行为作斗争。全会审议通过县委书记张延明代表县委常委会所作的工作报告，通过《中共江川县委关于制定江川县国民经济和社会发展第十二个五年规划的建议》、《中共江川县委第六次全体会议决议》。14日，全县2011年烤烟生产工作会召开。会议要求，要充分认识烤烟生产在全县“十二五”期间及今后一段时期内的重要地位，加强领导、采取措施、狠抓落实，确保烤烟生产任务完成，实现烤烟生产的可持续发展。县委书记张延明，县委副书记、县长葛勇在会上讲话。

2月11日，江川县2011年度党风廉政建设大会召开。县委书记张延明作重要讲话，强调要深刻认识加强党风廉政建设的重要性和紧迫性，加强领导，落实责任，坚定不移地推进党风廉政建设和反腐败斗争，为推进江川经济社会科学发展，建设高原湖泊生态县、现代宜居高原湖泊生态城和国际高原湖泊生态休闲度假旅游目的地提供坚强的政治保证和纪律保证，以优异成绩向建党90周年献礼。要求围绕重大项目加强监督检查，确保县委十一届六次全会精神和重大决策部署的贯彻落实；要围绕改革发展稳定各项工作规范领导干部从政行为；要加强对群众反映强烈的突出问题的治理；要加强反腐倡廉宣传教育；要加大查办违纪违法案件工作力度；要加强对县乡党委换届工作纪律监督。全县纪检监察机关要切实增强政治意识、大局意识，正确处理好反腐倡廉与发展经济的关系，自觉服务县委、政府的“建设高原湖泊生态县、现代宜居高原湖泊生态城和国际高原湖泊生态休闲度假旅游目的地”三大目标和江川“十二五”期间“一城两环三带五片区”的发展格局这一中心工作，自觉为江川“三大目标”保驾护航，在加快江川科学发展中加强监督，为江川上项目、增投资、扩消费、促发展、调结构、转方式、上水平提供风清气正的环境，为江川科学发展造就一批清正廉洁的干部。会议通报了江川县2010年党风廉政建设责任制考核结果，宣布2010年领导班子和领导干部作风述职述廉评议表彰决定，与各责任单位签订2011年党风廉政建设责任书。县委副书记、县长葛勇主持会议。15日，江川县第四批新农村建设工作队及指导员工作总结表彰暨欢送第五批指导员工作会召开，主要任务是贯彻落实省、市第四批新农村建设工作队及指导员工作总结表彰暨欢送第五批指导员视频会议精神，总结经验，表彰先进，安排部署2011年我县新农村建设工作队及指导员工作。会议要求，各乡镇要把新农村建设指导员工作摆在重要位置，定期召开指导员工作例会，经常关心和了解指导员的思想、工作和生活状况，妥善安排好指导员的生活，让指导员安心驻村。县、乡镇新农村建设工作队领导小组办公室要因地制宜地确定指导员的工作目标、任务和职责，建立健全学习、考勤、例会和巡视督导等制度。乡镇党委和村委会要落实好工作队队长列席乡镇党委会、指导员参加乡镇党委政府召开的有关重要工作会议的要求，定期召开工作例会，经常进行督促检查。工作队队长要切实负起责任，在抓好驻村工作的同时，定期听取指导员工作汇报，建立指导员日常管理工作台账，加强对指导员的安全教育和安全管理。各派出单位要把指导员派驻村作为新农村建设的联系点，加强指导和帮助，做新农村建设工作指导员的坚强后盾，确保第五批新农村建设指导员工作任务圆满完成。

3月3日，江川县庆“三八”暨“强素质·谋发展·创新绩”女领导干部座谈会召开。县委书记张延明作重要讲话，要求全县广大妇女干部要自强不息，勇挑重担，在“建设高原湖泊生态县，现代宜居高原湖泊生态城和国际高原湖泊生态休闲度假旅游目的地”三大目标的实践中建功立业；传承美德，弘扬新风，在构建和谐江川中展现巾帼风采；加强学习，注重实践，在提升自身素质中实现新作为。全县各级妇联组织要以“一手抓发展，一手抓维权”为主线，大胆探索妇联工作的新思路、新方法，以改革创新的精神加强妇联组织自身建设，提高妇联干部素质，不断增强服务意识，提高服务能力，让妇联工作更加贴近实际、贴近群众、贴近生活，力争做到服务大局有推动力、服务妇女有凝聚力、服务基层有创新力、服务社会有影响力。各级党委、政府要切实加强和改进对妇女工作的领导，把广大妇女的积极性和创造性保护好、调动好、发挥好，努力形成全社会尊重妇女、支持妇女工作的良好氛围。28日，江川县学习贯彻胡锦涛总书记重要批示精神，深入开展向杨善洲同志学习活动大会召开，会议强调指出，杨善洲同志是我们身边的先进典型，是党员干部的学习楷模，广大党员领导干部要认真贯彻胡锦涛总书记的重要批示精神以及省委、市委主要领导讲话精神，深入开展向杨善洲同志学习。会议要求，要通过座谈会、报告会、中心组学习会、专题生活会等形式认真学习胡锦涛总书记重要批示精神和省委、市委主要领导讲话精神；要率先垂范，带头从深度上、实践上学习，从精神品德上去理解、模范践行杨善洲精神；要把深入开展向杨善洲同志

与学习贯彻党的十七届五中全会及省委、市委、县委全会精神结合起来，与开展纪念建党90周年活动结合起来，与加强领导班子和干部队伍建设结合起来，与创先争优活动和学习型党组织建设活动结合起来，与创新社会管理、做好群众工作结合起来，引导广大党员干部在加快建设高原湖泊生态县的伟大实践中贡献力量、建功立业，努力推动“十二五”顺利开局。会议传达了胡锦涛总书记重要批示精神以及省委、市委主要领导讲话精神。

4月11日，江川县2011年工业经济发展大会召开。会议要求，要突出重点，扎实做好五个方面的工作，全力推进新型工业化发展。要加快推进龙泉山生态工业园区建设，把龙泉山生态工业园区建成新型工业项目的承载区，清洁生产、循环经济的集聚区，建成现代宜居高原湖泊生态城的新片区；要抓紧项目的招商引资。要转变招商理念、招商重点、招商区域、招商方式，用好用足政策、土地、环境优势，以情招商、以商招商，使客商招得进、落得下、在得住、能发展；要抓好现有特色优势产业的巩固提升规范，使现有工业的产能最大限度得到释放；要创造廉洁高效的政务环境、民主公正的法治环境、安全稳定的社会环境、优美的生态环境。县委书记张延明作重要讲话，县委副书记、县长葛勇主持会议。12日，江川县2011年政法工作会召开，总结2010年工作，科学分析当前形势，安排部署2011年及今后一个时期政法工作。县委书记张延明作重要讲话，强调要正确认识当前形势，进一步增强做好政法工作的责任感、紧迫性；加强组织领导和队伍建设，全面提高维稳工作整体水平；落实稳定第一责任，为建设高原湖泊生态县，现代宜居高原湖泊生态城和国际高原湖泊生态休闲度假旅游目的地提供和谐稳定的环境。要求全县各级领导干部要牢固树立“发展是政绩、稳定也是政绩”的观念，高度重视政法综治维稳工作，对涉及社会稳定的重要工作、重大行动、重大问题，主要领导要亲自研究、亲自部署、亲自指挥、亲自协调，切实履行好第一责任，在矛盾和问题面前，领导干部要勇于承担责任，决不能见到矛盾绕着走。特别是乡镇党委书记、街道党工委书记要真正做到守土有责、守土尽责。政法队伍政治上要加强理想信念教育，工作上要强化公正廉洁执法，纪律上要坚决执行从严治警，组织上要切实落实从优待警。会上，县委书记张延明与部分乡镇党委书记、综治维稳成员单位签订了2011年社会治安综合治理维护稳定目标管理责任书。县委副书记、县长葛勇在会上宣读了县委、政府对2010年综治维稳工作先进集体和见义勇为先进个人进行表彰的决定。14日，江川县2011年宣传思想文化工作会召开，总结2010年的工作，安排部署2011年工作。会议强调，全县宣传思想文化工作要坚持解放思想、实事求是、与时俱进，坚持贴近实际、贴近生活、贴近群众，在强化理论武装上下功夫，在加强对外宣传上下功夫，在凝聚共识推动发展上下功夫，在加强社会主义核心价值体系建设上下功夫，在增强文化软实力上下功夫，着力在服务县委、政府的中心工作、在推进马克思学习型政党建设、提高思想政治水平上取得新成效，在构建社会主义核心价值体系、提高舆论引导能力和传播能力、促进文化繁荣与发展上取得新进展，引导和激励全县人民为建设高原湖泊生态县、现代宜居高原湖泊生态城和国际高原湖泊生态休闲度假旅游目的地而努力奋斗。会议要求，各级各部门要坚持“两手抓、两手都要硬”的方针，强化组织领导；要积极推进改革创新，不断改进宣传思想文化工作的领导、工作和管理方式，积极探索新形势下做好宣传思想文化工作的新方法、新手段、新途径；要加强队伍建设，努力造就一批坚持正确方向、精通各自业务、做出突出成绩、受到群众欢迎的业务骨干，进一步提高宣传思想文化战线的战斗力，扎实做好宣传思想文化工作，为促进全县经济社会又好又快发展作出新的贡献。21日，江川县2011年烤烟预整地暨移栽动员会议召开。会议强调，认清形势，统一思想，抢节令、保面积、保总量、保质量，苦战奋战三十天，全面完成烤烟移栽任务。县委书记张延明，县委副书记、县长葛勇在会上讲话。26日，江川县委中心组理论学习会召开，与会领导紧扣县委、政府中心工作和目标任务，结合江川实际，客观总结近年来取得的成绩，分析存在的问题和面临的困难，就深入贯彻落实科学发展观，加强我县社会管理及其创新工作，进一步做好新形势下的群众工作提出了很多意见和建议。

5月25日，江川县2011年党建工作会召开。会议指出，2011年全县党建工作的总体要求是：坚持以邓小平理论和“三个代表”重要思想为指导，深入贯彻科学发展观，认真贯彻落实县委十一届六次全会精神，围绕“三服务两满意”目标，以县乡党委换届、深化干部人事制度改革、加强干部教育培训和监督管理、深入开展创先争优活动、加强党的基层组织建设、推进人才发展规划实施和纪念建党90周年为重点，统筹推进领导班子和干部队伍建设、人才队伍建设、党的基层组织建设和党员队伍建设，努力提高党建工作科学化水平，为实施“十二五”规划、推动全县经济社会又好又快发展提供组织保证、政治动力和人才支持。会议要求，各级党组织要自觉把党建工作的立足点放到服务江川科学发展的大局中来定位，把党建工作的着眼点放到服务群众构建和谐的大局中来谋划，把党建工作的着力点放到加强党的执政能力建设和先进性建设的大局中来部署，以提高执政能力为重点，切实加强领导班子和干部队伍建设；积极稳妥推进干部人事制度改革，不断提高选人用人公信度；紧扣“四个围绕”，扎实有效开展创先争优活动；做好抓基层打基础工作，进一步提升基层党建工作的整体水平；推进人才发展规划实施，为江川科学发展提供人才支撑，把党建优势转化为发展优势，把党建资源转化为发展资源，把党建成果转化为发展成果，把各方面的思想统一到一心一意谋发展上来，把各方面的力量凝聚到全面建设高原湖泊生态县上来，更好地推进江川科学发展。县委书记马文龙作重要讲话，并与各党(工)委书记签订《2011年江川县党建工作目标责任书》。会议还对2010年党建工作中涌现出的先进单位进行了表彰。

6月2日，江川县2011年环境保护暨生态县创建工作会议召开。会议强调，要以科学发展观为指导，牢固树立生态为先、发展为重、民生为本理念，振奋精神，扎实工作，努力将江川建设成为经济与生态协调发展、人与自然和谐相处的示范区。会议要求，做好2011年的环保工作，要强化措施，突出做好"两湖"水污染综合防治工作；要以生态创建活动为抓手，全力加快生态县建设步伐；要全力攻坚，全面完成污染减排任务；要严格环境准入，坚决从源头上控制污染；要强化环境执法，确保环境安全和群众环境权益；要倾力推进农村环保工作，着力改变农村环境现状。县委书记马文龙在会上讲话，县委副书记、县长葛勇主持会议。会议还与各乡镇(办事处)、有关部门签订了《江川县生态创建目标责任书》、《江川县"十二五"主要污染物总量减排目标责任书》和《七彩云南江川保护行动2011年度工作责任制考核责任书》。9～11日，中国共产党江川县第十二次代表大会召开。会议认为，县第十一次党代会以来，县委坚持以科学发展观为指导，确立完善建设高原湖泊生态县的战略目标和思路，团结带领全县党员干部群众，抢抓机遇，克难奋进，圆满完成了县第十一次党代会确定的目标任务。全县综合经济实力不断增强，生态环境持续改善，生态文化旅游产业取得突破，现代宜居高原湖泊生态城建设快速推进，保障和改善民生力度不断加大，社会更加和谐稳定，党的建设全面加强，为今后五年乃至更长一段时期加快江川科学发展奠定了坚实基础。会议指出，江川正处在调结构、转方式的关键时期，处在加快新型工业化、城镇化、农业现代化、生态产业化发展的重要时期。必须抓住和用好战略机遇期机遇，高举中国特色社会主义伟大旗帜，以邓小平理论和"三个代表"重要思想为指导，深入贯彻落实科学发展观，坚定不移地实施以改革开放和科技进步为动力的"生态立县、农业稳县、工业强县、旅游活县、文化兴县"发展战略和"壮优培特，建设高原湖泊生态县"的经济社会发展思路，紧紧围绕建设"高原湖泊生态县、现代宜居高原湖泊生态城和国际高原湖泊生态休闲度假旅游目的地"三大目标，以科学发展为主题，以加快转变经济发展方式为主线，全力推进新型工业化、城镇化和农业现代化，努力把江川建设成为环境优美、特色突出、经济繁荣、社会和谐、适宜居住的高原湖泊生态县。会议提出，今后5年，要力争全县生产总值、地方财政收入实现翻番，全社会固定资产投资累计200亿元以上，人民生活水平和生活质量显著提高，高原湖泊生态县、现代宜居高原湖泊生态城、国际高原湖泊生态休闲度假旅游目的地建设取得明显成效。实现这一目标，必须加强生态文明建设，推进可持续发展；加快推进农业现代化，促进农业农村经济发展；加快推进新型工业化，形成新的产业聚集区；加快培育高端休闲旅游产业，建设国际高原湖泊生态休闲度假旅游目的地；加快推进新型城镇化，建设现代宜居高原湖泊生态城；加强保障和改善民生，统筹发展社会各项事业；加强社会管理及其创新和民主法治建设，构建和谐江川。会议强调，党的领导是推进江川科学发展的根本保证，必须切实加强党的执政能力建设和先进性建设。围绕坚定理想信念，加强思想政治建设；围绕建设高素质干部队伍，提高干部工作科学化水平；围绕打牢党的执政基础，加强基层组织建设；围绕树立党员干部良好形象，加强作风建设；围绕营造风清气正的良好环境，加强反腐倡廉建设。11日，中共江川县委十二届一次全会召开，会议选举新一届县委领导班子，审议并通过十二届一次全会《选举办法》(草案)和县纪委一次全会选举结果的报告。11日，江川县党员干部大会召开。县委书记马文龙在会上要求，要以强烈的事业心和责任感，以奋发有为的精神状态，以真抓实干的工作作风，为建设高原湖泊生态县、现代宜居高原湖泊生态城和国际高原湖泊生态休闲度假旅游目的地而努力奋斗。县委副书记、县长葛勇主持会议。30日，江川县召开以"学习杨善洲精神做人民满意的好党员好干部"为主题的专题学习生活会，旨在通过专题学习会，进一步坚定了党员干部的政治立场，树立了正确的世界观、人生观、价值观，凝聚了人心，增强了力量，为推动江川科学再上新台阶奠定了坚实的思想基础。县委书记马文龙主持会议，要求全县各级领导干部深入学习和弘扬杨善洲同志的崇高精神，在推动江川科学发展上见行动、求实效，在加快项目建设上见行动、求实效，在推进生态建设上见行动、求实效，在保障和改善民生上见行动、求实效，在创新社会管理、深入做好新形势下群众工作上见行动、求实效，在加强党的执政能力和先进性建设上见行动、求实效。30日，江川县庆祝中国共产党成立90周年大会举行，回顾党的光辉历程和艰辛探索，以党的辉煌成就和伟大精神激励鼓舞全县人民奋勇向前，在新的起点上奋力开创我县科学发展新局面。县委书记马文龙作重要讲话，要求全县各级党组织和广大党员干部，要高举中国特色社会主义伟大旗帜，以邓小平理论和"三个代表"重要思想为指导，深入贯彻落实科学发展观，牢牢把握发展这个第一要务，在高举

旗帜，推动江川科学发展上更好地发挥模范作用；牢记全心全意为人民服务的宗旨，在立党为公、执政为民上更好地发挥模范作用；进一步加强党性修养，在树立共产党员的良好形象上更好地发挥模范作用；认真履行好第一责任人的责任，在全面加强党的建设上更好地发挥模范作用，充分激发干事创业的激情，提高领导科学发展的本领，锤炼务实为民的作风，更加模范地践行“个人形象一面旗、工作热情一团火、谋事布局一盘棋”的要求，为推动江川科学发展贡献力量。县委副书记、县长葛勇主持会议。

7月12日，中共江川县委中心组理论学习会召开，传达学习省委、市委中心组理论学习精神，深入贯彻落实科学发展观，围绕中央、省市关于桥头堡建设的部署和要求，研究江川贯彻落实桥头堡建设的意见和措施，切实抓住建设面向西南开放重要桥头堡的大好机遇，最大限度地利用好国家的支持政策，积极融入桥头堡建设，推动江川科学发展、快速发展。县委书记马文龙主持会议并作重要讲话，强调融入桥头堡建设，必须进一步提高认识，发挥好江川的优势；必须加快生态县建设，打造一流生态环境；必须做强产业，构建具有江川特色、富有竞争力的产业体系；必须统筹城乡发展，建设现代宜居高原湖泊生态城；必须坚持开放发展，搭建对外开放的合作平台；必须着力保障和改善民生，构建和谐江川；必须用好政策，进一步优化发展环境；必须加强组织领导，为加快推进桥头堡建设提供坚强保证。县委副书记、县长葛勇，县委副书记罗江鹏，县委常委马利兴，县委常委、宣传部部长龚桂存围绕贯彻落实中央和省委关于桥头堡建设的部署要求，紧紧抓住国家实施桥头堡战略江川怎么办、江川应争取什么政策、江川在桥头堡建设中要起到什么作用等关键问题，分别结合江川实际和主管工作作了发言。22日，江川县农村环境卫生整治工作动员大会召开，研究部署我县农村环境卫生整治工作，动员全县上下进一步统一思想，坚定信心，立即行动起来，全力以赴打好农村环境卫生整治工作攻坚战，并把此次会议确定的责任、任务作为一项长期工作坚持下去，形成长效机制，彻底改变农村环境卫生状况，努力创造优美、舒适、文明的农村人居环境，为社会主义新农村建设和全面推进“生态立县”战略、建设高原湖泊生态县奠定坚实的基础。28日，江川县双拥工作座谈会召开，县委、县人大、县政府领导和驻江某部、消防、武警、人武、预备役部队首长欢聚一堂，共同回顾中国人民解放军八十四年的奋斗历程，共话军队和地方团结协作的鱼水深情。县委书记马文龙出席会议，要求全县上下把双拥工作作为一项事关全局的战略任务，求真务实，重视双拥、支持双拥、推进双拥，不断提升双拥工作水平；要军地互动，注重实效，着力推进双拥工作落到实处；要履职尽责，军地和谐，建功立业，不断开创双拥工作的新局面。希望双方共同努力，继续加强军民团结，广泛深入开展“双拥”活动，军地双方共同谱写军民共创和谐江川的新篇章。

8月11日，江川县2011年烟叶收购工作会议召开，总结前期烤烟生产工作，客观分析烤烟生产收购形势，安排部署烤烟后期管理和烟叶收购工作。会议要求，各级各部门要倍加珍惜今年烤烟生产来之不易的成果，围绕“确保实现保量提质增效”的总目标，切实提高对烤烟收购工作的责任感、紧迫感，把烟叶收购工作作为农民增收和财政增长最可靠、最稳定的保证，作为体现烟叶自身价值，实现烟农、政府和企业利益的重中之重工作，充分估计困难，周密考虑措施，协调好产前、产中、产后的关系，以合同管理为中心，以国家标准为基础，以烟农利益为根本，加强领导，精心组织，始终坚持平稳和谐收购，确保圆满完成今年烤烟收购任务，做到烟农、政府、企业、公司“四满意”。县委书记马文龙，县委副书记、县长葛勇在会上讲话。

9月8日，江川县2011年教育工作暨教师节表彰大会召开，宣传贯彻国家、省教育工作会议精神，表彰奖励2010年至2011年涌现出的优秀教师、优秀班主任、先进教育工作者及在去年“两基”迎国检及教育督导评估中作出突出贡献的先进集体、先进个人，热烈庆祝第二十七届教师节，弘扬教书育人的奉献精神，营造全社会尊师重教的良好氛围，激发广大教职工的工作积极性。县委书记马文龙作重要讲话，强调推进我县教育现代化，必须高举中国特色社会主义伟大旗帜，以邓小平理论和“三个代表”重要思想为指导，深入贯彻落实科学发展观，全面贯彻党的教育方针，以办好人民满意的教育为目标，坚持优先发展、育人为本、改革创新、促进公平、提高质量，遵循教育规律，加快建设符合江川县情的现代教育体系，为实现“高原湖泊生态县、现代宜居高原湖泊生态城和国际高原湖泊生态休闲度假旅游目的地”三大目标提供强大的人力资源保障。县委副书记、县长葛勇出席会议。28日，中共江川县委人大、政协工作会议召开，研究讨论《中共江川县委关于加强和改进新形势下人大工作的意见》、《中共江川县委关于支持人民政协履行职能发挥作用的意见》，支持人大、政协履行职能，进一步发挥人大、政协在推动江川科学发展、促进社会和谐稳定中的重要作用，努力开创人大、政协工作新局面。会议强调，全县各级人大一定要进一步认清形势，明确任务，自觉承担起宪法和法律赋予的重要职责，肩负起在发展社会主义民主政治、加快高原湖泊生态县建设历史进程中的重要使命，进一步发挥人民代表大会制度的特色和优势，努力开创人大工作新局面。要更加自觉坚持和依靠党的领导，确保正确的政治方向；要更加增强工作实效，努力推动江川科学发展；要更加密切同人大代表、人民群众的联系，充分发挥人大代表作用；要更加注重开拓创新，不断提升人大工作科学化水平，使全县人大工作在开拓中发展、在创新中提高。会议要求，全县各级党委要加强对人大、政协工作的领导，支持人大、政协充分履行职能、发挥作用，积极为人大、政协工作创造良好的环境和条件，紧密团结，同心同德，群策群力，开拓创新，扎实工作，为开创我县人大、政协工作新局面、谱写江川科学发展新篇章而努力奋斗。县委书记马文龙，县委副书记、县长葛勇在会上讲话。28日，江川县传达市第四次党代会精神大会召开。会议要求，全县各级党组织要把学习贯彻落实市第四次党代会精神作为当前和今后一个时期的重要任务，切实把全县广大党员干部群众的思想认识统一到大会精神上来，进一步转变作风，真抓实干，真正把党代会精神落到实处。县委书记马文龙作重要讲话，县委副书记、县长葛勇主持会议。29日，江川县“九九”敬老节经济形势通报会召开。会议强调，广大老干部、老同志是党和人民事业的功臣，是我们的宝贵财富，全县各级各部门要把老干部工作作为一项重要的政治任务紧紧抓在手上，满怀感情、满腔热情、满带亲情服务好老同志，照顾好老同志。

10月13日，江川县学习贯彻胡锦涛总书记“七一”重要讲话精神宣讲大会召开。会议强调，认真学习、深刻领会、坚决贯彻胡锦涛总书记重要讲话精神，是全县当前和今后一个时期的一项重大政治任务，各级各部门要高度重视，精心组织，确保宣讲工作有效落实。要组织宣讲队伍广泛深入地开展宣讲活动，在全县营造出领导干部带头学、各级党组织系统学、干部群众深入学的良好氛围。要在全面宣讲讲话精神的基础上，突出县委、政府紧紧抓住国家实施西部大开发和“桥头堡”战略的有利时机，抓住全省建设滇中经济圈和抚仙湖——星云湖生态建设和旅游改革发展综合试验区的历史机遇，以科学发展为主题，以加快转变经济发展方式为主线，全力实施“生态立县、农业稳县、工业强县、旅游活县、文化兴县”战略，全力推进新型工业化、城镇化和农业现代化，全力建设高原湖泊生态县等重点，进行集中宣讲阐释，努力增强宣讲的吸引力感召力，增强宣讲的针对性实效性。在开展宣讲的过程中，要运用通俗易懂的言语，采用群众喜闻乐见的形式，深入浅出地讲解，增强宣讲的说服力、感染力、吸引力，使党员干部听得进、记得牢、用得上。

11月4日，江川县2011年度党建党风廉政建设责任制考核及述职述廉评议动员大会召开。会议要求，各乡镇(街道)、各部门领导班子及成员要自觉接受考核，正确对待考评意见，要密切联系本单位实际，查找存在问题和不足。要通过考核，切实解决好自身存在的突出问题，进一步转变工作作风，进一步增强领导干部廉洁自律的自觉性。要把这次考核工作与贯彻落实党的十七届五中、六中全会精神结合起来，与贯彻落实市第四次党代会、县第十二次党代会精神结合起来，与开展好当前工作结合起来，圆满完成这次考核的各项工作任务，为实现江川科学发展、和谐发展、跨越发展，推进高原湖泊生态县建设做出更大贡献。县委书记马文龙，县委副书记、县长葛勇在会上讲话。16日，江川县深化乡镇机构改革动员会议召开。会议指出，江川县《深化乡镇机构改革实施意见》总的原则和要求是：坚持加强和改善党对农村工作的领导，依法界定乡镇政府职能，明确职责，强化责任，理顺县乡之间的权责关系，分类指导，合理确定乡镇职能配置、机构设置和人员编制，确保机构编制只减不增。主要任务是：进一步转变乡镇政府职能，进一步理顺责权关系，进一步规范乡镇党政机构、群团组织和为民服务机构的设置，进一步规范乡镇事业单位设置，严格机构编制管理，认真做好定岗定员工作。会议要求，各乡镇(街道)和县属相关部门要按照县委、县政府的统一部署和要求，加强领导，精心组织，把握重点，认真做好组织实施工作，确保2011年11月底基本完成乡镇机构改革工作；要严肃机构编制纪律，严肃组织人事纪律，严肃保密纪律，严肃财经纪律，确保改革有序推进；要深入细致地做好思想政治工作，争取广大干部群众的理解和支持，教育引导他们识大体、顾大局，积极参与改革，正确对待个人工作岗位的变化，遵守纪律，服从安排，确保改革平稳和社会稳定；要统筹兼顾，正确处理改革发展稳定的关系，把深化乡镇机构改革与推进乡镇(街道)经济社会发展有机结合起来，做到改革和发展两不误，真正达到以改革促发展，以改革促和谐的目的，保证乡镇(街道)工作正常运转，确保农村社会稳定，圆满完成今年经济社会发展的各项目标。21日，江川县烟花火炮安全生产现场会召开，主要任务是贯彻落实市委副书记、市长高劲松到江川调研烟花火炮安全生产工作时的指示精神，对全县烟花火炮安全生产工作进行再动员、再部署。会议要求，必须统一思想，转变观念，充分认识烟花爆竹企业整合的重要性和必要性，心往一处想，劲往一处使，团结合作搞整合，务实创新闯新路，竭尽全力创品牌，让江川烟花火炮走得出去、扎得下根、不断发展壮大，实现品牌效应，在全省烟花火炮行业掌握较大的话语权，真正把江川的这一特色产业做大做强。县委书记马文龙，县委副书记、县长葛勇在会上讲话。

12月1日，江川县传达学习省第九次党代会精神暨学习贯彻十七届六中全会精神宣讲大会召开。会议要求，各乡镇、街道，各单位要充分认识宣讲党的十七届六中全会和省第九次党代会精神的重要意义，以高度的责任感使命感做好宣讲工作；要全面准确地宣讲党的十七届六中全会精神和省第九次党代会精神，高质量、高水平地完成好宣讲任务。县委书记马文龙

在会上讲话，县委副书记、县长葛勇主持会议。8日，中共江川县委十二届二次全委(扩大)会议召开，主要任务是深入学习贯彻党的十七届六中全会、省第九次党代会和市第四次党代会精神，认真总结全县2011年工作，安排部署2012年的任务，加快推进江川科学发展。全会认为，“十二五”开局之年，面对资金趋紧、物价上涨、宏观调控压力加大等特殊因素增多和持续干旱带来的影响，县委总揽全局、协调各方，带领全县广大党员干部群众团结奋进、务实苦干，实现了经济社会平稳发展。加快发展的基础更加牢固，生态文明建设步伐加快，现代宜居高原湖泊生态城建设快速推进，保障和改善民生力度不断加大，安定和谐的局面不断巩固，党的建设科学化水平进一步提升。全会在综合分析未来发展重大机遇和有利条件的基础上，提出做好2012年工作，必须高举中国特色社会主义伟大旗帜，以邓小平理论和“三个代表”重要思想为指导，深入贯彻落实科学发展观，坚定不移地实施“五大战略”和“壮优培特，建设高原湖泊生态县”的经济社会发展思路，紧紧围绕“三大目标”，以科学发展为主题，以加快转变经济发展方式为主线，全力抓项目、增投资，调结构、上水平，强保护、建生态，惠民生、促和谐，转作风、抓落实，推进新型工业化、城镇化和农业现代化，开创全县经济社会科学发展的新局面。全会指出，要与全省同步实现跨越发展，必须立足当前，突出重点，创新举措，率先在最有优势、最具条件、最能见效的领域实现突破。要坚持加快发展，围绕基础设施、重大项目增投资；围绕特色优势产业、新兴产业，推进产业聚集发展；用好综合试验区平台，全力推进高端旅游项目建设，进一步增强综合经济实力。要坚持可持续发展，坚决落实“退调保”战略，全力推进两湖保护与治理，深入开展农村环境卫生整治工作，有序淘汰落后产能，进一步推进生态文明建设。要坚持统筹城乡发展，转变建设用地方式，推进城镇上山，促进人口有序向城镇集中，进一步加快现代宜居高原湖泊生态城建设。要坚持先进文化引领发展，加强社会主义核心价值体系建设，做好新闻舆论工作，发展文化事业和文化产业，进一步推动文化大发展大繁荣。要坚持共享发展，稳步推进教育现代化，加快社会保障体系建设，千方百计扩大就业，提高群众健康水平，进一步保障和改善民生。要坚持和谐发展，积极推进社会主义民主法治建设，创新社会管理机制，加强基层基础工作，深化平安创建活动，进一步巩固和谐稳定的良好局面。全会强调，办好江川的事，关键在党，关键在各级领导干部。必须着力提升党员干部思想政治水平，着力加强领导班子和干部人才队伍建设，着力加强党的基层组织建设，着力加强干部作风建设，着力推进制度建设，着力加强反腐倡廉建设，为建设高原湖泊生态县提供坚强有力的组织保证。11日，中共江川县纪委第十二届二次全体会议召开。县委书记马文龙作重要讲话，强调要认真贯彻中央和省市委的重大部署，深入贯彻落实科学发展观，进一步坚定信心，振奋精神，转变作风，扎实工作，不断取得党风廉政建设和反腐败工作的新成效，为推动江川科学发展和谐发展跨越发展，建设高原湖泊生态县做出新的更大的贡献。要求全县各级各部门进一步增强政治意识、大局意识和责任意识，始终坚持两手抓、两手都要硬，深入开展党风廉政建设和反腐败斗争，为加快推进高原湖泊生态县建设提供坚强的纪律保证。重点是要突出围绕重大项目加强监督检查，确保县委十二届二次全会精神和重大决策部署的贯彻落实；突出加强教育监督预防，进一步夯实反腐倡廉建设基础；突出解决实际问题，进一步增强反腐倡廉建设成效；突出查办违纪违法案件，进一步保持惩治腐败的高压态势；突出抓好制度建设，进一步健全反腐倡廉制度体系。各级党委要加强对党风廉政建设和反腐败工作的领导，加强对纪检监察工作的指导，支持纪检监察机关履行职责，帮助解决实际困难和问题，推动反腐倡廉各项任务的落实。22日，江川县开展群众观点群众路线群众利益群众工作教育实行干部直接联系群众制度暨“作风建设年”活动动员大会召开。县委书记马文龙在会上作动员讲话，要求全县各级各部门要深刻认识开展“四群”教育和“干部作风建设年”活动，实行干部直接联系群众制度的重要性和紧迫性，扎扎实实开展好活动，真正使干部受教育、作风有改进、发展上水平、群众得实惠、社会更和谐。要紧密联系实际，突出重点，确保活动扎实有效，让紧密联系群众成为习惯，让勤勉干事成为主流、让廉洁勤俭成为风尚，以“四群”教育和“作风建设年”活动的新成效推动江川大发展、快发展。28日，江川县2011年度惩防体系建设暨党风廉政建设责任制考核汇报会召开。市委常委、纪委书记李文斌在会上作动员讲话，要求江川各级党政领导班子和领导干部一定要正确把握反腐倡廉形势，充分认识反腐败斗争的长期性、复杂性、艰巨性，把反腐倡廉建设摆在更加突出的位置，把推进惩防体系建设和落实党风廉政建设责任制作为重大的政治任务；要充分认识开展惩防体系建设和责任制工作考核的重要性、必要性，切实把思想和行动统一到市委的统一部署和要求上来，以高度的政治责任感和认真负责的态度，扎实做好这次考核工作。县委书记马文龙就江川县2011年度惩防体系建设暨党风廉政建设责任制工作情况向市委考核组进行了汇报，表示今后我县将着力在明确目标抓教育、突出重点抓作风建设、督促检查抓考核及强化责任追究四个方面下工夫，确保惩防体系建设和党风廉政建设责任制工作更好地落到实处。县委副书记、县长葛勇主持会议。会上，与会人员还对江川县党政领导班子成员落实党风廉政建设责任制情况进行了民主测评。

【上级调研】 2011年4月18日，省政府副省长高峰在市委书记孔祥庚，市长高劲松，副市长杨洋，中共江川县委书记张延明，县委副书记、县长葛勇等领导陪同下，先后来到侯家沟村卫生所、江城镇中心卫生院和江川县人民医院，对玉溪市和江川县推进医药卫生体制改革工作进行调研。在江城镇中心卫生院，高峰指出，基本药物制度的实施，从根本上改变了“以药养医”的经营模式，避免了医疗资源的浪费，有效缓解了老百姓“看病贵”的问题，希望继续总结试点经验，为明年在全省推广基本药物制度做好准备。21日，市委书记孔祥庚在县委书记张延明，县委副书记、县长葛勇及相关市、县部门负责人的陪同下，检查调研江川县铜工艺品生产企业。孔祥庚指出，江川发展铜制品产业既有优势，又有潜力，要发扬江川3000多年历史的工业文明，进一步加大铜工艺品的产品开发力度，不断壮大铜工艺品生产企业的发展规模，把“铜”作为重要的文化品牌打造出来。要按照铜工艺品产业集聚的发展方向，尽早谋划，使目前较分散的铜工艺品生产企业实现集中生产经营，力争早日形成规模效应，进一步扩大江川铜工艺品的知名度和影响力。孔祥庚强调，青铜工艺品生产是一项人才产业、智力产业。要进一步拓宽思路，加大研发力度，增加产品的文化含量和技术含量，增加产量和效益；要在继承传统的基础上，进一步挖掘古滇文化内涵，丰富铜工艺品品种，充实铜工艺品内容，丰富铜工艺品文化底蕴，扩大生产规模，增强铜工艺品的吸引力；要在产品设计理念上下功夫，产品设计和生产要与生活结合，与市场接轨，丰富内容，提高品位；要进一步加大对铜工艺品的宣传力度，扩大影响，提高知名度，让江川铜工艺品会成为文化旅游产业发展的重要支柱，带动第三产业快速发展。28日，省人大常委会视察组一行到江川县就2010年财政部代云南省发行地方政府债券资金安排使用情况进行实地视察。通过实地察看，省人大常委会视察组认为，江川县对2010年地方政府债券资金的安排使用，投向合理、落实到位、监管有力、效果明显。希望江川继续加大监管力度，提高资金使用效益，全力推进在建项目和新开工项目，更好地发挥地方政府债券资金的带动作用，促进地方经济社会又好又快发展。

5月5～6日，省教育厅厅长罗崇敏率领省教育改革发展调研组在市委副书记、市长高劲松，市人大常委会副主任范志华，副市长杨洋，市政协副主席汪燕平，县委书记马文龙，县委副书记、县长葛勇等市县领导陪同下，到江川调研。在调研中，罗崇敏指出，中共玉溪市委、市人民政府高度重视教育改革发展工作，各项工作成效显著，呈现出现代教育体系建设比较完整；城乡教育统筹发展步伐加快；教育公平发展迈出重大步伐，在全省起到表率作用；办学条件不断改善；教育质量显著提高五大亮点。罗崇敏希望，玉溪今后的教育工作要继续坚持以人为本、以公平教育为基础、以价值教育为灵魂、以能力教育为目的、以制度教育为保障，要继续抓好教育改革发展各项工作，为全省经济社会发展作出贡献。10日，市委副书记张玲在县委书记马文龙，县委副书记、县长葛勇的陪同下，到江川调研江川县春耕工作情况。张玲先后深入前卫镇赵官村烤烟样板区、江城镇张官营村烤烟种植专业合作社、明星村生态农业合作社，对江川县春耕生产、烤烟移栽情况和农业产业化发展情况进行详细了解，并听取了江川县春耕生产工作情况的汇报。张玲强调，“三农”工作是党委、政府工作的重中之重，也是全面实现小康社会的重点和难点。推动“三农”工作如果按部就班，是不可能出成绩的。我们只有紧紧依靠求真务实、开拓创新、统筹发展这“三大法宝”，突出一个“实”字，突破一个“新”字，做活“统筹”这篇文章，才能做好“三农”工作，才能促进经济社会快速发展。张玲要求，江川县要认真总结推广烤烟专业合作社的成功经验；要加强管理，加强科技扶持力度，按照市委、市政府提出的加强优质烟叶供给能力建设的要求，落实好烤烟生产各项措施，尤其是要加大对新品种、新工艺、新要求的科技措施落实，全面完成烤烟移栽任务；要着力抓好春耕生产，为今年的农业增产、农民增收打牢基础；要解放思想，立足江川特色农产品，抓龙头、抓基地、创品牌，大力推进农业产业化发展；要以创先争优活动为平台，以县级领导班子换届为契机，坚持一手抓生产发展，一手抓创先争优，以此来推动“三农”工作不断向前发展；要把生态建设、环境保护和经济发展结合起来，把改善农村环境卫生、改进农民生产生活方式作为生态立市的具体行动来落实，多措并举，推进江川县经济社会发展更上一个新台阶。22日，由省政协原常务副主席、省非公督导组组长孟继尧带领的省政府加快非公有制经济工作督导组一行在县委书记马文龙，县委副书记、县长葛勇等市县领导的陪同下，深入江川督导非公有制经济发展情况。督导组先后深入江川卓一食品有限公司、江川天一包装有限公司和云南阳光食品有限公司，实地调研非公有制企业生产状况，听取公司负责人情况介绍，详细了解非公有制企业在生产中存在的问题和困难。在听取汇报后，督导组对近年来江川非公经济发展所取得的成绩和经验给予了充分肯定，并要求中共江川县委、县政府要进一步加强对云发〔2009〕9号等相关文件的贯彻落实，充分认识非公经济发展的重要作用，部门、企业同心协力把非公经济发展作为县域经济发展主体认真抓好；要利用民间资金充裕的有利条件，发挥优势，探索破解个私企业发展难题的方式方法；要在政策上、服务上、行动上继续给予扶持，把大力发展非公有制经济作

为富民强县、振兴地方经济的突破口。督导组希望民营企业家进一步解放思想、更新观念，经营上寻求合作、打造品牌，管理上引进人才、培养人才，为江川经济发展做出新贡献。

8月22日，市委常委、常务副市长谢兴荣在县委书记马文龙，县委副书记、县长葛勇的陪同下，到江川调研税务工作。在听取了江川的工作汇报后，谢兴荣指出，江川一县辖两湖，环境保护压力大。为保护抚仙湖、星云湖，江川县关、停、并、转了沿湖污染企业，为全市生态文明建设和可持续发展做出了贡献。谢兴荣要求，江川要紧密结合“两湖”保护，发展江川经济。要因地制宜调整产业结构，想方设法拓展税源，抓收入，保增收；要抓住优势资源，研究税收，要用足用活政策，依法加强房地产交易、土地使用、磷化工等领域税收征管，做到应收尽收。市级“两税”部门要坚定不移支持、帮助江川解决困难，地方政府要关心、支持“两税”部门工作，齐心协力，确保江川县各项目标任务完成，确保社会和谐稳定。

10月11日，省委常委、省委宣传部部长张田欣率省发改、财政、文化、旅游、教育等相关部门负责人到江川调研。市党政领导孔祥庚、高劲松，县党政领导马文龙、葛勇等陪同调研。调研组一行前往江川渔文化广场，听取广场建设情况介绍，调研青铜器博物馆筹建情况，并来到大庄中学和大庄中心小学，详细了解学校建设发展情况及面临的困难问题。张田欣希望江川紧紧抓住新一轮西部大开发、云南“两强一堡”和滇中城市经济圈建设的重大机遇，认真总结成功经验，进一步解放思想，充分发挥自身优势，采取更加有力的措施，继续巩固和保持良好的发展势头，认真谋划江川科学发展、和谐发展、跨越发展的新思路、新措施、新办法，推动江川更好更快发展。张田欣强调，十七届六中全会即将召开，对推动文化改革发展是一次难得的历史机遇，要以此为契机，积极推动文化改革发展，让人民群众共享文化建设成果。要坚持以政府主导为主，按照公益性、基本性、均等性、便利性的要求，深入实施重点文化惠民工程，加快构建覆盖城乡的公共文化服务体系，更好地保障人民群众的基本文化权益。要进一步深化文化体制改革，推动社会主义文化大发展大繁荣。要大力发展生态文化旅游产业，以文化为灵魂、旅游为载体，充分利用抚仙湖—星云湖旅游改革综合试验区这一平台，推动文化与旅游的深度融合，做好文化与旅游结合这篇大文章，大力推进以生态文化旅游为重点的文化产业发展。13日，国家发改委财金司副司长徐晓波率领由国家发改委、国家财政部、国家农业部组成的国务院调研组在省发展改革委、省财政厅、省农业厅相关领导，副市长李洪云及市属相关部门负责人，县委副书记、县长葛勇等陪同下，对江川县村级公益事业建设“一事一议”财政奖补工作实施情况进行专题调研，详细了解我县在村级公益事业建设“一事一议”财政奖补工作中采取的主要做法、成效、存在问题、完善意见和建议，并就财政奖补资金比例、资金拨付程序、项目确定办法、监管制度等方面与相关部门负责人进行了深入探讨。调研组希望江川县以更加开阔的思路和理念来思考开展农村公益事业“一事一议”财政奖补的发展问题；注重开展农村公益事业建设“一事一议”的民主程序，把握“一事一议”筹资筹劳的限额标准，总结经验，建立长效机制，为今后开展农村公益事业一事一议打下良好的基础；明确责任，强化监管，不断健全完善公益设施管护制度，使“一事一议”财政奖补项目形成的资产得到充分的利用和管护；加大宣传力度，不断拓宽政策宣传的覆盖面，最大限度调动干部群众对筹资筹劳参与村级公益事业建设的积极性，让这项惠农政策真正落到实处，促使江川县村级公益事业建设“一事一议”财政奖补工作再上一个新台阶。

11月4日，市政府副市长王跃率市国土、工信、高新区等相关部门领导在县委副书记、县长葛勇，县委副书记张金翔的陪同下，到江川调研龙泉山生态工业园区建设发展情况。王跃充分肯定了江川龙泉山生态工业园区项目建设所取得的成绩，要求江川要学习借鉴外地先进经验，在与玉溪高新区合作的基础上，打破行政区域概念，把江川龙泉山生态工业园区纳入玉溪高新区发展规划，多方寻求战略合作伙伴，加大招商引资力度，有序快速推进园区开发建设体制，合理划分产业发展区域，从发展的模式、体制、机制上发挥好园区的辐射带动作用，促进园区科学发展；抓好园区水、电、路等基础设施建设，切实做好土地储备工作，尽快解决项目建设中遇到的困难和问题，加快推进项目建设步伐；突出生态建设和环境保护特点，处理好推进项目建设和保护人民群众利益的关系，把人民群众的当前利益和长远利益集合起来，确保项目按计划顺利推进实施，最大限度地实现资源共享、平台共用、产业共建和利益共享，促进江川工业经济又好又快发展。5日，省委常委、省委组织部部长刘维佳在市委书记孔祥庚，市委常委、市委组织部部长寸世成，中共江川县委书记马文龙，县委副书记、县长葛勇等陪同下，到江川县明星村党总支、仙湖锦绣项目区调研基层党建工作和创先争优活动。21日，市委副书记、市长高劲松，副市长、市公安局局长明正彬一行在县委书记马文龙，县委副书记、县长葛勇等陪同下，到江川对安全生产工作进行调研。高劲松一行先后深入江川大庄星云湖畔烟花火炮厂、文星阁烟花火炮厂，对江川县烟花火炮企业生产、烟花火炮行业发展情况和江川安全生产工作相关情况进行详细了解，并听取了对江川县安全生产工作情况的汇报。高劲松要求江川县政府和企业认真吸取通海杨广面条行业整合的经验和湖南浏阳烟花火炮行业发展的经验教训，充分运用法律、行政、经济手段进行整合，走集约式发展路子，整合资源，加强联合、重组、引进，积少成多、积小成大，促进烟花爆竹产业健康发展。

12月5日，省人大常委会原副主任、省政府九湖水污染综合防治督导组组长牛绍尧率省政府九湖水污染综合防治督导组到江川县调研“两湖”水污染防治工作。调研组一行先后实地查看了江川县抚仙湖大鲫鱼河流域环境综合治理、退田还湖、星云湖蓝藻打捞、江川县皇壮养殖场生物发酵床运用、周官村农村环境卫生整治、星云湖南片区污水处理厂改扩建项目等工程，并听取了市县领导的工作汇报。10日，国家财政部调研组一行到江川，对江川县生态环境保护工作情况进行专题调研。调研组一行深入星云湖出流改道入水口和星云湖防洪截污大堤进行实地查看，并认真听取了江川县对生态环境保护相关工作开展情况的汇报，详细了解江川县在生态环境保护工作中采取的主要做法、成效、存在问题、完善意见和建议，并就相关问题与相关部门负责人进行了深入探讨。

（戴吉国）

【县委常委会议】 2011年1月4日，县委书记张延明主持召开县委常委会议，会议共三项议题：听取《中共江川县委关于认真做好乡镇党委换届选举工作的意见》、《关于对乡镇党委领导班子和领导干部进行届末考核的通知》和2010年县级领导干部年度考核民主测评情况的汇报；听取关于撤销大街镇设立大街街道办事处的情况汇报；听取县委十一届六次全委(扩大)会议筹备工作情况的汇报。

2011年1月7日，县委书记张延明主持召开县委常委会议，会议共二项议题：研究《中共江川县委十一届六次全会报告》(送审稿)和《中共江川县委关于制定江川县国民经济和社会发展第十二个五年规划的建议(草案)》(送审稿)；听取《江川县人民政府机构改革工作方案》(送审稿)和《江川县人民政府机构改革实施意见》(送审稿)的汇报。

2011年1月8日，县委书记张延明主持召开县委常委(扩大)会议，听取县委十一届六次全会各组召集人就全会报告、《中共江川县委关于制定江川县国民经济和社会发展第十二个五年规划的建议(草案)》、《中国共产党江川县第十一届委员会第六次全体会议决议(草案)》进行分组讨论情况的汇报，审议《建议(草案)》、《决议(草案)》。

2011年1月30日，县委书记张延明主持召开县委常委会议，会议共七项议题：研究干部问题；听取《县政府工作报告(送审稿)》汇报；听取2011年财政预算情况汇报；听取《江川县国民经济和社会发展第十二个五年规划纲要(送审稿)》汇报；听取2010年度党风廉政建设责任制考评和作风述职述廉评议情况汇报及县纪委全会筹备情况汇报；听取县人代会、县政协会议筹备工作情况汇报，讨论《江川县人大常委会工作报告(送审稿)》、《江川县政协常委会工作报告(送审稿)》；传达省十一届四次人代会精神和省委白恩培书记在玉溪代表团讨论会上的讲话精神，对下一步工作作安排。

2011年3月4日，县委书记张延明主持召开县委常委会议，会议共二项议题：研究干部问题；听取出席县第十二次党代会代表预分配情况的汇报。

2011年3月18日，县委书记张延明主持召开县委常委会议，会议共四项议题：讨论各乡镇党委委员、纪委委员候选人建议名单；听取县委关于撤销大街镇党委成立大街街道办事处党工委和县委、政府关于撤销大街镇设立大街街道办事处的情况汇报；研究建党90周年党政领导干部接访工作；研究乡镇人大代表出缺名额补选事宜。

2011年3月28日，县委书记张延明主持召开县委常委会议，会议共两项议题：研究干部问题；听取乡镇党委换届情况及大街街道办事处挂牌授印相关事宜的汇报。

2011年5月25日，县委书记马文龙主持召开常委会。会议共三项议题：讨论通过出席中国共产党玉溪市第四次代表大会代表预备人选名单；讨论通过中国共产党江川县第十二届委员会委员、中国共产党江川县纪律检查委员会委员候选人预备人选名单及党代会时间；研究纪念建党90周年系列活动事宜。

2011年7月12日，县委书记马文龙主持召开第2次县委常委会。会议共八项议题：传达省委、市委群众工作领导小组会议精神，研究我县贯彻落实措施；传达省委党校工作会议精神，研究我县贯彻落实措施；研究农村环境卫生整治工作；讨论《关于在全县建立村(居)民监督委员会的意见》；研究干部违纪问题；听取县总工会、团县委、县妇联、县关工委工作情况汇报；研究团县委换届相关事宜；研究成立江川县工业园区管理局相关事宜。

2011年9月16日，县委书记马文龙主持召开第3次县委常委会。会议共18项议题：研究干部问题；听取《关于组织召开2011年度县级领导班子民主生活会的意见》汇报；听取《关于开展农村困难党员关爱行动的工作方案》汇报；听取关于召开县委人大政协工作会议有关情况的汇报；听取烤烟收购工作情况的汇报；听取江川县农村抗旱供水应急系统改扩建(江城、前卫、大街抗旱应急工程)项目情况汇报；通过玉溪市第四届市委委员、候补委员和纪委委员涉及江川领导预备人选名单；研究违纪干部问题；传达学习省委常委、省纪委书记李汉柏《关于加快民航机场建设促进云南经济社会协调发展的思考和建议》调研报告精神；听取统战工作情况汇报；研究借助电影《堵车》宣传江川的相关经费问题；听取《江川县抚仙湖一级保护区退田还湖工作方案》汇报；传达学习全省保护坝区农田建设山地城

镇会议精神；通报《关于在全县公民中开展法制宣传教育第六个五年规划（2011～2015年）》事宜；通报2011年上半年全县经济运行情况；通报新增预算大额资金支出情况；研究原县旅游公司国企改制有关人员安置问题；听取工商联工作情况汇报。

2011年9月27日，县委书记马文龙主持召开第4次县委常委会。会议共三项议题：通报干部人事事宜；传达学习市第四次党代会精神；讨论在县委人大政协工作会议上的讲话。

2011年11月23日，县委书记马文龙主持召开第5次县委常委会。会议共四项议题：听取县工商联（商会）换届筹备工作情况汇报；通报《关于深化乡镇机构改革的实施意见》；听取第七届“开渔节”筹备工作情况汇报；研究政法工作。

2011年12月6日，县委书记马文龙主持召开第6次县委常委会。会议共三项议题：听取县委十二届二次全会筹备工作情况汇报并讨论全会报告；听取县纪委十二届二次全会筹备工作情况汇报并讨论纪委全会报告；听取县十四届人大五次会议和政协江川县七届五次会议筹备工作情况汇报。

2011年12月21日，县委书记马文龙主持召开第7次县委常委会。会议共两项议题：听取《中共江川县委关于开展群众观点群众路线群众利益群众工作教育实行干部直接联系群众制度和开展“作风建设年”活动的实施意见（讨论稿）》汇报；听取《中共江川县委关于进一步加强农村（社区）基层组织建设的意见（讨论稿）》汇报。

2011年12月6日，县委书记马文龙主持召开县委常委（扩大）会议，听取并讨论了江川县低丘缓坡山地综合开发利用项目实施方案。

【重要通知指示和决定】 2011年1月26日，县委下发《关于印发中共江川县委十一届六次全委（扩大）会议报告的通知》。《通知》指出，在中共江川县委十一届六次全委（扩大）会上，县委书记张延明代表县委常委会作了题为《抢抓机遇科学发展　全力推进高原湖泊生态县现代宜居高原湖泊生态城建设》的工作报告。《报告》以科学发展观为指导，认真贯彻落实党的十七大、十七届五中全会、中央经济工作会议和省委八届九次、十次全会及市委三届七次全会精神，实事求是地总结了江川县2010年的工作，深入分析了“十二五”时期江川经济社会发展面临的机遇和有利条件，提出了江川县“十二五”时期经济社会发展的总体思路、奋斗目标、发展规划格局和今年经济社会发展的目标任务。《报告》鼓舞人心，催人奋进，是指导今年和“十二五”时期江川经济社会发展的重要纲领性文件。要求结合实际认真抓好贯彻落实，确保“十二五”开好局、起好步。

2011年1月6日，县委下发《中共江川县委关于认真做好乡镇党委换届选举工作的意见》。《意见》指出，按照中央和省、市委的统一部署，江川县7个乡镇党委班子换届将于2011年3月底前完成。认真做好这次乡镇党委换届，对于“十二五”规划起好步、开好局，促进全县经济长期平稳较快发展和社会和谐稳定具有十分重要的意义。《意见》确定了本次乡镇党委换届的指导思想、主要任务、方法步骤和组织领导，要求把严肃纪律、保证风清气正贯穿换届工作全过程，严格教育、强化监督、严明纪律、警示在前，全程监督、综合治理，惩防并举、严格问责，切实保证换届工作的顺利进行。

2011年2月14日，县委下发《关于表彰江川县2010年度新农村建设优秀指导员、优秀工作队队长和先进派出单位的决定》。《决定》指出，根据省、市委的决策部署，江川县于2010年2月向全县69个建制村下派了第四批新农村建设工作队及指导员。在各级党委、政府的领导下，新农村建设工作队、指导员及派出单位为推进江川县新农村建设做了大量卓有成效的工作，并涌现出了一批优秀指导员、工作队队长和先进派出单位。为总结经验、宣传典型、激励先进、推进工作，营造全社会关心支持下派工作队及指导员工作的良好氛围，决定对杨绍柏等21名“优秀指导员”、“优秀工作队长”和云南大学等5家“先进指导员派出单位”进行表彰。《决定》号召，全县各级各部门和广大干部要以受表彰的单位及个人为榜样，紧紧围绕县委、政府的工作大局，深入贯彻落实科学发展观，扎实工作，推动江川经济社会又好又快发展。

2011年3月9日，县委下发《关于做好中国共产党江川县第十二次代表大会代表选举工作的通知》。《通知》指出，召开中国共产党江川县第十二次代表大会，是全县政治生活中的一件大事。认真做好代表选举工作，是开好这次大会的基础。要求各党委要充分认识选举县党代会代表的重要意义，把选举县第十二次党代会代表列入重要工作日程，切实加强领导。代表人选的酝酿提名，代表候选人预备人选的确定，代表的选举过程，都要充分发扬党内民主，认真执行民主集中制原则，尊重党员的民主权利，体现选举人的意志。对选举过程中提出的问题，要认真研究并妥善处理，重要情况要及时报告县委。要通过选举中国共产党江川县第十二次代表大会代表，对党员进行一次增强党性和遵守民主集中制原则的教育。各级党组织要精心组织，周密安排，认真做好选举中的组织工作和思想政治工作，切实保证代表的素质，如期完成选举代表的任务。《通知》还对代表名额的确定、代表的选举、代表产生的程序和时间要求作了明确。

2011年3月17日，县委下发《关于印发〈江川县人民政府机构改革实施意见〉的通知》。《通知》指出，县政府机构改革意义重大，职能调整和机构整合任务重，涉及面广，是一项复杂的系统工程。要求各部门要高度重视，加强领导，精心组织，周密部署，切实做好组织实施工作。要按照中央、省、市、县的改革精神，结合部门实际，认真研究，制定“三定”规定。要严肃机构改革工作纪律，严格工作程序，严禁突击提拔干部，严防国有资产流失，做到秩序不乱、工作不断、人员思想稳定，各项工作运转正常，确保改革发展两不误、两促进，稳步推进政府机构改革，维护社会和谐稳定。对违反机构改革纪律的要坚决查处，严肃追究有关人员和领导的责任，确保机构改革工作顺利进行。

2011年3月23日，县委下发《关于街道办事处设置的决定》。《决定》提出，根据省政府《关于同意玉溪市撤销部分乡镇设立街道办事处及有关行政区划调整的批复》(云政复〔2011〕3号)精神，经县委、县人民政府研究，决定撤销大街镇，设立大街街道办事处。大街街道办事处为县人民政府的派出机构，原行政区划界线保持不变。

2011年3月23日，县委转发《江川县人大常委会2011年工作要点》。明确2011年县人大常委会工作的总体要求，明确了5个方面的主要工作：紧紧围绕推动县委重大决策部署贯彻落实开展监督工作；支持和保障代表依法行使职权；加强人大宣传工作；加强人大自身建设；圆满完成交办任务。

2011年3月24日，县委下发《关于设置大街街道党工委、纪工委、人大工委的决定》。《决定》提出，根据省政府《关于同意玉溪市撤销部分乡镇设立街道办事处及有关行政区划调整的批复》(云政复〔2011〕3号)精神，决定对大街街道党工委、纪工委、人大工委作如下设置：撤销中国共产党江川县大街镇委员会；撤销中国共产党江川县大街镇纪律检查委员会；原大街镇党委所属的党总支(支部)仍按属地原则由新组建的街道党工委管理。成立中国共产党江川县大街街道工作委员会；成立中国共产党江川县大街街道纪律检查工作委员会。大街街道党工委为县委的派出机构，仍行使原党委职权，设党工委委员11名，其中党工委书记1名、副书记3名。街道纪工委为县纪委的派出机构，仍行使原纪委职权，设纪工委委员5名，其中书记1名。成立江川县人民代表大会常务委员会大街街道工作委员会，为县人大常委会的派出机构，设人大工委主任1名。

2011年3月31日，县委转发《政协江川县委员会2011年工作要点》。明确2011年政协江川县委员会工作的总体要求，确定了5个方面的主要工作：强化学习意识，坚定政治方向；强化大局意识，助推“规划”实施；强化人本意识，关注改善民生；强化团结意识，共建和谐社会；强化责任意识，加强自身建设。

2011年4月15日，县委印发《江川县主要入湖河道综合环境控制目标及河(段)长责任制考核细则的通知》。《通知》指出，为全面改善江川县主要入湖河道环境面貌，达到河堤整洁、河面保洁、河床通畅的治理目标，制定本考核细则。《通知》明确了河道管理的要求以及考核内容、考核办法。

2011年5月24日，县委下发《关于表彰2010年度党建工作先进单位的决定》。《决定》指出，2010年，各党(工)委在县委的正确领导下，以深入开展创先争优活动为重点，紧紧围绕“推动科学发展、构建和谐江川、建设生态江川、服务人民群众、巩固基层组织”的总体要求和建设“高原湖泊生态县、现代宜居高原湖泊生态城和国际高原湖泊生态休闲度假旅游目的地”三大目标，抓基层、打基础，创新党建工作思路，强化党建工作队伍，加大党建经费投入，改善党建工作环境，促进了党建工作在巩固中不断提升，为促进全县经济社会又好又快发展提供了坚强的组织保障。为总结经验，激励先进，树立典型，根据县委党建工作领导小组对《2010年度党建工作责任书》的考核结果，县委决定对大街街道党工委等11个党建工作先进单位给予表彰。

2011年5月25日，县委印发《江川县第三轮禁毒人民战争实施方案(2011～2015年)》。《方案》指出，2005年以来，按照省、市的统一部署，江川县认真组织开展了两轮声势浩大的禁毒人民战争，取得了显著成效，禁毒形势总体转好。在境外毒品“多头入境、全线渗透”、省内易制毒化学品非法外流出境、吸毒人员逐年增多等多种因素影响下，通过国道213线毒品过境日趋突出，全县吸食传统毒品人员戒毒巩固难，吸食新型毒品人群呈蔓延趋势，毒品问题仍然长期存在，全县禁毒形势依然严峻。按照省、市的总体部署，为进一步巩固和扩大禁毒成果，推动禁毒人民战争取得更大实效，切实减轻毒品危害，决定从2011年开始，继续在全县组织开展一场为期5年的禁毒人民战争。

2011年6月16日，县委下发《关于调整县委常委分工的通知》。《通知》提出，因人事变动，经县委常委会议2011年6月16日研究决定，对县委12名常委分工进行调整。

2011年6月22日，县委下发《关于表彰全县先进基层党组织和优秀共产党员、优秀党务工作者的决定》。《决定》指出，近年来，全县各级党组织和广大党员在县委的正确领导下，紧紧围绕建设“高原湖泊生态县、现代宜居高原湖泊生态城和国际高原湖泊生态休闲度假旅游目的地”三大目标，认真贯彻党的十七大和十七届四中、五中全会精神，全面落实科学发展观，扎实推进创先争优活动，充分发挥了党组织的战斗堡垒作用和党员的先锋模范作用，为推进全县经济社会又好又快发展作出了积极的贡献。工作中涌现出一批先进基层党组织、优秀共产党员、优秀党务工作者。2011年是中国共产党成立90周年，为激励先进，树立典型，县委决定对31个先进基层党组织、102名优秀共产党员、30名优秀党务工作者给予表彰。

2011年7月5日，县委印发《江川县2011年依法治县工作意见》。《意见》提出了3个方面的重点工作：认真做好“六五”普法启动工作；围绕科学发

展观，深入开展法制宣传教育；落实“三五”依法治县规划，推动“法治江川”建设。《意见》强调，要继续完善“党委领导、人大监督、政府实施、全社会参与、全方位推进”的普法依法治理工作体制。党委要继续在普法依法治理工作中充分发挥统揽全局、协调各方的领导核心作用，确保依法治县各项工作落实。各单位要切实把普法依法治理工作所需经费列入财政预算，落实到位，保证工作有效运转。

2011年7月5日，县委下发《关于调整县级领导联系乡镇(街道)和重点工商企业及项目工作的通知》。《通知》指出，因人事变动，决定对县级领导联系乡镇(街道)和重点工商企业及项目工作进行调整。

2011年9月8日，县委下发《关于表彰奖励2010年至2011年优秀教师、先进教育工作者和优秀班主任的决定》。《决定》指出，为深入贯彻落实《中华人民共和国教师法》，大力弘扬教书育人的奉献精神，在全社会树立尊师重教的良好风尚，激发全县教职工的工作积极性，全面提高江川县教育教学质量。经县委、政府研究，决定对全县2010年至2011年涌现出来的150名优秀教师、先进教育工作者和优秀班主任给予表彰奖励。

2011年9月27日，县委下发《关于表彰人大工作先进代表组、先进个人和优秀人大代表建议的决定》。《决定》指出，县第十四届人民代表大会选举产生以来，各级人大代表和人大工作者自觉贯彻执行党的路线方针政策，模范地遵守宪法和法律，认真履行职责，为推进全县民主法制建设，进一步坚持和完善人民代表大会制度，在促进全县经济建设、政治建设、文化建设、社会建设和生态文明建设中发挥了积极作用，涌现出了一大批先进集体和先进个人。为表彰先进，树立典型，县委决定对大街等4个先进代表组、杨自兰等25名先进个人和江城代表团秦绍芬等代表提出的5件优秀人大代表建议予以表彰。同日，县委下发《关于表彰先进政协委员活动组、提案承办先进单位、优秀政协委员、先进政协工作者和优秀文史委员的决定》。《决定》指出，县政协七届委员会选举产生以来，县政协和政协委员，紧扣科学发展主题，紧紧围绕县委、县政府的中心工作，高度关注人民群众普遍关心的问题，切实履行政治协商、民主监督和参政议政职能，为促进江川经济建设、政治建设、文化建设、社会建设、生态文明建设发挥了重要作用，涌现出了一批热爱政协工作，深入调查研究、积极建言献策的先进政协委员活动组、提案承办先进单位、优秀政协委员、先进政协工作者和优秀文史委员。为表彰先进，充分调动广大政协委员和政协工作者的积极性，更好地发挥人民政协履行职能的重要作用，县委决定对做出显著成绩的大街政协委员活动组等4个先进政协活动组、江川县人民政府办公室等3个提案承办先进单位、孙洪等19名优秀政协委员、郭华等6名先进政协工作者、杨峰等2名优秀文史委员和政法政协委员活动组《关于严厉打击电瓶捕鱼的建议》等5件优秀提案予以表彰。

2011年9月29日，县委下发《关于加强和改进新形势下人大工作的意见》。《意见》从始终坚持人大工作正确的政治方向；支持和保证人大及其常委会依法行使职权；支持和保证人大代表依法履行职务；切实加强人大常委会的自身建设；进一步加强和改进党对人大工作的领导5个方面对新形势下人大工作作了安排部署。

2011年9月29日，县委下发《关于支持人民政协履行职能发挥作用的意见》《意见》从坚持把政治协商纳入决策程序；不断强化政协的民主监督；完善参政议政工作机制；支持人民政协为促进全县科学发展发挥作用；支持人民政协加强自身建设；加强党对人民政协的领导等6个方面对人民政协工作提出了要求。

2011年10月14日，县委下发《关于表彰2006~2010年法制宣传教育先进单位和先进个人的决定》。《决定》指出，2006年以来，江川县涌现出了一大批依法执政、依法决策、依法行政、公正司法、依法办事的先进集体和先进个人。为发扬成绩、表彰先进、树立榜样，进一步推动普法依法治理工作的深入开展，县委、县政府决定对中共江川县委办公室等15个先进单位和张多颖等32名先进个人予以表彰奖励。

2011年11月9日，县委下发《关于进一步加强新形势下群众工作的意见》。《意见》从充分认识做好新形势下群众工作的重大意义；健全完善新形势下群众工作的长效机制；切实加强对新形势下群众工作的组织领导3个方面对加强新形势下群众工作作了安排部署。

2011年11月10日，县委下发《关于深化乡镇机构改革的实施意见》。《意见》从改革指导思想和基本原则、主要任务和组织实施3个方面对深化乡镇机构改革作了安排部署。

2011年11月17日，县委下发《关于进一步加强政法工作的决定》。《决定》要求，充分认识新形势下政法工作的重要地位和作用；充分发挥职能作用，为创建平安和谐江川提供强有力的司法保障和服务；强化管理，进一步加强政法班子和政法队伍建设；加强党对政法工作的领导，确保政法工作的政治方向。

2011年11月23日，县委下发《关于贯彻落实〈中共玉溪市委玉溪市人民政府实施建设创新型玉溪行动计划的决定〉的意见》。《意见》明确了江川实施建设创新型玉溪行动计划的指导思想、工作目标、主要任务和责任分工及保障措施。

2011年12月12日，县委下发《关于印发中共江川县委十二届二次全委(扩大)会议报告的通知》。《通知》指出，在中共江川县委十二届二次全委(扩大)会上，县委书记马文龙代表县委常委会作了题为《坚持科学发展和谐发展跨越发展，加快推进高原湖泊生态县建设》的工作报告。《报告》以科学发展观为指导，实事求是地总结了江川县2011年的工作，深入分析了2012年江川经济社会发展面临的机遇和有利条件，科学确定了2012年江川经济社会发展的目标任务和主要工作，贯彻了省委、市委的精神，符合全县人民加快发展的迫切愿望，是江川各级党组织团结带领全县人民加快推进高原湖泊生态县建设的重要行动纲领，必须结合实际认真抓好贯彻落实。

2011年12月24日，县委下发《关于开展群众观点群众路线群众利益群众工作教育实行干部直接联系群众制度和开展"作风建设年"活动的实施意见》。《意见》从充分认识开展"四群"教育，实行干部直接联系群众制度和开展"作风建设年"活动的重要意义；开展"四群"教育，实行干部直接联系群众制度和开展"作风建设年"活动的目标任务；扎实开展"四群"教育，切实提高做好新形势下群众工作的能力和本领；扎实开展"三深入"活动，推动干部直接联系群众；扎实开展"作风建设年"活动，推动干部转变作风、解决问题、推动发展；把握关键环节，确保有序推进；强化保障措施，确保取得实效等7个方面对开展群众观点群众路线群众利益群众工作教育实行干部直接联系群众制度和开展"作风建设年"活动作了安排部署。

【办文办会工作】 2012年，县委办公室注重发挥中心枢纽作用，在办文办会等方面有新的起色。办文办会突出规范性、敏捷性、系统性要求，印发了《关于严肃工作纪律加强和改进文风会风有关问题的通知》，切实精减会议和文件。在办文工作方面，认真贯彻执行《中国共产党机关公文处理条例》和省委办公厅、市委办公室关于公文处理的各项规定以及《中共江川县委办公室公文处理实施细则》，始终坚持认真把关、严格审核、规范程序，确保文件的严肃性和权威性。一年来，共接收办理上级文件333件，确保了各类文件的高效运转和及时办理；印发县委、县委办各类文件152号，同比减少27件，进一步扭转了发文过多的局面。

办会工作认真落实会议审批制度，认真做好会前筹备、会中服务、会后总结等环节的工作，严格控制会议次数和规模，切实严明会议纪律，做到周密、严谨、细致办会。一年来，认真组织筹办了县第十二次党代会、县委十二届二次全会等重要会议，努力使会议成为解决问题，推进工作的重要手段。

（张润斌）

【信息工作】 日常信息报送工作：2011年，县委办信息股围绕全县中心任务和重点工作，以提高信息服务效益为目标，以履行"站岗放哨"和参谋助手两大职责为抓手，从加强信息网络建设、广泛收集信息、提升信息编写能力、加大信息报送力度等方面着力提升信息工作水平，扎实做好信息服务工作。全年共向省、市报送信息1182条，采用153条(次)。其中，向省委报送785条，省委采用58条，省委转报中办采用47条；向市委报送397条，市委采用48条，在全市综合考核中得1065分，位居全市第二名，仅次于红塔区(1080分)。

重大紧急信息报送工作：根据《江川县重大紧急信息报送工作办法》，经请示领导同意，向省、市委报送了《江川县王牌烟花火炮厂发生一起爆炸事故的情况报告》、《江川县成功化解城镇保障性住房建设征地引发的不稳定隐患》、《江川县五乡镇8月31日晚先后遭遇大风冰雹灾》、《江川县路居镇高龙潭火炮厂发生爆炸事故》等重大紧急信息，为领导及时了解情况和对紧急情况的处置赢得了时间和主动权，实现了全年无迟报、漏报、瞒报重大紧急信息的良好局面。

信息工作机构及信息员网络建设：2011年，中共江川县委办公室着眼畅通信息报送渠道，围绕"有人抓、有人干、有方式报"，通过加强队伍建设，配置必要设备，建立起了上下联系顺畅、沟通方便快捷的信息报送网络，工作基础得到全面加强。一是加强信息工作队伍建设，信息股工作人员增加至2名，并明确县委办信息工作机构及负责人；二是各乡镇(街道)、各单位依托党政办公室，确定至少1名政治觉悟高、写作能力强、业务水平好的干部为信息员，负责向县委办信息股报送信息，强化和充实了信息工作力量。三是在互联网上设立信息报送专用邮箱，建立各乡镇(街道)、各单位日常信息电子邮箱报送为主要渠道的全县信息报送网络，确保信息快速、安全、准确传输。四是利用省委配发的可信安全计算机及信息报送系统实现了向省委报送信息的安全可靠。

（周宝在）

政　研

【专题调研】 2011年，县委政研室在县委及县委办的领导下，以扎实推进高原湖泊生态县建设为目标，紧紧围绕县委中心工作和工作部署，本着求真、求实、求深的原则，精心选题，整合力量，创新方式，有针对性、有重点的搞好调查研究，形成10篇有情况、有分析、有措施的调研报告，为县委提供可靠的决策依据和有价值的参考建议。其中《关于加快江川农业产业化发展的调研报告》、《关于加快江川县非公经济发展情况的报告》、《关于江川县农民专业合作社发展情况的调查报告》、《江川建设滇中优势特色农产品生产加工基地思路研究——江川参与"桥头堡"建设的对策思路研究之一》等7篇调研报告在《玉溪农村经济》等刊物上发表，《关于江川县加强社会管理创新的情况报告》被云南省信访专刊全文发表。

【文稿撰写】 承担起县委部分重大会议、活动文稿的撰写工作，一年来，共撰写县委领导、重大会议等各种文

稿20多篇。参与起草县党代会、县委全会报告等重要文稿的起草工作，做好县委办交办的其它文稿撰写工作。

【新农村建设】 县新农办（政研室）严格按照省、市的相关要求，以项目建设为载体，统筹规划，强化工程项目管理，注重督促检查落实，创新工作方式，多方整合资金、集中力量建设新农村重点村，取得了明显成效。在项目建设中，在全市率先探索出了一些新农村重点村建设的新方式、新方法，如统一实行县级招标，实行省、市、县、乡、村五级验收制度和资金管理“361”制度，同时注重督促检查落实，确保各重点村项目顺利推进。2010～2011年度全县12个重点建设村项目完成投资483万元，惠及2022户6953人，顺利通过市级验收，并考核为优秀。2011～2012年度11个重点建设村项目稳步推进。

【农村环境卫生整治】 按照县委、县政府的要求和部署，县委政研室认真履行好县农村环境卫生整治工作领导小组办公室职责，按照“全面覆盖，长效管理，示范带动，保持常态”的整治要求和“政府引导、部门合作、全民参与”的工作方针，以新农村建设为载体，以解决农村垃圾处理、卫生保洁为切入点，扎扎实实强领导、抓宣传、建机制、聚合力、促联动，制定出台了农村环境卫生整治工作实施方案、督查考评标准、年度考评办法和部门包村、门前三包等各项制度，并牵头组织县纪委监察、环保、卫生、住建等部门对全县7个乡镇（街道）340多个自然村农村环境卫生整治工作情况进行了4次全面督查，下发督查通报3期，工作简报34期。加强宣传工作力度，共召开镇村组会议854次、出板报379期、广播宣传2490次、张贴标语5496条。累计投入整治工作经费415万元，聘请保洁员849名，参与人员近10万人次，出动车辆7581辆次，清理巷道3864条次、垃圾池1063个次、河道3233条次，清理清运垃圾近7.3万吨。

【新农村建设工作队及指导员工作】 县委政研室认真履行县新农队办工作职责，不定期深入基层、深入农村，主动跟踪全县新农村建设工作中的热点、难点，搞好调查研究，做好新农村建设工作的指导和服务。组织召开新农村建设工作队工作座谈会48次，听取工作情况汇报和进行业务培训，研究解决具体问题，安排阶段性工作。督促乡镇（街道）党（工）委把新农村建设工作队及指导员工作纳入重要议事日程，加强领导和管理，管好用活新农村指导员队伍。下派的68名指导员紧紧依靠当地党委、政府和干部、群众，争取派出单位及相关部门的支持，扎根农村、深入群众，认真履职，真抓实干，共协调资金196万元，办实事好事179件，提出合理化建议460条，完成驻村摸底调查报告71篇，参加调解矛盾纠纷255起，有力推动了全县新农村建设。

（徐顺生）

督　查

【概　述】 2011年，县委督查室在县委的正确领导和上级督查部门的指导下，始终坚持深入基层一线抓督查，把督查的着力点放在发现问题、查找漏洞、促进工作上，做到了摸实情、讲实话、出实招，推动了各项决策部署和工作事项的贯彻落实。全年共围绕县委决策部署、重点工作、重要事项、重大项目以及领导关注、群众关心的热点难点问题，组织开展督查活动40余次，以印发《督查工作》和向领导专题汇报的方式对各项工作的推进情况进行了及时、详实、客观的反馈。

【决策部署督查】 为推动县委十一届五次全委会精神的落实，全面实现我县2010年经济社会发展目标，按照《关于对县委十一届五次全委会精神进行立项督查的通知》的要求，分上半年和全年对各责任单位的49项重点工作和乡镇21项重要工作事项的落实情况进行督查通报。在督查中，县委督查室深入基层认真了解听取意见、检查工作进度，注意发现典型，总结经验，及时向县委领导反馈存在的困难和问题。

【重大项目督查】 县委督查室继续服务和参与县重大项目和重点工作专项督查工作组各项督查活动，紧紧围绕仙湖锦绣、古滇国城、职教小区、龙泉山生态工业园区等全县8个事关江川发展大局的重大项目，按照《中共江川县委办公室江川县人民政府办公室关于倒排工作进度加快推进重大项目的通知》要求和县委领导有关指示精神，分别于1月、8月、12月底对8个重大项目的推进情况进行了督查，对未能在规定时间段完成倒排工作任务的予以全县通报，同时向项目指挥部提出工作建议，并积极向县委领导反馈工作中存在的困难和问题，并帮助协调解决，对推动项目建设做出积极努力。

【重要工作督查】 围绕烤烟生产收购工作、抚仙湖大鲫鱼河流域环境综合治理、公务用车清理、农村环境卫生整治、保障性住房建设等重点工作，县委督查室积极会同有关部门，把督办工作着力点放在未落实的关键环节上，认真开展督查，并形成《督查工作》进行通报。县委领导根据通报情况，对一些重要工作作出了指示，并亲自参与督促检查，有效推动重点工作的落实。

【领导批示督办】 高度重视市委领导、市委督查室转发我县进行调查处理和县委领导批示的各类信访件的办理工作，下发《督促检查办理通知单》明确办理要求和报结时限，敦促各级各部门对群众所反映的问题和困难进行认真的调查核实、公平公正的处理，向信访当事人耐心细致的做好解释、说服和疏导工作，并及时向市、县领导汇报查办情况，确保各级各类批示件的办理件件有回音，事事有落实。

全年共承办承办市委交办群众来信来访6件；承办县委领导交办件7件，办结率达100%。

【专项工作查办】 围绕全国性、全省性和全市性重点工作，对学习杨善洲精神活动、玉溪市上报省进行立项督查的三项重点工作、乡镇党委换届、打击违法添加非食用物质和滥用食品添加剂等重大活动和重要工作进行了跟踪督查，并及时向上级部门汇报了有关工作情况。注重发掘和推广各级各部门在抓工作落实中的各种先进典型和成功经验，一年来向省委督查室上报《督查专报》11期，向市委督查室上报《督查专报》20期。

（陈江伟）

保　密

【概　述】 2011年，江川县保密工作认真落实中央、省、市保密工作会议精神、领导讲话、批示和上级保密部门部署的工作任务，切实抓好江川县“六五”保密法制宣传教育动员工作，按照“抓住机遇，加快发展，落实职能，严格管理，突出重点，整体推进”的总体要求和“发展、创新、服务”的工作思路，围绕县委、县政府中心工作，发挥保密工作“保安全、保发展、促和谐”的职能作用，为江川经济又好又快发展作出新贡献。

【保密宣传教育】 按照玉溪市保密委员会、国家保密局关于印发《玉溪市“六五”保密法制宣传教育规划》要求，江川县保密委员会办公室、国家保密局以及各单位保密组织相继制定《“六五”保密法制宣传教育规划》并成立“六五”保密法制宣传教育领导小组76个。县保密委员会办公室、国家保密局以宣传《中华人民共和国保守国家秘密法》为主要内容，组织一系列保密普法宣传教育活动。发放、各类保密宣传教育材料1100份，向县处级领导干部发出保密提醒信40封。在企事业单位负责人、社会公民中进行普法教育。深入到企业、机关、事业和乡镇等单位开展保密普法教育25次，受教育业务骨干和工作人员780人；播放DVD保密警示教育片12次。

【保密普法培训】 按照《玉溪市“六五”保密法制宣传教育规划通知》和玉溪市保密委主任在玉溪市“六五”保密普法动员会上的讲话精神及要求，成立了以县保密委主任李永华为组长的县“六五”保密普法领导小组，认真组织开展各项工作。2011年10月21日上午，在江川宾馆召开江川县“六五”保密普法动员培训会议。89个单位180余人参加，采取以会代训的方式进行，重点传达学习江川县“六五保密法制宣传教育规划”及中央、省、市领导对保密工作提出的重要指示精神。会上，县委办主任、县保密委主任李永华对“六五”保密普法宣传教育工作作讲话，强调保密法制宣传教育工作的重要性，并提出要求。

【保密教育】 为进一步增强领导干部和涉密人员保密意识和防范技能，建立健全保密承诺长效管理机制，根据省、市保密委、保密局的通知，江川县保密委、保密局经研究，统一部署，于10月上旬在全县开展云南省保密法规知识测试活动，参加测试的单位共85个2698人；其中处级干部42人、科级干部508人、其他人员2148人。平均得分98.6分。

突出重点，切实好领导干部、涉密人员保密“三项”教育。2011年10月21日下午，在江川宾馆组织召开了江川县保密“三项”教育培训会议。参会人员166人，其中正处级干部6人、副处级干部21人、正科级干部41人、副科级干部98人。

加强与县委党校的沟通协调，抓好党校学员的保密教育。全年办班4个464人，上保密教育课时4节。其中：领导干部社会管理及创新研讨班2天，260人；党员培训（电力公司）3天，50人；财政局保密宣传教育74人；国税局保密宣传教育80人。

搞好《保密工作》培训资料征订。根据上级保密业务部门对《保密工作》征订的要求，江川县保密局坚持一个“早”字，于9月对全县各单位发出《关于征订2011年“保密工作”的通知》，并突出重点，分别深入到各有关单位开展《保密工作》征订宣传，2011年共征订《保密工作》141份，超额完成上级业务部门下达的工作任务。

【专项保密检查】 贯彻落实玉溪市保密委员会《关于转发中共中央保密委员会〈关于组织开展专项保密检查的通知〉的通知精神，江川县于2011年4月21日以中共江川县委保密委员会文件形式发出《关于开展江川县保密检查的通知》，组织开展工作。成立以县保密委副主任、保密局局长为组长的7人组成的江川县专项保密检查工作领导小组，对全县分阶段组织开展保密专项检查工作。9月，与县档案局抽调有关人员组成调研、检查组联合开展对江川县九溪镇、江城镇、公安局、检察院、法院、教育局、纪委等38个单位、部门的涉密、内部工作文书档案的查借阅登记，废弃档案、公文资料的分类清理，清退、登记、移交、销毁等工作进行检查指导和调研，对涉密与非涉密办公网络系统物理隔离、加密控制、系统管理、建章立制等项目开展检查指导。为认真贯彻落实中央、省委、市委主要领导对保密工作的重要批示和玉溪市委保密委员会2011年保密工作要点提出的“切实抓好10个重点涉密单位的保密管理与检查工作，重点解决一机多用和优盘交叉使用的问题”的要求，县保密委、保密局成立以县委保密委副主任、保密局局长为组长的5人组成的检查、指导、鉴定检查组，于2011年10月11～13日对县委办、政府办、公安局、检察院、法院、等11个重点涉密单位进行涉密单机、涉密移动存贮设备保密管理与检查。

做好涉密文件、红头文件、内部资料的清退、销毁和出版物的保密审查，做到从源头上堵塞泄密漏洞。

做好政府信息公开保密审查、工作指导、监督管理。全年审查政府信息公开2464条，其中不宜公开的13条。做好各类统一考试安全保密管理工作。在2010年度的高、中考两次全国、全省教育统一考试中，县保密局、教育局、公安局及有关单位密切配合，认真做好考前、考中、考后等安全保密重要环节工作，对保密室监控设备、设施提前进行监测、检查，并经省市检查组检查合格。确保辖区内各类考试工作圆满完成。年内共参加各类统一考试15场(次)，考试人数10729人，参加值班天数47天。

【商业秘密保护培训】　江川县保密局始终把保密工作“围绕中心、服务大局”的切入点放在为企业健康发展上，把保密工作落实到为企业优质发展服务上。9月27～29日，县保密局深入到阳光食品厂、宏斌酱菜厂、江川工艺制品厂3个企业进行商业秘密保护培训，参加培训的有企业负责人和企业管理人员共137人。学习有关商业秘密保护知识，观看企业商业秘密保护案例警示教育片，增强企业的商业秘密保护意识，加强企业保密管理。

（叶　斌　吴桂萍）

档　案

【概　述】　2011年，江川县档案局坚持“依法治档，服务民生”的方针，深入农村着力推进新农村建设档案工作。档案馆提供利用服务工作及时到位，为民解决养老、医保、婚姻、纠纷等生活难题。综合档案馆建设工程虽有周折，但已开工建设。

【规范机构】　根据江机编发〔2011〕12号文件《关于开展事业单位清理规范工作的通知》，江川县档案局规范为中共江川县委办公室所属全额拨款参公事业单位，机构规格正科级，核定编制9名。其中：核定管理编制9名，核定领导职数2名。

【行政执法】　10月，与县保密局组成联合执法检查组，对乡镇、村(社区)、县国土局等38家单位进行有针对性的档案、保密行政检查。重点检查档案管理体制建立健全情况，档案管理制度落实情况，文件材料归档整理情况，档案安全保管、保密情况，办公系统及网络管理情况。

【审批规范】　为进一步规范档案管理工作，继续督促尚未完成编制或修订《文件材料归档范围和文书档案保管期限》规范性文件报批工作的单位进行编制或修订。完成审批39家单位，合计已审批78家单位。

【明确人员】　为理顺档案管理工作，摸底调查全县档案人员设置状况。具体了解是否参加过档案业务培训，是否能开展档案管理工作。从73家单位反馈的调查信息中了解到，参加过档案业务培训的档案人员有38家，未参加过培训的档案人员有35家；能开展档案工作的档案人员有61家，不能开展档案工作的档案人员有12家。

【组织培训】　为提高全县各单位档案人员的业务素质，先后组织两批档案人员参加省、市档案局举办的档案业务培训班学习。第一批学员3名，第二批学员6名。

【农村建档】　4月，集中7个乡镇的档案人员，研讨新农村档案工作，开展新农村建设档案工作。讨论修订《乡镇文件材料归档范围和文书档案保管期限》、《村级文件材料归档范围和文书档案保管期限》。强调档案安全管理工作，树立安全意识，保管与提供利用并举。

改变以往集中到乡镇指导的模式，业务指导人员直接深入到村委会或社区，与村级档案人员一起进行农业农村文件材料的归档整理工作，文件材料的收集比以往齐全完整，特别是新农村建设方面的文件材料归档更加完善，更能体现档案工作在新农村建设中的作用。

【机关档案】　指导县建设局等30多个机关单位的文件材料归档整理工作。在指导过程中，根据各单位文件材料形成的特点，灵活指导。为确保政府机构改革顺利推进，分别重点指导县文化局等7个撤并单位做好档案的整理移交工作。

【档案接收】　接收政府机构改革撤并单位的文书档案230卷，以件为保管单位档案7688件，科技档案43卷，实物档案16件。

【档案征集】　征集出席1964年4月在北京举行的全国民兵代表大会代表徐宝祥同志的先进事迹材料1册，照片4张。

【档案利用】　接待查阅利用档案资料1728人次，提供档案3002卷(册)次，复制556页。为领导决策、部门工作提供有价值的档案信息，为人民群众解决养老、医保、婚姻、财产纠纷等生活难题提供有效依据。

【爱国主义教育基地】　接待国家档案局及省、市、县档案部门人员以及退休人员参观，全年接待56人次。

【档案馆建设】　2011年2月14日玉溪市发改委组织相关专家评审《江川县综合档案馆建设项目初步设计方案》，15日批复同意《江川县综合档案馆建设项目初步设计方案》。9月初，招投标工作就绪，签订工程合同。国家和省级财政资金到位。9月16日，开工建设。

（郑文明）

史　志

【概　述】　2011年，江川县史志办

公室坚持“广征、博采、精编、严审”和“求实、创新、协作、奉献”工作方针，充分发挥史志工作“存史、资政、教化、育人”功能，史志办全体人员团结协作，克服人少事多等重重困难，年内，按时按质完成《江川年鉴》2011的编辑出版工作，完成《江川县志》(1978~2005)初稿，《中共江川县委执政纪要》(2011)编撰出版工作也于12月正式启动。

【《江川县志》(1978~2005)初稿完成】 12月24日，在中共江川县委、县人民政府的关心支持及全县各涉及部门、单位的大力配合下，由江川县史志办公室编修的《江川县志》(1978~2005)初稿完成。自2005年12月第二轮志书续修工作启动以来，县史志办返聘了3名有一定文字功底、熟悉县情又阅历丰富的老同志参与修志，明确史志办全体人员在续修志书中的职责分工、联系单位。志办人员严格按照工作安排既各司其职，又团结协作，认真审核修改部门稿件，克服人少事多等重重困难严把志书稿件质量，经多次修改核对，2011年12月24日，《江川志书》(1978~2005)初稿完成。该书采用篇章节条目体结构，全书设凡例、概述、大事记、正文(序言及附录暂未录入)，正文共分自然地理·建置、人口 民族 宗教、农林水、烟草、工商建筑业、基础建设、信息产业、财税·金融、经济管理、政党 群团、政权·政协、民政·人事、政法·军事、社会事业、科技、人物16个大篇，全书字数约150万。

【《江川年鉴》(2011)编辑出版】 2011年10月，《江川年鉴》(2011)由德宏民族出版社出版发行。《江川年鉴》(2011)由中共江川县委、江川县人民政府主办，江川县史志办公室承编。本年鉴主要反映江川县2010年各方面的信息，全书分设特载、大事记、概况、政治、军事、法制、经济管理、建设、环保、工商企业、农林·水利、交通·邮电、财政·税务、金融·保险、科技·教育、文化·卫生·体育、社会、人物、统计资料、附录等19个部类，各部类下设分目，分目下设条目记述，全书约97万字。

【《中共江川县委执政纪要》编纂工作启动】 2011年12月14日，《中共江川县委执政纪要》编纂动员培训会召开。会议由分管江川县史志工作的县委办副主任陈乔华主持，县委办主任、《执政纪要》编委会主任李永华作动员讲话，指出编纂《中共江川县委执政纪要》的必要性、重要性、紧迫性，同时要求各涉及部门单位要以高度的责任心来做好编纂工作，落实责任人，严把稿件审核关。县史志办主任、执政纪要》主编余立言作业务培训。此次会议的召开，标志着江川县首本《中共江川县委执政纪要》编纂工作正式启动。此后，以反映中共江川县委执政重大决策、重点工作和重要活动，记述在执政实践中形成的新思路、新成就、新经验等的《中共江川县委执政纪要》将成为江川县史志办公室继主编《江川年鉴》年度书刊后的又一本年度书刊。

【部门志工作】 史志办人员在认真做好年鉴编辑出版及党史工作的同时，严格按照《地方志工作条例》和《云南省地方志工作规定》，加强对全县地方志工作的指导和管理。指导全县各级各部门、乡镇依法修志，同时，积极主动对县内编修志书的各部门、乡镇(村)进行业务指导，严把政治观、史实观、文字观，确保出版志书质量。年内，共依法审批2家地方志鉴类书籍出版单位(中共江川县纪委监察局、江川县统计局)，出版作品分别为《江川县纪检监察志》、《2011年统计年鉴》。

【地方志材料征集与撰写报送】 年内，按时按质完成《江川年鉴》(2011)材料的征集、编辑、校对及出版发行工作；同时，严格按照省市要求完成2011年《云南年鉴》、《云南小康年鉴》、《玉溪年鉴》江川部分材料的撰写报送工作。

【党史宣传教育】 一是以迎接和庆祝中国共产党建党周年为契机，开展学习党史读书活动。以自学为主开展《中国共产党历史》第一、二卷读书活动及《中共江川县党史资料》第一辑、第二辑。二是积极组织单位人员参加省、市、县举办的“庆祝中国共产党成立90周年征文比赛”，在市级征文中投稿2篇，被中共玉溪党史网采用1篇；在县级征文“党在我心中”为主题的征文比赛中共投稿3篇，均获奖。其中，通讯《再忆汤建荣》获二等奖，散文《清明前夕祭英烈有感》获三等奖，散文《水手》获优秀奖，史志办公室因组织宣传到位，参赛作品质量高，获优秀组织奖。

(盛文芬)

纪检监察

【县纪委、监察局负责人名录】

纪委常委 郭永生
范江应
杜正宁
陆云波
张　鑫
郭　华(2011.6离任)
胡禄金(2011.6离任)
史岩松(2011.6离任)
李江辉(2011.6任)
李文平(2011.6任)
邢长伟(2011.6任)
龚美伶(女，2011.6任)
胡　莎(女，2011.10任)

纪委书记 郭永生
副书记 范江应
杜正宁
陆云波
监察局局长 范江应
副局长 李文平
陶文红
胡　莎(女，2011.11任)

【各室负责人名录】

办公室主任 李江辉
干部室主任 龚美伶(女)

信访室主任　韩丽华(女)
案检室主任　张　鑫
案审室主任　邢长伟
法监室主任　史岩松
宣教室主任　王书艳(女)
党风室主任　李　芬(女)

【各派出机构负责人名录】
派出第一纪工委
书　记　张竹会(女)
派出第二纪工委(第一监察分局)
书　记　付兴瑞
副书记、监察分局局长　陆春光
派出第三纪工委(第二监察分局)
书　记　曾　春(女，傣，2011.9离任)
　　　　范文慧(女，2011.9任)
副书记、监察分局局长　杨汝俊
派出第四纪工委(第三监察分局)
书　记　郭　华
副书记、监察分局局长　向俊臣
派出第五纪工委(第四监察分局)
书　记　华忠楷
副书记、监察分局局长　刘　雪(女)

【概　述】　2010年，江川县纪委监察局在县委、县政府和市纪委监察局的领导下，坚持“标本兼治、综合治理、惩防并举、注重预防”的方针，全面贯彻党的十七大、十七届五中全会和中央、省、市纪委全会精神，按照县委十一届六次全会的部署要求，紧紧围绕科学发展主题和加快转变经济发展方式主线，认真执行党风廉政建设责任制，加强以保持党同人民群众血肉联系为重点的作风建设，加强以完善惩治和预防腐败体系为重点的反腐倡廉建设，加强对中央和省、市、县委重大决策部署执行情况的监督检查，着力解决反腐倡廉建设中人民群众反映强烈的突出问题，认真抓好领导干部廉洁从政教育，不断开创反腐倡廉建设新局面，为“十二五”规划开好局、起好步，为江川经济社会科学发展提供坚强的纪律保障。

【督促检查】　紧紧围绕县委政府中心工作和重点任务，全面履行职责，确保政令畅通。加大对龙泉山生态工业园区、职教小区、农业科技示范园、古滇商贸城、保障性住房和廉租房等重点项目的监督检查，发现问题及时督促整改。对工程建设、规划审批、土地出让、环境保护、工程招投标、矿产资源开发等重点领域以及社保、救灾、扶贫、强农惠农等专项资金管理使用情况开展监督检查，参与安全责任事故调查处理，及时办理影响投资环境投诉，纠正和处理违规违纪问题。加强对转变经济发展方式、调整经济结构、保障和改善民生等重大决策部署执行情况的监督检查，一些影响和制约科学发展的突出问题得到解决。加强县乡换届选举中4项监督制度落实情况的监督检查，严格按照“五个严禁”、“十七个不准”、“五个一律”的要求，坚决防止和整治换届选举中的不正之风，努力营造风清气正的换届环境，确保换届选举顺利进行。充分发挥行政效能监察职能，认真落实服务承诺、责任追究、政务公开等制度，扎实推进电子监察系统建设，完成338项行政许可事项、非行政许可事项、服务事项的清理和数据录入，实现电子化审批与电子监察的有效链接，进一步规范行政审批行为。

【廉政教育】　坚持把《廉政准则》学习贯穿于反腐倡廉教育和廉洁自律各项工作中。通过专题学习、知识竞赛、集中宣讲、警示教育和监督检查等多种形式，教育引导广大党员和领导干部带头增强学习意识，筑牢遵纪守法思想防线。领导班子中心组理论学习、民主生活会、节假日廉政短信提醒等制度执行到位。深入推行党政主要领导讲廉政党课制度，抓好示范教育、警示教育和岗位廉政教育，组织全县党员干部职工前往玉溪参观全国检察机关惩治和预防渎职侵权犯罪展览，对23名新提拔县管干部进行任前廉政谈话。翻印800份《农村基层干部廉洁履行职责若干规定(试行)》分发到基层，组织全县211名农村基层党员骨干进行专题培训，1463名党员领导干部进行知识测试，测试结果记入廉政档案。加强网络舆情信息收集、研判，不断加大反腐倡廉建设调研和网络宣传力度，在上级纪检监察网站及各类媒体发表宣传稿件90余篇，有效扩大全县反腐倡廉工作的声势和影响。扎实开展廉政文化“六进”活动，县工商局被省纪委评为省级第一批廉政文化示范点，各乡镇(街道)社区、村组、各有关部门利用周末和重大节日举办文艺演出、发放“廉洁家庭倡议书”、建立廉政文化墙、签订“廉洁家庭承诺书”等活动，营造浓厚廉政氛围。

【廉洁自律】　加强对权力运行的制约和监督，逐步形成权力正确行使的有效机制。在继续落实党务公开、政务公开、村务公开、厂务公开等监督措施的同时，不断拓展监督渠道，把党内监督与人大法律监督、政协民主监督、政府专门机关监督、司法监督、群众监督结合起来，充分发挥社会团体、新闻舆论的监督作用，确保监督的整体效果。严格执行廉政谈话制度，县纪委书记同下级党政主要负责人谈话23人。76个领导班子、423名科级领导干部和72个村“两委”班子、943名村干部进行作风述职述廉，对807人进行评先评优、提拔任用等廉政鉴定，单位“一把手”任期经济责任审计4人，领导干部廉洁自律各项规定得到较好落实。严格执行党风廉政建设责任制，着力抓好责任分解、责任考核、责任追究，14名县级领导亲自带队考核，注重考核结果运用，巩固了齐抓共管反腐倡廉建设的良好局面。

【作风建设】　始终把实现好、维护好、发展好最广大人民群众的根本利益作为各项工作的出发点和落脚点，切实抓好纠风工作，不断优化发展环境。坚持边评边改、边纠边建，在县直学校、公办医疗机构和通信领域三大公共服务行业11个单位中深入开展政风行风评议活动，发放征求意见表2650份，征求到意见和建议138条，督促限期整改117条。严格执行党政机关厉行节约有关规定，压缩年度各项经费支出，降低公务接待费用，公务用车购置经费实现零增长。深入开展公务用车专项清理，及时发现和纠正一些违规问题。从严控制因公出国（境）和外出考察学习组团数量和规模，严格执行领导干部因公出国（境）审查备案制。坚持参加相关部门领导班子民主生活会，帮助查找并督促整改领导班子和领导干部中存在的问题。加大行政问责力度，对有令不行、有禁不止、影响干群关系的行为实行问责。

【案件查处】 加强信访举报管理，发挥信访举报主渠道作用，完善重大案件督导督办机制，切实发挥反腐败协调小组的职能作用，着力增强查办案件的整体合力。坚持把查办案件作为严肃纪律、端正风气、促进发展、维护稳定的重要举措，严格依纪依法、安全文明办案，严肃查处少数领导干部玩忽职守、贪污受贿、权钱交易等案件，保持惩治腐败的强劲势头。2011年，受理群众信访举报85件，初核8件，立案查处4件，给予党纪政纪处分13人(其中开除党籍3人，行政开除3人)，涉及科级干部3人。

【纠风治乱】 加强对农村最低生活保障资金、残疾人就业保障金及各种支农、惠农资金使用情况的专项执法监察，确保补贴兑现及时到位。认真落实基本药品网上集中采购制度，切实纠正医药购销和医疗服务中的不正之风。加强对新型农村合作医疗基金管理使用情况的监督检查，规范报销程序，全年新农合报销4057.46万元，惠及农民61.3万人次。加强对国家“三免一补”政策落实情况、教育经费投入和使用情况的监督检查，确保教育惠民政策落实到位，全年减免经费2069.5万元，惠及学生39840名。配合相关部门查处食品药品安全问题23件。做好人事录用、招生、征兵等执法监察，切实维护公正、公开、公平的竞争秩序。不断完善农民负担监测网络体系，有效维护群众合法权益。

【源头治腐】 认真落实法治政府、责任政府、阳光政府、效能政府建设各项制度。实施行政行为监督制度，对新增、合并的政府工作部门关键岗位、重点环节、风险点进行重新梳理，并公开接受社会监督。深化干部人事制度、行政审批和财政管理体制改革，完善国有土地使用权招标、拍卖、挂牌出让制度。参与工程项目招投标35个，节约资金1700余万元。参与政府集中采购29次，节约资金150余万元。深入推进“小金库”和规范公务员津补贴专项治理，努力构建防范长效机制。圆满完成农村集体“三资”清理核查工作，做到了资金、资产、资源清楚，债权、债务明晰。在7个乡镇(街道)成立农村集体“三资”委托代理服务中心，委托代理服务工作全面展开，农村集体“三资”全部实现网络监管。制定出台《关于在全县建立村(居)民监督委员会的意见》，全县71个行政村(社区)按要求建立了村(居)民监督委员会，选举产生211名委员，有效规范和监督村(社区)“两委”班子权力运行。

【自身建设】 着力建设学习型机关，深入开展“五严守、五禁止”教育、“创先争优”、杨善洲先进事迹学习、领导干部在线学习等活动。扎实推进“做党的忠诚卫士、当群众的贴心人”和“三个一”主题实践活动，努力践行科学发展观，不断增强纪检监察干部的政治意识、大局意识、责任意识和服务意识，切实做到为民、务实、清廉。圆满完成县乡纪委换届选举，加大干部轮岗交流和培训力度，组织14名纪检监察干部参加上级举办的各种业务培训，5人受到上级纪检监察机关和县委县政府的表彰奖励。加强对派出机构的统一管理，进一步强化了监督职能。投入87万元全面加强单位信息化建设、改善办案条件和更新办公设施设备，为深入推进反腐倡廉建设提供有力保障。

（李江辉）

组织工作

【概　述】 2011年，中共江川县委组织部深入贯彻落实科学发展观，以贯彻党的十七届五中全会和省、市组织工作会议、县委第十二次党代会精神为抓手，以深入推进创先争优活动和县乡党委换届为重点，围绕中心、服务大局、统筹推进、改革创新、狠抓落实，为建设高原湖泊生态县，促进经济社会又好又快发展提供了坚强的组织保证和人才支持。

【县乡党委换届选举】 根据省市委对县乡党委换届的统一安排和部署，县委以选出满意的班子为中心，坚持充分发扬民主、树立正确的用人导向、严肃换届纪律三项基本原则，实现科学发展、选好班子、建好队伍、激发活力四个目标，严把前期准备、安排部署、推选代表、确定人选、开好会议五个环节，认真抓好县乡党委换届工作并圆满完成。换届后，新一届县委常委班子成员平均年龄46.1岁，其中35岁左右干部1名，女干部1名，研究生9名，新进班子成员1名，县委常委与政府副职交叉任职2名。全县乡镇党委领导班子的平均年龄37岁，其中男57人，女8人；少数民族6人；大专以上学历64人。党委班子中，年龄最大的50岁，最小的25岁；乡镇党委书记中，年龄最大的45岁，最小的33岁，平均年龄39.6岁，县乡领导班子结构进一步优化。县换届工作满意率达99.3%，没有出现违反换届纪律的反映和举报，实现了“零差错、零举报、零违纪”的目标。

【创先争优活动】 借鉴学习实践活动

成功经验，实施县委书记抓创先争优工程，进一步落实党委（党组）书记抓创先争优第一责任。积极组织开展“三亮四进”社区及“四亮四进四比四评”、“创先争优·志愿服务”等主题实践活动，注重与学习杨善洲、李林森等同志先进事迹紧密结合，使活动开展有特点、创建有亮点、实施有成效。同时，认真找准活动的着力点和突破口，坚持把公开承诺、评星授旗、领导点评、典型带动、亮牌示范、党群共建、群众测评、巩固和扩大学习实践活动成果等作为开展活动的有力抓手，切实抓好落实，确定了一批省、市、县基层党建示范点，推动了活动的有序深入开展。上头营社区的党群共建、六十亩村的积分制管理、河咀社区的环湖党建得到市督查组的肯定。明星村的“生态旅游促民富”、江城镇的“农村党员创业致富的阳光通道”入选云南省创先争优活动典型案例参与网络评选。

【先进典型学习活动】 在全县副科级以上领导干部中开展“如何为政、如何干事、如何做人”的专题学习讨论及“学习杨善洲精神作人民满意的好党员好干部”主题生活会，使领导干部进一步理清工作思路，找准服务群众的方向。开展“四查找四争先”及杨善洲精神党课宣讲活动，把善洲精神宣传到最基层，进一步凝聚全县上下的力量，激发党员干部加快推进江川科学发展的干劲。开展“学先进，办实事”活动，把学习杨善洲先进事迹与创先争优公开承诺、做好新形势下群众工作“四个一”、结对帮扶困难群众及干部直接联系群众试点工作、“四群”教育等结合起来，切实把学习活动转化为做好新形势下群众工作的实际行动。

【选好配强乡镇党委“一把手”】 县委综合考虑乡镇党委换届人事安排方案，注重从思想素质好、大局意识强、事业心责任感强，带头实干、注重实效，熟悉农村工作，善于做群众工作，同时注重个体素质的选配，把那些坚持民主集中制，敢抓敢管，清正廉洁，品行端正的同志选拔到党委书记岗位上来。在选拔重点上，既注重从优秀乡镇长中选拔党委书记，又注重将经过多岗位锻炼、阅历和经验比较丰富、执行力强的县直部门领导选拔到乡镇党委书记岗位上来，并综合考虑个人特点、专业、工作经历与乡镇的具体情况，注重乡镇党委书记与班子其他成员之间学识、年龄、性别、气质等合理搭配，确保了思想不散，工作不断，秩序不乱。

【领导班子思想政治建设工作】 县、乡党委换届后，为进一步加强县级四套班子、乡镇领导班子和机构改革后相关部门的思想政治建设，及时了解班子运行情况，县委书记、组织部长先后深入各乡镇（街道）、县工信局、县文化旅游广电和体育局、县交通运输局、县计生局和县安监局与班子成员开展交心谈心活动，并对班子建设提出了加强和改进的意见建议。在县委班子民主生活会前，县委书记分别与四套班子的24名县处级领导干部进行交心谈心。组织部指导各党（工）委及各党组召开专题民主生活会，进一步提高了解决自身问题的能力和水平。

【学习型领导班子建设】 选派6名县级领导、11名科级干部、9名新进乡镇党委班子成员、6名龙头企业及农村专业合作社负责人、2名村（社区）党总支书记，分别参加全省县委书记、乡镇党委书记等各类培训班的学习。举办社会管理及创新专题研讨班，县处级领导干部、县属各单位实职正科级领导干部、各乡镇（街道）党政班子成员共计232人参加了研讨班。全力推进干部在线学习，出台了《江川县干部在线学习管理办法》，新增副县级后备干部、副科级以上领导干部及乡镇组织委员、宣传委员、新进组织部的干部366人在线学习，进一步把在线学习向基层干部延伸。组织我县符合条件的33名领导干部参加了晋升副县处级领导职务资格基本知识考试，32人顺利通过考试。及时调整干部教育委员会成员，制定下发《江川县干部教育培训计划申报审批制度》，及时审批下发《江川县2011年干部培训计划》，加强干部教育培训宏观管理。

【干部人事制度改革】 严格执行干部选拔任用工作全程记实制度、组织人事部门选拔干部工作自查办法、党政领导干部考察人选报告个人有关情况暂行办法。完善由党委（党组）、单位及领导干部向县委实名提名推荐领导干部及差额推荐、差额考察、差额酝酿的差额选拔干部方式。制定出台《江川县领导干部离任交接工作办法》，规范了领导干部离任交接，保持工作连续性。2011年，共有36名领导干部进行离任交接。按照大稳定，小调整，先撤并，后消化的原则，制定16个单位45名干部的人事调整方案，并通过了常委会表决，为圆满完成县政府机构改革奠定良好基础。对大街镇11名领导干部的职务重新进行任免，圆满完成撤镇设街道办事处相关工作。进一步抓好干部选拔任用工作四项监督制度的贯彻落实，严格执行干部选拔任用“一报告两评议”、干部考察“三书一表”等制度，从制度上减少和避免用人上的不正之风，提高了选人用人公信度和群众满意度。2011年，共调整干部3批48人，其中提拔24人，正科7人、副科17人，交流20人，免职4人。对2010年执行试用期的19名领导干部进行考核，并办理正式任职手续。

【实施人才发展规划】 按照《江川县2009～2020年人才队伍规划纲要》各项目标任务，统筹抓好各类人才建设。对我县各类人才进行分类，新建党政人才库、专业技术人才库、技能人才库、企业经营管理人才库、学科带头人人才库、社会工作人才库和农村实用人才库等7个人才库。向玉溪市人才工作领导小组推荐了5名技能型人才参加首届“玉溪杰出人才奖”评选。盘活用好现有人才，推荐30名县委联系专家人选；向市委组织部推荐2名市委联系专家人选；向省委组织部推荐4名省委联系专家人选，其中有1名人选被列为省委联系专家人选。经各党(工)委推荐、人才工作领导小组审议，上报3人作为第四批云南省拔尖农村乡土人才人选。

【大学生村官管理】 认真落实政策，精心组织开展大学生到村任职招聘工作，2011年按照上级分配的名额，通过笔试、资格复审、面谈、体检和公示等程序，共选聘9名大学生村官到村工作。注重畅通大学生村官出路，动员大学生村官参与各类招考，2011年有20名大学生村官通过考试走上新的工作岗位，使其干得好，流得动。与县财政局和县人社局协调，为每名村官增加500元的生活补助。对各乡镇(街道)借用截留大学生“村官”情况进行调查，督促各乡镇(街道)对借用情况进行整改。选拔6名大学生村官担任乡镇党委委员，2名大学生村官受到市级表彰。及时召开大学生村官、挂职干部座谈会，交流思想，表彰先进，做好思想政治工作。

【干部日常监督管理】 认真落实领导干部个人有关事项报告、干部实绩登记、经济责任审计等日常监督管理制度。41名县处级领导干部向上级组织部门集中报告了2010年个人有关事项。委托县审计局对负有经济责任的6名部门“一把手”进行在任(离任)审计。贯彻落实玉组通〔2011〕3号文件精神，认真开展调查，对符合政策的38名退休干部调整了生活补贴。贯彻落实玉组通〔2011〕24号文件精神，做好离休干部生活补贴增发人员调查、经费落实等工作，全县共有40人符合发放范围。切实加强对乡镇党政“一把手”、执法执纪、管人管钱管物等关键岗位干部的日常监管，对换届后走上关键岗位的干部，及时进行任职培训、任前谈话。规范领导干部外出行为，建立《江川县领导干部外出请示报告制度》。2011年共26个单位、116名副科级以上领导干部向县委报告了外出事项。严格审批程序，办理因公出国(境)审批任务2件(次)。

【干部选拔任用监督】 认真落实“三书一表”的规定，实行考察预告，将“是否有违反换届纪律行为”列入考察公示内容。对县委委员、县纪委委员、新进班子的乡镇党委委员等66名考察人选进行了廉政鉴定，对25名拟提拔干部、10名试用期满干部进行廉政鉴定和任前公示。组织开展“四项监督制度实施情况问卷调查”，部领导班子成员、干监机构负责人、科室负责人8人参加调查。

【组织部门信访工作】 严格把握政策，做好“两案”、“四清”等重点信访稳控工作。配合县委政法委、县信访局做好江川县“揭批查”运动和“两案”审理刑满释放人员生活补助发放人员调查、资金落实等工作。认真接待、办理各类信访件，2011年共办理干部群众来信来访41件，其中转送3件，办结率100%。

【落实党建责任】 及时调整以县委书记为组长的党建工作领导小组，建立以党(工)委书记、党总支(支部)书记为重点，县、乡、村三级党组织为主线的责任体系，层层签订党建责任书，确实落实基层党建工作“书记抓，抓书记”。开展党建创新项目工作，全县确定县委书记、组织部长、党(工)委书记抓基层党建工作创新项目13个，其中市级立项5个，县级立项8个。加大工作调研，在广泛征求意见的基础上，制定《中共江川县委关于进一步加强农村(社区)基层组织建设的意见》，经过常委会的讨论修改后，将于2012年全面实施。实行党(工)委书记党建工作双向述职制度、党建工作目标责任书制度、责任追究制度、工作督查通报、党建考核等制度，确保基层党建工作任务落到实处。

【统筹城乡基层党组织建设】 统筹推进农村、社区、机关事业单位、学校、窗口服务行业的党建工作。开展部门包村、支部联建、“送书进村”等活动，积极支持服务新农村建设。全面推行“四议两公开”工作法，选好配强村(居)民监督委员会，健全完善党领导的村级民主自治机制。开展后进村(社区)整顿，通过“治庸、治懒、治散”，进一步强化基层党员干部思想教育，增强党组织和党员的宗旨意识。以“三亮四进”主题实践活动为载体，全县结成单位共建对子19对，党员领导干部帮扶对子38对，党代表、人大代表、政协委员共建对子114对，通过开展共驻共建活动，构建了区域化党建新格局。及时启动第六期“农村困难党员关爱行动”，2011年共对符合条件的1665名农村困难老党员发放关爱资金580320元。由县财政按照1∶1的比例配套建设资金48.5万，完成村(居)民小组党员活动室延伸建设194个。认真抓好远程教育网络的管理使用和提档升级工作，建成“投影仪+电脑+机顶盒”的农村党员干部现代远程教育网络24家。落实农村(社区)党建工作经费，下拨72个村(社区)党建工作经费144万元及农村党员人均100元的教育培训经费，并明确经费的管理和使用范围，确保基层党建工作顺利开展。

【党员队伍建设】 制定下发《中共江川县委组织部关于进一步规范发展党员工作的通知》及《江川县处置不合格党员办法(试行)》，党员发展、管理工作得到新规范。2011年共举办入党积极分子培训班10期，培训入党积极分子621人，共发展党员333名，充实了党员队伍。加强流动党员的教育管理工作，对流入本地的5名流动党员做好接收工作。积极创新党员作用发挥

平台，通过开展无职党员设岗定责、党员责任区、党员党性定期分析评议、党员分层量化积分制考核，充分发挥党员先锋模范作用。实施“三培养三带动”、农村党员带头创业致富贷款工程，鼓励和扶持农村党员带头创业致富，向30户农村党员发放带头创业贷款资金129万元，进一步增强了党员的“双带”能力。

【建立党建经费保障机制】 实施县委书记抓基层党建创新项目，建立稳定规范的乡镇(街道)、农村(社区)、村(居)民小组基层党组织党建工作经费保障机制。2011年12月，县委召开常委会议，通过《中共江川县委关于加强农村(社区)基层组织建设的意见》，从2012年开始，每年财政投入310万元，落实每个乡镇(街道)党工委每年平均不少于10万元，每个村(社区)党总支每年2万元党建工作经费，每个村(居)民小组党支部按照支部党员数核拨党建工作经费，支部党员数30人以下的每年补助2000元，支部党员数30人以上(含30人)的每年补助3000元，切实落实乡镇(街道)党(工)委、村(社区)党总支、村(居)民小组党支部的党组织工作经费，构建以财政投入为主、党费使用为辅的基层党组织党建经费投入机制，解决了基层党组织无钱办事难题。

【启动四群教育活动】 按照省委、市委的安排部署，江川县高度重视，2011年12月，县委召开常会会，专题研究“四群”教育和实行干部直接联系群众制度工作，通过了江川县的《实施意见》和领导小组组成人员、办公室组成人员、县级领导联系点的方案、经费保障等。对下派的工作队，在省市补助经费的基础上，县委对每个乡镇(街道)工作队配套3万元工作经费；配套县委教育活动领导小组办公室工作经费30万元。活动一开始，就从抓思想教育、抓实际行动、抓作风转变入手，建立乡镇(街道)、村(社区)两级民情责任区79个，县级领导干部联系点28个，使活动安排部署落到实处。

【实施环湖党建工程】 认真贯彻落实市委保护“三湖”的战略决策，围绕“强组织、保生态、构和谐、促发展”的目标，抓基层、打基础、谋长远，在沿湖4个乡镇(街道)、18个村(社区)深入实施“环湖党建”工程，划分党员责任区，树立环湖党建示范点，进一步提升沿湖基层党组织党建工作的科学化水平，引导沿湖基层党组织和广大党员在保护“两湖”中践行创先争优，提高沿湖党员干部素质，增强沿湖群众环保意识，扎实推进沿湖生态建设，有效带动沿湖村(社区)经济发展，努力实现“生态立县，环境优先，保护两湖，秀美江川”目标。

【纪念建党90周年活动】 制定“七一”建党节表彰方案，召开表彰大会，对在创先争优活动中涌现出的31个先进基层党组织、102名优秀共产党员、30名优秀党务工作者进行表彰。通过层层遴选，推荐上报省级表彰的先进基层党组织1个；市级表彰先进基层党组织9个、优秀共产党员9名和优秀党务工作者5名。并在《江川新闻》开设“为党旗增辉”专栏，对全县6个先进基层党组织和5名优秀共产党员、优秀党务工作者的先进事迹进行宣传报道，在全县上下形成学习先进、崇尚先进、争当先进的良好风气。

【新农村建设指导员工作】 召开第四批新农村建设工作队总结表彰暨欢送第五批指导员动员大会，对19名优秀指导员、2名优秀工作队队长、5个先进派出单位进行表彰。选派第五批新农村指导员68名，其中：省市选派14名，从各乡镇、县属各单位择优选派35名。

【部内创先争优活动】 以“建设模范部门、打造过硬队伍”为目标，继续开展“主题讨论、双向承诺、知识测试、评议活动、党课教育、争创机关表率、结对帮扶”等七项活动，围绕“五个好五带头”的目标要求，认真开展“学善洲、比奉献、促争创”、“学习李林森，争做‘五最’组工干部(信念最坚定、工作最勤奋、创新最活跃、宗旨最牢固、干事最踏实)”等活动，在认真做好服务党员、服务干部、服务基层的“三服务”工作中，助推创先争优活动深入开展。

【学习型机关创建】 实行组工干部“一日一读、一周一学、一月一查”的学习制度，完善“四个一”学习活动，通过党员活动日、政治学习日、交流研讨等方式，加强组工干部的理论武装和知识更新。创新学习方式，开展主题讨论、专题调研，建立组工信息、调研报告考核制度。强化实践锻炼，推行“下派”、“轮岗”锻炼等多种实践措施，建立组工干部党建联系点制度、定期下村指导制度、走访参观重大工业项目、环保项目、公益设施建设等制度，使组工干部在实践中锻炼，在锻炼中提高。

【加强组工干部党性修养】 认真开展“讲党性、重品行、作表率”活动，建立组工干部党性定期分析制度，定期开展自检自查，查宗旨看党性、查理想看信念，查成绩看进步，查差距看不足，不断加强组工干部的党性锻炼。开展“开门评部”活动，广泛征求干部群众的意见建议，加强部门及干部的自身建设。建立组工干部联系困难党员制度，定期走访帮扶贫困党员，增强组工干部的党性观念。制定完善组工干部行为规范，使干部职工行有方向、做有标尺，不断适应新时期组织工作的新需要。

【部内作风建设】 严格执行“三重一大”相关规定，本着少数服从多数，个人服从集体以及服从组织工作大局的原则，重大问题按程序提交部务会集体研究决定，并邀请纪委联系领导参会，主动接受监督。强化内部管理，修改完善学习、会议、内务、车辆、文件收发等16项管理制度，规范股室职能职责和政务、事务管理。按照打造一支“团结紧张严肃活泼”的组工干部队伍的要求，切实转变干部作风，使组工干部心系基层，情为百姓。

【和谐机关建设】 加大部内资源整合力度，坚持重点工作、中心工作全员参与，形成工作合力。坚持部领导与干部谈心谈话制度，坚持干部职工及家属生病住院慰问、定期体检制度，坚持支部联建、活动联抓等制度，营造团结和谐的干事氛围。

（马 蓉）

老干部工作

【概 述】 2011年，县委老干部局认真落实《中共玉溪市委老干部局关于2011年老干工作目标管理责任制》的各项要求，以全面落实老干部政治、生活待遇为重点，以让县委、政府放心和老干部满意为标准，认真做实、做细管理服务中的各项工作，切实加强老干部党支部建设及老年大学和老干部活动中心建设，确保老干部队伍的绝对稳定，较好地完成了各项工作任务。被市委组织部和市委老干部局评为优秀一等奖。

2011年，县委老干部局共管理离退休干部1557人。其中行政事业单位1369人、企业288人；离休干部43人，退休干部1514人，享受副县以上待遇的107人(其中担任过县委、人大、政府、政协领导职务的22人)。建立老干部学习大组8个，学习小组78个。建立老干局党总支1个，辖33个党支部。负责管理县直属机关离退休干部党员及部分职工党员572人；同时间接管理农村老干部39个党支部、802名离退休老党员。有副县级以上老干部阅文组4个。

【学习杨善洲同志先进事迹活动】 3月31日，在江川宾馆召开全县老干部党支部书记、学习大小组长及在职人员共110多人参加的在全县老干部和党员中深入开展向杨善洲同志学习活动的骨干培训会，传达学习了中央及省市县关于深入开展向杨善洲同志学习活动的指示精神。会上，老干局党总支书记、局长袁万德就如何在老干部中深入开展向杨善洲同志学习活动作专题动员，同时强调学习中要做到五个结合：与创先争优活动相结合；与学习贯彻党的路线方针相结合；与纪念建党90周年活动相结合；与做好老干部工作相结合；与个人的实际情况相结合。一年来，整个活动开展有声有色，成效显著，有18个党支部(学习组)和78名老干部被各级党组织评为先进；全县老干部共做实事好事720多件。

【庆祝建党90周年活动】 一是积极组织“与党同呼吸、共命运、心连心”征文活动。1000余名老干部以自己的亲身经历为素材，积极撰文，重温党的光辉历史，收到征文36篇，印制一本专辑特刊，杨思凡、申儒祯、白培林3位老干部的文章分别被中组部老干局和中共山东省委老干局等、中共云南省委老干部局评为一、二等和优秀奖。二是召开座谈会，抒发党和政府对老干部的关爱之情。6月16日，组织部和老干局在江川宾馆召开60多名离休干部和异地安置的代管干部参加的座谈会，让老同志们畅谈太平盛世的幸福生活，尽情抒发党和政府对老干部的关爱之情。三是表彰先进，激励老干部积极作奉献。6月23日，在江川宾馆召开老干部先进学习组和“老有所为”先进个人表彰大会，对10个先进学习大小组和53名“老有所为”先进个人予以表彰奖励。全年共有18个老干党支部和78名老干部、老党员受到各级党组织的表彰奖励，7名老党员当选为中国共产党江川县第十二次代表大会代表。四是积极组织开展各种文体活动，表达对党的热爱之情。6月20日老年大学与老体协在湖滨电影院共同举办庆祝中国共产党成立90周年文艺晚会。县委、人大、政府、政协主要领导出席了晚会，与广大老干部、老职工欢聚一堂，兴致勃勃地观看了文艺演出。6月22～23日老干部活动中心举办麻将、跳棋、象棋、扑克等项目的比赛活动，共庆建党90周年和建国62周年。6月30日，老年大学133名学员组成百人合唱团与星抚之声文艺协会、77216部队及高原水乡合唱团在江川体育馆共同参加县委举办的庆祝建党90周年大型文艺晚会。

【老干部党支部建设】 江川县在1550余名离退休干部中成立72个党支部，负责服务管理1359名离退休老党员。县委老干部局认真贯彻落实中央及省市委关于进一步加强离退休干部党支部建设的精神，严格按照建设“五好”党支部的基本要求，在不断探索对老干部党员服务管理形式的基础上，紧密结合自己的实际，按照“四就近”的基本原则，根据老党员的组织隶属关系和居住情况，分两大块来科学设置党支部和进行规范服务管理。第一块主要是对县直机关部分。一是按照老干部离退休前的单位或系统组建党支部。二是对居住在玉溪和昆明的分别成立党支部。三是对基层或外地离退休后居住在县直机关的和机关退休的职工党员及因企业改制等因素致使部分无原单位、无隶属关系的老党员，单独成立5个党支部。成立老干局党总支1个，辖33个党支部，负责管理572名党员。第二块是对居住在农村且组织关系在农村部分。采取因地、因人、因事制宜成立党支部，共成立39个党支部，负责管理802名离退休党员。通过逐年的不懈努力、不断探索、逐步规范，2011年全县离退休老干部(含部分老职工)中的党组织建设已达到全覆盖，做到统一服务管理、统一学习活动、统一再作奉献。

【考察重点工程建设】 7月5日组织副县级以上老领导、老干部学习大组

长和党总支委员共40多人参观考察“仙湖锦绣”、开渔节广场、出流改道和抚仙湖环湖东路等重大项目工程的建设情况，让老同志们亲眼目睹江川改革开放以来的巨大变化，从而看到家乡的未来和希望，老领导们对家乡解放60多年特别是改革开放30多年来翻天覆地的变化赞不绝口，同时提出不少意见和建议。

【向老干部通报经济社会发展情况】 9月29日，县委、政府在江川宾馆召开230多名副县级以上老干部和老干部党支部书记参加的经济形势通报会。所有县委常委、县人大常委会主任赵少春、县政协主席黄文柱及中共玉溪市委老干部局副局长杨丽萍出席通报会。

县委书记马文龙首先代表县委、人大、政府、政协向在座的各位老干部、老同志并通过他们向全县老年朋友们致以节日的问候和美好的祝愿！衷心感谢老领导、老同志们为江川经济社会发展做出的贡献和打下的坚实基础；向所有关心、支持老干部工作的同志们表示衷心的感谢！

马文龙对进一步加强做好老干部工作提出四点要求：要把老干部政策贯彻好、落实好；要把老干部的生活照顾好、改善好；是要把老干部作用引导好、发挥好；要把老干部活动阵地建设好、利用好。同时对老干部寄予三点希望：希望老同志发挥余热，不遗余力，一如既往地关心支持江川建设；希望老同志培养情趣，陶冶情操，积极参与健康有益的文体活动；希望老同志发扬风格，彰显风范，始终保持容人律己的宽阔胸襟。

县委常委、常务副县长李东林向老干部们通报江川上半年的经济社会发展情况和下半年要努力做好的各项主要工作。

市委老干局副局长杨丽萍在会上对江川的老干部工作给予肯定，并代表市委老干局向江川全县老干部和老同志致以节日的问候。

会上，县委老干部局局长袁万德对老干部工作下一步要做的具体事作了具体安排部署。

县委常委、县委组织部部长林清在主持会议时特别强调：敬老节期间，各级各部门要按照县委的要求，认真组织离退休干部过好自己的节日，要切实开展好各种慰问活动，真正把党和政府的温暖送到老同志们心中；要认真传达马书记的讲话精神，从讲政治的高度做好老干部工作，贯彻落实好老干部的各项方针政策，确保老干部“两个待遇”落到实处。

县委老干部工作领导小组全体成员单位和乡镇分管老干部工作的领导参加通报会。

【春节慰问】 1月12日，召开局务会议和老干部大组长会议，专题安排部署元旦春节慰问老干部工作；对相对集中的分10个片区召开情况通报会、座谈会或慰问会，向老干部通报2010年江川社会经济发展情况、老干部各项待遇的落实等情况；对居住在外县、零星分散、瘫痪在床、生病住院以及因天灾人祸、长期生病等原因造成特殊困难况的老干部逐人走访看望，亲自送去慰问金和慰问品；对44位离休干部进行入户走访看望，给他们送去慰问品；对困难老干党员进行慰问。整个慰问活动历时30多天，做到一人不漏，一户不少，共慰问1650人次，开支经费33万元。

【敬老月活动】 一是承办好县委政府于9月29日在江川宾馆召开的经济形势通报暨敬老节慰问大会，县委书记马文龙作重要讲话。二是各级各部门结合自己的实际，以通报情况、召开座谈会、走访看望慰问和开展文体活动等形式组织广大离退休干部欢度敬老节，用实际行动关爱老干部。三是由局长、副局长亲自带队，组成慰问小组，看望慰问200多名2011年满70、80、90岁和不能行动的高龄老干部。四是做实做细老干部平时生病住院看望和对病故老干部遗属的看望慰问工作。

【贯彻执行老干部政策】 一是按照玉组通〔2011〕3号和玉组通〔2011〕24号文件，分别按政策标准对43名建国初期参加革命的退休干部每人每月增加200元生活补贴，对39名离休干部每人每年增加1个月基本工资的生活补贴。二是按照玉组通〔2008〕12号文件，为6位瘫痪或其他原因生活不能自理的离休干部办理固定陪护费。

【为老干部订阅学习资料】 为保证老干部学习内容丰富、活动形式多样，给学习大组、支部及每个老干部党员分别订阅《云南日报》、《云南老年报》、《党的生活》，保证了老干部组织和每个老干部有一份学习资料。开支经费13万元。

【组织开展老干部工作调研】 一是集中2011年3～5月3个月的时间，分4个小组深入到各学习小组(支部)离休干部家中，围绕“两项待遇”落实、学习活动中存在的问题以及对老干部的服务管理进行深入调研；二是认真研究探索新形势下服务老干部、管理老干部的新思路、新途径，切实解决了老干部工作中的新情况和新问题；三是积极撰写调研报告，共撰写专题调研报告6篇。

【老干部来信来访】 对来访的老干部，始终坚持一杯热茶相迎，一张笑脸相送，无论事情大小，无论合理与否，都耐心解答，决不推诿，让老干部满腹牢骚来，满脸带笑走。对老干部的来信来访，落实到专人负责。认真与相关部门配合核实、查清事实、找准政策依据，做到给老干部明确、清晰的答复，不让老干部有半点疑虑。2011年接待老干部来访12人次，主要涉及生活补贴、高龄补贴、住房补贴和家庭纠纷等，均按政策给予答复。

【老干部活动】 一是明确定位，拓展

新思路，不断创新工作的形式和内容，提升服务功能；二是强化管理，增强服务意识，自觉当好老干部的“勤务兵”；三是优化服务，为老干部营造温馨的活动环境，对老干部做到热心、爱心、耐心和细心；四是积极开展有益老同志身心健康的各种文体活动，尽力满足老同志的精神文化需求。在重视平时活动的基础上，利用“五一”、“七一”、“十一”及重阳节等节日组织老干部开展丰富多彩的文体娱乐比赛活动。全年共举办各项比赛活动5次，出板报2期，共接待17280人次。

【办好老年大学】 一是不断创新思维、创造条件，努力提高办学质量和办学水平开设6个专业(舞蹈、胡琴、声乐、书法、文史、电脑) 10个班，在校学员340人；二是寓教于乐，把教学与娱乐相结合，注重组织开展各种丰富多彩的文体活动，展示老年大学学员风采，宣传老年大学；三是注重教学研讨。随时组织教师和学员骨干召开座谈会，就学校的管理与服务、教师教学、学员学习以及专业设置的合理性进行了研讨，不断探索新形势下的办学途径，为改进工作思路，提高管理和办学水平打下了坚实的基础。

【设施建设】 为了对老干部的学习、教育等活动创造良好的环境，老干局特别注重加强硬件设施建设。2011年，投资18万元建成一个综合性多媒体电教室。该电教室主要用于：老干部的平时阅文学习；对老干部及在职人员进行集中学习和开展远程教育；对老干党支部书记等工作骨干队伍开展学习培训；用于老年大学开办电脑班。于2011年9月15日正式投入使用。

【队伍建设】 一是深入开展“创先争优”活动，以“创建老干部满意之家”为目标，围绕创建“五个好”党支部和“五带头”优秀党员的基本要求，不断增强全心全意为老干部服务的思想意识。二是强化政治业务学习。坚持每周一次政治及工作业务学习，每月一次党员学习，提高工作人员的思想素质、大局意识和业务工作能力。三是认真开展“三读”活动，培养爱学、好学、思学意识，营造学习氛围，不断提升自身综合素质。四是积极参与上级组织的各种培训。2011年安排6名组长、支书参加省市委老干局举办的老干部读书班学习。五是以会代训组织大小组长和支部书记进行学习培训7期，参训人员400余人次。六是积极参与省市委老干局开展的调研活动。在全体老干部中开展了《70岁以上高龄老干部的现状》和《离退休干部党组织建设和思想政治建设》两次大的调研，印发调查表和问卷300多份，撰写调研报告4篇。七是认真组织在职人员学习《公务员法》，积极参与开展《公务员法》实施五周年学习宣传活动，撰写心得体会2篇。

（汪丽娟）

宣　传

【概　述】 2011年，江川县宣传思想文化工作在县委和上级宣传部门的领导下，紧紧围绕全县工作大局，深刻领会科学发展主题，准确把握加快转变经济发展方式主线，紧紧围绕“建设高原湖泊生态县”核心，以纪念建党90周年和推进学习型党组织建设为重点，注重创新内容、创新形式、创新手段，拓展载体创特色，拓宽宣传渠道，增加宣传平台，打造宣传品牌，坚定不移地用党的理论创新成果武装干部头脑，巩固壮大积极健康向上的主流思想舆论，推进社会主义核心价值体系建设，加快构建公共文化体系，加快发展文化旅游产业，着力营造推动科学发展、促进社会和谐的浓厚氛围，营造庆祝中国共产党成立90周年的浓厚氛围，为建设高原湖泊生态县、现代宜居高原湖泊生态城和国际高原湖泊生态休闲度假旅游目的地三大目标提供理论指导、思想保证、舆论支持、精神动力和文化条件。

【宣传思想文化工作规划】 一是2011实施“12345”工作规划。“1”就是围绕一个中心。即宣传思想文化工作必须坚持以建设高原湖泊生态县为中心。“2”就是精心制作两部宣传片。一部是与央视合作，制作突显高原湖泊生态县魅力的形象电视宣传片；另一部是以云南白药创始人曲焕章或古滇国为题材，力争以市场化运作模式启动一部反映江川人文历史的电视剧。“3”是完善用好江川新闻网、玉溪日报江川专版、江川电视台三个宣传平台。“4”是开展好创先争优、建设学习型党组织、精神文明创建、建党90周年系列活动四项活动。“5”是抓好干部理论教育、宣传思想文化系统人才培养、环湖文明走廊、文化建设、外宣精品五项工程。二是召开宣传思想文化工作会议。2011年4月14日，江川县召开2011年宣传思想文化工作会议，全面总结2010年宣传思想文化工作，安排部署2011年工作。县属各相关部门领导，各乡镇、街道分管领导、宣传委员，县文化旅游广电和体育局副职，县博物馆、图书馆、文化馆、文管所、新华书店、县广播电台、县记者站负责人等共计110人参加会议。县委常委、副县长罗跃岗主持会议，县委副书记张金翔作重要讲话，县委常委、宣传部长石伟作《面对新形势　把握新机遇　迎接新挑战　努力开创我县宣传思想文化工作新局面》的报告。会议还对2010年宣传思想文化工作先进单位进行表彰。

【理论武装工作】 (一)以学习型党组织建设为重点，理论武装工作取得新拓展。一是以党委(党组)中心组学习为龙头，认真抓好在职干部理论学习，下发《关于2011年全县各级党委(党组)中心组学习安排建议》，向县委推荐2011年学习内容和重点，指导、督促全县各级党组织抓好学习，通过学习推动工作，通过工作加强学习，推动了学习制度化、规范化、常态化。二是推荐2个市级学习型党组织建设

示范点，为每个示范点赠送价值3000元的图书，命名21个县级示范点，对市、县两级示范点进行检查考核，合格率99%。三是深入学习杨善洲同志先进事迹。3月28日，江川县召开学习贯彻胡锦涛总书记重要批示精神，深入开展向杨善洲同志学习活动大会。县委、人大、政府、政协四套班子领导和各乡镇、各单位主要领导等共计110人参加会议。以开展建党90周年系列活动、学习“七一”重要讲话、学习十七届六中全会精神、创先争优、中国共产党历史学习为载体，开展学习型党组织建设知识竞赛。组织举行“学习杨善洲精神、为党旗添光彩”主题演讲大赛。演讲大赛在各乡镇、各系统、各部门初赛、县预赛的基础上，5月25日19：00在江川县影剧院举行演讲大赛决赛晚会。县委书记马文龙，县委副书记、县长葛勇及县委、人大、政府、政协四套班子领导，全县实职副科以上领导干部，县委和县级国家机关各部、委、办、局，各人民团体和中央、省、市驻江单位全体党员等近1000余人观看和听取演讲。来自教育系统的李霞和77216部队的苏钺帐获得演讲大赛的一等奖。组织全县广大领导干部学习杨善洲精神论文征集、观看大型话剧视频录像《守望心灵》，“七一”重要讲话、十七届六中全会、省第九次党代会宣讲等活动。其中开展党史教育、知识竞赛、主题演讲大赛三项活动居全市第一，受市表彰。四是广泛开展“爱读书多读书读好书”活动，把“从书本中学”和“在实践中学”结合起来，把“邀请专家讲学”和“开展互学”结合起来，进一步健全党员干部集体学习、个人学习、主题教育和学习考核等各项制度，使广大党员干部真学真懂真信真用。五是为加强信息交流，丰富学习载体，创新和改进我县党员干部学习方式和手段，创办《江川县手机快讯》，在全县股所级以上领导干部中订阅。

(二)抓好理论武装大众化工作。深入开展党员、领导干部读一本理论专著、写一篇调查报告、讲一次党课等活动，组织副科级以上领导上讲台、下基层讲理论，用鲜活的事例，群众化的语言，把党的创新理论转换成群众听得进、听得懂的语言，通过宣讲、板报、专栏、橱窗、文艺宣传、知识竞赛、座谈交流等多种形式，让党的理论创新成果家喻户晓，深入人心；圆满完成2011年党刊和新闻时事政策性期刊以及2012年重点党报党刊征订任务。

(三)抓好理论指导实践工作。认真组织领导干部开展调研，仅县级领导就撰写23篇有影响、有深度、有价值的理论研讨文章；从理论和实践两个层面深入研讨杨善洲精神的基本特征、时代价值和特点规律，共征集到论文44篇，评选出优秀论文5篇报省委宣传部，征集、报送居全市第一；参加云南省宣传思想文化创新奖评选，江川县报送的《办好江川“开渔节”提升江川美誉度》被列为市向省推荐的2个项目之一。3月10日，市委常委、宣传部长董文献到江川调研宣传思想文化工作。董文献指出，近年来，江川县围绕科学发展这个主题和加快转变经济发展方式这条主线，围绕中心，服务大局，创新工作思路，开创了宣传工作特别是外宣工作新格局，这是值得推广的重要经验，要认真总结，在全市推广；要抓好基础文化建设和文化民生建设，把各种文化活动组织开展起来，把宣传思想文化工作和群众生产生活结合起来，创新体制、创新思维、创新举措，通过扎扎实实的抓落实，确保全县宣传思想文化工作出经验，出典型。

(四)抓好理论的贯彻与学习。一是为深入学习贯彻党的十七届六中全会精神，迅速掀起学习贯彻全会精神的热潮，12月1日上午，江川县在江川影剧院召开学习贯彻十七届六中全会精神宣讲大会，邀请市委宣讲团成员、玉溪师范学院马克思主义学院副院长、罗伟教授作专题宣讲。县委、县人大、县政府、县政协领导班子成员，全县实职副科以上领导干部，住县城实职副处以上离退休老领导，县属单位和驻江单位全体党员，部分县党代表共计1000多人听取宣讲。宣讲大会由县委副书记、县长葛勇主持，县委书记马文龙对下一步全县开展十七届六中全会宣讲活动做动员讲话。二是为深入学习贯彻省第九次党代会精神，迅速掀起学习贯彻热潮。12月31日，江川县组织召开学习贯彻省第九次党代会精神宣讲视频大会。县委、县人大、县政府、县政协领导班子成员，县委和县级国家机关各部、委、办、局，各人民团体和中央、省、市驻江单位实职正科以上领导，县委宣传部全体干部职工共计130人在主会场参加了会议。各乡镇、街道领导班子成员，机关全体党员，各村(社区)书记、主任等共计1500人在7个分会场听取宣讲。邀请市委宣讲团成员、玉溪师范学院马克思主义学院副院长、罗伟教授进行宣讲，县委常委、县委宣传部部长龚桂存主持会议。

【舆论引导工作】　(一)以提高舆论引导能力为核心，舆论引导能力取得新提高。新闻宣传工作紧扣“一个主题”，做到“三个结合”，注重突发事件引导。一是紧扣建设高原湖泊生态县宣传主题。大力宣传江川县以改革开放和科技进步为动力，全力推进工业化、城镇化、生态产业化和实现高原湖泊生态县、现代宜居高原湖泊生态城和国际高原湖泊生态休闲度假旅游目的地的创新举措。二是做到“三个结合”。同中央、省、市宣传主流相结合，正确引导社会舆论。同县委政府中心工作相结合，开设《县人大十四届四次会议》、《县政协七届四次会议》、《县第十二次党代会》、《聚集江川科学发展》、《学习“七一”讲话》、《创先争优

学习杨善洲》、《为党旗增辉》、《法制宣传教育》、《禁毒防艾》、《农村环境整治在行动》等专栏专题135期，较好地宣传了县委、政府的重要决策和工作部署。2011年，宣传部被县委、

县政府表彰为“五·五”普法先进单位。同大项目的推进实施相结合。围绕“仙湖锦绣”、“九龙晟景”、“生态工业园区”、“古滇商贸城”、“十里长堤”等一批重点项目的建设，开办《关注重点项目》专栏，为项目的推进创造良好的舆论环境。三是注重突发事件引导。对“仙湖景绣”项目实施过程中的突发事件，江川职业中学学生湖边野炊、江川县高龙潭火炮厂爆炸等事故以发布新闻稿，邀请记者采写内参等形式进行新闻处置，引导舆论，新闻舆论引导卓有成效。

（二）举办2011年江川新闻网通讯员培训班。5月26日，江川县举行2011年江川新闻网通讯员培训班。来自全县各乡镇，街道办事处，县属各委、办、局，省、市驻江单位100名通讯员参加培训。通过培训，进一步加强江川县新闻网通讯员队伍建设，不断提高通讯员的整体素质和写作水平，完善江川新闻网网站建设，拓宽我县新闻宣传工作的渠道，提升新闻宣传的深度、广度和效果。

【精神文明建设工作】（一）江川县春节系列活动精彩纷呈。在2011年新春佳节期间，为丰富广大人民群众的精神文化生活，使全县人民度过一个欢乐、祥和的春节，江川县组织开展一系列丰富多彩的春节文化系列活动，向广大人民群众呈上一道道精美的精神文化大餐，为节日中的江川增添了一道靓丽的风景。一是传统民俗表演吸人眼球。大年初一到初三，大街镇组织锣鼓队、秧歌队、民族腰鼓队、象队、龙队以彩车领头，在县城主要街道进行3天的传统民俗文艺巡演。特别是驻江部队官兵近400人的威风锣鼓队和江城镇别具地方特色的高台4座、彩船4只、毛驴灯16对参加演出，队伍每到一处，锣鼓喧天，彩带飞扬，营造了浓烈的节日气氛。二是场馆活动热闹非凡。县文化馆组织27支乡镇业余文艺队在老戏台和文化馆进行演出，演出花灯小戏、花灯歌舞、花灯说唱、民族歌舞等节目共138个，观众达13000多人次；在怡心园广场放映《惊天动地》、《杨得志围点打援》等故事片和《生活垃圾处理技巧》、《农村防诈骗常识》、《农村防火常识》等科教片，观众达2500多人；县图书馆开展读者趣味知识有奖竞猜活动，参与群众络绎不绝，踊跃答题；县博物馆举办了“迎新春李建成书画作品展”和“迎新春付云龙雕塑作品展”。三是乡镇春节文体活动好戏连台。九溪镇除举办全镇篮球比赛，卡拉OK比赛外，还在文化广场进行了四天的文艺表演，演出文艺节目50个，观众达5320人次。其他乡镇也结合地方特点，组织开展了群众喜闻乐见的各种文化节庆活动。四是大型焰火晚会绚丽璀璨。大年初一，在县城渔文化广场举办了迎新春焰火晚会，共燃放高空、中空礼花829发。

（二）大力加强公民和未成年人思想道德建设。一是开展“中华魂”主题教育活动。以征文、演讲、知识竞赛、歌咏比赛等一系列丰富多彩的活动为内容，丰富学生校园文化生活。全县共有38570人参加征文，有1200人参加演讲。二是开展“红歌进校园、童心永向党”歌咏活动。组织全县中小学学唱、传唱《爱国歌曲大家唱(100首)》和本地特色歌曲，评选出大街小学、前卫中学两家单位参加市级媒体优秀节目展播。三是开展感恩、孝道教育活动。共演讲34场，参听教师、学生达19368人，家长4700人。四是广泛开展各项道德实践活动。认真做好“圆梦行动—希望工程爱心圆梦大学”贫困学生救助工作，为24名品学兼优、家庭贫困学生发放了43000元资助金；围绕春节、元宵节、清明、端午等中华民族传统节日，广泛开展“我们的节日”主题活动，积极开展健康向上、丰富多彩、特色突出的群众性节庆活动；开展“清洁农村”综合整治行动，共计23657人参加，累计清理河道沟渠118千米，清洁街道60.7千米，清运垃圾2070余吨。

（三）广泛开展群众性精神文明创建活动。一是以建党90周年系列活动为契机，大力推进社区文化、企业文化、村镇文化、家庭文化、校园文化建设、广泛开展群众文化活动，不断加强农村精神文明阵地建设。编印《2011年农村文艺演唱材料》发放到七个乡镇、街道农村业余文艺队。二是加大实施“环湖文明走廊”工程力度，沿湖环境卫生面貌大为改观，入湖河道垃圾得到及时清运，湖滩、湖面卫生得到维护，沿湖乱倒乱丢行为得以控制。8月26日，由省委宣传部组织的“云之南”艺术团带着省委、省政府的问候与关怀，到江川县举行《情系母亲湖》生态文明专场文艺演出。县委、人大、政府、政协四套班子领导，6000多名观众现场观看了演出。众多云南籍歌唱家和明星加盟此次演出，联袂唱响生态建设新篇章，演员们用精湛的演技和优美的舞姿，展示了云南九大高原湖泊保护，尤其是星云湖治理和抚仙湖保护取得的成效，高度赞誉了江川人民为“两湖”保护和生态建设作出的贡献。

【文化产业和文化事业工作】（一）文化体制改革不断推进。公益性文化单位内部三项制度改革顺利进行。博物馆、图书馆、文化馆和文物管理所全面落实了劳动、人事、分配“三项制度”改革，充分调动了积极性，提升了服务质量，树立了窗口形象。博物馆实行全免费开放，受到社会各界好评。

（二）文化产业不断发展。一是编制《江川县第十二个五年规划文化产业发展单项规划》，从发展思路、目标任务、保障措施等方面对文化产业的发展作了科学的分析和谋划。二是着力打造特色文化品牌。“青铜文化源头，古滇王国中心”、“高原水乡，度假天堂”、“开渔节”等文化形象品牌的打造，提升了江川旅游知名度；界鱼石公园和李家山古墓群遗址公园的开发进展顺利；对宗教文化开发带动旅游业的发展进行了可行性研究，为下一步孤山、北山寺、碧云寺的深度开发作了前期准备。三是组织江川县付云龙等8名民间工艺师参加大理鹤庆“中国工艺美术高级培训班”。通过参加培训与交流，进一步开阔了眼界，拓宽了视野，工艺制作水平得到提高，商品意识、市场意识、品牌意识和管理能力进一步提升。四是组织云南江川李家山青铜器工艺制品厂、江川云龙造型艺术工作室、云南江川铜器工艺制品厂参加8月18～23日在昆明举办的泛亚民族民间工艺品博览会和云南省工艺美术第五届“工美杯”精品评选。其中：叶宝的“醉素”、杨洪柱的“九龙香炉”获铜奖，林晞亮的“荷叶观音”获优秀奖，付元龙的《双面人》获银奖。五是江川县光坟头文化遗址开始考古发掘。江川县光坟头文化遗址坐落于江川县路居镇光坟头山，属新石器时代至青铜时代文化遗址，2001年9月，被玉溪市人民政府确定为市级重点文物保护单位。为进一步弄清该遗址的文化内涵和价值，由云南省文物考古研究所、玉溪市文物管理所、江川县文物管理所、北京大学联合组队对该遗址进行考古发掘，此次发掘是光坟头文化遗址的首次发掘，目的是摸清遗址的分布范围、堆积情况，探明是否存在居住、劳作、生产等功能分区。通过发掘，了解抚仙湖周边生产模式、社会演变和人类活动踪迹，为滇文化起源以及滇中地区青铜时代文化发展提供依据。为加强交流和学习，提高江川铜器民间工艺制作水平，把江川“铜”作为重要的文化品牌打造出来，促进江川县文化产业发展。11月13～14日，县委宣传部举办铜器民间工艺制作与营销管理培训班，共有来自全县从事铜器民间工艺制作的手工艺者及企业主、各乡镇(街道)宣传委员、部分村组干部等110人参加培训。4月21日，市委书记孔祥庚到江川对青铜器旅游工艺品产业进行实地调研。孔书记强调，江川县要发扬江川3000多年历史的工业文明，把“铜”作为重要的文化品牌打造出来。青铜工艺品生产是一项人才产业、智力产业，工艺品生产要精致、精美，要人无我有、人有我优，要走高起点、高品位、高科技的路子；要进一步拓宽思路，增加产品的文化含量和技术含量，增加产量和效益，产品设计和生产要与生活结合，与市场接轨；要规范生产，加强引导，对接国家产业政策，进一步做大做强。

(三)推进文化事业发展，丰富群众文化生活。一是开展文化、科技、卫生“三下乡”活动。1月18日，由中共江川县委宣传部组织，县文化局、科技局、卫生局、农业局等部门积极参与的文化、科技、卫生“三下乡”活动在九溪镇举行，共为群众书赠春联400多对，免费发放《生活小常识》、《科技信息》资料1200多份，向农家书屋赠送价值1000多元的农业科技书籍。二是组织举办“锦秀江川”摄影作品展。为营造“开渔节”节庆氛围，丰富开渔节期间群众文化生活，2011年12月21日，江川县在江川县青铜器博物馆举办“锦秀江川”摄影作品展。县委书记马文龙，县人大主任赵少春，县政协主席黄文柱等领导出席开展仪式，县政府副县长石伟主持开展仪式，县委常委、宣传部长龚桂存致辞，县委副书记张金翔宣布开展，摄影展共展出反映江川建设成就、美丽旖旎风光及独特风土人情的摄影作品84幅。三是协调组织“送欢乐、下基层”中国书法进万家—走进玉溪活动的书法家到江川采风活动。12月23日，来自全国各地的53名知名书法家到江川采风。书法家们参观了云南李家山青铜器博物馆和云南省江川青铜工艺制品厂，游览了抚仙湖阳光海岸，对江川古滇国青铜文化的厚重和神秘纷纷表示赞叹，为抚仙湖秀美的湖光山色所陶醉，并现场挥毫泼墨，写下了一幅幅精美的书法作品。

(四)促进文艺的创新与发展。10月8～12日，江川舞蹈协会参加世界华人文学艺术联合会举办的第二十二届“西园杯”国际邀请赛，演出节目花灯说唱《江川大头鱼》获小金奖，彝族舞蹈《彝家啊妹来[illegible]乐》获大金奖；11月1至3日，参加玉溪市第四届企业退休人员文艺调研，舞蹈类《吉祥哈达天之路》获二等奖，歌唱类《到吴起镇》获三等奖，戏曲类《江川人・江川话》获三等奖；江城文艺协会花灯小戏《小路弯弯》于5月7日在省电视台“俏花灯”栏目播。参加市“辉煌十一・五”美术书法摄影展取得好成绩。共有29幅(件)书法、美术、摄影作品入选展览，其中，李正德书写的《今人咏抚仙湖诗数首》获书法类一等奖，杨兰秀、杨洪伟的篆刻书法作品获三等奖；11月1日，参加庆祝峨山县成立60周年“彝乡魅彩”风光风情摄影大赛，江川摄影家张涛的《今日峨山(组照)》获一等奖；江川县摄影协会会员康海波被中国摄影家协会吸收为会员，成为江川自建国成立以来第一位国家级会员。

【外宣工作】 (一)依托县内外媒体，加强对外宣传。邀请中央、省、市等相关媒体，对创先争优、两湖保护及生态治理、农业基础设施建设、重大项目建设、农村环境整治行动、新农合调标、新农保实施等工作进行专题宣传；邀请旅游卫视《文明中华行》栏目制作反应江川高原湖泊生态自然风光的电视专题片《探访江川—高原仙湖》和以古滇青铜文化为主的电视专题片《探访江川—人杰地灵》，每集时长20分钟，并在该频道播出，该专题片在第19届昆交会上作为江川招商引资和宣传江川的视频资料得到广泛应用；邀请央视财经频道《消费主张》栏目制作了时长分别为20分钟的电视专题片《江川鱼之奇》和《探古寻风古滇国》，并于10月在央视播出。玉溪日报江川专版和江川电视台、江川人民广播电台采编制作了大量的新闻节目。2011年，县电视台报送新闻在玉溪电视台用稿312条，玉溪人民广播电台用稿449条，在玉溪电视台《新闻直通车》栏目播出新闻45期305条；玉溪日报江川专版共采编各种新闻资讯

360条，图片新闻78幅；江川新闻网共采编文字新闻稿件2974篇，图片新闻稿件1970篇，视频新闻及专题26个，开设专栏宣传9个。

（二）进一步拓展宣传平台，完善外宣机制。与中国绿色画报社合作，制作发行反映江川“两湖”保护及生态建设、建设高原湖泊生态县的专刊，并在全国两会召开时提供给参加两会的代表、委员参阅；与新华社、中新社、中央电视台、云南日报、云南经济日报，春城晚报、新华网云南频道、云南网、云南新闻网、新浪七彩云南频道、玉溪日报等国家、省、市级重点媒体、网站保持良好合作关系，在云南日报推出反映江川生态建设和两湖保护的宣传专页《我辈护湖应尽责，誓还湖水似蓝天》，在云南经济日报登载反映江川农业现代化进程和文化旅游发展方面的专页2期，特别是与央视财经频道合作关系进一步加强，免费为江川县制作调结构、转方式形象宣传片，于2010年11月、12月连续在央视播出2个月，播出次数达105次。邀请县委、政府主要领导参加CCTV年度经济人物颁奖盛典等2项活动。播出县域经济新闻报道13条。制播江川开渔节电视专题1个。对江川县央视财经频道的3名特约记者免费进行培训；完成电影《堵车》在抚仙湖浪漫杀青时的广告植入工作；率先在八县一区的新闻网中使用自己的图片水印；重视舆情信息的收集和报送，被省委宣传部舆情信息中心确定为信息直报点，举办舆情信息员培训班，编制《舆情信息》11期；开通“云南江川”新浪微博，成为玉溪市为数不多运行、维护情况良好的党政部门官方微博。

（三）做好“第七届开渔节”宣传等相关工作。2月24～26日，江川县举办第七届“开渔节”。节日期间，组织开展丰富多彩的活动，展现江川特有的“高原水乡”魅力。一是举办《鱼跃人欢　锦绣江川》大型文艺演出。12月24日下午，江川县第七届“开渔节”大型文艺演出《鱼跃人欢，锦绣江川》在江川渔文化广场正式拉开帷幕，整场演出以“鱼跃人欢，锦绣江川”为主题，通过舞蹈、独唱、花灯表演、小品等艺术形式，兼备生态建设元素、流行元素、江川人文元素，颂扬江川神秘灿烂的古滇青铜文化，民间、民俗、民族文化和高原水乡渔文化，展示了江川的渔业成就和锦绣山水。演出内容丰富，高潮迭起，驻江部队官兵及近万名干部群众观看演出。二是举行大型焰火晚会。12月25日晚，在县城举行焰火晚会，焰火晚会以“百花齐放”为主题，持续时间43分钟，气氛热烈，蔚为壮观。三是举行开渔仪式。12月25日8：30，在前卫镇三家村龚河头举行开渔仪式，县委书记马文龙，县委副书记、县长葛勇打响了星云湖开湖捕鱼发令枪。四是举办鲜鱼展销活动。12月25～2012年1月7日，在县城抚仙路举办鲜鱼展销活动。五是组织民间文艺演出活动。12月25日中午，江川县城主要街道锣鼓喧天，人头攒动，一派热闹景象，来自全县7个乡镇（街道）、老体协的文艺队进行了文艺表演。演出内容丰富多彩，有扇子舞、花灯、民族歌舞等，近万名观众观看演出。六是举办“星抚渔韵”江川渔文化展。在江川县李家山青铜器博物馆举办“星抚渔韵”江川渔文化展。此次展览共分星抚渔俗、星抚鱼话、星抚鱼说趣事、星抚食鱼、星抚鱼物、星抚鱼类六大部分，展出传统捕鱼工具、器物、渔俗景观、鱼类品种以及摄影作品100多件。“开渔节”期间，在新华网云南频道、新浪云南、玉溪新闻网、玉溪日报发布开渔节公告，在移动、联通、电信发布短信公告各一次。组织新浪微博用户和达人8人开展“江川开渔节”的宣传推广营销工作。在新浪网总网开辟一天的微话题，全国有关转发和评论“江川开渔节”话题的微博63853条，流量为3.2亿人次。在江川新闻网网配发新闻《江川开渔节开幕　新浪云南微博达人集体围观》。通过不同形式联动，达到4.233亿人次的影响力。四是开渔节期间，邀请到访媒体有云南日报、春城晚报、云南经济日报、云南法制日报、云南信息报、滇池晨报、玉溪日报。共发布新闻稿件9篇。云南网、新浪云南、玉溪新闻网采篇的网络稿件7条。玉溪新闻网进行网络直播，并制作视频专题一个。云南电视台对开渔节文艺演出进行县内直播和YNTV—3录播。

【组织纪念建党90周年系列活动】一是开展系列教育活动。在全体党员中开展“学党史、增党性、当先锋”主题实践活动，用党的光荣历史、丰功伟绩和优良传统教育党员，营造浓厚的庆祝氛围；以红色文化“进校园”为主题，在各中小学开展上一堂党史课、出一期红色英雄事迹板报、演一台党史情景剧、学一首红色经典歌曲、看一部红色革命电影“五个一”活动；在全县农村青少年和中小学生中开展“党在我心中、永远跟党走”纪念建党90周年主题宣讲活动，宣讲达320场，87591人参听；四是在全县广大党员、副科以上领导干部、入党积极分子中组织开展“党在我心中知识竞赛”，参赛人数、成绩居全市第一。

二是举办系列庆祝活动。举办迎“七一”书画展。7月15～22日书画作品又在玉溪聂耳大剧院进行展出。庆祝建党征文活动。以“党在我心中”为主题，在全县范围内开展征文比赛活动，以《星云》为阵地编辑出版“建党90周年征文”专刊；参加第二届中国聂耳音乐（合唱）周颂歌献给党——“聂耳杯”合唱大赛。组成百人合唱团，于6月14日晚在玉溪聂耳音乐文化广场进行比赛，荣获一等奖。组织举办“永远跟党走”纪念建党九十周年大型精品文艺晚会。举办“纪念建党九十周年”精品集邮展。举行“七一”大型焰火晚会，共燃放烟花9000发。组队参加玉溪市庆祝建党90周年文艺汇演，荣获二等奖。

三是策划系列新闻宣传活动。在电视台开设“为党旗增辉”电视专栏和

电视访谈节目，以专题片、电视访谈的形式展示了一批先进基层党组织和优秀共产党员的风采；充分发挥“一台、一报、二网”宣传平台作用，集中宣传各领域、各行业中的好经验、好做法和各条战线涌现出的先进典型，做到每周电视有新报道、报纸有新文章、网站有新内容；组织展播、展映了一批歌颂党的领导，反映各族人民在党的领导下实现民族伟大复兴的优秀歌曲、电影、电视剧。

【队伍建设】　切实加强宣传思想文化工作队伍建设。一是强化学习培训，提高干部职工理论素质。每周一组织干部职工集中进行政治理论学习，积极组织干部职工参加省、市组织的各种培训和外出学习考察。二是以推进学习型党组织建设和创先争优活动以及向杨善洲同志学习为契机，在全县宣传干部队伍中掀起爱岗敬业、无私奉献的热潮。三是完善修改工作管理制度，做到用制度严格工作纪律，用制度管人、管事，规范工作程序，促进了宣传思想文化工作的规范化、制度化和程序化建设。四是服从县委、政府中心工作、重点工作的安排部署，安排1名领导联系尹旗村的工作，适时指导、协助做好烤烟移栽、小春收挖等工作，做好雄关乡禁毒防艾联系点工作。五是以工作成绩、社会效益为重点，强化过程管理，建立健全宣传思想文化工作考评机制。

(杨兴华　褚　荻)

统　战

【概　述】　2011年，全县统一战线工作在县委、县政府领导下，在市委统战部、市民宗局、市侨台办的指导帮助下，以学习、宣传、贯彻中央、省、市统战部长会议精神为主线，以“和谐、发展、稳定”为目标，以加强民族团结，促进民族地区经济发展为总抓手，充分调动社会各方面的积极因素，紧扣县委政府提出的“生态立县、农业稳县、工业强县、旅游活县、文化兴县”发展战略以及建设“高原湖泊生态县、现代宜居高原湖泊生态城、国际高原湖泊休闲度假旅游目的地”三大目标，较好地完成了全年各项工作目标任务，在全市统战工作目标管理考核中荣获第一名，全市民族团结、宗教稳定目标管理考核中荣获第一名。

【春节慰问】　在春节来临之际，县委统战部组成慰问小组，于1月14～17日，对2户归侨、1户定居台胞、7名退休干部、6名黄埔同学会员及联络员、4名生活较为困难的起义投诚人员、5户困难台属及侨眷进行走访慰问，并视慰问对象以及困难情况发给他们慰问金、大米、慰问品等。

【范亚辉到江川慰问黄埔同学会员和定居台胞】　2011年1月25日，市政协副主席、统战部部长范亚辉在县委常委陈琎寿，县政协副主席、统战部部长刘跃宁陪同下，对江川县的5名黄埔同学会员、1名黄埔同学会员遗孀、1名定居台胞进行走访慰问，向他们送去党和政府的关怀、新春的祝福。

【统战、民宗工作暨民族团结进步表彰会议】　4月15日，江川县召开县级相关部门负责人、乡镇党委副书记及统战委员、党外干部活动组、党外知识分子联络点、宗教团体以及宗教活动场所负责人参加的全县统战、民宗工作暨民族团结进步表彰会议。县委常委陈琎寿，副县长、公安局长师文等领导出席会议并讲话。会议传达了省、市统战部长会议以及全市民族宗教工作会议精神，在总结“十一五”统战、民族宗教工作的同时，对2011年统战、民族宗教工作做具体安排部署。表彰在统战、民族宗教工作中取得突出成绩的乡镇(街道)、党外干部活动组、党外知识分子活动点、宗教活动场所以及和谐宗教活动场所创建中的先进集体和先进个人；签定《江川县统战、民族宗教系统2011年工作目标管理责任书》，下发4个党外干部活动组、5个党外知识分子活动点、8个宗教活动场所2011年工作目标考核实施方案。

【建党90周年暨辛亥革命100周年座谈会】　7月5日，中共江川县委统战部召开统一战线各界人士庆祝中国共产党成立90周年暨辛亥革命100周年座谈会。县委副书记张金翔，政协副主席、县委统战部部长刘跃宁出席会议。会上，工商联负责人、党外干部代表、党外知识分子代表、非公经济人士代表、新社会阶层人士代表、民族宗教界代表、侨台属及黄埔同学会员代表、乡镇统战委员代表等纷纷发言，回顾中国共产党建党90周年的光辉历程以及统一战线各界人士同中国共产党风雨同舟、患难与共，为国家富强、民族振兴所作出的重要贡献。张金翔指出：在喜庆中国共产党90华诞之际，我们召开社会各界人士庆祝建党90周年及辛亥革命100周年座谈会，共同缅怀党的光辉历程和孙中山先生等革命先辈致力于国家统一、民族团结、中华振兴的伟大业绩，对于弘扬爱国主义精神，不断开创我县统一战线新局面有着非常重要的现实意义。强调：江川县统一战线组织自成立以来，始终坚持与县委同心协力，牢牢把握团结、民主两大主题，认真履行政治协商、民主监督、参政议政职能，为江川县的经济、政治、文化与生态建设作出了重要贡献。全县各界人士围绕中心，服务大局，充分发挥优势，积极主动作为，在推动全县经济社会又好又快中发挥了不可替代的作用。并提出三点意见：要充分认识统战工作的重要性，切实增强责任感和紧迫感；树立“同心”理念，认真履职尽责；发挥统战优势，服务发展大局。号召全县各界人士要以纪念建党90周年和辛亥革命100周年活动为契机，在县委的正确领导下，同心同德，同心同向，同心同行，为实现江川“十二五”规划宏伟目标、加快推进高原湖泊生态县建设做出应有的努力。

【吕昌会调研江川统一战线工作】 7月28日～29，市委常委、市委统战部长吕昌会，市委统战部副调研员张庆春等到江川调研基层统一战线工作。县委副书记张金翔，县政协主席黄文柱，政协副主席、县委统战部部长刘跃宁参加座谈。在听取张金翔和刘跃宁关于江川县经济社会发展情况以及近年来江川县统战工作取得的成效、存在的不足、下一步工作打算汇报后，吕昌会对江川的经济社会发展和统战工作成效给予肯定：江川县统战工作措施扎实，方法得当，体制机制完善，在许多方面都有创新，江川统战工作中一些好的经验和做法值得推广和借鉴。要求江川县要进一步提高对统战工作重要性的认识，进一步做好非公经济代表人士工作，加大对工商联工作的指导，进一步做好党外干部的培养、举荐、使用以及民族宗教等项工作，为江川改革发展和稳定提供良好环境。同时要充分发挥民间资本作用，通过招商引资，促进非公经济发展。29日上午，在刘跃宁陪同下，吕昌会一行到非公企业云南洪斌绿色食品有限公司、江川青铜器工艺制品厂视察调研，听取负责人对产品生产、加工、销售等情况介绍；到旱街基督教活动点以及佛教开放点北山寺了解江川宗教信教人员情况、活动情况、教职人员情况；深入民族团结示范村农户家中了解村民生产情况、经济收入情况。

【统战理论知识竞赛】 县委统战部以庆祝建党90周年为契机，于9月在全县机关、学校、乡镇(街道)开展统战理论知识竞赛活动，共2400余人参加，表彰优秀组织奖5名，个人一等奖5名、二等奖10名、三等奖20名。

【民族成分变更】 2011年共办理民族成分变更79人，其中：汉族变更为彝族54人、哈尼族16人、白族3人、傣族1人、壮族1人、仡佬族2人、布依族1人、蒙古族1人。

【经济领域统战工作】 县委统战部把发展作为统战工作第一要务，创新机制，积极探索非公经济领域统战工作新举措。在税务、工商、经委等相关部门聘请5名特邀统战员，为非公经济发展提供政策咨询、资金扶持等相关服务。在部分重点企业设立统战联络员，建立8个信息直报点和15个非公企业联系点。指导非公经济组织开展“创先争优”活动，全县33个非公经济党组织、282名党员开展了公开承诺、授旗评星、领导点评、学习杨善洲先进事迹等活动。对全县非公企业进行走访，建立50户非公企业和非公经济代表人士信息库。推荐3名优秀非公经济代表人士参与玉溪市第三届“优秀中国特色社会主义事业建设者”评选。加强对行业商会的指导，全年发展会员126人，配合工商联筹备成立江川县行业商会3个(建筑业商会、药业商会、农资商会)。依托工商联、商会、行业协会等社团平台，在全县开展“云南红土情·光彩进万家——江川感恩行动”活动，主要采取“一帮一、多帮一、一帮多”等形式，通过助困帮扶、就业帮扶、项目帮扶、助学帮扶等，全县134户非公企业参与感恩行动，共投入资金152.65万元，受益人数达1.5万人(次)。开展“我为非公经济转方式、调结构献一策”活动，共收到意见建议130余条。加强非公有制企业党建工作，全年新建非公经济党组织3个，发展党员26名。按照中央、省、市文件精神及会议要求，做好工商联(商会)换届各项筹备工作。

【党外代表人士工作】 一是积极探索党外代表人士选拔使用的新途径、新举措，不断完善党外代表人士联系、培养、选拔制度。2011年，全县有实职副科级以上党外干部41人，其中：副处级4人、正科级5人，副科级32人。二是建立党外后备干部档案库。通过调查摸底、单位推荐、组织部、统战部联合考察，调整充实党外后备干部，建立党外后备干部档案库71名，其中：处级后备干部3名，正科级后备干部17名，副科级后备干部51名。三是指导四个党外干部活动组认真开展形式多样的学习、交流等活动，引导广大党外人士思想上同心同德、目标上同心同向、行动上同心同行。四是认真开展“优秀党外人才”评比表彰活动，全县共推荐了3名党外人才参加市级的评选表彰。五是以党外知识分子活动点为依托，开展党外知识分子工作。将七个党外知识分子联系点纳入统战部年度工作目标管理考核范围，下发《江川县2011年党外知识分子联系点考评方案》，并加强督促检查。

【民族宗教工作】 一是坚持“团结、教育、疏导、化解”的方针，开展经常性的民族宗教矛盾纠纷排查，做到一月一次小排查，一季一次大排查，半年一次分析研判。对排查出来的问题和隐患，做到专人负责、包案处理、妥善化解。全年共排查调处民族宗教矛盾隐患5起。二是全面贯彻落实党的民族政策，促进民族地方经济社会发展。制定《江川县关于对贯彻落实民族政策及有文件精神情况进行检查的工作方案》，通过对相关部门、乡镇贯彻落实党的民族政策及有文件精神的督查，促进少数民族地方经济社会发展。多方协调，争取项目资金解决少数民族和民族地区经济社会发展中的困难和问题，通过制定项目规划，建立项目库等，2011年共向省民委申报建设项目5个，争取项目补助资金54万元，主要用于旱谷田村委会烂泥箐村民族团结示范村项目建设、安化彝族乡乡村公路建设、白龙潭村农田水利建设项目。向市民宗局申报项目5个，争取项目补助资金12万元，主要用于帮助少数民族地方解决急难小

问题。完成安化新庄小营村“民族团结示范村”综合用房、村庄道路铺筑等6个建设项目，全部建设项目顺利通过上级部门的验收。积极协调财政、水利、交通、扶贫办等相关部门，帮助少数民族地区解决人畜饮水、道路维护等实际困难5件，资金近30万元。三是创新管理方式，依法管理宗教事务。通过宣讲、座谈、发放宣传资料等形式，在宗教活动场所开展爱国主义、法制宣传以及和谐宗教活动场所创建活动，全年共开展宣讲7场，举办座谈会6次，发放宣传书籍、资料1750余份。3个“和谐宗教活动场所”先进集体、6名先进个人受到省、市、县宗教部门的表彰。按照《玉溪市宗教事务局关于开展宗教教职人员认定备案工作的实施方案》要求，围绕认定备案工作目标任务，完成江川县8个宗教活动场所宗教教职人员认定备案工作。在北山寺、旱街基督教活动点开展财务监督管理试点工作，使各宗教活动场所达到“三个有”（即有建立场所民主理财小组，会计人员具有从业资格证，有财务监督公布栏）、“五统一”（即财务账册、会计科目、记账方法、票据凭证以及财务报表的统一）、“两报告”（即大项支出、财务报表的报告）。抓好宗教团体自身建设，在思想建设上主要抓好宗教教职人员方针政策、法律法规、爱国、爱教、守法等宣传教育，使宗教教职人员在思想上靠得住、学识上有造诣、品德上能服众；在制度建设上主要是指导宗教团体制定切合自身实际的学习管理制度、财务管理制度、工作纪律制度等。

【对台和侨务工作】 一是认真学习宣传贯彻省台办工作会议精神，使干部职工深刻领会胡锦涛总书记推动两岸关系和平发展的六点意见和“建立互助、搁置争议、求同异存、共同双赢”的十六字方针。二是结合江川县实际，开展统战资源的调查摸底工作，对全县的侨资侨属企业、归侨侨眷、台胞台属、起义投诚人员等进行走访调查，建立全县统战资源数据库。三是开展春节慰问活动。对2户归侨、1户定居台胞、7名退休干部、6名黄埔同学会员及联络员、4名生活较为困难的起义投诚人员、5户困难台属及侨眷进行走访慰问，并根据慰问对象及困难情况发给他们慰问金、大米、慰问品等。四是利用走访、慰问、发放宣传资料等形式做好对台及侨务工作方针政策的宣传。五是建立重点台胞台属、归侨侨眷、侨资侨属企业重点联系对象，通过走访慰问、召开座谈会等形式，加强沟通联系、交流。开展对台及海外交流交往，在全县台属、定居台胞、归侨侨眷、黄埔同学会员中下发宣传资料200余份，号召全县台属、定居台胞、归侨侨眷、黄埔同学会员向港澳台或海外亲属“打一个电话、寄一份宣传资料”宣传江川县经济及社会发展现状。六是以亲情、乡情、同胞情为重，做好台胞台属、归侨侨眷的协调服务工作。为4户困难台属、1户困难港属协调办理农村最低生活保障；配合公安等相关部门妥善处理一起台胞到江川孤山旅游溺水身亡事件。七是继续做好侨务扶贫工作，帮助、指导侨务扶贫对象用好用活侨务扶贫资金增收致富、脱贫致富。八是开展黄埔军校建校87周年纪念活动。

【统战宣传工作】 一是制定统战工作宣传方案，并根据工作实际确定统战宣传月，提出统战宣传月活动计划和要求。二是印发统战知识手册、民族宗教及侨务法律法规等1100余份下发到乡镇、县级相关部门。三是召开统一战线各界人士纪念中国共产党成立90周年暨辛亥革命100周年座谈会。四是在全县机关、乡镇、学校开展统战知识竞赛活动。五是在宗教团体、宗教活动场所以及宗教教职人员中开展以“同心同行”为主题的爱国主义教育活动。五是举办统战理论知识培训7次、讲座4次，受训人数达1500余人次。六是开展民族团结月、周、日活动，大力营造民族团结、宗教和谐、社会稳定新格局。

【信息及调研工作】 一是注重调研。2011年，县委统战部部开展了江川县城市民族工作情况、江川县少数民族基本情况、江川县党外知识分子情况等调研，撰写《城市民族工作调查分析》、《江川县少数民族基本情况调查报告》、《新形势下做好党外知识分子工作的思考》等调研报告7篇上报上级相关部门。二是加强信息工作。形成以部门干部为龙头，乡镇、党外干部活动组、党外知识分子活动点、宗教活动场所信息员为骨干的统战信息工作网络；邀请市委统战部、市民宗局办公室对江川县信息调研工作给以指导，建立联动机制，提高信息质量；加大信息奖励措施，强化信息工作，全年共向省市统战部门、市民宗局、县级相关部门报送各类信息154条，其中：市委统战部《统战动态》采用37条、市民宗局《玉溪民族宗教信息》采用42条、《玉溪日报》采用5条。

【部门建设】 一是健全完善制度。一年来，江川县委统战部将转变职能、理顺关系、规范制度作为工作的出发点和突破口，制定并完善《考勤请假制度》、《会议学习制度》、《财务管理制度》、《保密制度》、《重大事项请示汇报制度》、《公务活动接待管理规定》、《群众来信来访接待制度》、《廉政勤政制度》等37项制度（规定），并装订成册，印发干部职工，做到用制度管人，用制度管事。二是针对统战工作点多、面广、线长、政策性强等特点，结合乡镇党委换届，乡镇统战委员新人多的实际，举办乡镇分管领导、统战委员统战理论及业务知识培训，强化统一战线队伍建设。三是创新学习形式。根据统战部部门多、领导多、工作相对独立的实际，把每星期一早上定为学习日，并实行领导先学一步，择优学习内容并结合工作实际进行学习交流，不断提高干部职工的理论水平和业务素质。四是制定部门内部考核办法，形成部门工作激励机制。2011年，县委统战部结合部门工作实际和特点，制定《中共江川县委统战部2011年部门内部工作考核办法》，按工作性质以及个人所从事的工作内容，分组分条块进行考核，把材料工作、信息工作、中心工作、本质工作、调研工作、临时性等工作进行量化打分，任务到组进行考核，激发了全体干部职工的工作热情和工作积极性。

（矣树芬）

机关党建

【概　述】 2011年，是中国共产党成立90周年，又是“十二五”的开局之年，县直机关党委在中共江川县委的领导下，紧紧围绕“服务中心，建设队伍”两大任务，结合县直机关党建工作实际，以开展创先争优活动为重点，全力推进县直关党的思想、组织、作风、制度和党风廉政建设，为建设高原湖泊生态县提供坚强的组织保证。

【县直机关2010年民主评议党员】

为确保县直机关2010年的党员目标管理考核和签定2011年党员目标管理考核卡，机关党委及时召开会议作研究和安排布置，把此项工作作为重要工作抓紧抓实。各党总支（支部）结合实际，成立考核评议领导小组，认真组织党员进行民主评议和签订党员目标管理考核工作，确保按时完成2010年度的民主评议党员工作。

机关党委下设7个党总支，99个党支部，共有党员1591名。参加这次党员民主评议的党支部99个，参加民主评议党员1547名，占全体党员总数的97.2%。有44名党员未参加评议，原因是有1名违纪违法党员被羁押，有13名党员因事请假，有1名党员借调，有15名大中专毕业生转到父母亲单位外出打工不能参加党员评议，还有14名退休老干部生病未参加评议。评出合格党员1589名，评出优秀党员161名，至2011年底受表彰有125名。

【创先争优交流座谈会】 2011年1月25日，机关党委召开创先争优活动交流座谈会。县委组织部副部长、创先争优办公室副主任李德坤作讲话，县委办、政府办、工商局、县人民医院等11个单位党组织书记参加座谈会。机关党委副书记罗培珍主持会议。

李德坤介绍全县开展创先争优活动的好的做法和经验，对机关党委开展创先争优活动工作给予很高评价，认为机关党委在人少事多的情况下，能创新工作方式和方法，推进各项工作，取得较好成绩。同时，对下一步如何开展创先争优示范点工作提出要求：注重创建要求与部门职能相结合，注重形式与内容相结合，注重主题与载体相结合，使机关党建工作始终走在党的基层组织建设的前头。

11个单位的党组织书记结合单位实际，从不同角度介绍了开展创先争优活动的做法和亮点。

机关党委书记杨存兴从四个方面（组织领导、组织安排上有力度，创新载体、承诺领办上有深度，强化宣传、营造氛围上有方法，联系实际、抓好结合上有成效）对2010年开展创先争优活动作总结，并就进一步深入开展创先争优活动提出三点要求：要在服务中心，建设队伍上创先争优；要在“五个紧紧围绕”上创先争优；要在强化领导，抓好落实上创先争优。

【全面开展领导点评】 根据县委创先争优活动领导小组文件通知精神的要求，为了督促各单位党组织和党员践行公开承诺，进一步推进创先争优活动深入开展，确保活动取得实效，机关党委把领导干部点评作为创先争优重点工作来抓，研究安排开展领导干部点评创先争优工作，对51个单位党组织和1031名党员进行逐个点评，做到领导点评全履盖。

一是深入领会县委文件精神，认真准备点评活动。各党支部严格按照活动要求，组织召开党员点评工作动员会，学习《关于在深入开展创先争优活动中做好领导点评工作的指导意见》、《关于普遍开展领导干部点评创先争优工作的通知》等文件精神，积极收集在日常工作中践行党员承诺相关信息，扎实做好领导点评活动的准备工作。党支部书记对本支部党员在工作中如何发挥党员先锋模范作用，认真履行岗位职责，落实公开承诺的执行情况进行了解，为开展点评活动打好坚实的基础。

二是结合单位实际工作，点评活动形式多样。按照领导点评的要求，主要采取集中、个别、现场等方式进行点评，与2010年度工作总结和考核结果相结合，有计划、有步骤地开展点评工作，做到每位党组织书记都作点评，每个单位党组织和每名党员都被点评。开展1082次点评，参加点评领导86人，被点评党组织51个，被点评党员1031名，实现点评工作全面覆盖。

三是明确领导点评重点，确保点评工作质量。机关党委紧紧围绕推动科学发展，加强机关党组织的总体要求，以创建“五个好”先进基层党组织、争当“五带头”优秀共产党员为主要内容，有主有次，扎实推进创先争优点评工作。对党支部的点评，机关党委重点围绕完成单位中心工作，对参加创先争优活动情况、履行公开承诺情况、党员干部廉洁自律情况以及解决党员干部、职工关心的问题等方面进行点评。各党组织书记对每名党员的点评，重点是围绕立足本职岗位争创一流业绩、党员公开承诺履行情况等方面开展点评。机关党委领导在点评工作之前和点评工作中，深入开展调查研究，广泛征求党员的意见、详细掌握情况，结合年度工作总结和党建目标责任制考核，做到实事求是地对党支部和支部书记进行点评，充分肯定取得的成绩，指出存在的问题。

四是点评工作成效显著，机关作风得到提升。

【组织开展向杨善洲同志学习活动】根据县委深入开展创先争优活动领导小组发出《关于开展“学习杨善洲同志先进事迹、争做优秀共产党员”活动的通知》要求，机关党委对学习杨善洲同志的先进事迹作出安排，抓好深入学习宣传杨善洲同志的先进事迹，大力弘扬其崇高品质。

一是及时安排部署，迅速掀起向杨善洲同志先进事迹学习的热潮。机关党委按照县委深入开展创先争优活动领导小组的通知要求，利用党组织生活会安排学习杨善洲同志先进事迹和中央、省委领导同志的重要批示，要求各党支部把学习杨善洲同志的先进事迹融入到创先争优活动中，同开展“三个一”主题实践活动和“五比五创”结合起来，开展向杨善洲同志先进事迹学习的活动，大力学习宣传、弘扬他的崇高精神，以他的先进事迹和优秀品质为榜样，激励和推动机关党组织创先争优活动，促进广大党员干部和职工进一步解放思想，求真务实，开拓创新，为落实“十二五”规划各项目标任务而努力工作。

二是深入学习，切实把学习杨善洲同志的先进事迹落实到具体工作中。机关党组织和党员干部职工都把开展学习杨善洲同志的先进事迹作一件大事，列入创先争优活动一项重要内容来抓，紧密结合工作实际，准确把握精神实质，通过学习，陶冶精神情操、增强党性修养，改进工作作风，提升工作水平，努力把杨善洲同志的崇高精神渗透到自己的思想深处，贯穿到各项工作中。

三是联系实际谈体会，确保学习活动取得实效。各党支部在学习活动中，紧紧把握住学习杨善洲同志的精神要点，组织党员干部和职工结合各自的岗位，联系工作实际开展座谈讨论，讲认识，谈体会，抒发对杨善洲同志敬慕之情。

【机关党委召开县直机关关委工作会议】2011年3月1日上午，机关党委召开县直机关关心下一代工作会议，会议的主要内容是学习传达县关工委工作会议精神；总结2010年县直机关关工委工作和安排布置2011年县直机关关工委工作。县关工委常务副主任郭家义到会作指导讲话，机关党委副书记、机关关工委主任罗培珍主持会议。

县关工委副主任、机关关工委副主任周正云对2010年所做的机关关工委工作进行简要总结，安排布置2011年的工作：一是以科学发展观为统领，推进关心下一代工作的开展。要求各单位关工委要深入学习实践科学发展观活动，在关心下一代工作中努力做到急党政所急，想青少年所需，尽关工委所能；认真抓好社会主义核心价值体系教育活动，以社会主义核心价值体系教育引领青少年健康成长。二是继续抓好学生假期活动。按照中央〔2004〕8号文件《关于加强和改进未成年人思想道德建设的若干意见》精神，各单位认真组织本单位的青少年开展形式多样、内容丰富多彩有利于青少年身心健康的参观、旅游、考察、文体等活动，使广大青少年从丰富多彩的活动中受到教育和增长知识。三是继续抓好助学兴教工作。各单位要积极主动向签订过协议书的学校或其它学校和困难学生开展助学活动，要从实际出发，量力而行，尽力而为，捐款捐物，为解决学校和贫困学生的实际困难而努力。四是加强自身建设。各单位关工委要加强自身建设，努力学习，提高素质，为做好关心下一代工作奠定基础。同时要尽量动员更多的老同志参与到关心下一代工作中来，为青少年做一至二件好事、实事。

会议要求各单位关工委要切实增强政治意识、大局意识、责任意识，与时俱进、开拓创新，积极争创“五好”关工委(领导班子建设好、工作创新好、骨干作用发挥好、制度健全执行好、活动经常效果好)，为扎实做好2011年的关心下一代工作而努力，以优异的成绩迎接中国共产党建党90周年!

【指导检查创先争优示范点工作】2011年 3月2日，机关党委书记杨存兴、县委组织部组织股长马蓉带队分别到县人民医院、县工商局两个示范点指导检查工作，积极推进落实创先争优示范点创建工作。

杨存兴对两个示范点指出存在的问题：一是前期工作成效显著，但是连续性的工作还有差距；二是对“评星授旗、四亮四评”工作安排不具体，在激励机制，考核机制上不够完善；三是宣传氛围上还要进一步加强；四是资料收集上不够完整，希望在以后的工作中逐步加以改进。并同时提出要求：一是要在现有的基础上进一步完善提高。要结合单位工作实际，把开展“授旗评星、四亮四评”活动融入到各项工作中去，建立一套具有单位特色，操作性强的评比机制，确保创先争优活动做实做细，要通过“授旗评星”，进一步激发党组织和党员干部的动力，促进党员干部作风新转变，形成你追我赶，奋勇争先的新局面。二是要把公开承诺与领导点评结合起来。公开承诺要结合工作实际，承诺事项要具体化，能亮出来，接受群众和社会监督。在活动中要经常进行点评，把党组织和党员的服务承诺与领导点评相结合，看践行服务承诺情况是否结合实际，富有成效。

【开展“四亮四评”推进创先争优活动开展】 机关党委在进一步深入开展创先争优活动中，结合实际，在直属机关窗口单位和服务行业中全面开展创先争优“四亮四评”主题实践活动，扎实推进创先争优活动深入开展。

一是加强组织领导，落实工作职责。机关党委认真履行职责，深入各支部加强指导检查督促，积极引导窗口单位和服务行业党组织认真总结创先争优活动中的经验和做法，对照“四亮四评”活动要求，深入查找创先争优活动中存在的问题和不足，切实把“四亮四评”主题实践活动同推进窗口单位和服务行业优质服务结合起来，全面开展“四亮四评”主题实践活动。县地税局以硬化服务质量，量化服务措施，美化服务环境，优化服务流程，推行阳光、微笑、规范、高效、诚信、廉洁服务，切实为广大人民群众提供热情、周到、优质、便捷的服务。县直属窗口单位和服务行业把加快实现江川科学发展新跨越作为第一要务，把服务群众作为第一职责，把便民、利民、惠民作为第一目标，想群众所想、急群众所急、办群众所需，进一步提速工作进程、提升工作水平、提高工作效益，切实把做好服务、推动发展贯穿于创先争优全过程。

二是注重舆论引导，营造良好氛围。县直机关各基层党组织充分发挥报刊、宣传栏、标语和网络作用，大力宣传。县工商局制作幻灯片、展板，县医院利用宣传专栏、制作宣传画册，大张旗鼓地宣传深入开展创先争优活动和主题实践活动的有关要求，营造“四亮四评”主题实践活动的氛围。

三是开展“四亮四评”活动，提高群众满意度。县直机关各窗口单位和服务行业充分发挥基层党组织的战斗堡垒和共产党员的先锋模范作用，不断巩固扩大学习实践活动成果，进一步增强窗口单位和服务行业谋发展、干事业、求跨越的信心和能力，进一步改进和提升窗口单位和服务行业讲质量、提效率、抓落实的作风和想干事、能干事、干成事的本领，在提高服务水平上取得新进展，在加强自身建设和管理创新上取得新成效，县直各窗口单位和服务行业根据群众需求，拓展各项便民利民措施，优化审批手续，尽量缩短审批时限，提高办事效率。有条件的窗口单位和服务行业主动开展流动式、代办式和上门服务，以行风建设为抓手，塑造良好形象，注重实效管理，提高群众的满意度。

【举办县十二届党代表培训会】 2011年5月20日上午，机关党委举办县党代表培训会，对86名县直机关新当选的第十二届县党代表进行培训，以提高代表的参政议政能力，确保换届工作依法有序进行。

一是培训内容突出针对性。机关党委针对党代表刚刚当选、职责不熟的实际情况，培训中突出对党章、《中国共产党全国代表大会和地方各级代表大会代表任期制暂行条例》和《中国共产党地方组织选举工作条例》文件的学习，让党代表进一步明确党的组织制度；党内换届选举的程序；党代表的权力与职责及其相关内容，提高代表的参政议政能力，增强代表的党员意识、代表意识，强化使命感和责任感，促使他们不辜负党员和群众信赖，在换届工作中与县委保持高度一致。

二是培训突出严肃性主题。在培训中组织党代表重点学习中纪委、中组部《关于严肃换届纪律保证换届风清气正的通知》文件精神，以“5个严禁、17个不准和5个一律”换届纪律要求为培训主题，通过警示案例介绍，案情分析，深入查找原因，提醒广大党员干部要严格遵守换届纪律，保证换届工作健康进行。

【党建工作会】 2011年6月1日，机关党委召开2011年党建工作会，参会人员有各党总支(支部)的负责人、党委委员共计50余人。会议内容主要是贯彻落实县委党建工作会议精神，强化县直党建工作责任；签订2011年党建工作目标责任书，加强机关基层党组织建设，

会上，机关党委书记杨存兴对2010年党建工作进行总结，分析存在问题，提出2011年的党建工作意见，要求各党总支(支部)要继续抓好党建目标责任落实，进一步加强机关党的思想、组织、作风和制度建设；继续抓好创先争优活动，为党建工作添活力；按照科学发展观要求，增强“五种意识”，提高机关党建工作的科学化水平，争取在2011年党建工作中，找准工作切入点，通过开展岗位承诺、党员亮牌、结对共建等活动，使党建工作取得实效。

机关党委书记还与各参会党总支(支部)签订2011年党建工作目标责任书。

【慰问建国前入党老党员和困难老党员】 在建党90周年即将到来之际，机关党委在县委领导的带领下，深入到县直机关5名建国前入党的老党员、1名享受副厅级待遇老党员和7名困难老党员家中对他们进行了看望慰问，向他们表达了县委、政府对他们的关怀和问候。

2011年6月23日，在县委副书记张金翔、县人大副主任杨生明带领下，机关党委分别深入到2名建国前入党的老党员、1名享受副厅级待遇老党员和2名困难老党员家中进行看望慰问。

2011年6月24日，机关党委在书记杨存兴带领下，分别深入到3名建国前入党的老党员和5名困难老党员家中进行看望慰问，把县委、政府对他们的关怀进行了转达，并与他们进行了交谈和沟通，向他们说明了县委、政府没有忘记你们，希望你们保重身体，安享晚年。

此次“七一”慰问，共看望慰问13户老党员，每人送去慰问金500元。

【县直机关举行庆“七一”新党员入党宣誓大会】 2011年7月1日，在庆祝中国共产党建党90周年之际，机关党委组织8名新党员在县卫生局四楼会议室举行庆“七一”新党员入党宣誓大会，对新党员进行一次党性教育。

宣誓仪式上，来自县直机关的8名新党员面对党旗，庄严宣誓，表达了为共产主义事业奋斗终身的誓言。机关党委书记杨存兴代表县直机关党委对新党员表示祝贺，并提出三点要求：一是要把自身价值定位在为人民服务上。要把自己的知识和本领全部用于为社会主义建设服务，也就是为人民服务，充分实现自身价值。要不断加强党性修养，经得起各方面的考验，积极为党工作，全心全意为人民服务，随时准备为党和人民牺牲一切。二是端正入党动机，做到组织入党和

思想入党相统一。希望新党员不仅在组织形式上入党，更要在思想上真正入党。要始终坚持正确的政治方向，坚定社会主义信念，坚信共产党领导的伟大事业的辉煌前景，自觉抵制各种不良思想的影响，自觉为党的事业奋斗，为人民的利益奉献。三是要发挥共产党员的先锋模范作用。自觉把自己的理想和奋斗，同江川县的改革、发展和稳定大局紧密联系起来，做到“五个带头”：即带头学习提高、带头争创佳绩、带头服务群众、带头遵纪守法、带头弘扬正气，成为本职岗位上的业务能手和工作骨干。

【学习杨善洲精神专题学习生活会】

根据县委办公室下发《关于各级党组织开好以“学习杨善洲精神做人民满意的好党员好干部”为主题的学习生活会的通知》文件要求，各单位党组织认真组织，机关党委严把学习生活会的质量，要求各单位党组织班子成员集中学习、相互交流，在主动听取和征求各方面的建议和意见的基础上召开好学习生活会。

一是加强学习，明确主题，提高认识。机关党委研究安排，各单位党组织及时组织领导班子成员进行传达学习动员，进一步认识学习生活会以“学习杨善洲精神做人民满意的好党员好干部”为主题的指导思想，方法步骤和学习要求，使班子成员明确开好学习生活会目的意义。

二是做好会前的准备工作。1. 广泛征求意见。学习生活会前，每位班子成员在学习提高认识的基础上，主动深入到党员干部职工中，听取自身在服务工作中存在的问题和需要改进的工作，为搞好党性分析多方征求意见。2. 开展谈心交心活动。各单位主要领导与班子成员之间，班子成员与成员之间，班子成员与分管中层领导之间本着开诚布公、推心置腹的态度，深入开展谈心交心活动。3. 深入对照检查，认真撰写个人党性分析材料。每位班子成员在这次学习生活会前，对照查找出来的问题，结合学习生活的主题，联系思想和工作实际，认真撰写个人党性分析材料，积极开展批评与自我批评，重点检查在自查和征求意见中查找出来的问题，深刻剖析思想根源，明确努力方向。

三是党委班子成员指导督促，提高专题学习生活会质量。机关党委召开会议研究安排学习生活会的整个工作程序，安排人员对所属48个单位党组织进行指导督促，严格按学习生活会程序召开会议。截至2011年底，48个单位党组织的学习生活会已召开33个，已召开学习生活会的党总支6个，已召开学习生活会的党支部52个，集中学习和召开生活会时间72天，应参加生活会人数589人，已参加生活会人数547人，形成党性分析材料197篇，提出整改措施511条。

四是切实抓好整改提高后续工作。对征求和查找出来的突出问题和在学习生活会上查出来的主要问题进行研究，要求班子成员逐项提出切实有效的整改措施，明确整改目标及实施的具体步骤、途径与方法、时限，落实整改责任，做到认真落实，工作取得新成效。

【基层党建工作示范点挂牌仪式】 在玉溪市庆祝中国共产党成立90周年大会上，江川县工商局党总支、江川县人民医院党支部被市委组织部授予“基层党建工作示范点”。2011年7月5日，机关党委分别在县工商局、县人民医院举行“基层党建工作示范点”挂牌仪式，县委常委、组织部长林清参加会议并作讲话。

林清对两个基层党组织开展创建工作给予充分肯定，并对做好下一步创建工作提出要求，希望进一步总结经验，按照新时期党建工作的新要求，珍惜荣誉，再接再厉，勇于创新，巩固创建成果，不断提高基层党建工作水平，做出新成绩，充分发挥示范点的带动作用，在推进基层党组织建设中做出更大的成绩。两个基层党组织负责人分别介绍了创建“基层党建示范点”的基本情况、主要做法和取得的成效。并表示要以这次挂牌为契机，创新基层党建工作思路，丰富创建载体，深入开展创先争优活动，找准党建工作与业务工作的最佳结合点，加强基层党组织建设，促进党建工作再上新台阶。

【县直机关党组织多种形式庆祝中国共产党成立90周年】 在庆祝建党90周年中，县直机关党组织围绕“庆祝建党90周年”开展一系列活动，通过活动展现了机关广大党员的良好形象，提升了党员的社会影响力，掀起创先争优活动新高潮，以实际行动向建党90周年献礼。

一是走访慰问老党员。机关党委组织对5名建国前入党老党员和8名困难党员进行走访慰问，给他们送去慰问金，送上党的温暖和关怀。

二是开展党课教育。在建党90周年之际，机关党委安排各党总支(支部)开展党课教育活动，回顾党的光辉历史，缅怀党的丰功伟绩，激励广大党员坚定理想信念，立足岗位作贡献。

三是开展结对共建，服务群众活动。机关党组织面向基层，深入村组，共同庆祝党的生日，帮助农村党组织解决实际困难，把结对共建落到实处。县政法委党支部给江城镇黄营村委会送去法律书籍41册、县总工会给江城镇西河村委会送去各类农业科技书籍134册，与农村基层组织共同建设“农家书屋”，丰富农村文化生活。县医院党支部组织党员开展“喜迎建党90周年大型义诊”活动，为群众进行义务诊疗、咨询服务。发放健康宣传资料422份，接受义诊676人次，党员们以实际行动践行了为人民服务的宗旨。

四是举行机关庆“七一”新党员宣誓仪式。来自县直机关的8名新党员面对党旗，庄严宣誓，表达了为共产主义事业奋斗终身的誓言。

五是组织机关党员干部唱红歌。县工商局等党组织以登山、唱红歌的形式，唱响《没有共产党就没有新中国》、《中国、中国，鲜红的太阳永不落》等红歌，用歌声表达对党和祖国的热爱。

六是召开座谈会。组织机关党员干部职工畅谈中国共产党成立90周年来取得的辉煌成就，激发全体干部职工的自豪感，坚定跟党走的信念。

七是举行市级“基层党建工作示范点”挂牌仪式。在玉溪市庆祝中国共产党成立90周年大会上，县工商局党总支、县人民医院党支部被市委组织部授予“基层党建工作示范点”。机关党委以此为契机，组织召开部分党员大会，举行挂牌仪式，动员基层党组织和党员，珍惜荣誉，再接再厉，勇于创新，巩固创建成果，不断提高基层党建工作水平，创出新经验，充分发挥示范点的带动作用，为推进基层党组织建设做出贡献。

八是积极组织推荐上报市委、县委表彰先进。按县委要求，机关党委积极组织推荐上报市委的先进党组织2个，优秀共产党员2名，优秀党务工作者1名。推荐上报县委表彰的先进党组织4个，优秀共产党员15名，优秀党务工作者8名。

【贯彻落实市第四次党代会精神】 机关党委按照县委的统一部署，认真研究，学习好、领会好、贯彻好市党代会议精神，利用党员活动日，于2011年10月8日安排各党总支(支部)组织党员干部进行学习，并结合学习情况进行讨论，学习讨论后将情况报县直机关党委。

一是抓好以党支部为单位的学习讨论活动，迅速掀起学习贯彻市第四次党代会精神的热潮。为进一步把机关全体党员干部的思想和认识统一到市党代会精神上来，党委把学习党代会精神作为当前的首要政治任务抓紧抓好，与推进创先争优活动相结合，在机关党组织和党员干部中，集中学习好、领会好、贯彻好市第四次党代会议精神，准确把握好未来五年全市经济社会发展的指导思想、总体思路、战略布局、战略重点和总体目标，迅速掀起学习贯彻第四次党代会议精神的热潮。通过学习，结合机关党建工作，开展讨论，使党员干部更深刻地理解市党代会精神，明确今后工作任务和要求，增强责任意识，把党员的智慧和力量凝聚到市党代会确定的目标任务上来。截至2011年底，有31个单位党组织，组织1053名党员干部集中学习讨论。

二是切实抓好党员教育和管理，积极探索党员服务管理新路子。面对新形势下党员的教育和管理工作出现的种种问题，党委围绕中央提出的“提高党员素质、加强基层组织、服务人民群众、促进各项工作”的目标要求，着眼于新形势、新任务，从加强制度建设入手，切实解决机关队伍在思想、组织和作风上存在问题，全面提高机关党员队伍的综合素质，积极探索党员服务管理的新路子。

三是努力转变工作作风，扎实做好当前的各项工作。以此会议为起点，结合创先争优活动深入开展，按照市党代会报告提出的“机关走进社区、共建创先争优”活动要求，采取多项措施推进工作的开展，在窗口单位和服务行业深入开展“为民服务创先争优”活动，不断增强机关党建活力；深入推进城乡共建，进一步转变工作作风，深入基层、深入群众，了解实情，听取民意，扎实苦干，务实创新，切实把市党代会精神落实到当前的各项工作中。

四是深入学习贯彻中共中央总书记胡锦涛“七一”重要讲话精神。坚决贯彻执行《中国共产党党员领导干部廉洁从政若干准则》，认真贯彻党中央、省、市、县委关于加强新形势下反腐倡廉建设的决策部署，防止和解决精神懈怠、能力不足、脱离群众、消极腐败“四个危险”，全面推进党的思想、组织、作风、制度和反腐倡廉建设，确保党员干部队伍的廉洁勤政。

【严格党的组织生活】 机关党委始终把严格党的组织生活，提高活动质量作为加强对党员教育、管理和监督的主要工作来抓。一是根据党和国家的路线、方针、政策和县委的中心工作，超前谋划，有针对性地安排好1～12月的活动内容，指导基层组织过好组织生活。二是引导基层党支部创新党的组织生活形式。从实际出发，创新活动的内容和形式。三是注重督促检查。坚持督促检查每个月开展的党员活动日情况，定期检查党总支、支部开展组织生活情况。

【基层党组织班子建设】 机关党委注重抓好基层党组织班子建设，推进各项工作任务的落实。按照新《条例》的规定，围绕县委的工作要求，加强总支、支部班子建设，机关党委根据人事变动、支部工作和党员管理状况，及时派人深入有关总支、支部指导选举改选，适时帮助选好配强党总支、支部班子成员。2011年共对2个党总支，5个党支部进行了补选、改选，新建党支部2个，涉及班子成员25名。

【发展党员工作】 机关党委按照《党员发展工作细则》要求，严格坚持“十六字”方针，做好党员发展工作，并严格执行“八坚持”、“两考核”、“两票决”、“两公示”、“一追究”的工作程序，使发展党员工作步入规范化、制度化轨道，确保了新党员的质量。2011年共审批发展新党员11名，其中：35岁以下6名，占54.5%；妇女党员7名，占63.6%；大专以上文化的11名，占100%。抓好预备党员的“回访”考察教育，对3名预备党员进行转正前的回访测试，审批预备党员转正11名。

【创先争优活动】 机关党委充分运用“践行公开承诺、领导点评、群众评议、授旗评星”等方式，加强督促，进一步提高党员参与的积极性，增强创先争优活动的实际效果。一是机关党委制订下发《江川县直属机关党组

织和党员中深入开展创先争优活动实施方案》和年度工作计划，进一步明确机关党组织开展活动的范围对象、目标要求、主要任务、工作安排等工作内容，确保创先争优活动顺利开展。二是突出主题实践活动，不断创新活动载体。各党总支(支部)都结合本单位的实际情况，采取多种举措，围绕“三个一”主题实践活动，精心设计活动载体，创新活动方式，党委在14个窗口单位和服务行业开展“四亮四评”主题实践活动、在18个单位开展“三亮四进”社区活动。三是开展公开服务承诺、亮牌活动，落实服务责任。县直机关参加承诺党组织49个、党员934名，签订《公开承诺书》并进行公布，接受党组织和群众监督。四是扎实开展“授旗评星”活动。党委制定“授旗评星”活动实施方案和授旗的量化考核内容下发到各党组织，各党组织结合各自的情况制定评星的具体办法，把“授旗评星”的内容、考核重点着力体现在中心工作上，鼓励党员立足岗位争优秀，推进各项工作的圆满完成，以完成中心工作的成绩检验了授旗评星活动的成效。评选出161名“每月之星”，并将“每月之星”评选的情况张贴公布，接受党员、群众的监督。五是广泛开展领导点评。根据县委深入开展创先争优活动领导小组的要求，结合党委工作实际，主要采取了集中、个别、现场、书面等方式进行了点评。党委书记对机关党组织的工作进行了点评，党支部书记对党员进行了点评，在点评中，各单位党组织根据不同类型和不同情况及党员的不同群体、不同岗位，有针对性地提出了点评要求，精心组织领导点评。共开展1082次点评，参加点评领导86人，其中(非党领导3人)，被点评党组织51个，被点评党员1037名。

【组织省、市、县党代表提名推选工作】 按照县委的要求，机关党委组织县直机关和有关直管单位抓好县党代表的提名推荐和选举工作，按照代表的条件、层次、结构、代表方面等要求，经过自下而上，自上而下，上下结合的提名推选程序，共选举出席县第十二次党代会代表90名报县委审批，为保证县第十二次党代会的胜利召开奠定基础。提名上报市党代表初步人选177名、提名上报省党代表预备人选16名，为县委最终确定出席省、市党代会的代表候选人提供依据。

【建立信息报送和定期开展调研工作制度】 机关党委加强基层党建调研力度，建立信息报送和定期开展调研工作制度。一是按照党委人员职责分工，经常深入所属党组织了解、指导工作，收集、整理工作中涌现出来的好经验、好做法形成信息上报。全年共收集信息200多条，机关党委上报信息66条，其中被省级采用报道1条，市级采用报道2条，上报调研文章1篇。二是建立《调查研究工作制度》，明确党委班子调研工作的指导思想、组织领导、调研内容、工作制度和工作要求，对主要领导下基层调研时间、调研文章的数量作明确规定。

【学习型党组织建设】 机关党委按要求，制定学习计划，落实教育培训任务，推进学习型党组织建设。以抓住庆祝中国共产党成立九十周年重大节点，加强党员思想教育。一是严格党委中心组学习管理，建立健全学习制度，做到有学习记录、有学习体会、有学习效果，切实加强党委中心组学习，充分发挥领导班子、领导干部的示范带动作用。同时，要求班子成员以身作则，率先垂范，带头坚持学习，带头开展调查研究，带头撰写调研文章，带头解决问题。二是明确创建“学习型党组织”和“争当学习型党员干部”活动的具体要求，增强党员干部学习的责任感和紧迫感。认真学习领会中央、省、市、县要求的基础上，对“学习型党组织”和“争当学习型党员干部”活动提出具体标准。“学习型党组织”提出5条标准，“争当学习型党员干部”提出4条标准。三是认真落实好教育培训党员计划，充分利用“三会一课”加强党员教育培训。党委每半年组织一期专题党课教育，在“七·一”前夕各党总支(支部)组织开展以“学党史、增党性、当先锋”为主题实践的党课教育，参加听课党员621人。全年共组织培训4期，培训党员1502人次，培训党员达95%。

【组织工作创新】 一是机关党委书记申报创新“1+3”服务机制(即一名创业对象分别有一个党支部负责承办，一名党员负责联络协调，一名创业导师负责帮扶指导)项目，将党支部和党员的服务职责与完成“贷免扶补”创业任务挂勾，以解决“管理难”、“贷款难”、“服务难”为突破口，以引导创业对象实现就业和再就业为目标，明确党支部和党员对服务对象进行全程跟踪服务，为他们配备“一对一”创业导师，并签订“贷免扶补”帮扶协议，建立“贷免扶补”跟踪服务卡，为创业者提供后续保障。26户创业困难对象在“1+3”服务机制的帮助下实现成功创业，2011年共完成“贷免扶补”64户。二是创新基层党组织选举，不断探索机关党组织民主选举工作新路子。在“公推直选”党支部班子成员试点工作取得成功经验的基础上，对新成立和换届党支部班子成员进行直选。三是认真开展党员党性分析评议活动和党务公开，完善机关“三评”工作，不断提高机关党组织的公信度。各党支部把群众评议引入民主评议党员工作中，向群众发放评议征求意见表，广泛征求群众意见和建议，为民主评议党员，做好党员党性分析拓宽渠道，形成了组织讲评、党员互评、群众评议的“三评”模式。

【县直机关关工委工作】 机关党委对机关关心下一代工作很重视，机关关心下一代工作抓得扎实有效。一是加强县直机关各单位关工委的班子建设。二是积极开展暑期教育活动。从

7月下旬至8月中旬，县直机关各单位共开支经费112000多元，组织746名中小学生开展丰富多彩的夏令营活动，使学生们既丰富了暑假生活，又开阔了视野，增强了集体主义观念。三是积极开展助学兴教活动。从5月以来，县直机关各单位向全县中小学开展捐资、捐物助学兴教活动，捐资388500元，捐物367件(折币20810元)，两项合计409310元。共资助中小学校46所，资助特困生156人。四是继续发挥“五老”的作用。积极发挥“五老”参与关心下一代工作，为做好县直机关各单位的关心下一代工作发挥了作用。

(赵连江)

党校教育

【概　述】　2011年，中共江川县委党校、江川行政学校、江川社会主义学校在县委、政府的领导下，在市委党校的指导帮助下，紧紧围绕中央精神、围绕县委的中心工作，以邓小平理论和“三个代表”重要思想和科学发展观为指导，深入贯彻党的十七大，十七届三中、四中、五中全会精神，不断加强自身建设，充分发挥职能作用，服务于全县的经济发展和社会进步。

【讲课比赛】　2011年1月，县委党校组织全体教师和干部进行了一次讲课比赛。讲课比赛的内容围绕宣讲党的十七届五中全会精神进行，7名干部和教师参加比赛，赛后全体干部职工针对每一位教师的讲课进行评比，最终以无记名打分形式评出一、二、三名，并给以适当奖励。

【举办江川县领导干部社会管理及创新专题研讨班】　为认真学习领会全省群众工作会议和省、市领导干部社会管理及其创新专题研讨班精神，准确把握中央关于社会管理创新的决策部署，按照省委、市委和县委的新部署新要求，紧紧围绕建设高原湖泊生态县、现代宜居高原湖泊生态城、国际高原湖泊生态休闲度假旅游目的地和新形势下社会管理工作的实际，牢牢把握最大限度激发社会活力、最大限度增加和谐因素、最大限度减少不和谐因素的总要求，以解决影响社会和谐稳定突出问题为突破口，进一步提高全县领导干部社会管理科学化水平，切实把思想和行动统一到中央、省委、市委和县委的决策部署上来，以社会管理的新成效促进全县各项事业的新发展。2011年4月27～28日，中共江川县委党校与中共江川县委办公室、中共江川县委组织部联合举办“江川县领导干部社会管理及创新专题研讨班”。

县委常委，县人大常委会主任、副主任，县政府副县长，县政协主席、副主席及其他副处级领导干部和县属各单位实职正科以上领导干部；各乡镇、街道党政班子成员共计243人参加研讨班。县委副书记、县长葛勇主持开班动员会，县委书记张延明作动员讲话。

研讨班邀请市委组织部、市委政法委、云南省环境科学院的专家和领导到会就社会管理创新与基层党组织建设、反邪教教育、社会稳定等内容进行专题辅导。学习结束后，参会领导干部在学习辅导的基础上，结合江川县的实际，分组进行讨论。

【南方电网江川供电有限公司党员培训】　2011年10月20～22日，县委党校与南方电网江川供电有限公司党支部联合举办南方电网江川供电有限公司党员轮训班。学校4名教师分别就胡锦涛总书记“七一”重要讲话精神、执政党建设理论的基本问题、如何密切联系群众创先争优、如何抓好党风廉政建设等方面的知识为培训班党员进行讲解。

【理论宣讲】　2011年，县委党校充分发挥职能作用，在学习宣传十七届六中全会精神等活动中，三位学校领导分别到江城镇、路居镇、九溪镇开展宣讲活动。学校常务副校长范宝明和副校长黄志伟还分别到江城镇孤山村委会和路居镇下坝村委会进行党课教育。

【调查研究】　2011年，县委党校充分发挥职能作用，积极深入开展调查研究，认真撰写调研文章。

一是组织对乡镇、街道党职校进行调研。为深入贯彻《中国共产党党校工作条例》，落实中共中央办公厅印发的《2010～2020年干部教育培训改革纲要》精神，改进党校工作，推进干部教育培训规范化。按照省市党校的要求，2011年4月底至5月初，县委党校组织对全县6个乡镇，1个街道办事处党职校进行调研。调研主要围绕近些年乡镇党职校和街道党职校的运行情况、主要困难和问题以及下一步的打算等问题进行。调研对象为各乡镇党委书记、乡镇长、分管领导、党职校工作人员和街道工委书记、街道办事处主任、分管领导、党职校工作人员。调研结束后，县委党校及时组织撰写调研报告，并按时上交到上级党校和相关部门。

二是完成江川县宣传思想文化工作调研。根据江宣发〔2011〕17号文件精神，按照“高举旗帜、围绕大局、服务人民、改革创新”的总要求，立足于更好地为领导决策服务、为中心工作服务，2011年，县委党校校认真组织，成立三个调研小组分别深入所选定街道社区、乡镇村委会和相关部门，通过座谈、查看资料、查看记录、个别交谈等方式进行调研。完成“加强学习型农村党组织建设，提高农村党员学习实效性——对江川县学习型农村党组织建设的调研”、“新形势下加强农村精神文明建设的思路和措施——对江城镇小马沟退房还湖，建设生态文明村的调研”、“对正确引导社会热点问题的探讨”三个课题的调研，撰写调研报告按时上交到县委宣传部。

三是教师注重学习研究，科研成果显著。2011年，县委党校不断完善科研奖励机制，鼓励教师撰写科研论文。一名教师的论文在《云南省委党

校学报》发表；三名教师论文在《理论与宣传》上发表。

【计算机培训】 2011年，县委党校继续挖掘“行政学校”和“玉溪市专业技术人员计算机考试培训点”的功能作用，举办江川县党员、党组织信息库培训1期25人；完成2011年征兵心理测试。学校一名教师被邀请到县老年大学为学员进行为期3个多月的计算机培训。

【招商引资】 2011年，县委党校积极开展招商引资工作。在了解相关信息的基础上，多次与对江川县农贸市场有改造意向的湖南商人沟通，并积极向有关部门和领导引荐，基本达成投资5000余万元对县农贸市场进行提档升级改造，进一步改善江川县城市形象的意向性意见。通过学校和相关部门的努力，此项工作正在稳步推进。

【对外服务】 2011年，县委党校继续深入完善各种服务体制，提高服务水平，积极争取接待各种会议、培训、考试23期，2000多人次，取得较好的社会效益。

【新闻采编】 在县委宣传部等相关部门的关心支持下，2011年，县委党校教师冯孝忠认真负责，努力工作，较好地完成《玉溪日报·江川专版》和《江川新闻网》的采访、摄影、撰稿、编辑等工作，为江川的对外宣传工作做出积极贡献。

【装修改造】 2011年，县委党校投资43.7万元，对学校礼堂、会议讨论点进行改造装修。

（李拥军）

江川县人大常委会

【江川县第十四届人大常委会主任、副主任、委员名录】

主　任　赵少春

副主任　杨生明

　　　　杨本忠

　　　　史云德

　　　　陆富仙

委　员　孙国华

　　　　汪兴明

　　　　杨学敏

　　　　周绍荣

　　　　李双全

　　　　王学梅

　　　　黄俊华

　　　　廖永富

　　　　徐丽华（女）

　　　　史云峰

　　　　黄正刚

　　　　李玉荣

　　　　吴增福

　　　　坝有贵

　　　　李忠兴

　　　　郑吉来

　　　　钟　镖

【江川县第十四届人大常委会各委、室负责人名录】

办公室

主　任　孙国华

副主任　李明芬

　　　　杨花润

法制工作委员会

主　任　周绍荣

副主任　张吉福

财政经济工作委员会

主　任　汪兴明

副主任　李绍德

教科文卫工作委员会

主　任　杨学敏

副主任　葛茂蓉

　　　　李仕彬

人民代表工作委员会

主　任　王学梅（2011.3离任）

　　　　张江瑞（2011.3任）

副主任　雷启明

农业工作委员会

主　任　李双全

副主任　施文光

城建环境资源工作委员会

副主任　孔凡春（2011.10任）

【概　述】 2011年，在县委的领导下，县人大常委会紧紧围绕县委十一届六次全会和县第十二次党代会的决策部署，认真贯彻县十四届人大四次会议的各项决议，依法行使职权，增强监督实效，在推动县委重大决策部署贯彻落实，促进江川科学发展中作出积极贡献。改进监督方式，强化监督工作，在“促进政府工作、推动江川发展”方面求实效。围绕县委中心工作，充分运用执法检查、代表视察、专题调查、听取和审议专项工作报告、询问等方式，切实加强对“一府两院”的监督。一年来，举行人大常委会会议9次，主任会议13次，听取和审议“一府两院”专项工作报告15个，形成审议意见10份、作出决定3项，开展执法检查2项，组织视察调研6次。对全县基本烟田建设情况、水库坝塘除险加固工作、工业中小企业发展情况、“两湖”湿地建设及运行情况、禁毒防艾、文化建设情况、残疾人工作情况进行了专题视察、调查，对江川县贯彻实施气象“一法三条例”、《云南省星云湖保护条例》的工作进行执法检查，听取和审议县政府相关工作报告，提出意见建议。注重调查研究，多提工作建议，在“决定重大事项，依法任免干部”方面求实效。强化代表工作，发挥代表作用，在“关注社会热点，构建和谐社会”方面求实效。加强自身建设，提高履职能力，在“转变工作作风，树立人大形象”方面求实效。

【县十四届人民代表大会第四次会议】 江川县第十四届人民代表大会第四次会议于2011年2月15～17日在江川影剧院召开。来自全县各条战线的165名县十四届人民代表大会代表参会。县属各部委办局负责人，县人民法院、检察院负责人，各乡镇有关领导，市直单位负责人，部分离退休老领导以及江川驻军首长等228人列席大会。

大会由王川、王学梅(女)、王荣华、史云峰、史云德、孙国华、坝有贵(彝族)、李双全、李玉荣、李忠兴、杨本忠、杨生明、杨学敏、吴增福、汪兴明、张延明、张金翔、陆富仙(女)、周绍荣(彝族)、郑吉来、赵少春、钟镖、徐四清、徐丽华(女)、郭永生、黄文柱、黄正刚、黄俊华、廖永富等29人组成的大会主席团主持。大会听取和审议县人民政府代理县长葛勇代表县人民政府所作的《政府工作报告》；审议和批准江川县2010年国民经济和社会发展计划执行情况与2011年国民经济和社会发展计划；审议和批准江川县2010年地方财政预算执行情况和2011年地方财政预算；听取和审议县人大常委会主任赵少春代表县人大常委会所作的《江川县人大常委会工作报告》；听取和审议县人民法院院长杨正昌代表县人民法院所作的《江川县人民法院工作报告》；听取和审议县人民检察院代理检察长资云坤代表县人民检察院所作的《江川县人民检察院工作报告》，并作出六个报告的决议。

【县十四届人大常委会2011年各次会议】县人大常委会第二十五次会议于2011年1月21日举行，会议议程为审议代表资格审查委员会作关于暂时停止县十四届人大两代表执行代表职务的报告、审议代表资格审查委员会作关于县十四届人大代表资格终止和代表资格审查的报告、审议江川县十四届人民代表大会第三次会议的有关事项。通过审议，暂时停止杨小七、李存宝执行江川县第十四届人大代表职务，石振武因调出本行政区域，确认代表资格终止；决定县十四届人民代表大会第四次会议召开时间、审议县十四届人民代表大会第四次会议议程、人大常委会工作报告、人大常委会2011年工作要点及代表资格审查委员会名单、财政经济审查委员会名单、议案审查委员会名单等事项。

县十四届人大常委会第二十六次会议于2011年3月15日举行，会议议程为人事任免事项。会议决定任命杨剑伟为江川县发展和改革局局长，免去其江川县发展和改革委员会主任职务；曲绍庭任江川县工业商贸和科技信息局局长，免去其江川县经济委员会主任职务；张文辉任江川县民族宗教事务局局长；张明富任江川县人力资源和社会保障局局长，免去其江川县人事劳动局局长职务；普学化任江川县住房和城乡建设局局长，免去其江川县建设局局长职务；胡禄金任江川县交通运输局局长，免去其江川县审计局局长职务；张宁任江川县审计局局长；乐志刚任江川县文化旅游广电和体育局局长；李忠海任江川县食品药品监督管理局局长；张江瑞任江川县人大常委会人民代表工作委员会主任；免去罗汉江江川县科学技术局局长职务；免去廖江华江川县交通局局长职务；免去张多颖江川县商务局局长职务；免去王学梅江川县人大常委会人民代表工作委员会主任职务。

县十四届人大常委会第二十七次会议于2011年3月30日举行，会议审议人事任命事项，会议决定任命李忠兴为江川县人大常委会大街街道工作委员会主任；会议听取和审议县人民政府关于病险水库坝塘除险加固工作情况的报告；听取县人民政府关于基本烟田建设情况的报告。

县十四届人大常委会第二十八次会议于2011年5月31日举行，会议听取和审议县人民政府关于文化产业发展情况的报告；听取和审议县人民政府关于"两湖"湿地建设及运行管理情况的报告。

县十四届人大常委会第二十九次会议于2011年6月21日举行，会议审议人事任免，根据表决结果，会议决定石伟任江川县人民政府副县长；免去田江龙江川县人民政府副县长职务；免去龚桂存江川县人民政府副县长职务。

县十四届人大常委会第三十次会议于2011年7月29日举行，会议决定免去杨云川江川县人民法院审判员职务；会议听取和审议县人民政府《关于2011年上半年国民经济和社会发展计划情况的报告》、县人民政府《关于2011年上半年财政预算执行情况的报告》；听取江川县人民政府关于2010年度县本级财政预算执行情况和其它财政收支的审计工作报告；审查批准2010年县本级财政决算。听取和审议县人民政府关于"五五"普法实施及"六五"普法方案的报告。

县十四届人大常委会第三十一次会议于2011年9月29日举行，根据表决结果，会议决定孔凡春任江川县人大常委会城建环境资源工作委员会副主任职务。听取和审议县人民政府《关于贯彻执行气象"一法三条例"工作情况的报告》；听取和审议县人民政府《关于贯彻执行云南省星云湖保护条例工作情况的报告》；听取和审议江川县人民检察院《关于查办和预防职务犯罪工作情况的报告》；听取江川县人民政府《关于办理人大代表建议情况的报告》；听取对江川县禁毒工作情况的视察报告；听取县人民政府《关于残疾人工作情况的报告》；传达县委人大工作会议精神。

县十四届人大常委会第三十二次会议于2011年11月29日举行，会议审议确认主任会议许可县人民法院提交的《对县人大代表廖增亮进行刑事审判和采取强制措施的报告》；听取和审议江川县人民政府《关于中小企业发展情况的报告》和对江川中小企业发展问题进行专题询问。

县十四届人大常委会第三十三次会议于2011年12月21日举行，会议审议和批准县政府2011年地方财政预算调整方案；审议江川县人大常委会工作报告、2012年工作要点和列席第十四届人大五次会议的人员。

【经济工作监督】 以推进产业结构调整和经济发展方式转变为重点，督促做好"十二五"规划的编制、完善和实施工作，确保"十二五"规划开好局、起好步；对2011年上半年江川县

国民经济和社会发展计划及财政预算执行情况进行专题调查，听取和审议县政府《关于2011年上半年国民经济和社会发展计划执行情况的报告》及《关于2011年上半年财政预算执行情况的报告》；听取和审议县政府《关于2010年县本级财政决算的报告》，审查批准2010年县本级财政决算；听取县政府《关于2010年度县本级财政预算执行情况和其他财政收支的审计工作报告》，对审计提出的整改问题跟踪监督。在督察经济运行方面，围绕工业发展、烤烟增效、农民增收、财税监管等工作提出应对和改进的建议，促进经济社会健康发展。

【专题视察】 一年来，组织县人大代表、乡镇人大主席及工委兼职委员开展六次专题视察活动，推动政府的各项工作。一是对病险水库坝塘除险加固工作、基本烟田建设、农业综合开发项目建设情况进行视察，提出涉农建设项目要尽量做到“规划衔接、配套实施，整合资金、形成合力”的建议；二是对校安工程、试点幼儿园建设、校点收并等工作进行视察，对县政府整合教育资源，改善教育教学条件的工作进行督查；三是对“两湖”湿地建设及运行管理情况进行视察，对县政府贯彻市政府“一退够、二调优、三保护”的工作进行督查；四是对天湖化工、江磷集团、腾达机械厂、宏斌食品厂、翠峰水泥厂等一批中小企业的发展情况进行视察，实地了解县政府及部门在帮助支持服务企业，使其壮大发展等方面的工作情况；五是对重点建议办理情况进行视察，督促承办单位办理代表建议的工作由注重答复向解决问题转变；六是对江川县禁毒工作进行视察，实地查看大街街道办事处、县毒品预防教育基地、县公安局的禁毒工作及相关设施建设情况，分别与省第三劳教所部分江川籍强制戒毒人员和下营社区戒毒（康复）人员进行座谈帮教活动，进一步巩固“无毒县”成果，督促政府及其部门抓好第三轮“禁毒防艾”人民战争。

【专题询问】 根据监督法的规定，县人大常委会首次使用“询问”监督方式。按照县委批转“县人大工作要点”的要求，在视察的基础上，认真筹备、精心组织，在县十四届人大第32次常委会暨专题询问会议上，对江川县工业中小企业及磷化工产业的发展情况进行专题询问。县政府分管领导及相关部门负责人现场回答常委会组成人员、列席会议人大代表提出的关于江川县工业中小企业发展中面临“入门”难、用地难、融资难的突出问题，相关产业政策执行情况，合理保护利用磷矿资源、支持磷化工产业做大做强等20个方面的具体问题的询问。与会人员对做好出台扶持措施、落实具体责任，提高服务水平、为企业排忧解难，建立激励机制、促进工业发展等方面工作提出意见和建议。

【司法监督】 听取和审议县人民检察院《关于查办和预防职务犯罪工作情况的报告》，提出加大宣传教育力度，严查职务犯罪案件，加大打击行贿犯罪力度等建议。通过群众来信来访渠道，加强办案监督。针对人民群众反映的办案不公、执行不力等问题，及时向侦察机关、审判机关和案件执行部门反馈，提出监督意见建议，强化跟踪督办，进一步促进司法机关依法办案、文明办案和公正司法。听取和审议县政府《关于“五·五”普法实施及“六·五”普法方案的报告》，作出《关于加强法制宣传教育第六个五年规划的决议》，提出确定法制宣传教育的内容、增强法制宣传教育的针对性和实效性以及创新方式、普治结合、完善机制，确保“规划”贯彻落实等建议。

【调查研究】 一年来，县人大常委会的领导带领各委室，围绕县委的中心工作，按照人大的工作要点，抓住江川的热点问题，结合具体的监督专题，深入基层，开展调研，撰写15篇调查报告，为县人大常委会审议政府的专项工作奠定基础，为政府及相关部门制定整改方案提出工作建议，使人大及其常委会作出的决议（定）符合科学发展观的要求，符合江川的客观实际。按照《预算法》的要求，作出《关于批准2010年县本级财政决算的决定》、《关于批准2011年县本级财政预算调整的决定》；按照“六五”普法教育规划的要求，作出《关于加强法制宣传教育第六个五年规划的决议》；按照审议专项工作报告的要求，作出10个审议意见，推动县委决策部署的贯彻落实，支持和推进政府的相关工作。

【任免干部】 坚持党管干部和人大依法任免相结合的原则，充分发扬民主，严格依法办事，确保党组织推荐的人选经过法定程序成为国家机关的领导人员。一年来，共依法任免国家机关工作人员20人次（其中任命13人次，免职7人次），为我江川经济社会协调发展提供有力的组织保障。按照“依法任免、依法监督”的原则，建立干部年度履职报告制度和政府部门主要领导工作报告制度。一年来，先后听取政府两个部门的工作报告，进一步强化国家公职人员的责任意识和法律意识。

【代表工作】 把代表参与常委会活动与提高常委会工作水平有效地结合起来，精心组织代表参加执法检查、专题视察、专题调研、专题询问等活动，切实保障代表的知情知政权。坚持和完善代表列席常委会会议和公民旁听常委会会议制度，拓宽代表和公民的知情渠道，进一步加强与代表和选民的联系与沟通。一年来，参加各项专题视察的代表达182人次，参加执法检查、专题视察、专题调查的工委兼职委员达147人次。对出缺的代表进行补选，使全县各选区的代表尽量做到不空缺，能及时倾听民声，反映民意。加大建议督办力度，保障代表民主权利，召开县十四届人大四次会议代表建议交办会，把代表提出的96件建议及时转交县政府及有关部门办理，督促各项建议在规定的时间内办理完毕，答复代表。经承办单位与代表面商，代表对办理结果表示满意的有91件，占94.8%；基本满意的有5件，占5.2%。

【信访工作】 始终坚持把信访工作作为联系代表选民、倾听群众诉求、强化监督工作的重要渠道。积极参与县委安排的"接待日"活动，做到有访必答、有信必办、参与协办、跟踪督办，增强人大信访工作的实效性。2011年，共受理人大代表和人民群众来信来访77件(来信4件，来访73件112人次)，办结75件，办结率达97%。

【自身建设】 推进学习型党组、学习型机关建设，积极引导人大机关党员、干部加强素质修养，加强作风建设，做到"内强素质、外树形象"。继续开展"创先争优"活动，突出"三个一"主题实践活动，深入开展向杨善洲同志学习活动，不断增强做人民满意的好党员好干部的意识。组织全县人大系统干部职工认真学习贯彻县委人大工作会议精神，把自觉坚持党的领导，努力做好人大工作贯穿于学习中、贯穿于实践中。坚持民主集中制的组织原则和工作原则，在充分发扬民主的基础上，集体行使职权，营造风清气正、团结干事的良好氛围。加强党风廉政建设，开展警示教育活动，厉行节约，勤俭办事，树立良好形象。

【监督参与并重】 县人大常委会领导及机关干部正确处理监督与参与的关系，参与经济建设，主动服务大局，努力完成县委交办的任务。县人大常委会主任、副主任分别负责、联系做好渔文化园(广场)的完善配套等后续建设、县城废旧物资交易市场续建工程、农村抗旱供水应急系统改扩建项目、德馨苑(职教小区)协调建设工作、"仙湖锦绣"项目推进等工作。享受原职级待遇的领导参与"十里长堤"工程和全县的督查工作。机关干部还参与示范(重点)村建设、新农村建设指导、"三亮四进"社区活动、"仙湖锦绣"项目推进、入湖河道管理、鱼苗投放督查、高考中考督查、农村环境整治等专项工作。按照县委的要求，县人大常委会继续牵头实施人居生态绿化工程，一年来，在强化管护工作的同时，在23个自然村补种、新种一批风景树和绿篱。

【抓办实事】 围绕县委工作的重点、政府工作的难点、代表关注的焦点、群众反映的热点，深入调研，掌握实情，倾听群众呼声，为民排忧解难。在比较紧张的办公经费中挤出一定费用支农、整治农村环境卫生，并协调有关部门出资支持杨家咀、后卫两个村抓春耕、抗大旱；深入实地查看，组织水利、农业部门现场解难，为前卫镇后卫村改修水闸解决灌溉难问题，为雄关乡梅子铺村改修田间道路解决行路难问题。

(李明芬)

江川县人民政府

【县人民政府县长、副县长名录】

县　长　葛　勇
副县长　李东林
　　　　罗跃岗
　　　　师　文
　　　　田江龙(2011.6离任)
　　　　石　伟(2011.6任)
　　　　陈川明
　　　　龚桂存(2011.6离任)
　　　　刘振环(挂职)

【县人民政府各局、办，各事业单位正副职名录】

政府办公室
主　任　普朝鹏
副主任　张传礼
　　　　张江瑞(2011.3离任)
　　　　范文慧(2011.9离任)
　　　　郭　峰
　　　　杨春文

法制办
主　任　杨兴景
副主任　周宏斌

人防办
主　任　杨跃辉
副主任　仵宗胜(2011.9任，兼职)

信访局
局　长　张传礼
副局长　邓树芬

烟　办
主　任　廖永富

发展和改革委员会
主　任　杨剑伟(2011.3离任)
副主任　王九生(2011.3离任)
　　　　刘世培(2011.3离任)

发展和改革局
局　长　杨剑伟(2011.3任)
副局长　王九生(2011.3任)
　　　　刘世培(2011.3任)

经济委员会
主　任　曲绍庭(2011.3离任)
副主任　顾　秋(2011.3离任)
　　　　李天贵(2011.3离任)

商务局
局　长　张多颖(2011.3离任)
副局长　傅树彬(2011.3离任)
　　　　李必忠(2011.3离任)

科技局
局　长　罗汉江(2011.3离任)
副局长　张晓春(2011.3离任)
　　　　张才顺(2011.3离任)

工业商贸和科技信息局
局　长　曲绍庭(2011.3任)
副局长　张多颖(2011.3任)
　　　　顾　秋(2011.3任)
　　　　李天贵(2011.3任)
　　　　傅树彬(2011.3任)
　　　　李必忠(2011.3任)

人事劳动局
局　长　张明富(2011.3离任)
副局长　张荣华(2011.3离任)
　　　　孔凡春(2011.3离任)

人力资源和社会保障局
局　长　张明富(2011.3任)
副局长　张荣华(2011.3任)
　　　　孔凡春(2011.9离任)

朱艳林(2011.3任)
杨梅芳(2011.9任)

财政局

局 长 董林颉
副局长 孔建文
李亚定
张培龙

监察局

局 长 范江应
副局长 李文平
陶文红
胡 莎(2011.11任)

审计局

局 长 胡禄金(2011.3离任)
张 宁(2011.3任)
副局长 赵子良
吴绍金

统计局

局 长 张江景
副局长 陈留仙
雷吉林

建设局

局 长 普学化(2011.3离任)
副局长 周亚烜(2011.3离任)
杨 岗(2011.3离任)

住房和城乡建设局

局 长 普学化(2011.3任)
副局长 周亚烜(2011.3任)
杨 岗(2011.3任)

交通局

局 长 廖江华(2011.3离任)
副局长 戴朝宏(2011.3离任)
李汝林(2011.3离任)

交通运输局

局 长 胡禄金(2011.3任)
副局长 戴朝宏(2011.3任)
李汝林(2011.3任)

环境保护局

局 长 李华同
副局长 杨路有
龚雪刚

国土资源局

局 长 靳永春
副局长 顾学华
普云平
周元明

农业局

局 长 杨 杰
副局长 杨四代
杨建梁(2011.3任)
呈 全
曹春艳 (2011.3任)

畜牧局

局 长 杨建梁(2011.3离任)
副局长 曹春艳 (2011.3离任)

林业局

局 长 冯 超
副局长 罗 磊
吴增奎

森林公安局

局 长 白志德
副局长 朱彦华

水利局

局 长 杨 涛
副局长 李吉有
普绍有
李 艳

抚仙湖管理局

局 长 李佳强
副局长 刘建益
金爱芬

星云湖管理局

局 长 韩振华
副局长 张新荣(2011.3离任)
陈文东(2011.3任)
花尚荣

安全生产监督管理局

局 长 蒋 文
副局长 杨有平
赵雄伟

教育局

局 长 李卫东
副局长 杨志伟(2011.3离任)
钱鸿润
岳东芬(2011.3任)

卫生局

局 长 张盛国
副局长 郑 霄
龚有颖

人口和计划生育局

局 长 罗玉华
副局长 胡 莎(2011.11离任)

张晓春(2011.3任)
宋良艳(2011.11任)

公安局

局 长 师 文
副局长 张文红
黄 良
李正春
胡尚辰
林何张(2011.7离任，挂职)
政 委 汪兴介
副政委 业富贵

司法局

局 长 马常有
副局长 刘清华
宋 瑞

民政局

局 长 顾绍勇
副局长 龚绍辉
李思源

残疾人联合会

理 事 长 马宇飞
副理事长 王文忠

粮食局

局 长 黄太东
副局长 张彦龙
杨小国

供销社

主 任 范宝福
副主任 李 坤
顾吉顺

政务服务中心

主 任 张存美
副主任 王晶文
陈卫红

扶贫办

主 任 潘兴发(2011.3离任)

江川县人民政府扶贫开发办公室

主 任 潘兴发(2011.3任)

防震减灾局

局 长 普秀英(2011.3任)
副局长 郑忠党

文化局

局 长 叶自林(2011.3离任)
副局长 郭小平(2011.3离任)
何 俊(2011.3离任)

旅游局
局　长　乐志刚(2011.3离任)
副局长　徐　惠(2011.3离任)
　　　　自江伟(2011.3离任)
广播电视局
局　长　王春华(2011.3离任)
副局长　廖增华(2011.3离任)
　　　　王忠平(2011.3离任)
体育局
局　长　官汝运(2011.3离任)
副局长　彭春云(2011.3离任)
　　　　陈　华(2011.3离任)
文化旅游广电和体育局
局　长　乐志刚(2011.3任)
副局长　王春华(2011.3任)
　　　　官汝运(2011.3任)
　　　　郭小平(2011.3任)
　　　　何　俊(2011.3任)
　　　　徐　惠(2011.3任)
　　　　廖增华(2011.3任)
　　　　王忠平(2011.3任)
　　　　彭春云(2011.3任)
　　　　陈　华(2011.3任)
食品药品监督管理局
局　长　李忠海
副局长　杨智然
　　　　朱弘如(2011.3任)
县人民医院
院　长　李有宏(2011.2任)
副院长　王金聪
　　　　洪美英
　　　　付林华(2011.2任)

(周　新)

【2011年县政府重要文件】　关于抓好2011年烤烟生产收购工作的通知

关于认真抓好2011年大春生产的意见

关于认真抓好当前安全生产工作的通知

关于印发江川县人民政府关于自觉接受人大监督加强与县人大代表联系的意见的通知

关于印发江川县人民政府关于自觉接受政协民主监督加强与县政协委员联系的意见的通知

关于印发2011年度金融工作考核办法的通知

关于印发2011年度地质灾害防治方案的通知

关于实施2011年度县政府领导安全生产责任制的通知

关于印发江川县价格调节基金征集使用管理实施办法的通知

关于切实做好2011年度机关事业单位养老保险工作的通知

关于做好2011年防汛工作的通知

关于印发江川县行政效能建设目标考评方案的通知

关于印发贯彻落实全民科学行动计划纲要工作实施方案的通知

关于印发江川县新型农村和城镇居民社会养老保险试点方案的通知

关于表彰2010年度行政效能建设先进集体的决定

关于实施质量兴县战略的意见

关于表彰教育督导评估先进集体和先进个人的决定

关于认真抓好2012年小春生产的意见

关于印发县政府常务会议重大决策事项会前听证、风险评估、合法性审查工作的通知

关于印发江川县2012年部门预算办法的通知

关于印发江川县2012年新型农村合作医疗实施方案的通知

关于印发江川县结核病防治规划(2011～2015年)的通知

【2011年县政府办重要文件】　关于印发2011年政府工作报告主要任务分解方案的通知

关于印发江川县2011年森林防火工作实施意见的通知

关于印发江川县加强象征性地域标志和重要商标资源保护工作实施方案的通知

关于印发进一步加强殡葬管理工作行动方案的通知

关于印发江川县农村集体土地登记发证工作实施方案的通知

关于印发江川县2011年纠风工作方案的通知

关于印发江川县2011年提高农民基本医疗保险和健康水平实施细则的通知

关于统一江川县2011年社会保险缴费工资总额的通知

关于印发江川县行政机关行政绩效管理制度工作方案的通知

关于印发江川县提高优质烟叶有效供给能力实施方案的通知

关于印发江川县打击非法生产经营烟花爆竹工作实施方案的通知

关于调整江川县2011年新型农村合作医疗补偿标准的通知

关于印发江川县2011年整治违法排污企业保障群众健康环保专项行动实施方案的通知

关于印发江川县药品安全专项整治工作检查评估实施方案的通知

关于印发江川县创建国家环境保护模范城市工作任务分解方案的通知

关于印发江川县城乡医疗求助一站式服务实施方案的通知

关于印发江川县优抚对象医疗保障一站式服务实施方案的通知

关于印发江川县贯彻全民健身计划(2011～2015年)实施意见的通知

关于印发江川县开展国家免费孕前优生健康检查项目实施方案的通知

关于印发江川县安全生产责任事故约谈制度和江川县安全生产督导约谈制度的通知

关于印发江川县药品和医疗器械群体性不良事件应急预案的通知

关于印发江川县防灾应急“三小”工程建设实施方案的通知

关于印发江川县低丘缓坡土地综合开发利用试点工作方案的通知

关于印发江川县增设粮油平价销售点适时投放粮油储备工作实施方案的通知

(张文丽)

【2011年县政府重要会议】　全国第一次水利普查工作暨培训会

江川县2011年森林防火与烤烟备耕会

江川县2011年烤烟生产工作会

江川县2011年财税工作会

江川县2011年防汛工作会

江川县“三资”管理动员大会

江川县2011年烟叶收购工作会

江川县2011年教育工作会

江川县深化机构改革动员会

江川县民政工作暨创建全国双拥模范县动员大会

江川县2011年人口与计划生育工作会

江川县第十四届人民政府第四次廉政工作会暨行政效能工作会

江川县2011年综治维稳信访工作会

江川县信访稳定及安全安全生产专题会议

江川县2011年环保工作会

江川县抚仙湖一级保护区退田还湖专题会

江川县低丘缓坡领导小组工作会

江川县2011年工业项目推进暨招商引资工作会

江川县第十四届人民政府第六次全体会议

江川县供销合作社改革发展工作推进会

江川县新型农村和城镇居民社会养老保险试点工作会

江川县建立村(居)民监督委员会动员大会

江川县2011年固定资产投资暨重点项目建设推进会

(周宏斌)

【2011年县政府重要工作】 **农 业** 全年实现农业总产值16.89亿元，增长15.07%。兑付各类支农惠农补贴资金1554万元。实现粮食总产3834万千克。收购烟叶1441万千克，实现烟叶税6280.6万元，烟农收入首次突破3亿元，被省政府表彰为“烤烟生产先进县”。实现蔬菜产值4亿元。实现畜牧业产值5亿元，生产营销仔猪116万头。冬桃、核桃等特色产业基地发展壮大，新增冬桃、核桃种植面积15000亩。实现花卉产值1.87亿元。实现水产业产值7789万元。新增农民专业合作社4个，农业产业化步伐不断加快。完成18个整村推进扶贫和安化新庄小营民族团结示范村建设，12个新农村重点村建设工作稳步推进，65个“一事一议”财政奖补项目抓紧实施。江城、九溪被省政府列为现代农业型特色小镇。

投资8476万元，完成矣文、麦冲水库除险加固，完成黄谷田水库灌区1万亩农业综合开发和石河、茶尔山水库干支渠防渗工程建设。九溪海棠、大街三街和大营片区现代烟草农业示范区建设基本完工。杨柳坝等6座小型水库除险加固和路居上坝等7项人畜饮水工程进展顺利，白河水库水源工程开工建设。农村抗旱应急工程主体完工。黄营、左卫等5个村土地整理项目和雄关、路居2个乡镇工矿废弃地等三项整治项目通过省市验收，完成中低产田地改造3.3万亩。全国第一次水利普查江川区域普查工作稳步推进，农村小型水利工程管理体制改革工作全面完成。

工 业 全年完成工业总产值34亿元，增长24.2%；增加值8.69亿元，增长19.5%。龙泉山生态工业园区建设步伐加快。园区环评通过专家评审，投资4680万元完成园区主干道、供水管网和通信、电力等配套设施建设。园区招商引资政策逐步完善，引进的联塑科技年产10万吨新型塑料管材、丰宇科贸年产250套风力设备总成、美联机电年产1万件智能电网控制设备项目推进顺利。腾达机械年产8万件齿轮等14个新上技改项目建设完工，江磷集团综合整治利用黄磷尾气日产500吨石灰生产线开工建设。完成2户清洁生产企业审核验收。加大对中小企业的扶持力度，拨付企业技改、淘汰落后产能补助及中小企业贴息资金1207万元，协助企业置换贷款5470万元，帮助7户非公企业协调贷款4830万元。

第三产业 全年完成第三产业增加值18.5亿元，增长10%。全年共接待游客171.3万人次，实现旅游总收入6.74亿元。云南江川仙湖锦绣旅游物业发展有限公司投资1.5亿元建成的“仙湖锦绣”景观大道成为旅游观光新亮点，九龙国际会议中心投资3.99亿元建设完成项目二期主体工程，天湖国际化工公司退出二产、发展三产的天湖湾项目前期工作正在推进。商贸流通体系不断完善，新增注册个体工商户2790户、从业人员6183人，新发展行业协会、商会37个。农资店实现行政村全覆盖。对外贸易进一步扩大，黄磷、萝卜丝(条)、花卉等10多个品种出口30个国家和地区，出口企业增加至11户，全年累计实现出口总额7956万美元，增长23.2%。

生态环保 完成抚仙湖、星云湖“十二五”水污染综合防治规划和江川县生态建设与环境保护规划编制。抚仙湖大鲫鱼河流域环境综合整治工程、抚仙湖一级保护区退田还湖工作稳步推进。星云湖北片区污水处理厂投入试运行，南片区污水处理厂工程加紧建设。江城西大河人工表流湿地建设及植物移栽工程完工。星云湖南岸环湖截污治污及生态修复工程可行性研究报告通过评审。星云湖蓝藻打捞船完成调试。东风水库径流区江川片区综合整治重点项目有序推进。主要入湖河道保洁工作有效开展，河段长责任制得到强化。完成第二次石漠化监测，建成生态防护林2万亩、九溪河小流域生态林5500亩，改造中低产林1.5万亩，治理水土流失面积10平方千米。在两湖流域实施农田种植保水剂试验1000亩、控氮减磷示范1000亩。投入246万元，加大农村环境卫生整治力度，建成沼气网点11个，改造节能灶1900户，完成707户退耕还林太阳能热水器项目。编制了两湖面山退耕还林、林产业发展和生态县建设规划，生态文明乡镇和生态文明村创建工作进一步加强，荣获“国家级生态示范区”称号。

(龚 钲)

【专项督查】 加大对省、市政府确定为重大建设项目的督查力度。对省、市政府确定的重大建设项目推进情况和重点工作完成情况，按照要求进行跟踪督查，并以专题材料按时按质向上级政府和有关部门汇报；每个季度对县政府工作报告主要任务分解进展情况以《江川县重点工作督查专报》形式及时向社会公开，让广大人民群众对政府各项工作进行监督。

（高 洁）

【人大代表建议和政协委员提案办理】 2011年共收到人大代表建议96件。经过各承办单位的努力，全部建议于7月30日前办理完毕。其中：工交建设类的25件，占建议总数的26.04%；农林水利类的42件，占建议总数的43.8%；资源环境类的7件，占建议总数的7.3%；社会事业类的11件，占建议总数的11.5%；党群政法类的9件，占建议总数的9.4%；财贸金融类的1件，占建议总数的1.04%；转乡镇办理的1件，占建议总数的1.04%。办复率为100%。从办理情况看，代表建议所提问题已经解决或基本解决的A类建议有9件，占承办总数的9.4%；已列入计划正在解决和逐步解决的B类建议有38件，占承办总数的39.6%；因目前条件限制或其它原因需要以后逐步解决的C类建议41件，占承办总数的42.7%；因客观情况不能解决、需要请示上级有关部门或应由下级处理的D类建议8件，占承办总数的8.3%。代表对办理结果表示满意的91件，占承办总数的94.8%；基本满意的5件，占承办总数的5.2%。

2011年共收到政协委员提案103件，经审查立案100件，立案率达97.1%。其中：集体提案50件，占50%；委员提案50件，占50%。按提案类别分：工交城建类48件，占48%；财贸金融类13件，占13%；农林水土类18件，占18%；科教文卫类14件，占14%；党群政法类7件，占7%。截止2011年9月底，100件提案已办复完毕。提案者对提案办理结果表示满意的94件，满意率94%；基本满意的6件，基本满意率6%。

（高 洁）

法制工作

【强化制度建设】 2011年10月制定下发《江川县人民政府贯彻落实国务院和省市政府加强法治政府建设文件的实施意见》，对全面推进法制政府建设工作进行安排部署，明确各项工作任务和要求，为全面推进依法行政工作提供制度保障。

制定下发《江川县人民政府关于印发县政府常务会议重大决策事项会前听证、风险评估、合法性审查工作制度的通知》，先后对听证后的《江川县残疾人就业保障金征收使用管理暂行规定(草案)》进行研究；对“江川县公交车客运票价调整方案”和“江川县供水价格调价方案”进行了风险评估和合法性审查，确保政府重大决策的科学化、民主化、规范化。

【执法培训和证件管理】 认真组织各乡镇、大街街道和各有关部门行政执法人员参加省市组织的各类学习培训，安排33名行政执法人员参加市政府法制办组织的新办证执法培训；77人参加市政府组织的行政执法人员证件审验培训。

为进一步提高全县干部职工依法行政的能力和水平，推进法制政府建设，维护广大人民群众的合法权益。根据《玉溪市人民政府法制办公室关于开展〈行政强制法〉学习培训工作的通知》要求，江川县成立《行政强制法》学习培训工作领导小组，制定学习培训方案，明确培训和考试的对象、方式、时间等内容，通过采取集中培训、个人自学、统一考试的方式在全县范围内深入开展《行政强制法》学习培训。全县共培训师资人员15人，行政执法人员1233人。

【行政执法案卷评查】 县政府法制办按照《江川县人民政府办公室关于进一步做好行政执法案卷评查办法等四项制度工作的通知》要求，对全县各部门一年来所办理案件中的63件行政执法案件和4件行政许可案件进行评查，案件评查平均分值为99.02分，均达到优秀案件档次。

【规范性文件管理】 一是根据玉溪市人民政府办公室《关于做好有关征地拆迁的规范性文件专项清理工作的通知》要求，清理文件2000余件，废止规范性文件1件；二是根据玉溪市人民政府法制办公室《关于做好创新政策与提供政府采购优惠挂钩相关文件清理工作的通知》要求，认真开展清理工作，未发现涉及创新政策与提供政府采购优惠挂钩的规范性文件和一般性文件；三是根据玉溪市人民政府办公室《关于做好有关行政强制规范性文件专项清理工作的通知》要求，清理规范性文件46件，一般性文件3000余件；四是根据《玉溪市人民政府法制办公室关于做好行政强制实施主体清理工作的通知》要求，清理行政强制实施主体44个，行政强制措施99项。一年来，县政府法制办修改制定上报登记备案规范性文件1件，审查登记部门上报的规范性文件1件，未出现违规制定规范性文件的行为。

【实施重大决策听证工作】 全县共组织开展重大决策听证9项，并严格按照重大决策听证制度实施细则的规定，及时在重大决策听证信息网络平台上发布相关信息。

【行政审批和电子监察系统建设】 为确保行政审批和电子监察系统建设工作顺利推进，江川县于5月31日前完成353项行政审批事项清理、编制和审核工作，并将经审核确认的行政审批事项数据规范录入系统，完成系统初始化工作，确保系统如期正常投入使用。

（周留明）

行政效能

【概　述】　2011年，江川县人民政府在市委、市政府的坚强领导下，紧紧围绕“五大”战略和“三大”目标，以科学发展为主题，以加快转变经济发展方式为主线，以建设法治政府、责任政府、阳光政府、效能政府为抓手，以改善行政管理、提高行政效率、优化发展环境为重点，以创先争优活动为动力，以“转变职能、服务经济、方便群众、树立形象”为目的，按照“抓效能就是抓发展，提效能就是促进步”的思路，肯定成绩找差距，多措并举提效能，进一步加强政府自身建设，全县行政效能建设工作取得了新的成效。

县政府高度重视行政效能建设工作，把行政效能建设工作列入县政府工作重要议事日程，通过建立激励机制，加强督促检查，加大整改力度，切实加强对行政效能建设工作的领导。召开江川县深化政府自身建设工作动员大会，制定《江川县人民政府办公室关于调整充实江川县加强政府自身建设实施四项制度领导小组的通知》、《江川县人民政府办公室关于开展2011年政府自身建设有关工作的通知》等文件，进一步完善加强政府自身建设的组织领导，将政府自身建设2011年工作内容进行细化分解，落实具体牵头和协办部门。召开江川县第十四届人民政府第四次廉政暨行政效能建设工作会议，对2010年行政效能建设工作成绩突出的17个先进集体进行表彰奖励。县行政效能建设领导小组不定期的采取书面督查、听取汇报、现场询问等方式对7个乡镇(街道)和37个部门的效能建设情况及法治、责任、阳光、效能政府16项制度的落实情况进行深入细致的督促检查，确保行政效能建设工作落到实处。

【政府自身建设】　认真贯彻落实省政府深化政府自身建设工作会议和《玉溪市人民政府办公室关于开展2011年政府自身建设相关工作的通知》精神，制定了《江川县人民政府办公室关于进一步加强政府自身建设的通知》，将提升依法行政能力、提高政务服务水平、加大政务公开力度、强化行政绩效管理等加强政府自身建设工作任务进行了细化分解，为巩固法治、责任、阳光、效能政府系列制度实施成效奠定了基础。

围绕财政资金和公共资金(资源)的配置、使用和利用，强化绩效、前置、专项资金、经济责任审计工作，完成投资建设项目绩效、前置审计65项，核减工程投资789.5万元，提高了公共投资项目的效率、财政资金的使用效益和政府部门的工作效能；完成4个部门主要领导的经济责任审计，有效加强对党政领导干部的管理和监督，促进领导干部勤政廉洁，增强领导干部的责任感和自我约束意识。进一步加大机构编制管理监督检查力度，加强公务用车配备、采购和使用管理，严格会议庆典论坛审批、出省考察和办公楼等楼堂馆所维修改造控制，强化因公出国、出境部门审批管理，新增公务卡结算单位6个，全县纳入公务卡改革的单位达121个，实现公务卡结算支出839万元，进一步规范经费审批报销手续和部门财务管理。结合机构改革工作，对新增、合并的政府工作部门关键岗位、重点环节、风险点进行重新梳理，并对其进行公示，广泛接受社会监督。全县共确定行政行为监督单位44个、关键岗位151个、重点环节243项，制定防范措施452条。积极推进电子监察系统建设，完成行政审批事项清理353项，确保电子监察系统按时按质完成建设任务。认真推行目标倒逼法和一线工作法，落实重点工作目标倒逼管理59项，做到以目标倒逼进度，以时间倒逼程序，以任务倒逼责任人，有效提升行政能力。努力推进学习型机关建设，制定学习培训计划215项，完成培训专题228项。

坚定不移地推进法治政府、责任政府、阳光政府四项制度的实施，将实施法治政府四项制度、责任政府四项制度、阳光政府四项制度工作与效能政府四项制度工作有机结合起来，继续巩固提高法治、责任、阳光政府系列制度的成效。将责任政府四项制度中服务承诺、首问责任、限时办结和阳光政府四项制度听证、公示、通报的相关要求贯穿于效能政府四项制度始终，通过实施行政问责，推动各项制度的实施，不断加强政府自身建设，做到统筹兼顾，全面推进，务求实效，使政府自身建设系列制度进入常态化、规范化实施轨道，有效转变机关工作作风，为实现全县经济社会又好又快发展提供重要保障。2011年，全县共问责各级领导干部3人；组织听证重大决策12项，通报重点工作1069项，公示重要事项719项。认真开展县级领导接访下访活动，切实解决群众反映强烈的热点难点问题，维护社会稳定。全年共受理群众来信来访213件595人次，办结213件，办结率达100%。

【依法行政】　进一步健全完善组织机构，成立全面推进依法行政工作领导小组和行政复议办公室，进一步加强政府法制机构建设，将县政府法制办人员增加到3人，切实加强对依法行政和行政复议工作的领导。各乡镇、大街街道和各部门也分别成立行政执法领导机构，形成机构健全、职责明确的行政执法工作格局，为进一步提高依法行政水平提供组织保障。

认真贯彻《国务院关于加强市县政府依法行政的决定》和市政府实施意见，制定下发《江川县人民政府贯彻落实国务院和省市政府加强法治政府建设文件的实施意见》，对全面推进法制政府工作进行安排部署。坚持政府常务会、局(委)务会和公务员学法制度，在两次政府常务会上开展学习法律知识专题讲座。同时，加大对各部门学法的督促检查力度，强化自觉依法行政意识。坚持定期向同级人大及其常委会和上一级政府报告推进依法行政工作情况制度，分别向县人大和市政府报告四次依法行政工作情况。认真开展城市综合行政执法工作，成立江川县城市管理综合行政执法局，拟定《江川县城市管理综合行政执法局职能配置、内设机构和人员编制方案》，明确执法局的职责职能、人员编制、内设机构，将综合执法局事业编制从5名增加到10名，合同制协管员编制从12名增加到20名，进一步充实县综合执法局人员，确保综合执法工作有序开展。不断提高行政执法意识和水平，建立和完善了行政执法责任制、错案责任追究制、行政赔偿制和评议考核制。对乡镇(街道)、部门执行的法律、法规和规章进行清理，明确其法定执法职责和权限，制定具体执法岗位标准，明确执法责任、执法范围和执法权限，并将其分解落实到每一个机构和每一个执法岗位，做到职权、责任、岗位三统一。2011年，我县行政执法部门全部签订责任书，完善行政执法责任制的配套制度，强化行政执法监督机制。加强行政复议工作，认真贯彻《行政复议法》、《行政复议法实施条例》，切实加强学习培训，进一步加强和改进行政执法工作，不断提高江川县整体行政执法质量和执法水平。一年来，县政府未接到行政复议案件申请。认真贯彻落实《玉溪市行政机关法定代表人行政诉讼出庭应诉暂行规定》要求，制定《江川县人民政府办公室关于转发玉溪市行政机关法定代表人行政诉讼出庭应诉暂行规定的通知的通知》，在全县各级各部门认真开展行政应诉工作。建立行政调解机制，制定《关于印发江川县行政调解工作实施方案的通知》，乡镇(街道)和部门也相应建立行政调解制度，成立行政调解领导小组，为深入推进矛盾纠纷大调解工作，实现人民调解与行政调解、司法调解的衔接配合，切实维护社会稳定，促进经济社会发展，有效预防、减少和化解社会矛盾纠纷奠定基础。

(宁　伟)

信　访

【概　述】 一年来，在县委、政府领导和上级信访部门指导下，江川县信访局认真贯彻落实中央、省、市关于做好信访工作的一系列重要文件、讲话精神，紧紧围绕“五大”战略和“三大”目标，认真落实科学发展观，以维护群众的合法权益为出发点和落脚点，切实解决一批事关群众切身利益的问题，许多重大疑难信访案件得到妥善处理，为确保全县社会稳定作出积极贡献。

【受理来信来访】 一年来，县信访局共受理人民群众来信来访283件764人次，已办结281件，结案率达99%。其中：受理上级党政机关交办信访案件79件113人次，网上信访件13件，县领导交办154件482人次，接待和处理集体上访19批382人次，非正常上访4批4人次。全年县、乡镇(街道)两级(含县属有关部门)信访组织共受理人民群众来信来访2967件次，其中来信312件，来访2655件次。按性质分：反映建议类362件次，检举揭发类98件次，申诉类65件次，求决类2009件次，其他类433件次。按层级分：县信访局共受理283件，县属有关部门共受理1988件，乡镇共受理696件。

【信访工作会议】 分别于2011年3月21日、8月12日、11月17日三次召开全县信访工作专题会议，对当前和今后一段时间的信访工作作安排部署，对省第九次党代会和中央“两会”期间的信访工作签订零上访目标责任书。

【坚持三个制度】 按照《中共云南省委办公厅云南省人民政府办公厅关于印发〈云南省领导干部定期接待群众来访工作制度〉等三个制度的通知》精神，继续坚持每月的书记县长接待日制度，做到县委书记、县长每年至少安排2天时间面对面接待上访群众，遇重大信访问题，县委书记、县长随时接访信访群众；每月有1名县级领导和相关部门领导现场接待来访群众。实行接访领导包案制度，带案下访，做到“包接谈、包调处、包回访、包息访”，包案率达54%。

【矛盾纠纷排查】 2011年，县、乡镇(街道)两级采取定期排查、集中排查和重点排查相结合的方式，共排查出重点信访案件7件，化解7件。对排查出的矛盾纠纷案件，按照县级领导分工实行包案制，层层分解落实到包案领导、责任单位和责任人，做到“包牵头协调、包跟踪劝返、包就地稳控、包解决问题、包责任追究、包息诉罢访”。

【督办查办】 坚持“定包案领导、定责任单位、定办案责任人”三定原则，对已转办交办的信访案件实行跟踪督办，对久拖不办的单位部门实行催办、督办。严格按照“属地管理、分级负责”和“谁主管、谁负责”的工作原则，把信访件交有权处理信访问题的行政机关办理，并要求按时限报送办理结果。一年来，未出现因部门和单位处理不及时、不到位造成严重后果的情况。

【重大节庆期间信访工作】 根据中央、省、市的文件要求，为做好建党90周年、国庆节和党的十七届六中全会期间的信访工作，确保江川县不发生赴省、进京上访，不发生影响社会稳定的群体性事件，县委、县政府高度重视，制定下发《关于做好国庆节和党的十七届六中全会期间信访工作的通知》，明确要求把做好国庆节期间和党的十七届六中全会期间的信访工作作为一项重要的政治任务。2011年，实现建党90周年、国庆节和党的十七届六中全会期间赴省、进京“零上访”工作目标。

(邓树芬)

政协江川县委员会

【县政协主席、副主席、常委名录】

主　席　黄文柱
副主席　刘跃宁
　　　　郭开明
　　　　杨吉英(女)
　　　　李绍华
常　委　(按姓氏笔画排列)
　　　　平雪刚
　　　　任洪冰(傣)
　　　　刘云虹(女)
　　　　刘长生
　　　　李仕华
　　　　李佳能
　　　　李思源
　　　　杨四代
　　　　杨军苹(女)
　　　　杨宝英(女)
　　　　张旭刚
　　　　张社华
　　　　张德厚
　　　　罗汉江
　　　　周亚烜
　　　　郑　霄
　　　　赵龙日(朝鲜族)
　　　　胡宇翔
　　　　龚贵生
　　　　释智德

【县政协各委室机构负责人名录】

办公室
主　任　胡宇翔
副主任　侯国芬
　　　　郑光辉(2011.10任)
提案委员会
主　任　陈林柱
副主任　潘兴江
经济科技委员会
主　任　杨明顺
副主任　付兴德(2011.10离任)
　　　　李跃东
民族宗教联络委员会
主　任　张德厚
副主任　普金妹
　　　　潘兴建
教文卫体文史委员会
主　任　白云波
副主任　孙绍明
人口资源环境委员会
主　任　马树良
副主任　付兴德(2011.10任)

【概　述】　2011年，县政协七届常委会在中共江川县委的领导下，高举中国特色社会主义伟大旗帜，全面贯彻落实科学发展观，团结带领全体政协委员和政协各参加单位，围绕中心创新履职，把握主题增进团结，与时俱进强基固本，完成县政协七届四次会议确定的各项任务，为推动江川科学发展、建设高原湖泊生态县作出积极贡献。

【政协江川县第七届委员会第四次会议】　政协江川县第七届委员会第四次会议于2011年2月12～15日在县城举行，应出席委员170人，实到168人。会议全面总结政协江川县七届三次会议以来的工作，提出2011年的工作意见。会议审议通过县政协主席黄文柱代表政协江川县第七届委员会常务委员会所作的工作报告和副主席杨吉英所作的关于七届三次全会以来提案工作情况的报告；听取县长葛勇所作的《政府工作报告》说明，书面协商讨论《政府工作报告》、《江川县国民经济和社会发展第十二个五年规划纲要》(草案)、《江川县2010年国民经济和社会发展计划执行情况与2011年国民经济和社会发展计划的报告》(草案)、《江川县2010年地方财政预算执行情况和2011年地方财政预算的报告》(草案)；听取和协商讨论《江川县人民法院工作报告》、《江川县人民检察院工作报告》。会议期间，委员们紧紧围绕科学发展主题和加快转变经济发展方式主线，结合江川县实际，认真协商议政，积极建言献策，就建设高原湖泊生态县、建设现代宜居高原湖泊生态城、大力推进工业转型升级、支持民营经济发展、进一步推进新农村建设、促进民生改善和维护社会和谐稳定等方面提出许多建设性的意见和建议。县委副书记张金翔在闭幕大会上作重要讲话，会议审议通过县政协七届四次会议期间提案审查情况的报告和县政协七届四次会议决议。

【常委会议】　2011年，政协江川县第七届委员会常务委员会举行第二十二次至第二十七次常委会议。

2011年1月21日，召开七届第二十二次常委会议。会议决定于2011年2月12～15日在县城召开政协七届四次会议；审议通过关于召开政协七届四次会议的相关事项；审议通过《政协江川县第七届委员会常务委员会工作报告》(草案)和《政协江川县第七届委员会常务委员会关于七届三次全会以来提案工作情况的报告》(草案)。

2011年2月14日，召开七届第二十三次常委会议。会议审议通过《政协江川县七届四次会议决议》(草案)，并决定提交政协七届四次会议进行审议。

2011年3月30日，召开七届第二十四次常委会议。会议听取县政府副县长田江龙关于分管工作情况的通报(由政府办领导代为通报)；听取县环保局工作情况通报；听取《县政协常委会关于查禁打击非法捕鱼的建议案》情况通报；审议通过《政协江川县委员会2011年工作要点》(草案)；协商增补七届县政协委员2名。

2011年6月24日，召开七届第二十五次常委会议。听取县人民政府副县长陈川明关于分管工作情况的通报；听取县农业局工作情况的通报；审议通过《关于我县农村环境综合整治情况的视察报告》；审议通过《关于农用塑料大棚发展基本情况的调研报告》。

2011年8月25日，召开七届第二十六次常委会议。受县长葛勇委托，副县长陈川明向常委会通报2011年上半年全县经济社会发展情况，同时县发改局和财政局分别就2011年上半年国民经济和社会发展执行情况、2011年上半年财政执行情况作出书面通报；

县政府办领导代副县长李东林通报分管工作情况；审议通过《江川县餐饮美食产业调研报告》及《政协江川县委员会关于加快江川餐饮美食产业化建设的建议案》；传达市委政协工作会议精神。

2011年10月20日，召开七届第二十七次常委会议。分别审议通过《关于江川县农村城镇居民最低生活保障工作实施情况的调研报告》、《关于江川县山区教育发展情况的调研报告》、《关于佛教工作情况的视察报告》和《关于民族团结示范村建设情况的视察报告》；进行相关人事任免。

【政治协商】 县政协以全委会、常委会、主席会和专题协商会为平台，围绕县委、政府中心工作，开展协商议政，积极建言献策，成效显著。一是精心组织全委会集体协商。政协七届四次会议期间，以分组讨论和大会发言形式，认真组织委员对“一府两院”工作报告和《十二五规划纲要》进行广泛协商讨论，委员们紧紧围绕生态县建设、现代农业发展、新型工业化发展、文化旅游发展、环境保护、保障和改善民生、维护社会稳定等事关全县经济社会发展的重要工作，提出意见建议共58条，为县委、政府决策提供参考。二是积极推进专题协商。2010年一段时间，在星云湖电击等非法捕鱼的行为屡禁不止，已经危害到湖泊生态安全和渔业可持续发展，引起群众的强烈反映，委员们提出3件相关提案。常委会非常重视，及时召开会议对“查禁打击非法捕鱼”问题进行专题协商，提出对策建议，将关于“打击非法捕鱼”的提案上升为政协常委会建议案，提请政府办理，为助推政府“联合打击非法捕鱼专项行动”顺利开展，维护“两湖”渔业可持续发展和湖泊生态安全发挥了积极作用；发展餐饮美食产业对于转变经济发展方式、调整经济结构、促进旅游业发展，具有重要意义。政协常委会在调研的基础上，召开“加快餐饮美食产业化建设”专题协商会，分析讨论江川餐饮美食产业发展的条件、优势、存在的问题和困难，提出意见建议，并形成常委会建议案，提请政府办理。县委、政府高度重视，拟成立产业发展领导小组，研究推进江川餐饮美食产业化建设。三是参与决策直接协商。政协领导列席县委常委会议或政府及有关职能部门相关会议，就全县的重要工作，听取情况介绍，积极建言献策，促进县委、政府决策的科学化、民主化。

【民主监督】 坚持民主监督的有效形式，拓宽监督渠道，完善工作情况通报制度，促进行政效能建设和党风廉政建设。一是切实抓好提案督办。政协七届四次会议期间共收到提案103件，经审查立案100件，确定“关于对县城湖滨路进行改造的建议”和“关于硬化黄营至白家营道路的建议”为重点提案，由主席、副主席领衔督办。提案反映人民群众普遍关注的热点难点问题，涉及全县经济、政治、文化、社会和生态文明建设等方面。县政府和各承办单位高度重视、认真研究、扎实办理，县政协定期走访、催办督办、跟踪问效，办复率达100%，满意率达94%，基本满意率达6%，有力地推进了部分重点工作的落实。二是不断拓宽监督渠道。为推进县委政府决策部署的贯彻落实，县政协常委会积极探索“在参与中支持、在支持中服务、在服务中监督”的方法和途径，切实开展民主监督。健全和落实工作情况通报制度，邀请县政府领导和发改局、财政局领导到常委会通报半年经济社会发展情况，邀请政府副县长到政协常委会作分管工作情况通报，邀请县环保局、县抚仙湖管理局、县农业局、县残联、县国土资源局领导到常委会作工作情况通报，为政协常委知情明政、履行职能创造了条件。安排委员参与司法公信力讨论、星云湖鱼苗投放、中高考巡视、公交车客运票价调价方案听证、2011年新型农村合作医疗方案听证、县城供水价格听证、企业危废排查及抚仙湖沿岸环境卫生管理、综治维稳工作检查考核等工作，支持委员列席乡镇人大会议、参与领导班子民主测评、领导干部述职述廉评议、行风评议，开展多层面的民主监督活动；推荐委员担任公安、税务、工商、质监等部门特约监督员，对一些经常性工作进行民主监督；积极支持21名委员参加“三亮四进”社区活动，切实服务基层、服务群众，政协民主监督范围不断扩展延伸，促进了行政效能建设和党风廉政建设。

【参政议政】 完善参政议政工作机制，不断提高参政议政水平，力求参政“参”到点子上，议政“议”到关键处。一是以调研议政为履职的重点，紧扣县委政府中心工作，选择全县经济社会发展中带有全局性和前瞻性的问题，积极组织委员开展专题调研视察活动。先后向县委、政府和有关部门提交《关于江川农用塑料大棚发展基本情况的调研报告》、《关于江川县餐饮美食产业的调研报告》、《关于江川县佛教协会管理工作情况的调研报告》、《关于江川县山区教育发展情况的调研报告》、《关于江川县农村城镇最低生活保障工作情况的调研报告》、《关于我县农村环境卫生整治的视察报告》、《关于江川县民族团结示范村建设情况的视察报告》、《关于江川县综治维稳工作情况的视察报告》共5个调研报告、3个视察报告，提出意见建议，为县委、政府及职能部门决策提供参考，对部分重点工作的落实起到积极推动作用。二是指导各政协活动组充分发挥界别优势，联系本乡镇、本部门工作实际开展调研视察。乡镇活动组对私营企业发展、新农村建设、河流生态保护、现代烟草农业示范区建设等情况进行调研视察；机关活动组对人民防空工作、天丽脱水蔬菜产销协会工作、共青团“贷免扶补”工作和公务卡结算制度实施、耕地保护与城镇化发展、广播电视无线覆盖工程运行等情况进行调研视察，提出针对性、操作性较强的意见建议，为乡镇及有关部门了解情况、推进工作提供借鉴参考。三是在参与政府重点工作中参政议政。县政协领导积极参与全县重要工作、重大项目的调研及论证，参与部分重点项目建设的组织指挥工作。继续牵头组织实施星云湖南岸防洪治污及湖滨生态修复工程；牵头组织完成玉江大道县城至紫红坝路段、县城至渔村大道以及出流改道入水口片区的绿化工程；积极参与“云南江川·仙湖锦绣”项目推进和抚仙湖大鲫鱼河流域环境综合整治等工作。

【提案办理】　县政协七届四次会议期间，共征集提案103件，经审查立案100件，立案率达97.1%。其中：集体提案50件，占50%；委员提案50件，占50%。按提案类别分：工交城建类48件，占48%；财贸金融类13件，占13%；农林水土类18件，占18%；科教文卫类14件，占14%；党群政法类7件，占7%。截止2011年9月底，100件提案已办复完毕。提案者对提案办理结果表示满意94件，满意率94%；基本满意6件，基本满意率6%。

【文史资料编辑出版】　认真做好文史资料工作，在广辟稿源、提高编纂质量上下功夫，编辑出版《江川文史资料》第二十四辑，配合市政协完成“知青”专辑文史资料征稿编辑任务。为满足广大读者需求，在省政协、县政府的支持下，筹资11万元，完成《江川文史资料合集(一至二十三辑)》编辑出版工作，发挥文史资料存史、资政、团结、育人的作用，为社会主义核心价值体系建设和社会主义文化大繁荣服务。

【联络联谊工作】　进一步增进合作共识，积极推动各族各界人士大团结大联合，切实把县委的决策和主张变为各族各界人士、各人民团体的思想共识，变为推动全县科学发展的自觉行动。支持工商联充分发挥职能作用，积极引导非公企业履行社会责任，开展光彩事业；做好对外联络联谊工作，坚持走访慰问归侨侨眷、三胞家属、起义投诚人员，切实帮助他们协调解决生产生活中的困难问题，并向他们宣传家乡经济社会发展变化，密切与台湾同胞、港澳同胞和海外侨胞的联系。加强与外地政协的联络联谊交流和工作交往，增进了解，加深友谊，通过学习借鉴外地的先进经验，拓宽政协工作新视野。充分发挥政协联系面广、包容性强的独特优势，积极参与群众来访接待和社会纠纷调处活动，反映群众合理诉求，维护群众利益，协助党委、政府理顺情绪、协调关系、化解矛盾，消除不稳定因素，为促进全县和谐稳定尽心出力。

【自身建设】　县政协以活动组和机关建设为着力点，不断加强自身建设，夯实履职基础。一是坚持政协领导和专委会联系活动组工作制度，邀请活动组长参加常委会专题学习，为全体委员订送《云南政协报》，召开政协活动组长会议四次，强化履职培训。各活动组创新活动方式，丰富活动内容，党群活动组采取委员轮流主持活动的方式，发挥部门负责人的协调优势，开展调研视察；雄关活动组开展政协委员、新农村建设指导员、大学生“村官”联谊活动；政法、工交活动组开创联合调研视察新举措。开展“创先争优”活动，发挥委员主体作用，引导和激励广大委员在各行各业创先争优、建功立业，取得新成绩。有4个先进委员活动组、19名优秀政协委员在县委政协工作会议上受到表彰；有两名委员分别被评为省“十一五”云南文化遗产保护先进个人和市“十一五”教育科研先进工作者。二是进一步推进“学习型、服务型、创新型、效能型”政协机关建设，坚持政协领导分管委室工作制度，加强专门委员会建设，政协各项工作扎实有序开展。调配干部2名，充实机关工作力量。制定并严格执行《政协江川县委员会机关公文办理规则》，提高了办文水平。依照《政协章程》和机关管理制度，强化政务事务管理。

【查禁打击非法捕鱼专题协商会】　2011年3月21日，为协助县政府及职能部门解决好群众反映强烈、委员关注的热难点问题——打击电鱼等非法捕鱼行为，县政协召开查禁打击非法捕鱼专题协商会议，邀请14个职能部门和提案者代表就如何有效防范打击在抚仙湖和星云湖非法捕鱼行为进行专题协商，并形成《县政协常委会关于查禁打击非法捕鱼的建议案》提交县政府办理，助推了江川县“联合打击非法捕鱼专项行动”顺利开展。10月22日，县政府以江政函〔2011〕26号文件对办理情况给予回复。

【农村环境综合整治工作情况视察】　5月23～24日，即在全县农村环境综合整治工作会议召开前，县政协按照县委要求组织部分委员先后深入有关乡镇和村组就农村环境综合整治情况进行视察，并形成视察报告，为县委、政府开展农村环境综合整治工作提供决策参考。

【市政协视察江川星云湖治理工作】　6月15日，市政协副主席钱开祯率视察组到江川视察星云湖治理工作。视察组一行实地查看星云湖南岸十里长堤建设、人工湿地改造、主要入湖河道治理、红柳芦苇等原生植物恢复和北部污水处理厂运行等情况；听取副县长陈川明对星云湖治理工作的专题汇报。视察组对中共江川县委、县人民政府重视星云湖治理并做了大量富有成效的工作给予肯定，同时针对星云湖治理工作存在的资金、项目问题，提出意见建议。县委副书记张金翔、县政协主席黄文柱、县政府副县长陈川明、县政协副主席李绍华陪同视察。

【调研建言江川县餐饮美食产业】　7月14日至8月25日，为积极配合市政协做好美食产业发展情况的调研，扎实推进江川县餐饮美食产业发展专项规划的制定，县政协组织部分政协委员就江川县餐饮美食产业发展情况进行调研并召开专题协商会，形成《政协江川县委员会关于江川县餐饮美食产业的调研报告》及《政协江川县委员会关于加快江川餐饮美食产业化建设的建议案》供县委决策参考，报送政府研究办理。县政府高度重视建议案的办理并以江政函〔2011〕27号文件进行回复。

【荣誉表彰】 2011年7月，在玉溪市委政协工作会议上，黄文柱等市政协委员提出的《关于在抚仙湖—星云湖流域建立生态补偿机制的建议》，被评为优秀提案；刘跃宁被评为优秀市政协委员；李绍华、胡宇翔被评为先进政协工作者。

（侯国芬）

人民团体

工　会

【基层组织建设】 2011年，县总工会设主席1人，常务副主席1人，副主席1人，工作人员3人，聘请3人，招用乡镇工会社会化职业化组织员2人。江川县总工会以党工共建创先争优活动为契机，按照“组织起来、切实维权”的工作方针，稳步推进工会基层组织建设力度，着力加强非公企业工会组织建设，认真开展“广普查、深组建、全覆盖”行动，组织力量，摸清掌握全县非公企业底数，发动乡镇、街道，集中力量，大力开展建会工作。全年新建工会组织66家，涵盖企业法人单位167个，发展会员2728人。截至12月30日，全县共有工会组织276个，覆盖单位366个，会员14500人，女工组织141个，经审组织218个。圆满完成市总工会下达的工会组建和会员发展任务。

【县总工会十届五次全委(扩大)会议】 2011年3月11日，江川县总工会第十届五次全委(扩大)会议在江川宾馆召开。县人大常委会副主任、县总工会主席陆富仙作题为《明确任务，科学发展，团结动员全县职工在创先争优中建功“十二五”》的工作报告。副主席龚瑞中作题为《凝聚智慧，群策群力，全面推进经审工作规范化建设》的经审报告。县总工会常务副主席李梅琼书面提交《锐意创新，彰显特色，团结动员全县女职工为江川“三大目标”建设建功立业》的女职工工作报告。县委常委陈琎寿传达县委十一届六次全会精神，并对2011年的工会工作提出希望和要求。会议总结2010年工会工作，安排部署2011年全县工会工作，表彰2010年工会重点工作目标责任书考核先进单位，签订乡镇和系统工会《2011年工会重点工作目标责任书》。

【工会重点工作目标责任考核】 2011工会重点工作目标考核结果揭晓。一等奖：大街街道总工会、前卫镇工会、教育系统工会；二等奖：路居镇工会、江城镇总工会、雄关乡工会、卫生系统工会、农业系统工会；三等奖：九溪镇工会、安化乡工会、水利系统工会、文化系统工会、粮食系统工会、交通系统工会、住建系统工会。

【两个普遍工作】 为认真落实“广普查、深组建、全覆盖”行动，江川县总工会以第二次全国经济普查企业法人数据为依据，对全县非公企业法人数据开展普查工作，普查了我县2008年412户和2010年502户企业法人情况，进一步摸清全县企业法人单位数、建会企业数和未建会企业数，职工入会数和未入会职工数，为全覆盖工作垫定基础。

按照全总普遍开展工资集体协商的要求，江川县总工会积极争取县委、政府及相关部门的支持，力促两办发文成立“江川县企业工资集体协商领导小组”，制定印发《江川县2011年企业工资集体协商工作实施方案》，建立工资集体协商指导员队伍，按照“稳步推进、重点突破、重在建制、逐步规范”的工作思路和“党委领导、政府主抓、工会力推、各方协调、劳资互动”的工作格局，围绕建立和谐劳动关系总目标，细化实施步骤，全力推进工资集体协商工作。

10月25日，县总工会组织全县286家企业的主要负责人、工会主席在江川县影剧院召开江川县企业工资集体协商工作大会。县委常委、常务副县长李东林，县委常委马利兴，云南省企业家协会副会长、云南省猎才人力资源开发有限公司总经理李军，县人大常委会副主任、县总工会主席陆富仙参加会议。会议传达了市县委、政府关于开展企业工资集体协商的有关精神并作了动员讲话，就开展工资集体协商工作中的具体操作程序作了详细的说明。

2011年共签订工资集体协商合同175份，覆盖企业194个，覆盖职工6419名，已建工会企业签订率达67%。

【困难帮扶】 3月21日，江川县总工会在职工教育培训中心举行“2011年特困单亲女职工春风行动救助仪式”，共慰问特困单亲女职工29人，发放慰问金23400元。

6月25日，在建党90周年来临之际，按照省、市总工会的安排，县总工会在全县范围内切实开展“迎‘七一’，庆建党90周年”困难老职工党员慰问活动，县委副书记、县长葛勇，县委副书记张金翔，县委常委马利兴，县人大常委会副主任、县总工会主席陆富仙，县人民政府副县长石伟及县总工会全体党员干部参加慰问活动。共慰问困难老职工党员20名，发放慰问金10000元。

7月1日，江川县总工会对本单位退休的老党员进行节日慰问，共慰问4名老党员，发放慰问金2000元。

8月29日，县总工会在职工培训中心开展2011年度“金秋助学”活动。共救助困难职工家庭40户，受助学生41名，共发放救助金79000元。

9月29日，按照市总工会的安排和部署，江川县总工会全力开展“中秋、国庆”送温暖活动。共收到来困难职工申请135份，经过审核、公示，决定慰问救助符合条件的困难职工105人(其中医疗救助的11人、生活救助86人、法律援助3人、见义勇为者5人)，共发放救助金98800元。救助仪式结束后，县委书记马文龙一行还深入大病职工石宁等4户困难职工家中亲切慰问，把慰问金送到了他们的手中。

【贷免扶补】　按照市总工会的安排，认真做好“贷免扶补”工作，鼓励和推动劳动者积极创业，以创业带动就业。经过严格把关、层层筛选，确定30名创业者为“贷免扶补”政策扶持对象，经报批审核，第一批共8人，第二批22人，共获得扶持贷款资金174万元，其中农民工18人，大学生7名，失业人员5人。

李梅琼、李少鹏荣获玉溪市总工会2009～2010年鼓励创业“贷免扶补工作”先进个人表彰奖励。

【劳模管理】　2011年1月28日，县总工会按照省、市总工会《关于发放2010年全国、省(部)级、市级劳模生活困难补助金的通知》精神，在职工教育培训中心举行劳模慰问活动，县委书记张延明，县委常委陈琎寿，玉溪市总工会副主席柏劲松，县人大常委会副主任、县总工会主席陆富仙，县总工会常务副主席李梅琼等工会干部参加慰问活动。根据省、市总工会的分配计划，县总工会对李承根、徐宝祥、罗汉斗、徐四清4名全国劳模发放春节慰问金、生活困难补助金、特殊困难帮扶金37640元；对杨大中、杨兴、顾绍林3名省(部)级劳模发放春节慰问金1500元；对杨冬丽、李艳、张延江、陈伟4名市级劳模发放春节慰问金2000元。共计慰问11名劳模，发放慰问金41140元。张延明一行深入全国劳模徐宝祥、罗汉斗家中，把慰问金送到他们手中，送去党和政府、工会组织的温暖。

9月29日，江川县总工会按照上级工会的安排部署，对江川县6名省(部)级劳模、10名市级劳模进行走访慰问，送去慰问金8000元。县委书记马文龙，市总工会副主席李树华，县委常委马利兴，副县长石伟，县人大常委会副主任、总工会主席陆富仙等领导参加走访慰问活动。

12月29日，市、县工会领导到省部级劳模王开文，困难职工吴翠芬、曲双兰家中进行慰问。慰问省(部)级劳模4人，市级劳模6人，发放劳模慰问金5000元。

11月8日，县委常委马利兴，江川县人大常委会副主任、县总工会主席陆富仙，副主席龚瑞中一行对江川县4名省部级困难劳模龚德福、普绍清、方正华、伏廷国进行看望慰问，发放困难劳模慰问金11500元。

【一线职工座谈会】　4月29日，江川县总工会在江川宾馆召开一线职工座谈会。来自全县各个行业和不同工种的50余名一线职工和县总工会全体人员共70余人参加座谈。本着尊重职工、了解职工、关怀职工的主旨，副主席李梅琼首先从工会的工作职责和现阶段江川工会工作的现状、工会能为职工做什么三个方面向参会一线职工做了介绍。人力资源和社会保障局领导重申了劳动者的权利和用人单位的权利和义务。鹏源药业有限公司、阳光食品有限公司和庆成花卉、江磷集团、鸿益医院等10家单位的一线职工们从对工会工作的认识了解、加入工会的切身感受和对工会的期望、劳动保障情况、当前的困难等多个方面向与会领导作了汇报和交流，并对县总工会提出意见和建议。

县人大常委会副主任、总工会主席陆富仙就一线职工们的建议和要求做出答复：一是要求各位职工学习法律和工会知识，促进自身素质和工作能力的提高；二是当好工会宣传员，吸引新会员入会，促进工会组织建设；三是加强联系，互通信息，建设工会工作软环境；四是走进企业，走进职工，倾听职工呼声；五是形成长效，每年召开一次一线职工座谈。

县委常委陈琎寿向与会一线职工和企业、县总工会提出要求：从建立积极向上的企业文化的高度，重视工会组织建设；以企业和职工共同发展、共同进步的原则，来关心职工的利益；以法律的精神来维护职工的权益。全县职工要紧紧团结在党的周围，以加快江川经济发展和社会和谐稳定为重，坚定信心，坚守岗位，艰苦创业，用饱满的劳动热情积极投身高原湖泊生态县建设，推进江川科学发展。

【职工技能竞赛】　4月29日，江川县总工会按照省、市总工会的要求，组织江川县职工积极参加“全国职工书法作品展览”活动，展示江川职工风采。共收到书法作品9卷，其中草书2卷，行书3卷、行草书2卷、楷书2卷。联合农业局选派5名选手参加市动物检疫技能大赛，荣获一等奖一名，三等奖四名的好成绩。

【宣传教育】　4月30日，为宣传、贯彻、落实好《云南省企业工会条例》，切实抓好《条例》的学习和宣传工作，江川县总工会组织县总工会全体职工，认真学习《云南省企业工会条例》，印发《云南省企业工会条例》200份发放到全县各乡镇、系统工会和基层企业工会，宣传做好企事业管理人员、工会干部和职工的学习教育，在江川县广播电视台和江川新闻网滚动播出，营造舆论环境，使广大群众和职工都学习和了解《条例》，努力做到家喻户晓、人人皆知，在企业中和本县主要交通要道明显位置，悬挂标语，祝贺条例的实施。

8月18日，为进一步提高工会干部做好新形势下的职工群众工作，充分发挥工会组织在加强和创新社会管理中的作用，江川县总工会特邀云南省工青妇干校常务副校长、副教授刘驰到江川从“胡锦涛在中央党校省部级主要领导干部社会管理及其创新专题研讨班上的讲话”、“工会参与加强和创新社会管理的思考”、“工资集体协商实务”、“新时期工会工作的思考”、“如何做合格的工会主席、合格的工会干部”五个专题，为全县工会主席进行培训。来自全县各乡镇(街道)、系统工会主席、副主席、女工主任，县直各行政、企事业单位工会主席，各乡镇、系统所属基层(企业)工会主席以及县总工会全体工会干部共213人参加培训。

10月26日，为进一步提高广大职工群众对毒品的认识，将新一轮禁毒人民战争推向深入，江川县总工会协同大街街道总工会在明珠路中段开展禁毒防艾宣传教育活动，向过往的农民工、外来务工人员及群众、学生宣传有关毒品的常识，进一步提高了人民群众的安全意识。宣传日共发放宣传禁毒防艾资料3000多份。

11月3日，县总工会对2011年新建企业工会主席进行培训，来自全县各乡镇(街道)所属非公企业56名工会主席参加培训班。在开班仪式上，县委常委马利兴从三个方面强调指出：一是要认清形势，明确任务，扎实推进工会基层组织建设工作；二是要立足全局，把握要求，提高对工会干部教育培训工作重要性的认识；三是要集中精力，全心投入，确保工会干部教育培训取得实效。云南省总工会组织部副部长王留德以“怎样当好非公企业工会主席”为题，分别从党中央对工会工作的指示、全总对工会工作的部署、职工群众对工会工作的新期待、企业工会工作的着力点、企业工会工作做什么、企业工会工作怎么做、怎样艺术维权做一名合格的工会主席等方面作详细讲解。县委常委、政法委书记陈琎寿以“企业综治维稳”为题对学员进行讲座，并着重从社会管理与创新、怎样创建平安企业、如何建立劳动合同制度和工作制度、怎样建立劳资关系等方面作重要阐述。县人大常委会、县总工会主席陆富仙结合“企业工会主席素质要求”对学员从工会工作面临的形势、工会肩负的任务、工会应有的作为、维护职工的权益等方面进行专题培训，增强了工会主席的忧患意识。

11月4日，县总工会邀请昆明市总工会干部培训学校党支部书记、企业培训师、职业指导师蒋继寿对全县企业工会主席进行《云南省企业工会条例》、《企业民主管理》知识专题培训，来自全县各乡镇(街道)所属企业的106名工会主席参加培训。

【职工书屋】 2011年争取一个全国“职工书屋”示范点建设项目在江磷集团工会，收到中华全国总工会价值2万元书籍，县总工会补助0.5万元，江磷集团工会按照标准建成全国“职工书屋”。截至2011年底，江川县已建成了全国“职工书屋”一个，县级“职工书屋”两个。

【调查研究】 县总工会大兴学习和调查研究之风，深入基层、深入职工群众、深入调查研究，形成《江川县基层工会财务管理情况》、《经审工作面临的问题》、《当前工会职工技协工作的机遇和挑战及其对策》、《工会宣传工作在非公企业中的影响作用与思考》等6篇调研报告上报市总工会和相关单位，为及时解决问题，提高工作效率筑牢理论基础。

【工会财务】 江川县总工会认真贯彻落实地税全面全额代收工会经费工作，加强与地税的协作，制定《工会经费定额核定办法》，规范账务不健全企业的工会费收缴，提高工会经费的收缴率，对工会经费收缴做到应收尽收。2011年，拨缴经费收入完成比上年同期增长3%。建立和完善工会经费收缴台账，实现动态管理，及时返拨基层工会费，保护各单位和企业缴交工会经费的积极性。组织学习《云南省工会资产监督管理政策法规汇编》，发放《汇编》手册300余份，认真开展“学习周”和“宣传周”活动，查找存在的问题和改进的方向，增强依法管理工会资产的意识，自觉维护工会资产的安全和完整。开展工会“小金库”清理复查工作，共清查所属乡镇、街道(总)工会、系统工会以及所属基层工会、县直基层工会，职工技术协会等社会团体77家单位，从源头上预防和杜绝腐败。

【经费审查】 2011年，江川县总工会按照市总经审规范化建设要求，加大对工会经费和工会资产的审计审查。2月10日，县总经审会审计小组对县总工会本级2010年度工会经费预算执行情况进行就地审查审计。2月12日，县总工会经审会对县总工会2011年度工会经费预算情况进行审查。经审会认为：县总工会预算编制坚持统筹兼顾、保证重点的原则，结合新《工会会计制度》和《工会预算管理办法》，提高了预算编制的针对性和有效性，体现了保障重点工作，对基层组织倾斜的原则。经审会建议：一是要扎实推进新《工会会计制度》和《工会预算管理办法》的贯彻落实，确保预算执行到位；二是要大力推进预算管理科学化、精细化，不断提高财务管理水平；三是在资金的使用上，能有计划、有重点地安排，做到确保全局，照顾重点，服务基层。

【生态文明之家创建】 1月14日，江川县总工会第二批“生态文明之家”创建单位考评验收会在县总工会召开，各创建活动领导小组成员和县纪委第一纪工委书记张竹会参加会议。县总工会常务副主席李梅琼向成员单位的与会人员汇报了对江川职中、江城中学、大街中学、大街小学、瑞文酒店、宏斌绿色食品有限公司开展“生态文明之家”创建考核验收的综合情况，提出第二批创建单位取得的成效和存在的不足。8家成员单位针对6家创建单位的情况，结合各自的职能进行发

言，对存在问题的单位提出整改意见，并建议相关职能部门加大落实力度。江川职中、江城中学、大街中学、大街小学、瑞文酒店5家单位通过考核验收。

11月15日，县委常委马利兴在县人大常委会副主任、县总工会主席陆富仙一行的陪同下，对县总工会开展的“生态太文明之家”创建工作进行调研。马利兴深入前卫镇政府工会、前卫镇卓一食品工会、前卫中心小学工会、江城中学工会、明星村级工会联合会、下营社区工会联合会6家基层工会对“生态文明之家”创建从文件精神落实、硬件建设、环境绿化美化、文化长廊建设、创建资料痕迹管理等方面进行调研。并从树立生态文明观念、节能减排、清洁生产、安全发展、环境建设、劳动关系和谐等11个方面作具体要求。马利兴强调：生态文明创建活动是市委市政府、县委县政府确立的主题创建活动，是江川县发展的战略方针之一，各单位要高度重视，抓紧抓好抓出成效；要注重创建活动的品牌性、特色性、带动性，做到点带线，线带面，以明星村级工会联合会等独特的资源优势、环境优势、水资源优势、人力资源优势、人文优势做大做强生态文明建设的牌子，做到在县级有带动性、省级有典型性、全国有示范性。要求企业通过创建活动的开展，使之更加注重产品质量、食品卫生和食品安全以及产品的宣传力、影响力和知名度，把企业做成国内知名的一流企业。陆富仙在调研过程中也对“生态文明之家”创建从具体要求、主要做法、创建程序、注意事项、工作内容等方面提出意见和建议。

【工会知识竞赛】 3月23～24日，按照省、市总工会“关于开展工会知识竞赛活动”的通知精神，为提高全县广大职工的维权意识，增长对新形势下工会工作相关知识的掌握和了解，江川县总工会在江川宾馆举行以“共创生态县，建功十二五”为主题的工会知识竞赛，来自全县7个乡镇，8个系统、5家直属企业、1家直属机关工会的21支代表队参加竞赛。瑞文酒店代表队获一等奖；路居镇代表队、农业系统代表队获二等奖；江磷集团代表队、景湖酒店代表队、大街镇代表队获三等奖。同时按照比赛个人综合总成绩评出江磷集团的潘蕾、景湖酒店的吴培麟、大街镇的杨剑、农业系统的邓金华和张劲梅为个人优秀选手。

路居代表队、江磷集团代表队参加省总工会组织比赛，荣获第九名组织奖。

农业系统职工邓金华、江磷集团职工潘蕾、县总工会职工杨剑代表江川工会参加市级竞赛，获一等奖。

【三小工程捐助活动】 为认真落实《江川县人民政府办公室关于印发江川县应急“三小”工程建设实施方案的通知》和〈玉溪市总工会关于开展防灾应急“三小”工程建设经费筹措的通知〉文件精神，江川县总工会积材组织开展“三小”工程捐款活动，共有102家工会组织和职工捐款125036元，为全面开展防灾应急，提高群众临灾条件下的自救能力作出贡献。

【第八期职工医疗互助活动】 江川县第八期职工医疗互助活动参加单位147家，比第七期150家减少3家，减少2%。参加人数9368人(其中继续参加的9080人，新参加的288人)，比第七期的9438人减少70人，减少0.74%。收取互助金1129920元，比第七期762240元增加367680元，增长48.24%。

【市县(区)工会职工运动会】 7月9～7月13日，玉溪市第六届市、县(区)总工会职工运动会在江川举行，来自市总工会、红塔区总工会等10个县(区)总工会的代表队共108名运动员参加本次运动会。本次运动会由玉溪市总工会主办，江川县总工会、江川县文化旅游广电和体育局承办，历时5天，共设三人篮球、乒乓球、羽毛球、双抠、海底传月、环环相扣、跳大绳、五人协作跑8个项目。江川县总工会代表队在乒乓球、环环相扣、跳大绳、五人协作跑4个项目比赛中获第一名；在三人篮球比赛中获第二名；在羽毛球、海底传月比赛中获第三名；在双抠比赛中获第六名，最终以58分的总成绩荣获团体总分第一名，取得六届运动会以来的最好成绩。

【关爱生命，文明出行知识竞赛】 11月2～10日，县总工会组织全县各基层工会开展以“关爱生命，文明出行”为主题的道路交通安全法律、法规及文明交通礼仪知识竞赛活动。全县共有76个单位参加，参加人数2170人。

【安康杯竞赛】 按照上级工会要求，组织38家机关、企事业单位的3956名职工，开展以“加强班组安全建设，强化一线教育管理”为主题的“2011全国安康杯知识竞赛”，拓宽“一法三卡”活动面。

【表彰先进】 云南宏斌绿色食品有限公司工会、县信用联社工会获市级“劳动关系和谐企业”先进单位；江川县幼儿园工会、江川天湖公司工会获市级“工人先锋号”先进单位。

【女职工工作】 2011年新建女职工组织42家，截至2011年底，全县共有女职工组织141个，女职工6177人，女会员6177人，其中女农民工会员4632人，根据玉工办发【2011〕26号《关于开展玉溪市女职工组织规范化建设活动的实施方案》，县女工委在全县开展女职工组织规范化建设活动，2011年实现创建、审批合格女职工组织数达80%，推动了女职工工作向更加科学规范有序的目标迈进。深入开展“岗位学习、岗位成才、岗位建功、岗位创优”活动，涌现出一大批优秀女职工，10名女职工被授予江川县“巾帼建功标兵”荣誉称号。推动女职工特殊权益保护专项集体合同工作，提高合同签订率，2011年签订20家，共有73家签订了专项集体合同，签订率达85%以上，同时督促企业提高履约率，维护女职工合法权益和特殊权益。

（李春伟）

共青团

【2011年共青团与人大代表、政协委员面对面座谈会】 1月19日下午，团县委组织召开2011年江川县“共青团与人大代表、政协委员面对面”座谈会。座谈会以“新生代农民工的社会融入”、“互联网与青少年健康成长”及“校园文明与学生法制意识养成”为主要议题。中共江川县委常委陈琎寿，县人大常委会副主任、县总工会主席陆富仙，县政协副主席杨吉英等领导和新生代农民工代表共30人出席座谈会。座谈会上，青年代表和县人大代表、政协委员及特邀嘉宾分别围绕座谈会议题展开讨论，就新生代农民工的社会融入、网络的合理运用、如何养成学生法制意识等问题提出许多意见和建议。

【2010年度共青团工作考核会】 1月21日，团县委召开2010年度共青团工作考核会，对各基层团委2010年度工作进行考评。各基层团委负责人、团县委委员参加会议。会议评选出江城镇团委、大街镇团委、江川职中团委、江川县级机关团委为“2010年度江川县共青团工作目标管理考核先进团委”。

【鼓励青年创业贷免扶补工作会议】 1月21日下午，团县委召开鼓励青年创业“贷免扶补”工作会议。县委常委陈琎寿出席会议，各乡镇分管共青团工作的领导和乡镇团委负责人参加会议。会议讨论通过《共青团江川县委关于加强对鼓励青年创业“贷免扶补”工作经费使用管理的通知(暂行)》文件。

【青联工作座谈会】 1月28日上午，团县委、县青联组织召开青联工作座谈会。县青联主席、副主席，各界别委员会主任、副主任共15人参加会议。县青联主席何眉对2010年江川县青联工作进行全面总结。县青联各界别委员会主任、副主任进行交流发言，提出开展工作的意见和建议。

【青年志愿者活动】 2月28日～3月12日，江川团县委组织全县14个基层团委开展以“你我参与，创先争优，共建高原湖泊生态县”为主题的青年志愿者活动，弘扬雷锋精神和“奉献、友爱、互助、进步”的志愿者精神。一是规范青年志愿者服务队伍。全县各级团组织按照辖区内青年志愿者的服务需求及工作范畴，规范环保志愿者、禁毒志愿者、助耕帮扶志愿者等团队建设，进一步细化青年志愿者的服务内容，最大程度地调动服务热情，提高服务质量和服务水平。二是开展“青春辉映夕阳红”敬老献爱心活动。机关团委、企业团组织按照团县委确定的“一对一”、“一对多”敬老献爱心活动结对制度，深入全县七个乡镇敬老院开展义务劳动、义务诊疗、义务理发、打扫环境卫生等活动，累计慰问200余名孤寡老人，义务诊疗27人次，义务理发15人次，赠送价值300余元药品，发放价值3500元慰问品，为孤寡老人送温暖、做了事、办好事。四是开展关爱农民工子女志愿服务活动。团县委、县少工委到九溪中心小学看望慰问10名农民工子女，并为他们送去总价值1000元的书包、文具盒、钢笔、橡皮擦等学习用具，切实为农民工子女健康成长搭建有效平台，让农民工子女真切感受到社会的关心、关爱与重视，立志好好学习，报效祖国。四是深化共青团服务烤烟生产促农增收志愿者活动。七个乡镇团委结合当地实际情况，积极组建青年志愿者烤烟生产服务队，通过集中宣讲、入户宣讲等方式向广大烟农宣传2010年烤烟种植合同管理规定、生产技术标准、交售要求及相关扶持政策；充分发挥青年种烟能手的示范带动作用，对广大烟农进行分类技术指导，帮助其解决烤烟育苗过程中遇到的实际困难和问题。五是开展便民服务活动。3月1日，团县委组织机关团委、公安局团委、个私团工委、大街镇团委、驻江部队83名青年志愿者在县城明珠路开展义务诊疗、医疗知识宣传、禁毒知识宣传、生活小常识宣传、法律咨询、钟表维修、义务缝补、义务理发、自行车修理、真伪币知识宣传等11项内容丰富的便民服务活动。活动共展出禁毒知识展板20块，消防知识宣传展板10块，3000余名群众观看；向过往300余名群众讲解真伪币的识别方法；发放医疗宣传材料600份，道路交通安全知识、防骗常识、禁毒知识等宣传材料1000份，消防、防震减灾、环保等生活小常识宣传材料300份；义务诊疗90余人，免费测量血压500余人；义务理发170余人；缝补衣服21余件。六是掀起“生态江川建设　青春建功行动”热潮。在渔村大河、星云湖—抚仙湖出流改道入水口、怡心园3个生态监护点，广大团员青年、少先队员积极投入生态监护活动。沿湖的大街镇、江城镇、前卫镇和路居镇分别组织团员青年、少先队员认真清理主要入湖河道和沿湖、沿河村庄街道，捡拾白色垃圾，打捞河内污物、杂草。九溪镇、雄关乡、安化乡团委也组织团员青年、少先队员开展“清洁农村”综合整治行动，清理村庄街道垃圾，铲除杂草，清理卫生死角。活动共计3657人参加，累计清理河道、沟渠18.1千米，清洁街道20.7公里，清运垃圾30余吨。

【共青团江川县十五届四次(全委)扩大会议】 2011年3月18日上午，团县委组织召开共青团江川县十五届四次(全委)扩大会议。县委常委陈琎寿、县纪委派出第一纪工委书记张竹会出席会议，团县委委员、不是团县委委员的基层团委负责人和分管领导、12所中心小学少先队辅导员和分管领导共计65人参加会议。团县委书记何眉

作《工作报告》；陈琎寿对共青团工作及团干部提工作要求；表彰2010年度全县共青团工作目标管理先进团委、少先队工作目标管理先进集体和30个先进团组织及130名优秀团员；与各基层团委、少先队组织签订《2011年工作目标管理责任书》。

【“青春彩云南·青帆创业夜校”江川青年创业教育教学点开班】 2011年4月12日下午，“青春彩云南·青帆创业夜校”江川青年创业教育教学点开班仪式在江川县职业中学举行。团市委副书记马利兴参加仪式。马利兴为“青春彩云南·青帆创业夜校”江川青年创业教育教学点授牌。团县委聘请云南卓一食品有限公司董事长周颖、云南腾达机械制造有限公司执行董事杨艳春、云南宏斌绿色食品有限公司行政部经理左永兰、江川县文化旅游广电和体育局副局长何俊、江川县人民法院行政庭庭长张秋红5名优秀青年作为“青春彩云南·青帆创业夜校”江川青年创业教育志愿讲师。仪式结束后，玉溪师范学院商学院胡电喜老师以“职高生创业培训与职业生涯规划”为主题，从创业概论、创业过程透视、创业环境分析、职业生涯规划综述、创业经营法则等方面向江川县职业中学197名学生作了创业知识讲授。

【纪念五四运动92周年系列活动】

团县委以“高举团旗跟党走，我为团旗添光彩”为主题开展纪念“五四”运动92周年系列活动。一是举办纪念“五四运动”92周年宣讲活动。县委书记马文龙，县人大常委会主任赵少春，县政协主席黄文柱，县委常委、人武部政委张永华，县委常委陈琎寿，县委常委、宣传部长石伟，县委常委、组织部长林清等领导出席活动，5名市、县青联委员、优秀青年代表为980余名团员青年进行宣讲。二是举办“我与祖国共奋进”形势政策宣讲会，邀请云南行政学院省情与政策研究所所长刘小龙为399名团员青年讲解“十二五”规划的相关内容，使团员青年进一步加深国情、省情认识。三是组织开展“学习杨善洲同志先进事迹，争做江川优秀青年”义务植树活动。团县委委员，县青联界别委员会主任、副主任，部分农村、社区、机关、企业的团员青年共计104人到路居镇石岩哨村裸裸山开展义务植树活动，完成1500株柏树种植任务。四是召开“五四青年节”历届团委书记座谈会。团县委书记何眉从组织青年、引导青年、服务青年、维护青少年合法权益和加强团组织自身建设五个方面向参加会议的县委、县政府领导和历届团县委书记、十五届团县委委员汇报团县委近年工作情况。历届团县委书记回顾个人在团县委的工作情况和各个时期团县委开展的工作，介绍了各个时期形成的工作经验，并对现阶段团县委的工作提出建议。五是举行江川县第十五届十八岁成人宣誓暨新团员入团宣誓仪式。4月27日，团县委在县烈士陵园举行“江川县第十五届十八岁成人宣誓暨新团员入团宣誓仪式”，1118名青年参加活动。六是举办江川县第五届“五四青春杯”三人篮球赛。4月28～29日，团县委联合县文化旅游广电和体育局在大街青年中心举办“江川县第六届‘五四青春杯’三人篮球赛”，共15支代表队，70名篮球爱好者参加比赛。松飞队勇夺男子组冠军，巾帼一队获女子组冠军。

【农村青年致富带头人科技培训】 4月26～29日，团县委联合县科协举办“江川县农村青年致富带头人科技培训”。培训分别结合安化乡安化社区、路居镇石岩哨村委会、雄关乡雄关社区、大街街道上头营社区、前卫镇赵官村委会、石河村委会、江城镇白家营村委会、九溪镇大村村委会的优势产业，邀请玉溪市科协龚绍春、江川县林业局马瑞杰两位老师分别为广大农村青年进行青蒜、萝卜、白花菜、洋芋和核桃种植方面的科技知识培训，累计培训410人。

【配送鼓号】 5月28～30日，团县委向30所中心校及完小配备价值9万元的鼓号，切实加强基层少先队组织建设。

【孙俊波到江川调研】 2011年6月25日，团中央青农部副部长孙俊波一行6人，在团省委副书记景绚、团省委青农部部长李国钰、团市委书记余莉的陪同下到江川县调研农村青年创业就业工作。团县委书记何眉作了农村青年就业创业工作的汇报，陪同走访了九溪镇六十亩村、江城镇明星村以及创业青年刘宝春。

【深入推进创先争优志愿服务人民群众主题活动】 7月21日中午，团县委组织团干部、团员青年和青年志愿者在县城明珠路开展“深入推进创先争优，志愿服务人民群众”主题志愿服务活动。开展义务诊疗、法律咨询、义务理发、眼镜清洗、义务修理、禁毒知识宣传等便民志愿服务活动。活动共向过往群众发放禁毒、疾病预防知识宣传材料6800份，展出禁毒、环保知识展板27块，义务诊疗1030余人次，义务理发60人次，清洗眼镜13副，义务缝补20件，修表12块，维修小电器3台，维修手机7部，自行车胎加气16次，法律咨询11人次，1000余名群众参与了禁毒防艾签名承诺活动。

【乡镇团委换届选举工作】 6月中旬，乡镇团委开展换届选举工作。通过开展换届选举工作，乡镇领导班子成员兼任团委书记6人，达100%；乡镇团委委员平均年龄31.47岁；女性27人，占42%；少数民族11人，占17%；专科以上学历28人，占48%。乡镇团委团干部覆盖面进一步扩大，乡镇团委委员涵盖机关事业单位人员、村干部、大学生村官、非公有制企业和社会组织管理人员、农村致富能人和产业带头人等人员。

【共青团江川县第十六次代表大会】 7月28～30日，中国共产主义青年团江川县第十六次代表大会在县城隆重召开。共青团玉溪市委党组成员、市青联专职副主席李增荣，江川县党政领导马文龙、葛勇、张金翔、赵少春、黄文柱、李东林、张永华、陈琎寿、林清、马利兴、龚桂存等应邀出席大会。李增荣、马利兴致辞。会议审议通过十五届团县委的《工作报告》，选举产生由刁元波、王坤、方佳、左永兰、史圆、孙思维、刘正昌、华明权、李晓东、吉崇斌、杨东、杨媛、何眉、张志丽、周雪琼、闻雁川、莫小伟、高芳、晏春、鲁熊、谭雪峰21人组成的共青团江川县第十六届委员会；王坤、方佳、史圆、华明权、杨媛、何眉、闻雁川7人当选为共青团江川县第十六届委员会常务委员；何眉当选为共青团江川县第十六届委员会书记；杨媛、王坤当选为共青团江川县第十六届委员会副书记。

【科普宣传】 9月16日上午，团县委组织10名青年志愿者先后来到县委办、县人大办、县政府办、县政协办等21个部门，向机关干部发放600余份《科普知识系列丛书》、《星云湖保护条例》、《节水知识》等科普宣传小册子、100只环保袋和10000个“实施全民科学素质行动计划，提高公众科学素质”宣传纸杯。9月20日上午，团县委组织来自江磷集团团委、机关团委、公安局团委、极点户外运动俱乐部的101名青年志愿者开展自行车环湖科普宣传活动。青年志愿者队伍从县体育馆出发，沿澄川二级路、景观大道、海门村委会、兰田村委会、螺蛳铺村委会、大营村委会、县城一线骑行，途经大街街道、前卫镇、江城镇、路居镇，行程37.6千米，历时3个小时。青年志愿者分别在途经的江城镇龙街村委会、路居镇螺蛳铺村委会入户向沿湖群众宣传科普知识和保护母亲湖知识，共发放《健康教育指导手册》和《生活中的窍门及常识》宣传手册600份。

【全市团干部参观六十亩团总支】 9月26日下午，共青团玉溪市委组织全市八县一区团委、市直团委、74个乡镇(街道)团委、市直机关团工委的160名团干部到江川县九溪镇六十亩村参观基层团组织建设工作。县委常委马利兴陪同参观。

【敬老献爱心活动】 10月8日上午，团县委组织县幼儿园、县医院、县消防大队、建国发廊的21名青年志愿者和32名少年儿童到九溪镇敬老院开展敬老献爱心活动，进一步弘扬中华民族“尊老、敬老、爱老”的优良传统，让孤寡老人感受到社会的关爱，度过安乐、祥和的节日。

【建队节活动】 10月11日中午，共青团江川县委深入路居镇张营小学组织开展“江川县纪念少先队建队62周年暨‘红领巾心向党’新老队员交流分享活动”。活动分别涉及少先队知识讲解、“生态江川建设·红领巾行动”捡拾垃圾兑换学习用品活动、趣味游戏三项内容。

【少先队辅导员培训班】 10月12～13日，团县委联合县教育局举办江川县2011年少先队辅导员培训班，来自全县12所中心小学分管少先队工作领导、县少先队总辅导员、乡镇和街道团组织负责人、12名乡镇(街道)中心小学少先队总辅导员、12所中心小学、48所村完小、3个办学点的少先队大队辅导员共95人参加培训。邀请到全国十佳少先队辅导员、全国少先队工作突出贡献获得者、云南省少先队终身辅导员、玉溪市少先队总辅导员徐吟鹏，《蜜蜂报》报社社长、云南省少先队工作专家、云南省少工委委员唐顺江和全国优秀少先队辅导员、云南省少先队终身辅导员、云南省少先队工作专家、云南省少工委委员肖平分别为参训人员讲授了《新时期少先队工作》、《少先队鼓号技能技巧》和《少先队活动设计与组织》三个专题，使参训学员受益匪浅。

【青年马克思主义培养工程培训班】12月5～6日，团县委在青年中心举办江川县2011年青年马克思主义者培养工程培训班。团县委委员、不是团县委委员会的基层团委负责人、各村(居)委会团总支书记，乡镇中学团总支书记，机关团组织负责人，个私企业团组织负责人、乡镇中心小学少先队总辅导员和青年中心主任共计160人参加培训。培训突出县委、县政府工作中心和服务青年成长成才两个重点，达到了用马克思主义中国化最新理论成果教育青年，努力造就一批数量多、分布广、素质高、理论强的青年马克思主义者的目的。

【成立驻昆团组织】 通过积极协调联系，团县委在昆明成立共青团江川三道菜昆明连锁店总支委员会。下设：共青团江川三道菜昆明连锁店盘龙区饭店支部委员会、共青团江川三道菜昆明连锁店西山区饭店支部委员会、共青团江川三道菜昆明连锁店度假区饭店支部委员会。

【两新企业团组织建设】 按照“两个全体青年”的工作目标，团县委着力开展“两新”组织团建工作，不断扩大团组织的覆盖面，提高团组织的影响力。各级团组织深化认识、加强调查研究、积极协调沟通，努力争取“两新”组织负责人的支持，全年新建“两新”团组织85家。同时，注重对新建团组织进行规范化管理，更好地发挥团组织在促进“两新”组织发展、服务青年成长成才中的积极作用。

【中国青少年研究中心法律研究所领导调研工作】 12月16日，中国青少年研究中心法律研究所副所长郭开元、中国青少年研究中心青少年法律研究所基地主管陈卫东到江川县调研青少年维权工作。调研组一行走访了大街街道下营社区、九溪镇六十亩村团总支。

【发放“救救孩子”倡议捐款】 江川团县委严格按照“救救孩子”倡议捐

款相关管理细则，认真做好倡议捐款管理及发放工作，为身患重病的中小学生送去慰问金，送去温暖和关怀。2011年，团县委在接收到救助申请后，进过向申请人在读学校调查了解，共为张子怡、段志超、李相平、唐本鸿四名少年儿童送去“救救孩子”倡议捐款8000元，并鼓励孩子们要树立克服病患的信心和勇气，积极治疗、坚持学习、争取早日康复、重返校园。

【创建青年文明号】 2011年，团县委通过积极与各行业的联系，成功申报中国石油化工股份有限公司云南玉溪江川八达加油站、中国石油天然气股份有限公司云南销售分公司玉溪江川通达加油站、云南鹏源药业有限公司星云大药房福康店、云南宏斌绿色食品有限公司行政部四个集体作为市级青年文明号集体，创建江川供电有限公司大街供电所、江城供电所、前卫供电所、路居供电所、九溪供电所五个“县级青年文明号集体”。

【服务第七届高原湖泊水产品交易会】 12月22～24日，团县委组织30名青年志愿者做好第七届高原湖泊水产品交易会大型文艺演出活动的服务工作。按照县委、政府的统一部署，团县委及时安排，加强协调，精心组织，完成文艺演出的礼仪服务、会场布置、观众引领等志愿服务工作，确保开幕式和文艺演出的顺利进行，受到有关领导和部门好评。

（史　圆）

妇　联

【概　述】 2011年，江川县妇联深入贯彻落实县委十一届六次全会精神，按照“党政所急，妇女所需，妇联所能”的工作原则，立足“服务妇女求实效，创先争优促发展”目标，始终坚持围绕中心抓重点，突出特色抓精品，提高素质抓队伍，强化协调抓发展，找准工作切入点，积极创新参与社会管理的内容和形式，不断提高妇女工作科学化水平，妇女工作取得了明显成效。经过一年的努力，县妇联被中共玉溪市委、市人民政府评为“2006～2010年法制宣传教育工作”先进单位，被玉溪市妇联评为“生态文明家庭”创建先进集体，被县委表彰为“党风廉政建设责任制”优秀单位，被县委、县政府评为“2010年度综治维稳工作”先进单位，被县人民政府评为“2008～2010年禁毒人民战争”先进集体。

【双学双比工作会议】 2011年1月19日，江川县“双学双比”工作会议召开。县委常委、常务副县长、县“双学双比”竞赛活动协调领导小组组长李东林及各成员单位的主要领导参加会议。县妇联主席杨军苹主持会议。会议对2010年江川县“双学双比”工作进行总结并提出2011年的工作意见。各成员单位围绕2011年工作意见进行讨论，提出意见。李东林充分肯定2010年全县“双学双比”工作所取得的成绩，并对2011年全县“双学双比”工作提出三点要求：一是全县“双学双比”工作要紧紧围绕县委、县政府工作大局，服从服务于全县经济、社会、生态建设；二是各成员单位要充分发挥部门职能优势，继续加大对“双学双比”工作经费的支持力度，为妇女发展营造良好环境；三是县妇联要充分发挥“双学双比”办公室的牵头协调作用，充分整合资源，使“双学双比”活动真正取得实效。

【农村妇女实用技术培训】 为提升广大农村妇女素质，增强运用种植、养殖科学知识技术能力，县妇联结合实际，组织各乡镇开展各类实用技术培训。一年来，通过协调相关单位分别举办奶牛、肉牛饲养、养猪知识、烤烟栽培、蔬菜栽培、环保知识和病虫害防治等各类实用技术培训。全年全县共举办培训99期，参与妇女达22165人次。积极组织推荐优秀妇女参与技术培训。组织雄关乡、九溪镇的2名种养殖女能手到昆明参加“云南省先进农村妇女先进女能手培训”；前卫镇组织37名农村营销女能手、种植女能手参加由江川县供销合作社、前卫镇政府共同举办的农产品经纪中级班；组织动员250余名农村妇女参与玉溪市家政协会举办的家政服务技术培训。

【贷免扶补、项目循环金和小额信贷工作】 为帮助扶持有志妇女通过合法的手段发展家庭经济，解决她们发展受资金瓶颈制约的问题，县妇联积极向上级争取资金，认真实施“贷免扶补、项目循环金和小额信贷”工作。全年发放贷免扶补资金1401万元，为270名妇女提供了创业资金，其中：一产业189人，二产业12人，三产业69人；发放项目循环金42万元；运作小额信贷资金700万元，贷款户为432户，受益人口为1699人，涉及全县7个乡镇（街道），67个村（居）委会，其中：种植329户，养殖63户，其它72户；独生子女20户，双女52户。同时，2009年贷免扶补资金600万元以及2010年第七、第八轮小额贷款600万元也顺利完成回收，资金回收率达100%。

【市第五纪工委到江川督查资金扶持妇女发展工作】 2011年6月16日，玉溪市第五纪工委在市妇联副主席田丽英陪同下，深入江川县对资金扶持妇女发展工作情况进行督导和检查。督查组听取江川县妇联关于2009年、2010年“贷免扶补”和2010年小额信贷资金运行情况的汇报，重点查阅了2010年小额信贷、贷免扶补工作、奖励经费使用的文件材料、工作台账和统计报表及相关凭证。督查组认为江川县妇联的资金扶持妇女发展工作程序规范，成效显著，无违规行为，希望江川县妇联继续用好用活扶持资金，帮助更多妇女发展好家庭经济。

【庆祝“三八”国际劳动妇女节系列活动】 为庆祝“三八”国际劳动妇女节，

丰富妇女群众的业余生活，县妇联充分整合资源，创新活动方式，开展了一系列丰富多彩的庆祝活动。一是开展关爱山区女性健康活动。3月1～2日，为在农村妇女群众中普及卫生健康知识，进一步提高她们的保健意识，县妇联联合县卫生局、县计生局深入路居镇红石岩、雄关乡窑房梅子铺两个偏远山区村委会为358名妇女作妇检和B超检查，免费发放价值4000多元的药品。二是开展"三八"维权周宣传活动。3月2日，县妇联协调多家单位，深入雄关乡窑房村委会梅子铺村民小组，大力开展"三八维权周宣传活动"，向广大妇女群众发放各种宣传材料3050份；展出反邪教、防艾知识展板30块，发放避孕套1000只；设立法律服务咨询台，邀请唐金荣律师免费为广大妇女群众开展法律咨询服务，接受咨询5人次；设立义诊服务咨询台，邀请县妇幼保健院的两名医生为群众开展义诊咨询活动，义诊咨询人数达100多人。三是举办女干部座谈会。3月3日，县委组织部、县妇联联合举办江川县庆"三八"暨"强素质、谋发展、创新绩"女领导干部座谈会。县委书记张延明，县委副书记、县长葛勇，县人大主任赵少春，县政协主席黄文柱，县委常委陈琎寿、林清，县政府副县长龚桂存等领导出席会议。全县及省市驻江川单位副科级以上女领导干部共66人参加座谈会。参会女领导干部围绕会议主题作积极发言。张延明对近年来江川县女干部在经济社会建设中做出的成绩给予充分肯定，并就女领导干部如何进一步提升自己，促进发展提出了"要自强不息，勇挑重担，在'建设高原湖泊生态县，现代宜居高原湖泊生态城和国际高原湖泊生态休闲度假旅游目的地'三大目标的实践中建功立业；要传承美德，弘扬新风，在构建和谐江川中展现巾帼风采；要加强学习，注重实践，在提升自身素质中实现新作为"的新要求。会议由县委常委陈琎寿主持。四是举办环星云湖徒步活动。3月3日上午，县妇联联合相关单位开展"低碳·时尚·健康"环星云湖十里长堤徒步活动，县人大副主任、县总工会主席陆富仙，县政府副县长龚桂存等领导出席仪式。来自38家单位的1000余名职工从体育馆门口出发，沿着博物馆、法院、渔文化广场、出流改道入水口的路线，徒步走完全长5千米的路程。五是举办趣味运动会。3月4日中午，县妇联联合相关单位在体育馆共同举办江川县2011年"庆三八"趣味运动会。运动会共设拔河、螃蟹赛跑、海底接力、五人协作跑、环环相扣、乘船接力、袋鼠跳和跳大绳等八个项目，来自28家单位的2000多名职工参加比赛。雄关乡、教育局获一等奖；星抚之声健身操协会、大街镇、江磷集团获二等奖；县医院、国税局、公安局、县政府办获三等奖。六是举办老年人运动会。3月5～7日，县妇联、县老体协联合在怡心园广场联合举办江川县纪念"三八"国际劳动妇女节101周年暨老年人运动会。此次运动会设门球、地掷球、羽毛球、乒乓球四个项目。来自江城、前卫、大街三个乡镇和县属机关的247人参加比赛。七是举办广场文体晚会。3月7日，县妇联联合县老体协在怡心园广场共同举办了庆祝"三八"节广场文体晚会。县老体协的13个表演组队402人带来《今天好时光》、《年年号运来》、《欢欢喜喜庆三八》等13个歌舞类节目。八是开展育龄妇女(包括流动人口)健康生殖检查。县妇联、县人口和计划生育局以"三八"国际劳动妇女节为契机，从3月9日起在全县育龄妇女中开展为期12天的生殖健康检查，共为48家单位的869名妇女作了妇检、白带化验、彩超、阴道B超、乳腺红外线、宫颈癌前病变复查等六个项目，提高了广大育龄妇女的保健意识和生殖健康水平。

【生态文明家庭创建系列活动】 一是开展"清洁农村，美化家园"活动。为大力响应县委、政府在农村中开展农村环境卫生综合整治的号召，发挥妇女在教育、宣传中的作用，县妇联一方面制作15000个环保布袋在广大妇女群众中宣传环保意识，另一方面在积极配合包村单位上西河开展环境卫生整治的同时，依托路居镇妇联在路居镇张营村举行"清洁农村　美化家园"启动仪式，来自张营的460多名妇女参加了活动。启动仪式上，县妇联向全县妇女发出《整治农村环境，尽我巾帼之力》的倡议，并发放3辆小推车和1000个环保袋。二是各乡镇也先后开展农村环境卫生综合整治活动，积极引导妇女群众参与节能减排活动，组织各乡镇开展丰富多彩的活动。如：前卫镇利用每月的25号开展"清洁家园日"活动，由11个村(居)委会的妇代会组织4000多人参加清洁活动；雄关乡开展"妇女·环保·家园"活动，组织全乡妇女干部群众清洁农村，共整治村容村貌7次，参与妇女达2000多人；路居镇组织妇女群众进行垃圾清运4次，共清运垃圾300多吨；江城镇开展"低碳家庭·时尚生活"系列活动，组织妇女群众2352人，打扫村庄道路6千米，公共晒谷场18块、公厕25个等。

【县妇联十三届三次执委会议】 4月19日，县妇联召开十三届三次执委会议，县妇联十三届执委、乡镇妇联主席以及部分受表彰的巾帼建功标兵、"双学双比"先进女能手代表和"五好文明家庭"代表等30多人参加会议。县人大常委会副主任、县总工会主席陆富仙，县人民政府副县长龚桂存等领导出席会议。会议由县妇联副主席张丽梅主持。县妇联主席王学梅作了题为《深入落实科学发展观，团结动员广大妇女为建设高原湖泊生态县贡献力量》的工作报告，报告总结回顾县妇联2010年的工作，安排部署2011年的任务。龚桂存充分肯定过去的一年各级妇女组织和广大妇女干部所做的贡献和取得的各项成绩，并就江川县妇联如何加强全县妇女工作提出意

见。龚桂存在会上宣读了市妇联《关于表彰玉溪市城乡妇女岗位建功先进集体、先进个人的决定》和县委《关于表彰江川县2010年度“五好文明家庭”、“和谐家庭”、“平安家庭”及“生态文明家庭”的决定》；陆富仙宣读了《关于表彰江川县2010年度“巾帼建功标兵”的决定》和《关于表彰江川县2010年度“双学双比”竞赛活动先进女能手的决定》。与会领导分别为“五好文明家庭”代表、“双学双比”先进女能手代表、巾帼建功标兵代表颁发证书和奖品。王学梅代表县妇联与各乡镇、街道妇联签订《2011年度“平安家庭”创建活动责任书》。

【庆祝“六一”系列活动】　在2011年“六一”国际儿童节到来之际，县妇联充分发挥县妇儿工委办公室的作用，积极协调资源，为小朋友们送上节日的关怀。一是开展残疾贫困儿童慰问活动。5月31日上午，县妇联联合相关单位开展残疾贫困儿童慰问活动，县委常委陈琎寿、副县长刘振环带领县妇联、县残联等相关单位人员，深入到玉溪市特殊教育学校开展慰问活动，为35名江川籍残疾儿童送去7000元慰问金，并与这些孩子进行学习互动，鼓励他们要有三心(有战胜困难的信心、立志成长的决心和对社会对老师的感恩之心)，争取好好学习，掌握知识，将来为社会做出贡献。二是开展慰问活动。5月31日上午，县图书馆、县妇联等相关单位联合到前卫镇柏池古小学开展慰问活动，共慰问学生93名、教师7名。6月1日上午，陈琎寿、副县长、县妇儿工委主任龚桂存带领县妇联、县教育局、县关工委、团县委、育英幼儿园等单位领导深入到前卫镇石河小学、安化乡光山小学开展“六一”儿童节慰问活动，共为20名品学兼优的贫困学生送去2000元的学习用品，为两所学校的教职工及学生送去价值6000多元的节日慰问礼品。三是举办亲子趣味运动会。6月1日中午，江川县妇联牵头联合县教育局、县关工委、团县委共同在江川县前卫镇后卫中心小学举办庆“六一”家庭亲子趣味运动会。来自全校师生及家长1000多人参加了运动会。四是举办爱国知识讲座。6月1日下午，江川县妇儿工委办依托江川县大街中心小学举办“江川县爱国知识讲座—爱国就是做最好的自己”。由大街小学副校长龚娜主讲，全校2338名学生参加了讲座。五是举办唱红歌比赛。6月1日晚，江川县妇儿工委办依托江川县幼儿园举办“庆六一·唱红歌”活动，来自全园的小朋友、老师、家长共计1700多人参加并观看活动。

【市督查组到江川督导检查家庭教育工作】　3月18日，市督查组一行3人在玉溪市中心城区防洪水系建设管理委员会党组书记、玉溪市妇联党组成员秦秀芬带领下，深入江川县对家庭教育工作情况进行督导和检查。在了解了江川县家庭教育工作总体情况后，督查组深入到江城中心小学、龙街中学对家庭教育有关情况进行实地了解，对江川县家庭教育工作开展情况给予充分肯定，认为江川县家庭教育工作措施实、特点鲜明、工作成效显著，许多经验值得学习借鉴。同时，督查组也希望江川家庭教育工作继续深化认识、发挥优势，不断探索创新，推进家庭教育工作再上新台阶。

【妇女儿童发展规划终期统计监测评估工作】　为全面客观地分析和总结江川县2001～2010年期间的妇女儿童发展工作，2011年4月7日下午，江川县妇儿工委办采取以会代训的方式，组织各乡镇妇联主席及县妇儿工委成员单位共30多人参加会议，安排部署我县的妇女儿童发展规划终期统计监测评估工作。4月21日上午，来自县统计局、县教育局、县卫生局等相关单位组成的专家组，对《江川县实施2001～2010年妇女儿童发展规划终期监测评估报告》进行评估。专家组人员结合本县实际，对终期监测评估报告作讨论，并提出修改意见和建议，最后达成共识，形成上报市妇儿工委的终期监测评估报告。

【参与社会治安综合治理】　县妇联严格按照社会治安综合目标责任书的要求，发挥组织优势，源头参与社会治安综合治理。一是深化“平安家庭”创建，与7个乡镇签订《平安家庭创建责任书》。同时，为在全县广大家庭中营造创建“平安家庭”的氛围，县妇联与县政法委联合印制10000份《平安家庭倡议书》发放到全县家庭中，增强了广大家庭创建“平安家庭”的意识。二是利用春节期间广大外出务工人员回家过年的时机，组织各乡镇妇联开展“流动课堂”禁毒宣传活动。充分利用群众赶集日，深入农贸市场、公共场所和各村委会张贴、发放禁毒宣传材料，并组织各村妇代会主任利用农村有线广播向群众宣传毒品的危害。各乡镇共发放禁毒宣传材料3826份，在72个村(居)委会出墙报宣传栏142期，受教育群众达28225人。三是开展禁毒防艾教育。邀请县禁毒委、防艾办的人员深入7个乡镇开展“远离毒品、抗击艾滋，做党的好女儿”知识讲座，举办讲座7场次，受训人员达1000多人；组织7个乡镇妇联主席及相关单位深入九溪戒毒所帮扶13名江川籍吸毒女，让她们早日远离毒品，树立生活信心；深入禁毒工作挂钩联系点安化乡看望4名吸毒人员及家属，对他们进行帮教。四是开展“四自”(自尊、自信、自立、自强)和“四有”(有理想、有道德、有纪律、有文化)教育，宣传优秀典型事迹，对梁红、甘正兰(巾帼建功标兵)；杨竹英(创业女能手)；李强(生态文明家庭)；陈乔宝(五好文明家庭)等先进典型进行专题拍摄，并于“三八”节期间在《江川新闻》栏目陆续播出，引导妇女在高原湖泊生态县建设的进程中争做“四有、四自”的时代新女性。

【维权与信访疏导】　一是建立健全各乡镇(街道)妇女维权网络，畅通信访渠道，排查社会不稳定因素和妇女权益受侵害的不文明行为，为弱势妇女伸出援手。二是各乡镇(街道)利用开展教育活动、发放宣传材料、张贴标语、出黑板报等方式宣传展示法律法规和维权知识，提高广大农村妇女自我保护意识，雄关乡妇联在广大妇女群众中开展“尊重生命、好好活着、做生活的强者”专题教育活动，来自雄关社区的200多名婆婆、媳妇及各组妇代小组长参加了学习教育活动，并在活动中倡导争做“四有”、“四自”女性，营造了尊重生命的氛围。三是热情接待处理日常群众来信来访，认真做好来访群众的情绪疏导和矛盾纠纷的化解工作，做到件件有处理，事事有回音，切实维护妇女儿童合法权益。截至年底，县、乡妇联共接待来信来访89件(其中县妇联接待39件)，处理率达100%。

【市督查组到江川县妇联检查艾滋病防治工作】 11月1日，玉溪市市政府督查组一行4人，在玉溪市妇联副主席郑丽英带领下，到江川县妇联对艾滋病防治工作开展情况进行督查。在查阅资料、听取有关工作情况汇报后，市督查组对县妇联开展艾滋病防治工作所取得的成效给予充分肯定，认为县妇联作为艾滋病防治工作成员单位之一，工作措施有力，资料收集齐全、规范，宣传活动开展得有声有色，为广大妇女群众了解艾滋病知识搭建了平台。同时，希望县妇联在下步工作中，充分发挥禁毒防艾巾帼志愿者的主力军作用，不断扩大艾滋病知识宣传面，让全县广大妇女群众了解艾滋病的危害性，从而通过广大妇女进一步做好抗击艾滋病的宣传工作。

【荣誉表彰】 2011年3月，安化村民委员会获市妇联“玉溪市‘平安家庭’创建活动示范村”荣誉，江川县幼儿园、江川县妇幼保健院获市妇联“玉溪市巾帼文明岗”荣誉，江川县妇女联合会获市妇联“玉溪市‘生态文明家庭’创建先进集体”、雄关乡白石岩村委会获市妇联“玉溪市‘生态文明家庭’创建示范村”荣誉；2011年8月，江川县妇女联合会获市委、市政府“2006~2010年法制宣传教育工作先进单位”荣誉。

2011年3月，九溪镇六十亩村蒋文从、江城镇左卫村委会李四贵、大街镇大庄村李中云、前卫镇周官村委会赵兰芬4户家庭获市妇联“玉溪市‘平安家庭’创建活动示范户”荣誉，江川县人民检察院付云秀、中共江川县委办公室杨冬丽2人获市妇联“玉溪市巾帼建功标兵”荣誉，江川县妇联陈敏获市妇联“玉溪市巾帼建功活动先进工作者”荣誉，大街镇大庄村委会金家庄村民小组普家亮、江城镇中渔村村民小组李毅、江城镇明星村三组李强、前卫镇小街村委会下大河咀村张玲仙、九溪镇六十亩村蒋培洋、路居镇螺狮铺新象村陈焕来、雄关乡白石岩村应乔付、安化乡董炳村委会杨汝艳、江川县环保局杨路有、江川县教育局钱鸿润10户家庭获市妇联“玉溪市‘生态文明家庭’创建示范户”荣誉；2011年4月，江川县妇联张丽梅获省委、省政府“2008~2010年禁毒工作先进个人”荣誉称号。

(施江艳)

关心下一代工作

【概　述】 2011年，江川县关工委在县委、政府的领导和上级关工委的指导下，在全县关工委中开展创先争优活动，在全县中小学生和农村青年中开展纪念建党90周年活动，扎实推进中小学养成教育、法制教育，切实搞好帮教后进失足青少年，推进全县农村青年教育，为构建和谐江川发挥了积极作用。县关工委在全市年度被考核名列第一，被县综治委评为先进单位。

【关心下一代工作会议】 2011年1月10日，江川县关心下一代工作会议召开。会议传达市关工委(澄江)工作会议精神，总结上年工作，部署新一年的工作任务。会议一共有四项议程：由县委常委、县关工委主任陈琎寿讲话；县关工委常务副主任郭家义传达市关工委2011年工作会议精神，总结县关工委2010年关工委工作，安排部署2011年关工委工作；市关工委副主任朱学敬讲话；表彰关工委宣传报道工作优秀通讯员。市关工委领导、县委、县政府、县人大、县政协领导，各乡镇分管领导、驻会老同志、社区、示范村的总支书记、常务副主任及中小学的德育主任共计103人参加会议。

在江川县关工委工作会议上，县文明办、县关工委授予郭家义、汤江平、周丽、何明生、安有才、王立斌、董春留、杨红芬、张继艳、钟国新11人“江川县关心下一代工作宣传报道优秀通讯员”荣誉称号，给予表彰和奖励。

【老同志座谈会】 2011年1月19日，召开老同志座谈会。县、乡镇机关、经委、教育关工委19人参加会议。县关工委常务副主任郭家义对乡镇机关关工委的工作给予肯定，对老同志的奉献精神给予赞扬，对老同志表示深切慰问。会议传达市关工委《全面推进村关工委建设和工作的实施方案》；宣读江川县关心下一代工作委员会关于创建“五好”关工委活动的通知；传达省市关工委关于纪念建党90周年和省关工委成立20周年的通知，对相关要求进行安排布置；兑现2010年对7个乡镇机关、教育、经委3个机关关工委的考核奖励。

【对村关工委进行调研】 2011年1~3月，江川县关工委组成调查小组，先后48人次对三档次的12个村关工委进行调查。由于县乡(镇)关工委积极推动，措施有力，12个村关工委的建设和工作状况有较大改观。经调查评估，安化乡的光山、雄关的白石岩两个村关工委进入先进行列；小白坡、伏家营、祁家营、桐关、尹旗、三百亩、

石河、马家庄、红石岩、下营10个关工委工作有较大起色。

【省关工委领导、省专家协会到江川调研】 2月24日，省关工委副主任、专家协会会长杨汝鉴，省关工委副秘书长张家禄，省关工委专家协会副会长惠肇祥和市关工委副主任白爱民等一行8人在江川县关工委常务副主任郭家义、专职副主任汤江平等陪同下，深入到江城镇侯家沟村委会调研村级关工委建设和农村青年教育工作。在座谈会上，郭家义、村党总支书记李毅分别向省、市关工委领导、专家介绍村关工委建设和工作的基本情况，介绍农村青年开展“讲政治、育新人、学科技、奔小康”活动的基本做法和经验，以及该村花卉、蔬莱、经果林等产业的发展情况。省市关工委领导考察了该村农家书屋和村农民文化技术学校、花卉基地。

【社区关工委工作推进会】 2011年7月8日，江川县关工委召开县委、县政府所在地和全县各乡镇所在地社区关工委主任(总支书记)常务副主任和乡镇关工委常务副主任会议，共32人参加，讨论如何推进社区关心下一代工作，研究2011年的暑假活动和今后争创“五好”关工委工作。会议组织学习《江川县关心下一代工作委员会关于开展创建“五好”关工委活动的通知》，与会人员围绕如何创建“五好”关工委进行讨论。

【县委对关工委工作作出重要决定】 2011年7月22日，中共江川县委常委会议纪要第九期作出推进关工委工作的三项决定：同意县关工委自立单位账户；同意增拨给关工委农村青年教育经费4万元；同意县关工委办公室主任按正科级领导干部配备。

【组织葵花向阳夏令营活动】 2011年7月23日，江川县关工委组织“葵花向阳夏令营”活动。来自安化和九溪镇的50名山区贫困小学生参加活动。他们第一天参观红塔山、市博物馆，第二天参观抚仙湖出流改道出水口、阳光海岸、孤山风景区、明星渔洞等，使同学们陶冶了情操，丰富了暑假生活。

【组织开展夏令营活动】 2011年7~8月，全县有40机关事业单位及部分社区根据县关工委的要求组织本社区、单位的青少年学生参加形式多样的夏令营活动。有的到武夷山、厦门旅游，有的到西昌发射中心参观，还有的到建水、玉溪游览，仅机关就组织1500多人参加。

【残疾少年儿童调查】 2011年7~9月，县关工委组织人员对残疾少年儿童教育及生活状况进行调查。调查方法采取走访县残联，到农村、社区，向乡镇、街道关工委发放表格等多种形式。据2009年全国第二代残疾人证核发统计，全县0~15岁残疾少年儿童为261人，占全部残疾人数的5.3%。其中：视力残疾15人，听力残疾16人，言语残疾23人，肢体残疾109人，智力残疾67人，精神残疾2人，多重残疾29人。2010年7月，据江川县残联统计，符合办证条件的残疾人5179人，其中0~6岁儿童20人，7~15岁少年儿童234人，占残疾人总数的4.52%，其中视力残疾12人，听力残疾17人，言语残疾24人，肢体残疾92人，智力残疾63人，精神残疾2人，多重残疾24人。各级政府十分关心残疾少年儿童的教育，全县244名适龄残疾少年儿童正在中小学接受普通教育或特殊学校教育，其中有35人在玉溪特校接受教育。

【失范青少年调查】 2011年7~9月，根据省市关工委的指示精神，县关工委安排人员对严重不良行为未成年人帮教工作情况在全县进行调查。2010年全县发生严重不良行为的未成年人86人，其中男84人，女2人，触犯刑法的2人；在校生15人，其中初中生11人，小学4人，；本地常驻人口73人，外来人口15人；文盲8人，中小学文化79人，高中文化1人。15名在校生经帮教后决心改正，继续在校读书。

【举办少年军校】 2011年8月16~28日，县关工委为前卫、江城、伏家营3所中学聘请教官，补助经费，由3所学校开办少年军校。3所学校共训练学员1521人。

【全面推进村关工委建设工作会】 8月17日，江川县召开全面推进村关工委建设工作会。各乡镇、街道办关工委领导、常务副主任，村(社区)党总支书记、关工委常务副主任，县文明办主任等170人参加会议。市关工委领导到会指导，县委、政府主管领导出席会议并讲话。侯家沟村总支书记李毅、阳山庄总支书记周丽萍作搞好农村青年科技培训的经验交流；牛摩村关工委常务副主任段仕华、上坝村关工委常务副主任王仕雄作争取两委支持全面做好村级关工委工作的经验交流。县委常委马利兴对推进关工委工作提出三点要求：提高认识；强化基础；高度重视，加强领导。县委常委、常务副县长李东林强调：要以胡总书记“七一”讲话精神为指导，推动关工委各项工作顺利开展，确保取得实效。

【全省农村青年学科技奔小康示范点现场研讨会在江川召开】 2011年内8月24日，全省农村青年学科技奔小康示范点现场研讨会在江川县召开。省市关工委领导、省专家协会专家、昆明附近六州市关工委领导和部分县镇关工委示范点的12个村级关工委主任65人，江川县、乡(镇)街道办关工委主任、常务副主任参加会议。市县领导到会看望省关工委领导、专家、教授和与会代表。参会领导及全体人员上午到侯家沟进行参观，下午举行专题研讨会。省关工委主任张宝三作重要讲话，老专家冷明初代表省专家协会作专题发言，省关工委副主任杨汝鉴对会议作小结，并总结出侯家沟村值得学习、推广的10条经验。

【创建“五好”关工委会议】 2011年9月30日，创建“五好”关工委会议召开，大街等4个社区，小街、左卫、侯家沟3个重点联系点村委会关工委主任、常务副主任参加会议。会议学习创建“五好”关工委的有关文件，就如何创建“五好”关工委作交流发言。

【中小学德育主任会议】 2011年10月20日，召开中小学德育主任会议，布置安排在中小学开展“搞好绿化、美化、净化，建设生态高原水乡”征文、演讲实践体验活动。县关工委常务副主任部郭家义宣读县关工委、环保局、抚仙湖管理局、星云湖管理局、文化旅游广电和体育局、教育局联发的通知，要求各中小学认真组织，发动全体中小学生积极参与搞好学校及周边的绿化、美化、净化，为建设生态高原水乡作出贡献。

【中小学养成教育经验交流会】 2011年11月24日，召开中小学养成教育经验交流会。各中小学德育主任，乡镇、(街道)关工委常务副主任参加会议，市关工委执行主任刘邦元、副主任王思荣及学校组的领导到会指导。与会人员参观班级、校园文化建设，观看课间操。前卫小街小学、路居海边小学、江一中、伏家营中心小学和安化中心小学作经验交流。

【全县乡镇(街道)关工委工作年度考核】 2011年11月27日30日，县关工委组考核组对全县乡镇(街道)关工委工作进行年度考核。采取听汇报、查资料、座谈、深入实地查看进行检查考核，重点是考核组织建设、制度建设、活动开展情况及村关工委老同志补贴落实情况。资料汇总后，统一打分考评，评出一、二、三个等级，年底给予兑现奖惩。

(赵运宇)

工商联

【概　述】 一年来，江川县工商联在县委、政府的领导下，在市工商联和县统战部的具体指导下，紧紧围绕县委十一届六次全会、县十四届人大四次会议、县政协七届四次会议及县政府十四届五次、六次全会确定的各项目标任务和市工商联提出的“贯彻落实年”工作目标，进一步转变作风，创新工作，开拓进取，充分发挥工商联“五个作用”，突出“三性”特征，促进全县非公经济健康发展和非公经济人士健康成长，为“十二五”规划开好头、起好步，为加快推进高原湖泊生态县建设，构建和谐江川作出积极努力。

【组织建设】 一年来，县工商联始终坚持“积极引导、稳妥发展；坚持标准、确保质量；突出重点、优化结构；加强服务、努力创新”的原则，抓住非公有制经济发展的大好时机，加快会员发展步伐，把一批热心工商联工作、有实力、有规模、有代表的非公有制企业和经济人士吸收入会，壮大会员队伍。一年来，县工商联在市工商联和县药监局、供销社的支持配合下，通过多方协调和精心筹划，先后组建成立江川县药业商会和农资商会，新增工商联会员200余名。至2011年底，全县已有乡镇分会7个，乡镇级商会2个(江城餐饮业商会，九溪餐饮业商会)，县级行业商会(协会) 9个(红砖、火炮、运输、餐饮、创业、建筑、石材、药业、农资)，异地商会1个(昆明江川商会)，会员达900余名，行业分布涉及建筑建材、烟花爆竹、农副产品加工、运输业、餐饮业、药品、农资等10多个行业。由于江川县商会会员组织工作有创新，成效显著，被省工商联在6月15日全省工商联系统组织建设工作6月15日大会上选为经验交流发言单位。10月10日，省工商联调研工作组在市工商联领导的陪同下专程到江川县就基层商会组织建设情况进行调研。

【调查研究和参政议政】 为了加强调研工作，不断提高参政议政能力，县工商联与县政协一齐紧紧围绕县委、政府的中心工作及经济社会发展中存在的热难点问题，拟定调研课题，精心组织、周密安排，采取下基层走访企业、召开座谈会、下发调查问卷等开式，在全县范围内认真开展调查研究，从多个方面提出意见和建议。根据党中央把云南省作为沿边开发“桥头堡”和省委八届九次全会关于“流通活省”全面提速云南经济发展的精神，县工商联进一步落实“走出去，请进来”的非公经济发展战略，精心组织、周密安排，先后组织13户餐饮企业到昆明、四川、重庆，14户建筑企业到西藏、青海等地学习参观考察，多个餐饮店先后投入资金2000多万元进行提档升级改造，使餐饮行业又上了一个新台阶。与此同时，县工商联及时对全县餐饮企业进行了调研，认真撰写出《江川县餐饮业发展情况的调研报告》，并通过县政协常委会形成建议案，向县委、政府荐言献策。两会期间工商联会员人大代表、政协委员向县人大提出建议案4件，向县政协提交提案15件，部分建议、提案受到相关领导和部门的高度重视，并得到认真落实。这些调查研究和参政议政为县委、政府出台促进非公经济发展的政策措施提供了决策依据。

【服务中心工作】 根据县委、政府中心工作的安排，为切实抓好各项工作任务的落实，面对繁重的工作任务，工商联领导班子谋划全局，统筹兼顾。一是继续做好江川“中国生态美食名县”的创建工作。自2010年底江川县被中国烹饪协会授予全国第一个“中国生态美食名县”荣誉称号后，2011年县工商联继续与省行业流通协会、

省烹饪协会、省餐饮与美食行业协会及中国烹饪协会加强协调沟通，帮助江川县餐饮企业积极申报“中华美食名店”、“云南省美食名店”等称号，九溪蒋记菌子宴、名师酒店被中国烹饪协会评审为“中华美食名店”；九溪陈记牛肉馆、景腾园、阳山庄一品羊肉店、小桥流水人家等4户餐饮店被评审为“云南美食名店”等称号。至2011年底，全县已有“中华餐饮名店”5户，“云南省餐饮名店”10户，国家级名宴一个，省级特色美食菜品100道。二是紧扣旅游文化兴县和活县的主题。根据党中央把云南省作为沿边开发“桥头堡”和省委八届九次全会关于“流通活省”全面提速云南经济发展的精神。县工商联紧密结合县委“五大战略”，按照县委十一届六次全会精神和县四届四次人代会要求及工商联党政班子在“创先争优”活动中提出的思路，紧紧围绕《江川县国民经济和社会第十二个五年发展规划纲要》，主动向县委请缨，在县餐饮业产业发展规划编制工作领导小组的领导下，牵头完成《江川县餐饮业发展规划》的初编工作。三是大力支持招商引资项目，在人员少，工作量大、任务重的情况下，全力支持配合县重大招商引资项目工作，积极抽调工商联主要领导全程参与“仙湖锦绣”项目建设。四是认真负责做好九溪马家庄村委会的包村工作。

【经济服务工作】　一是开展专业培训，提高会员素质。2011年，为进一步提高非公有制企业的管理水平和会员素质，县工商联本着“内强素质、外树形象”的思想，注重培训与服务活动相结合，积极组织商会会员及非公有制企业参加各种学习培训和服务活动。抓住江川申创“中国生态美食名县”的契机，积极创办江川第一届“生态美食节”、首届“生态美食节”美食展评会，开展餐饮企业提升餐饮业服务质量活动，出版《江川美食荟萃》一书，举办首届“生态美食节”特色菜肴高级培训班、首届“生态美食节”美食文化高端讲座，组织非公企业代表参加市举办的企业总裁及管理人员的知识培训。同时，请县相关职能部门及专家为非公企业老板及管理人员讲解有关企业发展规划、国家经济政策、工商管理、法律、税务等方面的知识，提高其政策水平和管理水平，确保江川县非公有制企业会员的素质跟上时代发展步伐。二是融资担保服务。一年来，县工商联一方面通过会办企业“江川县个私企业服务社”积极为会员及个体工商户解决小额融资担保问题，另一方面，积极与劳动部门协调配合，为“江川雄鑫农产品商贸有限公司”和红砖商会争取国家贴息贷款，为其它会员解决在生产经营当中遇到的融资问题。三是展会展销，学习考察。2011我县工商联在工作经费紧张的情况下，先后组织13户餐饮企业到昆明、四川、重庆，14户建筑企业到西藏、青海等地学习参观考察，同时还积极组织各行业商会参加各种展销、经济洽谈活动，先后组织10余户会员企业参加“第21届中国厨师节暨首届滇池泛亚国际美食节”，并为昆明江川商会投资家乡建设牵线搭桥。

【民营企业感恩行动工作】　根据《云南省工商业联合会关于2011年“云南红土情·光事业进万家——民营感恩行动”工作任务安排的通知》，及《中共玉溪市委统战部、玉溪市工商业联合会(商会)关于开展“云南红土情·光彩进万家——玉溪感恩行动”的实施意见》和《玉溪市工商业联合会关于2011年“云南红土情·光彩进万家——玉溪感恩行动”工作任务安排的通知》，县委统战部、县工商联及时组织成立工作领导小组，积极引导非公经济人士致富思源，回报社会，感恩党、感恩国家、感恩人民，更好地履行社会责任，制定下发此项工作任务安排的通知，把工作任务层层分解落实到各乡镇分会、行业商会，并纳入2011年度的考核工作。2011年底，7个乡镇分会的认捐对象已上报完成。参与活动的会员企业及非公经济代表人士共计41户(或人)，他们与当地村组挂钩结对，捐款帮助村民修建乡村道路、老年人活动中心，解决人畜饮水困难，资助困难老党员、群众和大中专生，帮扶投入资金达127.86万元。

【贷免扶补工作】　2011年，县工商联把落实“贷免扶补”政策与学习实践科学发展观和创先争优活动结合起来，精心组织，加强领导，认真调查研究，结合县情和产业规划，大胆摸索帮扶创业经验，把助推产业发展和帮助个人创业有机的结合起来，把创业与带动就业有机的结合起来，努力确保鼓励创业“贷免扶补”政策落到实处。一是及时成立由副会长任组长，秘书长任副组长，办公室人员为成员的工作领导小组；二是新增配备创业导师14名，充实加强对创业项目的指导；三是进一步加强创业项目台账、创业项目跟踪帮扶、报表等工作及制度完善。截至12月底，县工商联共受理创业申请356份，登记培训创业人员322人，向农信社推荐创业项目280个，农信社向创业者发放贷款共计1427万元，创业项目吸纳带动新增就业人员840余人(其中：高校毕业生30人)，吸引带动社会新增投资7000余万元，圆满完成市工商联下达给江川县帮扶创业的目标任务，为促进江川经济发展，社会稳定尽了一份微薄之力。

(翁　健)

文　联

【概　述】　江川县文学艺术界联合会，是在中共江川县委领导下的一个群团组织，下辖7个协会11个艺术门类(文学、民间文学协会，戏剧、曲艺协会，音乐协会，舞蹈协会，书法、美术协会，摄影协会，诗词、楹联协会)。2011年，江川县文联在中共江川县委、江川县人民政府的领导以及玉溪市文联的指导下，认真履行“联络、协调、服务、指导”的工作职能，团结带领全县广大业余文艺工作者，坚持以马列主义、毛泽东思想、邓小平理论和“三个代表”重要思想为指导，坚持“为社会主义服务、为人民服务”的方向，贯彻“百花齐放、百家争鸣”的方针，深入实际，深入基层，深入群众，坚持先进文化的前进方向，积极投身于“以优秀的作品鼓舞人”的创作实践中，文艺事业呈现出繁荣发展的大好局面。各文艺家协会以文艺创作为中心，围绕出作品、出人才积极开展文艺创作、展演活动，取得可喜成绩。截至年底，共编辑出版《星云》文艺季刊3期，发表各类文艺作品294篇(幅、首)；新年伊始，江川6幅摄影作品获奖；组织书法会员参加“三下乡”开展为民书赠春联活动；罗高原散文集《高原游记》出版；廖会芹的《老巷》等4篇作品获2010年度“玉溪市五县区文学展”奖；江川在玉溪市“辉煌十一·五”美术书法摄影展中取得好成绩；参与举办江川县庆祝建党90周年书画作品展；组织作品到玉溪聂耳大剧院举办江川县庆祝建党90周年书画作品展；张涛作品获第二届“金柿美玉溪”主题摄影大展金奖、在“彝乡魅彩”风光风情摄影大展中获一等奖；康海波、蔡怡玲摄影作品获奖；陈九憨作品入选第三届中国西部书法篆刻作品展。戏剧曲艺、音乐、舞蹈3个协会，参与“情系母亲湖”、“江川县庆祝建党90周年大型文艺演出”两个演出活动。

2011年，文联在县机构改革中单设，人员编制由原来2人增加到3人，现有在职职工3人。

【《星云》季刊】 编辑出版《星云》文艺季刊3期，发表小说、散文、诗歌、文学评论等各类文艺作品294篇(首、幅)，计约43万多字，刊物质量明显提高。

【江川6幅摄影作品获奖】 2011新年伊始，“玉溪市摄影家协会第二届新春联谊会暨元江摄影创作会”于1月7～9日在元江县举行，江川会员共有6幅作品脱颖而出，其中毕金剑、张曦、张涛获二等奖，伏汝祥、杨东、刘志明获三等奖。业保华、陈明贵荣获玉溪市摄影家协会“优秀会员”荣誉。

【开展为民书赠春联活动】 为营造节日气氛，2011年春节前夕，文联组织5名书法协会会员到九溪参加文化、卫生、科技“三下乡”活动，共为民书赠春联500多对。

【罗高原散文集《高原游记》出版】 罗高原散文集《高原游记》近日由云南出版公司、云南人民出版社出版发行。《高原游记》是罗高原自2002年以来随家人旅游全国乃至越南、韩国50多个景点的游记，共37篇，计约10万字。

罗高原生于1927年5月，1949年参加工作，先后在《云南日报》玉溪记者站、《玉溪地区战斗报》当记者，在新平、江川县县委宣传部等部门工作。1986年开始从事方志学研究和新方志编纂，曾主笔编纂《江川县志·党派群团志》，任《江川县志》副主编，1991年受到云南省地方志编纂委员会表彰，1994年被载入《中国当代方志学者辞典》。现为云南省作家协会会员，主要著作有：散文集《乡韵》，短篇小说集《圈套》(与人合集)。

【《老巷》获2010年度“玉溪市五县区文学展”奖】 2011年8月12日，2010年度“玉溪市五县区文学联展”评奖活动在红塔区三乡酒店落幕，江川县文联《星云》编辑部选送的4篇参评作品全部获奖(廖会芹的短篇小说《老巷》获二等奖，李国琴的中篇小说《超生》获三等奖，杨金的诗歌《杨金诗歌小辑》、周陆剑的散文《周陆剑随笔》分别获优秀奖)，罗连辉荣获优秀编辑奖。

【江川在玉溪市“辉煌十一·五”美术书法摄影展中取得好成绩】 2011年6月13～17日，玉溪市庆祝中国共产党成立90周年暨第二届中国聂耳音乐(合唱)周玉溪系列活动之一——“辉煌十一·五”美术书法摄影展在聂耳大剧院举行，江川共有29幅(件)书法、美术、摄影作品入选展览。

其中，李正德书写的《今人咏抚仙湖诗数首》获书法类一等奖，杨兰秀、杨洪伟的篆刻书法作品获三等奖，马松波、周保明、霸存富的书法作品获优秀奖，李建成、刘文康、刘朝政、郭小平、杨海斌、李旭富、叶宝、王小明、张恨水、唐新文、宋玉萍、卢文祥的书法作品入展；马松波、陈九憨、李治宏、王芬、马文江、叶晓霞、张喜云、赵鹏、付云龙的美术、雕塑作品入展；康海波、张涛的摄影作品入展。江川县文联获组织奖。

【庆祝建党90周年书画展】 2011年6月30～7月5日，“庆祝建党90周年江川书画展”在云南李家山青铜器博物馆开展，共展出县内外江川籍书画家及书画爱好者的作品300余件。

本次书画展由县委宣传部主办，县文化旅游广电和体育局、县文联、云南李家山青铜器博物馆、江川县老干部诗书画协会承办，共收到作品530件，经评选共展出作品300多件，分别在青铜器博物馆和老年活动基地设3个展室。6月30日上午，县委常委、宣传部长龚桂存，玉溪市书法家协会主席冯任生，玉溪市美术家协会主席郭巍等领导及书画界人士100多人参加开展仪式。

【江川书画作品在玉溪聂耳大剧院开展】 为“庆建党伟业，展江川风采”，7月15～22日，“庆祝中国共产党成立90周年江川书画作品展”在玉溪聂耳大剧院举行，共展出72位江川籍书画家、书画爱好者的上乘之作147件。此次展览，充分展示了江川书画创作的整体实力与水平，是江川书画界敬献给党90岁生日的一份厚礼，深受广大观众好评。中共玉溪市委常委、市委秘书长范汝坤，中共江川县委书记马文龙，县人大常委会主任赵少春，

县委常委、宣传部长龚桂存，副县长石伟，玉溪市文联、玉溪市文化局、玉溪市文化馆领导，部分县区文联领导，玉溪市书法家协会、美术家协会部分会员和书画爱好者于7月15日上午出席开展仪式。

【张涛作品获金奖】 2011年6月中旬，第二届“中国生态城·金柿美玉溪”全国主题摄影大展评选结果揭晓，江川摄影协会会员张涛的《玉湖白鹭舞翩翩》获金奖。

本次摄影大展由人民画报社、中共玉溪市委、市人民政府、云南省摄影家协会主办，玉溪市旅游局、市建设局、玉溪日报社协办，玉溪先锋数码影像制作有限责任公司承办。张涛除《玉湖白鹭舞翩翩》获奖外，另有《斑斓玉溪》、《共同的家园》两个组照获入展奖。

张涛，男，生于1962年，云南江川人，1982年参加工作，供职于江川县地方税务局，现为玉溪市摄影家协会会员、云南省摄影家协会会员。自2009年以来，开始参加各种影赛，共有20多幅(组)作品获各级奖项。在首届“金柿美玉溪”摄影大展中，《金柿夕阳红》、《遥望》、《锦上添“花”》3幅作品获入展奖。2011年上半年，《抗旱保苗》组照获云南省“影像红塔”摄影比赛二等奖。

2011年11月1日上午，庆祝峨山彝族自治县成立60周年“彝乡魅彩”风光风情摄影大展暨颁奖典礼在市老年大学举行，江川摄影家张涛的《今日峨山(组照)》获一等奖、《奋战玉峨高(组照)》获优秀奖(康海波的《省级花鼓艺人柳学光》获优秀奖)。

【康海波、蔡怡玲摄影作品获奖】 在第二届“中国生态城·金柿美玉溪”全国主题摄影大展评选中，江川县国税局局长康海波的《收获》、《柿子红了》、《小憩》3幅作品获优秀奖；在全省“生态文明·秀美通海”庆祝建党90周年摄影大展中，江川国税局职工蔡怡玲的《幸福守望》获三等奖，康海波的《那达慕盛会》、《蒙古族少女》两个组照获优秀奖。

【陈九憨作品入选第三届中国西部书法篆刻作品展】 “第三届中国西部书法篆刻作品展”入展名单于2011年9月16日由中国书法家协会网公布，陈九憨榜上有名，成为江川第一位入展“中国西部书法篆刻作品展”的书法家。11月12日下午，江川县书法美术协会邀请部分骨干会员到界鱼石公园集会，向陈九憨表示祝贺。

陈九憨入展作品是一幅草书条幅，其内容是刘禹锡的《秋风引》：“何处秋风至，萧萧送雁群。朝来入庭树，孤客最先闻”。

陈九憨生于1965年5月，江川前卫人，1990年毕业于玉溪师专美术系，现供职于江川县文化馆，云南省美术家协会会员。多年来从事书画创作，美术作品多次入选省级各种展览、展赛，其中《啃草坡头》曾于1992年参加“全国第十一届版画作品展”获优秀奖。作品先后被入选《当代中国实力派文人画作品集》、《中国版画》、《云南版画五十年》、《中国书画名人博览》等书籍。

【“锦秀江川”摄影作品展】 为营造“开渔节”节庆氛围，丰富开渔节期间群众文化生活，2011年12月21日～2012年1月30日，中共江川县委宣传部、江川县文学艺术界联合会在江川县青铜器博物馆举办“锦秀江川”摄影作品展，共展出反映江川建设成就、美丽旖旎风光及独特风土人情的摄影作品84幅。

县委书记马文龙、县委副书记张金翔、县人大主任赵少春、县政协主席黄文柱等领导出席2011年12月21日上午举行的开展仪式。县政府副县长石伟主持开展仪式，县委常委、宣传部长龚桂存致辞，张金翔宣布开展。在观看展出作品后，马文龙即兴题词“精美作品怡心养眼”。

(罗连辉)

科学技术协会

【机构改革】 按照《中共江川县委江川县人民政府关于印发〈江川县人民政府机构改革实施意见〉的通知》和《中共江川县委办公室江川县人民政府办公室关于印发〈江川县人民政府机构改革工作方案〉的通知》的要求，江川县科学技术协会单独设置，列入群众团体序列。2011年4月，在县人事局、财政局的主持、监督下，按照要求对原江川县科技局的人员、资产进行分割、移交。

【江川全民科学素质行动计划启动】 2011年8月8日，县政府印发《江川县人民政府关于印发江川县实施全民科学素质行动计划纲要工作方案的通知》和《江川县人民政府办公室关于调整充实江川县全民科学素质工作领导小组的通知》，全面启动江川全民科学素质行动计划纲要实施工作。10月13日，副县长石伟主持召开江川县全民科学素质工作领导小组会议，县委常委、宣传部长龚桂存参加会议。石伟从五个方面全面安排部署江川县全民科学素质实施工作；全民科学素质工作领导小组副组长、县科协主席罗汉江对各乡镇、街道办事处和成员单位实施全民科学素质工作任务进行分解说明。下发任务分解方案，进一步明确乡镇、街道办事处和成员单位工作职责，确保江川县实施全民科学素质工作有序开展。

【玉溪市2011年“全国科普日”活动在江川启动】 2011年9月16日，由玉溪市科协主办，中共江川县委宣传部、江川县科协承办，市、县10多个单位协办的玉溪市暨江川县2011年“全国科普日”活动在江川体育馆正式启动。此次活动的主题是“节约能源资源，保护生态环境，保障安全健康，促进创新创造”。共有省市县20多家单位参加。活动内容主要有科普大篷车，科普仪器展示及实物操作，火箭、卫星展示及放飞表演，科普讲座，科普培训，科普趣味知识有奖竞猜，青少年现场科技绘画，科普宣传等。县属各企事业单位、中小学生、大街社区居民6700人参加活动。共展出展板141块，发放各种科普资料9600份(册)，内容涉及节约能源、水污染防治、农业种植技术、环境保护、防震减灾、安全用电、知识产权保护、优生优育、医疗保健等方面；接受群众咨询160人次，免费发放药品8种700份；举办科普趣味知识有奖竞猜，发放奖品450份；举办科普知识讲座7个班听众921人。组织青年科普志愿者150人，参观了科普展板、科普展品，参与科普活动，在“爱水、惜水、节水”科普绘画上签名，并承诺“节约用水，从我做起”；组织科普进机关活动，深入到县级21个机关进行科普宣传，发放书籍、光盘42套，其他科普宣传用品2种近万份。

【科普活动】 5月19～25日，在全县开展以“携手建设创新型江川”为主题的科技活动周，开展知识产权、食品、药品等相关法律、法规、基本知识的宣传咨询，展出科技、卫生、地震、烟草、农业、畜牧等方面的相关科技知识展板71块，发放大众科普手册、核桃栽培与管理、烤烟栽培技术、防灾减震、人畜疾病预防知识等宣传手册、报刊、书籍28种18000份，接待咨询群众1000余人。在全县7个乡镇9个村委会举办蔬菜、核桃栽培管理培训班；配合玉溪市民宗局、市科协、市计生委、市计生协会、市图书馆联合到安化彝族乡新庄村开展信息服务、技术指导和现场医疗义诊、送书、送药、发放计生育、生殖健康宣传品、关怀育龄群众生殖健康等活动。防灾减灾局向全县中小学发放《防震避震常识》5000册。气象局通过气象电子显示屏发送防灾宣传信息1010条。6月11～17日开展以“节能我行动、低碳新生活”的全国节能宣传周。县科协根据全民素质提升活动的总体部署，结合全民科学素质工作要求，组织计划生育、科技、环保、住房城乡建设、交通、农业、商务、财政、文旅广体、工会、团委等有关部门科技干部广泛深入地开展了大力开展安全、环保、节能减排、节约用水、节约用电、节约利用土地等宣传教育活动，增强广大公众的安全意识、环保意识和节约意识。

【科技培训】 紧紧围绕全县中心工作，发挥农业科技人员优势，大力开展以农函大为重点的农业科技推广和技术培训，指导农民发展畜牧养殖业和有机农业特色种植业，推进全县农业产业化，使江川县农民通过种植养殖走向致富路。一是大力开展农民科技培训活动。农业局、畜牧局、林业局等涉农单位，通过新型农民科技培训、乡村集中培训等形式，加强农民科技培训，开展“无公害蔬菜栽培”、发酵床生态养猪技术、优质肉牛养殖技术、动物防疫、有机农作物种植养殖技术等方面实用技术和知识培训162场次，培训农民14800人次，举办农函大培训班26个，培训结业学员1500人，提高广大农民的科技水平，为促进农民增收打下良好基础。二是邀请专家在全县7个乡镇9个村委会举办蔬菜、核桃栽培管理培训班，培训农村青年致富带头人410人。三是充分利用电视台远程教育频道的《科普大篷车》等电视科普宣传栏目，播放农业科普节目47期，大力宣传普及农业种植养殖技术，同时，适时邀请农艺专家、科技特派员讲解农民急需解决的技术难题，指导农民科技生产，有效扩大科普宣传教育覆盖面，增强农民科技致富意识，提高农民的科技种养水平。

【青少年科普教育】 一是紧紧围绕青少年素质教育，充分利用校园“科普园地”、校园广播站、科技画廊、远程网络等面向青少年宣传普及保护生态环境、节约资源能源、心理生理健康、安全避险、“珍爱生命、远离毒品”及“崇尚科学文明、反对愚昧迷信”等方面知识，增强青少年的科技意识，培养青少年学科学、爱科学，用科学的兴趣，提高青少年的科学素养。二是组织青少年参加全国第26、27届青少年科技创新大赛。26届青少年科技创新大赛是江川县成绩最好、获奖最多的一年，项目类共获8个省级奖项，9个市级奖项，其中省一等奖2项、二等2项；科幻绘画获省市奖项7幅。三是组织开展各种科技实践活动。深入开展科普进校园活动，联合县教育局、县消防队、县地震局等单位在全县中小学中组织开展模拟防震避险演练、火灾事故应急演练等实践活动，邀请县有关部门专业技术人员，现场指导青少年火灾事故应急疏散、灾害自救与逃生，以及火灾应急扑救等，进一步增强学生的安全防范和自我保护意识，提高学生应对自然灾害的应急能力。四是继续做好“节能减排·低碳生活”科普系列活动”，加强青少年环保意识教育，组织开展以“爱科学，护环境”为主题的科技创新活动，组织学生利用废旧报纸、文具、塑料等材料制作工艺品、小生活用品等，教育引导青少年树立生态环境意识、可持续发展意识，提高了青少年的生态环保素质，同时，引领青少年积极投身环境保护和生态建设，为高原湖泊生态县建设贡献一份力量。五是组织青少年航天科普夏令营活动。江川县科学技术协会组织38名中小学生，参加为期5天的夏令营活动，营造爱科学、讲科学、学科学的浓厚氛围，推动少年儿童发明创新活动的广泛开展，为中小学生提供“挑战自我，锻炼刚毅，磨练意志，学会合作，掌握自救，培养品质，快乐生活”的素质体验平台。

【企业“讲比”活动】 在企业中继续组织开展“讲理想、比贡献”竞赛活动，江磷集团、宏斌公司2户企业利用自

身成立企业科协的优势积极宣传发动，鼓励技术人员，紧紧围绕企业技术创新和发展需要，以“节能、降耗、减排、增效”为重点，开展群众性技术创新活动和论文评比活动，进一步激发科技工作者的创新热情和积极性，增强企业自主创新能力。

【科普进宗教场所活动】 继续深入开展科普进宗教场所活动，开展以“崇尚科学，反对邪教”为主题的反邪教警示教育宣传活动。充分借助科普宣传栏、科普画廊、宣传图板、远程教育网络等有效载体，加强反邪教舆论宣传，开展反邪教进社区、进机关、进企业、进村庄、进学校的宣传活动，向广大公众宣讲宗教与邪教区别、邪教对人类和社会的危害、怎样防范和抵制邪教、邪教的特征、邪教的表现形式等内容，引导广大公众崇尚科学，反对邪教，大力普及科学文化知识，传播科学思想和方法，增强群众反邪教意识，为构建和谐江川做出贡献。

【协会学会管理】 全县27个农技协不同程度围绕产业开展活动，各农技协围绕本地实际，引进新品种、新技术试验示范，推动产业发展。11月17日，江川荣盛农产品产销专业技术协会、江川阳光辣椒产销协会分别成立，并举行挂牌仪式。

（张树良）

军　事

编辑　余立言

江川县人民武装部

【领导名录】

部　长　李方正（2011.10离任）
　　　　何　麟（2011.10任）
副部长　李忠祥
政　委　张永华

【概　述】　在玉溪军分区和中共江川县委、县人民政府领导下，县人武部深入贯彻中共中央总书记胡锦涛“七一”重要讲话和十七届六中全会精神，以推动军队和国防建设科学发展为主题，以加快转变战斗力生成模式为主线，严格执行上级党委、首长指示，以突出思想作风建设为重点，强化党委班子和“两支队伍”建设，全面巩固达标建设成果，大力培育当代革命军人核心价值观，狠抓规章制度落实，确保安全稳定，统筹搞建设，科学谋发展，扎实推进各项建设科学发展，圆满完成了各项工作任务，被玉溪军分区表彰为“安全稳定先进单位”，被中共玉溪市委、市人民政府和玉溪军分区表彰为“征兵工作先进单位”、“拥政爱民先进单位”；部长何麟被玉溪军分区嘉奖；政治委员张永华被玉溪军分区嘉奖，并被云南省军区表彰为“支援西部大开发先进个人”；后勤科长陈文斌被玉溪军分区表彰为“十佳官兵”。

【思想政治建设】　深化中国特色社会主义理论体系武装，深入学习主题主线重大战略思想、中共中央军委主席胡锦涛“七一”重要讲话和十七届六中全会精神。扎实开展“坚定理想信念，忠实履行使命”主题教育活动，结合建党90周年和长征胜利75周年，开展学习党史军史活动，深入开展向杨善洲学习活动，大力弘扬战区“五种精神”，强化军魂意识、使命意识和宗旨意识，强化干部、职工“安心本职作奉献、立足岗位谋发展”思想。通过有效地开展工作，人武部思想政治建设取得突出成绩。

【党委班子建设】　以加强思想作风建设为重点，扎实开展“增强党性修养，锤炼思想作风”专题教育活动和“倾向性”问题专项整治活动，坚持把党的十七大精神、科学发展观、党的三代领导核心和中共中央军委主席胡锦涛关于国防和军队建设一系列重要论述作为党委中心组理论学习的主要内容，认真落实党委中心组理论学习制度，坚持把建强班子、带好队伍作为建设的核心和关键。扎实抓好《党委工作条例》的贯彻落实，在工作实践中着力加强党委班子贯彻落实科学发展观、领导部队完成多样化军事任务、推进国防全面建设科学发展的能力；着力提高各级党委民主决策、依法决策和科学决策的水平；着力强化党委班子成员的政治素质和科学文化素质的实践培养。以“无为是过，不进是耻”的奋进精神，不断提升能力建设，深化民主集中制，狠抓民主作风，强化组织功能，规范制度落实，落实事务公开，经常性开展《廉政规定》教育学习，规范落实《军队委员会工作条例》、《党内监督条例》、贯彻民主集中制，认真贯彻《廉政规定》，主官做表率狠抓廉政建设，班子成员团结一致，单位风正心齐、氛围和谐、精神饱满，有效增强了党委管方向、抓大事、解难题能力。

【军事工作】　紧紧围绕应对多种安全威胁，完成多样化军事任务向核心战斗力聚焦这个中心，始终坚持用打赢的要求和实战的标准来检验工作落实，在锤炼过硬本领、提升打赢能力、强化军事素质上下功夫。贯彻落实《战备工作条例》，进一步加强“三室”建设，作战值班室规范化建设水平进一步提高，战备资料完善，战备设施器材齐备，修订完善各类战备方案，高标准落实战备要求，严格规范战备秩序；依据《陆军军事训练与考核大纲》和《民兵军事训练大纲》，狠抓训练“四落实”，进一步提高了干部职工军政素质；严格落实军分区民兵整组计划，科学编组基干民兵，扎实抓好整组和训练；

着眼“双应”能力建设，突出加强对应急维稳、应急救援和消防灭火等专业分队建设；完善国防动员队伍和力量体系建设，认真抓好国防潜力调查和数据库建设，进一步提高国防后备力量建设水平；征兵工作中，紧贴县情，深入开展国防教育，扎实搞好征兵宣传，深化廉洁征兵、依法征兵，严把各个关口，共征集兵员127人。

【后勤保障】 树牢“宁可苦上一阵子，不能愧对一辈子”的思想，努力协调筹措经费，严把经费开支关，确保重要任务、重要建设高标准完成，精打细算，厉行节约，确保了各项工作的正常运转。结合保障任务，修订完善各类保障预案，加强自筹和协调，推陈储新，落实战备物资“动态”储备，合理运用计算机管理，实现战备资料管理的科学化规范化和制度化。认真贯彻落实《财务条例》，坚持党委理财，严格财经纪律，细化预算编制，规范执行监督，确保经费投向投量科学，规范落实资产清查统计和管理责任制，在上级财务部门和军地审计部门的检查考评中得到充分肯定。向管理要效益，狠抓各项管理制度的落实，较好实现预期管理目标，使全面建设现代后勤能力进一步提升。

【安全管理】 牢固树立安全发展理念，贯彻依法治军、从严治军方针，突出“六个管好”，强化“我的安全我负责、他人安全我有责、单位安全我尽责”意识，深入贯彻落实《安全工作条例》、《“六个管好”实施细则》，坚持落实安全形势分析制度，反复抓安全隐患排查整治；健全工作责任制、目标责任制、军地协作制和分析排查制，实行首长负责制，落实分工责任制，运用责任追究制，落实“六个管好”制度，在管长远、抓末端、见成效上下功夫。深入开展“三互”、“三责”活动，责任到人，逐级管理，形成事事有人管、人人有责任、工作不断线的管理格局；认真开展好“条令月”和专项安全隐患排查整治活动，及时消除安全隐患；以规范“四个秩序”为抓手，落实各项管理制度，建立“部队＋地方＋家庭”综合管理制度，定期走访，定期座谈，了解掌握“两个以外”管理情况，确保施教施管针对有效，形成了组织领导坚强、工作措施有力的良好局面。

【拥政爱民】 贯彻落实支援西部大开发重要指示精神，积极协调驻地部队、组织和发动民兵预备役人员参加支持高原生态县建设。协调经费31万改善九溪镇、安化乡道路基础设施和引水工程建设，支持新农村基础建设资金1万元，投入2600余人次开展共建帮扶和农村环境整治；落实帮贫扶款8000多元，组织干部职工捐款4200元救助特困家庭，协调地方救助复退老军人3.25万余元；走访慰问老军人12户、军属96户，扶助军人军属家庭3户；协调驻军77216部队出动6000余人次开展“两湖”治理活动；组织各乡镇成立20～50人的民兵党员突击队，帮助群众抢种烟苗；全年共出动民兵500人次，有效扑灭山火7次；进一步加强军警民联防联治，青年民兵在维护社会治安、设卡堵烟、保交护路参与“仙湖锦绣”项目、“开渔节”等秩序维护中发挥了重要作用；努力化解各类矛盾纠纷，认真开展涉军维权和信访工作，接待来访16人次、来函3件、上级机关转访1件，热情接访，依法办理，妥当处置，充分发挥人武部桥梁纽带作用，军政军民关系进一步稳固、融洽。

（吴　斌）

武警江川县中队

【概　述】 2011年，在上级党委、中共江川县委、县人民政府以及县公安机关的领导下，中队党支部始终高举邓小平理论、“三个代表”重要思想伟大旗帜。以中共中央军委主席胡锦涛关于国防和军队建设重要论述特别是武警部队建设一系列重要指示为指导，认真贯彻党的十七大和十七届五中、六中全会精神以及军委扩大会议、武警党委扩大会议和总队党委扩大会议精神，坚持以科学发展观为指导，紧紧围绕建设现代化武警的目标，打基础、谋发展、保稳定，从抓党支部建设和干部骨干士官队伍入手，大力加强思想政治建设；强化中心意识，狠抓军事训练；坚持从严治警，在经常性基础性工作上下功夫，理清工作思路，确保部队沿着持续协调健康的方向发展，充分实现了“两个确保”；完成营房新建搬迁工作；坚持从严治警，依法治警，筑牢安全意识，深化治理“五个重点”问题；确保部队持续、健康、全面协调发展。

【思想政治】 中队结合职能使命需要，坚持把思想政治建设放在首位，确保官兵政治立场坚定，思想道德纯洁。认真学习党的十七大和十七届五中、六中全会，胡锦涛在建党90周年大会上的讲话精神，三级党委扩大会议，全国“两会”精神，切实把思想统一到三级党委的决策指示上来，深刻理解掌握科学发展观的科学内涵，坚持以科学发展观为统揽，狠抓各项工作落实。突出抓好坚定理想信念、忠实履行使命，深入开展“培育当代革命军人核心价值观，永远做党和人民忠诚卫士”主题的教育，“戒骄防满，保持清醒头脑”教育、“四个正确对待”教育和新兵“第二适应期”教育，密切内外关系、“深知兵、真爱兵”和部队风气建设教育；同时，还开展了管装爱装、法纪防间保密、心理健康、卫生常识、执勤战备和“五个过一遍”等安全教育整顿活动；在党员中深入开展创先争优活动；落实教育考查制度，保证教育质量。充分利用“三互”、“双四一”、健全思想档案等有效载体，做好思想政治工作。

【军事工作】 2011年，中队严格按军事训练法规组训，始终把抓军事训练作为提升部队战斗力的基本途径。坚持每周“议训”，周密制定周训练计划，坚持干部跟班作业。注重训练安全检查，训练中严格遵循训练操作规程，做到按纲施训。扎实开展“五小练兵”活动，注重培养“四会”教练员、“训练尖子”“执勤能手”和“技术能手”，做到以点带面，促进了训练水平的整体提高。一年来，中队共选送支队参加军事教练员培训2名。始终坚持临时勤务干部上一线、打头阵，亲自组勤、亲自处置。全年共担负临时勤务4起，共出动兵力74人次，协助公安机关抓获盗窃自行车犯罪嫌疑人1名，任务完成圆满，受到了当地政府和人民群众赞扬。

【正规化建设】 2011年，中队认真贯彻落实科学发展观，以《中华人民共和国武装警察法》、《纲要》和三十条统揽中队建设全局，制定了《按纲建队工作计划》，依据《基层正规化管理规定》、《武警云南省总队正规化管理图解》，严格落实好八项经常性工作，定期分析按纲建队形势，找薄弱环节，研究改进措施，揭露矛盾求发展，开展“学条令、正秩序、保安全”作风纪律专项治理、“转变工作作风、密切内外关系”和部队风气、党风廉政建设教育整顿等活动，严格落实一日生活制度，正规“四个秩序”，认真抓好“六个一”活动，狠抓部队带养成，树部队良好风气。围绕重要时期、把握重点环节、盯住重点人员，抓好部队的安全管理。认真汲取事故案件的深刻教训，坚持与“五个过一遍”活动相结合，进行深入细致的教育整改。开展了保密教育，加大涉密载体管理，提高官兵防间保密意识；始终坚持以人为本、科学带兵、依法带兵，加大人才培养力度，调动官兵主观能动性，引导官兵为中队的建设献计献策。

【拥政爱民】 中队始终教育官兵要把建设好第二故乡视为已任，把开展拥政爱民活动作为深入实践科学发展观的最好体现，组织官兵到驻地义务劳动，看望慰问孤寡老人，开展“弘扬雷锋精神，做雷锋传人”活动，以做好拥政爱民活动推动中队的全面建设。积极参加“抚仙湖、星云湖主要入湖河道保洁周”活动；积极开展拥政爱民、扶贫帮困活动。给驻地三街村困难群众送去慰问金，大力学习宣扬3.10抗震救灾表彰会精神；开展“安全知识进校园、我为孩子捐本书”捐赠活动，向云南旱灾区和云南盈江地震灾区，献爱心捐款捐物共计5000余元。义务清扫街道、清理入湖河道，捡运垃圾10余吨，受到驻地群众的好评。中队注重密切警民关系，严格遵守群众纪律，积极参与驻地建设，为创建平安江川，维护社会稳定，构建和谐社会做出了积极贡献。

（朱海伟）

77216部队

【概　述】 2011年，77216部队党委认真贯彻落实军区、集团军党委全会精神，以推动部队建设科学发展为主题，以加快转变战斗力生成模式为主线，按照“举旗铸军魂，转型练打赢，和谐聚力量，实干求发展”的工作思路，扎实工作、开拓进取，在确保安全稳定的基础上圆满完成了年度各项工作任务，部队建设稳步健康发展。部队被集团军评为全面建设先进旅团级单位，连续8年荣获安全稳定工作先进单位。

【党委班子和干部队伍建设】 2011年，部队认真贯彻中共中央军委主席胡锦涛“三个下功夫见成效”重要指示，扎实开展“加强党性修养、锤炼思想作风”教育整顿活动，召开专题民主生活会，组织党员收听收看先进事迹报告会，着力解决党性观念不强、宗旨意识淡薄、工作作风飘浮、执行力差等方面的问题，促进了各级党委班子和干部队伍思想作风转变。突出抓好新修订《党委工作条例》和民主集中制的学习贯彻，修订完善党委常委议事规则，进一步提高了党委科学决策水平。注重抓好风气建设，认真学习贯彻《军队党员领导干部廉洁从政若干规定》，广泛开展正确行使民主权利和“风气、和谐、发展”教育，加强对干部调整、工程建设、士兵考学等热点敏感问题的检查监督，调整使用干部、推荐士兵考学、提干、选送各类技术学兵、工程建设，始终做到了公开公正公平。大力加强人才培养，团被集团军评为人才培养先进单位。坚持运用“双考”选拔干部，注重在实践中考察、锻炼和培养干部。严格落实每月讲评干部制度，广泛开展“尊重选择、珍惜岗位、真心尽责”和“四知”针对性教育，组织机关干部和新毕业学员下连当兵锻炼。

【思想政治建设】 2011年，部队按照党委机关抓深化、基层官兵抓普及的思路，重点抓好党的十七届六中全会精神、中央军委主席胡锦涛主题主线重大战略思想和“七一”重要讲话精神学习贯彻，广泛开展“理论学习之星”评选和“月读一书、周写一文、日答一题”等活动，党委常委共为官兵作辅导30余场次。积极打好意识形态领域斗争主动仗，深入开展形势政策、“四反”和法纪教育，确保了部队纯洁巩固。以纪念建党90周年系列活动为载体，扎实抓好主题教育和四项重大教育，深入开展制定军旅人生规划、“军人道德之星”评选、群众性读书演讲和党史军史知识竞赛等活动，促进当代革命军人核心价值观培育岗位化、具体化、经常化。团荣获军区党史军史知识竞赛优秀组织奖。积极打造“蛟龙”特色文化，贯穿全年开展“蛟龙”杯系列文体活动，出版“蛟龙报”52期，制作“蛟龙视点”37期。认真贯彻全军、军区、集团军思想政治教育座谈会精神，抓好政治工作五个规范性文件落实，制定下发《关于小散远直单位和零散人员落实思想政治教育、理论

学习规定》等措施，促进了政治工作规范落实。结合部队野外驻训，深入研究分散动态条件下政治工作特点规律，跟进做好军事训练中的政治工作。扎实开展政治机关和政治干部岗位练兵和“四会”优秀政治教员比武竞赛活动，不断提高政治干部综合素质。大力加强新闻报道工作，在中央级媒体上稿50篇。

【双拥共建】　2011年，部队根据形势任务变化，及时调整补充了双拥工作领导机构，统一实施对双拥工作的组织领导。同时，与玉溪市、江川县双拥办建立了每月情况通报制度，及时准确地掌握驻地双拥工作动态。部队出动100多名官兵参加了江川县革命烈士陵园2011年清明节祭奠革命烈士活动。驻训部队“六一”期间，与丽江石鼓镇新华村八一爱民小学进行“六一”文艺汇演、军体拳表演、队列会操、叠被子比赛等联谊活动。“七一”前夕，部队与中共江川县委、县人民政府一道举办纪念建党90周年文艺晚会。

【治污保湖】　2011年5月10～12日，部队派出300余名官兵，机械车辆10多台，对驻地螺蛳铺至路居5千米沿线、沟渠的腐烂及污染物进行全面清污。在此次环境治理过程中，部队共出动1000余人次，机械车辆100余台次，对螺蛳铺至路居5公里沿线腐烂及污染物进行了全面清污，清理垃圾60余吨。

【扶贫帮困】　2011年，部队坚持发扬雷锋精神，争做雷锋传人，广泛开展“学人民、爱人民、为人民”活动。3月1日，部队出动40多人、车辆3台到江川大街开展学雷锋活动。一年来，部队以“3·5”学雷锋活动为契机，成立5个学雷锋小组，在江川城区及周边村镇街道，广泛开展助民服务活动，全年累计投入经费2万余元，为群众维修各种家用电器10余件，修理自行车20余辆，义诊80多人次，为群众理发40余人。部队在元旦、春节、“五一”、“八一”等重要节日，到驻地螺蛳铺村、石岩哨村、路居镇敬老院等地方走访慰问，帮助广大群众和老弱病残者解决实际困难。春节期间，副部队长携带慰问金、生活物资、水果、礼品盒专门到驻地路居镇敬老院、石岩哨村、螺蛳铺村看望老人和生活困难群众、主超烈士家属。

（徐忠华）

法　　制

编辑　盛文芬

政　法

【概　述】 2011年，全县政法各部门在县委、县政府的正确领导下，以邓小平理论和“三个代表”重要思想为指导，深入贯彻落实科学发展观，认真贯彻落实党的十七大、十七届五中、六中全会精神，按照全国、全省、全市政法工作会议精神和县委十一届六次全会的部署及县委第十二次党代会精神，认真围绕建设高原湖泊生态县的总体要求，紧紧抓住人民群众最关心的公共安全、权益保障、社会公平正义问题，不断深化三项重点工作，积极争创云南省“新一轮先进平安县”，认真开展主题教育实践活动，抓实事、建机制、重创新，努力为全县经济社会又好又快发展创造更加平安和谐稳定的社会环境、公平正义的法治环境、优质高效的服务环境。

【社会矛盾化解】 1. 落实综治维稳责任，化解影响社会稳定的源头性、根本性、基础性问题。一是严格落实维护稳定工作领导责任制，县委、县政府把各乡镇(街道)、政法各部门和信访部门主要领导作为维稳的第一责任人，切实履行领导责任，把贯彻好中央和省、市一系列维稳会议精神作为首要政治任务，认真抓好落实。二是全面、认真排查各类矛盾、问题，以及群众普遍关心的热点、难点问题，随时关注、掌握相关动态。三是坚持党政领导班子大接访大下访制度。实行县级领导干部轮流接访制，定期不定期安排班子成员和信访工作人员公开接访，明确接访领导、时间和地点，切实密切党群干群关系，积极为群众做好事，办实事。四是在大街街道、前卫镇、九溪镇开展“大调解”试点，建立人民调解、行政调解、司法调解有效衔接和配套联动的“大调解”工作体系，使“大调解”在社会矛盾纠纷解决体系中的基础性作用日益彰显，成为维护社会稳定的“第一道防线”。五是紧扣重点工作，全力维护社会稳定。全力调处化解“仙湖锦绣”等项目推进中遇到的矛盾纠纷，积极探索重点工程矛盾纠纷预防化解的办法，有效预防和妥善化解了大量的工程矛盾纠纷。

2. 围绕社会稳定，依法打击各类犯罪行为。紧紧抓住影响群众生命财产安全的突出问题，以专项整治为突破，积极开展“打四黑除四恶”、道路交通安全整治、清剿火患、“亮剑”、“清网”等一系列专项行动，加大社会治安重点排查整治力度。2011年公安机关共立各类刑事案件2238起，破904起，破案率为40.4%，其中立重大案件立1164起，破获271起，破案率为23.3%，与上年同比增加379起，上升48.3%。破年前积案93起，破案绝对数为997起。受理治安案件2362起，查处1382起，抓获犯罪嫌疑人433人。查获犯罪团伙6个37人，成功打掉了1个恶势力犯罪团伙。年内发生的2起命案全部告破，自2002年以来继续保持10年命案全破。深入推进第三轮禁毒人民战争，共破获毒品刑事案件111起，缴获毒品8306.68克；检察机关受理各类提请逮捕案件137件260人，依法批准、决定逮捕134件253人，受理各类移送起诉案件121件297人；审判机关共受理各类刑事案件184件361人(含旧存10件23人)，审结170件336人，其中，公诉案件136件281人，自诉案件34件55人，审限内结案率100%；森林公安机关共查处各类林业行政案件60起，治安拘留1人，查获违法人员63人，破获刑事案件6起，抓获犯罪嫌疑人11人，其中刑事拘留4人、逮捕4人，移送审查起诉11人；调解矛盾纠纷15起。

3. 围绕社会发展，积极化解各类矛盾纠纷。法院遵循“调解优先、调判结合”的工作原则，将重民生、排民忧、解民难作为审判工作的出发点和落脚点。积极运用调解、和解等方式，化解各类矛盾纠纷，确保案结事了。检察院积极探索检调对接机制，认真做好不立案、不捕、不诉、不抗诉案件的释法说理工作。通过公开透明、有理有据的释法说理，增进当事

人与执法者之间的理解沟通，化解矛盾，促使当事人服判息诉。公安局建立矛盾纠纷排查汇总“三级”制度。国保、治安和派出所实行日报告制度、中心周汇总制度、月研判制度，派出所按照“当场调解、限时调解、限制调解”工作措施，第一时间化解矛盾纠纷。坚持围绕重大活动和敏感时段，加强防范和反宣品清理，有效防范打击了“法轮功”等邪教组织的渗透破坏活动，为确保社会和谐稳定作出了贡献。全年共排查或受理矛盾纠纷共1522件，涉及当事人5657人，调解成功1494件，成功率为98.16%；防止民转刑8件62人，防止群体性上访7件181人，制止群体性械斗4件154人，预防矛盾纠纷发生29件。全年共受理人民群众来信来访283件764人次，办结281件，结案率99%。与上年同期331件967人次相比，分别下降了24%和5%。呈现“一上升”（接待和处理集体上访上升）“四下降”（受理人民群众来信来访下降、上级交办信访案件下降、网上信访下降、领导交办下降）的趋势。坚持强力推进集中清理涉法涉诉信访积案和百案评查活动。对排查清理的63件涉法涉诉积案已全部化解完毕，化解率为100%。

【社会管理创新】 1. 全力推进流动人口基本公共服务“均等化”试点工作。一是及时健全领导机构，配齐人员，在原来使用7名流动人口协管人员的基础上增加15人，落实工作经费28万元。二是强化基层基础工作，认真开展流动人口清理清查。全县共清查流动人口11286人，比原台帐多113人，其中流出人口5339人，增加119人。三是推进“十项真情服务”，实现流动人口信息化管理；实施“五免费”和“两项活动”服务；就近就便安排流动人口子女入学入园（托），享受与户籍学生同等的“三免一补”政策；开展流动人口疾病监测、健康教育、预防接种、儿童及孕产妇保健、慢性病及重性精神疾病管理、职业病防治，减少主要健康危险因素等等。

2. 推进特殊人群服务管理创新。充分发挥职能部门作用和依靠全社会力量，做好刑释解教人员的安置帮教工作和社区矫正工作，切实帮助矫正、帮扶对象解决生活和就业等方面的困难。建立刑释解教人员安置帮教数据软件，开始实施信息数字化管理，对矫正对象和刑释解教人员做到底数清、情况明。全县五年内接收释放人员555人，2011年对接收的104人及解除社区矫正人员43名共计147人进行了有效帮教，帮教率100%，帮教矫正对象在社会、家庭的积极帮助下，不论是做工还是务农都有了出路。对肇事肇祸精神病人，建立常态化管控机制，逐一纳入视线、掌握动态。2011年，将暴力特征明显、社会危害倾向性大的13名精神病人送往医疗机构医治，年末，10名精神病人的病情得到控制并康复回家。

3. 推进网络虚拟社会管理创新。加强对网络应用重点单位、网络经营业主和网民的管理，严格落实“实名上网”制度，虚拟主体参与“虚拟社会”各项活动，实名申请IP、实名注册账号、实名登录网站、实名验证申请，建立起虚拟身份与现实身份一一对应的关系。年内，共完成县内5家网站、50家联网单位、7家非经营性公共上网服务场所的备案工作。

【公正廉洁执法】 1. 进一步加大执法培训和理想信念教育力度。定期对政法干警特别是新任领导干部、新招录干警进行中国特色社会主义理论体系、社会主义法治理念、职业道德、纪律作风等方面的教育培训。建立和落实政法单位负责人集中轮训长效机制和政法基层科（所、队、庭、室）领导班子集中轮训制度。结合建党90周年活动，重温入党誓词、重读红色经典、瞻仰革命旧址、走访革命前辈和召开报告会、座谈会、研讨会等形式，对每一名政法干警进行深刻而生动的革命传统和理想信念教育。

2. 进一步建立完善执法监督制约机制。通过健全检察机关对政法各单位执法、司法活动的法律监督机制，完善党委政法委与纪检监察、组织人事等部门对政法各单位党组织和党员干部管理监督工作协作配合机制。建立评查案件制度，针对群众反映强烈的若干类案件，进行抽样评查，提出评查意见，督促整改到位。大力推进审务、检务、警务公开，执法依据、程序、流程、结果都向社会公布。对群众意见比较多的重大复杂疑难案件，探索建立公开听证、公开审查制度。建立执法公开定期检查制度和投诉、督查机制，确保当事人和群众监督、新闻舆论监督落到实处。

3. 进一步加强了纪律作风和队伍建设。通过狠抓政法队伍纪律作风建设，坚持从严治警，认真落实中央政法委提出的“四个一律”，切实把对法官的“五个严禁”、对检察官的“十个严禁”、对民警的“五条禁令”等各项纪律要求落实到位，确保各项纪律得到有效执行。政法各部门切实以“创先争优”为载体，在争创全市“十佳政法干警”和“十优政法班子”的活动中，江川县公安局被授予了玉溪市“十优政法班子”称号。

【综治维稳工作】 2011年，江川综治维稳工作主要从以下几个方面来开展工作：1. 加强领导，全面落实综治维稳工作责任制。一是认真落实综治维稳责任制。县委、县政府按照“一岗双责”和“谁主管，谁负责”的原则，明确责任主体，分解细化综治维稳责任。各级领导班子承担组织领导本地区、本部门、本单位综治维稳工作的政治责任，对本项工作负总责、负全责；党政一把手是综治维稳第一责任人，分管领导是综治维稳具体责任人，其他班子成员对所分管部门、行业的综治维稳工作负领导责任，分口、协同抓好这项工作。二是健全落实责任制的网络机制。县委、县政府把综治维稳工作和新一轮平安建设工作始终摆在重要议程，定期或不定期开会研究，适时开展督促检查。年初全县政法工作会议上，县委书记、县长与7个乡镇(街道)、35个综治维稳委成员单位和32个内部单位分别签订了《综治维稳目标管理责任书》，并将综治维稳工作和新一轮平安建设的任务措施分解落实到乡镇、部门和具体责任人身上。进一步健全完善工作例会制度，确保每项重点工作都有研究、有部署、有检查、有落实。年内，县委常委会专题研究综治维稳、新一轮平安建设工作4次，召开有关稳定会议6次，组织专项督查3次。三是认真落实工作保障机制。按照省、市委要求，把经费保障纳入当地社会治安综合治理维护稳定工作目标管理责任书加予落实。2011年县财政将人均2元综治维稳经费纳入预算，各乡镇(街道)已按人均1元纳入预算；7个乡镇(街道)综治维稳信访中心规范化建设补助经费、全县72个村委会(社区)综治维稳办主任和治保、调解主任考核经费、司法求助经费纳入预算。同时，加强培训，提高基层干部工作水平。

2. 细化目标任务，深入开展争创省级先进平安县。县委、县政府高度重视新一轮平安创建工作，将任务措施细化、分解、落实到乡镇(街道)、部门和具体责任人身上。确保全县7个乡镇(街道)以及72个村委(社区)平安巩固率达到100%，“平安医院”、“平安市场”、“平安旅游”、“平安校园”、“平安出行”、“平安边界”“平安单位”、“平安行业”、“平安企业”等层面的创建巩固率达100%，“平安家庭”创建面达99.6%。

3. 健全工作机制。健全综治维稳信访中心工作机制，进一步规范了综治维稳信访中心“五大”工作联动机制、“六大”工作职责、“七大”工作机制。健全完善社会矛盾纠纷统一受理、咨询、分流、调处、督办、报结的大调解工作机制，确保了综治维稳信访中心规范运行，增强了矛盾纠纷排查化解能力，增强了群体突发性事件的预防处置能力，努力为基层矛盾纠纷的解决提供“一站式”服务。建立健全四级五层调处机制，即建立县、乡镇、村、组四级，综治维稳成员相关单位(县)→调委会(乡镇)→综治维稳信访中心(乡镇)→调解会(村)→调解小组(组)五层矛盾纠纷调处机制，把矛盾纠纷层层化解。建立了乡镇(街道)、村委(社区)每周例会制度。乡镇(街道)每周一社会稳定专题汇报制，由包村组长、包村中心(站、所)负责人、联系领导汇报上周各辖区内排查出的隐患及上周矛盾纠纷调处的情况、结果、需要解决的问题，及时通报辖区隐患。村委会每周学习时间，也将矛盾纠纷专题汇报，由各村民小组支部书记、组长汇报上周辖区内排查出的隐患及上周矛盾纠纷调处的情况、结果、需要解决的问题。建立健全超前预防机制。建立“五结合、五为主”工作制度，即事前防范与目标防范相结合，以事前防范为主；经常排查与重点排查相结合，以经常排查为主；分级处置与应急处置相结合，以分级处置为主；专门调解与群众化解相结合，以专门调解为主；强化责任与重奖严惩相结合，以强化责任为主，实行上下联动，变封闭式解决为公开调处，矛盾纠纷排查调处工作由被动转向主动，由调处为主转变为防范为主。建立健全防控机制。建立了乡镇(街道)、村(社区)、村(居)民小组三级巡查保障制度。推行“三级联防、四级联动、十户联防、五级联创”平安创建模式，即乡镇(街道)党(工)委政府(办事处)、村委会(社区)、村(居)民小组三级联防，乡镇(街道)领导及机关、村委会、村民小组干部、农户共同参与，形成县组织、乡镇(街道)负责、村为主、组保创、户落实的平安创建机制；建立健全法制教育机制。以“六五”普法为载体，采取司法干部包村包户方式，开展经常性全民法制教育。丰富宣传方式，拓宽宣传渠道，将综合治理和治安防范宣传到各家各户，增强全民防范意识。

4. 开展矛盾纠纷排查调处，及时消除不稳定隐患。坚持县级每月、乡镇(街道)半月定期排查各类社会矛盾纠纷和群众普遍关心的热点、难点问题。重大节日、重要会议期间组织各乡镇、各部门开展专项“地毯式”矛盾纠纷隐患大排查，做到横向到边、纵向到底。针对排查出来的社会矛盾纠纷，按照“属地管理”和“谁主管，谁负责”的原则和“五个一”的要求，认真调处各类矛盾纠纷。继续坚持党政领导班子大接访大下访制度，明确接访领导、时间和地点，实行县级领导干部轮流接访制。紧扣重点项目、重点工作、突出问题，严格落实各级领导干部维护稳定第一责任，深入群众，切实密切党群干群关系，积极为群众做好事，办实事。对群众存在问题，积极主动想办法在规定时限内解决好，对群众存在的困难，千方百计帮助及时解决好，确保全县政治社会的稳定。但是，“仙湖锦绣”项目推进受阻、江川与晋宁两县磷矿资源纠纷和民师、修路民工、支前民工、军转干部等历史性、政策性引发的非正常上访仍未得到有效化解，一定程度上影响了全县的社会稳定。四是抓好“大调解”试点。在大街街道、江城镇、九溪镇试点，建立人民调解、行政调解、司法调解有效衔接和配套联动的“大调解”工作体系，使“大调解”在社会矛盾纠纷解决体系中的基础性作用日益彰显，成为维护社会稳定的“第一道防线”。

5. 深入开展严打整治斗争，着力构建社会治安整体联动大防控体系。“以打促防，防中有打”。强化“严打”整治，及时解决突出治安问题，对人民群众反映强烈的黑恶势力犯罪、涉枪涉爆、“黄赌毒”以及“两抢一盗”等侵财类案件始终保持严打高压态势，组织开展“严打”和“2011春季攻势”、涉赌、涉毒等专项斗争，及时打击有组织犯罪、黑恶势力犯罪、严重暴力犯罪，继续加大打击毒品犯罪活动，有效解决突出治安问题。在“大防控”体系建设中，不断创新“人防”模式，

强化科技创安措施，根据城乡治安特点，因地制宜，突出重点，统筹兼顾，积极构筑全方位、宽领域、多层次的社会治安防控体系，维护社会治安稳定。

6. 扎实开展舆论宣传，为综治维稳工作营造良好工作环境。一是认真开展综治维稳宣传月活动。3月，在全县开展以“倡导见义勇为、弘扬社会正气”为主题和“三八”妇女维权周的“综治维稳宣传月”活动，为“十二五”规划开好局、起好步，创造和谐稳定的社会环境。二是扎实开展争创“省级先进平安县”宣传活动。以开展新一轮平安创建活动和创建先进平安县为载体，着眼维护稳定大局、立足创建平安江川、着力构建和谐社会，以新闻舆论宣传为主体，以各地上下联动为平台、以群众喜闻乐见为主旨，以提高全社会对综治维稳的知晓率和满意率为根本目的，认真扎实地开展了综治维稳宣传月活动，进一步营造了浓厚的“创建平安人人参与，构建和谐人人共享，维护稳定人人有责”的社会舆论氛围，使平安建设深入人心，家喻户晓，为富裕民主文明开放和谐江川创建良好的社会舆论氛围，促进了社会治安综合治理和维护社会稳定工作各项措施的全面落实。全县共发放各类宣传资料、宣传手册等123254余份，悬挂、张贴横幅标语1041条，举办板报、墙报、宣传橱窗或图片展561期次，文艺表演100场、举办讲座37场、家庭座谈会79个，出动宣传车35辆次，累计投入活动经费3万元，受教育群众达69万余人次。《星云之声》法制版广播栏目共播出法案故事、以案说法、案例剖析、回答听众来信等节目98期；围绕“仙湖锦绣”重点工程开展法制宣传6天20余人次，制作宣传光盘3盘。

【综治维稳工作专题会议】　2月24日，江川县召开由政法各部门、县委办、综治维稳办、信访局等综治维稳委成员单位负责人和各乡镇专职副书记共29人参加的维稳工作专题会议。传达学习2月17日全省维稳工作电视电话会议、2月19中央维稳办、公安部紧急会议和2月23日市委紧急会议精神，以及学习了省委办公厅、省政府办公厅《关于做好当前和全国两会期间全省重点维稳工作的通知》的精神，分析当前影响社会稳定的国际国内形势，进一步梳理查找影响全县社会稳定的因素，并对现阶段的工作作了安排部署。

县委常委、县委政法委书记张跃伟主持会议并提出了六点要求：一是进一步统一思想，提高认识。各乡镇、信访和政法各部门等单位要充分认识当前国际、国内形势的严峻性和当前维稳工作重要性和必要性，把思想统一到中央的决策部署和省、市、县要求上来，认真做好全县的维稳工作。二是严格落实责任制。各乡镇、各政法和信访部门主要领导作为维稳的第一责任人，切实履行领导责任，把贯彻好中央和省、市系列维稳会议精神作为首要政治任务，认真抓好落实。三是把握工作重点。要注意一些深层次的矛盾，如“仙湖锦绣”的征地问题、“县镇换届”选举问题、非正常上访问题、侵财性案件、军转干部等问题，已成为当前全县维稳的突出问题，各乡镇、政法和信访部门要把握好重点，开展好工作。四是认真细致地排查化解矛盾纠纷，做好大排查、大化解工作。对全县各种突出的信访问题及可能引发群体性事件和重大刑事案件、治安案件的矛盾纠纷进行一次深入、细致、彻底的排查，做到“纵向到底，横向到边，不留死角”，对排查出来的突出矛盾纠纷，要按照“属地管理、分级负责、谁主管、谁负责”的原则，进行逐一分析研究，逐一调处化解。五是加强情报信息工作。各乡镇、各政法和信访部门要进一步加强情报信息工作，对影响社会稳定、国家安全的信息要及时收集上报，要在大街、江城成立综治维稳指挥部加强维稳局势的控制，公安局要加强互联网的管控，对影响国家稳定、安全的有害信息要及时删除，并实行落地查控。六是加大街面上的治安防控力度。白天见警车，晚上见警灯，早晚还要有专门的巡防队伍步行巡逻，进一步增强街面巡逻密度，提高震慑抓获现行犯罪人员的能力和驾驭社会面治安动态的能力。

【政法工作会议】　4月12日，江川县组织召开政法工作会议。会议的主要任务是：传达贯彻全国、全省、全市政法工作会议精神，认真落实县委十一届六次全会精神，总结部署全县政法工作。

县委书记张延明出席会议并讲话，充分肯定了2010年全县政法工作所取得的成效。同时，就抓好今年政法工作提出了三个方面的要求：一是要正确认识当前形势，进一步增强做好政法工作的责任感、紧迫性；二是要落实稳定第一责任，为建设高原湖泊生态县，现代宜居高原湖泊生态城和国际高原湖泊生态休闲度假旅游目的地提供和谐稳定的环境；三是要加强组织领导和队伍建设，全面提高维稳工作整体水平。

会上，县委常委、政法委书记张跃伟总结回顾了2010年全县政法工作，认真分析当前社会稳定形势，研究部署2011年和今后一个时期的政法工作。张跃伟强调，2011年，江川的政法工作要按照全国、全省、全市政法工作会议精神和县委十一届六次全会的部署，紧紧抓住人民群众最关心的公共安全、权益保障、社会公平正义问题，不断深化三项重点工作，积极争创省“平安先进县”，认真开展主题教育实践活动，抓实事、建机制、重创新，努力为全县经济社会又好又快发展创造更加平安和谐稳定的社会环境、公平正义的法治环境、优质高效的服务环境。

对于做好2011年政法工作，张跃伟提出了四点要求：一是要积极构建大调解工作格局，深入推进社会矛盾化解，切实维护社会和谐稳定；二是要夯实基层基础工作，注重社会管理创新，切实维护好良好的社会秩序；三是要推进公正廉洁执法，加强政法队伍建设，着力打造政法队伍新形象；四是要开展平安创建活动，切实争创省级“平安先进县”

【综治维稳工作培训会】 4月21日，江川县政法委组织召开培训会，对7个乡镇(街道)分管综治维稳党委副书记及综治维稳专干进行培训，对当前和今后一个时期的综治维稳工作进行了安排和部署。县委常委、县委政法委书记张跃伟从五个方面对综治维稳工作作了要求：一是要以建党90周年为契机，以当前春耕备耕为重点，抓好社会矛盾纠纷化解。各乡镇、政法各部门一定要增强大局意识和服务意识，着力解决影响社会稳定的突出问题，狠抓各项措施落实，不断开创政法工作新局面，为“十二五”规划开好局、起好步，为江川经济社会科学发展提供和谐稳定的社会治安环境。二是要注重社会管理创新，切实维护好社会秩序。三是解决好当前突出的社会治安问题。要紧紧抓住影响群众生命财产安全的突出治安问题，加大防范、打击、整治力度。强化社会治安打防控体系建设，进一步加大排查整治力度，深入推进突出社会治安问题综合治理。要不断深化禁毒人民战争，努力遏制毒品违法犯罪、遏制新型毒品蔓延和创新戒毒康复模式，巩固好江川县“无毒县”成果。同时，对重点项目建设，要积极探索做好排查化解，超前预警，探索矛盾纠纷预防化解的有效办法，抓住重要环节，有效预防群体性事件、群体上访的发生，确保重点项目建设的顺利进行。四是做好平安先进县的创建工作。要按照县委、县政府《关于开展创建省级平安先进活动的实施意见》，围绕总体目标，认真落实综治维稳目标管理责任书，在“平安先进乡镇”“平安先进村(社区)”“平安先进单位”、“平安先进行业”、“平安先进企业”、“平安先进医院”、“平先进学校”、“平安先进旅游景区”、“平安家庭”等创建活动中，做到有方案、有机构、有部署、有宣传、有检查、有考核、有奖惩。五是积极在政法各部门开展好“创先争优”活动。要加强自身建设，提高统筹谋划政法工作、协调解决重大问题的能力，协助党委把党对政法工作的思想领导、政治领导、组织领导落到实处。各乡镇(街道)、政法各部门要以创先争优为载体，努力开展好全市“十佳政法干警”和“十优政法班子”的争创活动。

【李矿生调研指导“仙湖锦绣”项目维稳工作】 6月22日，受市委常委、市委政法委书记刘宁笙委托，市综治维稳委副主任兼办公室主任李矿生一行到江川县调研指导“仙湖锦绣”项目维稳工作。县委常委、县委政法委书记陈琎寿，县政府副县长、县公安局局长师文就“仙湖锦绣”项目维稳工作向李矿生作了详细汇报。

李矿生指出，江川“仙湖锦绣”项目是全省的重大旅游项目，是抚仙湖—星云湖生态建设与旅游改革综合试验区示范性、标志性项目。项目前期工作启动以来，得到了省委、省政府，市委、市政府的高度重视和大力支持。在省、市、县各级，各有关部门的大力支持下，在项目区内广大党员、干部群众的积极参与配合下，项目推进总体进展顺利。但是，少数别有用心人员，借机威胁煽动群众，妄图通过暴力手段，获得非分利益。特别是“6·8”聚众扰乱社会秩序案件，严重伤害了企业和大部分群众的感情，破坏了江川县乃至全市良好的投资环境，造成了严重的负面影响。“6·8”聚众扰乱社会秩序案件严重破坏了当地社会治安秩序，严重损害了公私财物，法律权威受到了挑衅，对此，江川县公安机关依法正常执法，果断出击，措施恰当，程序合法。

最后，李矿生就江川县综治维稳部门下步工作提出五点要求，一是要旗帜鲜明、理直气壮地支持公安机关依法履行职务，充分发挥综治维稳委各成员单位的职能，为公安机关营造良好的执法环境。二是紧紧依靠基层综治维稳组织，切实维护当地治安稳定。要组织县、镇、村综治维稳部门广大干部职工，晓之以理，动之以情，深入细致地做好广大人民群众的思想稳定工作。三是充分发挥宣传、广电等综治维稳委成员单位的作用，加强对新闻媒体的正确引导，防止出现歪曲事实的报道。四是加强情报信息工作，发挥综治维稳部门点多面广的优势，多渠道、全方位的搜集、研判各类信息，掌握处置各类突发案件的主动权。五是维护广大人民群众的合法权益，要畅通利益诉求渠道，引导人民群众合法表达诉求，合情合法合理的要坚决及时办理，对不合理、不合法的诉求，要耐心细致地做好来访群众的释疑解惑和教育疏导工作，维护社会稳定。

【专题调研督查乡镇(街道)综治维稳工作】 8月上旬，县委常委、政法委书记陈琎寿率县委政法委、县综治维稳办相关人员深入到全县7个乡镇(街道)和部分村委会(社区)，对江川县基层综治维稳工作进展情况和存在的主要问题进行专题调研督查。

陈琎寿一行每到一个乡镇(街道)，采取听、查、看、访的方式，听取了当地党委政府的工作汇报，检查了综治维稳信访中心运行情况，查阅了群众信访受理登记材料，抽查了部分工作台帐，询问综治维稳信访工作人员的配备情况，看望慰问综治维稳信访工作人员，并与当值工作人员亲切交谈，了解交流工作经验。

在调研督查中，陈琎寿对各乡镇(街道)上半年的工作给予充分肯定，认为全县综治维稳工作整体推进有成效。并着重指出了各乡镇(街道)综治维稳工作中存在的不足与问题，即全县乡镇综治维稳信访中心建设不平衡，规范化建设还存在部分领导重视不够、平台建设超低、工作人员素质偏低、

工作亮点不多、治安问题不少、经费因财政体制限制难予保障、部分乡镇无交通工具等问题。要求各级各部门、各乡镇(街道)要进一步建立健全工作联动机制，不断提高基层治安防范和快速反应能力，确保社会治安稳定。

陈琎寿强调，当前全县的社会矛盾大量发生在基层，在乡镇(街道)、在村委会(社区)，强化综治维稳基层基础规范化建设是把“矛盾纠纷解决在基层、化解在萌芽状态”的重要手段。各乡镇(街道)要按照市委常委、政法委刘书记提出“四化一成效”(即：坚持不懈地抓机遇、建网络，切实推进综治维稳基层基础平台建设规范化；坚持不懈地抓整合、集资源，切实推进综治维稳基层基础建设资源整合规范化；坚持不懈地抓机制、促规范，切实推进综治维稳基层基础建设模式规范化；坚持不懈地抓考评、求发展，切实推进综治维稳基层基础规范化建设长效化；坚持不懈地抓责任、强保障，切实推进综治维稳基层基础规范化建设取得实效)的指示精神，不断推进全县乡镇综治维稳信访中心规范化建设。

【基层基础综治维稳工作培训会】 8月4～5日，江川县综治维稳委组织对全县7个乡镇(街道)的党(工)委副书记、派出所所长、司法所所长等基层综治维稳干部、县综治维稳委成员单位有关领导、县人民法院各庭庭长共100余人，进行了为期两天的基层基础综治维稳工作培训。此次培训是在全县深入推进新一轮平安江川创建活动的背景下，为贯彻7月28日“市综治维稳基层基础规范化建设(澄江)现场会议”精神而举办的。培训会议就：如何做好基层基础综治维稳工作、如何开展基层矛盾纠纷化解、如何贯彻落实好《信访条例》、高度重视基层基础反邪教工作，从综治维稳、人民调解、信访、群众工作、反邪教等五个方面进行了全面系统的培训。

县委常委、县委政法委书记、县综治维稳委主任陈琎寿作了培训动员。培训中，市委政法委副书记李卫华作了专题讲授，他简要地回顾了综治维稳工作发展的历史，深入地分析了基层基础综治维稳工作在新形势、新任务下的主要作用，并就在基层基础综治维稳工作中如何联系开展好群众工作，以自身丰富的经历，传授了宝贵的经验，并提出了更高的要求与希望，总结归纳出开展基层群众工作的“十子一承诺”工作方法。

培训会期间，县委政法委副书记、县综治维稳办主任赵华，县委政法委副书记、县610办主任祁宝川，县委政法委副书记李浩、县司法局基层科科长李志宏分别围绕如何做好基层基础综治维稳工作、如何做好基层反邪教工作、如何打好年度综治维稳工作的基础、如何开展好基层矛盾纠纷化解工作进行了理论讲授与经验传授。组织参训人员到澄江县的右所镇、九村镇等地参观学习，使参训的同志拓展了眼界，看到了各乡镇(街道)在综治维稳、司法、信访中心建设中存在的明显差距，明确了下一步工作改进和努力的方向。

【李矿生到江川督查指导均等化服务试点工作】 8月8日，以市综治维稳委副主任兼办公室主任李矿生为组长的市流动人口基本公共服务均等化试点工作督导组一行3人到江川县督查指导工作。江川县委常委、政法委书记陈琎寿，县政府副县长、公安局局长师文，县委政法委、县综治维稳办、县公安局、县计生局领导参加了督导汇报工作会。

市督导组在听取江川县相关领导汇报后，认真查阅了相关痕迹管理材料，深入到江城镇和江城社区实地检查工作落实情况，查看了办公服务设施、账、表、卡、册，听取了相关人员的工作汇报，走访干部群众对流动人口均等化工作的想法看法，充分听取各方面的意见、建议后，认为江川县流动人口基本公共服务均等化试点工作成效明显，方案可行，思路清晰，领导机构健全，经费落实，措施到位，目标明确，对江川县流动人口基本公共服务均等化试点工作所取得的成绩给予充分肯定。

最后，李矿生强调，创新流动人口服务管理工作，推进流动人口计划生育基本公共服务均等化试点是中央综治办、国家人口计生委、财政部、人力资源和社会保障部等四部委合力推进的一项重点工程。要稳步推进流动人口服务管理体制创新，率先实现流动人口计划生育基本公共服务均等化，同时建立健全流动人口基本公共服务网络体系，着力加强信息管理，为均等化服务构建信息支撑体系，并加大资金投入，形成政府主导、公共财政为主体的基本公共服务均等化经费投入机制。要正确认识均等化服务试点工作中的若干问题，在均等化服务工作中体现注重民生、统筹、协同、信息共享、事业共建、以载体推动全局的理念，要注重基础工作，健全服务网络体系。要坚持在原有基础上进一步提高水平，体现重在持续，重在提升，重在统筹，重在为民的理念，为流动人口提供更加优质全面的服务管理工作。

【涉法涉诉信访积案】 2011年，江川县涉法涉诉信访积案共计63件。其中，法院46件、检察院15件、公安局2件。对上述案件，通过各部门的联动协调努力，解决信访人员的实际困难，做到了100%的案件息诉罢访，切实化解了社会根源性矛盾。

【案件评查工作】 按照上级规定，政法各部门选取了具有评查意义的案件进行评查。其中，法院40件、检察院15件、公安局35件、司法局5件、森林公安分局5件，共计100件。

【政法宣传】 撰写上报三项重点工作信息90期，经验材料4篇。其中，省、市委政法委采用信息14篇。

【创先争优活动】 一是联系实际定承诺，确保承诺事项的针对性和实效性。领导班子和领导干部走在前，作表率，带头深入学习，深刻理解和准确把握创先争优活动的实质内容；带头深入调研，到示范联系点指导工作，征求意见，求智于民，问计于民。结合岗位实际、注重回应群众的关切和诉求，切实提高公开承诺的针对性和实效性。党组织围绕加强党员队伍建设、提高服务群众水平和改进机关工作作风方面作承诺；全体党员围绕带头学习，提升能力、带头奉献，积极工作、带头履职，服务群众、带头遵纪守法，勤政廉洁作承诺；按照承诺事项党组织和党员分别制订了切实可行的目标措施张贴公示，对党员承诺每季度进行一次点评，并做好评星活动。二是结合需要定方案，确保兑现承诺的多样性和生动性。把创先争优活动与创建学习型党组织相结合、与提高行政效能相结合、与服务群众相结合。在着力转变学风、提高工作效率、服务人民群众上狠抓落实。政法委开展大化解、大整治、大防控、大宣传四大活动。三是广泛宣传、典型引路，弘扬正气。充分利用广播电视、新闻媒体、网络、简报、宣传栏等多种形式宣传学习活动，营造良好的舆论氛围。四是到包村单位维稳困难党员。县委常委、政法委书记陈琎寿带领政法委机关党员干部到江城镇黄营村委会慰问张金玉等5名年龄大，常年患病，丧失劳动能力，生活困难老党员。五是开展“送书进村，共建农家书屋”活动。为江城镇黄营村送去了《中华人民共和国治安处罚法》等法律书籍40余册。

（杨 诚）

司法行政

【机构编制】 2011年全局编制数为38名(行政编制30名、事业编制8名)，实有人数31名(其中行政人员29名、参公管理人员2名)。

【概 述】 2011年，江川县司法行政系统在县委、政府的领导和市司法局的指导下，以邓小平理论和“三个代表”重要思想为指导，以落实政法“三项重点”工作为主线，以维护社会稳定为根本目标，深入贯彻落实科学发展观，紧紧围绕县委、政府的中心工作，积极参与构建社会主义和谐社会和推进新农村建设等重要工作，着力加强司法行政业务、基层基础设施、队伍、行政效能、党风廉政和效能政府等四项制度建设，为促进全县政治、经济、文化和社会各项事业协调、健康、稳步发展作出了实实在在的努力。

【制定普法与依法治理工作计划】 根据中共玉溪市委依法治市领导小组办公室《2011年玉溪市普法依法治理工作要点》，制定《2011年江川县普法依法治理工作要点》。根据中共玉溪市委、玉溪市人民政府《玉溪市2010年依法治市工作意见》，制定《江川县2011年依法治县工作意见》报县委、政府发文。

【启动“六五”普法工作】 6月13日，组织召开了“六五”普法规划听证会，就规划是否科学、合理、可行，听取了代表们的意见和建议。7月29日，江川县十四届人民代表大会常务委员会第三十次会议审议通过了《中共江川县委宣传部、江川县司法局关于在全县公民中开展法制宣传教育的第六个五年规划》。11月2日，召开江川县第七次法制宣传教育会议，县委、县政府、县人大、县政协分管领导及各乡镇(街道)、县直各部门副科级以上领导干部、中小学校长、法制副校长180人参加会议，会议对“五五”普法工作中涌现出的15个先进集体和32名先进个人进行了表彰，对“六五”普法工作进行了安排部署。

【征订普法宣传教材】 根据中共玉溪市委依法治市领导小组办公室、市司法局《关于做好〈中华人民共和国社会保险法解读〉和〈中华人民共和国人民调解法学习读本〉“两本书”征订工作的通知》要求，全县共征订“两本书”5260册。

【“三八”妇女维权周宣传活动】 3月8日，与县妇联、卫生局、疾控中心等单位共20余人深入到雄关乡窑房村委会梅子铺村民小组，开展“三八”妇女维权周宣传咨询活动。活动以宣传《妇女权益保障法》、《禁毒法》、《人口与计划生育法》、《婚姻法》、《传染病防治法》等涉及妇女权益的法律法规为主。派出律师对现场来访妇女给予耐心细致的解答，就一些在平常工作中接触到的案例向她们进行了现场讲解。并发放《中华人民共和国妇女权益保障法》50本、《云南省实施〈中华人民共和国妇女权益保障法〉办法》200本、《拒绝家庭暴力 共同呵护美好生活》100份、《关于实行免费婚前医学检查的好处》100份、禁毒防艾宣传材料500份、《拒绝邪教进我家》500份、《农民工维权法律知识手册》100本、母婴保健方面的宣传资料1500份、展出反邪教、防艾知识展板30块，接受法律咨询15人次、演出法制文艺节目13个。

【烟叶育苗种植收购法制宣传活动】

2月初到10月底，抽调4名干警与县烟草专卖局2名工作人员组成宣传小组，针对烤烟育苗、种植、收购三个阶段在全县各乡镇开展法制宣传工作，主要宣传《中华人民共和国合同法》、《中华人民共和国烟草专卖法》、《种子法》、《烟草种子管理办法》等与烤烟生产工作有关的政策法律法规知识。宣传中共出动宣传车129天520人次，印发宣传单19期21900份，法制宣讲35期3987人，黑板宣传418期，广播宣传957次听众460200人次，培训骨干32期1755人，标语宣传1615幅，法律咨询621次708人，展出图片2期42幅；调解烟农之间、烟农与干部之间发生的纠纷50件1070人，较好地维护了全县烤烟生产秩序。

【法制宣传教育】 与县妇联、环保局、卫生局、安监局、烟草公司等10余家单位围绕《宪法》、《烟草专卖法》、《安全生产法》、《环境保护法》、《云南省抚仙湖保护条例》、《妇女权益保障法》、《人口与计划生育法》、《婚姻法》、《传染病防治法》等30多部法律法规在各类各层次人员中开展法制宣传活动。全年共进行法制宣讲205次24120人；广播宣传2431次，听众1604867人次；培训骨干75期3961人；专业法宣传151天1596人；开展法律咨询1020次1389人；展出图片72期395幅；黑板宣传78块1519期；印发材料112期110235份；张贴普法标语13866条。《星云之声》法制版广播栏目共播出法案故事、以案说法、案例剖析、回答听众来信等节目44期135条。

【司法所规范化建设】 在全面完成基层司法所规范化建设，做到“两证”齐全、“标识标牌统一”的基础上，进一步建立健全司法所主要工作职能和工作纪律、司法所工作制度、司法所长和工作人员职责、人民调解委员会工作原则和制度、人民调解员工作纪律、法律服务所工作纪律和职业道德等规章制度，投入14万余元改善了办公设施，规范了业务工作，提高了管理水平，确保了基层司法行政9项工作职能得以全面履行。

【建立健全“大调解”工作格局】 为认真贯彻落实《中共云南省委关于进一步加强社会治安综合治理和维护社会稳定工作的意见》精神，整合和强化人民调解工作职能，提高社会矛盾纠纷调处效率，及时有效化解社会矛盾，促进社会和谐。江川县制定下发《江川县关于建立矛盾纠纷大调解工作机制的实施意见》，进一步建立和完善集中排查化解突出治安问题和矛盾纠纷的经常性工作机制，公、检、法和行政执法单位健全了组织机构，完善了工作程序及工作制度，逐步构建成县委政府统一领导、政法综治组织协调、司法部门业务指导、职能部门共同参与、社会各界整体联动的“大调解”格局。并进一步建立健全镇、村、组、企业、接边地区联防联调等人民调解网络建设，按照“五有”、“四落实”、“六统一”的要求，完善全县72个村级调解委员会的规范化建设工作，使规范化调解会做到有调解室，有印章牌子，制度健全上墙，文书档案规范，工作运行正常，逐步形成横向到边纵向到底的人民调解网络组织。

【调解员培训】 借“以案定补”之机，以法律法规、调解程序、调解方法、案卷制作等为重点，深入到35个村级调委会进行调研和面对面业务指导，并组织326名调解治保主任、小组调解员进行强化培训，通过传、帮、带等，有效提高了基层调解员的工作热情，调解卷宗制作规范化程度显著提升，调解案件质量有了明显地提高，各调委会化解纠纷能力显著提高。

【社会矛盾纠纷排查调处】 健全和完善矛盾纠纷排查调处机制，做到了县每月一次，乡镇、村每半月一次的矛盾纠纷集中排查调处。在纠纷排查过程中，各司法所创新工作机制，转变工作方法，坚持每月定期排查调处和零报告的制度不动摇，积极配合乡镇党委政府认真组织实施，抓好落实。一年来，共组织排查矛盾纠纷254次，排查出重大矛盾纠纷和社会热难点事件隐患29件，

【联防联调】 积极抓好接边地区的综治、矛盾纠纷排查和联防联调工作，通过联防联调组织的积极协作和共同努力，有效预防和化解矛盾纠纷的发生，维护接边地区稳定。年内，江川县接边地区共发生矛盾纠纷3件，已解决2件。

【民间纠纷调解】 全县各级调委会共调解矛盾纠纷1522件(其中乡镇街道调委会调解92件，村(社区)调委会调解1365件、社会团体和其他组织调委会调解65件)，纠纷涉及当事人5657人，调解成功1494件，成功率为98%，与上年同期1249件相比增加了273件。防止民转刑8件62人，防止群体性上访7件181人，制止群体性械斗4件154人，预防矛盾纠纷发生29件，调解成功的1494件案件无一件起诉法院。

【以案定补】 制定《江川县人民调解工作以案定补实施方案》，全面落实人民调解一案一补工作机制和经费保障。全年确定以案定补案件1288件，其中一般案件514件、简易案件724件、重大案件50件，共发放案件补助经费93120元。

【安置帮教】 各基层安置帮教工作站对刑释解教人员做到底数清、情况明，帮教记录、台帐明晰，并在各基层安置帮教工作站建立刑释解教人员安置帮教数据软件，实施信息数字化管理。在县安置帮教办的监督指导和帮助下，对江川县2006年1月至2011年11月共接收到的刑满释放和解除劳动教养人员592人(其中大街170人、雄关11人、路居94人、九溪50人、前卫121人、江城133人、安化13人)，2011年接收的77人(其中大街19人、路居7人、九溪10人、前卫18人、江城22人、安化1人)，平台中接收的21人(其中大街5人、安化1人、路居6人、九溪4人、前卫1人、江城4人)，解除社区矫正人员43名，共计141人均进行了有效帮教，帮教率100%，而且所来的“两劳释放”人员在社会、家庭的积极帮助下，不论是做工还是务农都有了出路，有了自己的事做。

【社区矫正】 根据《江川县社区矫正工作实施方案》的要求，进一步强化社区矫正工作的管理，规范工作程序和卷宗材料，确保矫正工作取得较好的成效。至2011年11月，全县共接收矫正对象215人，解除矫正76人，在

册139人(其中大街51人、雄关6人、路居11人、九溪13人、前卫31人、江城27人),各乡镇共组织矫正对象参加公益劳动12次134人,集中教育12次159人。

【基层法律服务】 加强对基层法律服务工作者的职业道德和职业纪律教育,发挥基层法律服务队伍懂法律、懂政策的优势,组织和动员法律服务工作者深入到村组,着力化解各种社会矛盾,把服务"三农"放在突出位置,积极为建设社会主义新农村提供法律服务。2011年全县4个法律服务所共代理诉讼35件、非诉讼代理20件、调解纠纷98件,为村、企业担任法律顾问32家,为社会各界人士提供法律咨询564人次,为社会弱势群体提供法律援助40件。

【公证工作】 公证处全年办理各类公证176件,其中民事120件、经济56件,涉案标的13448万元,开展公证法律咨询268次776人,代书、草拟修改各类合同协议及有关公证法律文书144份,提出口头司法建议30条,采纳28条。

【律师工作】 抓好律师及辅助人员的职业道德和职业纪律教育,要求全体律师积极参加局机关组织开展的各种学习教育活动,不断提高律师综合素养和大局观念,组织开展"提高法律服务质量年"活动,努力为全县经济平稳较快发展服务。年内,律师事务所共办理各类法律事务237件,其中刑事38件、民事195件、经济3件、行政案件1件;担任法律顾问9家,涉及经济标的98万元,挽回经济损失87万元,代写法律文书1842件,提供法律咨询2599人次。

【法律援助】 进一步健全法律援助工作内部管理规章制度,完善台帐资料管理,加强对中心和乡镇法律援助工作站工作人员的教育、监督与管理,确保法律援助工作真正成为政府服务广大人民群众的明星窗口。年内,全县共办理各类法律援助事务200件,其中刑事案件15件,民事案件及非诉案件184件,行政诉讼案件1件。受援总数205人,其中残疾13人,老年99人,未成年18人,农民工11人,少数民族7人,解答法律咨询437人次。

【包村工作】 一是大春生产来临之际,局领导和机关工作人员多次深入到江城镇牛摩村委会各村组的田间地头,与当地干部群众一起认真研究和分析烤烟生产中存在的困难和问题,并尽力帮助解决;二是与牛摩村总支建立健全了互帮互助机制,局机关从有限的办公经费中挤出1万元投入牛摩村总支,为4个基层党支部加强了基础设施建设;三是开展机关党员结对帮扶农村党员和结对帮扶农村困难群众活动,支部9名党员个人捐款900元,看望慰问了结对帮扶的9户困难党员和群众,通过相互交流沟通,使结对双方进一步加强联系,对困难党员和群众改善生产生活条件起到了一定的促进作用;四是认真组织开展向农家书屋送书活动。年内组织全体党员干部向牛摩村农家书屋开展送书活动1次,赠送了《司法业务文选》、《农村实用法律知识问答》、《十字路口启示录》、《农村基层》、《法制与社会》、《人民调解》、《云南司法》等法律书籍139本,为广大群众学法、知法、守法、用法创造基本条件。

(廖江平)

公　安

【组织机构】 2011年编制数238人,其中行政编制237人(含控制数18人),工勤编制1人。实有民警235人,工勤人员1人,年内净增2人(其中考录9人,调出7人)。机构设置数21个,实有21个,分别为:政工监督室、指挥中心、警务保障室、法制室、刑事侦查大队、经济犯罪侦查大队、禁毒大队、治安管理大队、国内安全保卫大队、江川县看守所(与江川县拘留所合署办公)、交通警察大队、大街派出所(与巡逻警察大队合署办公)、江城派出所(与孤山派出所合署办公)、前卫派出所、安化派出所、九溪派出所、路居派出所、雄关派出所。

【维稳工作】 始终把维护全县政治稳定作为首要任务,全面强化维稳措施,确保了社会大局稳定。一是深入掌控情报信息。以敏感热点问题为重点,严密关注动态,切实加强情报信息的收集、汇总、研判工作。2011年来及时向县委、县政府和上级公安机关上报各类情报信息56条,并协助相关部门及时化解群体性纠纷6起,确保了全县社会政治稳定。二是积极做好"非法聚集"事件的应急处置工作。按照中央和省、市对处置"茉莉花"事件的有关要求,切实增强大局意识、忧患意识和责任意识,加大对社会面治安管控力度,全局民警放弃休假,全身心投入防控工作,坚决防止非法聚会、非法游行、示威等破坏社会秩序活动发生,全力维护社会稳定。

【刑事犯罪】 2011年以来,江川县公安局始终保持对刑事犯罪的严打高压态势,严厉打击各类刑事犯罪活动,及时突破了一批重特大刑事案件,追捕了一批逃犯,有力震慑了犯罪分子的嚣张气焰。1～12月,全县共立各类刑事案件2238起,破获904起,破案率为40.4%(其中立重特大刑事案件1164起,破获271起,破案率为23.3%;另破年前积案93起,破案绝对数为997起;(共立八类重点案件48起,破获36起,综合破案率为75%),与上年同期相比,发案总数增加518起,上升30.1%,破案数增加4起,上升0.4%,破案率下降11.9个百分点;重特大案件发案数增加379起,上升48.3%,破案数增加39起,上升16.8%,破案率下降6.3个百分点,八类案件发案数与上年相比,立案减少

1起，下降2%，破案数减少2起，下降5.9%，破案率上升6百分点。通过破案，共抓获各类违法犯罪嫌疑人433人；查破各类犯罪团伙6个37人，破案286起；共追缴赃款赃物折合人民币161.1万元。

【命案侦防】 2011年，江川县公安局严格按照命案侦防工作机制要求，各部门密切配合，牢固树立"命案可防"意识和"命案必破"信心，抓紧抓死命案侦防工作。全县共发生2起命案(均为故意伤害案)，2起案件共致2人死亡。在倡导"多警联动、快速反应、抓住战机、快侦快破"的原则下，2名犯罪嫌疑人全部落网，2起命案的及时告破，消除了不良社会影响，继续保持连续10年命案全破的好成绩。

【打黑除恶】 2011年，江川县公安局认真贯彻落实"打黑除恶"工作长效机制的要求，坚持"打早打小，露头就打"的原则，本着"黑恶必除，除恶务尽"，决不让其滋生蔓延，坐大成势的目标，深入开展摸排工作，重拳出击，成功打掉了一个以李玉文、张超为首的恶势力犯罪团伙，抓获团伙成员7人，破获各类刑事案件10起。

【打击三电犯罪】 "三电"案件与人民群众切身利益密切相关，案件的发生直接影响着当地的社会治安和广大群众的生产生活。2011年以来，江川县公安局按照打击"三电"犯罪长效机制的要求，建立了以刑侦大队为龙头，各部门密切配合、职责任务明确、各司其职、互通信息、协同作战、奖罚分明的打击"三电"违法犯罪工作长效机制，全力开展"三电"案件侦防工作。及时破获了省厅督办的盗窃测风塔设备系列案和盗窃通信基站蓄电池系列案、市局特别督办的破坏电力设备系列案等一批重大涉电案件。

【清网行动】 2011年7月26日，公安部部署在全国范围内开展"清网行动"，江川县公安局精心组织，迅速行动，强化措施、落实责任，对所有在逃人员深入开展走访摸排、清查堵控、分析研判、入户规劝等工作，全力开展追逃工作，共抓获各类网上逃犯75名，其中抓获5月26日前上网逃犯21名，省厅B级逃犯1名、限时督捕逃犯1名，协外地公安机关抓获10名，网上在逃人员清网率达91.3%，排名全市第一。

【行政案件查处】 2011年，全县共受理行政案件2528起，查处1476起。其中受理治安案件2362起，查处1382起，查处率58.5%，与上去年同期相比，受理数增加329起，上升16.2%，查处数增加80起，上升6.1%，查处率下降5.5个百分点；受理暂住人口、身份证、网吧管理等公安行政案件166起，查处94起。共查处违法人员711人，其中罚款177人，拘留278人，劳动教养2人，罚款金额11.2万元。

【旅店、网吧业管理】 进一步健全和完善旅店业住宿登记工作机制，继续推进一人一证的住宿登记制度和实名上网制度，江川县公安局开展网上、网下实时监督，强化信息上传。2011年，为全县共有旅店业99家全部更新了旅店业信息管理系统，13家网吧全部配置了二代证读卡仪，进一步提升了信息录入的准确率。全年通过系统管理共抓获网上逃犯25人。

【户政管理】 2011年，江川县公安局各户政窗口共接待群众户口咨询12000余人次，办理户籍人口信息主项变更更正4455人次，人口信息变更维护130470人次，采集流动人口信息32132条，办理居住证9876本，网上迁移2148人次，受理、审批出国旅游、港澳游1114人次，管理临时来华人员172名，常住境外人员3人次，准刻证手续523次。受理二代证13755人，临时身份证1883人。

【涉赌问题整治】 2011年3月，在全县开展以打击"涉赌"违法犯罪为重点的专项整治行动。行动采取"集中统一行动与日常工作相结合"、"县城突出重点与农村综合治理相结合"的方式开展，通过严排涉赌信息、严打赌博行为、严惩涉赌人员、严格责任追究的"四严"措施，加大对赌博违法犯罪活动的打击查处力度。专项整治中，共查处赌博案件33起，抓获团伙11个，处理违法犯罪人员183人，其中刑事拘留15人、行政拘留并处罚款121人，罚没28人，教育放回19人，罚没款总金额50余万元；查处、取缔电子游戏赌博场所6家、黑网吧9家，收缴电子游戏赌博机93台、电脑46台。

【禁毒工作】 2011年，江川县公安局以新一轮禁毒人民战争为契机，通过宣传教育、打零收戒、堵源截流等措施进一步强化全县禁毒工作并取得了一定成绩。全年，共开展各种主题宣传活动212场次，发放各种禁毒宣传资料26950份，播放禁毒新闻565条，播放禁毒影视剧4120场次，制作禁毒宣传单、公益广告、宣传小册、书10622份，开展禁毒讲座81次、出黑板报371期、墙报161期、通过电教室播放禁毒宣传VCD85场次，开展禁毒培训工作618次，培训各类干部及教师11605人次，直接受教育群众达到25万余人次。同时加大对毒品违法犯罪的打击力度，坚决做到发现一起查处一起，严惩涉案人员，绝不姑息迁就。2011年，共破获毒品刑事案件111件，抓获毒品犯罪嫌疑人51名，缴获海洛因7441.54克，冰毒865.14克，累计毒品8306.68克。其中零星贩毒案件75件，占全部案件的70.8%；查处吸毒行政案件139起，查获吸毒人员79名；强制隔离戒毒46人、社区戒毒33人，社区康复11人；打掉贩卖毒品团伙5个，捣毁吸毒窝点3处。

【经侦工作】 全面履行"打击与预防、管理与服务"职能，全力打击经济犯罪活动。2011年，共立各类经济案件

17起，破获17起，同比立案增加3起，上升21.4%，涉案金额213.26万元，抓获犯罪嫌疑人23人，为群众追回经济损失84.58万元。

【交通管理】 紧紧围绕“降事故、保安全、保畅通”的总目标和预防特大道路交通事故的重点工作目标，继续开展酒后驾驶、超速、超员、无证驾驶、低速载货汽车违法载人、货运机动车违反规定载客、拖拉机违法载人，不戴安全头盔等严重交通违法行为的整治工作。加大对翠大线、江通路的巡查力度和路查路检工作，继续以“五整顿、三加强”为重点，深化交通安全宣传教育工作，全年，深入学校、企业、厂矿、乡镇、社区等开展交通安全教育宣传活动共15场次，展出宣传展板8场次，播放光碟11场次，发放宣传资料5500份，受教育人数达8万余人次；2011年，全县共发生道路交通事故917起，死亡13人，受伤295人，直接经济损失166.9885万元，与上年同期相比，事故起数上升62.5%，死亡人数与上年同期相比减少1人，受伤人数上升154%，直接经济损失上升56%。

【消防管理】 以开展社会单位“四个能力”建设活动为契机，逐步推动社会单位落实消防安全主体责任，全面提高消除火灾隐患、扑救初期火灾、组织人员疏散和消防宣传教育能力，深入乡镇部门和人员密集场所、易燃易爆单位、高层、地下建筑开展消防安全大检查。抓好派出所消防监督工作，专职消防队建设和管理。深入开展多种形式的消防宣传“五进”活动，进一步强化群众消防安全意识，提高全社会抗御火灾事故的能力。全年共发生火灾29起，无伤死，直接财产损失32.08万元，火灾起数与上年同期减少63.3%，直接财产损失上升38%。

【监所管理】 江川县看守所结合自身实际，着力解决影响社会和谐稳定的源头性、根本性、基础性问题，全面拓展监区文化建设，摒弃过去那种“一看二守三送走”的管教模式，大胆创新，改革管理教育模式，在做好法制教育的同时，从人性化管理入手，改进在押人员学习制度。有效消除在押人员对抗监管、仇恨社会的心理，确保了连续5年无事故。2011年，共关押各类犯罪嫌疑人465人。月均押量147人，日均押量153人；死刑犯6人，死缓刑2人，重刑犯18人，未成年人30人；现在押177人。共进行集体教育16000余人次，个别谈话教育3120人次，进行大清监28次、卫生消毒45次。治安拘留所共拘留239人，其中女性45人，司法拘留5人。

【三项重点工作】 1. 深入开展社会矛盾排查化解，全力维护社会稳定。一是建立健全社会矛盾排查化解工作机制。主要采取全面排查、日常排查、集中排查、部门排查、滚动排查的方式，坚持一般问题定期排查，重点问题重点排查，重要区域集中排查，重要时期提前排查相结合，以治安、国保、派出所为主，深入重点地区、敏感部位、热点区域、复杂场所等容易引发矛盾纠纷的领域和治安热点地区，及时收集掌握社会舆情，及时发现苗头隐患，及时排查调处化解。二是积极参与“大调解”工作体系建设。积极参与人民调解、行政调解、司法调解三位一体的“大调解”工作体系建设，依托综治办、信访办、司法所等部门，实行隐患问题“联排”、矛盾纠纷“联调”。三是加大公安信访工作力度。坚持每月15日、25日局长接待日制度，认真受理群众的来信来访，建立交办、督办、催办制度，及时解决信访人诉求。坚持“四定两包”制度，实行信访问题首接责任制和执法办案终身负责制、重大疑难信访事项专家“会诊”和听证制、信访案件回告和反馈制、信访工作通报制。2011年，共调处各类矛盾纠纷2291起，其中，调解一般矛盾纠纷900起、治安案件407起、交通事故纠纷902起、敏感性、涉众性矛盾纠纷42起、其他8起，受理化解信访案件30件，涉法涉诉信访积案2件。

2. 创新公安管理主业，维护良好社会秩序。一是推进流动人口服务管理创新。积极探索实施出租房屋分类管理办法，加强房主及房屋中介管理，明确行业业主和用工单位的管理责任，充分应用“暂住人口、出租房屋管理综合信息系统”、“旅馆业信息管理系统”强化对流动人口的管理。年末，共纳入系统管理暂住人口6800人，纳入系统管理出租房屋206间，升级改造旅馆业信息管理系统99家，升级改造使用率达100%。二是推进特殊人群服务管理创新。充分依靠全社会力量，做好刑释解教人员的安置帮教工作，切实帮助矫正对象解决生活和就业等方面的困难。针对肇事肇祸精神病人，建立常态化管控机制，逐一纳入视线、掌握动态。一年来，对暴力特征明显、社会危害倾向性大的13名精神病人送往医疗机构医治，已有10名精神病人的病情得到控制并康复回家。

3. 全面强化公正廉洁执法，提升执法公信力。一是加强执法教育培训。以强制推行、强制入轨手段竭力提升全警信息化应用水平，助推公正廉洁执法，全面提高执法质量。以规范执法每日一题学法用法活动，促进民警学法用法氛围。强化对执法部门兼职法制员的教育培训工作，切实提高兼职法制员的业务素质和工作水平，激励工作积极性和工作热情，进一步提升整体执法质量水平。二是加强执法制度建设。针对易发生执法问题的环节建章立制，先后制定下发了《江川县公安局治安案件调解工作规范》、《江川县公安局接处警工作规范》、《江川县公安局警综平台执法办案系统应用管理规范》、《江川县公安局案例点评制度》，从制度上对民警的执法行为进行了规范，有效防止民警执法不规范行为和不作为、乱作为行为的发生。三是整改执法突出问题。由法制室牵头，纪委、督察配合，全程监督各执

法部门对执法突出问题的梳理和整改；建立健全“挂牌”整改制度，对仍出现执法突出问题的部门，实行“挂牌”督办整治，责令限期整改。

【队伍建设】 江川县公安局始终坚持政治建警、科技强警的方针，深入贯彻党的十七届六中全会精神和全国、省、市、县政法工作会议精神，坚持严格教育、严格管理、严格监督、严格要求，全面提升队伍的综合素质。一是抓好党风廉政责任建设和纪律作风建设，确保队伍纯洁。按照党风廉政建设责任制要求，坚持教育、监督并重的预防措施，进一步增强党员和领导干部勤政廉洁意识，筑牢拒腐防变的思想防线，与各部门主要领导签订了《江川县公安局2011年党风廉政建设责任书》，坚持“党委统一领导，党政齐抓共管，纪委组织协调，部门各负其责”的领导体制和工作机制。按照“一岗双责”要求，发现问题、及时整改，坚持做到两手抓、两促进，党风廉政建设各项工作和措施落实到位；持之以恒地抓好“五条禁令”“六条警规”等警纪警规的执行；认真抓好涉案财物专项治理工作落实。二是坚持思想教育。以深入开展“学习杨善洲”“发扬传统、坚定信念、坚持执法为民、树立良好警风”等主题教育实践活动，努力塑造公安民警良好形象，提升职业认同感，切实转变工作作风，保持队伍昂扬向上的精神风貌。三是坚持“大教育、大培训”机制，不断提升队伍整体素质，加强民警战斗力。按照上级公安机关“大教育、大培训”工作的要求，结合实际按“缺什么、补什么、训什么”的原则，积极开展对全局民警各种业务培训和警规警纪的教育等工作，切实提高民警信息化应用、执法办案、做群众工作的能力和水平，全面开展实战训练和专业培训，不断提升基层一线民警的实战能力。四是抓好领导干部的选拔任用工作。本着“任人唯贤、德才兼备、群众公认、注重实绩”的原则，调整配备部门正副职领导11人，为外单位选送副科领导1人。

【开门评警】 2011年，江川县公安局坚持把“开门评警”活动作为密切警民关系，推动公安工作发展的有效载体来抓，按照“访百姓、听民声、解难事、建和谐”的要求，以提升“原动力、创新力、向心力”为目标，不断深化“开门评警”活动，创新形式和内容，不断赋予开门评警新的活力和内涵，有力推动了和谐警民关系建设。一是深入矛盾纠纷多发易发的地域开展走访，严防各类矛盾相互叠加、汇聚激化，及时发现各类敏感性、涉众性矛盾纠纷，密切关注部分特殊利益群体的动态，防止发生重大群体性事件和集中上访串访活动。二是走访刑事案件多发和社会治安相对复杂的情况，深入排查、重点整治治安复杂区域和部位，深入走访重点单位、重点部门，督促落实人防、物防、技防等各项安全防范措施。三是主动邀请纪检、监察部门对公安工作和民警队伍中存在的不足给予监督，适时提出意见、建议。四是邀请各级人大代表、政协委员召开座谈会、评警会，充分了解具有代表性的民声、民意，听取他们对公安工作的意见和建议。活动期间，共走访群众7686名，走访人大代表、政协委员61名，走访辖区单位、企业105家，发放问卷调查8000余份，解决群众关于户籍管理、身份证办理等方面的问题56件，组织爱心捐款活动，向在职民警患病家属送去爱心资金16690元，救助、帮扶困难对象、交通事故贫困家庭18人次0.74万元。

【基础建设】 2011年，投入资金240余万元建设的江城派出所办公楼已落成，成为江川县第一个四区相对隔离的标准化派出所；投入资金5万余元对九溪派出所办公区与办案区进行改造；县局业务技术用房已完成相关的前置程序。

【公安宣传】 建立健全了新闻发言人制度，提高突发事件、群体性事件、重大敏感案件的新闻发布和舆论引导能力。完善公安机关形象危机处置机制，做好涉警负面报道的处置工作。与江川县广播电视局合作开办《江川警方》专栏，让群众贴近公安、了解公安，进一步推进江川公安宣传工作的新发展。2011年，在地级以上电视、报刊电台，报道江川公安新闻稿件384条，其中：国家级4条(电视2条、报刊2条)、省级120条(电视5条、报刊115条)、市级260条(电视29条、报刊231条)。此外在江川广播电视栏目采用宣传稿件70余条。通过对江川公安各项工作的宣传，扩大了江川公安在全市、全省的社会影响，有力促进了江川公安工作的向前发展，进一步提升了江川县公安局的整体队伍形象。

【表彰奖励】 2011年4月18日江川县公安局被云南省公安厅评为2010年度命案全破公安局；2011年5月27日经侦大队被云南省打击发票假币违法犯罪和非法彩票赌博活动工作领导小组评为“打击发票违法犯罪专项行动先进单位”；2011年6月20日江川县公安局被中共玉溪市委、玉溪市人民政府评为“十优政法班子”；2011年8月江川县公安局被中共玉溪市委、玉溪市人民政府评为玉溪市2006～2010年法制宣传教育工作先进单位；2010年12月国保大队被中共玉溪市委、玉溪市人民政府表彰为2007～2009年防范和处理邪教工作先进集体；2011年12月26日江川县公安局被玉溪市禁毒委评为“11·1”打击零星贩毒专项行动先进集体；2011年2月12日经侦大队、刑侦大队、江城派出所被玉溪市公安局分别记集体三等功一次；2011年5月江川县公安局组织法制员参加玉溪市公安机关业务技能竞赛获三等奖；2011年1月江川县公安局获玉溪市县级公安机关二〇一〇年度工作综合考评三等奖。2011年2月12日张春鸿、赵龙、郭锦洋、顾志瑞、杨军奎、陈海清、朱俊被玉溪市公安局分别记三等功一次；2011年4月22日赵红磊、张燕鹏、石亚江被玉溪市人民政府评为2008～2010年禁毒人民战争先进个人；2011年5月27日金永堂、张春鸿被云南省打击发票假币违法犯罪和非法彩票赌博活动工作领导小组评为“打击发票违法犯罪专项行动先进个人”；2011年7月徐绍坤参加玉溪市建党90周年知识竞赛获三等奖；2011年9月王波参加全省公安机关法制员业务技能竞赛成绩优越被玉溪市公安局记三等功一次；2011年12月26日毕红武、陈海清、张燕鹏被玉溪市禁毒委评为“11·1”打击零星贩毒专项行动先进个人。

（刁元波）

检　察

【机构编制】　2011年，县检察院实有编制46人；年度新进人4员人，实际在职人员46人。46名在职人员中，检察人员33人，书记员3人，法警6人，见习人员4人；男性33人，女性13人；党员29人，团员2人。全院共设反贪污贿赂局、反渎职侵权局、公诉科、侦查监督科、职务犯罪预防科、民事行政检察科、控告申诉科、检察技术科、驻看守所检察室、办公室、政治处、纪检组、人民监督员办公室、环境资源保护检察科、法警队15个科、局、室。

【领导名录】

检 察 长　资云坤

副检察长　王彦东

　　　　　平雪刚

　　　　　郑　翔

【侦查监督】　依法打击各类刑事犯罪活动，始终保持对严重刑事犯罪的高压态势，不断增加人民群众安全感。全年共受理各类逮捕案件137件260人，与上年同期112件201人相比，件数增加了25件，人数增加59人，件数增加了22.32%，人数增加了29.35%；批捕和逮捕了134件253人，不批捕3件7人，不批捕案件数占总数的2.18%，发出不捕理由说明书7份，结案率达到100%。受理各类移送起诉案件158件328人，依法向县法院提起公诉141件294人，移送其他人民检察院审查起诉12件，不起诉2件3人。突出打击危害公共安全、严重暴力、黑恶势力、“两抢一盗”等严重影响人民群众生命财产安全的犯罪，批准逮捕上述四类犯罪嫌疑人161人，提起公诉182人，铲除恶势力犯罪团伙2个。积极参与打击“黄赌毒”专项斗争，批准逮捕犯罪嫌疑人26人，提起公诉28人。加大环境资源保护力度，依法批准逮捕失火、盗伐林木等犯罪嫌疑人4人，提起公诉11人。侦查监督科被玉溪市委市政府表彰为“打黑除恶”先进集体，一名干警被表彰为“打黑除恶”先进个人。

【刑事诉讼监督】　认真贯彻落实云南省人大常委会《关于加强人民检察院对诉讼活动法律监督工作的决议》，进一步加强诉讼监督工作。积极开展行政执法与刑事司法衔接工作，对行政执法机关作出行政处罚的案件236件进行审查，调阅5件，进一步规范行政执法行为。在大街派出所设立派出检察官办公室，延伸监督工作。加强立案监督和侦查监督工作，依法监督侦查机关立案5件，撤案1件；纠正漏捕15人，追诉漏犯13人、漏罪14起；提前介入重大刑事案件侦查4件；退回侦查机关补充侦查9件18人。强化刑事审判监督，落实量刑建议制度，法院一审判决采纳率为81%；提出抗诉1件。

【职务犯罪侦查】　坚决贯彻中央、省市县委和上级检察院关于反腐败斗争的总体部署，加强与纪检监察、审计等有关部门的协作配合，继续保持查办和预防职务犯罪工作力度，以党风廉政建设和反腐败斗争的实际成效取信于民。严肃查办职务犯罪案件，营造廉洁高效的政务环境。认真落实“数量、质量、效率、效果、安全”并重的办案指导思想，突出重点，严肃查办损害群众利益、侵吞国家财产职务犯罪案件，年内，共立案侦查各类职务犯罪案件11件13人，挽回经济损失930余万元；其中，贪污贿赂案件8件10人，渎职侵权案件3件3人，科级干部4人，保持了查办职务犯罪案件工作的平稳健康发展。职务犯罪案件起诉率、有罪判决率保持100%，被玉溪市人民检察院记“集体三等功”一次，实现了法律效果、政治效果和社会效果的有机统一。依法打击行贿犯罪，立案查办行贿犯罪案件2件2人，竭力营造公平竞争的市场环境，切实维护国家公职人员职务廉洁性。

【职务犯罪预防】　坚持“标本兼治、综合治理、惩防并举、注重预防”的方针，深化“查办是职责，预防更是职责”的观念，不断促进预防工作规范化和专业化建设。向5个发案单位提出了检察建议，受理并办结预防咨询13次；开展预防调查8次；进行案例剖析9件；开展行贿犯罪档案查询272次；到11个单位开展职务犯罪预防专题讲座，受教育人数达440余人；努力从源头上减少和遏制腐败滋生。

【民事行政检察】　依法受理和及时审查不服人民法院生效判决、裁定的申诉。共受理并决定立案审查案件61件，审查后提请抗诉和建议提请抗诉4件，发出再审检察建议11件。办理非抗诉案件4件，执行监督1件，支持起诉1件。对裁判正确的申诉案件，耐心做好申诉人的息诉服判工作，切实维护司法权威。

【控告申诉检察】　落实执法办案风险评估预警机制，把排查、预防和化解矛盾纳入执法办案的每个环节。坚持检察长接待日、领导包案和接访、下访巡访等制度，认真开展“维护人民群众合法权益、解决反映强烈突出问题”、集中清理涉检信访积案和“案件

评查”活动，推进检调对接机制建设。热情接待来访群众，耐心释法说理，努力依法依理解决纠纷、化解矛盾。全年共受理群众来信来访47件82人。检察长接访22次，批阅群众来信来访6件18人。办理申诉案件2件。开展非诉讼调解10件11人，对所受理的来信来访案件均按“首办责任制”全部分流处理完毕，努力实现案结事了，积极化解社会矛盾纠纷。

【驻所检察工作】　推进派驻看守所检察室规范化建设，依法监督减刑、假释、暂予监外执行工作，防止牢头狱霸、体罚虐待、违法提审等问题发生，促进依法文明管理。全年共检查“三证”、“三书”1245份，发现并纠正有错误法律文书27份，有效维护看守所的监管秩序和安全。

【综治维稳工作】　认真落实检察环节各项社会治安综合治理措施和领导责任制，深入挂钩联系乡镇和村民委员会督促指导综治维稳和禁毒防艾工作。广泛开展综治维稳宣传月、举报宣传周、全国法制日等宣传活动，进一步增强群众知法、守法意识。依法监督社区矫正工作，与法院、公安机关、司法行政机关建立监外执行工作的联席会议制度和信息通报制度，定期对153名监外执行罪犯监督回访、考察，对监外执行条件消失的1名罪犯建议收监执行，消除稳定隐患。推行未成年人犯罪案件专人办理、回访帮教制度，加强校园法治宣传，做好未成年人犯罪预防工作。2011年度社会治安综合治理维护稳定工作成绩突出，被中共江川县委和江川县政府表彰为先进单位。

【检察队伍建设】　把队伍建设作为关系检察事业长远发展的基础性、战略性任务常抓不懈，不断提高检察人员的政治素质、业务素质和职业道德素养，努力打造一支高素质、专业化的检察队伍。坚持抓好思想政治建设。认真组织学习胡锦涛总书记“七一”重要讲话精神，十七届六中全会和省市县党代会精神，深入开展“创先争优”、“发扬传统、坚定信念、执法为民”、“学习杨善洲精神”等活动和“庆祝建党90周年”等系列活动。认真开展“建设学习型党组织、创建学习型检察院”活动，抓好社会主义政法干警核心价值观和社会主义法治理念教育，被列为玉溪市学习型党组织示范点。不断加强领导班子建设。严格执行民主集中制和“三重一大”决策制度，完善检察委员会决策机制，确保科学决策和民主决策；落实领导干部报告重大事项和任前谈话制度，加强对领导干部监督。严格执行党政领导干部选拔任用工作条例，选人用人四项监督制度，协助县委选拔任命正科级、副科级干部各一名。大力推进纪律作风建设。坚持从严治检、廉洁从检，严格执行党风廉政建设责任制，认真开展《廉政准则》学习教育、纪律作风教育，对检察队伍严格教育、严格管理、严格要求、严格监督，全年未发生干警违法违纪案件。扎实抓好执法能力建设。加大教育培训力度，广泛开展岗位练兵，共组织检察人员接受各类业务培训210人次，3名干警通过国家司法考试。深入开展《检察机关执法工作基本规范》的学习和对照检查活动，组织干警参加通过了《检察机关执法规范化》网络考试，规范化建设成效明显。

【检察文化建设】　加强检察宣传和理论调研，共编发检察信息简报40期87篇，撰写调研文章6篇；被《玉溪日报》、《玉溪检察》、省市检察院等采用23篇，二篇调研文章获玉溪市检察院重点调研课题三等奖。组织开展“三个一”检察文化建设活动，建成检察书屋，打造以公平正义、廉洁从检、执法为民为主题的检察文化园、检察文化走廊，不断弘扬检察文化、法治文化精神，努力提升队伍的凝聚力、创造力和执法公信力。

【献礼建党90周年】　7月1日，为纪念中国共产党成立90周年，结合检察机关开展的“创先争优”和主题教育实践活动，组织全院40余名干警与包村扶贫点雄关乡白石岩村委会的党员开展“七个一”系列党建活动，以优异成绩向建党90周年献礼。召开庆祝大会。在党旗下高唱中华人民共和国国歌，隆重召开建党90周年庆祝大会。以“树典型、立榜样”为主题召开表彰活动。对在平凡岗位上，默默无私奉献，工作中做出突出成绩的4名优秀共产党员进行了表彰；向察微析疑，攻坚克难，勇挑重担侦破江川县农机监理系统贪污腐败窝案而被市院记三等功的“3·11”专案组颁发了奖牌。以“学党史，扬传统”为主题，全体干警上党课。院纪检组组长雷光明以中国共产党的成立史为背景，讲述了老一辈共产党员艰难奋斗的历程，给全院干警上了一次生动而具有深刻教育意义的党课。收看庆祝中国共产党成立90周年大会实况直播，学习胡锦涛总书记的重要讲话。以“送温暖重帮扶”为主题，开展慰问包村扶贫点白石岩村委会困难党员活动。对包村扶贫点雄关乡白石岩村委会的困难党员进行了慰问。以“送科技下乡“为主题，开展向包村扶贫点农家书屋捐赠书籍活动，捐赠近200本书籍到白石岩村农家书屋。以“绿化美好家园”为主题，购买树苗到白石岩村开展植树活动。

【县人大专题视察】　9月14日，县人大主任赵少春、副主任杨本忠带领县、乡两级部分人大代表一行29人到县检察院视察查办和预防职务犯罪工作开展情况。检察长资云坤详细汇报了两年来县检察院查办和预防职务犯罪工作情况：江川检察院在县委和上级院的领导下，在县人大及其常委会的监督和支持下，以邓小平理论和“三个代表”重要思想为指导，深入贯彻落实科学发展观，自觉把查办和预防职务犯罪置于党委统一领导的反腐败工作格局中。坚持“标本兼治、综合治理、惩防并举、注重预防”的方针，以党风廉政建设和反腐败斗争的实际成效取信于民。2010年至2011年8月，共立案侦查贪污贿赂、渎职侵权等职务犯罪案件20件23人，通过办案为国家挽回经济损失771万余元。积极开展预防职务犯罪工作，以查办的案件为基础，针对发案的原因、特点、规律以及制度、机制和管理上的漏洞，深入调研，提出检察建议，帮助建章立制，落实整改。结合查办的农业和林业领域的职务犯罪案件进行调研分析，形成《江川县涉农涉林职务犯罪调查报告》，完成年度预防职务犯罪年度报告。探索预防职务犯罪新机制，在遏制和减少职务犯罪方面取得新成效。赵少春、杨本忠及各位代表认真听取汇报后对县检察院查办和预防职务犯罪工作给予了肯定。

【检察文化暨廉政文化联谊活动】 12月6日，召开了“丹青颂正义、文化唱和谐”检察文化暨廉政文化联谊活动。活动邀请了中国书画协会普辉先生、民间书画艺术家张柏林老先生等12名书画艺术界人员。中共江川县委书记马文龙率县委班子成员集体莅临现场指导检察文化建设工作，并和全体干警参加了活动。此次活动，共创作了与检察工作息息相关的各类艺术作品共计70余件。

（洪彦正）

审　判

【概　述】 2011年，江川县人民法院在县委的领导下，在县人大、政协和上级法院的监督指导下，在县政府及社会各界的关心支持下，认真履行宪法和法律赋予的职责，紧紧围绕社会矛盾化解、社会管理创新、公正廉洁执法三项重点工作，坚持“为大局服务，为人民司法”工作主题，加强审判执行工作和自身建设，各项工作取得新进展，全年共受理各类案件1402件（含旧存169件），审执结1292件，结案率为92.15%，结案标的5767万元。

【组织机构】 2011年县法院共有各类工作人员56人（其中男38人，女18人；党员31人，团员6人；法官36人，书记员9人，法警8人，其他审判辅助人员3人。正、副院长4人、正副庭长16人）。至年末内设机构有民事审判一庭、民事审判二庭、刑事审判一庭、刑事审判二庭、行政审判庭、审判监督庭、立案庭、环保审判庭和执行局9个审判业务机构；有政治处、纪检组（监察室合署）、办公室、研究室、法警大队5个综合管理机构和江城法庭1个派出法庭。

【民商事审判】

院　长　杨正昌

副院长　史云顺

　　　　毕金彪

　　　　潘文保

【民商事审判】 2011年县法院坚持“调解优先、调判结合”审判工作原则，强化和谐司法意识，努力实现案结事了人和。全年共受理民事案件766件（含旧存116件），审结693件，其中调解和通过调解撤诉案件339件，调撤案件占已结案件的49.2%。一是妥善审理涉及民生等案件，着力保障和改善民生，全年共审结各类涉及民生案件488件。妥善审理婚姻家庭继承案件，积极引导当事人重修感情，再系亲情，倡导建立和谐文明的婚姻家庭关系，审结离婚案件206件、“三养”案件55件、继承案件5件。妥善审理人格权及其他侵权纠纷案件，明确侵权责任，预防并制裁侵权行为，保护民事主体的合法权益，审结侵犯生命权、健康权、身体权等各类侵权案件216件。依法保护权利人的物权，明确物的归属，发挥物的效用，审结财产权属、财产损害、相邻关系等涉及物权案件47件。二是妥善审理调节经济秩序等案件，保障经济平稳较快发展，全年共审结各类合同案件205件。依法妥善审理民间借贷纠纷，注意把握国家经济政策精神，切实维护当事人的合法权益，努力做到依法公正与妥善合理的有机统一，审结民间借贷和其他借款合同案件63件。促进商品流通，维护交易秩序，保障交易安全，审结买卖合同案件41件。维护土地的合法流转利用关系，促进农业的发展和农村的和谐稳定，共审结农村承包合同纠纷案件12件。加强对保险合同案件的审理，促进当地保险行业的健康发展，审结保险合同案件11件。注重维护劳动者合法权益，促进经济发展和社会进步，审结劳动争议、劳务合同案件11件。

【刑事审判】 2011年县法院以促进社会和谐稳定为目标，贯彻宽严相济刑事政策，根据犯罪的具体情况，做到该宽则宽，当严则严，宽严相济，罚当其罪。全年共受理各类刑事案件184件361人（含旧存10件23人），审结170件336人，其中公诉案件136件281人，自诉案件34件55人。生效判决158件315人，宣告无罪的12人（均为自诉案件），免予刑事处罚的21人，给予刑事处罚的282人。一是依法严厉打击严重刑事犯罪，惩罚威慑犯罪人员。依法严惩杀人、抢劫、放火、寻衅滋事等严重影响群众安全感的暴力犯罪和盗窃、抢夺等多发性侵财犯罪。审结故意杀人、故意伤害、强奸等暴力性犯罪案件43件，判处罪犯54人；审结抢劫、盗窃、诈骗、抢夺等侵犯财产类案件58件，判处罪犯126人。审结造成一定范围内恶劣社会影响的李××等十被告人聚众斗殴、寻衅滋事、故意伤害案件，判处十被告人一至五年不等的有期徒刑；审结以代××为首的以私人圈养的牲畜为盗窃对象，盗窃价值达21万元、作案次数达111起的13人盗窃、2人掩饰、隐瞒犯罪所得案件，其中有3人被判处十年以上有期徒刑；审结曹××等七

被告人盗窃、破坏电力设备、隐瞒犯罪所得案件，判处盗窃变压器50余起的曹××等五被告人三至十九年不等的有期徒刑，对造成恶劣社会影响的累犯被告人依法从重处罚。二是依法惩处危害公共安全、妨害社会管理秩序和职务犯罪，维护社会稳定。加大对毒品犯罪的打击力度，审结此类案件7件，判处罪犯18人。审结交通肇事案件17件，判处罪犯17人，审结了江川县首例醉酒驾驶机动车案件，以危险驾驶罪判处罪犯一人。积极参与反腐败斗争，依法严惩贪污、贿赂、渎职犯罪，审结此类案件10件，判处罪犯11人，审结江川县公路管理段原领导干部职务犯罪案件2件4人，判处罪犯4人。三是依法妥善审理刑事附带民事诉讼案件，维护被害人权益。加大刑事附带民事案件的调解力度。根据被害人因犯罪行为遭受的物质损失并适当考虑被告人的赔偿能力，引导刑事附带民事诉讼被告人认罪悔改，积极赔偿被害人经济损失，争取被害人及其亲属谅解，减少社会对抗。审结故意伤害、交通肇事等刑事附带民事诉讼案件69件，其中自诉案件34件，结案标的707万元，调解结案20件，调解执行款项322万元。

【行政审判】　2011年县法院以支持和监督行政机关依法行政，切实维护公民、法人和其他组织的合法权益，推进依法治县进程为目标。积极探索行政诉讼和解制度，妥善化解行政争议，全年共审结行政诉讼案件7件(含旧存3件)，通过协调促使行政争议实际化解而调解、撤诉案件4件。积极推进行政机关负责人出庭应诉制度，强化行政机关依法接受司法监督意识，全年开庭审理的4件行政诉讼案件行政机关负责人均出庭应诉。完善非诉行政审查工作，通过信息沟通、司法建议加强与行政机关的沟通，初步建立司法与行政的良性互动机制，及时有效预防行政争议，全年审查非诉行政执行案件49件，裁定准予强制执行45件。

【执行工作】　全年共受理执行案件444件(含旧存40件)，执结422件，执结标的金额1180万元。一是注重执行和解，化解社会矛盾。执行中注重法律宣传和教育疏导工作并重，积极促成案件和解，努力消除双方矛盾和积怨，实现“案结事了”。全年被执行人自动履行、执行和解案件274件，占所执结案件的64.9%，执结标的580万元。二是开展反规避专项执行行动，彰显司法权威。着力解决被执行人规避执行问题，切实维护权利人的合法权益。充分发挥全国清理执行积案期间建立的执行联动长效机制，利用与公安、银行、税务、工商、社保等部门建立的查控体系，监督和限制被执行人置业、融资、信贷等渠道，有效防范和打击规避执行行为。共部署专项执行行动4次，拘留6人，查询银行账户32件次，查询土地房屋登记19件次，共执结规避执行案件17件，执结标的金额74万元。

【清理涉诉信访积案】　自全国开展涉法涉诉信访积案清理工作以来，采取全院中层以上干部轮流接访、联合接访、案件评查、困难救助等方式，各部门协作配合逐案化解，做到法律问题解决到位、实际困难妥善帮扶。在基本事实清楚、适用法律正确、实体处理公正的前提下，促使当事人息诉罢访。通过全面清理，清查出的53件涉法涉诉积案全部息诉罢访。2011年县法院认真做好日常信访工作，切实维护当事人权益。坚持把处理涉法涉诉信访案件作为联系群众、倾听民意、为民解忧的重要途径。坚持立案信访窗口常规接访制度，明确信访案件的跟踪督办程序和职责，强调在案件办结后及时将办理情况向当事人说明，反馈处理情况，妥善处理信访案件。全年共接待来信来访1402人次。接访日接访涉诉案件77件次，督促办理38件。

【开展案件质量评查】　根据上级法院关于开展案件质量评查工作的要求，2011年县法院成立了案件质量评查活动领导小组，重点评查了本院被发回重审、改判、再审、执行异议和按一定比例抽查本院审结生效的案件85件，及时总结案件评查中存在的诉讼程序、证据认定、法律适用等方面的问题，通过案件质量评查活动，审判案件质量管理、流程管理、绩效管理取得明显成效。

【践行司法为民】　县法院努力在立案信访、案件审理、审判管理等方面践行各项便民措施。强化诉讼领域的人权保障，支付援助费为32名未成年被告人提供司法救助。加大社会弱势群体的司法救助力度，切实保障经济困难的当事人打得起官司。共办理减缓免诉讼费案件62件，减缓免诉讼费12.76万元。对符合司法救助条件的39件涉诉信访积案的特困群体人员发放救助金49万余元。

【法院改革】　一是深化审判公开。立案大厅结合窗口部门“四亮四评”工作的开展对审判流程事项全面公开；严格落实《关于人民检察院检察长列席同级人民法院审判委员会会议的若干意见》，对拟判无罪的公诉案件、检察院提出抗诉等案件邀请同级人民检察院检察长列席审判委员会，自该制度实施以来，共有11件民刑案件邀请检察长列席；与检察院、行政执法部门召开联席会议公开法院工作和听取意见，邀请县人大代表、政协委员、人民群众代表、律师代表及学生代表召开诉讼服务宣传周座谈会公开法院工作；落实公开审判制度，除法律特别规定的案件外，一律公开审理，刑事案件当庭宣判78件，当庭宣判率为45.9%。积极推进和规范裁判文书上网公布，扩大法院审判公开的范围，在玉溪政法网法院网页上公布裁判文书21篇。二是审判方式改革继续深入。试行刑事和解制度，弥补被害人损失、促使被告人改过自新、回归社会。认真落实最高人民法院《关于量刑程序若干问题的意见》和《人民法院量刑指导意见(试行)》,将量刑纳入庭审程序,规范和制约法官自由裁量权,对盗窃、抢劫等15种犯罪进行规范化量刑,全年以规范化量刑方式审判案件141件,宣判后上诉的6件案件全部维持原判。进一步完善诉讼风险提示制度,任何案件立案时均以书面形式发放诉讼风险提示通知书,帮助当事人合理选择诉权。坚持判后释疑工作,让当事人理解裁判结果和法律精神,刑事案件在当庭宣判时将法官的判后释疑内容载入笔录。三是规范审判管理。对近年来形成的各项制度进行了全面的梳理,对不适应时代需要的制度作了废止,对有欠缺且不科学的制度进行了全面修订,全年制定《江川县人民法院审判流程管理规定》、《裁判文书上网公布具体规定》等九项审判管理制度,形成了"靠制度议事、用制度管人"的良好氛围,促进法院以审判为中心的各项工作高效、有序、规范运行。

【推进平安县创建】 县法院贯彻"教育、感化、挽救"的方针,切实保护未成年人合法权益,对于情节较轻,确实不致危害社会的,依法从轻或减轻处罚,最大限度地教育和挽救失足青少年。全年共判处未成年人罪犯55人,其中14~16周岁的14人,16~18周岁的41人。全年审结的23件未成年人犯罪案件除1件上诉后维持原判外,其余22件均服判息诉,无一缠诉信访闹访。协助有关方面认真做好对判处缓刑、管制、免予刑事处罚人员和刑满释放人员的帮教,共同推进社区矫正工作。积极参与普法依法治理工作,对在校学生开展普法讲座,引导青少年健康成长;为行政机关工作人员开展行政执法知识讲座,促进行政执法行为的规范。积极对综治维稳挂钩联系点提供资金支持,支付建设修缮资金5000元,党员干警捐款1640元帮扶挂钩点的农村贫困残疾人。助力高原湖泊生态县建设工作,每月组织干警共100余人次参与江川县前卫镇后卫大河的清理工作和参加沿湖卫生整治活动,向环境卫生包村点提供环境卫生整治资金6000元改善村容村貌。

【队伍建设】 县法院以树立"公正、廉洁、为民"的司法核心价值观、建立一支"政治坚定、业务精通、作风优良、执法公正"的法官队伍为目标,将"人民法官为人民"主题实践活动纳入到中央政法委组织开展的"发扬传统、坚定信念、执法为民"主题教育实践活动中,深入开展创先争优,切实做到警示教育到位和监督管理到位,不断增强反腐倡廉意识,提高队伍素质。一是加强岗位业务培训,提升司法能力。充分利用现代化技术手段组织全体干警参加最高法院巡回授课讲师团为期一周的网络视频培训,组织安排刑事、民商事、行政审判业务骨干8人赴西南政法大学进行为期一周的业务培训,组织法警6人参加玉溪中院组织的全市法院法警封闭训练,组织开展上岗、任职、晋升等资格培训,组织中层干部18人参加云南干部在线学习。通过开展岗位练兵和办案能手、调解能手、服务能手等评选活动,激励法官加强学习实践,努力提高司法能力。二是加强司法作风建设,增强群众观念。结合新时期人民群众对司法工作的新期待、新要求,认真开展社会主义法治理念再学习再教育活动,组织参加最高院、省高院部署的系列教育学习视频会,以开展群众观点教育活动为载体,组织全院干警开展司法公信力大讨论活动,学习先进典型,进一步深化法官对人民法院人民性的理解和实践,自觉坚持群众路线。三是狠抓党风廉政建设,确保司法廉洁。开展回顾党的历史、学习党的知识,弘扬党的优良传统系列活动迎接、纪念建党90周年,激励广大党员在各自岗位上发挥先锋模范作用;深入贯彻执行中央政法委提出的"四个一律"、"四条禁令"、最高人民法院提出的"五个严禁"等"禁令、铁规",做到人人皆知、人人遵守。坚持一岗双责,强化领导干部的职责和对队伍的监督管理;开展警示教育专项活动,通过正反两方面的典型案例,引导干警提高职业道德意识和自律意识,做到警钟长鸣;层层签订党风廉政建设责任书,严肃查处违法违纪行为,落实反腐倡廉责任;在审判执行部门任命廉政监察员,促进廉政监察工作的经常化。四是自觉接受监督,促进司法公正。主动将法院改革发展中的重大问题向县委请示汇报,争取支持,重要文件、简报等有关材料及时向人大和专门委员会报送,主动把法院各项工作置于人大及其常委会的监督之下。通过邀请视察、开展座谈、旁听庭审、体验执行等方式,搭建与代表委员沟通的平台,广泛倾听民意民声。聘任来自人大、政协、纪检、社区等单位的执法执纪特邀监督员。对符合法定条件的申诉,依法提起再审,全年再审案件1件,依法作了改判。发挥人民陪审员作用,重视人民陪审员的参审监督职能,全年共安排16名陪审员73人次参加了45件各类案件的审判工作。

【裁判文书网上发布】 为严格办案人员的责任,提高裁判文书质量,促进司法公开和程序透明,实现办案的公平与公正,在上级法院的指导下,江川法院实现了生效裁判文书在玉溪政法网法院网页上发布。一是制定发布制度。为切实做好裁判文书网上发布工作,江川法院认真研究了玉溪中院、最高法院关于裁判文书网上公布的规定要求,在向各庭室广泛征求意见的基础上,经党组讨论决定,出台了《江川县人民法院裁判文书公布的具体要求(试行)》。二是权利书面告知。为落实《具体要求》中"当事人明确请求不在互联网上公布并有正当理由,且不涉及公共利益的裁判文书,一律不公布"的规定,经过多方讨论,制定了《江川县人民法院裁判文书公布权利告知书》,对满足《具体要求》中公布条件的裁判文书，在送达裁判文书时，将《告知书》一并送达当事人，将裁判文书公布的事项以书面形式告知当事人，确保当事人的知情权。三是内部运行规范。制定了《裁判文书报送上网公布审批表》，统一报送途径，实现裁判文书从案件承办人到最终公布在互联网上的规范操作。

【诉讼服务周活动】 12月1日，县法院邀请县人大代表、政协委员、人民群众代表、律师代表及学生代表召开了“江川县人民法院诉讼服务宣传周座谈会”。之后，与会代表及新闻媒体实地参观了江川法院立案大厅的建设情况，对法院的“四亮四评”活动及进一步提升诉讼服务质量等方面提出了许多中肯的意见和建议。12月5日，结合“12·4”全国法制宣传日及云南省宪法宣传周的契机，江川法院组织本院共青团员在江川县城明珠路开展“诉讼服务宣传周暨12·4法制宣传日”活动，向来往群众现场散发诉讼指南、宪法知识问答等法律宣传资料600余份。并接受现场法律咨询，为群众解答疑惑，增进了广大人民群众对法院诉讼工作的了解，为优化诉讼环境、提升江川法院诉讼服务质量打下了良好的基础。

（王玲芬）

经济管理

编辑　盛文芬

发展和改革

【国民经济和社会发展计划执行情况】2011年以来，江川县始终坚持把加快发展作为第一要务，把民生作为第一根本，坚持以科学发展观为统揽、结构调整为主线，积极推进高原湖泊生态县、现代宜居高原湖泊生态城和国际高原湖泊生态休闲度假旅游目的地建设，全力推进新型工业化、城镇化和农业现代化，全县经济平稳发展，社会保持和谐稳定。

主要指标完成情况：全县现价生产总值完成43.07亿元，占年度计划的101.3%，同比增长13.6%（可比价），其中：第一产业完成11.84亿元，占年度计划的105.2%，同比增长7.8%；第二产业完成12.73亿元，占年度计划的100.5%，同比增长25.5%；第三产业完成18.5亿元，占年度计划的99.6%，同比增长10.1%。现价工农业总产值完成50.91亿元，占年度计划的101.2%，同比增长21%。地方财政收入完成3.3773亿元，占年度计划的108.7%，同比增长25%。全社会固定资产投资完成40亿元，占年度计划的136.1%，同比增长70.2%。社会消费品零售总额完成11.84亿元，占年度计划的103.8%，同比增长19.5%。城镇居民人均可支配收入达18260元，占年度计划的101.4%，同比增长11.2%；农民人均纯收入达6374元，占年度计划的104.5%，同比增长13.1%。

【农业经济暨新农村建设】 农业总产值完成16.89亿元，占年度计划的101.8%，同比增长15.1%。圆满完成烤烟收购任务，收购烟叶1441万千克，上等烟比例75.79%，收购均价19.81元/千克，烟农收入达30520万元。生产营销仔猪116.03万头，占年度计划的91.4%，同比减少0.17万头，同比下降0.1%。农业增加值完成11.84亿元，占年度计划的105.2%，同比增长7.8%。积极实施抗旱应急工程、水利基础设施建设、农村饮水安全工程、现代烟草农业生产基础设施建设和中低产田地改造。完成了石河水库南干渠防渗、麦冲水库除险加固、矣文水库除险加固、茶尔山水库东西北干渠防渗等工程，九溪海棠、大街三街和大营片区现代烟草农业示范区建设顺利推进，完成了黄谷田水库灌区1万亩农业综合开发和中低产田改造3.3万亩，实施了65个“一事一议”财政奖补项目，农村生产生活条件不断改善。

【固定资产投资管理】 继续实施项目指挥部制度，细化分解目标任务，加大督查考核力度，狠抓项目建设。完成了职教小区、星云湖截污治污工程（一期）、星云湖大街河下游截污治污与生态修复工程、茶尔山水库东西北干渠防渗、石河水库南干渠防渗等工程，积极推进仙湖锦绣、金色抚仙湖九龙国际会议中心、财富广场、天然气利用等项目，固定资产投资快速增长。

全社会固定资产投资完成40亿元，占年度计划的136.1%，同比增长70.2%。建筑业增加值4.04亿元，完成年度计划的103.5%，同比增长41.4%。

【工业经济】 坚定不移地实施“工业强县”战略，龙泉山生态工业园区总规通过市级环评，土地征用及基础设施建设积极推进，完成园区主干道、供水管网和通信、电力等配套设施建设，完善了园区招商引资优惠政策，引入了云南特固电气有限公司年产10000件智控电网设备生产线、云南联塑科技发展有限公司年产10万吨管材、云南寅乾机械制造股份有限公司风电设备生产线等三户企业入园发展。翠峰水泥厂和翠峰纸厂恢复生产。加快产业结构调整步伐，大力发展循环经济，积极推进清洁生产，重点企业节能降耗工作进展顺利。

工业总产值完成34亿元，占年度计划的100.9%，同比增长24.2%；工业增加值完成8.69亿元，占年度计划的99.1%，同比增长19.5%。

【文化旅游】 金色抚仙湖九龙国际会

议中心、财富广场、古滇国城等旅游商贸项目积极推进，成功举办了第七届“开渔节”，第三产业发展步伐不断加快。

社会消费品零售总额完成11.84亿元，占年度计划的103.8%，同比增长19.5%。全年接待游客171.3万人次，占年度计划的107.1%，同比增长11.4%；实现旅游总收入6.74亿元，占年度计划的134.8%，同比增长23.8%。第三产业增加值完成18.5亿元，占年度计划的99.6%，同比增长10.1%。

【“两湖”治理暨生态环境建设】 认真实施“一退够、二调优、三保护”的抚仙湖保护治理战略，继续落实党政领导干部环保责任制和河段长责任制等制度，建立了农村环境卫生整治长效机制，认真开展环境保护和生态建设工作，大力推进抚仙湖周边环境综合整治，抚仙湖退田还湖工作顺利推进，主要入湖河道保洁工作有效开展，星云湖南岸截污及湖滨带修复、星云湖截污治污(一期)、星云湖东西大河环境综合整治等工程积极推进，城乡生态环境进一步改善。

完成了抚仙湖星云湖“十二五”水污染综合防治规划编制工作，完成第二次石漠化监测，建成生态防护林2万亩，九溪河小流域生态林5500亩，治理水土流失面积10平方千米。继续推进农村沼气池建设，积极推广使用太阳能和节能灯，节能减排工作取得实效，万元GDP综合能耗下降3%。获得“国家级生态示范区”荣誉称号，启动了国家级、省级生态文明乡镇和生态文明村创建工作。

【财政金融】 全县地方财政收入完成3.3773亿元，占年度计划的108.7%，增收6757万元，同比增长25%。地方财政支出完成9.9965亿元，增支2.2156亿元，同比增长28.5%。

城镇居民人均可支配收入18260元，占年度计划的101.4%，同比增加1843元，增长11.2%。农民人均纯收入6374元，占年度计划的104.5%，同比增加737元，增长13.1%。

全县金融机构各项存款余额63.94亿元，同比增长16.48%。其中城乡居民储蓄存款余额38.95亿元，同比增长21.16%。金融机构各项贷款余额35.53亿元，同比增长21.65%。

【社会事业】 认真推行计划生育优质服务，全面落实“奖优免补”政策，计划生育管理和服务水平不断提高，年末总人口27.4935万人，人口自然增长率3.47‰。科技工作进一步加强，被评为全国科技进步先进县。江川一中扩建及前卫、龙街、江城学前教育建设等工程积极推进，江城、九溪中心小学教学楼建设基本完工，雄关学前教育建设完工投入使用；办学条件不断改善，城乡教育均衡发展。卫生事业健康发展，县医院门诊医技楼主体工程基本完工，完成伏家营等5个村级卫生所建设，120急救中心通过省发改委立项，城乡医疗设施和医疗条件进一步改善，新农合参合率达96.2%。“文化兴县”战略稳步实施，文化信息资源共享工程实现行政村全覆盖，李家山古墓群保护性设施建设进展顺利，路居光坟头综合性文化遗址发掘工作正式启动，完成了第三次全国文物普查，群众性文化活动蓬勃开展。城镇登记失业率3%，城镇新增就业人员2109人，占年度计划的86.1%，同比下降8.3%。农村富余劳动力培训转移工作顺利开展，全年共培训和转移农村富余劳动力3884人和3584人。社会治安综合治理、禁毒防艾工作深入开展，食品、药品安全不断加强，妇女儿童、老龄、气象、扶贫、防震减灾等各项事业全面发展。

【价格监督检查】 “元旦、春节”价格检查。对汽车票价公示和价格执行情况，旅游景点的门票价格、停车场收费及餐饮服务明码标价执行情况，百信购物广场、平一购物广场、世文百货等的明码标价及价格执行情况等进行了检查，通过检查，2011年“元旦、春节”期间江川县节日市场商品供应充足，价格秩序良好，粮食、食用油、肉蛋禽及蔬菜类、液化石油气价格基本稳定；各超市的特价商品经查未发现存在价格欺诈的情况；交通运输、旅游服务、停车收费、游览参观点门票等价格(服务收费)执行情况较好，节日期间没有出现大的价格异常波动，没有接到一个价格举报及投诉电话，节日期间市场价格基本稳定。

食盐价格检查。2011年3月17日上午江川县出现群众争先抢购食用盐的情况，县发展和改革局立即组织检查人员对大街集贸市场的副食品经营摊点及具备食盐经营的个体工商户的食盐价格销售情况进行了检查，检查发现个别经营者借机擅自提高价格销售，立即责令停止提价销售的行为，并对其进行了罚款处理，其次是对消费者进行了价格政策宣传；3月18日继续进行市场跟踪调查及检查，检查发现仍有部分消费者存在恐慌心理，检查人员立即采取措施，消除恐慌心理，一是联系盐业批发公司积极组织限量供应；二是要求盐业批发公司积极组织货源，保证两大超市的正常供应；三是向消费者作好相关食盐价格的政策宣传工作；四是要求两大超市(百信超市、平一购物广场)采取限量销售，以确保食盐的正常供应，稳定消费者的恐慌心理。

涉农价格与收费专项检查。为认真贯彻落实中央农村工作会议精神，促进农村经济发展和农民增收，保障惠农政策落实到位，根据玉溪市发展和改革委员会关于转发《云南省物价局转发国家发展改革委关于开展全国涉农价格与收费专项检查文件的通知》的通知精神，主要对涉及农民负担的农业用水价格、九年义务制教育学校收费、公路收费、农机监理收费进行了检查，检查情况是：1. 水利部门所属水库经营的农业用水价格严格按照规定的0.07元/立方米的标准执行，无提高价格经营的价格违法行为；2. 对13所农村中小学校的教育收费情况进行检查，检查情况是所有农村中小学未向学生收取任何费用；3. 江川辖区内的星云收费站严格执行鲜活农产品运输绿色通道政策，不存在以超载为名乱收费的现象。4. 农机监理部门收取的牌证工本费和机动车安全技术检验费、机动车驾驶许可考试费严格按规定的收费项目及收费标准执行，无乱收费的价格违法行为。

商品房销售明码标价专项检查。为切实加强房地产市场价格监管，着力解决商品房销售中存在的标价混乱、信息不透明、价格欺诈等问题，县发展和改革局于2011年6月1～9日对本辖区内房地产开发企业的商品房销售明码标价执行情况进行了重点检查，检查情况是：1. 在本行政区域内注册，并取得预售许可证的在售商品房企业有两家；2. 商品房销售企业都严格执行明码标价制度；3. 商品房销售企业都按照规定实行“一套一标”；4. 商品房销售企业不存在在标价和公示的收费之外加价、另行收取未予标明的价格违法行为；5. 商品房销售企业主要是采用价格手册、价目表的形式标明其价格。

认真办理价格举报案件。2011年共受理价格举报46件，均做到件件有落实，事事有回音，办结率为100%。查出价格违法案件3件，查出价格违法所得金额15643元，实现经济制裁金额33693元(其中：没收违法所得15643元，罚款18050元)。

【价格收费管理】 一是认真开展行政事业性收费许可证年度审验工作。按照《云南省行政事业性收费许可证管理规定》和《云南省行政事业性收费许可证年度审验办法》规定的审验内容、要求、程序和纪律，认真开展审验工作。共审验收费部门28个，审验《云南省收费许可证》正副本74本。审验项目收49项，审验收费金额4321万元，取消收费项目3项，通过年审，有效制止乱收费行为发生，为企业的发展创建一个良好的宽松环境。二是审慎出台管理权限范围内的价费政策。规范学前教育收费管理。按照江川县幼儿园报来要求调整收费标准的申请，根据玉溪市发展和改革委员会《关于调整幼儿园收费标准》的规定，通过集体研究制定了江川县幼儿园的收费标准。规范公交车价格管理。通过成本监审、召开座谈会等形式，制定了较为合理的公交车价格调价方案，并按政府定价听证程序组织召开价格听证会及社会稳定风险评估论证会，研究制定了江川县公交车客运价格。加强供水价格管理。通过成本监审、制定了较为合理的江川县县城供水价格调价方案，提请县政府同意并报市发改委，受市发改委的委托组织召开了听证会及社会稳定风险评估论证会，并将相关材料上报市发改委；三是抓好“价格服务进万家”民心工程建设。扎实推进价格服务进企业、进商场、进景区、进农户、进社区工作，倾力打造“12358”价格咨询举报服务品牌。加强居民生活必需品价格监测预警。认真执行粮油副食品和重要商品价格周报、月报制度，密切关注粮油肉蛋以及液化气、民用燃料等生活必需品的市场动态，做好饲料、生猪、肉禽蛋价格、供应的调查分析上报工作。

【价格认证】 2011年共受理价格鉴证81件，鉴证标的金额128万元。其中：民事案件2件，鉴证标的金额2.9万元、刑事案件79件，鉴证标的金额125.1万元。

【大中型水库后期移民扶持】 一是移民直补资金和项目资金的使用管理。共组织发放了三个季度的大中型水库移民直补资金82.95万元，让移民群众及时得到党的关怀和温暖。在所有项目的实施过程中，没有出现挤占、挪用、截留移民资金和违纪违规的现象；二是后期扶持项目建设工作。2011年开展的后扶项目有九溪河口小组文体活动中心、科技活动室，江城尹旗张官营小组老年文化活动中心、黄营村委会张旗—乐太村道路硬化、牛摩村委会大营小组村中道路硬化、牛摩村委会大营小组农民文化活动中心建设、翠峰村委会小石关一村道路建设、尹旗村委会张官营小组道路建设8个项目，总投资达305万元；三是按照上级的要求，经过充分调查研究，编制完成了《江川县大中型水库库区和移民安置区基础设施建设和经济发展规划》(2011～2015年)和《玉溪市江川县大中型水库移民后期扶持规划》(2011～2015年)。

(徐文波)

扶　贫

【整村推进扶贫项目建设】 重点抓住困难山区小组建设，集中力量计划向省市争项目、争资金实施整村推进项目14个，其中：省级7个，市级7个；计划总投资273万元。实际争取到项目18个，其中省级10个，市级8个，项目总投资358.6万元，其中：省扶持资金150万元，市扶持资金122.4万元，县级配套资金10万元，整合和自筹资金76.2万元。建设硬化村庄道路18件10910米36457平方米，修建科技文化活动室17所3718平方米，新建公厕6座48坑285平方米，垃圾池1处，支砌挡墙石方319立方米，建设标志碑18块，安装电子显示屏5块。

【扶贫贴息贷款】 根据国家、省市扶贫政策的调整，县扶贫办高度重视产业扶贫项目争取，经过认真的调查研究，上报云南阳光食品有限公司给予贷款贴息扶贫。项目建设点位于江川县大街镇上头营村委会第一村民小组，申请上级部门批准给予扶持700万元的扶贫贷款贴息资金21万元，项目建成后除带动促进本地养殖、种植、印刷、农副产品加工、运输等行业的发展外，通过该项目的精深加工，还可促进广大山区农业经济的发展。该项目年加工产品7万吨，可带动困难山区等农户17000户，增加就业岗位700多个，可大量转移困难地区农村剩余劳动力和城镇下岗职工，使这些人的人均年收入达6000元以上，项目区农民人均纯收入可增加430元以上。

【户贷款扶贫】 协调配合县妇联抓好到户贷款700万元的扶贫工作。项目涉及7个乡镇68个村委会215个村民小组435户1695人，扶持发展项目是种植业317户扶持资金527万元，养殖业78户扶持资金119万元，加工业6户扶持资金14万元，其它项目34户扶持资金40万元，为困难户和妇女做好服务。

完成江川县2011年贫困地区劳动力转移120人的就业培训工作。根据省市的安排，积极同财贸工业学校联系沟通，在培训条件艰难的情况下，依托云南阳光食品厂为基地，进行有重点、有计划的农村劳动力转移培训，参加本次培训的人员有120人，培训时间是10月20日～11月30日，培训人员是计算机操作员67人和食品检验工53人，通过培训让学员学到一技之长，培训后拿到考核资格合格证书的达到90%以上，工作安排主要在云南阳光食品有限公司和江川县的其它食品公司，实现劳动力转移就业达到85%以上。

【扶贫统计监测基期调查】 根据国开办《关于开展2010年扶贫统计监测基期调查的通知》和云贫开办发文件精神，在市扶贫办的安排下，于2011年9月4日开始组织7个乡镇的分管领导和统计员进行培训，乡镇又进行村调查员的培训，认真详细的调查统计填报，按时、按质、按量圆满完成对全县7个乡镇72个村(居)委会开展的调查统计上报工作，为今后江川县扶贫开发工作规划实施建设打下了坚实的基础。

（杨清明）

统　计

【概　述】 2011年，江川县统计局以科学发展观为统领，紧紧围绕县委、县政府的中心工作，认真贯彻落实省、市统计和调查工作会议精神，结合地方实际，以提高统计能力、统计数据质量和政府统计公信力为中心任务，着力推进统计四大工程建设，注重统计事业的全面协调发展，发挥好统计信息、咨询、监督的职能作用，不断提高服务领导决策、服务科学发展、服务社会公众的能力和水平，积极主动适应经济社会发展对统计工作的新要求，弘扬“求实、创新、奉献”的江川统计精神，求真务实、创先争优、强化管理、优化服务，为全县经济社会发展提供优质高效的统计服务。

【机构设置】 江川县统计局是全县统计和国民经济核算工作的政府职能部门。2011年，江川县机构编制委员会办公室核定统计局行政编制11名，其中，领导职数为局长1名，副局长2名。核定机关工勤人员编制1名。核定江川县地方统计调查队为江川县统计局所属财政全额拨款的事业单位，核定事业编制5名，其中，管理人员编制5名，设队长1名，由县统计局1名副局长兼任。2011年末，江川县统计局实有在职干部职工17人，其中：行政编制13人，机关工勤编制1人，江川县地方统计调查队事业编制3人。已取得专业技术职称8人，其中：统计师6人、经济师1人、高级统计师1人。

【主要统计数据】 2011年全县地方生产总值(GDP)完成430690万元，比上年增加64093万元，增长13.6%。其中：第一产业增加值118363万元，增加11344万元，增长7.8%，占GDP的比重为27.5%，对GDP增长的贡献率为16.8%，拉动GDP增长2.3个百分点；第二产业增加值127296万元，增加29322万元，增长25.5%，占GDP的比重为29.6%，对GDP增长的贡献率为50.3%，拉动GDP增长6.8个百分点；第三产业增加值185031万元，增加23427万元，增长10.1%，占GDP的比重为42.9%，对GDP增长的贡献率为32.9%，拉动GDP增长4.5个百分点。人均生产总值15240元，增加2208元。

2011年完成农林牧渔业总产值168946万元，比上年增长15.7%。全年农作物总播种面积342609亩，比上年增加4179亩，增长1.2%。全县收购烟叶1441.09万千克；上等烟比率75.79%，比上年提高16.49个百分点；收购单价为19.81元/千克，比上年提高4.79元/千克；收购金额为28548万元，比上年增加5936万元，增长26.25%。

全年完成现价工业总产值340129万元，比上年增加66259万元，增长24.2%。其中：规模以上工业191711万元，增加34906万元，增长22.3%；规模以下工业148418万元，增加31353万元，增长26.8%。2011年完成工业增加值86944万元，其中：规模以上工业70493万元，比上年增加13362万元，增长21.1%；规模以下工业16451万元，增加2599万元，增长12.7%。2011全县完成建筑业增加值40352万元，比上年增加13361万元，增长41.4%。2011年，全社会固定资产投资完成400148万元，增加165050万元，增长70.2%，增长速度比上年提高18.8个百分点。

2011年，全县实现社会消费品零售总额117363万元，比上年增长18.5%。2011年居民消费价格比上年上涨4.6%，商品零售价格上涨4.5%，农业生产资料价格上涨6.7%。2011年接待游客171.3万人次，比上年增加17.58万人次，增长11.4%；旅游总收入达到67376.44万元，增加12969.24万元，增长23.8%。

2011年全县完成财政总收入42978万元，比上年增收6127万元，增长16.6%。完成地方财政收入33773

万元，增收6757万元，增长25.0%。全年财政支出99965万元，增支22156万元，增长28.5%。金融机构各项存贷款余额继续保持快速增长。年末，全县金融机构各项存款余额达639372万元，比上年增长16.5%。

年末常住人口初步预计28.27万人，城镇人口9.38万人，城镇化率33.2%。公安户籍人口年末总人口为27.5万人，比上年增长0.5%。其中：农业人口24.2万人，非农业人口3.3万人。本年出生人口2035人，死亡人口913人，人口自然增长率为4.09‰。2011年末全县在岗职工11417人，比上年末减少225人。全年在岗职工平均工资31500元，增加5956元，增长23.3%。城镇居民家庭人均可支配收入18260元，比上年增加1843元，增长11.2%；农民人均纯收入6374元，增加737元，增长13.1%。

【统计服务】 一是按时发布2010年《江川县国民经济和社会发展统计公报》和《2011年江川经济运行统计分析》、《江川统计》等内部刊物，组织人员编写《江川县经济运行分析报告》、《2011年江川领导干部经济工作手册》、《2010年江川县统计年鉴》，按时、按月、按季提供国民经济和社会发展情况的统计资料，为江川县党政领导及时掌握全县国民经济运行态势提供依据。二是深入开展统计调研分析。主要围绕社会经济现象，紧扣党政领导关心的热点、焦点问题，开展统计调研分析，为县委、县政府和社会各界提供优质服务。一年来，紧紧围绕县委、县政府对经济工作的总体要求，充分运用统计调查的权威性和统计资料的权威性，对经济发展敏感指标进行专题调查研究和分析。主要开展了“妇女儿童发展规划终期统计监测”、“玉溪市医院满意度调查”、“百岁老人相关信息调查”、“全省人口变动劳动力抽样调查”等的专项调查。三是为江川县党代会、人代会、政协会会议资料编印提供翔实的统计数据服务，使党代表、人大代表和政协委员更加了解江川、关注江川，及时为江川的发展献计献策。配合相关部门，开展好全县综合目标考核、行政效能考核、市委对江川县行政效能考核等相关统计指标的监测和认定等工作，让大家更加认识和认可统计工作，不断提升统计工作的地位。四是积极发挥统计工作的信息、咨询、监督三大职能。年初为县政府科学、细致分解江川县经济和社会发展的各项目标，并定期通报各乡镇经济目标完成情况和全县重点项目建设情况。五是加强统计分析，提高咨询服务水平。一年来，全局共撰写统计分析35篇，一些分析受到省市县级领导和有关部门的重视。六是增加服务内容，提高服务水平。每季度召开乡镇经济运行情况分析会、通报会，继续与县政府办公室合编《2011年江川县领导干部经济工作手册》，分送到各单位，让更多的人了解和关心江川县的经济建设情况和经济发展趋势，为政府科学管理和决策提供有参考价值的资料和建议。

【统计改革】 2011年国家统计局推行统计四大工程建设，加快了统计方法制度的改革步伐。江川县统计局全体干部职工通过学习充分认识建设四大工程的重要意义，进一步加快建设基本单位名录库、企业一套表制度、数据采集处理软件系统和联网直报系统等互相联系、共为整体的四大工程。以“以统一规范、改革创新、公开透明为主线”，按照国家和省市统计局着力推进四大工程的部署和相关要求，不断创新工作思路，继续争当践行“三个提高”的排头兵，努力实现统计改革和发展的新突破，扎实推进统计“四大工程”建设。

【人口普查】 一年来，开展了人口普查表的光电录入、编辑汇总、数据评估、数据发布等工作，取得阶段性成果。一是抓好人普资料的审核、录入、汇总等工作；二是按时发布人口普查的基本情况；三是对百岁老人按时进行入户普查登记；四是做好人口普查的总结和表彰工作。

【统计执法】 2011年，江川县统计局统计普法、宣传、执法三管齐下，深入普法，深化执法，规范程序，进一步增强全社会统计法制意识，努力营造依法统计浓厚氛围，全力推进统计法制进程，有效地改善了县统计工作环境。一是加强经常性统计普法宣传工作。为强化法制观念，增强法律意识，做到知法、守法、用法，制定《江川县统计局“六五”普法规划》和学习计划，充分利用班子学习、支部学习、干部职工学习的机会，组织干部职工深入学习《统计法》、《统计违法违纪行为处分规定》等法律法规。二是严格统计执法检查。加强了对乡镇、企业等各类基层报表单位的审核、调研力度，进一步规范执法程序，强化执法监督，切实履行行政执法监督的职能，完善和推进统计行政执法责任制，从统计基础建设、统计数据质量、持证上岗等方面进行重点监审检查。三是积极推进依法行政工作。一年来，江川县统计局不断完善制度建设，修订依法行政、统计管理、统计执法等制度，制度建设和依法行政工作得到了大力加强。四是加强统计法制建设。认真组织开展形式多样的学习贯彻和宣传《统计违法违纪行为处分规定》和新修订的《统计法》活动；结合普查和统计调查专业工作，对相关单位进行统计法规宣传检查和统计监审工作；严格执行部门统计调查项目审批程序，做好部门上报统计调查项目审批工作。五是创新法制宣传，营造依法统计、和谐统计的氛围和环境。为提高全社会的统计法律意识，构建和谐统计氛围，进一步加大统计法制宣传力度，群策群力，创新思维，“四结合”（结合第六次全国人口普查、结合布置年定报工作、结合统计执法检查、结合“宣传日”和“宣传月”）开展

统计法制宣传活动。

【信息及调研】 江川县统计局针对江川县经济社会发展中出现的热点、难点问题，积极开展专题分析研究，为县委、县政府和社会各界提供优质服务。围绕中心，深入基层、深入乡镇、深入企业调查研究。着重围绕各级领导关心和社会关注的“热点、难点”问题，组织开展专题分析研究，为县委、县政府和社会各界提供优质服务。2011年江川县统计局主要领导及相关专业统计人员多次深入乡镇、企业调研，围绕保增长、保民生、保稳定选准调研课题，做到早谋划、早落实。先后开展了农民工监测调查、农民收入水平和生活质量情况、环境治理情况、项目建设情况、城乡居民增收等重点工作以及区域发展、结构调整、节能减排、中小企业发展等难点问题进行研究，为领导决策和有关部门制定措施提供了重要参考。2011年，共编发统计分析和调研报告35篇。

【自身建设及干部教育培训】 2011年，江川县统计局着力加强统计基础建设，加大统计投入，着力为统计工作者的工作和生活排忧解难，特别是积极改善基层统计工作条件，不断优化统计工作发展的外部环境。以人为本，抓好队伍建设是全县统计系统需要长期坚持的工作内容，是统计事业发展的根本保障。局领导班子将队伍建设的重点确定为抓基础、求实效，切实增强工作的责任感和使命感。一是强化思想教育，加大对党员干部队伍的思想教育；抓好党支部理论学习、干部职工周一学习制度，建立健全考核、报告、评议、责任追究制度，组织召开廉洁自律民主生活会。二是规范基础工作。各专业建立统计数据评估制，提高对基础数据的控制力度。强化数据质量分级管理责任制，严把数据质量关。建立专业股室内部及相互间统计工作流程与制度，设立台帐，规范数据来源。三是加大培训力度。面对江川县统计队伍不稳定，人员流动快的特点，县统计局定期进行统计业务培训，并对统计局业务人员进行上岗证和统计职称培训，提高江川县统计队伍的整体素质。

【政府信息公开】 2011年，江川县统计局通过门户网站“政府信息公开”专栏主动公开信息42条，包括机构设置、机构职能、领导介绍、机构信息、部门规章、规范性文件、统计专业技术资格考试等；提供现场咨询(查询)数据资料25条，涉及的主要内容是统计数据，通过96128电话查询20多次，涉及的主要内容是统计数据、工作制度等。

【荣誉表彰】 2011年1月，江川县统计局被中共江川县委评为“江川县2010年度党风廉政建设责任制考核优秀单位”。2011年10月，江川县人口普查办公室被云南省第六次全国人口普查领导小组办公室评为“云南省第六次人口普查先进集体”，张江景、陈留仙被评为“云南省第六次人口普查优秀组织者”；2011年11月，江川县人口普查办公室被玉溪市人民政府评为“玉溪市第六次全国人口普查先进集体”。

（杨霜梅）

审　计

【机构设置】 2011年，江川县机构编制委员会核定江川县审计局行政编制14人、事业编制6人、工勤编制1人。设局长1人、副局长2人、股室负责人5人。内设办公室、财政金融审计股、固定资产投资审计股、经济责任审计股、综合股。下设股所级事业单位1个：江川县固定资产投资审计中心。江川县审计局实有人数21人，其中：行政编制14人、工勤编制1人、事业编制6人；已取得专业技术职称及资质人员7人，其中：高级审计师2人、审计师1人、经济师1人、造价师1人、会计师1人、计算机中职3人、高级工1人。

【概　述】 2011年，江川县审计局在县委、县政府和市审计局的正确领导下，以科学发展观为统领，认真履行审计监督职责，坚持突出对重点领域、重点部门、重点资金的审计监督，充分发挥“免疫系统”功能和建设性作用，努力提高新形势下的审计监督能力和水平，按照“程序、规范、质量、文明”的总要求，圆满完成了各项审计任务。截止2011年12月底，完成审计项目93项，其中：固定资产投资审计77项、预算执行5项、专项资金5项、经济责任4项、行政事业审计2项、查出问题金额5147万元，处理处罚金额2566万元，其中：核减投资额879万元、调账处理1218万元、归还原资金渠道52万元、收缴财政344万元。

【预算执行审计】 完成5项。县地税局2010年度税收征管情况、县财政局2010年度预算执行及效益情况、县交警大队预算执行及效益情况、县国土局2010年度预算执行及效益情况审计、江川普通高中债务审计。紧紧贯穿“揭露问题、规范管理、促进改革、提高绩效”的工作思路，审计内容上重点关注一般预算、基金预算、非税收入管理，退税资金后续管理使用情况等，同时加大对支出结构的分析；审计方式上，积极探索地税系统税收管理情况联网审计，在扩大绩效审计覆盖面的基础上，不断提高财政审计的内涵。审计后，责成县财政归还原资金渠道12万元；完善报批手续，调剂使用支农资金45万元；责成国土资源局上缴财政相关税金及历年结余304.6万元。

【投资建设审计】 2011年，江川县审计局认真贯彻落实江川县人民政府办公室《关于江川县政府投资建设项目审计实施意见的通知》文件精神，在强化工程项目决算审计的同时，加大建设项目招投标前工程量清单及拦标价前置审计、工程绩效审计。投资审计工作紧紧围绕民心工程、民生资金、民生建设项目，密切跟踪与民生利益相关的农业、环保、旅游、医疗、教育、城市基础设施等重要领域。截止12月底，完成投资建设项目77项，其中：决算审计38项、前置审计39项。审计投资总额19922万元，核减工程投资879万元。

工程决算审计完成38项，核减工程投资182万元。存在的主要问题是：工程量不实，重复计价、部分主材价格偏高，定额子目套用错误等。江川县抚仙湖南岸(新村)环境综合治理工程，送审结算138.9万元、审定结算123.3万元、审计核减15.7万元；江川县2010年烟叶基础设施建设项目工程，送审结算1530.6万元、审定结算1517.4万元、审计核减13.2万元；江川县抚仙湖庄子村环境综合治理工程，送审结算125.9万元、审定结算115.2万元、审计核减11.4万元；雄关乡朝阳苑项目，送审结算210.6万元、审定结算200.2万元、审计核减10.4万元；县抚仙湖鱼塘生态修复工程，送审结算64万元、审定结算55.6万元、审计核减8.5万元；县森林公安业务用房工程，送审结算120.3万元、审定结算112.7万元、审计核减7.5万元；县兴江路路灯改造安装工程，送审结算50.8万元、审定结算43.5万元、审计核减7.3万元；江川县江城镇海溪村环境综合治理工程，送审结算172.6万元、审定结算166.1万元、审计核减6.5万元；江川县幼儿园2009年教师廉租房工程，送审结算174.8万元、审定结算168.8万元、审计核减6万元……

前置审计完成39项，核减投资697万元。即：江县城市建设投资有限公司业务用房工程前置审计，工程报审招标控制价2803.1万元、审定招标控制价2657.2万元、核减145.9万元；江川县文祥街西北延长线建设项目前置审计，工程报审招标控制价733.5万元、审定招标控制价621.9万元、核减111.6万元；江川县龙泉山生态工业园区供排水工程前置审计，工程报审招标控制价1080.5万元、审定招标控制价976.6万元、核减103.9万元；江川县第二中学运动场扩建工程前置审计，工程报审招标控制价649.4万元、审定招标控制价577.9万元、核减71.5万元；江川县综合档案馆工程前置审计，工程报审招标控制价803.5万元、审定招标控制价745.3万元、核减58.2万元；江川县安化乡等(2)个乡镇光山(2)个村二调新增耕地整治项目前置审计，工程报审招标控制价604.7万元、审定招标控制价568.7万元、核减35.9万元；江川县湖滨路改造工程前置审计，工程报审招标控制价312.6万元、审定招标控制价291.3万元、核减21.4万元；县检察院技侦用房建设二装及弱电工程前置审计，工程报审招标控制价159.3万元、审定招标控制价141.4万元、核减17.9万元；从前置审计工作的开展情况看，基本实现了对建设项目事前、事中涉及的相关问题的洽商签订、材料价格询价、工程造价等方面的监督与控制，同时也为后期工程决算奠定基础。

【行政事业审计】 完成2项。县人民医院2009年度财务收支审计、江川县职业中学2010年财务收支及效益审计。审计查出问题金额1342.6万元。主要存在私存私放资金、应缴未缴预算外收入、虚报冒领财政资金、会计核算不规范等问题。审计后责成县人民医院补提坏账准备金30.9万元、清理核实长期挂账款项，并作调账处理134万元；责成江川县职业中学收缴财政23.1万元、补记固定资产账务726.9万元、移送纪检察案件一起，涉案金额380万元。

【经济责任审计】 完成4项，县民政局局长顾绍勇、县交警大队大队长胡尚辰、县体育局局长官汝运、县人民医院院长陈才顺任期经济责任审计。查出问题金额1916万元。其中：主管责任1302万元。审计责成还原资金渠道44万元、调账处理262万元、收缴财政77万元。

【专项资金审计】 完成5项。江川县村级组织活动场所专项资金审计、江川县2010年农业综合开发产业化经营项目贷款贴息资金、江川县中小学校舍安全工程建设资金、江川县2009年万亩丰达冬桃产业扶贫项目资金专项审计、江川县新型农村合作医疗基金管理使用情况专项审计。

【严格审计纪律】 认真履行监督职责，努力完成各项目标任务的同时，严格执行审计纪律“八不准”规定，从严治理审计队伍，将“八不准”规定从始至终贯穿于整个审计过程中，打造审计机关“廉洁从审，勤政为民”的审计风貌。一是实行项目组长负责制，对审计过程中廉政纪律、廉政规定的执行情况全过程负责并纳入《科室目标考核办法》。二是推行审计公示、登记、反馈和报告制度，制定了《审计组廉政责任规定》、《审计组遵守审计纪律情况反馈表》、《文明审计规定》、建立健全效能考评制、失效追究制、服务承诺制，置审计于被监督视野。

深入推行政务公开，进一步规范公开内容、程序、时间。一是公开办事程序，接受社会监督。审计项目实施前三日，向被审计单位送达审计通知书；审计实施阶段结束，出具《审计报告征求意见稿》，向被审计单位征求审计意见，并根据被审计单位对审计报告的意见，依照有关法律法规出具《审计报告》、《审计决定》。对县委、县政府交办的审计事项，依照《审计法》规定的审计程序办理，同时按照规定及时填写《立项通知书》上报市局立项，并按照审计分工的原则组织实施。审计项目实施过程中，同时推行《审计公示》制度，置审计事项、审计程序、审计纪律于被审计单位、社会公众的监督之下。二是加强信息化建设，推进电子政务工作。完成了政务

公开目录的编制、单位网页的建设工作，公示内容包括审计机关职责、权限、程序、法律责任、廉政责任规定等，提高审计工作的透明度，同时加强了机关与社会各界的互动，使审计工作自觉接受社会各界的监督。

【自身建设】 一是加强政治学习和法律法规教育。强化“政治学习日”制度，以创建“学习型机关”为契机，加强党的路线、方针、政策的学习，把“争优创先活动”、“科学发展观”等作为学习的主要内容，提高审计人员政策理论水平，坚定政治、维护党章、严肃党纪。加强审计业务知识的学习，强化业务技能，提升审计执法水平。组织职工认真学习修订后《审计法》、《审计法实施条例》、《国家审计准则》、《行政诉讼法》、《行政复议法》、《预算法》、《会计法》、《云南省行政事业企业领导干部任期经济责任审计办法》、《建设项目审计处理暂行办法》、《财政违法行为处罚处分条例》等审计法律法规、规章制度，提高审计人员的综合素质，专业判断能力和业务技能，增加知识储备，适应新时期审计工作的需要。其次是采取多层次、多形式把培养精通工程技术、经济管理、计算机应用、法律法规等综合专业的复合型审计人才作为审计机关的长期工程落到实处。2011年，安排工程概预算资格证为期三个月的考试培训3人；组织参加审计师培训考试9人、高级审计师培训考试4人；组织年初新进人员参加市局法律法规、审计操作流程、计算机等综合知识培训6人；安排参加省厅计算机中职为期三个月的培训考试1人。

二是加强领导班子建设。完善局机关领导班子议事决策机制，班子内部分工明确、责任清晰，严格执行小事通气，大事商量的议事原则。强化党组织建设。局机关在重大问题的决策程序上充分听取党组织的意见和建议，增强各项决策措施的科学性、合理性，同时进一步发挥党员干部的模范带头作用，促进全局职工群策群力，形成合力。

三是强化部门作风建设，深入贯彻落实阳光政府四项制度、《公务员八条禁令》。把规范公务员行为的各项要求纳入《江川县审计局岗位目标考核办法》、《审计项目实施细则》、《审计项目组长考核办法》。《办法》、《细则》从“德、能、勤、绩”四个方面对每一个职工的职业道德、职业技能、职业纪律、职业实绩进行量化考核，并作为公务员年终考评的主要依据。《办法》、《细则》的实施，在调动了职工工作积极性的同时，也塑造了审计人员坚持原则、依法审计、立审为民的工作作风和职业纪律。

四是认真履行包村工作职责。按照县委政府包村工作安排，指定专人进驻大地村委会，加强对农业农村工作的协调帮扶，切实解决农村工作中存在的突出问题，把解放思想大讨论活动的精神实质落实在具体工作实践中。以上党课的形式，组织全体党员干部全面贯彻党的十七大会议精神，深刻领会《政府工作报告》的精髓，在广大党员干部中掀起“科技兴农、科技致富”的思想热潮。组织专人深入大地村委会，了解农村工作实际，为该村委会的班子建设提出可行性建议，切实帮助解决农田水利灌溉问题，帮助解决村委会大小春栽插补助资金0.5万元。

【表彰奖励】 2011年9月，江川县审计局撰写的《江川县建设局经济责任审计AO应用实例》、《江川县交通局经济责任审计AO应用实例》、《XX市关于XX区区2007年度土地(矿产)专项资金及经费收支管理使用情况审计AO应用实例》获省、市应用奖。其中，《江川县建设局经济责任审计AO应用实例》获审计署应用奖、《江川县交通局经济责任审计AO应用实例》获审计署鼓励奖。

(李华英)

工商行政管理

【概　述】 2011年，江川县工商局认真贯彻落实全省工商行政管理工作会议、市局会议和县委十一届六次全会精神，进一步推进全局工商行政管理绩效工作深入开展。全局干部职工精诚团结、尽职尽责，在实施红盾护农、食品安全监管、开展廉政文化建设、党员创先争优、工商干部调研企业谋发展活动等方面取得了较好的工作成效，为营造公平、规范、和谐、诚信的江川市场经济环境作出了努力。

【法规工作】 一年来，共组织学习《公司法》、《无照经营查处取缔办法》、《食品安全法》、《食品安全法实施条例》、《流通环节食品安全监督管理办法》、《食品流通许可证管理办法》、《农业生产资料市场监督管理办法》、《国务院关于加强食品等产品安全监督管理的特别规定》、《中华人民共和国反垄断法》等10余部法律法规20余次，组织参加了“六五”普法知识考试。强化执法监督力度，提前介入指导查办一般程序案件30余起，核审各类行政处罚一般程序案件95起。

【企业注册】 截至2011年12月31日，全县共有国营集体、私营企业720户，其中国营集体企业257户、注册资本金29444万元(法人企业58户、营业性企业及分支机构199户)。私营企业463户，从业人员14085人、注册资本金79000万元(其中有限公司316户、合伙企业22户、个人独资企业122户、股份有限公司分公司3户)。全县共有个体工商户7156户(其中交通运输业9户)、从业人员14281人、资金数额36898万元。有农民专业合作社75户，成员总数946人，出资总额926万元。到12月31日止，新办私营企业82户，完成全年任务数42户的195%，注册资金19022万元、从业人员1119人。新办国营集体企业16户、注册资金1118

万元、从业人员150人。新办个体工商户2894户，完成全年任务数768户的377%，资金数额23738万元、从业人员6405人。新办农民专业合作社37户，完成全年任务数5户的740%，出资额1051.96万元、成员总数372人。私营企业变更登记57户、国营集体企业变更登记13户、个体工商户变更登记646户、农民专业合作社变更登记2户。私营企业注销登记34户、国营集体企业注销登记21户、农民专业合作社注销登记1户、个体工商户注销登记744户、吊销2312户。

【企业监督管理】 2010年度全县应检各类企业686户，到12月31日止，已检646户，年检率为94.2%。其中应检国营集体企业264户、已检254户、拟吊销10户；应检私营企业422户，已检392户、拟吊销13户、许可证到期无法通过年检但又不能吊销的企业有17户。2010度全县应参加验照的个体工商户是7318户，到12月31日止实验照户数5115户，未参加验照吊销户数是2203户，在验照过程中办理注销登记464户、办理变更登记501户、验照率为100%。验照后户数为4651户、验存率为63.6%。

【外商投资企业注册】 全县共有外商投资企业13户，其中企业法人有8户，分支机构5户。

【市场规范管理】 1.为了发挥星级食品安全示范店的作用，全面提升食品安全水平，促进食品市场规范健康发展，2011年创建星级食品安全示范店2户。至年末，共创建星级食品安全示范店16户。2.将前卫农贸市场、路居农贸市场确定为1A、2A类市场，将2010年推荐上报市局的大街镇老街兴市场、江城镇江城社区居民委员会东门农贸市场，按3～4A类市场标准实施监管。3.加强前期调研，推荐12户省级、25户市级企业争创省、市“守合同、重信用”单位。

【消费者权益保护】 完善了全县7个乡镇的7个消费者协会分会和72个村委会、社区的72个投诉站、联络站，12315农村覆盖率100%，在百信超市、平一超市、江川一中、江川二中、江川职中和移动公司、电信公司、联通公司建立了消费者投诉站和联络站，并聘请热心于消保维权事业的义务工作人员160名，使消费者一出门就找得到地方投诉，不仅降低了工作成本，扩大了维权网络，更重要的是工商部门掌握了监管工作主动权，提高了工作效率，初步实现了一般消费纠纷投诉维权就地解决的目标，让消费者实现了“投诉有门、维权有人、服务有效”的要求。

【食品流通监督管理】 截至2011年12月31日，全县共有食品经营户1568户，共发放《食品流通许可证》1568户，制定下发了《2011年流通环节食品安全监管工作安排意见》和《流通环节重大食品安全事故应急预案》，签订了《流通环节食品安全监督管理和食品安全专项整治工作责任书》和《流通环节食品安全工作目标责任书》，将监管任务和监管职责明确并落实给了片区监管责任人，做到任务到岗，责任到人。组织食品经营户及工商食品安全监管人员进行《食品安全法》等法规培训共计7期，开展流通环节食品市场监督检查活动，营造放心的消费环境，共培训233人次；张贴发放宣传材料2000余份，组织开展食品安全专项整治工作21次，共出动车辆395台次、人员1974人次、检查经营户4566户次，立案查处各类食品违法案件5件。对全县从事食品批发业务的经营户统一使用江川县工商局监制的“一票通”，并得到市局认可，在全市工商系统推广。扎实开展食品安全快速检测工作，完成食品快速检测数据120组。

【反垄断与反不正当竞争执法】 开展打击侵犯知识产权和制售假冒伪劣商品专项行动，共出动执法人员300人次，出动执法车辆100台次，开展专项行动宣传活动8次，检查相关经营户800户，查处侵犯“农达”“正新”注册商标专用权的行为、销售不合格手机行为案件5起；不合格手机3台；开展房地产中介机构专项整治活动，共出动车辆20台次、人员56人次，检查房地产中介机构10户，对不具备资质条件的9户进行立案查处；开展“扫黄打非”活动，与文化、公安共同开展“扫黄打非”，共出动车辆14台次、人员60人次，依法取缔“黑网吧”7个；开展查堵政治性有害出版物活动，2011年，共开展查堵政治性有害出版物活动5次，出动车辆55台次、人员140人次，检查经营图书的书店、书摊、印刷、复制企业共213个(户)；开展打击无照经营专项整治行动，检查经营主体645户，发现无照经营145户，规范后办照7户，取缔82户，查处案件56件。

【广告监督管理】 严把广告主体准入行为，全县共有广告经营户20户(其中有限公司1户、个体工商户19户)。切实加强对户外广告、印刷品广告、店堂广告的监管，严厉打击利用户外、印刷品、店堂发布虚假违法广告的行为。把医疗、药品、保健食品广告以及非法涉性、低俗不良广告等作为整治的重点，强化对广告发布环节的监管，集中人力对医疗、药品、保健食品、化妆品、美容及农业生产资料广告发布情况进行专项检查，尤其对户外广告的发布情况进行重点整治。通过整治，食品、保健食品、药品广告发布秩序明显好转。认真做好对各类广告发布的受理审核登记，一年来共受理审核发放户外广告登记证41户、广告备案登记20户。进一步加强县城内的户外广告、招租广告等小广告的管理，并对设置在县城主要街道的橱窗户外广告专栏加强巡查管理，有效制止了乱张贴，乱发布行为，美化了县城市容环境。

【商标监督管理】 继续开展“一所一

标”、“一所多标”工作，有效注册商标总数得到了稳定增长。2011年，已帮助企业新注册商标10件。同时，县工商行政管理局起草《关于加强江川象征性地理标志和重要商标资源注册的报告》，引起江川县政府高度重视，列入了《江川县2011年政府工作报告》当中。为保护江川的知名品牌，搜集整理了61个象征性地理标志和重要商标资源，并完成了26个商标的文字图案设计，已经得到国家工商总局商标局受理通知26件。截至2011年12月31日，江川县共有注册商标367件，已申报注册商标并得到受理通知48件，已新申请上报云南省著名商标4件，玉溪知名商标4件。

【计划财务工作】 按照“财务收支管理制度”和省市局“行政成本控制制度”的规定，在支出方面，坚持开源节流、量入为出的原则，提高资金的使用效益，保障了工商管理工作的顺利进行。在行政性收费方面，执行项目及法规依据定位准确合法，严格执行“收支两条线”规定。2011年，全局共计收取企业注册登记费23.37万元。所有行政性收费及罚没收入已全额上缴市局，做到应收尽收，应缴尽缴。

【人事教育】 组织开展2011年度公务员考核工作，全局共有58名公务员、5名事业人员参加了考核，其中评定优秀等次12人，称职等次44人，2名新招录公务员只考核未定等次，5名工人为合格等次，考核结束后，及时完成了材料的上报和归档工作。建立了干部培养使用成长机制，有计划地安排干部进行学历教育和在职培训，拓宽干部的知识面。通过加强业务知识的教育培训，提高干部的监管执法技能，组织开展了食品流通环节安全监管培训4次123人次、工商注册网络登记培训12期96人次、案件录入案件查办培训1次9人等学习培训并进行考试，提高了干部职工的知识水平。

【纪检监察】 开展预防职务犯罪教育，筑牢拒腐防变思想道德防线。县局选择《中国纪检监察工作综合指导性期刊》等报刊中的警示案例每月向全局干部职工编发一期，共编发11期。组织全局干部职工观看警示教育片，观看郑筱萸受贿渎职案警示录《难逃其咎》、参观“法治与责任——全国检察机关惩治和预防渎职侵权犯罪展览”。通过在机关工作区设置《廉政文化走廊》，在工商内网设置《预防职务犯罪教育专栏》，创办《纪检监察简报》，在全局干部职工及家属中开展了征集廉政格言警句、廉政诗歌、散文、摄影作品活动并在县局廉政文化专栏和机关、分局(所)工作区走道等醒目位置悬挂展示，开展红色歌曲大家唱等形式，营造浓厚廉政文化氛围。通过开展《廉政准则》专题学习教育、主要领导在本局讲党课举办干部培训、开展廉政谈话、“现身说法教育”、“警示教育”等形式，提高干部职工廉政文化意识。通过开展家庭助廉活动，筑牢拒腐防变的家庭防线；通过围绕岗位环节查找廉政风险，抓好风险防范；通过开展述廉述职活动，广泛接受社会监督；通过开展文体活动，引导崇尚廉洁健康生活。年内，县工商行政管理局被省纪委确定为云南省廉政文化示范点。

【消协工作】 组织开展“3·15”国际消费者权益日执法活动，出动执法车辆12辆次，人员52人次，分八个执法小组对辖区内的农资市场、“家电下乡”、“汽车摩托车下乡”市场和成品油市场、音像文化网吧市场、食品经营户、餐饮业、卷烟市场进行专项执法检查。通过开展此次执法活动检查，广大消费者法律观念和维权意识进一步增强，倡导规范经营、营造良好消费氛围已成为社会各界的共识。每月定期发布12315数据分析报告，开展“3·15”消费者权益日宣传咨询活动，加强消费提示和消费引导。截至2011年12月31日，共受理消费者投诉49起，调解成功49起，调解成功率100%，为消费者挽回经济损失27200元。

【个私协会工作】 认真按照《云南省鼓励创业“贷免扶补”实施办法细则(暂行)》有关文件精神，制定了具体的工作计划，在全县范围内组织各分会深入企业和个体工商户中广泛宣传鼓励创业“贷免扶补”政策，营造“自主创业、艰苦创业、全民创业”的浓厚氛围。建立了“1+3”跟踪服务机制，做到了一名享受鼓励创业“贷免扶补”政策的创业人员有一个承办支部负责，1名党员负责联系协调，1名创业导师负责帮扶指导工作机制，并签订了“贷免扶补”帮扶协议，从“贷免扶补”申请、营业执照办理到相关部门的审批都由帮扶党员一站式完成。对申请“贷免扶补”的项目进行可行性、创业者的还贷能力等创业项目初审。已审核30户并填表上报县人事局和县信用联社审核，使30户经营户获得了贷款150万元。同时对2009年、2010年申办的34户经营户进行跟踪服务。

【信息化建设】 以提升运用水平为重点，加快推进信息化建设。新配置20台新电脑(筹资4万余元购入10台、市局配置10台)置换了老电脑，提高了信息化的硬件水平。县局新拉一条10兆的宽带网线，大大提高了网络速度，为各项工作的开展提供强有力的信息技术支持。加强信息化人员的素质建设，配合市工商局开展网络商品交易监管信息平台试点建设、完善12315数据库和数据分析中心建设、开展食品和重点商品市场准入监管信息平台试点建设、完成了非公有制经济组织党建数据录入。推进执法办案信息化应用，2011年所办案件90%录入计算机，实现资源共享。

【表彰奖励】 2011年9月，江川县工商行政管理局被云南省纪委评为省级廉政文化示范点；2011年6月，江川县工商行政管理局被玉溪市委评为“先进基层党组织”，被市委组织部评为“基层党建示范点”。2011年8月，党组书记、局长李阿斗被玉溪市人民政府评为抚仙湖保护管理工作“先进个人”。

（沐　旭）

质量技术监督

【概　述】　江川县质监局紧紧围绕“质量兴县”战略，以开展质量提升活动为抓手，以服务经济和社会发展为已任，突出服务地方经济发展这一中心，认真开展食品安全和特种设备安全监管，加强队伍建设和党风廉政建设，进一步提升干部职工质量管理和监督把关能力，全面履行综合管理、行政执法两大职能，各项工作顺利进行，为全县经济稳步、协调发展做出了积极的贡献。

【质量兴县】　“质量兴县”活动是实施以质取胜，促进质量振兴，全面提升区域经济增长质量和效益的重要措施。成立了由县长任组长，20余个部门负责人为成员的质量兴县工作领导小组，统一领导全县质量兴县工作，下设办公室在县质监局，具体负责质量兴县活动的日常工作。起草制定了规划，明确了全县质量兴县的指导思想，总体目标和主要任务，并将质量工作纳入“十二五”发展规划。定时组织召开质量兴县分析会，研究解决质量兴县实施过程中的重大问题。在实施质量兴县战略过程中，多方联动，召开“质量兴县”动员会，通过电视、网络、新闻媒体等，采取多种形式大力宣传质量兴县工作，利用“质量月”、中秋节、“全国科普日”等节日在全县开展宣传咨询服务活动，营造政府重视、企业参与、社会关注的良好氛围。

【质量管理及产品质量监督工作】　一是认真开展“质量走廊”创建活动，从计量诚信、质量管理、质量提升等方面宣传、展示质量管理成果，切实加强产品质量监管；二是强化工业产品获证企业证后监管，认真落实《云南省工业产品生产许可证获证企业后续监管工作管理规定》，加强对辖区内获证企业的监督管理，确保获证企业保持符合取证条件、生产的获证产品质量持续稳定合格；三是定期组织开展工业产品定期监督检验工作，继续深入开展磷肥产品质量区域整治工作，加强对磷肥生产企业的监管和磷肥产品的抽检力度，加强对江川县生产许可证过期的原磷肥生产单位的检查，全年未发现违规生产的行为。完成了对水泥、化肥、危化品等18类重点产品生产单位的实地核查工作，共抽查企业17家。对辖区全部纳入工业产品生产许可证目录管理的产品生产企业32家进行检查，重点检查企业是否超范围生产、生产工艺及生产设备是否发生变化、产品是否进行出厂检验等，引导和督促企业全面落实产品质量安全主体责任。

【计量惠民】　一是进一步完善了强制检定计量器具档案；加强与老百姓生活密切相关的计量器具强制检定管理工作，对民用电表、水表检定情况进行了检查。全年对100台计量器具开展了强制检定工作，确保江川县量值传递的准确可靠；二是加大宣传力度，利用“5·20”世界计量日宣传咨询活动契机，到集贸市场、液化石油气充装站、商场、超市、医疗卫生领域、眼镜制配场所发放各类宣传材料200余份。三是全面落实医疗卫生机构计量器具强制检定全覆盖，配合省计量院对县城6家医疗机构在用计量器具进行检定；四是以宣传贯彻《节约能源法》为契机，大力推进能源计量工作，加强能源计量工作，促进企业节能降耗，继续督促和指导重点用能企业做好能源计量器具的配备、能源计量器具的管理和能源计量检测数据的使用工作，积极引导企业抓好中小型企业计量检测保证工作；五是开展定量包装专项检查，对全县8家农资、食品销售和生产企业生产销售的化肥、食品进行定量包装净含量的检验。

【标准化工作】　一是认真宣传贯彻执行《标准化法》和国家的有关法律法规，开展新标准宣传贯彻，以及强制性标准执行情况的监督检查，使企业按标准严格组织生产；二是开展标准化良好行为企业试点工作，确定江磷集团股份有限公司为试点单位；三是做好组织机构代码证的证书发放，数据、电子档案的清整维护工作。全年共办理组织机构代码证1396件，其中新办证367件、变更129件、年检762件、废置26件、迁出2件、换证109件、挂失1件，大大提高了组织机构代码证在经济活动中运用的成效。

【特种设备安全监察】　始终坚持“安全第一、预防为主”的安全理念，确保特种设备安全使用。一是按照安全生产责任书的要求，对特种设备安全责任进行了细化分解，与特种设备使用单位签订责任书。二是着力加强基础工作，完善特种设备建档工作。建立了《江川县在用特种设备台帐》、《江川县特种设备作业人员台帐》、《江川县特种设备使用单位台帐》、《江川县特种设备安全监察信息、报表台帐》等台帐，全面掌握辖区内在用特种设备的数量、检验情况和安全运行情况。三是积极参加县安委会组织的相关部门联合安全生产大检查，形成了各方联动、齐抓共管、综合治理的安全检查格局。四是全年组织了两次有300余人次参加的特种设备作业人员换证（复审）培训，发放安全宣传资料500份、《特种设备安全监察条例》300本。

【食品安全监管】　一是开展打击非法添加和滥用食品添加剂专项整治工作。组织全县29家食品及食品相关产品的生产企业主要负责人和7个乡镇的食品安全监督员召开食品安全工作会议，对全县范围内的食品生产加工企业进行认真排查，加大现场检查力度，深入到高风险行业、食品生产加工点进行认真巡查。对食品安全标准、生产环境、出厂检验等方面进行检查。二

是利用“3·15”及“食品安全宣传周”、“质量月”、“质监邀您看企业、食品安全大家行”等活动向社会广泛开展《食品安全法》宣传，发放《关于严厉打击食品非法添加行为，严格规范食品添加剂生产经营使用的公告》、《给监管对象的一封公开信》等相关资料1000余份，接受宣传、咨询人数达80多人次。

（范　珍）

安全生产监督管理

【概　述】 2011年江川县安全生产工作，以深入贯彻落实国务院《关于进一步加强安全生产工作的通知》和《云南省人民政府贯彻落实国务院关于进一步加强安全生产工作的通知的实施意见》为核心，以强化安全生产主体责任为重点，以安全标准化建设为抓手，继续深入开展“安全生产年”活动，全面深化“三项行动”和“三项建设”，开展治大隐患防大事故安全隐患排查治理专项行动，严格执法，有效防范了重特大事故的发生。

【安全生产基本情况】 全县共发生安全生产事故52起，同比减少32.67%；死亡20人，同比增加25%；受伤31人，同比增加72.22%；直接经济损失426.62万元，同比增加507.37%。其中：工矿商贸企业发生安全生产事故5起，造成7人死亡，5人受伤，直接经济损失386.17万元；交通事故18起（一般处理程序），死亡13人，受伤26人，直接经济损失8.35万元；火灾29起，无人员伤亡，直接经济损失32.08万元。

【安全生产工作会议】 为确保2011年全县安全生产形势持续稳定，进一步明确安全生产工作任务，使安全监管工作更上一个台阶，县人民政府于3月18日召开了全县安全生产工作会议，重点传达了省、市安全生产工作会议精神，结合江川县实际，对全县安全生产工作作了安排部署。会上，县政府与7个乡镇（街道）和公安、工信、交运、住建、质监、安监等6个部门签订了2011年度安全生产责任状，将各类事故控制指标和安全生产责任分解到各乡镇（街道）和有关职能部门，进一步明确了相关部门的安全生产主体责任。会议表彰了在2010年安全生产工作中表现优秀的15家单位、41名安全生产工作者。

【宣传教育培训】 一是依托市劳动保护科学技术学会，开展各类安全培训教育活动，举办了12期培训班，共培训287名烟花爆竹特种作业人员、180名烟花爆竹管理人员、117名危险化学品生产经营单位主要负责人和安全管理人员、331名农药经营负责人、82名造纸、包装等其他企业法人及管理人员；二是深入企业开展安全生产培训活动33次，共培训职工2047名，其中非煤矿山和其他生产企业364名、危险化学品498名、烟花爆竹1185名。

【非煤矿山专项整治】 根据全市开展非煤矿山专项整治工作的要求，转发了《玉溪市安全生产委员会关于加强非煤矿山爆破安全工作的通知》，以安全生产大检查为契机，按照“五有五落实十达标”要求，排查全县非煤矿山企业45户，查出安全隐患365条，已整改363条。督促26户企业进行了专项整治，顺利通过了市安监局的检查验收。

【危险化学品专项整治】 下发了《江川县人民政府安全委员会关于印发江川县2011年深化化工企业安全生产专项整治实施方案的通知》文件，对全县危险化学品专项整治工作作了具体的安排和部署。在整治工作中，积极开展安全隐患排查治理，坚决淘汰落后生产工艺、设备，发现安全隐患393条，已督促整改完毕。江川县早街加油站、中石油江城北门加油站因存在安全隐患要求其进行了改造。督促江川县城南商贸汽车运输有限公司、云南省江川县大型汽车运输经贸有限公司等两家危货运输企业的80多辆危货运输车按要求安装了GPS卫星定位系统。

【烟花爆竹专项整治】 为进一步落实烟花爆竹生产经营单位安全生产主体责任，完善安全生产条件，提升安全管理水平，规范生产经营市场秩序，下发了《江川县安全生产委员会关于印发江川县2011年烟花爆竹安全生产专项整治工作方案的通知》。根据文件精神，一是对18户烟花爆竹企业“五定”标识（定用途、定面积、定危险等级、定人员、定药量）进行了核查，建立了“五定”明细册；二是对18户烟花爆竹生产企业检查350次，查出安全隐患877条，督促整改731条；三是加强原材料管理，督促18户烟花爆竹经营企业建立了原材料流向登记制度，要求企业落实严格的氯酸钾、高氯酸钾、银粉、硫磺、黑火药、引火线等原材料流向登记制度，对原材料出入库及时进行登记，严管原材料和半成品，防止流出厂外。同时，要求企业不得收购和销售非法生产的烟花爆竹产品，并实行定点购买原材料制度。

【打非治违专项行动】 开展严厉打击非法违法生产经营建设行为。按照省市统一安排部署，及时制定方案，成立领导小组，明确工作职责，采取企业自查，部门全面检查的方式实施联合执法，深入非煤矿山、危险化学品、烟花爆竹、道路交通、建筑施工、民用爆炸物品、冶金等行业领域开展“打非治违”专项行动，依法严厉查处非法违法生产经营建设行为，共检查企业236户。查出江川县路居八方石材厂因安全生产许可证到期还未换证，针对情况提出了整改意见；17户红砖厂因采矿许可证过期，安监局暂扣了其安全生产许可证；18户烟花爆竹生产企业除2户企业外，其它16户均存在分包或分别组织生产经营情况，下发了责令整改指令书，责令企业限期整改，并处经济处罚22.5万元；烟花爆竹生产企业18户均存在“五定”标识与设计评价安全要素不一致，16户企业存在现有工房与验收图纸不一致的情况，要求烟花爆竹商会牵头，邀请有关专家对上述问题提出解决方案；联合公安机关、各乡镇(街道)，捣毁了8个私人非法生产烟花爆竹窝点，抓获涉案人员32名，治安拘留24名，刑事拘留5名，缴获大量烟花爆竹成品、半成品及原材料。

【隐患排查治理】 江川县人民政府于8月24日召开了治大隐患防大事故工作安排部署会议，全县7个乡镇(街道)、各安委会成员单位的分管领导参加了会议。会上下发了《江川县人民政府关于开展治大隐患防大事故安全隐患排查治理专项行动的通知》、《江川县人民政府安全委员会关于做好治大隐患防大事故安全隐患排查治理专项行动信息统计和报送工作的通知》等文件。会后，各乡镇(街道)、各部门结合各自实际，召开了会议，制定了辖区、分管行业的实施方案，进一步将工作任务进行了细化，落实了具体工作人员。在各有关部门，各乡镇(街道)的共同努力下，在为期3个月的行动中，全县共组成了10个县级检查组，7个乡镇(街道)级检查组，分别对工作开展情况进行了督促检查。检查了非煤矿山、危险化学品、烟花爆竹、道路交通、民用爆炸物品、消防安全、重点建设项目、市政工程、水利设施、特种设备、水上安全、娱乐场所等12个领域，覆盖了全县行政区域内的所有工矿商贸企业。帮助企业查出整改安全隐患2096条，当场整改1936条。重点对道路交通安全隐患进行了整治，其中：新玉江线增设针对摩托车的交通警示牌6块；投入163.8万元资金，对江通线、江华线、玉江线部分路段的水泥混凝土路面进行了铣刨，并用沥青对路面纵横缝和面板裂缝进行了灌缝处理；为海门小学、海浒小学、大街小学校门口增设交通标志标牌共37块、减速标线8条；在江通线小白坡坡顶建立了交通安全管理服务站，下坡路段东侧临箐沟沿途修建紧急避险车道，铺设了下坡路段分段式防滑沥青路面，增设了防撞墙。对查出的道路交通重大安全隐患1条，凤凰山水泥厂重大安全隐患1条，报请市政府挂牌督办整改。

【安全标准化建设】 按照省、市安监局的要求，江川县安监局制定下发了《江川县安全生产监督管理局关于非煤矿山安全标准化达标计划的通知》、《江川县安全生产监督管理局关于印发江川县危险化学品企业安全生产标准化达标实施方案的通知》，年内对全县8户非煤矿山、4户危险化学品生产经营单位的标准化达标工作做出了具体安排并进行指导。(1)非煤矿山企业：采取以会代训的方式，对全县45户非煤矿山企业主要负责人、安全管理人员共80人进行了安全标准化工作的安排部署和培训；8户企业与昆明阳光评价公司签订了合同，编制建立了标准化相关规章制度，发布了相关文件，对生产现场进行了改造提升，完善了软件、硬件设施。8户企业顺利通过了安全标准化达标创建工作。(2)危险化学品企业：4户危险化学品企业和安全标准化评价公司签订了咨询、考评合同，编制了标准化初始化评审报告；开展了标准化培训工作；编制建立了标准化相关规章制度，发布了相关文件，对生产现场积极进行改造提升，但由于危险化学品企业标准化工作经费投入较大、企业负责人重视不够、专业人员缺乏，标准化建设工作推动较慢。(3)烟花爆竹生产企业：在完成厂房提升改造的基础上，要求严格按照《玉溪市安全生产委员会关于进一步加强烟花爆竹安全监管工作的通知》，继续努力实现装药、混药、封口、结鞭、包装等工序的机械化生产，对厂房安全设计作进一步研究，为2012年启动烟花爆竹生产企业标准化建设工作做准备。

【安全生产月活动】 2011年6月是全国第十个“安全生产月”，为了广泛宣传安全生产法律、法规及安全生产知识，提高全民安全意识，6月9日，县安监局，县总工会、县公安局、县妇联、团县委、宣传部、广播电视局、大街镇等12家单位联合在县城大街镇明珠路开展了以“安全责任、重在落实”为主题的第十个全国“安全生产月”宣传咨询日活动。在活动中，各有关部门共出动50名宣传人员，设置了咨询台，悬挂了横幅标语，发放了烟花爆竹、道路交通、安全用电、火灾消防、外出务工、禁毒防艾、安全保险、防雷防电等各种安全知识、法律法规宣传材料1万余份，展出了近几年发生在玉溪市境内的道路交通、工矿商贸企业的各类安全生产事故展板及安全生产法律法规知识展板60块。并在负有相关安全监管职能的部门、乡镇和各企业负责人中开展了“落实政府监管职能和企业安全生产主体责任”的知识竞赛活动。通过活动，向企业职工和群众普及了安全知识，大力宣传安全生产法律法规，加深了企业干部职工对《国务院通知》和《省政府实施意见》的理解和认识，有效增强了人民群众的安全意识和安全防范能力。

【职业健康监管】 成立了职业安全健康监督管理股，明确了职业健康股的监管职责，配备了两名兼职监管人员。并根据《玉溪市安全生产监督管理局关于印发2011年职业健康监管重点工作的通知》，开展《职业病防治法》、《使用有毒物品作业场所劳动保护条例》、《作业场所职业健康监督管理暂行规定》、《作业场所职业危害申报管理办法》等法律法规的宣传培训。把职业健康监管列入日常监管的重要内容，督促企业发放职业病防护用品，定期对职工身体进行职业病检查。按照《玉溪市安全生产监督管理局转发云南省安全生产监督管理局关于进一步加强职业危害申报工作文件的通知》要求，

督促、指导企业开展职业病危害申报工作，已完成申报备案34户。

【危货运输安全事故应急救援演练】 2011年12月12日，由安监、公安、消防、交通、环保等部门联合，在县看守所附近新建路段处举办了2011年江川县危货运输安全事故应急救援演练。这次演练组织周密，参演人员全身投入，现场逼真，达到了预期目的，取得了圆满成功，有效检验了应急救援预案的可行性、应急救援物资的可靠性、应急救援部门机构人员之间的协调性，锻炼了应急救援队伍，提高了应急救援队伍处置危险化学品运输事故的能力。

【兴安工程建设】 引导和督促企业依靠科技进步，不断改善传统生产方式，逐步实现企业机械化、科技化、集约化，提升安全生产水平。一是禁止非煤矿山企业进行掏底崩落爆破，推广使用中深孔爆破，年内应采用中深孔爆破的12户企业已全部采用中深孔爆破，所有企业均已实行机械化铲装作业。二是督促18家烟花爆竹生产企业安装监控设备，做到物尽其用，监控室人员不脱岗、不离岗。在推广机械化的同时，加大对机械生产安全问题的研究，转变传统工艺的监管方式以适应机械化安全监管的需要。

【督促企业落实安全生产主体责任】 一是根据《国务院关于进一步加强企业安全生产工作的通知》文件中关于强化生产过程管理的领导责任的要求，把领导现场带班列为了重点督促检查企业落实的主要工作之一，要求生产企业的主要负责人在上班期间要坚守岗位，并有据可查，尤其是烟花爆竹生产企业主要负责人要履行好带班工作，有事外出要向安监局分管领导请假。二是督促企业建立安全管理机构，每个厂矿都配备了相关的专、兼职安全生产管理人员，并坚持每天上岗。三是进一步推进"三项经济政策"，督促全县非煤矿山、危险化学品、烟花爆竹、建筑等领域的企业共96户缴纳了风险抵押金728.8万元；113个企业为824名员工购买了工伤保险和人身意外伤害险，共42.48万元。

【安全生产许可】 按照安全生产经营许可证定期审查工作的相关要求，严格审查程序、审查内容、审查条件，共对全县28家非煤矿山、37家危险化学品生产经营企业、18家烟花爆竹生产企业进行了许可证定期审查。17家红砖厂因采矿许可证到期未进行审查。并根据《安全生产许可证实施办法》等有关规定，及时梳理出了全县安全生产许可证到期的企业共3户，督促指导企业按要求编制延期换证材料，对申报材料进行严格初审，2户已通过了延期换证，1户进行了注销。新办非剧毒危险化学品类农药经营许可证41份、延期换证149户、变更6户，注销8户。

【安全生产事故查处】 2011年6月13日、7月10日、9月2日、11月24日发生了4起烟花爆竹燃爆事故和10月27日发生了1起破石掩埋事故，共造成7人死亡，5人受伤。在每一起事故发生后，市级有关部门和县委、县政府都高度重视，市、县相关领导及有关部门工作人员都迅速赶赴事故现场，按照事故救援处理程序及时组织开展现场救援和处置工作。一是由公安部门立即对现场进行勘查，排查人员受伤情况；二是成立了联合调查组，负责事故的调查处理工作；三是及时召开安全生产工作会议，通报事故情况，汲取教训，敲响警钟，开展安全大检查排查治理安全隐患，该对火炮生产企业进行停产整顿的及时进行停产整顿；四是严格按照"四不放过原则"，对每一起事故深查细究，严查事故责任，分清事故原因，认真整改存在问题。

（储　晶）

国土资源

【概　述】 2011年，县国土资源局以科学发展观为指导，以创先争优和"两整治一改革"活动为契机，以"保障科学发展、保护耕地红线"为核心，以服务江川县"保增长、调结构、强基础、惠民生"的目标为主线，不断创新管理理念，积极探索工作思路，科学制定工作措施，明确职责，狠抓落实，稳步推进各项工作。

【耕地保护】 落实最严格的耕地保护制度，建立耕地保护责任制，坚持用途管制制度，加强耕地保护的制度化、规范化和日常化管理。严把非农建设项目用地审批中的用地预审或规划审查环节。"十一五"耕地保护目标顺利通过省、市政府考核验收；江川县2011年初二调更新耕地面积21241.31公顷，《土地利用总体规划(2006～2020年)》修编划定基本农田面积14938.4公顷。实现了全县耕地保有量不低于17284.07公顷，基本农田保护面积不低于14192.53公顷。

【土地供应】 2011年，上级下达江川县新增建设年度计划指标375亩，全县共报批农用地转用征收报件13件，总面积1305亩，其中，年产10万吨新型塑料管材、风力发电、2011年保障性住房等11个单独选址项目和小马沟旧村改造一个批次配套用地已获批准，面积1035亩。以招拍挂等有偿方式出让土地8宗，出让面积304亩，出让金18063万元，支付社保安置补助费1186.55万元。

【执法监察】 加强动态巡查，完善了执法监察网络，全年开展动态巡查75次，发现、制止土地违法行为25件，面积11.35亩，处理农村土地违法违规行为6件39宗，依法立案查处违法用地9宗(37.12亩)，发现制止违法采矿行为22件，现场制止和处理盗采行为

17件，立案查处5件，全年罚没收入21.41万元；开展土地卫片执法检查，核查图斑面积2081.7亩，涉及土地方面19个图斑：12个新增建设用地图斑，面积2081.7亩；6个实地伪变化图斑，面积834.1亩；1宗未供即用的违法用地，面积1.6亩。违法占用耕地面积占新增建设用地占用耕地总面积的比例为0%。未供即用的1宗违法用地已立案查处，当事人已履行了行政处罚决定并已结案。矿产涉及7个疑似矿产图斑，其中3个图斑属越界开采；1个图斑属无证开采；3个图斑属伪变化。对检查发现的4个矿产违法图斑已进行立案查处，当事人皆已履行了行政处罚决定并已结案。

【地质灾害防治】　加强地质灾害的防治力度。全县7个乡镇分别编制了各乡镇的《2011年地质灾害防治方案》和《单点地质灾害应急预案》，“三表两卡一通知”全部发放到位，建立健全地质灾害防治群测群防体系。对存在较大隐患的杨柳坝等四个滑坡点分别做了妥善处置。对受地质灾害威胁的九溪小营等五个村组均申报纳入搬迁项目。

【土地开发整理】　安化等二乡镇二调新增耕地土地占补平衡项目和雄关乡雄关村、窑房村二调新增耕地占补平衡项目正在实施建设，建设规模4284亩，计划投资1122.33万元，项目建成后可新增耕地2440亩。九溪二调新增耕地占补平衡项目和安化新庄新建设用地有偿使用费土地整治项目可行性研究和规划设施已完成并通过市级评审。

【低丘缓坡试点】　积极响应省政府加强耕地保护和促进城镇化科学发展的号召，抢抓试点机遇，迅速开展山地综合开发利用试点工作。完善了土地利用总体规划，确定了龙泉山工业城市建设区、仙湖锦绣休闲度假区、东山休闲旅游度假区三块低丘缓坡土地综合开发利用实施区三个山地综合开发利用试点，面积约40平方千米，在全市率先上报实施方案。完成了三个实施区的综合分析评价，形成了龙泉山工业城市建设区实施方案文本、图件成果、表格成果、矢量数据。

【规划修编】　新一轮土地利用总体规划、矿产资源规划、土地利用总体规划调整完善方案、矿产资源利用现状调查、矿产资源储量核实均通过省级评审验收。江川县地质灾害防治规划，已完成了野外调查工作，规划成果已经意见征询、听证、正等待专家评审。

【农村集体土地管理】　严格审批农村宅基地，积极开展迁村并点及建设用地城增村减试点工作，稳步推进集体建设用地流转。严格执行农村宅基地“一户一宅”规定，试行先规划后建设，严格实施江川县农村宅基地审批办法、江川县新农村建设(旧村改造)实施方案。一年来，批准拔用了198户农民建房用地，上报江城、九溪两镇新农村建设，集体建设用地两个批次72亩，小马沟旧村改造配套用地156亩。

【测　绘】　在全市率先完成测绘任务，投资144万元，完成棋盘山片区20平方千米1：500的地形测绘工作，并通过省、市验收。

【矿政管理】　做到“规划控制、计划投放、有偿使用、合同签订”，完成了清水沟磷矿区资源整合任务；协调处理了锦丰石料厂与龙益石料厂的矛盾纠纷；完成了路居镇大山尾巴普通建筑用石灰岩矿采矿权登记工作；出台了《江川县砂石粘土矿产资源临时开采管理规定》等矿政管理新机制。全年征收矿产资源补偿费86.42万元。

【保障性住房用地】　保障性住房用地落实到位。认真落实市、县加强保障性住房建设要求，提前介入服务与具体指导，全年完成保障性住房用地供应4.3126公顷，确保了2011年保障性住房项目供地。

（王丕娅）

建设·环保

编辑　盛文芬

住房和城乡建设

【概　述】　2011年，江川县住房和城乡局以科学发展观统领住房和城乡建设工作，紧紧围绕建设高原湖泊生态县、现代宜居高原湖泊生态城、国际高原湖泊生态休闲度假游泳目的地三大目标，以规划为先导，基础设施建设为重点，加强管理为保证，全面推动各项工作有序开展。至2011年底县城建成区面积4平方千米，城镇化率33.3%，城市街道45条，总长36.5千米，县城绿化覆盖面积63公顷，公共绿地面积31公顷，绿化覆盖率21%，供水管网57千米，日供水能力8500立方，排水管网46千米，日处理污水能力1万吨，处理率达79%，生活垃圾无害化处理率80%。

【规划编制】　2011年县城总体规划完成了上版总规实施评估报告评审并经市政府批复，省住建厅对县城总体规划纲要、人口及用地规模进行了联席审查，批复核准江川县近期(2015年)中心城区规划总人口规模控制在6.5万人左右，建成区建设用地规模控制在7.76平方千米以内；远期(2030年)人口规模控制在11.6万人左右，建成区建设用地规模控制在13.9平方公里以内。按照相关文件要求，组织编制了县城近期建设规划，并通过了省政府“三规”审查，规划与土地利用总体规划、林地保护利用规划相衔接，规划十二五期间新增建设用地384.58公顷，其中坝区66.23公顷，占17.22%，山区318.35公顷，占82.78%，减少占用坝区耕地235公顷；同时还完成了紫红坝城镇上山片区4.3平方千米的地形测量工作，为开展控制性详细规划奠定了基础。县城近期规划的《近期建设用地布局图》、《三线协调与山坝利用示意图》、《近期建设空间布局调整图》和《江川县城近期建设总体规划说明书》已上报至市规划局。

村庄规划依托卫星影像图、对照土地“二调”成果图和土地利用总体规划等，完成了53个行政村、240个自然村的编制工作。

【规划管理】　一是完善规划体系，确保规划设计的总体质量和水平，先后提请并组织召开5次规委会，讨论通过了2011年城镇保障性住房、大街农贸市场提档升级改造、公安大楼等14个项目的规划方案。二是严格执行“两证一书”和项目审批制度，认真落实规划强制性内容，切实维护好规划的严肃性和权威性，2011年审批规划方案14件，办理建设用地规划控制指标批复12件、建设项目“两证一书”50件，其中选址意见书21件、用地规划许可证18件、工程规划许可证11件。

【基础设施建设】　投资1469万元实施了江川县龙泉山生态工业园区和职教小区供水工程，新建3000方蓄水池一座，改造了供水加压站，铺设配套供水管网5900米，完成了职教小区6500米主供水管网铺设、800米架空钢管安装及水表箱入户连接管道等工作；投资370万元，完成了湖滨路改造工程，铺筑湖滨路街心花园至县医院蛟龙沟1030米沥青路面，铺设人行道青石板8600平方米，安装路灯42盏，完善了道路标识、标线，湖滨路成为县城建设的一道新亮点；投资615万元贯通了文祥街西北延长线(宁海路至抚仙路)，铺设沥青路面692米道路新建工程，铺筑沥青面层，铺设青石板人行道5500平方米，安装路灯34杆68盏，种植行道树310棵，路下埋设了各种通信管道及雨、污水管道，全线于开渔节前投入使用，有效缓解了县城交通瓶颈问题；投资129万元，实施了2010年廉租房小区道路(兴江路至江通公路)建设工程，铺筑280米混泥土路面，铺设青石板人行道820米，为廉租房小区正常使用及周边项目开发奠定了基础；投资143万元，完成了职教小区至五叉路口雨水管工程，安装了Ⅱ级DN1500雨水管945米安装，新建雨水检查井26座，新建污水检查井2座，修补损坏的污水检查井13座；投资13万元安装县城振兴街王字街路灯24盏，投资22万元安装宁海路南段星云路东段路灯25盏，县城主要街道基本实现亮化全覆盖；投资29万元对县城主要道路及交叉路口进行交通标线渠化，进一步消除交通安全隐患。配合大街街道办事处对原水果市场进行了整体搬迁（从老戏台广场搬至多功能文化公园闲置空地），为县城居民特别是老年人提供了又一休闲场所。

【两污项目建设】 1. 星云湖截污治污工程（一期）-- 南北片区污水处理厂及管网配套工程。累计投资8842万元，其中北片区污水处理厂投资7919万元，完成了厂区土建及配套污水支管的竣工验收、后期调试、厂区绿化及化验设备购置，并进行了试运行；南片区污水处理厂投资923万元，完成了各项前期工作、厂区土方回填、深搅桩制作、试桩、桩基检测及3896颗深搅桩打桩工作。

2. 星云湖大街河下游截污治污及生态修复工程。累计投资9300万元，在完成大街河两岸绿化补植、渔文化广场建设、年年有渔景观主题雕塑安装等工程的基础上，2011年投资50万元新建公厕一座，开渔节前已投入使用，组织编制的《工程初步设计方案》已上报省发改委和省住建厅。组建了渔文化园管理办公室，外聘4人强化了园区安全、绿化、卫生、水面等管护工作。县交通运输局投资70万元对广场前停车场路面进行了重新整修。

3. 江川县100吨/日城市生活垃圾处理场工程。累计投资2450万元，在完成了填埋库区主体工程、提升泵房、进场道路、设备购置基础上，2011年新建垃圾中转站一座，配备了运行设备，12月底已投入使用，实现了县城生活垃圾80%无害化处理的目标。

【保障性安居工程建设】 1. 城镇保障性住房建设。2010年384套30000平方米廉租住房全部竣工验收分配入住，城投公司统建的216套廉租房已组织分配，首批保障对象已经入住星湖民苑廉租小区。由县政府注资1000万元组建的江川县广厦保障性住房开发投资有限公司，已正常运转。2011年计划投资7950万元新建的928套59700平方米保障性住房（其中廉租住房224套11200平方米、公共租赁住房704套48300平方米），于9月30日正式开工，年末累计投资4770万元，完成了前期工作、试桩和桩基检测工作。

2. 农村危房改造和地震安居工程。验收了700户2010年农村危房改造、300户地震安居工程、2000户修缮加固的项目，兑付补助资金1400万元。督促指导各乡镇完成了2011年1502户（其中拆除重建302户、修缮加固1200户）农村危房和民居地震安居工程改造任务，兑付资金542万元。

3. 廉租住房租赁补贴发放工作。8至10月组织对原享受廉租住房租赁补贴的837户进行复审，复审合格374户，从10月后停发复审不合格463户的租赁补贴。启动了2011年新增发放廉租住房租赁补贴申报工作，经过严格的审核，新增669户廉租住房租赁补贴对象，至2011年底共发放廉租住房租赁补贴210.99万元。

【房地产发展与管理】 一是合理引导房地产开发建设，严格房地产开发企业资质管理，2011年新增房地产开发企业5家，县域内房地产开发企业总数达17家，年内完工和在建项目总建筑面积达65万多平方米，湖滨公寓、怡景园、职教小区等相继完工交房使用或售现，江磷文苑、财富广场、古滇国城等项目进入主体施工阶段。二是落实房地产市场调控政策，加强房产交易管理，严格执行商品房预售许可制度，切实保护购房者的合法权益，全年共办理商品房预售许可证4家，建筑面积11.62万平米，预售金额13.92亿元。三是完善房地产与权属登记管理工作，全年办理房屋初始登记778户，建筑面积1.64万平方米；办理房产转移登记236户，建筑面积2.51万平方米，交易金额3961.06万元；办理房地产抵押贷款登记1563户，房产抵押建筑面积51.87万平方米，房地产抵押贷款金额达232131.1万元。四是组织古滇国城、九龙晟景参加了玉溪第六届房地产展示交易会，其中九龙晟景以其周围绝美的山光水色和房子的精心布局受到了广大客户的青睐。五是认真审查办理云天化集团天湖分公司职工分流房改证明300多份，配合大街街道、农业银行生活小区住户办理有房产证无土地证证明140多份，接待房改查询50余人次。

【建筑业管理】 一是认真贯彻落实各级有关建筑质量安全的指示精神，狠抓安全生产，强化质量管理，落实安全生产责任制，加大施工现场监督管理和文明工地创建力度，全年实现了建筑工程质量、安全生产零事故。年初与16家建筑施工、监理企业签订了安全生产责任书，开展建筑安全检查8次，检查在建项目工地83次，发出安全隐患整改通知书22份，停工整改通知书6份，提出安全整改意见和措施145条，同时组织了一期农村建筑工匠培训，建筑质量与安全深入到农村基层，从源头上抓好了农村房屋的质量。二是结合“十二五”建筑能耗下降13%的目标任务，认真开展建筑节能减排，推广使用商品混泥土、免烧砖、太阳能等节能建筑材料，完成新增太阳能热能利用与建筑一体化使用面积0.3万平方米。三是依法开展建筑施工企业资质核查工作，对15家建筑施工企业资质、900余人从业人员资格进行审查。四是严把施工许可审查关，做好施工许可证的审批，2011年共审批发放建筑施工许可证30份，建筑面积20.67万平方米，总投资19410.9万元。五是开展大街农贸市场提档升级改造、江城中学学生食堂、黄营小学综合楼等6个项目的建筑工程抗震设防专项审查工作。六是严把工程质量关，认真抓好工程质量监督管理，全年办理质量安全报监工程37项，监督竣工验收工程36项，认真抽检钢筋，混凝

土强度，砂浆强度，土壤密实度等建材，抽测合格率达98%以上。七是实现了工程管理技术资料电子化存档。

【供排水管理】 2011年在气候异常干旱、水源水量急剧下降、供水量严重不足的困境下，多措并举，确保供水。一是投资10万元购置了水表检验设备、二氧化氯发生器及化验设备，改善了供水设备。二是投资10万元绿化了一水厂厂区、修缮了三水厂水池，改善了水厂环境。三是组织巡查供水范围内管网4次、保养供水管网附属设施2次，处理各种爆漏管54处，提高了供水能力。全年供水343万立方，同比增13万立方。四是新增管网4千米，管网扩大覆盖至杨家咀、戚官、捧寨等县城周边村庄，对供水范围内154户(302人)低保用水户5436立方米用水费实施减免，核减小龙潭522人7517立方米的水费，深得用水户好评。五是组织上报了县城供水价格调整方案，县发改局牵头完成了水价调整听证、风险评估等工作，调价方案已上报市发改委待批复。六是积极开展节能降耗，确保水质达标排放。全年处理污水273.58万吨，去除污水中化学需氧量632.93吨、五日生化需氧量324.28吨、总磷10.25吨、总氮66.34吨、氨氮58.08吨、悬浮物589.42吨，有效处置污泥633.5吨。

【法规与城市监察管理】 一是认真学习《云南省玉溪城市管理条例》，加强执法人员业务培训，为推进城市管理综合行政执法工作奠定基础；二是收资汇编了《江川县住房和城乡建设局工作手册》，为干部职工掌握政策熟悉业务提高效率提供便利；三是制定"六五"普法、法制政府建设等实施方案，为推进依法行政提供法律支持；四是强化城市管理，依法清除违章占道经营8861起、违章户外非法张贴和喷涂小广告24786张(条)、悬挂布标51条，拆除违章建筑物50余起，清运建筑垃圾5.7吨，依法审批道路挖掘3起、建筑性占道11起、经营性占道145起；五是完成了693棵灯杆、1247盏路灯、8套红绿灯的管护招标工作，确保亮灯率96%以上。

【招投标工作】 规范招投活动，依法实施招投标日常监督管理，民营投资重点项目逐步进入有形市场公开招投标，严格执行招标审查、标书审查、合同审查"三项备案"审查制度，全年对进入有形市场交易的45个建设项目(53个标段)进行了招标备案、招标文件审查，组织了公开、公平、公正的招投标，对中标项目进行合同备案。全年经招投标项目的投资概算29994万元，拦标价28994万元，中标合同价27120万元。

【燃气管理】 2011年，开展燃气企业与换瓶点安全大检查5次，以会代训的方式宣传贯彻国务院颁布实施的《城镇燃气管理条例》，对20家燃气换瓶点经营资质进行年审，确保了燃气安全生产与经营。

【机关自身建设】 一是依据《江川县住房和城乡建设局主要职责内设机构和人员编制规定》，增设了住房保障股、法规股，兼设了治污办公室、渔文化园管理办公室，将工程交易中心、固废公司纳入局机关办公，同时结合人员调整情况，对党总支和系统工会班子进行了改选，明确了各股室工作职责，理顺了工作关系，有力地加强了总支和工会工作；二是依托电信建立了江川县住房和城乡建设局网站，提供了方便快捷的网上办公平台和社会公众监督平台，节约了办公成本；三是新建工程交易中心多功能会议室，更新配置了办公设备，提高了工作效率；四是组织职工子女夏令营、系统干部游园等丰富多彩的工会活动，加强了干部之间的沟通交流，增强了住建队伍的团结协作力。

【其他工作】 一是积极推进政务公开，全年公示了47项重大事项、通报了25项重要工作，报送信息61期。二是认真做好信访接待和人大、政协的议案、提案办理工作，办理人大代表建议案2件、政协委员提案14件、社会民众信访8件，办结率均达100%。三是为联系的光山村、侯家沟村送去农业种植、养殖技术书籍200余册，捐资1500元慰问困难老党员，提供帮扶资金4万余元支持当地经济社会发展。积极开展一对一帮扶活动，投入6000元支持小后卫村农村环境卫生整治活动，投资5.5万元帮助石河小学解决师生饮水困难问题，向老年大学捐赠电脑1台，向安化中心小学捐赠了价值3000元的学习、生活用品。

（杨　筠　周红艳）

环境保护

【概　述】 2011年，江川县环境保护局以科学发展观为统领，紧紧围绕建设高原湖泊生态县的目标以及县委、政府的中心工作，以水污染综合防治、污染减排为重点，以生态文明创建为突破口，监管与服务并举，依法行政与强化治理并重，继续深入实施"七彩云南·江川保护行动"，着力解决危害群众健康和影响可持续发展的突出环境问题，积极开展"创先争优"活动，认真实施"效能政府"四项制度。严格环境管理，审批建设项目72个，办理"三同时"环保建设项目验收手续22个。加大环境执法力度，出动执法人员2024人次开展527厂次现场环境监察，依法征收排污费70余万元。加大环境宣传教育力度，开展了"六·五"世界环境日系列宣传活动。11月，江川县被国家环保部命名为"国家级生态示范区"。

【两湖保护】 严格坚持"保护抚仙湖，治理星云湖"这个工作重点，全力推进水污染综合防治工作，加大农村面源污染治理力度，努力改善"两湖"流域环境质量。一是完成玉溪市"三湖"水污染综合防治"十一五"目标责任书各项目标任务考核检查工作。二是积极参与“两湖”“十二五”规划编制工作，先后参与完成《星云湖流域水环境保护与水污染防治规划》、《抚仙湖星云湖产业结构调整规划》、《星云湖水污染防治规划“十二五”规划》、《江川县城市集中式饮用水源地环境保护规划》等规划的编制工作。三是按照轻重缓急的原则，合理安排“十二五”规划项目建设任务，确保新一轮水污染综合防治目标责任书按计划推进和完成。四是全力推进抚仙湖大鲫鱼河流域环境综合治理工程项目建设，成立抚仙湖大鲫鱼河流域环境综合整治工程领导小组，组建了抚仙湖大鲫鱼河流域环境综合整治工程管理局，完成了项目建设前期工作。五是认真落实抚仙湖“一退够、二调优、三保护”政策，积极推进抚仙湖“退田还湖”工作。六是开展星云湖沿湖村落环境综合整治工作，完成了大凹村环境综合整治工程可研报告、初步设计编制及评审工作；编制完成大鱼村、大石咀村整治实施方案。七是开展星云湖蓝藻水华与“内负荷”控制工程建设，投资260万元购买“大型仿生式蓝藻清除设备”一套，完成组装调试。八是开展保水剂推广试验工作，为探索有效治理农业面源污染，改善农田环境，减少湖泊污染负荷，在江城镇、前卫镇试验性推广1000亩。

【河道管护】 每月定期开展入湖河道保洁工作，并由江川环境保护与生态建设工作领导小组办公室组织考核。全年共进行了八次河道保洁考核与通报，出动各级领导干部、学生、群众2万人次，各种垃圾车辆150辆次，清运河道垃圾500余吨。通过整治，河道畅通、河堤整洁、河面保洁，有效地削减了入湖污染物，为“两湖”水质的进一步好转和高原湖泊生态县建设起到了积极的作用。

【环境监管】 按照《中华人民共和国环境影响评价法》要求和相关产业政策，杜绝源头污染。切实加强对审批工作的领导，对每一个项目，由局项目审批领导小组成员亲临现场踏勘，进行拍照，遇到复杂项目做到反复踏勘，掌握详实情况，在审批会议上通过放幻灯片、视频等手段详细介绍项目情况，成员反复讨论，形成集体意见后才做出审批。2011年，共召开“建设项目环境影响评价文件审批领导小组”会议15次，审批建设项目72个，否决项目2个，批准试生产项目6个。共办理“三同时”环保建设项目验收手续22个。

【环境监察】 全年累计出动执法人员2024人次，开展了572厂次现场环境监察，共查处环保违法行为6起，收缴罚款11.1万元，有效地打击了违法排污行为，解决了群众关心的环保问题，遏制了污染反弹，防止了新污染的产生。加大全县10家(包括2家污水处理厂)国控、省控、市控重点排污企业及9家县定重点排污企业的监督检查力度，做到每月不少于一次随机监察，对辖区内其它一般企业，做到每季不少于一次随机监察。通过对新建项目污染治理设施“三同时”执行情况、排污许可证执行情况、放射源、射线装置及高、中考期间监察，向企业宣传环保相关法律法规知识。通过监察，促使企业加强对污染防治设施的运行及管理。依法严肃处理环保违法行为。邀请县人大、县政协有关领导在不通知企业的情况下，对江磷集团、云南宏斌绿色食品有限公司等6家重点企业进行了现场突击检查，督促企业正常使用污染治理设施，认真贯彻执行环保法律法规。

【环保专项行动】 按照国务院召开的2011年整治违法排污企业保障群众健康环保专项行动电视电话会议及省、市专项行动会议精神，成立领导小组，制定《江川县2011年整治违法排污企业保障群众健康环保专项行动实施方案》，明确指导思想、工作重点及要求、工作措施、时间安排等，并下发到各乡、镇人民政府及县属有关部门。专项行动围绕集中整治涉及重金属企业环境违法问题和加强污染减排重点企业监管进行。全县共出动执法人员502人次，检查企业141场次，受理环境污染投诉案件6件，督促3个完成减排项目。

【危险废物环境风险大排查专项行动】

结合辖区实际，制定实施方案，认真组织开展了危险废物环境风险大排查专项行动。累计出动执法人员250余人次，对111家企业(单位)进行了排查。经排查，全县共有产生危险废物1吨以上的单位27家，其中化工企业15家，电镀企业3家，污水处理厂(站)2家，垃圾填埋场2家，医疗机构5家，未有危险废物经营单位，江川县绝大多数企业(单位)对危险废物的管理基本符合规范要求，对存在问题的企业督促进行了整改。

【重金属污染防治】 制定《江川县重金属污染防治工作方案》，成立重金属污染防治工作领导机构。加大对涉及重金属企业的监督检查力度，督促辖区内涉及重金属企业完善环境污染应急预案；建立了辖区重金属污染源环境安全隐患动态档案。一年来，没有发生重金属污染事故。

【污染源普查动态更新】 认真贯彻落实国家、省、市污染源普查动态更新工作相关文件精神。通过加强领导，制定方案，明确专人负责，认真筛选工业源、农业源、生活源重点调查单位，扎实做好污染源普查动态更新数据填报的基础工作；严格质量把关，确保数据科学完整；完成了江川县污染源普查动态更新数据分析报告，为环境管理提供科学的依据。

【排污费征收】 认真贯彻执行国务院《排污费征收使用管理条例》，认真做好排污申报、审核、收缴工作。全年

共征收排污费70万元，完成年初市下达征收的任务。

【生态文明试点】 制定了《江川县生态文明建设试点实施方案》，及时成立江川县生态文明建设工作领导小组，设立办公室，负责组织实施此项工作。明确江城镇、九溪镇为江川县生态文明建设试点镇，江城镇的牛摩村、白家营村等十个村为生态文明试点村。各乡镇积极开展生态文明试点工作。

【生态创建】 11月，江川县被国家环保部命名为“国家级生态示范区”。12月30日，召开《江川生态县建设规划(2011～2015)》专家评审会并通过了省环保厅组织的专家评审。积极开展农村环境保护工作，按照要求规范编制了中央农村环保“以奖促治”资金支持项目实施方案并进行了申报，江川县大渔村获得了资金支持。

【绿色学校创建活动】 大街小学、江城中心小学、海门小学三所学校上报了创建省级绿色学校的申请和相关资料。江城镇海门小学成功创建为省级第六批绿色学校，海门小学的李成老师被评为第六批云南省绿色学校环境教育优秀教师。

【环境宣传教育】 以“六·五”世界环境日活动为契机，开展了“组织一次保护环境劳动、悬挂一批宣传横幅标语、开展一次环保设施检修督查、组织一场环保宣传咨询活动、组织开展一次环保实践行动、开展一期电视宣传”的“六个一”宣传活动。全县共出动人员15000人、车辆273辆，清扫街道、巷道142千米，清理河道、沟道83千米，打扫公厕185座，清理垃圾池150个，清运垃圾1935吨；制作和悬挂宣传横幅标语130幅、张贴小标语3324条，刊出黑板报122期；分别在县城明珠路、九溪、前卫设立环保咨询点，组织开展环保宣传咨询活动，共发送环保宣传画5000册、宣传材料10000份，制作“共建生态文明，共享绿色未来”等标语的纸杯10000只，发至县级各部门、各单位。加强信息工作，被《中国环境科学学会学术年会论文集》采用文章1篇，在省环保网发表信息8条，在市环保网发表信息15条，在《玉溪环境》发表文章9篇、信息25条，主要宣传江川高原湖泊生态县建设和“生态立县”战略，编辑《江川环保简讯》12期。

【环境信访】 强化环境信访查处工作。树立“环境信访无小事”的观念，对群众反映的信访案件进行快速、及时、规范办理。全年共接到各类投诉33件(次)。立案调查10件，办结10件，处理率100%。

【人大建议、政协提案】 全年共办理人大建议2件，政协提案4件。答复率、满意率100%。

【其他重点工作】 一是深入开展创先争优活动，以“五好”“五带头”为目标，加强基层党组织建设，发挥党员的模范带头作用，建设环保精干队伍；二是认真贯彻落实责任政府、阳光政府和效能政府“四项制度”，按时发布重要事项公示信息30条、重点工作通报信息50条；三是抓好党风廉政建设工作，严格执行三重一大集体决策制度；四是抓好平安创建及综治维稳工作；五是努力推进江川县环保监测执法业务用房建设。

【荣誉表彰】 2011年5月，县环保局张旭刚被云南省人民政府授予“云南省‘十一五’期间污染减排工作先进个人”荣誉称号；2011年7月，龚雪刚被玉溪市委评为市级“优秀共产党员”荣誉称号；2011年8月，江川县环境监察大队被玉溪市人民政府授予“保护抚仙湖先进单位”称号，龚雪刚、叶彦强被玉溪市人民政府授予“保护抚仙湖先进个人”称号。

(刘　波)

抚仙湖管理

【概　述】 2011年，在县委、县政府的正确领导和市抚仙湖管理局的精心指导下，在沿湖两镇、各相关部门的大力支持和广大人民群众的积极配合下，江川县抚仙湖管理局认真贯彻落实党的十七大、十七届五中全会和中央经济工作会议精神，深入学习实践科学发展观，抢抓机遇，勇迎挑战，顺势而谋，乘势而上，在“创先争优”活动中，不断深化对县情、湖情的认识，紧紧围绕市委、市政府提出的“一退够、二调优、三保护”的湖泊保护治理方针以及江川县委、县政府“生态立县”战略，按照立足“三职能”、打好“四张牌”、实现“两转变”的工作思路，全面开展抚仙湖保护管理工作。

2011年，抚仙湖开湖捕捞银鱼工作时间为2011年9月1日～2012年3月31日。截至2011年12月底，共办理捕捞许可证232本，征收渔业资源增殖保护费232000元；共收缴罚没收入160490元(其中，渔政罚没收入121750元，环保、水政等其它罚没收入24940元，违法渔船变现款13800元)；共征收抚仙湖资源保护费2842211.36元(其中：地税代征1118662.36元)；收取2011年1～12月水资源费196593.1元。

【执法培训】 为提高行政执法主体和执法人员依法治湖的能力，提高执法水平，江川县抚仙湖管理局一是高度重视抓好行政执法人员培训，全面建立了行政执法人员定期与不定期的学法制度，局机关每个月至少保证组织学习2次，执法大队把每周的交接班日定为学习日，并每年组织全局干部职工参加市抚管局举办的春季执法培训。二是开展多渠道多形式的培训，选派干部参加督查执法培训、到相关单位交流学习，聘请专职律师、司法官员到单位讲授相关法律、廉洁从政等知识，不断提升干部职工职业素养，强化依法治湖理念，规范行政执法行为，提高了行政执法水平。三是将普法工作、业务工作与法治政府建设工作有机结合，举办局法律法规系列知识讲座。讲座主要由局政治觉悟高、业务能力强、工作经验丰富的中层以上领导干部来进行讲授。2011年开展了《行政执法之我见》、《关于抚仙湖保护规划简介》、《浅谈对学习的认识》、《抚仙湖取水许可和水资源费的征收工作简介》、《浅谈如何加强行政执法队伍建设》等七期课程。全年共组织干部职工参加各类学习培训及考试60余人次，组织了3名同志分别到市抚管局和县广播电视局跟班锻炼，进一步增强了干部职工的执法能力和业务水平。

【依法治湖护湖】 一是积极筹资建设抚仙湖保护宣传教育基地，建立健全宣传教育机制，加大宣传力度，逐步改变沿湖群众和广大游客的不良习惯，进一步提高全民环保意识。二是继续实施抚仙湖保护管理有奖举报制度，调动全民参与护湖的积极性，使各种违法违规行为及时受到严厉打击。三是利用第四十个“6·5”世界环境日、第七个“8·26”抚仙湖保护日、全国科普日等为契机，积极开展环保法律法规知识宣传活动；四是以2011年4月筹资新建的抚仙湖保护宣传教育基地为平台，联合沿湖群众、中小学生、共建单位等开设环保课堂、开展青年志愿者活动、实施巾帼护湖工程、开展共建单位经验交流等活动，营造了抚仙湖保护“人人参与，个个争先，专群结合”的良好社会氛围。全年共组织召开沿湖宾馆、饭店经营业主参加的座谈会4次；举办环保知识讲座3次；张贴环保宣传标语100余条；发放抚仙湖生态环境保护宣传资料15000余份、《条例》小册子1000余本；出动环保宣传车6车次，展出环保宣传展板6块，解答群众咨询1000余人次；报送各类信息35条，全力营造了爱湖、护湖的浓厚氛围。

【渔政管理】 一是着力做好2011年抚仙湖禁渔期渔政管理工作，坚决打击电力拖捕、灯光诱捕等违法行为，有效保护抚仙湖渔业资源的可持续发展。二是做好地笼、箭鱼网等违法违规捕捞工具的清除工作，为保护抚仙湖抗浪鱼等名特优土著鱼种，打造抗浪鱼文化奠定基础。三是以“统一思想、坚定信心，誓还良好渔业生产秩序，为打造抗浪鱼文化营造良好氛围”渔政管理工作方针为指导，为抚仙湖土著鱼特别是抗浪鱼的索饵、生长和避敌创造良好的水域环境，为第五次云南省抚仙湖抗浪鱼成功放流创造良好场所。四是强化禁渔期渔船归港检验制度管理工作，统一停放。为有效维护封湖期湖面管理秩序，保护渔业资源，在禁渔前期对所有渔船进行相对集中管理，印检编号394条，确保做到渔船管理的有序化、规范化。五是严格依法行政，严厉打击违法违规行为，营造良好的渔业生产氛围，确保守法渔民真正得到实惠，从而确保了沿湖群众正常的生产秩序。全年共出动执法车辆250余车次、执法艇252船次、执法人员3033余人次；扣押渔船118条；没收刺网206张、拖网21张，绳子7740余千克；销毁电机21台、压箱3台；拆除渔棚21个；破坏网具43余张；收缴电力电线1700余米、电闸28个，没收用于灯光诱捕电筒308个、地笼1056个。

【水政管理】 一是认真开展取水计量设施运转情况的调研工作，建立健全辖区内取水户档案，并以此为据制定年度取水计划。二是认真履职，对在抚仙湖一级保护区范围内利用机械取水的单位和个人(农业灌溉取水除外)按季度深入各取水单位，抄水表、作登记、发放缴费通知书，对计量设施安装不合标准和损坏的，及时下发整改通知书限期整改，严格按照取水量和征收标准计征水资源费。全年水资源费征收工作共涉及取水单位39户(其中：生活取水3户，工业取水1户，其他取水35户)，共征收水资源费196593.1元，全面完成了2011年度水资源费征收任务。征费工作中未出现少征、漏征现象，做到应收尽收。三是完善《取水许可申请》、《水资源费缴费通知》等法律文书，减少不必要的缴费办理手续，进一步提高行政效率。四是进一步加强对用水单位的跟踪管理，对湖区水事活动进行监督、检查，依法严肃查处各种取水用水的违法违规行为，督促检查用水户按取水许可的规定取水、用水，保护及合理利用抚仙湖水资源。

【在建项目监督管理】 一是严格依法管理，把好建设项目初审的前置审批关。2011年，对仙湖锦绣项目建设总体规划、黑山脚易地搬迁补办用地手续等事项进行初审；对沿湖40户宾馆饭店办理了环保审查意见；对鸿兴加油站、大山会所装修改造、九龙国际圣达物业管理有限公司修木栈道、奥宸·抚仙湖国际文化旅游小镇总体规划、九龙国际优化方案等申请事项，进行实地勘查和调查备案，并形成相关意见上报有关部门和领导。二是把好项目开工关，及时下发《在项目工程建设中加强环境保护工作的通知》，确保项目合法、合规开工。对仙湖锦绣项目等相关建设单位下发了《在项目工程建设中加强环境保护工作的通知》3份。三是把好在建项目的监管关。对在建的林大福九龙国际会议中心项目进行了多次现场环保检查，并联合县环保局委托天力测评有限公司对其红线控制范围进行了重新测量认定；对仙湖锦绣景观大道绿化工程等大型建设项目实施日常监督管理；针对“仙湖锦绣”项目检查中发现的问题，及时召集项目建设单位、施工单位等相关部门负责人进行环保安全生产教育。

【抚仙湖周边环境综合整治】 一是抓好沿湖“四清”工作。全年县、镇、村、组共出动干部、驻地官兵、环卫人员、清扫、监督等管理人员24893多人次，

垃圾清运车1940余车次，清运垃圾4475吨；下发《关于开展抚仙湖入湖河道宝洁周活动的通知》等文件，指导和引导沿湖两镇中心环卫站、监护中队全面开展抚仙湖沿岸环境卫生整治。

二是按照“政府搭台，企业唱戏”的思路，引导沿湖企业等社会力量参与到“四清”活动中来，真正实现专群结合的保洁之路。2011年，江川县抚仙湖管理局联合团县委、县文旅广体局、江城镇政府以及林大福国际集团通过四清活动、“潜水清理垃圾”、“环保新长征”等形式开展了抚仙湖保护活动。该集团向沿湖6个村委会捐赠了总价值约5万元的垃圾清运小推车等用具。在此次活动的影响和带动下，昆明户外运动联盟于5～6月持续开展了环湖自行车环保宣传、潜水清理垃圾、环保新长征马拉松等活动，发动、感召沿湖宾馆、酒店特别是农家乐饭店自觉参与到抚仙湖环境卫生整治工作中来。共出动干部职工200余人次，执法艇5船次，清捡垃圾10余吨，打捞湖面漂浮物10余吨，清理大鲫鱼河等主要入湖河道8千米。

三是严厉打击各种违法违规行为。2011年8月初，联合县环保局对明星片区及牛摩部分经营户进行了环保隐患排查，对存在隐患的经营户下发了整改通知。全年共出动执法车辆458车次，执法艇30船次，执法工作人员1757人次，以简易程序查处排污、洗菜、洗车等不良现象85件，以一般程序立案调查乱占道设点经营、乱排乱放、乱搭乱建等违规行为127件；以口头制止警告村民在湖中清洗衣物30余件。

四是继续推行沿湖宾馆、饭店油污分离池建设工作，有效减少入湖污染源。在2010年油污分离池建设工作推进的基础上，继续督促未建、建设油污分离池不合格的经营户，建设和完善油污分离池。截至年底，在沿湖113户餐饮服务行业中，已推广建设油污分离池建设106户，经验收合格投入使用的92户，合格率达87%。

【三退三还】 一是全面摸清抚仙湖一级保护区内的建筑物情况，为实施“退调保”战略提供依据。共完成辖区内调查户数约1031户，填写建筑设施基本信息表1031份，现场绘制建筑设施草图1031余张，拍摄照片约2500张。二是全力做好退田还湖工作。(1)认真履行江川县退田还湖工作领导小组办公室职责，草拟制定方案。在充分调研、全面掌握情况的基础上，江川县抚仙湖管理局拟定了《江川县抚仙湖一级保护区退田还湖工作实施方案》，方案明确了退田还湖工作的指导思想、工作原则、实施范围、目标任务、配套政策、组织领导、保障措施、工作步骤、时间要求等，为退田还湖工作顺利进行奠定基础；(2)摸清底数，掌握实情。按照退田还湖工作领导小组安排，委托云南省天力土地勘测评估有限公司江川分公司对江川县退田还湖涉及的江城、路居两镇(涉及6个村委会26个村民小组3434户约11401人)的土地面积进行了测量，实测面积2799.67亩；(3)多次深入到沿湖镇、村、组进行专题调研，为两镇提供相对标准的租地合同样本、责任书等；协调中介公司，县属相关部门指导两镇完成了退田范围内的土地面积的认定、核准；(4)全力推动秦家山村退田还湖工作的开展。以“8·26”宣传活动为契机，市政府在秦家山举行“抚仙湖三退三还启动仪式”，拉开了抚仙湖退田还湖工作的序幕；(5)积极配合搞好督查。县抚管局、县监察局、县环保局组成了督查组，于2011年9月30日对沿湖江城、路居两镇退田还湖工作落实情况进行专项督查。截至年底，已召开县镇村组几级联席会议30次，下发宣传材料3730份；江城镇涉及的5个村委会、17个村民小组的退田面积已认定完成，且租地协议已签订；路居镇小凹村委会已完成152户农户租地协议的签订，下坝村委会已完成面积认定，全湖已完成退田任务351.88亩。三是协助完成退房还湖试点工程前期工作。

【非机动船只管理】 一是积极推行非机动船公司化经营管理模式，实行自我管理、自担风险的机制，强化企业责任意识。二是按照“营运安全，总量控制，逐步淘汰，提档升级”的原则，对四家水上营运公司游乐设施变更、增减实行严格报批制度，确保提档升级。三是认真做好非机动船经营户、非机动船数量、座位数数量等情况摸底调查，严格实施挂牌制度、入湖许可制度，积极开展非机动船挂牌及入湖许可证发放工作。年内，共装订发放各类非机动船号牌及入湖许可证398套，核定载客座位数2273人座。四是做好水上安全监管工作，确保游客生命财产安全。日常监管工作坚持做到“四个不准”入湖：不穿戴齐全救生衣不准入湖，超载不准入湖，大风大浪天气不准入湖，船舶无登记、喷号和入湖许可证不准入湖。2011年无因乘坐非机动船引发的水上交通安全事故发生。全年共出动执法人员241人次、执法船艇48余船次、执法车辆40余车次，拖扣脚踏铁皮船8只，罚款1770元；处理救援涉险船只5船次，救助水上涉险游客30余人次。

【建立健全生态补偿机制】 自2010年8月1日抚仙湖资源保护费正式开征以来，江川县抚仙湖管理局认真贯彻执行玉溪市人民政府《玉溪市抚仙湖资源保护费征收管理办法》等规定，抚仙湖资源保护费征收工作稳步推进，成效明显。一是认真制定宣传方案。二是认真开展调查摸底。2011年，江川辖区内共有宾馆、酒店、个体餐饮经营户113家，生产企业有15家，无不达起征点的生产企业、宾馆、酒店、个体餐饮经营户。三是制定征收工作方案，全面开征抚仙湖资源保护费。截止2011年10月底，共出动执法车辆221车次，征费人员1800人次，办理车辆包缴卡4882张(其中：公务卡337张，私车卡4545张)；征收非机动船抚仙湖资源保护费180360元；制定出台《收费员管理办法》，推行挂牌上岗收费；追缴抚仙湖资源保护费7222.37元；积极探索设立江川抚仙湖景区管理委员会，有序推进并不断完善抚仙湖资源保护费征收管理工作。

【完善执法体系】 2011年江川县抚仙湖综合执法队伍由原来的14人增加到了40人。2011年4月在局机关原有股室的基础上增设了法制监察收费稽查股，在综合执法大队组建了明星中队、孤山中队、路居中队及一个综合机动中队，明确了各个中队的管辖范围和职责；沿湖江城和路居两镇也按照定岗定员、包片管理的运行机制组建了环境监护中队。建立县、镇、村和县大队、乡镇中队、监督员三级纵向联动机制和抚管、环保、公安、法院、检察院等部门的横向联动机制，横向到边、纵向到底，集预防、教育、监管、处罚为一体的抚仙湖综合行政执法新格局进一步完善。

【制度建设】 一是完善环卫管理制度和体系，确保责任落实到位。制定了《江川县抚仙湖沿岸环境卫生管理办法》及其考核办法。对抚仙湖江川区域内的环卫管理任务进行了分片包干(即工作片区以镇为单位分为2个镇属片区，镇属片区又以村委会为单位分成6个村属片区)，专门制作和安装、公示了抚仙湖环卫监管人员体系图(4块)及抚仙湖环卫管理工作片区岗位牌(7块)，职责、任务明确到县、镇相关领导及执法人员(协管员)、监督员、保洁员个人。组建两镇抚仙湖环境监护中队，进一步完善基层组织体系。进一步完善了“组保洁、村收集、镇转运、县处置”的垃圾无害化处置体系。在江川县抚仙湖管理局综合执法大队内设立了1个机动中队和3个抚仙湖综合执法中队，将综合执法与环卫监管有机结合。县、镇、村、组层层签订了责任书，同时两镇中心环卫站、环境监护中队又分别与保洁员、监督员、垃圾清运员签订了目标责任书。

二是抓好周环卫巡查制度落实，发现并及时整改存在问题。抓经常性的监督检查制度，进一步明确职责任务，切实抓好落实，保证环卫管理工作取得实效。采用定期与不定期相结合的检查制度，加强监督检查，发现问题及时通报两镇中心环卫站进行整改，并将督查记录作为对两镇中心环卫站日常考核与年度考核的根本依据。四是将职能股室工作与综合执法大队工作有机结合，密切股室队关系，既保障了环保职能任务的落实，又促进了综合执法检查工作的开展。通过认真开展监督检查，抚仙湖环卫管理工作基本实现了制度化、规范化和痕迹化，并朝着标准化发展。全年共开展环卫监督检查49次，两镇均及时进行了整改。

三是健全完善行政执法四项制度、阳光政府四项制度、责任政府四项制度、《抚仙湖综合行政执法岗位目标责任制》等制度体系，并加强完善了日常巡查、交接班、重大事项上报等工作，确保了行政执法的合法、公开、有效和执法人员的公正、公平、廉洁执法。2011年，共承办各类案件396件(其中：本年度新收案件391件，旧存5件)，已结案件333件(其中：渔政案件142件、环保案件174件、水政案件7件、航政案件10件)，未结63件，结案率达84%。

【电子政务建设】 2011年共在网上发布工作信息35条，通报重点工作34条，公示重要事项10条。接听96128专线电话0个。

(郭 松)

星云湖管理

【概 述】 2011年，是实施“十二五”规划的开局之年，为切实履行星云湖“渔业资源、环境保护”的职能，星云湖管理局紧紧围绕县委十一届六次全会、县十四届人大四次会议、县政协七届四次全会和县政府十四届五次、六次全会提出的各项目标任务和重点工作，深入落实科学发展观，认真贯彻落实《云南省星云湖保护条例》，坚定不移实施“生态立县、农业稳县、工业强县、旅游活县、文化兴县”战略，围绕建设“环境优美、特色突出、经济繁荣、社会和谐、适宜居住的高原湖泊生态县、现代宜居高原湖泊生态城和国际高原湖泊生态休闲度假旅游目的地”的目标，更好地做好星云湖保护管理工作。

【主要经济指标】 2011年12月25日～2012年1月13日星云湖开湖捕鱼20天，共办理捕捞许可证648本，征收渔业资源增殖保护费2332800元(3600元/证)。鱼产量1910吨，平均价格8.5元/千克，产值约1624万。

【集中采购星云湖放湖鱼苗】 2011年2月17日9：00，江川县星云湖管理局、江川县政府采购中心在县财政局三楼会议室对2011年集中采购星云湖放湖鱼苗进行竞争性谈判，本次采购本着“公开透明、公平竞争、公正和诚实信用”的原则，对前来参加竞标的10家从事鱼苗养殖、具备履约能力的供应商进行竞争性谈判采购，最后有5家供应商中标。鱼苗认购品种：鲢鱼、鳙鱼、鲤鱼、青鱼、鲫鱼、大头鱼，认购数量约122吨，金额约106万元。

【星云湖鱼苗投放】 江川县星云湖2011年鱼苗投放工作历时12天，于3月23日圆满结束，整个投放工作在县委、人大、政协、政府、监察、财政部门相关领导和部分渔民代表的共同参与监督下，由江川县星云湖管理局统一指挥，按照预期目标圆满完成。此次星云湖鱼苗投放共投放鱼苗达112276.8千克金额912195.15元，其中：鲢鱼23036.4千克、鳙鱼80841.7千克(占投放总量的92.5%)、鲤鱼6076.3千克、青鱼214.5千克、大头鱼1040.3千克、滇池高背鲫鱼1067.6千克，投放的鱼苗严格把关，保证质量、规格，体质健壮，无鱼病。

【渔政管理专项整治】 为切实保护江川县星云湖渔业资源，维护正常渔业生产秩序，保障渔民的合法利益，根据江川县人民政府办公室《关于印发〈江川县星云湖抚仙湖渔政管理专项整治工作方案的〉通知》精神，县星云湖管理局于4月1日开始，严格按照要求精心组织、周密部署，在星云湖一级保护区范围内开展打击非法电鱼等违法行为专项整治行动。截至4月16日，共出动执法车检查94次，执法人员658人次，执法船检查376次，执法人员752人次，共查处渔政违法案件35件，涉案人员36人，收缴网具1920张，地笼430个，收取渔业资源赔偿费30150元，其中非法电捕案件2件，涉案人员3人，收缴电鱼设备(电瓶)11套。通过专项整治活动的开展，星云湖非法偷捕行为得到了一定的有效控制，江川县星云湖渔业生产秩序得到了进一步规范，渔业资源得到了有效保护。

【规范渔业行政执法】 2011年5月份正式启用规范的《渔业行政执法文书》，《渔业行政执法文书》主要是依据《中华人民共和国渔业法》、《云南省星云湖保护条例》、《行政处罚法》制定的，文书主要有：案件卷宗目录、案件举报登记表、立案审批表、现场笔录、询问笔录、扣留物品清单、扣留物品通知书、行政处罚告知书、听证会通知书、听证笔录、听证会报告书、案件处理意见书、行政处罚决定书、送达回证等。通过规范渔业行政执法行为和统一使用《渔业行政执法文书》，以达到渔业行政执法做到公正执法、严格执法和文明执法，树立星云湖渔业执法良好形象。

【星云湖渔业资源保护】 星云湖管理局认真贯彻落实省、市、县湖泊渔业发展方针，切实履行职责，以“渔业资源管护”为重要工作任务，“强化监督管理、加强宣传教育、加大执法力度”，扎实有效的推进各项工作。针对星云湖渔业资源偷捕出现的电鱼行为等新情况，及时分析并上报相关情况给县政府领导，得到了领导的支持，决定从2011年3月起，开展了星云湖渔业资源专项整治工作。在专项整治工作中不断摸索如何有效控制渔业资源偷捕问题。主要从“三个”方面着力。即重点对象(历年偷鱼的贯犯)；重点地段(偷鱼者经常实施偷捕的地段，主要以星云湖十里长堤、麻地咀一带为打击的重点地段)；重要时期(鱼汛期)。封湖期间，渔政管理不管白天、黑夜、刮风、下雨、节假日从不间断，实行24小时值班制度，根据工作实际对重点时段，重点地段实行轮番看守，对重点偷捕者进行跟踪管理，同时采取湖面、沿岸、市场三管齐下的办法，有效打击了偷捕行为。截至12月底，共查获各类渔政违法案件137起，处罚141人，收取渔业资源损失费142610元，收缴各类网具16918张、地笼1330个。

【湖面清理】 由于降雨，星云湖沿湖河道不同程度涌入大量垃圾、杂物，为保持湖面清洁，保护星云湖生态环境，江川县星云湖管理局于6月20～22日，以“创先争优”活动为契机，及时组织人员对前卫周官大河口、江城学河口和东西大河口等重点河道入湖口进行全面清理，此次清理活动共出动党员干部职工、环保员136人次，清理垃圾、杂草约50多吨、清理死畜45头。

【岗位知识考试】 为使渔政管理站干部职工更好地践行科学发展观，服务星云湖保护管理工作，江川县星云湖管理局以创先争优活动为契机，认真组织广大党员干部职工学习科学发展观知识、《云南省星云湖保护条例》、《中华人民共和国渔业法》、行政执法基本知识、星云湖常识及相关政策、法律、法规，学习历时一个月。为检测学习进展情况，江川县星云湖管理局于2011年7月11日13：00在前卫镇杨家咀村委会进行了岗位知识考试，渔政管理站全体干部职工33人参加了考试。通过此次考试，进一步提高了全体职工的业务知识水平，同时增强了学习的自觉性、主动性，为争创学习型党组织，更好地做好星云湖保护管理工作奠定了坚实的基础。

【星云湖水葫芦打捞长效机制】 2011年10月25日，在县政府、政协的关心和支持下，积极协调驻地部队对星云湖水葫芦(含水白菜)进行全面打捞，防止湖水二次污染。截至10月底，共打捞水葫芦、水白菜7000余吨，清理沿湖滩涂塑料制品、玻璃等各种垃圾350余吨，清理死畜和死禽150余只。同时，还认真开展隔河保洁管护工作，除聘请专人进行日常管护外，针对隔河一段时间内蓝藻密集，蓝藻爆发突出的实际情况，于2011年2月13～20日组织人员对隔河河道内蓝藻进行清理，共清理蓝藻约230吨。

【取缔星云湖湖畔鸭子养殖点】 针对星云湖管理局在工作巡查中发现的十里长堤至跳鱼沟一带有11户养殖户养殖鸭子的情况，12月6日，联合环保局共计14人出动对养殖户进行政策宣传及说服教育。12月8日，11户养殖户已将900只左右鸭子全部搬离禁止地域养殖，切实解决了养鸭对星云湖造成的污染问题。

(赵　薇)

工商企业

编辑　盛文芬

工业商贸和科技信息

【机构设置】　2011年江川县工业商贸和科技信息局机关共设置10个内设机构和党委办公室，分别是行政办公室、经济运行股、工业股(江川县国企改革办)、中小企业股、商务股、招商引资股、信息产业股、科技股、节约能源股、安全生产股和党委办公室。

【工业经济运行概况】　2011年，江川县工业经济步入向好发展的态势。全县工业企业1288户，其中规模以上企业19户，实现工业总产值340130万元，比2010年增加51924万元，增长18%，其中：规模以上工业191747万元，增加23063万元，增长13.7%；规模以下工业148383万元，增加36811万元，增长33%。实现工业增加值103795万元，比2010年增加28594万元，增长38%，其中：规模以上工业70493万元，增加16260万元，增长30%；规模以下工业33302万元，增加16548万元，增长98.8%；完成销售收入318091万元，与上年同期增长19.7%；实现利润总额23457万元，与上年同期下降2.8%；上交税金13270万元，与上年同期增长11.1%；非公经济从业人员28366人，完成目标28000人的101%；实现非公经济增加值23.1亿元，完成目标任务23亿元的100%；工业固定资产投资完成7.06亿元，完成目标任务6.5亿元的109%。

【龙泉山生态工业园区基础设施建设工作顺利推进】　2011年，江川县按照省级生态示范工业园区要求，根据江川龙泉山生态工业园区规划实施方案制定的"功能分布合理，基础设施共享，产业相互融合，循环经济示范"的原则，合理划分产业发展区域，促进园区科学发展。一是认真抓好园区水、电、路等基础设施(园区内30米主干道、供电、供排水、电信等工程)建设，为2011年4月初开工建设做好征地、地界堪测、地上附着物调查等前期准备工作，切实做好土地储备工作，保障项目建设用地，园区内30米龙泉大主干道征地8.6276公顷，征地费2180万元；基础路面工程建设于4月1日开工建设，9月底圆满完成路基铺垫平整建设工作，总投资1300万元，完成工程量的95%。园区供水工程(水池及相关配套设施、供水设备和管材采购安装)2011年7月1日组织开工，年底水池及相关配套设施建设项目基本完工，供水设备和管材采购全部到位安装，总投资1200万元。

【龙泉山生态工业园区入园项目开工建设顺利推进】　2011年江川县着力引进一批税源型、科技型、环保型项目。经审查符合条件超亿元的项目已达3个，计划用地1000多亩，计划总投资7.107亿元。其中玉溪市丰宇科贸有限公司250套/年1.5MW~2.5MW风力设备增速器总成项目，计划投资2.688亿元；云南联塑科技发展有限公司年产10万吨新型塑料管材项目，计划投资4亿元；云南特固电气有限公司1000件(套)/年智能电网控制设备及附件生产项目，计划投资4190万元。2011年9月6日，《江川龙泉山工业园区环境影响评价报告》通过了评审验收。

【重点工业投资项目建设】　2011年江川县工信局加快项目的引进步伐，培育和形成新的以加工和深加工为主的磷化工产业体系，一是抓好江磷集团、实龙化工、江达化工等企业尾气利用特别是江川县水泥厂同江磷集团合作利用磷炉尾气作燃料建设日产2000吨新型干法水泥熟料生产线和江磷集团供气技改项目前期工作进度，帮助江川县水泥厂办理该项目准入手续。二是抓好江磷集团黄磷尾气环境整治综合利用—500吨/日石灰生产线建设工作。该项目占地面积5400平方米，建筑面积3200平方米，计划总投资1920万元，其中土建投资700万元，设备投资1220万元，项目建成后日产石灰500吨。

【节能降耗】　2011年全县能源消费

总量608959.66吨标准煤，单位生产总值能耗下降4.59%，超额完成年度单位生产总值能耗降低2.9%目标任务；2011年全县规模以上工业企业综合能源消费量37363.03吨标准煤，同比13726.22吨标准煤减36363.19吨标准煤，综合能耗减少20.93%。万元产值综合能耗0.7165吨标准煤/万元(现价)，比上年同期1.1079吨标准煤/万元下降0.3914吨标准煤/万元，同比下降35.33%。2011年江川县完成2户企业的清洁生产审核；完成江川县节能灯推广任务1.5万只。

【江磷集团节能降耗技改项目建设】

一是4蒸吨/时利用黄磷尾气作锅炉燃料装置，项目总投资420万元(含尾气净化和输送、锅炉给水处理两部分)，2011年6月1日已投产，每小时产0.8兆帕蒸汽4吨，满负荷运行年可利用黄磷尾气约1200万标立方米，节约标煤4300吨。公司的燃煤锅炉已停用，只作为开停车锅炉备用。该项目去除工程折旧、修理、人工工资、电费、水处理等费用后，年可实现192万元利润，具有较好的经济效益；利用黄磷尾气作燃料，年可节约燃煤4300吨，节约了能源、降低了二氧化碳排放，具有较好的社会效益；年可利用黄磷尾气约1200万标立方米，由于增加了净化装置，磷、氟等有害杂质去除率在90%以上，降低了污染物的排放，具有较好的环保效益。二是黄磷尾气环境整治综合利用—500吨/日石灰生产线项目，计划总投资1920万元，其中土建投资700万元，机器设备投资1220万元，于2011年9月开工建设，该项目投产后生产半年可节约燃煤5000吨，年生产石灰15万吨，实现产值4800万元，实现利润336万元，上缴税收288万元，具有就好的经济和环保效益。

【凤凰山水泥有限责任公司节能降耗技改建设】 2011年江川县凤凰山水泥厂投资1000万元对机窑水泥磨等进行技改，每年可节约900吨标准煤。一是立窑由原来的直径3.28×11米改为直径4×11米，通过技改，台时产量由原来的9.6吨/时提高到现在的20吨/时。电耗由原来的22千瓦时/吨降低到13千瓦时/吨。一年可节约用电100万多千瓦时。二是制成水泥磨由原来的直径1.83×6.5米一台、直径2.2×6.5米两台技改为直径3.2×13米一台，通过技改台时产量由原来的7吨/时提到45吨/时，电耗由原来的43千瓦时/吨降到30千瓦时/吨。一年可节约用电200万千瓦时。三是在生料段加入节煤剂，按生料配比计。可节煤0.5~0.7%，一年按正常生产，需生石灰17万吨，可节煤850~1200吨左右，此举节约了能源，又提高了立窑的燃烧质量。

【丰茂纸业有限公司节能降耗技改建设】 2011年江川县丰茂纸业有限公司投资320万元更新锅炉，将6吨锅炉1台、4吨锅炉1台更新为15吨流化床锅炉，每年可节约425吨标准煤。

【节能培训】 2011年江川县在认真组织相关部门参加省市的各种节能减排、清洁生产培训的同时，还聘请专家对江川县企业能源管理、统计等相关人员进行培训，全县共有节能减排参训人员536人次。

【工业经济发展大会】 江川县工业经济发展大会于2011年3月26日顺利召开，会上县委书记张延明作了重要讲话，表彰兑现了2010年各乡镇工业发展目标奖，县政府同县工信局签订了2011年工业经济发展目标责任书和2011年节能降耗目标责任书。

【落实消防安全生产责任状】 2011年县工信局完善各种规章制度，层层签订消防安全目标管理责任状，深入落实消防安全生产责任状。并通过督促企业签订消防安全生产责任状，企业又与车间、班组签订，车间班组又与职工个人签订，形成了纵向到底、横向到边的安全生产责任体系。在实施过程中，进行动态跟踪检查，确保消防安全生产责任制落到实处。

【开展消防安全生产大检查】 2011年县工信局领导带队检查2次，组织全面性安全大检查6次：春节安全大检查、6月份半年安全大检查、中秋、国庆节安全检查和冬春安全大检查。对于一般问题及时督促进行整改，问题比较严重的，采取了强制整改措施。

【盐业市场监管】 2011年共出动执法人员85人次、车辆45台次，检查各类零售集贸市场12个，检查食盐零售经营户138户，检查食品、饲料加工企业7户，检查学校食堂18个，检查民工食堂12个，检查旅游景区宾馆(饭店)96个。共查处案件数5件，查处违规盐产品数量1吨。

【盐业法律法规宣传】 江川县盐务局利用“3·15”消费者权益日、“5·15”消除碘缺乏病危害宣传日积极组织参与工商、卫生等相关部门联合开展的宣传活动。在日常工作中盐政执法人员积极深入农村集贸市场，在乡村人员比较集中的集市天设点对人民群众宣传《食盐专营办法》、《食盐加碘消除碘缺乏危害管理条例》和《云南省盐业管理条例》等盐业法律、法规及真假食盐的鉴别方法，在宣传过程中共发放宣传资料4000多份，接受群众咨询200人次，让广大人民群众认识食用合格碘盐的重要性，逐步增强人民群众自我保护意识。

(张秀珍)

【名牌产品创建】 2011年江川县中小企业获得云南省著名商标企业5户，获得云南省名牌产品企业3户；获得国家级、省级农产品加工龙头企业1户(云南宏斌绿色食品有限公司)；获得玉溪市农产品加工龙头企业3户(阳光、卓一、天丽)。

【重点产业发展】 2011年江川县四大优势产业完成总产值214090万元，占全县总产值的62.94%，工业增加值60960万元，占58.7%，上交税金8440万元，占63.6%。其中磷化工企业46户，完成工业总产值84075万元，比2010年同期76970万元增长9.2%，上交税金5772万元，比上年同期8350万元下降30.9%，从业人员3559人，同比增长5.4%；纸制品包装企业41户，完成总产值31283万元，比上年同期29584万元增长5.74%，上交税金574万元，同比增长2.14%，从业人员2049人，同比下降6.35%；农副产品加工企业359户，实现总产值57410万元，比上年同期46824万元增长22.6%，上交税金949万元，比上年同期265万元增长258.1%，从业人员2840人，同比增长11.2%；建筑建材业128户，完成总产值41322万元，比上年同期46987万元下降12.1%，上交税金1145万元，比上年同期1641.2万元下降30.2%，从业人员2895人，同比增长1.9%；四大优势产业总产值214090万元，占全县总产值的62.94%，工业增加值60960万元，占58.7%，上交税金8440万元，占63.6%。

【特色产业主要经济指标】 2011年江川县烟花爆竹业19户，完成总产值10547万元，比上年增加3234万元，增长44.2%，实现工业增加值3164万元，同比增长188.4%，上交税金50万元，同比增长22%，从业人员2422人，同比增长6%；青铜制品业14户，完成总产值2408万元，比上年同期2342万元，增长2.8%，实现工业增加值782万元，同比增长26.9%，上交税金39万元，比上年同期121.7万元下降67.9%，从业人员120人，同比下降9.1%。

（莫家惠）

【商务主要经济指标完成情况】 2011年，全县实施招商引资项目33个，其中新建设项目27个，上年结转项目6个，实际到位资金115145万元，其中引进县外国内资金114675万元，同比增60%，引进市外国内资金105245万元，同比增58%，引进省外国内资金95683万元，同比增85%。完成市政府全年考核目标任务90000万元的106%；完成进出口总值7956万美元，同比增1499万美元，增长23.2%，完成市政府年度目标任务7100万元的112.1%；全县实现社会消费零售总额117363万元，同比增长18.5%；全县销售汽柴油35025.78吨，同比增5437.52吨，增长18.38%，其中：销售汽油12466.19吨，同比增1374.64吨，增长12.39%，销售柴油22559.59吨，同比增4062.88吨，增长21.97%；全县共屠宰生猪61709头，同比减480头，减0.8%；全县家电下乡备案新增销售网点22户，全部备案销售网点达47户，共计销售彩电、手机、洗衣机、微波炉、电磁炉等8大类家电下乡商品16395台(件)，同比增长3391台(件)。销售金额4309.89万元，同比增长1445.77万元。发放家电下乡补贴16385台(件)，计507.62万元，兑现率99.93%。

【招商引资】 2011年，江川的招商以大公司大集团进入为支撑，项目规模大、投资多、推进快为特点，“仙湖锦绣”项目落户江川后，蜂花效应逐步体现，先后有上亿元的11大项目跟进。一是招商引资工作机制有创新。建立完善招商引资责任机制，形成“一级抓一级、层层有人抓”的格局，做到年初有指标、年中有督促、年底有考核。制订2012年招商引资目标考核奖励办法，重大项目实施领导联系推进制，将市县的招商引资指标分解到各乡镇和有关部门，并签订责任书，纳入综合目标考核，做到指标有分解，措施有落实。二是着力推进重点招商引资项目。(1)“仙湖锦绣”项目。投资规模为450亿元人民币，项目占地3万多亩。投资1.5亿元，总长9.5千米的“仙湖锦绣”景观大道已建成。2011年末到位资金6.1425亿元；(2)金色抚仙湖生态旅游国际公寓(即九龙国际会议中心)。项目总投资4.6亿，2011年末项目实际到位资金45200万元，其中年内到位资金15675万元。(3)云南农业科技园项目。该项目拟投资6亿元，规划面积6000亩，核心区2345亩，2011年末项目到位资金9180万元，年内到位2850万元。(4)广东联塑科技实业有限公司年产10万吨塑料管道项目。项目占地面积350亩，固定资产总投资3.2亿元。该项目在昆交会上签约，已打入定金300万元，年内已完成三通一平工作。(5)古滇国城项目。项目占地246.3亩，2011年末到位资金21800万元。(6)中广核风能发电项目。项目协议总投资为10亿元。公司投资250万元建设6个测风塔，经检测江川梁王山和老尖山区域的风速达到建设风电场的要求。正作可研待批。三是多渠道招商引资成效明显。(1)会展招商效果好。利用“第十九昆交会”及第四届省生物产业发展大会、第八届“东博会”平台，多渠道宣传推介江川，发放江川招商引资精美图册资料8 00多份，进行专题项目推介17个，意向洽谈项目3个。(2)加大项目储备及宣传推介力度。整理、筛选17个优质重点招商引资项目，在昆交会上推介发布，着力引进投资商。(3)江川参展四户企业展位布展规模大、档次高、设计效果佳，所展鲜活大头鱼、真白鱼、盐水鱼及各类酱菜深受国内外客商的喜爱，许多国内外客商分别与三户企业进行了洽谈，订货，会议期间三户企业实现销售额63.5万元。(4)强化网络招商工作。加强网站日常维护和计算机信息安全管理工作。积极利用网络开展网上招商，江川商务网共发布信息33条，宣传江川投资环境、优势产业和重点招商引资项目。

【进出口贸易】 一是至力于出口产品结构调整，加快出口产品由附加值低的初级产品向高附加值的工业制成品、高新农产品转变，进一步壮大出口主

体，挖掘出口潜力，扩大出口规模。二是全力做好对企业的服务工作，为7户企业9个项目争取国际市场开拓资金72.43万元，为2户外资企业申报“双优外资企业”，积极协助花炮企业申报进出口经营权。三是高度重视农业产业化、新型工业化的发展，调整发展战略，积极加快蔬菜、花卉等农产品基地建设，强化农产品质量安全体系建设和出口基地注册备案培训与服务工作。积极推进农产品出口基地建设，初步形成以区域化生产、专业化种植、规模化经营、特色突出的外向型农业产业带。出口产品已从单纯的磷化工产品，扩大到萝卜丝(条)、花卉、魔芋精粉、鲜切花等十多个品种，贸易伙伴达30个国家和地区。农产品出口由上年两类增加到三类，占全县出口一半以上，呈现强劲增长势头。年末全县有进出口经营实绩的企业户数增至11户。

【市场建设】 一是拉动内需，促进消费效果显著。深入开展“家电下乡”、“汽车、摩托车下乡”工作，农村消费潜力得到有效释放，全县消费品市场持续繁荣，需求旺盛。进一步做好《江川县商业网点规划》工作，着力构建便利惠民的生活服务业体系，开展城市再生资源回收体系建设、商业节能降耗及市场诚信体系建设工作，加强生猪、成品油、酒类流通等重要商品管理，积极发展家政服务业及餐饮业，加大百信集团、平一超市、江川大街市场等内贸企业的提档升级，有力促进城乡消费市场的快速增长。二是市场建设工作有序推进，重点突出。积极推进乡镇市场建设，有效解决了部分农村交通以路为市的状况，搭建了农村交易平台，完善了农村流通网络。废旧物资收购市场基本建成，大街市场已立为省双百市场建设工程，古滇商贸城、星云电影院片区商城建设项目已启动。三是稳步推进江川县大街市场提档升级改造。江川县人民政府与宜良福万家购物中心于2011年4月7日签订了江川县大街市场提档升级改造投资项目合同书。项目东连明珠路，南连仁和街，西连抚仙路，北连宝凤路，占地约41亩。项目投资规模不低于4000万元人民币，合作期限为25年。四是强化市场调控及监督。加强生猪屠宰管理，推进屠宰场提档升级，确保猪肉质量安全。全年出动执法人员5065人次，同比增825人次，出动车辆2900车次，同比增262车次，检查经营户3031户，同比减256户。由于工作到位，措施得力，违法案件逐步减少，全年查处违法违章经营案件3件，罚款13000元，有效地净化了生猪产品市场，保障全县人民吃上了“放心肉”。认真落实《玉溪市生活必需品市场供应突发事件应急预案》要求，强化市场监督，建立信息畅通的监测机制和商品供应异动报告制度，组织开展食品安全整治和节庆日市场检查，全县消费品市场运行平衡，货源充足，猪肉、食用油等重要生活必需品供应正常、价格平衡。认真做好酒类流通备案工作，对重点商场、重点商品进行节假日监测上报。五是积极做好成品油管理工作。加强对全县成品油市场的监管。集中时间、集中精力对全县范围内的加油站进行了检查和验收。切实加强经营成品油企业的监督。规范了经营秩序，保持了成品油市场物价的稳定和供应安全。加强市场稽查，严肃查处严厉打击各类违法违规行为，加强舆论宣传工作，营造工作氛围，积极与中石化、中石油进行沟通协调，制定并完善江川县柴油供应应急预案，敦促流通企业改善配送服务，维护正常经营秩序，保证了全县成品油市场稳定。

【科技项目申报管理】 2011年共向国家、省、市申报科技项目15个，实际立项8个，其中，国家级科技项目1个，省级科技项目5个，市级科级项目2个；组织云南宏斌绿色食品有限公司开展“云南小米辣研究开发中心”工作，组织云南江磷集团开展“一碳技术中心”工作；组织实施省级科技项目《利用禽骨提取物生产高级调味品研究及产业示范》和市级科技项目《玉溪市酱咸菜行业技术中心》并顺利通过验收。

（刘光启）

【玉溪市2011年“全国科普日”活动在江川启动】 2011年9月16日，玉溪市2011年“全国科普日”启动仪式及主体活动在江川体育馆广场隆重举行，此次活动的主题是“节约能源资源，保护生态环境，保障安全健康，促进创新创造”。活动主要围绕“水情、水利、水资源”开展。活动共有省市县二十多家单位参加，活动内容主要有科普大篷车，科普仪器展示及实物操作，火箭、卫星展示及放飞表演，科普讲座，科普培训，科普趣味知识有奖竞猜，青少年现场科技绘画，科普宣传等。县属各企事业单位、中小学生、大街社区居民6700人参加了活动。共展出展板141块，发放各种科普资料9600份(册)，接受群众咨询160人次，免费发放药品8种700份；举办科普趣味知识有奖竞猜发放奖品450份；举办科普知识讲座7个班听众921人。组织青年科普志愿者150人郑重承诺：“节约用水，从我做起”；组织科普进机关活动，深入到县级21个机关进行科普宣传，发放书籍、光盘42套，其他科普宣传用品2种近万份。

【科技成果推荐】 2011年，科技部门人员组织大街小学3个科技成果申报玉溪市科学技术奖励，1项被评为市科学技术三等奖。

【知识产权管理】 开展2011年“4·26知识产权宣传周”、“科技活动周”和全国科普日活动，开展知识产权宣传和咨询服务，发放知识产权宣传资料3000余份。

【专利服务】 2011年申请专利15件，其中申请发明专利4件，实用新型9件，外观设计2件(另有云南宏斌绿色食品有限公司引进发明专利2件)，对专利发明人实施扶持1人，资金1万元。

【科技合作与交流】 组织县域10户重点企业参加2011沪滇科技交流活动，调研企业技术需求，组织企业科技洽谈，促成江川金兰园艺公司同上海交通大学签订科技合作攻关协议。

【科技项目“四项认定”申报】 2011年10月，组织云南丰达绿色产业有限责任公司、云南宏斌绿色食品有限公司开展云南省农业科技示范园认定工作，组织江川县皇壮牧业有限公司开展云南省优质种业基地认定工作，组织云南宏斌绿色食品有限公司、云南阳光食品有限公司开展云南省农产品深加工科技型企业认定工作，组织2名科技人员开展云南省农村科技辅导员认定工作，1名科技人员开展云南省科技特派员认定工作。

【高新技术企业、科技创新型企业培育】 深入企业调查研究，做好企业科技工作业务指导，解决申报工作中存在的实际困难，组织云南宏斌绿色食品有限公司开展高新技术企业申报工作，解决了申报工作所涉的知识产权关键问题，完善了各种申报材料，使企业具备了申报条件，已经向省科技厅申报，等待省科技厅审批；组织云南阳光食品有限公司申报云南省创新型试点企业，已经向省科技厅申报，等待审批。

【云南省科技型农村经济合作组织认定】 2011年6月，经云南省科技厅组织专家评审论证、厅长办公会议审议、公示等程序，批准认定江川天丽脱水蔬菜产销协会经济合作组织为第一批云南省科技型农村经济合作组织。

【利用畜禽鲜骨提取物生产调味品研究及产业化示范项目通过验收】 2011年12月14日，云南卓一食品有限公司实施的省级科技项目“利用畜禽鲜骨提取物生产新型调味品的研究及产业示范”顺利通过市科技局组织的省、市专家验收。“利用畜禽鲜骨提取物生产新型调味品的研究及产业示范”由省科技厅立项，项目编号2010ED029，实施时间2年，研发内容为用畜禽鲜骨提取物生产新型调味品及产业示范。项目实施期间，云南卓一食品有限公司严格执行科技计划任务书要求，切实组织实施项目研发内容，建成一条年产4000吨的鲜骨系列调味品生产线，将鲜骨提取物广泛应用在公司的骨粒香、大骨浓白汤、米线骨汤精、菌鸡汁、菌骨汁、粟油魔膏、骨髓浸膏、魔精、透骨鲜等系列产品，市场美誉度高，受到广大消费者的一致好评。实现年产骨粒香为代表的系列产品51312件，实现销售收入1600万元，利税228万元，转移农村劳动力就业155人。

【玉溪市酱咸菜行业工程技术研究中心通过验收】 2011年12月15日，由玉溪市科技局牵头，会同市财政局、市农业局及行业有关专家组成考核验收组，对“玉溪市酱咸菜行业工程技术研究中心”科技项目进行考核验收。“玉溪市酱咸菜行业工程技术研究中心”项目为市级科技项目，由云南阳光食品有限公司承担，项目实施时间2年。工作期间，市县科技主管部门认真组织企业按照科技计划任务书要求开展建设工作，投入1600多万元建成了建筑面积3800平方米的研发大楼，完成了100亩阳光野鸭湖自有优良品种试验示范基地建设，申请外观设计专利6项，授权4项，完成剁红米辣、剁绿米辣、香草酸汤调料、美味米辣、开心大蒜和甜脆藠头等6个新产品的开发，投入市场后取得了较好的经济效益，引进各类专业人才25人，其中，本科以上12人，大专13人。2009年实现销售收入6396万元，2010年实现销售收入7059万元。考核组对照科技计划任务书要求，经认真审阅材料、听取汇报，实地查看，并对有关问题进行了质询和讨论后，考核组一致认为，该项目资金到位，使用合理，提供技术资料完整，管理措施到位，人员结构合理，圆满完成了科技计划任务书规定的各项考核指标，同意验收认定为玉溪市酱咸菜行业工程技术研究中心。

（龚绍祥）

【行政审批和电子监察系统建设】 2011年江川县按《玉溪市人民政府办公室关于开展行政审批和电子监察系统建设工作的通知》要求成立了江川县推进行政审批和电子监察工作领导小组，由副县长刘振环任组长，纪委副书记、监察局局长范江应任副组长，政府办、法制办、工信局、政务中心、电信局等领导组成的工作领导机构，明确了工作职责，按期按质完成了行政审批和电子监察系统建设。该系统于2011年6月底建成，7月底调试正常进行试运行，11月13日完成了行政审批和电子监察系统设备租用移交和电子监察系统运行参数测试等工作，通过了市行政审批和电子监察系统建设领导小组的验收。

【推进新一代公众移动通信建设】 2011年江川县为保障移动通信建设顺利有序进行，县工信局分别对拟选站址周围无线电台站、易燃易爆设施、风景名胜、学校等方面的情况进行了勘验论证，并报送市工信委审批，并由中国电信、移动及联通江川分公司加强了公众移动通信江川设施建设，分别建设60多座GSM、CDMA2000和WCDMA系统移动通信基站。

【建成工程项目建设领域信息和信用信息公开共享专栏】 为推进工程建设领域项目信息公开和诚信体系建设，江川县按省、市要求，以政府网站——江川网为依托，于2011年12月12日建成了江川县工程建设领域项目信息和信用信息公开共享专栏。该专栏集中公开项目信息、信用信息等，信息内容基本覆盖项目管理的各个重要环节和从业单位的信用状况。

（罗海清）

粮　食

【概　述】　2011年，粮食局深入贯彻落实科学发展观，以确保全县粮油市场供应和价格基本稳定及粮食安全为目标，认真履行部门职能，切实抓好粮油购销、军粮供应、市场调控、储备粮管理、市场监管等重点工作，为确保全县粮食安全和促进全县经济平稳较快发展、社会和谐稳定做出了积极贡献。

【机构设置】　县编委核定粮食局编制数9人(不含工勤人员)，其中，局长1人、副局长2人。内设办公室、储备军供财务股、市场管理股三个内设机构。2011年末，粮食局实有人员10人，其中，局长1人、副局长2人、股室领导4人、工勤1人，退休职工13人。下属国有粮食企业两户(江川县粮食收储有限公司、云南江川军粮供应站)，有在岗职工38人，退休职工59人。

【粮油购销】　2011年，国有粮食企业购进粮食11792吨，比上年增4744吨。其中：县内收购880吨，比上年增846吨，县外调入10912吨，比上年增3906吨；收购、兑换、调入油菜籽1045吨，比上年增167吨。其中：县内收购、兑换688吨，比上年增271吨，县外调入357吨，比上年减少104吨；销售粮食8232吨，比上年减少75吨，销售菜油245吨，比上年增18吨。

【粮油加工】　2011年，国有粮食企业加工油菜籽1062吨，出油率34.27%，生产菜油364吨；加工稻谷532吨，出米率69.36%，生产大米369吨。

【经济效益】　2011年，国有粮食企业实现粮油销售收入2743.8万元，比上年减少41.5万元，其中：江川县粮食收储有限公司粮油销售收入2650.4万元，比上年减少41.6万元；其他业务收入122.6万元，比上年增加10.2万元。全年实现利润总额7.8万元，比上年减少8.3万元，其中：江川县粮食收储有限公司实现利润总额32.4万元，比上年减少7.4万元。

【粮食流通监督检查】　依法开展粮食流通监督检查，维护正常的粮食流通秩序，确保粮食质量安全。一是切实做好粮食收购许可证的检审，规范粮油收购行为。根据《粮食流通管理条例》和《粮食收购资格审核管理暂行办法》的规定，于2011年3月9～10日、9月15～20日，对全县持有粮食收购资格许可证的6户经营户进行实地检查及年度检审，年审合格率达100%；二是开展粮油收购市场监管，规范粮油收购行为，保护种粮油农民利益。在大小春粮油收购期间，对所有从事粮油收购的经营户进行巡回检查，指导督促其严格执行国家粮油收购政策，在收购场所公示收购品种、等级、质量标准、收购价格、兑换比例，接受群众监督，保护了种粮油农民利益。三是开展粮油质量专项检查，确保粮油质量安全。出动执法人员110人次，深入市场、粮油门市和企业，对全县主要从事粮油经营的41户(国有粮食企业2户、个体经营户39户)库存成品粮油质量进行全面检查。检查库存粮油4826吨，其中：大米2973吨，面条面粉125吨，食用植物油1728吨。经执法人员感观鉴别，未发现霉坏变质或不合格粮油流入口粮市场，有效防止了粮油食品安全事故的发生。

【粮油库存检查】　按照《玉溪市人民政府办公室关于开展全市食用植物油库存检查工作的通知》和《玉溪市粮食局关于开展2011年粮食库存检查工作的通知》要求，粮食局成立清仓查库工作领导小组，制定工作实施方案，于2011年3月28～31日、5月27日～6月2日，对两户国有粮食企业3月末库存粮食和5月末库存食用植物油进行了清查。出动检查人员78人次，检查粮油库点12个、仓库75个、粮油门市7个、油罐15个。经过清查，各类库存粮食、食用植物油数量真实、品质优良、账实相符、账账相符。

【储备粮油管理】　一是拟定了《江川县粮食局关于县级储备粮管理有关问题的请示》，进一步规范了江川县储备粮储存规模、价格、轮换费用、利息补贴等管理事项，完善了县级储备粮管理办法；二是建立了250吨县级食用植物油储备；三是严格执行《江川县县级储备粮管理暂行办法》，严防勤查，确保粮食储存安全。全年开展粮油储存安全检查20次，送检样品19个，代表量5271吨，根据检验结果，指导督促承储企业(江川县粮食收储有限公司)轮换县级储备粮4462吨(粳稻3962吨、小麦500吨)，继续承储省级成品粮(大米)100吨，确保储备粮数量真实、品质良好，急时调得出、用得上。

【仓库建设】　粮食收储有限公司投资244万元在江城教场粮点拆旧新建一幢占地1330平米、仓容为400万千克的仓库及围墙、场地铺筑等附属工程已全面竣工，并于2011年8月25日通过验收合格。环流薰蒸、地笼通风、电子自动测温等储粮设施配套齐全，极大的提升了国有粮食企业科学安全储粮能力。

【社会粮食供需平衡调查】　按照《粮食流通统计制度》的要求，对纳入粮食流通统计范围的41户粮食经营户每月统计上报粮食购销、加工、库存情况，每季进行一次全县粮情分析，每半年开展一次城乡居民(50户)固定粮情调查，每年进行一次全县粮食供需平衡情况统计调查，为政府和上级粮食主管部门宏观决策提供服务。

【军粮供应】　认真贯彻执行国家军粮供应政策，按照“服务优质、供应及时、坚持标准、确保质量、保障有力、操作规范”的要求，不断改进提高服务质量。指导督促军粮供应企业采取坚持定点采购、统一包装、一批一检等行之有效的措施，积极筹措粮源，保证部队日常供应、重大活动和应急用粮的供应。

【表彰奖励】 2011年11月22日，江川县2010年度粮食行政首长负责制工作被玉溪市粮食行政首长负责制考核工作领导小组考评为优秀等次。

（陈金芬）

供　电

【概　述】 2011年，公司认真学习贯彻南网中长期发展战略，以“落实战略谋发展，狠抓质量强基础”为主题，以加快一体化融合为主线，全面推进基础管理达标工作，全力做好安全生产、电网建设、营销服务、经营管理等核心业务，进一步抓好队伍建设、深化党建工作，公司继续保持了良好的发展势头。

年末，有在职职工142人，平均年龄35岁。其中，具有中专及以上文化程度的占95.77%，中级及以上专业技术资格的8人，技师及以上职业资格的3人。下设10个部门，5个供电所及营业网点。运行3座110千伏变电站，2座35千伏变电站，总变电容量27.33万千伏安。运行维护110千伏输电线路2条，总长30.97千米；35千伏输电线路3条，总长27.48千米；10千伏配电线路32条，总长524.15千米；配电变压器586台，总容量4.82万千伏安。直供客户82785户。

【经济技术指标】 全年完成供电量3.96亿千瓦时，同比上升8.61%；完成售电量3.67亿千瓦时，同比上升9.56%；综合线损率7.35%，同比下降0.8个百分点；主营业务收入1.64亿元，同比增长8.25%；利润总额141.51万元；单位可控供电成本95.61元/千千瓦时，同比下降3.16%；资产负债率13.26%，同比下降0.93个百分点；净资产收益率0.90%，同比下降2.6个百分点；当年电费回收率100%，并收回上年欠费63.94万元；综合供电可靠率99.62%，同比上升0.04个百分点；综合电压合格率96.34%，同比上升0.32个百分点。

【安全生产】 在全省县级供电企业中率先推进“安全生产风险管理体系”建设，完成了体系策划、体系知识培训、作业风险评估、管理标准编制、风险概述等工作，共编制印发管理标准57个，部门级作业风险概述5个、公司级作业风险概述1个，建立部门级风险数据库5个，公司级风险数据库1个，强化作业表单应用，着力抓好现场安全管控，公司“安全生产风险管理体系”建设取得明显成效。

不断建立健全事故应急体系，完善事故预案，整合应急队伍与应急物资有效配置，结合地理和季节特征，开展破坏性地震应急培训、演练及各类反事故演习，检验预案和应急措施的完备性。精心编制保供电方案，圆满完成“两会”、大运会等重要保供电任务。开展专题安全日、六月安全月、十月安全专项整治月等安全活动，学习反思典型案例，进行事故大讨论，发放宣传资料三千余份，检查外协施工单位资质及是否存在分包情况，梳理调度协议，落实自备电源用电协议，活动主题明确、针对性强，形成了人人关注安全，人人渴望安全的良好态势。实现安全生产百日个数3个，安全生产运行365天。

加强生产计划及停电管理，临时检修申请同比下降29.6%。提高电网风险预控能力，制定了防范大面积停电处置方案。做好设备运行管理，加强新设备验收管理，确保设备可控、在控。完善作业管理机制，优化作业计划，加强作业过程管控，员工安全意识和作业前风险评估意识明显提升。开展调度规范化建设、“变电运行基础提升年”、“配网管理提升年”等活动，提升专业管理水平。推进生产管理系统建设，完成5条输电线路，37条配电线路的全部GIS（地理信息系统）数据采集录入及983个变电设备技术参数录入。推进线损“四分”管理，管理职责进一步明晰，降损措施有力，线损有效降低。加大配电变压器监测终端、集中抄表系统和负荷控制系统的建设，以科技手段提升电网管理水平。

【营销与优质服务】 全力做好电力供应，与县政府联合召开“经济发展和大中用户用电项目情况座谈会”，实地走访客户，做好负荷增长和供电能力预测及统筹安排。实行领导挂钩机制跟踪各大重点项目，优化业扩办理流程，定期跟踪办理进度，促进客户工程尽早竣工投产，保证客户尽早用电。做好营销服务文化落地，建成了5个南网C类营业厅，开展供电所规范化建设、营业窗口“四亮四评”活动，实现了业务流程化、作业标准化、服务规范化。开展电价、客户档案专项稽查，控制营销风险。建立“三指定”专项治理常态机制。加强营销信息系统建设，通过实用化验收。加强客户安全管理，开展客户侧用电检查。查获窃电户87户，处理78户，查处办结率89.7%。加强节能减排，实施“绿色行动”。深入开展“为民服务创先争优”活动，落实“六走进”、“五落实”，分别走进5个社区、敬老院、学校开展安全用电、绿色节能活动，活动受到了广大群众和地方党委政府的一致好评。积极拓展缴费渠道，与银行合作开通电费代收业务，完成了6.9万户用户代收协议的签订，占应签订用户数的83%，其中代扣电费成功的超过5万户。第三方客户满意度73.33%，在玉溪电网县公司排名第二。

【电网规划建设】 完成江川县“十二五”农村配电网发展规划及小型基建“十二五”规划修编。开展农网升级改造工程建设，35千伏前卫变主变增容技改工程及新建35千伏九溪输变电工程顺利投产，新增变电容量2.4万千伏安；新建35千伏线路1条，线路全长

10.8千米；新建、改造10千伏架空线路4条，线路总长12.46千米。配合开展220千伏雄关，110千伏早街、棋盘山等输变电工程的前期工作。推进调度通讯综合楼建设，完成工程施工单位招标，电梯、消防系统招标及基坑设计工作。

【经营管理】 全面启动基础管理达标工作，编制完善了相应的管理制度、工作标准和工作流程，开展自检自查，不断整改完善存在问题，加强与实际工作的结合，努力提升公司各项基础管理水平。深入推进财务集约化管理，加强资金管控；推进财务信息一体化；规范银行账户管理；开展了“小金库”专项治理复查，形成长效机制；深化全面预算管理，将部门资金完成率纳入组织绩效体系，推动各项费用及时、均衡发生；推进各类审计项目，及时整改发现问题，到期整改完成率100%。改进和完善了组织绩效考评方式，有效推动各项工作，确保了各部门工作目标、责任落实到位。

【信息系统管理】 突出抓好信息安全。开展各业务一体化信息系统建设，完成生产管理、供电可靠性管理、调度管理等系统上线，完善了营销管理信息系统功能应用。

【人力资源管理】 打造适应电力企业生产的高素质员工队伍，增强企业内在发展动力，年内共举办及参加各类培训121期，参培2637人次。大力推进科技创新和人才队伍建设，大专以上学历员工占公司员工的92%以上，高技能人才比例96.7%，人才密度100%。鼓励各类专业取证，2人取得注册安全工程师资格，4人取得注册二级建造师资格，一线员工持证上岗率95.38%。组织中层管理人员参加“浙江大学创新管理研修”，促进中层管理人员观念转变及能力提升。加强普考、调考的组织，取得玉溪电网调度员技能普考团体第一、个人第二，调度自动化系统维护员技能普考个人第三的好成绩。

【表彰先进】 2011年1月，江川供电有限公司被云南电网公司评为“2009～2010年度云南电网公司文明单位”，黄坤、龚进华分别被云南电网公司评为“云南电网公司2010年度‘优质服务’先进个人”、“云南电网公司2010年度先进生产(工作)者”；2011年5月，江川供电有限公司被玉溪市人民政府授予“2008～2009年度玉溪市星级‘守合同重信用’企业(三星级)”称号。

(张　维)

供销合作

【概　述】 2011年，江川县供销合作社全面贯彻落实省、市、县委政府关于深化改革实施供销社“二次创业”文件精神，按照“强化乡村流通网络建设，增强农资服务功能，积极参与产业化工作，完善内部管理措施，为‘二次创业’夯实基础”的工作思路扎实开展工作。全系统经营总额13174万元(其中：商品总销售13079万元)，实现利润182万元，化肥销售33164吨，农药销售345吨，农产品采购2681万元，发展“两社一会”41个，开展各类培训1150人次(其中：中级农产品经纪人培训125人，专业合作社理事长资格培训15人)。

【农业生产资料供应】 针对2011年农资市场价格上涨，货源偏紧等不利因素，采取用社有房产和职工住房抵押贷款，动员企业职工集资，提前进行农资储备销售，勤进快销，直接配货到各销售网点节约运杂成本，配合相关职能部门开展市场清理措施。2011年累计销售(配送)各类化肥33164吨，金额6342万元；农药527吨，金额826万元；农膜34吨，金额46万元。

【农业产业化经营】 2011年，县社落实供销社参与农业产业化经营“五项”奖励措施，鼓励各基层参与农业产业化经营，各基层累计购销蔬菜24715吨，金额5178万元；完善43个专业合作社和7个蔬菜行业协会组织服务功能，切实发挥把千家万户的小生产与千变万化的大市场联系的桥梁纽带作用，组织引导当地的农产品生产经营，组织推销农产品34063吨、金额28387万元；进一步巩固安化蔬菜基地成果，充分发挥基地的辐射带动作用，在光山村开展野生食用菌人工促繁试验示范工作成效明显。

【乡村流通工程建设】 根据“省、市、县委政府关于深化改革推进供销合作社‘二次创业’的实施意见”精神，充分发挥供销社在建设农村现代流通服务网络中的重要作用，供销社认真研究，结合江川实际，明确了用三至五年时间，完成农资配送、再生资源集散市场、日用消费品配送中心、农资农产品信息及蔬菜市场五大网络建设。2011年确定发展的农资配送中心升级改造项目已争取到国家级“新网工程”项目资金50万元，完成县城农资配送中心升级改造建设。

【两社一会发展情况】 2011年发展(规范)“两社一会”41个，新发展农民专业合作社12个，规范专业合作社10个，示范专业合作社3个，新发展综合服务社8个，标准化建设综合服务社7个，农产品协会组织1个。

【农资科技培训】 为切实提高供销社的为农服务质量，2011年特邀化肥、农药生产厂家技术人员免费举办7期310人次农资营销人员和两期130人次专业合作社社员的农资科技知识培训。

【农产品经纪人培训】 为搞活农村商品流通，繁荣城乡市场，培养一批具有现代营销理念和良好综合素质的优秀农产品经纪人才，2011年开展两期410人次农产品经纪人培训，125人参加“云南省农产品经纪人”中级资格考试；组织15个专业合作社理事长参加市供销社统一的合作经济组织理事长培训。

【供销社改革发展推进会】 为认真贯彻落实《国务院关于加快供销合作社改革发展的若干意见》和省、市、县《关于深化改革推进供销合作社“二次创业”的实施意见》等文件精神，以及全国总社“全国县级供销合作社工作曲靖经验现场会”和省委省政府“全省供销合作社改革发展曲靖现场推进会”等相关会议精神，加快江川县供销社改革发展步伐，进一步发挥供销社服务“三农”的作用，县委、县政府于2011年8月30日召开“江川县供销社改革发展推进会”。会议由县委常委马利兴主持。省供销社党组成员、纪检组长、巡视员蒋必春，市政府办副秘书长廖伟，市供销社主任吕宗文、副主任瓦永云及相关科室领导，县人大副主任杨生明、副县长刘振环、县政协副主席郭开明出席会议。县供销社“二次创业”联席会议领导小组成员单位负责人，各乡镇(街道)分管领导及各基层社(公司)法人参加了会议。

会议认为：近年来，中央、省、市、县十分重视农业和农村工作，先后出台了一系列深化改革推进供销合作社“二次创业”的政策，为加快供销社改革发展提供了千载难逢的政策机遇。在新的任务、新的机遇和新的环境下，江川县供销社全面推进供销社改革与发展，并取得了很好的成绩，供销工作由恢复发展进入了加快发展的新阶段。各项经济指标保持较快增长，农村现代流通服务网络、农村社区综合服务中心和农村合作经济组织建设取得明显成效，为农服务水平不断提升。特别是在化肥、农药等重要农业生产资料供应方面，供销社系统积极组织货源，稳定农资价格，保障了市场供应，为当地的经济社会发展作了贡献，得到了党委、政府的肯定和广大农民的一致认可。

会议决定：一是原则上同意加强供销社队伍建设，下步将就人员编制及工作情况作调研；二是对供销社“二次创业”补助资金由原来的每年30万元，从2011年起追加至每年补助50万元。

(沈全锁)

江磷集团

【概　述】 2011年，公司经营班子团结带领全司员工紧紧围绕年初既定的生产经营目标创新管理模式、强化资本运作，抓技改、抢生产、搞研发、拓市场，确保了公司生产经营和各项管理工作正常开展，开创了公司集团化发展的新局面。整个集团全年累计完成现价工业总产值36572万元(其中：股份公司35182万元)，实现销售、营业收入33707万元(其中：股份公司28706万元)，实现利润3322万元(其中：股份公司2580万元)，上交税金5286万元(其中：股份公司4890万元)，出口创汇2872万美元。

公司被评为玉溪市“五星级守合同重信用企业”；公司党总支在创先争优活动中被评为玉溪市“先进基层党组织”；公司被玉溪市商务局评为“玉溪市2010年度进出口贸易先进企业”。

【股东会第十八次会议】 云南江磷集团股份有限公司股东会第十八次会议由公司董事会召集，于2011年1月18日在江川宾馆以现场方式召开。应到会股东20名，实到会股东18名，股东赵立新、刘少昆委托股东傅映敏行使表决权，代表股份总数2628万股，占公司有表决权股份总数的100%。会议符合《公司法》和《公司章程》的有关规定。会议以现场举手表决方式，审议通过《工作报告》、《2010年度财务决算》、《2010年度利润分配方案》、《2011年财务预算》、《2010年监事会工作报告》、《2011年技术改造项目议案》等决议。同意2628万股，占公司有表决权股份总数的100%，反对0股，弃权0股。

(张彦生)

【2011年职工代表大会】 2011年1月19日，云南江磷集团股份有限公司2011年职工代表大会在江川宾馆召开。会议由集团公司副总经理王六生主持。会议召开之前，公司按照民主集中制原则，选举产生了130名职工代表候选人，预备会期间，代表们审议并通过了《2011年职工代表大会代表资格审查报告》，产生了新一届职工代表。

会上，与会代表认真听取并审议了总经理万荣惠、财务部经理、工会主席傅映敏的报告。三个报告从不同角度对公司2010年所开展的各项工作进行了总结回顾，指出了当前存在的问题和不足，分析了后金融危机时代公司所面临的复杂的经济形势，结合公司实际，具体部署了2011年的各项具体目标和任务，并为完成公司“十二·五”开局之年的各项新任务提出了五个方面的保障措施。

在分组讨论中，代表们围绕会议主题，站在公司生存与可持续发展的高度，紧密结合公司实际，展开激烈讨论，提出了许多富有建设性的意见和建议，共收到代表合理化建议84份118条，涉及生产管理、营销管理、内部管理、工资福利、项目发展、宾馆管理、党群工作七个方面。

下午，公司领导代表公司分别与各生产部门签订了《经济目标责任合同》，与工会代表签订了《集体劳动合同》，并对2010年度推荐评选的12户先进集体和27名优秀个人进行了表彰和奖励。

(纳志强)

【表彰2010年度先进集体和优秀个人】 2011年1月19日，在公司职工代表大会召开期间，公司党总支对2010年度在公司“创先争优”活动和生产经营管理中作出突出贡献的磷制品分公司等12户先进集体、普家福等27名优秀个人进行表彰并授予他们荣誉称号。其中，12户先进集体中，先进单位1户：磷制品分公司；先进车间/部室2户：磷制品分公司化工三车间、集团公司

财务部；先进班组5户：磷制品分公司化工一车间电炉一班、磷制品分公司化工二车间电炉一班、金属构件分公司桶身班、西艾电器红河办事处、江川宾馆餐饮部；先进党支部1户：磷制品分公司党支部；先进工会小组2户：磷制品分公司机电车间工会小组、惠民股份工会小组；先进团支部1户：磷制品分公司机电车间团支部。27名优秀个人中，优秀员工10名：普家福、金伟、张江涛、戚常有、方婷春、何跃华、秦红迪、朱金润、黄明富、张慧莉；优秀党员5名：向林华、郑亚彬、普德凤、钟红梅、王文秀；岗位能手5名：赵建军、张江翠、张坤生、汤维江、李忠林；技术标兵5名：张二宝、陈斌、黄国兴、刘跃华、武永营；优秀工会工作者2名：龚辉、张松伟。

（张彦生）

【设立公司市场部】 2月16日，为确保公司精细化发展战略的稳步推进，延伸公司产业链，寻求新的经济增长点，经公司会议研究，决定增设公司“市场部”。其主要职责是：负责新产品营销信息的收集和整理，及时做出市场分析和预测；引导公司新产品研发方向；拟定公司新产品发展规划；制定并实施新产品营销企划方案；负责新产品品牌建设，实施市场推广及公关活动；负责新产品促销活动的策划和执行；做好新产品销售的日常事务。经总经理提名，聘任施翔为市场部副经理，主持该部门工作。

【公司被认定为玉溪市五星级守合同重信用企业】 2011年3月8日，公司被玉溪市人民政府推荐认定为玉溪市2008年至2009年度“五星级守合同重信用企业”，并在玉溪市工商行政管理局网站上予以公示，其他受到推荐认定玉溪市“五星级守合同重信用”企业的单位有19家。

（纳志强）

【完成黄磷生产装置电极自动化控制系统技改】 公司黄磷生产装置电极自动升降控制系统技术改造于2011年3月14日全面展开，年内已完成黄磷电炉操作台的安装、布线等前期工作。为了更好地执行中华人民共和国工业和信息化部颁布的《黄磷行业准入条件》、《关于贯彻落实〈黄磷行业准入条件〉工作的通知》及2011年集团公司职工代表大会提出的“以磷为主、环保优先、精细化多元发展”的战略目标，磷制品分公司在集团公司的领导下，抓住机会，利用错峰的时机对黄磷电炉生产电极自动升降系统进行技术改造，在借鉴同行厂家实践经验的基础上，结合本公司黄磷生产实际，分公司对2#、3#、4#、5#、6#黄磷电炉电极自动升降控制系统进行全面改造。

该项工程由昆明浩坤节能科技有限公司全面负责设计、制作、安装，至装置全面恢复生产时进行调试。预计投入资金76万元。此技改项目的实施，将为减轻工人的劳动强度，降低生产成本，实现工艺平稳及高产、稳产创造条件。

（李　川）

【组队参加工会知识竞赛】 3月23、24日，江川县总工会举办的以“共创生态县，建功十二五”为主题的工会知识竞赛在江川宾馆落下帷幕。江磷集团代表队荣获三等奖，1名队员获优秀队员奖。

本次工会知识竞赛是由县、市、省逐级竞赛选拔进入全国工会知识竞赛的一次全国性工会普法宣传活动。公司工会委员会对本次活动高度重视并精心组织。于2月14日完成了报名工作，公司参赛队员在时间紧、任务重、不脱岗的情况下，利用休息时间自学《工会基础知识读本》、《全国职工素质建设工程指导读本》和《中国工会十五大文件汇编》等资料。在全县21支代表队中以笔试第二，预赛第二的成绩进入最后决赛。预决赛过程中，队员们发挥团队精神，表现出良好的心理素质，展示了江磷员工的良好精神风貌，此次活动，让广大职工了解工会、融入工会、宣传工会，增强了工会凝聚力，促进了公司党群共建工作的开展。

【玉溪市工商联指导组莅临公司指导“创先争优”活动】 2011年4月7日，玉溪市工商联“创先争优”指导组在江川县委统战部、县工商联等领导的陪同下，一行9人莅临公司检查指导非公经济组织开展“创先争优”活动情况。

公司党总支书记、董事长万荣惠就公司生产经营情况以及公司“创先争优”活动开展情况进行了汇报，他指出，公司党群工作在改制后不仅没有弱化，反而得到了进一步加强。在开展“创先争优”活动中，公司党总支按照上级党委统一部署，制订实施方案，各基层党支部结合实际制定创建目标，按步骤分阶段整体推进，目前活动开展有序、组织保障有力。公司“创先争优”活动开展主要围绕“以磷为主、环保优先、精细化多元发展”这个企业战略，推动化工生产中“三废”治理开发利用研究，专门成立了以党员带头的精细化项目攻关小组，正在进行利用尾气作燃料生产500吨/日石灰项目、下游产品磷酸脲等4个开发项目的研究，不断增加公司新的经济增长点。在组织建设上，力求企业生产经营活动延伸到哪里，党组织就建立到哪里，党员发展上，力求要把党员培养成骨干，又要把骨干培养成党员的思想，最终逐步实现每个班组岗位上都有党员的目标。公司党总支委员、创先争优办公室主任张彦生同志还就公司开展创先争优活动以来所做的工作及取得的阶段性成效进行了书面交流汇报。

听取了公司汇报后，市委统战部副部长、党组书记沐爱斌充分肯定了公司在创先争优活动中所做的工作，他认为，江磷集团创先争优活动在江川县委、经贸党委的领导下，紧紧围绕企业生产经营中心，活动有序、保障有力，取得了明显成效。一是突出了“五个抓”，即：抓切入点、抓学习、抓典型、抓党群共建、抓组织建设等方面工作扎实有效；二是取得了两个方面的成效，即：一方面活动促进了公司的发展，去年经济指标实现了两位数增长，另一方面扩大了组织的覆盖，壮大了党员队伍，加强了党的建设；三是归纳出三点经验，即：一是在围绕中心，服务发展上做得较好，要认真总结；二是在如何发挥党员的主观能动作用，变被动为主动方面的经验；三是以活动创建促进了企业的和谐发展。会上，沐书记还就公司“创先争优”活动进行了点评，并提出“一点要求二点建议”，即要求公司下一步认真总结，完善材料，在非公经济组织创先争优活动中树立典型；建议一要继续抓好党员公开承诺制度，坚持一年一承诺，一年一考评，将个人承诺真正作为推动公司创先争优活动开展最有效的办法；二是注重总结，将“创先争优”活动中的典型事例进行认真总结、推广，巩固和发展公司创先争优成果。

县委统战部部长刘跃宁、副部长徐丽华，县委组织部副部长李德坤、县工商联主席杨金满、县工业商贸和科技信息局党委书记韩良等参加会议。

（张松伟）

【江川宾馆举行消防安全知识培训及实作演练】 2011年3月11日，江川宾馆组织74名员工在二楼会议室参加了消防安全知识培训，并举行模拟餐厅液化气着火和客房火灾自救演练。

此次消防安全培训的目的是进一步提高酒店消防安全管理，加强员工消防安全意识，以及火灾逃生自救实作演练。培训内容主要以酒店所配备的消防设备、设施为主，对员工进行设备“四懂三会”的运用技能学习，培训会上还针对火灾的危害性、灭火器的使用方法及注意事项等内容，联系实例对火警情况的紧急处理、火灾案例分析、疏散逃生方法等进行了讲解。

演练第一现场设在停车场，全体员工参加了液化气罐着火，如何使用灭火器的实作演练。在消防员的指导下，员工们基本能够掌握灭火器的使用方法和要领；演练第二现场设在客房部北楼，模拟情景为当现场发生火险时，灭火器、消火栓等消防设施的使用方法，员工的疏散顺序、发生火险时的紧急逃生路线和紧急应对方法。

培训结束后，全部员工的实作演练考核均为合格。通过此次培训，员工充分认识到了消防安全的重要性，提高了自救、扑救能力，增强了消防安全意识，进一步提高了全员消防安全防范技能。

（刘爱萍）

【公司正式启动安全标准化宣贯暨第一期培训】 2011年5月10日，公司安全标准化贯标培训在江川宾馆四楼会议室举行，磷制品分公司班组长及以上管理人员、企管开发部全体成员、进出口公司全体成员及其他职能部门负责人共87人参加了培训。本次贯标培训由公司副总经理王六生主持。玉溪市安监局副局长李之泽、玉溪市安监局危化科科长朱绍奇、江川县安监局局长蒋文、副局长杨有平、危化股股长王存富等领导到培训现场指导，公司董事长、总经理万荣惠作贯标宣传动员讲话，昆明阳光科技工程有限公司李建兴、何孝忠两位老师受邀担任授课主讲。

培训重点从安全标准化的概念及产生的背景、安全标准化实施的好处和意义、安全标准化通用规范（AQ3013～2008)、安全标准化申请及考评过程、如何开展风险分析评价、安全标准化的工作计划及任务分工和要求、如何开展风险分析评价等七个方面进行了讲解，并详细介绍了安全标准化的10个一级要素和53个二级要素。

本次培训是公司推行安全标准化的首次培训，时间约9个小时。通过此次培训，职工对安全标准化的申请和考核过程、一级要素和二级要素，以及如何进行风险分析评价等相关知识有了初步了解，为公司下一步开展安全标准化工作具体实施工作打下了良好的基础。

（张玲芬）

【参加市县建党90周年演讲比赛】 公司党总支创先争优领导小组通过选拔、推荐青年党员，参加市、县举行的建党90周年演讲比赛。公司共推荐3名选手代表江川县工信局党委参加5月23日县举办的演讲比赛荣获组织奖；公司推荐的1名选手代表县参加5月26日玉溪市非公经济组织举行的演讲比赛荣获二等奖，潘蕾同志被遴选为玉溪市非公经济组织演讲比赛参赛选手，代表玉溪市角逐全省非公经济组织“党旗下的誓言”演讲比赛。

【江磷集团党总支获玉溪市先进基层党组织称号】 2011年6月29日，中共云南江磷集团股份有限公司党总支委员会开展“创先争优”活动取得初步成果，被中共玉溪市委授予“玉溪市先进基层党组织”称号。

（张松伟）

【省市县质监部门审核组到公司开展工业品生产现场审查】 6月24日，由云南省质检院检验所所长他德洪、检验审核员李光兰，玉溪市综合技术检测中心副主任严春荣，江川县质监局纪检组长候宝慧组成的审核组到公司开展工业产品生产许可证换证的现场审查，公司副总经理王六生、企管部经理饶志臻、磷制品分公司质检科科长黄国兴、生产技术科副科长宋成发陪同并参加了本次审查。

现场审查之前，公司副总经理王六生就公司工业产品的生产状况及装置运行情况向审核组做了介绍，随后审查组在公司相关人员的带领下到各个车间实地查看、抽取样品。审查组通过现场审查，共发现3项轻微不符合项，根据考核办法，审核组对公司提出了整改要求。年内，公司按要求完成了整改。

此次现场审查对公司取得全国工业产品生产许可证奠定了坚实的基础。

（张玲芬）

【黄磷尾气环境整治综合利用——500吨/日石灰项目启动】 2011年9月28日下午2：30，公司黄磷尾气环境整治综合利用——日产500吨石灰项目启动会议在磷制品分公司二楼会议室召开，项目领导小组全体成员参加会议，会议由集团公司副总经理王六生主持。王六生首先宣读了集团公司关于成立黄磷尾气环境整治项目领导小组的通知，对召开会议的目的进行了说明，同时要求尽快组织项目实施，加快项目的建设进度。公司总经理、项目领导小组组长万荣惠对项目的建设背景、建设意义、准备工作、竣工时间等方面提出了具体要求和指导性意见。

（李　川）

【创建全国工会“职工书屋”示范点】

为进一步加强企业文化阵地建设。在县总工会的指导下，集团公司工会于2011年7月27日申请获准，被列为2011年玉溪市、江川县首户“全国工会‘职工书屋’示范点建设单位”之一。集团公司工会在精心组织，统筹安排，科学选址的基础上，拟订计划、确立方案、制定制度和管理运作模式，并于2011年8月起正式启动了“职工书屋”示范点创建工作。

公司工会采取积极措施，推动“职工书屋”建设进程：一是广泛宣传职工书屋建设的意义，充分发挥工会“大学校”的文化阵地作用；二是盘活现有场地和会议桌椅资产，形成可供领导议会和职工阅读双重功能的温馨书屋，提高办公设施利用率；三是增加必要的设施投入，配置了双面书柜、期刊柜各4组，墙帖宣传，书屋建设初具雏形；四是通将公司各职能部门多年以来收藏的图书、杂志、音像制品等重新收集、整理，移交职工书屋统一管理，共享书刊资源；五是积极协调和争取中华全国总工会赠送价值2万元的图书资料，以增加书屋的藏书量，不断满足员工日益增长的文化生活需要。截至8月底，职工书屋共收集图书、杂志、音像制品等藏书资料1650余册，涉及文史、科普、经济、文化等多类图书，年内，已进入微机编目录入及上架阶段。公司工会将按照“边建设、边使用、边完善、循序渐进、逐步提高”的原则，积极筹措资金，不断丰富各类藏书，确保职工书屋创建工作通过省总工会委托市总工会的考核验收。全国工会“职工书屋”的建成和使用，将为集团公司开展党群共建创先争优活动，实施“创建学习型组织、争做知识型职工”搭建良好的平台，促进全司员工文化素质的不断提升。

（张松伟）

【落实2011年职代会职工代表所提合理化建议】 2011年1月19日公司职工代表大会召开之际，共收集到职工代表提出的合理化建议和意见98份，经整理归纳，共分7大类141条，其中，生产管理类33条，营销管理类7条，企业发展类19条，内部管理类33条，薪酬福利类33条，党群工作类6条，其他类10条。

2011年12月8日，公司主要领导与工会领导一起，就年初职代会期间代表所提意见和建议的落实情况逐条进行了检查，对实际工作过程中难以解决和落实的建议或意见予以说明，形成书面答复。

（张彦生）

【公司开展2011年度质量管理体系内部审核】 2011年10月11日，公司组织开展了本年度ISO质量管理体系的内部审核工作，审核范围包括公司工业黄磷、工业赤磷、工业磷酸、食品磷酸，超细赤磷、五氧化二磷、黄磷包装桶的生产制造和服务所涉及的公司内各部门、场所和过程。

按照审核计划安排，上午8：30，公司内部审核小组分别按照首次会议、现场审核、末次会议，以及编制和发布审核报告四项内容对各受审核部门进行了审核。本次内审共发现2个不符合项，2个不符合项均为一般不符合项，所有不符合项均于10月13日前采取了有效的纠正措施，经跟踪验证所采取的纠正措施有效。

（潘　蕾）

【CQC云南评审中心对公司ISO9001质量管理体系进行年度审核】 2011年12月21日，CQC云南评审中心一行四人组成的审核组对公司ISO9001质量管理体系运行进行了年度监督审核，

上午9：00，审核组组长车骏主持召开了首次会议，公司总经理万荣惠、副总经理、管理者代表王六生、副总经理傅映敏，各部门主要负责人及公司内部审核员参加会议；之后审核组成员按计划对公司受审部门进行审核，审核范围包括公司工业黄磷、工业赤磷、工业磷酸、食品磷酸、超细赤磷、五氧化二磷、黄磷包装桶的生产制造和服务所涉及的公司各部门、场所和过程；17：00，审核组召开末次会议，通报了监督审核结果。本次审核共发现一般不符合项3项，无观察项和严重不符合项，所有不符合项均按规定时限予以关闭。

（纳志强）

【江磷集团成功收购实龙公司全部资产】 2011年11月11日，云南江磷集团股份有限公司就与云南江川实龙精细磷化工有限公司双方达成了一个初步合作协议，即：以1680万元的现金收购实龙公司两套黄磷生产装置及现有资产、物资，实龙公司的员工按双向选择原则接收。12月20日，云南江磷集团股份有限公司收购云南江川实龙精细磷化工有限公司黄磷生产装置谈判正式达成，双方正式签署《资产转让合同》。收购实龙公司后，云南江磷集团股份有限公司的黄磷生产能力将有一个跨越式的提高，企业市场竞争力将进一步增强。

（张彦生）

【举行安全标准化创建工作第二期培训】 2011年12月13日，由公司安全标准化领导小组牵头，在江川宾馆组织开展了为期一天(12学时)的安全生产标准化创建工作业务培训，公司班组长以上管理人员95人参加了此次培训，培训会由公司安全环保部经理饶志臻主持，阳光公司2位专家应公司邀请担任授课主讲。

此次培训的内容主要是国家安监总局2011年9月16日制定的《危险化学品从业单位安全生产标准化评审工作管理办法》，以及2011年6月制定的《危险化学品从业单位安全生产标准化评审标准》，整个授课过程紧紧围绕“评审标准”12大A级要素55个B级要素，逐级逐条进行了详细讲解，进一步强调企业应该怎么做，做到什么程度，授课过程中还结合危化品作业现场存在的问题及需要改进的意见进行了交流，会中穿插职工互动环节，对不熟悉或有疑问的问题进行提问答复，会议取得了预期的培训效果。

【组织职工职业健康检查】 按照职业健康监护技术规范及创建安全标准化工作要求，公司于2011年11月6～11日组织从事化工生产的417名(应查)职工参加了由江川县疾控中心负责的职业健康检查。此次职工职业健康检查是根据从业人员在生产过程中产生的物理、化学、生物有害因素、可能发生的有害因素以及在生产环境中有害因素三个来源，按照职业卫生基本任务(识别、评价和控制工作场所，为劳动者提供健康、舒适的工作环境，以保护和促进劳动者健康)，针对不同岗位确定采取检查范围、内容及时限周期，参加职业健康检查的416名(1人孕未检)职工均未发现疑似职业病。11月11日、14日，公司还组织了106名非化工生产职工到江川县人民医院进行了健康检查。至此，公司职业健康检查和体检达到了全员覆盖。

(张松伟)

【江磷文苑房地产项目正式开盘预售】

9月30日，江磷房地产公司召开了董事会临时会议，专题研讨“江磷文苑”的预售方案，以及上报一房一价方案，审议通过了对江磷集团内部员工购房给予优惠的方案。从10月初至11月23日，经过大量的筹备工作后，“江磷文苑”项目终于取得由江川县房管所颁发的《商品房预售许可证明》，这标志着公司开发的“江磷文苑”楼盘项目正式进入房屋预售阶段。2011年12月10日，江磷房地产开发公司首个开发项目“江磷文苑”楼盘正式开盘预售。售房当天，“江磷文苑”在建住房共计185套开盘当天直接认购套数就达到75套。年末已经认购的住房套数已达105套。

(秦红迪)

农林·水利

编辑 盛文芬

农 业

【概 述】 根据《中共江川县委 江川县人民政府关于印发〈江川县人民政府机构改革实施意见〉的通知》、《江川县人民政府办公室关于印发江川县农业局主要职责内设机构和人员编制规定的通知》及《中共江川县委机构编制办公室关于江川县农业局所属事业单位清理规范方案的批复》精神，江川县农业局加挂江川县畜牧兽医局、江川县乡镇企业局牌子。年末，局机关内设一室两股，即：办公室、生产综合股、计划财务股；下属设置15个事业单位，即：江川县农业技术推广站、江川县植保植检站、江川县土壤肥料工作站、江川县种子管理站、云南省农业广播电视学校江川县分校(加挂江川县农民科技教育培训中心牌子)、江川县经济作物工作站、江川县经营管理站、江川县农村环保能源工作站(加挂江川县绿色食品管理办公室牌子)、江川县农机监理站、江川县农机化技术推广服务站、云南省江川县农业机械化技术学校、江川县水产技术推广站(加挂江川县水生动物防疫检疫站牌子)、江川县动物卫生监督所、江川县动物疫病预防控制中心和江川县畜禽改良站。年末实有在职人员125人，其中机关工作人员22人(行政人员20人、工勤人员2人)，事业人员103人；具有大专以上学历的69人，占职工总数的66.99%；事业人员中拥有专业技术职称的84人(其中高级职称的17人、中级职称的50人)，占实有事业人员的81.55%。

2011年，农业局以“三农”工作为重点，深入贯彻落实科学发展观，按照“围绕增收调结构、依托烤烟建产业”的思路，充分发挥区位和自然资源优势，以建设现代农业和农民增收为目标，进一步夯实基础强后劲，优化布局调结构，强推科技抓示范，粮经并举促增收，全面提升农业产业化水平，稳步提高农业综合生产能力，加快转变乡镇企业经济发展方式，确保了全县农业和农村经济继续保持平稳较快增长。

【种植业生产】 2011年实现种植业总产值(不含烤烟)达71021万元，比2010年增加1070万元，增幅1.53%；农民人均种植业收入(不含烤烟)达2933.13元，比2010年增加31.5元，增幅1.09%。全县粮经种植比例为21.43：78.57，与上年的22.29：77.71相比，经济作物比重呈上升趋势。

1. 粮食生产：2011年粮食总播种面积73427亩，比2010年减少2015亩；粮食单产达522千克，比2010年增加45千克；粮食总产达3834.45万千克(其中大春2907.95万千克、小春926.5万千克)，比2010年增加235.44万千克；粮食总产值达8706万元，比2010年减少27万元；农民人均粮食收入359.55元，比2010年减少2.7元。

2. 油料生产：2011年油料播种面积38219亩，比2010年减少1651亩；油料总产量达754.46万千克，比2010年增加318.76万千克；油料总产值达3181万元，比2010年增加1194万元；农民人均油料收入131.37元，比2010年增加48.95元。

3. 蔬菜生产：2011年蔬菜种植面积152000亩(含复种)，与上年持平；蔬菜总产量23664.81万千克，比2010年增加2751.94万千克；蔬菜总产值42614万元，比2010年减少238万元；农民人均蔬菜收入1759.93元，比2010年减少17.61元。

4. 花卉生产：2011年花卉种植面积6808亩，比2010年增加1206亩；花卉产值15427万元(含其他园艺作物产值1477万元)，比2010年增加12万元；农民人均花卉收入637.13元，比2010年减少2.3元。

5. 其它农作物生产：2011年其它农作物种植面积534亩，比2010年减少52亩；总产值达1093万元，比上年增加129万元。

【畜牧业生产】 一年来突出生猪优势产业，积极发展规模化、标准化生产，加快结构调整，转变生产方式，加强基础设施建设，强化疫病防控，努力做大做强畜牧产业，使全县畜牧业得到了长足的发展。2011年，全县完成肉蛋奶总产35813吨，同比增10.3%；出售营销仔猪1160272头，实现畜牧业现价产值54486万元。

1. 畜禽存栏：年末大牲畜存栏8683头(匹)，其中牛6386头、马936匹、驴663匹、骡698匹；生猪存栏262142头(其中能繁母猪存栏41616头)、羊14067只、家禽109.75万只、兔8546只。

2. 畜禽出栏：完成大牲畜出栏2678头(匹)，其中牛2082头、马209匹、驴264匹、骡123匹；生猪出栏253157头、羊9770只、家禽230.68万只、兔11603只。

【渔业生产】 2011年，全县渔业水面面积达162010亩，其中抚仙湖103000亩、星云湖52000亩、水库4615亩、坝塘1527亩、池塘868亩；全年生产水花鱼苗4750万尾、鱼种248吨，放养鱼种446吨，完成渔业产量3810吨，实现渔业产值6222万元。

【乡镇企业主要经济指标完成情况】 2011年，全县乡镇企业总户数(含个体工商户)达9165户，比上年增加7户；从业人员达48393人，比上年增加140人。全年乡镇企业实现增加值176055万元，同比增长18.04%，其中：私营企业116602万元，同比增长17.9%，个体工商户59453万元，同比增长18.3%；实现工业增加值117100万元，同比增长18.8%；实现乡镇企业总产值628713万元，同比增长10.16%，其中：私营企业391012万元，增长10.1%，个体工商户237701万元，同比增长10.3%；全年完成出口交货值30642万元，同比增26.97%；全年实现营业收入641410万元，同比增长11.32%，其中：私营企业400105万元，同比增长11.08%，个体工商户241305万元，同比增长11.71%；全年实现利润39073万元，同比增长5.4%，其中：私营企业28391万元，同比增长5.4%，个体工商户10682万元，同比增长5.3%；上交税金17841万元，同比增长11.95%，其中：私营企业14906万元，同比增长14.64%，个体工商户3281万元，同比增长11.79%；发放劳动者报酬50473万元，同比增长6.54%，其中：私营企业发放29756万元，同比增长6.5%，个体工商户发放20717万元，同比增长6.6%。

【试验示范】 2011年采取“六有六定”措施共实施新品种、新技术试验项目39项，创建高产示范样板4片计4.29万亩，完成间套种推广面积16.2万亩，地膜玉米覆盖面积达3.435万亩。

【病虫鼠害防治】 积极做好大小春农作物各个时期病虫鼠害预测预报工作，根据调查结果适时发布病虫鼠害防治信息，组织人员大力开展统防统治。全年共印发《江川植保信息》7期，共计145份；印发水稻病虫害综合防治措施明白卡3万份；开展农作物病虫草鼠害统防统治127万亩次，挽回粮食损失5580.4吨，农作物重大病虫害损失率控制在了4%以内。

【农民科技素质及就业技能培训】 2011年组织开展粮食、蔬菜、花卉、烤烟、仔猪、渔业等方面的科技实用技术培训1000余场次，培训人数20万余人次。其中实施农村劳动力转移培训3669人，转移就业3584人；培训新型农民613人；培训“绿色证书”农民1380人，获证500人，发放各类科技培训资料10多万份。

【农业信息化建设】 坚持以“服务农村、服务农业、服务农民”为宗旨，积极做好江川农业信息网和新农村建设网建设、维护、网络信息服务工作，通过认真组织信息源，及时向外传递江川县农产品市场供求信息，向农户传递农业生产最新科技信息，为农业增效、农民增收提供有效的信息保障。2011年共在江川农业信息网发布信息3079条、图片1195张，向市信息中心上传信息686条，图片260张。信息发布总量比上年增加2055条，增101%，网站点击率比上年增加53050次，增29.4%；“数字乡村”网共更新网页425个，发布信息736条，更新信息4170条；全年发布农产品供求类信息26条，蔬菜市场价格信息14期，发布“三农通”手机短信36条。

【农业投入品监管】 2011年共出动农业执法人员1306人次，对3015个次农药、化肥、种子、农机、畜药、饲料、农机零配件经营门市及畜禽养殖场、渔业养殖户进行监督检查，其中：检查种子门市477个次，肥料门市350个次，农药门市784个次，农机及零配件销售企业118个次，畜药、饲料门市824个次、养殖场241个次、渔业养殖户187个次。立案查处经营过期、假农(兽)药案12起，经营过期、假兽药866包(支、盒、瓶)，价值3800元；解决各类农药药害、肥害事件2起，涉及赔偿金额120482.7元，对所有违法经营行为实施行政罚款6226元，从源头上确保了江川县农产品质量安全。

【农产品质量监测】 2011年对蔬菜等主要鲜食种植业产品农药残留监测1485个，合格率达98.11%；完成省间调运检疫16批次，其中大花蕙兰10批次22700盆(株)，蔬菜6批次85吨。全年检疫生猪97.17万头，其中定点屠宰检疫生猪4.97万头，检出不合格生猪34头，分别作了高温与无害化处理，处理不合格零散部位肉2146.8千克；在大街屠宰场对瘦肉精等禁用药物进行检测，共检测猪尿液样本232份，检测合格率达100%。

【农业产业化】 2011年全县农产品加工企业已发展到16个，其中获省级龙头企业称号的有3个，市级龙头企业称号的有9个；花卉企业达15个，其

中获市级龙头企业称号的3个；新增工厂化育苗企业7个，累计达26个；农民专业合作社发展到32个，其中种植业24个，养殖业5个，服务业3个，加入农民专业合作社的成员达1780人，带动非成员农户13062户；全县累计通过认证的有机食品2个、绿色食品3个、无公害农产品3个。

【科技进村入户】 一是把与种植业有关的下属农技站、种子站、植保站、经作站、土肥站、农广校和局属生产综合股分别安排联系安化乡、九溪镇、路居镇、前卫镇、大街镇、江城镇和雄关乡，负责农业生产全程指导和协调工作。围绕农业生产、科技创新、农民增收开展科技服务，从技术、信息等方面给予全力指导，确实解决农民缺、盼、想、怨的热点、难点问题；二是在农业局下属站校中推行科技人员下村包户制度，实行每个科技人员下村包户2~4户，其中初职包2户、中职包3户、高职包4户。55名科技人员累计承包农户150户。各科技人员围绕各乡镇的主导产业，优势农产品、专业村，选择具有一定文化水平、种植业方面有一定带动力、群众公认、乐于助人的农户进行帮扶结对，尽力将其帮扶成为示范户、致富能手、科技带头人。在精心安排试验、示范、推广任务的同时，坚持以办实事、求实效，着重解决农民群众迫切需要解决的问题为突破口，直接进村入户，深入田间地头开展科技服务工作，促使被承包农户家庭人均收入均比上年增加200元以上。

【农机推广和服务】 2011年全县农机总动力达22102.53万瓦特，比上年增加2072.97万瓦特；拥有各型拖拉机4801台，其中大中型拖拉机410台，小型拖拉机4391台；拥有耕整机械7544台(套)，农用排灌机械5610台(套)，农产品初加工动力机械2652台，畜牧养殖机械2344台，渔业机械44台，农田基本建设机械116台，全县乡村农机从业人员达12500人。年内争取国家购置农业机械补贴资金200万元，补贴耕整地机械969台(微耕机963台)，田间管理机械3台，轮式拖拉机3台，插秧机1台，联合收割机2台，保鲜设备1套，受益农户1044户。全年举办拖拉机驾驶员培训4期共210人，其中新训G型114人、H型23人、K型1人，增驾72人，考试合格率达到99%。同时组织全县农机人员及农机具积极投入抗旱、春(秋)耕作业等生产环节，充分发挥农机在抢农时、抢节令、抵御农业自然灾害方面的重要作用。共组织技术人员抢修农机具10354台次，累计完成机耕面积200786亩，机播面积300亩，机电灌溉面积127019亩，机械植保面积335366亩，机收面积2140亩，农机运输作业量达2928.86万吨·千米。

【农机监理】 围绕源头管理、执法监控、宣传教育等主要环节，在全县深入开展“平安农机示范县”、“平安农机示范乡镇”创建及“农机安全三项行动”、“农机安全生产月”等活动，以“推丘”工作为契机，加大农机安全执法力度，加强农机安全隐患排查治理，从源头上确保农机安全生产管理。全年共完成办理拖拉机检验2509台，注册登记拖拉机62台，排查出无证驾驶人员90人、无牌漏检拖拉机96台，清理转移异地拖拉机15台；与机手签订《农机安全生产责任书》2500份，与购置微耕机农户签订《微型耕整机械用户责任书》1800份。

【农村节能及村容村貌整治】 2011年完成农村用户沼气池建设206口，开展沼气池巡查25155口，维护5900口；完成节能改灶1900户，退耕还林太阳能热水器建设707户；大街下大河、江城茨通铺、九溪龙泉三个村村容村貌整治项目全部竣工，11个村级沼气服务网点建成并投入使用，前卫龙泉、慈营，江城黄营3个养殖小区50立方米中型沼气池全部建设完成并完成安装调试，2004年、2005年国债沼气建设及2010年村容村貌整治项目顺利通过验收。

【农村集体资产和财务管理】 一是继续开展村组账目资金双代管。全县各乡镇农经中心共代管村组账目531套，资金28984万元，代管率达100%；二是起草出台江川县农村集体“三资”委托代理服务方案，成立机构，配备专门人员，健全了农村集体“三资”监管代理工作机制；三是组织人员对各乡镇进行“三资”清理登记，登记结果以张榜公布的形式已向群众公示完毕，年末，江川县农村集体“三资”的基本情况是：货币资金29072万元，固定资产80015万元，土地矿产资源28464亩，林地438812万元，水面28863万元，债权4459万元，债务4872万元，经济合同3244份，合同金额22029万元；四是完成了“三资”委托代理协议的签订。全县72个村(居)委会、435个村(居)民小组均根据群众意愿，自愿把集体“三资”委托代理服务机构代管，代理机构分别与被代理单位签订了委托代理协议，签订率达100%。

【农民负担监督管理】 一是认真贯彻减轻农民负担政策，切实把减轻农民负担政策不折不扣的落到实处。2011年完成油菜良种补贴45.1万元、水稻58.35万元、玉米31.90万元、小麦10.63万元；完成农机购置补贴200万元，补贴耕整地机械969台(微耕机963台)，田间管理机械3台，轮式拖拉机3台，插秧机1台，联合收割机2台，保鲜设备1套，受益农户1044户；二是审批执行农村“一事一议”筹资筹劳管理办法，坚持对各乡镇上报的筹资筹劳标准审核备案，筹资实行上限控制，每年人均筹资不超过本县农民上年人均纯收入的1%，筹劳最高不超过10个标准工日；三是切实做好农民负担监测点工作。对全县25户农户的实际收支情况进行序时登记监控，真实掌握农民负担现状；四是认真做好群众来信来访工作，积极配合有关部门做好涉农收费和价格的专项检查，按时上报各项调查资料。

【农村土地流转管理】 以江川县农村土地承包经营权流转中心为平台，进一步规范农村土地流转，动态调查全县农村土地流转情况，及时掌握土地流转动向，在条件适合的地方积极开展土地流转。2011年全县采取转包、出租、互换、转让和赠送等其它无抵偿形式流转土地面积9430亩。

【测土配方施肥】 2011年共举办水稻、蔬菜等作物测土配方施肥核心示范样板10000亩，推广测土配方施肥面积30万亩；填发施肥建议卡20万份，制定了江川县实施“控氮减磷增施钾肥”的施肥原则，确定出农家肥、氮、磷、钾化肥的配方用量，制定出各种作物配方40个，其中水稻27个、烤烟3个、马铃薯1个、萝卜3个、青蒜苗1个、蔬菜2个、油菜1个、玉米2个，肥料利用率提高了3～5个百分点。

【星云湖径流区蔬菜控氮、磷肥研究与示范】 2011年继续在江城、前卫、大街等乡镇安排马铃薯、洋葱、青花、白花等农作物小区试验10组共8亩，同田对比示范350亩；大面积推广示范完成马铃薯8320亩、洋葱2153亩、白花3145亩、青花2850亩、青蒜2635亩。试验示范结果表明：在试验及示范并举的研究方法下，研究提出的控氮减磷技术应用于马铃薯、洋葱及花椰菜三种蔬菜作物不但产量不减，而且可有效起到控氮减磷的效果。与常规施肥相比，花椰菜每亩可有效减少纯氮10～25%、五氧化二磷20～30%，产量增2～6%；马铃薯每亩可有效减少纯氮30%、五氧化二磷20%；洋葱每亩可有效减少纯氮17%、五氧化二磷38%，产量增4%。

【退耕还林基本口粮田建设】 2011年在江城镇左卫、尹旗、翠峰、牛摩、孤山五个村委会投入资金160万元（中央投资120万元、地方补助及群众投劳折资40万元），建设基本田粮田2000亩、土地改良2000亩，建设沟渠16条共5349米。其中左卫村委会2条共846米；尹旗村委会3条共892米；翠峰村委会6条共1867米；牛摩村委会3条共923米；孤山村委会2条共821米。

【动物防疫】 全年高致病性禽流感免疫364.3万只；牲畜口蹄疫免疫117.7万头（只）；完成猪瘟免疫122万头，仔猪副伤寒免疫36.7万头，鸡新城疫免疫350万只，猪高致病性蓝耳病免疫93.3万头。禽流感、口蹄疫、猪瘟、高致病性猪蓝耳病的应免密度均达100%，畜禽疫病死亡率均控制在猪3%、大牲畜1.5%、羊2%、禽6%以下，有效杜绝了重大动物疫病的发生与流行。

【畜牧科技推广】 全年推广猪人工授精132005窝，推广LY母猪2646头，新建科学养猪示范村（专业村）2个，新发展养殖大户12户，青贮氨化饲料50685吨，推广生物发酵床养猪技术1400平方米，累计户数14户。

【生猪良种补贴项目】 积极做好生猪良种补贴项目，促进猪人工授精技术的推广应用，加快江川县品种改良步伐。2011年共生产种猪常温精液208948份，发放生猪良种精液184909份，累计人工输精132005头，受益农户累计达87722户。此项目采取由财政部门按月审核、按月拨付再由供精站和配种服务站点在养殖户领用猪精液时直接折兑的补贴方式，累计已支付补贴资金1849090元，为优化品种改良、调动养猪积极性提供了重要的技术保障。

【能繁母猪保险】 2011年末，通过与承保单位的相互协调配合，已受理在保险责任范围内死亡的能繁母猪2627头，支付赔偿金2627000元。由于理赔及时、工作到位，得到了广大养殖户的拥护和好评，也真正把国家的支农、惠农政策落到了实处。

【土著鱼保护及开发利用】 全年向星云湖放流大头鲤大规格鱼种4230.3千克，计110余万尾；多单位合作完成的《抚仙湖水生生态与抗浪白鱼种群保护及人工养殖开发》通过省科技厅组织专家鉴定验收，获2011年度云南省农业技术推广二等奖；《双团棘胸蛙人工驯养繁殖技术研究》项目获得2011年度玉溪市科学技术进步三等奖；碧云坝抗浪鱼养殖场被评为农业部水产健康养殖示范场；大头鱼、抗浪鱼入围云南六大名鱼，并被列入2011～2012年度云南省土著鱼类繁育及推广养殖项目；2008年繁殖的星云白鱼子一代于2011年5月23日顺利产下子二代，标志着星云白鱼人工驯养繁殖获得成功；云南倒刺鲃（红脸青）、抚仙四须鲃（海心马鱼）的人工驯养繁殖鱼苗长势良好，放流抚仙湖鱼苗6万余尾；抚仙湖金线鲃（波罗鱼）、花鲈鲤（花鱼）的人工驯养与系列试验工作在江川顺利展开。

【提案和议案办理】 2011年办理县人大代表意见、建议2件，县政协委员提案2件，办理答复满意4件。

（金永康）

烟　草

【概　述】 2011年，根据中央“十二五”发展规划提出的“坚持以科学发展为主题，以加快转变经济发展方式为主线”总体要求，江川县局（分公司）紧紧围绕“卷烟上水平”的战略任务，始终以高度责任感，立足长远，扎实开展“创先争优、永攀高峰”专题教育活动，全力践行“三个全心全意”，提高优质烟叶有效供给能力建设，提升卷烟消费结构，加强“两烟”市场秩序维护，全面推进行业改革发展上水平。

2011年，江川县计划种植烤烟面

积10.1万亩，其中：田烟5.1万亩，地烟5万亩。计划生产量29.7万担，收购量27万担，其中：指令性收购24.4万担，出口备货2.6万担。实际种植烤烟11.96万亩，其中田烟4.69万亩，地烟7.27万亩，签订合同3856份(责任户)，涉及种烟农户22676户。全县收购烟叶1441万千克(含出口备货收购量134.8万千克)，占计划收购量的106.74%，其中，上等烟占75.79%，中等烟占18.98%，下低等烟占5.23%，收购合同内丰产烟91万千克。收购均价19.81元/千克，烟农交售烟叶收入28548.32万元，烟叶税收达到6280.6万元，分别比2010年增加5935.46万元和1305.77万元，烟农总收入达30520万元(含优化补助606万元及上中等烟补助1365.68万元)，实现了烟农增收、财政增长，顺利完成了烤烟收购目标，江川县荣获2011年烤烟生产先进单位称号。

江川县分公司以“卷烟上水平”为目标，抓好网建提升，把培育品牌、服务客户做为全年工作重点，建立农网延伸服务站点，做好金融服务，顺利完成了全年的任务指标。全年卷烟销售计划任务9800箱，单箱21380元。实际销售卷烟9814.78箱，完成计划100.15%，单箱销售收入23419.26元，超出计划2039.26元，增幅9.5%。其中一、二类烟销售1608.9箱，比上年同期增加569.45箱，同比增长54.78%。

专卖全年查处各类违法、违规经营行为41起，其中：无证经营21起，移送工商部门处理21起，非渠道进货16起，假烟案件2起，无证运输卷烟案件2起，先行登记保存各类品牌卷烟2016.6条，罚款48106元，卷烟市场净化率达到98%以上；累计查获非法收购、运输烟叶案件5起，查获烟叶30412.8千克，涉案金额59万多元，5起案件案值均达到5万元，已移送公安追究刑事责任。

(曾　蓉)

【烤烟政策调整情况】 2011年烤烟生产扶持政策以提高种烟效益，调动烟农和基层干部种烟积极性为出发点和落脚点，整合资金，加大扶持力度，加大对烟农的直补和基层干部奖励的力度，加大对种烟自然灾害和新品种主要病害风险保障的力度，全市共预算资金3.31亿元(其中：市烟草公司1.7亿元、红塔集团1.31亿元、市财政3000万元)，比上年增加3000万元，具体政策调整表现为“四提高、三稳定、一新增”。

“四提高”即：一是烤烟品种和烤煤补助提高，K326、NC71、KRK26品种和烤煤补助，每担中上等烟叶补助由40元提高到50元。二是烤烟保险费补助和受灾赔偿标准提高。田烟每亩补助36元，地烟每亩补助27元。烤烟受灾补助按时段划定赔偿标准：6月25日前受灾的，全损赔偿标准：田烟由300元/亩提高到400元/亩，地烟由200元/亩提高到300元/亩；6月25日后受灾的，全损赔偿标准：田烟由600元/亩提高到800元/亩，地烟由400元/亩提高到600元/亩。三是烤烟生产组织奖励经费提高。按上调入库合格的规定种植品种中上等烟叶数量，每担奖励从12元提高到16元。其中：县区2元/担，乡镇2元/担、村委会8元/担、村民小组4元/担。生产组织奖励与烤烟种植收购计划完成情况和科技措施考核结果挂钩兑现。四是市政府与县区政府签订的烟叶工作责任状奖励经费从100万元提高到150万元。

“三稳定”即：一是供烟农专用化肥售价不变。烤烟常规专用肥全市统一综合售价2000元/吨，补助1000元/吨；玉溪特色优质烟叶专用肥(基肥和追肥)综合售价1500元/吨，补助1600元/吨。二是红塔集团基地单元建设补助经费不变。按照市下达各县区烟叶收购计划，每担补助20元。补助资金的兑现与品种纯度、科技措施考核结果挂钩。三是按县区烤烟种植收购量和品种核定烟草行业生产扶持资金不变。K326、NC71、KRK26品种，每担烟叶补助65元。

“一新增”即：新出台KRK26品种主要病害保险费补助和病损赔偿政策。按实栽面积，每亩补助保险费90元。病损补偿按烤烟生产不同时期及病损程度计赔，保险最高赔偿标准为1000元/亩，红塔集团按保险赔偿金额给予1∶1配套补偿，两项合计最高赔偿2000元/亩。

【稳定田烟种植规模】 广泛宣传，严格合同，确保种植面积稳定。2011年烤烟收购价格上涨12%，生产扶持政策实现“四提高、三稳定、一新增”调整，江川县积极组织人员进村入户宣传政策利好消息，发放告烟农通知书、致烟农的一封信等宣传材料，帮烟农算好一笔账，扎实推进烤烟种植面积落实和合同签订工作。2011年全县实际种烤11.96万亩，涉及7个乡镇，69个村委会，381个村小组，22676户种烟农户。

【培育壮苗】 购进育苗基质4000立方米，育苗盘1.5万片，消毒农药12吨，全部用于烤烟育苗。全县育苗从1月26日开始至2月15日完成，56个育苗点共育苗95万盘15390万株，其中KRK26品种8064盘，NC71品种2.4万盘，可移栽大田面积13万亩。针对两次倒春寒对烟苗生长的影响，分公司要求各烟叶工作站、育苗业主加强烟苗管理：注意烟苗防寒保温；适当晚开棚、早关棚；适当增施育苗肥；适当推迟第一次剪叶时间；加强各项操作管理，认真清洗、消毒，培育清秀、无病壮苗。

【烤烟移栽备耕工作】 各乡镇派出强有力的工作组，深入村、组、田间地头督促、指导烟农进行小春收割和预整地。全县就位烤烟专用肥8800吨(其中：复混肥6252吨，农福旺1144，硫酸钾1100吨，烤烟专用提苗肥303吨)，烟用地膜250吨；分公司共投入200万元扎实推进机械深耕、深翻、起垄，其中，种植KRK26品种和所有由合作社种植的5000亩面积机械深耕给予免费，其他的2.25万亩给予每亩60元的补助。为加强烤烟病虫害防治，提高烟叶产量和质量，分公司积极购进各种防病农药15吨，用于烤烟各种病害的防治；购进灭芽灵和菜草通5吨，用于烤烟抑芽，降低烟农劳动强度。

【规范化移栽】 全县于4月18日启动，移栽规格严格按省、市公司要求移栽，均为120厘米开墒，50～55厘米株距，田烟墒高40厘米以上、地烟35厘米以上；坚持高茎壮苗深栽，保证移栽质量；大力推广地膜覆盖栽培，全县共完成烤烟揭膜培土面积3524.9亩，增加烟叶产量52.8万千克，烟叶均价提高0.12元/千克；指导烟农栽后浅薅浅锄，减少土壤水分蒸发，促进烟株根系生长。

【科学施肥】 根据178个土样化验结果，分公司制定测土配方施肥方案，下发施肥通知单3万份。对利用作物秸秆、优质厩肥、钙镁磷肥和复合肥堆捂农家肥的村、组，分公司给予每亩80元补助。全县共计堆捂优质腐熟农家肥4500余吨，施用大田面积近1万亩；广大烟农利用优质厩肥、腐殖土和普钙自行堆捂，共堆捂农家肥3.7万吨，施用面积达7.44万亩以上。

【病虫害防治】 烤烟病虫害防治采取“预防为主、综合防治”的植保方针，在全县巡回展出病虫害宣传材料，购进防治农药15.36吨，病虫害统防100%覆盖种植面积。积极推广生物防治技术，全县设置繁蜂点13个，繁殖蜂小棚657个，繁蜂大棚1623平方米，蚜茧蜂防治烟蚜100%覆盖种植面积；性诱剂诱杀斜纹夜蛾全县推广示范面积6000亩。

【成熟采收和科学烘烤】 加强成熟采收和烘烤技术培训工作，全县共聘请50名烘烤辅导员负责烟叶烘烤技术指导，开展烘烤技术培训8期，培训2.2万余人次。充分利用密集烤房群资源，大力推行专业化、商品化烘烤，投入65群744座烤房，烘烤费用降至每杆3.5元左右。

【烟叶生产管理科技创新】 全县种植0.1万亩KRK26特色品种，彰显江川“清甜香润”特色烟叶品质；加大科技试验示范力度，全年共进行烤烟科技试验示范20项；江城、雄关两个基地单元积极推行GAP管理，规范烟叶生产管理、烟用农药使用、管理，提高烟叶安全性。

【烟水工程建设】 2011年江川共批复烟叶生产基础设施建设项目工程238件，其中：水池111件，容量21878立方米；沟渠90件，总长度85.709千米；倒虹吸2件，总长度1.209千米；管道5件，总长度61.126千米；坝塘7件，总容量121万立方米；泵站2件；机耕路21件，总长度33.073千米。全部工程于7月6日完成招投标。年底，全县共有90件工程完工，其中机耕路7件，烟水工程83件。在建工程93件，其中机耕路12件，烟水工程81件。全县共有81件工程已通过市级验收。

【烤房、育苗工程建设】 2011年计划建设125座烤房，于4月初全面动工建设，至6月底全面完成建设并投入使用。大街基地单元九溪中营商品化育苗工场于10月9日完成招标工作，并于15日开工建设，至2011年12月21日完工，并通过市局（公司）的验收。共建成22个育苗大棚（其中：21个为四联体育苗大棚，1个为三联体育苗大棚），可覆盖大田面积11944.8亩。

【专业合作社建设】 2011年全县涌现出8个烤烟种植专业合作社，其中，红塔玉溪庄园江川明星走廊成立7个经营型专业合作社，流转土地面积4733亩，其中明星生态农业合作社668亩，牛摩祥昇农业合作社1006亩，尹旗专业合作社1391亩，江城春晓合作社598亩，江城金满地合作社100亩，三百亩专业合作社547亩，黄营合作社423亩；九溪马家庄惠丰专业合作社流转土地314亩种植烤烟。合作社走规模化生产、集约化经营、专业化服务的道路，综合发展生态、特色、优质、安全烟叶和各种经济附加值高的种植业和养殖业，把农村富余劳动力从人均几分薄田中解放出来，增加了农民创收途径，降低农田生产依赖程度，有效稳定了田烟面积。

【江川明星烤烟种植专业合作社】

2011年，国家局提出了建设云南黄金走廊生态特色烟区的战略设想，结合玉溪市委政府“依托烤烟建产业，推动产业生态发展”的总体要求，以及县委政府建设高原湖泊生态县的发展目标，明星重新回归烤烟种植，以满足知名高端品牌个性原料需求为目标，打造精品特色风格烟叶，转变发展方式，巩固江川生态特色优质烟叶优势。

明星烤烟种植合作社成立于2011年3月，由明星村委会党支书徐四清牵头村里的党员干部筹备成立，全村705户农户均为合作社社员，共流转土地668亩。按照《中华人民共和国农民专业合作社法》，合作社成立了社员大会，制定了合作社章程，并设立理事会、监事会，全面负责合作社的经营管理、生产组织、资源分配等综合事务。为提高经营效率和质量，合作社实行逐级负责、分片管理的模式，将所有土地面积分为五个片区，精心挑选当地有生产经验且有一定管理能力的致富带头人担任片区长，具体负责组织带领人员开展田间劳动，执行各项技术标准，确保日常工作有效开展。

明星村委会由于集体经济较为繁荣，外出经商、务工人员多，村民对土地依赖程度低，多年来明星村的大多数土地均是由村民流转给集体统一经营，成立合作社有较好的土地流转基础。根据土地肥力的不同，明星村

将土地划分为三个租金档次，分别是大田2400元/亩、山田1200元/亩、山地350元/亩，并按土地租金折算计入股本参与后续分红。考虑到大田租金合作社承受压力大的实际，明星村委分摊了其中600元的租金，合作社承担剩余的1800元，既保证了农户收益，又保持了合作社的可持续发展。

按照统分结合、分层经营的原则，田间农事操作能统则统、易分则分。对于技术要求高、操作较为复杂的育苗、机耕、植保、烘烤和分级等关键环节，由合作社与专业化服务队伍签订服务协议，烟站负责提供相关技术指导，坚持走市场化、专业化服务的道路。而对于劳动力密集、操作简单的环节，比如腐熟秸秆还田、理墒打塘、移栽、浇水、精准施肥、秸秆覆盖、中耕管理、揭膜培土、封顶打杈、采烟编烟等工作，由入社烟农组成的专业服务队在种植片区长的统一安排指挥下，按照烟草部门制定的烟叶标准化生产技术规程开展劳动。其中，对于理墒打塘、移栽浇水、精准施肥、采烟编烟等集中程度较高，需要大量劳动力的生产环节，采用专业服务队出工和临时雇工相结合的方式，合作社负责统一对外招聘，统一安排，统一派工。

合作社采用多种形式相结合的用工分配方式，最大程度兼顾效率和质量，激发人员活力。合作社管理人员薪酬实行绩效工资，每亩划分500元的人工费用，在保证质量的前提下完成正常人工开支以后剩余的部分就是管理人员工资，管理人员灵活掌握费用分配，充分体现了管理效益。合作社专业队走市场化分配路线，按实际服务经营收入来分配；临时外聘人员实行计时工资，按照5元/小时的标准来分配。

【优化烟叶结构】 随着知名品牌的加快发展，卷烟结构的不断提升，全国工业企业上等烟叶原料加速消耗，供不应求。为解决好等级结构和地区结构平衡问题，实现当年烟叶供给总量与需求相平衡、上等烟叶和优质烟区烟叶供给与需求相平衡，2011年国家局决定在云南省开展“优化烟叶结构，田间消化不适用烟叶”工作，即，在有效留叶数内，每株烟下部两片光照不足、发育不良、病斑超过叶面积30%、长度达不到35厘米、烤后品质较差的底脚叶(原有生产习惯封顶时扫除的两片奶脚叶除外)、上部一片发育不良、开片不好、长度小于35厘米、病斑超过叶面积30%、烤后品质较差的顶叶在田间清除，平均每亩清除鲜烟叶数量120千克左右，经检查验收后给予烟农每亩60元的补助。

按照“领导靠政府、督促在烟草、重点在村组、关键在烟农”的工作思路，江川县广泛宣传优化烟叶结构相关政策，不适用烟叶清除政策家喻户晓，县、乡镇、村三级制定切实可行的优化结构方案，各级政府层层签订优化结构责任状76份，分公司与各烟叶工作站签订责任状7份，不适用烟叶田间处理工作领导、组织、执行到位。

江川县不适用顶叶清除工作坚持分散处理为主、集中处理为辅的原则，严格落实《优化烟叶结构不适用烟叶田间处理办法》，按照“签订协议→制定方案→造册登记→张榜公示→发放通知书→统一清除→检查验收→结果公示→痕迹记录→兑现经费”的流程，严把标准留叶、不适用烟叶清除、不适用烟叶销毁、检查验收、政策兑现“五个关口”，工作流程执行规范。

2011年全县计划清除田间不适用烟叶12726吨。到9月18日止，田间不适用烟叶已全部清除处理完毕，共清除田间不适用烟叶12710.9吨，其中底脚叶处理8448.19吨，不适用顶叶清除4262.71吨，所清除的不适用鲜烟叶集中堆捂发酵10144.76吨、用作沼汽原料69.62吨、压入果园1699.4吨、压入林地648.26吨、捂入秧田、稻田117.14吨、压大芋头田31.72吨，所清除的田间不适用烟叶均得到了妥善处理，没有发生污染环境和水源事件。

【烤烟收购】 2011年烤烟收购工作自8月11日启动以来，江川县全面贯彻省、市烤烟收购会议精神及省局(公司)电视电话会议讲话精神，紧紧围绕“优化结构，确保总量，提高质量，增加效益”的总体要求，抓质量，促规范，强服务，提水平。各烟站按照落实“慎收一级、收稳二三级、收好其他级”的指导思想，加强入户指导，认真抓好分级扎把和预检工作，统筹兼顾烟农、工业企业、烟草公司各方利益，坚持收购标准，从始至终稳定收购，烟叶调度科学合理，切实提高服务质量，增加烟农满意度，烤烟收购呈现“纯、平、稳、快”的特点，为来年烤烟生产夯实基础。

(黄登涛　曾　蓉)

【全县零售客户概况】 江川共有零售客户1132户，按客户类型分类：城网534户，农网598户。按经营规模分类：大型客户250户，中型客户637户，小型客户245户。按经营业态分类：便利店49户，超市6户，食杂店865户，烟酒店40户，娱乐服务类85户，其他87户。

【婚庆促销活动】 周一至周五分公司每天安排人员到江川便民服务中心进行宣传，每逢各乡镇办理婚姻登记的日子安排该片区客户经理到该乡镇婚姻登记点进行婚庆促销宣传，并在中型以上的酒楼、餐厅、客堂进行宣传推广，然后在婚前体检中心发放宣传彩页和江川电视台(滚动播出)进行宣传，还在各个烟站向前来交售烟叶的农户派发宣传资料。充分扩大宣传面和影响面，从而提高婚庆活动参与率。2011年底，江川县婚庆促销活动场次累计1747场。

【QC工作】 2011年江川分公司共开展三个QC(品质控制)项目，分别是《以专销联动的方式提升后台服务前台效率研究》,《用服务加强团队建设，提高客户经理工作效率》和《搭建现代化服务终端平台才是提高客户服务有效性的根本》，其中前两个项目在2011年“云南省2011年第一次卷烟客户经理工作论坛”上获得二等奖。

【优化升级营销模式】 贯彻国家局“卷烟上水平”的基本方针和战略任务，推动知名品牌培育工作，江川分公司落实《玉溪市开展“532”和“461”知名品牌营销策划活动实施方案》，制定红塔山(恭贺新禧)营销策划。认真组织实施红塔山集盒换礼活动、订购规定品牌赠送加油卡活动。制作“新片上市”、“店长推荐”小卡片，摆放到新上市卷烟处，积极做好红河(硬)、红塔山(国际100)、红河(运)新品上市推广。

【网上订货】 客户经理通过日常走访，指导新入网客户进行网上订货；在客户店面内和烟叶工作站设立网上订货互助点，为客户安装信合银行提供的“银路通”电脑，满足客户网上订货需求。年底，江川共有24户客户安装使用银路通。2011年月度平均网上订货率达78.85%。

【零售户终端维护】 2011年江川分中心共为客户配发柜台576个，经过2010年2011年两次共发放柜台1088个，覆盖客户96.11%，通过客户经理近2个月的走访指导，客户已按照要求使用柜台进行卷烟陈列，通过柜台的使用，辖区店面形象已有很大的提升。同时，分公司还在江川县城选取三户零售客户免费为其安装LED显示屏，向广大消费者宣传新片上市信息及各种促销活动信息。加强对“我的示范街”客户走访，指导客户计算获利情况和登记台账。

【“七彩服务，情系你我”活动】 将“七彩服务　情系你我”的服务理念融入日常工作，不断提高客户获利及客户满意度。分公司在卷烟市场部一楼及大街烟叶工作站、周官烟叶工作站、江城烟叶工作站设立客户之家，并配备了雨伞、饮水机、网上订货电脑、宣传板等设施，为客户之间交流搭建了一个较好平台。

【提升卷烟营销队伍素质】 江川卷烟营销分中心利用晨会、周会时间，对各级文件、法律法规进行统一学习、培训，并通过OA传递学习资料，督促卷烟营销人员自我学习，以达到卷烟营销人员及时了解行业动态，严格按照相关工作要求，规范工作、规范经营。分公司积极组织营销人员参加职业技能鉴定，不断提升学历结构和持证上岗率。

【市场信息采集与市场预测】 每周开展市场信息采集工作，加强对市场价格信息的分析利用，准确把握市场变化规律。按照《云南省烟草公司玉溪市公司卷烟零售抽样调查管理办法》，每月对样本客户做购、销、存调查，并形成分析报告，为预测和投放提供理论支持。从市场、品牌和客户群体三个维度进行分析，及时了解卷烟消费市场的特征和变化趋势。卷烟营销人员把市场真实需求的准确把握作为需求预测工作的核心，认真完成每月的需求预测工作。2011年月度需求预测准确率都在95%以上。

【专销联动】 为提升营销服务能力和卷烟市场控制能力，专卖与销售部门保持紧密联系，保证信息互通，信息共享，发现问题双方都能第一时间反馈，及时处理并做好归档记录，共同维护卷烟市场规范有序。每月召开一次专销联系会议，由两个部门的主任轮流主持，共同研讨和解决部门之间工作中存在的问题及对卷烟市场健康可持续发展造成重大影响的问题。

(刘云伟)

【卷烟市场管理】 江川县烟草专卖局与公安局、工商局等执法机关建立清理整顿卷烟市场长效机制，进一步加大打击“假、私、非”卷烟违法活动的工作力度。2011年江川专卖积极开展“节假日期间卷烟市场专项检查”、“五州市卷烟市场专项整治行动”、“四部委联合执法专项行动”共3次，联合行动3次。全年累计出动执法人员1610人次，出动执法车辆300余车次，检查卷烟经营户累计4650户次。经检查核实，全县实现了100%入网销售，100%的落地销售，100%的落户销售，有力打击了各种涉烟违法行为，卷烟市场进一步得到了规范。

【烟叶生产经营管理】 烟叶生产监管严格按《云南省烟草行业商业企业内部专卖管理监督工作规范》要求，对烟叶生产经营的全过程，分环节进行事前、事中、事后的监管，监管中及时深入到烟叶生产各个环节及时发现问题及时处理，及时监督整改。收购期间，江川县成立“江川县烟叶收购管理协调领导小组”，领导小组组长由县人民政府副县长担任，成员由县烟草专卖、公安、司法、交通、工商及各乡(镇)分管领导组成；全县设立县级烟叶堵卡点7个，堵卡人员56人，应急车辆7台；还成立巡回检查小组，开展烟叶收购专卖检查。坚决维护全县正常的烟叶收购秩序，依法打击非法买卖、囤积、运输烟叶行为，解决收购中出现的突发事件，做好与毗邻县(区)及各乡镇之间的协调工作，防止烟叶外流。

【行政许可管理】 做好烟草专卖零售许可证的动态管理。将客户档案划分归类，做到一户一档，材料齐全，并由专人负责档案保管，做好相关信息的更新，确保信息准确，方便查询。及时通知换证，提早告知相关准备资料。规范许可程序抓好许可证的申领、发放。热情接待来电来访，落实“一站式服务”。受理过程公开透明，严格“首问负责制”。做好新发证的回访。2011年底，全县共有持证卷烟零售户1148户，新办111户，延续48户，变

更7户，办理停业2户，恢复营业1户，补办1户，歇业45户，注销58户。

【内部专卖监督管理】 对卷烟经营情况的日常监管、重点检查及专销互动的检查，从销售、配送、订单采集、卷烟经营户管理等各个环节的监督、检查、核实，未出现卖大户，假入网、拆单分摊、不入户配送等违规操作现象，卷烟销售情况严格规范。

坚持合同管理，专卖管理监督室深入各乡镇监督检查合同签订情况，认真履行工作职责，严把合同签订关。各烟站均能认真执行市、县公司要求，按照上级下达的烟叶种植面积、收购计划、核定单产和轮作要求与烟农签订合同。所签订的3380份合同及IC卡在收购前全部发放到烟农手中，并且以村民小组为单位分别对签订合同的情况进行了张榜公示，接受广大群众的监督。合同所约定的内容齐备、合法，除涉及调整的合同外，没有擅自涂改现象，无虚假合同、空合同、买卖合同的情况发生。

加强不适用烟叶田间处理的内部监管工作。内部专卖监督管理室抽调人员组成检查组，检查组成员对7个乡(镇)不适用烟叶处理情况及检查工作的内容、重点、要求进行认真落实。在检查工作中发现不规范处理行为当场要求整改，防止不适用烟叶进入烘烤环节。2011年不适用烟叶处理未发现异常情况。

【专卖法规法律宣传】 加强对烟草专卖法律法规的宣传，营造良好的共同遵守和维护烟草专卖执法环境。一是积极参与“3·15”消费者权益日活动，共发放宣传资料2000余份；展示10多个品牌的真假卷烟，并对鉴别方法进行现场讲解，咨询群众达100余人。二是在烟叶收购期间，加大对《烟草专卖法》等相关法律法规的宣传力度。积极与县司法局沟通协调，在烟叶收购期间出动宣传车录音广播宣传100多车(次)，参与宣传工作人员100多人次，进一步增强群众守法意识，维护良好的烟叶收购秩序。三是通过“12·4”法制宣传日，印发烟草专卖法律、法规宣传单，提高卷烟零售户、消费者的法律意识、烟草专卖知识。

【专卖执法队伍建设】 江川县局非常注重对专卖执法人员加强业务知识学习。制定了专卖人员培训计划，并按培训计划组织考试、考核。培训内容以法律法规知识，证件、案件、内管、稽查等业务知识为主，专卖人员参培率达到位100%。2011年共选派一批1名专卖人员参加省局举办的专卖技能鉴定高级培训及考试，通过鉴定1人，合格率达100%。

(尹玉杰)

林　业

【机构设置】 江川县林业局机关内设办公室、计划财务股、林政股、森林防火股(森林防火指挥部办公室)；局属设置森林公安局(正科级)及7个事业单位，即：森林病虫害防治检疫站(推公管理)、林木种苗站、经济果木林推广站、营林工作站、林业科学技术推广站、林政稽查大队、林权管理服务中心。2011年底江川县林业局实有在职干部职工78人，其中，行政人员25人(公务员9人、森林公安政法编制8人、森防站推公管理6人、工勤人员2人)，事业人员53人(高级工程师1人、工程师15人、技术员2人、技术工人35人)。具有大专以上学历的65人，占干部职工总数的83%。

【概　述】 2011年江川县林业局在县委、县政府的正确领导和市林业局的大力支持下，以“建设高原湖泊生态县”为目标，认真贯彻落实科学发展观，以全面加快林业发展为契机，按照“保增长、保民生、保稳定、保生态”的工作要求，深入贯彻落实十七届六中全会、中央林业和省委林业工作会议精神，紧紧围绕生态立县战略和林业中心工作，以生态建设为重点，大力推进各项林业工程建设的实施；以中低产林改造为契机，加快林产业发展；以林业法规为保障，加大林业违法案件查处力度，完善林权管理服务工作；通过提升干部职工队伍整体素质，强化工作措施，规范工作行为，较好地完成了各项工作任务。

【营林生产】 项目申报。完成了全县“两湖”面山退耕还林规划4.53万亩(含退耕地造林2.18万亩、荒山造林2.35万亩)，全县竹产业发展规划0.5万亩，2012年省级核桃产业发展规划1万亩，防护林建设规划1万亩及棘胸蛙、野猪等特色养殖产业项目的申报工作。完成《全国木材战略储备生产基地县规划(2011～2020年)》的编制工作，制定了全县在未来十年新增造林871.1公顷，培育6780.1公顷森林的工作目标。以江川县2006年森林资源调查成果资料为基础，完成全县35531.5公顷629个图斑1844个小班区划、小班调查数据统计上报，102个GPS特征点调查、摄像的石漠化面积的监测调查任务，为石漠化治理项目的实施奠定基础。依据国家森林抚育补贴试点的相关规定，制定《江川县2011年森林抚育补贴试点实施方案》并顺利通过省林业厅审查。

营造林任务。完成了2011年2万亩包括人工造林1万亩(桤木7700亩、核桃2300亩)，封山育林1万亩的防护林建设任务。完成了2010年度主要树种为核桃的特色经济林0.74万亩的巩固退耕还林任务。抓好明星村市级退耕还林改造示范林建设。为切实贯彻落实市委、市政府提出的“一退够、二调优、三保护”战略，进一步巩固退耕还林工程成果，在江城镇明星村实施玉溪市市级退耕还林改造项目，项目实施面积1000亩，投入资金120万元，种植核桃、红色梨、樱桃、蓝莓等经济林树种。

加强退耕还林地管理。实加大了退耕还林地管理力度，在2011年的省级检查中，针对2003年重点项目检查，保存合格面积6010.7亩，占保存面积的93.1%，顺利通过省级验收。完成全县2002~2004年退耕地造林各种应兑付及补兑付资金8123465.2元，其中2011年度应兑付资金5839768元，2008年到期1155.66亩退耕地应兑退耕补助资金144457.5元，2004~2010年不合格6005.82亩退耕地面积应兑退耕补助资金1532555.7元，江城镇西河村2008~2011年不合格2333.4亩退耕地面积应兑退耕补助资金606684元，确保全县退耕还林工作的巩固和生态建设成果。

中低产林改造。根据省市任务，由县林业局的专业技术人员配合云南省林业调查规划院技术人员根据二调成果，进行实地调查，区划小班，与省林业调查规划院协商编制作业设计文本，并在计划实施乡镇召开座谈会，征求村组意见，制定项目实施方案，按方案组织实施。到2011年底共完成1.84万亩中低产林改造，其中省级0.5万亩树种更替(栽种桤木)，市级1.34万亩中幼林抚育。

【林木种苗】 全面实施林木种子生产、经营许可证制度。开展林木种苗生产经营许可证制度及育苗技术培训，审核种苗生产、经营情况，办理申请、换证等工作，规范林木种子市场。加大林木种苗的管理力度，强化苗木质量。根据县政府和林业局对工程造林任务的安排，对2011年造林用的桤木苗100多万株及从外地调进的核桃苗、红色梨等苗木进行了质量检验或数量检验，使工程造林的苗木达到了优质壮苗。

【林业科技】 积极参与以“携手建设创新型江川、知识产权助推经济转型”为主要内容的科普宣传活动，发放宣传材料350多份、制作宣传图片5块，通过发放经济果木林栽培管理、病虫害防治为主要内容的宣传材料、宣传图片展出、现场咨询服务等方式为群众排忧解难。结合核桃产业项目的实施编制科技培训材料，深入村、组开展核桃嫁接及栽培管理技术、果树病虫害防治为主的培训班，培训群众2800多人次并到实地指导果农嫁接、修剪。

【公益林区划管理】 紧紧围绕“用好补偿金、管好公益林”的目标，抓好任务、资金、责任等各项措施的落实。申请2011年度森林生态效益补偿资金266.1万元，其中：中央财政186.6元，省级财政79.5万元。根据实施重点公益林生态效益补偿工作以来存在的问题，修改完善重点公益林管理办法、管护措施、护林员巡山记录制度、考核奖惩制度等规章制度，拟订了《江川县森林生态效益补偿资金管理办法》。根据2010年江川县各乡镇公益林森林生态效益补偿工作年度考核情况，兑现森林生态效益补偿资金261.44万元，其中：中央财政资金181.94万元，县级统筹25.1127万元，兑现乡镇156.8223万元，财政结余0.005万元；省级财政资金79.5万元。对江川县34.566万亩的公益林面积进行修订和编制工作，完成了《生态效益补偿江川县级实施方案修订和编制(2011年)》。

【集体林权制度综合配套改革】 江川县于2009年10月完成了集体林权制度主体改革，为进一步优化产业结构，完善林业产业体系，全面加快林业产业化进程，实现森林增长、生态改善、农民增收、林业增效、社会和谐的目标，稳步推进配套改革。2011年在林权管理服务中心设立了林权登记、林权流转、林木采伐运输、植物检疫、科技法律咨询五个办公窗口，正式对外开展林权管理服务工作。

开展林权流转工作。2011年办理流转林地9宗，流转面积1002.5亩，转让金额220.6万元，均为个体与个体之间的流转。补办确权登记发证2宗，面积92.3亩。

启动林权抵押贷款。林权抵押贷款是配套改革中为加大林业投入，促进林产业发展的一项惠民政策措施，在全县范围内组织申报、认真落实，经林权管理服务中心、江川县农村信用合作联社、各乡镇林业站共同对申报贷款的林农调查落实后完成贷款230万元，涉及林农11户，贷款期为3~5年。

【林业行政执法】 2011年认真开展“春季攻势”行动，“大走访”开门评警活动，组织民警巡山护林，加大了巡查检查力度，全年共出动警力370人次，及时制止野外随意用火行为，非法取土、取沙和擅自开垦林地等行为，全力做到把违法行为消除在萌芽状态。及时组织民警开展“春季攻势”与“亮剑”行动破案攻坚战，加大案件查办力度。2011年，共查处各类林业行政案件71起，治安拘留1人，查获违法人员75人，罚款113040元、没收违法所得9900元、木材变价款13620元，收缴木材22.482立方米，缴获野生植物28株；破获刑事案件6起，其中盗伐2起、滥伐1起、盗窃1起、失火案2起，共抓获犯罪嫌疑人11人，其中刑事拘留4人、逮捕4人，移送审查起诉11人；调解矛盾纠纷15起。

【资源林政管理】 严格执行森林采伐限额制度，切实加强木材采伐、运输、销售监督管理工作。全年审核发放《木材采伐许可证》73份，采伐范围600公顷，蓄积11465立方米，出材量8026立方米，其中商品材7981立方米，非商品材45立方米，木材采伐征收育林基金32.5382万元。发放《云南省木材运输证》408张，木材运输总量5198立方米，审核发放《木材经营加工许可证》29张。

依法审核审批报批征用林地，加强对林地的保护管理。按照《云南省林地管理办法》、《云南省林地管理条例》规范征占用林地审核审批，对各建设项目征占用林地严格把关，按规

定审核审批，收取相关规费。2011年审核审批临时占用林地3宗，占用林地面积1.7087公顷，收取植被恢复费8.9402万元；审核报批永久性征用林地2宗，征用林地面积20.697公顷，收取植被恢复费48.4734万元。

加强林地保护，合理开发和利用林地。针对近年来违法占用林地逐渐增多的情况，及时采取措施，深入各乡（镇）、街道办事处开展集中整治火炮厂违法占用林地工作，共涉及违法占用林地4068亩，规范整治违法占用林地行为。按照省、市要求，针对全县40621.3公顷林地面积，完成了《江川县林地保护利用规划的编制》工作，做好林政资源工作的相关发展规划。

【森林防火】 江川县严格遵循“预防为主，积极扑救”的方针，加强森林管护和森林防火工作，有效保护森林资源和绿化成果。2011年，森林防火指挥部办公室共接到森林火灾报警电话27起，发生森林火情3起，过火面积5.86公顷。森林火灾零起，受害森林面积零公顷，查处率100%。

全面落实森林防火责任制。全县共层层签订各类责任书54623份，县级到位经费45万元，修定《处置森林火灾应急预案》，及时发布《森林防火通告》。

加大宣传培训力度。通过会议、培训、标语、广播电视、宣传车、手机短信等进行广泛宣传。共培训了98期2578人，印发森林防火挂历400册，宣传单2000份，防火简报12期，发森林防火五色彩旗50套，书写森林防火宣传标语4737条，张贴戒严令2650份，发放《清明节期间开展“文明祭奠”活动的通告》700份，播放5678次。落实“五个一”宣传教育活动，上森林防火课16800课时，发出公开信48486封，出黑板报998期，撰写作文25105篇，书写标语1070条。与气象部门合作，发布森林防火等级预报短信58892条。

强化火源管理，减少火灾隐患。设置临时性防火检查站、哨、卡277个，对进入林区的人员进行实名登记，堵截火源上山；公益林（护林员）人员236人，加大巡护力度；对林区生产用火，做到见烟就查，见火就罚，发生火情及时上报；对痴、呆、聋、哑、精神病人“五类人员”登记造册，落实监护责任；抓住关键时段和重点部位的管理，对“清明”、“五一”节等野外用火频繁时段，早安排、早部署，加大巡山和宣传力度，在清明节期间，重点做好火源管控工作，全县共设卡点276个，出动设卡、巡山人员2528人，对全县重点林区、重点地段严防死守。

开展森林火灾保险。2011年，全县政策性森林火灾保险投保面积56.3652万亩，其中：公益林面积34.56万亩，商品林面积21.8052万亩；总保费22.54608万元，其中：中央财政9.528624万元、省级财政5.63652万元、市级财政3.690468万元、县级财政3.690468万元。

【森林病虫害防治检疫】 全县2011年的成灾率5.7‰，无公害防治率100%，防治率82%，测报准确率93.39%，种苗产地检疫率100%，林业有害生物的危害控制在经济阈值范围内。

坚持预防为主，开展全县主要森林病虫害的监测工作。年初完成了林业有害生物的发生情况监测，先后开展了松材线虫病春、秋季普查，星天牛危害桤木的调查，江川县桉树枝瘿姬小蜂的普查及每月外业林业有害生物的零报告制度等限时办理事项。

科学防控，积极开展森林病虫害的防治工作。根据监测到的虫害情况，对松小蠹、松墨天牛、松毛虫采用喷粉防治、虫害木清理等的防治方法，进行了及时、有效的防治，全年防治虫害云南松林12672亩。

认真开展调检检疫及产地检疫工作。实施调运检疫桉树、云南松等原木及锯材等5561.1立方米，苗木1720株，复检木材656立方米。产地检疫桤木、清香木、黄莲木、滇朴、樱花、天竺桂、石楠等苗木345万株，涉及苗地面积271.1亩。

（陈花艳）

水　利

【组织机构】 根据江机编发《江川县机构编制委员会关于撤销江川县星云湖出流改道工程管理局的通知》，下属事业单位“江川县星云湖出流改道工程管理局”于2011年5月12日撤销。根据江政办发《江川县人民政府办公室关于印发江川县水利局主要职责内设机构和人员编制规定的通知》，下属事业单位“江川县水产技术推广站”划归江川县农业局管理。2011年末，江川县水利局实有在职干部职工50人，其中：行政人员13人（公务员10人、工勤3人），事业人员37人（其中专业技术人员19人、工人16人、职员2人）。局机关内设一室两股，即：办公室、防汛抗旱股、水政水资源股。设置下属事业单位5个，即江川县水利勘测设计队、江川县防汛抗旱站（工程管理站）、江川县水土保持工作站、江川县茶尔山水库管理所、江川县大街抽水站。

【概　述】 2011年，县水利建设坚定不移地实施可持续发展治水思路，全面贯彻落实省委省政府“兴水强滇”战略和市委加快水利改革发展的决定，以改善农村生产生活条件等民生水利建设为重点，加快推进供水保障、农田水利、饮水安全、防洪保安、水土保持生态环境建设步伐，不断提高农田水利基础设施水平，为高原湖泊生态县建设作出了新的贡献。

1. 有效灌溉面积。全县有效灌溉面积达116827亩，有效灌溉面积占总耕地面积131203亩的百分比达85.54%，比上年的85.47%上升0.07个百分点。

2. 节水和除涝灌溉面积。全县节水灌溉面积累计达68599亩，占全县总耕地面积131203亩的52.28%。全县除涝面积累计达65648亩，占全县易涝耕地面积68130亩的96.3%。

3. 水土保持治理。全县累计治理水土流失面积184.2平方千米，占全县水土流失面积380.83平方千米的48.37%。

4. 堤、闸建设。全县累计已建成达标堤防长度78.63千米，占堤防总长199.24千米的39.46%。全县已建成小型水闸25座。

5. 水利供水工程。全县累计建成水利供水工程31679件，年设计供水能力达13842.8万立方米。(1)蓄水工程。建成水库坝塘353座(其中：中型水库1座、小(一)型水库13座、小(二)型水库49座、小塘坝290座)，总库容达6490万立方米。(2)引水和其它水源工程。全县建成引水工程41处，年设计供水能力达2403万立方米；建成水池、水窖等山区“五小”水利工程30890件，年设计供水能力达136.79万立方米。(3)、机电井和泵站工程。全县建成机电井16处，装机容量0.24千千瓦，年设计供水能力达393万立方米；建成泵站工程379处，549台(套)，装机容量达20.36千千瓦，年设计供水能力达4788万立方米。

6. 水利工程供水情况。全年全县水利工程为各行、各业供水量达6503万立方米，比上年的6636万立方米减少133万立方米。其中，水利工程为农业年供水量达5182万立方米。

【农田水利基本建设】 2011年，全县共计完成各类水利工程2427件，其中，沟道岁修工程1805件，节水配套工程3件，人畜饮水工程16件，饮水安全项目工程11件，农业综合开发工程22件，水库除险加固工程6件，基本烟田建设249件，土地整理项目1件，基本口粮田建设5件，抗旱工程项目5件，其它304件；共计投入工日116万个，完成工程量196万立方米；完成水利建设投资8476万元，其中农水投资6813万元，基建投资1663万元。新增灌溉面积0.23万亩，改善灌溉面积1.89万亩，新增除涝面积0.1万亩，新增节水灌溉面积0.73万亩，治理水土流失面积10平方千米，完成干支渠防渗16.5千米。

【病险水库除险加固工程】 2011年，全县共计组织实施9座病险水库除险加固工程，批复概算总投资3234万元。其中：小(一)型水库5座，分别为矣文、麦冲、杨柳坝、大寨、捧寨，小(二)型水库4座，分别为燃灯寺、老路坝、九道河、席草田。矣文水库和麦冲水库除险加固工程于年底全面竣工，杨柳坝、大寨、捧寨3座水库于11月开工建设，燃灯寺水库于8月开工建设，老路坝和九道河水库于9月开工建设，席草田水库于12月开工建设。为强化项目管理，县人民政府于年初分别成立了工程建设管理局，各个管理局自成立以来严格按照基本建设程序办事，切实抓好工程建设质量和进度。

【麦冲水库除险加固工程竣工】 麦冲水库除险加固工程经云南省水利厅和云南省财政厅批准建设，批复投资614.21万元。工程资金来源为：省级配套453万元，其余不足部分由市县配套解决，其中：市级配套64.4万元，县级配套96.6万元。为强化项目管理，2011年1月14日，江川县人民政府成立了江川县麦冲水库除险加固工程建设管理局。2011年3月，由玉溪市水利局组织，麦冲水库除险加固工程建设管理局委托云南润滇工程技术咨询有限公司进行招标工作。通过公开招标，云南省水利水电工程有限公司为麦冲水库除险加固工程施工单位，同月，委托云南润滇工程技术咨询有限公司为施工监理单位。麦冲水库除险加固工程于2011年3月30日正式开工，2012年1月18日完工，工程主要建设内容：(1)进行了大坝帷幕灌浆防渗处理，新建了排水棱体；(2)上游坝坡削坡规整后用预制砼护坡，下游削坡及石渣料培厚后，植草护坡，坝顶两侧设路缘石；(3)对输水低涵进行改造加固；(4)扩建加固溢洪道；(5)对原输水高涵洞进行了封堵。据统计，整个工程共计完成土石方开挖回填2.81万立方米；浆砌石支砌0.06万立方米，砼浇筑0.19万立方米；钢筋制安38.16吨；钻孔坝土段2373米，钻孔基岩段2147米，帷幕灌浆—坝土段1829米，帷幕灌浆—基岩段1665米。完成工程投资556万元，其中，工程建安费420万元。在工程建设过程中，麦冲水库除险加固工程建设管理局严格按照批复设计和监理标准进行施工，认真落实质量责任制，加强项目资金管理，确保了工程建设顺利进行。

【矣文水库除险加固工程竣工】 矣文水库除险加固工程经云南省水利厅和云南省财政厅批准建设，批复投资569万元。工程资金来源为：省级配套410万元，其余不足部分由市县配套解决，其中：市级配套63.6万元，县级配套95.4万元。为强化项目管理，2011年1月14日，江川县人民政府成立了江川县矣文水库除险加固工程建设管理局。2011年3月，由玉溪市水利局组织，矣文水库除险加固工程建设管理局委托云南润滇工程技术咨询有限公司进行招标工作。通过公开招标，曲靖市水利水电开发有限责任公司为矣文水库除险加固工程施工单位，同月，委托云南润滇工程技术咨询有限公司为施工监理单位。矣文水库除险加固工程于2011年4月6日正式开工，2012年12月15日完工，工程主要建设内容：(1)进行了大坝帷幕灌浆防渗处理，新建了排水棱体；(2)上游坝坡削坡规整后用预制砼护坡，下游坝坡风化料培厚后植草皮护坡；(3)改造加固输水高涵和输水低涵；(4)扩建加固溢洪道。据统计，整个工程共计完成土石方开挖回填3.22万立方米；浆砌石支砌0.3万立方米，砼浇筑0.152万立方米；钢筋制安38.12吨；钻孔坝土段2118米，钻孔基岩段1350米，帷幕灌浆－坝土段1214米，帷幕灌浆－基岩

段1311米；完成投资569万元。。在工程建设过程中，矣文水库除险加固工程建设管理局严格按照批复设计和监理标准进行施工，认真落实质量责任制，加强项目资金管理，确保了工程建设顺利进行。

【干支渠防渗工程】 2011年，江川县组织实施了2件干支渠防渗工程，分别为石河水库南干渠输水工程和茶尔山水库东、西、北干渠防渗工程，概算总投资330万元。石河水库南干渠输水工程主要建设内容为输水管道安装，管路全长7541米，年输水总量达120万方，工程于2011年2月完工，共计完成投资240万元。工程完工后，解决了小井坝水库下游及工程所覆盖的1万多亩农田的灌溉用水。茶尔山水库东、西、北干渠防渗工程主要建设内容为渠道三面光浇筑，总长16.5千米，工程于2011年4月完工，共计完成投资118.5万元。工程完工后，改善了灌区6000余亩农田的灌溉条件。

【农村人饮安全项目】 2011年，组织实施了中央预算内专项资金农村饮水安全项目，该项目涉及4个乡镇10个村委会(包括大街镇伏家营、上大河、朱家庄，九溪大村一组、中营，前卫三家村、岳家营、慈云，路居上坝、螺蛳铺) 26个村民小组和3所学校(伏家营中学、前卫中学、路居上坝小学)。整个项目批复投资958万元，其中：中央投资766万元，省级配套资金95万元，市级配套资金97万元。项目实施后，解决了2万人和236头大牲畜的饮水不安全问题。

【抗　旱】 2011年，江川县继续呈现“冬春连旱及夏季插花性干旱”的气候特征，全年抗旱工作任务十分艰巨。据统计，全县农作物受旱面积达56834亩，62座小坝塘因旱干涸，12条河流因旱断流，32个村组17596人和1339头大牲畜的饮水因旱出现困难。因旱减收粮食2096吨，经济作物损失2481.5万元。在遭遇2010年百年一遇特大旱灾之后，全县库塘蓄水严重不足，地表泉点出流量大幅减少，抗旱工作面临了无水抗旱的困难局面。面对严峻的旱情态势，全县各级各部门切实加强领导，精心组织安排，与全县广大干部群众积极投入到抗旱救灾第一线，全县上下掀起了抗大旱、保民生、促春耕、夺丰收的热潮。据统计，全县共计投入抗旱救灾资金315万元，抗旱用电37.4万度，抗旱用油92.5吨；抗旱共计浇灌面积46650亩，临时解决了17596人和1339头大牲畜的饮水困难问题。据初步估算，抗旱共计挽回粮食损失4041吨，挽回经济作物损失2668万元。

【防　汛】 2011年汛期，严格按照‘防大汛、抢大险、抗大灾”的要求，扎实组织做好防汛抢险救灾的各项具体工作。一是按照防汛抗洪工作行政首长责任制的要求，层层签订了江川县2011年防汛目标管理责任书，切实加强对防汛工作的组织领导，确保防汛工作顺利进行。二是未雨绸缪，防患于未然，扎实备汛，确保水利工程安全度汛。三是做好防汛督促检查工作，全面落实防汛目标管理的各项措施，把安全隐患消灭在萌芽状态。四是加强防汛值班管理工作，严肃防汛纪律，确保信息畅通，保证防汛抗洪工作上下联系畅通。五是加强同气象等部门的联系，随时掌握天气状况，及时指导防汛抢险工作。六是突出重点，全力以赴做好防汛抢险救灾工作。2011年，全县受灾人口5270人，受灾面积3377亩，倒塌房屋9间，冲毁塘坝1座，造成直接经济损失159.42万元，因洪涝灾害减收粮食90.7吨。灾情发生后，全县各级组织高度重视，积极采取有效措施，充分发扬自力更生、生产自救的精神，多渠道多方面筹集资金和物资，全力以赴投入防汛抢险救灾工作，确保了灾区人民群众的生命财产安全，促进了全县经济发展、社会稳定。据不完全统计，整个汛期全县共计投入防汛抢险救灾人数961人次，运输车辆6辆，机械设备35台，共计减淹耕地1247亩，避免粮食减收35吨，减少受灾人口1010人，减灾经济效益达81万元。

【水土保持】 2011年，全县共计治理水土流失面积10平方千米，其中营造水土保持林650公顷，经果林50公顷，封禁治理300公顷，总投资409万元。在抓好治理工作的同时，积极推进水土保持监督执法工作，认真落实“三权、一案、三同时”制度，加大监督检查力度，严格查处水保违法案件，依法征收水保“两费”和审批开发建设项目水保方案。2011年，全县共进行执法检查3次，检查各级开发建设项目3个，审批开发建设项目水保方案20个，查处水保违法案件3起，收取水保“两费”7.62万元，依法行政工作进一步加强，人为水土流失得到有效控制。

【水行政管理】 以国家水资源管理三条“红线”指示精神为指导，加强对全县水资源的管理，逐步实现以水资源的可持续利用促进经济社会的可持续发展。一是围绕“严格管理水资源，实现水利新跨越”这一主题，开展内容丰富，形式多样的“水日水周”水法律法规宣传教育活动，进一步提高广大干部群众的水法意识，扩大水行政执法的社会影响。据统计，全县共出动宣传车辆14辆次，人员45人次，悬挂布标横幅8幅，张贴大小标语920条，发放宣传材料1000多份，张贴宣传主题画50套。二是加大水行政执法检查力度，严肃查处各类水违法案件，认真调处各类水事纠纷，督促指导全县水行政执法工作。2011年，全县共计征收水资源费12万元，办理取水许可证2套，查处水事违法案件5起。三是继续开展水政监察队伍“四项建设”活动，进一步推进依法治水进程，提高全县水政监察队伍的执法水平、执法形象，有力地保障全县水利建设可持续发展。

【项目储备】 2011年，县水利局以水库除险加固、水源工程建设为重点，积极做好项目规划设计工作，竭力争取水利建设资金。先后完成了大寨、捧寨、杨柳坝3座小(一)型水库除险加固初步设计工作；完成了燃灯寺、九道河、民生坝、老关坝、白花山、席草田、三岔河、老路坝8座小(二)型水库的安全鉴定及初步设计工作；完成了新建白河水库的可行性研究报告及初步设计工作；完成了《江川县农村抗旱供水应急系统改扩建项目》等7个项目的初步设计、规划、施工方案编制工作。上述储备项目为江川县抓住中央加快水利改革发展机遇，推动江川县水利建设进程打下了坚实的基础。

【全国第一次水利普查工作年度任务完成】 江川县水利普查工作于2010年11月正式启动，普查办公室设立在江川县水利局，办公室成员从水利局抽调五人组成。办公室严格按照省、市普查办的相关要求有条不紊的开展工作。一是完成了普查员和普查指导员的选聘工作。全县共选聘水利普查员及指导员170人，其中：水利普查指导员33人，水利普查员137人。二是开展了水利普查县级培训工作。培训工作于2011年2月28日～3月2日在江川宾馆进行，共计三天，培训场次10次。三是建立了水利普查台账，确定了调查对象。四是全面完成普查清查对象登记上报工作。江川县共有水利普查清查各类对象26567个，各乡(镇)、街道办事处都有分布。五是完成水土保持野外调查单元8个。

【提案和议案办理】 2011年，涉及水利建设的人大代表意见、建议，政协委员提案共计45件，其中政协委员提案9件，人大代表意见、建议36件。已按规定时间全部答复，面商率、办结率、满意率均达100%，做到了件件有答复，事事有回音。并荣获政协提案办理先进单位，2件人大建议被评为A类办理案件。

（罗留芝）

交通·邮电

编辑　盛文芬

交　通

【概　述】　2011年，县交通运输局在县委、县政府的正确领导和市交通部门的大力支持下，紧紧围绕县委、县政府确立的发展思路和工作目标，积极宣传贯彻落实党的路线方针政策，及时传达上级党委政府的精神，团结协作，积极进取，认真履职，切实抓好“十二五”规划开局之年的各项工作任务。一年来，围绕建设现代宜居生态县城目标，认真落实年度交通建设计划，切实抓好县乡公路建设；加快十里长堤项目建设工作，建设好渔文化广场和星云湖南岸防洪大堤联络线相关工程；积极推进环城北路建设项目前期工作；积极推进龙泉山工业园区龙泉大道、仙水大道建设，完成了龙泉大道路基建设工作；落实党风廉政建设责任制；推进效能政府建设；加强行业管理，抓好交通安全生产；做好道路养护、路政管理等方面的工作。

【机构人员编制】　2011年7月，江川县交通局正式挂牌更名为江川县交通运输局。按照云南省农村公路养护体制改革精神，江川县路政大队与江川县地方公路管理段进行了分设。人员分设情况是：江川县地方公路段14人、江川县路政大队6人（江川县路政大队于1996年成立，人员编制6名，与地方公路段合署办公）。2011年底，全县交通系统在编人员38人（含工勤人员2人），其中，局机关机构编制为10人，实有10人(编制不含工勤人员2人)；江川县地方公路管理段编制15人，实有14人；江川县路政大队编制6人，实有6人；江川县隔河船闸管理所编制7人，实有6人。

【现代宜居高原湖泊生态城建设】　为贯彻落实市委“生态立市”战略，全面推进江川现代宜居高原湖泊生态城建设，投资1600多万元，对星云湖、抚仙湖出流改道入水口及玉江高速公路（紫红坝至牛虎铜案段）进行了景观绿化改造。

【交通工程建设】　一年来，投资509万元，完成澄川二级路县城五岔口至大寨段5.49千米的路面大修工程；投资70多万元，完成星云湖防洪大堤湖滨公园、渔文化广场联络线景观桥建设、渔文化广场联络线延伸部分弹石路面改造和路灯改造；积极配合红塔区交通运输局实施了北前路安保工程；投资20多万元，建设雄关小营至螺蛳山农村道路；投资30万元，对翠峰至北山寺道路水沟进行改造；投资30多万元，对澄川二级路（k31+700～k31+776.5）牛摩村水毁坍塌路段进行了修复抢通。

【完成澄江至江川环抚仙湖公路审计】

为了做好全省取消二级公路收费工作，按照市政府及市交通运输局的安排和部署，于2011年5月全面完成了该工程江川段的审计工作，锁定了道路建设所形成的各种债权债务，为该条道路取消收费奠定了坚实基础。

【协调晋江高等级公路建设工作】　晋宁（晋城）至江川（翠峰）段高速公路建设，县交通运输局在委托上海林同炎李国豪土建工程咨询有限公司完成工程可行性研究报告的基础上，主动向市交通局上报了项目立项请示，并且到省交通部门进行了沟通协调，努力争取上级对项目立项工作的支持。

【龙泉山生态工业园区道路建设】　龙泉山生态工业园区道路包括龙泉大道、仙水大道。2011年4～10月，投资800多万元，完成龙泉山生态工业园区道路龙泉大道路基建设工程。

【公路大修改造工程】　投资300多万元，完成澄川二级路（k26+050～k36+250）和翠大线（k1+200～k19+510）路段改造工程；投资509万元，完成江川县翠大线二级公路（K19+510～K25+000）改造工程。

【公路安保工程】 投入资金50多万元，完成北前线安保工程，共安装交通标志标牌89架，道路中心标线12431米，堆高减速标线209.86米，安装波形护栏516米，警示标志柱177根；投资30万元完成大铁线安保工程；投入资金2万元，完成施红路安保工程，安装波型护栏36米；投入资金170万元，完成玉江高速公路、江华一级公路和江通一级公路部分路段铣刨路面工程，铣刨路面62445.69平方米。

【农村道路养护】 2011年初，交通局领导深入乡镇村组，对全县农村道路建设、改造、养护、水毁修复等工作情况进行了全面了解，并且对部分村组道路养护及修复工作在按照标准下拨养护经费的同时，根据实际加大补助力度，保证农村道路的畅通。全年共补助农村道路建设养护资金达200多万元，解决了农村道路出行通畅的问题。

【公路管护】 一年来，以公路日常养护为重点，以强化养护目标责任制管理为手段，狠抓全面养护，路容、路况有了新的改观。通过与乡(镇)交通管理所、班组及养护承包人签订养护目标管理责任书，下达指令性生产任务，进一步加强了对养护生产的宏观指导。建立相应的激励约束机制，加大检查、监督力度，有效地促进了养护生产积极性的提高；坚持公路养护方针，促进了养护质量的提高，落实养护工作重点，使公路病害得到了及时有效的处治；建立了汛期养护应急机制，保持了交通畅通；提前作好各种养护准备，认真抓好养护工作。

全年公路小修保养投入资金221万元，日常县乡道路养护共采备砂石料7000立方米；整理路肩41.4千米；清理水沟43.8千米；清扫路面27万平方米；疏通桥涵122道732延米，加铺砂石路面9.1千米(6万平方米)。同时，抓好高等级公路养护工作，共清扫路面3500万平方米；清理排水沟4.5万米；疏通桥涵150道2300延米，修剪绿篱64平方米，绿化浇水864万平方米等，确保了高等级公路交通环境养护与道路通畅。由于采取积极措施，江川县所管养的农村公路平均好路率达到了85%以上，其中重点公路好路率为90%，一般公路好路率为85%，乡村公路好路率为70%，通车率保持100%；高等级公路平均好路率80%，通车率达100%。

【路政管理】 加强路政管理工作，落实了道路巡查措施，严格治理超限运输，坚决查处和打击各种侵占路产路权的行为。年内，共查处路政案件204件，案件查处率达100%，收回路产路权2935平方米，索赔路产损失140万元，损失路产路权恢复率99%，制止各种侵占路产路权的行为170起，拆除非法公路标志标牌4起、清理加水点12起、清理摊点8起；检测超限超载车辆1400辆，收取超限运输罚没款11万元；拒绝总重超过55吨货车车辆上路行驶200台次；依法完成公路行政许可事项6件；投入资金60万元对高等级公路、农村公路损坏的路产进行全面恢复。通过有效管理，全面维护了路产路权。

【运政管理】 截至2011年底，全县共有客运车辆492辆(其中，班线客运车辆188辆，公交车122辆，出租车182辆)；普通货物运输经营户6443户，货运车辆7146辆(新增1776辆)；道路危险货物运输车辆94辆；道路运输辅助业户20户(含停车场及洗车场、点)；维修业户142户(新增7户)；道路运输从业人员达10730人(新增180人)；核发《云南省鲜活农产品准运证》(绿色通行证) 1379份(2011年6月15日起按照省相关文件已经停止核发)；全年共培训驾驶员120人次，并对2746名持有《从业资格证》的驾驶员进行了诚信考核。年内，还与2户危货运输企业签订责任书，对其实施动态监管；对9户普通货运企业进行了质量信誉考核；对138户维修企业进行了审验等。

积极推广丘北经验，不断研究客运工作。认真完善城乡客运公交线路，启用了乡镇客运站，进一步推进了客运车辆进站工作，强化了站点管理。年内及时更新和投放客运车辆，将雄关至大街5辆45座公交车改为10辆19座小客车，方便群众出行。

继续抓好城乡交通秩序综合整治工作。一年来，稽查上路达800多人次，查处违章车辆40辆次，处理违章案件40起，有效维护了客运市场秩序。

【落实成品油价格改革财政补贴政策】 认真执行成品油价格改革财政补贴政策，对全县公交车、出租车、农村客运车辆下拨补贴资金694.94万元。在此次资金补贴中，采取公司到江川县地方税务局开票，各经营车主领取补贴资金兑现表交运政所财务股作帐的方式，进一步规范财务行为，确保补贴资金专款专用。

【取缔澄川二级路星云收费站】 2011年12月31日24时，澄川二级路星云收费站停止收费。该年收取通行费1225.8万元。

【县人大代表政协委员建议意见答复】 在年初县人代会、政协会上，代表、委员提出了44件意见建议，均一一给予了办理和答复，解决了群众反映突出的一些交通建设问题。

【荣誉表彰】 2011年12月，江川县地方公路管理段被玉溪市交通运输局表彰为“2011年度农村公路养护先进集体”。

【安全生产管理】 交通安全始终坚持“安全第一，预防为主，综合治理”的方针，以客运安全为重点，全面落实以下安全措施，确保交通运输和在建工程施工安全。

一是坚持在年初实行局与局属单位、单位与企业及个人，层层签订安

全生产责任书，全面落实安全责任。二是抓好道路黑点治理，及时修复破损道路，并协助交警部门开展道路交通安全整治活动，建立并完善从业驾驶员和运营车辆“一人一卡”、“一车一卡”的交通安全教育和管理制度。三是抓好雨季道路防抢保通工作，确保道路交通万无一失。四是抓好交通建设工程的安全工作。由局法规股和有关工程管理人员深入道路交通建设工程施工现场，监督检查施工单位落实安全措施，及时消除安全生产隐患。五是加强安全宣传活动，提高安全意识。六是认真履行“三关一监督”职责，确保客货运输安全。七是以客运工作为重点，切实抓好节假日活动的安全检查工作。一年来，交通系统未发生任何安全责任事故，实现了安全生产工作人员0伤亡，机械(车辆)安全事故0发生的目标。

（周　恳）

公路管理

【组织机构】　江川公路管理段隶属玉溪公路管理总段，是从事公益性事业的公路管理养护事业单位。截止2011年底，江川公路管理段实有干部职工45人，其中：管理及技术人员20人，生产及其他人员25人。负责管养江川县境内的省道昆孟线K91+809～K137+809计24千米，县道玉江线K12+000～K34+000计22千米，县道白义线K0+000～K8+000计8千米，合计养护里程54千米，三条养护线路皆属三级沥青路面，对江川经济社会发展起着重要作用。

【概　述】　2011年，江川公路管理段以科学发展观为统领，以公路局的工作思路和总段职工代表大会及经济生产工作会议精神为指导，紧紧围绕“始终坚持发展养护主业，始终坚持打牢公益性公共服务管理体制，始终坚持提高全体干部职工综合素质”的工作思路，牢固树立“服务立段、主业稳段、辅业富段、人才强段、文化和段、科技兴段”的意识，在工程项目多，生产任务重，路况底子差的情况下，以开展预防性养护劳动竞赛为契机，以加快转变养护管理发展方式为主线，以全面提升路况质量、提高管理水平、提供优质服务为重点，以关心职工生活为基层办实事为着眼点，变压力为动力，上下齐心，克服困难，履行好“养好公路、保障畅通”的职责。

【公路保畅】　顺应群众便捷、安全、舒适出行需求，突出抓好江川公路管理段管养公路的“通、平、美、绿、安”工作，2011年共采备砂石材料670立方米，消耗649立方米，采备小修保养沥青71.5吨，耗用66.8吨，采购大中修沥青外购热沥青120.44吨，采购科宁冷补料17吨。挖补沥青路基层5583平方米，清理水沟34735米/54千米，清理涵洞98立方米/45道，修补构造物114.6立方米/2处，做挡水埂1.6立方米/40米。挖补沥青路面层5583平方米，清扫路面25650平方米，沥青路罩面15224平方米，补沥青路沉陷2277平方米，封单条裂缝3442米，横向开槽58.4米/195处，清理路肩20078平方米/54千米，粉刷行道树54千米/4673棵，颗料冷补料修补坑塘140平方米/10吨，按期完成安保工程1项。

公路技术状况指数(MQI指标)78.87，实际完成79.66；公路优良路率指标17.81，实际完成18.16。经玉溪总段2011年年终综合检查考核江川公路管理段排名第一。

【转变养护理念】　9月，江川公路管理段及时传达玉溪公路管理总段下半年工作思路，并以实际行动落实“玉溪公路管理总段养护现场会”的操作工艺及要求，快速转变养护方式，落实到日常养护管理中，从源头上扼制路面的损害程度。

1. 加强预防性养护技能培训，提高职工素质。召集全体干部职工利用投影方式图文并茂开展题为《公路养护的施工工艺及方法》、《阐述道路冷补混合料的技术及施工工艺》等沥青路面预防性养护理论知识教学培训，着重强调了预防性养护的重要性和必要性，同时注重引导职工将工作重心转移到苦练岗位技能和节约控制成本上来。

2. 以点带面，全线进入预防性养护范畴。以参加公路局2011年预防性养护劳动竞赛(白义线K0+000～K8+000)、总段预防性养护劳动竞赛(昆孟线K91+809～K99+809、玉江线K12+000～K34+000)为契机，江川公路管理段所管养的54千米公路全部实施预防性养护。

做好路况调查、预防性养护作业计划和施工安排。组织工程部门人员对54千米养护路段的病害进行详细的摸底调查，对路面坑塘、网裂、龟裂、沉陷、单条裂缝、水沟路肩等病害进行全面掌握，做到心里有数，有的放矢。

及时养护与节能减排相结合。强化职工对路面坑塘、沉陷等病害及时修复的自觉性，按照“六防”、“六加强”的要求因地制宜处治路面病害。下半年采用小型养护机具浇灌沥青单条裂缝，坑塘的处理视情况而定，如出现翻浆、冒泥状况则开挖修补，沉陷不出现跳车现象，原则上不再开挖，使用三料一油。每道工序用拍板人工拍实，简化了施工工艺，减少了大型机具的使用，既节省了资金，又保护了环境。大面积网裂使用三料一油，油枪洒油，压路机压实。积极推广沥青热拌冷补工艺，使用颗料冷补料修补路面坑塘。

做好路基、边坡和水沟的预防性养护工程。注重防水、排水工作，对路肩堆积物、水沟堵塞、杂草进行及时修复和防护，保障排水畅通。

安保工程实施与日常养护同盘考虑，以提高公路整体形象。江川段积极组织实施昆孟线K91+809～K100+809部分依山而建，临崖路段钢筋混凝土护栏工程，通过严管理，真落实，精心设计，精心施工，突出重点，落实责任，狠抓工程质量，做到“内实补秀”，已经成功阻拦了几辆失控车，切实达到防撞的阻挡功能，证明了工程质量和实际效益相符。

加强“雨季三查”，雨前查隐患、雨中查排水、雨后查损失，及时修复病害，降低养护成本。9月中旬，昆孟线K96+779—K96+799左边路基边坡坍塌，下边坡全部冲毁，K96+804处左边涵洞送水口掉脚。灾情发生后，江川公路管理段第一时间采取措施，启动应急预案，组织力量，勘查水毁现场，设置警示桩和警示彩带，做拦水埂，利用与江川县政府建立的公文交换站和信息公开网站及时发布水毁信息，提醒过往车辆和行人注意安全。年底此项工程已完工。

注重生态养护，保护好行道树。粉刷养护全线行道树，统一粉刷高度1.2米，使之整齐一条线。

为减轻职工劳动强度，缓解一线生产人员不足的问题，确保江川段养护职工全力以赴地投入到路面养护中来，把玉江线K23+000～K32+000途经村镇的9千米路肩、边坡、水沟、桥涵的养护，路面路容路貌、公路绿化管理、保护公路路产路权等承包给当地农民，承包费每年每千米1200元(按考核标准完成每年每千米另外加200元的奖励)，双方签订了《江川公路管理段路基养护管理协议》一式三份。

【参与地方公路建设】 在搞好公路养护主业的前提下，江川公路管理段积极参与当地翠大线澄川线路旧路面改造工程、湖滨路路面铺筑工程等6个工程项目建设，总产值458.95万元。

以上工程项目无论工作量大小，都坚持严把材料关、工艺关，加强成本管理、过程管理和质量、安全管理，改进管理的各个环节和各个层次，不断创造并积累效益，为单位生存发展奠定良好基础，同时也弥补了养护资金不足的部分，提高了职工生活水平。

【安全生产】 严格执行《玉溪公路管理总段安全生产管理体系文件》以及相关法律法规、通用安全知识等精神，认真贯彻落实“安全第一、预防为主、综合治理、以人为本、关注安全、关爱生命”的核心，遵循“横向到边、纵向到底、一岗双责、不留死角”的管理模式，实现了全员、全方位、全过程、全天候的动态安全管理，正确处理安全与养护生产、质量、进度、效益的关系，使江川段公路养护安全生产风险随时处于受控状态，层层签订安全生产责任书20份，加强小修保养、外委工程的各项安全防范措施，共投入经费11万元。2011年，江川公路管理段没有发生一起施工安全事故，达到了安全生产零事故的目标。

【综治维稳】 认真抓好法制宣传和社会治安综合治理工作。以内部“平安和谐稳定”为主题开展综治维稳宣传活动，深入开展法制宣传教育，加强“六五”普法启动工作，全面推进依法治段进程。认真落实社会治安综合治理责任制，层层签订责任书10份，形成群防群治网络。配合当地政府综治维稳部门认真做好流动人口清理清查工作，深入推进“创先争优”和“平安家庭”创建活动，开展了“平安家庭”的评选活动，评选出在职及退休152户平安家庭。开展消防安全知识专题讲座和现场演练活动。2011年12月5日，特邀江川县消防大队副队长到竹城机化站为全体干部职工现场讲解消防安全知识及如何正确的使用灭火器，并按正确操作规程使用演练，全体干部职工掌握了消防安全知识，提高了消防意识，增强了自救互救能力。

（张　薇）

邮　政

【机构编制】 江川县邮政局截至2011年底共有从业人员40人，内设综合部、市场部、财务室、物流组、投递组。下辖抚仙路支行、明珠路支局、江城支局、九溪支局和路居支局。服务面积850平方千米，服务人口26万余人。

【概　述】 2011年年初，县邮政局领导高度重视函件、速递物流、代理金融等业务发展，及时制定下发了2011年业务发展实施意见，并成立了相关的业务项目实施组，明确了项目责任人、目标客户、完成进度要求和奖励考核办法，各项业务取得了很大成效。全年邮政局收入完成558.34万元，完成年计划的100.44%，比上年净增了106.27万元。

【邮　务】 全县邮政全年完成业务收入158.06万元，完成年计划的92.33%，比上年同期增长4.64%。县邮政局一直都把函件业务作为重点业务来抓，主要做好银行对帐单、邮资封片卡的设计制作，为天久食品厂、明星碧云寺等多家单位制作企业金卡10万多枚；在包裹收寄上，加大对部队退伍官兵的收寄服务工作，2011年直接到部队进行收寄，共收寄600多件；在党报党刊收订工作上，高度重视收订工作，在县委宣传部的指导下，圆满完成市党委下达的收订任务；在教材配送上，按照县教育局提出的“确保课前到书”的原则，圆满完成全县17所学校141419册的配送任务，做到了“配送及时，数量准确，包装完好”，使学校、学生满意度达100%。

【代理金融业务】 全年完成收入252.2万元，完成年计划的118.81%，比上年净增57.9%。2011年在代理金融上以结构调整为重点，积极发展代理保险、对公业务和贷款业务。局领导提出三个不嫌小“不嫌存款金额小、不嫌存款面值小，不嫌开户数量小”在县邮政局4个网点中得到认真落实，截至2011年12月31日，全县邮储余额达1.64亿元。

【速递物流业务】 全年完成收入145.6

万元，完成年计划的91.76%，比上年净增6.1%。2011年的指导思想是提高投递服务水平，认真做好时限要求。特别是在大中专通知书的投递上，努力做到当天来的通知书当天投递完。

（汤林涛）

电　信

【概　述】 2011年，中国电信股份有限公司江川分公司在各级党委政府的关心、指导和帮助下，以科学发展观为统领，按照市公司的总体部署，全面承接集团、省市公司全业务运营战略，紧紧围绕全业务有效益的规模发展这一中心，坚定不移推进聚焦客户的信息化创新战略，坚持统筹协调，加快发展速度，提高发展质量，增强可持续发展能力，奋力追赶跨跃，实现收入与发展的有效统一，全面展开各项工作。并且在经营的过程中，注重立足本地，结合地方经济建设，做好江川信息化建设的领头军，为江川县的经济建设做出应有的贡献。

【组织架构调整】 为顺利承接各项工作，市场部在1月27日优化了组织架构调整：下设渠道支撑中心、客户服务中心、公众、农村营销中心，同时各中心人员配置到位并制定相应职责。2月25日成立政企客户部，3月4日综合部、市场部主任调整到位，4月8日网络部主任和设备维护主管调整到位，4月12日将市场部下设的客户服务中心升级为客户服务部，进行了人员优化调整。通过架构的调整理顺了内部关系，分清了各部门、各班组的工作职责，提高工作效率，使各项工作有人落实、各个客户群有人服务，通过架构调整提高了服务质量。

【"十二五"公益性扶贫援藏捐款】 5月20日上午，江川分公司组织全体员工召开中国电信云南公司"十二五"公益性扶贫援藏项目员工捐款仪式电视电话会。会上积极响应省公司"十二五"公益性扶贫援藏项目倡议。江川分公司全体40名员工积极伸出援助之手捐款2520元向西藏同胞们献一份爱心，尽一份责；体现了江川分公司全体员工回报社会、奉献爱心的实际行动。

【承建视频会议系统】 中共江川县委第十一届六次全会(扩大)会议于2011年1月8日召开，并通过视频会议的形式召开至乡镇、村组。这是江川县第一次采用视频会议方式举行县委全会，由中国电信江川分公司承建的江川县委政府视频会议系统为这次会议提供了保障。

此次会议主会场设在县委三楼视频会议室，县政府五楼视频会议室和各乡镇视频会议室分别设立分会场。

江川分公司从1月6日开始及时安排技术人员奔赴各会场进行设备调试，并配合各乡镇调试安装会场临时音响设备。为确保1月8日全会的顺利召开，会议当天每个分会场各安排一名网络部人员提供通信保障。

【高考监控电路畅通】 6月1～10日，江川分公司根据上级部门的业务指导，抽调人力物力，保质保量地完成了高考监控电路的保通工作。在高考正式进行的两天之中，江川分公司维护人员经常抽空登录IP综合管理系统，刷新查询江川一中、大街中学两个考点的电路流量。与此同时，设备、光缆的维护人员也按要求保持手机24小时开机状态，随时准备着高考监控电路的应急保障工作。

【C网网络】 2011年以来，江川的CDMA用户稳步增长，局部地域则迅猛增长。年末，江川累计共建CDMA基站65个，其中3G基站共有35个。2011年先后增加了江川上坝、尹旗象山C网、雄关烟点、柏池谷等基站，实现了边远乡镇的CDMA信号质量进一步改善。截至2011年底，中国电信的3G信号已覆盖江川除安化以外所有乡镇及部分村组，并将进一步向各个村小组推进，覆盖范围和信号质量都远远领先于其它通信公司。

【宽带网络建设】 江川电信公司互联网上行带宽已达6G。县电信公司也是唯一一家真正做到了"宽带村村通"广覆盖义务的通信公司。江川电信的城域网结构合理，且在不断根据用户流量的增长而进行着持续性的优化调整，以确保宽带用户的使用感知不下滑。

（李　玲）

联通公司

【概　述】 江川联通公司在玉溪市联通分公司正确领导下、在中共江川县委、县政府的关心、支持下，全体员工树立"以市场为导向、以客户为中心"的经营理念，团结一致、艰苦奋斗，以拓宽合作领域、提升市场份额、提高收入为目标，扎实推进江川联通各项事业。在全体江川联通员工的共同努力下，圆满完成了市公司下达的各项业务指标，为江川县通信事业的发展和经济的增长做出了应有的贡献。

【市场经营】 2011年，江川联通实现了收入、用户规模的双增长，截至2011年12月31日，全业务收入突破千万元大关；用户累计突破2万户。

【网络建设】 2011年，江川联通继续加快网络深度和广度覆盖，共投资800万元进行基础网络建设，其中新建2G基站20个，3G基站4个，干路建设30千米，管道建设15千米，截至年底全县共投入使用基站118个，全县信号覆盖和2008年电信重组时相比有了质和量的飞跃，完成了对全县重点区域100%的信号覆盖。

【渠道建设】 2011年，江川联通加大

渠道建设力度，服务网点基本实现“一村一店”的目标，截至年底共发展合作营业厅5个，村级服务站40个，全县72个村委会共建村级服务站67个，基本上解决了用户缴费问题。

【客户服务】 围绕总部提出“服务要上新台阶”的要求，江川联通积极落实以营业厅为窗口的各项标准化服务。在业务受理、缴费、现场营销、业务演示、客户体验、客户关怀、品牌形象传播、咨询和投诉等多种客户服务工作中表现优良，得到了社会各界人士的一致肯定。

【社会公益事业】 在“国际禁毒日”到来之际，积极参与禁毒工作宣传活动；在第二十七个教师节来临之时，江川联通联合江川县教育协会举办了2011年教师节“联通杯”师生征文比赛活动，在社会上营造了浓厚的尊师重教氛围；积极响应县委、县政府号召，对江川一年一度的重大节日——“开渔节”在全市范围内进行短信宣传，对宣传、推广江川传统渔文化尽了一份力。

（胡尚勇）

移动公司

【概　述】 2011年，江川分公司紧紧围绕“一个目标、三条主线、四个抓手、四个转变”价值提升工程，把握四大市场，经营好新增市场，维系保有“中高端客户”，狠抓增值业务，拓展集团业务，增强网络建设，打造网络、客户规模优势总体工作思路，以完成分公司各项经营指标及劳动竞赛任务为目标，在全县范围内开展了各种丰富多样的活动，促进了用户的发展、收入的增长，做好了客户关系的维系、服务质量的提升。

【优质网络质量打造】 在分公司的正确领导及相关部门的大力支持下，通过全体工程技术人员的勤奋工作，截至12月31日，江川共有基站152个，其中GSM基站128个，TD基站17个，直放站7个。提高了网络覆盖质量，更好的提升了市场竞争力，促进了业务发展和业务收入的增加。

【提升服务】 一方面抓好日常服务检查监督工作，做好每月一次社会渠道、自有渠道检测、客户满意度抽查工作并积极参与到每月一次的流程穿越当中来；另一方面围绕分公司“五心服务”活动，落实各项服务活动。在三季度的“我服务、我快乐”服务领先工程中，江川公司取得全市第二的优越成绩。

【班组文化氛围营造】 班组是企业的细胞，是培养人才的摇篮，也是企业能够走得更远的坚实基础。2011年，江川分公司针对服务、班组文化氛围、文化墙、营销成绩等方面以班组为单位进行了评比，形成了良好的班组赶超氛围。利用业余时间，组织员工开展工会活动（露营、美食节等活动）和周五常态化体育锻炼等活动，在紧张的工作之余，有效地放松了大家的身心，增进员工间相互协作和提升了团队的凝集力。

（何春梅）

财政·税务

编辑　盛文芬

财　政

【概　述】 2011年，在县委、县政府的正确领导下，江川县财政局以科学发展观为指导，充分发挥财政职能作用，认真贯彻落实积极的财政政策，努力克服各种增支减收因素影响，积极组织财政收入，优化支出结构，持续深化财政改革，切实加强财政监督，圆满完成了县十四届人大四次会议确定的财政工作目标任务。全县地方财政收入迈上3亿元新台阶，达到33773万元，比上年增长25%；全县地方财政支出完成近10亿元，达到99965万元，比上年增长28.5%。

【非税收入】 2011年，江川县进一步健全和完善非税收入管理制度，同时加大征缴管理力度，确保非税收入依法足额征收和及时入库。全年非税收入完成7130万元，比上年增长39.3%。

【争取上级资金支持】 2011年，全县共争取到预算内上级专款4.19亿元，比上年增加1.55亿元，增长58.4%，缓解了经济社会发展资金压力。

【教育投入】 2011年，江川县教育支出20750万元，比上年增长5.8%。拨付资金3244万元，全面落实义务教育“三免一补”政策；拨付资金1958万元，支持农村义务教育薄弱学校改造、校舍安全工程和食堂条件改善试点工程建设；拨付资金1268万元，实施普通高中国家助学金补助，支持职业教育基础设施建设和学前教育发展。

【社会保障和就业】 2011年，江川县完成社会保障和就业支出13774万元，比上年增长31.4%。筹措资金2953万元，启动新型农村和城镇居民养老保险试点工作，落实被征地农民养老保险政策，近18万参保城乡居民养老问题得到初步解决，基本实现城乡养老保险制度全覆盖；拨付资金4512万元，确保2.1万名城乡社会保障对象各项补贴补助按时足额发放；安排贴息资金1404万元，拉动9392万元信贷资金支持3314户创业就业。

【支持医疗卫生事业】 2011年，江川县完成医疗卫生支出11554万元，比上年增长68.2%。筹集资金6711万元，新型农村合作医疗筹资和住院最高补助标准分别提高到290元和16万元，基本实现城乡医保一体化；拨付资金2258万元，巩固城镇职工基本医疗保险成果；拨付资金3941万元，支持医院能力提升，深化基本药物制度改革，落实计划生育奖补政策，进一步提高公共卫生服务均等化水平。

【支持经济发展】 2011年，江川县拨付资金1737万元，支持现代烟草农业发展，巩固壮大支柱产业；整合支农资金1912万元，支持1.2万亩标准化蔬菜园地建设，促进蔬菜产业发展；拨付畜牧业发展专项资金402万元，支持生猪改良、生物发酵床等技术推广应用；拨付资金289万元，鼓励和引导金融信贷资金支持农业经济发展；支持中低产林改造，推动核桃、竹子产业发展。拨付资金1300万元，支持龙泉山生态工业园区水、电、路等配套设施建设，加快园区建设步伐；拨付工业发展资金192万元，企业技改及贴息资金1015万元，支持企业自主创新和淘汰落后产能，扶持特色优势产业和农业龙头企业发展；累计办理减免退税3063万元，引导和支持新型工业发展；支持中小企业信用担保体系建设，帮助企业置换贷款5470万元，豁免财政周转金645万元，缓解中小企业融资压力，促进企业健康发展。积极落实生态功能区保护治理政策措施，筹措资金11370万元，推进路居大鲫鱼河流域综合治理、抚仙湖一级保护区退塘退田还湖、南北片区污水处理厂等重点生态项目建设，保护和改善“两湖”生态环境，促进人口、资源、环境协调发展。兑付石油价格改革补贴资金855万元，促进交通运输业健康发展；安排资金347万元，支持乡村道路建设；兑付家电摩托车下乡补贴1.9万台(辆) 739万元，拉动消费增长5000多万元；支持30个农资农家店建设和大街市场提档升级，推进3个乡镇邮政所建设，加快建立更加健全完善的商业流通服务体系，提升经济发展活力。

【支持文体事业】 2011年，江川县拨付资金557万元，支持博物馆、图书馆和文化馆(站)免费开放，推进农村科技文化活动室、体育活动场所和广播电视节目无线覆盖工程建设，进一步提高广大群众精神文化生活水平。

【启动新型农村养老保险和城镇居民养老保险试点】 自7月1日起，江川县全面启动新型农村养老保险和城镇居民养老保险制度。年满60周岁符合条件的参保居民不用缴费每人可按月领取基础养老金55元，由中央财政全额承担。对符合条件参保人员缴费及送葬抚恤费由省、市、县财政给予适当补助。此项政策实施，使全县参保城乡居民的养老问题得到初步解决。

【保障性住房建设】 2011年，江川县拨付资金4937万元，支持5.6万平米保障性住房建设；新增发放廉租住房租赁补贴669户，全年发放补贴资金200万元，缓解城镇低收入家庭住房困难；安排资金446万元，实施1502户农村危房改造，改善农村困难群众住房条件。

【支持"三农"】 2011年，江川县完成农林水支出13770万元，比上年增长25.5%。兑现退耕还林、农资直补、油菜及能繁母猪补贴等惠农资金1554万元；安排资金298万元，支持"三小"应急工程，办理7.45万户农房保险，6万亩水稻、玉米和油菜保险，加快建立农业农村灾害风险分散机制；拨付农民专业合作社资金45万元，加强农业技术、信息服务；投入农业综合开发资金1377万元，完成星云湖、黄谷田水库灌区中低产田改造0.71万亩和九溪河小流域生态治理项目；拨付资金775万元，支持安化新庄村7.88万亩土地开发整理项目建设；拨付资金934万元，实施65个"一事一议"财政奖补项目；投入新农村建设资金1499万元，完成18个自然村整村推进、12个新农村和1个民族团结示范村建设，改造节能灶1900户，实施707户退耕还林太阳能热水器项目，建成沼气网点11个，支持农村卫生环境整治工作、移民库区产业发展和基础设施建设。投入林业专项资金1044万元，实施森林生态效益补偿34.6万亩，支持2.55万亩生态林、防护林建设，首次投保60万亩森林火灾保险，切实保护广大林户利益。拨付资金3033万元，支持农村抗旱供水应急系统改扩建工程，管网、泵站和水源点工程建设，着力解决人畜饮水困难；安排资金2530万元，支持白河水库、团结水库、茶尔山水库、矣文水库等22个水库除险加固项目建设，完成2个农资综合动态调整项目，实施农田灌溉沟渠、节水灌溉示范工程，进一步改善农田水利基础设施条件。

【公共安全投入】 2011年，江川县完成公共安全支出5316万元，比上年增长14.8%，着力改善执法办案条件，增强基层政法司法实力。

【财政改革】 2011年，江川县积极推进县、乡财政"两基"建设，不断深化乡镇预算管理方式改革，推动乡镇财政职能转变，扎实开展资金监管工作，较好地落实了各项财政政策；启动预算信息公开试点，预算执行透明度进一步提高；化解地方政府性债务3508万元，有效降低了政府性债务风险；公务卡结算改革取得实质性进展，累计发放公务卡4668张，实现行政事业单位全覆盖；实施票据电子化试点改革，不断规范非税收入征缴管理；大力开展财政资金安全监督检查，不断健全和完善制度措施，清理归并财政专户11个，强化内部控制，进一步提高财政资金安全性；严格落实效能政府建设"四项制度"，行政成本控制达到了预期目标；加强会计信息化建设，指导和服务好村级会计委托代理工作；国有资产动态信息化管理实现行政事业单位全覆盖，推动资产与预算管理有机衔接。

【农业综合开发项目通过省级验收】 7月6～9日，省农业综合开发项目验收考评组对江川2009～2010年度农业综合开发项目进行考评验收。此次验收的农业综合开发项目共4个，项目总投资1465万元，其中上级财政资金1057万元。验收组采取内业和外业考评验收方式对项目进行检查后，同意验收。

【农业综合开发】 2011年，江川县投资1377万元，完成2010年度星云湖、黄谷田灌区中低产田改造项目和九溪河小流域生态治理项目的建设任务，改造中低产田0.71万亩、营造水源涵养林0.55万亩。

【政府采购】 2011年，江川县进一步深化政府采购管理，健全完善监督机制，继续邀请监察、审计部门对招投标工作进行监督指导，不断规范政府采购行为，努力提高经济效益和社会效益，全年累计实现政府采购支出2048.5万元，其中：政府集中采购支出1676.65万元，部门集中采购支出371.75万元。与采购预算相比，共节约采购资金213.89万元，节约率9.45%。

【财政支出项目绩效评价】 2011年，江川县实施行政绩效评价项目4个：2009年度县域金融机构涉农贷款增量奖励资金省级财政支出项目、2010年度家电下乡财政补贴资金项目、2010年度汽车摩托车下乡财政补贴资金项目、2010年基本公共卫生服务均等化专项资金项目。评价组采取单位自查、量化评分、发放调查问卷等方式，对

项目进行综合评价，评价结果显示，4个项目取得了较好的绩效。

【村级公益事业建设一事一议财政奖补项目通过省级验收】 4月13～15日，省财政厅一事一议财政奖补项目考核组对江川县2010年度批准实施的一事一议财政奖补项目进行考核验收。江川县2010年实施的一事一议财政奖补项目共89个，项目投资总额完成3002.97万元，项目涉及村内道路硬化32个，人畜饮水工程11个，环卫设施2个，文化体育设施41个，受益村民63364人。考核组采取“听、查、看、访”方式进行核查，经过考核，89个一事一议财政奖补项目通过考核验收。

【一事一议财政奖补】 2011年，江川县对各乡镇上报项目逐一分析、筛选后，对各乡镇申报的65个项目予以立项。项目投资总额2721万元，其中：财政补助资金934万元。项目涉及村内道路31个，活动场所建设25个，人畜饮水9个，环卫设施1个，项目惠及村民41909人。

【国有企业产权登记】 2011年，江川县开展2010年度国有企业产权登记工作。江川县2010年度产权登记的国有企业户数共5户，企业国有资产总量增幅为6%，国有资本保值增值率为106%。

【财政票据管理】 2011年，全县财政票据年检单位109家，检查票据2093本，单位自查率为100%，重点检查单位109家，重点检查率为100%。销毁过期财政票据2815本，医院门诊收据存根2400000套、住院收据存根92500套、门诊手工收据3701套。

【国务院调研组到江川调研村级公益事业建设“一事一议”财政奖补工作】

10月13日，由国家发改委、财政部、农业部组成的国务院调研组一行到江川，对江川县村级公益事业建设“一事一议”财政奖补工作实施情况进行专题调研。

调研组先后深入雄关乡白石岩村委会白石岩村民小组、江城镇白家营村委会前竹园村民小组，对“一事一议”项目建设情况进行实地查看。通过实地查看、询问了解和听取汇报后，调研组对江川县村级公益事业建设“一事一议”财政奖补工作给予了高度评价和充分肯定。

【机关津补贴检查】 2011年，江川县对机关津贴补贴实施情况进行检查。检查采取先自查，后抽查的方式，对全县各种津贴补贴项目、标准、发放范围及办法、资金来源等方面情况进行清理检查。通过检查，全县津贴补贴发放规范，所发放的津贴补贴均按照国家统一规定的标准和范围执行。

【小金库专项治理】 2011年，江川县认真开展“小金库”清查工作，共清查173户，其中：党政机关40户，事业单位99户，社会团体28户，国有及国有控股企业6户，清查率达100%。对55户单位进行重点检查，其中：党政机关13户，事业单位36户，社会团体3户，国有及国有控股企业3户，重点检查面为32%。通过清查，未发现侵占、截留国家和单位收入及私设“小金库”等问题。

【会计管理】 2011年，江川县进一步加强会计管理工作。一是组织会计专业资格考试。全县报考人数310人，其中：报考注册会计师资格7人、会计专业技术资格81人、会计从业资格222人。二是完成86人的会计从业资格证书的注册登记工作。三是举办事业单位财务会计知识培训，进一步提高预算单位财务人员的财务管理和会计核算能力。四是开展会计信息质量检查。对江川县教育局、江川县卫生局、江川县新型农村合作医疗管理办公室3个单位进行重点检查，通过检查，未发现贪污、截留、挪用等违纪违规行为。五是开展行政事业单位会计制度专项检查。自查单位142个，重点检查单位44个，通过检查，有少数单位存在会计人员无证上岗问题。六是开展代理记账机构调研工作。通过发放问答表、座谈、走访等方式，对2个代理记账机构的管理、运行及发展变化等情况进行调研，进一步促进了代理记账机构的健康发展。

【企业所得税税源调查】 2011年，江川县对供电公司、红塔包装有限公司、江磷集团等10户企业2010年所得税进行调查。10户企业全年营业收入90439万元，利润总额12169万元，扣除经批准用当年利润弥补以前年度亏损159万元，应纳所得税税额2500万元，为企业总收入的2.76%。

【国有资产管理】 2011年，江川县进一步加强国有资产管理，提高资产利用率，公开拍卖车辆3辆，金额7.31万元；办理无偿划拨169台(套、个等)办公设备(价值27.52万元)；报废危房10幢(价值230.88万元)、轿车2辆(价值15.6万元)；对19个行政事业单位18996台(套、件、个等)办公设备，原值847.76万元审核后进行报废；核销房产14幢(宗)，面积9626平方米；清理闲置住房123套(间)，收回55(间)。

【财政监督】 2011年，江川县进一步加大财政监督力度，一是认真贯彻执行《会计法》、《云南省会计条例》，建立健全有效的内控制度，进一步建立了高效、规范的财政财务秩序。二是国有资产动态信息化管理实现行政事业单位全覆盖，推动资产与预算管理有机衔接，同时依法清理和处置闲置国有资产，提高国有资产使用效益。三是全面加强财政资金监管，主动接受人大依法监督、政协民主监督和审计监督及社会公众的广泛监督。四是以扩大内需资金为重点，加大专项检查工作力度，确保财政资金管理使用的安全、规范、高效和各项重大政策措施的落实。五是按照效能政府的要求，做好行政成本控制的监督和管理工作，确保厉行节约相关政策的落实。

【信息工作】 2011年，进一步加大财政宣传力度，全年共编发财政信息63期、论文16篇，其中：省财政厅采用1篇，《云南财会》采用4篇，《玉溪日报》采用7篇，《玉溪财经》采用14篇，市财政局采用4篇，县政府采用18篇，《江川新闻网》采用39篇。

【荣誉表彰】 2011年8月，江川财政局被玉溪市人民政府评为"两基"迎国检先进单位；10月，江川县被云南省农业综合开发领导小组评为"十一五"云南省农业综合开发先进县。

（吕玉红）

国　税

【税收完成情况】 2011年共组织各项税收收入16481万元，与上年同期的16081万元相比增收400万元，增幅2%。其中增值税12291万元，企业所得税3912万元，消费税80万元，个人利息所得税26万元，车辆购置税172万元。

【收入特点】 征收的五个税种，仅有企业所得税实现增收，其余四个税种均出现不同程度下降，其中：增值税入库12291万元，同比减收866万元，减幅7%；企业所得税入库3912万元，同比增收1351万元，增幅53%；消费税入库80万元，同比减收24万元，减幅23%；个人利息所得税入库26万元，同比减收26万元，减幅50%；车辆购置税入库172万元，与同比减收36万元，减幅17%。

2011年总体税收收入形势比较严峻，全局上下坚定信心，积极应对，迎难而上，始终坚持向六个加强要收入，积极把握组织收入工作主动，在上年偶然增长因素推高税收基数2000多万元的不利条件下，实现2011年税收收入同比增长2%，确保了全年无新增欠税，实现了自2001年起连续十一年无新增欠税。

【税源分析】 从占税收收入比重较大的两个税种增值税和企业所得税来分析：(一)增值税方面，七个重点税源行业仅有商业实现增长，化工、供电、农副食品加工、水泥、非金属矿产品、造纸及纸制品业均出现不同程度下降。1. 商业入库3309万元，同比增收316万元，增幅11%，其中：县烟草公司入库1947万元，同比增收124万元；恒昌废旧物资回收有限公司入库311万元，同比增收60万元。2. 化工产品入库增值税2291万元，同比减收202万元，减幅8%，其中：江磷集团入库2184万元，同比增收461万元，主要原因是黄磷年平均销售价格同比增1105元/吨，达到16014元/吨；云天化国际化工天湖分公司入库55万元，同比减收635万元，该公司由于环境保护原因已彻底停产，且库存原材料已销售完结。3. 供电有限公司入库557万元，同比减收212万元，减幅达到28%。4. 水泥行业入库368万元，同比减收467万元，减幅达56%，其中：翠峰水泥有限公司因内部管理问题，下半年一直处于停产状态，全年入库增值税218万元，同比减少377万元。5. 非金属矿产品业入库1177万元，同比减收136万元，减幅10%，其中：杨柳坝矿业因矿场资源枯竭，产销大幅下降，全年入库增值税90万元，同比减收267万元。6. 造纸及纸制品业受整体经济局势影响，入库376万元，同比减收132万元，减幅26%。(二)企业所得税方面，税源单一问题突出，县烟草公司和农村信用合作联社两户所缴企业所得税就占企业所得税总收入的84.92%。其中：县烟草公司入库2193万元，同比增收734万元；农村信用合作联社入库1129万元，同比增收778万元；云南江川天湖化工有限公司入库277万元，同比增收81万元。

【机构设置】 县国税局内设机构8个，即：办公室、人事教育科、监察室、征收管理科、税政管理科、收入核算科、政策法规科、办税服务厅；事业单位1个，即：信息中心；派出机构1个，即：大街税务分局。离退休干部19人，全年在职干部职工68人，在职男性干部为43人、女性干部为25人；其中：党员31人，占总人数的46%；大学本科31人占总人数46%，专科28人占总人数41%，中专4人占6%，高中4人占6%，初中及以下1人占1%；年龄30岁以下5人，31～40岁10人，41～50岁40人，51～60岁11人。

【增值税起征点上调】 自2011年11月1日起，云南省增值税起征点由每月5000元上调至每月20000元。江川国税按照省市局统一部署，结合江川实际，全力做好县内个体经营户、小型微型企业的摸底调查和双定户定额调整工作，认真贯彻落实这一促进经济发展的重要税收政策，及时增加普通发票库存量和供应量，加强普通发票票种核定和日常管理，增设发票业务受理岗，积极应对因起征点上调和开渔节、元旦节、春节"三节"临近带来的发票需求猛增的情况，保证发票正常供应，维持正常经济、税收秩序。截至12月31日，全县419户双定户收入未达到起征点不须缴纳增值税，直接减税达130万元以上。

【实施税收征管工作日志制度】 为进一步加强税收征管、规范税收执法、转变工作作风和优化纳税服务，从5月份起正式实施税收征管工作日志制度。通过对日常工作的记录，对工作的具体开展情况实施痕迹管理，进一步转变工作作风，提高工作精细度。日志记录经纳税人签字确认，可以有效降低工作风险，通过纳税人对税务工作人员的工作情况进行监督，更精细、更有针对性地开展政策辅导，优化纳税服务。

【发票管理】 新版普通发票简并换版

一年来，网络版填开系统已经逐渐被广大用票户接受并掌握，大大提高了普通发票的信息化监管水平，新的普通发票管理平台经过多次升级更新后，功能日趋完善，利用新的普通发票管理平台的发售验旧、票种核定等功能可以更有效的对普通发票进行管理，尤其是验旧功能可以有效的实现以票管税的征管目的。继续加强发票日常检查与重点检查，保证每月不低于用票户10%的检查面，规范了发票的开具使用。同时从发票卖方和买方两个方面加强管理，全力配合公安部门打击发票违法犯罪，规范市场经济和税收秩序。2011年共重点检查用票户16户，检查发票2000多份，罚款3490元，有效维护了发票管理正常秩序。

【纳税评估】 针对农产品收购企业开展重点评估，对企业财务数据定期开展数据分析，尽早发现企业存在的问题，加强对农产品抵扣增值税进项税的专项检查，督促企业进行自查自纠，进一步规范全县农产品增值税的进项税抵扣管理。加强农产品增值税、所得税的税收政策宣传力度，不断提高纳税人的税法遵从度，通过召开农产品经营企业税收政策辅导会等多种宣传服务方式，不断规范农产品收购企业税收征管，提高税法遵从度。全年共评估企业20户，有问题户18户，补缴税款50万元，抵减留抵进项税额32万元，调增应纳税所得额443万元，合计加收滞纳金15120.12元。

将纳税服务融入到纳税评估工作之中，以《行业评估指南》等不同形式广泛开展税收政策宣传，让纳税评估的服务功能得到充分体现，做到了辅导一个企业，规范一个行业，建立一个行业模型，进一步深化了纳税评估“送政策下企业”的精神实质。引导纳税人不断提高和更新税收知识，把一些可能发生的问题消灭在萌芽状态，切实维护纳税人的合法权益，提高税法遵从度。

【出口退免税】 认真执行国家出口退(免)税政策，利用出口退(免)税促进出口产业发展，同时不断强化出口退(免)审核管理，实行“实地审查和案头审查”两步走的审核方法，把加强“日常税收征管”作为生产企业出口货物退(免)税管理工作的重点和核心，从合法性、真实性、时效性、准确性等全面规范税企双方的权利和义务，严防出口骗税行为发生。2011年实际发生出口业务的企业12户，办理出口退(免)税企业9户，办理出口退税额1568万元，免抵额72万元，出口免税核销2648万元。

【民政福利企业管理】 对2010年民政福利企业退税管理情况进行自查，经查没有发现政策执行方面问题，但存在到企业宣传政策、核查残疾人在岗情况等日常管理工作痕迹记录不全的问题，江川国税及时总结经验教训进行整改，提高民政福利企业退税审核管理质效。对民政福利企业“四表一册”进行综合年检，采取定期或不定期深入企业进行实地检查落实，督促企业完善各项保障制度。对每月退税实行先评估、后退税管理，对评估中产生的问题，能排除的按规定进行退税，不能排除则不退税转交稽查。2011年办理福利企业退税20万元。

【优化纳税服务】 在办税服务厅忙时实施导税服务机制，在征期、月末和其他办税业务繁忙时，在办税服务厅启动导税服务岗，引导、疏导纳税人办税，维持办税服务厅正常办税秩序，为纳税人提供更加便捷的办税服务。

创新服务方式，通过纳税服务QQ共接受纳税人网络咨询90余次，发布QQ公告3次，直接上门开展现场网络指导40余次，在办税服务厅自助开票机上指导纳税人进行网络开票200余次，利用网上远程控制技术协助纳税人处理发票填开等问题20余次。

【依法治税】 严格执行《税务行政处罚自由裁量标准》。2011年共处理违法违章行为155件，罚款103件(一般程序45件、简易处罚58件)，不予处罚49件，待处理3户(非正常户)，罚款金额26910元。其中：发票违章罚款45件(一般程序15件、简易处罚30件)；逾期未办理税务登记89件(一般程序30件、简易处罚25件、不予处罚34件、非正常户待处理3户)，逾期未申报20件(简易处罚3件、不予处罚17件)；其它违规1件(简易处罚)催缴0件，催税0元。

依托“税收执法管理信息系统”，深入推行税收执法责任制，强化税收执法责任追究和落实。通过税收执法管理信息系统考核子系统对在CTAIS中操作的37432条数据进行监控，共发现过错29条，经请示后同意进行无过错申辩调整27条，确认过错2条，有效提高了税收执法行为的规范性。

认真开展行政执法案卷评查工作。按照行政执法案卷评查执行一案一评，并且采用百分制计分方式，分解确定各项分值，共对2010年64件行政执法案卷进行查阅，其中：行政许可12件，不予处罚结案8件，处罚结案44件。给予公正、客观的评查，对评查有问题的案卷50件，已责令有关部门给予补正。

积极开展保密普法教育讲座。10月25日，根据当前保密工作的迫切需要，结合开展“六五”普法活动和国税工作特点，邀请县保密局局长叶斌前来举办保密普法培训，为全体干部职工上了一堂生动丰富的保密普法培训课，提高了全局保密工作质效。

【学习型组织建设】 紧紧围绕政治素质是核心、业务素质是关键、文化素质是基础、身体素质是根本的队伍综合素质要求，开展干部素质工程建设，深入推进学习型国税机关建设，提高干部职工思想政治素质和业务素质，优化学历和知识结构，为江川国税的发展提供人才保障和智力支持。2011年县国税局党支部被县委宣传部命名为江川县学习型党组织建设示范点。2名干部参加了在职MPA研究生学历学习。

【国税文化建设】 围绕庆祝建党90周年主题，大力倡导“健康生活，快乐工作”理念，安排部署举办第三届文化建设系列活动。本届文化系列活动设有书法、美术、摄影展、“党在我心中”征文比赛；乒乓球、羽毛球、象棋比赛；颂歌献给党颁奖文艺晚会共四个方面的内容，活动共征集到摄影作品123件、书法美术作品23件、征文作品36篇、文艺节目17个，有15名选手参加乒乓球、羽毛球和象棋比赛，并邀请专家对各类作品评出奖项。于6月29日晚，举办了颂歌献给党暨第三届文化建设系列活动颁奖晚会，共演出了17个文艺表演节目，其中原创节目7个，文艺节目丰富多彩，形式多样，有独唱、合唱、舞蹈、小品、器乐演奏等。通过开展国税文化建设，为干部创造一个展示自我、学习提高的平台，不断提高干部的文化素质和自身修养，提升道德情操，以文化凝心聚力，强化队伍凝聚力，提高干部综合素质和工作能力，提升单位软实力，调动干部工作积极性。2011年1名干部加入玉溪市摄影家协会，1名干部加入玉溪市书法家协会。

【建立荣誉室】 建成了单位荣誉室，分设荣誉陈列区和作品展示区两个区域，荣誉陈列区集中陈列了历年来单位获得的各项荣誉证书和牌匾；作品展示区则收集展示了干部职工创作的摄影、书法、美术等优秀作品。荣誉室的建成进一步推动了江川国税的精神文明和国税文化建设，成为江川国税发展的精神归集地和风采展示园地。

【精神文明创建】 2011年被省国税局命名为全省国税系统“文明单位”。分别被省局和市局表彰为三读活动“先进单位”，2人被省、市局分别评为“读书标兵”。在全县“党在我心中”主题征文比赛中，9篇作品获奖，占全县25篇获奖作品的36%，单位荣获“组织奖”。组织2人参加玉溪市第八届红土地之歌演讲比赛，1人在最终的决赛中取得三等奖的好成绩。在全市国税系统“创先争优、服务税收”主题朗诵比赛中，组织参赛的2个节目分获一等奖和优秀奖。文化建设经验以专报的形式被县委宣传部在全县范围内宣传推广。

（张　楠）

地　税

【机构设置】 2011年江川地税内设办公室、计会股、征管股、税政股、人教股、监察室、法规股、规费股八个股室，直属机构稽查局一个，下辖一分局、二分局、三分局、四分局四个基层分局。共有干部职工71人。大专以上学历67人，占职工人数91.6%；党员34人，占职工人数47.89%。

【税收收入】 2011年江川地税累计入库地方各项税收29015万元，占市局下达年度计划任务29000万元的100.05%，比上年同期增收5810万元，增长了25.04%。其中：工商税收收入累计入库25118万元，比上年同期增收3879万元，增长了18.26%；其他税收收入累计入库3897万元，比上年同期增收1931万元，增长了98.20%。

累计征收文化事业建设费16万元，比上年同期略增收0.13万元，增长了0.85%。

累计征收地方教育附加286万元，比上年同期增收78万元，增长了37.55%。

累计征收社会保险费15632万元，比上年同期增收3776万元，增长了31.85%。其中：征收养老保险费11817万元，比上年同期增收2869万元，增长32.07%；医疗保险费3049万元，比上年同期增收633万元，增长26.21%；工伤保险费181万元，比上年同期减收18万元，下降9.07%；生育保险费57万元，比上年同期增收9万元，增长18.81%；失业保险费529万元，比上年同期增收283万元，增长114.58%。

征收工会经费375万元，比上年同期增收18万元，增长5.01%。

征收残疾人保障金122万元，比上年同期增收28万元，增长29.23%。

征收价格调节基金118万元，比上年同期增收118万元，增长100.00%。

征收抚仙湖资源保护费130万元，比上年同期增收104万元，增长400.39%。

【税源管理】 一是坚持信息交换制度。积极与工商、国税定期进行登记信息交换，通过登记信息、变更信息、注销信息、年检验照信息数据的比对分析来发现税源管理的薄弱环节，加强登记管理。截至12月31日县地税局登记正常纳税户数为8905户，其中个体工商户8023户、单位纳税人821户、临时登记户61户。

二是强化定额核定监督管理。严格按照《个体工商户税收定期定额征收管理办法》的规定进行个体工商户定期定额核定，严把调查分析关、学习理解关、民主讨论关、文书制作关、征收准备关、阳光公示关，规范和统一了个体工商户定额的测算方法、核定办法、程序和所使用的表格文书。2011年1～12月，对1595户实行定期定额征收的纳税人进行了定额核定调整，核定面达百分之百，核定营业税款金额21.4万元；对345户达起征点个体工商户、个人(私营)独资企业核定征收个人所得税的纳税人核定应纳税款为9.2万元；对核定征收资源税的56户纳税人核定应征税款26.7万元。

三是强化对重点税源的分析、管理。采取“抓大不放小”的管理思路，进一步强化重点税源的管理。局领导、业务股室深入重点企业详细了解其原材料价、产销量等生产经营状况。各管理分局建立了重点税源管理台账，并结合市场变化及相关税收政策调整的有利或不利因素，对税收收入形成

的各类增减因素进行详细分析，做到税源清楚、税收政策宣传落实到位，为完成税收收入任务打下了坚实基础。

【重点税种管理】 1. 加强企业所得税管理。一是加强税收政策宣传。发布2010年度企业所得税汇算清缴公告，告知纳税人应参加汇算清缴的对象，汇算清缴的时间，涉税审批、备案、审核等事项具体处理方法、年度纳税申报方法、相关表证的获取途径以及税收政策咨询方法等事项。二是做好纳税辅导。加强干部、纳税人对企业所得税汇缴清缴的学习，对企业所得税申报的工作流程、汇缴软件操作、新政策法规、税法与会计差异等进行培训和辅导。三是做好年度申报的审核。采取现场操作指导、上门服务等方式为纳税人及时解答疑难问题，及时指出错项、漏项及计算错误等问题，并督促纳税人进行调整和重新申报，提高企业申报质量。

2. 加强个人所得税管理。一是做好辖区高收入行业的政策宣传和辅导。对管辖范围内的烟草、金融、保险、电信、电力等行业的高收入人群进行了税收宣传、辅导工作，进一步增强纳税人依法纳税的意识。二是认真做好2010年度年所得12万元以上纳税人自行纳税申报工作，对大企业高收入者实行上门辅导。截至2011年3月31日止，全县共受理年所得12万以上自行申报50人次，已缴(扣)税额155.57万元。同时，积极推进个人所得税全员全额管理工作和个人所得税完税证明开具工作，开具并送达纳税人个人所得税完税证明639份。做好新个人所得税政策实施的各项工作。积极采取措施，组织全体干部学习新条例、做好宣传、测算等工作，确保新修订的《中华人民共和国个人所得税法》落到实处。

3. 加强营业税管理。认真学习、贯彻营业税新条例及其实施细则，并抓好相关配套制度的贯彻落实；加强了对未达营业税起征点业户的税收管理，实行台帐登记、动态管理，跟踪监控收入情况，对达到起征点的业户及时恢复征税，不断提高营业税管理水平。

【发票管理】 从2011年1月1日起，新版普通发票已全面使用。县地税局通过采取严把"七关"即：严把发票建档关、发票准购办理关、发票初始核定关、发票发售数量关、日常检查关、发票核销关、发票代开关，进一步完善发票管理的各项制度，加强新版普通发票日常管理工作，堵塞发票管理漏洞，提高征管质量，规范税收秩序，实现"以票控税"到"信息管税"的转变。

【规费管理】 一是建立社会保险费收入分析制度。每季度进行一次收入分析，以准确判断收入形势，正确指导组织收入工作，监控费源变化，推进税费科学化、精细化管理。二是做好价格调节基金征收前的各项准备工作，做好宣传服务工作。三是加强工会经费的代征工作，积极寻找新的征收方式，破解征收中存在的问题，与县总工会联合制订了工会经费定额征收管理办法。四是做好离退休和中断参保人员补缴养老保险费工作。按月加强与社保部门的对帐工作，确保缴费人员特别是超龄参保人员能及时领取养老金。从5～10月共办理参保"超龄"和中断缴费人员945人，征收基本养老保险费2307万元。五是加强欠费管理。年初制定了详细可行的清欠计划，将清欠情况列入税收执法责任制考核内容。六是加强对征收流程的业务指导，及时解决征收中出现的问题。

【依法治税】 1. 加强税收执法质量考核检查。根据税收执法责任制和"六好"考核要求，结合江川工作实际和以往考核的工作情况，坚持按月开展税收执法责任制考核。2011年1～12月考核合计扣分2941分，对存在问题的单位下发了限整改通知，达到了以查促管，以考促提高的目的。

2. 做好政务信息公开的监督审核工作。一是加强对征管、税政、规费、办公室等需公开的政务信息进行审核把关；二是配备政务信息查询工作人员；三是加强政府信息公开工作。通过政府信息网络向社会公开政务信息27条，重点工作通报23项，重要事项公示8项。为纳税人咨询税收政策、解难、释惑提供了快捷、方便的平台。

3. 建立电子监察行政审批系统。根据《玉溪市人民政府办公室关于开展行政审批和电子监察系统建设工作的通知》精神，按照江川县人民政府办公室的要求，对江川地税局承担的行政审批事项进行清理，制作行政审批服务事项信息，对每一事项编制行政审批业务流程图，制作符合法律规范要求的法律文书，建立电子监察行政审批系统。

4. 加强税务行政审批工作。一是加强定额核定审批管理。对全县缴纳营业税、房屋出租的个体户的定额核定及调整进行了行政审批，共审批2621户。二是加强减免税的行政审批工作。按照行政审批的相关规定，严格依法、依程序办理减免税，杜绝减免税管理工作中的不规范和随意性。四是做好减免税、费信息统计工作，1～12月，为5302户纳税人减免税额1514万元，其中：对享受西部大开发优惠政策的2户纳税人减免企业所得税655万元；为30户下岗失业职工减免税额13万元；其他减免5270户减免税额846万元。免收办理税务登记证工本费2191户，金额4.38万元。

5. 开展好税收宣传，营造和谐征纳环境。深入开展第20个全国税收宣传月活动，开展税收政策进企业、进学校、进社区、进行政单位活动，利用短信、QQ和电子邮件等互联网工具，及时将纳税提醒、税收咨询和最新的税收政策法规送达纳税人，让纳税人及时了解税收法律法规，提高税法遵从度，实现了依法征税与依法纳税的良性互动，营造和谐的纳税环境。

6. 加大稽查力度，打造"阳光稽

查”。一是开展好区域专项整治工作，重点对享受减免税政策的1户企业进行了的检查；二是对长期“零申报”的6户农副产品购销企业进行了专项检查，已处理2户，待处理4户；三是按照“查帐必查票”“查案必查票”的原则，加大发票使用情况专项检查力度；四是积极稳妥推进“约谈制”，融洽征纳关系；五是认真开展“11·10”专案的协查工作，在江川境内共检查21户纳税人，检查货运发票53份；六是经常走访兼职执法监督员，向他们征求意见，并设立了廉政建设举报箱，向社会公开举报电话。通过加强内外双重监督，在社会上树立了良好的地税稽查形象。

【表彰奖励】 年内，江川县地方税务局被玉溪市人民政府表彰为玉溪市2010年度抚仙湖保护管理工作先进单位。张从顺被玉溪市人民政府表彰为玉溪市2010年度抚仙湖保护管理工作先进个人；罗国春被云南省打击发票假币违法犯罪和非法彩票赌博活动工作领导小组表彰为2010年全省打击发票违法犯罪专项行动先进个人。

（刘红丽）

金融·保险

编辑　李　伟

人民银行

【概　述】　2011年，中国人民银行江川县支行紧紧围绕玉溪中心支行党委提出的抓基础、创特色，强履职、求实效，严内控、保安全”的总体工作思路，防范和化解辖内系统性金融风险，创新工作思路，改进工作方法，加强内部管理，夯实基础工作，有效履行宏观调控职能，维护金融稳健运行，有效地促进了各项工作的规范开展。认真贯彻执行适度宽松的货币政策，加强金融改革和发展中的分析监测，积极发挥好县支行货币信贷政策的“窗口”指导作用。加大对“问题”企业及关联交易企业监测力度，完善各类应急措施，切实维护辖区金融稳定。适时召开金融运行分析会、政银企座谈会，积极加强部门信息沟通，和地方政府领导一起深入县内各重点企业进行现场办公和调研，加大货币政策窗口指导力度，协调解决金融运行存在的问题和困难，及时提出人民银行的意见和建议，强化政策传导。做好县辖金融数据的统计工作和征信管理工作，全面履行好基层人民银行职责，促进辖内经济金融的又好又快发展。2011年，江川县金融工作成绩喜人，全县金融机构各项存款余额63.94亿元，比年初增加9.05亿元，增长16.48%，实现了年度近10亿元的规模增长。总量水平、增量水平尾随红塔区、通海县之后，均居全市第3位。各项贷款余额35.53亿元，同比增长21.65%，比年初增长6.3亿元，有力地支持了县域经济发展。

【存款准备金管理】　加强地方法人机构监测管理，建立法人机构存款准备金按旬监测制度，重点关注法人机构超额准备金的变化情况以及流动性状况，建立地方法人机构各项数据按月、按季监测制度，对信用社各项经营指标进行重点监测，同时积极进行再贷款管理系统应急演练，做好再贷款发放各项操作准备工作。

【国库资金管理】　正确组织国库会计核算，准确及时地办理中央、地方共享收入按比例划分入库，以及税收返还等工作。强化库款支拨、退库的监督。继续坚持库款支拨、退库三审制度，对大额拨款坚持权限审签。全年共办理各级预算收入入库24413笔，53786万元；预算支出9705笔，92540万元；全年共办理退库业务121笔，退库金额217万元，预算收入更正64笔，金额896万元。。

【货币金银管理】　加强现金管理，做好上级行下达人民银行和商业银行现金计划情况的监测工作，做好每月现金投放和回笼分析。不定期对辖内金融机构开展现金管理检查，全年共对5家金融机构开展了现场检查。针对检查中发现的问题，根据相关法规提出了书面整改建议，规范现金收支行为。积极组织各金融机构开展反假货币宣传活动，接受群众咨询、发放宣传传单8000份，为反假货币工作营造了良好的社会环境。全年共收缴假人民币619张，金额54390元。

【账户管理】　加强账户管理，严格按照《中华人民共和国行政许可法》《人民币银行结算账户管理办法实施细则》等法律法规，做好银行结算账户的监督管理工作。同时做好账户年检工作，加强监督检查，全年共开立账户263户，撤销账户336户，变更34户，归档520多户。做好全辖的《人民币结算账户资格证》的考试和发证工作，在全辖共发放账户资格证64本。

【反洗钱工作】　继续认真贯彻执行《反洗钱法》，充分发挥人民银行作为反洗钱牵头单位的作用，主动与地方相关部门沟通，主动向地方政府汇报，积极探索可疑交易线索核查工作协调机制。加强反洗钱非现场监管工作力度，及时了解掌握金融机构反洗钱法律制度执行情况，根据辖区内各金融机构按季报送的反洗钱非现场监管资料，认真分析辖区内各金融机构的反洗钱风险状况和工作情况，按季度报送反洗钱非现场监管报告。

【征信管理】 认真做好贷款卡数据信息收集、录入、发放及年审工作，全年共新办贷款卡36户，办理贷款卡年审96户，办理个人信用报告查询1000多户(次)。做好征信宣传工作。2011年县支行采取银行卡宣传与征信宣传同部署、同落实的方式，组织征信宣传3次，发放宣传折页4500份，接受现场咨询2000多人次。

2011年人行江川县支行被中国人民银行总行授予“文明单位”称号；调研信息工作在八个县支行中名列第一，并被中国人民银行玉溪市中心支行评选为调研信息标杆；综合业务股被中国人民银行玉溪市中心支行授予“青年文明号”；基础业务股获中国人民银行成都分行“女职工文明示范岗”称号。

(徐　锴)

工商银行

【概　述】 2011年，中国工商银行股份有限公司江川支行(简称工行江川支行)认真组织开展“抓服务、拓市场、促发展”业务营销活动。年末，全部存款余额62459万元(含同业存款6176万元)，比年初增加3309万元，增5.6%，各项贷款余额19194万元，比年初减少1508万元，减7.28%；实现中间业务收入193万元，拨备前利润800万元。

【中小企业信贷业务】 2011年，支行按照加快中小企业金融业务发展的战略部署，高度重视中小企业信贷业务发展，把其作为调整全行信贷资产结构的重要抓手，强化组织推动，对目标客户做好评级授信工作，为全年度发展做好基础工作，把食品加工业、工业园区作为扩大客户资源的重要目标和方向，对退出企业进行解锁，储备基础客户，发展新客户。8月22日，工行江川支行与江川县工商行政管理局举办为小企业融资座谈会，35户小企业法人代表应邀参加，工行江川支行介绍了支行的企业贷款及个人贷款业务流程、贷款品种，重点推荐了支行的“网贷通”、“卡贷通”、国内贸易融资、个人经营贷款等贷款品种，一对一解答企业疑问，为企业提供初步融资方案，切实解决中小企业融资难的问题，为全年中小企业信贷业务发展奠定了良好基础。全年小企业贷款增加1250万元。

【贸易融资业务】 2011年，工行江川支行把提高国内贸易融资业务当作重点工作来抓，通过深入市场调研，对存量客户认真进行排队，对在支行有贷户、无贷户的企业进行仔细分析，锁定目标客户，有针对性地开展国内融资业务宣传营销工作。一是市行与支行上下配合，积极捕捉信息，开展联动营销。二是根据国内融资业务客户的需求，以及企业信用状况、负债率等指标，及时为客户开通“绿色通道”，提高内部审批效率，以快捷优质的服务赢得客户，促进国内融资业务发展。全年办理国内贸易融资900万元。

(海春元)

建行银行

【概　述】 2011年，中国建设银行股份有限公司江川支行(简称建行江川支行)在职员工30名，内设办公室和客户部两部门，下设营业部和建川分理处两个对外营业网点，在星云路、宁海路和阳光海岸均设有自助银行区，为全县人民提供24小时不间断金融服务。

【业务发展】 2011年，建行江川支行各项业务继续保持良好发展状态，可持续发展能力继续增强。年末一般性存款余额为106686万元，较年初新增3127万元；自营性贷款余额为35013万元，较年初新增1143万元；存贷款比率由年初的32.71%提升至32.82%；资产质量良好，不良贷款率仅为0.03%；实现利润总额1486万元。

【个人信贷业务】 2011年支行发放自营性个人类贷款219笔，发放贷款金额2091.6万元。

【理财产品及代理业务】 代理销售基金790万元、理财产品22033万元、销售国债361万元、账户金交易量51146克、实物金2793克、账户银917115克、寿险252万元。全年代发城镇低保12624人次、代发金额276万元。

【银行卡业务】 2011年储蓄卡发卡6498张、信用卡客户新增2093户；年末公积金龙卡已办理6769张，公积金龙卡短信签约率为81%。办理公务卡1766张，为57家单位安装了公务卡报账程序。

【电子银行业务】 2011年新增个人网上银行客户2936户、新增手机银行客户2761户，为客户提供了便捷的电子银行金融服务。

【委托住房金融业务】 2011年全年归集公积金7180万元；办理公积金委托提取3644万元；代理发放公积金贷款127笔，发放金额2183.6万元。

(普明珍)

农业银行

【概　述】 2011年，中国农业银行股份有限公司江川支行积极实施“大营销、重质量、强管理、求效益、保安全、谋发展”的经营方针，以业务经营为中心，加快发展为主线，控制风险为重点，强化管理为契机，不断提高竞争能力，着力推进战略转型，有效推动了全行各项业务的持续、快速发展。有对外营业机构5个，即支行营业室、大街支行、江城支行、信誉分理处、九溪分理处。支行机关内设：综合管理部、公司业务部、个人业务部。在职员工77人。

【业务发展情况】 截至2011年末，农行江川支行各项存款余额125993万元，比年初增加5426万元，增长4.5%，完成市分行调整计划的67.8%。当地同业(四行一社)市场份额22.07%，位居第二。各项贷款余额105090万元，比年初增加16756万元，增长18.9%，规模控制在市分行下达计划以内；占当地同业(四行一社)市场份额32.39%，位居第二。实现中间业务收入814万元，同比增加171万元，增长26.6%，完成年度计划的101.8%；在当地同业市场份额稳居第一。2011年清收不良贷款295万元，完成年度任务的50.2%；年末不良贷款余额2583万元，比年初减少76万元，不良占比2.46%，较年初下降0.55个百分点；实现经营利润3303万元，同比增加846万元，完成年度任务的100.1%；实现拨备后利润3025万元，同比增937万元，完成年度任务的104.3%。

【新办公楼启用】 经中国银行业监督管理委员会玉溪管理分局批准，支行营业室于2011年10月1日从星云路8号旧址搬迁到兴江路11号新址营业，同月23日机关各部门也搬迁到新址办公。

(戴吉寿)

农村信用合作联社

【概　述】 2011年，江川县农村信用合作联社在省联社及玉溪办事处的领导下，在县委、县政府，人行、银监等相关部门的关心、支持、帮助下，克服国家紧缩性宏观调控政策的影响，积极转变发展思路、创新发展模式，迎难而上，为联社全年各项业务发展奠定了坚实的基础。截至2011年末，各项存款余额达265421.44万元，较上年末增35938.47元，增长15.66%；各项贷款余额达162555.16万元，较上年末增27765.89万元，增长20.60%；实现财务收入达17036.74万元，同比增5198.98万元，增长43.92%；涉农贷款增量25974.83万元；农户申贷满足率91.02%；拨备覆盖率106.30%，较上年末上升6.27个百分点；资本充足率11.61%，较上年末上升0.33个百分点；不良贷款(五级分类)余额控制在6373万元，同比下降323万元，不良贷款占比3.92%，占比较上年末下降1.05个百分点；实现无安全责任事故，经营成效显著，经营成果喜人，经营实力增强。

【惠民工程】 全力配合社保部门做好农村和城镇居民养老保险发放工作。根据省政府及省社保部门的相关文件及省联社有关指示精神，江川县农村信用合作联社高度重视，成立了领导小组，组织召开专题工作会议，进行了认真安排和部署，细化了工作目标，落实了工作责任，加强与政府、社保、财政、人行、公安等部门的沟通、协调，按时对60岁以上，33000多名老人发放基础养老保险金。年末，农村参保率达97.23%、城镇参保率达98.16%，走在全市的前列，惠民政策得以顺利实现。

【支农工作】 面对国家实行紧缩性的宏观调控政策的阻力，江川县农村信用合作联社始终坚持服务“三农”的宗旨不动摇，充分发挥支农主力军的作用，把信贷资金重点投向“三农”。首先是调整贷款投向和投量，重点做好农户贷款、农村经济组织贷款、农村企业贷款，将信贷资金重点投向农业生产，特别是2011年中央一号文件强调的水利设施建设。其次是进一步做好小额农户信用贷款，充分发挥支农主力军作用。截至12月末，全县信用社累计发放小额农户信用贷款22083万元；再次是对一批有发展潜力、市场前景看好、符合条件的中小企业，在规模允许的情况下给予大力支持。最后是积极发放“创业贷款”、“巾帼贷款”、“党员带头致富贷款”等一系列政策性贷款支持农民工和失业人员创业。全年累计发放“贷免扶补”贷款870户、金额4482万元。

【制度重塑】 为确保内部管理各项制度的合规性，体现并符合法律、法规和准则的要求，保障各项经营管理工作的顺利开展，历时近三个月重点对各种业务操作制度、管理制度进行梳理，查缺补漏、剔旧补新，使制度与实际工作相符。先后进行了管理和组织体系的建立和完善、风险自查和自纠、强化和巩固教育培训及制度流程的梳理和重塑工作。着力建立和完善合规绩效考核、违规问责和诚信报告“三个办法”，以及重大违规报告、合规政策报备、合规风险管理评估、合规管理联动等“四项制度”。共梳理管理类制度18个，其中审计检查类6个；综合类8个；安全保卫类4个。业务操作类制度58个，其中信贷管理类38个、风险管理类4个、会计信息类16个，同时将所有管理制度汇编成册出版，供全县员工学习。

(王　贞)

邮储银行

【概　述】 2011年，邮储银行江川县支行按照上级行的安排部署，进一步转变思想观念，增强发展意识，切实把经营效益和收入质量放在首位，坚持强管理、夯基础、促发展，以客户为中心，以发展信贷业务为龙头业务，通过条块结合，发挥资源整合的效能，围绕“调整业务结构，转变增长方式，实施精细化管理”开展工作。2011年，江川县支行有员工33人，内设综合管理部、客户部、信贷部三个部门，有县支行营业部、江城支行、星云路支行三个自营网点。截至12月31日，全县邮储余额为15008.35万元，较年初累计增长－974.05万元，完成业务收入712万元。截至12月31日，个人贷款余额7973.45万元。

【信贷业务】 截至12月31日，个人贷款余额7973.45万元。其中小额贷款2522.78元；商务贷款余额4608.55万元；二手房贷款余额842.12万元。

2011年全县共发放贷款932笔，金额8673.5万元。

【个人金融业务】 2011年，全县邮储代销基金142.42万元，销售理财产品10076.29万元。全县邮储共代理销售保险保费275.4万元；年末，全年共发行银联绿卡3815张，结余绿卡量为19074张，卡户余额5930万元。累计发放信用卡219张。

【公司业务】 由于支行公司业务起步较晚，业务发展相对滞后。2011年进一步完善和加强营销体服务体系建设。县支行配备专职公司业务客户经理，并组建由支行长为负责人的营销团队，负责公司业务营销发展的组织管理工作。同时理顺营销层次，同时加大公司业务人员的业务培训力度，开展客户走访，了解客户需求，将服务与客户有机结合，为公司客户提供有效的服务。2011年，支行公司业务余额1843.67万元。

（刘　晖）

商业银行

【概　述】 2011年是玉溪市商业银行实施五年发展规划及江川支行开门营业的开局之年。江川支行把“调结构、保增长、防风险、强服务，提高市场竞争力”作为中心工作，在县域资金趋紧、银行业机构业务竞争异常激烈的形势下，始终秉承差异化、特色化、精细化的服务理念，以科学发展为主线，以优质服务为抓手，以加强团队建设、完善各项制度机制为保障，团结拼搏，攻坚克难，开拓创新，认真开展业务经营与管理工作，较好地完成了各项业务指标，有效防范了各类风险。截至2011年末，存款余额28760万元，比上年末增22990万元，增长398.44%，目标完成率达179.75%；对公日平均存款余额13634万元，储蓄日平均存款余额768万元；年末贷款余额8229万元。累计发放红塔卡821张，比上年末增738张，目标完成率93%。特约商户POS机数量达8户，新增8户，目标完成率80%。全年贷款利息收入317万元，利息支出129万元，费用总额217万元，安防摊销11万元，固定资产年度折旧6万元，上缴税收11万元，亏损额238万元。

【学习培训】 一是搞好政治理论学习，加大职业道德、遵章守纪和依法合规教育力度。二是抓好员工业务技能培训和对总行《内部控制制度汇编》等的学习。三是实行“每周一考”制度，以考促学。四是以“走出去，请进来”的方式，强化业务操作技能、流程和规范的学习培训。五是积极组织员工参加各类业务技能竞赛。

【内部管理】 一是依据总行《内部控制制度汇编》，结合实际，对支行岗位进行合理设置，并明确了岗位职责。二是建立健全内部管理制度，强化内部管理，防范各类风险。三是推行责任会计制度，提高效益，降低费用成本。四是圆满完成支行年终决算工作。

【文明规范服务】 严格执行《中国银行业文明规范服务工作指引》和《玉溪市商业银行员工行为规范》等金融有关服务标准，大力开展文明规范服务工作，净化、美化营业厅环境，增强员工服务意识，改进服务方式，提升服务质量，为客户提供优质的服务，杜绝了客户投诉情况的发生。

【信贷管理】 严格遵照“三个办法一个指引”的要求，成立信贷审批小组，设置信贷工作岗位，加强信贷业务培训，健全信贷管理制度，规范信贷管理，强化贷前调查、贷中审查、贷后检查，全面提高贷款的精细化管理水平。

【支持廉租房及市政工程建设】 充分发挥自身优势，主动服务县委、县政府“民生工程”建设和“大项目引领大发展”发展思路的落实，向江川县城市建设投资有限公司发放贷款3300万元，支持江川县2010年城镇廉租住房建设；投放贷款2000万元支持江川建工集团进行房屋建筑工程和市政公用工程建设。

【服务工业经济发展】 竭诚服务江川“工业强县”战略的实施，大力协助县委、县政府招商引资，成功将中国联塑集团这一管道生产领域唯一上市企业引驻江川，促进了江川龙泉山生态工业园区的建设，同时也带动了支行业务的发展。

【支持三农】 立足当地，服务县域中小企业，支持“三农”，投放贷款550万元扶持雄鑫农产品商贸有限公司进行冷库建设，促进农业发展，农民增收；投放贷款150万元扶持皇壮牧业有限公司进行规模化牲畜养殖，促进企业提质增效。

（伏跃华）

中国银行

【概　述】 中国银行股份有限公司江川支行于2011年5月13日开业成立。作为新成立的支行，中国银行江川支行根据中国银行上级行党委从扩大县级网点布局、提高价值贡献度的规划和部署，自开业以来，紧密围绕县委、县政府提出的“农业稳县、生态立县、工业强县、文化兴县、旅游活县”战略和“壮优培特，建设高原湖泊生态县”的经济社会发展思路，积极与江川县各级、各部门加强协作，积极支持当地农业基础设施、生态项目建设、湖泊保护治理、城市基础设施建设、中小企业等项目，与时俱进，创新思路，充分调动全行员工的工作积极性，想方设法扩大支行在当地的知名度和做大业务规模，经过一年的努力，各项业务发展初见成效。

【部门设置】 2011年，中国银行股份有限公司江川支行设正副行长各一名，内设营业部，业务发展部和综合管理部三部门，共有员工1 7人。

【业务发展】 截至2011年末，中行江川支行人民币各项存款余额16463万元(其中：公司存款6960万元，储蓄存款9503万元)，各项人民币贷款余额2600万元，无不良贷款。信用卡发卡量271张，新增特约商户7户，新增对公网上银行14户，新增个人网上银行1099户，新增个人手机银行客户988户，新增电话银行客户894户，新增借记卡发卡量1515户，新增对公账户57户，公司有效客户7户；新增个人中高端客户183户，国际结算量66.59万美元。实现中间业务收入45.97万元，实现经营利润213万元。

【内控管理与安全】 作为新成立支行，为了提高内控管理与安全保卫工作，江川支行严格按照中国银行省市分行内控合规和案防工作的要求，认真组织员工学习《中国银行营业柜员十个严禁》和《中国银行营业机构负责人十个严禁》(2011版)、《中国银行股份有限公司员工违规行为处理办法》及各项规章制度，同时，加大对员工的安全教育培训，建立健全安全检查、巡查登记制度，组织学习《中国银行玉溪市分行突发事件应急处置预案》。

(丁俊滐)

人寿保险

【概 述】 2011年，中国人寿保险股份有限公司江川县支公司有正式职工3人，合同制员工14人，营销员122人，公司设有综合部、个险部、团险部、银保部、客户服务中心五个部门，下辖大街、江城、前卫、九溪、路居、雄关6个乡镇营销服务部。

【保费收入】 2011年，中国人寿江川县支公司狠抓执行力建设，认真落实“听话、照做、执行”的方针，发扬光大“团结、和谐、创新、超越”的江川公司精神，在公司全体人员的努力下，公司各项业务取得较好的成绩，全年完成保费收入4210万元，创下自财险、寿险分业经营以来最好水平。

【保险先进村建设】 公司经理室积极与县委、政府沟通协调，取得县委、政府的支持，县政府办制定了《江川县开展中国人寿保险先进村及保先活动实施方案》，深入推进“保险先进村”建设，截至2011年12月加挂“保险先进村建设点”牌子的村委会68个，达成“保险先进村”创建目标22个。

【诚信宣传】 认真开展“诚信我为先”主题教育活动，杜绝违规经营，徇私舞弊及违法违纪的事件发生，树立公司良好形象。组织各部门、各岗位员工参与上级公司及公司内部举办的各种培训活动，不断提高个人代理人及内勤管理人员的业务知识和技能，2011年，公司未发生任何违规、违纪的案件。

【依法合规经营】 认真落实玉溪分公司党委、总经理室《2011年依法合规经营责任书》，在公司全体人员中开展依法合规经营理念及诚信教育，开展营销员案件警示教育，认真抓好新入公司人员的岗前职业道德教育及销售技能培训工作，对全体营销人员开展风险点提示教育。

【表彰奖励】 中国人寿江川县支公司认真抓好承保、理赔等服务工作，加强依法合规经营，认真开展“反洗钱”工作，未发生违规违纪事件，2011年被江川县人民政府授予“重合同、守信用”单位荣誉称号，被中国人寿玉溪分公司总经理室、党委评为“2011年度经营绩优单位”及“优秀基层党组织”荣誉称号。

(路建明)

人保财险

【概 述】 2011年，人保财险江川支公司有在编正式员工11人，外聘工30人。公司经理室下辖综合部、承保部、理赔部、营销服务部等四个部门。年末，完成保费收入4412万元，办理赔案6307件(其中车险2567件，非车险3740件)。

【表彰奖励】 2010年江川支公司被江川县人民政府考核评比为“社会治安综合治理维护稳定先进单位”，经玉溪分公司考核，公司被评为“先进集体”、“档案管理先进单位”、“单证管理先进单位”。外聘工王晓萍、吴鸿文、张蕾分别被玉溪分公司表彰为“档案管理先进个人”、“信息宣传先进个人”、“单证管理先进个人”。经江川支公司民主投票报玉溪分公司表彰，陈敏被评为“五好家庭”，计黎昆、王晓萍、杨江波被评为“先进员工”，计黎昆同时还被省分公司表彰为优秀员工。

【竞争上岗】 人保财险江川支公司继2011年1月20日公司召开全公司员工大会公布《江川支公司竞争上岗实施方案》后，公司全体员工按照“实施方案”流程要求各自以书面形式报名。报名含竞争何种岗位、上岗理由、本人工作目标等内容。报名结束后，公司竞争上岗评审委员会对报名竞争上岗的员工进行按各竞争岗位所要求的学历、工作年限、工作业绩、资格证等条件及其评分标准统一打分。确定了直销团队、电销团队、营销内勤等三个主管岗人员，并进行公示。公示一周后，本着双向选择的原则，各主管岗又按照公司的岗位编制选择自己本部人员。2月18日，公司召开全公司员工大会，公司经理陈敏宣布各主管岗及直销团队、电销团队及其组成人员名单。江川公司竞争上岗工作结束。

【户外体验式培训】 2011年7月13日，

公司经理室组织带领全体员工到昆明金山潜能拓展训练基地进行为期两天的户外体验式培训。

【烤烟灾害查勘理赔】 2011年8月31日下午5点30分左右，暴风夹杂着指头点大的冰雹降临江川大地，江城、雄关、安化、九溪、前卫五个乡镇烤烟损失惨重，下午6点，公司接到报案电话后，火速调配查勘定损人员前往查勘。

9月1日，玉溪分公司及时派出理赔事业部副主任庄国华、王芳等领导赶赴江川指导查勘定损工作。

据统计，本次风灾、冰雹造成全县6000多亩烤烟受灾，公司烤烟赔款将达150余万元。

【全县能繁母猪统保】 人保财险江川支公司承保的2011年度全县能繁母猪保险于2011年10月31日全部到期，公司在服务“三农”过程中，决心将这一惠农政策长期坚持下去。于2011年10月下旬组织人员在全县范围内全面开展2012年度能繁母猪统一承保业务。公司和县畜牧兽医局联合出台了《江川县2011～2012年度能繁母猪承保流程》规定：能繁母猪必须戴专用耳标承保，每头能繁母猪保费60元。根据中央出50%、省出6%，市出10.67%，县出13.3%，农户出20%的政策规定，农户应交的每头能繁母猪保费12元必须到位。在公司举行能繁母猪统保培训的基础上，各乡镇分管领导和兽医站、乡村兽医一道进村入户、逐户逐头按《承保流程》统一办理承保手续。公司各客户经理对直接经办业务的兽医进行业务指导，做到应保尽保、查缺补漏。截至11月底，圆满完成了全县39029头能繁母猪的承保任务。

（吴鸿文）

科技·教育

编辑　李　伟

气　象

【机构设置】　2011年，江川县气象局内设局办公室、江川国家气象观测站、江川县气象科技服务中心、江川县气象行政执法大队(与江川县人民政府防雷减灾领导小组办公室合署办公)，辖江川县人工增雨防雹办公室、玉溪市防雷装置安全检测中心江川检测站，共6个站(室、中心)。

【气候评价】　结合江川多年气候特点和生产生活的实际，将四季划分为：上年12月至当年2月为冬季，3～5月为春季，6～8月为夏季，9～11月为秋季。

2011年江川气候特点：2011年，江川县降水量为496.8毫米，比历年同期少-352.0毫米(-42%)，比2010年同期少-191.0毫米(-28%)，创江川县1958年有气象记录以来的历史同期最少记录，是玉溪市同期降水量最少的县(区)，同时也是云南省同期降水量较少的县份之一。降水季节分布特点：冬季(2010年12月～2011年2月)特多，春季(3～5月)略偏少，夏(6～8月)、秋(9～11月)两季特少，尤其是夏季偏少显著；2011年年平均气温为16.5℃，比历年同期高0.6℃，比2010年同期低1.1℃。气温季节分布为冬、夏季偏高，秋季略偏高，春季正常。2011年雨晴天气交替发生，有利作物对水分的吸收，而光照充足，有利于光合作用，提高作物的产量和品质，但由于降雨总量不足，对水库、坝塘的蓄水非常不利，对缺水的山区的人畜饮水和作物的土壤墒情影响较大。2011年为降水偏少，气温正常略高，下半年气象干旱较重，对工、农业生产条件而言属于中等稍偏差年景。从总体来看，2011年对于工、农业生产条件而言属于利弊皆有的中等偏上年景。

【主要气象要素述评】

1. 气温

(1)年平均气温

2011年平均气温为16.5℃，比历年同期高0.6℃，比2010年同期低1.1℃，属略高年份。

年极端最高气温为31.6℃(8月31日)，突破历史极端最高气温值(2009年8月的30.2℃)；8月平均最高气温极大值为27.2℃，突破历史平均最高气温极大值(1990年8月的27.1℃)；极端最低气温为0.1℃(1月21日)。

初霜期为2010年12月17日，终霜期为2011年2月24日，霜期为70日。

1～12月月平均气温与2010年相比，除10月略偏高外，其它月份均为不同程度偏低。2011年2、6、7、9、12月比历年同期偏高1.1～1.6℃，属偏高月份，3月偏低，11月略偏低，其它月份略偏高。

气温季节分布为冬、夏季偏高，秋季略偏高，春季正常。

(2)四季气温变化

冬季(2010年12月～2011年2月)：冬季，平均气温为10.8℃，较2010年同期低0.8℃，较历年同期高1.4℃，属偏高。季内热量条件好，暖冬现象突出。1月9～12日及15～20日受强冷空气和南支槽活动影响，出现强降温和降雨天气，其中9～12日出现小到中雨局部大雨，县域北部出现雨夹雪，15～20日出现小雨局部中雨。1月21～22日，受辐射降温影响，出现霜或霜冻影响，最低温度达0.1℃，局部小春作物受霜冻影响，山区气温低达-2.1℃～-1.2℃(雄关窑房村达-2.1℃,)。

春季(3～5月)：春季，平均气温为17.3℃，较2010年同期低2.3℃，与历年同期持平，属正常。连续高温少雨导致各乡镇(街道)均遭遇严重春旱。3月15～17日及25～28日两次遭遇“倒春寒”天气，其中15～17日海拔较高山区出现雨夹雪，局部降雪，导致部分烟苗受灾，出现生长慢、发育期推迟2～3天时间的现象。

夏季(6～8月)：夏季，平均气温为21.7℃，较2010年同期低0.3℃，比历年同期高1.0℃，属偏高。季内高温少雨，插花旱天气突出。

秋季(9～11月)：秋季，平均气温为16.5℃，较2010年同期低0.4℃，比历年同期高0.5℃，属略偏高。

2011年12月：12月平均气温为10.3℃，比2010年同期低0.7℃，比历年同期高1.4℃，属偏高。月内气温上旬偏高、中旬略偏高，下旬特高。

2. 降水

(1)年降水量

2011年，江川县降水量为496.8毫米，比历年同期少-352.0毫米(-42%)，比2010年同期少-191.0毫米(-28%)，创江川县自1958年有气象记录以来的历史同期最少记录(1969年为591.1毫米)。

降水季节分布特点：2011年降水量除1、3、4和12月略偏多至偏多外，其余各月均比历年及2010年有不同程度偏少(12月比2010年少35.5毫米，6月比2010年多9.5毫米)，其中2、7、8、10和11月偏少达50%以上，为特少月份。降水量以5～11月偏少较显著，其中6～8月降水量总量为220.2毫米，比历年同期少239.3毫米(-52%)，比2010年同期少38.0毫米(-15%)，创江川县自1958年有气象记录以来的历史同期最少记录。

江川县2011年气象站及各乡(镇)降雨量监测点资料(单位：毫米)：县气象站496，安化685.8，雄关641.1，九溪600.3，江城598.1，路居631.3，前卫620.5，大街502.3。

降水季节分布特点为：冬季特多，春季略偏少，夏、秋两季特少。

(2)降水时空分布特征

冬季(2010年12～2011年2月)：冬季，降水量为95.4毫米，比历年同期多49.9毫米(110%)，比2010年同期多62.6毫米(191%)，降水时段主要集中2010年12月11～12日、2011年1月10日、17日三次过程。1月下旬以来，受偏西气流控制，以持续晴热天气为主，江川县遭遇连续48天(截止3月9日)无降水，致使气象干旱开始显现，森林火险等级居高不下，特别是进入2月16后，林火险气象等级出现明显上升并维持在4～5级。

春季(3～5月)：春季，降水量为129.5毫米，比历年同期少14.0毫米(-10%)，比2010年同期多0.4毫米(0%)。降水时空分布不均，主要集中在3月15～17日、3月24～29日、4月23～24日、5月3日、5月12～16日和5月23～25日等六次降雨天气过程。

夏季(6～8月)：夏季，降水量为220.2毫米，较2010年同期少38.0毫米(-15%)，比历年同期少239.3毫米(-52%)，属特少，夏季及8月雨量均创江川自1958年有气象记录以来的历史同期最少记录(1992年夏季最少为237.2毫米，2006年8月最少为44.8毫米)，是玉溪市同期降水量最少的县(区)，同时也是云南省同期降水量较少的县份之一。特别是7月下旬开始，降水持续减少，遭遇了严重夏旱，导致全县水库、坝塘蓄水严重不足，部分区域人畜饮水困难，将对2011/2012冬春季的生活和工、农业生产带来严重影响。

秋季(9～11月)：秋季，降水量为87.2毫米，较2010年同期少148.0毫米(-63%)，比历年同期少113.0毫米(-56%)，属特少。9月下旬发生5～7天一般性连阴雨天气，对大春作物收晒有一定影响。

2011年12月：12月降水量为17.1毫米，比2010年同期少35.5(-67%)毫米，比历年同期多2.8毫米(20%)，属偏多。月内冷空气、静止锋、南支槽天气系统活动频繁，在9～11日及24～26日出现强降温天气，其中9～11日在高海拔山区出现小雪天气，坝区出现局部雨夹雪。

(3)雨季开始期和结束期

雨季开始期：2011年初雨季开始期于4月24日开始，比历年偏早22天。

雨季结束期：2011年雨季9月25日结束，比历年偏早8天

3. 日照

(1)年日照时数

2011年日照时数为2275.2小时，比历年同期多85.8小时(4%)，比2010年同期少237.2小时(-9%)，属略偏多年份。总体上，2011年光照充足。

(2)日照的季节变化

冬季(2010年12月～2011年2月)：冬季，日照时数为702.7小时，比历年同期多61.5小时(10%)，比2010年同期少99.6小时(-12%)。

春季(3～5月)：春季，日照时数为675.5小时，比历年同期少25.8小时(-4%)，比2010年同期少125.5小时(-16%)。

夏季(6～8月)：夏季，日照时数为561.5小时，比历年同期多150.8小时(37%)，比2010年同期多56.7小时(11%)。

秋季(9～11月)：秋季日照时数为446.4小时，比历年同期偏多14.5小时(3%)，比2009年同期偏少157.8小时(-26%)。

2011年12月：12月日照时数为135.6小时，比历年同期少61.8小时(-31%)，比2010年同期少87.5小时(-39%)。

【主要气候事件】 2011年江川县主要气候事件有冬春轻旱、“倒春寒”、夏秋连旱、雨季开始期偏早、秋季连阴雨等。

1. 前冬降水异常偏多

2010年12月至2011年1月中旬，南支槽和冷空气活动频繁，受其影响，降水特多，2010年12月至2011年1月中旬降水量达95.4毫米，是历年同期的4倍多。

2. 冬春气象干旱

2011年1月下旬至3月中旬初，受偏西气流控制，江川县以持续晴热天气为主，无有效降水出现。3月上旬至中旬初，大部发生轻旱、局部中旱，森林火险等级持续居高不下。

3. “倒春寒”

3月15～17日及3月25～28日，受强冷空气和南支槽影响，江川县遭遇了两次强降温和降雨天气，均达到“倒春寒”标准，其中15～17日，在海拔较高山区出现雨夹雪，局部降雪，

导致部分农作物受灾。

4. 雨季开始期偏早

雨季于4月24日开始，属偏早，雨季中伴有插花旱。

5.5～11月降水持续偏少，遭遇夏秋连旱。

2011年5～11月，各月降水为持续偏少至特少，其中7月、8月、10月、11月降水量比历年同期偏少51%以上。5～11月降水总量创有记录以来同期最少记录。由于降水持续偏少，各乡镇、街道均有不同程度干旱发生。另外，由于2008年以来江川县连续4年降水偏少，累积效应导致各水库、坝塘蓄水严重不足。

6. 秋季连阴雨

2011年9月，受西太平洋副热带高压外围西南暖湿气流和弱冷空气影响，江川县阴雨日数较多，其中9月下旬出现5～7天一般性连阴雨天气，对大春作物收晒有一定影响。

【主要气象灾害及损失】 2011年江川县主要灾害有干旱、大风、冰雹、雷电、暴雨洪涝及强降水引发的滑坡、泥石流等，其中最严重的是干旱。

(一)干旱

2011年，江川县发生两个时段的干旱。其一是1月下旬至3月中旬初的轻旱，特点是时间短、受旱轻；其二是5～11月的夏秋连旱，特点是时间长、范围广、受旱重。主要影响山区、半山区的大春作物生产和各水库、坝塘蓄水。2011年7月下旬至8月16日，因江川县降雨量异常偏少，夏旱严重，导致农作物共计27643亩受旱(其中：轻旱12290亩，重旱15353亩)，因旱造成3892人、455头大牲畜饮水困难，旱灾主要分布在山区和半山区(资料来源于江川县防汛抗旱指挥部办公室)。

(二)低温冷害

1. 1月21～22日，受辐射降温影响，全县发生霜或霜冻影响，最低温度达0.1℃，局部小春作物受霜冻影响，山区气温低达-2.1℃～-1.2℃(雄关窑房村达-2.1℃,)。

2. 3月15～17日及25～28日，遭遇了两次强降温和降雨天气，均达到“倒春寒”标准，其中3月15～17日在部分高海拔山区出现降雪(以雨夹雪为主)，导致部分农作物受灾。这两次降温降雨天气过程对降低森林火险等级、增加库塘蓄水和坝区的小春作物的生长较为有利，但对烤烟育苗和山区的小春作物、蔬菜、水果的不利影响较大。江城镇祁家营村委会有200亩经济作物受灾，主要受灾作物有菜豌豆、小麦等；安化乡各村委会有590亩农作物有不同程度受灾，主要受灾地点为新庄、安化、董炳等村委会。

(三)大风、冰雹灾害

1. 6月19日14时57分 至15时，江城镇受局部强对流天气影响，遭遇冰雹袭击成灾。陈家湾村委会降冰雹，冰雹直径3毫米左右，由于烤烟长势小，没有成灾；15时，白家营村委会万家营村民小组出现大风大雨点夹少量冰雹，最大冰雹最大直径3毫米左右，250亩烤烟受冰雹灾，800亩玉米受风灾。

2. 6月29日15时10分，雄关乡窑房村委会与华宁交界处发生暴风、暴雨夹少量冰雹灾害，最大冰雹最大直径为3毫米左右，持续时间为1～2分钟，致使80亩烤烟受灾，以风灾为主。

3. 8月9日中午12点38分，陈家湾村委会所属的五个村民小组一带受强对流天气影响，遭遇大风夹杂冰雹袭击，以大风灾害为主，冰雹最大直径5毫米左右，致使烤烟1500亩受灾。

4. 8月29日，江城、前卫现两镇遭遇局部强对流天气影响成灾。13：00，安化乡光山村委会香柏甸村和旧村、江城镇陈家湾村委会下麦冲村遭遇大风冰雹灾(以大风为主)，致使200多亩烤烟受灾；13：30，前卫镇发生强对流天气，致使石河村委会阿斗村遭遇大风冰雹灾(以大风为主)，致使800多亩烤烟受灾，最大冰雹最大直径9毫米，持续时间2分钟。

5. 8月31日，受高空东北气流和地面辐合区的共同影响，因具备发生强对流天气的条件，致使前期积累的不稳定能量得以释放，诱发玉溪市大部县区发生雷雨大风、强冰雹等灾害性强对流天气，市内江川县灾情较为严重。江川县的前卫、雄关、江城、九溪四乡镇受灾。经各乡镇和相关部门核实，前卫、雄关、江城、九溪四乡镇遭受大风冰雹灾共有13843.9亩农作物受灾，其中烤烟受灾面积为8244亩，水稻受灾面积3907.96亩，其它农作物受灾面积为1692亩。。

6. 9月7日17时55分，安化乡受局部大风冰雹、强雷暴天气影响，新庄村委会大营村、小营村遭遇大风冰雹灾害(以大风为主)，冰雹持续1～2分钟，冰雹有花生般大小，直径大约10毫米左右，致使300亩烤烟受灾，受灾程度达50%。

7. 9月8日15时00分～15时07分，江城镇左卫村委会宝塔营村、龙街村委会桃园村、西河村委会海埂村、孤山村委会遭遇大风冰雹灾，冰雹直径10毫米左右，导致1000亩左右的水稻受灾，损失程度为10～50%。

8. 9月21～26日，江川县安化乡出现秋季连阴雨天气影响，于26日早晨局部发生房屋倒塌，但无人员伤亡。安化乡23～24日出现中雨，21日、22日、25日和26日出现小雨，致使安化乡招坝村民小组一小平房(石脚较高)和安化村三组老房子倒塌。

(四)洪涝

1. 6月18～19日，江城镇受两高间辐合及切变影响(18日发生大雨，19日发生暴雨)，遭遇泥石流和洪涝灾害。期间共有2074.2亩大春作物受灾，其中作物受灾713亩(烤烟519亩，水稻73亩，蔬菜14亩，玉米103亩，花卉4亩)，成灾1362亩(烤烟1042亩，蔬菜127亩，玉米186亩，花卉7.2亩)，道路损坏10102米，水管冲毁760米，1座烤房和2个猪圈进泥沙，9户房屋进洪水及泥沙，村委会围墙倒塌20米。

2. 6月20日6时，大街街道办事处大庄社区小大庄小组由于沟道不通，致使强降水长时间聚集，造成2亩烤烟成灾。

3. 7月17～18日，受辐合区和切变南下影响，全县普降大雨局部短时大暴雨，九溪镇遭遇短时暴雨袭击成灾。在17日22时～18日9时，矣文村委会降雨量达88.6毫米，九溪镇降雨量63.3毫米，均达短时大暴雨标准。农作物共受灾518亩，其中烤烟受灾468亩，包谷20亩，水稻30亩，大村村委会一民房倒塌1间（30平方米）。

（五）滑坡、泥石流

6月18日下午17时～19日因强降雨致江城三百亩村成灾。因江城三百亩村采石场周边道路因无排水设施，加之短时强降雨，导致雨水沿道路集中到采石场及龙潭村后，致使村庄道路两处滑坡产生土方约150方，龙潭村烤烟被淹31亩、涉及农户12户；村委会被水淹，部分办公用品损坏。直接经济损失6万元。

（六）雷电灾害

1. 8月31日，海门村委会抽水站变压器遭雷击，变压器、计电箱、线路等损失1.5万元。

2. 6月27日下午，大街街道办大庄村委会大庄村发生强雷暴，致使第101号居民家的电视机一台被雷击损坏，直接经济损失0.3万元。

3. 9月15日19点左右，安化彝族乡安化村委会二组194号张建明家一砖混结构房屋屋顶上太阳能金属水箱遭雷击，直接损失0.08万元，间接损失0.1万元。

【气候对相关行业的影响】

1. 气候与农业

2011年江川县降水季节分布特点是冬春季偏多，5月后为持续偏少。气温除春季略低至偏低外，其余时段略高至偏高。雨季开始期偏早，雨季结束期偏早。年内冬春干旱轻而夏秋旱重，洪涝灾害较历年偏轻，“倒春寒”低温冷害较历年偏重。气候条件对小春作物有利而对山区、半山区大春作物不利。从总体上看，2011年江川县农业就气候条件而言中等偏上年景。

2011年气候对作物的有利条件：(1) 2010年秋～2011年初春，降水偏多，时段分配较均匀，土壤底墒较好，旱情较历年偏轻。小春作物能够顺利栽种，生长期内水分条件较好，气温除3月偏低外，其余时段比历年同期偏高，光热条件较好，对小春作物生长有利。(2) 雨季开始期偏早，烤烟及大春作物栽种期4月下旬降水偏多，对烤烟移栽成活有利，5月降水过程少，主要以多云间晴天气为主，光照和煦，有利于烟株根系生长发育。(3) 烤烟成熟期降水偏少，气温适中，光照充足，无低温阴雨和严重洪涝灾害出现，对烤烟成熟和采烤有利。

2011年气候条件对农业不利影响：(1) 3月中下旬，江川县出现两次较大范围的阶段性强降温天气，达到“倒春寒”标准，对水稻和烤烟育苗不利，部分农作物受灾。(2) 大春作物生长季内，降水明显偏少，5～10月平均雨量创有记录以来同期最少记录，自然降水不能满足大春作物生长对水分的需求，水利条件较差的山区、半山区大春作物植株生长缓慢。(3) 9月，受西太平洋副热带高压外围西南暖湿气流和弱冷空气影响，阴雨日数较多，其中9月下旬出现5～7天一般性连阴雨天气，对大春作物收晒有一定不利影响。

2. 气候与水资源

2011年降水量为496.8毫米，折算成水资源约4.2228亿立方米，比历年少2.9920亿立方米，比2010年少1.6235亿立方米，创1958年以来最少记录，加之2008年以来江川县连续4年降水偏少，水资源总量共偏少了6.3895亿立方米，导致各水库、坝塘蓄水明显偏少，将对2010/2011年冬春的工、农业生产带来不利影响。2011年末，全县蓄水总量为1530.55万立方米，比2010年偏少399.3万立方米。

2008年以来因降水量连续偏少，导致江川县2008～2011年四年内因降水减少致使水资源量总计减少约6.3895亿立方米，县内各水库、坝塘蓄水严重不足，两湖水位长期处于低位运行。

3. 气候与林业

2010/2011年冬春降水较多，对森林防火工作有利。2011年夏、秋降水偏少，植被含水少，对2011/2012年冬春森林防火工作不利。

4. 气候与交通、旅游

2011年冬降水比历年同期偏多，空气无历年干燥，空气质量较好，较适合旅游。春夏秋降水偏少，除了在主汛期局地强降水引发山洪暴发造成部分道路堵塞、塌方外，基本没有大的影响，对交通、旅游有利。

表1　江川县2011年1～12月降水量统计表　单位：毫米

		1月	2月	3月	4月	5月	6月	7月	8月	9月	10月	11月	12月	年
江川	实　况	42.8	0	25.4	42.6	61.5	98.4	81.4	40.4	60.9	20.5	5.8	17.1	496.8
	比2010年	32.6	-2.5	7.7	13.6	-20.9	9.5	-35.2	-12.3	-61.1	-80.2	-6.7	-35.5	-191.0
	比历年	28.9	-17.3	5.9	6.7	-26.6	-41.6	-86.1	-111.6	-33.3	-45.5	-34.2	2.8	-352.0

表2　江川县2011年1～12月平均气温统计表

单位：℃

		1月	2月	3月	4月	5月	6月	7月	8月	9月	10月	11月	12月	年
江川	实　况	9.3	12.2	13	18.4	20.4	22.1	22.1	20.9	20.3	16.8	12.3	10.3	16.5
	比10年	-1.6	-1.1	-3.4	-1	-2.6	0.0	-0.1	-0.7	-0.5	0.2	-0.9	-0.7	-1.1
	比历年	0.6	1.6	-1	0.5	0.3	1.1	1.3	0.5	1.4	0.1	-0.2	1.4	0.6

表3　江川县2011年1～12月日照时数统计表

单位：小时

		1月	2月	3月	4月	5月	6月	7月	8月	9月	10月	11月	12月	年
江川	实　况	204.0	275.6	195	252.7	227.8	182.7	191.6	187.2	128.5	100.7	193.8	135.6	2275.2
	比10年	-59.9	2.4	-52.7	-20.6	-52.2	6.6	47	3.1	-23.1	-27.1	26.8	-87.5	-237.2
	比历年	-18.1	53.9	-51.4	7.2	18.4	37.1	70.4	43.3	1.0	-33.9	19.6	-61.8	85.8

注：历年值采用(1981～2010年)30年的气候平均值

【新一代卫星通信系统投入业务运行】

在前期充分准备的基础上，江川县气象局于2011年6月12日顺利完成了新一代卫星通信系统(CMACAST)接收设备的安装与调试和数据处理，目前该系统的数据接收、快显、推送、数据处理等功能正常，并完成与新一代气象预报业务系统(Micaps3)数据的衔接。在玉溪市气象局和江川县气象局技术人员的努力下经几个月试运行及系统升级后，于2011年11月7日正式投入业务运行

【气象综合观测体系建设】　1.强化基础业务管理，地面测报质量稳定提高。2011年，江川县气象局通过制度建设，狠抓业务学习，切实加强地面测报工作，自动气象站和各种探测设备运行正常，取得了2个“百班无错”的好成绩，为气象预测、预报和气象灾害监测预警奠定了基础，为气象防灾减灾提供了科学决策依据。2.加强区域自动站巡查，气象灾害监测、预警有保障。确保县级自动气象站、六要素自动气象站、全县乡镇遥测雨量站和地质灾害监测点遥测雨量站气象资料的正常上传，维护及时，未发生资料上传不正常现象。

【气象防灾减灾】　1.人工影响天气工作社会效益显著。2011年，新增江城镇明星流动车，人影作业点达16个。2011年5～9月，共申请人工防雹作业298次，允许作业次数207次，实际作业次数198次。共发射各种火箭及高炮弹3546发(枚)。2011年的用弹量比2010年减少1778发(枚)，比2009年减少3855发(枚)。保护烤烟种植面积达10万多亩，其它农作物种植面积3.9万亩。整个防雹期间烤烟遭受暴雨、洪涝、大风、冰雹受灾面积为11294亩(以大风冰雹灾为主，暴雨、洪涝次之)，保护区内烤烟雹灾受灾率为11%(主要是8月31日成灾造成)。人工防雹保护烤烟避免或减少损失1180多万元，其它农作物损失200多万元，人工防雹投入产出比达1：35以上，取得了显著的社会效益和经济效益。尽力开展作业点标准化建设。投入0.6万元完善安化乡人工增雨防雹点标准化建设，将该点建成为江川县炮点标准化建设示范点；筹集7.5万元(乡镇6.5万元)解决了江城镇大梨园高炮点建设的历史遗留问题。多层次开展人工影响天气科普宣传。针对一些干部群众思想上存在开展人工增雨防雹作业会“把雨打跑”的错误认识。年内，通过会议宣传、江川新闻专题采访、电视播放宣传片、制作简报以及电子显示屏等多种途径多层次开展人工影响天气科普宣传。

2.切实加强防雷减灾技术服务，有效减轻或避免雷击灾害损失。年内，重点开展了加油站、烟花火炮厂等防雷重点单位的防雷装置安全检测。全年共完成全县124个单位部门的防雷

检测工作，新建(构)筑物共检测45家。应用《防雷设计技术审核系统》、《雷击风险评估系统》对37项建设项目开展防雷设计技术审核、雷击风险评估，防雷设计图纸、防雷装置竣工验收许可率达70%以上；易燃易爆场所检测面达100%。

【法制建设】 1. 切实履行社会管理职能。发出防雷装置年度检测函(或通知书) 29份，发出复检后的整改通知书16份，发出探测环境保护限高通知书1份，办理防雷装置设计审核32件，办理防雷装置竣工验收27件，出具施放气球勘察报告10份，无投诉、复议及诉讼。2. 继续加大气象探测环境保护的力度。2011年11月以来，针对小庄居民小组欲对原位于江川县气象观测场西面暨星象路北侧的沿街成排建筑物实施重建改造及并加高建筑物，积极对小庄村及施工方进行法律法规宣传，及时发出2次限高通知书，继续采取法律、行政、经济的多种手段保护气象探测环境。3. 加强重点普法对象的法制宣传教育。通过2011年科技活动周暨知识产权宣传周、“5·12”减灾日、6月安全生产月、2011年“全国科普日”、“12·4”法制宣传日等活动开展形式多样的气象科普宣传活动，共印发科普宣传资料4500余份展出展板50块；《气象灾害防御条例》被列入《2011年江川县普法依法治理工作要点》。

【执法检查】 9月7日，江川县人大常委会组成气象“一法三条例”执法检查组开展江川县贯彻实施气象“一法三条例”执法检查。执法检查组不仅听取了县人民政府贯彻落实气象“一法三条例”的情况汇报还听取了15部门、单位贯彻气象法规的意见，又实地查看了气象探测环境情况、气象基础设施建设、公共气象服务建设、区域自动站建设、人工增雨防雹点建设等情况。

9月29日，江川县第十四届人代会常务委员会召开第31次会议，认真听取和审议了江川县人民政府《关于贯彻实施气象“一法三条例”情况的工作报告》，以及县人大常委会农工委主任李双全所作的《关于江川县贯彻实施气象“一法三条例”工作情况的执法检查报告》。县人大常委会对县人民政府贯彻实施气象“一法三条例”的工作表示满意，也指出一些问题和不足：一是气象“一法三条例”宣传有待加强；二是防雷减灾工作有待加强；三是人工影响天气作业点存在安全隐患，标准化建设亟待加强；四是气象事业投入体制有待健全完善。

县人大常委会要求县人民政府要采取措施做好以下工作：一是进一步加大气象“一法三条例”宣传力度，把学法与普及气象知识结合起来，引导社会公众正确认识和支持人工增雨防雹工作；二是进一步加强防雷安全监管工作；三是进一步增加人工影响天气固定作业点基础设施建设和气象公共服务设施建设的投资；四是进一步落实气象事业双重领导管理和双重计划财务体制工作，建立稳定增长的气象事业投入机制，充分发挥气象部门防灾减灾、服务社会的作用。通过县人大开展贯彻实施气象“一法三条例”执法检查，力求建立稳定增长的气象事业投入机制，有效的改善了江川县气象法制环境，气象事业发展的环境得到了有效改善。

【公共气象服务】 1. 切实做好决策气象服务和气象保障。2011年及时制作并发布《气候评价》15期、《短期气候预测》12期、《农业气候预测》12期、《烤烟气候预测》12期、《气象信息专报》38期以及气象科技服务资料对外服务10期，重大气象灾害应急启动一次；及时做好“清明”、“端午”、抚仙湖保护日“云之南”艺术团赴江川专场文艺演出、“国庆”、“开渔节”等节日气象服务保障，预报准确，服务及时主动。

2. 切实做好专业专项气象服务。2011年切实做好以烤烟、森林火险、地质灾害、防汛抗旱为重点的专业专项气象服务。及时通过政府电子政务网、江川气象网、气象信息电子显示屏、电话和传真等方式，为相关人员及时提供天气信息、火点监测信息和森林火险预警信息；为江川县烟草分公司的管理人员、技术人员、烤烟辅导员等发布手机气象短信；为国土局管理人员、工作人员及地质灾害监测点村组干部等发布地质灾害预警信息；及时将预报预警信息发送给水利局管理人员及水库管理员，提前做好防御准备。全年累计为全县842名领导及工作人员提供手机气象短信服务，发送信息36万条。

3. 充分发挥气象电子显示屏和气象灾害预警信息发布平台开展公共气象信息服务。全年共发布气象、科普、法律宣传等各类信息100万余条次，发布“三性”天气等重要天气消息30期共计9000余条次。

4. 积极推进气象为农服务两个体系建设，提高气象为农服务能力。继2010年完成雄关乡气象信息服务站建设后，年内又建成安化乡气象信息服务站，为进一步提升江川县公共气象服务能力和农村气象防灾减灾能力奠定基础。

5. 巩固公共气象信息系统建设工作。截至2011年底，共安装显示屏288块，覆盖了全县100%的行政村以及23%的村民小组。定期采取实地察看、电话询问、在线查询等方式进行系统维护；继续加强信息整合工作，全年共整合了乡镇、教育、卫生、交通、供销、交警、水利、农业等40余个单位、部门的信息。

【气象事业重大项目立项】 《云南省江川县气象局气象探测环境保护项目可行性研究报告》于4月28日通过市、县相关部门及单位的专家进行评审之后，6月顺利通过云南省气象局项目评审领导小组的评审。《江川县气象局探测环境保护项目可行性研究报告》10

月获得江川县发改局立项批复。已完成县住建局、环保局、水利局等相关部门的批件，正在办理地质灾害危险性、矿产资源压覆评估等工作，力争2012年完成实施。

【表彰奖励】 2011年8月，江川县气象局被江川县人民政府表彰奖励为"2010年度行政效能建设先进集体"；2011年3月，江川县气象局李阳春被江川县人民政府评为"安全生产先进个人"；2011年7月，江川县气象局李阳春被中共江川县委授予江川县"优秀共产党员"称号；2011年12月，李阳春撰写的调研报告《县级气象局转变发展方式的问题与对策》获云南省气象局"2011年度全省气象部门调研报告三等奖"；2011年11月，李林润被中共江川县委、江川县人民政府表彰为"五五"普法先进个人。

（李阳春　李林润）

防震减灾

【地震活动】 据云南省正式地震目录，2011年江川县境内共计发生1.0级以上地震13次(如附表、附图所示)，其中1.0～1.9级10次，2.0级以上3次，最大地震为2011年1月9日安化2.4级地震。与2010年同期相比地震强度、频度减弱。2011年度江川地震活动水平第一季度明显较强，地震次数达7次；第二、三、四季度次之，均为2次。地震活动空间区域主要集中于安化乡(5次)、大街镇(3次)、雄关乡(2次)，3乡（镇）地震总数占全县2010年地震次数的76.9%。江城、路居和星云湖偶有小震发生，九溪镇和前卫镇则未记录到精确定位的地震。

【地震预测】 江川县防震减灾局2010年所作的《云南省2011年度地震趋势研究报告》对云南地区作出预测尺度为一年的地震活动趋势预测，其预测结论为：

1. 云南省2011年度发生地震的最大震级 $M_{max} \leq 7.0$ 级（CFi=0.81）

2. 云南省2011年度地震危险区(图4.1～1)：

滇东北以103°26′ E、27°20′ N为中心，长半150km、短半轴70km范围内的大关－昭通－巧家－会泽－东川与四川相邻地区，MS6.0～7.0级，CFi=0.85；

滇西潞西－龙陵－腾冲－施甸－保山－永平－漾濞－大理－祥云－洱源－宾川－永胜－大姚一带，MS5.5～6.5级，CFi=0.85；

滇西南至滇南的澜沧南部－勐海－景洪－普洱－江城－绿春－石屏－建水－开远－个旧－蒙自一带，MS5.2～6.2级，CFi=0.65。

根据中国地震局地震目录，2011年云南省内共发生里氏5.0级以上震3次，分别为3月10日德宏盈江5.8级，6月20日和8月9日腾冲2次5.2级地震。云南省发生的最大地震为盈江5.8级地震，远小于7.0级最大地震预测强度，第一条预测意见准确。对于所圈定的三个地震预测危险区，滇西潞西－大姚预测危险区内发生了盈江5.8级、腾冲2次5.2级地震，预测准确；昭通东川预测区发生的最大地震为四川会东4.6级地震，预测结论虚报；滇西南至滇南预测危险区发生的最大地震为1月23日墨江4.0级，预测结论虚报。综合以上所述，江川县防震减灾局2011年中期预测结论对应率为33%。

此外，《震情分析》第六期对6月22日腾冲5.2级地震进行了准确短临预测。11月28日缅甸5.1级地震距《震情分析》第十一期的预测危险区域边界仅50千米，预测基本准确。

【陈建民到江川视察】 9月2日，中国地震局局长陈建民率领局办公室主任唐豹、政策法规司司长方韶东、监测预报司司长李克、局直属机关党委常务副书记刘连柱、局办公室秘书处处长米宏亮一行6人在云南省地震局副局长陈勤、毛玉平，玉溪市人民政府秘书长孙会强，玉溪市防震减灾局局长金志林等人陪同下到江川县视察指导工作。

在江川县防震减灾局，县人民政府县长葛勇、副县长刘振环、县防震减灾局局长普秀英就江川县防震减灾机构、人员编制、基础建设、台站分布、观测手段等基本情况向陈建民作了详细汇报。陈建民查看江川县地震前兆观测专用机井，询问该井受监测环境破坏的前后情况；检查该井气氡、气氦、气汞、水位和地温工作状况，了解各测项的资料背景和观测情况。检查江川县防震减灾局的办公环境，对办公环境和规范化管理给予较高评价。

陈建民对江川县防震减灾工作提出具体要求：江川县防震减灾局作为江川县人民政府的直属部门，要充分发挥防震减灾工作的社会职能，对建设工程场地震安全性评价工作加强监督，强化抗震设防要求管理；加强防震减灾科普宣传，提高全民防震减灾意识；要加强地震监测预报，努力做好各项地震监测工作，同时对地震预报加以探索。

【毛玉平到江川调研】 9月14日，云南省地震局副局长毛玉平、监测预报处长吴国华等一行4人到江川县调研指导防震减灾工作。

毛玉平一行首先来到江川县渔村地震地下流体前兆观测站。在渔村观测站，毛玉平详细询问了前兆观测机井的成井深度、井孔结构、观测手段等情况，并详细了解各项前兆资料的变化趋势、年变动态、异常特征、干扰因素等。江川县防震减灾局局长普秀英现场就该观测站因没有信息节点，观测资料无法适时传输等实际困难向毛玉平作了汇报。毛玉平指出，渔村观测站前兆监测时间较长，资料比较完整，要求江川县防震减灾局对观测井孔、水位和地温资料加以清理，掌握观测站及各测项的基本情况、发展脉络，排除干扰后总结出全县及周边地区强震发生的前兆异常特征，为地震预测预报打下坚实基础。对于观测资料无法适时传输的问题，吴国华表示将协助江川适时加以解决。

毛玉平一行又来到江川县防震减灾局。听取普秀英就江川县地质构造背景、历史地震、人员编制、办公经费、业务用房改扩建和监测环境改造等防震减灾工作基本情况所作的工作汇报。

毛玉平对江川县防震减灾工作所取得的成绩给予较高评价，指出：中国地震局局长陈建民9月2日在江川视察过程中关于做好政府参谋、开展科普宣传、加强监测预报的谈话已经对县级防震减灾机构今后的工作进行了安排布署，要求江川县防震减灾局认真学习陈建民在云南省各地进行视察的讲话精神，认真贯彻代省长李纪恒会见陈建民局长和高峰副省长在云南省领导干部时代前沿讲座上提出的工作要求，齐头并进落实好陈建民局长在江川视察时提出的三项工作要求。其次，要求江川县本着高效、适用、可操作的原则修订完善《江川县地震预急预案》和各乡镇(街道办)、各部门的《地震应急预案》，明确职责分工，建立江川县地震应急指挥系统，同时对应急避难场地尽快规划建设。第三，要求切实加强地震监测预报工作，完善江川县群策群防机制，加强对地震宏观异常的收集，并结合地震前兆微观异常进行分析研究，为县委、政府决策提出切实可行的参考意见。

吴国华要求江川县防震减灾局在业务用房改扩建中对信息节点和地震应急指挥救援中心加强规划，预留空间，为后续工作的开展打下基础。同时对江川县地震应急体系建设的各项工作内容提出意见和建议。

【玉溪师院附中开展防震减灾社会实践活动】 1月24日，玉溪师院附中高二年级15名学生到江川县防震减灾局开展社会实践活动。活动中，县防震减灾局专业技术人员带领同学们参观了县防震减灾局的各类地震监测设施设备，向同学们简要介绍了江川县所处地震地质构造背景、地震灾害、防震减灾局基本工作，以及各类仪器设备的工作原理等情况，并就防震减灾知识展板内容向同学们作了详细解读。最后，江川县防震减灾局向同学了们赠送《防震避震常识》科普读物和视频光盘各15册(套)。

【伍集成抗震示范教学楼建成】 2010年10月～2011年7月，由香港伍集成基金会捐资362万元，江川县出资68万元在江城镇龙街中心小学建设一栋抗震示范教学楼。教学楼占地面积586平方米，建设楼层4层，楼高16.2米，建筑面积2414.10平方米，所采用技术标准为钢筋混凝土框架体系，框架抗震等级为二级，建筑物抗震设防烈度为Ⅷ度，柱基间使用隔震垫连接，隔震后建筑物上部抗震设防烈度为Ⅶ度。整栋教学楼共使用隔震垫41个，价值20余万元，全部由昆明振安公司无偿捐赠。该教学楼是玉溪市第一幢采用减隔震技术的建筑物，命名为伍集成抗震示范教学楼。

【基础设施建设和观测环境改造】 2011年，在上级防震减灾业务主管部门和县委、政府的关心支持下，县防震震减灾局按照县城规划要求在原有办公楼基础上加盖一层，建筑面积225平方米。该工程投资总额30万余元，其中县人民政府补助16万元，自筹资金14万余元。同时为改善地震观测环境，县防震减灾局积极向云南省地震局争取资金5万元，自筹资金1万元，投资6万元完成办公区后350平方米观测环境场地的全面改造。

【丽江和通海地震台到江川开展业务交流】 2月28日，丽江地震台台长和玉权、通海地震台副台长孙维怀到江川县防震减灾局进行业务交流活动。交流活会上，江川县防震减灾局副局长郑忠党简要介绍了本局监测环境、观测手段、质量管理、会商机制、制度建设和单位内部管理等相关情况。两位地震台领导也根据本台情况，以多媒体形式就上述内容与江川局进行了交流，江川县防震减灾局专业技术人员现场演示了地震分析预报软件的使用，并以个人积累的经验就该软件使用过程中出现的疑问进行了分析交流。

【蔡建华参观江川县龙街小学抗震示范工程】 4月26日，通海县防震减灾局局长蔡建华一行2人在江川县防震减灾局相关人员的陪同下，到江川县龙街中心小学参观由香港伍集成文化基金会捐资援建的教学楼抗震示范工程。参观中，龙街小学负责项目推进的老师向蔡建华详细介绍了抗震示范工程基本情况、建设进展及未来设想，并陪同实地查看已安装的工程抗震垫和教学楼主体工程的施工情况。蔡建华还在参观过程中对该校抗震防震科普教育展室的建设提出切实可行的意见和建议。

【景谷县地震局领导一行到江川参观交流】 2011年5月11日，普洱市景谷县地震局一行5人在局长胡奎的带领下到江川县防震减灾局进行参观交流。参观交流中，江川县防震减灾局局长普秀英就人员编制、台站分布、观测手段，以及工作管理向胡奎一行作了介绍，并与胡奎就当前防震减灾工作现状、发展趋势及工作方法进行研究探讨。胡奎一行参观了江川县防震减灾局的监测设施和办公环境，相关专业技术人员开展了业务交流。

【刘振环到江川县防震减灾局调研】 4月14日，江川县分管防震减灾工作的副县长刘振环在政府办相关人员陪同下到县防震减灾局调研指导工作。调研中，刘振环听取了江川县防震减灾局副局长郑忠党就江川县防震减灾工作的管理体制、人员编制、经费来源、仪器设备、台站分布以及地震监测预报、震灾防御、紧急救援三大工作体系建设基本情况所作的综合汇报，详细查看江川县防震减灾局的地震监测办公环境和数字化地震前兆监测设

备的工作运行情况。

【金志林到江川县防震减灾局调研】 7月4日，玉溪市防震减灾局局长金志林、副局长黄家富和应急救援科副科长钱宝运一行3人到江川县防震减灾局调研指导工作。江川县防震减灾局局长普秀英向金志林汇报了业务用房改扩建、群策群防和防震减灾管理等工作情况。金志林听取汇报后，查看了业务用房改扩建工程图件，并就改扩建过程中的一些细节问题进行了询问。金志林对江川县防震减灾局业务用房改扩建工程和今后的防震减灾工作设想表示支持，并就存在的问题提出意见和建议。

【世文集团、下营社区防震减灾科普讲座】 8月18日～19日，江川县防震减灾局应世文集团邀请派出专业技术人员为集团下属江川大酒店、世文酒店、书城、超市、会所和售楼部120多名员工开展主题为“面对地震灾害，你一准备好了吗？”防震减灾科普讲座。江川县防震减灾局专业技术人员以多媒体形式对2010年以来造成重大人员伤亡的海地7.3级大地震、智利8.8级特大地震、玉树7.1级大地震和日本9.0级巨大地震相关情况及灾害原因进行讲解，并就江川县的地震灾害背景进行分析。在此基础上，向与会人员就当前应对地震灾害的各项措施，重点是震灾预防中的各项工程性措施进行了解析。最后，局专业技术人员就地震前、地震时和地震后不同阶段所应采取的防震、抗震、避震和自救互救的方法措施以多媒体的形式进行细致的讲解，并通过《避震小游戏》的演示使他们了解和掌握基本的防震避震方法。

8月12日，县防震减灾局应邀到大街道办事处下营社区为该社区参加“2011年暑期下令营活动”60多名中小学生开展了防震减灾科普讲座。

【“防灾减灾日”科普宣传活动】 县防震减灾局以2011年5月12日国家确定的第三个“防灾减灾日”为契机，根据市、县要求，围绕“防灾减灾，从我做起”活动主题在县城明珠路开展防震减灾科普宣传活动。江川县防震减灾局共出动6人，悬挂“增强防震减灾意识，构建和谐平安江川”横幅一条，展出以地震监测预报、法律法规、应急救援、震灾预防、农居抗震等为主要内容的科普宣传展板8块，向人民群众发放《防震避震常识》800余本，并接受了多人次的咨询。江川县分管防震减灾工作的副县长刘振环亲临活动现场进行指导。

【吴国华到江川调研】 7月31日，云南省地震局监测预报处处长吴国华带领省地震预报研究中心、省地震监测中心等相关工作人员一行5人在江川县人民政府副县长陈川明陪同下，到江川县防震减灾局调研指导工作。

江川县防震减灾局局长普秀英就县局的人员结构、业务用房改扩建和监测环境改造等情况向吴国华、陈川明作了详细汇报，一起研究了业务用房改扩建完成后的功能用途及其规划设计。吴国华在调研中对县局的改扩建和监测环境改造提出意见和建议，并就今后一段时期的地震监测预报工作提出要求。

随行的省地震预报研究中心张立高级工程师、监测中心张光顺工程师等专家详细查看了县局的各项前兆监测资料，与县局专业技术人员就前兆资料存在的问题及应用方式进行交流。

【参与“全国科普日”活动】 9月16日，玉溪市暨江川县2011“全国科普日”活动在江川县体育馆正式启动，江川县防震减灾局和市防震减灾局积极参与活动。市、县两级机构共出动7人，向参与活动的干部群众、中小学生发放《防震避震抗震知识》、《防震减灾知识100问》科普读物800余册。

【江川盆地地球物理场综合探测正式启动】 作为玉溪市地震科学探测的一部份，5月22日～27日，中国地震局地球物理研究所朱涛博士运用科学仪器对江川两大盆地——大街盆地和江城盆地进行了湖盆基底、断层位置以及盆地覆盖层进行了探测，标志着江川盆地地球物理场综合探测正式启动。为期6天的探测工作中，江川县防震减灾局积极配合朱涛博士在江川县大街盆地和江城盆地共布设9条测线，测线总长度达13千米，对江川的主要构造断裂在盆地中的位置、走向以及盆地的基底深度、覆盖层厚度和分层情况进行了精密探测。

【省地震局专家到江川县开展仪器设备维修维护】 8月29日，云南省地震局前兆台网中心高级工程师李龙江、工程师张光顺一行4人到江川县防震减灾局开展地下流体前兆监测设备的维修维护工作。为解决“十项措施项目”中水位观测探头线性较差的问题，李龙江、张光顺一行首先前往江川局下属的渔村观测站更换了水位观测探头，并就该观测站模拟地温观测中存在的问题进行了系统性维修维护，排除了监测故障。随后李龙江一行返回江川县防震减灾局，对气氡观测中出现的设备问题进行了维修，对存在的其它仪器故障进行了一一排除。张光顺还亲自指导了县局专业技术人员如何开展气氡观测的季度检查工作，并详细解答县局人员在季度检查中遇到的各种问题。

【大庄中学开展地震应急演练】 10月14日，江川县大庄中学开展防震应急疏散演练，县防震减灾局干部职工前往该校对防震应急疏散演练活动进行指导。大庄中学对此次地震演练准备较为充分，制定了《大庄中学防震、防火自救疏散演练实施方案》。在演练过程中，全校720余名学生在教师的指导下采取了迅速、果断的避震措施，并安全有序地快速转移到校园空旷场地进行避震，大庄中学政教主任杨耀辉老师对此次地震演练进行现场点评。

县防震减灾局还在此次活动中展出科普展板7块，发放《防震避震知识》科普读物800余册。大庄中学50余名教职工参加了此次演练活动。

【金志林到江川调研业务用房改扩建和监测环境改造】 11月2日，玉溪市防震减灾局局长金志林到江川县防震减灾局进行调研指导工作。金志林实地查看了江川县防震减灾局业务用房改扩建和地震监测环境改造工程，并听取了江川县防震减灾局局长普秀英就现阶段工程进展情况，以及江川县防震减灾工作目前存在的问题和亟待开展的工作等情况的汇报。在听取了相关情况汇报后，金志林对县防震减灾局提出工作要求：加强与各级各部门沟通协调，积极争取各方支持，确保业务用房改扩建和地震监测环境改造工程高质量、高标准完成；要严格按照县委、政府的要求，积极配合民政部门开展好防灾应急“三小”工程工作；要紧紧围绕县委、政府中心工作，不断加强江川县防震减灾能力建设。

【表彰奖励】 在全省2011年度各项工作评比中，江川县防震减灾局数字化气氡、气汞、气氦观测荣获全省优秀奖。在玉溪市2011年度防震减灾工作评比中，荣获全市“防震减灾工作先进单位”，连续第八年荣获“地震监测预报先进集体”荣誉称号；荣获玉溪市2011年度地震趋势研究报告评比一等奖、玉溪市2011年度地震预报效能三等奖；李秋艳荣获玉溪市防震减灾局授予的“玉溪市2011年度防震减灾工作先进个人”称号。

附表：

江川县2011年度地震目录

序号	年	月	日	时	分	秒	经 度	纬 度	震级	震 中	震源深度(千米)
1	2011	01	06	12	12	28	102° 40′	24° 25′	1.6	安 化	6
2	2011	01	07	04	34	11	102° 39′	24° 26′	2.1	安 化	6
3	2011	01	09	12	26	15	102° 41′	24° 26′	2.4	安 化	5
4	2011	01	22	23	15	33	102° 40′	24° 26′	1.2	安 化	6
5	2011	01	23	23	43	44	102° 40′	24° 26′	1.3	安 化	7
6	2011	03	08	12	57	31	102° 49′	24° 14′	1.4	雄 关	6
7	2011	03	16	02	05	06	102° 51′	24° 30′	1.3	江 城	6
8	2011	05	11	13	00	08	102° 45′	24° 17′	1.5	大 街	5
9	2011	05	30	14	01	15	102° 51′	24° 18′	1.2	路 居	8
10	2011	07	03	14	09	42	102° 47′	24° 17′	1.6	大 街	5
11	2011	09	07	12	40	31	102° 43′	24° 18′	1.5	大 街	5
12	2011	10	10	14	39	29	102° 50′	24° 14′	2.1	雄 关	6
13	2011	12	08	17	26	06	102° 46′	24° 20′	1.4	星云湖	5

江川县2011年度地震震中分布图

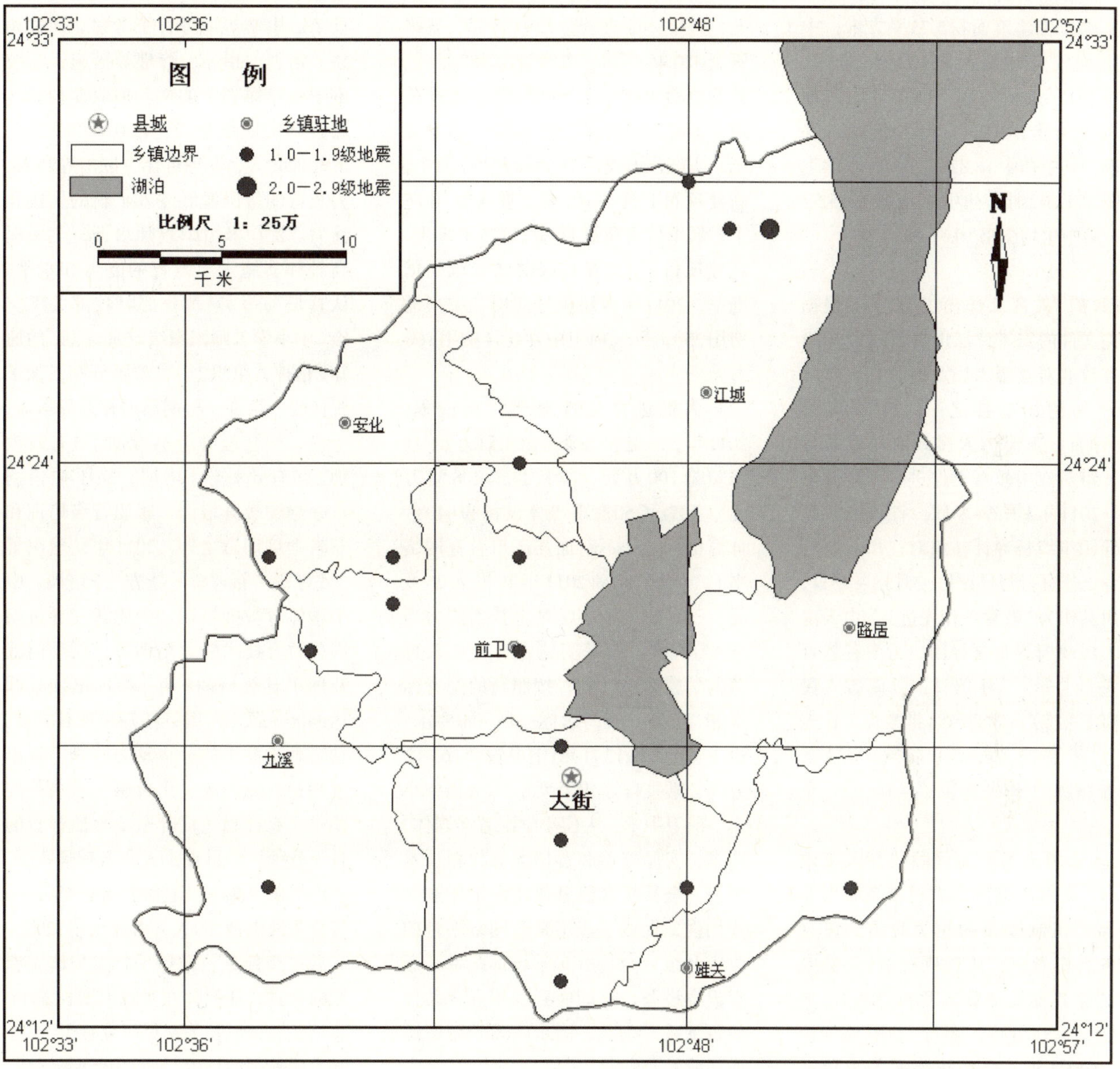

(李 祥)

教 育

【概 述】 2011年，全县共有公立学校80所，其中：乡镇中心完小12所，村完小44所，一贯制学校5所，教学点3个，乡镇中学11所，普通高中2所，职中1所，进修学校1所，县幼儿园1所。有教学班1258个，其中：幼儿学前班226个，小学657个，初中272个，普通高中70个，职业高中33个。在校生51669人，其中：在园(班)幼儿数7143人，小学24008人，初中14251人，普通高中4765人，职业高中1502人。

小学毛入学率113.11%，小学学龄儿童入学率99.92%，辍学率0.28%，毕业率99.91%，小学毕业生升学率98.42%，年巩固率99.75%，新招一年级新生受过一年学前教育率99.94%，学前三年儿童毛入园(班)率79.68%，15周岁初等教育完成率99.88%。

初中毛入学率113.8%，初中毕业率99.64%，初中辍学率1.79%，年巩固率98.42%，17周岁初级中等教育完成率98.93%。

现有教职工2672人，其中正式教职工2425人，临时教职工188人，保安59人；专任教师合格率高中达99.61%、初中达99.52%、小学达96.99%。

全县学校占地面积761746平方米，校舍建筑面积368031平方米，小学生均校舍建筑面积5.75平方米；中学生均校舍建筑面积10.67平方米，其中初中9.2平方米。小学生均占地11.86平方米；中学生均占地22.41平方米，其中初中16.82平方米；小学生均图书11.02册，初中生均图书15.57册，高中生均图书10.11册。

【省政府“教育工作先进县”】 根据有关文件的安排，江川县被列为2010年省政府对县级人民政府教育工作督导评估的20个县之一。2010年6月9~10日，玉溪市人民政府教育督导复评组对江川教育工作进行了督导复评。2011年1月6~9日，省政府教育督导团组织督导评估组对江川县政府教育工作进行督导评估。2月18~25日，江川县作为“教育工作先进县”由云南省人民政府教育督导团、云南省教育厅进行公示。3月18日，云南省人民政府下发《关于表彰第4批教育工作先进县(区)的决定》，江川县被认定为云南省“教育工作先进县”。

【落实农村义务教育保障机制改革政策】 认真贯彻落实农村义务教育经费保障机制改革的相关政策，设立义务教育专户，认真执行《江川县农村义务教育经费管理暂行办法》，加强资金运行管理，实行“校财局管校用”。2011年，全县共落实各级免补经费3664.219万元，其中，中央经费2552.04万元，市级544.38万元，县级配套558.679万元，惠及全县39840名义务教育阶段在校学生，切实减轻了农民负担，杜绝了学生因贫失学的现象。

【改善办学条件】 积极争取各级支持，不断推进以学校标准化建设为目标的校舍安全工程，努力改善办学条件。2011年已投入教育专项资金7961.969万元。其中：上级专项资金投入6754.28万元、县本级投入资金1107.679万元、社会捐赠100万元。2011年全县校舍建设完成投资3300多万元，年内到位建设资金2662.45万元，其中：中央资金1191万元、省级资金820.45万元、市级资金257万元、其它资金400万元。年内学校建设征地26.6亩，已拆除危房11幢4475平方米，实施建设项目21个(续建项目8个，新建项目13个)，已竣工投入使用15个，新增校舍建筑11幢23775平方米，在建项目6个。在县级财政困难的情况下，2011年内还拨付江川二中征地费用250万元、前卫中学建设费用160万元。

为推进全县教育现代化进程，2011年，一是投入资金308.53万元(县级资金100万元，学校自筹208.53万元)，配置了50套多媒体设备和640台计算机；二是不断加强江川教育网络平台建设，此项2011年共投入26万元；三是完成中小学教育技术能力培训400人次；四是实施农村义务教育薄弱学校改造计划，按照新的配置标准和“建设一所，达标一所”的要求，投入资金279.12万元(中央资金263.12万元，学校自筹19万元)，对大街中小学、前卫中学、大庄小学配置多媒体、图书、实验仪器和音体美等教育技术装备。全县教育信息化建设工作进一步加强，促成了江川教育网络平台的改版升级，全县所有学校都配备了远程教育设备，都能做到利用远程教育设备下载、刻录、同步收看教育资源或播放教育资源。

【队伍建设】 加强对学校校长的考核、培训和指导，根据校长考核办法严格进行考核，强化对校长的培训和对学校工作的指导，年内组织110名小学校长和教务主任进行了培训；提高校长和学校中层班子待遇，在实施绩效工资改革过程中，适当提出部分资金对校长及中层考核后发放；选派校长、后备干部到先进发达省区挂职锻炼、培训考察，学习借鉴先进思想、先进理念和科学方法。年内，已选派4名校长到先进发达省区挂职锻炼，组织2名园长参加了云南省幼儿园园长岗位培训，组织28名校长到乌鲁木齐县第二中学等地进行了考察。通过调整、培训、指导、管理等措施，学校班子建设得到了加强。采取多种措施加强师资队伍建设：1.2011年，新招考教师48人，办理退休、调出等28人，为教育的健康发展注入了新的生机和活力。2. 积极组织教师培训，全面提高教师实施素质教育的能力和水平。认真贯彻落实《教育部财政部关于实施“中小学教师国家级培训计划”的通知》精神，组织280名教师分别参加了置换脱产培训、短期培训和远程培训。年内，全县教师全员参加了《有效教师》、《有效教学》培训。除了按惯例举办继续教育培训、履职晋级培训和新教师培训班之外，2011年还组织了《评好课·新理念·新方法》培训、中小学体育教师培训、少先队辅导员培训、教育技术能力培训等，仅年内就开展了县级培训8期，参加培训教师达3406人次。3. 继续抓好对现有的市、县级教学能手的分级动态管理，提出学理论、搞教改、出成果、成名师的要求。有计划地培养适应素质教育的骨干教师、学科带头人和名教师队伍。年内组织了第五批县级骨干教师考评，符合条件申报139人，考评认定129名。4. 通过交任务、压担子、承担研究课题的方式，让教师在实践中增长才干，总结经验，成长为学科研究骨干。5. 抓好青年教师的培养。通过开展新课程、新教材培训、新老教师拜师结对、青年教师课堂教学比赛等活动，激发了青年教师研究课堂教学的积极性。通过规范招考教师，强化师德教育，加强教师培训工作，积极开展课题研究，努力搭建教师成长和展示平台等方式，优化了全县教师队伍结构，提高了全县教师队伍的整体素质。全县教职工2672人，专任教师中高级专业技术人员286人，中级专业技术人员1363人；有7人参加过国家级骨干教师培训，有

省特级教师2人，省级学科带头人1人，省级骨干教师20人，市级学科带头人9人，市级骨干教师36人，县级学科带头人33人，县级骨干教师356人。

【学校管理】 县教育局始终把提升学校管理水平，更好地为师生服务作为教育行政管理的核心内容来抓，要求学校既要依法治教，注重制度化、规范化管理，又要以人为本，以德治校，注重人性化、科学化管理。通过认真总结，提出教育“五项工程”，即以“三生教育”为主线的素质教育工程，以提升素养为根本的师资队伍建设工程，以“双主互动”课堂模式为核心的教学改革工程，以班级建设为基础的学校精细化管理工程，以学校标准化建设为目标的校舍安全工程。这“五项工程”是今后一段时期强化学校管理、促进教育科学发展的具体目标和重要举措。要求学校领导班子注重学习和提高，成为师生表率，同时关注教师的成长和学生的发展，树立“管理育人，服务育人”意识，切实加强学校管理。在继续深入开展“强化道德教育，细化常规管理”活动，认真落实“一个标准和12项制度”的同时，以强化班级建设为突破口，进一步落实《江川县教育局关于加强班级建设的意见》和《江川县中小学班级管理参照办法》，明确推进目标和措施，建立班级建设考核激励机制，不断推进学校管理向“严、细、深、实”的精细化管理方向迈进。通过努力，进一步规范了学校管理，净化了校园环境，强化了校园文化建设，学校整体管理水平得到提升。目前已建成省级文明学校7所，市级文明学校13所，县级文明学校5所。随着学校管理的进一步规范和各级免补政策的逐步到位，社会各级各界和广大人民群众对教育的认可度与满意程度进一步提高。

【德育工作】 全面贯彻党的教育方针，突出“德育为首”理念，重队伍建设，抓活动载体，通过几年来的努力，已形成了校内校外齐抓共管、覆盖全面、职责明晰的德育工作网络，建起了师德好、业务精、责任心强的学校和社会德育工作队伍，建立了预防青少年违法犯罪联席会议制度，形成了德育工作合力。全县现有关工委组织81个，校外德育辅导站23个，共聘请法制副校长33人、校外德育辅导员248人，已开办家长学校19期。一年来，在抓好德育工作常规管理的同时，努力推进“三生教育”，广泛开展“阳光体育运动”，以增加体育课时为突破口，开齐课程开足课时，确保学生每天锻炼1小时，引导学生珍爱生命、学会生存、幸福生活。切实加强师德师风建设，强化教育工作者的服务和育人意识，号召全体教职员工“走进学生、享受工作、快乐生活”，积极开展丰富多彩的德育活动，正确引导青少年学生健康成长，促进学生全面发展，全面提升育人质量。大街小学被认定为云南省首批“三生教育”示范学校。

【教研教改】 以先进的教育教学理论为指导，以教改示范学校、课题实验学校为龙头，抓好以《新课标教材学科教学方法、学习方法的实验与推广研究》为主的20项县级课题、2项市级课题、4项国家级课题的研究工作，重点研究解决校本教研中发现的带有普遍性的问题，充分发挥科研先导作用，让教育科研成果转化为教学生产力，更好地为全县教育教学工作和师生服务。在教学管理方面，实施“捆绑式”和“自主式”教学交流，强化课堂教学管理，开展教学常规大检查，积极组织学科竞赛，组织新教师“五项技能”考核，开展送课进校活动，强化校本培训，认真学习和运用现代教育技术，健全片区教研制度，落实教研教改措施，优化教学管理，建立了一系列比较科学的管理制度，加强了质量监控，强化了过程性评价，推动了学校教育教学工作的有序运行。

强力推进“双主互动”课堂教学模式。在强化落实《江川县教育局关于推进“双主互动”课堂教学模式的意见》的同时，分层次召开推进会，明确校长和班子成员率先过关，并将教师能否熟练掌握“双主互动”课堂教学模式作为考核和聘任的依据，编印了《江川县“双主互动”教师读本》。“双主互动”课堂教学模式的推进，优化了课堂教学方法和学生学习方式，提高了学习效率和质量。

加强对毕业班教学工作的指导，促进教育教学质量的提高。始终把毕业班工作作为一项重点工作来抓，按《江川县毕业班教学工作指导意见》的要求，明确奖惩措施，强化教研员职责，加大调研、指导、督查力度，有效地服务了毕业班的教学工作。一是积极组织教研员和各学校骨干教师参加省、市中(高)考研讨会，广泛收集中、高考信息，之后由各学科教研员牵头，召开毕业班复习研讨会，针对性地指导毕业班教学；二是组织毕业班复习视导，及时掌握学生学习情况，调整复习策略，有效指导学生学习；三是各科教研员有针对性地深入学校、课堂、备课组，与教师面对面地座谈、研究、讨论、交流，共同分析复习迎考的得与失，强化弱校、弱科帮扶的力度，共同寻找成绩的增长点。复习过程中，仅初中学科教研员就听课评课600余节，开座谈会100余次。

通过以上措施的实施，教育教学质量稳步提高。2011年全县高考上线率94.89%，高考上线人数达1671人，高分段人数在全市八县一区中具有绝对优势。初中和小学质量监测反映出城乡之间、山区与坝区之间教学质量的差距在缩小，教育公平得到进一步彰显。

【学校安全管理】 一是建立健全安全工作管理体系，层层签定责任书，落实岗位责任制；二是强化制度建设，完善修订了《江川县学校安全管理要求》，下发学校严格执行；三是加强安全宣传教育，强化师生安全防范意识；四是认真组织开展学校安全隐患排查治理，做到防患于未然；五是加强日常管理，认真做好日检周查工作，严格执行值守制度，严防安全事件的发生；六是建立江川县学校安全工作联席会议制度，加大法制宣传教育力度；七是联合政法委、公安、工商、文化等部门，开展多轮校园周边环境整治，净化校园周边环境；八是不断强化校园安全人防、物防、技防工作，年内投入校园安保经费85万元，安装了10所学校的安全监控设备，修缮了3所学校的围墙，改建了1所学校的大门。一年来，没有发生学校原因造成的安全事故，为教育事业的稳步发展提供了条件。

【教育局党委工作】 2011年，江川县教育局党委认真学习贯彻党的十七大、十七届五中、六中全会精神，以邓小平理论、“三个代表”重要思想为指导，树立科学发展观，认真贯彻落实县委十一届六次全会精神，坚持以人为本，紧紧围绕教育改革与发展这一主题，深入开展创先争优活动，加强党员经常性教育，着力构建保持共产党员先进性长效机制，以增强基层党组织的创造力、凝聚力和战斗力为目标，以加强领导班子、干部队伍建设和基层党组织建设为根本，认真解决基层党组织和党员在思想、作风以及工作能力方面存在的突出问题。一是认真开展政治理论学习，积极组织党员和党务干部培训。制定学习培训计划和《关于推进江川县教育系统学习型党组织建设的实施意见》，坚持每周一上午的政治学习和每个季度1次的党委中心组理论学习，并结合学习实践科学发展观活动、创先争优活动专题学习，与会带训与专题培训相结合，培训次数达5次，培训面达100%。二是认真组织开展学习杨善洲活动。2011年4月6日，召开“江川县教育系统学习杨善洲先进事迹动员大会”，制定下发了《关于开展向杨善洲同志学习活动的通知》，明确提出：一要深刻领会指示精神，统一思想认识。二要多种形式学习，迅速掀起活动热潮。要组织专题学习，召开专题组织生活会和座谈会，撰写心得体会、开展“四查找四争先”活动。三要加强组织领导，确保学习活动取得实效。各学校充分发挥简报、板报、广播、校园网等宣传平台的作用，宣传杨善洲同志的先进事迹及开展学习活动的成功经验和有效做法，推进领导干部学习杨善洲精神有新认识，践行杨善洲精神有新思路、新举措，形成学习先进、崇尚先进、争当先进的良好氛围，把践行杨善洲精神转化为推动工作的强大动力。三是积极开展领导干部思想政治建设，加强党员、干部队伍的教育管理，使全体党员弘扬正气、敢于抵制和纠正歪风邪气。只有时刻牢记党的宗旨，时刻将党和人民的利益放在高于一切的位置，才能在实际工作中，结合岗位性质和特点，积极主动地承担起反腐倡廉职责，确保教育系统党风廉政建设和反腐败工作顺利开展。2011年，严肃查处了2名违规违纪党员，并在全系统开展警示教育活动，杜绝此类事件的再次发生。四是认真落实《江川县教育局党委关于在全县中小学全面开展廉洁教育及廉政文化进校园活动的意见》，把廉洁教育作为实施素质教育的重要内容，帮助青少年养成廉洁光荣、腐败可耻的价值观念和廉洁自律的良好品质，提高明辨是非、抵抗腐败和自我控制的能力，奠定终身廉洁做人的品德基础。五是扎实开展创先争优活动，围绕“开展创先争优促教育科学发展，实施五项工程办人民满意教育”的总体目标，落实“推动科学发展、构建和谐校园、强化教育管理、服务师生员工、加强基层组织”的具体要求，结合“一条主线”、采取“五步工作流程”的思路开展创先争优活动。“一条主线”是“凝心聚力、团结务实创先进，注重品行、率先垂范当优秀”。“五步工作流程”是学习讨论、全面创建，搭建平台、互动交流，公开承诺、群众评议，督导点评、树立典型，总结经验、评比表彰。制定《关于深入开展“为民服务创先争优”活动的实施意见》，把服务中心、建设队伍贯穿党建工作始终。在局机关各股室及各学校服务岗位设立党员先锋岗、示范岗，开展“四亮四进四比四评”主题实践活动，制定《江川县教育系统关于开展授旗评星活动的实施意见》，制作了授旗评星专栏，党员的服务意识和责任意识明显增强。六是按照选优配强的原则，配齐配强党务干部。调整了党委委员1人，补充了江川一中支部委员2人，调整了江川职中支部委员1人。在举办第七期入党积极分子培训班期间，专题组织了党务干部培训。七是抓好党员队伍建设，认真做好党员发展工作。2月28日～3月5日举办第七期入党积极分子培训班，颁发结业证93份，结业率达100%。通过层层推选，发展党员16名(教师2名、学生14名)。同时做好8名预备党员的转正工作，为党组织注入新的活力。2011年，表彰了1个先进党支部、4名先进党务工作者和12名优秀共产党员。教育局党委被表彰为玉溪市先进基层党组织，江川二中党支部被省高校工委、省教育厅党组表彰为先进基层党组织。八是加强对工会、团队和教育系统关工委的领导，定期听取工作汇报，督促指导群团部门做好各项工作。同时指导学校健全和完善党务、政务、校务公开制度和教代会制度，推进学校民主管理进程。九是开展纪念建党90周年系列活动。局党委下发了《关于开展纪念中国共产党成立90周年系列活动的通知》，成立了“江川县教育系统纪念建党90周年活动领导小组”。6月25日，召开了江川县教育局党委庆祝中国共产党成立90周年大会；开展慰问活动，局党委慰问老党员6人，发放慰问金1800元，配合县领导慰问困难党员3人，发放慰问金1500元；直属党支部慰问困难党员26人，发放慰问品26份；参加县“学习杨善洲精神，为党旗添光彩”演讲比赛，2名选手分别获一、二等奖，江川一中李霞老师代表县参加市级比赛；征集论文2篇参加云南省杨善洲精神理论研讨

会；在教育系统党员干部和广大师生中开展中共党史学习教育活动。各学校以征文、知识竞赛、演讲比赛、报告会及“我与祖国共奋进——学党史、知党情、跟党走”主题教育实践活动等喜闻乐见的形式，使广大师生尤其是青少年正确认识党的历史、学习党的知识，牢固树立坚持中国共产党的领导、坚持中国特色社会主义道路的信心，并组织教育系统166名党员参加了党史知识竞赛；开展中小学庆祝建党90周年优秀教育案例征集评选活动，并将后卫中学等五所学校的7个优秀教育案例上报省教育厅；开展“红歌进校园·童心永向党”歌咏活动。前卫中学获市三等奖、大街小学获市优秀奖；组织“走进红色摇篮·点燃工作激情”主题实践活动。7月1日，局机关全体党员干部翻山越岭走进中国共产党最早在滇中开展地下活动的地点——雄关，聆听当年活动情况介绍，再现中国共产党艰苦卓绝的奋斗历程，重温了入党誓词，作出自己的庄严承诺，并在党旗上签名，更加坚定中国共产党的领导，更加坚定走中国特色社会主义道路的决心；各学校还结合各自实际和特点，以纪念中国共产党成立90周年为主题，组织开展了建党知识竞赛、电影晚会、优秀党员评选等丰富多彩、生动活泼的纪念和宣传教育活动。十是健全同前卫镇庄子村党总支的互帮互助机制。开展“送书进村，共建农家书屋活动”。局党委积极发挥部门资源优势，于7月1日，将“万村书库”工程《中国农村文库》图书80册，送到前卫镇庄子村“农家书屋”，捐赠现金2000元，用于书架等农家书屋设施配备，丰富了农村、农民的精神文化生活，推进社会主义新农村建设。同时，局领导还结对帮扶庄子村党总支困难党员4人。局机关党支部党员捐款继续帮扶教师遗孤吴怡婷完成大学学业；江川一中党员捐款3400元，帮扶贫困学生34人，党员结对帮扶贫困学生12人，帮助结对贫困学生解决学费和生活费；江川职中党员捐款2500元，帮扶贫困学生25人。

【高中阶段教育】 在抓好“两基”巩固提高工作的同时，紧紧抓牢高中教育这个“龙头”不放松，不断加大高中建设投入，改善办学条件，努力创设宽松的用人环境，建立有效的聘任、考核、分配等竞争激励机制，使高中教育办学规模不断扩大，办学质量不断提升。七年来，高考上线人数和高分段人数位居全市县级(除红塔区以外)第一，得到了社会的广泛关注和赞誉。为了缓解高中毕业生升入大学后就学的经济压力，全县认真做好生源地助学贷款工作，年内共办理贷款573人，发放贷款328.74万元。

抓住职业教育改革的有利时机，认真贯彻落实全国职业教育工作会议精神和省、市相关会议精神，理清发展思路，拓宽就业渠道，全力推进职业教育发展。江川县职业中学坚持以服务为宗旨，以就业为导向，按照“积极发展、深化改革、创新机制、激发活力”的思路，以“出口畅，进口旺”为目标，建立有效的学校管理机制，拓宽职业教育发展空间，参加市职教集团，与阳光海岸、玉溪工业财贸学校和江川县烟草公司景湖酒店联合办学，实现了“订单式”培养。同时加强与广州、重庆、上海企业的联系，开始探索“2+1”培养模式，取得了较好的办学效益。学校规模不断扩大，在校生人数1502人，毕业生就业率连续六年达到96%以上，职业教育逐步走上良性发展的轨道。

【学前教育】 抢抓中央、省、市大力发展学前教育的机遇，提前谋划，认真编制《云南省江川县农村学前教育机构建设规划》，切实抓好落实，不断推进学前教育发展。按照“两条腿走路”的发展思路，坚持发展、规范、提高并重的指导方针，一方面不断提升县幼儿园办园质量，积极筹建小学附设中心幼儿园，另一方面积极引导和规范社会力量办园，初步形成了以公办园为示范，小学附设中心幼儿园为支点，社会力量办园为主体的发展格局。县城已基本满足了适龄儿童的入园需求，农村也通过灵活多样的办园形式，为越来越多的学龄前儿童提供了接受早期教育的机会。年内，雄关乡中心幼儿园建成并投入使用，江城镇江城中心幼儿园、江城镇龙街村幼儿园、前卫镇后卫村幼儿园的建设已近尾声，职教小区幼儿园在年底工程交付后即可进入筹办阶段。2011年，全县共有幼儿园、学前班41所，其中独立建制的公办幼儿园1所，小学附设中心幼儿园2所，私立幼儿园、学前班38所，小学附设幼儿班85个。有幼儿班级226个，在园幼儿7143人，新招一年级学生受过一年学前教育率为99.94%，学前三年儿童入园率79.68%。

【招生考试工作】 江川县严格执行省、市招生工作会议精神，坚持“以考生为本、为学校服务、为考生服务”的思想，认真落实高校招生“阳光工程”，坚持公平公正原则，加强管理，从严治考，在选拔培训监考教师和工作人员、规范考点和考场建设方面形成了一系列严密规范的制度并严格执行，圆满完成了高考、高中会考和中考等各项招考任务，各类考试公平规范，得到了省、市巡视员的好评。招生办公室年内受理普通高考报名人数1796人，中考报名人数3418人，初中八年级学业水平考试报名人数4899人，高中学业水平文化课考试报名17835科次、信息技术报名人数2069人，成人高考报名144人，自学考试报名189科次，教师资格认定非师范类报考“教育学、教育心理学”47科次。2011年全县普通高中招生1832人，职业高中招生563人。

【成人教育】 扎实做好扫盲、业余高小班和实用技术培训工作，圆满完成了成人教育各项工作任务。各中心小学都配备有一名兼职成教专干，负责扫盲、业余高小班和实用技术培训工作。年内共完成各类培训41855人次。由于全县多年来对扫盲工作十分重视，扫盲成绩比较突出，目前全县青壮年文盲人数仅为3人，全县青壮年非文盲率为99.99%。

【江川县青少年学生校外活动中心】 江川县青少年学生校外活动中心2008年2月竣工验收后投入使用。目前已开办至第14期培训班，参加培训学员1.3万人次，办班培训人次和办班效益在全市前列，学员及家长满意率比较高，已初步实现创办全市一流活动中心的目标。活动中心投入使用后，在拓展学生兴趣，培养学生特长，引导学生远离网吧等不良环境，促进学生全面发展方面发挥了积极作用，有效弥补了全县无规范校外活动阵地的空白。

（秦忠国）

教育科研

【概　述】 江川县教育科学研究所为江川县教育局直属全额拨款事业单位，承担着全县教育科学研究规划与课题管理，负责中小学教育教学研究和业务指导、教师培训等工作。2011年，江川县结合国家课程建设的发展需要，通过聘任专职、兼职教研员的形式，调整和配齐了各学科教研员。现有干部职工31人，其中，中学高级教师(高级讲师) 13人，中学一级教师(讲师) 4人，小学高级教师9人，职(员)工5人，兼职教研员46人。专职教研员中已聘任或认定的市级专家6人，省级学科带头人1人，初步形成了一个教科研优势群体。

【思想建设】 2011年江川县教科所做了两方面的工作：一是积极开展“争优创先”和学习杨善洲活动，结合单位实际，先后组织了党支部讨论、会议交流、撰写心得等学习活动，在广泛征求群众意见和建议的基础上，分别开了党员民主生活会和教职工会，开诚布公，交流查摆个人以及工作中存在的问题，挖掘根源，探寻解决办法和途径，积极整改。二是加强集体观念和纪律观念的教育。要求教研员必须树立大教育观念和集体观念，增强全局意识和服务意识。每周一早晨，均召开教研员例会，进行工作交流、协调和部署。教研员的工作既具有学科性特点，也具有全局性特点，教研员在学校所代表的是整个教科所，因此，始终要求教研员必须处处维护教科所的形象，维护教育局的形象，维护江川教育的形象，凡教育局和教科所的规定、要求，全体教职工都必须严格遵守。在规章制度中体现这一要求，在具体工作中落实这一要求，从而加强了思想作风建设，极大地提高了教研员服务学校、服务教学、服务教师、服务学生的热情，促进了全县教科研事业的发展。

【制度建设】 县教科所要求教研员深入学校、深入课堂、深入教研组，发挥指导和引领作用。始终坚持在教研员中开展“七个一活动”，即：“读一本理论书、发表(获奖)一篇专业论文、提出一个教学主张、培养一批骨干教师、联系一所学校、挖掘一个典型、推广一种教学经验”。年内，全县教研员深入学校进行教学督查、指导、调研达100天以上，人均听课达100节以上，举行专题讲座50多场，上研究课、公开课人均达20节，体现了服务、指导、评价的宗旨。

【教育科研管理】 江川县教育科研的工作方针为：“围绕教育中心工作紧些，再紧些；贴近教育教学近些，再近些；冲击教育热点难点快些，再快些”。具体有四点做法：改革规划制度，建构管理模式，降低研究重心，整合科研资源。形成了“以县学科中心组为龙头，片区教研为平台、学校教科室为纽带，各校教研组为主体”的四级教育科研网络。为让广大教师在“教中研”、“研中教”，切实把教科研工作纳入常规教学的轨道。2011年，县教科所进一步健全机制，抓实环节，规范过程，对学校教科研的培训、课题小组的管理、材料的整理存档、工作总结上报等各个环节，均有明确的职责和目标。出台了《江川县教育科学研究“十二五”计划》、《江川县“十二五”教育科研规划课题管理办法》、《江川县教育科学“十二五”课题指南》等，基本形成了有效的宏观管理和微观运行、调控机制，保证了教育科研工作的质量和健康发展。部分学校建立健全了教科研规划和管理制度，能确保教科研经费的投入，全面落实课题实验方案，实现了教研与科研的整合，突出了研究的目的性、针对性和实效性。教研员也根据学科的特点，指导学科教研组或教师确定研究课题，坚持以课题引领教学研究。

【课题立项研究】 2011年，江川县坚持以课题为引领，构建“双主互动”有效课堂。利用课题研究途径，提升教师科研意识，促进教育教学质量稳步提高。扎实做好全县教育科研市级以上课题的研究工作。严格按照课题计划方案有步骤的开展研究活动，不断积累经验，加快全县科研工作的进程，促进“双主互动”课堂的构建，逐步形成扎实有效的课堂教学模式。截至2011年12月，全县教研员独立承担的尚在研究的各级科研课题共7项，其中国家级1项，市级2项，县级课题4项。副所长黄毅主持的中语会重点课题——“写作兴趣的激发与写作情境的创设”；所长唐文明主持的市立项课题——“新课标教材中学科教学方法、学习方法的实验与推广研究”；黄毅主持的市规划课题“初中写作教学中的思维训练和语言训练”；专职督学葛定纯主持的县级立项课题——“关于对乡镇进行教育督导的探索”；小学品社教研员董占有主持的县级立项课题——“品德社会课‘四环节’教学方法的实验与推广”；物理教研员陈家杰主持的县级立项课题——“初中物理

新课程资源的开发与利用”；历史教研员李绍林主持的县级立项课题——“构建双主互动初中历史课堂教学模式研究”。这些课题涉及面广、有一定研究价值。学校和教师承担的29项县级课题的研究进展顺利，有的已取得阶段性成果。同时，教科所认真开展了课题研究及申报工作，大力提倡学校申报市级以上课题，搞县级、校级小课题，取得了可喜的成绩，18所学校的27项课题被列为“十二五”期间的首批县级教育科研立项课题。

【教学改革】 2011年度，全县教科所继续将“双主互动”作为课堂教学改革的重点工作，以全县各年级教学研究活动为载体，发动和组织全县各学校、各层次的有效力量，研究“双主互动”教学模式的新思想、新行为，在激发学生学习兴趣、培养学生学习能力、开展课堂教学活动、实施发展性评价等方面，每个教研员按计划深入学校开展学科指导、顺利完成年初和学期初制定的教研工作计划，多方面、多层次开展教学示范课、观摩课、教学研讨等活动，完成了全县义务教育阶段教师的“双主互动”达标复评工作。

【研训工作】 县教科所充分发挥先导性、服务性、实践性特点，组织教研员深入到片区、深入到学校开展研训活动，定期组织理论培训、教学研究、教学竞赛等活动。并把片区研训作为培养提升教师专业素养的有效途径，实现了研训工作重心的下移。2011年，建构了以“双主互动”为核心，班级建设为主线，全方位、多元化的研训机制，从深化学科专业知识，改变知识结构，提高教育理论素养和现代教育技术应用水平等方面提高教师的基本素质。培训内容针对性强、注重实效、学用结合、学以致用；培训形式多样，如：新教师岗前培训、骨干教师培训、班主任培训、小学教师履职培训、课题研究培训、远程教育培训、校本培训等。考核认定了第五批县级骨干教师，促进了教师队伍素质的整体提高。

【质量监控】 县教科所坚持进行教学评价机制的探究和完善工作，在听课、评课等方式进行实地调研的基础上，将教学质量监控作为完善评价机制、进行教科研的不可或缺的重要组成部分。学期末均对部分学科进行教学质量监控。召开了2011年毕业复习考试工作会，给予学科教学以科学的导向。对毕业年级实行抽考和统考，由县教科所统一命题，统一考试时间，统一考试学科进行质量检测，并及时进行质量分析，总结主要成效，分析存在的突出问题，准确掌握教情、学情，研讨解决问题的对策，从而合理调整教学管理的思路和策略，从宏观上对各学段的教学工作进行有针对性的科学调控。同时，积极参与县教育局对中小学、幼儿园的目标管理考评，科学客观地对各校的“双主互动”教学、班级建设、教研活动、课堂教学质量进行评价。通过深入课堂听课、看材料、检查备课情况以及和学校部分领导、老师、学生的交流，真实掌握学校双主互动、班级建设及卫生安全的管理情况，调动一切积极因素，办好每一所学校。

【教研活动】 一是切实加强教学研究。县教科所督促各学科中心组进行以推进“双主互动”为主题的联片教研活动，各校采用课堂教学观摩、集体备课、案例分析、教学诊断、主题讲座等形式研讨“双主互动”教学的思路、模式和方法，学科教研员参与教研活动的全过程，对活动开展情况进行调研，通过现场指导和专题讲座等形式提高教师的教学水平，引导教师不断进行课改实践。二是不断深化教学改革。为避免课改模式僵化、流于形式，鼓励各校探索符合本地实践的教研模式和简约实用的操作方式。自“双主互动”教学模式推广以来，全县涌现出了一批具有鲜明特色的教育教学成果。前卫中学抓同课异构、抓一课三磨，初步形成了“先学后导——问题评价”的“双主互动”教学特色；翠峰小学形成了“学训互动奠基础、点面齐动出实效、上下联动拓方式”的教研特色；大街中学通过名师专家推动、激励机制调动、目标任务驱动，形成了以科研引领教学的特色。龙街中学突出了“双主互动”教学的全员性、引领性、实效性、辐射性；前卫小学以“三环节”模式为依托，突出“双主互动”课堂的重点，致力打造精品课堂；目前，“双主互动”教学模式的研究在全县中小学全面展开，全县教研的氛围日益浓厚，教师的教学方式和学生学习方式逐步改变，教育教学质量显著提高。三是加强以“推门听课”为主要形式的常态教学调研工作，注重教研工作重心下移，深入教学第一线，重点进行课程设置、校本教研活动开展情况和课堂教学调研，切实为学校、教师办实事，解决教学中的实际问题。以建立健全有效观课议课基地学校为抓手，搭建平台，深入研究，积极开展多种形式、多层面的教育教学研究活动，促使教研工作向更深层次发展，努力打造“教研活动课题化、课题研究活动化”之教学科研文化。四是以问题为中心组织开展课题研究、集体攻关。县教科所强调，最有价值的课题，是实践中产生的问题，课题研究的生命力，在于给实践以指导，解决实践中的问题。因此，在组织开展教研活动和课题研究中，不追求课题的级别和成果的获奖等次，而是一切围绕课改实践的需要，鼓励广大教师把自己在实践中遇到的问题作为研究对象，发挥集体力量联合攻关。

【课题成果】 由县教科所所长唐文明主持的中央电教馆“十一五”课题—《信息技术对于培养学生创新思维能力的研究》顺利通过中央电教馆的结题验收。由县教科所副所长黄毅主持的全国教育科学"十一五"教育部规划课题《中小学实效性阅读与写作教学策略研究》子课题《初中阅读教学教案设计研究》，通过了教育部规划课题组的验收，顺利结题，成果鉴定达优秀，江川县教育科学研究所被评为"优秀实验单位"。由龙街小学教务副主任张荣生主持的全国教育科学"十一五"教育部规划课题《中小学实效性阅读与写作教学策略研究》子课题《培养学生读写能力的途径——课内外结合》，通过了教育部规划课题组的结题验收，成果鉴定达优秀，江川县龙街中心小学被评为"优秀实验学校"。

【论文获奖】 2011年，全县教研员获市级以上教育科研论文评选(竞赛)奖共33篇。其中国家级一等奖5篇，二等奖14篇，三等奖9篇；省级一等奖1篇，二等奖3篇，三等奖1篇。江川县教师获市级以上教育科研论文评选(竞赛)奖共588篇。其中国家级一等奖11篇，二等奖196篇，三等奖330篇；省级一等奖2篇，二等奖24篇，三等奖25篇。

【教学竞赛】 组织教师参加市级以上教学竞赛，成绩斐然。在国家级教学竞赛中，大庄中学的李文超老师荣获初中生物一等奖；在省级教学竞赛中，县幼儿园黄家艳老师荣获一等奖，汤秀琼老师荣获二等奖；在玉溪市教科研组织的"2011年全市中小学教师高效课堂教学技能竞赛"中，全县共选派24名教师参加中小学21个学科的竞赛，其中，江一中的高晓鸣老师荣获高中化学一等奖、江一中的黄兴永老师荣获高中地理一等奖、江二中的孔云武老师荣获高中数学一等奖、江城中学的李春和老师荣获初中物理一等奖、后卫中学的王明霞老师荣获初中思品一等奖、前卫中学的杨翠老师荣获初中历史一等奖；江一中的杨秀方老师荣获高中数学二等奖、江一中的张芸老师荣获高中英语二等奖、江一中的李红梅老师荣获高中政治二等奖、江二中的杨伟老师荣获高中物理二等奖、江二中的高林权老师荣获高中化学二等奖、江二中的周如会老师荣获高中历史二等奖、九溪中学的李少京老师荣获初中语文二等奖、前卫中学的陈艳萍老师荣获初中数学二等奖、前卫中学的周姗姗老师荣获初中英语二等奖、雄关中学的徐乔花老师荣获初中化学二等奖、大街中学的李东艳老师荣获初中历史二等奖、大庄小学的李文娟老师荣获小学数学二等奖、前卫小学的范谷芬老师荣获小学语文二等奖；江二中的赵诚老师荣获高中语文三等奖、雄关中学的徐乔花老师荣获初中地理三等奖、龙街小学的周琳老师荣获小学英语三等奖、翠峰小学的马雪江老师荣获小学科学三等奖。

【学生竞赛】 在第六届中国中学生作文大赛，"红塔杯"云南省中学生作文大赛中，江川一中的付航瑜、李亚茹，大街中学的张郡纬、杨琪、杨光南，前卫中学的樊伟琰荣获省二等奖；在江川县教育学会、中国联通江川分公司联合举办的2011年"感恩教师节""联通杯"师生征文比赛活动中，10名学生荣获一等奖，20名学生荣获二等奖，30名学生荣获三等奖，100名学生获优秀奖；在江川县教育局组织的全县中小学生"生活自立、学习自信、行为自律、生命自强"演讲比赛中，8名学生荣获一等奖，12名学生荣获二等奖，8名学生荣获三等奖。

【教学指导成效】 充分发挥各学段教育教学管理体系的监控和指导作用，以提高课堂教学效率为目标，全面实施"双主互动"课堂教学改革，大力推进信息技术与学科教学的整合，促进了教育质量的不断提高。2011年全县中考总平均分居全市第三名，达到了预定目标。高考成绩位居全市各县区前列，重点本科进线人数有所突破，远远高出全市平均增长率。

【双主互动教学改革成效】 一是教师有了变化。多数教师已经认识到，以前的以教为中心、学围绕教转，以教为基础，先教后学的方式已经不适应全县新课改的需要。因此，大部分教师自觉把教学定位为师生交互、共同发展的过程，即教师与学生分享彼此的思考、交流彼此的情感、体验与观念，求得新的发现，实现教学相长。如今，教师唱独角戏的现象少了，而与学生交流、沟通、合作、互动的现象明显多了。二是学生有了变化。"为了每一位学生的发展"的理念在实践中得到体现，各校学生的变化和进步是明显的。感受是：学生明显喜欢学校，变得爱学习了，不少教师已让学生在读中学、做中学、听中学，在思考中学习、游戏中学习、合作中学习，让学生了解和掌握更多的学习方式，学生交流和表达能力提高了，在共同的合作下，学生质疑创新能力开始得到提高，动手实践能力也提高了。三是课堂教学有了变化。课堂教学已由传统的知识性教学转向现代化的发展性教学，大多教案明确了"知识与技能、过程与方法、情感态度与价值观"三位一体的教学目标，体现在突出过程与方法的地位，尽量让学生通过自己的阅读、探索、思考、观察、想象、质疑等丰富多彩的认识过程来获得知识，使结论和过程有机融合起来了，课堂教学过程成为学生一种愉悦的情绪生活和积极的情感体验，课堂活跃起来，教学时空变得开放了。四是继续完善了《江川县双主互动教学设计系列丛书》的编写，帮助教师洞悉"双主互动"教学理论，研究好教学案例起到了引领作用，切实提高了教研员、教师的科研能力、理论素养和综合素质，提升了教育教学质量。

【班级建设成效】 一是学校管理整体水平得到提升。绝大多数学校注重激发内部活力，坚持内涵发展，在规范中前进，在创新中发展，在示范中提高。班级建设责任明确、制度完善，逐层推进，基本做到了"人人有事做，事事有人管"，实现了第一步目标。二

是把班级还给学生，让班级成为学生成长的家园。积极探索民主化、科学化、规范化的学生自主管理模式，班级建设工作已推进到村完小、推进到每一个班级。大部分校园和教室达到净、亮、美，教室布置温馨，板块齐全，班级“软文化建设”水平有新提升，符合学生年龄特点。班级建设资料齐全，主题班(队)会选题健康，有教育意义。全县班级建设正走向规范管理、有效管理和精致管理。

（黄　毅）

教师进修学校

【概　述】 2011年是“十二五”教师培训工作进入全面发展的一年，也是落实省、市培训工作意见的关键一年。县教师进修学校紧紧抓住有利时机，坚持师训和干训齐抓，培训和培养并举，学历层次提高教育和职后继续教育提高并重的工作方针，按照省、市有关要求，立足县情、校情和师情，初步形成了集中培训、远程培训和校本培训相互支持、相互补充、相互贯通的师训工作新格局。年内，共举办各级各类培训12期，培训中小学教师3800多人次，完成培训面达150%，人均培训学时(培训量)50学时。

【学历提高】 努力做好中小学教师、在职人员学历提高培训工作，积极创造条件，寻求多渠道办学途径，与省电大联合办学。开办了汉语言文学、英语、教育管理、工商管理等专业本科班，教育管理、园林技术专业专科班，解决了教师、在职人员学历提高问题。

【教师履职晋级】 认真完成了2011年春秋两季的中小学教师履职晋级培训、考核及学分认定等工作。

【校本培训】 按省市县师训部门的要求，不断加强完善校本培训工作。组织全县中小学教师参加《有效教师》、《有效教学》学习培训工作。从年初的布置到过程的实施，最后组织了检查考核，合格率均为100%。

【班主任培训考核】 按照上级部署要求认真落实班主任培训的各项方案、计划，积极扎实稳步有序开展工作，使全县的中小学班主任培训工作开展得有声有色。完成了最后一期班主任培训的考核工作。

【新教师五项技能考核】 为使新教师进一步掌握教育教学常规，树立专业思想，提高教育教学水平，做一名合格的人民教师。对2010年参加工作的46名教师进行了“五项技能”考核。

【新教师岗前培训】 2011年新教师培训根据国家、省市关于新教师培训的目标要求和当前教师专业发展的具体需求，为52名参训教师量身定制了八个培训专题。分别为《新课程下的课堂教学》、《如何做好教育科研工作》、《如何命制试卷》、《教育教学常规》、《教育政策法规》、《班主任工作》、《怎样说课》、《怎样评课》等专题。培训组织形式新颖、内容丰富、重点突出。通过这次培训，很大程度解决了新教师刚步入教师生涯所遇到的困惑和问题，提高了认识，强化训练了角色意识，达到了培训目的。

【教师教育技术能力培训】 为贯彻落实《云南省教育厅关于实施中小学教师教育技术能力远程培训项目的意见》精神，对400名中小学教师进行了教育技术能力培训。

【管理人员培训】 为使学校管理工作规范化，对全县初中理、化、生，小学科学实验室管理人员(36人)、计算机管理人员(30人)进行了培训。

【学校管理干部培训】 为进一步加强学校管理干部队伍建设，增强办学实力，深化基础教育改革，推进教育创新，促进内涵发展，根据《玉溪市“十二五”校长、教师培训计划》精神，对109名村完小校长、教务主任进行了培训。本次培训以科学发展观为指导，以国家教育政策法规为依据，以提高学校校长、教务主任整体素质为核心，突出培训针对性、时效性，努力打造一支具有高尚职业道德，现代教育思想，较高教育教学水平的学校管理队伍。

【体育教师培训】 为认真贯彻落实省、市“十二五”教师培训规划要求，进一步增强全县中小学体育教师的专业技能水平，提高执教能力，根据江川县教育局2011年师资培训计划安排，对全县中小学54名体育教师进行了专业技能培训。

【少先队辅导员培训】 与县团委联合对96名学校少先队辅导员进行了培训。

【落实“国培计划”】 根据云南省教育厅、财政厅关于2010年“国培计划”—农村中小学教师培训项目的任务和要求。全县组织了一线指导教师、骨干教师、管理人员、中小学教师置换脱产、中小学教师短期、中小学教师远程等培训，共计300名中小学教师参加了培训。

【骨干教师考核认定】 为不断加强名师工程的梯队建设，进一步发挥骨干教师在教育教学工作中的示范带头作用，激发教师朝着高水平、高素质方向发展。江川县骨干教师考评领导小组在各校考评推荐的基础上，依据《江川县中小学骨干教师、学科带头人评选办法》，本着尊重知识、尊重人才、公正选拔的原则，对拟定的139名江川县第五期骨干教师考评对象，经过作课、论文、说课、教案等考评，以教师业务档案为依据，报经局务会研究，对考核合格的129名教师进行了江川县第五期骨干教师认定。

【课改远程培训】 组织高中教师120

人参加课改远程培训，参训教师反映良好。首先，通过培训更新教师的教育教学理念，对新课程的认识有了质的飞跃。其次，让广大教师开阔了视野，获得了很多先进的教育信息。再次让老师们看到了自己的不足，有了前进的动力和方向。

（张本林）

江川县第一中学

【概　述】 2011年末，学校有班级47个，在校学生达3391人。2011年高考上线人数1199人，本科上线率61.48%，一本上线人数115人居全市各县区中学之首，理科最高分607分为全市县区中学最高分。学校现有教职工182名，专任教师166人，其中高级教师68人，中级教师52人，全国优秀教师1人，特级教2人，受省政府、省教厅表彰的优秀教师、先进个人7人，市级优秀教师20人，市级骨干教师7人，市专家组成员16人。

【教育科研】 2011年学校继续推进新课改，转变教学观念，严格执行省颁课程计划，开展多层次，多形式的校本教研活动，尤其重视在年级组管理模式下的教研组、备课组建设，着重发挥教研组、备课组在教学研究中的核心作用。落实每个教研组、备课组确定学期工作计划、集体备课的内容和时间，并把任务分解落实到人；落实每学年每位教师至少写一篇教研论文，并开展扎实有效的教研活动；落实每位任课教师每学期要上一节公开课及新老教师结对子活动；继续坚持领导进课堂听课制度，作业全批全改、每月查备课本等教学管理制度。由此，全校教师人人参与，分别开出名优教师示范课、骨干教师研究课、青年教师汇报课、校际交流观摩课、各级各类评优课、集体备课展示课、备课组同课异构课等多种形式，家常课、探究课、复习指导课、试卷讲评课等不同课型。2011年11月由玉溪市教科所组织的玉溪市2011年第二届中小学教师“高效课堂”教学竞赛，学校选派五位教师参加数学、英语、生物、政治、地理五个学科的竞赛，两个学科获壹等奖，三个学科获贰等奖。多位教师的教研论文获国家级、省市、县级奖，学校教育科研取得了优异的成绩。

【全国新课程与创新教育教学论文大赛获奖】 2011年3月10日，在中国教育学会组织的论文大赛评选活动中，江川一中共送审参评论文17篇，获一等奖1篇，二等奖9篇，三等奖7篇。分别是：一等奖有《利用“问题讨论”做好课程引入》（生物、何梓维）；二等奖有《新课改实施一年再看新教材》（数学、徐丽艳），《浅谈圆系方程的应用》（数学、杨秀芳），《教与学中情感、态度、价值观的形成》（化学、李翠艳），《浅谈中学化学中的素质教育的实施》（生物、李兰），《谈新课程化学课堂中小组合作学习方式的实践与思考》（生物、祁志红），《新课改中如何将地方课程资源融合到地理教学中》（地理、胡敏杰），《略谈怎样利用生活实际提高学生的地理思维能力》（地理、李华），《新课改下的教学理念与选修教材的取舍探索》（地理、张培富），《加强腰腹力量训练有效提高铅球成绩》（体育、王家文）；三等奖有《新课改物理探究实验教学设计》（物理、邵国成），《浅谈高三化学复习的教学策略》（化学、杨丽），《新课改下对有效教师的见解》（化学、李兰），《新课程改革背景下如何进行化学教学》（化学、李翠艳），《浅谈新课改背景下化学学习方式的转变》（化学、侯玲秀），《浅谈提高原地推铅球成绩的训练方法》（体育、王家文），《浅谈新课程改革下高中信息技术教学的“新”》（信息技术、郑世国）。

【中国教育学术委员会教育教学论文评选获奖】 2011年9月9日，江川一中组织教师参加2011年中国教育学术委员会教育教学论文评选，学校共送审参评论文15篇，获二等奖4篇，三等奖11篇。分别是：二等奖有《A Case Study Of Listening Practice in Grade One Seior Middle School》（英语、顾宁坤），《让学生在英语学习中享受成功的欢乐》（英语、刘会宁），《浅谈新课程理念下高中物理教学》（物理、张进波），《优化教学设计，构建历史高效课堂》（历史、张璇）；三等奖有《文际中的语言运用——谦称、敬称、委婉语》（语文、赵春艳），《参与式教学中教师角色的转变》（语文、周艳花），《数学学习，让学生“动”起来》（数学、吴丹），《物理熵及其泛化》（物理、张进波），《氨》（化学、李翠艳），《课堂教学因问题情境创设而灵动》（化学、祁志红），《构建高中高效课堂——让学习化学成为乐趣》（化学、李翠艳），《发展生产　满足消费》教学设计（政治、袁小丽），《高中政治课　拒绝满堂灌》（政治、袁小丽），《浅谈新课改下历史教学如何巧用材料》（历史、马继收），《少数民族音乐欣赏》（音乐、黄晓蓉）。

【交互式电子白板使用培训】 为了更好适应新形势下的现代化教学，构建多媒体技术和网络技术下的信息化教学环境，使课堂能呈现出形式多样的教学内容，又能提供各类丰富的学习资源，能够支持学生的自主、合作、探究性学习活动，以满足高中新课程改革的需要。学校投资百万资金，把高科技教学辅助设备引入到每个教室，于2011年1月1～3日给高三年级教学楼的20个教室安装了交互式电子白板，设备齐全的网络教室。在3月新学期开学之际，即将投入使用的高一和高二年级教学楼也将安装交互式电子白板、设备齐全的网络教室。为了让电子白板发挥出应有的作用，同时也为了提高教师的多媒体运用水平，学校从1月4～9日，利用晚自习时间对教师进行电子白板使用培训。广大教师积极认真参加学习，并从中获得了很多知识。大部分教师都投入到具体的实践中，积极配合培训教师的教学。课上，部分教师踊跃参加课堂实践活

动，课堂气氛十分融洽，培训效果比较明显。

电子白板培训历时一个周，培训完后还要对教师进行交互式电子白板的使用能力进行考核，以实现每位教师都掌握该门技术的目标。从而让学校的新课改走在课改的前列，提高学校教师的教学水平和教学效率，最终提高学校的教学水平。

【省教学督导检查】 1月7日，云南省教学督导检查小组到学校进行教学评估检查。检查小组在学校校长、副校长等行政领导的陪同下，参观了学校的学生宿舍、食堂、运动场、教学楼、学校档案管理室、教职工宿舍等地，检查小组领导对学校的各方面工作给予了肯定。在学校行政领导的正确决策下，在全体师生的共同努力下，学校顺利通过了云南省教学督导检查。至此，江川一中的检查工作也画上了圆满的句号。

【云南省学业水平测试】 1月4～9日，云南省学业水平测试江川一中考点考试顺利开展。在学校高二年级行政领导、年级主任、各班班主任的组织带领下，高二年级900多名学生有序地参加了各学科的考试。

云南省学业水平测试是高中阶段的第一次大型考试，由云南省统一组织考试，并由云南省统一组织阅卷评分。学校为了顺利完成该考试，在考点安排、考场布置等工作上下了很大功夫。考场布置严格按照高考要求进行，每场考试由班主任、带队老师精心组织，考场纪律严明，秩序井然。

【年轻班主任培训】 2011年3月，学校组织近两年来新进班主任进行培训。本次培训旨在给新班主任在班主任工作上提供一些思路，探讨德育工作中的新问题，努力提高班主任工作的成效，开创班主任工作的新局面。

【2011年高考动员大会】 2011年5月12日，在距高考只有25天之时，学校教务处组织高三年级全体学生在篮球场举行2011年高考动员大会。学校副校长金星，教务主任施杰春，教务副主任杨凯在高考动员大会上都一致鼓励大家，保持良好的心理状态，积极的进取精神，利用余下的25天，科学、有效地复习，以昂扬的姿态迎接高考。最后，金星勉励大家学有所成，报答父母，报效国家。

【科普图片展】 随着教育改革的深化及素质教育的全面推进，为了在学生中营造学科学、爱科学和用科学的良好气氛，拓宽学生的视野，加快科普知识的普及，帮助学生掌握认识客观事物的科学方法，培养学生的科学精神，进一步提高学生的科技素养，唤起广大学生年热爱科学、崇尚科学的热情，启发他们去探索科学的奥秘；以及最大限度调动每个教师的主动性，积极地开发地方课程资源，从而提高高中教学的效率，2011年5月24～27日，学校教务处联合生物组和地理组举行科普图片展览。图片展览分为“江川县生物资源”“江川县地理资源和地理基本常识”两大部分。这次图片展览共34块展板，600幅图片，精美的展板图文并茂、生动实用，具有科学性、知识性和观赏性，是对学生进行科普宣传教育的形象教材。

【“党在我心中”知识竞赛】 根据省委关于庆祝中国共产党成立90周年活动的安排，学校于2011年7月12日上午9：00～11：00，组织全校党员参加了“党在我心中”知识答题竞赛。学校领导高度重视这次竞赛活动，提前对这次竞赛作了严密的安排。领导的重视也得到了各位党员的响应，这次竞赛活动共有56名党员参加，无人缺席。竞赛共有90道题，竞赛内容主要为党的基本知识及90年以来的一些党史、党情。

【2011年班主任工作论坛】 8月26日，江川一中2011年班主任工作论坛在一中大会议室举行，学校行政领导、全体班主任和近三年参加工作的年轻教师参加了本次论坛。论坛以讲座交流的形式，邀请到了玉溪师范学院文学院党委书记孙燕副教授，老校友、优秀教育工作者、国务院特殊津贴享受者郭仁教授到会，两位前辈同仁与学校新老班主任亲切交谈，共同交流多年教书育人心得。他们谆谆善诱，以自己的切身体验诠释了“捧着一颗心来，不带半根草去”的育人情怀，对学校新老班主任和年轻教师进行了工作上的指导，为学校班级建设管理工作提供了许多宝贵经验和建议，并对学校在育人管理上所取得的成绩给予了较高评价。

【2011年助学兴教情况】 得胜奖学金2011年发放情况如下：每年奖励(资助)在校各年级前1～10名(各1000元)，11～20名(各600元)，21～30名(各400元)；每年奖励(资助)考取大学家庭贫困学生10名(各1000元)，其中2008年资助10人，各3000元)；每年奖励资助高一新生10人(各1000元)；每年共计奖励资助80人，资金6万元/年。社会资助：2月，县公安局政委汪兴介捐给264班学生1000元；2月，江川一中校长肖吉恩捐给264班学生500元；8月，江川一中校长捐给高一新生700元做书费；8月，得胜家具张树荣捐10000元给刚考上中国公安大学的赵鸿飞；8月，2011年上一本的6人获民政30000元(各5000)；8月，张国强、郭梦丹、叶元松、王建龙、普静每人获市政协各3000元上一本；2～8月，国家助学金391800元；8月，得胜奖学金共计76000元。2011年秋季学期普通高中中央国家助学金受资助学生共853人，均为二等奖学金。

【校园文化建设】 9月，学校统一制定校园文化建设方案，各班级制定本班的班级文化建设方案，积极开展教室文化建设。重点开展宿舍文化建设，由德育处制定《江川一中学生宿舍内务卫生评比细则》《江川一中优秀学生宿舍评比细则》等规章制度，把学生宿舍建设成为学校对外的窗口。各班继续抓好教室、宿舍环境布置，张贴名人画像和名言警句，定期出好板报，美化校园环境，培养学生高尚情操。每天晚七点由各班班主任组织学生收看中央电视台新闻联播，并组织开展演讲比赛、书法比赛、辩论赛、主题征文、语文知识竞赛、英语知识竞赛等一系列活动，为学生提供施展才华、展示风采、锻炼自我的舞台，培养学生的组织能力、协调能力、表演能力、实践能力、创新能力，丰富校园人文精神和文化内涵。

学校将继续提升校园文化，培养学生全面成长，培育学校精神，营造和谐健康、积极向上的育人环境。

【新老教师“结对子”】 人才的培养在教育，教育的质量在教师。随着教育改革的不断发展，高中新课程的深入推进，培养青年教师是关系到一所学校立于不败之地的重要环节，学校长期重视青年教师的培养，把培养青年教师纳入到学校教育、教学管理的常规工作。9月18日，学校教务处组织了江川一中新老教师“结对子”仪式。学校新老教师“结对子”工作已经进行了一个学期，本着“以老带新”的原则，每一个新教师都由学校安排了适合其发展的指导老师。这些指导老师都是各学科的教学主力，从事多年教学并有多年高三教学经验。老教师听新教师讲课，并对其进行指导；新教师听取老教师讲课，并从中学习更多教学方法。上交的听课记录本经检查都基本合格，尤其是有几位指导教师非常非认真，真正体现出了“德高为师，身正为范”的教育精神。

【三生教育创造和谐人生——感恩励志演讲】 9月22日，“学习决定命运，感恩成就人生”大型感恩励志讲演活动走进江川一中。全国著名英语教育专家郑小四先生、感恩教育演讲专家李新平老师亲临现场，为学校两千多名学生做了一场激动人心、感人肺腑的讲演。本次活动由云南省教育厅三生教育工作组组织策划实施的大型感恩励志讲演进校园活动的一个重要内容，目的在于通过对中学生的感恩励志教育，让学生懂得如何生存、如何幸福地生活，如何创造和谐的人生，可谓意义重大。

【第六届教师课堂教学竞赛】 学校于2011年10月19～20日举行第六届教师课堂教学竞赛暨新课程下的课堂教学模式探索竞赛活动。竞赛分为上课、教案、课件三个部分，各部分占分比例分别为8：1：1，竞赛课题自选。授课教师上课前把教案一式三份交评委，上课后把课件交评委。经过紧张激烈的角逐，决出了一等奖6名，二等奖8名，三等奖5名，竞赛达到预期效果。

（杨　明　孔川波）

江川县第二中学

【概　述】 截至2011年底，江川二中共有26个教学班1630名学生，其中高一10个班，高二、高三每个年级8个班，班级编排至181班。在编教职工100人，其中中学高级教师18人，中学一级教师38人，管理岗位3人，工勤岗位5人。国家级骨干教师1人，省级骨干教师2人，市级骨干教师2人，县级骨干教师16人。

在上级部门的关心和支持下，在学校行政班子的团结和带领下，全校师生经过努力，2011年学校教育教学工作取得丰硕成果，得到上级部门的肯定。2011年1月学校被江川县教育局评为2009～2010学年学校德育工作“先进单位”，学校党支部被中共江川县教育局党委评为2010年度“先进党支部”，2011年6月被中共云南省高校工委、省教育厅党组授予云南省教育系统“先进基层党组织”称号。2011年7月，学校校长、党支部书记靳江被中共玉溪市委表彰为“优秀党务工作者”。在2011年11月江川县第三届中小学生运动会和第五届“园丁杯”篮球比赛中，学校获中学组团体总分第一名，广播体操、高中女子篮球和男子篮球第二名，大课间体育活动第三名，“园丁杯”篮球比赛男子组第三名。

【高　考】 2011年江川二中511人参加高考，476人上线，上线率93.3%。其中，本科上线158人，本科上线率较2010年净增9.64个百分点；文史类上线率100%；理工类有5人上一本线。

江川二中的学生是在市级高中、一级高中录取之后才招录的，学生入学成绩偏低，基础相对薄弱，起点较低。学校坚持“以人为本，全面发展”的办学理念，从实际出发，确立了让学生“低进高出”的目标。学校依托江川文庙深厚的历史文化底蕴，弘扬“读书立品，进德修业”的优良传统，细化常规管理。努力营造和谐、上进、竞争的校园氛围。教师敬业，学生勤奋，广大师生的真情付出，换来了一年又一年的辉煌，刻苦奋发的汗水，浇灌出了丰硕的果实，实现了“低进高出”的目标。

【捐资助学】 云南大山饮品有限公司回报社会，大山公司董事长、总经理山国勇先生不忘母校之情，自2008年起特在江川县第二中学设立“江川二中山国勇奖(助)学金基金会”。“山国勇基金会”的成立为学校每年品学兼优的学生、家庭贫困的优秀学生提供了必要的经济支持和精神鼓励，学校特制定江川二中山国勇奖(助)学金奖励办法如下：高考上一本线并入学者，每生给予2000元的奖励；高考上二本线并入学者，每生给予600元的奖励。高一年级学生学年考试总分列年级前3名者，每生给予1000元的奖励；总分列年级前第4～8名的学生，每生给予600元的奖励；总分列年级前第9～15名的学生，每生给予300元的奖励。高二年级学生文、理科班学生学年考试总分列年级前2名者，每生给

予1000元的奖励；文、理科班学生学年考试总分列年级第3~4名者，给予600元的奖励；文、理科班学生学年考试总分列年级前第5~8名的学生，每生给予300元的奖励。

【举办市级讲课赛】 2011年11月22~25日，玉溪市第二届中小学教师“高效课堂”数学学科教学竞赛在学校顺利举行。全市各兄弟学校参赛教师通过认真准备，精心组织，各评委精彩点评，公正评判，使参赛教师和听课教师受到了很大的启发。经评委的综合评定：学校孔云武老师荣获一等奖。学校的语文、物理、化学、历史四门学科也在其它竞赛点参加了本届教学竞赛。参赛结果是：杨伟、高林权、周如会荣获二等奖，赵诚荣获三等奖。

【青年教师培养】 青年教师是学校教师队伍的一个重要组成部分，是学校事业发展的希望，是学校可持续发展的后备力量。青年教师的思想政治素质、业务水平直接关系到学校的生存和发展，学校青年教师较多，青年教师的培养是学校教师队伍建设的一项重要而紧迫的任务，是学校建设的一项重大工程。培养对象为近五年调入学校和新参加工作的青年教师。青年教师每年做到“五个一”，即：每周听一节课、每月交一份规范教案(由辅导教师审查签字)、每学期独立出一份试卷、每学期完成一个课件、每学期写一份教学案例或教学叙事。

11月10日，教务处组织教研组长和教龄五年以下的青年教师在教师会议室召开了“江川县第二中学2010~2011学年青年教师教育教学基本功考核”和“江川县第二中学2010~2011学年第八届‘钟秀杯’课堂教学竞赛”颁奖会。周如会、黄建才、李俊、张珍四位教师经考核评定为“优秀青年教师”。白连志、黄建才、魏丽仙、李俊、宋江平、刘宝、张珍七位教师荣获第八届“钟秀杯”课堂教学竞赛一等奖；李玲、宋成喜、谭秋艳、杨雪芳四位教师荣获第八届“钟秀杯”课堂教学竞赛二等奖；周如会、张亚丽、汪波、瞿振江四位教师荣获第八届“钟秀杯”课堂教学竞赛三等奖。会上，教务处就“江川县第二中学2011~2012学年青年教师教育教学基本功考核”实施办法及青年教师培训工作作了安排部署。

【与友好学校交流】 玉溪师院附中是学校的友好学校。10月18~20日，学校数学、化学、英语、历史四个学科的教师：李俊、高林权、李晓东、余春云参加了玉溪师院附中举行的第十一届“创新杯”课堂教学竞赛。孔云武、周文有、朱文亮、靳彦伟四位教师被特邀为评委。经过参赛教师的认真准备、精心组织，学校参赛教师在新课程改革方面的探究受到了评委的一致好评。参加听课的部分学科组长、教师受到了很大的启示。12月10日，学校语文、英语、化学三个学科的教研组长(周海山、朱文亮、周文有)和高一、二年级相应学科的学科组长(廖会芹、白连志、王永美、王纯清、高林权、洪芬)到通海二中参加“通海二中第十届青年教师教学技能比赛”听课研讨活动。学校参观学习的教师受益匪浅，这对学校下一步进行课堂教学改革将会有所帮助。

【教科研工作】 江川县第二中学一直注重加强教育教学科研工作，积极推进高中课程改革，鼓励教师参加中央教科所、中国教育学会、云南省教科院、玉溪市教科所、江川县教科所等国家、省、市、县举办的各种教科研活动，取得可喜成绩。下面是学校2010~2011学年论文、教案、课件、讲课赛等获奖名单：国家一等奖的有《浅谈新课程推进中几个问题的思考》(李明春)、《探究高中历史课“合作讨论式”教学模式的应用》(袁乔仙)、《探索意象和意境在中学诗歌鉴赏中的应用》(廖会芹)、《刍议新课程背景下高中化学课堂教学的有效性缺失现象》(赵兴阳)、《要重视高中女生体育与健康教育》(胡文艺)、《一堂新体育课带来的新收获》(杨舜清)、《探索情景教学法在中学体育教学中的应用》(杨舜清)；国家二等奖的有《人生价值观教育任重道远——对当前青少年人生价值观取向的思考》(谭春燕)、《高中历史新课程改革的喜与忧》(袁乔仙)、《巧用“树形结合”思想解题》(李绍东)、《古代孔子教育思想与现代班主任工作》(李七龙)、《几种常见数列第推式通项式的求法》(李俊)、《新课改中地理教师角色的转变》(徐贵华)、《新课标下生物教学中学生品质的培养》(张金丽)、《英语课教学与素质教育》(王永美)、《巧用语言艺术，激发学生学习生物学的兴趣》(王莉)、《新课程理念下的高中化学课堂》(宋羚榕)、《浅谈学校学生学籍管理系统软件的开发》(龚秀仙)、《新课改背景下如何培养学生自主学习英语的能力》(赵婕)、《浅谈“以学生为课堂学习主体”英语教学模式》(张亚丽)、《转变教学观念　激活政治课堂》(李七龙)、《浅谈新课程理念下高中生物教学的有效课堂》(王莉)、《新课改下，如何让学生动起来》(李吉应)、《论学校网络教学》(杨艳萍)、《小议提高Excel输入的几种方法》(杨艳萍)；国家三等奖的有《浅谈计算机机房的管理与维护》(杨艳萍)、《新课程标准下教师的专业发展》(张亚丽)、《<孟子>人称代词研究》(白连志)、《历史课堂中的问题教学》(余春云)、《如何培养学生自主学习英语能力》(李永波)、《浅谈新课改中高中数学教学起步的反思》(杨自芬)、《如何在新课改下实施高中化学课堂教学》(周文有)、《浅议中学化学中的CAT》(张珍)、《新课标下生物教学中非智力因素的培养》(张金丽)、《浅谈新课改环境下教师角色的转变》(周如会)、《唤醒情感—历史教师专业技能成长的方向》(靳彦伟)、《农村中学生心理健康初探》(胡朝派)、《浅谈乡镇中学生在新课改中学生的自主学习》(李明春)、《班级管理之我见》(高林权)、《新课改下的英语课教学与素质教育》(王永美)、《激情教学在高中英语教学中的运用》(朱文亮)、《精彩对决》(李吉应)、《农村中学高考体育专业学生专项选择与训练研究》(胡文艺)、《浅谈新课程背景下高中地理的有效教学》(潘艳成)、《浅析英语课堂教学的有效性》(李永波)。省二等奖的有《农村中学体育专业考生短周期训练方法与实践研究》(胡文艺)、《2010年高考作文的启示—关注社会,关注生活》(李惠玲、严朴艳)、《让政治课焕发出魅力》(李七龙)、《农村中学高考体育考生专项选择与训练的研究》(李树能);省三等奖的有《中学语文教学探究性学习之我见》(李惠玲、严朴艳)、《“三看递推法”辨析细胞分裂图像》(王莉)、《初中数学新课程推进中的几个问题的思考》(李明春)。

(李清明)

职业中学

【概　述】 2011年,校园占地面积60.5亩,学校建筑面积19779㎡。学生规模1427人,教职工总数95人(其中在编教师数55人、在编职工10人、外聘教职工30人)。教师学历达标率92.9%,高级职称教师数13人,占专任教师比例23.6%。双师型教师31人、占专任教师比例40.8%。市级骨干教师3人,县级骨干教师11人。年内,学校党支部被中共江川县委表彰为“先进基层党组织”;校团委被团省委评为“云南省五四红旗团委”。

【参加省第26届青少年科技创新大赛】 以“体验·创新·成长”为主题的云南省第26届青少年科技创新大赛,于1月25日~28日在玉溪市聂耳广场隆重举行。县职中学生李成、郭春林、普志文、陈同等在科技辅导教师龚贵有、陶绍明的带领下参加大赛并取得优异成绩。学生创新研究成果获奖情况:《暗道检测仪》参加EN学科获得省一等奖;《简易毒鼠器的制作与使用》(EN学科)和《江川县台山名贵古树的调查与保护措施》(BO学科)获得省二等奖;《关于江川职中在长江三角洲实习学生现状的考察报告(SO学科)和无盖不洒壶》(EN学科)获得省三等奖;科技辅导员创新成果竞赛项目获奖情况:《“尝试人工繁殖金鱼”活动方案》《科技教育方案》获得省三等奖;与此同时,该校指导教师龚贵有还获得了“云南省优秀科技教师”荣誉称号。

【“我最喜爱的一本书”读书、征文活动】 为了丰富学生的课余文化生活,提升学生的整体人文素质,3月,县职中在学生中启动了“我最喜爱的一本书”读书、征文活动。设置了“班级学习园地”、“班级优秀文摘集”、“读书征文”等三个奖项,各班学生积极参加此项活动。最后评出了10个班级优秀文摘集、10个班级优秀学习园地、13篇征文获得奖励、10名优秀学习委员,通过此活动推动了学生读书、学习习惯的养成,营造了较好的读书学习氛围。

【“中华魂”主题教育活动启动仪式】 4月11日,江川县“中华魂”主题教育活动启动仪式在江川县职业中学举行。市关工委副主任王思荣,县关工委和县教育局关工委负责人,职中部分教师和学生共参加了启动仪式。王思荣要求江川开展“中华魂”主题教育活动要坚持做到五个结合,即:一要与德育工作创新结合;二要与课堂教学结合;三要与校园文化建设结合;四要与家庭教育结合;五要与组织学生开展社会实践活动结合。教师代表和学生代表在发言中表示:一定学习和弘扬革命先烈精神,学习和弘扬杨善洲精神。据了解,此次活动,旨在教育和引导青少年认识党的光辉历史,认识伟大的中国共产党,激发爱国、爱党、爱学习的热情。2011年“中华魂”主题教育活动的主题是“颂歌献给党”,活动形式和内容包括读书、征文、演讲、知识讲座与竞赛、手抄报、黑板报、歌咏比赛活动等。仪式上该校获得了《颂歌献给党》读本520册的捐赠。

【玉溪青年创业教育江川职中教学点开班】 4月12日,“青春彩云南·青帆创业夜校”玉溪青年创业教育江川职中教学点开班。团市委副书记马利兴,5名江川青年创业教育志愿讲师、197名江川职中高三年级即将毕业的青年学生参加了开班仪式。仪式上,马利兴向江川职中校长黄正刚颁授了“青春彩云南·青帆创业夜校”玉溪青年创业教育教学点牌匾,并为5名“江川青年创业教育志愿导师”颁发了聘书。黄正刚在发言中表达了江川职中作为“青春彩云南·青帆创业夜校”玉溪青年创业教育教学点,将积极协助市、县团委,按照青年学生、农村青年创业需求,全力做好教学点各项教学工作的信心和决心。开班仪式结束后,玉溪师范学院商学院胡电喜老师作了以“职高生创业培训与职业生涯规划”为主题的第一堂讲座,从创业引言、创业概论、创业过程的透视、创业环境分析、职业生涯规划综述、创业经营法则、创业警句等7个方面与江川职中的青年学生们分享了创业知识。据了解青帆创业夜校是共青团组织服务青年,培养青年创业意识和创业能力的有效载体和具体举措。目前,团市委已经开办了玉溪工业财贸学校、玉溪二职中、江川职中3个“青春彩云南·青帆创业夜校”玉溪青年创业教育教学点,为全市广大青年、学生提供了创业知识培训。

【省首届中职学校语文数学教学技能竞赛】 5月,县职中组织伏天平、龚春两位教师参加了“云南省首届中等职业学校语文数学教学技能竞赛”玉溪赛区的竞赛。伏天平获语文学科市级二等奖,龚春老师获英语学科市级三等奖。6月10~12日,又组织了豆思润、伏天平、张云贵、龚春、张斌5位教师参加了此次竞赛的省级竞赛的观摩学习活动。11日语文、英语二学科

的4位教师分别观摩了20多位来自全省各地的优秀选手的说课，精彩纷呈，各展风采，12日听取了全国知名专家对说课的精彩点评及课堂教学的专题讲座。本次观摩集竞赛观摩、录像课讨论、专家点评及讲座于一体。

【校团委获"云南省五四红旗团委"称号】 5月，县职中团委被团省委评为"云南省五四红旗团委"。近年来，该校团委提炼出"争当科学思想的先锋；争当勤学技能的先锋；争当勤俭自强的先锋；争当诚实明礼的先锋；争当环境保护的先锋；争当服务社会的先锋"的工作思路，并以"六个先锋"为突破口，大力推进团委基础工作、重点工作和特色工作的开展。抓基础，凸重点，建特色。同时，编印了《江川县职业中学团支部工作手册》促进了职中团建工作的制度化和规范化。

【学生"四自"主题演讲比赛】 江川职中"生活自立、学习自信、行为自律、生命自强"演讲比赛，于5月18日在科技楼前小广场举行。本次比赛从4月开始，分为准备、预赛和决赛三个阶段，准备工作充分，经过征文撰写及修改、班级选拔、预赛筛选等环节，学生演讲决赛效果明显。比赛成绩按年级来进行设奖，共评出一等奖3名，二等奖6名，三等奖12名。本次大赛锻炼了学生的说话能力、演讲能力，并为学生今后走向工作岗位和社会奠定语音交际基础。

【县职中第四届"螺峰杯"教学技能比赛】 2011年6月8日，江川职中第四届"螺峰杯"教学技能比赛已经落下帷幕。5月31日~6月8日在江川县职业中学科技楼的多媒体教室、实作室举行了江川职中第四届"螺峰杯"教学技能比赛活动。本次比赛有14位教师报名参赛，科目涉及有语文、数学、英语、政治四门文化基础课程，计算机类、电子电工、体育等专业实作课程。为了适应中职学校教学改革的形势，把一些新的教学理念引入学校，本次聘请了市教科所、市工业财贸学校、县教科所、江川一中的10名专家教师和学校的4位市、县级骨干教师共同组成评委组，分成六个小组进行了为期2周的教学技能比赛。经过紧张的角逐，评出了一等奖4名，二等奖8名，三等奖2名。最后由8位外请专家评委代表评委组对各类课程的比赛情况进行了点评。通过四届"螺峰杯"教学技能比赛的实施，一批批年青教师在课堂教学技能上不断地成熟起来，并带动了广大教师参加教学科研的激情，提升了他们的教学科研能力，真正起到了"以赛代训"的作用。据了解，"螺峰杯"是县职中校从2005年开始实施，每两年举行一次。此项活动是学校为认真贯彻省、市职教改革的有关精神，本着建立一支团结协作，敬业踏实、教学业务精干的教师队伍，充分发挥教师的课堂教学能力，尽快让他们成熟起来的校本培训活动。通过"以赛代训，以赛促教，以赛促教师的专业发展"的方式，让广大教师都能积极地参与到比赛中，各位选手都能充分展示自己的教学风采，使参赛教师、评委、其他教师在比赛的过程中能自主学习、互相交流学习，以达到共同学习、一起提高的目的。

【优秀党员受表彰】 在纪念中国共产党成立90周年之际，县职中多名党员受到县委和教育局党委表彰。6月30日，在江川县庆祝中国共产党成立90周年大会上，党员赵发春与102人一道被授予"江川县优秀共产党员"称号。在江川县教育局纪念建党90周年大会上，潘文波、陈锁秀两人被县教育局党委授予"优秀共产党员"称号，杨小伟被表彰为"优秀党务工作者"。

【第十届三次教职工代表大会】 7月10日，"江川县职业中学第十届三次教职工代表大会"在学校大会议室召开。工会委员、职代会代表、校务委员参加了会议。会议主要有三项议程：一是审议《江川县职业中学2010年廉租房分配方案》；二是审议《江川县职业中学专业技术岗位聘用实施方案》；三是审议《江川县职业中学教职工绩效工资评价实施方案》(一、二方案)。会议表决结果为：《江川县职业中学2010年廉租房分配方案》全票(17票通过)；《江川县职业中学专业技术岗位聘用实施方案》同意15票，不同意0票，弃权2票；《江川县职业中学教职工绩效工资评价实施方案》，同意第一方案14票，弃权3票。第二方案同意0票。

【参加省旅游服务类技能大赛】 9月27~30日，县职中组织学生赴大理参加"云南省职教学会旅游服务类专业委员会组织的技能大赛"取得该专业办学史上的优异成绩。此次大赛在学校的高度重视下，前期做了大量准备工作，自接到通知后，校教务处就认真策划，召开旅游专业组会议并制定比赛方案。7月12日~8月12日，学校将在校预选的八位学生安排到江川县阳光海岸大酒店顶岗实习并培训。指导教师长期跟踪并多次辅导最终挑选出四名参赛选手。返校后又进行紧张的训练工作。最终取得了较好成绩，中式铺床技能分获得一、二等奖，中餐宴会摆台技能获得2个二等奖。

【教师参加全国和市级大赛】 11月22~24日，由中国职教学会德育工作委员会主办，德育教学研究会、高等教育出版社承办，广东省中等职业学校德育研究与指导中心和广东省职业技术教育学会德育工作指导委员会协办的2011年全国中等职业学校"创新杯"德育教师说课比赛广东省广州市举行，来自全国20个省、市的96位中职学校德育课教师参加了比赛。其中江川职中赵发春老师携课题《科学思维方法之分析和综合》代表云南省参加大赛取得了国家级二等奖的好成绩。与此同时，12月14日，李红英、唐江会、向东、钱舒娴四名教师代表江川县参加玉溪市职业院校教师教学技能竞赛又创佳绩。李红英老师荣获“德育”教学案例展评一等奖；唐江会、向东老师分别荣获“骨干专业”教学案例展评二、三等奖；钱舒娴老师荣获语文学科教师“高效课堂”教学竞赛二等奖。

【县职中创新德育工作模式】 2011年，县职中按照职业教育的办学规律和职业学校的办学宗旨与人才培养方向，结合职校学生的身心发展特征，坚持“以职业道德教育为核心、以学生养成规范教育为载体、以八荣八耻社会主义荣辱观教育为突破口、以“三生”教育为主线、以弘扬和培育民族精神为核心的爱国主义教育为主旋律”的德育工作思路。通过“五途径”实现“五增力”(理想教育的感召力、法纪教育的规范力、自我修养的内省力、身心健康的和谐力、实践锻炼的躬行力)。一是构建功能完善的德育工作队伍网络。逐步形成了校长重点抓—德育副校长具体抓—德育处全面负责并组织落实—班主任为骨干—团委学生会紧密协调—科任教师全员参与—学生家长密切配合—社会力量鼎力相助的德育工作队伍建设模式；二是抓好学校师德师风建设，提高教师的师德水平和业务能力。在教师中深入开展了“三爱”、“三全”、“三心”、“四时”及“五种精神”为主要内容的职业道德教育活动；三是坚持以“职业道德”为核心、发挥德育课的主渠道作用，增强学生职业价值观；实现成才先成人、做事先做人的目标。紧扣“生活自立、学习自信、行为自律、生命自强”四个层次展开主题教育活动，让每一位学生都能抬起头来走路，挺起胸来做人。四是通过主体鲜明的主题班会开展“就业思想教育”，创新职校德育的工作模式。，确立了高一年级重点是对“学生良好习惯养成和行为规范”的培养，高二重点是“知识的学习、技能的形成与提高”，高三重点是“学生就业思想、职业态度、交际能力的培养及健全人格”的形成工作模式。

【三好生、优干、优秀班集体评选】 2010～2011学年，县职中积极开展三好生、优干、优秀班集体评选活动。省级三好生：许健昌(计26)、陈静然(食品5)；市级三好生：蒋舒宇(旅27)；市级优秀学生干部：胡富星(计30)；县级三好生：白敏睿(食品7)；县级优秀学生干部：李艳(计27)；县级优秀班集体：计算机及应用27班。

【落实国家助学金和免学费政策】 根据玉溪市教育局《关于做好中等职业教育国家助学金和免学费政策资助对象清查工作的通知》和《云南省教育厅关于做好中等职业教育国家助学金和免学费政策资助对象清查工作的通知》后，学校高度重视，深刻领会上述通知精神和要求，明确工作重点，认真组织开展工作组织开展了自检自查活动。自查情况：2011年全年资金到位1052700元。3月份(435人)发放金额65250元，4月份(430人)发放金额64500元，5月份(429人)发放金额64500元，6月份(425人)发放金额63750元，7月份(425人)发放金额63750元。本学期共发放国家助学金321750元。截至2011年7月，学校发完2011年春季所有学生国家助学金外还余786150元(含2010秋余55200元)。

【省政府励志奖学金及校“十佳”学生评选】 通过层层选拔和公示，县职中学生段兴花(计22)、王扶丽(计24)、周艳葵(食5)获得云南省2011年度省政府励志奖学金；同时，在江川县职业中学“十佳”学生评选活动中，金辉(计25)、许健昌(计26)、杨雯(旅26)、陈静然(食6)、杨东平(计28)、刘浩然(电4)、李楠(服4)、白敏睿(食7)、伏辉(电3)、蒋舒宇(旅27)获得2011年度“十佳”学生荣誉称号。

【志愿者和师生参与第七届开渔节大型演出】 中国云南江川第七届“开渔节”期间，学校派出了30名青年志愿者参加“开渔节”主会场的会场布置、礼仪服务、观众引领、维持秩序等服务工作。12月24日，学校又组织800名师生徒步到渔文化广场参加中国云南江川第七届开渔节《鱼跃人欢，锦绣江川》互动演出活动。

(赵发春)

文化·旅游·广电·体育·卫生

编辑　李　伟

文　化

【概　述】 2011年是“十二五”开局之年，一年来，江川文化工作深入贯彻科学发展观，坚持“二为”方向和“双百”方针，牢牢把握文化大发展、大繁荣这一主题，进一步解放思想，开拓创新，推动全县文化工作健康向前发展，促进文化事业的繁荣与发展。

文化下乡常下常新。春节前，根据县委宣传部的安排，组织了近四十多人的队伍送书、送戏、送电影到九溪镇。文化馆成立了“农村电影放映队”，全年共在全县69个村委会放映农业生产的科教片800部、故事片828部、电影285场，实现了每村每月放映一场电影的工作任务。8月，先后组织“天天乐”文艺队、江城镇文艺协会、老体协文艺队、星云文艺队等文艺团体，在怡心园广场为广大群众演出4场，演出节目46个。

专项活动成绩斐然。举办“江川县花灯演唱选拔赛”，14名选手进入决赛。杨惠芬、李鹏蓉、杨俊宇等4名选手，参加了玉溪市举办的花灯演唱比赛，分别获三等奖和演唱奖。组织了120余人的合唱团参加第二届中国聂耳音乐(合唱)周玉溪市“聂耳杯”合唱比赛，合唱团凭着扎实的基本功演唱了歌曲《星湖渔歌》和《在灿烂的阳光下》，在全市参加比赛的12支代表队中，以9.930分的总成绩位列第二名，荣获一等奖。6月30日江川县纪念中国共产党建党九十周年大型文艺演出《永远跟党走》如期在江川体育馆举行，晚会共分九个章节，通过舞台艺术的形式回顾了中国共产党领导全国人民进行革命和建设波澜壮阔的九十年，400多演职人员参加演出。

承办了纪念建党九十周年江川县少儿书画作品展，展出全县中小学青少年儿童作品304幅；承办建党九十周年江川书画展，集中展出了江川籍作者作品118幅，其中书法、绘画作品105幅，版画、篆刻、工笔画13幅。

8月下旬，按照县委宣传部安排，圆满完成了“云之南”艺术团赴玉溪江川专题慰问演出场地布置和部分舞蹈节目的排练工作。

《烟盒舞》《大头鱼》参加“玉溪市第二届广场舞大赛”分别获二等奖和三等奖；花灯说唱《江川人江川话》参加玉溪市建党90周年文艺汇演，荣获二等奖。

文化市场井然有序。一年来，紧紧围绕文化市场管理的各项目标和要求，点面结合，突出网吧、歌舞娱乐场所和音像制品三大管理重点，切实开展专项整治和日常执法监管，统筹做好安全生产，禁毒防艾等项工作，共查处收缴盗版光碟465盒(930片)，其中淫秽光碟215片，盗版书刊45册，发放宣传资料135份；查处黑网吧8户，收缴机子52台；取缔非法经营电子游戏机室5户，收缴机子70台；确保了江川县文化市场管理工作持续、健康、有序发展。

扎实推进“共享”和“非遗”工程建设。按省市要求，江川县2011年新建了4个乡镇基层服务网点和50个村级服务点。完成了云南省少数民族传统文化抢救保护项目相关资料的准备和上报；完成了2011年申报省级名录“江川泥塑”申报工作，对雄关《勾镰舞》进行资料摄像，准备2012年进行非物申报。圆满完成了江川县第三次全国文物普查工作，编制了《江川县第三次全国文物普查工作报告》；推荐申报了江城文星阁、早街金甲阁、光坟头文化遗址、甘棠箐文化遗址、张旗凤鸣寺、螺蛳铺大寺、朱家庄文化遗址等7处不可移动文物为第七批省级重点文物保护单位；启动了路居光坟头文化遗址发掘工作。

【花灯演唱选拔赛】 由县文化局主办，文化馆承办的江川县花灯演唱选拔赛于1月9日在文化馆举办。经过选拔赛，最终确定四名选手参加1月19日举行的玉溪市花灯演唱比赛。

【春节军民联欢晚会】 1月27日，2011年春节军民联欢晚会在驻江部队礼堂举行。晚会在喜庆热烈的军乐演奏《喜庆》中正式拉开帷幕。来自地方和部队的文艺工作者表演了精彩的歌舞、小品、独唱、情景剧等节目。舞蹈《闹春》、《军地情深》充满了喜庆年味，体现了军民鱼水深情。独唱《故乡恋曲》、《我的家乡大平原》、《兵哥哥》热情讴歌了军爱民、民拥军、军民团结一家亲的深情厚谊。

【文化下乡到九溪】 1月19日，县文化局积极组织参与的送戏、送电影、送书、送春联下乡活动到九溪。此次文化下乡活动中，县文联组织了6名书法协会会员现场为群众书赠春联400多对；县图书馆免费为读者发放《生活小常识》、《科技信息》资料1200多份，赠送六十亩村委会农家书屋价值1000多元的农业科技书籍76册；县新华书店为当地群众提供九折优惠售书；县文化馆组织老体协文艺队、春之声文艺协会为当地群众献上了独唱、歌舞、花灯表演唱等文艺节目17个；当晚，县文化馆组织放映人员为当地群众送去了反映农村体制改革的故事片《天地人心》。

【春节安全生产大检查】 1月19~20日，县文化局组织人员，深入实际，分别对全县23家包装印刷企业、17家歌舞娱乐场所、13家网吧经营场所和局下属5家股所单位进行了深入细致的春节前安全生产大检查，此次检查共发现灭火器失效，应急灯损坏，消防安全通道堵塞、KTV包房装修材料不符合消防安全有关规定等安全隐患9条，当场整改7条，下发限期整改通知书2份。

【兔年春节文化活动】 2011年新春佳节到来之际，为丰富广大人民群众春节期间的文化生活，江川县推出了一系列丰富多彩的文化活动，向广大群众呈上了一道道精美的文化大餐。传统民俗表演吸人眼球。大年初一到初三，大街镇组织威风锣鼓队、秧歌队、民族腰鼓队、象队、龙队以彩车领头，在县城主要街道进行三天的传统民俗文艺巡演。年初二还组织驻江川部队威风锣鼓队和江城镇别具地方特色的高台4座、彩船4只、毛驴灯16对参加演出。队伍每到一处，锣鼓喧天，彩带飞扬，吸引群众驻足观看，营造了浓烈的节日气氛。场馆活动，热闹非凡。初一至初三，在图书馆、文化馆、博物馆、老戏台、怡心园广场开展了一系列文化活动。县文化馆组织了24支乡镇业余文艺队在老戏台进行了演出，演出花灯小戏、花灯歌舞、花灯说唱、民族歌舞等节目共78个；同时组织雄关麦冲、天天乐、渔村文艺队在文化馆空地上演出花灯小戏、花灯歌舞等节目60个。在怡心园广场放映故事片《苏乞儿》、《惊天动地》、《杨得志围点打援》和科教片《生活垃圾处理技巧》、《农村防诈骗常识》、《农村防火常识》；县图书馆开展读者趣味知识有奖竞猜活动；县新华书店节日期间为读者提供九折优惠售书；县博物馆举办了李建成"迎新春2011年李建成书画作品展"，展出作品63幅，其中国画9幅。在文化馆综合楼上举办了"迎新春2011年付云龙雕塑作品展"，展出雕塑作品72件。乡镇春节文体活动好戏连台。九溪镇文化广场初一至初四，进行了四天的文艺表演，演出文艺节目50个，在阅览室举行了"2011年迎新春书画作品展"，展出书画作品25件，摄影作品有15件。大街镇在下营社区、大街社区、上头营、大庄村委会举办了迎新春系列体育活动。三街村委会春节期间邀请了玉溪市滇剧团到本村演出。云南省花灯团也送戏下乡到该村慰问演出；其他各乡镇结合自身工作实际和地方特点，也组织开展了群众喜闻乐见的文化节庆活动，为节日中的江川人民献上了一道道精美的文化大餐。

【花泽飞到江川调研】 2月7日，省文化厅副厅长花泽飞一行四人到江川调研。花泽飞先后深入大街镇龙泉村"云深书院"、江城镇牛魔村"云龙造型艺术工作室"、江川文庙等地就文化开展和文物保护工作进行了调研；花泽飞还参观了江川青铜器博物馆。

【熊正益到江川调研古建筑保护】 2月9日，省文化厅副厅长熊正益率省文化厅文物处、计财处一行三人到大街镇三街村就村社文物古建筑保护情况进行调研。实地对三街村辖区内的文星阁、汪氏宗祠、沙河寺、三清寺、魁阁和杨氏宗祠等古建筑单位进行调查了解，熊正益每到一处都细心听取相关介绍，并拍照记录。三街村现存寺、阁、祠堂和牌坊等文物古建筑十二处，有的建于清嘉庆年间、有的建于道光、光绪年间、有的建于民国初期。通过实地查看和听取汇报后，熊正益就三街村如何做好村社现存文物古建筑的保护、修缮与利用提出了三点意见：一是对牌坊、魁阁等保存相对较好的古建筑，暂不纳入修缮范围；二是对由于历史原因产权相对复杂的汪氏宗祠、沙河寺等古建筑考虑下一步修缮；三是对亟待修缮、且产权关系较为单一的文星阁、三清寺和杨氏宗祠等四处文物古建筑由通海秀山园林古建公司配合当地镇村两级在3月中旬前完成修缮方案的编制工作，由江川县文化局逐级上报，探索文物古建筑的保护修缮与村级文化活动场所有机结合的路子，总结经验向全省推广。

【知识产权保护专项执法行动会议】2月12日，县文化局组织召开了2011年度江川县文化市场管理暨开展知识产权保护专项执法行动工作会，来自全县歌舞娱乐场所、网吧、音像制品、印刷企业的50多位经营业主参加了会议。会议认真总结了2010年江川县的文化市场管理工作，肯定了取得的成绩，分析了存在的困难及问题，并对2011年的文化市场管理工作进行了安排部署，同时对开展知识产权保护专项执法行动进行了具体的动员安排；

要求要明确专项执法行动的任务，提高执法水平，重点查处：网络游戏“私服”、“外挂”、侵权盗版网络音乐、违法动漫游戏产品等八种违法行为。

【九溪文艺队到玉溪演出】 2月20日，九溪镇春雨文艺队到聂耳文化广场参加与玉溪老年大学共同举办的联谊会。共演出独唱、花灯歌舞等节目16个，演员们用优美的舞姿，欢快的舞蹈为玉溪的父老乡亲送上了一份丰盛的文化大餐。

【白龙潭村第二届民族团圆节】 2月20日，大街镇白龙潭彝族村举办了白龙潭村“第二届民族团圆节”。在这次团圆节活动中，九溪镇矣文村的彝族代表，邻区红塔区上灵秀村，通海下村、库南村、大寨村等少数民族代表参加活动。

【文化市场保护知识产权专项执法行动】 为认真贯彻落实“全国知识产权保护与执法工作电视电话会议”精神，2月12日组织召开了江川县2011年文化市场管理暨保护知识产权专项执法行动工作会议，在整个保护知识产权专项执法行动中，文化部门切实加强与公安、工商等部门的协调联动，分别于2月22日、3月2日、3月3日三次组织开展了严厉打击网络游戏和“私服”、“外挂”；严查侵权盗版网络音乐；严格清查违法动漫游戏产品等专项执法行动。截至3月8日，共组出动检查执法人员14人次，检查歌舞厅17家，网络经营场所13家，影像制品、出版物零售35户，及时删除有害信息15条，收缴盗版光碟422盘(844片)，取缔非法经营电子游戏机1户，收缴机子1台。

【市文化局专家对县文化馆进行评估定级】 4月11日，玉溪市文化局专家评估小组一行四人对江川县文化馆进行了评估定级。县文化旅游广电和体育局党支部书记王春华、副局长郭小平、何俊参加了评估定级。县文化馆馆长金雅定按照文化部颁布的县级文化馆评估标准，以2007～2010年工作为主要依据，按照等级必备条件及评估标准中的办馆条件、队伍建设、公共服务、行政管理等533条逐项进行了汇报。评估小组通过听汇报、查资料、实地查看后一致认为：江川县文化馆环境整洁、职工爱岗敬业；馆内功能虽不算完善，但能保证群众基本的文化需求；群众文化活动开展得多，农村文艺的创作辅导工作较为出色；管理规范有序。

【《小路弯弯》等节目上俏花灯栏目】 4月16日，县文化馆重点辅导的江城文艺队排练的花灯小戏《小路弯弯》等八个节目的录制工作在云南电视台第一演播厅“俏花灯”栏目摄制完毕。此次录制的花灯节目有小戏、表演唱、清唱共8个节目。这些节目在云南电视台第三频道“俏花灯”栏目陆续播出。

【联合打击黑网吧和非法经营电子游戏机】 4月12～13日，县文化、公安、工商根据群众举报，认真分析排查案件线索，制定联合执法方案，抽调相关执法人员共7人，分别对县城原交通宾馆，大街镇政府对面的两处台球经营室内非法经营的电子游戏赌博机和路居镇上坝梅竹村3户非法经营的黑网吧进行突击检查，此次联合执法行动共出动执法人员14人次，车辆6台次，收缴非法经营的电子赌博游戏机11台，黑网吧电脑15台。

【“博物馆与记忆”主题宣传】 5月18日，在第35个国际博物馆日到来之际，江川县博物馆组织开展“博物馆与记忆”主题宣传活动。当天，博物馆大门悬挂横幅标语1条，免费发放《中华人民共和国文物保护法》、《博物馆与记忆》等宣传资料100多份，提供文物保护知识免费咨询台1个，接待云南师范大学历史系师生100多人，为他们提供免费讲解。大学生们在讲解员的带领下兴致勃勃地参观了古滇青铜文明展，亲身感受了古滇国灿烂辉煌的古滇历史。

【文物科普知识下乡】 县博物馆在县委宣传部、科技局组织开展的2011年科技活动暨知识产权宣传周活动中，充分发挥行业优势，积极组织开展文物、科普知识下乡宣传活动，突出“节约能源资源、保护生态环境、保障安全健康、促进创新创造”的科普内容，充分利用馆藏文物资源制作古滇精品图片，同时多方搜集整理低碳生活、地质灾害、消防安全等知识，设计制作不锈钢展板四十余块，于5月19～20日，分别到安化乡、江城镇中小学，把文物、科普知识送到孩子们身边。此次下乡活动，共开展文物科普知识讲座7次，免费发放文物保护法宣传资料3000余份，参观师生达3000多人。

【辽宁省文联采风团参观博物馆】 5月24日，辽宁省文联采风团一行在省文联党组书记、主席郑明，市委书记孔祥庚陪同下参观了博物馆李家山青铜文明展。参观完毕后，辽宁省文联主席、党组副书记郭兴文即兴挥毫题书“古滇文明耀彩云”，云南省文联主席、党组书记郑明题书“滇云之魂”。

【全国图书服务宣传周活动】 5月26日，县图书馆到前卫镇渔村开展全国图书服务宣传周活动。为了搞好这次活动，县图书馆精心组织科技、文学等图书100多册，编印《科技信息》1期500多份。另外，在馆内开展了图书馆免费开放宣传活动，对前来图书馆的读者进行了外借室、阅览室、电子阅览室、少儿室、资料室、业务辅导等相关免费开放咨询解答。

【庆祝建党九十周年江川少儿书画展】 5月30日，江川县首届少儿书画作品展在云南李家山博物馆正式开展。此次展览由县委宣传部主办，县教育局、县文化旅游广电和体育局、云南李家山青铜器博物馆、县关心下一代工作委员会、县老干部诗书画协会共同承办。展出作品来自全县中小学5～17岁青少年儿童，共304幅，其中中国传统书法、绘画作品97幅，素描、简笔画297幅。

【娱乐服务场所涉毒问题整治行动】 县文化旅游广电和体育局于6月23日召开了江川县文化市场娱乐服务场所涉毒问题整治行动暨防艾工作会议，来自全县17家歌舞娱乐场所和13家网吧的经营业主参加了会议，县公安局禁毒大队，县工商局和县疾控中心有关领导到会作了重要讲话。会议总结了2010年江川文化市场管理工作，对如何开展好娱乐场所涉毒问题专项整治和防艾工作等方面作了具体安排部署；县公安局禁毒大队领导通报了全县禁毒工作面临的严峻形势，讲解了毒品对家庭对社会的危害，并对涉毒问题专项整治工作提出具体要求；县疾控中心通报了江川县艾滋病的流行态势和防艾相关知识，就如何做好艾滋病防治工作提出了要求。

【庆祝建党九十周年江川书画展】 为纪念中国共产党诞辰90周年，追忆党的峥嵘岁月，讴歌江川县在党的领导下，经济社会和生态建设所取得的成绩，激发县内外人士关注江川、热爱江川、建设江川，弘扬传统文化，6月30日，“庆祝建党九十周年江川书画展”在博物馆开展。此次展览集中展出了江川籍作者作品118幅，其中书法、绘画作品105幅，版画、篆刻、工笔画13幅。

【文化市场消防安全专项检查】 8月1日，县文化旅游广电和体育局组织专门人员深入全县16家歌舞娱乐场所和13家网吧经营场所开展消防安全宣传教育和火灾隐患的检查排查，此次检查共发放消防安全教育材料150多份，发现大小消防安全隐患7条，当场整改4条，限期整改3条。

【张玲到博物馆调研】 7月28日，中共玉溪市委副书记张玲到博物馆调研。张玲一行6人仔细观看了古滇青铜文明展主要内容，并听取了博物馆长对馆藏青铜文物基本情况的汇报。调研组对李家山出土青铜器所蕴含的考古研究价值给予高度关注和评价，对古滇国民族居住的干栏式建筑产生浓厚兴趣。干栏式建筑是古滇国民族居住的房屋主要类型，在云南有着悠久的历史，早在新石器时代遗址中即有发现。张玲指出：干栏式建筑和现在的傣族居住的竹楼在建筑风格，用途等方面有什么不同和相同之处，作为一个青铜文化工作或研究者，要加强研究，从渊源上进行深层次的挖掘和对比，搞清楚干栏式建筑在云南发展历史上各个时期的变化，进一步衍生到古滇国主体民族的发展和迁移，和现在云南哪些少数民族在风俗习惯、服饰、饮食的联系。

【路居镇开展八一建军节慰问活动】 7月30日，在八一建军节到来之际，路居镇党委政府组织文艺团队到驻地部队进行慰问演出。整场演出节目形式多样，有歌舞、独唱、花灯表演、古筝演奏等。由30余名小同学组成的古筝表演方队演奏的《抚仙湖恋歌》、《沧海一声笑》、《红星照我去战斗》；文艺协会带来的诙谐风趣的花灯表演《农家的日子唱着过》、《拦轿》等节目给大家留下了深刻的印象。

【首届云南玉溪抚仙湖与世界文明学术研讨会专家学者参观博物馆】 8月6日，中国著名考古学专家、中国社科院考古所原所长刘庆柱，著名考古学家、北京大学考古博学院教授严文明，著名考古学专家、北京大学考古文博学院中国考古研究中心主任刘伯谦，著名甲骨文专家、中国殷商文化学会会长王宇信等130多名来自大陆和台湾的专家学者参观了云南李家山青铜器博物馆。参观中，专家学者们结合自身的研究领域，对古滇国历史文化展开热烈探讨和交流。他们惊叹古滇青铜文物的精美，对神秘的古滇国文化充满向往。参观结束后，北京大学著名考古学专家严文明现场挥毫，题写“古滇文明，于斯为盛”，山东大学美术考古研究所所长刘凤君教授题“滇国精魂”，山西大学教授刘毓庆题“古滇有秘，青铜能言”。

【“云之南”艺术团到江川演出】 8月26日，江川渔文化广场歌声飞扬，激情四溢。由省委宣传部组织的“云之南”艺术团带着省委、省政府的问候与关怀，来到高原水乡江川县举行《情系母亲湖》生态文明专场文艺演出，唱响人与自然和谐共处的主旋律。

【娱乐场所无证照经营专项整治】 县文化旅游广电和体育局，认真履行牵头职能，组织联合公安、工商部门分别于9月13日、15日两次对全县范围内的娱乐场所、营业性演出、互联网上网服务营业场所进行清理整顿，重点查处和取缔非法经营的电子游戏机、赌博机、黑网吧，共出动执法检查人员32人次，出动车辆11台次，检查经营场所9处；收缴非法经营的电子游戏机、赌博机36台；取缔黑网吧1个，收缴机器4台。

【消防安全知识培训暨消防实地演练】 9月30日，云南李家山青铜器博物馆组织开展消防安全知识培训暨火灾突发事件实地演练，全体工作人员及部分消防官兵参加了此次活动。通过举办这次活动，切实提高了博物馆职工消防安全意识及预防控制应对博物馆公共安全突发事件的能力，为保证文物、观众生命安全打下坚实的基础。

【彝族民间音乐《赛撒弦》参加省歌舞乐展演】 由县文化馆申报，市文化馆、县文化馆和安化文化站共同编创打造的安化彝族民间音乐《赛撒弦》，11月21～25日代表玉溪市参加在普洱市举办的云南省第七届歌舞乐展演喜

获银奖和非物质文化遗产传承奖。器乐曲《赛撒弦》以安化彝族民间音乐《撒弦》曲调为主，适量融入《上上街来扭草团》、《背背篓掐韭菜》的音乐元素后构成。整个节目构思精巧，结构严谨完整，过度自然流畅，风格古老淳朴，彝族韵味浓郁。节目《赛撒弦》通过彝族月琴弹奏者在一起相互交流，相互比拼的情景，表现了彝家人欢乐、豪放的性格和对幸福生活的追求。

【光坟头文化遗址考古发掘】 11月中旬，由省文物考古研究所、市文物管理所、县文物管理所、北京大学联合组队对光坟头文化遗址进行考古发掘，发掘面积300平方米、时间约3个月。此次发掘是光坟头文化遗址的首次发掘，其目的主要是摸清遗址的分布范围、堆积情况，探明是否存在居住、劳作、生产等功能分区，并初步了解抚仙湖周边的生产模式、社会演变以及人类活动踪迹。

【第七届开渔节文艺演出】 12月24日，江川县渔文化广场热闹非凡，处处洋溢着节日欢乐的气氛，由县委、县政府主办，本地文艺团队和众多明星加盟的2011年开渔节大型文艺演出盛大开演。下午2：00，中国云南江川第七届开渔节《鱼跃人欢 锦绣江川》大型文艺演出在《鱼跃人欢》的歌舞声中正式拉开帷幕。有歌舞《打鱼汉子》、花灯歌舞《江川吃鱼》、舞蹈《星抚之恋》、歌曲《抚仙湖恋歌》、藏族歌王容中尔甲演唱歌曲《高原红》和《吉祥谣》、艺人吉星表演《超级模仿秀》、江川籍艺人花妹表演小品《我要唱》、江川籍艺人丁楠演唱歌曲《蚂蚱》。为增添节日气氛，25日12：30，来自全县部分乡镇、社区的六支文艺队也在县城戏台表演了自编自演的27个文艺节目，共有1500多人观看了演出。

【中国书法进万家走进玉溪采风团参观博物馆】 12月23日，由来自全国各地的知名书法家组成的“送欢乐、下基层”中国书法进万家——走进玉溪采风团来到江川，走进云南李家山青铜器博物馆。采风团参观了古滇国青铜文明展，对古滇青铜文化赞叹不已，采风团成员纷纷挥毫题赠书法作品留念。

【星抚渔韵——江川鱼文化展】 经过三个月的精心筹备，《星抚渔韵——江川鱼文化展》如期完成布展工作，12月25日正式对外开放。本次展览展出各种土著鱼类标本9件，铜器3件，陶器1件，传统捕鱼工具（渔网、渔叉、渔笼、网针、水车、扳罾等）80多件。展览分为两个部分，第一部分以图文并茂，兼具部分实物的方式集中展示江川星云抚仙两湖鱼迹、鱼物、鱼俗、鱼话。按照展线顺序分为序言、星抚图说、星抚鱼类、鱼类科普图说、星抚鱼物、星抚渔具、星抚鱼话、星抚鱼俗、星抚食鱼、星抚鱼欢10个部分。第二部分以展示实景为主，通过选取江川境内因鱼而生的著名景点—明星渔洞车水捕鱼、界鱼石、跳渔沟（鱼跃中天）和渔民传统以船为生场景再现，展示江川神秘而独特的自然景观和人文景观。《星抚渔韵——江川鱼文化展》集中涵盖了江川境内与鱼有关的人、事、物。

（杨绍龙）

旅　游

【概　述】 2011年江川旅游工作牢牢抓住抚仙湖—星云湖生态建设与旅游发展综合改革试验区建设的历史机遇，围绕把江川建设成“高原湖泊生态县、现代宜居高原湖泊生态城和国际高原湖泊生态休闲度假目的地”的目标，强力实施大项目带动战略，加大旅游产业发展资金投入，进一步完善旅游基础设施建设，进一步优化了旅游环境，促进了全县旅游产业持续健康快速发展。

全县共接待游客171.3万人次，比去年同期增加17.58万人次、增长11.4%；旅游总收入67376.44万元，比去年同期增加12969.24万元，增长23.8%。顺利完成县委、政府年初提出的旅游经济目标任务。其中“春节”黄金周接待游客5.16万人次，比去年同期增长22.9%，旅游总收入1300.6万元，比去年同期增长32.3%；五一节接待游客9.23万人次，比去年同期增长1.2%，旅游总收入2075.4万元，比去年同期增长5.5%；十一”黄金周接待游客39757人次，比去年同期减少了28.2%，旅游总收入1294.5万元，比去年同期减少15.3%；“开渔节”接待游客44.3万人次，比去年同期增长3.7%，旅游总收入9442.5万元，比去年同期增长10.2%。

【机构改革】 根据《中共江川县委、江川县人民政府关于印发〈江川县人民政府机构改革实施意见〉的通知》，设立江川县文化旅游广电和体育局，加挂江川县新闻出版（版权）局牌子。将县文化局、县旅游局、县广播电视局、县体育局的职责整合划入县文化旅游广电和体育局。不再保留县文化局、县旅游局、县广播电视局、县体育局。

根据《江川县机构编制委员会办公室关于核定县文化旅游广电和体育局人员编制的通知》，核定江川县文化旅游广电和体育局暂定编制27名。其中，领导职数为局长1名、副局长4名。核定机关工勤人员编制3名。

经县机构编制委员会审核和县人民政府批准，印发了《江川县人民政府办公室关于印发江川县文化旅游广电和体育局主要职责内设机构和人员编制规定的通知》；根据《江川县机构编制委员会关于成立江川县文化市场综合行政执法大队的批复》，同意成立江川县文化市场综合行政执法大队，为江川县文化旅游广电和体育局所属财政全额拨款事业单位，核定事业编制5名，其中设大队长1名。同时，将县文化旅游广电和体育局内设机构政策法规监察股更名为政策法规股。

【仙湖锦绣项目】 “仙湖锦绣”项目建

设进展实现突破，县委、政府于2月28日举行项目一期基础设施建设土地平整工程，组织挖掘机18辆、装载推土机36辆、运输车辆40辆，对1、2号地块的1344亩土地进行了耕作层面平整。龙湖集团向县政府提交了中国云南江川“仙湖锦绣”项目暨抚仙湖鲭鱼湾—棋盘山度假娱乐旅游区总体规划(2009～2020)评审稿。4月以来，总长9.5公里，计划投资1.5亿元的“仙湖锦绣”景观大道建设正式开工建设(澄川路三道菜路口到鲭鱼湾片区)，进展顺利，乔木栽植、灌木栽植、喷灌系统、电力改造等工程已完成，正进行收尾工作。云南江川仙湖锦绣旅游物业发展有限公司在路居公开招聘职工，已与85人签订了用工协议。4月28日，江川县政府正式将1、2号地块交付云南江川仙湖锦绣旅游物业发展有限公司。目前，正积极进行项目的补充备案工作，筹备工程的复工；正在积极开展群众工作，编制张营三个村的生态旅游村规划。2011年共投入资金4075万元，累计投入资金3.413亿元。

【九龙国际会议中心】 住宅B楼定制家具开始安装，家电开始采购；五星级酒店A、C区六层砼浇筑完成，B区钢结构开始安装；1#道路延长线路基施工完成，2#、3#、4#号道路挡墙基本施工完毕，路基施工完成；住宅A楼封顶，进入砖砌体及抹灰工作，外墙涂料及石材开始进场；开展三期工程详细规划。2011年共完成投资额1.6185亿元，累计完成投资额4.764亿元。

【生态旅游村建设】 小马沟—冯家湾旧村改造村庄修建性详细规划已经党员、村民代表会议表决通过，项目环境影响评估、水保方案评估、林业评估等审批手续已基本完成；明星村旧村改造村庄修建性详细规划已经党员、村民代表会议表决通过，已完成20套样板房建设；秦家山旧村改造项目规划设计等前期工作正在稳步推进。

【孤山老景区提档升级】 围绕将孤山建设成为独一无二、别具特色的高端旅游精品景区的目标要求，完成了地形测绘、初步勘查、波速和地脉动测量以及背景资料的整理等工作，并提交县委宣传部作项目策划方案；通过积极努力，争取到了市旅游局资金10万元对孤山上原有旅游厕所进行改造，在原有主体不动的基础上改为水冲厕，并进行上部封闭和侧位分隔及其他辅助设施增设。工程于4月28日进行邀标，云南中山建筑有限公司中标，6月进场施工，7月完工。在完成孤山工程部初验提出的整改意见后，于8月9日，由江川古滇国文化园组织，云南中山建筑有限公司、孤山工程部、市旅游局、县第四纪工委和县局共同参加，对孤山旅游厕所改造工程进行验收。

【界鱼石老景区提档升级策划】 围绕试验区建设，委托玉溪师范学院旅游研究所开展界鱼石公园升级改造策划，已完成了意见交换、现场调研等工作，并开始策划文本的编制。

【乡村旅游发展】 继续扶持乡村旅游的健康发展，完成江川县乡村旅游资源调查统计和第一批省级旅游特色村孤山村的建设情况整理上报；申报明星村为第三批省级旅游特色村，争取资金扶持，已获省旅游局确定；与农业局共同推荐世生饭店、景藤苑饭店为云南省休闲农业与乡村旅游示范企业参与认定；配合县委政研室完成对乡村旅游的调研，形成江川县发展乡村旅游业的对策与思考。

【旅游安全生产】 认真组织春节、五一等六次安全大检查，配合省旅游局牵头组织的全省假日旅游指挥中心十一黄金周全省旅游安全生产大检查，开展了治大隐患防大事故安全隐患排查治理等专项行动。先后制定了《2011江川县旅游行业建筑消防设施排查整治活动方案》、《江川县旅游行业2011年开展打击监管行业非法违法生产经营建设行为专项行动的实施方案》以及《江川县旅游行业开展治大隐患防大事故安全隐患排查治理等专项行动方案》、《江川县旅游行业2011年预防与控制艾滋病工作计划》等计划和方案，积极牵头会同县消防大队、县质量技术监督局和县卫生监督局、县食品药品监督局等部门严格按照计划和方案认真开展各种宣传活动，对可能存在的安全隐患进行了全面排查。针对排查出的各方面的隐患和存在的问题，责令有关单位限时整改，并出具书面整改意见。

【推行旅游行业标准】 积极配合省旅游局、省行业协会和市旅游局，分别组织旅游主管部门行业管理人员和星级饭店、旅行社管理人员参加了全省2010版饭店星级标准宣贯培训会议和玉溪市2010旅游饭店评定新标准和旅行社5个地方法规的培训班。于8月对全县星级旅游饭店就新标准的宣传贯彻执行情况进行督促检查，对辖区内5家星级饭店进行了访查和现场检查，按照新评定报告书进行了全面打分，在必备项目中均达到相应星级标准，5家星级饭店通过2011年星级饭店年度评定。

【抚仙湖第七届铜锅美食节分会场活动】 2011年5月1日，江川明星渔洞景区举办抚仙湖第七届铜锅美食节分会场活动，美食节由市政府主办，市旅游局、县政府承办，江川县明星地产开发有限公司协办。活动为期三天，开幕式后表演了精彩的水乡文化文艺节目，组织了抱鱼大赛、斗鸡、皮划艇赛、神刀砍鱼、抚仙湖水上飞人活动表演和比赛、抚仙湖四大土著鱼种展示和抽签解答、碧云寺公园登山活动等丰富多彩的节目和趣味活动，促进了五一假日旅游经济的发展。

【参与旅游节会】 积极组织旅游企业参加中国第一个中国旅游日、昆明中国国际旅游交易会，先后发放宣传资

料500和1400余份；完成《玉溪旅游护照》江川信息资料的采编；接待云南财经大学修学旅游线路考察和云南经济日报社江川旅游发展调研、座谈。

（李　平）

广播电视

【概　述】 2011年，江川县广电工作把讲政治、坚持党的路线作为工作的“灵魂”，把坚持正确导向，做好宣传工作作为工作的“根本”，把提高素质，搞好服务作为工作的“基石”，以巩固省级文明单位创建成果为抓手，以开展创先争优活动和向杨善洲同志学习活动为契机，切实转变工作作风，唱响主旋律，打好主动战，不断加快事业发展步伐，各项工作取得新成效，对外宣传工作取得新突破，在中央电视台财经频道播出江川新闻14条。

宣传工作围绕党和国家重大决策及县委、政府的中心工作抓好主题宣传报道，完成县“三会”宣传报道任务；围绕“五大战略”开展主题宣传报道，引导了社会舆论，有效服务县委、政府的中心工作；围绕重点项目的建设开办专栏《关注重点项目》，跟踪报道项目推进情况；围绕深入学习实践科学发展观活动，继续开办专栏《聚集江川科学发展》，宣传报道各乡镇各部门认真抓落实的生动实践；开设专栏《创先争优》，积极做好宣传报道，使创先争优活动的宣传工作有力度、有声势、有特点，营造了浓厚的氛围。圆满完成了江川县纪念建党90周年大型文艺演出的实况录播工作。与云南电视台合作，成功直播第七届开渔节文艺演出。全力做好对内对外宣传工作，全年广播电视共播出新闻13188条，上市台播出990条（含新闻直通车）。

事业建设精心做好中央3套广播电视节目和省2套广播电视节目无线覆盖工程的设施设备维护和节目转播发射工作；做好广播电视“村村通”排查、补安和维护工作，构建广播电视公共服务体系。

安全播出上，与国保、610及乡镇村组联动防范，构建三级安全防范大格局。圆满完成各个重要保证时期的安全播出任务。集中开展地面卫星接收设施专项整治，维护了卫星电视的正常传播秩序。

【主题宣传】 2011年完成了年初召开的县委十一届六次全会、县人大十四届四次会议、县政协七届四次会议，以及年中召开的中共江川县第十二次代表大会报道任务。做到了当天新闻当天播出，全方位向全县人民播报了大会盛况，宣传了大会精神，营造了一心一意谋发展的良好氛围。围绕江川县“生态立县，农业稳县，工业强县，旅游活县，文化兴县”五大战略，开展主题宣传报道，引导社会舆论，有效服务县委、政府的中心工作。围绕深入学习实践科学发展观活动，继续开办专栏《聚集江川科学发展》，宣传报道各乡镇各部门认真抓落实的生动实践；继续开设专栏《创先争优》，积极做好宣传报道，使创先争优活动的宣传工作有力度、有声势、有特点，营造了浓厚的氛围。开设《为党旗增辉》栏目，全方位展示近年来江川县涌现出来的先进党组织和优秀党员，为建党90周年献礼。精心组织、克服困难，充分发挥单位员工和设备作用，圆满完成了江川县纪念建党90周年大型文艺演出的实况录播工作。

【重点工作宣传】 始终把“围绕中心，当好喉舌”作为宣传工作的最高原则，紧扣县委、政府要解决的重、难点问题，对烤烟生产、推行效能政府、重点项目建设、农村环境卫生综合整治、第七届开渔节，特别是仙湖锦绣项目推进等重、难点工作开展系列宣传报道，为这些工作的推进积极鸣锣开道。与云南电视台合作，成功直播第七届开渔节文艺演出。

【对内宣传】 截至12月底，江川电视台共制作播出新闻稿件1296条，其中，制作播出专栏节目《创先争优　学习杨善洲》15期、《关注残疾人》7期、《巾帼风采》8期、《为党旗增辉》9期、《农村环境整治在行动》18期；播出禁毒防艾专题8次，公益广告3600条（次）。江川人民广播电台播出新闻11892条（含报纸要闻），播出《星云之声》专题时政版55期116条、法制版52期166条、综合版52期158条、农业版52期266条，播出电台专栏《岁月如歌》、《红绿灯》、《生活在线》各156期。所播出电视电台节目采用群众喜闻乐见的形式，较好地宣传了县委、政府的重要决策和工作部署，展示了江川改革发展所取得的辉煌成就，更好地服务了群众生活，为建设高原湖泊生态县提供了较强的舆论支持。

【外宣工作】 2011年充分利用与中央电视台财经频道搭建的合作平台，先后选派骨干记者2人到中央电视台培训，组织新闻记者深入挖掘，精心采编新闻，3月～12月在中央电视台财经频道《县域经济报道》栏目播出新闻14条，对外宣传工作取得新的重大突破，居全省县级台第一。截至12月底，报送新闻在玉溪电视台用稿302条，玉溪人民广播电台播出407条。在玉溪电视台《新闻直通车》栏目江川版播出新闻41期281条，外宣工作保持了较好态势。

【开办《江川警方》栏目】 在继续办好《星云之声》、《红绿灯》、《生活在线》电台栏目的同时，与县公安局合作，5月27日推出《江川警方》电视栏目。截至12月底共播出8期。该栏目由三个版块构成，节目总时长20分钟。第一个版块为公安新闻专题，集束式浏览本月公安新闻，报道江川公安工作动态，重大案件专题报道。第二个版块为法律法规宣传。宣传相关法律法规条款内容。第三个版块为警情提示，对近期江川的发案情况、规律、特点等及时作出警情提示，做好安全防范工作。栏目的播出，赢得了广大观众的好评。

【开展"走转改"活动】 根据上级的部署和要求，深入开展"走基层、转作风、改文风"活动，组织编辑记者深入基层蹲点调研、采访写作，了解基层实际、反映群众意愿，多反映贴近群众情感的事例，多运用群众生动活泼的语言，多采用群众喜闻乐见的形式，做到真实可信、朴素自然、生动鲜活、言简意赅，进一步增强新闻宣传的吸引力和感染力。9月9日，在江川电视台和江川人民广播电台开设了"记者在基层"栏目，播出了《水稻丰收江川农民笑开颜》、《不恋都市回乡创业的"猪司令"》、《坚强的农民王富周》等10多条来自基层一线的鲜活报道，给新闻媒体带来清新之风，受到社会各界的欢迎和好评。精简会议新闻，跳出会议报道会议，继续办好观众信箱，反映社情民意。

【节目创优】 2011年在云南广播电视奖年度县(市、区)优秀广播节目评选中《江川：烟农也能当股东》、《江川小马沟村民抱团致富》分别获电视新闻类二等奖和三等奖；《江川县有形和无形两个市场带动仔猪快速发展》、《议出来的晒场》获广播节目三等奖；《细节描写在新闻报道中的作用》、《怎样增强电台新闻的可听性》分别获云南广播电视奖年度学术论文二等奖和三等奖。单位荣获云南省县级广播电视节目改革创新先进单位称号。

【公共服务体系建设】 2011年，精心做好中央3套广播电视节目和省2套广播电视节目无线覆盖工程的设施设备维护和节目转播发射工作，确保困难群体人员收听收看中央和省级基本的广播电视节目。针对少数农户分家实际，全面排查，认真补安，确保"村村通"覆盖区域用户都能收看电视节目。以向杨善洲同志学习活动为契机，改进广播电视"村村通"服务模式。变被动服务为主动服务，组织技术人员先后三次深入路居红石岩、九溪阳山庄等23余个偏远山区村逐村逐户免费维护广播电视"村村通"设备，确保了当地群众的正常收看，赢得了山区群众的赞誉。

【安全播出】 认真学习贯彻上级有关文件精神，修改《江川县广播电视安全播出预案》，进一步强化安全播出的组织保证和制度保证。"春节"、"五一"、"十一"和国家、省重大活动的重保期间，坚持24小时值班制度和"零"报告制度，实现了优质、安全、不间断传输的预定目标，圆满完成了各个重要保证时期的安全播出任务。根据上级广电部门要求，组织广电、公安、综治维稳、文化等部门开展了一次联合执法活动，重点对宾馆、酒店等公共场所非法安装地面卫星接收设施、超限传输使用等情况进行了专项整治，维护了卫星电视的正常传播秩序。

(吴正宏)

广电网络公司

【概　述】 2011年，云南广电网络江川支公司全体干部职工在经营班子的领导下认真贯彻落实科学发展观，以"科学、和谐、跨越发展"为目标，围绕"重经营、调结构、提质量、促增长"经营管理思路，加强年度经营目标管理，强化安全播出和安全生产，全力推进农村数字电视整体转换，大力发展互联网用户，努力提高服务质量，公司经营发展达到预期目的，取得既定成效，全年完成经营收入1438.09万元，实现利润280.09万元。

【保障安全播出】 1～12月，江川支公司不断强化政治意识、责任意识、防范意识、纪律意识，科学合理安排值班，及时有效开展安全播出及网络运维工作，适时组织预案演练，加强人员培训，圆满完成了元旦、春节、"全国两会"、"省两会"、建党90周年、大运会重保期安全播出任务，全年无重大安播事件、事故发生。

【网络建设】 传输是广电网络的主要职能，网络是进行有效传输的主要载体，广电网络江川支公司历来重视网络建设，2011年，对前卫镇前卫、业家山等8个村委会进行电缆网升级改造，使之具备数字电视整体转换条件，并进行整转。与此同时，按县委、政府的有关要求，投资53.9万元完成了江川县职教小区5.56公里地埋管道工程，并进行了联网，该小区住户只要申请办理，就可看上数字电视和进行电脑上网。

【农村数字电视整转】 2011年，先后对前卫镇周官、赵官、后卫、庄子4个村委会，安化乡安化、旱谷田等6个村委会、九溪镇鸡窝村委会进行了整转，全年实施整转和新发展数字电视用户9673户，使数字电视在网主机用户达到了31764户，占全县在网电视用户54.59%。

【发展互联网用户】 互联网作为广电网络的一项新业务，广电网络江川支公司十分重视用户发展工作。2011年，修改完善《互联网用户销售考核管理办法》、举办营销知识培训培训，调整价格执行标准，激励员工销售。通过努力，全年发展新增互联网用1216户，累计在网用户数达3020户，在互联网用户发展竞争中争得一席之地，为广电网络新业务的拓展积累了经验。

【窗口服务】 根据用户发展情况，针对江川支公司原只有一个营业厅，缴费高峰期常常出现用户排长队缴费现象，服务质量受影响，用户意见大的实际情况，2011年，广电网络江川支公司投资16.40万元对原有营业厅进行了装修改造，同时在县城和江城镇分别增设了1个营业厅，合理分流了用户，改善了用户服务环境，扩大了服务窗口。

(杨聪俊)

体　育

【概　述】　2011年，江川体育工作紧紧围绕县委十一届六次全会报告提出的“积极开展群众性体育活动，提高群众健康水平和《县政府工作报告》中提出的“加大体育基础设施力度，实现50%的行政村构建有篮球场等体育设施的目标”，“启动县体育场项目前期工程”开展工作。一年来，组织和开展县内群众性体育活动、运动会和单项比赛15次，承办和协办市重大体育活动3次，组团(队)参加省、市级比赛8次，举办各类体育骨干培训5次，向省申报了体育产业开展项目资金补助项目二项，启动了县体育场项目前期工作，开展了向杨善洲学习宣传活动，承担着温泉村委会全年、云岩村委会上半年的包村工作，加强了业余训练工作，完成了11个村委会(村民小组)的农民体育健身工程，使全县人民共享着体育发展成果。

【“开渔节·庆元旦·体彩杯”羽毛球邀请赛】　为了进一步贯彻落实《全民健身计划条例》，丰富人民群众开渔节期间的体育文化生活，引导全县健身群体广泛参与体育健身活动，促进江川县羽毛球水平再上新台阶。由县体育局主办、县羽毛球协会协办的江川县“开渔节·庆元旦·体彩杯”羽毛球邀请赛，于2010年12月31日～2011年1月2日在县体育馆举行。有来自昆明、玉溪、元江、澄江、峨山、华宁、通海、江川的羽毛球爱好者15支代表队共154名运动员参加了本次比赛。比赛设男、女单打，男、女双打，混合双打五个项目。本次比赛的主要特点是参与面广、技能水平高、观赏性强，执裁水平严，其中，有一部分参赛者是云南省第十三届运动会羽毛球比赛女子单打冠亚军，男子双打、混双等前三名获奖运动员(其中有省羽毛球著名运动员张松涛)。经过两天148场的比赛。1月2日，县体育局局长官汝运、副局长陈华为获奖运动员颁发证书、奖金，整个邀请赛圆满结束。

【县公安局举办第五届警体运动会】

1月6～8日，县公安局举办第五届警体运动会。比赛项目有篮球、团体手枪射击、拔河三个项目，举办运动会的目的主要是丰富民警文化生活，活跃工作氛围，缓解民警工作压力，增强民警体质。参加单位有：局机关、刑侦、治安、武警、消防、各乡镇派出所共150余人，经过两天紧张而欢乐的比赛，县公安局领导分别为荣获篮球、拔河、团体手枪射击前三名的代表队颁发了奖状。

【体彩杯春节体育活动】　由县体育局主办的2011江川县“体彩杯”春节体育活动，于2月7日在县体育馆举行。来自全县的35名体育爱好者参加了本次活动。活动设乒乓球男、女单打，中国象棋三个项目。整个邀请赛彰显了“健康、快乐、和谐”的体育精神，经过大小100场的比赛，各项目均决出所有名次。县体育局副局长陈华为获奖运动员颁发证书、奖金，整个活动结束。

【体彩杯篮球赛】　2月18日，由市体育局、省彩票管理中心、省体彩中心玉溪销售管理部主办，县体育局承办的玉溪市全民健身·健康玉溪(和谐江川)“体彩杯”三人篮球赛在江川少体校举行。此次比赛江川准备充分，发动面广，赛场宣传氛围较浓，观众人数较多，共有26支男子篮球队，6支女子篮球队参加比赛，经过一天，近7个小时86场比赛，荣获女子前三名的代表队分别是：巾帼一队、S队、巾帼二队；荣获男子前四名的代表队分别是多彩一队、小白龙队、跳跃的灵魂队、灵魂一队，比赛结束，县体育局领导为参赛运动员和获奖代表队颁发奖品和奖金。举办此次“体彩杯”三人篮球赛的目的，主要是为庆祝云南省电脑体育彩票上市10周年，进一步树立中国体育彩票“取之于民、用之于民”的品牌形象，体现体彩公益本色，促进全民健身·健康玉溪·和谐江川健身活动的广泛开展。

【阳光青少年体育俱乐部举办培训班】

2月11～20日，县阳光青少年体育俱乐部在少体校举办寒假体育培训班，培训项目有篮球、羽毛球、乒乓球、柔道四个体育项目的基本知识，为今后开展相关体育项目奠定了基础，整个培训利用寒假进行，免费服务，深受学生家长欢迎。

【庆“三八”体育系列活动】　3月4日，县体育局、县妇联、县总工会联合举办庆“三八”国际劳动妇女节101周年体育系列活动。共有全县各机关、乡镇38个单位共1000余名干部职工参加，徒步走路线由体育馆出发，途经渔文化广场，终点在出水口，徒经约4.6公里。在县体育馆举行趣味运动会，项目有：螃蟹赛跑、海底传月、五人协作跑、环环相扣、乘船接力、袋鼠跳、跳大绳、拔河八个项目。经过近四个小时的趣味运动会，荣获团体总分一等奖的是：雄关乡、县教育局；二等奖的是：星抚之声健身操协会、大街镇、江磷集团；三等奖的是：县医院、县国税局、县公安局、县政府办。

【市体育局领导到江川调研】　3月22日，市体育局局长周延平、群体科科长尹俊武、办公室副主任解家敏等一行三人在江川县文化旅游广电和体育局副局长官汝运、陈华的陪同下分别到大街镇和江城镇侯家沟村委会实地查看了农健工程场地建设情况，并听取官汝运对“十一五”期间江川农健工程建设所取得的成果和今后江川农村体育基础设施建设规划的汇报，周延平在听取汇报后，对江川“十一五”期间农健工程取得的成绩给予了充分肯定，对今后的农健工程提出了指导性的意见。“十一五”期间，江川共向上协调争取项目资金400万余元(含器材折币），在江川境内建成“中国体育彩票‘雪炭工程’健身馆”一个；体育健身场地（含篮球场）50余个（块），健身路径6条。申报国家级阳光青少年体育俱乐部一个、全国体育场地向公众开放试点学校一个、省乡镇体育健身场地建设试点镇一个（大街镇）、省村级农村文化体育活动广场建设试点工程7个（江城镇上茅草湾、白家营竹园、大街镇魏官村上头营、九溪镇中营小营村、大街镇上头营村、前卫镇赵官村、雄关乡上营村）。农村体育健身场地的建成，为农民群众提供了良好的体育健身场所。

【参加市羽毛球赛】 3月25～27日，2011年玉溪市“龙尼克期·锐腾”羽毛球大奖赛在市体育馆举行。江川组成了22人的代表队参加全部项目的比赛，取得了可喜的成绩，其中：精英组：获女子单打第一名靳燕；中年组：获男子单打第一名施翔、第二名李卫东、第三名杨四代；青年组：混合双打第二名官汝运／李云美。整个比赛紧张激烈，江川队的团结协作，顽强拼搏的精神令竞争对手羡慕。

【拍穴活络保健操培训】 4月19日，县文化旅游广电和体育局在体育馆举办拍穴活络保健操培训，特邀市体育局副局长、国家级优秀社会体育指导员黄绍林担任培训教练。拍穴活络保健操分三个部分，共十九节，拍打身体穴位近50个，该保健操由黄绍林教练创编，他经过多年的实践将广播体操与舞蹈动作有机结合，形成轻松、欢快、舒展的动作节拍，比较适合中青年健身，此次培训，县体育局大多数职工和江川社团体育协会骨干30余人参加。

【第六届“五四青春杯”三人篮球赛】 4月28日，团县委、县文化旅游广电和体育局，在大街街道办事处下营社区球场联合举办2011年第六届“五四青春杯”三人篮球赛。参加比赛的有12支男子队和3支女子队，经过一天紧张激烈的比赛，荣获男子前三名的代表队分别是：松飞队、下营青年队、茂晟食品队；荣获女子第一名的代表队是：巾帼一队。

【参加新平羽毛球邀请赛】 由新平县文化旅游广电和体育局主办，新平县羽毛球协会承办的2011年玉溪市“新平花腰傣体彩杯”羽毛球邀请赛，于4月30日～5月2日在新平县举行。江川县文化旅游广电和体育局和江川县羽毛球协会应邀组队参加了本次比赛。比赛设混合团体，男单、女单、男双、女双、混双等五个项目。经过3天紧张、激烈的角逐，江川县文化旅游广电和体育局分别取得了混合团体第三名、女子单打第一名（靳燕），男子单打第三名（李全），混合双打第四名（靳燕／官汝运）的好成绩。

【“五四”体彩杯羽毛球联谊赛】 5月7日，县文化旅游广电和体育局邀请昆明市羽毛球协会40名运动员与江川体育局和江川羽毛球协会50名运动员，在江川体育馆举行“五四”体彩杯羽毛球联谊赛，比赛设混合团体，单项设男单、女单、男双、女双、混双。经过近6个小时的角逐，联谊赛在欢乐、交流和谐的氛围中结束。本次联谊赛只取名次，不设奖品，旨在交流，增进友谊，提高球技，陶冶情操。

【体彩杯羽毛球赛】 为认真贯彻执行《全民健身计划》（2011～2015年），推动江川县羽毛球活动的开展，丰富群众性体育活动，响应县委第十二届党代会会议提出的“积极开展群众性体育活动，提高群众身体素质”。县文化旅游广电和体育局举办了2011年江川县“体彩杯”贯彻《全民健身计划》暨“全民健身日”体育系列活动。6月13～15日在县体育馆举行了“体彩杯”羽毛球比赛，拉开了体育系列活动的序幕。参加本次羽毛球比赛的运动员35人，比赛项目设男子单打、女子单打、男子双打、女子双打、混合双打五个项目。经过三天112场比赛结束，体育局领导为获奖运动员颁发了健身卡。

【参加市统计调查系统职工运动会】 5月18～21日，市统计调查系统职工运动会在市体育馆举行。比赛项目有篮球、乒乓球、拔河。全市八县一区和市统计调查局机关十个代表队参赛。县统计局组织13人，在体育馆经过短期集训后，参加了三个项目的比赛。通过本次参赛，加强了交流，提高了球技，增强了职工体质。

【市县总工会职工运动会】 7月9～13日，玉溪市、县（区）总工会第六届职工运动会在县体育馆举行。比赛项目有：三人篮球、羽毛球、乒乓球、双抠，趣味项目（海底传月、五人协作跑、环环相扣、跳大绳）。本届运动会由市总工会主办，县总工会、县文化旅游广电和体育局承办，共有八县一区和市总工会十个代表团参赛，运动员150余名；比赛地点除双抠在江川宾馆一楼大厅外，其它项目全部在体育馆进行。9日上午举行开幕式，市人大副主任、市总工会主席范志华，县委书记马文龙，县委常委马利兴，副县长石伟，县人大副主任、总工会主席陆富仙等领导出席开幕式。经过五天三晚较为轻松的比赛，整个运动会圆满结束。13日运动会闭幕，市总工会党组书记、市总工会常务副主席黄满德作了总结讲话，市总工会副主席柏劲松、李树华，县人大副主任、县总工会主席陆富仙，县文化旅游广电和体育局副局长官汝运、陈华等领导为获奖运动员颁发奖品。荣获团体总分前八名的代表队分别是：江川县总工会、通海县总工会、华宁县总工会、新平县总工会、峨山县总工会、澄江县总工会、红塔区总工会、市总工会。

【市中小学生运动会】 7月26～31日，玉溪市第四届中小学生运动会在玉溪举行。本届运动会由市教育局、市体

育局主办，玉溪市体校、市体育馆承办，比赛项目有田径、游泳、篮球、7人制足球、体育综合知识竞赛五个项目。县教育局、县文化旅游广电和体育局组成104人的中小学生代表团参加全部项目的竞赛，荣获男子游泳团体总分第二名，女子游泳团体总分第三名；男子篮球第三名，女子篮球第六名；七人制足球第六名；田径团体总分第六名；体育综合知识竞赛三等奖；中学组取得467分，荣获第二名；小学组取得192分，荣获第五名；同时荣获优秀组织奖。

【暑假少年儿童培训】 7月20日～8月8日，江川阳光青少年俱乐部在少体校免费为青少年培训，培训项目包括男篮、女篮、柔道、乒乓球、羽毛球，报名参加培训的学生76人。培训目的是：为进一步认真贯彻执行《全民健身计划》和《全民健身条例》，贯彻执行中共中央《关于加强青少年体育增强青少年体质的意见》，培养青少年学生的业余爱好，丰富暑假生活，打好相关体育项目的基础知识，提高身体素质。整个培训20天，深受学生家长好评。

【徒步挑战赛】 在第三个全国全民健身日到来之际，由县文化旅游广电和体育局主办，县抗浪渔户外运动协会承办，玉溪自行车快乐驿站协办的江川县祝福2011年全民健身日徒步挑战赛于8月6日举行。徒步挑战赛启动仪式在体育馆前大门举行，抗浪鱼户外运动协会杨梅主持仪式，副局长陈华致词并宣布徒步挑战赛开始、鸣枪。参加徒步挑战赛的运动员、裁判员共150多人。整个挑战赛精心设计，周密安排，宣传到位，氛围较浓。

【广场文体展演】 8月8日是全国第三个全民健身日，其主题为“每天锻炼一小时”，县文化旅游广电和体育局在体育馆前大门广场举办广场体育文化展演，其主要目的是：庆祝第三个全民健身日的到来，促进全民健身运动的开展，营造浓厚的体育文化氛围，丰富广大健身爱好者的精神生活，为打造江川高原湖泊生态县、构建和谐江川而努力工作。文体展演节目有：歌舞《欢聚一堂》、柔力球《天下第一情》、歌舞《送给你》、柔力球《草原传奇》、24式太极拳、太极功夫扇、太极柔力球《随缘》、形意剑《千古一爱》。整个展演演员精神饱满，着装整齐，动作规范，博得了观众的阵阵掌声，时间达1.5小时，观众约1000余人。

【市“人口杯”职工运动会在江川举行】 9月20～24日，市人口计生系统第五届“人口杯”职工运动会在江川县城举行。比赛项目有：篮球、羽毛球和趣味项目同舟共济、4×100米接力、三分钟跳绳共五个项目。本届运动会由市人口和计划生育委员会主办；县人口和计划生育局、县文化旅游广电和体育局承办，共有八县一区和市人口计生委十个代表团参赛，运动员150余名

9月20日晚7时，在体育馆举行开幕式。开幕式由市人口计生委副主任施玉兰主持，市人口计生委主任雷毅致开幕词，江川县人民政府常务副县长李东林致欢迎词，玉溪市人民政府副市长杨洋宣布玉溪市人口计生系统第五届“人口杯”职工运动会开幕。出席开幕式的市县领导还有：市委常委、宣传部长董文献，市人大副主任范志华，市人民政府副市长王跃，市政协副主席钱开祯，县委书记马文龙，县委常委、组织部长林清，县委常委、宣传部长龚桂存等。经过五天五个项目的比赛，荣获团体总分前六名的代表团分别是：市计生委、华宁、江川、红塔区、峨山、通海。

【玉溪市第九届老年人运动会】 10月13日，玉溪市第九届老年人运动会在江川县体育馆隆重举行。开幕式由县委常委马利兴主持，副市长、公安局局长、本届运动会主任明正彬致开幕词，县委书记、本届运动会名誉主任马文龙致欢迎词，市老体协主席、本届运动会执行副主任李绍辉宣布“玉溪市第九届老人运动会开幕”。开幕式上，江川东道主进行了八个项目的出场展示，奉上了一场精彩的文体演出。参加开幕式的领导还有：原中共玉溪地委书记段毓华、原玉溪地区政协工委副主任周国云等，江川县人大主席赵少春，江川县政协主席黄文柱，江川县副县长、公安局局长师文，江川县人大副主任、总工会主席陆富仙，江川县老体协主席赵鹏、江川县老体协副主席张云志等。江川县八个文艺团体，部分中小学生、观众共2100余人参加。

市第九届老年人运动会由市政府主办，县委、县政府承办，市体育局、市老龄委、市老体协、县文化旅游广电和体育局、县老龄委、县老体协协办。比赛项目有：门球、塑质地掷球、健身泰迪球、中国象棋四个。

【参加市政协运动会】 9月21～24日，市政协系统第九届运动会在通海举行。县文化旅游广电和体育局协助江川县政协出队比赛，荣获中国象棋比赛第五名，乒乓球男团第三名、女团第三名。参加本届运动会的有全市八县一区和市政协共十个代表团。

【参加通海首届羽毛球邀请赛】 10月2～4日，通海县首届“山水上居杯”羽毛球邀请赛在县城举行。县文化旅游广电和体育局、县羽毛球协会组成二支代表队参加比赛，经过3天紧张激烈的角逐，江川县文化旅游广电和体育局代表队荣获团体第四名，施翔获男单第三名，靳燕获女单第三名，官汝运/李全获男双第八名，李云美/李润获女双第二名；羽毛球协会秦江红/吴永伟获男双第七名，秦江红获男单第七名。共有十五个代表队200余名运动员参加比赛。比赛项目有：混合团体、男单、女单、男双、女双、混双六个项目。

本届邀请赛由市羽毛球协会、通

海县文化旅游广电和体育局主办，玉溪市瑞森房地产开发有限公司、通海县羽毛球协会承办，通海长虹羽毛球馆协办。

【国家体育总局群体司领导到江川调研】 10月11日，国家体育总局群体司处长赵爱国一行3人在省体育局群体处领导的陪同下到江川调研中国体育彩票"雪炭工程"江川少体校综合健身馆，调研组观看了江川体育馆、江川少体校综合健身馆，详细听取了县文化旅游广电和体育局副局长官汝运的汇报，跟踪研究组查阅了江川少体校综合健身馆的建设图纸、施工合同、工程建设各个环节，对整个馆在短期内建成并投入使用及投入使用后的社会效益表示满意。

【参加市人大运动会】 10月16～20日，玉溪市第八届人大系统职工运动会在元江县举行。江川县人大经过短期集训，组成了23人的代表团参加了篮球、网球、乒乓球等项目的比赛，荣获乒乓球比赛团体第四名，男子篮球第九名，共有十个代表团参赛。

【县第三届中小学生运动会】 11月7～19日，江川县第三届中小学生运动会隆重举行。来自全县27所学校的五万多名师生员工参加了应急避险演练、广播体操、大课间体育活动、跳绳、篮球、乒乓球六个项目的比赛，荣获团体总分前六名的中学组分别是：江川二中、江川一中、前卫中学、大街中学、后卫中学、江城中学；荣获团体总分前六名的小学组分别是：大街小学、后卫小学、安化小学、翠峰小学、龙街小学、大庄小学；荣获体育竞赛精神文明奖的是：伏家营中学、路居小学、县幼儿园。

【参加市"工业杯"职工篮球赛】 11月20～24日，市第三届"工业杯"职工篮球赛在玉溪举行，来自全市各县区工信部门和企业的28支代表队参加比赛，江川县工信局和企业队各出一支篮球队参赛，县工信局获第二名。本届"工业杯"职工篮球赛由市工信局、市体育局、市总工会主办，市体校、市体育馆、市篮球协会承办，参赛男、女运动员达280余人。

【举办老年人运动会】 11月21～25日，江川县乡镇第八届、县直第十九届老年人运动会在江川县城举行。来自全县7个乡镇、社区的210名老年人运动员和县直15个机关分协的180名老年人运动员参加了门球、地掷球、乒乓球、羽毛球、中国象棋、桥牌、泰迪健身球操、柔力球、文艺展演10个人项目的比赛。

【第五届"园丁杯"篮球赛】 11月22日～12月1日，江川县第五届"园丁杯"篮球赛分别在大街中学、大街小学、大庄小学三个校点举行。经过十天紧张激烈的角逐，荣获男队前三名的分别是：大街小学、江川一中、江川二中；荣获女队前三名的分别是：大庄小学、龙街小学、江城小学。

【2011年农民体育健身工程】 2011年，县文化旅游广电和体育局体育事业管理股继续加大对农民体育健身工程的投入，深入农村基层调研，主动向上争取体育器材资金支持，按玉财综、玉财教等11个资金下拨文件统计，全年向上协调项目资金器材折合人民币达168万余元，在县域内建设篮球场11块，全民健身路径10套，计52件，为开展全民健身活动奠定了良好的条件，使全县人民共享体育发展成果。

（石从江　李丽芬）

卫　生

【概　述】 截至2011末，江川县辖区内设有乡镇及以上医疗卫生机构12家，村级卫生所(室) 72个，乡镇及以上医疗卫生机构病床设置总数661张，共计固定资产7497万元，总职工人数553人，其中卫技人员467人，占职工总人数的84.45%。医疗卫生机构中7个乡镇卫生院共设置住院病床267张，有职工177人，有固定资产1808万元，72个村级卫生所(室)共有乡村医生304人。2011年全县医疗卫生机构治疗患者人次达631475人次，实现业务收入9176万元。近年来，在各级党、政及卫生主管部门的关心、指导下、江川县卫生事业稳步发展，服务体系更加健全、规范，目前的医疗卫生改革工作正在有序推进。

（马有亮）

【2011年全县卫生财务情况】 2011年，全县医疗卫生机构总收入135632751元，同比增加25691721元，增长23.37%，其中：财政补助收入36241765元，同比增加15519639元，增长74.89%；实现医疗服务业务收入91757582元，同比增加8237274元，增长9.86%。总支出124138313元，同比增支16904629元，增长15.76%。诊疗人次数631475人次，同比减少27443人次，减少4.16%。出院人数20630人次，同比增加3118人，增长17.8%，其中治愈好转人数18249人次，治愈率33.96%，好转率62.41%，死亡率0.14%；住院危重病人抢救成功率92.66%。

（华　丽）

【基本公共卫生服务工作】 截至2011年12月，全县七个乡镇卫生院通过实施基本公共卫生服务项目面对全人群为256991人建立了健康档案，建档率为94.18%。管理儿童19581人、新生儿访视5389人；孕产妇产前检查3408人、产后访视3192人；管理老年人23506人；管理高血压患者14458人、管理糖尿病患者2714人；为661人精神疾病患者提供了相关服务。

全县乡镇卫生院及村卫生所共计设置健康教育宣传栏482个，开展公众健康咨询86次，卫生院、村卫生所开展健康讲座208次，受益群众24526人次。全县累计发放各种各类卫生宣

传材料263453份。

【基本药物制度执行情况】 2011年，江川县基层医疗卫生机构，共采购基本药物1583.4万元，销售基本药物1426.6万元，基层医疗机构所有的药品销售全部执行零差率销售。

2011年基层医疗卫生机构完成门诊人次413836人次、与去年同期相比上升了9.4%；住院人次936人次，与去年同期相比下降了5.2%；医疗收入1823.7万元，与去年同期相比下降了10.3%；药品收入1567.74万元，与去年同期相比下降了13.7%；门诊人均费用23.8元，与去年同期相比下降了7.3%；住院人均费用425.8元，与去年同期相比下降了5.4%。

（马有亮）

【新农合参合及基金筹集情况】 2011年，江川县农业人口240809人，其中230733人参加合作医疗，参合率95.82%，筹资标准290元/人，其中：中央财政124元/人，省级财政19元/人，市级财政94.5元/人，县级财政22.5元/人，个人缴费30元/人。共筹集合作医疗基金6710.996433万元，其中：中央补助2861万元、省438万元、市2180.43万元、县519.1493万元；个人缴费692.199万元；利息收入20.218133万元。基金支出5733.948026万元。

乡镇	农村总人数(单位：人)	总户数(单位：户)	参合人数(单位：人)	参合户数(单位：户)	参合率
江城镇	66081	20344	63047	19147	95.41%
大街镇	57300	19060	55244	16797	96.41%
九溪镇	24965	7595	23813	7355	95.39%
路居镇	27187	8071	26168	7736	96.25%
前卫镇	45429	13523	43497	13684	95.75%
安化乡	9238	2834	8864	2749	95.95%
雄关乡	10609	3095	10100	2980	95.20%
合计	240809	74522	230733	70448	95.82%

【新农合医疗基金支出情况】 2011年共减免补偿826374人次，补偿新农合基金5733.948026万元，受益率为358.15%，基金使用率为85.69%。1.住院补偿70072人次，住院费用8313.328140万元，补偿金额4862.052725万元。次均住院费用4141.75元，次均补偿2422.31元。2.门诊统筹补偿人次805122人次，门诊费用2132.329198万元，补偿金额816.651732万元。次均门诊费用26.48元，次均补偿10.14元。3.正常分娩1056人次，住院费用171.085819万元，补偿金额42.692436万元。4.门诊慢性病补助80人次，治疗费用21.119660万元，补助12.551133万元。

（赵　东）

【参加“三下乡”活动】 1月18日，县委宣传部组织县卫生局、文化局、科技局、农业局等部门参与了文化、科技、卫生“三下乡”活动，此次“三下乡”活动在九溪镇举行，县疾控中心、县人民医院的医务人员参加了此次活动，将温暖、方便送到老百姓身边。县疾控中心和县人民医院的医务人员在九溪镇活动地点设立了咨询台，发放妇女、儿童保健手册及甲型H1N1、结核病、艾滋病等传染病宣传材料和部分药品，热情向当地农民群众开展义诊、量血压、称体重等，广泛宣传疾病预防、健康保健和卫生法律法规知识等。

【省健康教育所到江川县调研】 3月1～2日，省健康教育所到江川县进行医改中期评估工作调研。3月1日的座谈会上，县卫生局副局长龚有颖就江川县医改工作的整体情况做了汇报，重点介绍了江川县公共卫生服务均等化工作及基本药物制度工作开展情况。县人民医院、疾控中心、妇幼保健院、大街卫生院领导及参会人员均畅所欲言就公共卫生服务均等化等医改工作对促进卫生事业整体发展、促进人民健康谈了自己的看法。3月2日专家们到前卫镇卫生院和大街镇卫生院进行了调研，并在县城街道随机对10多名群众进行了访谈，深入基层了解老百姓对基本药物制度、基本公共卫生服务均等化等医改制度的看法，感受医改给老百姓生活带来的实惠。最后，省健康教育所专家对江川县深入推进医药卫生体制改革各项工作给予了肯定。

【新农合实施方案听证会】 3月23日，县卫生局举行调整《江川县2011年新型农村合作医疗实施方案》听证会。此次听证会是县卫生局根据《云南省人民政府重大决策听证制度实施办法》和《玉溪市重大决策听证制度实施细则(试行)》的规定，为进一步规范行政决策行为，切实保障人民群众的知情权、表达权、参与权、监督权，贴近民心、体现民意，提高行政决策的科学性、民主性而举行的。

听证会由县卫生局局长张盛国主持，严格按照法定程序有序进行。决策发言人就江川县2011年新型农村合作医疗实施方案(听证稿)的背景、依据、内容等相关情况作说明，各听证代表进行质询提问，充分发表了各自的意见，决策发言人就听证代表的质询提问和意见进行了答辩。各听证代表在听证会上充分肯定了《江川县2011年新型农村合作医疗实施方案(听证稿)》的可行性，一致认为调整后的方案体现了市委18号文件精神，切合民意，决策科学，符合实际运行情况，能够有效防范新农合基金风险，保证参合群众受益水平，体现了“广覆盖、保基本、可持续”的原则，基本实现了全县农村居民基本医疗高补偿、老年慢病有保障、大病救助全覆盖三大目标，特别是大病再次补助的实施，使得农民得大病后因病致贫、因病返贫的现象得到缓解。同时，听证代表就进一步完善《江川县2011年新型农村合作医疗实施方案》提出了较好的意见和建议，一是降低住院起付线；二是70岁以上老年人住院报销比例提高5~8%；三是扩大慢性病门诊治疗范围；四是提高大病再次补助的补偿比例；五是提高市级医疗机构住院补偿比例；六是省级定点医疗机构增加昆明市儿童医院；七是加强新农合工作监督管理。

【2011年全县卫生工作会】 4月15日，2011年全县卫生工作会议召开，县委常委、副县长罗跃岗，县人大副主任陆富仙，县政协副主席李绍华，县卫生局局长张盛国出席卫生工作会议。各乡镇政府分管卫生领导、全县卫生系统的相关负责人、县防艾委员会成员单位领导共54人参加会议。

首先由张盛国作卫生工作报告，总结2010年卫生工作，并对2011年卫生工作做了具体要求。

其次，罗跃岗作了重要讲话，充分肯定了过去一年江川县卫生事业取得的成绩：一是实施基本药物制度让群众得到实惠；二是疾控、妇幼院和各乡镇卫生院全部纳入财政供养；三是新农合方面，筹资标准从150元/人提高到250元/人；四是传染病防治工作应对及时、处置坚决；五是广引人才，壮大卫生队伍建设；六是县人民医院与上海普陀区人民医院对口支援合作进展，成效显著。罗跃岗同时指出全县医疗卫生事业发展存在的问题：一是处置突发公共卫生事件的能力有待加强；二是部分医务工作者工作责任心和积极性有待提高；三是医疗卫生人才队伍建设有待加强；四是医院收费过高问题。强调2011年重点做好以下五个方面工作：一是落实分配制度改革，提高服务质量；二是全力推进基本药物制度实施；三是进一步加强卫生队伍建设，提高卫生队伍素质水平；四是加强全县传染疾病防控工作；五是继续加强新型农村合作医疗工作。

陆富仙通报2010年目标管理责任考核结果。

最后，罗跃岗与大街街道办事处及各乡镇签订2011年卫生工作目标责任书。

【高峰到江川调研医药卫生体制改革】 4月18日，副省长高峰一行在市委书记孔祥庚，市委副书记、市长高劲松，副市长杨洋，县委书记张延明，县委副书记、县长葛勇，县委常委、副县长罗跃岗等领导的陪同下，先后来到侯家沟村卫生所、江城镇中心卫生院和县人民医院，对玉溪市和江川县推进医药卫生体制改革工作进行调研。

高峰对玉溪市实施基本药物制度和率先在全省大幅度提高农民基本医疗保障水平取得的成效给予充分肯定。他指出，实践证明，与全省相比，玉溪的农民兄弟从医改工作中得到的实惠更多，过得更幸福。希望玉溪市进一步总结经验，完善各项政策，为全省深化医药卫生体制改革探索出成功经验。

孔祥庚、杨洋、罗跃岗汇报了玉溪市和江川县医药卫生体制改革情况。

高峰对江川县的医改工作给予肯定，认为江川县领导重视程度高，资金投入力度大，医改工作效果好，农村医疗卫生基础设施、硬件设备得到了加强，服务质量、服务水平得到了提高，就医环境得到了改善，群众满意度很高，医改工作成效显著。要求各级要在医改实践中深入基层调查研究，及时发现问题、研究问题、解决问题，在细化政策、强化管理、便民服务、创新上下功夫。要以基层医疗体系建设为重点，围绕老百姓的需要这一核心提高服务水平，在提高医疗水平和改善人民群众就医感上下功夫。

省发展和改革委、省卫生厅、省财政厅等部门领导及市县相关部门主要负责人参加调研。

【葛勇调研全县卫生工作】 5月11日，县委副书记、县长葛勇在县委常委、副县长罗跃岗及相关部门负责人的陪同下，对全县的卫生工作运行情况进行调研。

葛勇先后深入雄关卫生院、路居卫生院、江城卫生院龙街门诊部、前卫卫生院、九溪卫生院、大街卫生院和县人民医院、弘益医院、县疾控中心、县中医院等医疗卫生服务单位，查看了各医院实际情况，详细了解了卫生院的运行情况、诊疗服务范围、新农合报销问题及实施基本药物制度后群众的意见反映等方面的情况，要求乡镇卫生院立足基本公共卫生服务，积极提高医疗服务水平和服务范围，方便群众就医看病。

在随后召开的座谈会上，县卫生局局长张盛国从江川县医疗卫生现状、

存在的问题、今后工作建议三个方面进行了汇报；各乡镇镇长、卫生院院长阐述了本乡镇卫生工作存在的问题；罗跃岗对全县卫生工作做进一步安排部署。

葛勇在听取江川县医疗卫生工作情况汇报和下一步工作安排后，对近年来江川县医疗卫生工作所取得的成绩给予充分肯定。葛勇指出，医疗卫生事业是造福人民的事业，关系广大人民群众的切身利益，关系千家万户的幸福安康，也关系经济社会协调发展。近年来，县委、政府站在关注民生的高度，高度重视医疗卫生事业，从解决人民群众最关心、最直接、最现实的看病就医问题入手，大力实施民生工程，将基层卫生服务列为民生工程的重要内容，完善政策措施，加大资金投入，实施目标管理，促进了全县卫生事业的健康快速发展。

葛勇强调，卫生系统的干部职工要深刻领会"关注民生就要关注卫生"的深刻内涵，充分认识卫生事业在构建"和谐江川"中的重要地位和作用，根据江川县实际有重点有步骤的对卫生事业进行投入，特别是加大对新农合资金的投入力度，让百姓真正享有实惠；要切实增强加快卫生事业发展的紧迫感、责任感和节奏感，狠抓卫生工作重点，加强基层医疗卫生服务建设，推进基本公共卫生服务均等化，促进江川县卫生工作整体水平提升，以满足群众医疗卫生服务需求；要适时调整创新机制，加强卫生人才队伍建设，积极引进专家级人才，建立和完善人才培养机制以达到吸引人才、留住人才、培养人才的目的，为卫生事业发展提供坚强保障；加强管理，研究一套行之有效又不违背相关政策法规的奖惩考核办法，提高职工积极性，有效增强医疗单位服务质量；要完善制度，搞好服务，加强医院管理，强化公立医院的公共服务职能，进一步明确职能职责，细化工作方法，以保障人民群众健康和卫生事业发展为己任，不断提高医疗服务水平，满足群众看病就医需求，为推进全县卫生事业不断向前发展做出新的贡献。

【卫生系统民主评议政风行风公开评议会】 10月13日，县卫生局组织召开卫生系统2011年民主评议政风行风公开评议会。县纪委第五纪工委书记华忠楷、县卫生局领导班子及各股室负责人、卫生系统三院一中心领导班子出席了本次公开评议大会。

会议由县纪委第五纪工委书记华忠楷主持。首先对卫生系统三院一中心的政风行风定向评议测评结果进行了通报，县人民医院、中医医院、妇幼保健院、疾控中心的综合满意率分别为99.9%、99.83%、100%、99.5%。

其次，结合医疗质量万里行、三好一满意、为民服务创先争优等活动的深入开展，被评议的三院一中心的负责领导分别对本单位开展政风行风的情况以及整改措施进行通报，针对查找问题中存在的突出问题、群众反映的问题以及政风行风征求意见中反馈的问题，进行深刻剖析、自省自纠，做到从源头整改，务求实效，努力在服务规范、院务公开、服务效率、服务态度、履行职责、廉洁从政六方面全面提升。汇报结束后，全体到会人员分别对县人民医院、中医医院、妇幼保健院、疾控中心进行了公开评议。

华中楷针对此次公开评议大会做出依下几点要求：一是要求三院一中心进一步修改整改措施，明确责任人，落实整改时限；二是认真做好建章立制工作；三是做好行风政风评议资料收集，查缺补漏；四是要认真做好评议工作的总结。

（王　媛）

【卫生技术人员外出进修情况】 2011年，全县11家医疗单位共派出56人到上级医疗单位进修，其中：县人民医院25人，县中医医院8人，县妇幼保健院4人，乡镇卫生院19人。进修时间为3～12个月不等。科目涉及内科、外科、骨科、妇科、儿科、检验、B超、心电图、ICU护理等。

【江川县2011年公开招考医学类工作人员】 2011年8月、10月，江川县卫生系统两次公开向社会招考医学类专业技术人员。招考范围为35岁以下，医学类江川籍未就业的大中专毕业生。共70余人报名参加了8个岗位的考试，通过笔试及复试后共录用医学类专业技术人员14名，其中：中西医临床医师12名、检验师1名、病案管理员1名。

【江川县2011年医师资格考试报名】

2011年医师资格考试报名从3月1日～4月17日，共计报名129人，其中：临床执业医师47人，临床助理医师32人、乡镇临床助理医师18人；中医执业医师10人、中医执业助理医师5人、乡镇中医执业助理医师1人；中西医结合助理医师2人，口腔执业医师4人，口腔助理医师9人；公卫执业医师1人。

【2011年卫生人才现状】 截至2011年底，江川县卫生系统共有职工570人，专业技术人员490人，其中：正高1人，副高37人，中职180人，初职272人。学历情况：在职研究生1人、本科154人、大专228人、中专91人、其他学历16人。年龄段职称情况：35岁以下的中级职称6人，初级职称106人，35～45岁的副高职称15人，中级职称92人，初级职称125人。46～55岁的高级职称1人，副高职称18人，中级职称51人，初级职称35人，56岁以上副高职称4人，中级职称31人，初级职称6人。

【江川县2011年特招医学类急需人才】

为加强全县医疗机构专科人才队伍建设，在"云南省2011年医药类毕业生和毕业研究生双向选择洽谈会"召开之际，县卫生局组织县级、乡镇3家医疗单位，到该会特招医学类急需人才。通过积极洽谈，共与5名毕业生签订了招聘协议。其中：县人民医院麻醉专业2人、医学影像专业2人；县中医院医学影像专业1人。

【组织乡村医生妇产科知识培训】 5月30日～6月3日，县卫生局组织全县72家村卫生所的77名乡村医生进行妇产科知识培训。培训分为理论集中学习、见习、实践操作三个阶段进行，共计5天。此次培训全面提高了江川县乡村医生妇产科服务项目的能力和诊疗水平，同时亦有效满足了国家基本公共卫生服务项目工作开展的需要。

（周晓明）

【江川县2011年卫生专业技术资格考试、全国护士执业资格考试报名】 2月28日～3月4日，江川县全国护士执业资格考试报名确认46人，其中实习护士16人，已毕业报考人员30人。江川县2011年全国护士执业资格考试合格人员总计15人。

1月4～12日，县卫生专业技术资格考试报名确认83人，新参加考试人员48人（其中初级（士）3人，初级（师）18人，中级27人），补考人员35人（其中初级（士）3人，初级（师）4人，中级28人）。江川县2011年卫生专业技术资格考试合格人员44人，其中，中级28人，初级(师)15人，初级(士)1人。省内合格1人，其中，初级（师）1人。

【2011年卫生专业高级技术资格申报评审】 4月，江川县申报卫生专业高级技术资格报名人员总计18人，其中申报正高级资格3人，申报副高级资格15人。江川县2011年通过评审取得卫生专业高级技术资格人员总计10人，其中副高级资格人员10人。

【人才队伍建设】 7月，县人事劳动局与县卫生局共同组织实施公开招考卫生专业技术人员，共计录用11名，其中县人民医院录用3名，县中医院录用4名，县妇幼保健院录用1名，雄关乡卫生院录用1名，路居镇卫生院录用2名。9月，县人事劳动局与县人民医院共同组织实施公开招考卫生专业技术人员，共计录用3人，其中县人民医院录用3人。7月，“云南省事业单位定向招聘到农村基层服务项目”，县卫生系统共计录用1名专业技术人员，其中县人民医院录用1人。

【食品安全专项整治】 针对在监管中食品安全的薄弱环节，采取有力措施，加大检查力度，先后开展了元旦春节、打击违法添加非食用物质和滥用食品添加剂、地沟油整治和餐厨废弃物管理、食用油综合治理、打击地沟油违法犯罪、乳品质量安全、“瘦肉精”、五一节、中秋国庆两节、保健食品安全监管等食品安全专项整治和集中检查，严查各种违法违规行为，保证生产经营食品的质量安全。一是深入开展打击违法添加非食用物质和滥用食品添加剂专项整治工作。制定下发《江川县开展打击违法添加非食用物质和滥用食品添加剂专项整治工作实施方案》，全年出动执法人员2166人次，车辆806辆次，检查食品生产、流通、餐饮服务、种养殖户、屠宰场、市场等共3484户次，责令整改7户，查处案件4起，抽检60批次，出检测结果的52批次，合格率86.54%。二是加强食用油综合治理、打击“地沟油”违法犯罪、强化餐厨废弃物管理。制定下发了《江川县加强地沟油整治和餐厨废弃物管理实施方案》、《江川县食品安全委员会办公室关于做好打击“地沟油”违法犯罪专项工作的通知》等文件，全年出动执法人员564人次，检查食品生产加工使用食用油单位、规模养殖场、餐饮单位、食用油经营户、集贸市场、商场超市、粮油店及副食店等生产经营单位共2935户次。三是进一步加强乳品质量安全专项整治工作。制定下发了《江川县进一步加强乳品质量安全工作实施意见》文件，各监管部门全年出动执法人员553人次，检查食品生产加工、流通、餐饮服务单位及奶牛养殖户共3834户次，未发现违法使用三聚氰胺及问题奶粉等行为。四是加大“瘦肉精”专项整治力度。制定下发了《江川县“瘦肉精”专项整治工作实施方案》，开展从2011年7月～2012年3月为期9个月的专项整治工作。五是极力做好重大节假日期间食品安全保障工作。元旦春节期间，共出动执法人员445人次，检查食品生产加工企业、小作坊、食品经营户、餐饮业、餐具消毒配送单位、农药化肥经营门市、兽药饲料生产经营单位及生猪家禽规模场等共1386家次，抽检食品（白酒、酱腌菜、食用植物油）26个，抽取各种蔬菜样品255个，采样检测尿液样本100份。高考、端午节期间，共出动执法人员256人次，车辆74辆次，发放宣传资料2500份，检查生产经营单位395户，检查库存粮油共计556吨，其中：大米343吨，面条面粉25吨，各类食用植物油188吨。中秋国庆期间，共出动执法人员487人次，检查食品生产加工企业、小作坊、食品经营户、餐饮业、餐具消毒配送单位、农药化肥经营门市、兽药饲料生产经营单位及生猪家禽规模场等共1123家次，发放宣传资料2698份。

（张博超）

【部门协作入村搞宣传】 2月28日，县防艾办协同县妇联、司法局、计生委、县疾控中心在雄关乡麦子铺开展艾滋病防治宣传工作，宣传方式以观看展版、发放宣传材料、免费量血压为主。本期宣传人数约300人，发放艾滋病防治知识宣传材料300份，免费发放安全套2000只，免费量血压100余人。

【防治艾滋病工作会议】 4月15日，江川县在县政府五楼召开2011年卫生工作会议，会上县防艾委副主任、卫生局局长张盛国代表防艾委总结了2010年防治艾滋病工作情况，对全县2010年防艾工作给予了充分肯定，并指出目前江川县艾滋病流行处于中度期，在全市也处于中低的水平，但感染人数在不断增加，要总结近十年来的工作经验，特别是三年人民战争的宝贵经验，继续抓好新一轮人民战争

工作，要不断深入基层，开展培训教育工作，使人民群众对艾滋病防治知识达到家喻户晓，并共同参与防治的目的，使江川县艾滋病流行趋势得到有效控制。会上，县防艾委主任、副县长罗跃岗充分肯定了2010年防治艾滋病工作取得的成效，同时指出艾滋病防治工作中存在的困难和问题：防治工作经费缺乏；患艾滋病人群的强势；防治工作开展起来困难。最后，罗跃岗提出坚决贯彻执行上级防治艾滋病政策，加强防艾队伍的建设，提高防艾队伍的素质，进一步加强艾滋病的防控工作。

【关注青少年预防艾滋病】 4月18日，在县一中进行防艾禁毒知识现场宣传工作。以“关注青少年 预防艾滋病”为主题的宣传活动，共有约2200多名老师和学生参与，发放宣传材料2200份。

【IDU宣传培训】 5月17日，县卫生局组织县疾控中心专业人员凌剑波、段洪华、杨江华、郭正雄、莫绍华一行到九溪劳教所开展IDU宣传培训。培训的主要内容：艾滋病与IDU的关系和危害；对IDU人群进行干预的目的和意义；江川县艾滋病疫情态势及应尽责任；艾滋病的传播途径及如何预防；如何面对毒品与静脉注射高危行为；艾滋病与结核病关系及其防治。本次IDU宣传培训主要采取集中课件主讲的宣传培训形式，培训会共培训IDU人员47人，发放艾滋病防治知识宣传材料47份。

【第三轮禁毒防艾人民战争工作会议】 8月3日，江川县政府组织召开第三轮禁毒防艾人民战争工作会议。

县防艾委主要成员单位宣传部、卫生局、公安局、财政局、民政局、人口与计划生育局、教育局、广电文化旅游和体育局、妇联、工会、共青团等11家单位领导，各乡镇分管领导、县属医疗卫生单位各一名领导共计30余人参加会议，会议由县委常委、政法委书记陈琎寿主持，县委副书记、县长葛勇，县委常委、副县长罗跃岗，副县长、县公安局长师文出席会议并作重要讲话。

师文通报了江川县第二轮禁毒防艾人民战争工作情况和艾滋病疫情，罗跃岗宣读禁毒、防艾先进集体和先进个人决定，部署第三轮禁毒防艾人民战争工作，并与各乡镇分管领导及各防艾委主要成员单位领导签订了2011年防艾责任目标书。

葛勇就进一步做好江川县艾滋病防治工作作了重要讲话。通过三年防治艾滋病人民战争，江川县艾滋病疫情快速扩散的趋势得到有效遏制，探索出了一套符合江川实际的综合防治模式。2008～2010年是江川县防治艾滋病工作的关键时期，要在巩固三年工作成果的基础上，不断强化措施，深化工作。把防治工作作为当前的一项重大政治任务，切实加强领导，提供更加坚强的政治组织保障，认真组织、协调、指挥好本地的防治艾滋病工作，确保防治工作全面推进。

【艾滋病检测咨询服务师资培训会】 根据县政府《2011年防治艾滋病工作责任目标书》的要求，江川县于9月8日在县人民医院综合楼9楼会议室举行《医务人员主动提供艾滋病检测咨询服务（PITC）》、《传染病疫情报告与医院感染控制管理知识》、《中国公民健康素养——基本知识与技能》培训，县属医疗单位，各乡镇卫生院约100名医务人员参加了培训。

培训会上，县医院业务副院长付林华、预防保健科杨娟、龚任存就《2011年防治艾滋病工作重点及要求》、《PITC基本知识、工作内容、流程及要求》、《中华人民共和国传染病防治法》、《传染病疫情报告与医院感染控制管理知识》及《中国公民健康素养——基本知识与技能》等知识进行了讲授。

【“全国科普日”防艾知识宣传活动】 9月16日，玉溪市暨江川县2011年“全国科普日”活动启动仪式在县体育馆举行，县防艾办充分利用这次科普宣传的契机组织县疾控中心、县人民医院护理部专业人员积极参加“全国科普日”的艾滋病防治知识的宣传活动。工作人员共展出《艾滋病预防须知》、《艾滋病传播途径》、《外出打工 洁身自爱》等宣传展板10块，发放防艾宣传折页、宣传单300余份。

【到省第三劳教所开展HIV抗体检测】 9月29日，县卫生局防艾办组织县疾控中心、县人民医院专业人员周标、凌剑波、段洪华、郭正雄、袁浩泉等一行20人到省第三劳教所九溪分所开展HIV抗体检测。

本次HIV抗体检测采集了劳教所十一大队、十二大队、十三大队、十四大队共486人的血液。加上年初县专业人员对江川看守所165名羁押人员及云南省第三劳教所九溪分所1348名强制/劳教戒毒人员开展HIV抗体检测数，全县2011年共计HIV抗体检测1999人，园满完成目标责任书安排的被羁押和收押人员开展HIV抗体检测的任务数1880人。

【“禁毒防艾”黑板报评比活动】 为进一步加强对学生“禁毒防艾”知识的宣传，做到人人参与的效果，县教育局于2011年下半年举行“不让毒品艾滋病进校园”为主题的禁毒防艾评选比赛活动。全县学校共出黑板报826期经过各学校初步评选，报送县教育局120幅，经县教育局、县禁毒委、县团委、县防艾办组织评审，共评选出优秀黑板报一等奖20幅，二等奖30幅，三等奖60幅，并对获一、二、三等奖的110幅优秀黑板报的班级进行表彰奖励。

【“世界艾滋病日”宣传活动】 12月1日，县防艾委成员单位12家、县级医疗卫生单位4家，共计30余人在县城明珠路（平一超市旁）开展了大众宣传活动。在活动现场，工作人员悬挂宣传横幅，制作30张艾滋病防治宣传展板供市民观看。同时开展咨询服务，发放宣传材料、安全套等多种形式宣传防治艾滋病的基本知识，宣传党和国家防治艾滋病的有关法规、政策、措施，增强广大市民自我防护意识和能力，正确掌握艾滋病预防知识，倡导健康、文明、科学的生活方式。现场累计发放宣传单5000多份，宣传折页1500份，宣传挂历1000份，宣传小册子500份，安全套3500多只。

【开展农民工防艾知识宣传教育】 12月2日，县住建局工会组成活动小组，分别到江磷文苑、财富广场、古滇国城、文祥街道路建设等多个建筑工地开展农民工防艾知识宣传活动。使进入江川县务工的农民工增加防治艾滋病的基本知识，懂得党和国家防治艾滋病的有关法规、政策、措施，提高自我防护意识和能力，共同营造文明、健康的良好生活之风。此次活动共发放避孕套100盒，宣传挂历70份，防艾宣传材料400余份。

（唐艺萍）

县人民医院

【概　述】 江川县人民医院创建于1941年，经过几代人的努力，已发展成为一所集医疗、急救、教学、预防保健于一体非盈利性公立县级医院，承担着江川县的医疗保健服务。设有病床300张，实际开放病位350张，在职职工总数228人。其中专业技术人员205人，工勤人员23人。职称结构为正高1人，副高25人，中级92，助级72人。

近几年来，医院发展迅速。医院的年门诊人次、住院人次、手术台次、业务收入等各项指标都在逐年增长，呈较好态势。2011年完成门诊247346万人次，住院15557人次，出院15534人次，手术3178台次，实现总收入7394万元，其中业务收入6822万元，同比去年6156万元增长666万元，增长率为11%。

【对口支援及捐赠活动】 东西部地区省际间医院对口支援是国家新一轮医改的重要举措，是统筹城乡医疗卫生事业发展的战略选择。县人民医院与上海市普陀区中心医院结成对口支援关系是县人民医院进一步发展的重大机遇。1月5日，上海市普陀区人民政府景莹副区长、普陀区中心医院范忠泽院长一行率专家组专程来到县人民医院开展大型医疗咨询义诊活动，同时捐赠价值20余万元的医疗设备。市政府副市长杨洋、市卫生局局长杨义、县委书记张延明、县长葛勇、副县长罗跃刚、县卫生局局长张盛国等领导参加了捐赠仪式。

捐赠仪式结束后，范忠泽等20余名专家分专科下科室到中医科、普外科、内二科、骨科、内一科、儿科等进行义诊活动，指导疑难病例的诊断、治疗。骨科专家曹成福主任到骨科时，当得知住院患者张保正“第一腰椎暴力骨折”需要立即手术治疗，而县人民医院目前不具备此技能，需要请上级专家参与手术时，他不顾旅途疲惫，主动要求留下并亲自上台为病人手术。

自2010年3月以来，普陀区中心医院已派出四批20人的专家队伍进驻县人民医院开展临床带教、教学培训等实地技术帮扶活动。同时普陀区中心医院免费接收县人民医院的16余名医务人员进修学习。截至2011年底，普陀区中心医院已先后向县人民医院捐赠了25余万元的医学装备。

【省政府基本药物制度调研组到县人民医院调研】 4月18日，副省长高峰在省卫生厅厅长陈觉民、市委书记孔祥庚，副市长杨洋等领导的陪同下一行到县人民医院调研基本药物使用及新农合运行情况。在市卫生局局长杨义、县委书记张延明，县长葛勇，县委常委、副县长罗跃岗等的引导下，调研组人员首先实地查看了县人民医院门诊医技楼建设工程进度，然后下病房看望重症家庭困难的住院病人，询问他们的生产、生活、家庭收入、经济来源及看病费用报销比例情况。

在听取汇报时，杨洋做了“统筹谋划　改革创新　稳步推进玉溪市医药卫生体制改革”的汇报发言。

高峰对玉溪市新一轮医改取得的成绩给予肯定，强调指出：“医改工作成功与否与医生队伍的整体素质关系密切，医生是医改的主力军，要充分调动医生的积极性，提高医疗水平、技术水平”。同时还要求县人民医院搞好优质护理工作，创建二级甲等医院，让老百姓真正得到实惠”。

【党建工作示范点检查组到院检查考核】 5月30日，市创建党建工作示范点检查考核小组一行3人在县委组织部部长林清的陪同下，到县人民医院对创建市级基层党建工作示范点进行检查考核。

考核组在实地查看、仔细查阅资料、听取汇报后，对县人民医院开展的创建活动工作给予了客观评价：“领导到位、措施到位；活动紧密结合窗口部门实际，突出行业特点；设立党员责任区、党员先锋岗；在党员中开展亮身份、作承诺、树典型、建示范、评红星、授红旗”等活动。通过活动的开展，促进“医德医风的转变，促进服务质量的提升”，创建工作取得了明显成效。

检查考核组对县人民医院下一步工作提出建议：1. 开展活动立足本职工作，时刻牢记为人民服务的宗旨；2. 以提高医疗质量、提高服务质量为目标，为病人解除病痛；3. 创新活动载体，采取形式多样的便民、利民措施，服务人民群众。

【医德医风教育讲座】 为进一步加强广大医务人员的职业道德素质和廉洁从业意识，建立和谐医患关系，促进县人民医院“创先争优”和“三好一满意”活动的开展，在纪念建党九十周年之际，县人民医院党支部于6月17日，

举办“论新时期医德医风建设”为主题的医德医风教育讲座。特邀市卫生局党组书记李丁全主讲。县卫生局领导、县级医疗卫生单位党员及县人民医院全体党员、中层干部和不在班职工近一百人认真聆听了讲座。

讲座中，李丁全从“什么是医德医风、为什么要坚持不懈抓医德医风建设”着手，详细介绍当前党风廉政建设和反腐败纠风工作的形势任务，强调了医务人员必须遵守的法规，阐述了医德的历史发展和时代内涵，要求医务人员要树立“以病人为中心，以病人为师，练就一颗平常心”的理念，把职业当事业的崇高信念，正确处理好医德与社会效益、经济效益的关系，做社会主义精神文明建设的排头兵。

李丁全还结合医院医德医风建设情况，结合卫生系统“创先争优”、“三好一满意”活动及当前医疗卫生体制改革不断深化的要求就如何强化医德医风建设、提高诊疗服务水平、最终实现和谐医患关系等方面，进行透彻分析。

【组织大型义诊活动喜迎建党90周年】县人民医院以实际行动喜迎建党90周年，助推“创先争优”活动，深入开展争创“三好一满意”医院。6月29日，在县人民医院党支部书记洪美英、院长李有宏的带领下，各科室的党员和上海市普陀区中心医院专家组组成的义诊小组39人在县城明珠路中段开展大型义诊、咨询活动。此次活动分为上海专家组(由上海市普陀区中心医院内科、产科、儿科、麻醉科的5名专家组成)，外科、内科、中医临床组，预防保健、宣传资料发放组，检验、B超、导诊组等9个医疗组。

此次义诊活动，共为200多名村民看病、体检，测量血压近150人次，发放宣传资料约300余份。

【基层党建工作示范点挂牌仪式】7月5日，“基层党建工作示范点”挂牌仪式在县人民医院住院部一楼大厅隆重举行，仪式由县卫生局党总支书记、局长张盛国主持。县委常委、县委组织部部长林清出席并作讲话，县直属机关党委书记杨存兴、组织部副部长唐光华等领导出席了挂牌仪式。医院共产党员、共青团员、中层干部及入党积极分子、行政人员等参加挂牌仪式。仪式上，院长李有宏介绍了县人民医院党建工作取得的经验及下一步工作打算。

林清指出，县医院党支部坚持把加强党的建设与医院中心工作紧密结合起来，充分发挥党组织在医院管理中的领导核心作用和广大党员的先锋模范作用，有力促进了全县卫生事业的发展。这次县医院被中共玉溪市委组织部确定为窗口行业、服务部门拟创市级“基层党建工作示范点”，是新时期加强基层党建工作的创举，是对“创先争优”活动的推进。希望县医院在以后的工作中，始终坚持高标准、严要求，以提高医疗质量、服务水平为目标，继续深化“党员责任区”、“党员先锋岗”工作，不断提升党建工作水平，发挥好示范带头作用，做卫生行业部门的优秀代表。

【白内障复明手术】12月2～3日，北京大学北大国际白内障复明慈善光明行一行21人的专家组来到县人民医院开展白内障复明手术。县人民医院五官科全体医护人员积极协助工作。经过两天时间的努力，专家组共为48例白内障患者进行了手术，手术费用及相关材料费用全部由医疗队的北大校友和企业家捐助。县人民医院免费为患者进行血常规、心电图、胸部X光透视、A、B超等检查。每位患者手术全部费用约5000余元，共计费用24万余元，全部免费。

(马萍焕)

县中医院

【概　述】江川县中医院创建于1988年，占地10.59亩业务用房4400平方米，拥有职工138人(其中在编65人，编外73人)，卫技人员129人(占职工总数的93.47%)，其中：副高职称以上的8人，中级职称23人，初级职称95人，高级工5人，职员1人，本科学历27人，大学专科学历50人，中专及以下学历55人。开设住院病床80张，设有12个专业科室；拥有先进的医疗设备30余台，全院固定资产1007.55万元。是一所集医疗、预防、保健、康复、科研、教学于一体的县级卫生医疗机构；同时也是城镇职工基本医疗保险、城镇居民基本医疗保险、农村新型合作医疗保险、中国人寿保险公司及江川复烤厂的定点医疗机构。医院积极拓展适合自己的生存空间，努力探索适合自己的发展道路，经过全院职工的不懈努力和艰苦奋斗，形成了目前具有一定规模的中医医院。

【医疗质量监测】全年总诊疗人次49620人次，门诊人次46245人次；全年住院患者入院3459人次，住院患者出院3375人，住院患者未出院84人。微机录入病历3375份，其中：内科西医组1245人；外科831人；妇产科429人；针灸科645人；监测率100%。诊断质量门诊与出院符合率99.3%；入院与出院符合率99.3%。实际占床27971天；手术人数910人；住院危重病人抢救人次数80人，抢救成功77人，成功率96.30%；失败数3人，失败率3.7%。治愈909例，治愈率26.91%；好转2003例，好转率59.30%；未愈30人，未愈率0.9%；死亡人数3人；死亡率0.09%；其它430人，占有率12.8%。各科护理质量指标达到百项指标考核标准：基础护理合格率97%，无菌护理技术操作合格率≥98%，急救物品完好率100%，五种表格书写合格率≥98%，出勤率98.9%，住院患者满意度≥90%，技术操作培训率合格率100%，参与率99%，全年护理差错事故发生率为零。

【对口支援工作】 2011年根据省卫生厅关于《云南省2008年万名医师支援农村卫生工程项目执行方案》文件精神，县中医院积极争取政策，并得到省卫生厅的大力支持，确定市中医院为县中医院提供对口支援并签订协议，由市中医院对县中医院进行长期帮扶，通过长期下派专家，直接到院进行传、帮、带工作。

2011年每月市中医院向院派驻3名专业技术人员，直接参与县中医院的业务工作，开展临床教学和技术培训；通过开展“三基三严”培训，专题讲座，病案讨论等学习活动有效提高县中医院广大医务人员的医学理论水平。

【中医护理技术操作培训】 为进一步推广县中医院中医护理操作，根据《中医院医院管理年活动的要求》，护理部在院领导的大力支持下，于2月17日，组织6个护理单元的护士在会议室举行了首次中医护理技术操作培训。培训内容为艾灸拔火罐；培训方式为指导老师操作示范；培训时间为2月17～23日；参训人员为全院41名护士。

【学雷锋义诊活动】 3月5日是“学雷锋日”。为进一步弘扬雷锋精神，深化医院当前正在开展的创先争优活动，3月1日，县中医院12名医务工作者在院支部书记李华兆、团委书记贺彦龙的带领下来到江川县大街镇明珠路开展以“弘扬雷锋精神，构建和谐社会”为主题的学雷锋义诊活动，为上百名群众进行了义诊。

在义诊现场，院内科、外科、中医科、骨科、妇产科等科室的医生，用实际行动践行了共产党员为人民服务的宗旨，为广大群众送去了温暖，送去了健康。医护人员们有的量血压、有的诊断病情、有的讲解健康常识、有的发放健康知识手册，他们耐心地为群众们解答他们的疑问，并详细地为他们提供保健指导，受到群众的欢迎。

【县领导到县中医院调研】 5月11日，县长、分管副县长、县政府办主任、县财政局局长、人力资源和社会保障局长、卫生局长、县卫生局有关人员组成的调研组，对县中医院卫生工作运行情况进行调研。调研目的为：全面掌握全县卫生工作运行情况，充分了解当前卫生工作中存在的困难和问题。

调研组一行，首先实地查看县中医院的卫生工作运行情况，主要查看医院的病房条件，医院就医环境，诊疗水平，劳动纪律及职工精神面貌。其次在医院会议室听取院长汇报近几年的医院运行情况。

调研组一行对县中医院的发展作了充分的了解，对医院今后的工作强调指出：一是保持稳定的发展环境；二是摆脱不利因素的干扰，加强领导班子建设，狠抓干部队伍的廉洁自律；三是利用有利因素，加快医疗业务发展；四是希望全院干部职工要树立信心、加强团结、服从管理，努力做好各项工作。

【优质护理服务示范病房】 2011年9月，县中医医院护理部在全院开展示范工程。

县中医院优质护理服务以“夯实基础护理，持续改进临床护理工作，为患者提供优质、安全、温馨、满意服务”为主题，开展范围是全院各科室，重点是病房。通过医院选拔和科室自愿报名的方式，在全院选取1个病区作为示范病区，并以点代面，不断总结经验，逐步在全院范围内推广。先在内科、针推科两大科室开展优质护理服务示范病房，最后在全院科室中推广，在全院营造深化“以病人为中心”，以“优质护理为切入点”，紧密结合“三好一满意”(质量好、服务好、医德好，群众满意)活动的服务理念，努力为患者提供主动、优质的护理服务。

【为65岁以上老年人体检】 10月18日接到县卫生局通知，开展公共卫生均等化服务为农村65岁以上老年人体检。县中医院自接到通知后，积极召开会议，协调人员参加，组成体检小组，于10月19日开始，对前卫镇、路居镇、雄关乡、安化乡65岁以上老年人进行体检。体检为期12天，截至10月30日顺利完成体检工作，共计体检3600多人次。

【邀请市中医院老师授课】 11月17日，县中医院护理部邀请市中医院心内科护士长孙老师进行《护患有效沟通技巧》讲座，以提高全院护理人员的沟通技巧。

孙老师主要讲解患者在入院时、住院期间、出院时、特殊患者等不同时期怎样与患者沟通交流的技巧，通过一些实际案例，告诉大家医患交流如果效果不理想，会直接影响到护患双方的情绪，从而为护患纠纷埋下了隐患。随后通过现场演示及提问等方式让每个参会人员了解到了与病人沟通的重要性。

(朱文燕)

妇幼保健

【概　述】 2011年，全县的妇幼卫生工作坚持以“保健为中心，以保障生殖健康为目标，保健与临床相结合，面向基层，面向群体”的妇幼卫生工作方针，以公共卫生服务均等化和绩效工资的实施为契机，加强业务技术指导，拓展服务领域，提升服务水准，稳定和发展医疗保健业务；强化制度落实，确保医疗安全，努力做好公共卫生服务。顺利完成了省、市、县下达的各项任务指标，全面推进了全县妇幼保健工作的开展。全年完成门诊诊疗46580人次，其中妇女保健诊疗23628人次，儿童保健诊疗19807人次，婚前医学检查867人次，其它2278人次；住院307人，住院人数比上年下降149人；完成业务收入319万元，比上年上升16万元。有职工40人，执业

医师23人，执业助理医师1人，注册护士8人，药剂师1人，检验技师2人，统计师1人，助理会计师1人，工勤人员1人，其它卫生技术人员2人。

【妇女保健】 2011年，全县共有产妇2621人(农业户籍产妇2370人，非农业户籍产妇251人)，建孕产妇保健手册2621人，孕产妇建册率达100%，与上年同期持平；产前检查≥5次2621人，保健覆盖率达98.87%，比上年同期下降0.11%；孕早期产前检查2565人，孕早期产前检查率达96.76%，比上年同期上升0.46%；筛查出孕中期中重度贫血17人，孕产期中重度贫血率0.65%，比上年同期上升0.41%；产后访视2621人，产后访视率达98.87%，比去年同期下降0.11%；孕产妇系统管理2563人，系统管理率达96.68%，比上年同期上升0.42%。出生活产2651人，新法接生2651人，新法接生率达100%，与上年同期持平；住院分娩2650人，住院分娩率达99.96%，比上年同期上升0.04%；筛查出高危产妇1199人，高危产妇筛查率达45.75%，高危产妇管理1199人，管理率达100%，高危产妇住院分娩1199人，高危产妇住院分娩率达100%；孕产妇死亡1人，孕产妇死亡率达37.72/10万，比上年同期下降1.63/10万。

【儿童保健】 2011年，全县共有7岁以下儿童17688人，保健管理17018人，保健管理率达96.21%，比上年同期上升0.94%。3岁岁儿童7595人，系统管理7305人，系统管理率达96.18%，比上年同期上升2.88%。5岁以下儿童12375人，体重检查11903人，检查率达96.17%，筛查出5岁以下儿童中重度营养不良501人，中重度营养不良发生率为4.21%，比去年同期下降0.64%；血红蛋白筛查5733人，筛查出中重度贫血患病28人，中重度贫血患病率达0.49%。新生儿访视2644人，新生儿访视率达99.74%，比上年同期下降0.22%；5岁以下儿童死亡20人，死亡率为7.54‰，比上年同期上升0.06‰；婴儿死亡17人，死亡率为6.41‰，比上年同期上升0.90‰。新生儿死亡8例，死亡率为3.02‰，比上年同期上升0.27‰。6个月母乳喂养调查2303人，母乳喂养2239人，母乳喂养率达97.22%，纯母乳喂养1725人，纯母乳喂养率达74.90%。

【5岁以下儿童死因顺位】 20例5岁以下儿童死亡中，第一位为意外死亡6例，占死亡总数的30.00%；第二位为新生儿出生窒息死亡3例，占死亡总数的15.00%；第三位为新生儿呼吸窘迫综合症、早产和低出生体重、先天异常死亡各2例，各占死亡总数的10.00%。第四位为新生儿急性腹泻、肺炎、胆管阻塞、颅内出血、腹膜后神经母细胞瘤死亡各1例，各占死亡总数的5.00%。

17例婴儿死亡中：第一位为意外死亡4例，占死亡总数的23.53%；第二位为新生儿出生窒息死亡3例，占死亡总数的17.65%；第三位为新生儿呼吸窘迫综合症、早产和低出生体重、先天异常死亡各2例，各占死亡总数的11.76%；第四位为新生儿急性腹泻、肺炎、胆管阻塞、颅内出血死亡各1例，各占死亡总数的5.88%。

8例新生儿死亡中：第一位为新生儿出生窒息死亡3例，占死亡总数的37.50%；第二位为早产和低出生体重、新生儿呼吸窘迫综合症死亡各2例，各占死亡总数的25.00%；第三位为新生儿急性腹泻死亡1例，占死亡总数的12.50%。

【出生缺陷监测】 为减少先天畸形的发生，降低残疾儿童，控制人口数量，提高人口素质，江川县妇幼保健院认真贯彻落实新时期妇幼卫生工作方针，积极开展产前筛查和新生疾病筛查，鼓励孕妇服叶酸预防神经管畸形，怀孕4~7个月时至少做一次B超检查，以此阻断严重神经管畸形的出生。2011年全县同期围产儿2665例，监测2665例，监测率100%。监测到出生缺陷儿29例，出生缺陷发生率为10.88‰，比去年同期上升2.25‰。29例出生缺陷儿中：产前诊断3例，占10.34%；产后七天内诊断23例，占79.31%；产后七天后诊断3例，占10.34%。临床诊断23例，占79.31%；B超诊断6例，占20.69%。筛查出畸形胎儿引产3例，占10.34%。29例出生缺陷儿中：男性15例，女性13例，性别不明1例。出生缺陷顺位：第一位为唇裂合并腭裂5例；第二位为马蹄内翻足、小耳各4例；第三位为多指、唇裂、先天性心脏病各3例；第四位为外耳其它畸形2例；第五位为腭裂、尿道下裂、胎儿颈底背部淋巴瘤、多囊肾合并心脏畸形、并趾各1例。

【危急孕产妇抢救】 全县4家接产医疗机构共发生危急孕产妇12例，抢救成功12例，抢救成功率100%，其中因疤痕子宫、双胎等致产后宫缩乏力而引起产后出血6例，占抢救人数的42.86%；宫外孕内出血3人，占抢救人数的21.43%；胎盘早剥致胎儿宫内窘迫、胎膜早破致子宫收缩乏力、轻度贫血并产后出血各1例，各占抢救人数的7.14%。

【孕产妇死亡监测】 为切实降低孕产妇死亡率，县妇幼保健院领导对各乡镇上报的高危孕产妇，都要组织业务专干入户复诊；危急、重症孕产妇亲自护送孕产妇到医院住院，使高危孕产妇得到及时有效救治，大大降低孕产妇死亡率。2011年，在各级领导对孕产妇死亡监测工作的重视支持下，在全县妇幼人员的共同努力下，避免了因各种原因致产后宫缩乏力引起的产后出血、前置胎盘内出血、宫外孕内出血、重度妊高征引起的产科出血、各种原因导致的贫血等高危孕产妇的死亡。2011年孕产妇死亡1例，死亡率达37.72/10万，比上年同期下降1.63/10万，孕产妇死亡原因：系统性红斑狼疮。通过专家评审，该例产妇属不可避免死亡。

【育龄妇女死亡监测】 2011年全县共有育龄妇女74397人，育龄妇女死亡39例(比去年减少5例)，占育龄妇女总数的0.05%，其中孕产妇死亡1例。39例育龄妇女死亡中：车祸死亡5例，占育龄妇女死亡总数的12.82%；脑出血、肺癌各死亡4例，占育龄妇女死亡总数的10.26%；服农药自杀、小脑萎缩死亡各3人，各占育龄妇女死亡总数的7.69%；系统性红斑狼疮、溺水、肾病、糖尿病死亡各2人，各占育龄妇女死亡总数的5.13%；摔死、农药中毒、子宫癌、乳腺癌、肝癌、淋巴癌、白血病、心血管内破裂、肺心病、癫痫、高血压、艾滋病各死亡1人，各占育龄妇女死亡总数的2.56%。

【孕产妇产前筛查】 2011年全县共有产妇2621人，出生活产2651人，孕产妇产前筛查788人，筛查率30.06%，筛查出阳性68人，阳性率8.63%。孕产妇产前诊断24例，确诊1例，确诊率4.17%。新生儿疾病筛查1175人，筛查率44.32%。

【婚前医学检查】 2011年全县共有新婚人员4140人，婚前医学检查867人，婚前医学检查率达20.94%，比上年同期上升2.90%。检出疾病36人，疾病检出率4.15%。其中指定传染病20人，占检出疾病总数的55.56%；生殖系统疾病15人，占检出疾病总数的41.67%；严重遗传性疾病1人，占检出疾病人数的2.78%。

【农村孕产妇住院分娩补助项目工作】 为保障母婴安全，降低孕产妇死亡率，落实国家新医改精神，中央财政设立专项经费对农村孕产妇住院分娩给予补助。凡是农业户籍的孕产妇住院分娩，均可得到人均400元补助。2011年，江川县有农业户籍产妇2370人，农村孕产妇住院分娩补助2260人，覆盖率达95.36%。其中顺产补助1406人，补助金额达55.96万元；阴道手术产补助12人，补助金额达0.48万元；剖宫产补助842人，补助金额达33.56万元；补助金额共计90万元。按《江川县农村孕产妇住院分娩补助方案》要求，有20例在县域外非定点医疗机构分娩的农村孕产妇只按人均补助200元补助。

【危急孕产妇救助】 2011年省级配套10.42万元危急孕产妇救助经费对患有产科严重合并症并实施危急抢救的孕产妇进行救助。全年共救助了23例孕产妇，最高救助金额达5500元，最低救助金额达900元，救助金额共计61195.59元。

【贫困孕产妇救助】 1月11日，在江川县妇幼保健院四楼宣教室召开2011年贫困孕产妇救助基金兑现会，对符合补助标准的116名贫困孕产妇进行了补助，根据贫困孕产妇的实际情况，最高的补助1000元，最低的补助200元，补助金额共计6万元。

【高危孕产妇管理】 加强高危孕产妇管理工作，各乡镇卫生院发现高危孕产妇及时报告，做好孕产妇的摸底调查。年内江川县卫生局分管领导龚有颖、县妇幼保健院领导及相关妇幼人员专程对17位高危孕产妇进行追踪管理，访视到家。

【降消项目专题会议】 为降低孕产妇死亡率，县妇幼保健院于4月7日专题召开了降低孕产妇死亡率研讨会。江川县卫生局局长张盛国、副局长龚有颖及全县7个乡镇卫生院、中医院、县医院、妇幼院院长及相关负责人参加会议。会上，县妇幼院副院长李秀燕就近10年来江川县孕产妇死亡分析作报告，对孕产妇死亡因素、孕产妇管理当中存在的问题及要采取的措施、意见和建议进行阐述。张盛国就控制孕产妇死亡率、婴儿死亡率提出总体要求：要克服困难，查找原因，认真抓落实。

【妇幼保健知识培训】 年内共举办7期培训班，其中举办2期"降消"项目培训班，1期预防艾滋病、梅毒和乙肝母婴传播知识培训班，3期公共卫生服务项目培训班，1期手足口病防治知识培训班，共计培训496人。

【职工家属座谈会】 12月21日，县妇幼保健院在四楼会议室召开了"职工家属座谈会"，院长杨绍培及全院职工家属38人出席会议。

【表彰奖励】 2011年3月，县妇幼保健院被玉溪市妇女联合会授予"玉溪市巾帼文明岗"荣誉称号；2011年4月，王丽琼被玉溪市人民政府授予"2008～2010年新一轮防治艾滋病人民战争先进个人"荣誉称号；2011年5月，江川县妇幼保健院被江川县人民政府授予"2008～2010年防治艾滋病人民战争先进集体"荣誉称号。

(周艳萍)

卫生监督

【概　述】 年末，编制人数15人，在职人数10人，其中：男5人，女5人。本科学历8人，占80%，大专学历2人，占20%。局内设办公室、卫生许可审核科、卫生监督一科、卫生监督二科四个科室。

【落实业务用房建设项目】 12月，县发改局《关于上报江川县卫生监督局业务用房建设项目可行性研究报告的请示》获市发改委批复，市发改委《关于江川县卫生监督局业务用房项目可行性研究报告的批复》文件对此项目的项目名称、项目业主、建设地点、建设性质、建设规模及内容、总投资及资金来源做出批复。

【餐饮业、保健食品、化妆品监督管理职能移交】 8月18日，县卫生局与

县食品药品监督管理局签订《江川县卫生局餐饮业、保健食品、化妆品监督管理职能移交书》，餐饮业、保健食品、化妆品监督管理职能正式移交至县食品药品监督管理局。

【宣传培训】 2011年，卫生监督员共计参加省、市、县举办的各类培训13期，参培人数达26人次；培训卫生从业人员1200人，培训率及合格率均为100%；组织辖区内公共场所、餐饮单位、职业危害因素企业、医疗机构开展卫生法律法规及卫生知识培训7期，培训从业人员及相关负责人653人，发放培训材料653份；召开个体医会议6次，参培人员达450余人次；开展《职业病防治法》宣传1次，书写横幅1幅，发放宣传手册50余份；编印卫生监督信息19期、《思想文化信息》3期。

【许可审核】 2011年共计审换公共场所卫生许可证190户(新办48户，换证142户)，其中：理发84户、生活美容16户、住宿73户，歌舞厅及茶室等其它公共场所17户。审换生活饮用水卫生许可证8户；新办消毒产品生产企业卫生许可证3户；新办放射诊疗许可证3户。发放培训合格证523个，其中：公共场所从业人员448个、集中式供水从业人员28个、消毒产品从业人员47个。

1～6月共计审换餐饮服务许可证225户(新办47户，换证178户)，其中：食堂17户；发放餐饮从业人员培训合格证677个。

【卫生监督】 2011年全县有各类管理相对户496户，建档496户，建档率100%，其中：职业危害因素企业24户，公共场所190户，集中式供水单位8户，县城二次供水单位37户，各类学校78所，医疗机构159户。全年监督494户、579户次，覆盖率99.60%、监督率达116.73%。其中：职业卫生监督24户，监督覆盖率100%；公共场所监督190户、269户次，覆盖率100%、监督率141.58%；集中式供水单位监督8户、9户次，覆盖率100%、监督率112.5%；县城二次供水单位37户，监督覆盖率100%；学校卫生监督78所，监督覆盖率100%；医疗机构监督157户、162户次，覆盖率98.74%、监督率101.89%。

全县共有餐饮服务单位443户，建档443户，建档率100%，1～6月共监督检查餐饮服务单位311户、352户次，覆盖率70.20%，监督率79.46%。

【公共场所量化分级】 2011年共对174家公共场所进行了量化分级管理，其中住宿单位73家(B级单位4家，C级单位69家)；理发场所84家，均为C级单位；美容场所16家(15家均为C级单位，1家未予评定等级)；公共浴室1家为C级单位。

【行政处罚】 全年共查处违反医疗机构执业管理的违法行为32户次，共计罚款人民币25800元，其中：处罚县级医院2户，罚款人民币计8000元；处罚个体诊所30户次，罚款人民币计17800元。查处无证行医2户次，罚款人民币计5000元。

【元旦春节食品卫生安全保障】 “元旦、春节”期间，县卫生监督局对全县大中型餐饮单位及冷饮店开展了专项检查。分别于1月20日，配合县旅游局对全县5家星级酒店进行了监督检查；于1月25日，参与县食品安全委员会组织的“元旦、春节”食品安全联合检查；于1月27～29日，出动监督员18人次对38家餐饮单位进行了专项监督检查。对检查中部分单位存在的采购食品、辅料、酒水和包装食品未严格执行进货索证制度，库房和厨房冰箱食物贮存不符合卫生要求等方面的问题，卫生监督员对其下达了相应的整改意见书，要求立即整改。

【两会卫生监督保障】 2月12～17日，政协江川县第七届委员会第四次会议和江川县第十四届人民代表大会第四次会议先后在县城隆重召开，为保障参会人员的食宿安全，江川县卫生监督局对接待单位江川宾馆进行了会前、会中卫生安全保障，与接待点签订了《重大活动接待单位卫生安全承诺书》。此次卫生安全保障，共出动卫生执法人员22人次，保障了参会代表及其他工作人员共16餐次，近1800人次的用餐安全。

【不合格火锅底料专项检查】 2月18日、21日，县卫生监督局对全县火锅店火锅底料的使用情况开展专项检查。检查内容为：是否使用不合格火锅底料及乳制品；是否持有有效餐饮服务许可证；是否持有有效健康证；卫生管理制度是否健全并得到落实；购进肉品是否严格登记；是否重复使用一次性餐具；是否擅自加工出售草乌、附片等易中毒的食物或非食物等。此次检查，共出动车辆4车次，卫生监督员13人次，监督检查火锅店27家。经查，江川县火锅店的火锅底料以自己加工为主，未发现使用含有罗丹明B(玫瑰红B)的火锅底料及不合格乳制品；未发现其它重大餐饮卫生安全隐患。针对2家火锅店存在卫生设施不符合卫生要求问题，县卫生监督局下达卫生监督意见书要求其整改。

【春秋季学校卫生监督】 3月、11月县卫生监督局分别组织开展了春、秋两季学校卫生监督检查。期间共出动卫生监督员80人次，车辆30余驾次，以学校饮用水卫生、环境卫生、传染病防控工作等为重点，对全县78所学校、34家托幼机构进行了全面监督检查。对学校下达学校环境卫生监督意见书，督促学校开展学生学习、生活环境、用品用具检测，年内共检测27家；对78家学校下达关于组织学生进行健康体检的意见书，督促学校组织学生进行健康体检。

【医疗美容专项整治监督检查】 县卫生监督局于3月14日组织开展医疗美容专项整治，经查，江川县无开展医疗美容服务的机构，在检查的11家生活美容单位中未发现擅自开展医疗美容的情况。

【"3·15国际消费者权益日"餐饮服务环节监督检查】 在"3·15"国际消费者权益日，江川县卫生监督局积极参加由县工商局牵头，县食药监局、县卫生局、县质监局、县农业局、县商务局等多部门联合的执法活动，根据江川县2011年"3·15"国际消费者权益日执法活动方案，结合江川县餐饮服务环节的实际情况，县卫生监督局对大街、前卫、江城等乡镇的餐饮服务单位进行随机检查。共出动卫生监督员4人次，监督车辆1车次，监督检查餐饮单位23户次。经查，未发现重大餐饮卫生安全隐患，对检查中存在的问题，卫生监督员对其下达整改意见书，要求立即整改。

【餐饮业问题乳粉及乳制品监督】 为及时清查江川县餐饮业使用销售乳粉情况，县卫生监督局于3月28日、31日开展了问题乳粉专项检查。共出动车辆8车次，卫生监督员24人次，对35家酒店、餐馆及饮品店的乳制品使用销售情况进行了监督检查。经查，未发现使用销售不合格乳粉及其制品的情况。

【餐饮服务单位专项整治】 4月11日～6月14日，江川县卫生监督局开展餐饮服务单位专项整治，进一步加强对餐饮服务环节食用油、餐厨废弃物及乳制品的监督检查。重点检查餐饮单位采购和使用的食用油、乳制品索证索票情况，要求餐饮服务单位加强对食用油、餐厨废弃物及乳制品的管理，建立和完善台帐登记制度，确保餐厨废弃物的产生量、流向及采购的食用油、乳制品有帐可查。本次专项检查共出动卫生监督员78人次，检查餐饮单位162户次，在监督检查过程中，未发现餐饮服务单位采购不合格乳制品及在乳制品中违规添加非食用物质和食品添加剂情况；未发现加工、使用"地沟油"行为。

【工地食堂监督检查】 4月10日，江川职教小区建筑工地一供餐点发生食物中毒事件，初步判定为四季豆中毒，共有就餐人员30人，出现头晕、呕吐和腹痛等症状的有28人。县卫生监督局接到通知后，立即出动监督车辆一台次，监督人员4人次，对该处进行现场监督检查，下达卫生监督意见书，要求该供餐点立即停业整顿，整治周边环境脏、乱、差现状。4月11日，县卫生监督局与江川县食品药品监督管理局联合，对全县各类食堂开展大检查，共出动车辆2台次，工作人员9人次，监督检查建筑工地食堂27家、烟花火炮厂食堂3家、单位食堂1家，共下达卫生监督意见书31份，同时要求各工地管理单位要加强对所属施工单位的监督管理，改善工地食堂条件，进行规范化管理。4月13日，县卫生监督局再次出动监督车辆1台次，监督员6人次，对职教小区供餐点进行巡回监督，落实各供餐点的整改情况。要求相关负责人吸取教训，提高食品安全意识，严禁加工出售四季豆、豆豉、野生菌、冷荤凉菜、草乌、附片等易中毒食物或非食物，确保广大农民工的身体健康和生命安全。

【"五一"节食品卫生安全保障】 4月28～29日，县卫生监督局对全县大型酒店、宾馆、旅游景区和农家乐餐饮经营单位开展了监督检查。共出动监督车辆2驾次、人员6人次，监督检查餐饮单位19户次，对不符合卫生要求的经营单位，县卫生监督局当即下达卫生监督意见书，要求及时整改。

【医疗机构卫生知识培训】 为规范医疗机构执业行为，做好医疗机构准入、校验及监管工作，县卫生监督局于4月30日、5月6日开展了两期医疗机构卫生知识培训，全县各卫生院(所)及个体诊所计139家医疗机构负责人参加了培训。培训会上，县卫生监督局负责人结合当前医疗机构监管现状，对《中华人民共和国传染病防治法》、《中华人民共和国执业医师法》、《医疗机构管理条例》、《医疗机构管理条例实施细则》、《医疗废物管理条例》、《行政许可法》等法律法规及《卫生部关于印发医疗机构校验管理办法的通知》要求进行了学习；对医疗机构卫生监督量化评分表的一系列内容进行了讲解。

【医疗卫生监督】 为做好医疗机构审批档案清理整顿工作，5月，县卫生监督局对全县医疗机构开展拉网式大检查，本次检查重点以玉溪市医疗机构预防性卫生监督量化评分表、玉溪市医疗机构经常性卫生监督量化评分表、云南省医疗卫生机构医疗废物管理现场监督检查表等检查表的各项要求为检查内容开展评分检查。共出动监督员198人次，车辆51车次，监督检查各类医疗机构155家，其中：县级医疗机构4家，私立医院1家，乡镇卫生院6家，社区服务中心1家，卫生所71家，门诊(部)2家，个体诊所66家，医务室4家，共下达卫生监督意见书155份，针对部分医疗卫生机构存在管理制度不健全；房屋布局不合理、设施配置达不到要求；诊疗器械未按要求定期进行高压灭菌；医疗废物收集、处理或登记不符合要求等问题，卫生监督员一一下达卫生监督意见书，要求其及时整改。

【中共江川县第十二次代表大会卫生安全保障】 6月8～11日中共江川县第十二次代表大会在县城隆重召开，为切实做好会议期间的卫生安全保障工作，确保参会代表的食宿卫生安全。县卫生监督局对接待单位江川宾馆开展了全面监督检查。6月2日，对接待点的餐具及生活饮用水进行采样监测，

与接待单位签订《重大活动接待单位卫生安全承诺书》，对贵宾接待的卫生安全细节提出相应意见，且下达了卫生监督意见书；参会代表入住期间，卫生监督员对参会代表一日三餐的菜谱、加工制作、食品留样、食品分装以及住宿卫生、生活饮用水等环节实施全程监督。此次保障，共出动卫生执法人员10人次，车辆5车次，保障了近5000人次的用餐安全。

【职业病防治法律法规培训】 6月15日，县卫生监督局以《中华人民共和国职业病防治法》、《云南省职业病防治条例》、《职业健康监护管理办法》等法律法规为培训内容，组织全县火炮、水泥、化工等有职业危害因素的24户企业进行职业病防治法律法规培训，共发放培训材料24份。

【中高考卫生安全保障】 在中、高考考前及考试期间，县卫生监督局执法人员对各餐饮接待点、学校食堂的卫生设施、食品来源和加工贮存、人员健康状况、生活饮用水、餐饮具消毒保洁情况、考生住宿点卫生等环节进行了重点检查，对检查中存在的问题和卫生安全隐患，县卫生监督局提出了卫生监督意见，要求各接待点及学校及时整改。期间，共出动执法人员28人次，车辆12台次，与各接待单位负责人签订接待承诺书4份，下达卫生监督意见书4份，保障了考生及教师共18餐次，近2100人的用餐安全。

【餐饮服务法律法规暨食品添加剂知识培训】 6月29～30日县卫生监督局举办了两期餐饮服务法律法规暨食品添加剂知识培训班，共计363名餐饮服务单位负责人参加了此次培训，发放培训材料363份。培训会上，县卫生监督局负责人结合当前的食品安全事件，分析了滥用食品添加剂及使用地沟油对人体造成的危害，要求各餐饮经营单位要遵纪守法、建立健全管理制度、严格执行进货索证制度、重视食品安全问题。培训结束后，县卫生监督局与各参会单位负责人签订《江川县食品从业单位卫生监督管理责任书》。

【玉溪市第九届老年人运动会卫生安全保障】 10月13～16日玉溪市第九届老年人运动会在江川县举办，为确保运动会期间参会人员的住宿及饮用水卫生安全，10月8日，县卫生监督局以公共场所是否取得有效《卫生许可证》及从业人员健康合格证、公共用品用具是否做到一客一换一清洗一消毒、是否设置公共用品用具相关清洗消毒保洁设施、二次供水各类蓄水池卫生防护是否良好且定期进行清洗消毒等为检查内容对县城宏兴酒店、卓然欣庄、江川县老年人活动服务基地开展监督检查。运动会期间，共保障264人的住宿及饮用水卫生安全，下发卫生监督意见书3份，对检查中存在的卫生许可证未在有效期、公共用品用具等清洗消毒保洁设施不达标、无二次供水水池相关清洗消毒记录等问题提出监督意见及要求。

【公共场所卫生知识培训】 12月22～23日，县卫生监督局分两期组织全县住宿业、文化娱乐业开展公共场所卫生知识培训，计127名经营者及从业人员参加培训，发放江川县住宿业、娱乐场所培训资料计127份。培训会上，对各参会从业户提出要求：行业自律、诚信经营、规范管理；积极做好“开渔节”期间的各项工作，确保公共卫生安全；互相配合、互相尊重、共同努力；做好公共场所的禁烟工作、禁毒防艾工作；公共场所经营者不能给非法行医者提供非法行医场所。

【表彰奖励】 2011年3月，宋春明被云南省卫生厅评为全省卫生监督执法先进个人；2011年3月，李佳秀被玉溪市卫生局评为玉溪市卫生工作先进个人。

（李佳秀）

疾病预防控制

【2010年度疾控工作暨全年疫情分析年会】 1月12日，江川县召开2010年度疾控工作暨全年疫情分析年会，全县7个乡镇卫生院、4家县级医疗卫生单位的院长、防保科长以及县卫生局主管领导和疾控中心各科室负责人共41人参加会议。会议的主要任务是以科学发展观为指引，全面总结了2010年疾病预防控制工作取得的成绩和经验，分析当前江川县疾控工作面临的形势、任务、机遇和挑战，研究部署2011年的各项工作。

会议由疾控中心主任周标主持，副主任凌剑波回顾总结2010年全县疾病预防控制工作者坚持预防为主、防治结合，把保障群众生命安全和增进人民健康作为出发点和落脚点，有效防控甲型H1N1流感、狂犬病、艾滋病、手足口病等传染病，切实加强疾病预防控制工作，较好地完成了全年工作任务；副主任刘江伟就2011年疾病预防控制工作作了精心安排，同时对2010年传染病疫情作了详细分析；周标主任通报了各医疗机构2010年度疾控工作考核结果，并对疾控工作先进个人作了通报和表彰。

最后，县卫生局副局长龚有颖在会上就2011年的工作任务作出指示：一是要认清形势，以深化医改、促进基本公共卫生服务均等化为契机，创新工作方法，健全工作机制，不断提升服务能力和技术水平，化挑战为机遇，全面做好疾病预防控制工作；二是要加强内涵建设，注重培养疾病预防控制专业人才，树立良好的疾病预防控制职业道德文化，在应用科学研究上有新的突破；三是强化疫情监测预警，全力做好重大传染病防控工作，落实扩免政策，规范实施免疫规划工作；四是明确职能，稳步探索疾病预防控制绩效工作。

【慰问麻风康复人员】 1月25日，由

县卫生局、民政局、残联组成的慰问团，到江川二尖山麻风疗养院亲切看望慰问麻风康复人员，向他们送去了党和政府的亲切关怀和新春问候。

慰问团一行17人在县卫生局长张盛国、民政局长顾绍勇、卫生局副局长龚有颖以及县疾病预防控制中心主任周标、副主任刘江伟等领导的带领下到麻风疗养院看望慰问麻风康复人员。为他们送上了慰问金、食用油和保暖被等物品，祝愿他们安心养病，恢复健康，过个愉快而祥和的春节，同时还详细了解了他们的生活情况。并要求一定要把麻风康复人员养好、管好，让他们安享晚年。

【布置研究乙肝、结核病和重症精神病项目工作】 2月25日，县疾病预防控制中心召开会议专题布置研究乙型肝炎母婴阻断项目、全球基金结核病控制项目启动暨基本DOTS培训和重症精神病项目工作，全县乡镇卫生院及县级医疗卫生单位预防保健科、妇产科以及放射科的27名负责人和江川县疾病预防控制中心科室负责人参加会议。

县疾病预防控制中心免疫规划科长罗绍德、结防科长莫绍华分别详细江川县乙肝疫苗母婴阻断效果观察项目实施方案和云南省全球基金结核病控制项目实施细则以及重症精神病筛查工作。县卫生局副局长龚有颖最后强调，要加大宣传力度，要加强组织领导，完善协调机制，加强资源整合，提高工作效率，规范工作程序，严格经费管理，加强督导评估，及时掌握项目进展动态。不断积累工作经验和提高工作能力，要统一思想，开拓创新，扎实工作。

【省卫生厅重点地方病防治和鼠疫联防工作考评验收】 以省地方病防治所副所长宋志忠为组长的考评考核组一行4人，于3月3～4日到江川县进行重点地方病防治防治规范(2004～2010年)考评和第五次鼠疫防治联防工作考核。

县卫生局长张盛国代表县政府分别就“基本情况、组织领导、防治规范执行情况、工作的开展及成效、扩大宣传干预，营造良好防治氛围工作”等内容向考评考核组详细汇报江川县重点地方病防治规范和鼠疫防治联防工作。之后，考评考核组仔细查看了相关文件、资料。还分别到大街社区、兰田村和翠峰招益村实地查看了水源、深入农户家中走访了村民，并向30名小学生和10名妇女进行问卷调查。

通过检查、走访和调查，江川县鼠疫防治联防工作通过验收，重点地方病防治防治规范工作获得93.68的成绩，顺利通过考评。

工商、广电、教育、财政、盐业等部门领导参加汇报会。

【重性精神疾病筛查工作】 重性精神疾病防治项目启动以来，县疾病预防控制中心于3月1～11日在全县范围内开展重性精神疾病患者免费筛查工作。市第二人民医院派出4名专家协助县疾病预防控制中心慢病科开展筛查工作，经过11天的努力，全县共筛查出重性精神病患者653例。

【全球基金结核病防治项目健康促进培训会】 3月18日全球基金结核病防治项目健康促进培训会在县疾病预防控制中心召开，来自全县各乡镇卫生院预防保健科科长和县级医疗卫生单位以及县卫生局副局长龚有颖、县疾控中心主任周标、副主任刘江伟和科室负责人共21人参加了培训。

培训会由刘江伟主持，结核病防治科长莫绍华详细讲解了结核病的发现、治疗和管理，同时通报了科乡镇结核病发现和治疗管理情况。龚有颖充分肯定2010年结核病防治工作中的成绩，并指出不足之处，布置2011年全球基金结核病防治项目江川县结核病防治工作。会上就“3.24”世界结核病防治日活动的开展进行布置。

【中学生体检】 4月7～21日期间，在县教育局的协调下，县疾控中心分别为江川一中高一、高二学生和江城中学、江城中心小学的学生共计57个班3590名学生进行健康体检。

此次体检主要包括形体机能、眼科、视力、口腔科、内科、外科、肺活量检测等项目。县疾病预防控制中心抽调24名医务人员进行体检，对结果进行记录。

【省卫生厅督查组对县口腔疾病与窝沟封闭项目工作进行督查】 4月20日，以省卫生厅疾控局局长胡守敬、省第二人民医院口腔预防科主任王冰、省疾控中心慢非传染科许雯、市疾控中心副主任李六九、市疾控中心慢病科科长范波一行5人组成的督导检查组，对江川县中西部地区儿童口腔疾病综合干预试点项目工作情况进行督导检查。

督导检查组采取听汇报、查资料及现场查看儿童接受窝沟封闭的封闭情况。县疾病预防控制中心主任周标向督查组汇报了江川县中西部地区儿童口腔疾病综合干预试点项目开展情况。

在县卫生局局长张盛国、副局长龚有颖、江川县疾控中心主任周标、副主任凌剑波、慢病科科长杨国文陪同下，督查组来到朱家庄小学抽查已接受窝沟封闭的50儿童，并对80名儿童进行口腔卫生保健知识知晓率问卷，知晓率达到100％，检查了知情同意书，知情同意签署率达100％；记录表缺漏项率低。通过现场抽查，封闭完好率在60％以上。同时还督导检查了2个口腔医疗定点单位。

督查组一致认为：江川县在项目工作中，体现出政府重视，多部门分工合作的运作机制，成立了以卫生行政部门牵头的口腔项目工作组织和网络；各示范点项目制定了项目工作流程和规章制度，确保了项目工作的有序开展；江川县在项目工作中还积极组织定点口腔医疗机构中具有执业资格的医生和相关工作人员参加省市县窝沟封闭业务培训；并在定点口腔医

疗机构悬挂口腔卫生健康知识和窝沟封闭宣传版面、导诊标志、联系电话、服务时间，向儿童家长发放宣传材料、开展咨询活动，方便适龄儿童前来治疗。同时在项目管理中严格按技术标准要求，规范治疗程序，掌握治疗适应症，治疗覆盖面大，未出现并发症。截至4月20日已检查3439名儿童，封闭窝沟牙齿11026颗。

【“4·25”全国计划免疫宣传日活动】 4月25日，县疾控中心开展“4.25”全国计划免疫宣传日活动。2011年宣传日的主题是“接种疫苗，宝宝健康”。县疾控中心在明珠路设立宣传咨询点，通过发放宣传画、小册子、彩页等宣传资料向过往群众普及儿童计划免疫及相关传染病防治知识，共计发放宣传材料2000份。利用《新农村气象综合服务系统》电子屏发布宣传日主题。

【“4·26”全国疟疾日宣传活动】 4月26日，是“全国疟疾日”，县疾控中心按照宣传活动的通知精神，围绕“消除疟疾，履行承诺”的宣传主题，开展宣传活动。县疾控中心在大街明珠路设咨询宣传点，相关工作人员向市民耐心地讲解疟疾的传播、流行现状、地区分布、如何防治以及我国对消除疟疾的相关政策等知识，同时为前来咨询的人员热心地发放相关的宣传资料。当天共接待了前来咨询的市民80多人次，发放宣传资料3800份。

【卫生部中西部地区儿童口腔疾病综合干预试点项目督导检查组到江川督导检查】 5月4日，由卫生部疾控局口腔卫生处长王维真一行3人在省卫生厅疾控局副局长李永、省疾控中心慢非传科长肖义泽、市卫生局副局长王红及市疾控中心副主任李六九陪同下到江川县进行中央补助地方中西部地区儿童口腔疾病综合干预试点项目现场督导检查项目管理、口腔卫生服务机构建设、技术服务水平、人员资质和窝沟封闭技术培训和封闭效果、健康教育工作。

县卫生局长张盛国从四个方面向督导组汇报了江川县中央补助地方中西部地区儿童口腔疾病综合干预试点项目工作。随后督导组查阅了江川县疾病预防控制中心项目工作资料，并到大街镇三街小学抽查了22名小学生实际窝沟封闭效果和80名小学生口腔卫生知识知晓率问卷，同时还到江川县医院口腔三门诊和唐宝柱口腔诊所观看儿童窝沟封闭实际操作过程。督导组对江川县的项目工作给予高度评价。认为市、县卫生局及市、县疾控中心领导领导高度重视口腔卫生工作，与教育部门之间联合协调好、与口腔医疗机构项目执行中有相关工作协议书等；项目管理工作规范，反映在培训工作及时到位，项目资料归类整齐全面、督导工作科学高效，符合项目工作要求；窝沟封闭效果好，质量高、医疗安全、布局合理、方便群众。严格按照“中西部地区儿童口腔疾病综合干预试点项目实施方案”的要求，选择医疗机构，规范开展窝沟封闭项目工作。

并对下一步工作提出建议：希望从组织管理模式、社会动员、健康教育、人员培训等多个方面进一步总结好的经验和做法，有序的推动的项目工作实施和开展。

【开展“碘缺乏病防治日”活动】 5月15日是全国第18个“碘缺乏病防治日”，为实现消除碘缺乏病目标，提高全县群众对碘缺乏病防治知识的知晓率，5月15日，县卫生局、县疾控中心、县盐业公司、县大街社区卫生服务中心在县城明珠路开展活动，紧紧围绕“坚持科学补碘，预防碘缺乏病”这一主题联合开展了碘缺乏病防治政策和相关知识宣讲及健康教育活动。

本次活动共印发宣传单700多份、宣传画1800张、宣传折页1500张、碘缺乏病防治宣传手册1010本，悬挂宣传横幅1条，给群众讲解碘缺乏病知识，向群众提供碘缺乏病宣传咨询2000人次。

【举办消除疟疾全球基金疟疾项目培训】 江川县为疟疾二类流行地区，为进一步提高江川县医疗卫生人员疟疾防治水平，规范防治策略和措施，提高疟疾项目实施质量，确保疟疾项目工作顺利开展，县疾控中心于5月18日分别在县医院会议室和县疾控中心会议室同时举办消除疟疾暨全球基金疟疾项目及镜检培训班。来自全县7个乡镇(街道)和县级医疗单位的177名防保科负责人、业务骨干及乡村医生参加了培训。

县疾控中心副主任刘江伟主持，市疾控中心慢病科长范波和慢病科专家金正海分别就“疟疾病例诊断、治疗和项目管理”以及“疟疾镜检”两个方面对学员进行讲解和实际操作。县疾控中心刘子贵、杨蓉分别就疟疾项目执行手册存在问题和第二年工作计划进行阐述。

【对疫情报告及死因报告管理人员进行培训】 县疾控中心于5月18日在县医院会议室举办全县传染病疫情报告人员及死因报告管理培训。

全县各乡镇、县级医疗卫生单位预防保健科负责人、以及村卫生所防疫人员177人参加会议。此次培训以分析问题、学习标准、解决工作中存在的问题为目标，了解疫情报告管理人员及死因报告管理人员需要解决的问题，提高了疫情报告人员及死因报告人员的业务能力，对加强疫情报告工作及死因报告管理工作起到了积极的作用。

【第24个“世界无烟日”宣传活动】 2011年5月31日是第24个“世界无烟日”。为进一步提高公众对被动吸烟和环境烟雾危害的认识，营造无烟、清洁、健康的工作环境和公共环境，围绕“世界卫生组织烟草控制框架公约”这一宣传主题，江川县积极开展控烟宣传活动。

【自然灾害卫生应急指南培训】 为了进一步做好自然灾害的卫生应急工作，并为开展卫生应急长期工作奠定扎实的理论基础，6月30日，县疾控中心组织开展了自然灾害卫生应急指南培训班，全中心工作人员35人参加了此次培训。

本次培训内容涉及到自然灾害后疾病预防控制工作的各个方面。重点培训《灾害环境卫生及饮水卫生技术方案》和《灾害常见肠道传染病防控技术方案》。

【省2011年中西部地区儿童口腔疾病综合干预试点现场培训会在江川召开】 云南省2011年中西部地区儿童口腔疾病综合干预试点现场培训会7月25～28日在江川宾馆召开。来自昆明、玉溪、楚雄、普洱卫生局、疾控中心以及省疾控中心、省第二人民医院、省口腔医院的卫生行政管理人员、项目管理人员，口腔执业(助理)医师、护士共155人参加培训。

会议由省卫生厅疾控局长胡守敬主持，县委常委、常务副县长罗跃岗到会并发言，省疾控中心副主任赵世文，省疾控局李长青，市卫生局长杨义、副局长王红，县卫生局长张盛国等出席会议。胡守敬总结2010年项目完成情况；李长青传达全国会议精神，介绍2011年项目工作和要求。之后省项目办的4名专家介绍了窝沟封闭理论知识、口腔内窝沟封闭操作流程、对高体牙窝沟封闭操作进行了示范，讲授口腔健康教育知识，还进行了窝沟封闭现场实习，培训结束后对学员进行了考试。

【职业健康状况调查工作培训】 为摸清江川县主要行业职业病危害情况、职业病危害接触人群分布、职业病发病人数及主要职业病发病特点，研究职业病的发病规律，为制定职业病防治政策提供科学依据，7月22日县卫生监督局、县疾控中心联合举办全县职业健康状况调查工作培训，来自全县59家企业负责人和安全员参加了培训。

【2011年中西部地区儿童口腔疾病综合干预项目启动会】 为有效预防控制儿童龋齿的发生，促进儿童身体健康，按照省市“中西部地区儿童口腔疾病综合干预项目”的要求，8月26日，县在疾控中心召开2011年中西部地区儿童口腔疾病综合干预项目启动会，县卫生局副局长龚有颖、县教育局副局长岳东芬、县疾控中心主任周标、副主任刘江伟以及26所中心学校的负责人等35人参加会议。

周标主持会议并详细讲解项目的实施方案，刘江伟以及慢病科长杨国文讲解窝沟封闭技术操作规范和项目督导验收方案，对全县开展此项工作提出指导意见。同时刘江伟传达2011省市项目工作会议精神，总结通报2010年项目工作情况。

各乡镇中心学校和项目定点医疗机构签订项目工作协议。

【基本公共卫生服务规范培训】 为落实深化医药卫生体制改革相关政策，贯彻医药卫生体制改革有关精神，推进基本公共卫生服务逐步均等化、规范化，确保基本公共卫生服务项目全面落实，县卫生局、县疾控中心于9月5～6日在江川县医院会议室举办(2011年版)基本公共卫生服务项目培训班。来自全县7个乡镇和全县村卫生所、社区卫生服务中心的负责人项目管理人员、专业技术人员等90余人参加培训。

培训针对2011年基本公共卫生服务项目由原来的9大类21项提高到现在的10大类41项，服务范围、内容都发生较大变化的特点，由江川县疾病预防控制中心等5名项目专业技术人员针对“城乡居民健康档案管理服务规范、健康教育服务规范、预防接种服务规范、高血压患者健康管理服务规范、糖尿病患者健康管理服务规范、重性精神疾病患者管理服务规范、传染病及突发公共卫生事件报告和处理服务规范、报告和处理服务规范的10大类基本公共卫生服务均等化项目工作目标、主要任务和项目服务对象、服务内容、服务流程、服务要求和考核指标等内容进行了全面详细辅导和培训，特别对新增加的项目和内容进行了重点讲解。

【2011年脊髓灰质炎疫苗应急强化免疫及麻疹疫苗查漏补种活动】 全县于10月25～30日和11月25～30日开展两轮2011年应急脊髓灰质炎强化免疫及麻疹疫苗查漏补种活动。活动中，派督导员对7个乡(镇)的各个接种点进行督导，并对各个乡(镇)的适龄儿童进行抽查，其结果：第一轮抽查5个乡镇调查194人，服苗的有192人，服苗率为98.97%。市级派出工作组到县城集贸市场1个、2个乡镇进行强化服苗快速评估，抽查90名儿童，已服苗89人，服苗率为98.88%。第二轮抽查6个乡镇调查192人，服苗的有191人，服苗率为99.47%。市级派出工作组到江川县城集贸市场1个、2个乡镇进行强化服苗快速评估，抽查105名儿童，已服苗104人，服苗率为99.05%。

【“世界狂犬病日”宣传活动】 9月28日是第5个世界狂犬病日，10月9日县疾病预防控制中心在明珠路举行“共同行动　使狂犬病成为历史”的宣传活动。活动以发放宣传资料、向来往群众介绍等方式，提醒群众接种疫苗是预防狂犬病的有效措施，若被可疑动物咬伤后，应尽快到县疾控中心预防接种门诊全程接种狂犬病疫苗。活动中共发放宣传材料200份、宣传画200张，还免费向中老年群众测量血压，宣传健康生活理念。

【12.1世界艾滋病日宣传咨询活动】

12月1日是第24个世界艾滋病日，2011年的主题为：“行动起来 朝‘零’艾滋迈进”。

围绕行动主题，县防艾办、总工会、共青团、司法、计生、卫生、疾

控中心以及大街街道办事处社区卫生服务中心在大街明珠路向群众进行艾滋病防治知识，活动现场摆放20余块防艾宣传展板供市民观看，并设立艾滋病防治知识咨询台。向群众咨询和发放艾滋病防治宣传画、宣传折页和宣传单共2000余份，安全套3000只。

（杨　虎）

爱国卫生

【强化省级卫生县城成果管理】 认真落实《卫生县城标准》各项任务指标，切实把县城卫生、交通秩序、市场秩序等工作落到实处，搞好绿化、亮化、美化工程，加大对城郊结合部和集贸市场及美容美发厅、歌舞厅、旅馆、商场、宾馆饭店等服务窗口单位的卫生整治力度，促进公共场所卫生，巩固江川省级“甲级卫生县城”成果。一是加大对薄弱环节的整治力度，对街头巷尾，背街小巷，集贸市场，城郊结合部等卫生死角和街面54.05万平方米的全日保洁。共收集、清运生活垃圾总量19000吨，收集清运粪便52车共360吨，做到垃圾日产日清，并进行无害化填埋处理。二是加强了县城街道的美化绿化亮化管理工作。对县城内人行道树、分绿隔离车带、草坪进行12次修枝造型和8次喷洒农药防蛀和2次施肥处理，在抚仙路南段、浪广路北段栽种银杏树220株、从湖滨路改造中移植2000多株黄金叶、40株女贞球到怡心园栽种，更换街道果皮箱20只和修复垃圾桶26只，对县城所有路灯进行十余次全面检修，亮灯率在96%以上，并在县城主街道星云路上悬挂灯笼，保障春节期间优美的城市夜景，增添节日气氛。三是加强查处违章占道经营、乱停乱放、乱贴、乱画的执法，使城区各临街施工单位做到封闭作业，文明施工，管理有序。共清除违章占道8673起，警告678起，教育改正231起，暂扣物品65起。清除非法张贴和喷涂的小广告23462张（条），清除擅自悬挂空中布标51幅。四是严格按照《道路清扫保洁质量考核扣款标准》对承包地段实行日检月评的办法，对保洁质量不合格进行整改和处罚300余次，有力地促进街道保洁，改善了城区面貌。

【春节爱国卫生运动】 为使人们在优美的环境中欢快地度过2011年新春佳节，在县爱卫会的倡导和布置下，江川县各级各部门、企事业单位，高度重视，认真组织，城镇乡村全民动员，人人动手，开展了一定声势的爱国卫生运动，彻底治理所辖区的环境卫生脏、乱、差现象，保障人们在清晰舒适的环境中欢度2011年新春佳节。

一是深入开展讲文明、讲卫生、树新风宣传。以广播、电视、板报等多种形式宣传卫生防病知识，着重突出以肠道传染病预防知识的宣传，正面介绍肠道传染病的防病知识，使群众养成良好的卫生习惯，做到“洗净手、喝开水、吃熟食”。

二是突出重点，切实做好“三清”。开展“清暴露垃圾、清露天粪坑、清污泥积水”，控制疾病传染源，切断传播途径的爱国卫生运动。在城区各单位组织辖区内机关、企事业单位干部职工清理单位内部及公共场所卫生，清除卫生死角，抓好城郊结合部的环境卫生整治，确保垃圾日产日清。在农村动员村民搞好房前屋后卫生，保证室内卫生；对垃圾、粪便、污水及时清运消毒。加强饮用水的监管和厕所卫生的管理，做好食品安全的监管，加强供水的卫生消毒，确保生活饮用水质符合卫生标准。

据不完全统计，县城共清运垃圾1200吨，清除粪渣32吨；前卫镇投入资金1.38万元，悬挂宣传条幅2条，在11个村委会中开展科学、文明、卫生知识宣传66条，出板报11期，清理沟道16240米，清除垃圾800多吨；江城镇广播宣传78次，召开会议21次，宣传标语860条，出板报12期，出动7860人、车112辆，清理沟道24500米，清理街道26890米，清除垃圾890吨，清除小广告450张，清除卫生死角150处。

【四月爱国卫生月活动】 4月，是第二十三个爱国卫生月。县爱卫会结合江川县实际，要求各级各部门根据文件通知精神，要认真部署，紧紧围绕“迎党建、清家园、树新风”这一主题，把爱国卫生工作和卫生防病工作紧密结合，大力开展“巩固创卫成果、净化城乡环境、整治卫生死角”的爱国卫生月活动，利用爱国卫生月的契机，推动活动深入开展。收到以月促年、以点带面的效果，以崭新的城乡环境卫生面貌向建党九十周年献礼。全县广大群众，尤其是爱卫会的各委员部门和乡镇人民政府（街道）认真履职，在爱国卫生月活动中着重抓了几方面工作：

1. 广泛宣传，精心组织。各级各部门一是认识到位，充分认识开展这次爱国卫生月活动的意义，认真组织发动广大群众，从每一个家庭做起，自觉投身于活动。二是用多种形式，广泛宣传，增强广大群众的参与意识，充分利用广播电视、板报宣传栏等形式开展宣传。教育、卫生、广电和乡镇人民政府（街道）还结合实际，大力开展健康教育，普及卫生防病知识，广泛宣传《禁止毒品预防艾滋病》、《卫生与保健》、《保护环境教育》及其它传染病的科学知识，引导广大群众和中小学生增强健康意识，提高自我保健能力。

2. 以环境卫生整治为重点，活动的重心放在县城、集镇和旅游风景区的综合治理。活动与爱国卫生工作和卫生防病工作紧密结合，做到有部署、有行动、有总结、见成效。县城狠抓小旅馆、小餐饮店、小浴室、小美容美发厅、小歌舞厅的治理。各单位开展居住区及工作环境卫生整治，疏通污水沟道，填平坑凹，清除蚊蝇虫媒孳生地，保持卫生清洁，树立机关单位的形象。清除街道、巷道、公厕、宿舍等墙面上乱贴广告和乱喷涂的办伪证电话号码，特别是城郊结合部的卫生大清理。进一步整顿市场秩序和交通秩序，完善和落实“门前三包”责任制，基本达到治乱、治脏、治差的目的。

在整个活动月中，共参加活动人数达5.8万人次，清除垃圾2874吨，清理污水沟48120米，清除乱帖乱画小广告4500张，清除卫生死角179处，严格按照《食品安全法》对全县宾馆、饭店、学校食堂、酒店和旅游风景区的农家餐饮业及食品生产经营单位进行卫生监督，共抽查单位199个，发现存在问题24户，责令改进24户。同时，加强对饮用水源水质安全管理，抓好各道关键环节，对自来水和604口供水井进行清扫消毒，保持水质达标，防止水源性疾病的流行，确保人民群众的身体健康。

【第二十四个世界无烟日活动】 5月31日，是世界卫生组织发起的第二十四个世界无烟日。为认真开展好这次活动，结合江川县实际，县爱卫会及时下发文件作出安排，并发出相关宣传材料“世界卫生组织烟草控制框架公约”和“吸烟的危害”228份，并确定5月27～31日为宣传禁烟日时间。

全县各级各部门紧紧围绕“世界卫生组织《烟草控制框架公约》”主题，以“烟草致命如水火无情，控烟履约可挽救生命”为宣传口号和“吸烟的危害”为主要内容。以版报、广播、会议、电子屏幕及禁烟标志和发放宣传材料等方式广泛开展“吸烟有害健康”的宣传活动，广泛动员各行政机关、社会团体及企事业单位积极参与控烟工作，以创建无烟医院、无烟学校、无烟政府机关为切入点，积极开展室内公共场所和工作场所禁止吸烟工作。以保护人类及子孙后代免受烟草消费及烟草烟雾对健康、社会、环境和经济所带来的破坏性损害。

【除“四害”活动】 县属各单位、各乡镇认真准备，开展以灭鼠为重点的除四害活动，同时，对生活环境进行药物喷洒，降低蚊、蝇、蟑螂的密度，消除四害孳生场所，有效预防鼠类传染病的发生。县城投放溴敌隆毒饵(猫人杀鼠剂)灭鼠药350公斤，对消除四害孳生场所，改善卫生状况收到良好效果。

【农村改水改厕】 各级加强领导，积极配合，多渠道积极争取资金，改水改厕工作得到了巩固和推进。农村改厕共建“三位一体”沼气厕137口；完成国家重大公共卫生农村改厕项目120口。农村改水受益5000人。

【健康教育】 各级充分利用多种媒体广播电视、电子屏幕、板报等形式大力宣传卫生防病知识，发放卫生知识宣传材料17727份；展板27块，出宣传栏板报284期，使广大群众和中小学生健康意识和自我保健能力得到了提高。

【三街社区居委会获“玉溪市卫生村”称号】 在开展第二批市级卫生村创建活动中，根据《玉溪市人民政府办公室关于印发玉溪市卫生村检查考核管理办法(试行)的通知》精神，三街社区居委会积极参与，在县爱卫会申报推荐的基础上，玉溪市爱卫会于2011年10月上旬，组织检查组进行实地检查考核认为：近两年来，三街社区居委会始终把创建玉溪市卫生村工作作为加快推进社会主义新农村建设，改善村容村貌，促进农村经济社会发展，保护人民身体健康的大事来抓，坚持不懈，持之以恒。在创建卫生村工作中，领导重视，任务目标明确，组织机构健全，创建措施落实，发动群众广泛，创建卫生村成效突出，村容村貌发生了较大变化，基本达到了玉溪市卫生村标准。玉溪市爱卫会决定，命名江川县大街街道办事处三街社区居委会为“玉溪市卫生村”，并给予表彰奖励。

【农村改厕工作】 江川县从2011年参加实施农村改厕项目，根据《玉溪市农村改厕实施方案》，江川县加强领导，加大宣传，充分调动各方面参与，精心组织实施。在广泛深入摸底调查的基础上，成立了领导小组，以“科学指导，因地制宜引路”的方式，在实施重大公共卫生农村改厕项目中，注重把改厕工作与社会主义新农村建设、扶贫整村推进等相关项目相结合。实事求是，因地制宜。严格执行《全国农村改厕管理办法》、《云南省重大公共卫生农村改厕项目技术方案》，坚持“民建公助”和“谁出钱，谁受益”的原则，采取“政府补助、群众自筹，集体资助，整合资金”的筹资方式。以相对集中，示范带动的辐射作用，不断提高农村改厕项目的覆盖面。在做好摸底调查的基础上，坚持发动群众，因地制宜，务求实效，不搞“一刀切”。

一是合理选址。按照“示范带动，典型引路”的工作思路，采取就近、沿线、连片的方法，积极培育改厕示范乡镇、示范村和示范户，目的是便于辐射延伸，便于周围群众参观学习，仿效改厕。在此基础上，选择经济条件好、领导认识高、群众有强烈改厕愿望的村作为项目村，方能保障项目的顺利实施。

二是量力自愿。在实际工作中，始终坚持群众量力自愿的原则，不搞强迫命令，不搞形象工程，在群众积极要求改厕和现有家庭经济条件下，确定2011年项目实施改厕的九溪镇河口和小营村。为保证改建厕所的质量和推进改厕进度。注重典型引路，示范带动，先后组织了40多名村组干部到实施农村改厕项目进展较好的通海县参观、学习，借鉴成功经验，取长补短，共同扎实推进农村改厕进度，同时在实施过程中，实行目标管理，落实工作责任。由县卫生局与有项目的九溪镇签定目标责任书，把农村改厕项目任务纳入各级责任目标管理，层层签订目标责任书，形成上下联动、

齐抓共管的工作格局。

通过着力工作，圆满完成重大公共卫生农村改厕上级下达江川县的120口指标任务，受到上级好评。

（李明川）

食品药品监督管理

【概　述】 江川县食品药品监督管理局位于江川县大街镇湖滨路北段14附1号，占地780.58平方米，其中：办公楼建筑面积905.10平方米。2011年年末有正式职工10人，其中公务员8人，工勤人员2人。设办公室、食品安全监管股、药品医疗器械监管股、保健食品化妆品监管股4个股室。

江川县食品药品监督管理局负责对全县药品、医疗器械的研制、生产、流通、使用进行行政监督，负责全县消费环节餐饮服务食品安全、保健食品、化妆品监督管理；负责江川县辖区内开办餐饮服务企业及药品零售企业的审批，核发《餐饮服务许可证》、《药品经营许可证》(零售)；开展食品药品从业人员的培训；承担消费环节食品安全事故的调查处理等职责。

2011年8月18日前，按照市食药监局和县委、县政府的要求，继续全力抓好食品安全综合监管工作，针对重点区域、重点环节、重点品种、重点时段，组织开展“元旦春节”、“五一”、春季农资打假、春季学校食品安全、中共江川县第十二次代表大会期间等食品安全专项执法检查4次，召开食品安全工作会议4次，发布食品安全预警通告2期。8月18日职能移交后，采取有效措施，切实履行餐饮服务环节食品、保健食品、化妆品安全监管工作，监督餐饮服务企业570户次，开具监督意见书107份，查处餐饮服务环节食品安全违法案件5起。发放餐饮服务许可证79户，受理保健食品经营企业备案2户。2011年共抽验药品67批次，查处药械违法案件17起，涉案货值金额1.5万元，受理投诉举报4起，查处率、结案率100%。

1月，被中共江川县委评为党风廉政建设优秀单位；6月，被中共江川县委表彰为“先进基层党组织”；8月被中共江川县委宣传部命名为“学习型党组织建设示范点”，被江川县人民政府授予“行政效能建设先进集体”；12月，食品药品监管工作在玉溪市食品药品监督管理系统综合目标考核中被评为一等奖。

【春节前食品药品安全联合执法检查】 1月25日，县食药监局联合县质监局、工商局、卫生局、广电局及安化乡政府共13人组成联合执法督查组，开展春节前食品药品安全联合执法检查，检查组先后深入到大街镇、安化乡，检查各食品安全监管部门、地方政府落实食品安全责任的具体举措及成效，并对辖区内的食品生产企业、经营单位、超市、餐饮单位、农贸市场、餐饮具消毒单位、药品零售企业、保健食品经营店、农村小卖部、药品两网专柜等10户进行了实地检查。重点检查持有效证照情况、索证索票制度的落实、进货台账的规范、从业人员持证上岗情况、生产经营单位的环境卫生、食品添加剂的使用情况、有无过期霉变等伪劣食品等方面。经检查，江川县节日期间食品药品安全状况总体良好。对个别单位存在的台账不全、散装食品标识不全、农贸市场出售的即食食品无防蝇防尘罩等，检查人员当场责令其整改，并对有关人员进行批评教育，切实增强责任意识，杜绝不合格食品和可疑食品流入到消费者手中。

【药品经营企业换证及GSP再认证工作会】 2月28日，召开2011年药品经营企业换证及GSP（药品经营质量管理规范）再认证工作会，对61户《药品经营许可证》到期的企业换证及GSP再认证工作进行安排和部署。会议传达省、市食药监局有关认证和换证的工作精神，并对换发《药品经营许可证》及GSP认证的标准、条件和程序作详细讲解，对各药品经营企业在提交换证及认证资料中存在的问题当场解答。

【基本药物监管】 采取“五结合”方式强化基本药物质量监管。一是与日常监督检查相结合。在日常监管中，将基本药物的购进、验收、储存、养护作为监管重点，确保基本药物质量。二是与药品抽验工作相结合。充分发挥药检技术支撑作用，对照基本药物目录品种进行监督抽验，保证基本药物质量。三是与药械不良反应监测工作相结合。通过“三项”(药品、医疗器械、药物滥用)监测网络及时了解基本药物存在的质量问题。四是与农村药品“两网”(供应网、监督网)建设相结合。充分发挥食品药品安全监督协管员、信息员的作用，及时举报医疗机构药品购进中存在的违法问题，确保购进渠道合法。五是与宣传教育工作相结合。通过媒体、网络、报刊等开展形式多样的宣传活动，广泛宣传基本药物制度的方针政策及合理用药基本知识，解答群众关心的热点问题，提高城乡居民对基本药物的认知度和信赖度。

【“3·15”宣传咨询活动】 3月15日，参加以“消费与民生”为主题的“3·15”消费者权益日宣传活动，进行食品药品安全宣传。活动通过悬挂标语，发放宣传资料，设立展板、咨询台、投诉台、假劣药品展示台等，现场宣传、解答消费者关心的药品质量、识别假劣药品、安全饮食用药等方面的相关知识。共展示假劣药品100余种，接受群众咨询100余人次，发放宣传资料800余份。

【打击侵犯知识产权和制售假冒伪劣药品专项行动】 2010年12月～2011年4月，开展打击侵犯知识产权和制售假冒伪劣药品专项行动。一是制定《江川县食品药品监督管理局打击侵犯知识产权和制售假冒伪劣商品专项行动实施方案》，成立打假专项领导小组，负责组织协调此次专项行动。二是加大宣传力度。充分利用网络、媒体等广泛途径宣传专项整治工作。在江川县食品药品监督管理局网站积极发布包括如何识别药品和保健品、如何处理购买假药等有关常识。三是开展打击利用互联网销售假劣药品的行为。通过对本行政区域内网站进行搜索，查看本地互联网上是否存在无证销售药品和销售假劣药品的信息，加强对本行政区域网站发布药品信息和交易行为的监测。四是继续加强“非药品冒充药品”的打击力度。重点检查药品的质量和来源、包装说明是否假冒、是否符合规范、药品和医疗器械的购进渠道是否正规、验货记录是否齐备。专项行动共出动执法人员95人次，执法车辆23辆次，检查药械经营使用单位134户次，检查集贸市场2个，开据《责令改正通知书》13份，抽验检品10批次，立案5起。

【江川县被确定为省级药品安全示范县创建试点】 4月20日，经县政府积极申报，省食品药品监督管理局批准了江川县为省级药品安全示范县创建试点地区。药品安全示范县创建时间为三年，具体分创建试点(第一年)、综合评价(第二年)、总体推广(第三年)三个阶段进行。按照试点县创建工作要求，江川县政府已制定下发《江川县创建药品安全示范县实施方案》，各相关职能部门按照实施方案积极组织开展试点工作。

【五一节食品安全专项检查】 4月28日，县食品安全委员会办公室牵头食药监局、农业局、质监局、工商局、卫生局在全县开展联合执法，重点监测：乳制品、色素香精等食品添加剂、食用油、快餐、卤制品、凉拌菜、粮、肉、蔬菜、酒类、糕点、豆制品、水产品、饮料、酱菜食品、散装食品和儿童食品、保健食品、米线等节日消费较多的食品；重点监管：农村、城乡结合部、旅游景区、农贸市场、食品批发市场及超市的餐饮业、建筑工地食堂、学校食堂、酒厂、无证照小作坊和黑窝点等范围；重点整治：以无证生产经营、食品非法添加、制售假劣食品、违法宣传销售、索证索票不全、餐具消毒不严等内容；重点惩处：在冷饮、火锅、糕点等加工过程中添加非食用物质和滥用食品添加剂，在饲养畜禽中使用瘦肉精，在乳制品销售中添加三聚氰胺，在食品加工中使用地沟油，以及使用劣质原料生产加工食品等违法行为。此次检查共出动执法人员35人次，车辆7辆次，检查食品企业60户次，各环节均未发现“毒奶粉、瘦肉精、地沟油和染色馒头”。

【参观惩治和预防渎职侵权犯罪展览】 5月3日，县食药监局局长李忠海带队组织全局10名干部职工观看了在市博物馆举办的全国检察机关惩治和预防渎职侵权犯罪巡展。此次展览围绕“法治与责任”这一主题，分为《宗旨·使命》、《犯罪·危害》、《预防·治本》、《云南·践行》和《警示·启迪》等六个专题展区。展览选用了近年来检察机关查办的在全国有重大影响的渎职侵权犯罪案例，总结了引发渎职侵权犯罪的主要原因及其危害。全局职工通过参观不但熟悉和了解了国家反渎职侵权犯罪的工作，较为系统地掌握了党和国家关于惩治和预防渎职侵权犯罪的相关政策，而且提高了对渎职侵权犯罪，特别是食品药品渎职侵权犯罪案件危害性的认识。

【2011年食品药品监管暨创建药品安全示范县工作会】 5月5日，江川县召开2011年食品药品监管暨创建药品安全示范县工作会。县委常委、副县长罗跃岗，人大副主任陆富仙等领导出席了会议，各乡镇分管领导和食品药品协管站负责人、县食品药品安全委员会成员和创建药品安全示范县领导小组成员以及部分药品经营、使用单位负责人共计60余人参加了会议。县委常委、副县长罗跃岗强调各级各部门要重点做好以下八个方面的工作：一是加强领导，落实责任；二是继续开展食品安全专项整顿工作；三是强化日常监管，消除安全隐患；四是加强农村食品安全工作；五是认真开展药品安全专项整治；六是认真抓好药品安全示范县创建工作；七是加强宣传教育培训，提高食品药品安全意识；八是积极探索建立食品药品安全长效监管机制，为确保人民群众饮食用药安全，推进食品药品监管事业又好又快发展作出更大贡献。最后，罗跃岗与各乡镇和相关部门签订了《江川县2011年食品药品安全工作目标责任书》。

【GSP再认证工作】 7月，采取多项措施，组织开展对药品经营企业进行GSP(药品经营质量管理规范)重新认证工作。一是强化三种意识。强化主动意识：通过发文、召开会议、电话等多种渠道，向药品经营企业强调GSP认证工作的目的、要求，提高药企做好质量管理工作的自觉性。强化时限意识：要求所有GSP换证企业均在有效期届满前3个月内申请重新认证。强化协作意识：进一步强化全局职工协作意识，成立GSP认证工作组，确保GSP认证工作顺利进行。二是把好三个关口。把好材料初审关：对GSP认证申报材料进行逐一细致的检查，使上交的材料清晰完整、前后一致，确保材料的连续性和可追溯性。把好GSP认证检查关：严格工作纪律和检查标准，对检查中不符合要求的项目，及时下达整改通知单，责令限期整改。把好日常监管关：以换发许可证、日常监督检查、跟踪检查为契机，对药品经营企业质量管理工作进行日常督查，确保GSP认证工作不流于形式。三是关注三类对象。对于认证申请材料上报不及时的，加强沟通，强化宣传，确保认证工作如期进行；对于GSP认证准备阶段存在困难的药店，工作人员答疑解惑，主动进行帮扶，确保工作质量；对于现场检查过

程中存在问题较多的药品经营企业，将列入重点监管对象，在日常监管中进一步加大监管力度。全县49户药品经营企业顺利通过GSP认证现场检查。

【餐饮服务环节食品抽检】 根据省、市下达的指令性抽检任务，及时开展餐饮服务环节食品抽样、送检工作，抽样重点是餐饮服务环节的鲜猪肉、猪肝、食用油、食用菌、水产品、酱油、醋等与人民群众生活息息相关的食品，共10个品种120个批次，抽样后按规定时限及时送到省食品药品检验所、省出入境检验检疫技术中心、省疾病预防控制中心及昆明市疾病预防控制中心进行检测，圆满完成了省、市下达的餐饮服务环节的食品抽样任务。

【特殊药品监管】 按照《反兴奋剂管理条例》和《麻醉药品和精神药品管理条例》等特药监管法规，采取措施强化对特殊药品的监管。一是强化学习，明确责任体系。组织监管人员对相关法律法规和业务知识进行系统学习，明确监管职责，提高监管水平；加强对药品从业人员的培训，提高业务水平和能力，形成责任明晰的特殊药品监管责任体系。二是规范管理，细化目标要求。督促使用特殊管理药品的医疗机构认真执行《麻醉药品和精神药品管理条例》、《易制毒化学品管理条例》等监管法规，严格执行特殊药品专人负责、专柜加锁、专用处方、专用账册、专册登记的“五专”管理。三是明确重点、加大检查力度。坚持严格监管、检查到位、重点跟踪、确保安全的监管原则，扎实有效地开展医疗机构特殊药品使用和药品经营企业含麻黄碱类复方制剂销售的专项检查，从而提高特殊药品经营、使用单位管理意识和责任意识，确保特殊药品合法需求，使用行为更加规范。四是加强协作，防止特药流弊。加强与公安、卫生、工商等部门的协作，加强信息交流，督促特殊药品使用单位依法履行职责，防止特殊药品通过非法渠道流入市场，危害人民群众生命安全。

【全面履行餐饮服务环节食品安全监管职能】 8月17日，江川县委常委、副县长罗跃岗主持召开会议，专题研究江川县餐饮服务环节食品安全相关职能移交工作。县政府办、县编办、县人力资源和社会保障局、县卫生局、县食药监局和县监察局领导参加会议。会议决定：从8月18日起，江川县食品药品监督管理局正式全面履行餐饮服务环节食品安全监管职能，江川县餐饮业、食堂等餐饮服务环节食品安全监管职责以及保健食品和化妆品监管职责由县卫生局划入县食药监局；将综合协调食品安全、组织处理食品安全重大事故的职责由县食药监局划入县卫生局。

【启动江川县“全国安全用药月”宣传活动仪式】 9月1日，江川县“全国安全用药月”宣传活动启动仪式在县城中心王字街隆重举行。县食药监局组织工作人员、药学技术人员及宣传活动志愿者共计30余人参加了启动仪式。启动仪式上，按照“贴近实际、贴近生活、贴近群众”的原则，坚持普法教育与普及食品药品安全科学知识教育相结合，通过张贴宣传画、印发宣传材料、开展咨询服务等多种形式，宣传国家食品药品安全的有关政策，帮助人民群众掌握用药安全的基本知识。活动现场共发放宣传材料5000余份，接受群众咨询200多人次。

【中秋国庆节食品药品安全专项检查】 一是结合查处取缔无照经营专项整治工作，确定以城乡结合部、农村边远地区、旅游景区为重点区域，以景区宾馆饭店、学校食堂、农家乐、饮食摊点、保健食品经营店及药店为重点单位，餐饮服务单位以添加剂使用、酒类、瘦肉精、地沟油、餐厨废弃物处理为重点内容，药店以GSP规范执行、处方药销售、非药品冒充药品、特殊药品等为重点内容进行检查。二是结合履行新职能，通过发放宣传材料、签订食品安全承诺书、责任书及现场监督检查等方式进行全面检查。详细检查餐饮服务单位提供者资质证明、食品安全管理制度落实情况、食物中毒预防控制措施、从业人员体检培训、环境卫生、设备设施、原料采购、食物储存、加工制作、食品添加剂使用备案及公示、餐用具清洗消毒、留样管理等是否符合规范要求。三是结合药品示范县创建工作，严查药品经营使用单位。重查药品经营使用单位的药品购进渠道，储存条件、检查养护、销售登记、药师在岗等情况，要求严格按照GSP规范经营药品，按规范药房要求进行使用单位药品管理，以确保药品质量安全。共出动执法人员40人次，检查餐饮服务单位、药品批发经营单位、保健食品、化妆品经营店共120户次，发放《关于餐饮服务许可等有关工作的通告》、《致全县餐饮服务单位的一封信》、《关于严厉打击食品非法添加行为严格规范食品添加剂生产经营使用的公告》、《中华人民共和国食品安全法宣传材料》、《购药常识》、《药品分类管理知识》、《非药品冒充药品的“变脸法”》等宣传材料共360份。

【工地食堂检查】 9月9日，县食药监局联合江川县住房和城乡建设局对全县50人以上就餐的3家建筑工地食堂进行监督检查，检查内容包括：卫生条件是否符合要求；工作人员是否持有有效健康证合格证明；卫生管理制度是否健全并得到落实；库房和厨房冰箱食物贮存是否符合卫生要求；购进肉品是否严格登记；餐饮具是否进行消毒保洁，是否重复使用一次性餐具；是否擅自加工出售四季豆、野生菌、冷荤凉菜、草乌、附片等容易中毒的食物或非食物等。出动车辆1辆，工作人员4人，发放食品安全宣传材料16份。

【食品药品安全科普宣传】 9月1日，举行“全国安全用药月”宣传活动江川县启动仪式，通过张贴宣传画、印发宣传材料、开展咨询服务等多种形式，宣传食品药品安全的有关政策，帮助人民群众掌握用药安全的基本知识；9月15~16日，举办全县医疗机构药械不良反应监测和安全用药培训，向药械从业人员传授抗菌药物的合理使用、处方审核、药品不良反应和医疗器械不良事件监测等安全用药用械知识；9月16日，在江川县举办的玉溪市2011年“全国科普日”活动启动仪式上，设立安全用药知识展板，发放《食品安全法宣传资料》、《安全用药知识问答》、《假劣药品识别常识》、《购药常识》和《以人为本 强化药品和医疗器械安全性监测》等宣传资料7000余份，接受群众咨询600多人次。

【医疗器械不良反应监测及安全用药培训】 9月15~16日，举办为期两天的医疗器械不良反应监测及安全用药培训班。县级医疗机构、乡镇卫生院、村卫生所、个体诊所(门诊)计生服务站、厂矿及学校医务室共184名药品从业人员参加了培训。培训邀请玉溪市药品不良反应监测中心的孙毅老师就药品不良反应和医疗器械不良事件报告和监测进行了详细讲解，同时邀请江川县人民医院药剂科主任李亚捷讲解抗菌药物的治疗性应用和处方规范等相关知识。培训会上，县食药监局与各医疗机构签订《江川县药品使用单位质量安全承诺书》，承诺切实履行药械质量安全使用第一责任人的职责，建立健全各项规章制度，依法、规范、合理使用药品和医疗器械，严格执行药械不良反应(事件)监测和报告工作，自觉接受社会各界和广大消费者的监督。

【药品安全示范县创建工作推进会】 9月23日，召开药品安全示范县创建工作推进会，全县80户药品零售企业负责人参加了会议。会上下发《关于在全县药品零售企业开展创建“药品安全示范店”评选活动的通知》，对创建药品安全示范店的目的意义、评选标准、方法步骤、申报验收程序和申报材料等内容作了详细说明，要求各药品零售企业认真自评、积极申报。同时，县食药监局与各药品零售企业签订《药品诚信经营承诺书》，各企业承诺合法经营、诚信经营、文明服务。

【玉溪市第九届老年人运动会期间餐饮服务食品安全保障】 10月13~15日，玉溪市第九届老年人运动会在江川县举行。江川县食品药品监督管理局按照《重大活动餐饮服务食品安全监督管理规范》的要求，结合本次活动的实际情况，周密部署、明确责任、提前介入、全程监管，圆满完成了运动会期间餐饮服务食品安全保障工作任务，荣获组委会颁发的“先进集体”奖。此次餐饮服务食品安全保障工作共出动执法人员11人次，车辆4辆次，有效保障了比赛期间约350余人的饮食安全。

【定点回收过期药品大型公益活动】 10月19日，县食品药品监督管理局联合云南鹏源药业有限公司星云大药房和广州白云山和记黄埔中药有限公司开展定点回收过期药品大型公益活动。启动仪式上，县食药监局向广大人民群众宣传了服用过期药品的危害，号召大家要正确认识过期药品的危害性，切实增强安全用药意识，定期清理家庭小药箱，及时将过期药品送到“定点药店”。星云大药房的负责人也向广大人民群众承诺公德经营、良心经营、守法经营，让顾客放心购药、安心用药，坚决做到无假冒伪劣和过期药品销售。在启动仪式当天，200多名群众积极参与，共兑换货值1000余元的药品。

【药品监督抽验】 2011共完成药品抽验67批次，国家基本药物21批次，非基本药物46批次，其中：化学药品21批，中成药25批，中药饮片21批。不合格22批次，靶向不合格率32.84%，监督抽验涉及医疗机构49户，药品经营单位18户。

【餐饮服务环节食品安全保健食品和化妆品摸底调查】 9~11月，对全县餐饮服务环节食品安全、保健食品和化妆品经营企业的摸底调查工作。摸底调查以掌握辖区内餐饮服务环节食品安全、保健食品和化妆品持证经营现状为目的，从许可证发放情况，从业人员健康证持有情况，食品原料进货索证索票、餐饮具的清洗消毒、餐厨废弃物的管理、食品添加剂的备案公示等相关制度的执行情况，业态分布的真实情况等进行调查。同时将摸底调查工作与当前开展的餐饮服务环节查处取缔无证照经营、打四黑除四害、地沟油及餐厨废弃物管理、食品添加剂等专项整治相结合，统筹部署，合理安排。经调查，全县共有大中小餐饮单位978家，从业人员5000余人，其中大型餐馆7家，中型餐馆26家，小型餐馆306家，学校食堂110家，厂矿食堂34家，机关企事业食堂49家，小吃店91家，饮品店21家，快餐店9家，烧烤店157家，饮食摊点168家。保健食品经营企业共有118家，其中专营企业5家，兼营企业113家。化妆品经营企业共有301家，其中专营企业166家，兼营企业135家。

【葛勇检查指导食品药品安全工作】 11月24日，县委副书记、县长葛勇，县委常委、副县长罗跃岗等领导对江川县食品药品安全工作进行检查指导，先后深入花苑酒楼、星云大药房等企业，对江川县餐饮行业和药品经营企业发展情况以及江川食品药品安全监管工作相关情况进行详细了解。葛勇对江川县餐饮服务、药品经营企业的发展和全县食品药品安全监管工作给予充分肯定。同时指出：食品药品安全事关公众身体健康和生命安全，食品药品安全监管工作任重而道远，作为食品药品安全保障的重要部门，要深入贯彻落实科学发展观，不断加强

食品药品安全监管，严厉查处假冒伪劣食品药品，严厉打击非法添加和滥用添加剂、使用“地沟油”等违法违规行为，继续加强学校食堂、建筑工地食堂等的安全监管，加强餐厨废弃物管理，确保全县不发生重大食品药品安全事故，切实保障全县人民饮食用药安全。

【“12·4”法制宣传】 参加县委依法治县办组织的以“深入学习宣传宪法，大力弘扬法治精神”为主题的法制宣传活动，活动通过发放宣传材料、现场接受群众咨询、受理投诉举报、为老百姓讲解相关饮食用药安全等方式，重点对《食品安全法》、《食品安全法实施条例》、《药品管理法》等法律法规以及群众关心的药品违法广告、非药品冒充药品、安全合理用药以及食品安全事故的应急处置等热点难点问题进行了宣传。共展出宣传板4块，发放宣传资料6种2000余份，接受群众咨询150余人次。

【开渔节、元旦春节餐饮业食品安全隐患排查会】 12月7日，召开“开渔节、元旦春节”餐饮业食品安全隐患排查培训会。全县大中型餐饮服务单位、学校食堂负责人共130余人参加了会议。会议就《食品安全法》及餐饮服务环节相关法律法规、《江川县餐饮服务食品安全“百千万”示范工程建设实施方案》等进行讲解。与餐饮服务单位负责人签订《餐饮服务单位开渔节、元旦春节期间食品安全承诺书》、《江川县餐饮服务单位食品安全监管责任书》，鼓励有条件的餐饮服务单位积极参与示范建设，让餐饮服务单位主动承担食品安全“第一责任人”职责，确保开渔节、元旦春节期间餐饮服务环节的食品安全。

【成立食品药品稽查大队】 12月12日，根据《江川县机构编制委员会关于成立江川县食品药品稽查大队的批复》，江川县成立食品药品稽查大队。江川县食品药品稽查大队为县食品药品监督管理局所属财政全额拨款事业单位，核定事业编制6名，设大队长1名。新成立的食品药品稽查大队，将担负着江川县辖区餐饮服务环节食品、保健食品、化妆品、药品、医疗器械稽查工作，受理违法违规案件的投诉举报。同时，该稽查大队还将依法查处药品、医疗器械及餐饮服务环节食品、保健食品及化妆品安全的违法行为，组织开展上级批办、通知、通报案件的查处，并实施辖区内药品、医疗器械、餐饮服务食品、保健食品以及化妆品质量监测、抽验、送检、食品药品快速检测以及食品药品安全事件应急处理等工作职能。

【食品安全专项整治】 8月18日前，按照市食药监局和县委、县政府的要求，继续全力抓好食品安全综合监管工作，推进食品安全整顿。先后开展了打击违法添加非食用物质和滥用食品添加剂、地沟油整治和餐厨废弃物管理及乳品质量安全等专项整治。共出动执法人员1637人次，检查食品生产加工、流通、餐饮服务单位、集贸市场、屠宰场及奶牛养殖户等共3717户次，责令整改7户，查处案件4起，抽检34批次。

【发布食品安全预警通告】 进一步完善食品安全监测信息通报机制，加强部门间食品安全监测信息沟通共享，做好食品安全监测数据的收集、分析和食品安全风险评价工作，实时发布食品安全预警信息。1～8月共发布食品安全预警通告2期。

【餐饮服务食品安全专项整治】 8月18日～12月31日，开展餐饮服务环节无证经营、学校食堂、建筑工地食堂专项整治和地沟油整治，进一步加强餐厨废弃物管理，严厉打击食品非法添加和滥用食品添加剂。共出动执法车辆58辆次，执法人员164人次，检查餐饮服务单位570户次，开据监督意见书107份。责令限期整改4户，立案5起，处罚没款4600元。

【药品安全专项整治】 2011年，开展疫苗质量专项整治、处方药专项整治、抗菌素专项整治、含麻黄碱类复方制剂专项整治、中药配方颗粒专项整治、违法药品广告、非药品冒充药品等专项整治，共出动执法人员486人次，执法车辆113车次，检查单位559户次。查处药械违法案件17起，涉案货值金额1.5万元，收缴罚没款5.7万元。

【2011年药品从业人员岗位培训】 2011年共开展以《药品管理法》、《药品召回管理办法》及医疗器械相关法律法规等为主要内容的岗位培训5期，全县药械从业人员共581人参加培训，并进行考试，结果记入档案。

【药械安全监测工作】 2011年已注册143户医疗器械不良事件上报单位，上报药品不良反应89例、医疗器械不良事件9例。

【创建省级药品安全示范县】 2011年，县食药监局以创建省级药品安全示范县为契机，健全完善药品安全责任体系、监管体系、应急体系和长效机制，全年未发生一起药品安全事故，切实保障了全县人民群众用药安全有效。一是以落实责任为重点，健全完善了药品安全责任体系。为确保创建工作取得实效，与乡(镇、街道办事处)及相关监管部门签订《药品安全工作目标责任书》，与药品经营企业和医疗机构分别签订了《承诺书》。二是以制度建设为抓手，健全完善药品安全长效机制。完善《江川县药品和医疗器械突发性群体不良事件应急预案》，制订《江川县药品安全示范店现场检查评定标准》、《江川县药品医疗器械违法案件举报奖励办法》、《规范药房建设标准》等，积极指导创建工作。三是以示范创建为载体，确保药品安全示范县创建工作取得实效。以

醉2人、医学影像1人、临床检验1人；教育系统8人；水利系统3人。

【军转安置】 努力做好全县67名企业军队转业干部的维稳与解困工作，发放企业军转干部的困难生活补贴24.65万元，春节慰问5人共2500元。做好7名自主择业军队转业干部的管理工作。2011年安置军队转业干部2人，自主择业1人。

【机关单位职务变动、事业单位专技职务晋升和特殊人员工资变动审批】 2011年，职务变动晋升工资62人，月增支3043元；办理特殊岗位津贴变动433人，月增支25293元；113人见习人员办理转正定级手续。办理调动353人；离休人员办理高龄补贴2人；32名死亡人员办理丧葬费、抚恤费；职工教育经费2人审批1000元；报销27人次护理费10212.3元。

【退休审批】 2011年，机关事业单位按政策办理退休共62人，企业及自谋职业者共62名职工办理退休手续。

【工伤认定】 全年接到工伤申请232起，其中：受理230起，不予受理1起，发补正材料通知1起。经取证后，由市劳动和社会保障局认定230起，其中：工伤223起，视同工伤4起，不属于工伤3起。

【就业再就业核心指标完成情况】 2011年，城镇新增就业2109人，完成计划数2100人的100%，下岗失业人员再就业506人，完成计划数500人的101%，特殊困难群体再就业503人，完成计划数500人的100%；开发公益性岗位368人，完成计划数350人的105%；城镇登记失业率控制在3%以内。

【再就业优惠政策落实情况】 贷免扶补小额贷款发放70人，完成计划数70人的100%。开展创业促就业小额担保贷款工作，解决江川县就业再就业人员创业的资金紧缺问题，充分发挥小额信贷促进再就业的作用，全年发放814人、4070万元，完成计划数520人的156%。劳动密集型小额贷款4户，发放贷款800万元，完成计划数4户的100%。

【农村劳动力转移】 2011年，农村劳动力培训679人，完成计划数400人的169%，农村劳动力新增转移749人，完成计划数700人的107%。

【企业养老保险】 2011年，企业参加基本养老保险8177人，完成市下达指标7800人的104.83%；实际缴费6100人，完成市下达指标6100人的100%；应征缴基金3292万元，实际征缴基金3259万元，征缴率为98.99%。

【机关事业单位养老保险】 机关事业单位养老保险参保5199人；应征缴基金6096万元，实际征缴基金6069万元，征缴率为98.8%。基本养老保险历年欠费回收41万元，回收率为100%。

【农村养老保险】 2011年，老农保(含被征地农民养老保险)养老金发放人数为6862人，发放养老金87.12万元；共收取被征地农民养老保险3959人，收取保费2357万元。

【新型农村和城镇居民养老保险】 开展新型农村和城镇居民养老保险工作，截至2011年底，新农保参保163081人，参保率达97.226%，城镇居民参保5331人，参保率达98.159%，超额完成市政府下达的目标任务。

【城镇职工基本医疗保险】 全县参加城镇职工基本医疗保险的单位390户(其中：机关事业单位195户，自收自支事业单位12户，企业单位183户)，12517人；参加大病补充保险单位391户，12517人。

【城镇居民基本医疗保险】 参加城镇居民基本医疗保险17870人；参加城镇居民大病补充医疗保险6701人。

【失业保险】 做好失业保险费统一征收和失业保险金缴费基数核定工作。2011年，失业保险参保6404人，失业保险费收入528.88万元；正在领取失业保险金的有38人；发放失业保险待遇46.2万元，失业保险待遇做到100%按时足额发放。

【企业工伤保险】 2011年，企业工伤保险参保7449人，完成市下达指标7140人的104.33%，其中：农民工参保5768人，完成市下达指标5440人的106.03%。

【企业生育保险】 企业生育保险参参保2510人，完成市下达指标2510人的100%。

【机关事业单位工伤保险】 机关事业单位参加工伤保险206户5475人。

【机关事业单位生育保险】 机关事业单位参加生育保险206户5475人。

【《社会保险法》培训】 2011年，组织《社会保险法》培训班一期，对来自机关事业单位、企业的负责人256人进行培训。

【劳动合同登记备案】 2011年，对440户用人单位9601人的劳动合同进行登记备案，登记备案的劳动合同中，签订“固定期限”劳动合同的有8568人、签订“无固定期限”劳动合同的有969人。江川县劳动合同签订率达到86%以上，其中农民工签订率为84%。

【劳动人事争议案件处理】 2011年，处理劳动人事争议案件32件(8件作出不予受理通知)，调解9件、裁决15件，争议内容涉及工伤待遇赔付和社会保险缴纳、经济补偿等内容。

【信访工作十项制度】 认真落实信访

工作十项制度，做好来信来访工作，及时答复群众咨询的政策问题，共接待涉及工资、工伤、福利等问题来访群众360人次，直接答复率80%以上，结案率100%。

【社会保险登记】 根据《社会保险费征交暂行条例》、《社会保险登记管理暂行办法》的规定，积极督促用人单位办理社会保险登记。2011年，共发放社会保险登记证541户，其中机关53份，事业单位132份、企业259份、其他100份。

【劳动监察】 组织开展劳动保障执法年审，共审查各类用人单位815户；加强投诉举报案件的查处，对恶意拖欠农民工工资、不与劳动者签订劳动合同等违法案件及时调查处理，为219名农民工追回所欠工资77.5万元(其中：外来农民工161人，追回工资52.2万元)，对违法的用人单位给予了行政处罚，有效维护了法律的严肃性和劳动者的合法权益。

【日常巡查】 做实日常巡查工作，规范用人单位的用工行为。先后对辖区内各类用人单位360户次进行巡查，达到了预期的日常巡查的目的。

【专项检查】 年内开展农民工工资支付、春暖行动、清理整顿人力资源市场秩序等6次专项检查，共检查67户282人。通过检查对违规单位进行督促，维护了社会的稳定。2010年以来，江川县翠峰水泥有限公司及翠峰纸业公司因生产周转资金链短缺，致使职工工资不能按时足额发放，2012年12月，通过两个公司及各方面的努力，两个公司分别支付拖欠工资400万、300余万元。

【农民工工作】 建立农民工工资保证金制度，保障农民工工资支付。2011年共有40户建筑企业在专户上存入保证金422余万元。

【企业退休人员社会化管理服务】 继续巩固在全县已建立的自管学习大组8个，以村(办)为单位建立社区自管学习小组56个，继续将全县企业退休人员2478人(其中集体企业超龄参保人员828人)和机关事业退休工人258人编组纳入参加每月的学习日活动。全县实现企业退休人员社会化管理率达100%，社区管理率达98%以上；完善管理制度，社会化管理办法规范化。制定了《江川县企业退休人员社会化管理服务办法(试行)》，本办法自2011年4月1日起实施执行；认真组织开展工会第八期医疗互助活动，切实为企业退休人员排忧解难，共组织企业退休人员参加职工医疗互助活动缴费296人次，交纳互助金36060元，其中：继续参加活动的269人次，新增参加活动27人。

【信息公开】 本着依法行政、公开公正、高效便民、监督问责的原则，通过政府信息公开门户网站、江川县人事劳动局网站、玉溪市劳动和社会保障网、江川网、云南省阳光政府政务信息公开网站、单位公告栏、新闻发布等方式，从部门领导、机构职能、政策法规、重大决策、行政执法、便民服务、工作动态、其他信息八个方面在规定时限内主动公开相关的工作信息，2011年通过各种形式公开信息320余条(次)。

(李忠仙)

机构编制工作

【事业单位法人登记和年检】 进一步巩固现有登记成果，对事业单位登记过程中的申请、受理、审查、核准、发证、公告等各个环节加强管理，确保登记资料的真实、完整、齐全。做好事业单位法人设立(备案)、变更、注销登记的日常工作，2011年共办理设立登记2户、变更登记14户。切实做好2010年度事业单位法人检验工作。年检时间为1月1日～3月31日，从逐一审查事业单位提供的相关资料入手，对应参加年检的事业单位的资产负债表、法定代表人任职(聘任)文件、事业单位成立及更名等材料进行认真审查，确认单位名称、资金、法定代表人、单位住所等其中一项有变动的，对其进行变更登记。对符合年检要求的做出年检合格的决定，应参加年检的事业单位160户，实际参加年检的147户，占应年检事业单位的91.88%，年检合格的147户。

【增人使用编制计划管理】 严格执行《江川县机关事业单位增人使用编制计划管理办法》，根据市编委办下达江川县2011年缺编补充人员使用编制计划数，结合各机关事业单位上报的使用编制增人计划，提出2011年缺编补充人员使用编制计划方案，报经县编委会议研究同意，下达乡镇机关使用行政编制计划招考公务员11名，实际招录9名。下达县公安局和乡镇司法所使用政法专项编制计划招考公务员6名，实际招录6名。下达参照公务员法管理事业单位使用事业编制招考工作人员12名，实际招录12名。下达事业单位使用事业编制招聘工作人员计划84名(其中：教育事业单位50名、卫生事业单位18名、乡镇事业单位5名、其他部门所属事业单位11名)，实际招聘69名(不含全省定向招聘的5名和外地调入江川县的教师4名)。此外，市委编办追加下达江川县2011年中小学音体美教师专项编制及使用计划12名，实际招聘音体美教师12名。

【机构编制管理】 继续执行省、市关于机构改革期间暂停机构编制审批的规定，不受理县政府工作部门、部门管理机构和议事协调机构的常设办事机构有关提高机构规格、新增和调整机构、人员编制、领导职数等方面的请示事项。坚持机构编制“一支笔”审批，提请召开县编委会议4次，报县编委研究，共办理部门有关机构编制事项的请示14件，其中：事业单位更名3件、增设内设机构1件、内设机构加挂牌子1件、事业单位增加人员编制2件、成立机构6件、调整编制1件。撤销职能完全消失的县星云湖出流改道工程管理局，报市委编办成立事业单位1件。配合相关部门开展医药卫生体制改革，按照新的标准核定乡镇(街道)卫生院人员编制。

【政府机构改革】 按照省、市关于政府机构改革的总体部署，江川县政府机构改革工作大体分为三个阶段：一是调研准备阶段。主要是根据云发10号文件精神和市委、市政府对机构改革的总体安排，县编委办组织开展机构改革前期调研，广泛听取意见。二是拟订方案阶段。县编委办在前期调研的基础上，经充分论证、反复研究，并多次与市编办汇报沟通后，研究提出县政府机构改革方案和实施意见。提请县编委会研究、县政府常务会和县委常委会审议，将审议通过的改革方案上报市委、市政府审批。三是组织实施阶段。2010年11月30日，市委、市政府正式批复江川县的机构改革方案，机构改革工作转入组织实施阶段。2011年3月15日，县政府依法向县人大常委会报备县政府机构调整设置情况，并由县政府领导在县第十四届人大常委会第26次会议上作了关于县政府机构改革方案的说明；县人大常委会任命机构改革调整变动部门主要负责人。3月17日，县政府召开机构改革动员大会进行部署，县委副书记、县长葛勇作重要讲话，并对2个新组建、4个更名的工作部门授印。印发机构改革实施意见、工作方案等文件。会后，各部门迅速行动，认真拟订“三定”规定；县编委办对各部门拟订的“三定”规定进行认真审核，并及时提交县编委会议审议。印发28个部门、单位的“三定”规定(方案)；对撤并、主管部门变动和职能调整涉及的人员进行划转和移交。对县水产技术推广站进行清产核资，并移交县农业局管理。改革后，县政府设置工作部门23个，部门管理机构2个。通过改革，进一步转变了政府职能，优化了组织结构，理顺了职责关系，明确和强化了部门责任。

【深化乡镇机构改革】 乡镇机构改革工作是省政府确定的2011年重点督查的20项重要工作之一。县委、县政府把这项工作列入重要议事日程，成立以县委书记任组长的江川县乡镇机构改革领导小组，并成立资产清查处置、人员调整安置2个工作组。各乡镇(街道)也成立由党(工)委书记任组长的改革领导小组。落实“一把手责任”，切实加强对深化乡镇机构改革的领导，确保改革顺利进行。按照中央、省、市乡镇机构改革的要求，积极做好乡镇机构改革的各项准备工作，在认真学习领会省委文件、《玉溪市乡镇机构改革指导意见》的基础上，拟订了江川县的乡镇机构改革方案，通过深入乡镇、召开专门会议，广泛征求意见，进行修改完善，与市委编办沟通，按程序提交县编委会议研究，县委、县政府同意，将方案报市审批。市委、市政府批复江川县的乡镇机构改革方案后，县委、县政府及时下发《江川县深化乡镇机构改革实施意见》和对各乡镇(街道)机构改革方案的批复。11月16日，县委、县政府召开深化乡镇机构改革动员大会，全面安排部署乡镇机构改革工作。会后，各乡镇(街道)抓紧制定岗位设置方案，并认真组织实施。召开人员移交会议，对下划乡镇(街道)管理的人员进行移交。组织各乡镇(街道)财政所对各中心、站、所的资产进行登记、核实核对，并组织实施了各乡镇(街道)涉及撤并事业单位的资产移交。对下划乡镇管理需要清产核资的畜牧兽医站资产进行全面清查，并组织将财务、资产移交给各乡镇(街道)。于2011年11月底基本完成乡镇机构改革工作。通过这次机构改革，一是调整规范了乡镇(街道)党政机构设置和职责配置，按照精简统一效能的要求，每个乡镇(街道)设党政综合办公室4个，即：党政办公室、经济发展办公室、社会事务办公室、社会治安综合治理办公室(加挂群众工作站牌子)。二是规范事业单位设置和职责。打破部门界限，对现有事业机构进行整合，综合设置乡镇(街道)事业单位。除教育、卫生、国土分局(所)外，乡镇事业单位实行以乡镇管理为主、上级业务部门进行业务指导的管理体制。县财政局、县人力资源和社会保障局、县农业局的派出机构，财政所、劳动保障所、畜牧兽医站下划乡镇管理，撤销县统计局的派出机构乡镇统计站，其职能并入经济发展办公室。每个乡镇(街道)设“五中心二所”7个事业单位，即：农业综合服务中心、社会保障服务中心、规划建设和环境保护中心、农村经济管理服务中心、文化事务中心、人口和计划生育服务所、财政所。三是规范人员编制和领导职数。按照乡镇分类标准，确定大乡镇2个、中乡镇4个、小乡镇1个。重新核定人员编制，行政编制按大、中、小乡镇，综合平衡核定；事业编制按乡镇类别核定，原县级部门派出乡镇(街道)的财政所、劳保所、统计站、畜牧兽医站的编制，调整下划计入乡镇(街道)事业编制总量。乡镇(街道)后勤服务保障人员不再核定编制，原有人员逐步消化。重新核定人员编制后，乡镇(街道)机构人员编制没有突破2005年省、市核定的规模。严格按照规定核定领导职数，核定领导职数9名的乡镇5个，11名的乡镇2个。乡镇(街道)工会、共青团、妇联等职务按有关规定配备。

【事业单位清理规范工作】 按照中央、省、市关于开展事业单位清理规范工作的要求和玉机编有关文件精神，结合江川县实际，制定下发《关于开展事业单位清理规范工作的通知》，明确清理规范的范围、主要任务、工作步骤。于9月28日召开事业单位清理规范工作会议，就贯彻上级相关文件精神提出要求和安排，各乡镇(街道)、

各单位认真研究拟订清理规范方案，并精心组织实施，清理规范工作有序展开。把事业单位清理规范工作与乡镇机构改革结合起来，采取先清理后规范、先易后难、先重点后一般的方式整体推进，于12月20日全面完成事业单位清理规范工作。一是对全县事业单位进行全面清理，清理规范前共有事业单位227户，其中：财政补助219户，经费自理8户。清理规范后保留事业单位188户，其中：财政补助181户，经费自理7户。减少事业单位39户。二是对保留的事业单位的职责任务、机构设置、机构名称、人员编制、编制结构、领导职数进行了规范。对11户事业单位进行更名，明确了2户事业单位的隶属关系，按照事业单位编制结构比例“三个不低于70%”的要求，规范编制结构。

【理顺县编办管理体制】 根据《中共玉溪市委　玉溪市人民政府关于江川县人民政府机构改革方案的批复》、《中共江川县委、江川县人民政府关于印发〈江川县人民政府机构改革实施意见〉的通知》和《中共江川县委办公室关于印发〈中共江川县委机构编制办公室主要职责和人员编制方案〉的通知》文件精神，原与县人事劳动局合署办公的江川县机构编制委员会办公室单独设置，列入党委机构序列，为县委工作部门，正科级，名称为中国共产党江川县委员会机构编制办公室(简称“县委编办”)。同时，承担江川县机构编制委员会的日常工作，保留江川县机构编制委员会办公室牌子。江川县事业单位登记管理局，其机构与县委编办合署办公。管理体制调整后，补充1名工作人员，工作人员由2名增加到3名。

(王兴堂)

民　政

【市慰问团到江川慰问】 1月28日，由市委常委、副市长黄宪庭，市人大副主任孔繁喜，市政协副主席李有明率领的市春节慰问团，在县委书记张延明及县四套班子的陪同下，到驻江77216部队进行春节慰问。77216部队团长余明权、政委侯利平带领团党委全体军官迎接市、县慰问团。市慰问团慰问部队香烟5件，慰问品30份，酒10箱。，军地双方领导举行军地联谊会。还入户慰问江川特困职工2户、下岗失业职工2户、困难企业退休人员1户、工伤人员1户、城市特困户2户、农村特困户2户、老复员军人1户、烈属1户、百岁老人1户、见义勇为人员2户、农民工2户。其中慰问城乡特困户、百岁老人每户400元，其余每户慰问现金300元、价值60元慰问品1袋；慰问见义勇为牺牲者家属2户，慰问现金1000元。

【县慰问团慰问77216部队及困难群众】 2011年1月27日，由县四套班子组成的慰问团到驻江77216部队进行春节慰问，参加慰问的县领导有：县委书记张延明，县委副书记张金翔，县人大主任赵少春，县政协主席黄文柱，县委常委、纪委书记郭永生，县委常委、常务副县长李东林，县委常委、人武部政委张永华，副县长师文、陈川明、龚桂存。军地双方召开了军地联谊座谈会，首先由77216部队团长余明权作工作汇报。其次，由县委书记张延明作发言。江川县慰问部队现金10000万元，红塔山香烟1件，慰问品20份，折合人民币15950元。由县四套班组成的7个慰问组，带着县委、政府和全县人民的祝福，分别到全县7个乡镇慰问城市特困户、农村特困户、重点优抚对象和敬老院五保老人，每个乡镇慰问特困户和重点优抚对象3户，残疾人家庭1户，户均发放慰问金200元和价值60元的慰问品一袋；每个乡镇慰问敬老院一所，给每位在院五保老人发放祝寿钱50元。

【江川县春节慰问】 2011年春节将至，为使江川县特困人群和优抚对象同全县人民一道过一个欢乐、祥和、喜庆的新春佳节，市委、市政府，县委、县政府对春节慰问尽早做了安排：一、市慰问团慰问农村和城市特困户、烈属、伤残军人、在乡老复员军人、百岁老人共36户，其中对城市特困户10户每户慰问400元，对农村特困户10户每户慰问400元，重点优抚对象10户每户慰问300元，百岁老人6户，每户慰问400元，共计慰问13400元，其中市领导直接入户慰问7户，其余的29户由乡镇慰问。二、军队离退休干部、无军籍职工由市每人慰问300元，由县每人慰问100元，共计400元，15人共计6000元；地方退休人员共24人，每人慰问100元，共计2400元，外加价值60元的慰问品一袋。三、慰问77216部队现金10000元，红塔山香烟1件4750元，价值60元的伤病员慰问品20份，三项共计15950元；慰问人武部红塔山香烟2件9500元；慰问消防大队、武警中队现金各1000元，合计2000元。四、以乡镇为单位慰问重点优抚对象，其中老复员军人、“三属”、伤残军人、带病回乡退伍军人共634人，每人50元，合计31700元。慰问2010年退役士兵126人，每人30元，合计3780元。五、慰问农村特困户200户，每户200元，合计40000元；慰问五保老人605人(含院内院外)，每人50元，计30250元；慰问敬老院工作人员25人，每人100元，计2500元。六、慰问百岁老人6人，每人300元，合计1800元；慰问烈士墓工作人员3人，每人200元，合计600元。除市级下拨经费外，县财政核拨经费160000元，保证了全县特困人群和优抚对象在2011年过好春节。

【江川县入户慰问军地离退休干部职工】 1月24～25日，江川县民政局分成三个慰问小组，入户慰问军队离退休干部、无军籍职工、三级伤残军人、地方离退休干部。第一组由副局长龚绍辉带队，到前卫、九溪两镇慰问军地离退休干部职工；第二组由副局长李思源带队，到江城、路居两镇慰问军地离退休干部职工；第三组由老龄委副主任侯丽梅带队，慰问县级机关及大街镇军地离退休干部职工。慰问小组每到一户家中，向军地离退休干部职工表示节日的问候，每人慰问现金100元。此次慰问，共慰问军地离退休干部职工39人，发放慰问金共计3900元。

【江川县民房火灾】 1月10日凌晨2：00左右，江城镇左卫村委会下宝塔营七组村民杨小艳家发生火灾，此次火灾涉及1户6人，因抢救及时没有造成人员伤亡，共烧毁民房7间，120平方米，烧毁家中全部家具、电器、衣物，粮食1200千克，此次火灾直接造成经济损失10万余元。5月1日中午1：30时，大街街道龙泉村民房意外发生火灾，共烧毁土木结构老房子三间四耳，180平方米，涉及农户4户，17人。其中3户家中所有财产全部被烧毁，直接经济损失16.5万余元。7月8日凌晨4点，孤山村秦家山村民小组村民姚牙柱家房屋突然起火，家中住房被全部烧为灰烬，烧毁房屋80多平方米。

【慰问王超烈士家属】 2011年1月19日下午，在春节即将到来之际，雄关乡纪委书记李彦华、乡综治维稳委专职副书记陈宝林、乡武装部长岳文宝等领导组成慰问组，到雄关乡下营村王超烈士家中，看望慰问烈士家属，并送上慰问金。1月20日，77216部队副团长查睿一行在雄关乡党委书记李菊、乡长周瑜等陪同下，来到在四川道孚救火中牺牲的王超烈士家中，慰问其家人，并送上慰问金和慰问品。查睿指出，王超烈士为扑火救人献出了年轻宝贵的生命，他的壮举感动了77216部队全体官兵，部队正在深入开展学习王超烈士事迹活动。

【省第三劳教所到九溪敬老院看望慰问老人】 敬老、尊老、爱老是中华民族的传统美德。为使老人们过上一个欢乐愉快的春节，在春节即将来临之际，云南省第三劳教所干警于1月25日到九溪镇敬老院看望慰问敬老院老人，干警到敬老院和老人们一起拉家长，询问老人的身体是否安康，在院内生活是否过得习惯，使老人们感受到了省第三劳教所干警还记挂着他(她)们，老人们非常高兴，干警们还给每位老人带来了一袋糖果和水果，老人们在干警们的看望下脸上堆满了笑容。

【大街镇青年团员到敬老院开展学雷锋活动】 3月2日，江川县宇丰加油站、星云大药房，金骏大药房组织青年团员20多人到大街镇的大街、大庄、伏家营三个敬老院开展学雷锋活动，他们到敬老院给五保老人检查身体，发放一些老人常用的药品；帮老人打扫卫生，同老人们谈心；给每位五保老人发放一袋装有水果、糖、洗衣服、毛巾等的礼品。他们的到来给老人带来了欢乐，帮老人做了很多事实，受到老人们的欢迎。这次活动深化了尊老敬老爱老的传统美德，继续发扬了雷锋的精神，促进了社会的和谐稳定。

【九溪镇发生两起交通事故】 2011年1月31日晚8时左右，九溪镇马家庄村村民龚保华骑摩托车带着妻子到县城办事。当行至玉江高速路鸡窝段18公里处时撞在大车车尾处，致夫妻两人当场死亡，事故发生后，九溪镇党委、政府、民政办高度重视，2月1日由领导带队到其家里进行安抚，并送去了2000元的补助款和300公斤大米。这起交通事故，使家里两个未成年的孩子，一个为15岁，一个为14岁，成了孤儿，给其家里带来了困难。2月2日上午9：15时左右，九溪镇大鸡窝上村村民王保生开着拖拉机在倒车过程中拖拉机头侧翻至其当场死亡。镇党委、政府高度重视，民政办送去150公斤大米进行安抚。同时，政府还强调要求有关部门今后要加强对农机产品使用安全的宣传教育，尽量减少此类事故的发生。

【清明节祭扫烈士墓活动】 4月2日，江川县在烈士陵园举行祭扫烈士墓活动。上午9：00，仪式开始，县委常委、宣传部长石伟主持，仪式共有六项议程：奏哀乐，向革命烈士默哀3分钟；参加祭扫烈士墓的相关单位敬献花圈；政府副县长龚桂存恭读了祭文；到会的县委、人大、政府、政协四套班子领导为革命烈士扫墓；奏国际歌；向革命烈士三鞠躬告别。参加活动的60多家单位敬献了花圈，整个会场庄严肃穆。县四套班子的主要领导参加了仪式，机关干部、驻江部队官兵、中小学生近2000人参加了祭扫活动。

【殡葬改革街头宣传】 4月2日，由县民政局主办、大街街道民政办协办，以“加快殡葬改革步伐，大力提倡厚养薄葬”为主题的殡葬改革宣传活动在县城明珠路拉开帷幕。民政局出动干部职工8人，宣传车一辆，横标一幅，展板30块，向过往群众大力宣传移风易俗、推行火葬、规范土葬、提倡生态葬，并向过往群众发放宣传册2000余册。

【2011年民政工作会议暨创建全国双拥模范县动员大会】 4月29日9：00～11：40，江川县在县政府五楼会议室召开2011年民政工作会议暨创建全国双拥模范县动员大会，出席本次会议并在主席台就座的有县人大副主任杨生明、县政府副县长龚桂存、县政协副主席李绍华、县人武部部长李方正、县政府办副主任范文慧、县民政局局长顾绍勇，参加此次会议的有民政局局领导及全体干部，20余家江川县双拥领导小组成员单位的分管领导，各乡镇、大街街道分管民政、双拥和老龄工作的领导及民政助理员、老龄专干共计60余人。会议由县政府办公室副主任范文慧主持。会议共有三项议程：龚桂存作题为《抢抓机遇，锐意进取，服务民生，共谋发展，努力开创“十二五”期间民政事业发展新

局面》的工作报告。顾绍勇作题为《与时俱进，关注民生，为民解困，努力实现全县民政事业跨越式发展》的工作报告。龚桂存代表县人民政府与各乡镇、大街街道分管民政、老龄工作的领导签订《江川县2011年民政工作目标管理责任书》和《江川县2011年老龄工作目标责任书》。

【安化乡卫生院为五保老人建立健康档案】　经过安化乡民政办、团委与乡卫生院的协调，5月6日，安化彝族乡卫生院医务人员来到敬老院为7位在院五保老人建立健康档案。在敬老院，医务人员为老人们量体重、量身高、测血压、测血糖等常规检查，询问老人们的其他健康情况，为他们送去一些常规药，指导服药时间和计量，并为他们建立了健康档案。

【江城镇受灾】　5月24日晚8时～25日早8时，江城镇辖区内突降大雨(白家营监测点降雨量达49毫米，江城监测点降雨量达39毫米，其中5月25日凌晨1～2时白家营降雨量达21毫米)，1071亩农作物(其中烤烟408亩)不同程度受大雨袭击。雨情发生后，江城镇及时组织镇、村、组干部进行排查，深入一线指导生产自救，并组织抽水机进行排水排涝，及时处理隐患；对受灾的田块、地段沟渠进行疏通，同时安排人员对辖区内的河流、沟渠、闸门进行全面检查，发现冲积物积淤或其它原因造成沟渠、河道阻塞的及时清理疏浚，确保行洪畅通。组织和指导群众开展生产自救，对已不能存活的烟苗及时进行更换，同时管好现有烟苗，做到能保尽保。6月19日，江城镇辖区内突降大雨。江城镇农作物、房屋、道路遭受不同程度的损失，截至6月21日，据统计，共造成农作物受损2018.9亩，其中，烤烟1505亩，成灾986亩。水稻73亩，成灾73亩；蔬菜141亩，成灾127亩；玉米289亩，成灾186亩；花卉7.6亩，成灾7.2亩；其他作物受灾4亩。道路受损10102米。房屋倒塌160平方米。损坏水管760米。雨情发生后，江城镇及时组织镇、村、组干部639人进行排查，深入一线指导生产自救，组织抽水机进行排水排涝，处理隐患；对受灾的田块、沟渠进行疏通，同时安排人员对辖区内的河流、沟渠、闸门进行全面细致检查，对有阻塞的河道清理疏浚，确保行洪畅通。

【县中心敬老院社会福利院开工】　江川县中心敬老院社会福利院于6月28日开工建设。县中心敬老院和社会福利院规划总用地面积6888平方米，总建筑面积4695.6平方米，标间109间，床位218床，可入住400余位老年人。

【省市民政局领导调研江川县中心敬老院建设】　7月15日，市民政局副局长刘家寿一行4人在县民政局主要领导陪同下，到江川县中心敬老院建设工地指导工作。在施工现场查看工程建设情况，询问此项工程的报建手续、建设规模，投资规模，项目建设后的各项功能，并询问该项目建设中存在的主要问题及困难；刘家寿肯定县民政局在建设工程中所做的各项工作，并提出工程建设中对门厅上部外观和大门入口建设的指导性建议。7月27日，省民政厅社会事务处处长董亚梅、市民政局副局长周俊等一行莅临指导江川县中心敬老院和社会福利院建设工作。董亚梅查看了整个施工现场，询问工程规模、施工进度、工期以及资金使用情况。在施工现场会议室，董亚梅仔细查看施工图纸和报建手续，并强调施工期间必须十分重视安全工作，严把工程质量关。

【市县“八一”建军节慰问77216部队】

7月28日上午10时，由县四套班子组成的慰问团到驻江77216部队进行“八一”建军节慰问。参加慰问的县领导有：县委书记马文龙，县委副书记张金翔，县人大主任赵少春，县委常委、常务副县长李东林，县委常委、组织部长林清，县委常委、人武部政委张永华，县委常委、宣传部长龚桂存。军地双方召开军地联谊座谈会，江川县慰问部队红塔山香烟2件，慰问品30份，折合人民币11300元。

8月1日，由市委、市政府组成的慰问团，在市委常委、市委秘书长范汝坤的率领下，到驻江77216部队进行“八一”建军节慰问。参加慰问的市级领导有：市委常委、市委秘书长范汝坤，市人大副主任郑云龙，市政协副主席汪燕平，陪同慰问的江川县级领导有县委常委、常务副县长李东林，县人大副主任杨生明，县政协副主席杨吉英。军地双方召开军地联谊座谈会，市慰问团慰问部队现金30000元。

【县慰问团慰问人武部、武警、消防、预备役三团二营】　7月28日，由县委、人大、政府、政协四套班子组成的慰问团，分成两个组分别对人武部、武警县中队、消队大队、预备役三团二营进行建军84周年慰问。由县委书记马文龙率领的第一慰问组到人武部、消防大队进行慰问，慰问人武部红塔山香烟2件，慰问消队大队红塔山香烟1件，合计价值14250元。由县委副书记张金翔率领的第二慰问组到武警县中队、预备役三团二营进行慰问，各慰问红塔山香烟1件，合计价值9500元。慰问团每到一处，代表县委、人大、政府、政协四套班子以及全县28万各族人民，向驻江军警部队表示节日的问候，向他们为江川经济建设、社会发展和社会稳定所作的贡献表示诚挚的感谢！

【县民政局慰问军队离退休干部无军籍职工】　7月29日，县民政局分成两个组，对全县军队离退休干部、无军籍职工进行“八一”建军节慰问。第一组由副局长龚绍辉率领慰问组，到前卫、江城、大街对7位军队离退休干部、无军籍职工进行了慰问；第二组由副局长李思源率领慰问组，慰问住县城和九溪镇的11位军队离退休干部、无军籍职工。此次慰问采取入户慰问的方式进行，对军队离退休干部、无军籍职工每人慰问现金100元，价值60元的慰问品1份，折合人民币2880元。

【2011年“八一”建军节双拥工作座谈会】 7月28日，县四套班子在县人武部组织召开2011年双拥工作座谈会。此次座谈会，正值中国人民解放军建军84周年，县四套班子组织对77216部队、县人武部、县消防大队、预备役三团二营、武警县中队等驻江军警部队进行慰问座谈。县委书记马文龙作了重要讲话，马文龙首先代表县四套班子以及全县28万各族人民对驻江军警部队表示节日的问候，马文龙对全县上半年的工作进行了简要概述，最后强调，全县各级各部门要高度重视拥军优属工作，要将双拥工作纳入县委、政府的重要议事日程，巩固已取得的双拥成果，为玉溪市争创全国双拥模范城添砖加瓦。

【省市福彩中心资助江川贫困大学生】 8月25日，县民政局在三楼会议室召开“省市福彩中心资助江川县2011年贫困大学生仪式”。根据市福彩中心《关于资助贫困大学生的通知》要求，此次资助江川县5位贫困大学，每位大学生资助现金3000元，由省、市福彩中心进行资助15000元。为搞好此次资助活动，县民政局根据2011年高考情况，结合被录取大学生的家庭困难情况，提前调查摸底，确定了5位符合条件的贫困大学生家庭：路居镇甸头村的杨海洁；前卫镇下庄子村的张辉；大街街道三皇寺村的黄文丽；大街街道老河咀村的张文；前卫镇上庄子村董行。

【召开2011年贫困大学生奖励资助会】 8月26日，江川县在县教育局三楼会议室召开“江川县2011年奖励资助贫困大学生仪式”。出席会议的领导有：县委常委、常务副县长李东林，政协副主席李绍华，教育局局长李卫东，民政局局长顾绍勇；参加会议的还有江一中、江二中校长，民政局、教育局相关工作人员，受奖励资助的10位贫困大学生和家长。与会领导向10位受奖励资助的10位贫困大学生发放补助款每人5000元，合计50000元。

【“8·31”特大风雹灾救灾】 8月31日18：00时，江川县发生雷雨大风、强冰雹等灾害，县内江城、雄关、九溪、前卫、安化五乡镇17个村委会(社区)先后受灾。经核实，此次灾害共致使14829.56亩烤烟、水稻、蔬菜等农作物不同程度受损，造成直接经济损失17654万元。灾情发生后，县民政局高度重视，带领工作人员先后到重灾区江城、雄关等地调查落实灾情，工作人员一边安抚群众思想工作，一边进行对受灾农作物进行查看统计，并对到场的乡镇主要领导做出了救灾重点安排。9月2日，县民政局召开紧急会议，局长顾绍勇通报了“8·31”特大风雹灾的受灾及查灾情况，面对严重的灾情，民政局及时与县粮食储备公司取得联系，尽快购买救灾粮110吨，并要求该公司加班加点加工大米，在5日内将救灾粮拉运到各乡镇(街道)。对灾情严重的江城镇救济大米80吨，对前卫镇、大街街道各救济大米8吨，对九溪镇、路居镇各救济大米4吨，对安化乡、雄关乡各救济大米3吨。并要求各乡镇(街道)民政办认真核查灾情，落实受灾面积，准确确定损失程度，并在村委会(社区)进行张榜公示，并及时、准确将救灾粮发放到受灾农户手中，要求每天上报救灾情况到民政局。

【姚国华到江川调研8·31受灾情况】 9月21日，由省民政厅副厅长姚国华带队的第三工作组，在县民政局局长顾绍勇陪同下到江城镇对8·31受灾情况进行调研，工作组来到江城镇左卫村委会宝塔营村农田，实地查看了风雹灾害受灾情况。工作组细心察看了农作物(水稻)受损情况，听取和了解了关于农作物受损的基本情况、采取的措施等情况。要求当地民政部门和乡镇党委、政府要切实做好群众自救互救工作，及时救助受灾困难群众。姚国华要求各级民政部门认真做好各项民政工作，不负民政工作“上为国家分忧，下为民众解愁”的宗旨。

【姚国华到江川调研】 9月21日，省民政厅副厅长姚国华、省民政厅救灾中心主任高绍堂一行在县民政局局长顾绍勇陪同下，到江川县中心敬老院和社会福利院建设工地指导工作。查看工程建设情况，询问此项工程的建设规模，资金到位情况，项目建设后的各项功能，并询问该项目建设中存在的主要问题及困难。姚国华提出要想方设法控制投资成本，并要求在2012年第一季度内投入使用，使供养对象尽快入住，确保敬老院较高的供养率，切实发挥中心敬老院养老、敬老、为老服务的积极作用。9月22日上午，姚国华，高绍堂，市委副秘书长张少云，市民政局副局长刘家寿、周俊，县委常委、常务副县长李东林对大街街道办事处大庄敬老院的五保户和三街、早街两个村委会的部分特困户、老优抚对象、残疾人、老党员等进行慰问。到大庄敬老院，给敬老院送去1万元的慰问金，并给每位老人带去慰问品。到三街的宋志坤低保户、张竹英困难户、张凯华老复员军人、陈吉香百岁老人、李世坤特困老人等家中进行一一慰问，每到一户，都问寒问暖，亲自查看家中的住房、生活情况，询问身体状况、子女是否孝敬等情况，每到一户，都送去500元的慰问金和慰问品。

【农村籍退役士兵老年生活补助发放】 为认真贯彻民政部、财政部下发的《关于给部分农村籍退役士兵发放老年生活补助的通知》精神，江川县于9月14日启动农村籍退役士兵老年生活

补助发放工作，自2011年8月1日起，对1954年11月1日试行义务兵制后至《退役士兵安置条例》实施前入伍的、未享受国家定期抚恤补助的、退役时为农村籍的退役士兵，年龄在60及60周岁以上，每服役1年，每人每月发给10元老年生活补助。江川县就落实部分农村籍退役士兵发放老年生活补助工作进行安排：9月14日召开专题会议安排部署部分农村籍退役士兵发放老年生活补助发放对象的身份核查认定工作；通过新闻媒体对有关政策进行广泛宣传，及时把党和政府的关怀传递到每位对象，防止因政策宣传不到位出现疏漏的问题；凡符合条件并在1951年12月31日以前出生的农村籍退役士兵，连同第二年（1952年12月31日之前出生）将要符合享受待遇条件的人员需携带本人身份证、户口簿、退伍证等相关证明材料的原件和复印件，向本人户籍所在地村居委会（社区）提出申请并办理登记手续，填写有关登记审核表。对无法提供有效证明材料的申报人，由乡（镇、街道）民政办会同同级人武部、村居委会（社区）和已认定的同乡（镇、街道）、同期入伍、同部队服役人员（不少于2人）进行会审，形成会审纪要后，连同相关资料报县级民政部门会审审批；按照有关文件规定，严把审核认定关，准确认定补助对象，确定补助标准。

【庆祝建党90周年老年人文艺晚会】 9月20日，为庆祝中国共产党建党90周年，县老体协、老年大学在县体育馆举办“庆祝中国共产党成立90周年文艺晚会”。县委书记马文龙，副书记张金翔，县人大主任赵少春，县政协主席黄文柱，县委常委、组织部长林清，县委常委、宣传部长龚桂存等领导到场并观看整台晚会。首先是合唱《南湖的船，党的摇篮》和《红旗颂》由老年大学学员和老体协各文艺组老年文艺骨干分别表演了《欢庆》、《五星红旗》、《幸福来自金太阳》等歌舞类节目，《北京的金山上》、《毛主席的光辉》等独唱节目，晚会在《没有共产党就没有新中国》的歌声中落下帷幕。

【“敬老节”老年人运动会】 为庆祝云南省第二十四届敬老节，丰富全县老年人的精神文化生活，鼓励更多的老年人参与文化体育活动，推进健康老龄化，由县民政局、县老龄委主办，委托县老体协承办，于9月26～28日在县城举办“江川县敬老节老年人运动会”。竞赛项目设门球、地掷球、羽毛球、乒乓球、中国象棋、文体晚会等项目。全县乡镇、机关的400多名老人参加体育项目的竞赛，300多名老年人参加文艺晚会的演出。

【慰问百岁老人】 全县现健在百岁老人6人，有5名女性百岁老人，1名男性百岁老人，年龄最长的已109岁高龄。9月23日，在敬老节即将来临之际，由县老龄办、县民政局代表县委、县政府对6位百岁老人进行了慰问，送给百岁老人慰问金300元，慰问品一袋，表达了县委、政府对百岁老人的关心和关爱，也向社会传达党委、政府对社会尊老、敬老、助老精神的鼓励、倡导和弘扬。

【老年维权宣传和义诊活动】 10月10日，县老龄委和县司法局、县人民医院联合，到前卫镇开展老年维权宣传和义诊。活动在前卫镇老年人相对集中的前卫村老年活动室前空场开展，县司法局抽调了法律援助中心和县川和律师事务所的两名律师为老年人解答老年权益保障方面的问题，并向老年人发放《云南省老年人权益保障条例》宣传资料300多份。县医院抽调急诊科和护理部主任等医疗骨干为老年人测量血压，检查身体。同时，医院还带去《预防脑卒中》、《免费治疗肺结核》、《健康教育处方－贫血》、《天气干旱，尤需防病时间》等健康宣传资料，发给老年人并向老年人宣传解释。

【市民政局到江川开展千名民政干部下基层活动】 为搞好民政系统“千名干部下基层活动”，由市民政局副处级调研员吴榕生带队的第九工作组于11月1日上午到江川对城乡低保和农村五保、养老服务体系建设、防灾减灾进社区活动、社区服务体系发展规划和办公用房及配套服务设施、优抚安置等6个方面进行调查了解，同时开展督促检查，推进工作落实，总结基层实践经验。在县民政局局长顾绍勇陪同下，对江川县中心敬老院和社会福利院养老服务体系建设进行实地查看，查看施工质量，并提出建议。

【乡镇及机关老年运动会】 11月21日，江川县第十九届暨乡镇第八届老年运动会在江川县老体育馆开幕。运动会由江川县人民政府主办，县老体协承办。县人事、体育、老龄等部门的相关领导应邀参加开幕式。县委常委马利兴致词。参加此次运动会的有县直机关22个分协和七个乡镇（街道），共一千多名运动员。竞赛项目设门球、地掷球、乒乓球、羽毛球、中国象棋、桥牌、泰迪健身操、柔力球和文艺表演等。

【保健补助金核发工作】 11月22日，县财政局、县民政局联合下发《关于下达2011年四季度80岁以上城乡无退休金老人保健补助经费的通知》，资金已下拨乡镇即将进入发放程序，标志着江川县80岁以上城乡无退休金老人保健补助金核发工作全面结束。2011年，江川县老龄办和乡镇老龄办及县财政局紧密配合，各乡镇按时上报发放资料，县老龄审查汇总后报县财政，县财政审核无误后及时核拨资金，保障全县80岁以上城乡无退休金老年人按季及时领到保健金。全县全年发放保健金18090人次，资金2912310元。其中：80～89岁16515人次，资金2459660元；90～99岁1453人次，资金428850元；100周岁以上27人次，资金23800元。

【冬寒衣被发放工作】 县民政局从12月5日起，开始向全县所辖的7个乡镇（街道）72个村委会（社区）分配2011年冬寒衣被。县民政局共发放被子810床，劳保服1260套，救济服西服510套。

【调处边界纠纷】 8月23日，市民政局副局长奚家林、区划地名科科长普志林，县民政局局长顾绍勇、副局长李思源、办公室主任张兴红、区划地名股股长吴健富及九溪镇、村、组干部，通海县民政局局长董劲松、副局长韩长文、区划地名股股长林宗政及河西镇、村、组干部一起对在“江通线”瓦草山地段通海方开发的石料场进行现场实地踏勘，召开现场办公会，江川县民政局、通海县民政局局长发言，顾绍勇建议通海现已开发的石料场停止开发，限期恢复林地；对江川方即将在该地段进行开发的相关事宜进行了表态发言，为维护边界地区的社会稳定和安宁，建议九溪镇党委、政府和村组不能在边界沿线进行资源开发，奚家林建议：通海方尽快停止在瓦草山的资源开发，并做好基层群众和承包方的思想工作，及时向通海县委、政府领导汇报，由相关部门和基层处理好善后事宜；江川方要劝诫开发商不要在边界沿线进行资源开发，并积极向江川县委、政府领导汇报，责成相关部门停止一切审批手续。11月29日，县民政局接到通海县民政局反映，九溪镇矣文村委会扯纳苴村民小组移界到通海县四街镇四寨村委会大寨小组地界推土，准备建盖房屋。县局领导迅速作出反映，并将情况告知九溪镇政府，并及时组织九溪镇政府及相关部门进行调查情况，得知扯纳苴村民小组村民普某未经村、组干部同意，于11月初擅自请推土机把自己的山地推平，准备建盖牛圈，以构成移界。情况了解清楚后，县民政局和九溪镇政府及时与通海方衔接，互通信息，决定由两县民政局及乡镇联防联调组织及时对此纠纷进行调处。12月1日，县民政局、九溪镇综治维稳相关部门人员、矣文村委会村组干部赶到现场，与通海县相关部门人员对此纠纷进行调处。经双方实地踏勘，并对照1998年民政勘界图纸界线，最终确认矣文村委会扯纳苴村民小组村民普某所平整场地确实移界到四寨村委会大寨小组地界范围内。之后，两县双方本着以化解矛盾纠纷为主，确保边界地区社会稳定的原则，经双方在现场共同协商，最终达成共识：按1998年民政勘界图纸界线，当场用推土机推出一条1米宽的沟作为分界线，以后双方均不得再移界；扯纳苴、大寨小组分别在交界处种上不同的树种，以此进一步明确双方界线；双方必须教育好各自的群众，杜绝再发生此类纠纷，确保边界地区社会稳定。

【边界线联检】 根据国务院《行政区域界线管理条例》和省政府办公厅《关于开展县级行政区域界线联合检查工作的通知》、省民政厅《关于做好第二轮县级行政区域界线联合检查工作的通知》、云南省民政厅《关于做好2011年度行政区域界线联检工作的通知》和昆明市人民政府、玉溪市人民政府《关于印发昆明市与玉溪市行政区域界线联合检查实施方案的通知》文件要求，江川和晋宁两县于2011年进行第二轮晋宁县与江川县边界联合检查工作。江川县与红塔区边界线全长为55252.0米，为加强行政区域界线管理，巩固勘界成果，维护边界地区的社会稳定，两县区开展“红江线”第二轮边界线的联合检查工作。双方到实地逐段、逐点对行政界线的界桩、地物、地貌、界线标志物等进行检查，对联检中发现的问题进行详细登记，填写有关联检登记表，提出处理意见，签订有关协议。

（张兴红）

政务服务

【政务服务】 2011年，中心共受理行政审批和其他服务事项188109件，办结186329件，无违法违规办件和逾期办件现象，现场办结率达90%以上，接受咨询1780件办结率达100%。各窗口审批服务事项如下：

1. 县公安局户籍窗口办件101800件。其中：办理迁出、迁入6105件；办理落户、销户2500件；办理户口证明1452件；办理户口册13950件；办理项目变更72121件；办理第二代身份证5672件。

2. 县计生局窗口办件895件。其中：办理《生育证》445件；办理《独生子女父母光荣证》278件；办理流动人中婚育证172件。

3. 县交警大队窗口办件75274件。其中：办理注册登记5056辆；办理检验车辆14062辆；办理车辆转籍过户、变更452辆；办理补(换)行驶证788本；办理汽车(摩托车)驾驶员审验9952人；汽车驾驶员转籍、变更2760件；办理正式驾驶证核发10248件；办理补(换)驾驶证3192本；办理制证、驾驶证和行车证15064本；办理新世纪汽车、摩托车报名2200人；办理驾驶员体检2680人；办理保险业务1920件；办理地税业务6900件。

4. 县民政局窗口办件502件。其中：办理结婚登记189件；办理离婚登记108件；办理结《离》婚档案查阅80件；办理无婚姻记录证明125件。

5. 县工商局窗口办件6287件。其中：办理各类企业、个体工商户名称预核2371件；办理个体工商户设立、变更、注销登记556件；办理各类企业设立、变更、注销、登记420件；办理户外广告登记480件；办理橱窗广告审核张贴1560件；办理下岗失业人员有无营业执照证明900件。

6. 县文化局窗口办件97件，其中：换证30件；年检67件。

7. 县质监局窗口办件1474件。其中：办理换代码证396件；办代码证注销150件；申请办理代码证125件；代码证年检545件；变更业务258件。

【两集中两到位】 按加强机关行政效

能建设的要求，政务服务中心积极推进“两集中，两到位”工作(行政审批部门的行政审批职能向一个内设机构集中，该内设机构向政务服务中心集中；部门行政审批权向政务服务中心窗口授权到位，行政审批事项在政务服务限时办理到位)。根据政务服务中心发展的需要，积极稳妥地推进“两集中，两到位”的改革。截至2011年底，已进入政务服务中心的公安、工商、计生、民政、文化等部门按照“部门的所有行政审批职能向部门的一个内设机构集中”的要求，设立窗口人员，配备工作人员，提高了窗口的办事效率，“两集中，两到位”改革取得初步成效。

【建成电子监察系统】　政务服务中心于6月底建立和完善视频监控系统，对政务服务中心和政府工作人员服务行为实时进行视频监控。政务服务中心各窗口安装使用行政审批电子监察系统。进驻政务服务中心11个窗口，目前正常启用的有文化、计生、质监和民政窗口四家。

【标准化建设】　一是推进办证大厅规范化、标准化建设。中心按照“舒适优美、秩序井然、统一规范”的要求，对中心大厅门牌标识、工作座牌、挂牌、工作要求、政务公开以及办事指南等进行规范化、标准化设计和设置，各种办公物品定点按标准摆放，整个大厅布局合理，宽敞明亮，环境整洁，标识清晰，设施齐全，功能完备，井然有序。 二是增添设施，便民利民。在中心大厅设置对外公布进驻单位和进驻项目，公开项目名称、设立依据、申报材料、办理程序、承诺期限、收费标准、收费依据等内容，供办事群众查询。 同时配备座椅、写字台、饮水机等，方便群众办事。三是强化监督，创优服务。进一步完善监督投诉制度，畅通咨询投诉渠道，拓宽受理诉求范围，强化办理实效，政务服务中心整体形象进一步提升，服务质量得到提高，深受群众的一致好评。

【推进“一线工作法”】　中心大力推行“一线工作法”，要求中心科室人员转变工作作风，每天下到受理大厅，调查研究在一线，决策落实在一线，问题解决在一线，切实改善政务服务质量，密切办事群众关系，提高管理能力和水平。

【制度建设】　中心从制度规范化建设入手，强化服务窗口人员的责任意识，以办理事项标准化要求给群众和投资者提供了高效便捷的政务服务。一是实行“七制”办理和管理制。即“即办件”、“承诺件”、“补办件”、“退办件”、“联办件”、“上报件”、“特办件”等“七制”办理和管理制。二是建立健全管理制度。先后制定了《江川县政务服务中心服务窗口工作职责》、《江川县政务服务中心窗口人员管理办法》等工作职责和制度。中心每月通过简报等形式定期对窗口办件情况、好的经验与做法、好人好事及违规违纪等情况进行通报；严格上下班制度，使用签到进行考勤，定期通报窗口人员考勤情况，并严格执行奖惩制度。

【工作创新】　1. 以创建活动“载体”推进工作规范化。一是到窗口单位进行调研，与单位领导进行面对面的沟通交流，共同对进驻事项进行审核和修正，重新要求各窗口单位清理录入事项，在职能进入、职能整合、窗口授权等方面确保入驻事项准确无误。二是以丰富多彩的文体活动为载体，营造蓬勃向上、温馨的工作环境。中心组织全体人员举行相关活动，进行有益活动，进一步激发了窗口人员的工作热情。三是以学习培训活动为载体，不断提高业务素质。中心严格执行每周一次的学习培训活动，进行学习和总结，不断增强窗口人员素质，提升服务水平。2. 以电子政务推进工作“阳光化”。一是推行政务服务行政审批。中心在政务大厅设立了视频监控系统，对政务大厅工作人员现场行政审批行为实行全程视频监控。二是推进中心互联网站建设。中心把网站的建设、管理和维护工作作为一项重要工作抓好，紧紧围绕宣传中心、公开政务、沟通大众、服务社会的建设理念，不断充实网站内容，完善网站功能，在推进政务公开、开展便民服务、扩大对外宣传、促进招商引资、提升县城知名度和影响力等方面发挥了积极的作用。三是全面推进政务公开。以中心网站为平台，公布相关法律法规和适宜公开的政府文件、领导讲话以及重大工作部署等重要信息，2011年还对网站进行全面改版，现可用的栏目有中心简报、中心概况、审批指南、工作动态、中心文件等等。对行政许可及行政事业性收费项目和服务事项名称、办事流程、申报材料、承诺时限、收费标准及收费依据进行全面公开。同时坚持每月出1期工作简报，让各级领导了解政务服务中心工作动态。3. 以精简审批环节推进审批程序优越化。中心对所有进驻中心事项的审批环节和审批程序进行认真审核，该简化的简化。一是精简审批环节。按照上级政务服务中心窗口职能要求，各单位必须授予窗口办理事项受理的决定权、即办件的审批权和办理事项的组织协调权。二是压缩部分审批事项的办理时限，所有项目都比法定时限提前。

【搭建政务服务平台】　政务服务中心坚持“以人为本、以客为尊”的服务理念。大厅所有的对外办事窗口实行开放式办公、零距离服务；大厅设有休息区，配置了填表示范桌、饮水机等便民设施。坚持“公开透明、阳光操作”办事原则。及时公布相关政务服务信息。坚持“勤政、务实、廉洁、高效”的服务宗旨，努力营造“人民受尊重、权力受监督”的政务服务工作氛围。初步形成电子监察系统、监察投诉电话、意见箱等的政务服务监督管理体系。

（侯彦昆）

住房公积金管理

【概 述】 截至2011年末，江川县缴存住房公积金单位有199个，职工6954人，当年归集公积金7771万元，比上年增长34.84%，支持职工购建房和退休等提取3761万元，比上年减少60.65%，向143户职工发放个人公积金贷款2484万元，比上年减少33.08%。

住房公积金累计归集48704万元，累计提取31035万元，归集余额17651万元，贷款余额8387万元，存贷比47.52%，逾期贷款1.7万元，逾期率0.025%。

（邓文辉）

人口和计划生育

【概 述】 2011年是实施人口与计划生育“十二五”规划的第一年。在县委、县政府的重视下，在市人口计生委的指导下，各级各部门齐抓共管、综合治理，县、乡计生部门突出工作重点，强化工作措施，使江川县人口和计划生育工作继续保持良好发展势头。2011年，全县总人口为274869人，全年出生2399人，出生率8.75‰，人口自然增长率3.47‰，计划生育率97.17%，避孕及时率达84%。群众对计划生育政策的知晓率达97%，宣传品入户率达96%。2011孕前优生健康检查目标人群2195对，孕前检查1484对，检查率67.61%。免费发放叶酸11982瓶，1997人份，发放率91%。结婚登记2231对，免费婚检率达100%。

【关爱育龄群众健康活动】 3月1～2日，县人口和计划生育局联合县妇联、县卫生局深入路居镇红石岩、雄关乡窑房两个偏远山区村委会开展“江川县2011年庆‘三八’暨关爱女性生殖健康活动”。此次活动共为358名妇女作妇检和B超检查，免费发放价值4000多元的药品。

3月9～22日，江川县人口和计划生育局联合县妇联、昆明医学院开展女性生殖健康普查普治活动。此次活动共聘请玉溪市第一人民医院妇科专家8人到江川县计划生育指导站坐诊，共为949名妇女开展妇科检查治疗，为36名妇女进行宫颈癌前病变筛查。

4月15日，县人口和计划生育局干部和医生一行4人，协同市民宗局、市科协、市计生委、市计生协会、市图书馆联合组织到安化乡新庄村开展科技、文化、卫生“三下乡”活动。此次活动医疗义诊150人，免费赠送价值2000元的医疗药品，发放优生优育、计生政策法规和生殖保健宣传资料共计1500余份，现场为20人解答群众关心的计划生育政策法规等方面问题。

以“5·29”计划生育协会活动日为契机，县人口和计划生育局于5月26日深入雄关乡下营村委会开展宣传服务活动。在活动现场设立计划生育宣传服务台，悬挂宣传横幅、摆放宣传展牌，现场散发宣传单、发放药具，设点为群众免费开展量血压、B超检查、妇科常规检查等义诊服务，热情地向群众宣传优生优育、避孕节育、生殖健康、关爱女孩、奖优免补等知识，耐心解答群众的有关咨询。此次活动共发放计划生育宣传资料400多份，发放避孕套2000余只，提供免费咨询和义诊1000余人次，免费发放价值3000余元的药品。

12月1日，县人口计生局积极与卫生、工会、大街卫生院等部门联合，以“行动起来，向‘零’艾滋迈进”为宣传主题，在县城明珠路上向过往群众进行广泛艾滋病知识宣传。本次活动共展出10块有关艾滋病、性病防治和生殖健康等方面内容的展板，共发放《预防艾滋病指南》、《女性保健指南》、《出生缺陷一级预防》、《流动人口计划生育服务指南》等宣传资料2000余份，免费发放安全套3500余只。

【人口与计划生育工作会】 4月8日，在江川宾馆召开江川县2011年人口和计划生育工作会，会议总结了2010年人口和计划生育工作，深刻分析当前人口形势，全面安排部署2011年工作任务。县委、县政府、县人大、县政协联系分管计划生育工作的领导，县人口与计划生育领导小组成员单位主要领导，各乡(镇)乡(镇)长、分管领导、计生办主任，大街街道办事处主任、分管领导、计生办主任共计53人参加会议。会议指出，2011年是“十二五”规划的开局之年，也是统筹解决人口问题，全面提升人口计生工作整体水平的关键一年。全县人口计生工作要突出重点，继续巩固创建“全国计划生育先进单位”成果，稳定低生育水平，大力提高出生人口素质，逐步完善计划生育利益导向政策体系，不断提升人口计生服务管理能力，努力实现“十二五”人口计生工作良好开局。同时要加强领导，落实责任，加大投入，建好队伍，确保人口计生工作各项任务落到实处。最后，副县长龚桂存与各乡镇人民政府和大街街道办事处签订2011年《人口与计划生育目标管理责任书》。

【流动人口基本公共服务均等化试点工作启动会】 4月8日，在江川宾馆召开江川县流动人口基本公共服务均等化全国试点工作启动会。县委、县政府、县人大、县政协联系分管计划生育工作的领导，县流动人口服务管理协调领导小组成员单位领导，各乡(镇)乡(镇)长、计生分管领导、综治维稳专职副书记、派出所所长、计生办主任，大街街道办事处主任、计生分管领导、综治维稳专职副书记、派出所所长、计生办主任共计71人参加了会议。县委常委、政法委书记张跃伟，副县长龚桂存、师文出席会议。会上，龚桂存组织学习《江川县创新流动人口服务管理机制推进流动人口基本公共服务均等化试点工作实施方案》。张跃伟在讲话中指出，要吃透精神，充分认识推进流动人口基本公共服务均等化试点工作的重大意义。师文代表

县流动人口服务管理协调领导小组与16个责任单位、6个乡镇人民政府和大街街道办事处签订《江川县2011年创新流动人口服务管理机制推进流动人口基本公共服务均等化工作责任书》。

【玉溪市行政执法工作联席会】　9月8日，玉溪市人民法院与玉溪市人口和计划生育委员会在江川县联合召开计划生育行政执法工作联席会议。云南省人口计生委政策法规处处长可明、玉溪市人口计生委副主任张艳华、玉溪市人民法院副院长李志明、玉溪市人民法院执行局副局长尚云海、玉溪市各县(区)人口和计划生育局局长和法院分管的副院长等90多人出席会议。参会人员以“进一步加强全市计划生育行政执法工作”为主题进行交流讨论。江川县人口计生局局长罗玉华和江川县人民法院副院长潘文保分别作专题交流发言，介绍江川县近年来计划生育行政执法工作情况。

【玉溪市人口计生系统“人口杯”职工运动会】　为加强精神文明建设，推动全民健身活动，增强职工体质，丰富职工体育文化生活，形成文明、团结，创新、拼博的良好精神风貌，玉溪市人口计生系统于9月20～24日在江川县举办玉溪市人口计生系统第五届“人口杯”职工运动会。本届运动会由玉溪市人口和计划生育委员会主办，江川县人口和计划生育局和江川县文化旅游广电和体育局承办。比赛项目包括篮球、羽毛球、4×100米、跳绳、同舟共济五个项目。参加人员来自市人口计生委、服务中心和各县(区)人口计生局、服务站。

【婚育新风进万家”活动】　以创建“婚育新风进万家”活动为契机，进一步强化人口和计划生育宣传教育工作，为统筹解决全县人口问题营造良好的舆论环境。一是以宣教开路，利用各种大众宣传媒体和群众喜闻乐见的宣传方式，推进人口和计划生育知识进社区、进校园及计生避孕药具进超市等工作，提高计生宣传品入户率和计生知识群众知晓率。二是前卫镇、九溪镇利用人口文化大院贴近群众的优势，根据群众需求和愿望，丰富活动内容，使计生政策和生殖健康知识更加深入人心，使之真正成为传播新型生育文化的窗口。三是推广生育文化和避孕药具进超市，方便群众获取宣传资料和避孕药具服务。四是开展关爱女孩行动，取消社会性别歧视。同时，加强独生子女教育，关注他们的身心健康。联合宣传部、文明办、教育局和妇联等相关单位出台《关于“十二五”江川县全面推进婚育新风进万家活动实施方案》。

【计划生育惠民政策】　巩固成果，深入贯彻落实计划生育惠民政策。兑现一次性奖励金77人，奖励扶助金359人，特别扶助金42人，新农合全额资助13600人，教育奖学金936人，高中、大学奖学金91人，高中、大学升学加分76(已录取69人)。资格认定准确率100%。

【流动人口均等化管理和服务】　按照《江川县创新流动人口服务管理机制推进流动人口基本公共服务均等化试点工作实施方案》，县局以服务为抓手，认真推行“五免费”，落实“三公开”，开展“两项活动”，完善“六个制度”。2011年，对全县流动人口进行全面清理清查，核实登记，现有流动人口11286人(其中已婚育龄妇女1254人)，填写流动人口计划生育调查问卷、需求信息采集表867份，为385名流动人口提供免费B超检查。发放计划生育“五免费”小册子及相关流动人口知识宣传资料16400份，避孕套6000只。全员流动人口信息建档及录入率达100%，信息反馈率达99%以上，全员流动人口录入率达100%。

【优质服务】　一是县、乡计划生育技术服务人员采取进村入户、服务上门的工作方式，携带B超、乳腺扫描仪、电子阴道镜、显微镜、宣传展板，巡回全县72个村居委会开展了乳腺疾病普查普治和生殖道感染普查普治工作，为育龄群众提供生殖健康普查普治，使广大育龄群众在村门口就能享受到免费的计生优质服务。全年直接受益群众达20000人次。二是继续深入开展优生促进工程。2011年认真总结经验，加强分类指导，推进规范实施，坚持开展宣传倡导，健康促进，优生咨询。2011年孕前优生健康检查目标人群2195对，孕前检查1484对，检查率67.61%。免费发放叶酸11982瓶，发放率91%。结婚登记2231对，免费婚检率达100%。三是免费发放安全套，有效防治艾滋病。全县现有应摆放场所128家，实际摆放128家，摆放率100%。2011年，免费发放安全套10000只，社会营销安全套6000只。开展防艾宣传活动5场次，发放宣传品10000份，摆放宣传展板5场次，参观人数达2500人，内部培训5期300人。四是县计生服务站年内争创避孕药具规范化建设示范站，江城镇、前卫镇计划生育服务所创建省级优质服务示范站。根据县级药具标准化建设要求，进一步规范“云南计划生育药具管理—江川县服务之窗”品牌形象店。创新发放模式，满足群众需求。对药具发放网点进行全面清理清查，逐个登记整改。前卫镇计划生育服务所已被云南省人口和计划生育委员会命名为“省级计划生育优质服务示范站”。

【依法行政】　2011年，围绕打造“诚信计生”，着重加强案卷评查工作。一是推行行政执法责任制、过错责任追究制，认真贯彻“两个工作纪律”和“七个不准”的规定，进一步规范执法行为，文明执法，坚决制止和纠正在计划生育工作中损害群众利益的行为，维护群众利益。二是创新执法方式方法，严格执法。全面摸排、掌握、查实违法生育情况，建档立案，加大执法力度，从快从严打击违法生育事件。三是善于营造氛围，借力使劲，加大联合执法力度，综合整治违法生育、非医学需要的胎儿性别鉴定、选择性别引产等违法行为的清查和计生药具市场的清理整顿工作，维护社会和谐。2011年办理违法生育案件47件，其中征收社会抚费案件15件，行政处罚32件，做到发现一起，立案一起，立案达100%，2011年收缴社会扶养费442500元(含往年案件)；收缴行政处罚款171500元；申请法院强制执行36件。

【计划生育协会工作】 一是充分发挥协会自身优势，在参与和推进计划生育村民自治工作中发挥骨干带头作用。二是认真贯彻落实各级协会服务群众的能力和水平。三是抓好计划生育“少生快富”帮扶项目，拓展协会服务领域，不断增强协会的凝聚力。在雄关乡白石岩帮扶12户，其中养殖业5户、种植业7户，每户帮扶一万元，共12万元。四是积极开展争先创优活动，增强服务能力，推动基层协会的平衡发展。五是积极协调县属“三结合”领导小组成员单位积极投入到“三结合”工作中来，使帮扶工作收到实效。六是做好计划生育家庭意外伤害保险。全县全年收取保费37万元(市计生委下达任务16万元)。七是全县72个村(居)委会已按标准全面完成了村民自治规范化建设工作，其中雄关乡白石岩村被列为国家级示范村建设，江城镇孤山村被列为省级示范村建设。八是抓好幸福家庭创建活动。到2015年，力争全县80%以上计划生育家庭基本达到幸福家庭创建标准，家庭和谐，生存能力和发展水平同步提升，低生育水平更加稳定，出生人口素质和群众生殖健康水平进一步提高，群众生活质量和幸福指数进一步提高，群众满意度达95%以上。

【人口信息化建设工作】 录入总人口267397人，已婚育龄妇女55611人，数据库入库率达到97%，信息准确率达到90%，投入相关经费12万元，人均0.4元。稳步推进信息化建设，按时完成育龄妇女及其家庭成员数据库初始化工作。

（郭会兰）

残疾人工作

【慰问残疾人】 2011年，县委、政府心系残疾人，继续加大对残疾人的慰问力度。一是春节慰问。为确保贫困残疾人基本生活，让全县特困残疾人家庭过上一个欢乐、祥和的春节，按照县委、政府的统一安排和部署，县残联认真做好组织和准备工作，于春节来临之际，分组分批开展一系列向特困残疾人家庭走访送温暖慰问活动，此次活动市、县、乡(镇)共慰问670户87000元。二是助残日慰问。在第二十次“助残日”期间，全县共走访慰问贫困残疾人220户，慰问金额31500元。

【助残日帮残助残活动】 2011年5月15日是第二十一次法定“全国助残日”，借此契机，县残联充分整合社会资源，积极动员和协调社会力量帮残助残，全县7个乡镇共动员组织450多名青年志愿者成立“助耕帮扶队”，帮助残疾人贫困户160多户，挖田、挖地300多亩，栽烟、栽秧250多亩。全县有350多名干部开展结对帮残活动，结对帮扶350多残疾户。

【残疾人危房改造】 2011年县乡残联干部走村入户，完成本部门30户残疾人危房改造的摸底拍照、调查核实工作，同时筹集资金48万元大力实施改造，改造或新建面积达2645平方米。

【为农村残疾人办理养老保险和新型农村合作医疗保险】 随着全县农村残疾人养老保险的全面推行以及最低生活保障、新型农村合作医疗保险的配套实施，全县残疾人社会保障体系得到不断加强和推进，残疾人初步实现“老有所养，病有所医”。一是新型农村社会养老保险制度的实施，全县共惠及2700多名农村残疾人，如：60岁以上的农村残疾人每月可领取55元的养老金，其中60岁以上的重度残疾人每月可领取105元的养老金；16岁到59岁的残疾人在参保过程中，均得到不同的政府补贴。二是为残疾人办理新型农村合作医疗保险。2011年县残联千方百计筹集资金26万元，继续为全县残疾人缴纳新型农村合作医疗保险。

【残保金征收】 2011年5月，江川县召开残疾人就业保障金征收使用管理暂行规定草案听证会。15名与会代表一致同意江川县提高残保金征收标准，同时江川县人民政府第36次常务会通过《江川县残疾人就业保障金征收使用管理规定》，提高残保金征收标准。2011年，县残联多次与地税局协调沟通，取得县地方税务局、县财政局支持，自10月中旬开始对全县近600个部门、企业征收残疾人就业保障金，同时对全县所有残疾人用工单位情况进行检查，对残疾人待遇落实不到位的单位提出建议，对残疾人用工达到2%的32个单位给予免收残保金18.3万元。

【助学兴教】 2011年，在“国际儿童节”到来之际，县教育局、妇联、共青团、关工委等部门协助残联开展一系列助学兴教活动：出资7000元对玉溪市特校江川籍残疾学生进行慰问；看望慰问江城小学16名残疾学生和贫困残疾家庭学生，为他们送去3200元的节日慰问金。为切实保障全县贫困残疾学生和贫困残疾人家庭子女能够顺利就学，县残联筹措资金9.3万元，资助37名考取大中专院校的贫困残疾学生和贫困残疾人家庭子女步入校园，圆了他们的大学梦。

【残疾人培训】 2011年，县残联选送2名低视力残疾人参加初级按摩师培训，2名参加高级按摩师培训。同时针对全县大部分农村残疾人劳动力缺乏，种植、养殖经验不足、科技措施落实不到位实际，采取自办或搭载方式，

共投入6多万元举办12期种植、养殖、修理等方面的技术培训，参加培训的农村残疾人累计达380多人。

【城镇残疾人就业状况调查】 2011年5月6日，县残联举办残疾人就业情况调查培训，各乡镇残联理事长、康复员、社区残疾人就业指导员、县残联全体干部近30人参加培训。同时江川残疾人就业状况调查工作从2011年5月开始，抽调县乡残疾人工作得力干部，依托社区康复员走村入户进行调查，整个工作于6月底全部结束。调查统计：共调查登记在册146人，其中就业60人(按比例就业34人，个体就业26人)，未就业86人。

【康复工程】 2011年，县残联加紧实施五个康复工程，部分残疾人身心得到康复。一是实施复明行动工程，部分患者重见光明。江川县积极推进“国家百万白内障患者复明工程—云南亮睛行动”项目，千方百计加大全县白内障复明工作力度，实现“无白内障患者致盲县”的目标，解决因白内障致盲的问题，县残联多次与市残联以及博爱医院加强沟通协调，对全县白内障患者尽量安排手术康复。2011年县残联通过各种途径共帮助190名白内障患者实施复明手术，脱盲率100%。二是推进助行工程，部分重瘫患者“站”了起来县残联认真做好重度肢体残疾人装配假肢的宣传和补助工作，同时多方筹措资金近5万元，购买130辆轮椅，无偿配备给130多名重瘫贫困患者，为他们出行提供了方便。三是实施医疗救助和“阳光家园”康复工程，部分患者重获健康。全县24名精神残疾人在市精神病院进行托养，55名精神病患者实现居家托养。四是继续开展好CBR项目训练工程，部分患者生活实现自立。2011年，全县在做好30多名盲人训练同时，又确定10多名智残儿童、肢体残疾人作为2011年的康复训练对象，并进行耐心艰苦的训练及指导，增强部分残疾人的生活自理能力，让他们能更好地融入到社会生活中。五是加强辅助工程，部分患者生活更加方便。为残疾人提供辅助用品用具160多件，并开展辅助器具需求调查，建立残疾人辅助器具需求数据库。加强残疾人证规范管理，年内办证1200本。

（张　芬）

人　物

编辑　李　伟

江川县2011年获市以上表彰的先进集体

单位名称	授予称号	授予单位	授予时间
江川县江城镇明星村党总支	全省先进基层党组织	省委	2011.6
江川县人口普查办公室	云南省第六次人口普查先进集体	省政府	2011.8
江川县	2011 年烟叶工作先进单位	省政府	2011.11
江川县	省政府“教育工作先进县”	省政府	2011.3
江川县粮食局	粮食行政首长负责制工作优秀	市政府	2011.11
江川县大街街道办事处	玉溪市 2006 ~ 2010 年法制宣传教育工作先进单位	市委、市政府	2011.8
江川县公安局	玉溪市 2006 ~ 2010 年法制宣传教育工作先进单位	市委、市政府	2011.8
江川县妇联	玉溪市 2006 ~ 2010 年法制宣传教育工作先进单位	市委、市政府	2011.8
云南江磷集团股份有限公司	玉溪市2008年至2009年度“五星级守合同重信用企业”	市政府	2011.3
江川县国土资源局	二〇一一年度国土资源管理目标责任考核一等奖	市政府	2011.12
江川县公安局	十优政法班子	市委、市政府	2011.6
江城镇人民政府	新农村建设工作队及指导员先进派出单位	市委、市政府	2011.2
江城镇人民政府	第六次人口普查先进集体	市政府	2011.11
江城镇人民政府	市人民调解工作先进集体	市委、市政府	2011.2
侯家沟村	市人民调解工作先进集体	市委、市政府	2011.2
江川县财政局	“两基”迎国检先进单位	市政府	2011.8

续 表

单位名称	授予称号	授予单位	授予时间
江川供电有限公司	2008 ~ 2009年度玉溪市星级“守合同重信用”企业（三星级）	市政府	2011.5
江川县林业局	玉溪市集体林权制度改革工作先进集体、玉溪市集体林权制度改革二等奖	市委、市政府	2011.11
江川县抚仙湖管理局	保护抚仙湖先进单位	市政府	2011.8
江川县环境保护局环境监察大队	保护抚仙湖先进单位	市政府	2011.8
江川县地方税务局	保护抚仙湖先进单位	市政府	2011.8
江川县体育局	二星级园林单位	市政府	2011.4
大街街道下营社区党总支	先进基层党组织	市委	2011.6
江城镇党委	先进基层党组织	市委	2011.6
九溪镇六十亩村党总支	先进基层党组织	市委	2011.6
江川县人民医院党支部	先进基层党组织	市委	2011.6
前卫镇赵官村党总支	先进基层党组织	市委	2011.6
江川县工商行政管理局党总支	先进基层党组织	市委	2011.6
江川县教育局党委	先进基层党组织	市委	2011.6
雄关乡中心小学党支部	先进基层党组织	市委	2011.6
云南江磷集团股份有限公司党总支	先进基层党组织	市委	2011.6
江川职中团委	2010年云南省五四红旗团委	团省委	2011.5
江川人民广播电台	云南省县级广播电视节目改革创新先进单位	省广播电视学会	2011.9
玉溪电视台江川记者站	云南省县级广播电视节目改革创新先进单位	省广播电视学会	2011.9
中国人民银行江川县支行	文明单位	中国人民银行总行	2011年
中国人民银行江川县支行	女职工文明示范岗	中国人民银行成都分行	2011年
江川县公安局	2010年度命案全破公安局	省公安厅	2011.4
江川县工商行政管理局	省级廉政文化示范点	省纪委	2011.9
江川县	“十一五”云南省农业综合开发先进县	省农业综合开发领导小组	2011.10
江川供电有限公司	2009 ~ 2010年度云南电网公司文明单位	云南电网公司	2011.1
江川县防震减灾局	数字化气氡、气汞、气氦观测荣获全省优秀奖	省气象局	2011年
江川县国家税务局	全省国税系统“文明单位”	省国税局	2011年
江川县国家税务局	三读活动“先进单位”	省国税局	2011年

江川县2011年获市以上表彰的先进个人

姓　名	所在单位	授予称号	授予单位	授予时间
张丽梅	江川县妇联	2008 ~ 2010 年禁毒工作先进个人	省委、省政府	2011.4
李东林	江川县人民政府	2011 年烟叶工作先进个人	省政府	2011.11
朱运聪	江川县烟草专卖局（分公司）	2011 年烟叶工作先进个人	省政府	2011.11
王春平	江川县林业局	云南省集体林权制度改革先进个人	省政府	2011.3
张旭刚	江川县环境保护局	云南省“十一五”期间污染减排工作先进个人	省政府	2011.5
张江景	江川县统计局	云南省第六次人口普查优秀组织者	省政府	2011.8
陈留仙	江川县统计局	云南省第六次人口普查优秀组织者	省政府	2011.8
沐世恩	大街街道老龄办	老有所为模范奖	省政府	2011.10
汪存焕	江城镇宝塔营村	玉溪市“十大孝星”	市政府	2011.12
赵红磊	江川县公安局	2008 ~ 2010 年禁毒人民战争先进个人	市政府	2011.4
张燕鹏	江川县公安局	2008 ~ 2010 年禁毒人民战争先进个人	市政府	2011.4
石亚江	江川县公安局	2008 ~ 2010 年禁毒人民战争先进个人	市政府	2011.4
王丽琼	江川县妇幼保健院	2008 ~ 2010 年新一轮防治艾滋病人民战争先进个人	市政府	2011.4
李阿斗	江川县工商行政管理局	保护抚仙湖先进个人	市政府	2011.8
李彦贵	江川县抚仙湖管理局	保护抚仙湖先进个人	市政府	2011.8
郭　松	江川县抚仙湖管理局	保护抚仙湖先进个人	市政府	2011.8
张学义	江川县抚仙湖管理局	保护抚仙湖先进个人	市政府	2011.8
李保平	江城镇人民政府	保护抚仙湖先进个人	市政府	2011.8
龚雪刚	江川县环境保护局	保护抚仙湖先进个人	市政府	2011.8
叶彦强	江川县环境保护局	保护抚仙湖先进个人	市政府	2011.8
张从顺	江川县地税局	保护抚仙湖先进个人	市政府	2011.8
张延明	中共江川县委	玉溪市集体林权制度改革先进个人	市委、市政府	2011.11
张金翔	中共江川县委	玉溪市集体林权制度改革先进个人	市委、市政府	2011.11
李东林	江川县人民政府	玉溪市集体林权制度改革先进个人	市委、市政府	2011.11
吴增奎	江川县林业局	玉溪市集体林权制度改革先进个人	市委、市政府	2011.11
马瑞杰	江川县林业局	玉溪市集体林权制度改革先进个人	市委、市政府	2011.11
叶仕云	江川县林业局	玉溪市集体林权制度改革先进个人	市委、市政府	2011.11
杨春文	江川县人民政府办公室	玉溪市集体林权制度改革先进个人	市委、市政府	2011.11

续 表

姓　名	所在单位	授予称号	授予单位	授予时间
赵　华	中共江川县委政法委	玉溪市集体林权制度改革先进个人	市委、市政府	2011.11
罗粉香	江川县档案局	玉溪市集体林权制度改革先进个人	市委、市政府	2011.11
白凤能	九溪镇矣文村委会	玉溪市集体林权制度改革先进个人	市委、市政府	2011.11
李　菊	中共路居镇党委	玉溪市集体林权制度改革先进个人	市委、市政府	2011.11
余立言	江川县史志办公室	玉溪市党史工作先进个人	市委	2011.6
张文彬	大街街道党工委	优秀共产党员	市委	2011.6
吴正文	江城镇侯家沟村上中渔小组	优秀共产党员	市委	2011.6
赵家荣	路居镇螺蛳铺村委会	优秀共产党员	市委	2011.6
龚雪刚	江川县环保局	优秀共产党员	市委	2011.6
陈国华	江川县公安局大街派出所	优秀共产党员	市委	2011.6
杭应贵	前卫镇水利水土保持工作站	优秀共产党员	市委	2011.6
周　泉	江川建工（集团）有限公司	优秀共产党员	市委	2011.6
宋　薇	江川县农业局	优秀共产党员	市委	2011.6
李德坤	中共江川县委组织部	优秀党务工作者	市委	2011.6
杨　辉	九溪镇党委	优秀党务工作者	市委	2011.6
梅顺生	江城镇翠峰村委会	优秀党务工作者	市委	2011.6
靳　江	江川县第二中学	优秀党务工作者	市委	2011.6
周　颖	云南卓一食品有限公司	第三届“云南青年创业省长奖”	省委宣传部、团省委	2011.5
张绍珍	中共江川县委组织部	云南省干部人事档案工作先进工作者	省委组织部	2011.3
宋春明	江川县卫生监督局	全省卫生监督执法先进个人	省卫生厅	2011.3
张四春	江川县农业局	2010 年度农业技术推广二等奖	省农业厅	2011.6
黄　坤	江川供电有限公司	云南电网公司 2010 年度“优质服务”先进个人	云南电网公司	2011.1
龚进华	江川供电有限公司	云南电网公司 2010 年度先进生产（工作）者	云南电网公司	2011.1
李阳春	江川县气象局	2011 年度全省气象部门调研报告三等奖	省气象局	2011.12
李绍波	安化乡人民政府	云南省第六次全国人口普查先进个人	省政府	2011.11
马常有	江川县司法局	玉溪市 2006 ~ 2010 年法制宣传教育先进个人	市委、市政府	2011.8
雷永彪	中共安化乡党委	玉溪市 2006 ~ 2010 年法制宣传教育先进个人	市委、市政府	2011.8
徐俊忠	江川县工商行政管理局	玉溪市 2006 ~ 2010 年法制宣传教育先进个人	市委、市政府	2011.8
闻雁川	江川县教育局	玉溪市 2006 ~ 2010 年法制宣传教育先进个人	市委、市政府	2011.8
罗国春	江川县地方税务局	2010 年全省打击发票违法犯罪专项行动先进个人	省打击发票假币违法犯罪和非法彩票赌博活动工作领导小组	2011 年

（李　伟）

江川县2011年取得副高级以上专业技术任职资格人员名录

	性别	民族	文化程度	工作单位	专业技术资格	取得资格时间
陈　雪	女	汉	本科	江川县教师进修学校	高级讲师	2011.7
徐去芬	女	汉	本科	江川县第二中学	中学高级	2011.7
李　华	男	汉	本科	江川县第一中学	中学高级	2011.7
黄　东	男	汉	本科	江川县江城镇江城中学	中学高级	2011.7
黄兴坤	男	汉	本科	江川县大街镇大庄中学	中学高级	2011.7
平江卫	男	汉	本科	江川县前卫镇前卫中学	中学高级	2011.7
张晓芳	女	汉	本科	江川县职业中学	中学高级	2011.7
张丽金	女	汉	本科	江川县第二中学	中学高级	2011.7
杨自芬	女	汉	本科	江川县第二中学	中学高级	2011.7
赵勤学	男	汉	本科	江川县江城镇江城中学	中学高级	2011.7
冯　云	男	汉	专科	江川县江城镇江城中学	中学高级	2011.7
罗晓明	男	汉	本科	江川县翠峰中学	中学高级	2011.7
侯文德	男	汉	本科	江川县大街镇伏家营中学	中学高级	2011.7
袁秀娟	女	汉	本科	江川县大街中学	中学高级	2011.7
瞿世彦	男	汉	本科	江川县九溪镇中学	中学高级	2011.7
张吉辉	男	汉	本科	江川县路居镇中学	中学高级	2011.7
陈　芬	女	汉	本科	江川县前卫镇前卫中学	中学高级	2011.7
杨　凯	男	汉	本科	江川县第一中学	中学高级	2011.7
杨舜清	男	汉	本科	江川县第二中学	中学高级	2011.7
石应宽	男	汉	本科	江川县龙街中学	中学高级	2011.7
钱福生	男	汉	大专	江川县后卫中学	中学高级	2011.7
杨鸿翔	男	汉	本科	江川县后卫中学	中学高级	2011.7
普天鹏	男	汉	专科	江川县后卫中学	中学高级	2011.7
杨红珍	女	汉	本科	江川县翠峰中学	中学高级	2011.7
邓丽珠	女	汉	本科	江川县大街镇伏家营中心小学	中学高级	2011.7
杨平伟	男	汉	专科	江川县大街镇伏家营中学	中学高级	2011.7
伏天能	男	汉	本科	江川县大街中学	中学高级	2011.7
刘增祥	男	汉	本科	江川县路居镇中心小学	中学高级	2011.7
罗晓娟	女	汉	本科	江川县第一中学	中学高级	2011.7

续表

	性别	民族	文化程度	工作单位	专业技术资格	取得资格时间
史荣华	男	汉	本科	江川县大街镇大庄中心小学	中学高级	2011.7
周　波	男	汉	本科	江川县职业中学	中学高级	2011.7
张德麟	男	汉	本科	江川县翠峰中学	中学高级	2011.7
王青霞	女	汉	本科	江川县九溪镇中学	中学高级	2011.7
孔凡顺	男	汉	本科	江川县第一中学	中学高级	2011.7
伏存莉	女	汉	本科	江川县第一中学	中学高级	2011.7
蒋志辉	男	汉	本科	江川县大街镇伏家营中心小学	中学高级	2011.7
彭见祥	男	汉	本科	江川县后卫中学	中学高级	2011.7
周正国	男	汉	中师	江川县后卫中学	中学高级	2011.7
李　江	男	汉	本科	江川县江城镇江城中学	中学高级	2011.7
豆思润	男	汉	本科	江川县职业中学	中学高级	2011.7
平绍波	男	汉	本科	江川县大街镇大庄中学	中学高级	2011.7
宋占云	男	汉	专科	江川县大街中学	中学高级	2011.7
郑世兵	男	汉	本科	江川县九溪镇中学	中学高级	2011.7
李　伟	男	汉	本科	江川县龙街中学	中学高级	2011.7
李　祥	男	汉	本科	江川县路居镇中心小学	中学高级	2011.7
李学庭	男	汉	本科	江川县路居镇中学	中学高级	2011.7
华明权	男	汉	本科	江川县第一中学	中学高级	2011.7
赵仕俊	男	汉	本科	江川县后卫中学	中学高级	2011.7
杨丽娟	女	汉	本科	江川县后卫中学	中学高级	2011.7
李七龙	男	汉	本科	江川县第二中学	中学高级	2011.7
赵云贵	男	汉	本科	江川县大街镇伏家营中学	中学高级	2011.7
杨春会	男	汉	本科	江川县九溪镇中学	中学高级	2011.7
廖炎波	男	汉	本科	江川县第一中学	中学高级	2011.7
汤春友	男	汉	本科	江川县职业中学	中学高级	2011.7
刘丽芬	女	汉	大专	江川县人民医院	副主任护师	2011.8
顾玉成	男	汉	大专	江川县人民医院	副主任医师	2011.8
李世杰	男	汉	大本	江川县人民医院	副主任医师	2011.8
杨江华	男	汉	大本	江川县人民医院	副主任医师	2011.8
苗其林	男	汉	大本	江川县人民医院	副主任医师	2011.8
普存娣	女	彝	中专	江川县妇幼保健院	副主任医师	2011.8
王丽琼	女	汉	大本	江川县妇幼保健院	副主任医师	2011.8

续 表

	性别	民族	文化程度	工作单位	专业技术资格	取得资格时间
李树琼	女	汉	中专	江川县妇幼保健院	副主任医师	2011.8
张汉顺	男	汉	中专	江川县大街卫生院	副主任医师	2011.8
周艳林	女	汉	大专	江川县计划生育服务站	副主任医师	2011.8
陈　玲	女	汉	本科	云南李家山青铜器博物馆	文博副研究馆员	2011.7
王正荣	男	汉	本科	江川县江城镇环境建设综合管理服务中心	副高级工程师	2011.8
袁颖存	女	汉	大专	江川县农业局经作站	高级农艺师	2011.9
杨存德	男	汉	大专	江川县农机化学校	高级工程师	2011.9
周晓芬	女	汉	本科	江川县水土保持工作站	副高级工程师	2011.9
李自琼	女	汉	中专	江川县水利水电勘测设计队	副高级工程师	2011.9
石糯芬	女	汉	本科	江川县水利水电勘测设计队	副高级工程师	2011.9
洪建良	男	汉	专科	江川云海玻璃钢船厂	高级会计师	2011.12
邓江艳	女	汉	本科	云南江川翠峰纸业有限公司	高级会计师	2011.12

（县人社局供稿）

统计资料

编辑　余立言

2011年江川县土地、森林、气候主要指标

主要指标	单位	2010年	2011年	增减	
				数量	%
一、土地					
土地面积	平方千米	850	850	——	——
二、森林					
森林面积	万公顷	3.49	3.52	0.03	0.86
本年新增造林面积	亩	14410	17400	2990	20.75
森林覆盖率	%	43.5	43.8	0.3	——
二、气候					
全年平均气温	摄氏度	17.5	16.5	–1	–5.71
全年日照时数	小时	2512.4	2275.2	–237.2	–9.44
全年降雨量	毫米	687.8	496.8	–191	–27.77

2011年江川县主要指标完成情况(一)

	单位	2010年	2011年	增减	
				数量	%
一、人口					
1. 年末户籍总人口	人	273594	274935	1341	0.5
年平均人口	人	273403	274265	862	0.3
出生人口	人	3371	2035	-1336	-39.6
出生率	‰	5.92	7.42	1.5	——
死亡人口	人	3228	913	-2315	-71.7
死亡率	‰	3.71	3.33	-0.38	——
自然增加人数	人	604	1122	518	85.8
自然增长率	‰	2.21	4.09	1.88	——
总人口中：农业人口	人	241075	242134	1059	0.4
非农业人口	人	32519	32801	282	0.9
少数民族人口	人	17920	18389	469	2.6
2. 年末常住总人口	万人	28.09	28.2	0.11	0.4
年平均人口	万人	28.04	28.14	0.10	0.4
镇区人口	万人	9.35	7.7	0.35	0.7
城镇化率	%	33.3	34.5	1.2	——
二、综合					
1. 地方生产总值（现价）	万元	366597	430690	64093	17.5
第一产业	万元	107019	118363	11344	10.6
第二产业	万元	97974	127296	29322	29.9
其中：工业	万元	70983	86944	15961	22.5
（1）规模以上	万元	57131	70493	13362	23.4
（2）规模以下	万元	13852	16451	2599	18.8
第三产业	万元	161604	185031	23427	14.5
2. 地方生产总值（可比价）	万元	366597	416283	49686	13.6

2011年江川县主要指标完成情况(二)

	单位	2010年	2011年	增减	
				数量	%
第一产业	万元	107019	115366	8347	7.8
第二产业	万元	97974	122970	24996	25.5
其中：工业	万元	70983	84794	13811	19.5
（1）规模以上	万元	57131	69186	12055	21.1
（2）规模以下	万元	13852	15608	1756	12.7
第三产业	万元	161604	177947	16343	10.1
3. 按常住人口计算人均GDP	元	13032	15240	2208	16.9
4. 第一产业经济结构比重	%	29.2	27.5	–1.7	——
第二产业经济结构比重	%	26.7	29.6	2.9	——
第三产业经济结构比重	%	44.1	42.9	–1.2	——
5. 现价工业农业总产值	万元	420695	509075	88380	21.0
工业总产值	万元	273870	340129	66259	24.2
农业总产值	万元	146825	168946	22121	15.1
其中：农业	万元	87823	100393	12570	14.3
林业	万元	2939	3225	286	9.7
牧业	万元	45572	54486	8914	19.6
渔业	万元	5988	6222	234	3.9
农林牧渔业服务业	万元	4503	4620	117	2.6
三、全社会固定资产投资完成额	万元	235098	400148	165050	70.2
四、年末常用耕地面积	亩	131487	131203	–284	–0.22
全年粮食产量	万公斤	3599	3834	235	6.5
大春粮食	万公斤	3072	2908	–164	–5.3
小春粮食	万公斤	527	927	400	75.9
烤烟产量	万公斤	1519	1461	–58	–3.8
油料产量	万公斤	436	754	318	72.9
水果产量	万公斤	297	306	9	3.0

2011年江川县主要指标完成情况(三)

	单　位	2010 年	2011 年	增　减	
				数量	%
水产品产量	吨	3750	3810	60	1.6
全年肥猪出栏数	头	228653	253157	24504	10.7
年末生猪存栏数	头	292063	262142	-29921	-10.2
其中：能繁殖母猪	头	73626	41616	-32010	-43.5
生产经营仔猪	头	1161705	1160272	-1433	-0.12
五、社会消费品零售总额	万元	99041	117363	18322	18.5
六、零售物价总指数	%	104.5	104.5	以上年为 100%	
居民消费价格总指数	%	104.8	104.6	以上年为 100%	
农业生产资料价格总指数	%	103.15	106.7	以上年为 100%	
七、城镇居民人均可支配收入	元	16417	18260	1843	11.2
八、农民人均总收入	元	9146	10512	1366	14.9
农民人均纯收入	元	5637	6374	737	13.1
九、在岗职工人数	人	11642	11417	-225	-1.9
其中：事业单位	人	4046	4093	47	1.2
机关单位	人	1557	1589	32	2.1
在岗职工人均工资	元	25544	31500	5956	23.3
其中：事业单位	元 / 人	32604	41257	8653	26.5
机关单位	元 / 人	36048	42006	5958	16.5
十、财政总收入	万元	36851	42978	6127	16.6
其中：地方财政收入	万元	27016	33773	6757	25.0
财政总支出	万元	77809	99965	22156	28.5
十一、金融机构贷款余额	万元	292062	355291	63229	21.7
金融机构存款余额	万元	548924	639372	90448	16.5
城镇居民储蓄存款余额	万元	321446	389454	68008	21.2
人均储蓄存款	元	11765	14235	2470	21.0

2011年江川县卫生事业主要指标

	单位	2010年	2011年	增减	
				数量	%
县、乡（镇）医院机构	个	12	12	——	——
诊治疗人数	人次	660319	631475	-28844	-4.4
健康检查人数	人次	62953	108327	45374	72.1
住入院人数	人次	17216	20738	3522	20.5
出院人数	人次	17118	20630	3512	20.5
治愈好转人数	人次	14837	18249	3412	23
治愈率	%	98.15	33.96	-64.2	——
好转率	%	98.8	62.4	-36.3	——
死亡率	%	0.24	0.14	-0.1	——
住院危重病人抢救成功率	%	91.35	92.66	1.3	——
农村卫生情况					
医疗机构数	个	72	72	——	——
其中：西医为主	个	37	37	——	——
中西医结合	个	37	37	——	——
乡村医生和卫生人员	人	296	304	8.0	2.7
其中：中专以上学历	人	142	184	42	29.6
在职培训合格	人	154	253	99	64.3
诊疗人次数	人	460718	549447	88729	19.3
孕产妇检查人次数	人次	4980	13105	8125	163.2
儿童疫苗接种人次数	人次	85037	90147	5110	6
全年业务总收入	万元	343	1159.87	816.87	238.2
传染病病发率	1/10万	105.1	110.4	5.3	——
农村卫生厕所普及率	%	37	35.08	-1.92	——
卫生防疫人员数	人	51	58	7	13.7
5岁以下儿童死亡率	%	7.48	7.54	0.06	——
婴儿死亡率	%	5.51	6.41	0.9	——
产妇住院分娩比例	%	99.92	99.96	0.44	——

2011年江川县社会消费品零售总额

主要指标	单位	2010年	2011年	增减	
				数量	%
社会消费品零售总额	万元	99041	117363	18322	18.50
一、按销售单位所在地分					
1. 城镇	万元	54345	66684	12339	22.70
其中：城区	万元	40484	44038	3554	8.78
2. 乡村	万元	44696	50679	5983	13.39
二、按行业分组					
1. 批发业	万元	6825	7559	734	10.75
限额以上	万元	——	——	——	——
限额以下	万元	6825	7559	734	10.75
2. 零售业	万元	66618	79997	13379	20.08
限额以上	万元	8954	17210	8256	92.20
限额以下	万元	57664	62787	5123	8.88
3. 住宿业	万元	5946	7420	1474	24.79
限额以上	万元	3696	4941	1245	33.69
限额以下	万元	2250	2479	229	10.18
4. 餐饮业	万元	19652	22388	2736	13.92
限额以上	万元	808	1484	676	83.66
限额以下	万元	18844	20904	2060	10.93
三、按经济成份分	万元				
1. 公有经济	万元	24199	27011	2812	11.62
2. 非公有经济	万元	74842	90352	15510	20.72

2011年江川县城居民家庭调查基本情况

指　　标	计量单位	2010年	2011年	增　　减	
				数量	%
一、调查户数	户	50	50	——	——
二、家庭年平均人口	人/户	2.9	2.96	0.06	2.07
三、人均住房面积	平方米	46.26	41.84	-4.42	-9.55
四、全年人均可支配收入	元	16417.15	18260.45	1843.3	11.23
五、人均总支出	元	22079.12	17702.99	-4376.13	-19.82
（一）人均生活消费支出	元	9837.48	11179.8	1342.32	13.64
食品支出	元	3286.1	3812.49	526.39	16.02
衣着支出	元	1452.98	1703.97	250.99	17.27
家庭设备用品及服务支出	元	538.28	554.52	16.24	3.02
医疗保健用品及服务支出	元	640.6	1034.05	393.45	61.42
交通、通讯用品及服务支出	元	1913.12	2023.38	110.26	5.76
文化娱乐用品及服务支出	元	1168.23	1349.47	181.24	15.51
（二）转移性支出	元	3275.21	2859.85	-415.36	-12.68
（三）财产性支出	元	180.31	262.14	81.83	45.38
（四）社会保障支出	元	1935.12	2532.8	597.68	30.89

2011年江川县农民家庭生产调查基本情况

指　　标	计量单位	2010年	2011年	增　　减	
				数量	%
一、调查户数	户	70	70	——	——
二、年末人均生活住房面积	平方米/人	45.86	48.30	2.44	5.32
其中：砖木结构	平方米/人	7.93	3.50	-4.43	-55.86
钢混结构	平方米/人	21.38	24.10	2.72	12.72
三、人均生产性固定资产原值	元/人	3829.65	3766.60	-63.05	-1.65
四、全年人均总收入	元/人	9145.81	10512.00	1366.19	14.94
（一）工资性收入	元/人	1203.98	1408.80	204.82	17.01
（二）家庭经营收入	元/人	7450.66	8560.70	1110.04	14.90
（三）财产性收入	元/人	132.35	147.80	15.45	11.67
（四）转移性收入	元/人	349.5	394.70	45.2	12.9
五、全年人均纯收入	元/人	5636.91	6374.30	737.39	13.08
六、全年人均总支出	元/人	8503.37	10774.20	2270.83	26.71
（一）家庭经营费用支出	元/人	3212.28	3850.50	638.22	19.87
（二）购置生产性固定资产支出	元/人	187.22	127.50	-59.72	-31.90
（三）人均生活消费支出	元/人	4637.89	6364.70	1726.81	37.23
（四）财产性支出	元/人	90.08	—	—	—
（五）转移性支出	元/人	370.8	429.70	58.9	15.9

2011年江川县邮电通信主要指标

指标	计量单位	2010年	2011年	增减	
				数量	%
邮政业务总量	万元	545	456	-89	-16.33
函件合计	件	116058	109551	-6507	-5.61
包件合计	件	7681	8904	1223	15.92
报纸累计份数	万份	123.99	137.3	13.31	10.73
其中：订阅报纸累计数	万份	123.99	137.3	13.31	10.73
杂志累计份数	万份	7.88	7.92	0.04	0.51
其中：订阅杂志累计数	万份	7.88	7.92	0.04	0.51
邮路总长度	千米	47	47	——	——
农村投递线路长度	千米	631	631	——	——
电信业务总量	万元	1685	1785	100	5.93
电话用户总数	部	19974	20900	926	4.64
电话普及率	部/百人	72	63.3	-8.7	-12.08
中国联通业务总量	万元	943	1000	57	6
中国移动业务总量	万元	4600	5088	488	10.6

2011年江川县经济技术协作主要指标

指标	计量	2010年	2011年	增减	
				数量	%
一、实施国内项目数	个	28	33	5	17.86
其中：市外	个	21	24	3	14.29
省外	个	15	17	2	13.33
二、新签订项目数	个	24	27	3	12.50
三、实际利用县外国内资金	万元	71346	114675	43329	60.73
其中：实际利用市外国内资金	万元	66540	105245	38705	58.17
实际利用省外国内资金	万元	51620	95683	44063	85.36
四、实施国外项目数	个	1	0	-1	-100.00
五、实际利用国外资金	万美元	11.99	0	-11.99	-100.00

2011年江川县各乡镇主要指标人均比较

项目		全县	大街	江城	前卫	九溪	路居	安化	雄关
耕地面积（平方米）	按总人口	319.08	167.69	349.11	325.69	393.39	392.04	660.17	526.52
	按农业人口	361.42	230.86	373.12	345.04	414.52	409.63	678.18	542.41
粮食（千克）	按总人口	139.81	92.80	199.19	137.12	136.56	70.61	366.38	103.84
	按农业人口	158.36	127.76	212.89	145.27	143.90	73.78	376.38	106.97
人均生产烤烟（千克）		53.26	20.44	42.51	40.90	52.90	80.98	218.64	200.66
人均生产油料（千克）		27.51	18.94	27.67	22.86	41.33	5.29	106.76	66.00
人均生产猪肉（千克）		76.53	79.22	89.16	80.77	68.74	43.34	55.99	80.60
农民人均纯收入（元）		6374	6446	6422	6442	6134	6008	5451	5936

2011年江川县普通中学基本情况（一）

	学校数（所）	班数（个）			在校学生数（人）			招生数（人）		
		合计	高中	初中	合计	高中	初中	合计	高中	初中
合　计	18	342	70	272	19016	4765	14251	6239	1828	4411
大街镇	8	133	44	89	7588	3115	4473	2592	1157	1435
江城镇	4	91	26	65	5464	1650	3814	1795	671	1124
前卫镇	2	57		57	2952		2952	910		910
九溪镇	1	23		23	1258		1258	415		415
路居镇	2	26		26	1240		1240	347		347
安化乡								0		
雄关乡	1	12		12	514		514	180		180

2011年江川县普通中学基本情况（二）

	毕业班学生数（人）			毕业生数（人）			专任教师	学校占地面积		计算机（台）
	合计	高中	初中	合计	高中	初中		高中	初中	
合　计	6403	1373	5030	6074	1304	4770	1087	186532	239648	1399
大街镇	2540	938	1602	2346	876	1470	429	129776	85919	579
江城镇	1775	435	1340	1651	428	1223	302	56756	42869	382
前卫镇	995		995	992		992	171		51724	211
九溪镇	440		440	418		418	66		14173	50
路居镇	491		491	495		495	79		34193	127
安化乡										
雄关乡	162		162	172		172	40		10770	50

2011年江川县普通中学基本情况(三)

	校舍建筑面积（平方米）		教学及辅助房面积（平方米）		校舍危房面积（平方米）		图书藏量（册）		
	高中	初中	高中	初中	高中	初中	合计	图书（册）	电子图书(册)
合　计	71778	131149	29271	53637	34087	112314	270121	270121	0
大街镇	49418	46664	21149	21731	18727	40374	124314	124314	
江城镇	22360	28253	8122	10531	15360	23539	50895	50895	
前卫镇		24823		10180		17692	46883	46883	
九溪镇		12040		3403		12040	11814	11814	
路居镇		14315		6248		14315	28415	28415	
安化乡									
雄关乡		5054		1544		4354	7800	7800	

2011年江川县小学基本情况(一)

	学校数（所）	专任教师（人）	班数（个）	招生数（人）	在校学生(人）	毕业生数（人）	毕业班学生数（人）
合　计	56	1095	657	3556	24008	4482	4522
大街镇	7	297	166	1062	7484	1422	1482
江城镇	18	297	180	806	5680	1161	1030
前卫镇	10	188	111	607	3924	750	793
九溪镇	7	109	76	484	2437	431	378
路居镇	7	112	70	322	2618	406	517
安化乡	3	43	24	127	757	129	125
雄关乡	4	49	30	148	1108	183	197

2011年江川县小学基本情况(二)

	计算机(台)	图书藏量(册)	学校占地面积(平方米)	校舍建筑面积(平方米)	教学及辅助房面积(平方米)	校舍危房面积(平方米)
合计	1049	264452	284763	138113	72007	104427
大街镇	292	65073	41173	24425	14907	18264
江城镇	300	73025	89245	44241	22058	34389
前卫镇	189	54988	51277	25488	13074	17237
九溪镇	80	23554	41254	14845	8206	13402
路居镇	90	22990	31308	15196	8166	12759
安化乡	48	10475	13353	6923	3451	3790
雄关乡	50	14347	17153	6995	2145	4586

（宋成英）

附　录

编辑　余立言

中共江川县委
关于认真做好乡镇党委换届选举工作的意见

按照中央和省、市委的统一部署，我县7个乡镇党委班子换届将于今年3月底前完成。认真做好这次乡镇党委换届，对于“十二五”规划起好步、开好局，促进全县经济长期平稳较快发展和社会和谐稳定具有十分重要的意义。为切实抓好乡镇党委换届选举工作，根据《中国共产党章程》、《中国共产党基层组织选举工作暂行条例》、《中国共产党农村基层组织工作条例》和《中国共产党地方组织选举工作条例》的规定，按照《中共玉溪市委关于做好2011年县区、乡镇党委换届工作的通知》有关要求，现就做好乡镇党委换届选举工作提出如下意见：

一、指导思想

乡镇党委换届选举工作以党章为准则，认真贯彻党的十七大和十七届三中、四中、五中全会精神以及省市委关于县乡党委换届的会议精神，以加强党的执政能力和先进性建设为主线，以选优配强乡镇党委领导、优化班子结构、增强整体功能和科学谋划“十二五”规划为重点，严格执行《党政领导干部选拔任用工作条例》，坚持干部队伍“四化”方针，坚持德才兼备、以德为先用人标准。围绕“壮优培特，建设高原湖泊生态县”的经济社会发展思路，按照“建设高原湖泊生态县、现代宜居高原湖泊生态城和国际高原湖泊生态休闲度假旅游目的地”三大目标，大力选拔政治上靠得住、工作上有本事、作风上过得硬、人民群众信得过的优秀干部，努力把乡镇党委领导班子建设成为坚定贯彻党的路线方针政策、善于领导科学发展的坚强领导集体，为实现“十二五”期间各项目标任务，促进江川经济长期平稳较快发展与社会和谐稳定提供坚强的组织保证。

二、主要任务

1. 总结部署乡镇党委工作。以党的十七大和十七届三中、四中、五中全会精神为指导，深入贯彻落实科学发展观，实事求是地总结过去，肯定工作成绩，找出存在的差距，按照“十二五”规划确定的指导方针和主要目标，科学制定符合本地实际的发展规划，激励广大党员群众同心协力，开创经济社会科学发展和全面加强党的建设新局面。

2. 选举乡镇党委领导班子。根据市委的安排，结合我县实际，乡镇党委委员设11名，其中设书记1名，副书记3名(除担任乡镇长的党委副书记外，设2名专职副书记，其中1名专职副书记主抓政法综治维稳工作)。乡镇人大主席、纪委书记、党员副乡镇长、武装部长、组织委员、宣传委员一般要进党委班子。乡镇党委组织委员由副科级领导干部担任。纪委委员3至5名，其中，设纪委书记1名。乡镇党委领导班子成员继续提名和新提名的领导干部原则上要能任满一届。

3. 重点抓好党委书记选配。按照对重要岗位干部重点管理的要求，重点选好配强党委书记，着力选拔政治上强、具有领导科学发展能力、能够驾驭全局、善于抓班子带队伍、民主作风好、清正廉洁的干部。乡镇党委书记人选，一般应具有乡镇工作经历，优先从具有乡镇领导岗位任职经历的人员中选拔。乡镇党委书记要以35岁至50岁的干部为主体，适当保留一部分富有经验、工作得力的50岁以上的干部，注意选拔35岁以下的优秀年轻干部。

4. 选优配强领导班子。围绕全县“十二五”期间的发展思路选干部、配班子。坚持正确的用人导向，把德放在首要位置，注重选拔政治坚定、原则性强、清正廉洁、道德高尚、情趣健康的干部；坚持服务科学发展，注重选拔自觉贯彻落实科学发展观、改革创新、锐意进取、工作实绩突出的干部；坚持重视基层导向，注重选拔具有基层领导和工作经历的优秀干部，特别是在条件艰苦、工作困难地方努力工作，求真务实、埋头苦干、默默奉献、不事张扬、注重打基础的干部。要优化班子结构，改善领导班子知识、专业和工作经历结构，既要选拔熟悉党务、意识形态、纪检、政法等工作的干部，也要适应实际需要，充实熟悉经济、社会管理、群众工作的干部。要坚持领导班子年龄结构合理配备，统筹把握领导班子中不同年龄层次干部配备比例，注意发挥各年龄段干部的作用，形成老中青梯次配备。乡镇党委领导班子年龄结构，应在全县范围内形成合理比例，形成以30至45岁干部为主体的梯次配备，适当保留一些50岁以上有经验的骨干，注意选拔30岁以下优秀干部，积极培养选拔女干部和少数民族干部，乡镇党委班子要配备1名女干部。

5. 选好县级党代会代表。各乡镇党委要统筹安排，精心组织，在召开本级党员代表大会的同时，选好出席中国共产党江川县第十二次代表大会的代表，减少会议，节约成本，提高效率。县党代会的代表名额另行安排。

三、方法步骤

本次乡镇党委换届工作分三个步骤进行，换届选举工作在3月底前完成。

第一步，选举出席乡镇党代会代表。(1月10～2月20日前)

1. 党代表的条件

出席乡镇党代会的代表，必须是有选举权的正式党员，而且应是党员中的优秀分子。代表应具备以下条件：坚决贯彻执行党的路线、方针、政策，在改革开放和社会主义现代化建设中做出成绩；政治信念坚定，在关键时刻和一些重大政治原则问题上，是非分明，立场坚定，以党和人民的利益为重；公道正派、清正廉洁，密切联系群众，得到群众信任和好评；坚持党的实事求是的思想路线，言行一致，光明磊落，如实反映情况，有议事能力；党性和组织纪律性强，能够正确行使党员的民主权利，认真履行党员的义务。

2. 党代表名额的确定

根据《中国共产党基层组织选举工作暂行条例》的规定，乡镇党代会具体代表人数由各乡镇召开党委会，按照所辖党组织的数量、党员人数和工作需要确定后，报县委批准。结合我县实际，各乡镇党代会代表名额，原则上在上届规模的基础上适当增加，名额总数一般应在50至120名左右。党代表构成的指导性比例为：各级领导干部占50%左右；注意推荐工人、农民和专业技术人员中的先进模范人物，基层一线代表比例应在上次党代表大会的基础上适当提高，一般不少于32%；妇女代表、少数民族代表所占比例，一般不少于本乡镇妇女、少数民族党员占党员总数的比例；45岁以下的代表一般不少于50%；初中以上文化的代表一般应占50%左右。各条战线的先进模范人物、年轻党员、退(离)休党员应占有一定的比例。党代会代表与同级人大代表、政协委员一般不交叉。

3. 党代表的产生

乡镇党委要根据各自的实际情况，划分选举单位和分配代表名额。各选举单位按照分配的代表名额和有关要求，采取自下而上、自上而下、充分酝酿协商的办法，提出代表候选人推荐名单。选举单位党组织根据多数党组织或多数党员的意见，从推荐名单中，按照多于代表名额30%以上的比例提出候选人推荐人选名单，与乡镇党委沟通，根据党委提出的代表比例要求，按照多于代表25%以上的差额比例，提出代表候选人初步人选名单，组织进行考察，广泛征求党内外群众意见，填报代表候选人初步人选登记表。选举单位召开总支、支部委员会，在充分讨论的基础上，按照25%的差额比例，确定代表候选人预备人选名单并在一定范围内进行公示；将候选人预备人选名单报乡镇党委审批后，由选举单位召开党员大会，对候选人预备人选进行充分酝酿，根据多数选举人的意见确定候选人，进行正式选举；选出的代表，上报乡镇党委审批。选举要充分体现选举人的意志，一律采用无记名投票的方式进行。代表候选人名单按姓氏笔画为序排列。

第二步，产生乡镇党委班子候选人预备人选。(2月21～3月10日前)

按照《中国共产党基层组织选举工作暂行条例》、《党政领导干部选拔任用工作条例》的要求，对新一届乡镇党委班子人选进行民主推荐、考察等工作。

1. 组织民主推荐。组织党员群众民主推荐乡镇党委、纪委班子人选。坚持对新一届领导班子成员人选进行全额定向推荐提名，对现任领导班子成员进行民主测评、民主评议，对新提名人选进行差额考察，拟提拔人选人数较少的，差额考察比例一般为1:2；人数较多的，差额考察人选可按比新提拔人选多3至5人掌握。采取党员和群众公开推荐与党组织推荐相结合的办法提名候选人。科学分析和运用推荐测评结果，综合考虑岗位需求和干部近年考核评价情况、工作实绩、发展潜力等因素，既尊重民意，又防止简单以票取人。现班子成员在全额定向推荐中推荐票未过半数，或在民主测评中不称职超过三分之一，经组织考察不宜继续担任原职务的，不再提名。

2. 确定候选人初步人选。在民主推荐的基础上，反复酝酿，研究提出乡镇党委、纪委班子候选人初步人选。注意从政治品质和道德品行等方面完善干部德的评价标准，注意从履行岗位职责、完成急难险重任务、关键时刻表现、对待个人名利等方面考察干部的德。坚持并完善差额考察、延伸考察，扩大考察谈话范围，提高民主评议、民主测评质量，增加考察准确性。注意把换届考察与经常性考察相结合，综合运用平时考核、年度考核结果，全面准确地评价干部。坚持定性考核与定量考核相结合，改进和完善实绩分析、民意调查等办法。严格执行考察预告、考察对象公示等制度，扩大预告、公示范围，完善公示内容。

3. 确定候选人预备人选。对候选人初步人选进行组织考察，根据考察结果，研究确定新一届党委、纪委班子候选人预备人选。认真落实《党政领导干部交流工作规定》，重点交流主要领导干部、关键岗位干部、有培养前途的优秀年轻干部以及因工作需要交流的干部。在同一职位任职满10年的必须交流；在同一职位任职5年以上的，有计划地进行交流。在加大干部交流的同时，认真执行党政领导干部职务任期有关规定，注意保持班子的相对稳定。

第三步，召开乡镇党代会。(3月底前)

1. 听取和审议工作报告。将乡镇党委、纪委本届工作报告提交全体代表讨论，审议通过。

2. 选举乡镇党委、纪委领导班子。以无记名差额选举的形式，选举新一届党委、纪委班子。乡镇党委书记、副书记、纪委书记、党委委员的候选人由县委组织部组织考核，县委批准；乡镇纪委委员候选人由乡镇党委提出方案后报县纪委、县委组织部确定；乡镇党委委员和纪委委员实行差额选举，差额比例不低于20%；乡镇党委书记、副书记和纪委书记分别在党委一次全会和纪委一次全会上实行等额选举产生。党委委员和书记、副书记、纪委书记的选举结果按干管权限报县委审批。乡镇党委挂职干部不参加党委换届选举。

3. 选举出席县党代会代表。由乡镇党代会严格按照县委提出的代表名额、代表结构、代表条件等方面的要求，选举出席县党代会代表。

四、严肃换届纪律

把严肃纪律、保证风清气正贯穿换届工作全过程，严格教育、强化监督、严明纪律、警示在前，全程监督、综合治理，惩防并举、严格问责，切实保证换届工作的顺利进行。

(一)严明换届纪律。严格执行《党政领导干部选拔任用工作条例》和干部选拔任用工作四项监督制度，认真贯彻执行《关于在州市、县(市、区)、乡镇党委和部分州市人大、政府、政协领导班子换届工作中进一步严肃组织人事纪律的通知》、《关于在地方党委换届工作中进一步严肃组织人事纪律的通知》、《关于坚决防止和严肃查处拉票贿选等严重违反换届纪律问题的通知》等规定，做到“十严禁”，维护组织人事工作纪律的严肃性和权威性。坚决执行“五个一律”，对行贿买官、受贿卖官的，一律先予停职或免职，再依纪依法处理；对在民主推荐和选举中拉票贿选的，一律取消其考察人选或候选人资格；对跑官要官的，一律不得提拔重用，并记录在案；对违反规定选拔任用干部、突击提拔调整干部、超职数超规格配备干部的，作出的干部任免决定一律无效，并追究有关人员责任；对干扰换届和选拔任用干部中跑风漏气的，一律严肃查处，是组织人事干部的调离组织人事部门。教育和引导广大党员干部特别是各级领导干部严格遵守换届工作纪律，坚决抵制不正之风。

(二)加强全程监督。纪委和组织部门要加强配合，采取切实有效措施，完善监督手段，把严格监督贯穿于提名推荐、考察、公示、换届选举等各个环节。要严格执行干部选拔任用工作有关事项报告等制度，前移监督关口。要把党内监督、群众监督和舆论监督紧密结合起来，加强“12380”举报电话的受理工作，畅通举报渠道，及时受理反映的违反换届工作纪律问题。

(三)保证风清气正。认真落实中央、省委、市委关于严肃换届纪律的有关要求，严格执行党政领导干部选拔任用工作责任追究制度，坚持原则，狠刹换届中的歪风邪气。对换届中的违规违纪行为，坚决查处、决不姑息。对顶风违纪的，从快从严、重点查办。对查处的案件，要及时予以通报。

五、组织领导

为确保这次乡镇党委换届选举工作顺利进行，加强工作指导和上下联系，经县委研究，决定成立乡镇党委换届选举工作领导小组，领导小组名单如下：

组　长：张延明(县委书记)

副组长：葛　勇(县委副书记、县长)
　　　　张金翔(县委副书记)

成　员：郭永生(县委常委、纪委书记)
　　　　李德坤(县委组织部副部长)
　　　　陆云波(县纪委副书记)
　　　　唐光华(县委组织部副部长)
　　　　张文彬(大街镇党委书记)
　　　　陈　挺(江城镇党委书记)
　　　　刘绍宏(前卫镇党委书记)
　　　　韩　良(路居镇党委书记)
　　　　李志刚(九溪镇党委书记)
　　　　李　菊(雄关乡党委书记)
　　　　李忠良(安化乡党委书记)

领导小组下设办公室，地点在县委组织部，由李德坤任办公室主任，办公室人员从有关部门抽调组成，负责乡镇党委换届选举工作的相关事宜。

六、工作要求

1. 加强领导，认真做好选举准备工作。各乡镇党委要成立换届选举工作领导小组，乡镇党委书记要确实履行“第一责任人”的责任，把换届选举工作摆上议事日程，对换届选举工作和当前工作通盘考虑，统筹安排。要提前准备，认真写好党委工作报告，总结好本届党委五年的工作。要认真研究制定好换届工作方案(报组织部备案)和《选举办法》，使之既符合政策规定，又切合本地实际，便于操作。对换届选举的各个重要环节，包括宣传发动、大会工作报告、选出党代表、组织推荐、人事安排、党代会的召开，乡镇党委、纪委班子成员的选举工作等，都要深入研究、周密部署，做到心中有数。对换届选举工作中存在的困难和问题要超前考虑，把工作做细，及时采取措施解决，确保换届工作任务圆满完成。

2. 因势利导，做好思想政治工作。换届是对每一位领导干部和党员党性观念的重要考验。要教育干部认真学习党章，自觉遵守党章，切实贯彻党章，坚决维护党章。要教育引导广大干部讲政治、讲党性、顾大局、守纪律，自觉服从组织安排，正确对待个人进退留转，正确对待选举结果。要关心和爱护干部，普遍开展谈心交心活动；对换届中调整的干部，党委主要领导同志要亲自谈话，有针对性地把思想工作做深、做细、做实。要关心和爱护干部，保护和调动干部的积极性。

3. 加强宣传，做好舆论引导工作。要认真做好党代会有关宣传工作，大力宣传各乡镇经济社会发展和党的建设所取得的成就，宣传在创先争优活动中涌现出来的先进基层党组织和优秀共产党员典型，引导党员干部立足本职创先进，履职尽责争优秀，确保整个换届中思想不散、秩序不乱、工作不断，努力做到换届和其他各项工作两不误、两促进。

4. 严格请示报告制度，做好换届结束的后续工作。在换届选举工作中，一定要坚持按程序、按政策办事的原则。凡对政策界限不清楚的地方，都要主动向县委和县委组织部报告和沟通；凡需要向县委报批的事项，都要按照规定履行报批手续。换届选举工作的有关情况，要及时向县委汇报。重大问题必须及时请示汇报。乡镇党委班子换届选举工作结束后，要对换届选举工作进行全面总结。对换届后的新一届党委班子成员，根据分级培训的原则，有计划地进行培训，尽快让他们熟悉工作。

附件：各乡镇党委委员、纪委委员职数设置表

各乡镇党委委员、纪委委员职数设置表

乡镇名称	党委委员职数	纪委委员职数
大街镇	11	5
江城镇	11	5
前卫镇	11	5
九溪镇	11	3
路居镇	11	3
雄关乡	11	3
安化乡	11	3
合计	77	27

中共江川县委
关于制定江川县国民经济和社会发展第十二个五年规划的建议

（2011年1月8日中国共产党江川县第十一届委员会第六次全体会议通过）

根据中共中央、省委和市委关于制定国民经济和社会发展第十二个五年规划的建议精神，为研究制定好江川县国民经济和社会发展第十二个五年规划，全面推进高原湖泊生态县、现代宜居高原湖泊生态城和国际高原湖泊生态休闲度假旅游目的地建设，结合江川发展实际，提出如下建议。

一、深入落实科学发展观，开创江川发展新局面

（一）“十一五”时期经济社会发展取得的成就。“十一五”期间，是江川县经济社会发展困难重重，极不平凡的时期，面对错综复杂的国内外经济环境和严峻的自然灾害影响，县委带领全县人民坚定信心、沉着应对，认真贯彻中央、省、市的一系列方针政策，始终把发展作为第一要务，积极转方式、调结构、惠民生、建生态、促发展，基本完成了“十一五”规划确定的主要目标任务。经济实力迈上新台阶，产业发展呈现新趋势，基础设施建设取得新成效，生态建设和环境保护取得新进展，社会事业有了新发展，改革开放迈出新步伐。与“十五”末相比，全县县内生产总值从23亿元增加到36.2亿元，增长57%；全社会固定资产投资从6.9亿元增加到 25亿元，增2.6倍；地方财政收入从1.2亿元增加到2.7亿元，增2.2倍；社会消费品零售总额从4.6亿元增加到10.2亿元，增1.2倍；城镇居民人均可支配收入从8916元增加到16400元，增长84%；农民人均纯收入从3258元增加到5637元，增长73%；金融机构各项存款余额从26.3亿元增加到54.5亿元，增1.1倍。经过全县干部群众的艰苦努力，全面完成了“十一五”规划的目标任务，全县国民经济快速增长，综合经济实力大幅提升，生态环境明显改善，城乡生活水平显著提高。呈现出经济发展、环境优美、特色明显、社会和谐、人民群众安居乐业的良好局面。

（二）“十二五”时期是江川经济社会发展的重要战略机遇期。从国际形势看，和平、发展、合作仍然是当今世界发展的潮流，我国依处于大有作为的重要战略机遇期。从国内看，经济发展长期向好的趋势将不会改变，国家继续坚持扩大内需政策及深入实施西部大开发战略，为进一步打牢基础、培育产业、改善民生、建设生态提供了难得机遇。从省内看，我省提出“两强一堡”战略，构建云南开放发展的新格局，为我县加快发展提供了强劲动力和广阔前景。从全市看，玉溪着力打造全国低碳生态城市建设的先行示范区，积极推进昆玉一体化和“三湖”生态城市群建设为我县加快经济结构调整、转变发展方式、建设高原湖泊生态县带来了发展机遇。

从我县发展实际看，江川属滇中城市经济圈范围，区域合作的快速深入推进，为我县跨越式发展开辟了广阔空间。独特的水资源为发展高端休闲文化旅游产业提供了有利条件。较高的基础设施水平为经济快速发展提供了较强的支撑。全县上下对发展战略和发展思路有了新的认识，加快发展的意识更加强烈，发展的氛围更加浓厚。同时，我们也清醒地认识到，江川经济社会发展与科学发展观的要求还不相适应，与人民群众的期盼还存在差距，发展不够、发展不协调仍然是面临的首要问题，集中表现为投资不足、综合经济实力不强、发展方式粗放、产业支撑力不强、城乡居民收入不高、公共服务体系不够健全、城乡统筹发展和生态环境保护和治理的任务艰巨等。我们要正视这些问题，坚持发展第一要务，充分发挥我县资源和区位优势，进一步解放思想、大胆创新，努力促进全县经济社会又好又快发展。

（三）制定“十二五”规划的指导思想。实现“十二五”时期经济社会又好又快发展，我们必须高举中国特色社会主义伟大旗帜，以邓小平理论和“三个代表”重要思想为指导，深入贯彻落实科学发展观，坚定不移地实施以改革开放和科技进步为动力的“生态立县、农业稳县、工业强县、旅游活县、文化兴县”发展战略和“壮优培特，建设高原湖泊生态县”的经济社会发展思路，紧紧围绕建设“高原湖泊生态县、现代宜居高原湖泊生态城和国际高原湖泊生态休闲度假旅游目的地”三大目标，以科学发展为主题，以加快转变经济发展方式为主线，全力推进新型工业化、城镇化和农业现代化，加快改革创新，加大开放步伐，加强统筹协调，抓项目、促发展，调结构、建生态，惠民生、维稳定，努力把江川建设成为环境优美、特色突出、经济繁荣、社会和谐、适宜居住

的高原湖泊生态县。

实现江川"十二五"经济社会又好又快发展：必须坚持加快发展，进一步增强综合经济实力。突出抓产业发展、抓特色经济、抓结构调整、抓大项目带动经济发展；必须坚持协调发展，进一步提高统筹城乡经济社会发展水平。健全以工促农、以城带乡的体制机制，积极稳妥推进城镇化，努力形成城乡一体化发展格局；必须坚持创新发展，进一步增强发展活力。进一步深化各项改革，推进观念、体制、机制创新，以创新的思路、创新的举措，推动科学发展；必须坚持开放发展，进一步拓展发展空间。坚持大开放促进大开发、大开放促进大发展；必须坚持先进文化引领发展，进一步推动文化大发展大繁荣。推动文化与经济的融合，推进文化改革创新；必须坚持可持续发展，进一步推进生态文明建设。坚持在保护中开发、在开发中保护，坚持生态建设产业化、产业发展生态化，努力以较低的资源代价实现较高的发展水平；必须坚持和谐发展，进一步巩固和谐稳定的良好局面。加强民主法制建设，妥善协调各方面利益关系，化解矛盾；必须坚持共享发展，进一步保障和改善民生。切实加大民生投入，确保各族群众共享发展成果。

(四)"十二五"时期经济社会发展主要目标。根据江川经济社会发展的基础，综合考虑未来的发展趋势和发展条件，力争到2015年，全县生产总值、地方财政收入力争实现翻番，全社会固定资产投资累计200亿元以上，经济总量和结构协调发展，人民生活水平和生活质量显著提高，生态环境进一步改善，高原湖泊生态县、现代宜居高原湖泊生态城、国际高原湖泊生态休闲度假旅游目的地建设取得明显成效。

——经济发展。经济平稳较快发展，经济增长的质量和效益明显提高，固定资产投资保持快速增长，价格总水平保持基本稳定，综合经济实力处于全市中上水平。

——结构调整。工业化、城镇化发展步伐加快，城乡协调发展能力增强，农业基础更加牢固，服务业比重进一步提高，文化旅游产业迅速发展，经济结构调整、经济发展方式取得突破性进展，三次产业发展更加协调。

——生态环境。抚仙湖总体水质保持Ⅰ类，星云湖水质力争达到Ⅳ类，单位生产总值能耗、二氧化硫、化学需氧量排放持续降低，城镇污水集中处理率和城镇生活垃圾无害化处理率大幅提高，主要污染物排放总量持续减少，能源、资源利用效率提高，循环经济取得新进展，自然灾害防治能力明显增强，建设高原湖泊生态县取得明显成效。

——基础提升。公路通车里程进一步增加，水利化程度进一步提高，病险水库比重进一步下降，人畜饮水安全率进一步提高，广电、电力、通讯设施进一步完善，基本建成与全县经济社会发展相适应的基础设施体系，能更加有力地促进全县经济社会又好又快发展。

——民生改善。努力实现城乡居民收入和经济发展同步，城乡居民收入明显增长，人民生活水平显著改善，社会就业更加充分，城乡差距逐步缩小，经济社会发展更加协调。

——社会建设。覆盖城乡的基本公共服务体系进一步完善，人民科学文化素质和健康素质不断提高，文化事业和文化产业加快发展，社会更加和谐稳定。

二、优化空间布局，促进区域协调发展

充分发挥我县产业、资源、生态环境优势以及在中国—东盟自由贸易区、滇中城市经济圈、大昆明都市圈及昆玉经济带的区位优势，以"区域经济一体化"为目标，围绕县域经济发展，努力构建"1235"发展格局(一城——两环——三带——五片区)。"一城"，即现代宜居高原湖泊生态城，就是以县城为中心，江城为次中心，开发路居镇、九溪镇东西两翼，形成前卫镇、雄关乡、安化乡各自的城镇特色，同时依托"仙湖锦绣"项目，在抚仙湖鲭鱼湾—棋盘山片区建设一个低碳生态城。"两环"，即环抚仙湖生态旅游产业圈、环星云湖生态产业圈。"三带"，即玉江路经济带、澄川晋江路经济带、江华江通路经济带。"五片区"，即鲭鱼湾—棋盘山国际生态旅游区、古滇国文化园区、县城新区、抚仙湖—星云湖入水口至十里长堤区、龙泉山生态工业园区。

(五)现代宜居高原湖泊生态城

以县城为中心，围绕县城总体规划，加强城市基础设施建设，完善城市服务功能，以绿化、亮化、美化、净化为重点提升县城品位，重点发展信息、物流、现代服务业等，打造县城商贸物流中心；以江城为次中心，依托东西两翼(东面路居、西面九溪)的发展，形成前卫、安化、雄关等城镇和中心村生态城镇格局。

(六)环抚仙湖生态旅游产业圈、环星云湖生态产业圈

——环抚仙湖生态旅游产业圈

以抚仙湖—星云湖生态建设与旅游改革发展综合试验区建设为重点，开发建设高端国际休闲旅游产品，引导旅游产业升级。

——环星云湖生态产业圈

星云湖北岸，依托李家山古滇国文化、神鱼泉、温泉等特色资源，构建一个集文物展示、青铜工艺作坊、古滇歌舞表演和特色旅游餐饮等发展研究以及会展旅游、购物旅游和旅游餐饮的新兴古滇文化中心。星云湖南岸重点加快生态环境的治理和保护，推进"十里长堤、百里湖光、千亩湿地、万亩荷花"生态景观建设，建设风光秀美的"高原水乡"生态区。

(七)构建高等级公路经济带(玉江路经济带、江通江华路经济带、澄川路晋思路经济带)

抓住建设面向西南开放桥头堡战略机遇，依托滇中城市经济圈、玉溪"三湖"生态城市群的建设及昆曼、昆河公路国际大通道和交通枢纽的区位优势，积极推进玉江路经济带、江通江华路经济带、澄川路晋思路经济带建设，大力发

展公路经济、过路经济，开发建设沿路商业区、产业区、三产区等，努力构建江川公路经济带。

(八)五大产业核心片区

——鲭鱼湾—棋盘山国际生态旅游片区：加快推进“仙湖锦绣”等项目，大力发展高端休闲度假、文化旅游产业，带动旅游业跨跃式发展。

——古滇国文化园区：明星鱼洞至界鱼石、李家山至孤山岛，大力发展高端休闲度假、康体养生、生态体验旅游项目，加快现有旅游产品提档升级，打造国际高原湖泊生态休闲度假旅游目的地；星云湖北片区，充分挖掘、研究、开发李家山青铜器文化资源，构建集文物展示、古滇国文化体验、青铜工艺品制作和销售、古滇歌舞表演和特色餐饮为一体的新兴古滇国文化产业核心区。

——县城新区：围绕县城总体规划，加强城市基础设施建设，完善城市服务功能；继续推进职教小区、江川财富广场、古滇国城等项目建设，以玉江大道两侧、大街河两侧为重点稳步推进房地产业发展。

——入水口至十里长堤片区：加快生态环境的治理和保护，推进“十里长堤、百里湖光、千亩湿地、万亩荷花”建设，建设风光秀美的“高原水乡”生态区。

——龙泉山生态工业园区：以三街—赵官一带为主线，辐射带动前卫石河，安化光山一带，建设生态工业园区。主动承接昆明及玉溪核心生态工业转移和产业链延伸。重点发展新型生态工业。促进全县工业化进程，调整和升级工业产业结构，全面实施“工业强县”战略。

三、大力发展现代农业，提高农业综合生产能力

发挥农业示范区的辐射带动作用，加快农业发展方式转变，发展高产、优质、生态、安全农业，发展设施农业和农产品加工业，健全农产品流通体系，促进农业生产经营专业化、标准化、规模化、集约化、生态化，构建现代生态农业生产体系。

(九)加大农业结构调整力度。加大调整农业内部结构，转变农业增长方式，着力建设以科技农业、观光农业为龙头的现代农业示范园区，提高农业产业化经营水平，积极推进现代农业建设。调整优化种植业结构，合理调整粮经作物种植比重，抓好粮食生产，稳定巩固烤烟种植，发展壮大蔬菜产业，鼓励在适宜地区发展特色中药材、经济价值高的经果林。抓好林业、畜牧业、渔业等产业的科学发展，促进农业持续增长。

(十)建设特色产业。以烟农增收、财政增收为目标，以创建清香型烟叶生产示范县为重点，促进烤烟产业发展。调整品种结构，提高种植水平，推进标准化生产和有机食品、绿色食品、无公害农产品基地建设，加强产销信息网络建设，拓展营销渠道，提升蔬菜产业市场竞争力。分析产业动向，优化产业布局。建设粮油加工品牌，促进粮油产业一体化经营。以建设高原湖泊水产品交易中心为载体，以资源和环境保护为基础，以科技和体制创新为动力，推动江川水产业的发展。引导生猪养殖规模化、规范化、生态化发展，大力推广生物发酵床等技术养殖仔猪、肥猪，降低养殖污染。

(十一)加强农村公共服务建设。加强农业生产资料、化肥、农药等物资的质量、安全监管及使用技术培训，建立和完善农村实用技术培训机制，提高科技在推动农村经济发展中的重要作用。加大涉农收费和价格违法行为的查处力度，切实减轻农民负担。加快农村危房改造，实施农村清洁工程和农村环境综合整治。加强农村医疗卫生服务网络建设，完善农村社会保障体系，逐步提高保障标准。发展农村金融组织和小额信贷，健全农业保险制度，改善农村金融服务，深化农村综合改革。

(十二)完善农村发展体制机制。坚持和完善农村基本经营制度，在依法自愿的前提下，完善土地承包经营权流转，发展多种形式的适度规模经营，支持农民专业合作社和农业产业化龙头企业发展，健全农业社会化服务体系，提高农业经营组织化程度。积极稳妥推进农村土地整治，完善农村集体经营性建设用地流转和宅基地审批管理机制。培育林业发展的市场主体，加快建立产权交易平台，促进现代林业发展。

四、引入战略性新兴产业，提高工业核心竞争力

继续实施“工业强县”战略，按照新型工业化发展理念，有效破解工业发展不足制约，促进工业发展。力争到2015年实现工业总产值100亿元以上的目标。

(十三)推进生态工业园区建设。按照“产业相互融合，基础设施共享，功能分区合理，循环经济示范”的原则，加快建设步伐，发挥产业集聚平台效应，增强工业强县发展后劲。

(十四)发展壮大特色优势产业。加大对传统特色优势产业的改造升级，支持企业技术创新、管理创新，不断提高企业的市场竞争力。按照“以磷为主，环保优先，精细化发展”的总体发展思路，根据国家发展低碳产业、节能降耗的要求，着力调整产品结构，形成精细化、深加工产品体系，不断提高产品市场竞争力，巩固和提升磷化工产业的支柱地位。支持企业引进新技术、新装备、开发精包装产品，拓宽市场领域，提高市场占有率，鼓励企业整合，发展壮大企业规模，积极建设云南纸制品及包装产业基地。把发展农产品加工业作为推进现代农业发展的重要突破口，以建设全省的农产品加工中心、农业科技研发中心和农产品流通中心为目标，努力发展环保型农产品加工业。分析建材产品发展方向，紧扣市场产品需求，发展一批新型建材企业，优化建材产业结构。按照“规范管理、规范市场、控制总量、坚持标准、提质把价和确保安全”的要求发展烟花爆竹业。充分挖掘“古滇国文化”资源，突出古滇国文化特色，努力打造集生产特色工艺品和大型铜制件、铜制建材、器具于一体的铜工艺产业体系。

（十五）培育发展新兴产业。充分发挥生态环境、资源、区位等优势挖掘、培育新兴产业。创新招商方式，着眼新兴产业发展动态，引进科技型、环保型、资金密集型项目落户江川。加大力度重点发展新能源、新材料、新技术、生物医药、装备制造、光电电子等新型产业。

五、提升服务业水平，打造国际高原湖泊生态休闲度假旅游目的地

（十六）加快发展旅游业。抓住抚仙湖—星云湖生态建设与旅游改革发展综合试验区建设的机遇，挖掘核心旅游资源，打造品牌，大力发展旅游产业。大力建设环抚仙湖生态旅游产业圈、环星云湖生态产业圈，引导旅游产业升级。

（十七）大力发展现代服务业。兼顾传统服务业和现代服务业的发展，提升传统服务业与现代服务业发展水平。积极营造有利于服务业发展的政策和体制环境。拓展服务业新领域，发展新业态，培育新热点，推动服务业经济新发展。

六、坚持绿色发展，建设现代宜居高原湖泊生态城

（十八）着力推进现代宜居高原湖泊生态城建设。坚持“生态立县”战略，以县城为中心，江城为次中心，路居、九溪为两翼，形成前卫、安化、雄关各具特色的城镇格局。统筹空间布局、产业发展、交通网络规划建设，拉开城市构架，拓展城市发展空间。争创国家园林城市、国家卫生城市、国家环保模范城市和现代宜居生态城市，完善和提升城市生态基础。

（十九）加强绿色生态环境建设。以“两湖”水环境保护为重点，加强生态环境保护，构建人与自然和谐的生态环境。按照“治污为主、生态修复、水体置换、保护开发、监督管理”的工作思路，采取系统控源—清水产流机制—产业结构调整—湖泊水体保育—流域强化管理的技术路线，全面实施“环湖截污治污、环湖面源污染控制、环湖生态修复、环湖林业生态、入湖河道治理、湖泊内源污染控制、两湖流域环境监管”等七大工程措施，确保抚仙湖Ⅰ类水质，争取星云湖水质恢复到Ⅳ类。加强水土保持、小流域综合治理、石漠化综合治理力度，继续实施退耕还林工程、天然林保护工程、防护林工程等生态建设工程。

（二十）积极推进节能减排。严格执行国家产业政策，坚决遏制高耗能、高排放行业的低水平重复建设，发展低能耗、低污染的先进生产能力。大力发展循环经济，促进废水、废气、固体废弃物的减量化、再利用、资源化，积极创建绿色消费机关、企业、社区示范并扩大推广。

（二十一）加快发展低碳经济。倡导低碳理念，加快发展低碳经济。有序推进清洁能源开发，积极推进天然气利用、太阳能风能发电项目，因地制宜推进生物能源的开发和利用。优化消费过程，积极创建低碳型消费模式，提倡低碳消费，遏制奢侈消费，引导合理消费。

（二十二）强化资源综合利用。按照建设资源节约型社会的要求，进一步提高水资源利用率，推进节水型社会建设。以土地、矿产、水资源、生态资源为重点，深化资源要素价格改革，逐步建立健全资源有偿使用、生态补偿机制。鼓励对共伴生矿、风能、太阳能、生物资源综合利用，不断提升资源综合利用水平。切实规范开采活动，提高矿产资源保障度，满足可持续发展需要。

七、加快基础设施建设，增强发展新动力

（二十三）大力发展和完善交通基础设施。积极推进棋盘山飞机场建设，构建昆明—江川的快速交通网络，着力建设晋江高等级公路、江川县城绕城高速公路、大街—路居—海门高等级公路、工业园区—安化—北城（玉溪红塔区）高等级公路，发挥江川作为滇中经济圈、大昆明都市圈的绿色生态后花园的支撑作用。完善县城交通网络，建设县城环城东路、环城西路、环城北路和环城南路。加快与周边县区的高等级公路、旅游公路、通村公路建设。建设以小城镇为中心的农村交通网络，全部实现乡镇公路油面化，村级公路等级化。

（二十四）完善水利基础设施。加快病险水库除险加固，搞好抗旱水源工程建设，完善农村水利设施，扩大有效灌溉面积，提高水利化程度。加强水利工程和节水灌溉工程建设，增强抵御旱涝等自然灾害的能力，建立安全有效的水利保障体系，提高水资源的综合利用效率，促进经济社会的可持续发展。

（二十五）完善电力、燃气等能源公共基础设施。继续实施城市及农村电网改造工程，完善城乡输变电网络、构建完善农村电网，提高农村供电保障能力。大力推广农村沼气利用，积极开展节柴改灶、以电代柴、以煤代柴的推进工作。加快天然气基础设施建设，推广使用太阳能、天然气等，形成清洁经济的农村能源体系。

（二十六）完善通讯、广电等信息公共基础设施。进一步完善农村广播电视基础设施建设，完成县级电视节目无线覆盖工程，基本完成农村数字电视整体转换，大力提高农村广播电视覆盖水平。采取多种方式提高农村电话普及率。

（二十七）完善供排水、垃圾处理等城市基础设施。科学规划，优化配置，实施城镇、农村供水工程。完善城市垃圾处理设施，提高垃圾处理能力。实施农村清洁工程，加大改水、改厨、改厕、改圈和垃圾集中处理力度，不断改善农村卫生条件和人居环境，满足农民不断增长的物质文化生活需要。

八、统筹城乡协调发展，构筑城乡发展新平台

（二十八）以城乡一体化发展为目标，优化县域空间开发。建立城乡规划、产业布局、基础设施建设、公共服务一体化制度。促进生产要素、公共服务资源城乡均衡配置，逐步建立城乡统一的公共服务制度，推动城乡经济社会协调发展。统筹土地利用和城乡规划，科学规划城乡建设、农田保护、产业聚集、村落分布、生态涵养等空间布局。统筹城乡产业发展，引导城市资金、技术、人才、管理等生产要素向

农村流动。

(二十九)以改善农村生产生活环境为根本，推进新农村建设。大力推进新农村建设，着力推进新农村整村水、电、路、气的建设。调整收入分配格局，建立财政支农资金的稳定增长机制，增加农业支持总量。全面落实工业反哺农业，城市支持农村和多予、少取、放活的方针政策。加大对农业科技、农业生产性基础设施建设的投入，提高农业综合生产能力。拓展农业投入渠道，鼓励和引导民间资本、社会资本、外商资本投资发展现代农业。

(三十)以山区扶贫为主，加大农村扶贫开发力度。积极探索多元化的帮扶救助机制，实现扶贫帮困工作经常化和制度化。围绕整村推进、劳务培训、产业发展三个重点，大力实施"基础扶贫"、"产业扶贫"、"科技扶贫"、"生态扶贫"、"社会扶贫"五大工程，不断创新扶贫机制，加大重点扶贫和对口扶贫力度，切实巩固扶贫成果。

(三十一)加快民族聚集区发展步伐。实施民族工作重点乡镇发展战略和少数民族帮扶、智力支持等工程，对少数民族乡镇给予更多的政策倾斜，促进少数民族地区均衡发展。

(三十二)建立健全促进城乡一体化的制度体系。进一步推进户籍制度改革，积极探索在推进工业化和城镇化进程中科学合理利用土地的新办法，保证城乡统筹发展重大建设用地需要。研究完善土地征收补偿机制，探索土地收益分配新模式。健全农业投入保障制度，改进对农业生产和农民收入的补贴方式，提高补贴效率。健全政策性农业保险制度，扩大保险范围。

九、积极发展文化事业和文化产业，推动文化大发展大繁荣

加速实施"文化兴县"战略，推进文化体制改革和文化产业发展，努力将文化产业打造成江川新的经济增长点。

(三十三)健全覆盖城乡的公共文化服务体系。以政府为主导，以公共财政为支撑，以城乡基层为重点，加强公共文化设施建设，形成比较完备的覆盖城乡的公共服务设施网络，提高公共服务能力，促进公共服务规范化建设。

(三十四)繁荣文艺创作。挖掘江川资源优势，推进文艺精品创作。坚持"出精品、出人才、出效益"，大力实施文化艺术精品工程，重点推出一批具有代表性的优秀文学艺术精品和文化品牌。

(三十五)加强文化遗产的保护和传承。加强文化遗产、历史文化名镇、大型遗址的保护管理，建立非物质文化遗产目录，建成"非物质文化遗产数据库"，使珍贵、濒危并具有历史文化和科学价值的非物质文化遗产得到有效的开发和保护。

(三十六)着力打造江川特色文化产业品牌。充分挖掘江川特色文化资源，培育和完善"古滇青铜器文化"、"高原水乡文化"、"渔文化"、宗教文化、人文文化，增强文化软实力，培育新的经济增长点。促进文化与相关产业结合，重点是与旅游业的深度结合，探索文化与旅游互动发展的新路子，形成新的产业形态。

十、全面发展社会事业，共同创造和谐家园

(三十七)坚持优先发展教育事业。始终把教育摆在优先发展的战略地位，巩固好"两基"成果，进一步扩大普通高中教育规模，加快职业教育发展，提高办学质量和效益；加快学前教育发展，满足人民群众不断增长的学前教育需求。加强教育基础设施及师资力量建设，全力推进校安工程和现代教育体系建设，努力为全县人民提供更优质的教育服务。

(三十八)繁荣城乡体育事业。加强体育基础设施建设力度，大力开展全民健身运动，处理好群众体育、竞技体育的关系，促进体育事业全面发展。

(三十九)加快公共卫生体系建设。加强公共卫生服务体系建设，大力提高农村卫生资源比重，健全覆盖城乡居民的基本医疗和公共卫生服务、疾病预防控制体系，健全卫生监督和计划生育等专业公共卫生服务网络。继续深化医药卫生体制改革，有效缓解"看病难"、"看病贵"问题。加强医学人才特别是全科医生培养，完善鼓励全科医生长期在基层服务政策。坚持中西医并重，支持中医事业发展。

(四十)完善覆盖城乡的社会保障体系。健全完善城镇居民医疗保险、城镇职工养老保险和失业保险、城镇居民最低生活保障等制度，建立健全城镇居民养老保险制度，逐步提高社会保障水平。着力解决被征地农民和进城务工人员的社会保障问题，完善农村居民最低生活保障制度，加大贫困家庭医疗救助力度，实现新型农村养老保险制度全覆盖。加快推进保障性住房建设，突出廉租保底、公租解困、农村危改、地震安居四个工作重点，切实解决中低收入群众住房困难问题。大力发展社会福利、社会慈善和残疾人事业，健全社会求助体系，实现城乡社会救助全覆盖。发挥商业保险的补充作用。

(四十一)建立健全劳动就业运行机制。建立健全与经济和社会发展相适应的比较完善的劳动就业运行机制，逐步实现就业比较充分，收入分配比较合理，就业局面和谐稳定，管理服务规范高效的就业良好环境。大力发展职业教育和培训，加快提高劳动者技能素质。实施促进就业政策，千方百计扩大就业。

(四十二)完善社会管理。大力推进"社会矛盾化解、社会管理创新、公正廉洁执法"三项重点工作，建立司法调解、行政调解、人民调解的"大调解"工作体系，集中力量解决影响社会稳定的源头性、基础性、根本性问题。强化社会治安综合治理，构筑社会治安防控体系。坚持"严打"方针，有效控制刑事案件发生，严厉打击"涉黑涉恶"犯罪、重大经济犯罪和"两抢一盗"犯罪，增强人民群众安全感。高度重视禁毒防艾工作。加强综治维稳、公安、消防基层设施和公共安全服务设施的规划和建设，有效整合基层维稳资源。健全公共应急处置机制，形成统一指挥、运转高效的应急管

理体系。加大公共安全投入，加强安全生产，健全对事故灾难、公共卫生、食品安全等事件的预防预警和应急处置能体系。

(四十三)全面做好人口工作。继续加强人口和计生工作，统筹解决人口问题，稳定低生育水平，提高人口素质，改善人口结构，引导人口合理分布，保障人口安全，促进人口与经济、社会、资源、环境协调可持续发展。加强流动人口服务和管理工作，做好社区社会化管理，培育壮大老龄服务事业和产业。

十一、加大改革创新力度，提升对外开放水平

(四十四)推进重点领域和关键环节改革。深化企业改革，规范国有资产监管，促进国有资产保值增值。落实和完善促进中小企业和非公经济发展的政策措施，加快非公经济发展。推进投融资体制改革，组建融资担保基金和担保机构，支持、规范发展小额信贷公司。支持民间资本进入基础产业、基础设施、市政公用事业、社会事业、金融服务领域。加快推进地方金融机构改革发展。加快政府职能转变，减少和规范行政审批，继续深化财税、资源性产品价格和要素市场改革，加快社会信用体系建设。

(四十五)加强区域合作。积极融入“滇中经济圈”，紧紧抓住云南“桥头堡”战略发展机遇，主动融入全球经济一体化。坚持立足大局，加强合作，突出重点，注重实效，全方位、宽领域、多层次地开展区域合作交流。

(四十六)全方位招商引资。转变招商引资理念，构建招商引资平台，完善招商引资政策，营造招商环境，加快开放步伐，加大招商引资力度。利用江川“古滇国文化”、“绿色生态资源”、“青铜工艺制品”、“农产品加工业”、“纸制品”、“烟花爆竹”等资源优势，培育一批出口企业，打造出口品牌。

(四十七)扩大对外交流。探索“走出去”战略，结合江川的产业结构转型升级，支持本地企业采取跨区域并购等形式开展跨区域投资经营，建立县外生产基地，构建对外开放新格局。

十一、加强党的领导，为实现“十二五”规划目标而奋斗

(四十八)加强和改善党的领导。党的领导是实现“十二五”时期经济社会发展目标的根本保证，必须加强党的执政能力建设和先进性建设，不断提高党领导经济社会发展的能力和水平。各级党组织要准确把握发展趋势，科学谋划发展，努力创新发展模式，加强对发展的统筹协调，切实提高发展质量。推进学习型党组织建设，加强和改进干部教育培训，提高领导班子和领导干部推动科学发展、促进社会和谐稳定的能力。深化干部人事制度改革，创新和完善干部选拔任用机制，健全领导班子和领导干部考核评价制度，形成有利于科学发展的用人导向。坚持树正气、讲团结、求发展、充分调动全县干部群众的积极性和创造性，形成推进全面建设小康社会的强大合力和良好的舆论氛围。

(四十九)加强社会主义政治文明建设。坚持党的领导、人民当家作主、依法治国有机统一，发展社会主义民主政治，保障人民群众的知情权、参与权、表达权、监督权。坚持和完善人民代表大会制度、中国共产党领导的多党合作和政治协商制度及基层群众自治制度。巩固和壮大爱国统一战线。发挥工会、共青团、妇联等人民团体作用。切实做好民族宗教工作，加强民族团结进步教育。加强依法治县，全面推进依法行政。

(五十)充分发挥党员领导干部推动科学发展、促进社会和谐的先锋模范作用。全体共产党员要坚定不移贯彻党的理论和路线方针政策，牢固树立科学发展理念，积极落实加快转变经济发展方式的决策部署。切实加强党的基层组织建设，深入开展创先争优和“三个一”主题实践活动，坚持全心全意为人民服务的根本宗旨，坚持党的群众路线，始终保持党同人民群众的血肉联系。讲大局、讲奉献，忠实履职，刻苦工作、爱岗敬业，认真抓好工作的落实。树立正确政绩观，努力做出经得起实践检验、经得起人民检验、经得起历史检验的实绩。严明党的政治纪律，确保政令畅通。深入推进干部作风和反腐倡廉建设，落实党风廉政建设责任制，加强对领导干部的教育、管理和监督，加大违纪违法案件查办力度。以优良党风凝聚党心民心，开创我县科学发展新局面。

全县共产党员和各族人民群众，要全面落实科学发展观，解放思想，团结奋斗，锐意进取，与时俱进，开拓创新，为实现我县国民经济和社会发展第十二个五年规划和全面建设小康社会的宏伟目标而努力奋斗！

关于做好中国共产党江川县第十二次代表大会代表选举工作的通知

各乡镇党委，县委和县级国家机关各部、委、办、局，各人民团体和企事业单位党组织：

根据市委的有关要求和安排，县委将于今年二季度召开第十二次代表大会。现就代表选举工作的有关事项通知如下：

一、充分认识选举县党代会代表的重要意义

召开中国共产党江川县第十二次代表大会，是全县政治生活中的一件大事。认真做好代表选举工作，是开好这次大会的基础。各党委要把选举县第十二次党代会代表列入重要工作日程，切实加强领导。代表人选的酝酿提名，代表候选人预备人选的确定，代表的选举过程，都要充分发扬党内民主，认真执行民主集中制原则，尊重党员的民主权利，体现选举人的意志。对选举过程中提出的问题，要认真研究并妥善处理，重要情况要及时报告县委。要通过选举中国共产党江川县第十二次代表大会代表，对党员进行一次增强党性和遵守民主集中制原则的教育。各级党组织要精心组织，周密安排，认真做好选举中的组织工作和思想政治工作，切实保证代表的素质，如期完成选举代表的任务。

二、代表名额的确定

中国共产党江川县第十二次代表大会代表名额共349名。

代表名额的分配，根据各乡镇、县属机关党组织的数量、党员人数和工作需要确定。具体名额分配见附件。

三、代表的选举

出席中国共产党江川县第十二次代表大会的代表，必须是有选举权的正式党员，而且应是共产党员中的优秀分子。代表应具备以下条件：认真学习中国特色社会主义理论体系，深入学习实践科学发展观，有较高的政治理论水平和议政、议事能力；认真贯彻执行党的基本路线和方针、政策，坚持四项基本原则，在改革开放和社会主义现代化建设中做出显著成绩；政治信念坚定，在关键时刻和重大政治原则问题上，是非分明、立场坚定，以党和人民的利益为重；公道正派、清正廉洁，有较强的联系群众能力，能够尽职尽责的完成党组织交给的任务，得到群众信任和好评；党性和组织纪律性较强，坚持党的实事求是的思想路线，言行一致，能充分表达和反映本选举单位党组织和党员的意见，能正确行使党员的民主权利，创先争优，在生产、工作和社会活动中起表率作用。

代表的选举，要严格按照党内选举的有关规定进行，坚持代表的先进性，体现代表的广泛性。党代表的构成比例为：各级领导干部占50%左右；注意推荐工人、农民和专业技术人员中的先进模范人物，基层一线代表比例应在上次党代表大会的基础上适当提高，一般不少于32%；妇女代表、少数民族代表所占比例一般不少于妇女、少数民族党员占党员总数的比例；45岁以下的代表一般不少于50%；初中以上文化的代表一般应占50%左右。各条战线的先进模范人物、年轻党员、退(离)休党员应占有一定的比例。党代会代表一般与人大代表、政协委员不交叉。

出席中国共产党江川县第十二次代表大会的代表，由各乡镇、各选举单位召开党代会或党员大会选举产生。

四、代表产生的程序和时间要求

各党委要按照分配名额，采取自下而上的方式提名，经过充分酝酿协商，根据多数党组织或多数党员的意见提出代表候选人初步人选；选举单位对候选人初步人选逐个进行全面考察，尤其要考察他们在关键时刻、重大原则问题上的政治立场和政治倾向，并征求所在单位和有关方面的意见；各党委召开党委会，按不少于应选代表总数的25%确定代表候选人预备人选，于2011年3月15日前将代表候选人预备人选报送县委组织部审查同意后，再召开党代会或党员大会进行选举。选举要充分体现选举人的意志，选举一律采用无记名投票方式进行。代表候选人预备人选名单按姓氏笔画为序排列。各党委于2011年3月30日前将选出的代表报县委审批。

附件：中国共产党江川县第十二次代表大会代表名额预分配表

中共江川县委

2011年3月9日

中共江川县委　江川县人民政府
关于印发《江川县人民政府机构改革实施意见》的通知

各乡镇党委、政府，县委和县级国家机关各部、委、办、局，各人民团体和企事业单位：

根据《中共玉溪市委、玉溪市人民政府关于印发〈玉溪市政府机构改革实施意见〉的通知》(玉发〔2010〕14号)和《中共玉溪市委、玉溪市人民政府关于江川县人民政府机构改革方案的批复》(玉复〔2010〕10号)文件精神，经县委、县政府研究同意，现将《江川县人民政府机构改革实施意见》印发给你们，请认真贯彻执行。

中共江川县委

江川县人民政府

2011年3月17日

江川县人民政府机构改革实施意见

根据《中共云南省委、云南省人民政府关于云南省州市县政府机构改革的实施意见》、《中共玉溪市委、玉溪市人民政府关于印发〈玉溪市政府机构改革实施意见〉的通知》及《中共玉溪市委、玉溪市人民政府关于江川县人民政府机构改革方案的批复》文件精神，结合我县实际，特制定此实施意见。

一、指导思想和基本原则

(一)指导思想

高举中国特色社会主义伟大旗帜，以邓小平理论和“三个代表”重要思想为指导，深入贯彻落实科学发展观，按照中央、省、市关于深化行政管理体制改革的总体目标，以转变政府职能为核心，理顺职责关系为重点，进一步优化政府组织结构，明确和强化责任，完善体制机制，推进依法行政，提高行政效能。建立与江川经济社会发展水平相适应、符合科学发展需要、具有江川特点的行政管理体制，为促进全县经济社会发展提供体制机制和组织保障。

(二)基本原则

1. 坚持上下协调、基本适应的原则。与市政府机构设置相衔接，积极探索实行职能有机统一的大部门体制，进一步优化组织结构，规范机构设置，建立结构框架基本协调的组织体系，确保工作衔接和政令畅通。

2. 坚持职责明确、权责一致的原则。注重县政府承上启下的层级特点，按照精简统一效能的要求，进一步转变政府职能，理顺部门职责关系，明确和强化责任，实现政企分开、政资分开、政事分开、政府与市场中介组织分开。重点梳理和解决政府部门之间职责交叉、权责脱节和关系不顺等问题，构建符合江川经济社会发展的管理体制。

3. 坚持严格控制、规范管理的原则。依法加强机构编制管理，科学合理配置部门职责，综合设置部门内设机构，确保政府机构设置限额和行政编制总额不突破，巩固机构改革成果。

4. 坚持积极稳妥、循序渐进的原则。以县政府机构改革为龙头，统筹安排，协调一致，有序推进改革，正确处理好改革、发展和稳定的关系，及时发现和处理改革中出现的新情况、新问题，保持工作连续性和社会和谐稳定。

二、主要任务

(一)转变政府职能

进一步加强政府在经济调节和宏观管理方面的职能，着力解决好涉及国计民生、阻碍经济发展和职责交叉、权责脱节等突出问题，加强社会管理和公共服务，完善行政执法和监管体系，增强防范和处理突发公共事件及社会治安综合治理能力。认真清理各部门不适应经济社会发展需要的行政审批事项，进一步下放管理权限，减少和规范行政审批事

项，加强对行政审批权的监督和制约，做到公开透明，规范运作。推进政务公开，提高服务质量和效率，建设廉洁务实高效和谐政府。

（二）理顺职责关系，明确和强化责任

进一步理顺县、乡（镇）两级政府的管理权限，清理下放属于乡（镇）政府的管理权限。建立健全县政府各部门间的协调配合机制，明确和强化责任，通过确定主要职责、内设机构、人员编制，在赋予部门职权的同时，明确其应承担的责任，切实解决权责不清、责权脱节的问题，做到有权必有责、用权受监督、违法要追究，增强政府的执行力和公信力。

深化乡镇机构改革，以加强基层政权建设，进一步转变乡（镇）政府职能，理顺县乡职责，按照权责一致、精简统一效能的要求，综合规范设置乡镇机构。

（三）调整优化组织结构，规范机构设置

以适应江川经济社会发展需要为目标，进一步调整优化组织结构，积极探索实行职能有机统一的大部门体制，注重整合医疗卫生管理和药品管理，强化食品药品安全监管，落实食品安全综合监督责任。规范政府机构设置，清理和规范议事协调机构，议事协调机构一律不再单独设立常设办事机构或实体性办事机构，清理自定行政机构和承担行政职能的事业单位，杜绝政府行政职能"体外循环"。要以县政府机构改革为契机，积极推进事业单位分类改革，理顺行使行政职能的事业单位，规范管理社会公益型事业单位，加大探索从事生产经营活动的事业单位转企改制力度，对职能弱化或消失（空壳）的事业单位，及时清理撤销。积极探索推进政府购买服务的新机制。

县政府机构调整设置如下：

1. 新组建机构

组建江川县工业商贸和科技信息局，加挂江川县中小企业局、江川县知识产权局牌子。将县经济委员会除乡镇企业行业管理以外的职责、县商务局除经济合作发展规划以外的职责、县科学技术局的职责、信息产业行政管理职责，整合划入县工业商贸和科技信息局。不再保留县经济委员会、县商务局、县科学技术局。

组建江川县文化旅游广电和体育局，加挂江川县新闻出版(版权)局牌子。将县文化局、县旅游局、县广播电视局、县体育局的职责，整合划入县文化旅游广电和体育局。不再保留县文化局、县旅游局、县广播电视局、县体育局。

2. 更名机构

将江川县发展和改革委员会更名为江川县发展和改革局。

将江川县人事劳动局更名为江川县人力资源和社会保障局。

将江川县建设局更名为江川县住房和城乡建设局，加挂江川县城市管理综合行政执法局牌子。

将江川县交通局更名为江川县交通运输局。

将江川县扶贫开发领导小组办公室更名为江川县人民政府扶贫开发办公室，为部门管理机构，由江川县发展和改革局管理，保持原机构规格副科级不变。

3. 调整机构设置

将省垂直管理的江川县食品药品监督管理局调整为县人民政府工作部门。

将原与县人事劳动局合署办公的江川县机构编制委员会办公室单独设置，列入党委机构序列，为县委工作部门，名称为中国共产党江川县委员会机构编制办公室，保留江川县机构编制委员会办公室牌子。

将原与县委统一战线工作部合署办公的江川县民族宗教事务局调整为与县委统一战线工作部实行"一个机构，两块牌子"的管理体制。

将原与县科学技术局合署办公的江川县科学技术协会单独设置，列入群众团体序列。

将原与县文化局合署办公的江川县文学艺术界联合会单独设置，列入群众团体序列。

4. 调整理顺职能

将县经济委员会承担的乡镇企业行业管理职责、县畜牧兽医局的职责划入县农业局，将县水利局承担的渔政管理职能划归县农业局承担。县农业局加挂江川县畜牧兽医局、江川县乡镇企业局牌子。不再单独设置县畜牧兽医局。

将原县商务局承担的经济合作发展规划职责划入县发展和改革局。

县烤烟生产领导小组办公室职责由县政府办公室承担。

5. 保留机构设置

保留县政府办公室、县教育局、县公安局、县民政局、县监察局、县司法局、县财政局、县国土资源局、县农业局、县林业局、县水利局、县卫生局、县人口和计划生育局、县审计局、县环境保护局、县统计局、县安全生产监督管理局，为县人民政府工作部门。

保留县粮食局，为部门管理机构，由县发展和改革局管理，保持原机构规格正科级不变。

保留县人民政府政务服务中心、县抚仙湖管理局、县星云湖管理局、县防震减灾局、县供销合作社。

改革后，县政府设置工作部门23个，部门管理机构2个，保留机构5个（详见附表）。

县人民防空办公室、县信访局为县政府办公室内设机构。

（四）完善管理体制

按照财力和事权相匹配的原则，科学配置各级政府财力，增强各级政府提供公共服务的能力。以加强基层政权建设，巩固党在农村的执政基础为核心，进一步理顺县、乡（镇）政府对派驻机构和事业站（所）的管理体制，为深化乡镇改革奠定基础。

县政府机构改革坚持与市政府机构设置相衔接相对应，合并职能相同或相近的部门。撤并完全行使行政职能的事业单位，将其行政职能交由政府相关部门承担；进一步整合资源，转变服务方式，提高服务水平。

（五）严格控制机构编制

认真贯彻《地方各级人民政府机构设置和编制管理条例》、《云南省机构编制管理条例》，严格执行《云南省各级机关机构设置和管理暂行办法》、《云南省各级机关领导职数管理暂行办法》和《云南省机构编制委员会办公室关于核销各级机关混用编制的通知》及相关规定，进一步加强机构编制管理。机构改革中，不得突破省、市核定的县政府机构设置限额和行政编制总额，不得在限额外单独设置机构，机关使用的事业编制一律核销，不再使用“自定编制”或“事业编制”。各部门要加快职能转变，改进管理方式，整合资源，挖掘潜力，提高编制使用效率，巩固机构改革成果。

三、组织实施

（一）加强组织领导

县政府机构改革意义重大，职能调整和机构整合任务重，涉及面广，是一项复杂的系统工程。各部门要高度重视，加强领导，精心组织，周密部署，切实做好组织实施工作。

这次政府机构改革，在县委、县政府的领导下，由县机构编制委员会负责组织实施，具体工作由县机构编制委员会办公室承担。

（二）认真做好机构改革“三定”工作

“三定”规定，是部门履行职能的具有法律效力的规范性文件。各部门要按照中央、省、市、县的改革精神，结合部门实际，认真研究，制定“三定”规定。

1. 理顺部门职能关系。要通过明确职责、内设机构、人员编制和领导职数，全面梳理部门职能责任，广泛征求意见、集中解决工作中职能配置存在的突出矛盾和问题，切实把改革的基本要求落到实处。

2. 严格控制内设机构和人员编制。各部门内设机构设置限额和行政编制数不增不减，内设机构综合设置，2人以下不设股室，杜绝上下部门内设机构对应设置；各部门使用的事业编制一次性核销，核销后形成在职在编人员超编的，通过自然减员逐年消化；撤并部门要按照职能调整“人随事走”的原则划转人员编制；事业单位调整设置为县政府工作部门的，其职能划入行政机构，核销原使用的事业编制，出现“零编制”的，以原事业单位参公管理人员划入机关的实有人数为基数进行过渡；成建制合并的部门，离退休人员由新组建的机构管理。

3. 加强领导职数管理。各部门领导的配备要与核定的领导职数相匹配，严禁超职数，超规格配备干部。

4. 县政府部门的“三定”规定按程序报县编办审核后，报县编委审定，由县政府办公室印发。

（三）更名和撤并单位所属事业单位隶属关系的调整

1. 主管部门更名的，所属事业单位隶属关系不变。

2. 主管部门撤并的，所属事业单位隶属关系随之调整到新组建的部门。

3. 主管部门职责划转的，所属事业单位按承担的职责任务，相应调整隶属关系。

（四）严肃机构改革工作纪律

机构改革期间，严格执行《中共江川县委办公室、江川县人民政府办公室关于机构改革期间严肃各项工作纪律的通知》（江办发〔2010〕84号）文件规定，县编委办公室不受理各部门单位上报的机构编制请示报告，要严肃工作纪律，严格工作程序，严禁突击提拔干部，严防国有资产流失，做到秩序不乱、工作不断、人员思想稳定，各项工作运转正常，确保改革发展两不误、两促进，稳步推进政府机构改革，维护社会和谐稳定。

纪检监察、组织、编制、人力资源和社会保障、财政、审计等部门各负其责，密切配合，加强指导监督，及时发现和纠正存在的问题，从源头上控制机构编制增长，对违反机构改革纪律的要坚决查处，严肃追究有关人员和领导的责任，确保机构改革工作顺利进行。

（五）加强监督检查工作

加大机构编制法律法规的宣传力度，建立健全机构编制监督检查机制，抽调有关部门的领导组成督查组，对县政府机构改革工作进行全面督促检查。检查县政府机构改革方案的落实情况，各部门“三定”规定的执行情况，广泛了解机构改革中取得的经验及存在的问题，提出整改意见，确保政府机构改革和机构编制管理的各项工作顺利推进。

县政府机构改革，于2011年3月底基本完成。

附件：江川县人民政府机构设置表

附件

江川县人民政府机构设置表

人民政府办公室	发展和改革局	工业商贸和科技信息局	教育局	民族宗教事务局	公安局	监察局	民政局	司法局	财政局	人力资源和社会保障局	国土资源局	环境保护局	住房和城乡建设局	交通运输局	农业局	林业局	水利局	卫生局	人口和计划生育局	审计局	统计局	安全生产监督管理局	文化旅游广电和体育局	食品药品监督管理局

说　明：

县人民政府设置工作部门23个，其中：县监察局与县纪律检查委员会机关合署办公，列入政府工作部门序列，不计入政府机构个数；县民族宗教事务局与县委统一战线工作部实行“一个机构，两块牌子”的管理体制，列入政府工作部门序列，不计入政府机构个数。

加挂牌子6块：县工业商贸和科技信息局加挂江川县中小企业局、江川县知识产权局牌子；县住房和城乡建设局加挂江川县城市管理综合行政执法局牌子；县农业局加挂江川县畜牧兽医局、江川县乡镇企业局牌子；县文化旅游广电和体育局加挂江川县新闻出版(版权)局牌子。

此外，设置部门管理机构2个：县人民政府扶贫开发办公室、县粮食局由县发展和改革局管理。

中共江川县委　江川县人民政府
关于印发《江川县第三轮禁毒人民战争实施方案(2011～2015年)》
的通知

各乡镇党委、政府，大街街道党工委、办事处，县委和县级国家机关各部、委、办、局，各人民团体和企事业单位：

《江川县第三轮禁毒人民战争实施方案(2011～2015年)》已经县委、县人民政府同意，现印发给你们，请认真贯彻实施。中共江川县委

川县人民政府

2011年5月25日

江川县第三轮禁毒人民战争实施方案(2011～2015年)

2005年以来，按照省、市的统一部署，江川县认真组织开展了两轮声势浩大的禁毒人民战争，取得了显著成效，禁毒形势总体转好。在境外毒品“多头入境、全线渗透”、省内易制毒化学品非法外流出境、吸毒人员逐年增多等多种因

素影响下，通过国道213线毒品过境日趋突出，全县吸食传统毒品人员戒毒巩固难，吸食新型毒品人群呈蔓延趋势，毒品问题仍然长期存在，全县禁毒形势依然严峻。按照省、市的总体部署，为进一步巩固和扩大禁毒成果，推动禁毒人民战争取得更大实效，切实减轻毒品危害，江川县委、县政府决定从2011年开始，继续在全县组织开展一场为期5年的禁毒人民战争。结合我县实际，特制定本实施方案。

一、指导思想

以邓小平理论和“三个代表”重要思想为指导，深入贯彻落实科学发展观，坚持“预防为主，综合治理，禁种、禁制、禁贩、禁吸并举”的禁毒工作方针，按照“除源截流是关键，净化市场是根本，科技禁毒是保障，发动群众是基础”的总体要求，在巩固和发展前两轮禁毒人民战争成果的基础上，进一步深化认识，强化措施，明确责任，更加广泛地动员社会各方力量和广大人民群众参与禁毒人民战争，不断提高禁毒工作实效，有效遏制毒品来源、毒品危害和新吸毒人员滋生，确保社会稳定、人民群众安居乐业，为全县经济社会又好又快发展创造更加和谐稳定的社会环境。

二、奋斗目标

在第三轮禁毒人民战争期间，我县要在毫不放松治理传统毒品问题的同时，以遏制合成毒品走私、贩卖、运输、制造、吸食为重点，实现“五个扩大与进一步”的奋斗目标。即：扩大堵源截流成果，毒品查缉、易制毒化学品管控防线进一步严密；扩大禁种铲毒成果，“零种植”、“零产量”进一步巩固；扩大禁吸戒毒成果，吸毒人员滋生进一步遏制；扩大禁毒宣传教育成果，人民群众拒毒防毒和参与禁毒斗争的意识进一步提高；扩大齐抓共管综合治理成果，禁毒工作体制和保障机制进一步完善，为禁毒斗争常态化打下坚实基础。

三、方法步骤

第三轮禁毒人民战争为期5年，分4个阶段进行。

（一）准备阶段（2011年5月底前）。准确分析全县毒情形势，查找突出问题和薄弱环节，制定第三轮禁毒人民战争具体实施方案，量化目标任务，层层动员部署。

（二）推进阶段（2011年6月至2013年12月）。进一步加强禁毒基础设施建设、强化堵源截流、禁吸戒毒、毒品预防教育等各项措施，有效遏制毒品渗透内流和制毒物品走私出境，有效防范和控制吸毒违法行为，禁毒工作取得实效。

（三）深化阶段（2014年1月至12月）。通过查办一批涉毒案件，惩处一批毒枭和重大毒贩，促使境外毒品渗透和易制毒化学品走私明显减少，社会面上吸毒人员大幅减少，吸毒人员增长势头得到有效遏制，毒品危害全面减轻。

（四）巩固阶段（2015年1月至12月）。全面总结推广禁毒人民战争积累的好做法、好经验，进一步完善禁毒斗争工作机制，健全和规范各项工作制度和管理制度，全力解决禁毒工作中存在的突出问题，推动禁毒工作转入常态化，进一步巩固禁毒工作社会化格局，为从根本上消除毒害提供有力的政策和制度保障。

四、工作措施

（一）堵源截流，全力遏制县外毒品内流

1. 着力提升禁毒情报工作的能力和水平。公安机关要按照“情报为先、服务决策、服务实战”的总体要求，不断创新禁毒情报工作思路和方法，充分整合利用现有资源，建立规划合理、流程规范、制度严谨、运转高效的涉毒情报应用工作机制；紧紧围绕毒品的种植、加工、贩运、消费，以及境外制毒物品需求、价格变化等，多层次、多渠道、全方位开展情报搜集、综合研判和实战应用，将情报的触角向纵深区域发展；大力加强禁毒信息化建设和应用，按照“大情报”系统建设的要求，在强化应用意识、增强应用能力上狠下功夫，依托警务信息平台和禁毒信息管理系统等资源，开展网上禁毒数据与相关业务数据的比对、分析，发现有价值的涉毒情报线索，提高禁毒情报信息网上获取、应用水平。针对毒品犯罪跨区域性和流动性强的特点，改进和完善跨部门、跨地区、跨警种情报交流协作机制，切实加强公安机关禁毒、刑侦、治安等部门的情报交流与协作，提高整体打击效能。

2. 切实加大对零星贩毒活动的打击力度。零星贩毒是毒品消费的主要渠道，是刺激大宗贩毒的重要因素，是吸毒人员不断增加的诱因，是吸毒人员戒断巩固的主要障碍。只有把打击零星贩毒和打击大宗毒品犯罪并重，坚持萎缩毒品消费市场和切断毒品供应“双管齐下”，禁毒工作才做得牢、做得实。全县公安、检察院、法院、司法等部门要把打击零星贩毒工作摆上重要位置，加强沟通联系，倡导“零案专办”，继续实行零包贩毒数量、证据累计制度，依法严厉惩处零包贩毒人员。公安机关要组织专门力量进行深入细致的调查摸排，努力摸清本地零星吸、贩毒人员、网络情况，锁定一批重点涉毒场所，将一批重点对象及时纳入侦查视线，按照“长期经营和及时破案相结合”的原则，坚持“发现一个，打掉一个”的工作思路，集中优势警力，全力开展打击；对有价值的案件线索，抽调专门力量，成立专案组，全方位开展侦查经营，彻底摧毁零星贩毒网络；要充分发挥派出所信息广、社区情况熟等工作优势，建立健全基层主导、责任明确、捆绑考核的“打零”工作机制，切实提升“打零”工作成效，及时摧毁零星贩毒窝点，切断毒品供应环节，有效遏制毒品消费。“打零”工作要按照应收尽收、全员收戒的要求，对社会面上流散的吸毒人员进行一次全面清理，全员收戒我县社会面上的吸毒成瘾人员。

3. 深入开展毒品问题重点整治。以全省开展“11～1”打击零星贩毒专项行动为契机，排查、确定一批毒品问题突出的重点区域和乡镇（街道），纳入社会治安综合整治范围，加强领导，落实责任，强化措施，组织开展重点整治。同时，依靠各级党委、政府，尤其是基层党政组织，有针对性

地开展全方位、多层次的法治宣传教育，增强广大人民群众的禁毒意识。加大对吸贩毒(特别是新型合成毒品)问题突出的区域整治力度，坚决防止形成新的毒品集散地。全面落实禁毒工作责任制和禁毒委成员单位联系制度，加大禁毒宣传、社会帮教、尿检监测、禁吸戒毒工作力度。建立“打零”工作长效机制，确保整治工作取得实效。

(二)严控重查，坚决防控各类制毒物品流入非法渠道。坚持管理与打击并重，切实加强对易制毒化学品生产、经销、购买、运输、使用等各个环节的监管，严厉打击易制毒化学品违法犯罪活动。

进一步明确相关职能部门对易制毒化学品管控的职责。公安、工信(商务)、药监、工商、交通运输、安监等部门要建立工作联系机制和信息交换制度，对易制毒化学品、药品类或非药品类易制毒化学品生产、经销、购买、运输、使用等各个环节进行严格的审批、监管、检查力度。要对购销、运输出口数量、使用情况、企业内部管理等进行监督检查，严防流入非法渠道。药监部门要对药品类易制毒化学品的生产、经营、购买许可进行严格审批，并加大对麻黄素类复方制剂的监管力度。工商部门要与交通运输部门密切配合，建立工作联系机制和信息交换制度，加强对经营货运、物流公司进行严格资质审查和管理，严格登记易制毒化学品生产、经营范围，完善监督管理体系，调整监管重心，加强对企业的监管，提高执法效能。安全监管部门要组织开展有关非药品类易制毒化学品生产、经营法律、法规和规章及相关知识的宣传教育工作，督促相关企业组织从业人员培训。公安部门要指导、监督非药品类易制毒化学品生产、经营许可和备案管理工作，适时组织开展专项检查，依法查处违法行为。农业部门要严格对兽用麻黄素类药品生产、经营与使用的监管，防止流入非法渠道。各职能部门要密切关注周边国家易制毒化学品进出口的动态，及时掌握境外对列管和非列管易制毒化学品的需求和使用情况，加强经销、运输阵地控制，不断加大对非法买卖、走私易制毒化学品的打击力度，坚决防止易制毒化学品走私出境用于制毒。

(三)深化禁毒宣传和毒品预防教育，进一步提高人民群众的禁毒意识。遵循“面向全民、突出重点、常抓不懈、注重实效”的方针，把禁毒宣传和毒品预防教育作为事关禁毒工作全局的大事来抓，让“珍爱生命、禁绝毒品”不断深入人心。

1. 努力提高禁毒宣传工作的针对性和实效性。县禁毒委要统筹整合宣传、教育、文化、工会、共青团、妇联等组织的力量和资源，前移毒品预防工作的关口，认真查找当前禁毒宣传教育工作中的薄弱环节，创新宣传方式，丰富宣传内容，坚持面向社区、面向基层的原则，以青少年学生、城镇无业人员、返乡农民工、未就业大学毕业生、娱乐场所从业人员等吸毒高危人群为重点，突出防范合成毒品教育，继续推动禁毒宣传教育进社区、进农村、进学校、进场所、进单位、进家庭等“六进”活动。坚持禁毒主题集中宣传教育与经常性的宣传教育活动相结合，组织开展形式多样、内容丰富、贴近生活、群众喜闻乐见的禁毒宣传和毒品预防教育活动，扩大禁毒宣传教育的影响力和覆盖面，进一步增强广大干部群众及中小学生的识毒、防毒、拒毒意识和能力，努力减少新增吸毒人员，萎缩毒品消费市场。教育部门要把禁毒宣传教育作为加强中小学生思想品德教育的重要内容，抓好毒品预防教育示范学校“十个一”措施的落实，利用班团队活动、宣传报栏、广播站等多种形式普遍开展毒品预防教育活动，不断增强在校学生的防毒禁毒意识，确保全县在校学生毒品基本知识知晓率达100%，实现“学生不吸毒，校园无毒品”工作目标。

2. 把发动群众贯穿于禁毒斗争的始终。充分发挥基层组织、群防群治组织的基础性作用，最大限度发动和组织群众参与禁毒斗争。大力倡导和鼓励开展多种形式的群众性禁毒活动。发展壮大禁毒志愿者队伍。进一步完善激励机制，大张旗鼓地表彰奖励禁毒工作成绩突出的单位和个人；健全落实群众举报毒品违法犯罪活动奖励制度，不断提高人民群众参与禁毒斗争的积极性和主动性。充分发挥电视台、广播电台、报刊、网站等媒体的宣传舆论阵地作用，大力宣传报道典型事例，主动开展禁毒公益宣传，积极营造全民参与禁毒人民战争的浓厚氛围。

(四)强化娱乐服务场所禁毒管理，坚决遏制合成毒品蔓延。建立党委、政府统一领导，禁毒委牵头，公安、文旅广体、工商行政管理等职能部门参加，行业自律和社会监督相结合的娱乐服务场所禁毒管理体系和管理工作机制，强力推进娱乐服务场所涉毒问题整治和日常禁毒管理工作全面深入开展。

1. 大力开展娱乐服务场所禁毒预防教育工作。文旅广体、公安、工商行政管理等部门要加强检查、指导，做到禁毒宣传教育重点场所、重点部位、重点对象全覆盖。将娱乐服务场所业主、从业人员防范毒品知识培训、签订禁毒责任书、张贴禁毒标语、安装禁毒屏保系统、禁毒联络员配备等工作制度化，不断强化娱乐服务场所的社会责任感和守法经营意识。业主、从业人员毒品基本知识知晓率达100%。

2. 严厉打击娱乐服务场所涉毒活动。按照“谁主管、谁负责”的原则，明确娱乐服务场所经营业主的禁毒管理职责。结合娱乐服务场所日常管理，采取多种措施，及时掌握娱乐服务场所动态。公安、文旅广体、工商等部门要建立健全娱乐服务场所明察暗访、群众举报等工作机制，以及违法警示记录、涉毒娱乐服务场所“黑名单”重点监控和信用制度等长效管理机制。对涉毒娱乐服务场所该限期整改的限期整改，该停业整顿的停业整顿，该吊销许可证和营业执照的坚决吊销，该取缔的坚决取缔，并定期进行通报警示；对涉毒娱乐服务场所及其法定代表人，主要经营者和主要从业人员实行“黑名单”监控和信用制度，禁止在全县范围内再从事相同和类似的经营行为；对涉毒人员和涉毒娱乐服务场所不法业主及背后的“保护伞”，坚决依法从重处理。

3. 严格娱乐服务场所禁毒管理责任追究。娱乐服务场所禁毒管理工作纳入对各乡镇（街道）和相关禁毒委成员单位年度禁毒工作考核内容。对娱乐服务场所禁毒管理工作不力、责任措施落实不到位的，要通报批评，责令限期整改，并视情况追究相关领导和人员的责任。

（五）全面落实对吸毒人员的关爱和救治措施，有效控制吸毒人员滋生。公安机关要把加强吸毒人员动态管控作为社会管理创新的一项重要措施，努力提高对吸毒人员的发现管控率和戒断巩固率，做到收戒力度不减，管理关系顺畅，康复效果良好。

1. 建立健全强制隔离戒毒工作新模式。公安机关、司法行政部门要抓紧建立健全吸毒人员收戒、管理、社区戒毒（康复）无缝衔接的长效工作机制，始终保持对吸毒人员收戒工作措施到位，力度不减，确保全员收戒吸毒成瘾人员。县禁毒委负责组织和督促指导本行政区域内的强制隔离戒毒工作；公安机关负责对吸毒成瘾人员决定、解除强制隔离戒毒，将被强制隔离戒毒人员投送司法强制隔离戒毒场所进行戒毒治疗，决定强制隔离戒毒人员戒毒期限，指导乡镇（街道）开展社区戒毒工作；各乡镇（街道）社区戒毒工作人员在接到戒毒、劳教、劳改场所的通知后，要及时的前往戒毒、劳教、劳改场所，将出所人员接回，及时开展社区戒毒工作。

2. 全力推进社区戒毒工作。要健全禁毒委负责，乡镇人民政府、街道办事处为主体，公安、卫生、文旅广体、教育、司法、民政、人力资源和社会保障等部门共同参与的社区戒毒（康复）工作机制。按照市政府要求，吸毒人员超过30人的乡镇人民政府、街道办事处，应成立社区戒毒办公室，并按照30:1的比例配备社区戒毒专干，根据需要配备社区医生，为社区戒毒（康复）人员进行药物治疗和心理矫治、戒毒康复评估；开展禁毒教育和谋生就业技能培训，提供法律援助、就业帮助和指导。按照相关规定将符合条件的社区戒毒（康复）人员纳入社会救助范围，扩大参加城镇基本医疗保险比例。建立一批社区戒毒（康复）工作试点，落实对社区戒毒（康复）人员服务、管理的各项措施，努力提高社区戒毒（康复）人员管控率。县禁毒委要适时开展对社区戒毒工作人员的业务培训，使社区戒毒工作人员切实掌握工作内容、方法、策略、步骤、注意事项等具体业务，提高社区戒毒工作人员工作水平，提高社区戒毒、社区康复人员的戒断巩固率。

3. 稳步推进“无毒县”巩固工作。巩固“无毒县”、“无毒乡镇（社区）”工作，是综合治理毒品问题的有效手段，是遏制毒品危害的有效载体。巩固“无毒县”、“无毒乡镇（社区）”工作，必须面向基层，依靠基层，这是禁毒工作能否真正取得实效的根本所在。要充分发挥基层组织和单位在禁毒工作中的作用，把禁毒工作的各项措施分解量化，层层签订责任书，定期进行检查评比，把禁毒工作的责任落实到社区、村委会等基层组织，落实到派出所，落实到每一个基层单位。要把巩固工作纳入社会治安综合治理的重要内容，同部署、同检查、同考核。县禁毒委要加强督导考核，对工作不落实导致毒情反弹，经警告无整改或整改不力的“无毒乡镇（社区）”，坚决摘牌，并严格追究责任。要进一步强化禁毒宣传，健全完善基础台帐，抓牢做实基层基础工作，确保“无毒县”巩固成果。

（六）强化禁种铲毒工作各项措施，努力实现全县非法种毒品原植物“零种植”、“零产量”。禁毒委成员单位要切实把禁种铲毒工作作为禁毒工作重点，巩固全县多年来的禁种工作成果。林业、农业等部门要把发现、查处非法种植毒品原植物工作作为重要工作职责，充分发挥护林人员、农业科技推广人员的作用，加大日常监控管理力度；卫生、工商部门要在日常工作中加大对餐饮服务业和集贸市场的监管，对将罂粟籽、苗用作配料、食用、买卖的，一经发现，坚决查处；要进一步加大宣传力度，层层签订禁种铲毒工作责任状，落实信息报告、监督巡查、责任追究等制度，充分运用群众举报、信息员报告等手段，发挥基层组织作用，大力加强踏查铲毒工作，及时发现、依法打处，确保全县毒品原植物“零种植”、“零产出”。

五、工作要求

（一）加强领导，明确责任。“禁绝毒品，功在当代，利在千秋”。各级党委、政府要充分认识实施禁毒人民战争的重大意义，牢固树立“毒品一日不绝，禁毒一刻不止”的思想观念，切实增强责任意识和忧患意识，高度重视毒品问题，切实加强对禁毒工作的领导，把禁毒工作作为党委、政府的一件大事、一项民心工程来抓，做到领导到位，工作到位，保障到位。坚持把禁毒工作纳入当地经济社会发展总体规划，作为综治维稳和平安创建的重要内容，层层分解责任，一级抓一级，层层抓落实。第三轮禁毒人民战争继续实行主要领导负责制，各级党委、政府主要领导对本地区禁毒工作负总责，主要领导要亲自抓，有关领导要靠前抓，经常听取汇报，深入一线和基层督导检查。要实行领导同志和部门包点负责制，明确各部门、各单位的职责任务，实行分片联系、分片负责，及时研究解决制约禁毒工作开展的体制性、机制性和保障性问题，为禁毒工作顺利开展提供坚强的组织保证和物质保证。要加强对禁毒人民战争的检查、指导和考核，完善考核考评办法。从乡镇（街道）到社区、村组继续层层签订工作责任状，一级对一级负责，层层落实禁毒工作责任制。各部门要在系统内部逐级签订责任书，加强督促检查，确保禁毒责任落到实处。要将开展禁毒人民战争列入各乡镇（街道）、各部门领导的任期目标之一，对工作成效突出的予以奖励；对禁毒工作不力、没有完成禁毒任务目标的进行通报批评，并依据行政问责等规定严肃追究有关领导和

人员的责任。

(二)强化配合，增进合力。各级各部门要准确把握新形势下毒品问题的客观规律和特点，创新思路，着力探索解决禁毒工作的源头性、基础性、根本性问题，从更高的起点谋划和推动禁毒斗争深入开展，坚决把第三轮禁毒人民战争打出声势，打出成效。县禁毒委员会要当好党委、政府的参谋助手，充分发挥组织领导和综合协调作用，细化工作措施，加强督促检查，整合各方面力量参与禁毒斗争，确保任务落实。各部门尤其是禁毒委成员单位要认真履行职责，切实加强对本系统禁毒工作的部署、指导和检查落实；加强与其他部门的协调沟通，及时互通情况，发挥整体联动、协同作战的优势；落实挂钩督导乡镇、街道禁毒工作责任制，加强对挂钩乡镇、街道的帮助指导，推动禁毒工作开展。

(三)充实力量，提供支持。不断强化禁毒工作机构设置和禁毒执法队伍建设，做到严格教育、严格要求、严格管理、严格监督，不断提高队伍的整体素质和战斗力。公安机关要调整充实禁毒专业队伍力量，合理调配禁毒警力。县委、县政府要建立完善缉毒奖励办法和激励机制，充分调动禁毒执法队伍的积极性、主动性和创造性。

(四)加大投入，强化保障。各级政府要将禁毒经费列入本级财政预算予以重点保障，并根据经济发展和禁毒工作需要，逐年增加财政预算，不断加大禁毒经费投入。要积极争取中央、省、市级经费支持，对中央、省、市下拨的经费及配备的装备一律用在禁毒工作上，不能截流或挪用。财政、公安、审计、监察等部门要严格按照中央、省和关于禁毒经费管理使用的规定，加强禁毒经费使用监管，坚持统筹规划、科学立项，统一分配、分级管理，专款专用、收支两条线管理和跟踪问效的原则，确保资金使用方向和使用重点正确，切实提高资金使用效益。加强案件侦查、社区戒毒、毒品预防教育等工作经费和查缉装备、民警个人防护装备的投入，满足工作需要。加强禁毒情报信息系统等专门手段的开发和建设，提高禁毒工作的科技含量。各级政府要加强禁毒经费、装备的使用管理，切实把装备用在最需要的地方，充分发挥查毒设备效能。

中共江川县委
关于进一步加强新形势下群众工作的意见

(2011年11月9日)

为深入贯彻落实党的十七届五中、六中全会和《中共云南省委关于坚持以人为本执政为民，进一步加强新形势下群众工作的意见》、《中共玉溪市委关于进一步加强新形势下群众工作的意见》精神，进一步做好联系群众、宣传群众、组织群众、服务群众、团结群众的工作，凝聚全县各族群众的力量，实现“十二五”时期经济社会发展目标，结合江川实际，现提出如下意见。

一、充分认识做好新形势下群众工作的重大意义

(一)做好群众工作是我们党的优良传统和政治优势。胡锦涛总书记指出：“要继续抓住和利用好我国发展的重要战略机遇期，实现‘十二五’时期我国经济社会发展目标任务，必须紧紧依靠广大人民群众，必须加强和改进新形势下群众工作。”全县各级党组织和广大党员干部，一定要认真学习中央、省委和市委领导的重要指示，深刻理解做好新形势下群众工作的重大意义。充分认识群众路线是实现党的思想路线、政治路线、组织路线的根本工作路线，做好群众工作是巩固党的执政地位、完成党的历史使命、实现党和国家长治久安的根本保证。各级党员领导干部要始终坚持实事求是的思想观念，树立正确的政绩观、价值观和事业观，切实把以人为本、执政为民贯穿于全部工作之中，始终站在最广大人民群众的立场上说话办事，把实现好维护好发展好最广大人民群众的根本利益作为决策部署、开展工作的出发点和落脚点，切实保障和改善民生，做到思路上向惠民富民汇集，工作上向为民利民凝聚，作风上向亲民爱民转变，多为群众办好事、办实事。各级党委(党组)要把马克思主义群众观点和党的群众路线的再教育列入中心组理论学习的重要内容，教育和引导广大党员特别是领导干部自觉加强党性修养，自觉践行党的宗旨，做人民满意的好党员、好干部。县委党校、县行政学校和乡镇党校，要把群众工作作为干部教育的必修课程，纳入主体班教学计划，引导和帮助党员干部不断增强群众观念，提高做好群众工作的本领。

(二)做好群众工作是解决新情况新问题的客观要求。近

年来，县委认真贯彻党的十七大和十七届三中、四中、五中、六中全会及《中共云南省委关于贯彻落实科学发展观切实做好新形势下群众工作的意见》(云发〔2009〕2号)精神，高度重视做好新形势下的群众工作，深入开展群众观教育，群众工作体制机制和方法不断完善，党群干群关系更加密切，党的执政基础更加牢固，人民群众生活质量不断提高，城乡人居环境不断改善，社会更加和谐稳定。各级各部门和广大党员干部为做好群众工作付出了辛勤努力，取得了明显成效，创造了一些成功的经验和做法。同时，应当清醒地看到，在工业化、城镇化、市场化、信息化快速发展，改革开放不断深入，社会加快转型，利益格局加快调整的新形势下，群众工作遇到了不少新情况新问题，在群众观念、群众立场、方法手段、体制机制、素质能力等方面还不完全适应。有的党员干部群众观念淡薄，宗旨意识不强，工作作风不实，对群众缺乏感情，平时不联系群众，工作不依靠群众，思想不贴近群众，形式主义、官僚主义仍然存在；有的党员干部群众立场不坚定，作决策、办事情不充分尊重广大群众的意愿，作风不民主，处事不公道，还存在侵害群众权益的事情；有的党员干部工作方法简单，不敢做、不愿做、不会做深入细致的群众工作，教育引导和动员群众的能力不强；有的地方和部门群众工作制度不健全，已有制度贯彻落实不力，一些工作领域和环节缺乏制度安排。同时，群众思想变化增大了群众工作压力。社会群体和阶层日益多元化，群众关注面越来越广，利益诉求不断延伸和扩大，价值取向日趋多样化，群众工作对象和领域进一步扩大。在土地征用、山林权属、涉法涉诉、环境保护、劳动保障、国企改制等方面，多种矛盾交织，处置难度大，对群众工作提出了新的挑战。特别是互联网开放程度高、传播速度快、扩散范围大、放大聚核能力强，对社会管理和群众工作提出了更新更高的要求，社会矛盾的“触点”增多、“燃点”降低，稍有不慎，小问题就有可能酿成大事端。必须采取切实有效的措施，努力解决这些问题。

(三)做好群众工作是维护群众利益、促进社会和谐的根本要求。群众观点是做好群众工作的思想基础，各级各部门要牢固树立群众观点，自觉实践群众观点，增进与人民群众的感情，增强贯彻群众路线的自觉性和坚定性，始终与人民群众同呼吸、共命运、心连心。牢固树立“群众利益无小事”的思想，站稳群众立场，尊重群众意愿，想问题、作决策、办事情都要把群众利益作为出发点和落脚点，一切工作都要围绕实现群众利益来展开，一切工作都应当成为群众满意工程。要坚持以科学发展观为统领，以密切党同人民群众的血肉联系为核心，以保障和改善民生、解决群众利益诉求为重点，以创新工作方式方法为关键，以加强体制机制建设为保证，认真贯彻落实党的各项利民惠民政策，以及改善民生的各项重大措施，紧抓民生之本、解决民生之急、排除民生之忧，下大力气解决好群众关心的教育、就业、收入分配、社会保障、医疗、住房、食品安全、环境等方面的突出问题。健全公共财政机制，优化财政支出结构，重点向民生倾斜、向农村倾斜、向困难群众倾斜，着力打造民生财政。坚持从具体事情抓起，每年集中人力、物力、财力为群众办一批实事好事，让群众感受到实实在在的利益。最大限度地激发社会创造活力，最大限度地增加和谐因素，最大限度地减少不和谐因素，确保社会既充满活力又和谐稳定。

二、健全完善新形势下群众工作的长效机制

做好新形势下的群众工作，必须以改革创新精神，不断提高各项工作的科学化制度化水平，努力形成做好群众工作的长效机制。

(一)健全完善联系群众机制。进一步加大联系群众力度，注重掌握社情民意，注重解决实际问题，增进与群众的血肉联系。建立健全民情责任区制度，以乡镇(街道)、村(社区)为单位划分两级民情责任区，县领导挂钩负责乡镇(街道)，县直属部门和乡镇(街道)领导挂钩负责村(社区)，实现民情责任区全覆盖。各级领导干部要深入责任区、及时掌握民情、化解民怨、解决民困，每年至少提交一篇民情报告，帮助解决一个实际问题。建立健全民情巡视制度，由县人大、政协、纪检监察、政法部门组成民情巡视组，定期不定期开展巡视工作，了解民情动态，检查民情责任落实情况。继续实施县级领导联系乡镇(街道)、联系重点企业和重点项目制度，县直属部门和驻江单位、企业挂钩帮扶新农村制度，推进部门党组织与村(社区)党组织结对、部门党员与村(社区)困难党员结对，了解情况、帮助工作、解决问题。

(二)健全完善服务群众机制。按照建设服务型政府的要求，健全政府职责体系，减少审批事项，加大放权比例，规范、简化公开办事程序，提升服务效能，为群众提供更多、更好的公共服务。抓好网上行政审批电子系统建设，优化审批流程，完善便民、利民服务制度。进一步拓展乡镇综治维稳信访中心工作职能，对信访、综治、民政、司法、国土、经管、计生、社保、新农合等工作力量进行整合，全面推行为民服务代理制。深入抓好综治维稳信访中心建设，发挥好信访帮助、法律援助、政策咨询、“三农”服务和矛盾纠纷排查化解等功能。建立完善实时评价机制，改进服务态度，推行承诺服务，提高服务水平。

(三)健全完善惠民利民工作机制。坚持把“三农”工作放在突出位置，把民生作为群众工作的重中之重来抓，做深、做细、做实。依托优势资源推进项目建设，加快发展特色经济和优势产业，引导农民发展生态经济和庭院经济，拓宽群众增收渠道。严格落实各项惠农政策，整合各类资金，加强水利、交通等基础设施建设，加强中低产田地和中低产林改造，加大扶贫开发整乡、整村推进力度，加强对贫困和弱势群体的帮扶，改善群众生产生活条件。完善城乡公共就业服务体系，加大农村劳动力培训转移力度，加强城镇再就业培训，及时提供项目推介、就业指导、政策咨询、贷免扶

补、小额信贷、法律维权、后续跟踪等服务。高水平巩固义务教育成果，积极推进基础教育资源优化配置，加大集中办学力度，抓好乡镇集中办学试点。以提高新农合医疗补助标准为契机，围绕人人享有基本医疗卫生服务目标，深化医疗卫生体制改革，统筹城乡医疗卫生事业，加大参合农民基本医疗高补偿、老年慢性病有保障、大病救助全覆盖的政策落实力度，建立农民健康档案，完善县乡医疗卫生设施，稳步提高公共卫生服务水平。加大经济适用房、公租房等保障性住房的建设和管理，积极推进农村民居地震安全和危房改造工程。健全完善社会保障体系，加快推进城镇企业职工养老保险、灵活就业人员养老保险、新型农村社会养老保险“三险”配套，城镇职工医保、城镇居民医保、新型农村合作医疗“三保”互补，确保各项社会保险金按时足额发放。加大城镇综合整治力度，进一步完善防洪、供排水、垃圾处理等设施建设，提高城镇精细化管理水平。加大农村垃圾集中处理，扎实开展农村环境综合整治，切实改善农村卫生条件。加大环境污染、水土流失、山体滑坡等治理力度，进一步改善生态环境。

（四）健全完善群众诉求表达机制。坚持把群众工作贯穿于信访工作全过程，用群众工作统揽信访工作。按照“统一领导、部门协调，统筹兼顾、标本兼治，各负其责、齐抓共管”的要求，拓展信访工作职能，把事前防范、事中疏导、事后解决融为一体，充分发挥信访工作联系人民群众重要渠道的作用。坚持党政领导与宗教界人士、少数民族人士和困难群众交朋友的制度，认真开展县委书记大接访和领导干部大下访活动。完善领导干部包案制度，及时解决群众反映的突出问题。健全完善接待日制度，县党政主要领导每季度至少安排一天接待群众来访，其余时间保证每月有一名县级领导现场接访群众。乡镇(街道)领导干部要及时接待群众来访。每年通过统一组织、分散进行等方式，定期组织县机关干部下访，采取督促检查、带案督办、座谈走访、驻点指导、调查研究等方法，促进群众反映问题的有效解决。充分发挥各级党代表、人大代表、政协委员和民主党派、群团组织的桥梁纽带作用，及时了解社情民意，引导群众理性表达诉求，依法维护合法权益。 拓宽社情民意表达渠道，畅通群众邮政来信、网上信访等多种渠道，引导群众更多地以书信、电话、传真、电子邮件等形式表达诉求。进一步完善政府门户网站，加强信访信息系统建设，为群众反映问题、提出意见建议、查询办理情况提供便利条件。

（五）健全完善维护群众权益机制。党委、政府要充分发挥在调节社会利益中的主导作用，定政策、作决策、上项目、抓工作都要保障群众利益，尊重群众意愿，统筹协调各方利益关系，公正合理、及时有效地解决好群众的利益诉求。人大、政协和法院，以及工、青、妇等人民团体要在党委统一领导下，健全完善维护群众权益机制，各有关部门要建立群众、职工权益状况定期分析和报告制度，切实推行党务、政务、厂务、村务(社区)公开，保障群众对重大事务的知情权、参与权、表达权和监督权。通过加强行政执法、行业自律、工资集体协商、劳动关系和谐企业创建等途径，维护好群众经济利益和民主权利。坚决防止和纠正拖欠职工特别是农民工工资，以及违规发放城乡低保、救灾救济、贷免扶补等侵害群众合法权益的行为。加强妇女、儿童、农民工和残疾人等维权工作网络渠道和制度建设，健全覆盖城乡的社会救助体系，加强对特殊群体的帮扶救助工作。

（六）健全完善社会矛盾排查化解机制。坚持调解优先原则，按照“统一领导、分级负责，集中梳理、归口办理，责任明确、措施到位”的要求，建立由县乡人民政府负总责，政府法制机构牵头、各职能部门为主体的行政调解工作机制，充分发挥行政机关在化解行政争议和民事纠纷中的作用，切实抓好矛盾纠纷隐患排查调处工作。坚持日常排查、定期排查、专项排查和重要敏感期集中排查相结合，对排查出来的各类矛盾纠纷和不稳定因素，要明确责任主体，及时就地化解，做到干部走下去，情况带上来，问题解决好。深化人民调解，加强行政调解，提升司法调解，推进仲裁调解、行业调解、民间调解，大力发展行业性、专业性、区域性人民调解组织，做到各类调解组织、各种调解手段有机对接、整体联动。健全完善涉法涉诉联合化解工作机制，综合运用经济、教育、行政、法律等多种手段化解矛盾纠纷。积极推广以奖代补、以案定补等激励方式，切实调动村级调解组织的积极性。建立矛盾纠纷信息报告制度，对重大敏感信息要及时报告党委政府。高度重视解决土地征用、房屋拆迁、国企改制、涉法涉诉、劳动关系、环境保护、医患纠纷及干部作风等群众反映强烈的突出问题。坚持信访突出问题领导包案和集中交办制度，落实党委政府统一领导、联席会议牵头协调、信访部门组织实施、职能部门共同参与的信访督查机制。建立和完善信访专员制度，选配思想政治素质好、政策水平高、组织协调能力强、群众工作经验丰富的领导担任督查专员，定期开展专项督查，推动信访突出问题及时有效解决。把矛盾化解在基层，解决在萌芽状态，努力实现小事不出村、大事不出乡、矛盾不上交。

（七）健全完善重大决策社会稳定风险评估机制。坚持属地管理、分级负责和谁主管、谁负责，谁决策、谁负责，谁审批、谁负责的原则，在研究决定涉及群众利益、容易引发社会矛盾突出问题的重要政策、重大改革措施、重点工程建设项目等重大事项前，必须把社会稳定风险评估作为必经程序，做到应评尽评，不评估不决策、不审批、不实施。凡是违反法律政策、损害群众利益、影响党群干群关系、多数群众不理解不支持、可能引发重大群体性事件的事项，一律不得作出决策。实行重大决策社会稳定风险责任终身追究制，努力从源头上预防和减少社会矛盾。

（八）健全完善突发事件应急处置机制。加强社会舆情的分析研判，增强群众工作的预见性、主动性。建立健全统一指挥、反应灵敏、协调有序、运转高效的应急处置工作机制和工作预案，一旦发生突发事件和重大群体性事件，各地主要负责人要亲临现场靠前指挥，全面掌握事态发展状况，准确把握群众心理和情绪，做好疏导和化解工作。建立有关信息通报制度，加强部门之间的协调联动，在准确判断事件的性质和关键点，在慎用警力、慎用武器警械、慎用强制措施的前提下，有针对性地采取有效措施，最大限度地减少对社会稳定的冲击，保持正常的社会秩序。完善突发公共事件新闻报道应急机制，完善新闻发言人制度，第一时间发布权威信息，按照及时准确、公开透明原则，妥善回应社会关切，让群众了解真相，了解政府态度和决心，赢得群众理解和支持。

(九)健全完善社会管理机制。坚持依法行政，提升服务管理水平，为社会管理搭建制度性平台。巩固提升党委领导、政府负责、社会协同、公众参与的社会管理格局。加强社会管理基础性建设，努力实现县委群众工作局、乡镇(街道)群众工作站、村(社区)群众工作室全覆盖；进一步完善信息管理系统，发展协管员队伍，提高流动人口和特殊人群的服务管理水平。以争创新一轮社会治安综合治理优秀县为目标，深入落实社会治安综合治理工作责任制，推进平安江川建设，健全覆盖城乡的社会治安防控体系。积极探索违法青少年帮教工作新路子。加大“禁毒防艾”工作力度，依法打击暴力犯罪和“两盗两抢”等各种违法犯罪活动。全面落实安全生产责任制，严格执行重大安全生产事故责任追究制度。健全社区服务管理机构，加强队伍建设，妥善解决有钱办事、有人干事、有场所议事、有章理事等问题。

(十)健全完善教育引导机制。广泛开展社会主义核心体系宣传教育，增强主流思想价值观对群众的感召力和渗透力。加强国情、省情、市情、县情形势、政策和民主法制宣传教育，引导广大群众正确看待社会生活中的现象和问题，提高认识水平和判断能力，不断增强法制观念，自觉履行法定责任和义务，依法维护合法权益。加强先进典型学习宣传教育，用身边的事和身边的人影响教育群众，增强先进典型的引领示范带动作用。深入开展精神文明创建活动，注重用先进思想、先进文化引导群众自我教育、自我管理，弘扬中华民族传统美德，营造良好的社会风尚。广泛开展群众性文化活动，进一步改善文化民生，加强人文关怀，注重心理疏导，培育奋发进取、理性平和、开放包容的社会心态，提倡修身律己、尊老爱幼、勤勉做事、平实做人，推动形成我为人人、人人为我的社会氛围。

三、切实加强对新形势下群众工作的组织领导

做好新形势下的群众工作，关键在于坚持以人为本、执政为民，必须积极适应群众工作的新情况、新变化、新任务和新要求，创新工作思路，强化工作措施，加强工作指导，提高群众工作水平，始终把握群众工作的主动权。

(一)强化组织领导，形成工作合力。各级党委政府要把群众工作放在更加突出的位置，定期研究群众工作，每季度听取一次信访、政法等群众工作情况汇报，重大问题随时研究，及时解决群众工作中的热点难点问题，适时召开会议研究部署群众工作。党政主要领导要亲自抓、负总责，带头做群众工作；分管领导直接负责，具体抓好群众工作，班子其他成员抓好分管范围内的群众工作，做到一级抓一级，层层抓落实。加大群众工作投入，将群众工作经费列入财政预算，健全完善转移支付制度，加强群众工作站和村民(居民)小组工作活动场所建设。探索建立村(社区)干部养老保险、村民(居民)小组干部及群众工作联络员工作补贴，群众工作培训及奖励资金等保障机制。创新群众工作领导体制，结合实际，加强群众工作机构建设。县委成立群众工作领导小组，领导小组组长由县委副书记担任，相关部门领导为成员。领导小组的主要职责是：负责统筹协调、组织指导、安排部署群众工作，推动群众工作制度化、规范化、常态化建设。领导小组办公室设在群众工作局(信访局)，承担领导小组日常工作。群众工作局为县委的工作部门，与信访局一个机构、两块牌子，群众工作局设局长1名、副局长1名，工作人员2名，并适当增加人员编制和经费。主要职责是：承担督促检查贯彻落实党的群众路线和群众工作情况，指导协调群众工作，直接调查和交办、转办群众工作的重大问题，收集社情民意、及时提出完善政策和改进工作的建议，总结推广群众工作的先进典型经验，对违反群众工作纪律的党员、干部提出责任追究建议。在乡镇(街道)综治维稳信访中心加挂群众工作站牌子，在村(社区)综治维稳信访室加挂群众工作室牌子，在村民(居民)小组设立群众工作联络员，联络员由乡镇(街道)负责聘用、考核和管理。在各类企事业单位，依托党组织或工会组织设立群众工作室，配备群众工作员，协助企事业负责人做好群众工作。人大、政协，工、青、妇等人民团体要高度重视和主动开展群众工作，维护群众权益，化解社会矛盾。

(二)强化基层基础，实现重心下移。大力加强基层组织建设，筑牢群众工作组织基础。认真落实党委书记抓基层党建工作责任制，强化基层党建工作，努力把基层党组织建设成为加强群众工作的战斗堡垒。重点抓好以党组织为核心的村级组织和社区组织配套建设。全面推行“四议两公开”工作法，完善党组织领导的村级民主自治机制。以“三有一化”为着力点，加强社区党建工作。统筹推进机关、“两新”组织、国有企业和事业单位等领域党的基层组织建设，发挥村(社区)党组织的核心作用，积极推进村委会、社区居委会和治保、调解等自治组织建设，夯实群众工作基层基础。重视对各种合作组织、中介机构和协会的规范引导，使之成为群众工作的新生力量。广泛开展结对共建、对口帮扶活动，努力构建城乡统筹的基层党建工作格局。加强基层干部队伍建设，更加重视基层的用人导向，注重培养使用有基层工作经验、有实绩的优秀基层干部；注重从优秀农民中发展党员、

选拔干部；注重从优秀村干部中考录公务员和选任乡镇领导干部。加大选聘优秀大学生到村(社区)工作的力度，加大从机关、事业单位选派年轻干部到村(社区)任职或挂职力度，每年新录用的公务员，由组织人事部门统一下派到村(社区)工作1年，新提拔任用的副科级领导干部先到群众工作局(信访局)工作3个月。

(三)创新方式方法，密切党群干群关系。坚持一线工作法，做到机关工作重心下移，基层干部坚守一线，领导干部深入基层，真心实意在一线办实事、解难题、抓落实、促发展。积极推广部门领导分片负责、带案下访的成功经验，深入开展“三民一促”活动，将察民情、访民意、解民忧、促和谐活动与开展创先争优活动、学习杨善洲先进事迹、城乡基层党组织结对共建结合起来，与干部结对共建和谐村(社区)结合起来，充分了解群众的意见和要求，着力解决群众反映的实际困难和问题。坚持依靠群众自身力量做群众工作的方法，稳步推进基层民主建设，尊重和维护群众的民主权利，做到决策时诚恳咨询请教，部署任务时解疑释惑，落实工作时认真倾听意见，检验成效时主动接受评判，充分调动群众的积极性、主动性和创造性。认真总结群众工作经验，深刻把握群众工作的新特点新规律，综合运用法律、政策、经济、行政等手段和教育、协商、疏导等方法，提高群众工作的针对性和实效性。把群众工作寓于社会管理创新中，融入城乡社区管理、企业管理、学校管理、网络管理和整个社会管理之中。把群众工作寓于群众喜闻乐见的方式中，有的放矢地开展群众工作，促进群众自我教育、自我管理、自我服务。把群众工作寓于依法办事中，越是群众关心、越是事情重要、越是矛盾突出的问题，越要依法办事，越要正确引导群众树立法治观念，依法理性表达诉求和维护权益，妥善解决“信访不信法”的问题。积极探索利用网络了解和掌控舆情、疏导群众情绪、做好群众工作的方式方法。加强网络管理，密切关注网络舆情热点，加强对各种问题的分析研判，及时准确地掌握全局性、苗头性、倾向性问题，增强群众工作的预见性、针对性和主动性。

(四)强化检查考评，促进工作落实。把群众工作纳入各级领导班子和领导干部年度综合检查考评的指标体系。对领导班子和领导干部的考核评议、民主测评，要吸收基层群众参与，对乡镇(街道)党委政府要重点考核基层基础工作和服务群众的实际效果。加强对群众工作纪律和各项制度措施落实情况的督促检查，将其纳入岗位目标责任制考核的重要内容，与领导班子评价和干部奖惩任用挂钩。对群众工作成效突出的单位和个人给予表彰奖励。对违反工作原则、损害群众利益的相关领导和人员要严格问责；因工作不力酿成重大群体性事件、造成严重后果的，实行年度综合检查考评“一票否决”，并对相关领导和直接责任人依纪依法严肃处理。严肃查处群体性事件、重大责任事故及执法司法不公等背后的腐败案件或渎职行为。

各级各部门要按照县委的部署要求，结合本地方本单位实际，制定贯彻落实的具体意见，并组织实施。

中共江川县委　江川县人民政府
关于深化乡镇机构改革的实施意见

(2011年11月10日)

根据《中共云南省委云南省人民政府关于深化乡镇机构改革的实施意见》、《中共玉溪市委玉溪市人民政府关于深化乡镇机构改革的指导意见》和《中共玉溪市委玉溪市人民政府关于江川县深化乡镇机构改革方案的批复》精神，结合我县实际，现就深化乡镇机构改革提出以下实施意见。

一、指导思想和基本原则

(一)指导思想

以邓小平理论和“三个代表”重要思想为指导，深入贯彻落实科学发展观，坚持以人为本、执政为民，按照建设社会主义新农村和社会主义和谐社会的要求，以加强基层政权建设为出发点，进一步转变乡镇政府职能，理顺职责关系，创新体制机制，优化机构设置，严格控制人员编制，提高公共服务水平，增强社会管理能力，巩固农村税费改革成果，促进农村经济社会又好又快发展。

(二)基本原则

——坚持加强和改善党对农村工作的领导，加强基层政权建设，巩固党在农村的执政基础。

——坚持职权法定和权责一致的原则，依法界定乡镇政府职能，明确职责，强化责任，理顺县乡之间的权责关系。

——坚持因地制宜和精简统一效能的原则，区别不同乡镇类型，分类指导，合理确定乡镇职能配置、机构设置和人员编制，确保机构编制只减不增。

——坚持开拓创新，大胆探索，稳妥推进，确保社会稳定。

二、主要任务

(一)乡镇机构改革范围

本次乡镇机构改革的范围为：乡镇党政机关和乡镇所辖行政区域内除教育、卫生外的所有事业单位；街道办事处纳入乡镇机构改革和管理。

乡镇法庭、公安派出所、司法所、工商分局(所)为上级机关派驻乡镇的行政机构，不属于调整范围；国土分局(所)为县国土资源局的派出机构，管理体制不作调整。

(二)进一步推进乡镇政府职能转变

乡镇要贯彻落实好党和国家在农村的各项方针政策和法律法规，做好农业、农村、农民工作。主要围绕促进经济发展、增加农民收入，强化公共服务、着力改善民生，加强社会管理、维护农村稳定，推进基层民主、促进农村和谐四个方面全面履行职能。

要把经济工作的着力点放在营造良好发展环境、扶持典型进行示范引导上来，提高经济发展的质量和水平。做好乡村发展规划，推动产业结构调整。加强农村基础设施、新型农村服务体系、村镇规划建设，落实强农惠农措施，着力解决群众生产生活中的突出问题，切实维护农民合法权益。尊重农民的生产经营自主权，不得干预企业的具体生产经营活动。

要着力增强社会管理和公共服务职能。拓宽服务渠道，改进服务方式，通过“一站式”服务、办事代理制等多种形式，方便群众办事。推进依法行政，严格依法履行职责，为农民提供更多的公共服务，促进农村教育卫生、文化体育、社会保障、环境保护等社会事业发展。要加强农村社会治安综合治理、维护稳定和群众工作，综合发挥人民调解、行政调解和司法调解的作用，认真做好农村扶贫和社会救助，及时化解农村社会矛盾，确保社会稳定。要推进农村民主政治建设，提高农民的法制意识。指导村民自治，推动农村社区建设，促进社会组织健康发展，增强社会自治功能。

要综合分析不同乡镇经济社会发展的实际情况，根据乡镇地域特点、人口规模、经济发展水平、产业特点和优势等因素，在转变职能的基础上，突出工作重点。

(三)进一步理顺责权关系

正确划分县与乡镇之间的财权、事权、人权、物权，理顺上下级间的工作关系。应该由县级政府部门完成的行政事务，实行以县为主，乡镇协助的体制，确需乡镇协助或委托乡镇完成的工作，要赋予相应的事权和财权。加强乡镇对村(居)民委员会选举、村务公开、资产财务的指导和监管。

坚持条块结合、以块为主的原则。除教育、卫生外，乡镇事业单位实行以乡镇管理为主、上级业务部门进行业务指导的管理体制。

上级部门派出(驻)乡镇的机构，要接受乡镇党委、政府的统一指导和协调，要服从于乡镇工作的大局，领导干部的任免要事先征求乡镇的意见，党群关系实行属地管理。

县级各部门要积极支持乡镇机构改革工作，不得以项目安排、工作考核等手段，干预乡镇机构设置和编制配备。

严格控制对乡镇党政领导的“一票否决”事项，坚决清理和规范各种评比达标表彰活动。建立县委、县政府对乡镇实行年度综合考评的考核体系，变系统或行业考核为综合考核，不属于乡镇职能的事项，不得列入考核范围。

(四)规范党政机构设置和职责

按照精简统一效能的要求，调整规范乡镇(街道)党政机构设置和职责配置，形成机构设置统一规范、职责配备科学、人员分工合理、工作运转高效的机关运行新机制。乡镇(街道)设置党政综合办公室4个。

党政办公室。承担机关日常工作的运转协调，具体履行机关日常党务政务、纪检监察、组织人事、宣传、统战、民族宗教、机构编制、文秘、督办、电子政务、保密、财务、国有资产监管、后勤保障等职责，负责乡镇(街道)人大、政协、人民武装及工会、共青团、妇联和“为民服务中心”的日常工作。

经济发展办公室。承担经济发展计划、村镇规划建设、环境保护和生态建设、农村土地承包管理、村镇规划建设、环境保护和生态建设、林权管理、水利建设与管理、农村经济经营管理、招商引资、企业管理、交通管理、统计、扶贫、安全生产、农民负担监督、市场监管等职责。

不再保留县统计局派出机构统计站。其职能划入经济发展办公室。

社会事务办公室。承担人力资源和社会保障、民政、卫生、食品安全、人口和计划生育、教育、科技、文化、旅游、广播电视等职责。

社会治安综合治理办公室(加挂群众工作站牌子)。承担法治建设、社会治安综合治理、维护稳定、信访、群众工作、人民调解、行政调解、司法调解、矛盾纠纷排查调处、突发事件和群体性事件的预防处置等职责。

乡镇(街道)人大、纪委、人民武装部、工会、共青团、妇联按有关规定或章程设置。乡镇(街道)不设政协机构，可明确人员负责具体工作。

按照中央、省、市关于加强政务服务体系建设的部署和要求，结合各乡镇(街道)实际，全面建立和完善为民服务工作机制，构建服务平台，设置“为民服务中心”，采取“一站式”服务、“窗口式”办公，或相对集中办公场所、在办公区门卫或入口处设置咨询平台等形式，推行办事代理制，方

便群众办事。

(五)规范事业单位设置和职责

坚持政事分开和精简统一效能的原则，打破部门界限，对现有事业机构进行整合，综合设置乡镇(街道)事业单位，集中力量、降低成本、拓宽服务面。

设立农业综合服务中心。将农业技术农机工作站、林业工作站、水利水土保持管理工作站、县农业局派出机构畜牧兽医站的职能进行整合，划入农业综合服务中心。不再保留农业技术农机工作站、水利水土保持管理工作站、林业工作站、县农业局派出机构畜牧兽医站。

设立社会保障服务中心。不再保留县人力资源和社会保障局派出机构劳动保障所、乡镇(街道)新型农村合作医疗办公室。其职能整合划入社会保障服务中心。

将计划生育服务所更名为人口和计划生育服务所。

将环境建设综合管理服务中心更名为规划建设和环境保护中心。

将社会事业综合管理服务中心更名为文化事务中心。

将县财政局派出机构财政所调整为乡镇(街道)管理。

保留农村经济管理服务中心。

不再保留大街街道卫生管理站，其职能划入大街街道规划建设和环境保护中心。

调整后，乡镇(街道)设置事业单位7个。

1. 农业综合服务中心。承办农业、林业、水利、农业机械、畜牧兽医等基层农业技术推广、动植物疫病防控防治、农产品质量检测等服务性工作。

2. 人口和计划生育服务所。承办人口和计划生育服务工作。

3. 规划建设和环境保护中心。承办村镇规划建设、村容镇貌、环境保护和生态建设、园林绿化、城镇公用设施维护与管理等服务性工作。

4. 文化事务中心。承办文化、旅游、广播电视、党职校、老龄、关协、老体协、群众性体育活动及相关设施维护与管理等服务性工作。

5. 社会保障服务中心。承办人力资源开发、劳动力技能培训与转移、就业、新型农村养老保险、城镇居民养老保险，优抚安置、社会救助、最低生活保障，新型农村合作医疗等服务性工作。

6. 农村经济管理服务中心。承担农村土地承包、农村经济经营管理、农民负担监督、企业服务、招商引资、安全生产、食品安全等职责。

7. 财政所。主要承担乡镇(街道)财政预决算编制、惠农政策资金兑付管理、财政资金监管、国有(集体)资产管理和组织财政收入入库等职责。

乡镇(街道)事业单位综合设置后，不得再保留原单位的名称和印章，不得再以原单位的名义对外开展工作。综合设置的中心，可根据工作需要内设组，分别负责具体工作，内设组不具备法人主体资格，不得对外单独行使职能。改革后，乡镇(街道)机构一律不得加挂其他名称的牌子。乡镇(街道)不再设立自收自支的事业单位。

要结合事业单位清理规范工作的要求，科学界定乡镇(街道)事业单位的职能，明确职责任务；要按照规范设置的要求，对乡镇(街道)事业单位的机构名称、隶属关系、人员编制、领导职数、经费形式等机构编制事项作出明确规定。同时，按照《事业单位登记管理暂行条例》和《实施细则》的要求，加强事业单位法人登记管理，完善事业单位法人治理结构。

(六)规范人员编制和领导职数

按照乡镇分类标准，确定大乡镇2个(江城镇、大街街道办事处)，中乡镇4个(雄关乡、前卫镇、九溪镇、路居镇)，小乡镇1个(安化彝族乡)。

严格控制人员编制。乡镇(街道)机构人员编制不得突破2005年核定的规模，行政编制按市机构编制部门确定的大、中、小乡镇，并综合平衡进行核定。事业编制按乡镇类别核定，原县级部门派出乡镇(街道)的财政所、劳保所、统计站、畜牧兽医站的编制，调整下划计入乡镇(街道)事业编制总量。综合设置的事业单位按照“人随事走、编随人走”的原则划转人员编制，离退休人员由新设立的单位管理。乡镇(街道)机关不再配备助理员，实行人员分工责任制，按职责确定岗位和人员。乡镇(街道)后勤服务保障人员不再核定编制，原有人员逐步消化。乡镇(街道)的后勤服务保障人员采取政府购买服务。

严格按规定核定领导职数。乡镇领导职数一般控制在9名以内，人口超过5万人或国土面积超过600平方公里的控制在11名以内，包括党(工)委书记、人大主席(主任)、乡镇长(办事处主任)、党(工)委副书记、纪(工)委书记、副乡镇长(办事处副主任)、武装部长。其中：乡镇(街道)人大主席(主任)由党(工)委书记兼任的，配备1名专职副主席(副主任)；明确1名乡镇(街道)领导分管综治维稳工作；乡镇(街道)工会、共青团、妇联等职务按有关规定配备。乡镇(街道)不设乡镇长(主任)助理。改革后，核定领导职数9名的乡镇5个(雄关乡、安化彝族乡、前卫镇、九溪镇、路居镇)，11名的乡镇2个(大街街道、江城镇)。

(七)强化乡镇机构编制管理

严格执行省确定的机构设置数额，不得突破。乡镇(街道)行政编制和事业编制不得突破省的总额控制数和市的分配下达数，不得挤占、挪用乡镇的人员编制。加快推进机构编制实名制管理，并向社会公开，接受群众监督。在同一层级内，行政编制实行动态管理，需跨层级调整的必须按程序报批。街道的机构编制仍按乡镇管理。

乡镇(街道)补充工作人员必须在编制限额内进行。要严把入口关，严格落实《中华人民共和国公务员法》和事业单位人员管理的各项规定，坚持凡进必考。乡镇(街道)机关和事业单位人员编制要采取定编定岗、以岗定人、竞争上岗的方法进行管理。同时，鼓励和吸引优秀人才到乡镇(街道)工作，充实乡镇(街道)人员，优化人员结构，切实解决乡镇(街道)存在的人员老化问题。妥善安置超编人员，尚未安置的，要通过自然减员等多种渠道逐步消化。积极探索政府购买公共服务的新机制，严格控制人员编制的增长，切实减少财政供养人员的增量。

三、组织实施

(一)加强领导，精心组织。深化乡镇机构改革工作在县委、县政府的领导下组织实施。各乡镇(街道)、各部门要站在巩固和加强基层政权建设的高度，充分认识深化乡镇机构改革的重要意义，统一思想，周密部署，把改革工作列入重要议事日程，切实加强组织领导。乡镇(街道)要成立领导小组，党政“一把手”要亲自抓、负总责，确定专人负责，落实工作责任，认真制定改革方案，切实做好人员调整、资产清查及移交等组织实施工作。纪检监察、组织、人力资源和社会保障、机构编制、财政、审计等部门要密切配合，加强指导和监督检查。机构编制部门要认真履行职责，具体负责改革工作。

(二)严肃纪律，确保改革有序推进。严明组织人事和财经纪律，严格工作程序，严禁超职数配备领导干部、突击提拔干部和超编进人，严防国有资产流失。加强思想政治工作，强化责任，严格责任追究，严肃查处违纪违规行为，确保改革顺利进行。

(三)积极稳妥，维护社会稳定。坚持改革发展两不误，正确处理改革发展稳定的关系，把深化乡镇机构改革与推进乡镇经济社会发展有机结合起来，保证乡镇工作正常运转，确保农村社会稳定。

各乡镇(街道)要根据各自实际，制定改革方案，经乡镇(街道)党(工)委、政府(办事处)研究同意后，报县机构编制部门审核，经县委、县政府批复后组织实施。全县深化乡镇机构改革工作于2011年11月底基本完成。

中共江川县委
关于开展群众观点群众路线群众利益群众工作教育实行
干部直接联系群众制度和开展“作风建设年”活动的实施意见

(2011年12月24日)

为深入贯彻落实胡锦涛总书记在庆祝中国共产党成立90周年大会上重要讲话和省第九次党代会精神，加强和改进新形势下群众工作，全面加强领导班子和干部队伍作风建设，根据省委、市委部署，结合江川实际，现就全县开展群众观点群众路线群众利益群众工作教育(以下简称“四群”教育)，实行干部直接联系群众制度和开展“作风建设年”活动，提出如下实施意见。

一、充分认识开展“四群”教育，实行干部直接联系群众制度和开展“作风建设年”活动的重要意义

密切联系群众是党的最大政治优势，脱离群众是党执政后的最大危险。长期以来，全县各级党组织和广大党员干部认真贯彻落实省委、市委部署，始终坚持群众路线，重视群众工作，积极创新社会管理，努力使改革发展成果惠及广大群众，有力促进了全县经济发展、社会进步、生态良好、基层巩固。随着经济体制深刻变革，社会结构深刻变动，利益格局深刻调整，思想观念深刻变化，群众维护自身权益的要求日益强烈，面对新形势新任务新要求，一些干部群众观念淡漠，群众立场不稳，损害群众利益，群众工作方法简单，特别是直接联系群众弱化，不想深入实际，不愿深入基层，不会深入群众，精神懈怠的危险、能力不足的危险、脱离群众的危险、消极腐败的危险更加凸显。做好新形势下群众工作比以往任何时候都更为紧迫。

党的作风体现党的宗旨，关系党的形象，关系党的执行力，关系高原湖泊生态县目标的实现。当前，江川改革发展正处于关键时期，处在农业产业化、新型城镇化、工业化加速推进的关键时期，与江川科学发展、和谐发展、跨越发展的迫切要求相比，我县少数干部还存在宗旨观念淡薄、党性意识淡化、改革创新精神不足、作风漂浮、工作粗放、纪律松弛、基层组织软弱涣散等问题。这些问题虽然发生在少数领导班子和干部身上，但却严重影响江川的发展环境，阻

碍了江川经济社会发展，损害了江川对外开放的良好形象。因此，在全县开展“作风建设年”活动十分必要，刻不容缓。

全县各级党组织和党员干部，要清醒地看到我们在群众工作和干部作风方面存在的问题，深入反思我们的思维定势、思维方式、思维方法，反思我们的干部作风，反思我们如何继承和发扬党的优良传统，充分认识到做好新形势下群众工作、加强和改进干部作风建设，是坚持以人为本、执政为民理念的需要，是适应当前工作新特点新变化的需要，是推动江川经济科学发展、和谐发展、跨越发展的需要，以高度的政治责任感和紧迫感，认真开展“四群”教育和“作风建设年”活动。

二、开展“四群”教育，实行干部直接联系群众制度和开展“作风建设年”活动的目标任务

开展“四群”教育，实行干部直接联系群众制度和开展“作风建设年”活动必须坚持以邓小平理论和“三个代表”重要思想为指导，深入贯彻落实科学发展观，以“实行干部直接联系群众制度”为突破口，以“四群”教育和“作风建设年”为重要抓手，教育督促全县各级干部转作风、树政风、带民风，深入基层、深入群众，感知、感受、感觉和感想群众所思、所盼，切实解决好广大人民群众的根本利益和现实利益。深入实际、深入一线，抓项目、促发展，践行以人为本、执政为民的理念，达到干部受教育、作风有改进、发展上水平、群众得实惠、社会更和谐的目标，为推动江川科学发展和谐发展跨越发展提供坚强的思想、政治和组织保证。

干部受教育。进一步推进学习型机关建设，深入开展教育培训，围绕群众观点、群众路线、群众利益、群众工作，让干部在与群众面对面、零距离接触和为民服务的实践中，增强宗旨意识、服务意识，不断提高做好新形势下群众工作的能力和水平。

作风有改进。紧紧围绕密切党群干群关系的要求，组织引导广大党员干部深入实际、深入基层、深入群众，沉下身子，拜人民为师，直接联系群众、直接服务群众、直接帮助群众，解决少数干部联系群众不紧密等问题，切实增进党群干群之间的血肉联系。紧紧围绕以人为本、执政为民的要求，深入开展行政效能建设，理顺部门职责分工，下大力气减少和规范行政审批，进一步简政放权，推进行政权力规范、透明运行，切实解决好一些干部责任心和事业心不强、服务发展意识不强、创先争优意识不强、组织纪律观念不强等问题。

发展上水平。紧紧围绕全县经济社会发展目标，按照“经济要上去、干部要下去，经济要发展、干部要务实”的要求，教育引导广大党员干部提高工作效能，营造廉洁高效的政务环境、公开透明的法治环境、公平守信的市场环境和干事创业的人文环境，一心一意干事业、团结一致谋发展，确保到2016年主要经济指标与全省同步实现“四个翻番”、“两个倍增”，为推进高原湖泊生态县科学发展奠定坚实基础。

群众得实惠。紧紧围绕实现好、维护好、发展好最广大人民群众的根本利益和现实利益，组织引导广大党员干部带头贯彻党的群众路线，大力保障和改善民生，落实各项利民惠民政策措施，紧抓民生之本、解决民生之急、排除民生之忧，下大力气解决好群众关心的突出问题，多为群众办实事办好事。坚决纠正对群众疾苦不关心、对群众呼声置若罔闻、对群众利益麻木不仁，甚至与民争利、以权谋私的行为。

社会更和谐。紧紧围绕构建平安江川，组织引导广大党员干部尊重群众、依靠群众、关心群众，加强和创新社会管理，扎实做好新形势下群众工作，把矛盾化解在基层，解决在萌芽状态，努力实现小事不出村、大事不出乡、矛盾不上交。

三、扎实开展“四群”教育，切实提高做好新形势下群众工作的能力和本领

加强党的“四群”工作教育，是提高各级干部做好新形势下群众工作的能力和本领的重要基础。各乡镇(街道)、各级各部门要以集中辅导、案例教育、民情体验、专题学习生活会和干部直接联系群众等形式，在各级干部重点是领导干部中深入开展“四群”教育。

(一)加强群众观点教育，切实解决好认识问题。人民群众是历史的创造者，是推动社会变革和前进的决定性力量，是我们做好一切工作的力量源泉。要在深入学习马克思主义群众观的基础上，认真查找群众观念、群众立场、群众感情等方面存在的差距，切实解决好相信谁、依靠谁、为了谁等思想认识问题，自觉摆正与群众的位置，端正与群众的态度，密切与群众的联系，增进与群众的感情，始终做到与人民群众同呼吸、共命运、心连心。

(二)加强群众路线教育，切实解决好实践问题。一切为了群众，一切依靠群众，从群众中来，到群众中去，集中起来，坚持下去，这是我们党的根本工作路线，也是我们党的优良传统和优良作风。要深入学习党的群众路线，通过干部直接联系群众，开展民情体验，认真查找深入实际、深入基层、深入群众等方面存在的差距，切实解决好作风漂浮、脱离实际、脱离群众等工作作风问题，真正做到思想上尊重群众、感情上贴近群众、工作上依靠群众，坚持问政于民、问计于民、问需于民，使各项决策和实施更加符合群众意愿，更加赢得群众信赖和拥护。

(三)加强群众利益教育，切实解决好事关群众切身利益的现实问题。坚持以人为本、执政为民，实现好、维护好、发展好最广大人民的根本利益，是我们党一切工作的出发点和落脚点。要坚持群众立场，牢固树立群众利益无小事的观点，全面学习掌握党的利民惠民政策，认真贯彻落实科学发展观，坚持权为民所用、情为民所系、利为民所谋等方面存在的差距，切实解决政策不落实、执行打折扣、损害群众利益甚至与民争利等现实存在问题，正确处理利益关系，建立合理的利益分配和共享机制，解决好群众最现实、最关心、最直接的切身利益，让发展成果惠及广大群众。

（四）加强群众工作教育，切实解决好方式方法问题。正确的方式方法是做好群众工作的重要保障。要深入分析新形势下群众工作面临的新情况、新问题、新特点和新要求，总结推广做好群众工作的好做法、好经验，认真查找工作思路、工作措施、工作机制等方面存在的差距，切实解决好不敢做、不愿做、不会做等问题，综合运用法律、政策、经济、行政等手段和说服教育、沟通协调、对话协商、心理疏导等方法，善于运用网络、手机等现代科技手段，创新群众工作方法，健全群众工作机制，增强做好新形势下群众工作的针对性和实效性。

四、扎实开展“三深入”活动，推动干部直接联系群众

开展活动重在实践、贵在行动。各级干部特别是领导干部要紧紧围绕访民情、抓落实、办实事、强组织、谋发展、促和谐六项任务，建立和实行干部直接联系群众制度，推动干部深入实际、深入基层、深入群众解决实际问题。

（一）坚持重心下移，推动干部深入实际。各级领导干部要紧紧围绕中心工作和群众关心关注的热点难点问题，深入开展调查研究，在调研中发现问题、研究问题、解决问题，狠抓工作落实。县处级领导干部每年深入基层调研不少于3个月，县级部门科级领导干部每年深入基层调研不少于4个月，乡镇（街道）科级领导干部每年深入基层调研不少于6个月。调查研究要直接联系群众，听取群众意见，并撰写有情况、有分析、有建议、能解决问题的调研报告。

（二）选派工作队，推动干部深入基层。从2012年开始，用5年时间，每年从县级党政机关和企事业单位选派1/5的干部，与省市党政机关和企事业单位选派的干部组成工作队，驻村入户帮助工作，一年一轮换，实现县级机关干部下村全覆盖，确保每一个行政村（社区）至少派驻1名工作队员，集中力量重点派驻贫困村（社区）、重点村（社区）、难点村（社区）。重点从党政机关选派，企事业单位根据单位性质和工作需要适当选派，优先选派领导干部（含非领导职务）、后备干部、年轻干部、无基层工作经历干部、新录用公务员。在乡镇（街道）设工作队，由县处级党员领导干部或后备干部担任队长并挂任乡镇（街道）党政副职。

（三）强化直接联系，推动干部深入群众。

采取“一区一会四联户”形式，建立干部直接联系群众制度。

1. 建立民情责任区。建立乡镇（街道）、村（社区）两级民情责任区，构建民情责任体系。乡镇（街道）民情责任区，以乡镇（街道）为单位，县联系乡镇（街道）的领导为第一责任人，乡镇（街道）党政正职为直接责任人；村（社区）民情责任区，以村（社区）为单位，县级部门联系村（社区）的主要领导为第一责任人，乡镇（街道）联系村（社区）的领导和村（社区）“两委”主要负责人为直接责任人。乡镇（街道）工作队队长、村（社区）工作队队员为所负责区域民情工作具体责任人，村（居）民小组支部书记、小组长为所负责区域民情工作联络员。

2. 召开民情分析会。各级民情责任区第一责任人要定期不定期组织召开民情分析会，原则上村（社区）民情分析会每月召开一次，乡镇（街道）民情分析会每季度召开一次。按属地管理、分级负责和归口落实原则，各级民情责任区直接责任人、具体责任人要注意收集、梳理、分析民情，妥善处理和协调解决群众反映强烈的热点难点问题。

3. 实行“四联户”。实行领导蹲点联户、部门挂钩联户、干部结对联户、建卡经常联户等直接联系群众制度。

领导蹲点联户。领导干部蹲点，要住村直接联系群众，每次走访2至3个村（居）民小组。县级领导干部每年住村不少于15天，直接联系群众不少于4户，走访群众不少于100户；科级领导干部每年住村不少于20天，直接联系群众不少于5户，走访群众不少于100户。

部门挂钩联户。原则上县级部门“挂村包组联户”。其他各行各业根据单位部门职能，既联系工作服务对象和所属单位基层群众，又挂钩村联系群众。社区由驻区单位经常联系，驻社区单位要明确1名同志作为社区联络员，有条件的单位要选派干部兼任社区“两委”委员，及时收集民情，反映情况。县级部门挂钩联户与选派工作队驻村入户相结合，原则上一个县级部门派驻一个或几个村（社区）。

干部结对联户。各级干部在本单位本部门挂钩联系点内结对直接联系群众，同时探索“干部回乡”联户、民情体验联户等形式，推动干部直接联系群众。县级部门中层干部每年住村时间不少于7天，结对不少于3户，走访群众不少于60户；其他干部每年住村时间不少于5天，结对不少于2户，走访群众不少于50户；乡镇（街道）一般干部每年住村时间不少于60天，结对不少于4户，走访群众不少于100户。

建卡经常联户。建立《民情联系卡》，注明干部姓名、工作单位、住址、联系电话、邮箱及承诺事项，送达所联系群众，方便经常联系。驻村工作队要建立《民情登记卡》，记录群众家庭基本信息、生产生活状况、反映的事项、需要解决的问题、落实情况以及基层组织和群众评价，便于掌握情况、组织考核和群众监督。《民情登记卡》要以乡镇（街道）为单位统一汇总，形成民情台账，动态维护更新，分类梳理意见，定期开展民情分析。

干部直接联系群众，要与群众同吃、同住、同劳动，接待群众来访，记录民情日记，撰写民情报告，收集和反映重要民情事项。干部联户要重点从困难户、常访户、党员户、有致富能力或有一定威信的农户中选取，并明确一户作为责任中心户，定期召开民情恳谈会，形成“联系干部·责任中心户·联系户·全体农户”的干群联系网络，及时收集、反映群众的意见诉求。每名领导干部每年要提出1至2条有价值的工作建议，帮助所联系的基层单位和群众解决1至2个实际困难。

五、扎实开展“作风建设年”活动，推动干部转变作风、解决问题、推动发展

(一)扎实开展“五项”工作

1. 全面开展思想教育。以建设“务实、高效、廉洁”的学习型机关为载体，以提高党员干部“善于领导科学发展，奋发有为、堪当重任”为要求，坚持不懈地用马克思主义中国化最新成果武装头脑，加强理想信念教育，树立正确的世界观、事业观、人生观、价值观。坚定不移地解放思想，坚决破除阻碍发展的思想观念和体制机制，以思想的大解放推动大发展、大跨越。树立强烈的事业心和责任感，满怀激情抓发展，心无旁骛干实事，勇于在困难条件下创造性地开展工作。牢固树立开拓创新的意识，增强敢闯敢试的勇气、昂扬向上的锐气、追求卓越的志气，在不争论中发展，在不折腾中前进，在不甘落后中奋起。树立和弘扬党的优良作风，大兴密切联系群众、求真务实、艰苦奋斗、批评与自我批评之风，以优良的党风促政风，形成凝聚党心民心的强大力量。以提高领导水平和执政能力为重点，切实增强各级领导班子的执政意识教育、团结干事教育，引导各级领导干部讲政治、顾大局、守纪律，切实培养“思想解放、作风优良、敢为人先、务实清廉”的干部队伍。

2. 全面加强基层组织。进一步落实党建责任，明确基层党组织书记是抓好党建工作“第一责任人”；牢固树立“抓好党建是称职、抓不好党建是不称职、不抓党建是失职”的观念，一级抓一级，层层抓落实；认真执行“三会一课”制度，建立健全领导班子岗位目标管理、协调共事和民主监督等机制，做到用制度管人，按制度理事，使基层党组织各项工作规范有序运行，切实把基层党组织建设成为推动发展、服务群众、凝聚人心、促进和谐的坚强战斗堡垒。

3. 扎实开展集中攻坚。围绕破解难题、推动落实，建立健全狠抓落实责任机制，坚持重点工作项目化、项目建设责任化、责任落实具体化的工作方法，明确重点项目建设具体实施的主办部门和协办部门。认真研究制定推进重大项目的实施方案，把属于乡镇(街道)、部门职能范围内的每一项任务细化量化，变成可操作、可考核的内容，落实到具体岗位和人员，依靠严格的目标责任制和责任追究制，推动工作落实。

4. 大力整治庸懒散软。完善督查机制、表彰奖励机制和问责制度，真正用推动工作的实际成效检验各级领导班子和领导干部抓落实的能力，确保县委、政府决策落实到位。以治庸、治懒、治散、治软为目的，加强对首问首办负责制、限时办结制等制度落实情况、机关工作纪律情况、行政许可事项办理情况的监督检查。以强化绩效考评、问责为重点，严格执行《党政领导干部问责办法》及相关规定，集中问责一批不做事、不尽责、玩忽职守、失职渎职的反面典型，切实提高效率、优化环境、改善形象。加大力度解决一些干部对工作不负责任，在位不想事、不干事、不尽责、不敬业，争功诿过，心浮气躁，急功近利，热衷于做表面文章，搞形式主义和“政绩工程”等问题。解决一些乡镇和单位门难进、人难找、脸难看、事难办，工作拖拉，效率低下，甚至吃拿卡要、不作为、乱作为等问题。解决有的干部工作粗放，不讲标准、不讲时限，只求过得去，不求过得硬，工作标准低，争先进位意识差等问题。解决有的干部抓落实不力，习惯听汇报、作指示、讲原则话、做官样文章，用会议落实会议、用文件落实文件，遇到矛盾和问题绕着走等问题。解决有的干部缺乏党性修养，不守规矩、不听招呼，有令不行、有禁不止，纪律松弛，自由散漫，迟到早退，甚至一心二用、不务正业，工作时间办私事、上网聊天、玩游戏、打麻将等问题。

5. 认真开展警示教育。坚持把《廉政准则》贯彻落实贯穿于反腐倡廉教育和领导干部廉洁自律各项工作中，通过专题学习、集中宣讲、警示教育等多种形式，教育党员干部算清“政治、经济、家庭、名誉、友情、健康、自由”七笔帐，走好人生路。

(二)认真践行“六项制度”

1. 公开承诺制。各乡镇(街道)党政领导班子要认真谋划当年发展上要破解的难题、在民生上要办的实事，确定承诺事项，明确责任人、目标要求和完成时限，并以适当方式向社会公布。县属各部门应根据职能特点，确定服务发展、服务群众方面的具体措施，公开作出承诺。各级窗口服务单位要将服务内容、标准、程序等向社会承诺。承诺事项办理进展情况要及时向社会公布，接受群众监督。

2. 岗位责任制。按照精简、高效、统一和责权利相一致的原则，县属各部门对本单位及所辖股室和每个岗位所承担的工作内容、工作程序进行梳理完善，按照岗位设置及人员配备情况，逐岗逐人逐项明确职责、标准和完成时限，并进行公示。岗位责任制履行情况纳入效能考评内容考核。

3. 首问首办负责制。对前来咨询和办理的事项，属于本地本部门职责范围内的，要在第一时间受理，全力、高效地办好，并及时向当事人反馈；不属于职责范围的，要积极主动地帮助联系、搞好衔接，为当事人提供热情周到的服务。对于违反首问首办负责制的，视情节轻重，予以责任追究。情节较轻的，给予口头告诫、书面告诫处理；情节严重的，给予离岗培训、调离岗位、免职处理；情节严重的，给予辞退处理；违纪违法的，依纪依法处理。

4. 限时办结制。县乡领导班子承诺破解的难题和要办的实事，县属各部门承诺的服务发展、服务群众的具体措施、面向社会办理的事项，都要有明确的时限要求，并做到急事急办、特事特办。

5. 考核评议制。结合年度考核，对各级领导干部和机关工作人员作风情况进行评议定档，纳入干部考核的重要内容。评议要坚持上下结合、内外结合，广泛听取各方面尤其是服务对象的意见。深化行风评议工作，扩大参加评议人员范围，向社会公布评议结果。

6. 激励问责制。制定符合实际、体现公平公正原则的激励办法。对科学发展意识强、作风扎实、政绩突出、群众公认的，大张旗鼓地进行表彰奖励；特别优秀的，破格提拔重用。对领导班子和领导干部承诺事项没有按时完成的，因干部作风原因出现群体性事件和重大事故的，对下属单位发生严重问题负有领导责任的，公职人员不作为、乱作为的，民主评议、综合打分处于本单位末位的，给予问责追究；情节严重的，给予组织处理和纪律处分。

六、把握关键环节，确保有序推进

开展“四群”教育，实行干部直接联系群众制度和开展“作风建设年”活动，要紧紧围绕中心工作，突出重点，稳步推进。

第一阶段：制订方案、搞好教育(2012年1月－3月)

1. 组建工作机构。县委成立领导小组，领导小组办公室设在县委组织部。各乡镇(街道)、各级各部门要相应成立领导机构和工作机构，抽调工作人员，具体负责这项工作。县委核拨专项工作经费，并纳入县级财政统一预算。各乡镇(街道)、各级各部门也要落实工作经费，为开展活动提供保障。县委于2011年12月25日前召开动员大会进行安排部署。各乡镇(街道)和县属各部门要结合实际，制定活动方案，进行广泛动员。通过动员，让广大干部群众了解活动的重大意义和目标任务，调动干部群众参与活动的积极性，切实把思想和行动统一到县委的决策部署上来。各乡镇(街道)和县属各部门活动方案报县领导小组办公室。

2. 搞好学习教育。组织广大党员干部认真学习党的十七届六中全会精神，省第九次党代会精神以及中央、省委和市委有关作风建设的一系列文件精神。采取中心组学习、座谈讨论、领导干部上党课、作形势报告等方式，组织干部认真学习《论党的群众工作——重要论述摘编》和《云南省“四群”教育学习读本》，学习省委书记秦光荣同志在全省开展群众观点群众路线群众利益群众工作教育动员大会上的讲话以及开展“群众观点、群众路线、群众利益、群众工作”4个专题培训，观看孟连经验专题片《巨变》。县委将适时邀请上级领导或专家学者组织开展一次教育培训。各乡镇(街道)和县属各部门要结合自身实际认真开展教育培训。

3. 分析梳理问题。坚持边学边查边改，在继续抓好主题教育活动整改方案和整改措施落实的基础上，结合寻策问计、深入调研征求到的意见建议，进一步查找和反思领导班子和个人在群众观点、群众路线、群众利益、群众工作方面和思想作风、学风、工作作风、领导作风和生活作风方面存在的突出问题，认真梳理，剖析根源，明确改进方向，提出改进措施，形成问题梳理报告。各乡镇(街道)和县属各部门问题梳理报告报县领导小组办公室。

4. 召开专题学习生活会。在集中学习和梳理问题的基础上，各级领导班子要召开一次教育专题学习生活会，每位领导干部要撰写分析检查报告，谈认识、找差距、查原因、抓整改，彻底改变把发文件、召开会议当成抓落实的工作模式，变发动干部为发动群众，变动员机关为动员社会，努力摆脱“文山会海”等各种形式主义；改变领导对领导、干部对干部、机关对机关、文件对文件、会议对会议的工作方式，不断消除官僚主义、命令主义的不良作风；促使党员干部继承和发扬党的优良传统，重拾“密切联系群众”的法宝，时刻保持与人民群众的血肉联系。领导班子整改方案和领导干部整改措施报县委组织部备案。

5. 公开承诺践诺。认真落实公开承诺制度，县乡村三级班子和县属各部门都要在3月底以前将承诺的事项以适当方式向社会公布，并报县活动领导小组办公室备案，接受监督，抓好落实。并及时上报承诺事项落实情况。

第二阶段：全面展开，整体推进(2012年4月－6月)

1. 开展党员干部警示教育。围绕改进作风、增强党性修养，塑造为民、务实、清廉形象，结合我县近几年查处的干部作风方面的典型案例和突出问题，在全县党员干部中组织开展警示教育活动，深刻查找党性党风党纪方面存在的突出问题，明确努力方向。2012年内，县委将对副科以上领导干部集中进行现身说法警示教育活动。

2. 对干部作风情况进行评议。由纪检监察机关和组织人事部门等负责，组织对乡镇(街道)班子和县属各部门开展一次副科以上领导干部作风评议，评议结果记入领导班子和领导干部档案。

3. 实施“服务窗口亮起来”工程。县属各部门要结合工作职能，建立规范、便捷的服务或办事窗口，将服务内容、标准、程序公开公示，便于群众办事和监督，提高服务质量和工作效率，真正让服务窗口亮起来。对于重点项目或重大建设工程，坚持提前介入、并联审批、主动上门，提供快捷高效服务。

4. 开展“下基层、送温暖”活动。各乡镇(街道)和县属各部门要开展一次“下基层、送温暖”活动，重点到条件艰苦、发展滞后、问题突出的地方，帮助群众真正解决实际困难和问题。建立相关工作制度，推动“下基层、送温暖”活动经常化、制度化。

5. 开展民情恳谈活动。各乡镇(街道)党政领导班子和县属各部门采取走下去、请上来等方式，坚持直接深入群众、面对面开展工作、联系卡制度，做到串百家门、听百家言、知百家情、解百家难、办百家事，拉近距离，增进干群互信，增强群众工作的亲和力和感染力。组织召开恳谈会，对所要研究解决的突出问题、制定政策措施，广泛征求意见，提高决策的科学化、民主化水平。对于能够立即解决的，抓紧落实；对暂时解决不了的，制定落实方案，明确责任人和完成时限；对条件不具备的，做好解释工作。建立恳谈台账，定期回访，跟踪问效，确保落实。

第三阶段：集中攻坚，取得实效（2012年7月－9月）

1. 集中破解发展难题。结合“创先争优”活动，确定一批在调整结构、重点工程项目、节能减排、农民增收、城镇化建设、新农村建设等方面存在的难点问题，以及民生建设和党的建设中的突出问题，集中攻坚。县属各部门要巩固活动成果，抓住一至两个难题进行集中攻坚。实行破解难题领导干部分工负责制。

2. 实行“村企帮扶”制度。在全县选择部分农村和部分企业，安排各级党政机关和事业单位，结合职能特点，有针对性地分包一个村或一家企业，扶强帮弱，解决实际困难，提高农村基层组织建设整体水平和企业市场竞争力。特别是对党组织软弱、经济发展缓慢、基层民主政治建设薄弱、矛盾突出、影响和谐稳定的后进村，选派专门工作队进行重点帮扶，集中整顿转化。此项工作由县委组织部、民政局和工信局专门部署。

3. 坚持“一线工作法”。做到机关重心下移、基层干部坚守一线、领导干部深入基层，真心实意在一线办实事、解难题、抓落实、促发展。继续发挥领导干部联系项目，坚持重点项目工作项目化、项目建设责任化、责任落实具体化的工作方法，全面推动重点项目的落实。继续加大督查问责力度，推动项目落实助推经济社会发展。

4. 开展“肃风正位”活动。采取突击检查、明察暗访等形式，对机关干部特别是执法执纪部门和窗口服务单位干部的工作纪律作风情况进行不定期检查抽查，严肃查处“庸懒散软”问题。对查处的典型案件，在新闻媒体公开曝光；情节严重的，给予组织处理和纪律处分。此项工作由县纪委负责实施。

第四阶段：总结评议，完善制度（2012年10月－12月）

本阶段活动要求：立足当前、着眼长远，建立完善加强作风建设的长效机制；从严考核、群众评议，认真总结活动开展情况，对推进和深化作风建设进行安排部署。重点抓好四项工作：

1. 建立健全工作制度。把加强制度建设贯穿活动始终，认真谋划，精心设计，边建设、边运行、边完善。要对制度的制定和运行情况进行“回头看”，将活动中行之有效的做法、举措用制度形式固定下来、坚持下去，形成务实、管用、长效的作风建设工作机制。各乡镇（街道）、县属各部门形成的制度规范，报县领导小组办公室备案。

2. 制定岗位工作标准和行为准则。各级各部门结合本职工作，制定班子、股室和个人岗位职责、工作标准、行为准则，作为群众监督的依据。各乡镇（街道）和县属各部门形成的工作标准报县领导小组办公室备案。

3. 建立健全群众评议干部机制。对各级班子开展“作风建设年”活动情况进行群众满意度测评。按照干部管理权限，对各级领导干部和机关工作人员作风状况进行民主评议、综合打分。测评结果作为考核评价领导班子和领导干部的重要内容，并在一定范围内公布。对评议和考核结果排位后三名的，一年给予警告、诫勉谈话，连续两年的免职处理。

4. 认真搞好总结。各乡镇（街道）和县属各部门要认真总结本地本单位加强作风建设的成功经验、取得的成效、存在的问题以及改进措施，形成阶段性总结，经主要领导批准后，于12月10日前报县领导小组办公室。县委适时召开全县性总结会议，全面总结一年来全县开展活动情况，对成绩突出的单位和个人进行表彰奖励。同时，就巩固活动成果、进一步推进和深化作风建设进行安排部署。

七、强化保障措施，确保取得实效

（一）加强领导，精心组织。要紧密结合实际，精心组织实施，突出工作重点，强化分类指导，及时收集、报告和反馈工作进展情况，增强工作针对性和实效性。各党（工）委（党组）主要领导要认真履行第一责任人职责，既要率先垂范，带头深入实际、深入基层、深入群众，又要认真抓好本党（工）委本单位的开展“四群”教育、实行干部直接联系群众制度和开展“作风建设年”活动工作。乡镇（街道）党（工）委要分别抓一批示范点，坚持点面结合，以点带面。要注重总结工作中好的经验做法，分析存在不足，制定改进措施，形成干部直接联系群众的长效机制。

（二）围绕中心，统筹推进。各乡镇（街道）、各级各部门开展“四群”教育，实行干部直接联系群众制度和开展“作风建设年”活动，要处理好与中心工作的关系，认真贯彻落实省第九次党代会、市四次党代会精神，引导干部群众积极参与推动江川科学发展和谐发展跨越发展，加快建设高原湖泊生态县；处理好与解决实际问题的关系，坚持立足实际，量力而行，尽力而为，扎扎实实办好几件实事好事；处理好与上级组织和下级组织的关系，不越位、不越权、不添乱，形成上下联动工作格局；处理好与开展创先争优、向杨善洲同志学习活动的关系，做到两不误、两促进；处理好与推进工作的关系，结合工作职能和特点，科学谋划、统筹兼顾，做好服务基层、服务群众的工作，推动本乡镇（街道）本部门各项工作上台阶、出成效。

（三）严格要求，强化考核。要通过明察暗访、走访群众、实地察看资料等形式，对各乡镇（街道）和县属各部门的活动开展情况进行指导检查，推动各项活动任务的落实。各级干部要轻车简从、不打招呼、不扰民，直接到村（社区），不层层陪同，坚决防止和克服形式主义，切实转变工作作风，树立良好形象；要严格自律，不奢侈浪费，不收受礼品，住村要自付伙食费，不增加基层和群众负担。要健全民情巡视制度，定期不定期开展巡视工作，检查民情责任落实情况。开展专项督查，加强跟踪问效。县委将成立工作督查组，定期对各级干部工作开展情况进行督查；县委组织部将把开展“四群”教育，实行干部直接联系群众制度和开展“作风建设年”活动工作纳入领导班子和干部考核内容，考评结果作为使用干部的重要依据，形成鼓励干部深入基层、在基层一线培养选拔干部的导向。

(四)强化宣传，营造氛围。各乡镇(街道)、各级各部门要高度重视，切实加强开展活动的舆论宣传，充分运用报刊、广播、电视、网络等媒体，发挥云南网络党建平台、江川新闻网、江川网的积极作用，大力宣传开展“四群”教育，实行干部直接联系群众制度和开展“作风建设年”活动的重大意义、基本要求和工作成效，及时总结、宣传、推广好的做法和经验。加大宣传力度，加强正面引导，适时开展表彰评比，切实把工作引向深入，营造良好的社会舆论氛围。

江川县人民政府
关于印发江川县新型农村和
城镇居民社会养老保险试点实施方案的通知

各乡、镇人民政府，大街街道办事处，县属各局、办，各事业单位：

《江川县新型农村和城镇居民社会养老保险试点实施方案》经省新型农村和城镇居民社会养老保险试点工作领导小组办公室审核通过，并经县人民政府同意，现印发给你们，请认真贯彻执行。

二〇一一年八月十五日

江川县新型农村和城镇居民社会养老保险试点实施方案

为统筹城乡发展，建立和完善城乡居民社会保障体系，促进我县新型农村和城镇居民社会养老保险试点工作顺利实施，根据《云南省人民政府关于印发云南省新型农村社会养老保险试点实施办法(试行)》、《云南省人民政府关于印发云南省城镇居民社会养老保险试点实施办法(试行)的通知》和《玉溪市人民政府关于做好新型农村和城镇居民社会养老保险试点工作有关问题的通知》精神，结合我县实际，制定本实施方案。

一、基本原则

新型农村和城镇居民社会养老保险试点的基本原则是“保基本、广覆盖、有弹性、可持续”，具体包括以下内容：

(一)从农村、城镇实际出发，低水平起步，筹资标准和待遇标准要与经济发展及各方面承受能力相适应；

(二)个人(家庭)、集体、政府合理分担责任，权利与义务相对应；

(三)政府主导和农民自愿相结合，引导农村、城镇居民普遍参保；

(四)社会统筹与个人账户相结合；

(五)属地管理，逐步提高基金管理层次。

(六)新型农村社会养老保险(以下简称新农保)与城镇居民社会养老保险试点同步实施，统一管理。

二、目标任务

探索建立个人缴费、集体补助、政府补贴相结合的新农保和城镇居民社会保险制度，实行社会统筹与个人账户相结合，与家庭养老、土地保障、社会救助等其他社会保障政策措施相配套，保障城乡居民老年基本生活。2011年7月1日启动试点，至2011年12月底，全县符合参保条件的人员参保率达95%以上，缴费率达90%以上，到2012年底基本实现全覆盖。

三、参保范围

(一)凡具有本县户籍，年满16周岁(不含在校学生)、未参加城镇职工基本养老保险的全县7个乡镇(街道办事处)的农村居民，可以在其户籍地自愿参加新农保。

(二)凡具有本县户籍，年满16周岁(不含在校学生)、不

符合职工基本养老保险参保条件的全县7个乡镇(街道办事处)的城镇非从业居民，可以在其户籍地自愿参加城镇居民社会养老保险(以下简称城镇居民养老保险)。

四、新农保和城镇居民养老保险费筹集

(一)缴费标准

1．未满60周岁的新农保参保人应按年足额缴纳养老保险费。参保人可以将需要缴纳的养老保险费一次性存入养老保险专用个人缴费存折。缴费标准为1年100元、200元、300元、400元、500元5个档次，由参保人自主选择档次缴纳。国家依据农民人均纯收入增长等情况适时调整缴费档次。

2．未满60周岁的城镇居民参保人应按年足额缴纳养老保险费。参保人可以将需要缴纳的养老保险费一次性存入养老保险专用个人缴费存折。缴费标准为1年100元、200元、300元、400元、500元、600元、700元、800元、900元、1000元10个档次，由参保人自主选择档次缴纳。国家依据城镇居民人均纯收入增长等情况适时调整缴费档次。

(二)个人缴费

1．新农保和城镇居民养老保险制度实施时，距领取年龄超过15年的参保人，应按年缴费，累计缴费年限不少于15年。鼓励其在累计缴费年限满15年后继续按年缴纳养老保险费，长期缴费，长缴多得。参保人在缴费期间未实现连续缴费的，可从中断缴费的次年继续缴费，其中断前后的缴费年限累计计算。

2．新农保和城镇居民养老保险制度实施时，距领取年龄不足15年的参保人，应按年缴费，对其在年满45周岁到新农保制度实施时之间的未缴费年限，可在其年满59周岁当年一次性补缴未缴年限的养老保险费，并同时享受政府的缴费补贴，但累计缴费年限不超过15年。

(三)集体补助

有条件的村集体经济组织应当对参保人缴费给予补助，补助标准由村民委员会召开村民代表大会民主确定。鼓励其他社会团体、社会经济组织、社会公益组织、个人为新农保和城镇居民参保人缴费提供资助。

(四)政府补贴

中央、省、市、县人民政府对参保人给予补贴。

1．新农保和城镇居民参保人符合领取养老金条件时，由中央财政全额支付每人每月55元的基础养老金。

2．新农保和城镇居民参保人按照规定缴费后，可享受省财政给予的每人每年30元的缴费补贴。

3．建立“多缴多补”的激励机制。为鼓励城乡居民积极参保，积极缴费、多缴费，市、县人民政府对参加新农保和城镇居民养老保险选择较高档次缴费的人员，给予鼓励。对选择200元、300元、400元、500元及其以上缴费档次的，分别给予10、20元、30元、40元的补助。所需资金市、县各承担50%。

4．建立“长缴多补”的激励机制。对连续缴费年限满15年不满20年的、满20年不满25年、满25年及以上的参保人(不包括补缴年限)，到60周岁领取养老金时，每人每月分别增加养老金补助20元、30元、40元。所需资金市、县各承担50%。

5．建立特困群体的救助机制。对重度残疾和五保供养人员，年满60周岁及其以上的人员每人每月加发50元基础养老金，所需资金市、县各承担50%。

6．建立参保人一次性丧葬补助费补助机制。对参加新农保和城镇居民养老保险领取待遇的参保人死亡的，按照新农保和城镇居民养老保险《经办规程》的要求，在规定的时间内办理养老保险关系终止注销手续的，每人给予一次性丧葬补助费600元，其中：市级承担400元、县级承担200元。

7．农村和城镇的重度残疾人由省财政按最低100元的缴费档次标准逐年全额代缴养老保险费；农村和城镇持证的3级残疾人由县级财政按每人每年50元的标准代缴养老保险费，个人缴费不得低于每人每年50元；农村和城镇持证的4级残疾人由县级财政按每人每年30元的标准代缴养老保险费，个人缴费不得低于每人每年70元；五保供养人员由县级财政按最低100元的缴费档次标准逐年全额代缴养老保险费。

8．符合享受养老补助条件的重度残疾人，由省财政全额支付每人每月55元的养老补助。

9．农村和城镇参保人当年未按时足额缴费，不能享受当年的各级政府缴费补贴。

五、新农保和城镇居民个人账户管理

(一)县城乡居民社会养老保险局为参保缴费的新农保和城镇居民参保人建立养老保险个人账户，包括以下内容：

1. 个人缴纳的养老保险费总额及其利息；

2. 省、市、县人民政府每人每年给予的缴费补贴及其利息；

3. 集体补助及利息；

4. 其他经济组织、社会公益组织、个人为参保人缴费提供的资助及其利息。

新农保和城镇居民参保人个人缴费存折中的养老保险费，应按照参保人选择的缴费档次逐年划入其个人账户。

个人账户储存额目前每年按照中国人民银行公布的金融机构人民币1年期存款利率计息。

(二)养老保险关系转移

1．新农保和城镇居民参保人跨县(市、区)转移养老保险关系时，可将其个人账户储存额全部转入新参保地，按照新参保地有关规定继续参保缴费，并享受相应待遇；转入地尚未开展新农保工作的，可将其个人账户储存额暂存于原参保地，待条件具备时转移。

2．新农保和城镇居民参保人在本县内转移时，只转移其养老保险关系，不转移其个人账户储存额。

六、养老金待遇

(一)年满60周岁时，未享受城镇职工基本养老保险待

遇的有农村户籍的参保人，可以按月领取养老金；年满60周岁时、未享受城镇职工基本养老保险待遇的以及国家规定的其他养老待遇并有城镇户籍的参保人，可按月领取养老金。

新农保和城镇居民制度实施时，已年满60周岁、未享受城镇职工基本养老保险待遇的，不用缴费，可按月领取基础养老金，但其符合两项制度参保条件的子女必须参保缴费。

新农保和城镇居民养老保险制度实施后，已年满55周岁未满60周岁、未享受职工基本养老保险待遇以及国家规定的其他养老待遇的重度残疾人，可按月领取养老补助。但在未满60周岁前应按年继续缴费，年满60周岁时按照规定享受相应的养老保险待遇，不再享受养老补助。

(二)新农保和城镇居民参保人领取的养老金由个人账户养老金和基础养老金两部分组成，支付终身。

月养老金享受标准＝个人账户养老金＋基础养老金。

1. 个人账户养老金标准为个人账户全部储存额除以139。

2. 基础养老金标准为每人每月55元。

按照国务院的统一部署，适时调整基础养老金的最低标准。

(三)新农保和城镇居民参保人死亡，其个人账户资金余额，除政府缴费补贴(本息)外，一次性支付给其法定继承人或指定受益人；政府缴费补贴(本息)用于继续支付其他参保人的养老金。新农保和城镇居民参保人领取待遇期间死亡的，其指定受益人或法定继承人应在其死亡后60日内持相关证明材料，办理养老保险关系终止注销手续办理后，给予一次性丧葬补助费600元。

七. 养老保险关系衔接

(一)新农保与原农村社会养老保险(以下简称老农保)的衔接。

1. 新农保制度实施时，凡已参加了新农保、年满60周岁且已领取老农保养老金的参保人，可直接享受新农保基础养老金。

2. 新农保制度实施时，已参加新农保、未满60周岁且没有领取养老金的参保人，应将老农保个人账户资金并入新农保个人账户，按新农保的缴费标准继续缴费，待符合规定条件时享受相应待遇。

(二)已参加老农保的农村居民，其户籍性质转变为城镇居民的，按照以下方式进行政策衔接：

1. 户籍转变时，未达到新农保领取年龄的，终止新农保关系，同时建立城镇居民养老保险关系，新农保个人账户资金全部划入城镇居民养老保险个人帐户，并按照城镇居民养老保险规定继续参保缴费，享受相应的政府补贴，缴费年限累计计算，届时享受城镇居民养老保险待遇。

2. 户籍转变时，已达到新农保领取年龄的，继续享受新农保个人账户养老金待遇，同时享受城镇居民基础养老金待遇，不再享受新农保基础养老金待遇。

(三)已参加老农保的农村居民，其户籍性质转变为城镇居民的，按照以下方式进行政策衔接：

1. 户籍转变时，未满60周岁且尚未领取老农保养老金的参保人，终止老农保关系，同时建立城镇居民养老保险关系，老农保个人账户资金全部并入城镇居民养老保险个人账户，并按照城镇居民养老保险规定继续参保缴费，享受相应的政府补贴，年满60周岁时享受城镇居民养老保险待遇。

2. 户籍转变时，已年满60周岁且已领取老农保养老金的参保人，继续享受老农保养老金待遇，同时享受城镇居民基础养老金待遇。

(四)新农保制度与被征地农民社会保障、水库移民后期扶持政策、农村计划生育家庭奖励扶助政策、农村五保供养、社会优抚、农村最低生活保障制度等政策的配套衔接办法，按照国家有关规定执行；城镇居民养老保险制度与职工基本养老保险、城市居民最低生活保障、社会优抚等政策制度的配套衔接办法，按照国家有关规定执行。

八、组织领导

为切实加强对新型农村和城镇居民社会养老保险试点工作的领导，县人民政府决定成立以县长任组长，县人民政府分管副县长、县政府办公室主任和县人力资源和社会保障局局长任副组长，县委、政府有关部门，各乡镇(街道办事处)主要领导为成员的工作领导小组。

各成员单位职责：

县委组织部：负责指导农村基层党组织做好新农保和城镇养老保险参保的组织发动工作。

县委宣传部：负责在推进新农保和城镇居民养老保险试点过程中，组织宣传系统做好新农保和城镇居民养老保险试点相关政策等的宣传工作。

县政府办：负责调查研究新农保和城镇居民养老保险试点工作中出现的新情况，新问题，研究提出政策建议等工作。

县发展和改革局：负责将新农保制度和城镇居民养老保险制度纳入国民经济和社会发展总体规划，做好促进新农保制度、城镇居民养老保险与国民经济社会协调发展等工作。

县人力资源和社会保障局：为新农保和城镇居民养老保险试点工作的主管部门，负责做好解决新农保和城镇居民养老保险管理体制建设等工作，负责协调有关部门制定相关配套政策，部署、实施、督促、检查新农保试点工作，研究试点工作中出现的问题，会同成员单位对试点工作进行宏观指导和协调，负责领导小组办公室的日常工作。

县农业局：负责就农民对新农保制度的反映提出意见和建议等工作。

县公安局：负责组织提供农村户籍和城镇户籍人口统计数据和组织确定户籍性质，并负责做好维护社会稳定工作。

县民政局：负责协助制定农村缴费困难群体的参保政

策，并做好农村五保供养、社会优抚、农村最低生活保障等制度与新农保制度衔接工作。

县财政局：负责制定财政补贴政策，安排县级财政对参保农民和城镇居民的财政补贴资金，加强对新农保基金和城镇居民养老保险基金的管理和监督，制定两种基金管理办法等工作。

县国土资源局：负责协助做好被征地农民社会保障政策与新农保制度的衔接工作。

县人口和计划生育局：负责协助制定计生对象参加新农保和城镇居民养老保险的优惠政策，鼓励计生对象参加新农保，并做好农村计划生育家庭奖励扶助制度、计划生育家庭特别扶助制度与新农保制度的衔接等工作。

县审计局：负责对新农保基金和城镇居民养老保险基金收支和管理情况进行审计监督等工作。

县残联：负责协助制定农村和城镇残疾人参保的优惠政策，鼓励和帮助残疾人参加新农保和城镇居民养老保险等工作。

县文化旅游广播电视和体育局：负责宣传报道工作。

人民银行江川县支行：负责会同有关部门制定支付结算规则，维护支付、清算系统的正常运行等工作。

县农村信用合作联社：负责为农民和城镇居民参保缴费和领取养老金提供安全、便捷的金融服务。

各乡镇(街道办事处)负责新农保资格审查，承担业务办理，并负责受理咨询、查询和举报、政策宣传，情况公示，协调有条件的农村集体经济组织对参保的集体经济组织成员提高缴费补助等工作。

九、机构设置和工作经费

按照精简效能原则，在现有乡镇(街道办事处)服务平台和社保经办机构基础上，要切实加强新农保和城镇居民养老保险经办能力建设，充实人员，确保有机构管事、有人员做事、有经费办事。新农保经办机构人员经费和工作经费纳入同级财政预算，严禁从新农保基金中支出。

(一)县城乡居民社会养老保险局为新农保和城镇居民养老保险业务经办机构，具体负责全县的业务经办和管理，根据试点工作需要和省、市统一要求，增加人员至12名，确保新农保和城镇居民养老保险试点工作的正常开展；各乡镇(街道办事处)明确2~6名劳动保障所工作人员具体负责新农保和城镇居民养老保险工作；各村(居)民委员会、社区明确1名副主任为新农保和城镇居民养老保险代办员，具体组织本村(居)民委员会、社区的新农保和城镇居民养老保险工作。

(二)新农保和城镇居民养老保险试点启动所需的资金由县级财政足额安排。按中央、省、市统一要求，按实际需要安排新农保和城镇居民养老保险信息系统建设和维护经费，纳入县级财政预算。两项试点工作进入常态后，从2012年开始，根据市政府有关文件规定核拨工作经费，以确保此项工作的顺利开展。

十、工作步骤和措施

(一)制定方案，安排部署试点启动工作。成立县新农保和城镇居民社会养老保险工作领导小组，结合我县实际，广泛征求意见，制定新农保试点和城镇居民养老保险实施方案。召开全县新型农村和城镇居民社会养老保险动员暨培训大会，安排部署全县新农保和城镇居民养老保险工作。

(二)宣传动员。充分利用各种宣传工具和宣传方法，采取进村入户、摆摊设点、张贴宣传单、电视公告等形式大力宣传推行新农保制度和城镇居民养老保险的重要意义。各乡镇(街道办事处)要高度重视试点工作，结合实际，大力宣传发动，做到家喻户晓，使全县广大农民群众知晓新农保和城镇居民养老保险制度的好处。

(三)摸底调查。对全县16~59周岁、年满60周岁以上符合条件的参保者，开展一次全面的摸底调查，准确掌握我县符合参保条件的具体人数和符合享受中央每人每月55元基础养老金的年满60周岁以上人口数。

(四)集中发放。在摸底调查、统计、审核公示的基础上，全力做好年满60周岁以上农村和城镇老年人的基础养老金发放工作。于2011年9月10日前，以乡镇(街道办事处)为单位，集中发放中央财政全额支付的基础养老金。

(五)组织参保。2011年9月全面推开新农保和城镇居民养老保险参保工作。各村(居)民委员会、社区的副主任为新农保和城镇居民养老保险代办员，具体组织本村(居)民委员会、社区辖区内村(居)民小组符合参保条件人员的参保工作，对参保人员进行资格初审，并提交乡镇(街道办事处)劳动保障所。

十一、监督管理和法律责任

(一)新农保基金和城镇居民养老保险基金实行县级管理，纳入社会保障基金财政专户，单独核算，实行收支两条线管理，专款专用，实账运行。任何单位或个人不得挤占、挪用或改变用途。

(二)新农保和城镇居民养老保险经办机构要建立健全新农保基金的财务、会计、统计、内控、稽核、信息披露等制度，按年度编制基金收支预决算，自觉接受社会保险基金监督管理部门的监督，并每年在行政村范围内对参保人的缴费情况和待遇领取资格进行公示，接受群众监督。

(三)县城乡居民社会保险局在县农村信用合作联社设立新农保和城镇居民养老保险基金收、支两个账户。收入账户只收不支，支出账户只支不收。收入账户核算中央财政全额支付的基础养老金、各级财政缴费补贴和各乡镇(街道办事处)劳动保障所划入的参保人员个人缴纳的资金；支出账户核算中央财政全额支付的基础养老金和个人账户养老金。乡镇(街道办事处)劳动保障所应设立新农保和城镇居民养老保险基金账户，管理本辖区内参保人员的个人缴纳部分资金和县城乡社会保险局拨入的养老金。

(四)县财政、审计部门对新农保基金和城镇居民养老保险基金收支和管理情况进行适时审计监督。

(五)任何人采取伪造证件或其它手段多领、冒领养老金的，追究其相应责任，构成犯罪的，移送司法机关处理。

(六)必须确保政府配套资金及时到位。

(七)本方案自2011年7月1日执行。

本实施方案由县人力资源和社会保障局负责解释。实施过程中如上级有新的政策出台，按新的政策执行。

江川县人民政府
贯彻落实国务院和省市政府加强法治政府建设文件的实施意见

各乡、镇人民政府，大街街道办事处，县属各单位：

为全面贯彻落实国务院《关于加强法治政府建设的意见》(国发〔2010〕33号，以下简称意见)、省政府《贯彻落实国务院关于加强法治政府建设文件的实施意见》(云政发〔2011〕100号)和市政府《贯彻落实国务院和省政府加强法治政府建设文件的实施意见》(玉政发〔2011〕73号，以下简称实施意见)精神，加快推进我县依法行政，建设法治政府进程，结合我县实际，提出以下实施意见：

一、深刻领会建设法治政府的重大意义，增强贯彻落实意见的责任感和紧迫感

推进依法行政，建设法治政府是推进社会主义政治文明、发展社会主义民主政治的重要内容，是完善社会主义市场经济体制的迫切需要，也是加强政府自身建设、提高行政管理水平的根本途径。国务院、省、市政府近期发布的意见和实施意见，提出了当前和今后一个时期加强法治政府建设的总体要求、工作思路、目标任务和具体措施，是国务院继2004年发布《全面推进依法行政实施纲要》(国发〔2004〕10号，以下简称纲要)、2008年出台《加强市县政府依法行政的决定》(国发〔2008〕17号，以下简称决定)以来，贯彻落实依法治国基本方略的又一重大举措，是深入贯彻纲要建设法治政府的纲领性文件，对进一步推进依法治国进程，建设法治政府具有重大而深远的意义。纲要实施7年来，我县按照省、市政府的统一部署，加强领导，强化措施，狠抓落实，依法行政工作全面推进，法治政府建设取得重要进展。但同经济社会发展的要求和人民群众的期望相比，我县在推进依法行政，建设法治政府进程中还存在一些不足和差距，主要是依法行政理念有待加强，行政机关工作人员特别是领导干部依法行政的意识和能力有待提高，制度建设还不能很好地适应经济社会发展需要，行政决策程序和机制不够完善，执法不公、行政不作为等问题仍一定程度存在等等，严重制约和影响我县经济社会健康持续发展。要解决这些突出问题，就迫切需要进一步深化改革，努力把依法行政落实到政府工作的每一方面，进一步提高政府的执行力和公信力。因此，各单位必须充分认识建设法治政府的重大意义，把贯彻落实意见作为当前和今后一个时期的一项重要的工作任务抓紧抓好，切实把思想和行动统一到县委、县政府的决策和部署上来，强化措施，扎实工作，全面推进依法行政，加快建设法治政府进程，为全县经济又好又快发展和社会和谐稳定提供法制保障。

二、明确目标，突出重点，全面推进建设法治政府各项工作

(一)我县加强法治政府建设的总体要求

当前和今后一个时期，我县加强法治政府建设的总体要求是：以邓小平理论和"三个代表"重要思想为指导，深入贯彻落实科学发展观，认真落实依法治国的基本方略，进一步加大纲要、决定和意见的实施力度，以建设法治政府为目标，增强领导干部依法行政的意识和能力，不断改进和完善制度建设，建立健全科学民主决策机制，规范行政权力运行，规范行政执法行为，保障法律、法规、规章的严格执行，健全行政监督体系，完善防范、化解社会矛盾的制度和机制，全面推进依法行政，不断提高政府的公信力和执行力，为把我县建设成为"高原湖泊生态县、现代宜居高原湖泊生态城和国际高原湖泊生态休闲度假旅游目的地"提供强有力的法制保障。

(二)增强行政机关工作人员特别是领导干部依法行政意识，提高依法行政能力

1．高度重视行政机关工作人员依法行政意识和能力的培养。各乡镇、街道和部门领导要带头学法、尊法、守法、用法，增强依法行政的意识，养成依法办事的习惯，切实提高运用法治思维和法律手段解决经济社会发展中突出矛盾和问题的能力。要重视提拔使用依法行政意识强，善于用法律手段化解矛盾、解决问题、推动发展的干部。

2．推行依法行政情况考察和法律知识测试制度。拟任乡镇、街道和部门领导职务的干部，任职前组织人事部门要

考察其掌握有关法律知识和依法行政情况，考察和测试的结果作为任职的依据之一。对拟从事行政执法、政府法制等工作的人员，应参加人事、法制部门组织的法律知识考试，考试不合格的，不得从事上述工作。

3．健全和完善领导干部学法制度。建立法律知识学习培训长效机制。认真落实政府常务会议、部门领导班子会议学法制度，坚持政府常务会议每年至少开展1次专题法制讲座。政府常务会议在审议重大行政决策事项前，应当就所涉及的相关法律问题进行法律知识的专题学习。政府每年至少要举办2期领导干部依法行政专题研讨班，各乡镇、街道和部门每年至少要组织1期依法行政专题法制讲座，组织学习宪法、通用法律知识和与履行职责有关的专门法律知识以及新颁布的法律、法规、规章。

4．定期组织行政执法人员法律知识培训。各乡镇、街道和部门要积极参加政府法制部门对行政执法人员的基本法律知识培训、专门法律知识轮训和新法律法规规章专题培训，行政执法人员每年法律知识学习不得少于40学时。未按规定参加法律法规和依法行政培训或考试、考核不合格者，年度考核不得确定为优秀等次，当年度不得晋升职务。

(三)严格规范性文件制定，提高制度建设质量

5．严格规范性文件制定权限和程序。各乡镇、街道和部门要认真落实《江川县人民政府规范性文件制定和登记备案工作制度》，依照法定权限和程序制定规范性文件。制定规范性文件要严格遵守法定权限和程序，符合法律、法规、规章和政策规定，不得擅自设定行政许可、行政处罚、行政强制等事项，不得违法增加公民、法人和其他组织的义务。议事协调机构、部门派出机构、部门内设机构不得制定规范性文件。制定对公民、法人或者其他组织的权利义务产生直接影响以及属于重大决策事项的规范性文件，要公开征求意见或者组织听证，由县政府法制办进行合法性审查，并经政府常务会议或者部门领导班子会议集体讨论决定。未经听取意见、合法性审查、集体讨论决定的，不得发布施行。规范性文件制定机关要通过政府门户网站、新闻媒体等多种渠道，向社会公布规范性文件。未按照规定程序制定的规范性文件，县政府法制办不予办理登记备案，该文件不得作为行政管理的依据，公民、法人或者其他组织可以拒绝执行。

6．健全和完善规范性文件备案审查和定期清理制度。加强规范性文件备案审查工作，重点加强对违法增加公民、法人和其他组织义务或者影响其合法权益，涉及地方保护、行业保护内容的规范性文件的备案审查力度，做到有件必备、有备必审、有错必纠，切实维护法制统一和政令畅通。各乡镇、街道和部门发布规范性文件后，应当自发布之日起15日内报县政府法制办备案。各乡镇、街道和部门要建立规范性文件定期清理制度，根据上位法的调整以及经济社会发展的要求，对与上位法相抵触、不一致或者相互之间不协调的规范性文件及时进行修改或废止。县政府法制办和规范性文件制定机关每隔3年对所制定的规范性文件进行一次集中清理，并将清理结果及时向社会公布。

(四)完善行政决策程序，确保依法决策、科学决策、民主决策

7．坚持依法科学民主决策。规范行政决策程序，健全重大行政决策规则，推进行政决策的科学化、民主化、法治化。要把公众参与、专家论证、风险评估、合法性审查和集体讨论决定作为作出重大决策的必经程序。作出重大决策前，要广泛听取、充分吸收各方面意见。要健全和完善重大决策听证制度，扩大听证范围，规范听证程序。对属于重大决策听证的事项，各乡镇、街道和部门应当组织听证，未经听证，不得提交政府常务会或者部门领导班子会议讨论决定，听证意见要作为决策机关作出决策的重要依据和参考。重大决策要经政府常务会议或者部门领导班子会议集体讨论决定。作出重大决策事项前应当交县政府法制办进行合法性审查，必要时，县政府法制办应当参加前期决策工作。县政府及部门研究重大决策事项时，县政府法制办负责人应当参加或者列席。重大决策事项未经合法性审查或者经审查不合法的，不得提交会议讨论，作出决策。

8．建立行政决策风险评估制度。建立和完善研究论证、专家咨询、公众参与、专业机构测评相结合的行政决策风险评估机制，对决策引发的各种潜在风险进行科学预测和综合判断，并有针对性地研究制定相应的风险预警和风险化解处置机制。对有关经济社会发展、公众重大利益的全局性重大决策和专业性较强的决策事项，要事先组织专家进行合法性、合理性、可行性和可控性评估，并把风险评估结果作为决策的重要依据。涉及全局性的重大决策，未经风险评估一律不得作出决策。

9．健全决策跟踪反馈和责任追究机制。相关部门要对决策执行情况以及对社会造成的影响进行跟踪、评估和反馈，并适时调整和完善有关决策。做出的重大行政决策实施满一年后，应当通过公开抽样调查、跟踪调查等方式，综合评价行政决策的效果，及时发现并纠正行政决策存在的问题。要加强对决策活动的监督，完善行政决策监督机制，建立行政决策责任追究制度，明确决策各个环节的责任单位以及需承担的相应责任，对不依照法定权限、法定程序进行决策或者因决策失误造成重大损失的，要按照“谁决策，谁负责”的原则追究决策责任人的责任，实现决策权与决策责任相统一。

(五)规范行政执法行为，提高行政执法水平

10．严格依法履行职责。各乡镇、街道和部门要严格按照法律、法规、规章规定的权限和程序依法行使权力，履行职责。要切实加强对事关人民群众生命安全、身体健康等行业的执法监管，严厉查处影响人民生命安全、危害安全生产、食品药品安全、自然资源和环境保护、社会治安等方面的案件，维护公共利益和经济社会秩序。行政机关参与民事

活动，要依法行使权利、履行义务、承担责任。

11．继续推进执法体制和机制改革。要在已挂牌成立城市管理综合行政执法机构的基础上，加快推进城市管理综合行政执法工作的实施。推进交通、环保、农业、林业、水利、文化等部门实行综合行政执法，切实解决多头执法、多层执法和不执法、乱执法等问题。要改进和创新行政执法方式，切实转变行政管理理念，建立行政执法联动机制，坚持以人为本、执法为民，坚持管理与服务并重、处置与疏导结合，坚持文明执法、规范执法，实现法律效果与社会效果的统一。要进一步推行行政合同、行政指导等柔性执法方式，促进行政法律关系双方的和谐和社会稳定。要完善行政执法经费保障机制，全面推行行政执法所需正常经费全额纳入财政预算管理。严格实施“罚缴分离、收支两条线”制度，切实解决执法经费与罚没收入挂钩的问题。

12．依法规范行政执法行为。进一步完善行政执法程序，细化执法流程、明确执法步骤、环节和时限。要在建立行政处罚自由裁量权基准制度的基础上，认真细化、量化行政处罚自由裁量权，严格规范行政处罚自由裁量权的行使。完善行政执法责任制，明确行政执法职权和行政执法责任，定期清理、确认并向社会公布各部门的执法权限。继续推行行政执法案卷评查制度，县政府每两年组织一次对全县行政执法案卷的集中评查，各执法部门每年应组织对行政执法案卷进行评查，提高行政执法质量，规范执法行为。

13．加强行政执法队伍建设。实行行政执法主体资格审查和行政执法人员资格制度。具有行政执法权的部门必须由县政府法制办进行执法主体资格审查并向社会公告。行政执法人员进行行政执法活动必须持证上岗，亮证执法。坚持无证人员执法无效原则，未取得行政执法人员资格，一律不得从事行政执法活动。狠抓执法纪律和职业道德教育，树立文明执法理念，尊重行政相对人，全面提高执法人员素质。

（六）深化行政审批制度改革，推进政府职能转变

14．规范行政审批行为。继续深化行政审批制度改革，进一步清理和减少行政审批项目，切实取消和调整不适应经济社会发展要求、无合法设定依据或者设定不合理的行政审批项目，推进政府职能转变和管理方式创新，推进政府公共服务和管理职能下移。规范行政审批行为，公开行政审批的项目、内容、条件、办理程序及时限。规范行政审批收费行为，取消不合法、不合理的收费。

15．加强政务服务中心体系建设。规范和发展政务服务中心，对与企业和人民群众密切相关的行政管理和公共服务事项，要按照“应进必进、进必授权”的要求纳入政务服务中心办理。要提升政务服务中心的服务水平，改善服务质量，提高服务效率，减低行政成本。对于需要行政机关内设的多个机构办理的行政审批项目，要实行“一个窗口对外”，“一站式服务”。对土地、城建等需要进行联合或者集中办理的项目采取集中会审会签的方式进行审批。积极探索统一办理、联合办理、集中办理和网上电子审批等审批管理方式。建立行政审批监督管理服务系统，加强行政审批信息化建设。

（七）全面推进政务公开

16．加大政府信息公开力度。严格按照《政府信息公开条例》规定的内容、程序和方式，向社会公开政府信息，确保公民的知情权、参与权、表达权和监督权。坚持以公开为原则，不公开为例外，凡是不涉及国家秘密、商业秘密和个人隐私的政府信息，都要向社会公开。重点推进财政预算、公共资源配置、重大建设项目批准和实施、社会公益事业建设等领域的政府信息公开。建立健全政府信息公开的监督和保障机制，定期对政府信息公开工作进行评议考核。对依法应当保守秘密的，切实做好保密工作。

17．积极推进办事公开。进一步拓宽办事公开领域，面向社会服务的所有政府部门要全面推进办事公开制度，依法公开办事依据、条件、要求、过程和结果，充分告知办事项目的有关信息。加大电信、金融、电力、农资等群众关注热点问题的办事公开制度，推进公共企事业单位和社会组织办事公开。

（八）健全行政监督体系和问责制度

18．各乡镇、街道和部门要在自觉接受人大及其常委会监督、政协民主监督和司法机关依法实施监督的同时，更加注重接受社会舆论和人民群众的监督。对事关改革发展稳定大局、人民群众切身利益和社会普遍关心的热点问题，县政府要积极主动向本级人大常委会进行专题报告。要完善群众投诉举报制度，拓宽群众监督渠道，指定机构和人员负责处理群众反映的问题，并主动采取多种形式为社会提供监督平台和意见反馈途径。要完善政府内部层级监督和专门监督，强化上级行政机关对下级行政机关的监督。建立和完善专门监督的相关制度和机制，确保审计、监察等部门全面履行监督职责，依法独立开展专门监督。建立健全各级各部门责任体系和行政问责制度体系，完善行政问责机制，严格行政问责，坚持有错必纠、有责必问。对因有令不行、有禁不止、行政不作为、失职渎职、违法行政等行为，导致发生重大责任事故、事件或者严重违法行政案件的，要严格问责。

（九）依法化解社会矛盾纠纷

19．健全社会矛盾纠纷调解机制。2011年底前要建立由县政府负总责，县政府法制办牵头，各职能部门为主体的行政调解工作机制，充分发挥行政机关在化解行政争议和民事纠纷中的作用。积极探索建立行政调解与人民调解、司法调解相衔接的大调解联动机制。建立信访与复议、诉讼、申诉等法定纠纷解决渠道的衔接机制，使大批涉法、涉诉、信访案件直接进入复议、诉讼等程序，将各类争议逐渐引导到纠纷解决的主渠道上来。

20．加强行政复议工作。畅通行政复议渠道，积极探索在乡镇、街道、人口比较集中的社区开展行政复议受理点试点工作。简化行政复议申请手续，方便当事人提出申请。

创新行政复议体制机制，积极探索开展建立行政复议委员会，相对集中行政复议权试点工作。建立行政复议案件审理工作制度，进一步规范行政复议审理工作。对在本行政区域内涉及群众普遍关心的社会热点、难点问题和有重大影响的行政复议案件，行政复议机关负责人应当主持审理；被申请行政机关主要负责人应当参加行政复议听证等审理活动，主要负责人确因特殊情况无法参加的，应当委托其他负责人参加。不断加大行政复议案件和解、调解力度，有效化解行政争议和社会矛盾。健全行政复议机构，确保一般行政复议案件有2名以上专职行政复议人员办理，重大行政复议案件由3名以上专职行政复议人员办理。建立健全适应行政复议工作特点的激励机制和经费装备保障机制。

21．做好行政应诉工作。对人民法院受理的行政诉讼案件，行政机关应当出庭应诉，并按规定向人民法院提交作出具体行政行为的依据、证据和其他相关材料。对人民法院受理的重大、复杂、争议时间较长的行政案件，行政机关法定代表人要按照《玉溪市行政机关法定代表人行政诉讼出庭应诉暂行规定》的要求出庭应诉。要认真履行人民法院的生效判决，认真对待人民法院的司法建议。

三、加强领导，强化保障，切实抓好意见的贯彻落实

建设法治政府是一项事关经济社会发展的全局性、基础性、长期性的系统工程，需要各单位共同努力。各乡镇、街道和部门要切实负起责任，真正把依法行政作为政府运作的基本准则，贯穿于各项工作中，采取有力措施，稳步协调推进，确保依法行政和建设法治政府的各项工作落到实处。

(一)加强领导，落实责任

各乡镇、街道和部门要充分认识全面推进依法行政，建设法治政府的重要性和紧迫性，真正把全面推进依法行政，建设法治政府摆在更加突出的位置，建立由主要负责人牵头的依法行政工作领导机构，完善工作协调机制，统一领导推进依法行政工作。各乡镇、街道和部门的主要领导是推进依法行政的第一责任人，对本地区、本部门依法行政工作负总责，要切实承担起领导责任，将依法行政任务与改革发展稳定任务一起同部署、同落实、同考核。建立依法行政工作报告制度。县政府常务会议每年至少听取2次依法行政工作情况汇报，及时解决全县在推进依法行政工作中存在的困难和问题，研究部署全面推进依法行政、加强法治政府建设的具体任务和措施，加强对推进依法行政的督促指导、监督检查和舆论宣传。县政府每半年和年度要向本级党委、人大、政协和上一级政府报告和通报推进依法行政情况，各乡镇、街道和部门每半年和年度要向县政府法制办报告推进依法行政情况。

(二)加强法制机构队伍建设，切实提高履职能力

县政府将努力加强法制机构队伍建设，使县政府法制机构的规格、编制、人员与其承担的职责和任务相适应。加大对法制干部的培养、使用和交流力度，选拔优秀法制干部进入政府和部门领导班子，充分发挥政府法制部门和部门法制机构在推进依法行政、建设法治政府方面的组织协调和督促指导作用。政府法制部门和部门法制机构及其工作人员要充分认识自己所担负的重要职责，不断增强服务意识、大局意识和责任意识，努力提高在新形势下做好法制工作的能力和水平，充分发挥政府法制部门和部门法制机构在依法行政方面的参谋、助手和法律顾问作用。

加强政府法律顾问工作，建立健全政府法律顾问制度，充分发挥政府法律顾问在重大决策、规范性文件制定、行政执法监督、行政复议、行政应诉、行政调解、行政协议等方面对依法决策、依法行政的独特作用，使政府法律顾问工作成为法治政府建设的重要组成部分。

(三)加强宣传，抓好培训

各乡镇、街道和部门要加大国务院意见和省、市、县实施意见的宣传力度，营造学法、尊法、守法、用法的良好社会氛围，并把贯彻落实意见和实施意见与深入贯彻纲要、决定紧密结合起来，通过自学、集中学习、举办研讨班和报告会等形式，不断加深对意见的理解，提高认识。

(四)落实任务，强化监督

各乡镇、街道和部门要根据本实施意见所确定的任务和要求，结合实际，强化措施，明确责任和完成时限，制定本部门今后一个时期加强法治政府建设的实施方案，于2011年10月20日以前报县政府法制办备案，切实抓好依法行政各项工作的落实。县政府将加强对各乡镇、街道和部门推进依法行政工作情况的考核，将其纳入县政府年度工作目标。考核结果作为县政府对各乡镇、街道和部门领导班子和领导干部综合考核评价的重要内容。对在依法行政工作中成绩突出的予以表彰奖励，对工作不力的予以通报批评。

江川县人民政府
关于印发县政府常务会议重大决策事项会前听证、风险评估、合法性审查工作制度的通知

各乡、镇人民政府，大街街道办事处，县属各单位：

《县政府常务会议重大决策事项会前听证、风险评估、合法性审查工作制度》已经县人民政府同意，现印发给你们，请认真贯彻执行。

二〇一一年十月十一日

县政府常务会议重大决策事项
会前听证、风险评估、合法性审查工作制度

第一条 为进一步提高县政府决策的科学化、民主化、规范化水平，切实维护社会公共利益，根据国务院《关于加强法治政府建设的意见》(国发〔2010〕33号)要求，结合实际，制定本制度。

第二条 县政府作出的重大决策事项必须经过公众参与、专家论证、风险评估、合法性审查和集体讨论决定等必经程序。未经上述程序，不得作出决策。

第三条 重大决策事项的范围主要包括：

(一)涉及人民群众反映集中的热点、难点问题的重大决策事项；

(二)对公民、法人和其他组织的切身利益有重大影响的决策事项；

(三)对当地规划建设、环境保护、资源开发及经济社会发展有重大影响的决策事项；

(四)拟发布的政府重要规范性文件；

(五)拟制定的宏观调控和改革开放的重大政策措施；

(六)拟编制、变更或者修改各类重大规划；

(七)政府重大投资项目、重大国有资产处置；

(八)与公共安全直接有关、人民群众普遍关注的重大行政措施；

(九)其他关系基础性、战略性、全局性的决策事项；

(十)县政府认为应当听证或者需要广泛听取群众意见的其他重大决策事项。

第四条 对拟提交县政府常务会议讨论的重大决策事项，会前，县政府办公室有关股室或者部门应当将其送县政府法制部门进行审查把关。

第五条 县政府法制部门对县政府办公室有关股室或者部门送审的重大决策事项应当及时进行审查，对属于重大决策听证事项，应当听证而未组织听证的，退回部门组织听证。

第六条 对涉及江川经济社会发展和人民群众切身利益的重大政策、重大项目等决策事项，在组织听证后，应当组织或者委托有关部门组织对其合法性、合理性、可行性和可控性进行风险评估。

第七条 对拟提交县政府常务会议讨论的重大决策事项，县政府办公室有关股室或者部门应当将已经过重大决策听证、风险评估的事项交由县政府法制部门进行合法性审查。县政府法制部门应当在5个工作日内出具书面审查意见。

第八条 县政府办公室各股室以县政府法制部门出具的书面审查意见作为向县政府汇报能否提交县政府常务会议讨论研究的重要依据。

第九条 拟提交县政府常务会议讨论的重大决策事项未经组织听证、专家论证、风险评估及合法性审查或者合法性审查不合格的，不得提交县政府常务会议讨论，作出决策。

第十条 提交县政府常务会议讨论的重大决策事项，

应当将听证报告及风险评估意见一并提交会议。

第十一条　对需要组织听证、风险评估及合法性审查的重大决策事项，县政府办公室具体承办股室和部门未按照本制度规定交由县政府法制部门进行审查的，追究相关责任人员的行政责任。

第十二条　本制度自2011年10月1日起施行。

江川县人民政府
关于印发江川县2012年新型农村合作医疗实施方案的通知

各乡、镇人民政府，大街街道办事处，县属各局、办，各事业单位：

《江川县2012年新型农村合作医疗实施方案》经县人民政府同意，现印发给你们，请认真遵照执行。

二〇一一年十二月三十一日

江川县2012年新型农村合作医疗实施方案

建立和完善新型农村合作医疗(以下简称新农合)制度是全面建设小康社会、构建和谐社会的重大举措，对于保障农民基本医疗，减轻农民医药费用负担，提高农民健康水平，促进农村经济发展，维护社会稳定具有十分重要的意义。根据《关于提高农民基本医疗保障和健康水平的决定》(玉发〔2010〕18号)精神，结合我县实际，制定本方案。

一、目的与目标

(一)以国家、省、市关于深化医药卫生体制改革的意见和市委、市政府《关于提高农民基本医疗保障和健康水平的决定》为指导，按照“广覆盖、保基本、可持续”的原则，加大财政投入，提高统筹基金和补偿标准，实现全县农村居民基本医疗高补偿、老年慢病有保障、大病救助全覆盖三大目标，切实解决农民“看病难、看病贵”和“因病致贫、因病返贫”的问题，提高农村居民健康保障水平，促进社会和谐发展。

(二)在全县范围内全面建立新型农村合作医疗制度，力争全县95%的农民参加合作医疗，使全县农民得到基本医疗保障。

(三)进一步促进医疗卫生机构发展，切实提高医疗卫生服务水平，改善就医环境，让广大农民享受到良好的医疗保健服务。

二、基本原则

(一)政府组织引导，农民自愿参加。新型农村合作医疗制度是由政府组织、引导、支持，农民自愿参加，个人、集体和政府多方筹资，以大病统筹为主的农民医疗互助共济制度。各级政府要加强对广大农民的宣传教育和组织引导，通过各种形式，把建立新型农村合作医疗制度的目的、意义、管理办法、参加人的权利和义务、减免补偿政策以及报销方式等宣传到千家万户，不断提高农民互助共济意识，使广大农民自觉自愿参加新型农村合作医疗，不得强迫农民参加合作医疗或强制代垫农民参合费用。

(二)体现互助共济。坚持“保基本、广覆盖、可持续”的原则，按照“以收定支，收支平衡，保障适度，略有结余”的新型农村合作医疗资金管理原则，执行门诊统筹和住院统筹补偿。

(三)基金安全封闭运行，以收定支、略有节余。切实加强对新型农村合作医疗基金的管理，确保资金安全。按照《云南省新型农村合作医疗基金财务管理暂行办法》、《云南省新型农村合作医疗基金会计核算暂行办法》、《云南省新型农村合作医疗基金风险基金管理暂行办法》执行，经办机构负责审核支付费用，财政部门设立财政专户对基金进行管理，新农合基金全部纳入在县信用社设立的专户。严格做到银行管钱不管账，经办机构管账不管钱，实现基金收支分离、管用分开、封闭运行。

(四)参合人享受同等权利。全县辖区内的参合人，只要遵守新型农村合作医疗管理办法和章程，履行缴费义务，都享有参加合作医疗并得到医药费用减免和补偿的同等权利。

(五)保障弱势人群。按照《云南省实施农村医疗救助暂行办法》的要求，参加新农合的农村低保对象、五保供养对象、残疾人员和农村独生子女的父母及年龄不满18周岁的独生子女、只生育了两个女孩且采取了绝育措施的农村夫妻由民政、计生、残联等部门按有关规定资助参合。在获得新农合补偿后，个人医药费支出负担仍然较重的，由民政部门按照贫困医疗救助相关实施办法给予一定补助。

(六)体现便民利民。合作医疗减免补偿程序和手续在保障基金安全的前提下尽量精简，以方便农民群众，提高合作医疗公信度。参合人在县域内，可以自由选择定点医疗机构就诊，并实行现场减免补偿。

三、管理组织

(一)成立由县人大、政协、纪检、财政、审计等相关部门和参加合作医疗的农民代表共同组成的江川县新型农村合作医疗监督委员会，负责定期检查、监督新农合基金收集和医药费报销情况；新农合管理机构将每月的收支情况向社会公布，接受群众监督。

(二)县合管办负责县内合作医疗的日常事务工作，重点是做好县级定点医疗机构的监督管理，指导乡镇(街道)社会保障服务中心开展工作，协同乡镇(街道)社会保障服务中心做好乡镇医疗机构的监督管理。建立举报投诉制度，做好相关的记录、处理工作。(电话：8011659，地址：江川县大街镇文林街江川县卫生局)

县合管办主要工作职责：

1. 制定年度合作医疗实施方案，及时提交新农合管理委员会讨论；建立和完善各项管理规章制度；

2. 对全县合作医疗运行进行协调、监督和管理；

3. 负责对定点医疗机构的监督管理；

4. 负责对违反合作医疗规定的行为进行查处；

5. 指导乡镇(街道)社会保障服务中心开展合作医疗工作；

6. 对农村合作医疗制度运行中的争议、纠纷进行调解和处理；

7. 对各乡镇合作医疗管理人员进行培训；

8. 负责合作医疗信息的收集、整理、分析、使用及传递；

9. 负责及时准确上报各项合作医疗数据；

10. 为参加新农合的群众提供咨询服务等。

(三)乡镇(街道)社会保障服务中心负责本乡镇(街道)合作医疗日常事物工作，重点做好每年筹资管理、参合档案录入及本乡镇内定点医疗机构的监督管理和审核，门诊、住院的审核管理工作。

乡镇(街道)社会保障服务中心主要工作职责：

1. 贯彻执行县、乡镇(街道)新型农村合作医疗管理委员会的决议、决定，负责乡镇(街道)新型农村合作医疗日常工作；

2. 宣传合作医疗的意义、政策规定和实施方案；

3. 组织发动农民积极参加合作医疗，收缴农民参合资金，建立参合档案，并及时将收缴的资金存入合作医疗基金专用帐户；

4. 办理合作医疗证；

5. 收集、初审、汇总上报报销凭证及支付报销费用；

6. 及时收集、录入、汇总、整理、分析、贮存、传递、反馈、上报合作医疗有关信息，为县合作医疗管理委员会制定规划、计划、实施方案、规章制度、基金支付范围、补偿办法和研究解决合作医疗运行中的问题提供依据；

7. 定期公示合作医疗基金收支及参合农民受益信息，接受群众监督；

8. 监督参加合作医疗农民的报销行为；

9. 负责对本辖区内定点医疗机构的监督管理；

10. 定期向同级党委、人大、政府和监督委员会汇报工作。

四、参合者及其权利与义务

我县辖区内的农村户籍人员均可参加新型农村合作医疗，原则上以户为单位参加。

(一)参加人的权利：

1. 享受医疗、预防、保健服务；

2. 按规定报销一定比例的医药费；

3. 监督农村合作医疗基金的使用；

4. 对农村合作医疗工作提出建议、批评和意见；

5. 对违反合作医疗规定的行为进行举报或投诉。

(二)参加人的义务：

1. 按规定缴纳新型农村合作医疗参合费；

2. 遵守和维护农村合作医疗管理办法和章程；

3. 配合新农合管理机构做好对定点医疗机构的监督管理。

五、基金筹集

(一)年度筹资标准360元/人/年，其中，个人缴纳50元，各级财政补助310元。

(二)参加新型农村合作医疗的贫困户和五保户的个人参合费由民政部门补助；残疾人的个人参合费由县残联补助；农村独生子女的父母及年龄不满18周岁的独生子女、只生育了两个女孩且采取了绝育措施的农村夫妻的个人参合费由计生部门补助。

(三)社会各组织团体对新型农村合作医疗的资助经费用于参合农民医疗补偿的，按相关政策执行。

六、基金管理机制

(一)乡镇(街道)社会保障服务中心组织各村民小组负责收取农民个人缴纳的合作医疗自筹经费，开具“云南省社会保险费缴款收据”给缴费人，款账核对准确后当天存入信用社新农合专户。乡镇(街道)社会保障服务中心于每年12月15日前将收取的合作医疗自筹经费上划到新农合财政收入专

户，12月20日前完成参合档案的建立。上级补助资金和利息及其它收入直接划拨进入财政收入专户。

(二)县、乡镇(街道)各定点医疗机构凭相关的住院、门诊资料和报表按月到县合管办和乡镇(街道)社会保障服务中心申请核销。各村卫生所(现场减免)当天的处方当天录入信息系统，月底凭处方、登记台帐到乡镇(街道)社会保障服务中心核销。县合管办审核结算后将补偿费用核拨到乡镇(街道)社会保障服务中心和县级定点医疗机构。

七、基金分配与使用

(一)合作医疗基金按规定提取5%的风险基金后，用于门诊补偿的资金原则上不超过30%，用于大病住院补偿的资金原则上不低于70%。每年节余的资金滚存到下一年度继续用于医疗补偿。

(二)报销补偿范围：

在《云南省新型农村合作医疗基本用药目录》(2008年修订版)、国家基本药物目录及省补充目录范围内和《云南省新型农村合作医疗基本诊疗项目(试行)》(云卫发〔2008〕1159号)范围内的门诊、住院医药费，包括诊疗项目中使用的耗材和药品。市级和省级医疗机构住院即时结报的执行市级和省级相应的用药目录和诊疗标准。

(三)不予补偿项目：

1. 超出《云南省新型农村合作医疗基本用药目录(2008修订版)》和国家基本药物目录及省补充目录范围的药品费；

2. 未纳入《云南省新型农村合作医疗基本诊疗项目(试行)》的费用；

3. 计划生育手术费和违反计划生育政策怀孕产生的费用；

4. 交通、工伤、医疗、药事事故等其他赔付责任支付的医疗费用；

5. 酗酒、服毒、自杀、自残、打架斗殴等产生的医药费用，违法、犯罪所致伤害及被拘留、逮捕和服刑期间发生的医疗费用；

6. 非医疗性费用：如保险费、陪护费、陪客水电费、陪客床椅费、空调费、出诊费、交通费、急救车费、出生证费、营养费等杂费；

7. 非基本医疗性费用：各类非治疗性的美容、整形、染发、狐臭治疗，安装假肢、假牙、假眼、假发，验光配镜、助听器、助行器、拐杖、轮椅等；各种减肥、增胖、增高等项目的一切费用；各种自用保健、按摩、理疗、磁疗、检查和治疗器械的费用；各种医疗咨询、心理咨询、医疗鉴定产生的费用。除小儿麻痹、先天性唇腭裂、先天性髋关节脱位、先天性心脏病以外的缺陷，未经批准的矫形、正畸产生的费用；

8. 病人使用的一次性生活消耗品：如：尿壶、盆、桶、一次性便盆、尿垫、尿布、卫生纸、一次性鞋套、洁净袋等；

9. 凡住院期间的门诊医药费及私自外出购药、检查、治疗等费用一律不予报销；不符合新农合规定的就医行为所发生的医疗费用；

10. 参保人员出国(境)期间发生的医疗费用；

11. 法律、法规规定应由责任人承担的医药费。

(四)报销补偿

1. 普通门诊补偿。在合作医疗用药范围内，村级和乡级医疗机构分别按门诊费用的50%和45%核算减免补偿，不设起付线。每人每年累计减免限额为200元，没有发生门诊费用的不予补偿。

2. 慢性病门诊治疗。在县级及其以上政府举办的定点医疗机构门诊治疗的慢性肾功能衰竭、涂阳肺结核病、肿瘤化疗(放疗)等十二个病种按比例补偿，补偿比例70%，每月补偿一次(江川县疾控中心治疗的涂阳肺结核病现场减免)。

编 号	病 种	年度封顶线
1	慢性肾功能衰竭(血液透析)	30000
2	慢性肾功能衰竭(腹膜透析)	30000
3	肿瘤化疗、放疗	2000
4	涂阳肺结核病	300
5	慢性肾功能衰竭	2000
6	再生障碍性贫血	2000
7	器官移植术后	30000
8	小儿脑瘫	5000
9	肝硬化(失代偿期)	6000
10	系统性红斑狼疮	2000
11	股骨头坏死	2000
12	慢性肾小球肾炎	2000

3. 住院补偿。按不同级别的医院实行按比例补偿，结算补偿以入院时间为准。

起付线：乡镇(街道)定点医疗机构为200元；县级定点医疗机构400元；玉溪市人民医院、玉溪市第二人民医院和玉溪市妇幼保健院600元；玉溪市中医医院500元；省级定点医疗机构600元；政府举办的县级及县级以上非定点医疗机构600元。

补偿比例：乡级定点医疗机构95%；江川县中医医院95%；江川县人民医院85%；玉溪市人民医院、玉溪市中医医院60%；玉溪市第二人民医院、玉溪市妇幼保健院75%；省级定点医疗机构60%；政府举办的县级及县级以上非定点医疗机构20%。

封顶线：普通住院报销年封顶线为200000元/人/年。

普通住院和住院大病再次补偿合并计算。

江川县弘益医院起付线为400元，补偿比例85%。

4. 住院大病再次补偿。单次住院费用1万元及以上的进入大病再次补偿，扣除按新农合规定报销金额后，对符合新农合报销政策的自付部分，不设起付线，再按照50%的比例报销补助。

5. 农村低保、五保供养对象住院治疗取消起付线；年龄在70岁以上(含70岁)参合对象住院治疗，补偿比例提高3%。70岁以上(含70岁)的农村低保、五保供养对象住院治疗的，取消住院起付线和补偿比例提高3%同时享受。

6. "亮睛工程"定额补偿管理。参保人员在"亮睛工程"实施期间，进行白内障手术治疗的，每例定额补偿500元。

7. 纳入重大疾病保障水平试点病种和对象，按相关要求和规定开展补偿工作，不再享受上述新农合普通住院补偿和住院大病再次补偿比例，住院补偿年度封顶线仍为每人每年20万元。

8. 在保障年度内，父母双方已经参加新农合，筹资时尚未出生，错过缴费时限而未能参合的计划内分娩新生儿，当年无需缴纳个人参合费用，可以凭计划生育证、出生医学证明、户口本、患儿母亲身份证和合作医疗证，以参合母亲身份享受新农合住院保障。新生儿当年所发生的住院医疗费用与其母亲按新农合住院补偿规定执行，年度封顶线与母亲和并计算(母亲已故，父亲参合的可随其父亲)。

(五)参合孕产妇住院正常分娩的实行定额补助，同时，实施严格的限价收费政策，乡镇(街道)级住院正常分娩收费控制在950元以内，县级医疗机构控制在1200元以内。正常分娩限价指产妇住院分娩期间发生的一切直接费用，包括床位费、护理费、检查费、化验费、手术费、药品费等。在定点医疗机构住院正常分娩的每例一次性补助400元，在政府举办的县级及县级以上非定点医疗机构住院正常分娩的每例一次性补助200元。

(六)同时参加新型农村合作医疗及其他医疗保险的人员，只能凭报销单据的原件报销，复印件不作为申请报销的凭证。

八、参合者就医程序和报销程序

(一)参合人员在县域内，不受行政区划限制，可以自由选择定点医疗机构，但到县以上(或县外)住院需办理转诊手续，危急重病人或住外地的参合人可先转诊(就诊)，再补办转诊手续。

(二)补偿程序

1. 门诊补偿：普通门诊在定点医疗机构现场减免；慢性病门诊持相关补偿材料到乡镇(街道)社会保障服务中心申请补偿；

2. 住院补偿：在县内定点医疗机构住院的实行现场减免。在市级及其以上定点医疗机构和县外政府举办的县级以上(含县级)非定点医疗机构住院的医疗费先由本人垫付，出院后持相关材料到乡镇(街道)新型农村合作医疗管理办公室申请补偿。

(三)申请补偿须提供的材料

1. 住院

(1)合作医疗证(原件和一份复印件)；(2)住院发票(原件)；(3)病情证明(原件)；(4)住院费用一日清单；(5)患者身份证明(身份证或户口薄原件及复印件)。

其他特殊情况：

农村低保、五保供养对象患病住院，需提供民政部门出具的2012年低保、五保证明原件。没有证明材料者，不予取消住院起付线。

因外出(县外)务工或外出(县外)读书一年以上到外地政府举办的县级以上(含县级)非定点医疗机构住院而申请补偿者，必须出示由村委会出具的外出打工或外出读书一年以上证明。孕产妇申请补偿时还须出示计生部门出具的《准生证》和医疗机构开具的《出生医学证明》。

2. 慢性病门诊

慢性病门诊治疗申请补偿时需提供县级以上定点医疗机构的机打门诊发票(原件)、诊断证明、门诊病历、用药清单、相关医学检验报告单、合作医疗证(原件及复印件)、患者身份证明(身份证或户口薄原件及复印件)。

(四)县外就诊补偿时限为出院后1个月内，1个月后再申请住院补偿的原则上不予补偿，但确因外地就医交通不便、报销材料不全需补充、自然灾害等特殊原因造成的时间推迟可酌情考虑延期。

九、定点医疗机构管理及确定

(一)定点医疗机构对参合人员的医疗费用要单独建账，并有义务提供审核费用所需的诊治资料及账目清单。定点医疗机构要免费如实为参合者提供处方、病历、统一的住院医疗收费收据、病情诊断证明书、医药费用清单、出院证和转诊审批表等相关报销证明材料。严禁开具假证明、假处方、假病历、假票据套骗合作医疗基金的行为。

(二)定点医疗机构要在本单位的显著位置公示新型农村合作医疗有关资料。公示内容如下：

1. 本机构医疗服务收费项目及收费标准；

2. 新型农村合作医疗基本用药目录及价格标准；

3. 新型农村合作医疗参合人员就诊流程和减免报销规定；

4. 新型农村合作医疗不予减免报销的项目；

5. 定期公示在本机构就诊的新型农村合作医疗门诊减免和住院补偿情况；

6. 县合管办规定的其他公示项目。

(三)定点医疗机构要做到合理检查、合理用药、合理治疗、合理收费，并加强医德医风建设，不断完善院(所、室)内部监督机制；同时各定点医疗机构要认真接受合作医疗管理、监督组织、有关部职能部门和群众的监督；定点医疗机

构损害参合农民利益的，参合农民可据实向县合管办及乡镇（街道）社会保障服务中心投诉、举报，由其主管部门进行查处。

1．普通门诊。实行门诊总额预付制及月均处方值限价管理，村级门诊月平均处方值不超过25元，乡级门诊月平均处方值不超过35元。

2．住院。实行月次均住院费用限价管理。

（四）各定点医疗机构要保证药品质量，规范药品管理，确保用药安全。

（五）经江川县新型农村合作医疗管理委员会研究讨论确定，我县新型农村合作医疗定点医疗机构如下：

1．村级：全县各行政村卫生室；

2．乡级：全县各乡镇（街道）卫生院；

3．县级：江川县人民医院、江川县妇幼保健院、江川县中医院、江川县疾病预防控制中心；

4．市级：玉溪市人民医院、玉溪市中医院、玉溪市第二人民医院、玉溪市妇幼保健院；

5．省级：昆明医学院第一附属医院（云大医院）、昆明医学院第二附属医院（工人医院）、昆明医学院第三附属医院（肿瘤医院）、云南省第一人民医院（昆华医院）、云南省红十字会医院（红会医院）、云南省中医院、昆明市儿童医院；

6．民营医疗机构：江川县弘益医院。

十、监督、审计与处罚

（一）县、乡镇（街道）定点医疗机构应对新型农村合作医疗减免、补偿程序、医疗服务价格及药品价格进行公示。乡镇（街道）、村级定点医疗机构应每月将参合农民门诊、住院医药费用减免情况进行公示，并纳入村务公开内容定期公布，自觉接受群众监督。

（二）县新型农村合作医疗监督委员每年至少2次，对县、乡、村三级定点医疗机构进行全面的监督、指导、检查。

（三）审计部门每年对新型农村合作医疗基金使用、管理情况年底进行一次审计。

（四）定点医疗机构有下列行为之一的，由县卫生局按照医疗机构管理的相关法律法规予以处罚，情节严重的取消定点医疗机构资格：

1．弄虚作假、冒名顶替，致使未参加新农合人员列入补偿范围的；

2．编造假病历，出具假发票、假诊断证明或将目录外药品换成可报销药品等以各种方式套取新农合资金的；

3．诊疗活动超出医疗机构执业登记事项的；

4．其它违反新农合规定的行为。

（五）县内定点医疗机构医务人员有下列行为之一的，由县卫生局根据相关的执业医师法律法规处理，严重的依法吊销其《执业医师证书》，构成犯罪的，移送司法机关处理：

1．医务人员故意为冒名就医者提供方便的；

2．虚挂病床，做假病历，与患者串通套取新农合资金的，或者为医疗机构套取资金的；

3．利用职务之便开搭车药、提成药及串换药品的；

4．违反新农合用药规定，开人情方、大处方、假处方的；

5．住院病历不按规定详细记录病情、治疗经过和药品使用情况，治疗和使用药品与处方、病历记载不符的；

6．将不符合入院标准的病人按住院治疗或故意延长病人住院时间的；

7．不坚持首诊负责制，推诿病人，随意转诊、检查，延误患者病情的；

8．其它违反新农合规定的行为。

（六）新农合管理机构及其人员有下列行为之一的，视其情节分别给予行政处罚和相应的党纪、政纪处分。构成犯罪的，移送司法机关处理：

1．工作严重失职或违反财经纪律，造成新农合资金重大损失的；

2．贪污、截留、挪用新农合资金或索贿受贿、徇私舞弊的；

3．擅自批准不属新农合报销项目的；

4．擅自更改新农合保障待遇的；

5．其它违反新农合规定的行为。

（七）参合农民借证给他人或盗用他人合作医疗证的，一经查获立即没收合作医疗证，取消当年参合资格，在本年内不得再享受减免、报销。

十一、信息管理

（一）县合管办、乡镇（街道）社会保障服务中心、各定点医疗机构要做好有关参合信息、基金信息、补偿信息、管理信息等新型农村合作医疗信息管理的登记、存档工作；按省、州（市）合管办的要求，统计、上报相关信息，保证信息准确、完整、可靠、及时。

（二）加强信息化和网络化建设，逐步实现网上审核报销，提高管理效能。

十二、附则

本方案自2012年1月1日起执行，至2012年12月31日结束。

本实施办法由江川县卫生局负责解释。

中共江川县委办公室　江川县人民政府办公室
印发《关于开展创建省级平安先进县活动的实施意见》的通知

各乡镇党委、政府，县委和县级国家机关各部、委、办、局，各人民团体和企事业单位：

《关于开展创建省级平安先进县活动的实施意见》已经县委、政府同意，现印发给你们，请结合实际，认真贯彻落实。

中共江川县委办公室　江川县人民政府办公室

2011年3月10日

关于开展创建省级平安先进县活动的实施意见

为全面贯彻落实中共云南省委办公厅、云南省人民政府办公厅《关于在全省开展争创先进平安县（区）活动的意见》（云办发〔2008〕14号）和中共玉溪市委办公室、玉溪市人民政府办公室《关于在全市开展先进平安县（区）创建活动的实施意见》（玉办发〔2009〕31号），切实推进新一轮平安创建工作的深入开展，县委、政府决定，今年在全县开展创建省级平安先进县活动，确保年底顺利通过省委、省政府考核验收。

一、指导思想、工作目标和重点

（一）指导思想。

创建省级平安先进县活动要以邓小平理论和“三个代表”重要思想为指导，深入落实科学发展观，认真贯彻党的十七届五中全会和县委十一届六次全会精神，紧紧围绕县委确立的“建设高原湖泊生态县、现代宜居高原湖泊生态城和国际高原湖泊生态休闲度假目的地”三大目标，以创建省级平安先进县作为工作主线，强化基层综治维稳工作，建立健全长效工作机制，严格落实各项工作责任，筑牢基层综治维稳工作平台，提升创建层次，丰富创建内容，拓展创建领域，开展创建省级平安先进县活动，为全面建设和谐美好的平安江川营造良好的治安环境。

（二）创建目标。

通过全县上下共同努力，力争把江川打造成经济协调发展、社会和谐稳定、治安秩序良好、依法治理深入、民族团结进步、群众安居乐业的平安和谐高原湖泊生态县。确保今年跃入全省先进平安县（区）的行列。

（三）工作要求及重点。

各级、各部门要紧紧围绕县委十一届六次全会提出的“坚持社会管理创新，推动“三项重点”工作，切实维护社会稳定”这一工作任务，着力加强和完善基层综治维稳制度建设和工作创新发展，促进基层综治维稳工作制度化、规范化建设，重点推进五个机制建设，实现“在社会稳定上确保人人都有安全感，不给上级添麻烦”的工作目标：一是建立和完善基层综治维稳工作保障机制；二是加快推进基层社会稳定风险评估机制建设；三是加快推进基层舆情汇集分析研判机制建设；四是建立健全巡视督查制度；五是加快推进基层综治维稳工作考核激励和责任追究机制建设。切实强化三个方面的工作：一是强化乡镇以及村（社区）综治维稳机构的组织协调功能；二是强化基层综治维稳网络建设；三是强化基层创建活动。在创建省级平安先进县活动中，确保全县7个乡镇以及72个村（社区）平安创建率达到100%，“平安单位”、“平安行业”、“平安企业”、“平安医院”“平安学校”“平安家庭”等层面的平安创建覆盖率达95%以上；在保证如实立案的同时，加大侦破力度，当年刑事案件破案数超过近3年的平均破案率，其中杀人案件的破案率达到85%以上，力争实现命案九年全破；治安案件查处率达到95%以上；辖区实有吸毒人员总数逐年减少。当年刑事案件起诉率、审限内结

案率高于近3年的平均值；刑释人员和解教人员重新犯罪率低于5%和3%；人民群众的安全感明显增强，对社会治安的满意率达到90%以上，确保新一轮平安县创建活动取得新成效。

二、主要工作措施及责任分解

创建省级平安先进县，打造和谐的社会环境，是促进江川经济社会又好又快发展的重要保障。各级党委、政府必须从维护改革发展稳定大局的高度，切实抓好创建省级平安先进县工作，努力推进平安江川建设。

(一)深入推进社会矛盾纠纷排查，切实预防和减少社会矛盾，依法妥善处置群体性事件。

一是完善社会矛盾大排查网络，村(社区)每周、乡镇每半月、县每月集中排查化解矛盾纠纷和不稳定因素，定期分析和及时解决本地区不稳定的突出问题。二是进一步健全社会稳定风险评估机制和社会稳定预警机制，切实解决影响社会和谐稳定的源头性、根本性、基础性问题。三是建立矛盾纠纷“大调解”工作格局，加强乡镇综治维稳信访中心规范化建设，有效整合基层综治维稳资源，健全矛盾纠纷预防、排查、化解工作机制，把人民调解、行政调解、司法调解有机地结合起来，综合运用法律、政策、经济、行政等手段，规范排查研判、接待受理、分类指导、协调调处以及检查督办等各项工作制度，完善多渠道解决争端的工作机制。加强人民调解队伍建设，真正发挥好人民调解工作在矛盾纠纷排查调处中的主渠道作用和维护基层社会稳定中的第一道防线作用。四是完善信访工作机制，建立理性、有序、合法的信访秩序，维护信访者的合法权益；健全完善特殊疑难信访问题专项资金制度，切实化解一批积重难返、久拖不决、重复上访，难以划分责任主体的特殊疑难信访问题；坚持领导干部接访下访制度，畅通人民群众诉求渠道，切实提高来信来访的办结率、息诉率和群众满意率，有效减少重复上访、越级上访和集体上访。五是建立医患纠纷第三方调处机制，加强对患者投诉处理的规范和监管工作，化解医疗风险，构建和谐医患关系。六是制定实施好“六五普法”规划，引导群众依法表达诉求，共同维护社会和谐稳定。七是建立健全统一指挥、反应灵敏、协调有序、功能齐全、运转高效的应急处置机制，依法妥善处置各类群体性事件。

责任领导：县委常委、县委政法委书记张跃伟，县政府副县长、县公安局长师文

责任单位：县综治维稳委、县公安局、县司法局、县信访局、各乡镇综治维稳委

(二)强化社会服务管理创新，全面加强社会服务管理工作。

一是认真贯彻落实县委办、县政府办《关于加强流动人口服务和管理的实施意见》(江办发〔2009〕105号)，健全完善组织网络、制度体系、工作机制和保障机制；着力解决管理滞后问题，全面提升流动人口服务和管理工作水平，切实保障流动人口的合法权益；进一步增强预防、控制和打击流动人口违法犯罪的能力，有效遏制流动人口违法犯罪的高发势头。二是突出抓好涉稳、涉恐、涉毒、刑释解教、精神病人、“法轮功”重点上访人员“七类特殊人群”的管控。三是抓好社区矫正工作，开展乡镇、村、组全面排查，做到底子清，情况明，杜绝脱管、漏管，强化衔接管控。四是推进刑释解教人员管理创新，切实做好刑释解教人员的衔接和管控，防止脱管、漏管。五是做好预防青少年犯罪工作。六是强化重点行业管理，进一步加强对旅店、出租房屋、机动车修理、二手旧货市场、典当行、出租行业等场所的管控，确保对违法犯罪活动发现得了、控制得住、查处及时。七是加强‘两新组织’、新兴媒体管理，强化对网上有害信息监控制，依法查处利用互联网进行的违法犯罪活动，严厉打击网上色情活动。

责任领导：县政府副县长、县公安局长师文

责任单位：县综治维稳办、县公安局、县司法局、县文化旅游广电和体育局、县民政局、各乡镇综治维稳委

(三)建立健全“严打”经常性工作体系，依法严厉打击严重刑事犯罪。

坚决遏制刑事案件高发势头，确保治安大局平稳。依法严厉打击涉黑涉恶犯罪、严重暴力犯罪、严重经济犯罪、毒品犯罪，严密防范重大恶性刑事案件的发生，严厉打击和控制抢劫、抢夺、盗窃等多发性侵财犯罪，提升群众安全感。以校园周边治安环境排查整治和突出治安问题和治安混乱地区整治为重点，定期或适时开展排查整治专项行动。重视并解决群众反映强烈的“两抢一盗”、“黄赌毒”“黑网吧”、网络诈骗、信用卡诈骗等治安热点问题，提升群众对治安的满意度。

责任领导：县委常委、县委政法委书记张跃伟，县政府副县长、县公安局长师文

责任单位：县综治维稳办、县公安局、县检察院、县法院

(四)建立健全情报信息工作体系，切实维护国家安全和全县社会政治稳定。

强化政权意识，树立执政理念，充分依靠群众，认真研究敌对势力针对我县进行渗透破坏活动的新情况、新动向。切实加强隐蔽斗争和国家安全人民防线建设，进一步加强情报信息工作，完善情报信息收集、传递、反馈、上报制度，建立健全情报信息防范预警机制，完善情报信息工作责任，牢牢掌握斗争主动权，加大社情民意动态情况的掌握。把工作重点放在以“防插手、防激化、防渗透、防恐怖”等方面。严密防范和严厉打击“三股势力”、“藏独”分子、“法抡功”等邪教组织的渗透破坏活动。对各类事件要做到早发现、早研究、早控制、早处置，防止事态扩大蔓延。

责任领导：县委常委、县委政法委书记张跃伟，县政府副县长、县公安局长师文

责任单位：县综治维稳委、县公安局、县610办、各乡镇综治维稳委

（五）建立健全禁毒人民战争工作体系，全力推进新一轮禁毒人民战争。

健全完善政府统一领导，有关部门各司其职，各负其责，社会广泛参与的工作机制。进一步深化“无毒县”、“无毒乡镇”、“无毒村（社区）”、“无毒学校”等创建活动，挤压毒品违法犯罪空间，确保圆满完成新一轮禁毒人民战争的各项目标任务。着力在加强组织领导、广泛发动群众上下功夫；着力在健全制度、完善机制上下功夫；着力在强化措施、落实责任上下功夫，坚定不移地深入推进禁毒斗争，巩固“无毒县”成果。

责任领导：县政府副县长、县公安局长师文

责任单位：县禁毒委、各乡镇综治维稳委

（六）建立健全社会治安防控体系，大力推进社会治安防范工作。

形成以政法职能部门为骨干、基层各种群防群治力量为依托、社会面治安防范为重点、科技手段为支撑、多警联动，专群结合，灵活多样的治安防范工作格局。着力推进农村院落防范、城镇社会管控、机关单位守控、公共场所监控、边际部位联防联控的治安防控新模式。有效挖掘治安防控人力、物力、财力资源，逐步形成城乡一体化、全面覆盖、反应灵敏、实战高效的治安防控新格局。大力推进技防建设，推进“全球锁”技防试点，全面建立和完善县城主要街道、路口、大型商场和公共复杂场所、重点要害部位和单位的技防设施建设，逐步抽一般单位、社区、村庄、企业推广和延伸，扩大技防覆盖面，全面提升科技防控的整体水平。

责任领导：县委常委、政法委书记张跃伟，县政府副县长、县公安局长师文

责任单位：县综治维稳委、县委办、县政府办、县公安局、县财政局、各乡镇综治维稳委

（七）建立健全公共应急救援机制，全面提高应对突发事件的能力。

制定和完善自然灾害、事故灾害、公共卫生事件和社会安全事故等突发公共事件处置应急预案，构建统一指挥、反应灵敏、协调有序、运转高效、保障有力的应急救援体系，全面提高应对突发事件的能力。建立完善安全生产监管体系，加强安全生产信息、技术装备、宣传教育、培训等体系建设，把安全生产的各项要求和措施落实到生产经营的每个环节。深入开展道路交通安全和消防安全专项整治，全面排查、整改事故隐患，最大限度地减少群死群伤道路交通事故和恶性火灾事故的发生，坚决防止影响社会稳定的灾害事故发生。

责任领导：政府副县长、公安局长师文

责任单位：县政府办、县公安局、县安监局、县卫生局、各乡镇综治维稳委

（八）建立健全基层基础工作网络体系，切实加强基层综治维稳规范化建设。

进一步理顺和健全县、乡镇、村（社区）、组四级综治维稳组织，突出基层综治维稳组织的制度化、规范化建设。一是按照构建“大调解”工作体系要求，重点加强乡镇综治维稳信访中心规范化建设，有效整基层综治维稳资源，做到机制、人员、工作“三统一”，健全完善社会矛盾纠纷统一受理、咨询、分流、调处、督办、报结的大调解工作机制，使基层矛盾纠纷的排查、预防、接访、调解、处理有效衔接，做到优势互补，构成一道严密防线，及时排查并化解各类矛盾纠纷，确保矛盾纠纷不升级、不激化。着力控制各类突发性事件苗头，杜绝群体性事件、群众纠纷械斗、越级上访、群体上访、重特大“民转刑”案件的发生，切实做到小矛盾不出村（社区），大矛盾不出乡镇，各类矛盾不上交。二是加强基层综治维稳干部的法律教育和业务培训，进一步提高基层综治维稳干部的工作创新能力、群众工作能力、正确处理化解矛盾能力。积极探索和建立以基层党组织为核心、村民自治组织为基础、政法和综治维稳组织为骨干的社会治安综合治理工作网络，筑牢维护社会治安和社会稳定的第一道防线。三是建立和完善基层综治维稳责任考评体系，确保综治维稳和平安建设工作的各项措施得到全面落实。要以“平安乡镇”、“平安村（社区）”、“平安单位”、“平安家庭”等基层平安创建活动为载体，全面夯实基层流动人口服务管理、预防青少年违法犯罪、刑释解教人员安置帮教、社区矫正、学校及其周边治安整治等社会治安综合治理基层工作，确保综治维稳各项基础工作在基层的落实。

责任领导：县委常委、组织部长林清，县委常委、政法委书记张跃伟

责任单位：县委组织部、县人力资源和社会保障局、县财政局、县综治维委、各乡镇综治维稳委

（九）建立健全社会火灾防控体系，全力营造良好的消防安全环境。

各乡镇、各部门要坚持“防消结合”的方针，全面提升火灾防控能力，最大限度地减少群死群伤恶性火灾的事件发生，坚决防止影响社会稳定重大火灾事故的发生。一是加强公共消防设施和多种形式的消防队伍建设，县城、重点镇完成消防规划编制，城区公共消防设施（消火栓、消防站）达到国家标准要求。二是强化农村和社区消防工作，将消防工作纳入社会主义新农村建设和社区、农村社会治安综合治理防控体系建设。三是加强消防安全重点单位的消防设施维护保养，对消防重点单位要实施远程监控。四是强化消防宣传教育培训，适时开展消防安全宣传教育活动。五是强化火灾预防和重大火灾隐患整改，部署开展消防安全专项治理，对本地区重大火灾隐患实行挂牌督办。

责任领导：县政府副县长、公安局长师文

责任单位：县政府办、县公安消防大队、各乡镇综治

维稳委

(十)建立健全科学的综治维稳工作政绩考核奖惩体系，确保各项综治维稳工作措施和责任的落实。

按照“党委、政府统一领导，政法委、综治维稳委组织协调，各有关部门齐抓共管，全社会整体联动，广大群众积极参与”的工作要求，切实把综治维稳工作纳入经济社会发展的总体规划，统筹考虑，统一研究部署。各级党委、政府对综治维稳工作负总责，党政主要领导是综治维稳的第一责任人，分管领导是直接责任人，班子其他成员按照各自职责承担分管范围内的综治维稳责任。认真落实综治维稳工作领导责任制、目标管理责任制和“一票否决制”等各项制度，推动综治维稳工作的全面落实。各级综治维稳委要发挥好参谋助手作用，认真履行组织、指挥、协调、监督职责，推动综治维稳工作的落实。综治维稳委各成员单位要根据职能责任，按照“谁主管，谁负责”的原则，切实承担起共同维护社会治安和社会稳定的责任。坚持检查督查制度，定期对综治维稳工作的开展情况，上级精神的落实情况，人民群众关心的社会治安、社会稳定热点问题的解决情况等进行巡查督查。落实领导干部维护社会治安和社会稳定政绩考核制度，把各级党政领导干部抓综治维稳工作和争创平安先进县的成效，纳入党政领导干部政绩考核的主要内容，并把考核结果作为晋级和奖惩的重要依据，年底通过省考核验收后对成绩突出的单位和个人给予表彰奖励。对工作不负责任、治安问题突出、整治效果不佳的乡镇和单位，进行“黄牌”警告，并责令整改。对群众反映强烈的治安热点等综治维稳问题处置不力的单位和个人，按照行政问责制、服务承诺制、首问责任制、限时办结制四项制度的规定，进行责任追究。要大力倡导见义勇为，弘扬社会正气，广泛动员人民群众积极参与综治维稳工作，建立健全群防群治网络和激励保障机制，形成全民动员、人人参与的工作局面。

责任领导：县委常委、组织部长林清，县委常委、纪委书记郭永生，县委常委、政法委书记张跃伟

责任单位：县委办、县人大、县政府办、县政协、县纪委、县委组织部、县监察局、县人力资源和社会保障局、县综治维稳委

三、健全组织，加强领导

(一)建立专门工作领导小组，加强组织领导

创建省级平安先进县活动由各级党委和政府统一组织实施。各级党委和政府要提高认识，加强领导，把平安建设纳入本地经济社会发展总体规化。各级党政主要领导是平安建设的第一责任人，分管领导是直接责任人，其他领导承担所分管工作范围内的平安建设责任。各级党政主要领导要切实把平安建设作为“一把手工程”来抓，严格履行确保一方平安、维护一方稳定的政治责任，定期研究本地区平安建设工作，解决平安建设中的突出问题，推动平安建设深入开展。县委、县政府决定成立创建平安先进县活动领导小组，组长由县委书记张延明同志担任；副组长由县委副书记、县长葛勇，县委常委、政法委书记张跃伟，县人大副主任杨本忠，副县长、县公安局局长师文，县政协副主席刘跃宁，县委政法委副书记赵华同志担任；成员由县综治维稳委成员组成。领导小组办公室设在县委政法委，办公室主任由赵华同志兼任，办公室成员分别从县政法各部门和县综治维稳办抽调。分别成立“平安家庭”、“平安医院”、“平安文化市场”、“平安市场”、“平安旅游”、“平安校园”、“平安出行”、“平安边界”等行业系统领导小组。各乡镇、各单位也要成立相应的创建平安先进乡镇(单位)领导小组及其办公室，加强对本乡镇、本单位创建工作的领导。并结合各自行业、部门特点，制定切实可行方案，认真组织实施。

(二)完善措施，加强保障。

各级党委、政府要加强政法综治维稳部门的基础设施建设和装备建设，并纳入当地经济社会发展规划，政法机关执法办案经费、干警工资福利待遇和综治维稳各项专门工作经费要列入财政预算，切实予以保障，并随工作需要和经济发展逐步增加投入。认真贯彻落实好省委云发〔2007〕3号文件精神，严格按照中共玉溪市委、玉溪市人民政府(玉发〔2008〕4号)和玉溪市财政局、中共玉溪市委政法委“玉财行〔2010〕27号”文件精神，县级人均不低于2元的标准、乡(镇)级人均不低于1元的标准，全部纳入年度财政预算。认真落实“以案定补”经费和治保主任人均每月60元的补助经费。积极探索市场经济体制下治安防范社会化、产业化、市场化的办法和途径，引入市场机制，按照“取之于民、用之于民”和“谁受益，谁出资”的原则，大力发展保安服务行业，动员保险公司积极参与，鼓励治安承包，多方筹集群防群治工作经费，为平安创建工作提供充足的资金保障。

(三)科学谋划，精心组织。

创建省级平安先进县活动涉及范围广、工作内容细、目标要求高、考核标准严，各级各部门要围绕建设平安和谐江川，实现富民、强县两大目标和小事不出村、大事不出乡镇、难事不出县的总体要求，解放思想，大胆创新，科学谋划，精心组织平安建设。各级领导，特别是县综治维稳委成员单位的领导，认真履行工作职责，深入一线，调查研究，分类指导，推广典型，推进乡镇工作的整体发展。从理论和实践的结合上积极探索，不断深化平安和谐江川建设的新思路、新方法、新途径，帮助基层解决实际困难，出台一些针对性和指导性强、科学合理、长期管用的工作规范性政策，解决好影响和制约平安江川建设深入发展的体制性障碍、机制性束缚和保障性困扰，促进平安和谐江川建设的制度化、规范化。

(四)健全机制，强化考评。

我县将根据《云南省先进平安县(市、区)考核办法》，结合《玉溪市社会治安综合治理目标管理责任书》和《江川县创建平安先进县和综治维稳目标管理责任书》，进一步建立

健全平安江川考评奖励机制，将创建平安先进乡镇的考核指标内容，按照分值比例分解到相关的县综治维稳成员单位，并与一年一度开展的综治维稳目标责任考核一并对口进行考核。先进平安乡镇的分值占综治考核的30%，考核统计数据截止至当年的11月20日。12月10日前，由县综治维稳委通过严格审核后，依次排出综治目标考核名次，优秀和先进乡镇（单位），下年度在全县政法工作会议上进行表彰。

组织、人事部门要将争创省级平安先进县工作列入干部任期目标，考核结果作为衡量干部政绩、晋职、晋级和奖励惩罚的重要依据。

中共江川县委办公室　江川县人民政府办公室 关于印发《江川县创新流动人口服务管理机制推进流动人口基本公共服务均等化试点工作实施方案》的通知

各乡镇党委、政府，县委和县级国家机关各部、委、办、局，各人民团体和企事业单位，中央、省、市驻江单位：

《江川县创新流动人口服务管理机制推进流动人口基本公共服务均等化试点工作实施方案》已经县委、政府同意，现印发给你们，请认真贯彻落实。

中共江川县委办公室
江川县人民政府办公室
2011年3月16日

江川县创新流动人口服务管理机制推进流动人口基本公共服务均等化试点工作实施方案

根据中央社会治安综合治理委员会办公室、国家人口和计划生育委员会、财政部、人力资源和社会保障部《关于创新流动人口服务管理体制推进流动人口基本公共服务均等化试点工作的指导意见》和《中共玉溪市委办公室玉溪市人民政府办公室印发〈关于创新流动人口服务管理机制推进流动人口基本公共服务均等化试点工作方案〉的通知》（玉办发〔2011〕7号）精神，按照《云南省流动人口服务和管理暂行办法》（云政办发〔2010〕218号）和《玉溪市流动人口服务管理的实施意见》（玉办发〔2009〕81号）有关要求，结合江川实际，制定本实施方案。

一、指导思想、基本原则和工作目标

（一）指导思想。以科学发展观为指导，按照统筹解决人口问题，维护社会公平、构建和谐社会的要求，坚持“公平对待、服务至上、合理引导、完善管理”的方针，以创新流动人口服务管理体制为重点，统筹规划，分步实施，系统推进，建立健全流动人口基本公共服务运行机制，落实流动人口市民化待遇，满足流动人口公共服务多样化需求，切实保障流动人口的基本权利，促进人口与经济社会的协调和可持续发展。

（二）工作目标。通过有序推进和逐步深化，到2012年，全县初步建立流动人口服务管理运行机制，实现流动人口基本公共服务全覆盖，推进流动人口市民化进程，使流动人口与当地户籍人口基本公共服务差距明显缩小；到2015年，全县建立覆盖城乡、功能完善、分布合理、服务均等、管理有效的流动人口基本公共服务管理体系，实现流动人口与当地城乡居民享有同等的基本公共服务。

（三）基本原则。1.以人为本，公平对待。以加快流动人口市民化进程为核心，以维护流动人口合法权益为出发点和

落脚点，坚持人本管理理念，不断满足流动人口对社会基本公共服务均等化的需求。2. 重点突破，整体推进。重点加强流动人口相对集中乡镇的流动人口服务管理机制创新工作，总结成功经验，指导其它乡镇整体推进。3. 部门协调，统筹服务。统筹协调各有关部门优势，整合社会资源，建立流动人口综合服务网络，推进流动人口基本公共服务均等化。

二、主要任务

(一) 落实党政主导，全面推进流动人口服务管理“一盘棋”。由社会治安综合治理委员会办公室牵头，成立流动人口综合服务管理站，各乡镇、县属各有关单位要树立流动人口服务管理工作“一盘棋”观念，统筹流动人口服务管理与当地经济社会发展，统筹满足流动人口基本公共服务需求与本地户籍人口的需求。县、乡两级要成立创新流动人口服务管理机制推进流动人口基本公共服务均等化试点工作领导机构，明确人员、经费和检查考核等任务目标职责，及时解决工作中出现的问题，确保工作落实到位。要建立和完善联席会议制度，加强部门间的政策衔接，整合部门管理和信息资源，建立“党政领导、综治牵头、部门齐抓共管、社会广泛参与”的“一盘棋”机制，形成步调一致、相互配合、共同推进的流动人口基本公共服务管理格局。

(二) 落实《流动人口居住证》管理制度，全面推进流动人口登记工作。各乡镇、各有关单位要认真贯彻落实《云南省流动人口服务和管理暂行办法》(云政办发〔2010〕218号)、《玉溪市流动人口服务和管理实施意见》(玉办发〔2009〕81号)和《江川县流动人口服务和管理实施意见》(江办发〔2009〕105号)精神，树立以人为本的思想，以《流动人口居住证》代替《流动人口暂住证》，并规范《流动人口居住证》登记管理工作。加快依托乡镇综治维稳信访中心成立流动人口综合服务管理站推进工作，推行“一站式”管理和“一证式”服务；综治维稳、公安、人口计生、城建、社会保障等有关部门要做好进站工作，对流入我县的人口进行全面系统的登记和管理，以管理促进服务，以服务优化管理。各乡镇必须于2011年9月底前完成流动人口综合服务管理站规范化建设，实现流动人口服务管理社会化、窗口化、规范化。

(三) 落实部门职责，全面推进流动人口基本公共服务体系建设。县流动人口服务管理工作领导小组成员单位在年度工作计划中要统筹考虑流动人口对本部门公共服务的需求，完善流动人口管理机构和服务网络，根据部门职责，结合自身行业特点，加强服务管理能力建设，创新服务管理机制，优化和改进服务管理条件，落实流动人口市民化待遇，实现流动人口服务管理均等化。公安部门要切实做好对现有流动人口《居住证》的变更和发放工作，并对新流入的流动人口进行登记管理；同时加强对出租房屋的治安检查，为流动人口办理《居住证》提供便利条件。教育部门要本着就近方便的原则，切实保障流动人口子女与本县户籍学生享有同等待遇，实现流动人口学生与户籍地学生教育协调发展。卫生部门要不断完善医疗保障体系建设，加强卫生服务，通过向流动人口提供传染病防治、计划免疫、孕产妇及儿童保健服务和管理，增加普惠性、可及性，有重点、分年度做好流动人口基本公共卫生服务均等化工作。人口和计划生育部门要针对流动人口计划生育呈现的新特点，扎实开展流动人口计划生育服务管理工作，实现计划生育优质服务均等化。劳动和社会保障部门要加大流动人口职业信息介绍和就业培训工作，积极探索流动人口社会保障服务均等化途径。民政部门要对城市生活无着落的流浪乞讨人员和流浪未成年人开展救助保护工作。司法部门要将流动人口法制宣传工作纳入“六五”普法工作内容，为流动人口提供法律援助。城建部门要加强房屋租赁管理，做好流动人口租用房屋登记管理。工商行政部门要做好流动人口从事生产、经营活动注册登记工作，保护流动人口的合法生产和经营活动。工会、共青团、妇联等人民团体要按照各自的职能，协助有关部门开展流动人口服务和管理工作。

(四) 落实劳务用工和房屋出租户主体责任，全面推进流动人口工作居住合同化管理。实行劳务用工和房屋出租责任制，劳务用工单位和房屋出租户要与乡镇或村委会签定《劳务用工社会责任承诺书》和《房屋出租社会责任承诺书》，确保签定率达95%以上。劳务用工单位和房屋出租户要与流动人口签定《用工协议》和《租房协议》，形成“以证管人、以房管人、以业管人、责任共担、协调运转”的良好局面。

(五) 落实维权监督，全面保障流动人口合法权益。各有关部门要建立健全流动人口维权机制，畅通流动人口诉求渠道，严肃查处流动人口侵权案件，切实维护流动人口的各项合法权益。乡镇流动人口综合服务管理站要公开办事程序，明确服务项目，设立维权监督岗，公布维权监督电话，为流动人口提供法律援助和社会救助，确保流动人口平等享有市民化民主政治权利，增强流动人口的认同感和归属感。

(六) 落实信息管理制度，全面推进人口综合服务信息系统建设。各乡镇、各有关部门要做好信息系统运用和数据对接工作，统筹做好人口信息采集布点和队伍配备工作，实现人口信息“全面采集、统一管理、互联互通、共享共用”。要切实利用好信息系统资源，开展流动人口变动趋势预警监测和综合分析，为江川经济社会发展提供参考和依据。

三、保障措施

(一) 强化组织领导。成立由县委政法委书记任组长，县政府分管副县长任副组长，原县流动人口服务管理工作领导小组各成员单位为成员的创新流动人口服务管理机制推进流动人口基本公共服务均等化试点工作协调领导小组。领导小组下设办公室在县人口计生局，由罗玉华同志兼任办公室主任，负责推进各项试点工作。各乡镇、各成员单位要结合各自实际，成立相应的工作机构，落实专人负责，分解目标任务，周密安排部署，精心组织实施，加强协调配合，确保共同推进。

（二）强化经费保障。为更好地开展流动人口基本公共服务管理试点工作，县财政要按照玉溪市《关于创新流动人口服务管理体制推进流动人口基本公共服务均等化试点工作方案》的通知要求，足额配备经费，并将经费列入年初财政预算。经费由县流动人口服务管理试点工作领导小组办公室统一分配使用，主要用于宣传发动、免费项目补助、信息采集开发和考核评估。各成员单位要根据工作情况和工作内容，多方面争取资金。

（三）强化队伍建设。各乡镇、各成员单位要确保有专人负责此项工作，构建"横向到边，纵向到底"的服务管理格局。要加强培训工作，建立一支服务意识强、业务素质高、操作技能好的流动人口服务管理工作队伍，为推进流动人口服务管理提供人力保障。

（四）强化考核评估。建立健全流动人口基本公共服务均等化考核评估体系，实行责任目标管理。年初由县人民政府与各乡镇人民政府、各成员单位签定目标管理责任书，年底由工作协调领导小组组织考核。对责任不到位、任务完不成、问题较突出的乡镇和部门，由县政府对其主要领导和分管领导进行行政问责，并实行"一票否决"。被否决的单位不得参加当年评先评优，主要领导和分管领导不得晋升职务，不得评为优秀公务员和优秀共产党员。

（五）强化报告制度。各乡镇、各成员单位必须于每年1月20日和12月15日前将工作计划和工作总结报县协调领导小组办公室。试点工作方案于2011年3月15日前上报。

四、实施步骤

（一）动员部署阶段（2010年10月－2011年3月）。召开全县试点工作启动会议，统一思想，明确任务，签定目标责任书。各乡镇、各成员单位要根据县委、政府的安排，认真分解落实目标任务，制定工作方案。

（二）全面实施阶段（2011年4月－2012年12月）。2011年大街镇、江城镇、前卫镇率先试点。2012年其余各乡镇全面推进。各乡镇、各成员单位要认真对照实施方案全面推进试点工作，完成既定任务。

（三）巩固提高阶段（2013～2015年）。各乡镇、各成员单位全面完成试点工作目标任务，进一步提升流动人口服务管理水平。召开总结表彰大会，对工作成效显著的乡镇和部门进行表彰奖励。

中共江川县委办公室　江川县人民政府办公室关于印发江川县推行农村集体资金资产资源委托代理服务实施方案的通知

各乡镇党委、政府，大街街道党工委、办事处，县委和县级国家机关各部、委、办、局，各人民团体和企事业单位：

《江川县推行农村集体资金资产资源委托代理服务实施方案》已经县委、政府同意，现印发给你们，请遵照执行。

中共江川县委办公室

江川县人民政府办公室

2011年6月15日

江川县推行农村集体资金资产资源委托代理服务实施方案

为加强农村集体经济组织资金、资产、资源（以下简称"三资"）的管理和监督，稳定和完善农村基层基本经营制度，维护农村集体经济组织及农民群众合法权益，深入推进农村党风廉政建设，按照《中共玉溪市委办公室 玉溪市人民政府办公室关于加强全市农村集体资金资产资源管理和监督的意见》（玉办发[2011]15号）文件的要求，结合江川实际，制定

本方案。

一、指导思想

以邓小平理论和“三个代表”重要思想为指导，深入贯彻落实科学发展观，充分认识加强“三资”管理的重要意义，按照党的十七届三中全会提出的“健全农村集体资金、资产、资源管理制度，做到用制度管权、管事、管人”的要求，建立产权明晰、权责明确、经营高效、管理民主、监督到位的“三资”管理体制和运行机制，实现“三资”管理专业化、制度化、规范化和民主化，促进农村集体经济发展和农民增收。

二、工作目标

(一)以村级会计委托代理服务为基础，建立“三资”委托代理服务机构，为村集体经济组织的“三资”管理提供委托代理服务。

(二)健全“三资”台账及合同台账，以网络为载体，建立“三资”委托代理服务监管平台，实现“三资”管理信息共享。

(三)健全“三资”管理制度，促进“三资”管理制度化和民主化。

(四)以财务公开专栏为载体，全面推行“三资”管理信息公开，确保广大群众对“三资”管理的知情权和监督权。

三、工作原则

“三资”管理要充分体现农民群众的主体地位，切实维护农民的权益，工作中必须坚持以下原则：

(一)民主公开原则。“三资”必须坚持民主化的管理原则，充分体现民主决策、民主管理和民主监督，保证群众的参与权。要健全“三资”管理公开制度，保证广大群众对“三资”占有、使用、收益和分配的知情权和监督权。

(二)“四权”不变原则。推行“三资”委托代理服务，必须保证村集体经济组织对“三资”的所有权、使用权、审批权和收益权不变，任何单位和个人不得以任何借口和形式非法侵占、平调、挪用、拆借集体经济组织资金、资产和资源。

(三)群众受益原则。要把服务群众、服务基层、服务农村经济发展作为推行“三资”委托代理服务的出发点和落脚点，采取高效的管理方式，节本增效，确保“三资”安全和保值增值，让农民群众随着集体经济发展壮大得到更多实惠。

(四)依法代理原则。要严格遵守《中华人民共和国村民委员会组织法》等有关法律法规，在村民自愿的基础上，推行“三资”委托代理服务，代理机构要与村集体经济组织签定书面委托代理协议，明确双方的权利、义务和责任。

(五)管理规范原则。要健全并落实各项管理制度，实行统一的“三资”管理方式，形成高效的管理体制和运行机制。

四、工作重点

(一)清产核资，摸清存量。清产核资是推行“三资”委托代理服务的重要基础，集体经济组织要按照要求，全面清理、核实集体“三资”的总量、结构、分布和经营使用情况，建立“三资”台账，经村集体经济组织和民主理财小组确认后，进行张榜公示，接受群众监督，根据群众反映，查缺补漏，及时更正台账，确保台账数据全面、真实、准确。要根据“三资”台账及时调整账目，保证账账、账证、账实、账表相符。对有物无账的资产，要重新估价登记，统一纳入账内核算。对权属不明、存在争议的资产，先清查登记，待权属明了后再作调整。

(二)建章立制。制度建设是建立“三资”管理长效机制的重要保障，为保证“三资”委托代理服务长期规范运作，各乡镇、街道要结合“三资”特点及日常管理中存在的问题制定专门的管理制度，特别是对群众意见比较大、容易造成集体“三资”损失的环节，要进行严格规范，保证“三资”委托代理服务有章可行。内容应包括：“三资”登记制度；货币资金管理制度；资产发包、租赁、出让制度；资产购建及报废制度；资产经营制度；资源发包、租赁、出让制度；“三资”合同登记备案制度；土地收益金专项管理制度；公开协商及招标制度；“三资”信息公开制度；民主决策和民主监督制度等。

(三)清查“三资”合同，建立“三资”合同台账。要对村集体经济组织历年来在“三资”管理中签定的、正在合同期内的各项合同逐一进行清查登记，建立“三资”合同台账。清查中在未发现违反政策法规和显失公正的情况下，原则上尊重历史，对没有签定合同但已形成事实，且真实、符合管理规定的，要按规定补签登记，对有争议、不真实、违反法律制度或显失公正的，要依法予以变更、撤销或解除，合规后进行登记。

(四)根据“三资”台账及“三资”合同台账，依据网络载体，建立“三资”委托代理服务监管平台，实现“三资”管理信息公开和信息共享。

(五)健全机构，充实人员。健全机构，充实人员是推行“三资”委托代理服务的前提，各乡镇、街道要加强领导，依托农经中心成立农村集体“三资”委托代理服务中心，履行农村集体“三资”委托代理服务职能。乡镇、街道农经中心与“三资”委托代理服务中心实行两块牌子、一套人员的工作机制，乡镇、街道农经中心要增挂“×××乡镇(街道办事处)农村集体资金资产资源委托代理服务中心”的牌子。针对目前基层农经干部队伍人员少的实际，各乡镇、街道要统筹安排，充实农经干部队伍，确保农村集体“三资”委托代理及村级会计委托代理专职人员不低于6人。

五、工作步骤

推行农村集体“三资”委托代理服务从2011年5月开始启动，到年底前基本结束，具体分四个步骤：

(一)宣传发动阶段(2011年5月15～20日)。

主要任务：召开动员大会，组织学习上级有关文件及会议精神，利用广播、电视等媒体，广泛宣传推行“三资”委托代理服务的重要意义，营造浓厚的社会舆论氛围。

(二)全面实施阶段(2011年5月21～7月31日)。

主要任务：各乡镇、街道要加强领导，及时成立“三资”

委托代理服务机构，充实工作人员。

村组要抽调业务骨干人员，根据“三资”清理核实登记表及合同台账的要求，通过走访座谈、实地测量、查阅资料、召开会议等形式，对集体所有的土地、林地、荒山、荒地、空地、矿山、道路、水面、滩涂、水利设施等资源如实进行调查，对集体所有的房屋、设备等账内账外资产进行盘点，对债权进行逐笔核实，对合同进行全面筛查，对集体企业资产及经营情况进行调查，详细填写“三资”清理核实登记表，建立合同台账。

清查结果经村民代表会议及民主理财小组审核通过，并向群众公示，然后由集体向“三资”委托代理服务机构提交书面委托代理申请，签定委托代理协议，全面实施“三资”委托代理。

(三)建立信息化网络监管系统阶段(2011年8月1～11月30日)

主要任务：由“三资”委托代理服务机构负责，应用现代网络信息技术，借助市级农村集体“三资”委托代理服务监督平台，把村(居)委会、村(居)民小组建立的“三资”台账和合同台账信息，逐项录入微机，建立农村集体“三资”数据信息库，对农村集体“三资”实行动态联网管理。

有条件的村(居)委会可设置电子触摸屏，供村民查询。

“三资”委托代理服务机构以代理服务对象为单位，做好“三资”信息资料的收集、整理、归档，建立系统、规范、安全的“三资”档案。

(四)检查验收阶段(2011年12月15～31日)

主要任务：按照玉办发〔2011〕15号文件精神，乡镇、街道农村集体“三资”委托代理服务机构建设运行标准是“七有一化”，即有领导机构、有代理服务中心、有“三资”台账、有健全的制度、有规范的流程、有查询系统、有人员及经费保障、实行电算化管理。县领导小组将派检查组，按照以上标准对各乡镇、街道的实施情况进行检查，经验收合格的，县财政将采取以奖代补方式给予1～3万元的补助。对工作不力，没有按要求完成任务的，将依据管理权限追究相关责任人的责任。

六、保障措施

县委将把推行农村集体“三资”委托代理服务纳入党风廉政建设责任制和行政效能建设年度考核内容，各乡镇、街道党委政府要统一思想，高度重视，认真组织实施。

由县纪委牵头，成立江川县推行农村集体“三资”委托代理服务工作领导小组，负责领导、指挥、督促全县的农村集体“三资”委托代理服务工作，成员单位由监察、农业、财政、审计、林业、水利、交通、国土资源等部门组成，领导小组下设办公室在县农业局。

各乡镇、街道也要成立相应的领导机构，负责组织实施本辖区的农村集体“三资”委托代理服务工作，多方筹措资金，保证“三资”委托代理服务正常运转。

中共江川县委办公室　江川县人民政府办公室 关于实施农村环境卫生整治工作的通知

各乡镇党委、政府，大街街道党工委、办事处，县委和县级国家机关各部、委、办、局，各人民团体和企事业单位：

为深入贯彻落实“生态立县”战略，扎实推进环境优美、特色突出、经济繁荣、社会和谐、适宜居住的高原湖泊生态县、现代宜居高原湖泊生态城和国际高原湖泊生态休闲度假旅游目的地建设，全面落实生态文明建设试点工作，不断优化农村生态环境，加快社会主义新农村建设步伐，加快城乡一体化进程，最大限度减少农村垃圾污染，经研究，决定在全县范围内长期开展农村环境卫生整治工作，并推行重点村部门包村工作制度。现将有关事项通知如下：

一、指导思想

深入贯彻落实科学发展观，坚持“生态立县”战略，以优化农村生态环境为出发点，以思想教育、示范引导、村民自我管理为切入点，以“两湖”的保护治理为重点，按照“部门包村、乡镇村组负责、全民参与”的方针和“因地制宜、重点整治”的原则，建立健全农村环境卫生长效管理机制，动员农村广大干部群众和社会各界积极行动起来，协调推进新农村建设，整治村容村貌，改变脏乱差现象，努力构建环境优美、适宜居住的农村生产生活环境。

二、目标任务

通过各级各部门和广大干部群众的共同努力，基本解决全县农村尤其是沿湖农村“脏、乱、差”问题，使农民环

境卫生素质明显提高，农业废弃物和畜禽粪便得到综合利用，农村环境卫生明显改善，环境卫生长效管理机制健全完善，实现“村容整洁、沟道清洁、垃圾收集、清运及时、填埋安全”的目标。

三、对象范围

在全县72个村(居)委会、345个自然村广泛开展农村卫生整治工作，并重点整治星云湖沿湖73个自然村。即大街街道涉及5个居委会，21个自然村；前卫镇涉及6个村委会，21个自然村；江城镇涉及3个村委会，18个自然村；路居镇涉及3个村委会，13个自然村。

四、实施步骤

1、宣传发动，营造氛围(2011年7月下旬—2011年8月中旬)

各乡镇、街道要制定具体的实施方案，层层组织发动，认真做好调查、摸底、汇总等各项前期工作，并通过会议和新闻媒体宣传，动员和组织广大农民参与到农村环境卫生整治活动中来，营造浓厚的舆论氛围。各包村部门要积极开展帮扶共建活动，在宣传、经费、物资和共建机制上帮助农村开展环境卫生整治活动，努力形成工作合力。

2、综合整治，整体推进(2011年8月下旬—2011年11月)

一是清理垃圾。要组织人力对村庄内外的积存垃圾、死角垃圾和村庄周边的白色污染物进行全面的清理，落实包卫生、包秩序、包绿化的“门前三包”责任，全面推进村庄“四清理”整治，即农户庭院清理、村道路边清理、水沟池塘清理、公共场所垃圾清理，解决建筑材料规范管理问题。有条件的村庄要率先实行垃圾分类收集，探索并建立“农户自觉分类会聚，村组分类收集，乡镇(街道)压缩运输”的垃圾收运模式，最大限度减少农村垃圾量。要逐步配备和完善必要的环卫设施。

二是治理乱堆乱放。要清理乡镇、街道主干道路两边垃圾，对村内街道、巷道堆放的柴草、粪堆、杂物以及各类建筑垃圾进行统一清理，督促指导村民有序堆放，对村内侵街占道的违法建筑要进行拆除整治，做到道路两侧无生活废弃物，可视范围内无卫生死角、无白色污染、无废弃物乱倒、无乱堆乱放、干净整洁有序。家禽、家畜及宠物要实行圈养。决不允许在村边河道和村内沿路两旁倾倒垃圾，造成二次污染。

三是清洁厕所。各村的公厕，要做到专人管护、及时保洁、定期清理粪便。有条件的村庄，要逐步对传统旱厕进行改造，建设净化水平高、入厕环境好的生物净化公厕。

四是村内污水处理。要结合各村的地形地势，对村内污水沟渠进行全面清理，避免村内污水滞流、横流，臭气熏天。村外有低凹田块的村庄，要充分发挥低凹田块的作用，把村内污水引入其中，通过传统方式削减入湖污染负荷。有条件的村庄，要通过工程措施，对村内污水进行收集，再采取先进工艺进行深度处理。

五是加大村庄绿化美化力度，引导村民对房前屋后公用零散地块进行绿化美化。

3、建章立制，长效管理(2011年12月—2012年1月)

一是各乡镇、街道成立环卫中心，负责对农村保洁员的管理、卫生清洁的督查及垃圾清运的管理。

二是规范和完善村规民约，建立相应的倡导爱清洁、讲卫生的行为美德机制，强化农村环境卫生意识，对一些不文明、不健康的生产生活行为给予约束和规范，提高群众环境卫生素质。

三是根据村庄大小，加强保洁队伍建设，配备相应数量的保洁员和必要的环卫设施，做好日常保洁工作。

四是积极推进以农户为单元，实行村庄巷道、房前屋后等环境卫生保洁责任制。

五是加大监管和处罚力度，以限制部分村民乱丢、乱倒垃圾的行为。

六是建设垃圾堆放场、填埋场，解决垃圾清运车问题。

4、评比验收，巩固提高(2012年2月—2012年3月)

县农村环境卫生整治工作领导小组及办公室对各乡镇、街道和包村部门农村环境卫生整治工作开展情况进行检查评比，对整治工作行动快、村容村貌整治效果好并建立了长效管理机制的乡镇、街道予以奖励，并评选表彰一批先进乡镇、街道以及部门和生态文明村；对行动不力、效果不明显，环境卫生整治较差的乡镇、街道、部门及相关负责人，要实行问责，并限期整改到位。各乡镇、街道、包村部门和村(居)委会要认真总结工作经验，查找存在问题，制定改进措施，进一步补缺补差，切实提高整治工作水平。同时，要将农村环境卫生整治工作作为一项长期工作开展下去，县上每年对其进行考评验收，使农村环境卫生整治成为常态化工作。

五、工作机构

1、成立农村环境卫生整治工作领导小组，领导小组成员名单如下：

组　长：张金翔　县委副书记

副组长：李东林　县委常委、县政府常务副县长

马利兴　县委常委

史云德　县人大常委会副主任

陈川明　县政府副县长

李绍华　县政协副主席

成　员：史　伟　县委办副主任

杨春文　县政府办副主任

戴吉国　县委政研室主任

郭　华　县纪委第四纪工委书记

李梅琼　县总工会常务副主席

何　眉　团县委书记

王学梅　县妇联主席

董林颉　县财政局局长

靳永春　县国土资源局局长

普学化　县住房和城乡建设局局长
李华同　县环保局局长
李卫东　县教育局局长
杨　杰　县农业局局长
杨　涛　县水利局局长
王春华　县文化旅游广电和体育局党总支书记
张盛国　县卫生局局长
李佳强　县抚仙湖管理局局长
韩振华　县星云湖管理局局长
王熙虹　县文明办主任
郭家义　县关工委常务副主任
张文彬　大街街道党工委书记
邓春元　江城镇党委书记
刘绍宏　前卫镇党委书记
李　菊　路居镇党委书记
李志刚　九溪镇党委书记
周　瑜　雄关乡党委书记
赵　琦　安化乡党委书记

领导小组下设办公室，办公室主任由戴吉国兼任，副主任由杨路有、杨岗、龚有颖兼任，办公室日常事务由县新农村建设工作领导小组办公室履行。负责对各乡镇、街道办中心环卫站工作的指导，协调部门包村的对接工作，并对环境卫生实施严格的管理。

2、成立县农村环境卫生整治工作督查考评组。督查考评组组长由郭华兼任，副组长由戴吉国兼任，成员从县委办、政府办、县新农办、住建局、环保局、卫生局等单位抽调。负责按照相关要求，制定县农村环境卫生考核办法(标准)，对各乡镇、街道农村环境卫生及部门包村工作进行督查及考评，考评一季度一次。

六、工作措施

1、加强领导。各乡镇、街道要成立由主要领导任组长的农村环境卫生整治工作领导小组，组建乡镇、街道中心环卫站，明确工作职责，制定工作措施，确保工作成效，做到“五个有”：有领导分管、有实施规划、有管理制度、有保洁队伍、有专项经费。

2、实行部门包村责任制。即动员县直部门及上级驻江单位对星云湖沿湖自然村进行包村指导，建立环境卫生包自然村(组)、包街道(巷道)、包户责任制，细化职责，明确任务，切实把各户、各街道(巷道)、各自然村(组)的环境卫生工作做好。各部门(单位)“一把手”作为包村责任的主要责任人，要把环境卫生包村工作作为本部门、本单位的一项重要职责来落实，制定计划，拿出办法，明确专人，协调村组，抓出成效。

3、注重实效。农村环境卫生整治工作要结合各地实际，至少每月开展一次，并向县农村环境卫生整治工作领导小组办公室上报每月整治工作开展情况。各乡镇、街道和包村部门要充分发动干部群众积极参与，从个人做起，从家庭做起，形成一个全民开展农村环境卫生整治的热潮。要强化日常保洁工作，巩固集中整治成果，逐步养成良好的环境卫生习惯。县总工会、妇联、共青团、关工委、爱卫会等要发挥职能作用，大力组织广大工会会员、妇女、青少年及社会各界积极投身新农村建设，参与农村环境卫生整治工作，共同营造“讲卫生、爱清洁、保环境”气氛，倡导社会主义新农村新风尚。县新闻媒体要开辟专栏，专题报道农村环境卫生整治工作情况，总结推广先进典型，对整治不力、经督促整改效果不明显的，予以公开曝光。

4、经费筹措。以“一事一议”财政奖补方式，按照县财政5元/年·人、群众5元/年·人的标准筹措资金(抚仙湖流域已纳入管理的23个自然村除外)，专门作为农村环境卫生工作的经费投入。县财政对各乡镇、街道中心环卫站运行经费给予适当补助。各乡镇、街道要确保相关补助经费到账、到位。各乡镇、街道及有条件的村委会、社区要积极筹措资金，保障投入到位。包村部门也要积极筹措资金，加大对所联系村庄环境卫生整治工作的投入力度。

5、督查考核。农村环境卫生整治工作实行单项考核。在实施媒体、举报监督的同时，领导小组及督查组将定期、不定期对工作开展情况、职能部门履职情况进行检查和考核。对年终考核成绩排名在前20名的自然村，分别对自然村实行“以奖代补”鼓励，并对包村部门进行奖励；对年终考核有4个或4个以上自然村获奖的乡镇、街道给予奖励；对年终考核有3个或3个以上自然村考核成绩排名在后10名并受相关媒体多次曝光的乡镇、街道，将对主要领导进行诫免谈话；对连续两年年终考核成绩排名都在后10名的自然村，将对村(居)委会主要领导及村组干部进行问责，对涉及的沿湖包村部门“一把手”进行诫免谈话。同时，农村环境卫生整治工作将纳入乡镇(街道)、部门年终综合目标考核。

附件:《星云湖沿湖村庄环境卫生工作包村部门名单》(略)

中共江川县委办公室
江川县人民政府办公室
2011年7月22日

中共江川县委办公室　江川县人民政府办公室 关于在全县建立村(居)民监督委员会的意见

(2011年7月25日)

为进一步加强农村党风廉政建设和农村基层民主政治建设，维护农村和谐稳定，推动全县社会主义新农村建设，按照《中共玉溪市委办公室玉溪市人民政府办公室关于在全市建立村民监督委员会的意见》(玉办发〔2011〕18号)文件精神，县委、县政府决定在全县村级组织中建立村(居)民监督委员会。现就做好此项工作提出以下意见：

一、建立村(居)民监督委员会的重要意义

为适应农村改革发展新形势新任务要求，建立村(居)民监督委员会制度，是化解农村矛盾纠纷、维护农村(社区)稳定的现实需要；是落实强农惠农政策措施、推进社会主义新农村建设的客观需要；是健全完善惩防体系、深化农村党风廉政建设，迫切需要解决的重大课题；是确保群众当家作主、推动基层民主政治建设的实践创新。2010年10月28日国家修订的《村民委员会组织法》第32条明确要求："村应当建立村务监督委员会或者其他形式的村务监督机构"。这充分说明，建立村(居)民监督委员会已是大势所趋，势在必行。

二、建立村(居)民监督委员会的指导思想和原则

指导思想：以"三个代表"重要思想、党的十七大和十七届四中、五中全会精神为指导，根据《村民委员会组织法》和党内监督的有关要求，认真贯彻落实科学发展观和《建立健全惩治和预防腐败体系2008~2012年工作规划》，创新村级民主监督组织，突出村(居)民监督主体地位，加强村级民主监督，健全监督长效机制，提高村(居)民自治能力，确保村(居)民充分行使民主监督权利，确保农村(社区)基层干部正确行使职权，切实构建村级权力结构，配置合理的制度框架，形成村级重大事项由村(社区)党总支(支部)委员会提议、"两委"会商议、党员大会审议、村民代表大会决议和决议公开、实施结果公开的"四议两公开"决策运行机制，从源头上预防和遏制腐败现象发生，推进基层民主政治建设和党风廉政建设。

主要原则：党的领导原则；依法依规监督原则；围绕中心、服务大局开展监督的原则；重点监督、注重实效的原则。

三、村(居)民监督委员会的职责

(一)对村(社区)党组织、村(居)委会班子及其成员和村(居)民小组组成人员贯彻执行党的路线、方针、政策的情况，履职情况、遵纪守法情况、廉洁自律情况实施监督。

(二)对村(社区)党组织建设情况、党务工作情况、干部队伍建设和管理情况、党风廉政建设情况实施监督。

(三)对村(社区)"两委"班子贯彻执行"三重一大"集体决策制度情况实施监督。

(四)对村(社区)集体资金、资产、资源的管理、使用、变更情况实施监督。

(五)对村(社区)内事关群众切身利益的公共事务、工程建设等情况实施监督。

(六)对各相关部门聘请从事其他村务管理人员的履职情况实施监督。

四、村(居)民监督委员会的权利

(一)村(居)民监督委员会主任列席村(居)民委员会会议和村(居)民代表会议等，参加村级相关重大决策等活动；其他委员视工作情况列席村(社区)"两委"会议、村(居)民代表会议或参加村级相关重大决策等活动。村民监督委员会对村(社区)"两委"班子及其成员、村(居)民小组组成人员的履职情况、廉洁自律情况有监督权。

(二)对村(社区)内党务、事务及事关群众利益的事项有知情权、参与权、质询权。

(三)对村(社区)内财务和资金、资产、资源管理、使用、变更情况有监督、审查权。

(四)对村(社区)级重大事项决策有建议权。

(五)对村(社区)事务活动中的违规违纪、违法事项或不合理、违背半数以上村(居)民意愿的事项有建议否决权。

(六)对违规、违纪、违法犯罪或不称职的村组干部，有向村(社区)党组织、本村(居)民会议或村(居)民代表会议、上级党组织反映并提出调整和罢免的提议权。

五、村(居)民监督委员会的义务

(一)宣传党的路线方针政策、国家法律法规、党纪政纪

相关规定。

(二)协助村(社区)“两委”自觉贯彻执行党的路线方针政策、自觉遵守国家的法律法规，宣传村(社区)“两委”的正确决定和工作布置，支持其正常工作。

(三)健全村(居)民监督委员会工作制度，定期召开会议研究监督工作，及时纠正损害群众利益的突出问题；每年定期向村党组织、村(居)民会议、村(居)民代表会议、乡镇纪委(街道纪工委)汇报工作，年底接受村(居)民代表的评议。

(四)开展调查研究，主动听取群众意见，做好群众工作，并积极向村(社区)“两委”和上级组织反映社情民意。

(五)遵纪守法，严格自律，自觉与违法犯罪行为和各种消极腐败行为作斗争。

(六)协同有关部门对被误解的村(社区)、组干部澄清事实真相。

六、村(居)民监督委员会成员的产生、组成以及罢免和补选

(一)村(居)民监督委员会的成员必须在村党总支(支部)的领导下通过民主选举产生。

1、村(居)民监督委员会委员候选人的产生

村(居)民监督委员会委员候选人由村(社区)党总支(支部)按照不低于20%的差额比例提名，报乡镇(街道)党(工)委审查同意，并张榜公布5天，由村民代表会议正式选举产生。选举时，全体村(居)民代表2/3以上参加投票，选举有效。候选人获得参加投票村(居)民代表的过半数选票，始得当选。获得半数以上选票的候选人人数多于应选名额时，以得票多的当选；如果票数相同，不能确定当选人时，应当就票数相同的候选人再次投票，以得票多者当选。获得过半数选票的候选人人数少于应选名额时，不足的名额在没有当选的候选人中另行选举。

2、村(居)民监督委员会主任的产生

村(居)民监督委员会主任候选人由村(社区)党总支(支部)在当选的村(居)民监督委员会委员中提名，报乡镇(街道)党(工)委审查同意，由村(居)民监督委员会等额选举产生。

村(居)民监督委员会委员、主任的选举情况报村(社区)党总支(支部)批准，同时报乡镇纪委(街道纪工委)备案。

(二)组成。村(居)民监督委员会一般由3名村(居)民组成，设主任1名，委员2名。任期原则上与村(居)民委员会同期。任期届满应进行换届选举，主任、委员可连选连任。对不能胜任工作的委员，经村(居)民会议或村(居)民代表会议同意，村(社区)党总支(支部)批准，可以进行届中调整。

(三)罢免。村(居)民监督委员会成员因违法、违纪被查处或工作严重失职的，由村(社区)党总支(支部)提出，村(居)民代表会议实施罢免。

(四)补选。村(居)民监督委员会成员因故出缺的，可以根据需要进行补选，补选工作由村(社区)党总支(支部)主持。

七、村(居)民监督委员会组成人员的条件

(一)认真贯彻执行党的路线、方针、政策和国家法律法规；

(二)具备正常履行职责的身体条件，享有选举权和被选举权，有办事能力，能独立完成工作任务，年龄一般不超过65周岁。

(三)思想政治素质好，政策意识、法律意识、纪律意识强，坚持原则，公道正派，群众信任，熟悉村务，热心公益事业，有一定议事能力和文化知识。

(四)为便于对村内党务的监督，村(居)民监督委员会主任应为中共正式党员。

(五)在职村(居)“两委会”班子成员、村(居)民小组组成人员不得参选村(居)民监督委员会委员；在职村(社区)“两委”班子成员、村民小组组成人员的直系亲属不得参选村(居)民监督委员会委员。

(六)有下列情况之一的，不宜推选为村(居)民监督委员会委员。被处以管制以上刑罚，解除劳动教养或刑满释放不满三年的；正被纪检、司法机关立案查处的；受撤销党内职务、留党察看、开除党籍处分不满三年的；违反计划生育政策，未经处理、处理未完结或处理完结未满七年的；担任村组干部期间，村务长期不公开、侵占集体土地和资金，造成群众集体上访的；以非法手段煽动、组织群众集体上访造成群体性事件的。

八、村(居)民监督委员会的工作机制和要求

(一)村(居)民监督委员会受村党组织和乡镇纪委(街道纪工委)双重领导，既是群众性自治组织的重要组成部分，又是乡镇纪委在村一级工作的延伸，其工作既要对村(社区)党组织和村(居)民会议负责并报告工作，同时也对乡镇纪委(街道纪工委)负责并报告工作。

(二)村(居)民监督委员会要把握正确的政治方向，坚持党的领导。既要根据村民意愿，对村(社区)干部的权力行使进行监督，又要维护村(社区)党组织的威信；既要维护村(居)民的合法权益，又要协助村(社区)党组织做好群众工作，支持他们正确履行职责。要防止只讲民主而淡化党的领导、只讲民主监督而忽视和谐的倾向。

(三)村(居)民监督委员会要坚持以法律法规和党纪政纪为准绳，做到依纪依法监督。一般不直接参与村(社区)事务的决策、执行和管理，也不得直接查处违纪违法案件。凡涉及村(社区)组干部违纪违法的情况，要按规定报告，再由有查处权的机关依纪依法进行查处。

(四)村(居)民监督委员会要坚持以推进社会主义民主政治建设为目标，通过完善村(社区)级民主监督组织，使村(居)民充分行使民主权利，表达合理利益诉求，在共建共享中发展社会主义民主政治，促进农村和谐稳定。

(五)村(居)民监督委员会要加强自身建设，不断提高监督人员自身素质，不断提高监督能力和监督质量，不断探索和改进监督的方式方法，积极发挥村(居)民监督委员会在村

(居)民与村(社区)"两委"之间的桥梁和纽带作用。

(六)村(居)民监督委员会及其成员每年接受一次村(居)民会议或村(居)民代表会议的民主评议。连续两年评议不称职票数达到应到会人数一半以上的，经乡镇纪委(街道纪工委)、村(社区)党组织调查核实后确实为不称职的，必须辞职。拒不辞职的，应当依法启动罢免程序。

九、村(居)民监督委员会的保障机制

(一)村(社区)级组织要积极为村(居)民监督委员会开展工作创造条件，确保有办公地点，有议事场所和必要的工作经费。

(二)乡镇(街道)党(工)委、政府(办事处)和纪委(纪工委)要加强对村(居)民监督委员会的业务培训和工作指导，健全完善内部管理、工作报告、实施监督等制度，确保村(居)民监督委员会正确、规范、高效履职。同时，要明确村(居)民监督委员会获得知情权、参与权、质询权等方面的保障渠道和具体措施等。

(三)县财政每年预算一定经费，用于补助村(居)民监督委员会成员。村(居)民监督委员会主任的报酬与村(居)委会副主任相同；其他委员的报酬与村(居)民委员会委员相同。补助经费由乡镇党委、街道党工委报县委组织部，由县委组织部会同县纪委审核，并报县财政划拨各乡镇党委、街道党工委。

(四)市、县级财政分别一次性给予每个村(居)委会1000元、600元的工作经费补助。

十、时间要求及步骤

(一)制定实施方案(7月25～7月30日)。各乡镇(街道)要高度重视，加强组织领导，根据本实施意见的要求，结合本乡镇(街道)实际，制定出开展建立村(居)民监督委员会实施方案。

(二)进行动员部署(7月25～7月30日)。各乡镇(街道)要召开动员大会，乡镇(街道)主要负责同志要亲自作动员讲话。动员时要阐明开展建立村(居)民监督委员会工作的重大意义、指导思想、重点内容、方法步骤；要联系本乡镇(街道)实际，对开展建立村(居)民监督委员会工作进行全面部署。

(三)组织实施(8月1～8月10日)。在村(社区)党总支(支部)领导下，由村(居)民代表会议或村(社区)党总支(支部)提名产生村(居)民监督委员会成员候选人，村(居)民代表会议选举产生。选举情况报村(社区)党总支(支部)批准，同时报县民政局、乡镇纪委(街道纪工委)备案，并由乡镇(街道)党(工)委颁发当选证。

(四)县纪委、县委组织部、县民政局要加强对建立村(居)民监督委员会工作的督促指导。

十一、组织领导

为加强对此项工作的组织领导。县委、县政府决定成立工作领导小组。领导小组成员名单如下：

组　长：马文龙　县委书记
副组长：葛　勇　县委副书记、县长
　　　　郭永生　县委常委、纪委书记
　　　　李东林　县委常委、常务副县长
　　　　林　清　县委常委、组织部部长
成　员：杜正宁　县纪委副书记
　　　　李德坤　县委组织部副部长
　　　　董林颉　县财政局局长
　　　　顾绍勇　县民政局局长
　　　　张文彬　大街街道党工委书记
　　　　邓春元　江城镇党委书记
　　　　刘绍宏　前卫镇党委书记
　　　　赵　琦　安化乡党委书记
　　　　李志刚　九溪镇党委书记
　　　　李　菊　路居镇党委书记
　　　　周　瑜　雄关乡党委书记
　　　　付兴瑞　纪委监察局派出第二纪工委书记
　　　　曾　春　纪委监察局派出第三纪工委书记

领导小组下设办公室在县纪委，由杜正宁兼任办公室主任，成员从相关单位抽调，负责具体事务。

中共江川县委办公室　江川县人民政府办公室关于印发《江川县抚仙湖一级保护区退田还湖工作实施方案》的通知

各乡镇党委、政府，大街街道党工委、办事处，县委和县级国家机关各部、委、办、局，各人民团体和企事业单位：

《江川县抚仙湖一级保护区退田还湖工作实施方案》已经县委、县政府同意，现印发给你们，请认真贯彻执行。

中共江川县委办公室
江川县人民政府办公室
2011年9月20日

江川县抚仙湖一级保护区退田还湖工作实施方案

为全面推进抚仙湖保护治理"一退够、二调优、三保护"战略的实施，改善流域生态环境，构建湖泊生态屏障，根据《玉溪市人民政府关于做好抚仙湖一级保护区退田还湖工作的意见》(玉政发〔2011〕103号)，结合我县抚仙湖保护实际，制订本方案。

一、指导思想

深入贯彻落实科学发展观，坚持生态立县战略，按照属地管理原则，全面推进实施抚仙湖保护治理"一退够、二调优、三保护"战略，切实抓好抚仙湖一级保护区的退田还湖工作，建设和恢复抚仙湖良好的生态系统，确保抚仙湖Ⅰ类水质。

二、工作原则

(一)统一领导，全面推进。按照《抚仙湖流域水环境保护与水污染防治规划》的要求，县委、县政府成立了工作领导小组，制定切实可行的退田还湖工作实施方案，按照"试点先行，重点突破，全面推进"的原则，认真组织实施退田还湖工作。

(二)属地管理，分级负责。按属地管理原则，采取农村土地承包经营权流转方式，沿湖两镇政府负责做好本辖区内抚仙湖一级保护区的退田还湖工作，确保责任落实到位、资金补偿到位、管理工作到位。

(三)统筹安排，分步实施。此次退田还湖工作涉及面广，难度大，各级各部门要统筹规划，精心组织，严格按时间要求和工作任务分步实施，确保退田还湖工作顺利完成。

(四)加强监督，长效管理。健全完善日常巡查和跟踪督办制度，建立抚仙湖一级保护区的退田还湖长效管理工作机制，做到"退得出、管得住、有成效"。

(五)注重民生，维护社会稳定。沿湖两镇政府要以人为本，解决好退田还湖工作涉及群众生产生活中的实际困难和问题，确保社会稳定。

三、实施范围

抚仙湖退田还湖范围为：老环湖路以下、抚仙湖最高蓄水位1722.50米沿地表向外水平延伸100米范围的耕地，共2715.46亩(其中田2436.04亩、地191.66亩、林地87.76亩)。

四、目标任务

在2011年12月底前，完成本方案"实施范围"内的退田还湖工作。

五、配套政策

(一)退出耕地的管理使用。退出耕地保持农用地性质不变，维持土地所有权和使用权不变，由镇政府按照退田还湖工作要求实行统一利用和管理。退田范围内的退出耕地，一是因地制宜，可根据村组意见经批复许可后，允许集体经营投资发展生态旅游产业；二是按照《玉溪市抚仙湖水污染防

治规划》等保护规划组织实施还湖工程，恢复湖滨带；三是鼓励退出耕地用于发展生态林、观赏林、水生植物种植、湿地和沙滩建设；四是退出范围内不允许发展大棚种植，严禁施用无机化肥。

（二）租金标准。对抚仙湖一级保护区内的退出耕地，水田每亩租金3000元，旱地每亩租金2500元，林地维持现状不予租地。对用于发展生态旅游产业，有经营性收入的每亩补助租金1500元。涉及地块内附着物补偿（如水窖、简易看管房、林木等）参照《玉溪市征地统一年产值标准和征地区片综合地价补偿标准（试行）》（玉政发〔2009〕176号）文件执行。

（三）租期、支付方式。县与镇、镇与村、村与组、组与户层层签订合同，租赁期暂定18年（如遇国家、省、市重大政策调整影响到合同的履行，服从国家、省、市相关政策调整），租金一年一付，每5年租金递增补助5%，自合同签订之日开始计算租金。

六、组织领导及保障措施

（一）加强领导，明确责任。实施抚仙湖一级保护区退田还湖是一项长期性、艰巨性、连续性的工作，各级各部门必须高度重视，将其列为重点事项，明确责任，狠抓落实。为确保工作顺利开展，经县政府研究，决定成立抚仙湖一级保护区退田还湖工作领导小组。领导小组成员名单如下：

组　长：葛　勇　县委副书记、县长
副组长：李东林　县委常委、县政府常务副县长
　　　　马利兴　县委常委
　　　　陈川明　县政府副县长
成　员：杨志伟　县委办副主任
　　　　杨春文　县政府办副主任
　　　　李佳强　县抚仙湖管理局局长
　　　　董林颉　县财政局局长
　　　　范江应　县监察局局长
　　　　靳永春　县国土资源局局长
　　　　李华同　县环保局局长
　　　　乐志刚　县文化旅游广电和体育局局长
　　　　杨　杰　县农业局局长
　　　　冯　超　县林业局局长
　　　　杨　涛　县水利局局长
　　　　张文红　县公安局副局长
　　　　邓春元　江城镇党委书记
　　　　李　菊　路居镇党委书记

领导小组下设办公室在县抚仙湖管理局，由李佳强同志兼任办公室主任，负责处理日常事务，办公室工作人员根据工作需要从有关部门抽调。

（二）各部门工作职责

县抚管局：负责配合江城镇人民政府开展退田还湖工作。对两镇相关生态产业、旅游项目进行初步审查、上报，对退田范围内大棚进行拆除、清理，对退出土地进行测量、规划。负责宣传材料、合同文本的审定。

县环保局：负责配合路居镇人民政府开展退田还湖工作。对两镇退田范围内需进行湿地等生态建设的，负责规划、申报、建设工作。

县财政局：负责及时将涉及退田还湖工作的租金、工作经费及时拨付至领导小组办公室。

县公安局：负责做好沿湖社会治安稳定工作，及时将有关退田还湖的群众舆论等情况汇总报领导小组办公室。

县监察局：加强督察，对工作不力的单位和个人进行督促或问责。

县国土资源局：协助有关部门做好退田还湖工作，协助做好相关工作。

县文化旅游广电和体育局：做好舆论宣传工作。

县农业局、县林业局、县水利局：协助做好退田还湖工作。

江城镇、路居镇人民政府：根据本方案负责做好属地内退田还湖工作，做好群众思想、合同签订等工作，确保退田还湖工作顺利完成，确保沿湖社会稳定。同时两镇要在2011年9月10日前成立相应工作领导机构，抓好落实，将责任落实到村、组，落实到人。

（三）多渠道筹集资金。积极引进市场机制，鼓励、引导社会资金参与退田还湖工作。各级各有关部门要积极争取国家和省级资金支持，整合环保、水利、农业等部门的资金，推进退田还湖工作。

（四）建立奖惩制度。对在实施抚仙湖一级保护区退田还湖工作中措施落实到位、表现突出的单位和个人，县政府将给予表彰奖励；对不认真履行职责，推诿扯皮，未按要求完成目标任务的将按有关规定进行问责。

（五）工作经费安排。县财政安排相应的经费，保障退田还湖前期工作开展。

七、工作步骤和时间要求

（一）宣传动员及调查登记阶段。2011年9月10日前，由沿湖两镇组织召开村组干部动员会，传达学习玉政发〔2011〕103号文件及相关会议精神；9月15日前，由镇村组组织召开村民会议，对抚仙湖一级保护区退田还湖生态建设工作做广泛宣传动员，进一步统一思想、坚定信心，向群众讲清政策，使退田还湖工作得到群众的理解、支持和配合；9月20日前，由镇村组完成退田范围内所有群众准确户数、面积及相关调查、登记工作。

（二）组织实施阶段。9月30日前完成同农户租地合同签订等工作；10月份大春收割后，根据合同发放租金，研究退出耕地的管理使用；12月31日前，完成退田工作，按照“三还”要求，启动还湖、还湿地、还林工作。

八、其它事宜

沿湖两镇在实施退田还湖工作中，可根据本实施方案，结合实际制定实施细则及奖惩措施。

关于印发《江川县2011年企业工资集体协商工作实施方案》的通知

各乡镇党委、政府，大街街道党工委、办事处，县委和县级国家机关各部、委、办、局，各人民团体和企事业单位，中央、省、市驻江单位：

为确保2011年我县企业工资集体协商工作稳步有序开展，并在规定时间内完成工资集体协商工作目标任务，现将《江川县2011年企业工资集体协商工作实施方案》印发给你们，请结合实际认真组织实施。

中共江川县委办公室
江川县人民政府办公室
2011年10月21日

江川县2011年企业工资集体协商工作实施方案

为确保2011年度企业工资集体协商工作顺利开展，根据《关于印发＜玉溪市2011年企业工资集体协商工作实施方案＞的通知》(玉办发〔2011〕69号)精神，制定江川县2011年企业工资集体协商工作实施方案。

一、指导思想

以党的十七大精神为指导，深入贯彻落实科学发展观，紧紧围绕建立和谐劳动关系，着力推进企业与职工双方协商的工资调增机制，努力实现企业效益增长、职工收入稳步提高、"劳资双赢"的工作目标，为全面推动我县的民生工程做出新的贡献。

二、目标要求

我县企业工资集体协商工作的目标要求是：按照"稳步推进、重点突破、重在建制、逐步规范"的工作思路，充分发挥协调劳动关系三方联席会议职能作用，积极营造"党委领导、政府主抓、工会力推、各方协同、劳资互动"的企业工资集体协商工作新格局。通过开展工资集体协商工作，着力构建和完善3个机制。一是工资分配共决机制，即工会代表职工与企业定期就工资制度、工资分配形式、工资水平、工资支付及调整办法等进行协商。二是工资增长机制，使职工工资收入随企业效益增长而调整，与企业劳动生产率、政府工资指导线和城镇居民消费价格指数调整变化相适应。三是保障工资分配监督机制，即企业工资分配、支付和工资专项集体合同履行情况等应通过职代会、厂务公开栏等渠道定期公开，接受职工监督。2011年推进企业工资集体协商工作的总体目标是，到年底实现全县已建工会的企业工资集体协商覆盖面达60%以上。

三、实施步骤

(一)宣传发动阶段(9月初—10月23日)

宣传发动工作是做好企业工资集体协商的首要条件。要通过召开企业主恳谈会等多种方式，让企业管理者明确开展工资集体协商是企业承担社会责任、缩小收入差距、维护社会和谐稳定的一项基础性工作，保证职工合理的工资水平和有序增长是维护企业长远发展的必要条件，既是一项经济责任，也是一项政治任务。县人力资源和社会保障局、总工会等有关单位和部门要采取多种形式宣传工资集体协商政策，建立工资集体协商指导员队伍，开展工资集体协商培训等。要深入企业向企业负责人和全体职工宣传《劳动法》、《工会法》、《工资集体协商试行办法》等法律法规，使企业负责人和全体职工都能了解工资集体协商的目的、意义等。通过努力，要达到两个百分之百，即：企业负责人百分之百同意开展工资集体协商工作，企业职工百分之百了解工资集体协商内容。

(二)厂务公开阶段(10月24～10月31日)

开展工资集体协商的企业，在进行协商前，都要认真实行厂务公开，使全体职工都能了解企业的生产经营状况、全员劳动生产率、企业人工成本、效益等情况，以及人力资源和社会保障部门发布的企业工资指导线、劳动力市场工资指导价位等相关信息，增强职工主人翁意识和责任感，以促进企业经济效益与工资水平的进一步提高。

(三)推荐协商代表阶段(11月1～11月6日)

进入企业工资集体协商正式程序。按照有关规定，企业行政方和职工方各推荐代表5～7人，并确定1名首席代表。职工方代表由本企业工会依法选派，代表产生后双方互相通报选派代表情况，为协商打好基础。

(四)提出要约，酝酿、沟通协商内容阶段(11月7～11月15日)

协商内容是工资集体协商的关键所在，各企业要根据本企业的实际情况，参照相关法规文件，结合本企业的实际确定协商内容和协商重点，然后由任一方提出要约，经双方协商同意后确定本次协商内容。

(五)协商阶段(11月16～11月30日)

各企业要在沟通协商的基础上，进入实质性协商阶段。协商双方享有平等的建议权、否决权和陈述权。双方在协商一致的基础上确立本次协商的具体事项。

(六)审议通过阶段(12月1～12月5日)

双方代表就协商的内容达成一致意见后，提交职工代表大会或职工大会讨论通过。职工代表大会或职工大会审议工资协议草案时，应当有三分之二以上职工代表或者职工出席，经全体代表半数以上或全体职工半数以上同意，工资协议方案获通过，并由双方首席代表在协议上签字，加盖公章。

(七)登记备案阶段(12月6～12月20日)

有关登记备案按国家劳动和社会保障部《工资集体协商试行办法》规定办理。工资协议生效后，双方在5日内以适当方式向全体职工公布。

(八)总结完善阶段(12月21～12月25日)

对今年我县工资集体协商开展情况进行总结，并查缺补漏，全面完成今年目标任务。

四、有关要求

1、工资集体协商要认真贯彻《劳动法》、国家劳动和社会保障部《工资集体协商试行办法》有关规定，所协商的程序和内容不得与有关法律法规相抵触。

2、工资福利等增长幅度要低于本企业效益增长幅度，原则上工资增长与效益比为0.3～0.4:1较为合适。国有及国有控股企业调整工资总额的，要报国资部门批准。

3、通过工资集体协商要进一步调动广大职工的生产积极性，增强职工的主人翁责任感，促进企业发展和社会进步。

4、协商方式：规模较大的企业独立开展工资集体协商；建立行业协会的企业按照行业进行行业工资集体协商；其他小型企业按一定的区域范围进行区域工资集体协商。

5、对不进行工资集体协商的企业和在工资集体协商中发生的违反劳动法律法规的问题，人力资源和社会保障行政部门要依据情节轻重给予处罚，以保证工资集体协商工作健康有序进行。

6、工资集体协商领导小组成员单位职责如下：

县人力资源和社会保障局：指导各企业的工资集体协商工作，负责审查工资集体协商合同及其登记备案工作。

县总工会：组织、推荐行业性、区域性工资集体协商职工方代表；组织、指导各企业基层工会认真开展工资集体协商和工资集体合同的登记备案工作。

县工商业联合会：选派行业内企业方协商代表，确定各行业具体协商时间。

县工业商贸和科技信息局：督促企业应约开展工资集体协商工作。

县财政局、县农业局、县工商局、县国税局、县地税局：支持和配合企业工资集体协商工作的实施。

中共江川县委办公室　江川县人民政府办公室
关于印发《江川县农村环境卫生整治工作年度考评办法》的通知

各乡镇党委、政府，大街街道党工委、办事处，县委和县级国家机关各部、委、办、局，各人民团体和企事业单位：

《江川县农村环境卫生整治工作年度考评办法》已经县委、县政府同意，现印发给你们，请认真贯彻执行。

中共江川县委办公室

江川县人民政府办公室

2011年12月31日

江川县农村环境卫生整治工作年度考评办法

为贯彻落实“生态立县”战略，扎实推进环境优美、特色突出、经济繁荣、社会和谐、适宜居住的高原湖泊生态县建设，不断优化农村生态环境，建立农村环境卫生整治长效管理机制，最大限度地减少农村生产生活垃圾、污水对“两湖”的污染，改变农村脏乱差现象，确保农村环境卫生整治工作取得实效。根据《关于实施农村环境卫生整治工作的通知》(江办发〔2011〕56号)精神，特制定本办法。

一、指导思想

深入贯彻落实科学发展观，坚持“生态立县”战略，以优化农村生态环境为出发点，以思想教育、示范引导、村民自我管理为切入点，以“两湖”的保护治理为重点，按照“部门包村、乡镇村组负责、全民参与”的方针和“因地制宜、重点整治”的原则，建立健全农村环境卫生长效管理机制，动员农村广大干部群众和社会各界积极行动起来，协调推进新农村建设，整治村容村貌，改变脏乱差现象，努力构建环境优美、适宜居住的农村生产、生活环境。

二、考核对象

全县各乡镇、街道，包村部门，345个自然村。

三、考核内容

实行百分制考核，分乡镇(街道)、包村部门、沿湖72个自然村、县城社区内自然村、其他自然村(不含沿湖自然村和县城内社区自然村)进行考核。

四、考核方式

1. 考核方式。总分为100分，实行倒扣分制。按考核内容完成情况和日常督查考核相结合方式进行，按规定扣分，最后产生年度考核分。

关于扣分：同一考核项目在同一自然村内发现未落实或落实不力1次按标准扣分，发现2次则加倍扣分，以此类推。

五、考核结果运用

1. 对年终考核得分为前20名且分数在80分以上的自然村实行“以奖代补”奖励；

2. 对年终考核在前3名的乡镇(街道)给予表彰奖励；对年终考核有3个或3个以上自然村考核成绩排名在后10名并被相关媒体负面曝光的乡镇(街道)，将对主要领导进行诫免谈话；

3. 对连续两年年终考核成绩排名均在后10名的自然村，将对村(居)委会主要领导及村组干部进行问责，对涉及的沿湖包村部门主要负责人进行诫免谈话；

4. 农村环境卫生整治工作将纳入乡镇(街道)、部门年终综合目标考核。

本办法未尽事宜，由县农村环境卫生整治工作领导小组办公室及督查考评组负责解释。

附件：1、乡镇、街道考评标准

2. 包村部门考评标准

3. 星云湖沿湖72个自然村考评标准

4. 县城社区内自然村(沿湖自然村除外)考评标准

5. 非沿湖、非县城社区自然村考评标准附件1

乡镇、街道考评标准

考核项目	目　标　分　值	得　分
组织领导（10分）	（1）成立由乡（镇）、街道主要领导为组长，分管领导为副组长，村（社区）领导为成员的领导小组，下设办公室，没有成立领导小组及办公室的扣2分；	
	（2）成立农村环境卫生综合整治工作监督队伍，负责辖区内环境卫生监督、巡查工作，未成立或未按规定时间成立扣2分；	
	（3）乡镇、街道组织对自然村环境卫生整治工作的巡查每月不少于1次，每次巡查要有图片和文字记录，每少1次扣0.5分，	
	（4）乡镇、街道班子会议研究农村环境卫生整治工作，每月不少于1次，少1次扣1分；	
工作部署（14分）	（1）制定出台乡（镇）、街道开展农村环境卫生整治工作的实施意见或工作方案，未制定或未按规定时间制定扣3分；	
	（2）积极组织村民开展环境卫生集中整治，消除卫生死角，治理乱堆乱放，每月至少2次，少一次扣2分；	
	（3）及时按要求报送材料和简报。每周向县农村环境卫生整治工作领导小组办公室报1条以上农村环境卫生简报，少报1条扣0.5分；	
	（4）按一事一议方式筹措5元／人经费没有达到100%的，扣2分；	
管理制度（10分）	（1）制定村级农村环境卫生整治工作考核办法和资金管理制度，未制定的扣1分；	
	（2）建立保洁员队伍管理制度，落实好保洁员职责与报酬，没有制度或未履行制度的扣1分；	
	（3）建立乡镇、街道的督查考评制度并落实，没有制定的扣1分；	
	（4）制定垃圾清运制度并全面落实，没有制定或未落实扣1分；	
宣传工作（8分）	（1）积极开展宣传活动，召开宣传动员大会和推进会，至少在每个自然村有一条宣传标语，未召开会议扣1分，有一个自然村没有宣传标语扣0.5分；	
	（2）村民对开展整治工作的认知率达90%以上，随机抽取10名群众，未达到标准的扣5分；	
辖区内环境卫生（50分）	得分根据辖区内自然村环境卫生年终考评得分平均分 ×0.50；	
新闻、舆论监督（8分）	（1）新闻媒体曝光1次扣5分；	
	（2）及时处置媒体舆论曝光事项，未及时消除影响的1件扣3分；	
总　　分		

附件2

星云湖沿湖72个包村部门考评标准

考核项目	目　标　分　值	得　分
组织领导（20分）	（1）包村部门主要责任人到联系点督促指导农村环境卫生整治工作1次以上，否则扣5分；	
	（2）包村部门组织人员到联系点参与环境卫生整治至少1次以上，否则扣10分；	
	（3）包村部门班子会议研究联系点农村环境卫生整治工作，不少于2次，少一次扣2.5分；	

续表

考核项目	目标分值	得分
工作部署（40分）	根据投入联系点的人力、物力（财力）支持情况综合打分；	
环境卫生效果（40分）	根据所联系点农村环境卫生年终考评得分×0.40计算；	
其它事项	包村部门应积极支持联系点农村环境卫生整治工作，没有任何支持的，总分计0分，并通报批评。	
总分		

注：沿湖包村部门名单见江办发〔2011〕56号文件。

附件3

星云湖沿湖72个自然村考评标准

类别	考核项目	目标分值	得分
组织领导	组织领导（5分）	（1）成立由村委会（社区）主要领导为组长的领导小组，未成立或未按规定时间成立扣1分；	
		（2）村委会（社区）、自然村组织对村内环境卫生整治工作的巡查每月不少于2次，每次巡查有记录，少1次扣0.5分；	
		（3）召开党员会、群众会等宣传、安排辖区内的环境卫生整治工作每月不少于2次，每次整治有记录，少1次扣0.5分；	
	工作部署（6分）	（1）各村委会制定出台开展农村环境卫生整治工作的实施意见和工作方案，未制定或未按规定时间制定扣1分；	
		（2）积极组织村民开展环境卫生集中整治，消除卫生死角，治理乱堆乱放，每月至少2次，少1次扣1分；	
		（3）村民按一事一议方法自筹5元/人工作经费，未收齐扣2分；	
	管理制度（12分）	（1）加强保洁队伍建设，每个自然村至少确定一名保洁员，没有保洁员扣1分；	
		（2）与保洁员签订协议，落实好保洁员职责与报酬，未签订协议的扣1分；	
		（3）全面签订门前三包目标责任书，未签订1户扣0.5分；	
		（4）制定垃圾清运制度，并全面落实，没有制定或未落实扣3分；	
		（5）通过制定村规民约等形式约束群众的乱倒垃圾行为，没有制定的扣3分；	
	宣传工作（3分）	（1）积极开展宣传活动，宣传氛围浓厚。有1条以上宣传标语，否则扣1分；	
		（2）宣传、督促农户履行“门前三包”义务，及时管护责任范围内的卫生和秩序，凡未履行宣传、督促告知的扣1分；	
		（3）村民对开展整治工作的认知率达90%以上，未达到标准的扣1分；	
常规工作	门前三包落实（8分）	（1）房前屋后视线范围内无白色垃圾、污水横流、裸露生活垃圾及粪便、粪堆，发现1处扣0.5分；	
		（2）房前屋后无乱堆乱放、乱建圈舍现象，存在杂物堆积现象1处扣0.5分；	
	村公共道路（8分）	清扫保洁到位。清扫不及时、垃圾成堆或视野范围内有较多裸露生活垃圾堆、白色垃圾，发现1处扣0.5分；	

续 表

类别	考核项目	目　标　分　值	得分
	村内公共场所（8分）	（1）公园绿地（绿化带）无抛撒、散存垃圾，发现3处以上扣1分；	
		（2）主要公共场地、场所，娱乐、体育活动场所无堆积垃圾，发现1处扣0.5分；	
	垃圾收集管理（4分）	（1）出现垃圾乱倒乱丢现象，发现1起扣1分；	
		（2）及时清理垃圾池，发现垃圾外溢或垃圾池外围有成堆垃圾1处扣1分；	
		（3）垃圾没有清运到指定地点，发现垃圾车随便倾倒垃圾行为1起扣1分；	
	公厕管理管护（5分）	（1）公厕内四壁、蹲位、挡板有大量污迹，地面污水横流，大小便池（槽）堆满未清理，发现1处扣0.5分；	
		（2）化粪池的粪渣没有定期清运，存在粪便堆满现象，发现1处扣1分；	
	村内河道、沟渠（9分）	（1）河道沟渠旁有明显裸露垃圾堆，发现1处扣1分；	
		（2）河道沟渠内有污染物漂浮，　累计发现3处扣1分；	
	建筑垃圾（4分）	加强建筑垃圾监管，发现建筑垃圾长期不清理且有碍村容村貌（建筑垃圾堆放一般不超过半年）每处扣1分；	
	星云湖周边及入户河道（18分）	（1）湖边、入湖河道及河边发现分散红白垃圾及漂浮物等，累计发现3处扣1分；	
		（2）湖边、入湖河道内及河边有成堆垃圾，发现1处扣1分；	
		（3）河道内水体污染较重，扣2分；	
专项工作	新闻、舆论监督（10分）	（1）新闻媒体曝光一次扣5分；	
		（2）及时处置媒体舆论曝光事项，未及时消除影响的1件扣5分；	
总　分			
年终得分说明		为充分体现不定期考核的公平性、公正性，县农村环境卫生整治工作领导小组办公室及考评组对每个自然村开展不少于一次的督查，并确定督查分值。各自然村年终考评分值占总分值的50%，日常督查占50%。	

附件4

县城社区内自然村（沿湖自然村除外）考评标准

类别	考核项目	目　标　分　值	得　分
组织领导	组织领导（5分）	（1）成立由社区主要领导为组长的领导小组，未成立或未按规定时间成立扣1分；	
		（2）社区组织对自然村环境卫生整治工作的巡查每月不少于2次，每次巡查要有记录，每少1次扣0.5分；	
		（3）召开党员会、群众会等宣传、安排辖区内的环境卫生整治工作每月不少于2次，每次要有记录，少1次扣0.5分；	
	工作部署（6分）	（1）各社区制定出台开展环境卫生整治工作的实施意见和工作方案，未制定或未按规定时间制定扣1分；	
		（2）积极组织村民开展环境卫生集中整治，消除卫生死角，治理乱堆乱放，每月至少2次，少1次扣1分；	
		（3）对农民群众，按一事一议方法自筹5元/人，未收齐扣2分；	

续表

类别	考核项目	目标分值	得分
	管理制度 （12分）	（1）加强保洁队伍建设，每个自然村至少确定2名保洁员，少于2人扣3分；	
		（2）与保洁员签订协议，落实好保洁员职责与报酬，未签订协议的扣1分；	
		（3）全面签订门前三包目标责任书，未签订1户扣1分；	
		（4）制定垃圾清运制度，并全面落实，没有制定或未落实扣5分；	
		（5）通过制定村规民约等形式约束群众的乱倒垃圾行为，没有制定或未落实扣3分；	
	宣传工作 （3分）	（1）积极开展宣传活动，宣传氛围浓厚，有1条以上宣传标语，否则扣1分；	
		（2）宣传、督促农户履行"门前三包"义务，及时管护责任范围内的卫生和秩序，凡未履行宣传、督促告知的1处扣1分；	
		（3）村民对开展整治工作的认知率达90%以上，未达到标准的扣1分；	
常项工作	门前三包落实 （13分）	（1）房前屋后视线范围内无白色垃圾、污水横流、裸露生活垃圾及粪便、粪堆，发现1处扣0.5分；	
		（2）房前屋后无乱堆乱放、乱建圈舍现象，存在杂物堆积现象1处扣1分；	
	小区卫生 （10分）	（1）清扫保洁到位，存在白色垃圾、污水横流、裸露生活垃圾及粪便、粪堆等，1处扣1分；	
		（2）及时督促含物业管理的单位清运积存垃圾，清运不及时的1处扣1分；	
	公共道路 （15分）	（1）没有落实保洁员的一处扣1分；	
		（2）清扫不及时、垃圾成堆或视野范围内有较多裸露生活垃圾、污水横流、白色垃圾，发现1处扣1分；	
	垃圾收集管理 （6分）	（1）出现垃圾乱倒乱丢1处扣1分；	
		（2）及时清理垃圾池和垃圾箱，出现垃圾外溢或垃圾池外围有成堆垃圾1处扣1分；	
		（3）垃圾没有清运到指定地点，出现垃圾车随便倾倒垃圾行为1起扣1分；	
	公厕管理管护 （6分）	（1）公厕内四壁、蹲位、挡板有大量污迹，地面污水横流，大小便池（槽）堆满未清理，发现1处，扣0.5分；	
		（2）化粪池的粪渣没有定期清运，存在粪便堆满现象，1处扣1分；	
	河道、沟渠 （10分）	（1）河道沟渠旁有明显裸露垃圾1处扣0.5分；	
		（2）河道沟渠内有污染物漂浮，每3处扣1分；	
	建筑垃圾 （3分）	加强建筑垃圾监管，发展建筑垃圾长期不清理且有碍村容村貌（建筑垃圾堆放一般不超过半年）每处每次扣2分；	
专项工作	专项督查 （10分）	（1）新闻媒体曝光一次扣5分；	
		（2）及时处置媒体舆论曝光事项，未及时消除影响的1件扣5分；	
总分			
年终得分说明		为充分体现不定期考核的公平性、公正性，县农村环境卫生整治工作领导小组办公室及考评组对每个自然村开展不少于一次的督查，并确定督查分值。各自然村年终考评分值占总分值的50%，日常督查占50%。	

附件5

非沿湖、非县城社区自然村考评标准

类　别	考核项目	目　标　分　值	得　分
组织领导	组织领导（5分）	（1）成立由村委会（社区）主要领导为组长的领导小组，未成立或未按规定时间成立扣1分；	
		（2）村委会（社区）、自然村组织对村内环境卫生整治工作的巡查每月不少于2次，每次巡查有记录，每少1次扣0.5分；	
		（3）召开党员会、群众会等宣传、安排辖区内的环境卫生整治工作每月不少于2次，每次整治有记录，少1次扣0.5分；	
	工作部署（6分）	（1）各自然村制定开展农村环境卫生整治工作的实施意见和工作方案，未制定或未按规定时间制定扣1分；	
		（2）积极组织村民开展环境卫生集中整治，消除卫生死角，治理乱堆乱放，每月至少2次，少1次扣1分；	
		（3）村民按一事一议方法自筹5元/人，未收齐扣2分；	
	管理制度（12分）	（1）加强保洁队伍建设，每个自然村至少确定一名保洁员，没有保洁员扣2分；	
		（2）与保洁员签订协议，落实好保洁员职责与报酬，未签订协议的扣1分；	
		（3）全面签订门前三包目标责任书，未签订1户扣1分；	
		（4）制定垃圾清运制度，并全面落实，没有制定或未落实扣5分；	
		（5）是否通过村规民约等形式约束群众的乱倒垃圾行为，否则扣3分；	
	宣传工作（3分）	（1）积极开展宣传活动，宣传氛围浓厚，有1条以上宣传标语，否则扣1分；	
		（2）宣传、督促各户履行三包义务，及时管护责任范围内的卫生和秩序，凡未履行宣传、督促告知的1处扣1分；	
		（3）村民对开展整治工作的认知率达90%以上，未达到标准的扣1分；	
常规工作	门前三包落实（共12分）	（1）房前屋后视线范围内无白色垃圾、污水横流、裸露生活垃圾及粪便、粪堆，发现1处扣0.5分；	
		（2）房前屋后无乱堆乱放、乱建圈舍现象，存在杂物堆积现象1处扣1分；	
	村公共道路（含上山道路）（13分）	清扫保洁到位。清扫不及时、发现成堆垃圾或视野范围内有较多裸露生活垃圾堆、白色垃圾。1处扣1分；	
	村内公共场所（12分）	（1）公园绿地（绿化带）无抛撒、散存垃圾，发现5处以上扣0.5分；	
		（2）操场、广场主要公共场所、娱乐、体育活动场所无堆积垃圾，发现1处以上扣0.5分；	
	垃圾收集管理（8分）	（1）出现垃圾乱倒乱丢现象，1处扣1分；	
		（2）及时清理垃圾池，出现垃圾外溢或垃圾池外围有成堆垃圾1处扣1分；	
		（3）垃圾没有清运到指定地点，出现垃圾车随便倾倒垃圾行为1起扣2分；	
	公厕管理管护（6分）	（1）清扫保洁到位，清扫不及时的1处扣1分；	
		（2）公厕内四壁、蹲位、挡板有大量污迹，地面污水横流，大小便池（槽）堆满未清理，发现1处，扣0.5分；	
		（3）化粪池的粪渣没有定期清运，存在粪便堆满现象，1处扣1分；	

续表

类别	考核项目	目标分值	得分
	村内河道、沟渠（10分）	（1）河道沟渠旁有明显裸露垃圾1处扣0.5分；	
		（2）河道沟渠内有污染物漂浮，每3处扣1分；	
	建筑垃圾（3分）	加强建筑垃圾监管，发展建筑垃圾长期不清理且有碍村容村貌（建筑垃圾堆放一般不超过半年）每处扣1分；	
专项工作	新闻、舆论监督（10分）	（1）新闻媒体曝光一次扣5分；	
		（2）及时处置媒体舆论曝光事项，未及时消除影响的1件扣5分；	
总分			
年终得分说明	为充分体现不定期考核的公平性、公正性，县农村环境卫生整治工作领导小组办公室及考评组对每个自然村开展不少于一次的督查，并确定督查分值。各自然村年终考评分值占总分值的50%，日常督查占50%。		

江川县人民政府办公室
关于印发进一步加强殡葬管理工作行动方案的通知

各乡、镇人民政府，县属各有关部门：

《江川县进一步加强殡葬管理工作行动方案》经县人民政府同意，现印发给你们，请认真遵照执行。

二〇一一年三月二十一日

江川县进一步加强殡葬管理工作行动方案

为认真贯彻落实国务院《殡葬管理条例》、《云南省殡葬管理条例》、《玉溪市殡葬改革发展规划》、《玉溪市人民政府关于加强殡葬改革工作的实施意见》和《江川县加强殡葬改革实施方案》精神，大力推进殡葬改革，加强殡葬管理工作，促进经济社会健康协调发展，特制定本行动方案。

一、全县殡葬改革工作的基本情况

2009年9月，我县制定出台了《江川县加强殡葬改革实施方案》（江政办发〔2009〕99号），成立了由县长任组长，分管副县长任副组长，各有关部门领导为成员的殡葬改革工作领导小组。2009年10月，召开了江川县殡葬改革工作会议，对全县殡葬改革工作进行了全面的安排部署，与各乡镇签订了《2009～2010年殡葬工作目标管理责任书》，制定了殡葬工作目标管理考核办法。各乡镇思想统一，认识到位，加强了对殡葬改革工作的领导，将殡葬改革工作列入了乡镇党委政府工作的重要议事日程，并制定和完善了殡葬管理制度和政策，大力开展殡葬改革工作宣传活动，积极推进殡葬基础设施建设，努力提高火化率，全县殡葬改革工作取得了初步成效。

二、存在的主要问题

《江川县加强殡葬改革实施方案》施行一年来，殡葬改革各项工作虽然取得一定成效，但是整体推进速度较慢，发展不平衡，效果不明显，还未取得实质性的突破，离我县

确定的殡葬改革工作目标任务还有较大差距，殡葬改革工作中存在的困难和问题仍然十分突出，主要表现在：一是土葬改革难度大，乱埋乱葬、修建活人墓、毁林造坟、私自买卖墓地、超标准建墓、游丧、殡葬用品市场混乱等问题没有得到根本遏制，死人跟活人争地的矛盾仍然突出。二是丧事大操大办、封建迷信活动屡禁不止。因丧葬引发的矛盾纠纷不断出现，影响社会稳定。造成上述问题的原因归纳起来，主要是：认识不到位，殡葬改革工作未引起各级领导的足够重视；殡葬管理政策不配套，制度不完善；殡葬执法监督体系不健全，合力未形成；殡葬基础设施滞后，建设速度较慢；殡葬宣传工作缺乏深度和广度；火化率低，推行火葬的难度大，2010年，全县火化率仅为1.5%，远低于市政府确定的2010年火化率实现20%以上的目标。

三、指导思想、目标任务

(一)指导思想

以“三个代表”重要思想为指导，全面贯彻落实科学发展观，按照构建和谐社会，建设节约型、友好型社会和生态立县的要求，全面推进火葬，改革土葬，革除丧葬陋俗，树立科学、文明、健康的丧葬新风尚，积极稳妥地推进殡葬改革和殡葬管理工作，促进经济社会健康协调发展。

(二)目标任务

1. 严格执行国家、省、市、县殡葬管理法规政策，全面落实殡葬管理的各项扶持政策，千方百计提高火化率。

2. 加大治理力度，规范土葬。严禁乱埋乱葬、毁林造坟、超标准建坟、修建活人墓及火化后二次装棺土葬等现象的发生。

3. 搞好“青山白化”治理工作，并通过植树造林改善“三沿五区”(“三沿”指沿铁路、公路、河流主干道两侧，“五区”指城市公园、风景名胜区、文物保护区、经济开发区、水库、河流堤坝附近的水源保护区)生态环境。

4. 转变观念，破除丧事活动中的陈俗陋习，树立丧葬新风尚。

5. 加强殡葬市场秩序管理，规范丧葬用品生产、销售行为，取缔封建迷信用品，净化殡仪服务市场。

6. 杜绝县城游丧活动。

四、推进殡葬改革工作的措施

殡葬改革是社会文明进步的重要标志，是落实“生态立县、文化兴县”发展战略和构建和谐社会的重要内容。因此，各乡镇、各部门必须进一步统一思想，提高认识，加强领导，明确职责，采取行之有效的措施，狠抓落实，大力推进殡葬改革工作健康发展。

(一)切实加强对殡葬改革工作的领导。各乡镇要高度重视，将殡葬改革工作列入重要议事日程，进一步调整充实领导机构，完善工作运行机制，明确工作责任，狠抓工作落实。同时，要积极向上级有关部门争取资金支持，加大资金投入力度，加快公益性公墓建设步伐。各有关职能部门要结合实际，充分发挥主观能动性，认真落实部门职责，加大管理力度，形成齐抓共管，综合治理的工作机制。

(二)完善政策制度，稳步推进殡葬改革工作。建立和健全行之有效的殡葬改革管理政策，促进殡葬改革工作法制化、规范化和制度化。

(三)突出重点，实现殡葬改革工作新突破。各乡镇、各有关部门要因地制宜，突出重点，采取措施，千方百计提高火化率，促进殡葬改革工作迈上新台阶。当前，要着力抓好以下几项工作：

1. 强化殡葬宣传。各乡镇、各部门要切实制定殡葬改革工作宣传活动方案，通过会议、广播、电视、报刊、黑板报、文艺演出等形式，进一步加强对本辖区、本单位人员的殡葬改革宣传教育，注意把殡葬政策、移风易俗的思想观念与“三个代表”的重要思想和落实科学发展观结合起来，确保殡葬改革的有关法规、规章和政策“进村入户”，使殡葬改革家喻户晓，人人皆知，使广大群众充分认识殡葬改革工作的重要意义，积极支持殡葬改革，为殡葬改革工作奠定良好的社会基础。

2. 加快殡葬基础设施建设。殡葬基础设施是提供殡葬服务的载体、进行殡葬改革的基础，但由于我县目前殡葬基础设施建设尚属空白，因此进行殡葬基础设施建设显得尤为重要、紧迫。县民政局要抓住全市深入推进殡葬改革这一机遇，积极向上级有关部门争取项目资金，扎实做好殡仪馆建设各项前期工作；各乡镇、各有关部门要进一步落实责任，加强协调配合，着力解决公墓建设中选址难、用地难、资金难的问题，抓紧推进公益性公墓的规划建设，为“规范土葬，有计划地推行火化，破除封建迷信的丧葬陈规陋习，逐步建立社会主义新型殡葬观，最终实现全面火化，科学、节俭、文明办丧事”及推进全县殡葬改革提供硬件支持。

(四)认真开展殡葬管理工作专项治理，促进殡葬改革工作健康发展。民政部门要积极宣传贯彻国家殡葬改革的法规和政策，会同有关部门查处殡葬违规行为；宣传、广电部门要加大对殡葬改革工作宣传力度，动员社会力量共同支持殡葬改革工作；国土、林业部门要以清理拆除平毁活人墓为重点，认真做好清理整治占地毁林造坟工作；工商部门要加强对生产销售棺木和丧葬用品店的整治力度，清理整顿殡仪服务市场；城管部门要加强对在城镇道路和公共场所开设道场抛撒迷信用品等不文明丧葬活动的管理，坚决杜绝县城游丧；公安部门要积极配合，认真做好维护社会稳定工作。在殡改管理专项治理过程中，要做到部署严密，工作细致，防止影响社会稳定的意外事件发生。2011年1月1～4月30日为宣传发动阶段，5月1～9月30日为集中整治阶段，10月1～12月31日为巩固提高、验收总结阶段。

江川县人民政府办公室
关于印发江川县农村集体土地登记发证工作实施方案的通知

各乡、镇人民政府，县属各有关部门：

《江川县农村集体土地登记发证工作实施方案》经县人民政府同意，现印发给你们，请认真组织实施。

二〇一一年三月十七日

江川县农村集体土地登记发证工作实施方案

为认真贯彻落实国土资源部《关于进一步加快宅基地使用权登记发证工作的通知》(国土资发〔2008〕146号)和云南省人民政府《关于加强住房建设管理的若干意见》(云政发〔2010〕182号)文件精神，进一步明晰农村土地产权关系，依法保护农村集体土地所有权人和使用权人的合法权益，加快推进农村土地制度改革和新农村建设步伐，结合我县实际，制定本方案。

一、目的意义

农村集体土地登记涉及千家万户，关系到广大农民群众的切身利益。加快集体土地登记发证工作，是依法保护农村集体土地权利人合法权益的重要措施，是加强农村集体土地管理的重要手段，也是集体土地使用制度改革和土地统一登记的重要基础和保障。通过开展农村集体土地登记发证工作，可以进一步明晰农村集体土地产权关系，维护农村社会稳定与和谐；可以有效规范农村建设用地管理。

二、目标任务

此次农村集体土地登记范围包括全县农村集体建设用地使用权(主要指集体或个人兴办企业建设用地)、农村宅基地使用权和农村集体土地所有权。

(一)工作目标

1. 在原农村集体土地所有权登记发证的基础上，运用第二次全国土地调查资料成果，对辖区内农村集体土地(含村居民小组、农民集体及乡镇农村集体)的位置、权属、界线、地类、面积等状况进行调查或核查，并登记发证。

2. 对辖区农村集体建设用地使用权的位置、权属、界线、用途、地面附着物、土地等级等状况进行调查，经权属审核符合条件的，予以登记发证。

3. 运用第二次全国土地调查及已有的土地登记成果，对辖区内农村宅基地的位置、权属、界址、面积、用途(并核准原地类属性)等状况进行地籍调查，逐宗地进行登记造册。经权属核查符合条件的，予以登记发证。

4. 整理归档调查登记成果资料，建立农村集体土地地籍信息库。

5. 做好农村土地权属争议的调处工作。

(二)工作任务

1. 做好农村集体建设用地和宅基地使用权登记发证工作。结合第二次全国土地调查和已登记发证的成果，编制比例尺不小于1：2000的调查底图，全面完成集体建设用地使用权登记发证工作；查清全县农村宅基地使用状况，建立台帐，完成全县农村宅基地使用权登记发证工作。

2. 完成农村集体土地所有权登记发证。充分运用第二次全国土地调查成果以及原有农村集体土地登记发证相关成果资料，编制以1：10000为主的调查底图，对尚未完成的农村集体土地所有权予以登记发证。

三、政策规定和工作原则

(一)政策规定

农村集体土地登记要严格依照法律、法规和政策规定进行，切实解决登记发证工作中存在的政策问题，严把登记关口。

1. 严格落实农村村民一户只能拥有一处宅基地的法律

规定。除继承外，农村村民一户申请第二宗宅基地使用权登记的，不予受理。

2. 严格执行城镇居民不能在农村购买和违法建造住宅的规定。对城镇居民在农村购买和违法建造住宅申请宅基地使用权的，不予受理。

3. 严格执行宅基地面积标准。宅基地面积不得超过规定的标准，对超占面积的宅基地，在办理登记时按下列情况处理：

(1) 1982年《村镇建房用地管理条例》实施前，农村村民建房占用的宅基地，在《村镇建房用地管理条例》实施后至今未扩大用地面积的，可以按现有实际使用面积进行登记。

(2) 从1982年《村镇建房用地管理条例》实施起至1987年《中华人民共和国土地管理法》实施时止，农村村民建房占用的宅基地，超过当地规定面积标准的，超过部分按当时国家和地方有关规定处理后，可以按实际使用面积进行登记。

(3) 1987年《中华人民共和国土地管理法》实施后，农村村民建房占用的宅基地，超过当地规定面积标准的，按照实际批准面积进行登记。超过的面积可在土地登记簿和土地权证书记事栏内注明，待以后分户建房或现有房屋拆迁、改建、翻建、政府依法实施规划重新建设时，按照规定的面积标准重新进行登记。

4. 集体土地所有权和集体建设用地使用权的确权登记依据《土地管理法》、《物权法》、《土地管理法实施条例》、《国务院办公厅关于严格执行有关农村集体建设用地法律和有关政策的通知》以及《确定土地所有权和使用权若干规定》等执行。

5. 对已登记发证的农村集体土地所有权除主体、权属、地类、面积等发生变化，需重新核发证书外，对未发生变化的，应予以确认原土地登记合法有效；对已颁发农村集体建设用地、宅基地使用权证，经核查其主体、权属、面积、用途等未发生变化的，应予以确认原登记合法有效。

(二) 工作原则

1. 依法申请登记的原则；

2. 依法确权的原则；

3. 沿用性的原则；

4. 充分利用第二次全国土地调查成果资料的原则；

5. 界址清楚、面积准确、权属来源合法的原则；

6. 分工负责的原则：县国土资源局是农村集体土地确权登记颁证工作的牵头单位，负责全县农村集体土地确权登记颁证工作；各乡镇人民政府是农村集体土地确权登记颁证工作的责任主体。

四、工作程序

(一) 申请

集体土地所有者和使用者申请登记的，在本辖区土地管理部门领取土地登记申请书，按照规定的要求填好表格后，连同法人代表身份证明书及个人身份证复印件(如委托代理人申请登记的，须提交授权委托书及代理人身份证复印件)、土地权属证明等文件资料，一并提交本辖区土地管理部门。申请宅基地使用权登记的，应由村民委员会出具使用情况以及是否属于本村村民的说明等材料。

(二) 地籍调查

1. 内容：(1) 对本辖区集体土地的地理位置、权属、界线、地类、面积等状况进行调查(土地分类按照第二次全国土地调查土地分类标准划分)；(2) 做好土地权属争议的调处工作。

2. 方法：(1) 农民集体所有土地的指界人，由该农民集体依法推举产生，并由村委会出具证明；集体建设用地和宅基地指界人为土地使用者。(2) 按照调查计划，分片区通知集体土地所有者和使用者到场指界。(3) 农民集体所有土地与国有土地之间的土地权属界线，双方有边界协议或正式文件或者国有土地使用者已办理土地登记手续的，可直接引用协议、法定界线、界址，不再调查、指界。

(三) 权属审核

各乡镇土地登记人员应当根据申报的资料和调查成果，依法依规对土地权属、土地面积、地类、土地用途等逐宗进行全面审核，对符合登记条件的必须进行公告；待公告期满无异议后，填写土地登记审批表，签初审意见；统一将土地登记申请资料报县国土资源局，县国土资源局审核后报县人民政府批准。

(四) 注册登记并颁发证书

经县人民政府批准后，由县国土资源局统一填写并颁发《集体土地所有证》和《集体土地使用证》。

(五) 登记要求

1. 申请集体土地所有权登记，要以村(居)小组为单位，以权属界线所封闭的宗地为基本单元申请土地登记；集体建设用地和宅基地以宗地为单元申请土地登记。

2. 根据2010年12月1日云政发〔2010〕182号文件要求，村民在新建住房或翻建住房前，必须办理《乡村建设规划许可证》、《村镇房屋建设准建证》，未按规定办理规划许可证和开工许可证的住房，不予验收；未验收或验收不合格的住房，不予办理权属登记。

3. 农村建房使用宅基地的时间以村民委员会出具的证明为准。

4. 对于《中华人民共和国土地管理法》实施前，农村建房占用的宅基地无权属来源资料的情况，可经村民委员会证明使用情况属实，并且界线清晰、四邻无争议、经公告无异议，由乡镇人民政府确权认可，作为权属来源资料。

5. 宅基地使用权登记完成后，应以第二次全国土地调查划定的农村宅基地范围为单位绘制相邻权属关系图，即将已进行宅基地使用权调查的宗地按照相邻权属关系和界址边长统一绘制成图，比例尺应为1∶500或者1∶1000，为今后的村庄地籍调查打下基础。

6. 土地所有权和使用权争议由当事人协商解决，协商不成的，由县人民政府调处；单位之间的争议，由县人民政府调处；个人之间、个人与单位之间的争议，由乡镇人民政府或县人民政府调处。

7. 土地权属存在纠纷的地方，要积极采取有效措施及时解决，在纠纷解决前，任何一方不得改变土地利用现状。土地权属纠纷调处要以法律和有关政策为依据，本着“尊重历史，面对现实，有利于生产生活，有利于社会稳定和经济发展”的原则，依法调处，对调解不成的，要及时依法裁决。严禁借集体土地登记发证之机制造事端，聚众闹事；严禁抢夺，破坏国家、集体和个人财产，引起新的土地权属纠纷；严禁借集体土地登记发证之机乱收费、搭车收费。对借机制造矛盾、设置障碍，干扰集体土地登记发证工作正常进行的要依法处理，对造成严重后果、构成犯罪的移交司法机关依法追究刑事责任。

五、组织实施

(一)准备阶段(2011年1月1～2011年3月25日)

1. 组织领导。为加强对江川县农村集体土地登记发证工作的领导，经县人民政府同意，决定成立江川县农村集体土地登记发证工作领导小组，组成人员名单如下：

组　长：田江龙　县人民政府副县长
副组长：郭　峰　县政府办副主任
　　　　靳永春　县国土资源局局长
　　　　顾绍勇　县民政局局长
成　员：董林颉　县财政局局长
　　　　冯　超　县林业局局长
　　　　李卫东　县教育局局长
　　　　杨　涛　县水利局局长
　　　　吴正顶　大街镇人民政府镇长
　　　　李保平　江城镇人民政府镇长
　　　　胡正鸿　前卫镇人民政府镇长
　　　　王奇志　九溪镇人民政府镇长
　　　　业东华　路居镇人民政府代理镇长
　　　　杨军苹　雄关乡人民政府代理乡长
　　　　莽嘉慧　安化乡人民政府乡长
　　　　周元明　县国土资源局副局长

领导小组下设办公室在县国土资源局，由周元明同志兼任办公室主任，负责处理日常工作。

由县国土资源局负责制定农村集体土地登记操作办法和纠纷处理意见。各乡镇是全县农村土地登记确权的责任主体，要结合工作实际，成立组织领导机构，制定具体工作计划和实施方案，确保此项工作有序、稳步推进。

2. 资料准备。由县国土资源局负责收集土地管理的有关法律、法规、技术规程和技术资料。

3. 广泛宣传。要与第二次全国土地调查密切结合，开展多渠道、多形式的宣传活动，重点宣传集体土地登记发证工作的目的和意义，使村、组干部和群众充分认识到集体土地登记工作的重要性和必要性，形成良好的社会氛围。

4. 发布通告。各乡镇要在辖区内发布农村集体土地登记发证的通告。通告的主要内容包括：

(1) 土地登记区的划分；

(2) 土地登记期限；

(3) 土地登记受理地点及联系电话；

(4) 土地登记申请者应提交的相关资料；

(5) 其他事项。

(二)试点阶段(2011年3月26～4月25日)

各乡镇要在2011年4月15日前按照规定的技术要求，结合辖区实际，有针对性地完成1到2个行政村的集体土地登记发证试点工作。

(三)全面实施阶段(2011年4月26～2012年12月15日)

在认真总结试点经验的基础上，全面推开集体土地登记发证工作。全县集体土地登记发证工作基本完成后，各乡镇必须严格按照技术规定的要求，做好成果资料的汇总和整理归档工作。

(四)检查验收阶段(2012年12月16～30日)

按省、市的要求，由领导小组对全县集体土地登记发证工作进行县级验收，并做好迎接省、市检查组检查验收的准备。

六、工作要求

(一)提高认识。各乡镇要充分认识农村集体土地登记发证工作的重要意义，增强紧迫感，集中力量、克服困难，认真贯彻落实中央、省市文件精神，以第二次全国土地调查为契机，加大宣传和工作力度，争取广大农民群众和社会各界的理解支持，逐步实现农村集体土地管理正常化、规范化和科学化。

(二)加强领导。农村集体土地登记是建立农村土地市场、促进土地资源合理配置、建设用地流转的重要基础。农村集体土地登记工作技术性强，工作量大，涉及面广，情况复杂。各乡镇要切实加强组织领导，着力抓好本辖区农村集体土地登记工作。

(三)组建队伍。为保证农村集体土地登记工作顺利进行，全县要在第二次全国土地调查工作的基础上，组建县、乡镇、村三级工作队伍。县成立技术指导工作小组，负责全县的技术方案和工作方案制定、工作督导落实、表格制定、技术培训、技术指导及调处各乡镇跨区域性权属争议。各乡镇要以第二次全国土地调查工作为基础，调整和充实农村集体土地登记工作力量，组建的队伍中要有行政和技术负责人，包括熟悉权属调查、外业调绘和面积量算等专业技术人员，负责本辖区工作计划的制定、表格准备、资料收集和人员培训、确权定界、调解权属争议等工作，组织实施本辖区农村土地登记发证工作。

(四)落实经费。农村集体土地登记发证工作是第二次全

国土地调查工作的一个重要组成部分，按照各级承担的工作任务，由各级财政分级负责。国土资源部门对该项工作经费编制详细支出计划，报经同级财政部门审核批准后，从第二次全国土地调查专项经费中列支。

（五）认真实施。各乡镇要结合工作实际，依据法律、法规、行政规章、技术规程以及国土资源部和省市等有关文件规定，制定切实可行的工作计划和实施方案，确保此项工作有计划、分步骤实施。要按照先城郊、后农村，先集体、后个人的顺序安排，滚动推进，确保按时保质保量完成任务。

（六）强化责任。农村集体土地登记发证工作是一项政策性强，涉及面广，关系到农村土地改革和农民切身利益的政治任务。各乡镇、各有关部门务必高度重视，依法依规认真抓好农村集体土地确权登记发证工作。严格按照确定的工作任务和时间要求落实到位。为减轻农民负担，农村集体土地登记只收工本费，不得乱收费或搭车收费，不得违规登记发证或办人情证。妥善处理农村土地权属纠纷，积极稳妥地化解矛盾，确保社会稳定；对组织不力，工作落实不到位，违规收费发证和土地纠纷处理不当的，将依法依规追究有关负责人和责任人的责任。

江川县人民政府办公室
关于印发江川县2011年提高农民基本医疗保障和健康水平实施细则的通知

各乡、镇人民政府，大街街道办事处，各局、办，各企事业单位：

根据《中共玉溪市委　玉溪市人民政府关于提高农民基本医疗保障和健康水平的决定》精神（玉发〔2010〕18号），为进一步深化医药卫生体制改革，缩小城乡差距，统筹城乡发展，提高农村居民基本医疗保障和健康水平，进一步改善民生，《江川县2011年提高农民基本医疗保障和健康水平实施细则》经县政府研究同意，现印发给你们，请认真贯彻落实。

二〇一一年三月三十一日

江川县2011年提高农民基本医疗保障和健康水平实施细则

一、背景

第一条　建立和完善新型农村合作医疗（以下简称新农合）制度是全面建设小康社会、构建和谐社会的重大举措。对于保障农民基本医疗，减轻医药费用负担，缓解“因病致贫、因病返贫”，提高农民健康水平，促进农村经济发展，维护社会稳定具有重要意义。

第二条　本县基本情况：全县6个乡镇、1个街道办事处、72个村（居）委会，464个村民小组，总人口273211人，其中农业人口240809人，国民生产总值314985万元，财政收入31693万元，医疗卫生支出7194万元，农民人均纯收入5020元；5个县级医疗机构，卫生技术人员375人，6个乡镇卫生院，1个街道办事处卫生院，卫生技术人员176人，72个村卫生室，乡村医生328人，全县病床数631张。全县平均住院费用4322.21元，其中县级医疗机构平均住院费用3021.85元，乡镇卫生院平均住院费用1471.12元，市级医疗机构平均住院费用7549.87元，省级医疗机构平均住院费用11105.53元，全县总门诊人次562490人次，全县总住院人次13571人次，住院前十种疾病：外伤、肺炎、支气管炎、胃炎、阑尾炎、泌尿系统结石、高血压、癌症、疝气、剖宫产。

二、目的与目标

第三条　以国家、省、市关于深化医药卫生体制改革的意见和《中共玉溪市委　玉溪市人民政府关于提高农民基本医疗保障和健康水平的决定》为指导，按照“广覆盖、保基本、可持续”的原则，加大财政投入，提高统筹基金和补偿标准，实现全县农村居民基本医疗高补偿、老年慢病有保障、大病救助全覆盖三大目标，切实解决农村居民“看病难、看病贵”和“因病致贫、因病返贫”的问题，努力提高农村居民健康保障水平，促进社会和谐发展。

第四条　在全县范围内全面建立新型农村合作医疗制度，力争全县95%的农民参加合作医疗，使全县农民得到基本医疗保健。

第五条　进一步促进医疗卫生机构的巩固与发展，切实提高医疗卫生服务水平，改善就医环境，让广大农民享受到良好的医疗保健服务。

三、原则

第六条　政府组织引导，农民自愿参加。

新型农村合作医疗制度是由政府组织、引导、支持，农民自愿参加，个人、集体和政府多方筹资，以大病统筹为主的农民医疗互助共济制度。各级政府要加强对广大农民的宣传教育和组织引导，通过各种有效形式，把建立新型农村合作医疗制度的目的、意义、管理办法、参加人的权利和义务、减免补偿政策以及报销方式等宣传到千家万户，不断提高农民群众的健康意识和互助共济意识，使广大农民自觉自愿参加新型农村合作医疗，不得强迫农民参加合作医疗或强制代垫农民参合费用。

第七条　体现互助共济，大病统筹为主。

坚持“保基本、广覆盖、可持续”的原则，按照新型农村合作医疗资金管理“以收定支，收支平衡，保障适度，略有结余”的原则；执行门诊统筹+住院统筹补偿，提取风险金后，剩余基金原则上用于门诊补偿不超过30%，用于住院补偿不少于70%。

第八条　基金安全封闭运行，以收定支、略有节余。

切实加强对新型农村合作医疗基金的管理，确保资金安全。按照《云南省新型农村合作医疗基金财务管理暂行办法》、《云南省新型农村合作医疗基金会计核算暂行办法》、《云南省新型农村合作医疗基金风险基金管理暂行办法》执行。经办机构负责审核支付费用，财政部门设立财政专户对基金进行管理，新农合基金全部纳入在县信用社设立的专户。严格做到银行管钱不管账，经办机构管账不管钱，实现对基金收支分离，管用分开，封闭运行。

第九条　参合人享受同等权利。

全县辖区内的参合人，只要遵守新型农村合作医疗管理办法和章程，履行缴费义务，都享有参加合作医疗并得到医药费用减免和补偿的同等权利。

第十条　保障弱势人群。

按《云南省实施农村医疗救助暂行办法》的要求，参加新农合的农村低保对象，五保供养对象、残疾人员和农村独生子女的父母及年龄不满18周岁的独生子女、只生育了两个女孩且采取了绝育措施的农村夫妻，以上人员由民政、计生、残联等部门按有关规定资助参合。获得新农合补偿后，个人医药费支出负担仍然较重的，由民政部门按照贫困医疗救助的相关实施办法给予一定补助。

第十一条　体现便民利民。

合作医疗减免补偿程序和手续在保障基金安全的前提下尽量精简，以方便农民群众，提高合作医疗公信度。参合人在县域内，可以自由选择定点医疗机构就诊，并实行现场减免补偿。

四、管理组织

第十二条　成立由县人大、政协、纪检、财政、审计等相关部门和参加合作医疗的农民代表共同组成的江川县新型农村合作医疗监督委员会，负责定期检查、监督新农合基金收集和医药费报销情况；新农合管理机构将每月的收支情况向社会公布，接受群众的监督。

第十三条　县合管办负责县内合作医疗的日常事务工作，重点是做好县级定点医疗机构的监督管理，指导乡镇、街道办事处合管办开展工作，协同乡镇、街道办事处合管办做好医疗机构的监督管理。建立举报投诉制度，做好相关的记录、处理工作。(电话：8011659，地址：江川县大街镇文林街江川县卫生局)

县合管办主要工作职责：

(一) 制定年度合作医疗实施方案，及时提交新农合管理委员会讨论；建立和完善各项管理规章制度。

(二) 对全县合作医疗运行进行协调、监督和管理。

(三) 负责对定点医疗机构的监督管理。

(四) 负责对违反合作医疗规定的行为进行查处。

(五) 指导各乡镇、街道办事处合管办开展合作医疗工作。

(六) 对农村合作医疗制度运行中的争议、纠纷进行调解和处理。

(七) 对各乡镇、街道办事处合作医疗管理人员进行培训。

(八) 负责合作医疗信息的收集、整理、分析、使用及传递。

(九) 负责各项合作医疗数据的及时准确上报。

(十) 为参加新农合的群众提供咨询服务等。

第十四条　乡镇、街道办事处合管办负责本乡镇、街道办事处合作医疗日常事物工作，重点是做好每年筹资管理、参合档案录入及本乡镇、街道办事处内定点医疗机构的监督管理和审核，门诊、住院的审核管理工作。

乡镇、街道办事处合管办主要工作职责：

(一) 贯彻执行县、乡镇、街道办事处新型农村合作医疗管理委员会的决议、决定，负责乡镇、街道办事处新型农村合作医疗日常工作。

(二) 宣传合作医疗的意义、政策规定和实施方案。

（三）组织发动农民积极参加合作医疗，收缴农民参合资金，建立参合档案，并及时将收缴的资金存入合作医疗基金专用帐户。

（四）办理合作医疗证。

（五）报销凭证的收集、初审、汇总上报及报销费用的支付。

（六）及时收集、录入、汇总、整理、分析、贮存、传递、反馈、上报合作医疗有关信息，为县合作医疗管理委员会制定规划、计划、实施方案、规章制度、基金支付范围、补偿办法和研究解决合作医疗运行中的问题提供依据。

（七）定期公示合作医疗基金收支及参合农民受益信息，接受群众监督。

（八）监督参加合作医疗农民的报销行为。

（九）负责对本辖区内定点医疗机构的监督管理。

（十）定期向同级党委、人大、政府和监督委员会汇报工作。

五、参合者及其权利与义务

第十五条　我县辖区内的农村户籍人员均可参加新型农村合作医疗，原则上以户为单位参加。

第十六条　参加人的权利：

(一)享受医疗、预防、保健服务；

(二)按规定报销一定比例的医药费；

(三)监督农村合作医疗基金的使用；

(四)对农村合作医疗工作提出建议、批评和意见；

(五)对违反合作医疗规定的行为进行举报或投诉。

第十七条　参加人的义务：

(一)按规定缴纳新型农村合作医疗参合费；

(二)遵守和维护农村合作医疗管理办法和章程；

(三)配合新农合管理机构做好对定点医疗机构的监督管理。

六、基金筹集

第十八条　合作医疗资金的筹集由个人缴纳30元/人/年，中央补助60元/人/年、省级补助15元/人/年、市级补助122.5元/人/年、县级补助22.5元/人/年组成，(共250元/人/年)。

第十九条　参加新型农村合作医疗的贫困户和五保户的个人参合费由民政部门补助；残疾人的个人参合费由县残联补助；农村独生子女的父母及年龄不满18周岁的独生子女、只生育了两个女孩且采取了绝育措施的农村夫妻的个人参合费由计生部门补助。

第二十条　社会各组织团体对新型农村合作医疗的资助经费用于参合农民医疗补偿的，按相关政策执行。

七、基金的管理机制

第二十一条　各乡镇、街道办事处合管办组织各村民小组负责收取农民个人缴纳的合作医疗自筹经费，开具“云南省社会保险费缴款收据”给缴费人，款账核对准确后当天存入信用社新农合专户。各乡镇、街道办事处合管办于每年12月15日前上划到新农合财政收入专户，12月20日前完成参合档案的建立。上级补助资金和利息及其它收入直接划拨进入财政收入专户。

第二十二条　县、乡镇、街道办事处各定点医疗机构凭相关的住院、门诊资料和报表按月到县、乡镇、街道办事处合管办申请核销。各村卫生所(现场减免)当天的处方当天录入信息系统，月底凭处方、登记台帐到乡镇、街道办事处合管办核销。待县合管办审核结算后将补偿费用核拨到各乡镇、街道办事处合管办和县级定点医疗机构。

八、基金分配与使用

第二十三条　合作医疗基金按规定提取5%的风险基金后，用于门诊补偿的资金原则上不超过30%，用于大病住院补偿的资金原则上不低于70%。每年节余的资金滚存到下一年度继续用于医疗补偿。

第二十四条　报销补偿范围：在《云南省新型农村合作医疗基本用药目录》(2008年修订版)、国家基本药物目录及省补充目录范围内和《云南省新型农村合作医疗基本诊疗项目(试行)》(云卫发〔2008〕1159号)范围内的门诊、住院医药费，包括诊疗项目中使用的耗材和药品。

不予补偿项目如下：

(一)超出《云南省新型农村合作医疗基本用药目录(2008修订版)》和国家基本药物目录及省补充目录范围的药品费。

(二)未纳入《云南省新型农村合作医疗基本诊疗项目(试行)》的费用。

(三)计划生育手术费和违反计划生育政策怀孕产生的费用。

(四)交通、医疗、药事事故等其他赔付责任支付的医疗费用。

(五)酗酒，服毒，自杀，自残，打架斗殴等产生的医药费用，违法、犯罪所致伤害及被拘留、逮捕和服刑期间发生的医疗费用。

(六)非医疗性费用：如保险费、陪护费、陪客水电费、陪客床椅费、空调费、出诊费、交通费、急救车费、出生证费、营养费等杂费。

(七)非基本医疗性费用：各类非治疗性的美容、整形、染发、狐臭根治，安装假肢、假牙、假眼、假发，验光配镜、助听器、助行器、拐杖、轮椅等；各种减肥、增胖、增高等项目的一切费用；各种自用的保健、按摩、理疗、磁疗、检查和治疗器械的费用；各种医疗咨询、心理咨询、医疗鉴定产生的费用。除小儿麻痹、先天性唇腭裂、先天性髋关节脱位、先天性心脏病以外的缺陷，未经批准的矫形、正畸产生的费用。

(八)病人使用的一次性生活消耗品：如：尿壶、盆、桶、一次性便盆、尿垫、尿布、卫生纸、一次性鞋套、洁净袋等。

(九)价格在200元以上的进口医用材料、人造器官费用。

(十)凡住院期间的门诊医药费及私自外出购药、检查、治疗等费用一律不予报销；不符合新农合规定的就医行为所发生的医疗费用。

(十一)参保人员出国(境)期间发生的医疗费用。

(十二) 法律、法规规定应由责任人承担的医药费。

第二十五条 报销补偿。

(一)普通门诊补偿。

在合作医疗用药范围内，村级和乡级医疗机构分别按门诊费用的40%和35%核算减免补偿，不设起付线。每人每年累计减免限额为200元，没有发生门诊费用的不予补偿。

(二)慢性病门诊治疗。在定点医疗机构门诊治疗的慢性肾功能衰竭、涂阳肺结核病、肿瘤化疗(放疗)按比例补偿，补偿比例50%，每月补偿一次。(江川县疾控中心治疗的涂阳肺结核病现场减免)

序 号	病 种	每年限额(元)	备注
1	慢性肾功能衰竭(血液透析)	30000	
2	慢性肾功能衰竭(腹膜透析)	30000	
3	肿瘤化疗、放疗	2000	
4	涂阳肺结核病	300	

(三)住院补偿。

按不同级别的医院实行按比例补偿，结算补偿以入院时间为准。

起付线：乡镇、街道办事处定点医疗机构为200元；县级定点医疗机构400元；市级及省级定点医疗机构600元；政府举办的县级及县级以上非定点医疗机构600元。

补偿比例：乡级定点医疗机构95%；江川县中医院85%；江川县人民医院75%；市级及省级定点医疗机构45%；政府举办的县级及县级以上非定点医疗机构20%。

封顶线：普通住院报销年封顶线为60000元/人。

江川县弘益医院起付线为400元，补偿比例75%。

(四)住院大病再次补偿。单次住院费用1万元及以上的进入大病再次补偿，扣除按新农合规定报销金额后，对符合新农合报销政策的自付部分，不设起付线，再按照50%的比例报销补助。大病再次补偿年封顶线为 50000元/人。

(五)农村低保、五保供养对象住院治疗取消起付线；年龄在70岁以上(含70岁)参合对象住院治疗，补偿比例提高3%。70岁以上(含70岁)的农村低保、五保供养对象住院治疗的，取消住院起付线和补偿比例提高3%同时享受。

(六)"亮睛工程"定额补偿管理。参保人员在"亮睛工程"实施期间，进行白内障手术治疗的，每例定额补偿500元。

第二十六条 参合孕产妇住院正常分娩的实行定额补助，同时，实施严格的限价收费政策，乡级住院正常分娩收费控制在950元以内，县级医疗机构控制在1200元以内。正常分娩限价指产妇住院分娩期间发生的一切直接费用，包括床位费、护理费、检查费、化验费、手术费、药品费等。在定点医疗机构住院正常分娩的每例一次性补助400元，在政府举办的县级及县级以上非定点医疗机构住院正常分娩的每例一次性补助200元。

第二十七条 同时参加新型农村合作医疗及其他医疗保险的人员，只能凭报销单据的原件报销，复印件不作为申请报销的凭证。

九、参合者就医程序和报销程序

第二十八条 参合人员在县域内，不受行政区划限制，可以自由选择定点医疗机构，但到县以上(或县外)住院需办理转诊手续，危急重病人或住外地的参合人可先转诊(就诊)，再补办转诊手续。

第二十九条 补偿程序。

一、门诊补偿：普通门诊在定点医疗机构现场减免；慢性病门诊持相关补偿材料到乡镇、街道办事处合管办申请补偿。

二、住院补偿：在县内定点医疗机构住院的实行现场减免。在市级及其以上定点医疗机构和县外政府举办的县级以上(含县级)非定点医疗机构住院的医疗费先由本人垫付，出院后持相关材料到乡(镇)、街道办事处新型农村合作医疗管理办公室申请补偿。

第三十条 申请补偿须提供的材料

一、住院

1.合作医疗证(原件和一份复印件)；2.住院发票(原件)；3.病情证明(原件)；4.住院费用一日清单；5.患者身份证明(身份证或户口薄原件及复印件)；

其他特殊情况：

(一)农村低保、五保供养对象患病住院，需提供民政部门出具的2011年低保、五保证明。没有证明材料者，不予取消住院起付线。

(二)因外出务工(县外)或外出读书一年以上到外地政府举办的县级以上(含县级)非定点医疗机构住院而申请补偿者，必须出示由村委会出具的外出打工或外出读书一年以上证明。孕产妇申请补偿时还须出示计生部门出具的《准生证》和医疗机构开具的《出生医学证明》。

二、慢性病门诊

慢性病门诊治疗申请补偿时需提供县级以上定点医疗机构的机打门诊发票(原件)、诊断证明、门诊病历、用药清单、相关医学检验报告单、合作医疗证(原件及复印件)、患者身份证明(身份证或户口薄原件及复印件)。

第三十一条 县外就诊补偿时限为出院后1个月内，1个月后再申请住院补偿的原则上不予补偿，但确因外地就医交通不便、报销材料不全需补充、自然灾害等特殊原因造成的时间推迟可酌情考虑延期。

十、定点医疗机构管理及确定

第三十二条　定点医疗机构对参合人员的医疗费用要单独建账，并有义务提供审核费用所需的诊治资料及账目清单。定点医疗机构要免费如实为参合者提供处方、病历、统一的住院医疗收费收据、病情诊断证明书、医药费用清单、出院证、和转诊审批表等相关报销证明材料。严禁开具假证明、假处方、假病历、假票据套骗合作医疗基金的行为。

第三十三条　定点医疗机构要在本单位的显著位置公示新型农村合作医疗有关资料。公示内容如下：

(一)本机构医疗服务收费项目及收费标准；

(二)新型农村合作医疗基本用药目录及价格标准；

(三)新型农村合作医疗参合人员就诊流程和减免报销规定；

(四)新型农村合作医疗不予减免报销的项目；

(五)定期公示在本机构就诊的新型农村合作医疗门诊减免和住院补偿情况；

(六)县合管办规定的其他公示项目。

第三十四条　定点医疗机构要做到合理检查、合理用药、合理治疗、合理收费，并加强医德医风建设，不断完善院(所、室)内部监督机制；同时各定点医疗机构，要认真接受合作医疗管理、监督组织、有关部职能门和群众的监督；定点医疗机构损害参合农民利益的，参合农民据实向乡镇、街道办事处、县合管办投诉、举报，由其主管部门进行查处。

(一)普通门诊。实行门诊总额预付制及月均处方值限价管理，村级门诊月平均处方值不超过25元，乡级门诊月平均处方值不超过35元。

(二)住院。实行月平均住院床日费用最高限额管理：县人民医院370元，县中医院260元，县级民营医院260元，中心卫生院150元，其他乡镇卫生院130元。

第三十五条　各定点医疗机构要保证药品质量，规范药品管理，确保用药安全。

第三十六条　经江川县新型农村合作医疗管理委员会研究讨论确定，我县新型农村合作医疗定点医疗机构如下：

(一)村级：全县各行政村卫生室；

(二)乡级：全县各乡镇、街道办事处卫生院；

(三)县级：江川县人民医院、江川县妇幼保健院、江川县中医院、江川县疾病预防控制中心；

(四)市级：玉溪市人民医院、玉溪市中医院、玉溪市第二人民医院、玉溪市妇幼保健院；

(五)省级：昆明医学院第一附属医院(云大医院)、昆明医学院第二附属医院(工人医院)、昆明医学院第三附属医院(肿瘤医院)、云南省第一人民医院(昆华医院)、云南省红十字会医院(红会医院)、云南省中医院、昆明市儿童医院。

(六)民营医疗机构：江川县弘益医院。

十一、监督、审计与处罚

第三十七条　县、乡定点医疗机构应对新型农村合作医疗减免、补偿程序，医疗服务价格及药品价格进行公示。乡、村级定点医疗机构应每月将参合农民门诊、住院医药费用减免情况进行公示，并纳入村务公开内容定期公布，自觉接受群众监督。

第三十八条　县新型农村合作医疗监督委员每年至少2次，对县、乡、村三级定点医疗机构进行全面的监督、指导、检查。

第三十九条　审计部门每年对新型农村合作医疗基金使用、管理情况年底进行一次审计。

第四十条　定点医疗机构有下列行为之一的，由县卫生局按照医疗机构管理的相关法律法规予以处罚，情节严重的取消定点医疗机构资格：

(一)弄虚作假、冒名顶替，致使未参加新农合人员列入补偿范围的；

(二)编造假病历，出具假发票、假诊断证明或将目录外药品换成可报销药品等以各种方式套取新农合资金的；

(三)诊疗活动超出医疗机构执业登记事项的；

(四)其它违反新农合规定的行为。

第四十一条　县内定点医疗机构医务人员有下列行为之一的，由县卫生局根据相关的执业医师法律法规处理，严重的依法吊销其《执业医师证书》，构成犯罪的，移送司法机关处理：

(一)医务人员故意为冒名就医者提供方便的；

(二)虚挂病床，做假病历，与患者串通套取新农合资金的，或者为医疗机构套取资金的；

(三)利用职务之便开搭车药、提成药及串换药品的；

(四)违反新农合用药规定，开人情方、大处方、假处方的；

(五)住院病历不按规定详细记录病情、治疗经过和药品使用情况，治疗和使用药品与处方、病历记载不符的；

(六)将不符合入院标准的病人按住院治疗或故意延长病人住院时间的；

(七)不坚持首诊负责制，推诿病人，随意转诊、检查，延误患者病情的；

(八)其它违反新农合规定的行为。

第四十二条　新农合管理机构及其人员有下列行为之一的，视其情节分别给予行政处罚和相应的党纪、政纪处分。构成犯罪的，移送司法机关处理：

(一)工作严重失职或违反财经纪律，造成新农合资金重大损失的；

(二)贪污、截留、挪用新农合资金或索贿受贿、徇私舞弊的；

(三)擅自批准不属新农合报销项目的；

(四)擅自更改新农合保障待遇的；

(五)其它违反新农合规定的行为。

第四十三条　参合农民借证给他人或盗用他人合作医

疗证的，一经查获立即没收合作医疗证，取消当年参合资格，在本年内不得再享受减免、报销。

十二、信息管理

第四十四条 县、乡、街道办事处合管办、各定点医疗机构要做好有关参合信息、基金信息、补偿信息、管理信息等新型农村合作医疗信息管理的登记、存档工作；按省、州(市)合管办的要求，统计、上报相关信息，保证信息的准确性、完整性、可靠性、及时性。

第四十五条 加强信息化和网络化建设，逐步实现网上审核报销，提高管理效能。

十三、附则

第四十六条 本方案自2011年4月1日起执行，至2011年12月31日结束。

第四十七条 本实施办法由江川县卫生局负责解释。

江川县人民政府办公室
关于印发江川县防灾应急“三小”工程建设实施方案的通知

各乡、镇人民政府，大街街道办事处，县属各局、办，各事业单位：

《江川县防灾应急“三小”工程建设实施方案》已经县人民政府研究同意，现印发给你们，请认真组织实施。

二〇一一年十一月四日

江川县防灾应急“三小”工程建设实施方案

为进一步健全完善防灾减灾体制机制，全面开展防灾应急“三小”(即1本防灾应急小册子，1个小应急包，每年组织开展1～2次防灾应急小型演习)工程建设，提高群众临灾条件下的自救互救能力，根据《玉溪市防灾应急“三小”工程实施方案》有关要求，结合江川县实际，制定本方案。

一、指导思想

以邓小平理论和“三个代表”重要思想为指导，深入贯彻落实科学发展观，坚持“以防为主，防抗救相结合”的方针，推进防灾减灾体系建设与经济社会发展相协调，有计划、有组织、按步骤开展防灾应急“三小”工程建设，增强全民防灾减灾意识，提高群众应对突发自然灾害事件的快速反应和处置能力，构建平安和谐江川。

二、目标任务

全县防灾应急“三小”工程，在2011年内全面开展。小册子、小应急包在年内成套配备到全县每个家庭。在县人民政府统一领导下，从2011年起每年由各党政机关、企事业单位、学校、医院和村(居)委会、社区结合当地实际，本着简便、易行、实用的原则，有针对性地组织开展1～2次小型演习活动。

三、工作步骤

(一)开展城乡居民分户审核登记。各乡镇人民政府(街道办)要在公安派出所、统计部门配合下，对城乡居民分户进行审核、登记，做到不重不漏。

(二)组织开展示范活动。11月上旬，在大街街道办事处组织开展防灾应急“三小”工程建设示范活动。主要内容是：发放小册子、小应急包；模拟地震、火灾等灾情发生情景，组织开展临灾应急小型演习示范活动。

(三)全面推进“三小”工程建设。按照先行示范、以点带面、整体推进的原则，从11月开始，各乡镇(街道办)要结合实际，选点举行小册子和小应急包发放仪式，组织开展防灾应急小型演习示范活动，于11月底全面完成防灾应急“三小”工程建设组织实施工作。

(四)督促检查与工作总结。县减灾委各成员单位分工负责，认真落实各项工作措施，如期完成小册子、小应急包发放及开展小型演习活动，并认真督促检查落实。确保从今年起，每年在县政府统一领导下，组织开展1～2次防灾应急小型演习活动。每年11月30日前，各乡镇(街道办)和县减灾委成员单位要将工作落实情况形成书面材料上报县减灾委

办公室。

四、组织领导

防灾应急"三小"工程建设，由县减灾委办公室(县民政局)牵头，县防震减灾局、县国土资源局、县财政局、县公安局、县住房和城乡建设局、县教育局、县卫生局、县工业商贸和科技信息局、县安监局、县水利局、县交通运输局、县消防大队、县红十字会等县减灾委员会成员单位，按职责分工负责组织实施。防灾应急小型演习在县人民政府统一领导下，行政区域内各党政机关、企事业单位、学校、医院和村(居)委会、社区具体组织实施，县减灾委对"三小"工程建设进行检查指导。

五、资金筹措

开展防灾应急"三小"工程建设所需资金，通过争取上级支持、企业捐助、社会筹措、单位自筹、财政补助等方式解决。

(一)购置小册子、小应急包所需资金及其来源

小册子和小应急包每套成本价25元(小册子每本5元、小应急包每个20元)，全县约9.32万户家庭需9.32万套，合计需资金233万元。所需资金通过以下渠道筹措，并于10月底前完成汇总工作。

1. 争取上级支持149万元。

2. 争取企业捐资赞助40万元。各工商企业、民营企业捐赠赞助资金筹集，由县工商联牵头，县工业商贸和科技信息局负责实施，所筹资金汇总到县民政局。

3. 社会筹措和单位自筹25万元。各级党员政机关、事业单位、社会组织和在职职工个人捐赠资金筹措，由县总工会负责落实，所筹集的资金汇总到县民政局。

4. 县级财政补助19万元。

要广泛动员、鼓励社会各界积极捐赠赞助，帮助全县每个家庭、特别是城乡低保户家庭、低保边缘家庭、农村居民家庭拥有小册子、小应急包。

所筹资金，于11月10日前上划县减灾委办公室(县民政局)，联系电话：8013767。电子邮箱 :dbjjk@163.com 接收专户：江川县财政局开户行：中国农业银行江川县支行　帐号：24～059601040001005　接收单位：江川县民政局(持回单到民政局开具捐赠发票)。

(二)开展防灾应急"三小"工程建设所需工作经费

各乡镇人民政府(街道办)、各有关单位要按照方案要求，积极筹措资金，加大投入，为开展防灾应急"三小"工程建设创造条件。

六、职责分工

(一)县委宣传部：负责牵头县文化旅游广电和体育局等部门，组织开展宣传报道工作；

(二)县工商联、县工信局：负责牵头工商企业、民营企业捐赠赞助资金的筹措；

(三)县总工会：负责组织各级党政机关、事业单位自筹和职工个人捐赠资金的筹措；

(四)县民政局：负责防灾应急宣传小册子、小应急包的资金汇总，做好采购的申报、定购、分配和发放工作；

(五)县财政局：负责"三小"工程建设财政补助资金的筹措；

(六)县防震减灾局：负责牵头县国土资源局、县教育局、县卫生局、县住房和城乡建设局、县交通运输局、县水利局、县公安局、县消防大队、县工业商贸和科技信息局、县安监局、县红十字会等部门负责小型演习的筹划、指导和检查工作。

七、工作要求

(一)高度重视，精心组织。各乡镇(街道办)、各级各部门要把"三小"工程建设列入重要议事日程，高度重视，加强领导，建立机构，制定方案，落实资金，切实抓出成效。大街街道办事处要进一步完善防灾应急"三小"工程建设示范活动实施方案，认真做好筹备工作，高标准、高质量承办好全县防灾应急"三小"工程建设示范活动，办出特色，办出亮点，办出水平。

(二)广泛动员，全民参与。各乡镇(街道办)、各级各部门要广泛动员城乡居民、单位职工积极参与"三小"工程建设。以家庭为单位，确保人人参加一次小型演习活动。要充分发挥媒体宣传作用，大力宣传"三小"工程建设的重要意义，积极营造防灾减灾社会氛围，切实增强群众防灾减灾意识和临灾条件下的自救互救能力。

(三)加强管理，督促检查。各乡镇(街道办)要切实加强对三小工程建设的管理，强化督促检查力度，确保各项措施落实到位。民政、财政、审计、监察等部门要充分发挥职能作用，对小册子、小应急包的资金和物资发放及使用管理进行有效监管。各乡镇(街道)、村(居)委会、社区要对每个家庭的小册子、小应急包的使用管理进行不定期检查，使每个家庭都能学好、管好小册子和小应急包，确保有灾情发生时，充分发挥其作用。

本方案由县减灾委办公室负责解释。

江川县人民政府办公室
关于印发江川县低丘缓坡土地综合开发利用试点工作方案的通知

各乡、镇人民政府，大街街道办事处，县属各有关部门：

《江川县低丘缓坡土地综合开发利用试点工作方案》已经县人民政府同意，现印发给你们，请认真遵照执行。

二〇一一年十一月二十三日

江川县低丘缓坡土地综合开发利用试点工作方案

为有效缓解发展用地矛盾，切实保障发展建设用地需求，实现土地高效节约利用和城镇化、产业化科学发展。根据《云南省人民政府关于加强耕地保护促进城镇化科学发展的意见》(云政发〔2011〕185号)文件精神，结合我县实际，制定本方案。

一、总体要求

以科学发展观为统领，以高度的政治责任感和使命感，充分发挥我县低丘缓坡的资源优势，因地制宜创新土地利用和管理模式，严格保护耕地，切实转变城乡建设用地方式，保障合理建设用地需求，积极推进我县低丘缓坡土地规范、科学、有序开发利用，力争将我县纳入低丘缓坡土地综合开发利用试点县范围。

二、工作原则

山地综合开发利用试点，遵循“因地制宜、综合利用、统一规划、分期实施、生态优先、节约集约、严格监管、维护权益”的原则，按照“宜农则农、宜林则林、宜耕则耕、宜建则建”的要求。切实加强地质灾害防治，做好项目区用地功能布局，进行耕地、园地、林地、草地、养殖水面和建设用地的综合开发利用。

三、指标要求

(一)结合调整完善土地利用总体规划，实现80%以上坝区优质耕地划入基本农田永久保护。试点项目区块不得占用良田好地，占用劣质耕地不得超过30%。

(二)每个州市1～3个试点县，试点县可有1～3个试点项目区块，每个项目区块规模控制在1～2万亩，单个区块面积最小不得低于750亩。

四、试点范围

(一)工业与城市建设项目(区块)：龙泉山工业园区30米大道以西控规范围，职教二期以西，沿玉江路以北至大街街道与前卫镇、九溪镇交界线。

(二)仙湖锦绣项目(区块)：仙湖锦绣项目位于棋盘山属山地部分。

(三)天湖化工退二进三项目(区块)：江孤路以北，张官营村以东，牛摩下村以南，环湖路以西属山地部分。

五、工作职责及时间要求

(一)国土资源局负责：

1.1平方公里以上坝子的调查核定，11月30日前完成；

2.完善规划方案编制工作，11月30日前完成；

3.编制低丘缓坡土地综合开发利用专项规划，2012年5月底前完成；

4.编制低丘缓坡土地综合开发利用实施方案，12月5日前完成；

5.项目区地质灾害评估分析，11月30日前完成；

6.项目区矿产压覆评估分析，11月30日前完成；

7.与有关规划的协调性分析，11月30日前完成；

8.完成项目区土地权属与地类的调查工作，测算项目实施所需的资金量。

(二)住建局、工业园区管理局和有关用地单位负责：

1.开展项目区土地地形测量和用地规划工作，11月30日前完成；

2.编制施工方案并组织实施，2012年4月底前完成；

3.筹措项目实施所需资金，包括征地补偿费，12月20

日前完成。

(三)水利局负责：项目区水土流失评估分析，11月30日前完成。

(四)环保局负责：项目区环境影响评价分析，11月30日前完成。

(五)林业局负责：项目区内林地征占用手续的报批，12月31日前完成。

(六)防震减灾局负责：项目区地震危险性评价分析，11月30日前完成。

(七)大街街道办事处、前卫镇、路居镇和江城镇负责：项目区土地征收和补偿费的兑付工作，12月31前完成。

为确保各试点项目(区块)实施方案能按时按质的完成编制，请各有关部门于规定时间前，将所需资料和数据提交县国土资源局耕保股，联系人：万超，联系电话：8010631。

六、工作要求

(一)加强组织领导，形成工作合力。为确保此项工作顺利推进，县委县政府决定成立低丘缓坡土地综合开发利用试点工作领导小组，统筹协调低丘缓坡土地综合开发利用试点工作。各乡镇(街道)及有关部门要加强领导，确定1名领导具体负责此项工作，积极配合参与，形成工作合力，确保此项工作顺利推进。

(二)强化责任意识，按时按质上报材料。低丘缓坡土地综合开发利用试点工作是缓解我县发展建设用地紧张，寻求突破土地制约瓶颈的重大机遇。各有关部门要站在江川经济社会发展的高度，增强工作责任心，按照工作方案确定的职责和时限要求上报有关资料。